JN441536

定本 朱子語類小分 (四)

98~140卷

宋時烈 외 편

충북대학교 우암연구소
우암자료집성및정본화사업팀 표점·교감

심산

* 이 책은 2007년~2010년까지 3년간 한국연구재단(구 한국학술진흥재단)의 기초연구과제지원사업(토대연구)으로 연구비를 지원받아 수행된 〈우암자료 집성 및 정본화 사업〉(과제번호: KRF-2007-322-A00036)의 연구결과물입니다.

차 례

『朱子語類』 卷第九十八

「張子之書一」【凡入近思者爲此卷.】

98:1 張橫渠『語錄』用關陝方言, 甚者皆不可曉. 『近思錄』所載, 皆易曉者. 【揚】

98:2 問"氣坱然太虛, 升降飛揚, 未嘗止息." 曰: "此張子所謂'虛空卽氣'也. 蓋天在四畔, 地居其中, 減得一尺地, 遂有一尺氣, 但人不見耳. 此是未成形者." 問: "虛實以陰陽言否?" 曰: "以有無言. 及至'浮而上, 降而下', 則已成形者, 若所謂'山川之融結, 糟粕煨燼', 卽是氣之查滓. 要之, 皆是示人以理." 【道夫 ○第[1]一卷.】

98:3 升降飛揚, 所以生人物者, 未嘗止息, 但人不見耳. 如望氣者, 凡氣之災祥皆能見之, 如龍成五色之類. 又如昔人有以五色線令人暗中學辨, 三年而後辨得. 【因論精專讀書及此[2]. ○德明】

98:4 問: "▲[3] 言機言始, 莫是說理否?" 曰: "此本只是說氣, 理自在其中. 一箇動, 一箇靜, 便是機處, 無非敎也. 敎便是說理." 又曰: "此等言語, 都是經鍛鍊底語, 須熟念細看." 【義剛】

98:5 問:▲[4]先生▲[5]云: '游氣紛擾, 當橫看, 陰陽兩端, 當看直, 方

---

1) 第: 徽州本에서는 이 앞에 以下가 더 들어 있다.
2) 及此: 賀本에는 없다.
3) ▲: '此虛實動靜之機, 陰陽剛柔之始.'
4) ▲: "'游氣紛擾, 合而成質者, 生人物之萬殊, 其陰陽兩端, 循環不已者, 立天地之大義.' 舊聞履之記
5) ▲: 語

見得.' 是否?" 曰: "也似如此. 只是晝夜運而無息者, 便是陰陽之兩端, 其四邊散出紛擾者, 便是游氣, 以生人物之萬殊. 某常言, 正如麪磨相似, 其四邊只管層層撒出. 正如天地之氣, 運轉無已, 只管層層生出人物, 其中有麤[6]有細, 故人物有偏有正, 有精有粗." 又問: "'氣[7]坱然太虛, 升降飛揚, 未嘗止息', 此是言一氣混沌之初, 天地未判之時, 爲復亘古今如此?" 曰: "'只是統說. 只今便如此." 問: "升降者是陰陽之兩端, 飛揚者是游氣之紛擾否?" 曰: "此只是說陰陽之兩端. 下文此'虛實動靜之機, 陰陽剛柔之始', 此正是說陰陽之兩端. 到得'其感遇聚結, 爲雨露, 爲霜雪, 萬品之流形, 山川之融結'以下, 卻正是說游氣之紛擾者也." 問: "'虛實動靜之機, 陰陽剛柔之始'兩句, 欲去[8]'虛實動靜, 乘此氣以爲機, 陰陽剛柔, 資此氣以爲始', 可否?" 曰: "此兩句只一般. 實與動, 便是陽, 虛與靜, 便是陰. 但虛實動靜是言其用, 陰陽剛柔是言其體而已." 問: "'始'字之義如何?" 曰: "只是說如箇生物底母子相似, 萬物都從這裏生出去. 上文說'升降飛揚', 便含這虛實動靜兩句在裏面了. 所以虛實動靜陰陽剛柔者, 便是這升降飛揚者爲之, 非兩般也. 至'浮而上者陽之淸, 降而下者陰之濁', 此兩句便是例." 【疑是說生物底"則例"字.】 98:6[9] 問: "'無非敎也', 都是道理在上面發見?" 曰: "然." 因引『禮記』中"天道至敎, 聖人至德"一段與孔子"予[10]欲無言"一段. "天地與聖人都一般, 精底都從那粗底上發見, 道理都從氣上流行. 雖至粗底物, 無非是道理發見. 天地與聖人皆然." 【僩】

98:7 ▲[11] "此一段專是說氣, 未及言理. '游氣紛擾, 合而成質者, 生人物之萬殊', 此言氣, 到此已是査[12]滓麤[13]濁者, 去生人物, 蓋氣之

---

6) 麤: 成化本・賀本에서는 粗로 되어 있다.
7) 氣: 徽州本에서는 이 앞에 橫渠云이 더 들어 있다.
8) 去: 『朱子語類』에서는 云으로 되어 있다. 【附箋紙】 "去", 本作"云".
9) 98:6: 『小分』에서는 98:5에 이어져 한 항목으로 편집되어 있다.
10) 予: 賀本에서는 子로 되어 있다.
11) ▲: 問: "'游氣紛擾'一段, 是說氣與理否?" 曰:
12) 査: 賀本에서는 渣로 되어 있다.

用也. '其動靜兩端, 循環不已者, 立天地之大義', 此說氣之本. 上章言'氣坱然太虛'一段, 亦是發明此意. 因說佛老氏卻不說着氣, 以爲此已是查[14]滓, 必外此然後可以爲道. 遂至於絶滅人倫, 外形骸, 皆以爲不足恤[15]也."【銖】

98:8 ▲[16] 陰陽卽氣也, 豈陰陽之外, 又復有游氣耶[17]? 所謂游氣者, 指其所以賦與萬物. 一物各得一箇性命, 便有一箇形質, 皆此氣合而成之也. 雖是如此, 而所謂"陰陽兩端", 成片段袞[18]將出來者, 固自若也. 亦猶論太極, 物物皆有之, 而太極之體, 未嘗不存也.【謨】

98:9 陰陽循環如磨, 游氣紛擾如磨中出者. 『易』曰"陰陽相摩, 八卦相盪, 鼓之以雷霆, 潤之以風雨, 日月運行, 一寒一暑", 此陰陽之循環也, "乾道成男, 坤道成女", 此游氣之紛擾也.【閎祖】

98:10 "循環不已者", "乾道變化"也, "合而成質者", "各正性命"也. 譬之樹木, 其根本猶大義, 散而生[19]花結實, 一向發生去, 是人物之萬殊.【賀孫】

98:11 ▲[20] 比如一箇水車, 一上一下, 兩邊只管袞[21]轉, 這便是'循環不已, 立天地之大義'底, 一上一下, 只管袞[22]轉, 中間帶得水灌溉得所在, 便是'生人物之萬殊.' 天地之間, 二氣只管運轉, 不知不覺生

---

13) 麤: 成化本・賀本에서는 粗로 되어 있다.
14) 查: 賀本에서는 渣로 되어 있다.
15) 恤: 孝宗刊本・英祖刊本・賀本에서는 䘏로 되어 있다.
16) ▲: "游氣"・"陰陽."
17) 耶: 賀本에는 없다.
18) 袞: 賀本에서는 滾으로 되어 있다.
19) 生: 賀本에서는 成으로 되어 있다.
20) ▲: 問"游氣"・"陰陽." 曰: "游是散殊,
21) 袞: 賀本에서는 滾으로 되어 있다.
22) 袞: 賀本에서는 滾으로 되어 있다.

出一箇人, 不知不覺又生出一箇物. 即他這箇斡轉, 便是生物時節."【道夫】

98:12 ▲[23] "游氣是氣之發散生物底氣. 游亦流行之意, 紛擾者, 參錯不齊. 旣生物, 便是游氣. 若是生物常運行而不息者, 二氣初無增損也."【謨】

98:13 問: "游氣莫便是陰陽? 橫渠如此說, 似開了." 曰: "此固是一物. 但渠所說'游氣紛擾, 合而成質', 恰是指陰陽交會言之. '陰陽兩端, 循環不已', 卻是指那分開底說. 蓋陰陽只管混了闢, 闢了混, 故周子云: '混兮闢兮, 其無窮兮.'"【端蒙】

98:14 ▲[24] 季通云: "卻不是說混沌未分, 乃是言陰陽錯綜相混, 交感而生物, 如言'天地絪縕.' 其下言'陰陽兩端', 卻是言分別底." 上句是體, 下句是用也.[25]【端蒙】

98:15 "游氣紛擾"是陰陽二氣之緒餘, "循環不已"是生生不窮之意.【謨】

98:16 ▲[26] 譬如一箇扇相似, 扇便是立天地之大義底, 扇出風來便是生人物底."【義剛】

98:17 ▲[27]

98:18 ▲[28]

---

23) ▲: 問"游氣紛擾, 生人物之萬殊." 曰:
24) ▲: 橫渠言"游氣紛擾."
25) 上句是體, 下句是用也.: 賀本에서는 上句是用, 下句是體也.로 되어 있다.
26) ▲: 叔器問游氣一段. 曰: "游氣是裏面底,
27) ▲: 問"陰陽"·"游氣"之辨. 曰: "游氣是生物底. 陰陽譬如扇子, 扇出風, 便是游氣."【義剛】

98:19 橫渠▲[29] 說得似稍支離. 只合云, 陰陽五行, 循環錯綜, 升降往來, 所以生人物之萬殊, 立天地之大義.【端蒙】

98:20 橫渠謂"天體物而不遺, 猶仁體事而無不在." 此數句, 是從赤心片片說出來, 荀·楊[30]豈能到?【士毅】

98:21 ▲[31]"體物, 猶言爲物之體也, 蓋物物有箇天理, 體事, 謂事事是仁做出來. 如'禮義[32]三百, 威儀三千', 須是仁做始得. 凡言體, 便是做他那骨子."【時擧】

98:22 ▲[33]

98:23 ▲[34]

98:24 "昊天曰明, 及爾出王",【音往.】言往來游衍, 無非是理. ▲[35]

---

28) ▲: 問"游氣"·"陰陽." 曰: "游氣是出而成質." 曰: "只是陰陽氣?" 曰: "然. 便當初不道'合而成質', 卻似有兩般."【可學】

29) ▲: 言: "游氣紛擾, 合而成質者, 生人物之萬殊, 其陰陽兩端, 循環不已者, 立天地之大義."

30) 荀·楊: 英祖刊本·成化本·賀本에서는 荀·揚으로 되어 있다.

31) ▲: 趙共父問"天體物而不遺, 猶仁體事而無不在." 曰:

32) 義: 英祖刊本·成化本·賀本에서는 儀로 되어 있다.

33) ▲: 趙共父問: "'天體物而不遺, 猶仁體事而無不在也.' 以見物物各有天理, 事事皆有仁?" 曰: "然. 天體在物上, 仁體在事上, 猶言天體於物, 仁體於事. 本是言物以天爲體, 事以仁爲體. 緣須著從上說, 故如此下語." 致道問: "與'體物而不可遺'一般否?" 曰: "然." 曰: "先生『易解』將'幹事'說." 曰: "幹事, 猶言爲事之幹, 體物, 猶言爲物之體." 共父問: "下文云: '〈禮儀三百, 威儀三千〉, 無一物而非仁也.'" 曰: "'禮儀三百, 威儀三千', 然須得仁以爲骨子."【賀孫】

34) ▲: 問: "'天體物而不遺, 猶仁體事而無不在', 何也?" 曰: "理者物之體, 仁者事之體. 事事物物, 皆具天理, 皆是仁做得出來. 仁者, 事之體. 體物, 猶言幹事, 事之幹也. '禮儀三百, 威儀三千', 非仁則不可行. 譬如衣服, 必有箇人著方得. 且如'坐如尸', 必須是做得. 凡言體者, 必是做箇基骨也."

35) ▲: "無一物之不體", 猶言無一物不將這箇做骨.

【端蒙】

○[36] 時擧說「板」詩, 問: "'天體物而不遺', 是指理而言, '仁體事而無不在', 是指人而言否?" 曰: "'體事而無不在', 是指心而言也. 天下一切事, 皆此心發見爾." 因言: "讀書窮理, 當體之於身. 凡平日所講貫窮究者, 不知逐日常見得在吾心目間否? 不然, 則隨文逐義, 趕趁期限, 不見悅處, 恐終無益."【時擧 ○餘見「張子書」類.】

98:25 ▲[37] "只是未理會得'仁'字. 若理會得這一字了, 則到處都理會得. 今未理會得時, 只是於他處上下文有些相貫底, 便理會得, 到別處上下文隔遠處, 便難理會. 今且須記取做箇話頭,【賀孫錄云: "千萬記取此是箇話頭?"】 久後自然曉得. 或於事上見得, 或看讀別文義, 卻自知得."【道夫 ○賀孫同.】

98:26 ▲[38]

98:27 ▲[39]

98:28 ▲[40]雷風山澤亦有神, 今之廟貌亦謂之神, 亦以方伸之氣爲言爾. 此處要錯綜周徧[41]而觀之. 伸中有屈, 屈中有伸, ▲[42]. 伸中有屈, 如人有魄是也, 屈中有伸, 如鬼而有靈是也.

---

36) ○: 『朱子語類』 81:162이다.
37) ▲: 問"仁體事而無不在." 曰:
38) ▲: 問: "'物之初生, 氣日至而滋息', 此息只是生息之'息', 非止息之'息'否?" 曰: "然. 嘗看『孟子』言'日夜之所息', 程子謂'息'字有二義. 某後來看, 只是生息."【道夫】
39) ▲: "'至之謂神, 以其伸也, 反之謂鬼, 以其歸也.' 人死便是歸, '祖考來格'便是伸." 死時便都散了.【僩】
40) ▲: 橫渠言"至之謂神, 反之謂鬼", 固是. 然
41) 徧: 成化本에서는 遍으로 되어 있다.
42) ▲: 便看此意

98:29 問:▲43) "'至之謂神', 如雨露風雷・人物動植之類, 其情狀可得而知. '反之謂鬼', 則無形狀之可求, ▲44)." 曰: "'祖考來格', 便是神之伸也. 這般處, 橫渠有數說, 說得好, 又說得極密. 某所以教公多記取前輩語, 記得多, 自是通貫." 又擧橫渠語45)曰: "以博物洽聞46)之學, 以稽天窮地47)之思." "須是恁地方得."

98:30 ▲48)問"性爲萬物之一源." 曰: "所謂性者, 人物之所同得. 非惟己有是, 而人亦有是, 非惟人有是, 而物亦有是."【道夫】

98:31 橫渠云: "一故神. 譬之人身, 四體皆一物, 故觸之而無不覺, 不待心使至此而後覺也. 此所謂'感而遂通, 不行而至, 不疾而速'也." 發於心, 達於氣, 天地與吾身共只是一團物事. 所謂鬼神者, 只是自家氣. 自家心下思慮纔動, 這氣卽敷於外, 自然有所感通.【賀孫】

98:32 ▲49) "一是一箇道理, 卻有兩端, 用處不同. 譬如陰陽: 陰中有陽, 陽中有陰, 陽極生陰, 陰極生陽, 所以神化無窮."【去僞】50)

98:33 ▲51) '一故神', 橫渠親注云: '兩在故不測.' 只是這一物, 卻周行乎事物之間. 如所謂陰陽・屈伸・往來・上下, 以至於行乎什伯千萬之中, 無非這一箇物事, 所以謂'兩在故不測.' '兩故化', 注云: '推行

---

43) ▲: "神之伸也, 其情狀可得而知者. 鬼之歸也, 如'洋洋乎如在其上, 如在其左右', 依人而行之類, 便是其情狀否?" 曰: "鬼神卽一樣, 如何恁地看?" 曰:

44) ▲: 故有此問

45) 語: 賀本에서는 謂로 되어 있다.

46) 聞: 賀本에서는 問으로 되어 있다.

47) 稽天窮地: 賀本에서는 稽窮天地로 되어 있다.

48) ▲: 用之

49) ▲: 或問"一故神." 曰:

50)【去僞】: 徽州本에서는【人傑按周謨金去僞錄並同】으로 되어 있다.

51) ▲: 問"一故神." 曰: "橫渠說得極好, 須當子細看. 但『近思錄』所載與本書不同. 當時緣伯恭不肯全載, 故後來不曾與他添得.

乎一.' 凡天下之事, 一不能化, 惟兩而後能化. 且如一陰一陽, 始能化生萬物. 雖是兩箇, 要之亦是推行乎此一爾. 此說得極精, 須當與他子細看." 【道夫】

98:34 ▲[52] '兩不立, 則一不可見, 一不可見, 則兩之用或幾乎息矣', 亦此意也. 如事有先後, 才有先, 便思量到末後一段, 此便是兩. 如寒, 則暑便在其中, 晝, 則夜便在其中, 便有一寓焉." 【寓】

98:35 ▲[53] 非一, 則陰陽・消長無自而見, 非陰陽・消長, 則一亦不可得而見矣.

98:36 "'神化'二字, 雖程子說得亦不甚分明, 惟是橫渠推出來. ▲[54] 推行有漸爲化合一不測爲神." ▲[55]'兩在'者, 或在陰, 或在陽, 在陰時全體都是陰, 在陽時全體都是陽. 化是逐一挨將去底, 一日復一日, 一月復一月, 節節挨將去, 便成一年, 這是化." 直卿云: "'一故神', 猶'一動一靜, 互爲其根', '兩故化', 猶'動極而靜, 靜極復動.'" 【方子】

98:37 ▲[56]李先生說云: '舊理會此段不得, 終夜倚[57]上坐思量, 以身去裏面體, 方見得平穩. 每看道理處皆如此.' ▲[58]

---

52) ▲: 林問: "'一故神, 兩故化', 此理如何?" 曰: "兩所以推行乎一也. 張子言: '一故神, 兩在故不測, 兩故化, 推行於一.' 謂此兩在, 故一存也.

53) ▲: "一故神, 兩故化." 兩者, 陰陽・消長・進退. 兩者, 所以推行於一, 一所以爲兩. "一不立, 則兩不可得而見, 兩不可見, 則一之道息矣." 橫渠此說極精.

54) ▲: 【淵錄云: "前人都說不到."】

55) ▲: 又曰: "'一故神, 兩在故不測. 兩故化', 言

56) ▲: 橫渠語曰: "一故神." 自注云: "兩在故不測." 又曰: "兩故化." 自注云: "推行於一." 是在陽又在陰, 無這一, 則兩便不能以推行. 兩便卽是這箇消長, 又是化, 又是推行之意. 又曰: "橫渠此語極精. 見

57) 倚: 成化本・賀本에서는 椅로 되어 있다.

58) ▲: 某時爲學, 雖略理會得, 有不理會得處, 便也恁地過了. 及見李先生後, 方知得是恁地下工夫." 又曰: "某今見得這物事了, 覺得見好則劇相似. 舊時未理會得, 是下了多少工夫? 而今學者卻恁地泛泛然, 都沒緊要, 不把當事, 只是謾學. 理會

98:38 “惟心無對.” “心統性情.” 二程卻無一句似此切. 【方子】[59)]

98:39 ▲[60)]

98:40 ▲[61)] 性情皆因心而後見. 心是體, 發於外謂之用. 孟子曰: “仁, 人心也.” 又曰: “惻隱之心.” 性情上都下箇“心”字. “仁人心也”, 是說體, “惻隱之心”, 是說用. 必有體而後有用, 可見“心統性情”之義. 【僩】

98:41 ▲[62)] 一心之中自有動靜, 靜者性也, 動者情也.” 【卓】

98:42 ▲[63)] “人受天地之中, 只有箇心性安然不動, 情則因物而感. 性是理, 情是用, 性靜而情動. 且如仁義禮智信是性, 然又有說‘仁心·義心’, 這是性亦與心通, 說惻隱·羞惡·辭讓[64)]·是非是情, 然又說道‘惻隱之心, 羞惡之心, 是非之心’, 這是情亦與心通說. 這是情性皆主於心, 故恁地通說.” 問: “意者心之所發, 與情性如何?” 曰: “意也與情相近.” 問: “志如何?” 曰: “志也與情相近. 只是心寂然不動, 方發出, 便喚做意. 橫渠云: ‘志公而意私.’ 看這自說得好. 志便淸, 意便濁, 志便剛, 意便柔, 志便有立作意思, 意便有潛竊意思. 公自子細看, 自見得. 意, 多是說私意, 志, 便說‘匹夫不可奪志.’” 【賀孫】

得時也好, 理會不得時也不妨, 恁地如何得? 須是如射箭相似, 把著弓, 須是射得中, 方得.”

59) 【方子】: 徽州本에서는 【公謹】으로 되어 있다.

60) ▲: “心統性情.” 統, 猶兼也. 【升卿】

61) ▲: “心統性情.”

62) ▲: 問“心統性情.” 曰: “性者, 理也. 性是體, 情是用. 性情皆出於心, 故心能統之. 統, 如統兵之‘統’, 言有以主之也. 且如仁義禮智是性也, 孟子曰: ‘仁義禮智根於心.’ 惻隱·羞惡·辭遜·是非, 本是情也, 孟子曰: ‘惻隱之心, 羞惡之心, 辭遜之心, 是非之心.’ 以此言之, 則見得心可以統性情.

63) ▲: 問: “‘心統性情’, 統如何?” 曰: “統是主宰, 如統百萬軍. 心是渾然底物, 性是有此理, 情是動處.” 又曰:

64) 讓: 成化本·賀本에서는 遜으로 되어 있다.

98:43 "▲[65] 有言靜處便是性, 動處是心, 如此, 則是將一物分作兩處了. 心與性, 不可以動靜言. 凡物有心而其中必虛, 如飮食中雞心豬心之屬, 切開可見. 人心亦然. 只這些虛處, 便包藏許多道理, 彌綸天地, 該括古今. 推廣得來, 蓋天蓋地, 莫不由此, 此所以爲人心之妙歟. 理在人心, 是之謂性. 性如心之田地, 充此中虛, 莫非是理而已. 心是神明之舍, 爲一身之主宰. 性便是許多道理, 得之於天而具於心者. 發於智識念慮處, 皆是情, 故曰"心統性情"也.【謨】

98:44 ▲[66]好善而惡惡, 情也, 而其所以好善而惡惡, 性之節也. ▲[67]【道夫】

98:45 ▲[68]

98:46 季通云: "'心統性情', 不若云, 心者, 性情之統名."【端蒙】

98:47 橫渠言: "凡物莫不有性, 由通蔽開塞, 所以有人物之別, 由蔽有厚薄, 故有智愚之別." 似欠了生知之聖.【端蒙】

98:48 橫渠此段不如呂與叔分別得分曉. 呂曰: "蔽有淺深, 故爲昏明, 蔽有開塞, 故爲人物."【閎祖】

98:49 ▲[69]問: "[70]橫渠・呂▲[71]說, 孰爲親切?" 曰: "與叔倒分明似

---

65) ▲: 心統性情者也." "寂然不動", 而仁義禮智之理具焉. 動處便是情.

66) ▲: 橫渠云: "心統性情." 蓋

67) ▲: 且如見惡而怒, 見善而喜, 這便是情之所發. 至於喜其所當喜, 而喜不過, 謂如人有三分合喜底事, 我卻喜至七八分, 便不是. 怒其所當怒, 而怒不遷,【謂如人有一分合怒底事, 我卻怒至三四分, 便不是.】 以至哀樂愛惡欲皆能中節而無過: 這便是性.

68) ▲: 先生取『近思錄』, 指橫渠"心統性情"之語以示學者. 力行問曰: "心之未發, 則屬乎性, 既發, 則情也." 曰: "是此意." 因再指伊川之言曰: "心一也, 有指體而言者, 有指用而言者."【力行】

橫渠之說. 看來塞中也有通處, 如猿狙之性卽靈, 豬則全然蠢了, 便是通蔽不同處. '本乎天者親上, 本乎地者親下.' 如人頭向上, 所以最靈, 草木頭向下, 所以最無知, 禽獸之頭橫了, 所以無知, 猿狙稍靈, 爲他頭有時也似人, 故稍向得上."【履孫】

98:50 ▲72)問: "'〈精73)義入神〉, 事豫吾內, 求利吾外也.' '求'字似有病, 便有箇先獲底心. '精義入神', 自然是能利吾外, 何待於求?" 曰: "然. 當云'所以利吾外也.'" ▲74) ○僩 ○第二卷.】

98:51 精熟義理而造於神, 事素75)定乎內, 而乃所以求利乎外也, 通達其用而身得其安, 素利乎外, 而乃所以致養其內也. 蓋內外相應之理.【端蒙】

98:52 ▲76) "入神, 是入至於微妙處. 此卻似向內做工夫, 非是作用於外, 然乃所以致用於外也. 故嘗謂門人曰: '吾學旣得於心, 則修其辭, 命辭無差, 然後斷事, 斷事無失, 吾乃沛然. "精義入神"者, 豫而已.' 橫渠可謂'精義入神.' ▲77)【賀孫】

98:53 ▲78) 事未至而先知其理之謂豫.【學履】

---

69) ▲: 或
70) ▲: 通蔽開塞, 張
71) ▲: 芸閣
72) ▲: 敬子
73) 精: 徽州本에서는 이 앞에 橫渠가 더 들어 있다.
74) ▲:【李又曰: "「繫辭」此已上四節, 都是說「咸」卦. 蓋「咸」, 只是自家感之他便應, 非是有心於求人之應也. 如上文往來屈伸, 皆是此意."
75) 素: 賀本에서는 業으로 되어 있다.
76) ▲: 問"精義入神"一條. 曰:
77) ▲: 橫渠云: '陰陽二氣推行以漸, 謂化, 闔闢不測, 謂神.' 伊川先生說神化等, 卻不似橫渠較說得分明."
78) ▲: "事豫吾內."

98:54 ▲[79]問: "'德不勝氣, 性命於氣, 德勝於氣, 性命於德[80].' 前日見先生說, 以'性命'之'命'爲聽命之'命.' 適見先生舊『答潘恭叔書』, 以[81]'命'與'性'字只一般, 如言性與命也, 所以後面分言'性天德, 命天理.' 不知如何?" 曰: "也是如此. 但'命'字較輕得些." 僩問: "若將'性命'作兩字看, 則'於氣'·'於德'字, 如何地說得來? 則當云'性命皆由於氣, 由於德'始得." 曰: "橫渠文字[82]自如此."【僩】

98:55 德性若不勝那氣稟, 則性命只由那氣, 德性能勝其氣, 則性命都是那德, 兩者相爲勝負. 蓋其稟受之初, 便如此矣. 然亦非是元地頭不渾全, 只是氣稟之偏隔著. 故窮理盡性, 則善反之功也. "性天德, 命天理", 則無不是元來至善之物矣. 若使不用修爲之功, 則雖聖人之才, 未必成性. 然有聖人之才, 則自無不修爲之理.【端蒙】

98:56 ▲[83] "張子只是說性與氣皆從上面流下來. 自家之德, 若不能有以勝其氣, 則祇是承當得他那所賦之氣. 若是德有以勝其氣, 則我之所以受其賦予者, 皆是德. 故窮理盡性, 則我之所受, 皆天之德, 其所以賦予我者, 皆天之理. 氣之不可變者, 惟死生修夭而已. 蓋死生修夭, 富貴貧賤, 這卻還他氣. 至'義之於君臣, 仁之於父子', 所謂'命也, 有性焉, 君子不謂命也.' 這箇卻須由我, 不由他了."【道夫】

98:57 ▲[84] "性是以其定者而言, 命是以其流行者而言. 命便是水恁地流底, 性便是將椀[85]盛得來. 大椀[86]盛得多, 小椀[87]盛得少, 淨潔

---

79) ▲: 用之
80) 德: 徽州本에서는 이 뒤에 窮理盡性則性天德命天理가 더 들어 있다.
81) 以: 徽州本에서는 이 뒤에 性命於德性命於氣之가 더 들어 있다.
82) 字: 賀本에는 없다.
83) ▲: 問"德不勝氣"一章. 曰:
84) ▲: 問: "'窮理盡性, 則性天德, 命天理.' 這處性·命如何分別?" 曰:
85) 椀: 成化本에서는 碗으로 되어 있다.
86) 椀: 成化本에서는 碗으로 되어 있다.
87) 椀: 成化本에서는 碗으로 되어 있다.

椀[88]盛得清, 汙漫椀[89]盛得濁."【賀孫】

98:58 ▲[90]

98:59 橫渠云: "所不可變者, 惟壽夭耳." 要之, 此亦可變. 但大槪如此.【力行】

98:60 問: "'莫非天也', 是兼統善惡而言否?" 曰: "然. 正所謂'善固性也, 然惡亦不可不謂之性', 二者皆出於天也. 陽是善, 陰是惡, 陽是强, 陰是弱, 陽便淸明, 陰便昏濁. 大抵陰陽有主對待而言之者, 如陽是仁, 陰是義之類. 這又別是一樣, 是專就善上說, 未有那惡時底說話." 須[91]之, 復曰: "程先生云: '視聽思慮動作, 皆天也. 人但於其中要識得眞與妄爾.'"【道夫】

98:61 陽明勝則德性用, 陰濁勝則物欲行. 只將自家意思體驗, 便見得. 人心虛靜, 自然淸明, 才爲物欲所蔽, 便陰陰地黑暗了, 此陰濁所以勝也.【謨】

98:62 "'大其心, 則能體天下之物. 世人之心, 止於見聞之狹, 故不能體天下之物. 唯聖人盡性, 故不以所見所聞梏其心, 故大而無外, 其視天下無一物非我.' 他只是說一箇大與小. 孟子謂'盡心則知性, 知天', 以此. 蓋盡心, 則只是極其大, 心極其大, 則知性知天, 而無有外之心

---

88) 椀: 成化本에서는 碗으로 되어 있다.

89) 椀: 成化本에서는 碗으로 되어 있다.

90) ▲: "橫渠言: '形而後有氣質之性, 善反之, 則天地之性存焉.' 又曰: '德不勝氣, 性命於氣, 德勝其氣, 性命於德.' 又曰: '性天德, 命天理.' 蓋人生氣稟自然不同, 天非有殊, 人自異稟. 有學問之功則性命於德, 不能學問, 然後性命惟其氣稟耳." 曰: "從前看'性命於德'一句, 意謂此性由其德之所命. 今如此云, 則是'性命'二字皆是德也." 曰: "然."【力行】

91) 須: 『朱子語類』에서는 頃으로 되어 있다.【附箋紙】"須", 恐作"頃."

矣." 道夫問: "今未到聖人盡心處, 則亦莫當推去否?" 曰: "未到那裏, 也須知說聞見之外, 猶有我不聞不見底道理在. 若不知聞見之外猶有道理, 則亦如何推得? 要之, 此亦是橫渠之意然, 孟子之意則未必然." 道夫曰: "孟子本意, 當以『大學或問』所引爲正." 曰: "然. 孟子之意, 只是說窮理之至, 則心自然極其全體而無餘, 非是要大其心而後知性知天也." 道夫曰: "只如橫渠所說, 亦自難下手." 曰: "便是橫渠有時自要恁地說, 似乎只是懸空想象[92]而心自然大. 這般處, 元只是格物多後, 自然豁然有箇貫通處, 這便是'下學而上達'也. 孟子之意, 只是如此."【道夫】

98:63 ▲[93] 體, 猶"仁體事而無不在", 言心理流行, 脈絡貫通, 無有不到. 苟一物有未體, 則便有不到處. 包括不盡, 是心爲有外. 蓋私意間隔, 而物我對立, 則雖至親, 且未必能無外矣. "故有外之心, 不足以合天心."【端蒙】

98:64 ▲[94] 今官司文書行移, 所謂體量・體究是這樣'體'字." 或曰: "是將自家這身入那事物裏面去體認否?" 曰: "然. 猶云'體群臣'也. 伊川曰'天理'二字, 卻是自家體貼出來', 是這樣'體'字."【僩】

98:65 ▲[95] "此是置心在物中, 究見其理, 如格物・致知之意[96], ▲[97]【木之】

98:66 ▲[98]天大無外, 物無不包. 物理所在, 一有所遺, 則吾心爲有

92) 象: 成化本・賀本에서는 像으로 되어 있다.
93) ▲: "大其心, 則能遍體天下之物."
94) ▲: 問: "'物有未體, 則心爲有外', 此'體'字是體察之'體'否?" 曰: "須認得如何喚做體察.
95) ▲: 問: "'物有未體, 則心爲有外.' '體'之義如何?" 曰:
96) 意: 賀本에서는 義로 되어 있다.
97) ▲: 與'體・用'之'體'不同."

外, 便與天心不相似."【道夫】

98:67 ▲[99]問: "如何得不以見聞梏其心?" 曰: "張子此說, 是說聖人盡性事. 如今人理會學, 須是有見聞, 豈能舍此? 先是於見聞上做功[100]夫到, 然後脫然貫通. 蓋尋常見聞, 一事只知得一箇道理, 若到貫通, 便都是一理, 曾子是已. 盡性, 是論聖人事."【䇹】

98:68 ▲[101] "十分事只[102]做得七八分, 便是有外. 所以致知・格物者, 要得無外也."【夔孫】

98:69 ▲[103] "只是有私意, 便內外扞格. 只見得自家身己, 凡物皆不與己相關, 便是'有外之心.' 橫渠此說固好. 然只管如此說, 相將便無規矩, 無歸着, 入於邪遁之說. 且如夫子爲萬世道德之宗, 都說得語意平易, 從得夫子之言, 便是無外之實. 若便要說天大無外, 則此心便瞥入虛空裏去了."【學蒙】

98:70 ▲[104] "爲德辨, 爲感速." 辨, 猶子細, 感速, 言我之感發速也.【端蒙】

98:71 "息有養, 瞬有存." 言一息之間亦有養, 一瞬之頃亦有存, 如"造次顚沛必於是"之意, 但說得太緊.【端蒙】

98:72 『西銘』一篇, 首三句卻似人破義題. "天地之塞・帥"兩句, 恰

98) ▲: 橫渠云: "物有未體, 則心爲有外." 又曰: "有外之心, 不足以合天心." 蓋
99) ▲: "世人之心止於見聞之狹, 聖人盡性, 不以見聞梏其心." 伯豐
100) 功: 賀本에서는 工으로 되어 있다.
101) ▲: 問"有外之心." 曰:
102) 只: 賀本에는 없다.
103) ▲: 或問: "如何是'有外之心'?" 曰:
104) ▲: 橫渠言:

似人做原題, 乃一篇緊要處. "民吾同胞"止"無告者也", 乃統論如此. "于時保之"以下, 是做處. 【端蒙】

98:73 "乾稱父? 坤稱母?" 【厲聲言"稱"字.】 又曰: "以主上爲我家裏兄子, 得乎?" 【節】

98:74 ▲[105]解▲[106]云: "乾者, 健而無息之謂, 坤者, 順而有常之謂." 問: "此便是陽動陰靜否?" 曰: "此是陽動陰靜之理." 【端蒙】

98:75 "混然中處", 言混合無間, 蓋此身便是從天地來. 【端蒙】

98:76 ▲[107] 塞, 如孟子說"塞乎天地之間." 塞只是氣. 吾之體卽天地之氣. 帥是主宰, 乃天地之常理也. 吾之性卽天地之理. 【賀孫】

○[108] 問: "先生解「西銘」'天地之塞'作'窒塞'之'塞', 如何?" 曰: "後來改了, 只作'充塞.' 橫渠不妾[109]下字, 各有來處. 其曰'天地之塞', 是用『孟子』'塞乎天地', 其曰'天地之帥', 是用'志, 氣之帥也.'" 【德明】

98:77 "吾其體, 吾其性", 有我去承當之意. 【謨】

98:78 ▲[110]解以'乾健・坤順爲天地之志.' 天地安得有志?" 曰: "'復其見天地之心', '天地之情可見', 安得謂天地無心・情乎?" 或曰: "福善禍淫, 天之志否?" 曰: "程先生說'天地以生物爲心', 最好, 此乃是無心之心也." 【人傑】

---

105) ▲: 『西銘』
106) ▲: 義
107) ▲: "天地之塞吾其體, 天地之帥吾其性."
108) ○: 『朱子語類』의 52:101의 일부이다.
109) 妾: 『朱子語類』에서는 妄으로 되어 있다. 【附箋紙】 "妾", 恐作"妄"
110) ▲: 或問: "'天地之帥吾其性', 先生

98:79 『西銘』大要在"天地之塞吾其體, 天地之帥吾其性"兩句. ▲[111]此篇, 大抵皆古人說話集來. 要知道理只有一箇, 道理, 中間句句段段, 只說事親事天. 自一家言之, 父母是一家之父母, 自天下言之, 天地是天下之父母, 通是一氣, 初無間隔. "民吾同胞, 物吾與也." 萬物雖皆天地所生, 而人獨得天地之正氣, 故人爲最靈, 故民同胞, 物則亦我之儕輩. 孟子所謂"親親而仁民, 仁民而愛物", 其等差自然如此, 大抵卽事親以明事天. 【賀孫】

98:80 ▲[112]上面'乾稱父', 至'混然中處'是頭, 下面'民吾同胞, 物吾與也', 便是箇項. 下面便撒開說, 說許多. '大君者吾父母宗子'云云, 盡是從'民吾同胞物吾與也'說來. 到得'知化則善述其事, 窮神則善繼其志', 這志便只是那'天地之帥吾其性'底志. 爲人子便要述得父之事, 繼得父之志, 如此方是事親如事天, 便要述得天之事, 繼得天之志, 方是事天. 若是違了此道理, 便是天之悖德之子, 若害了這仁, 便是天之賊子, 若是濟惡不悛, 便是天之不才之子, 若能踐形, 便是天地[113]克肖之子. 這意思血脈, 都是從'天地之塞吾其體, 天地之帥吾其性'說. ▲[114]若不是此兩句, 則天自是天, 我自是我, 有何干涉?" 或問: "此兩句, 便是理一處否?" 曰: "然." 【僩】

98:81 問: "▲[115]自'乾稱父, 坤稱母', 至'民吾同胞, 物吾與也'處, 是仁之體, '于[116]時保之'以下, 是做功[117]夫處?" 曰: "若言'同胞吾與'了,

111) ▲: 塞是說氣, 孟子所謂"以直養而無害, 則塞乎天地之間", 卽用這箇"塞"字. 張子

112) ▲: 問『西銘』之義. 曰: "緊要血脈盡在'天地之塞吾其體, 天地之帥吾其性'兩句上.

113) 地: 賀本에서는 之로 되어 있다. 【附箋紙】"天地", 恐當作"天之"

114) ▲: 緊要都是這兩句,

115) ▲: 『西銘』

116) 于: 賀本에서는 於로 되어 있다.

117) 功: 『朱子語類』에서는 工으로 되어 있다.

便說著'博施濟衆', 卻不是. 所以只說教人做工夫處只在敬與恐懼, 故曰'于時保之, 子之翼也.' 能常敬而恐懼, 則這箇道理自在." 又曰: "因事親之誠, 以明事天之道, 只是譬喩出來. 下面一句事親, 一句事天, 如'匪懈'·'無忝'是事親, '不愧屋漏'·'存心養性'是事天. 下面說事親, 兼常變而言. 如曾子是常, 舜伯奇之徒皆變. 此在人事言者如此, 天道則不然, 直是順之無有不合者." 又問"理一而分殊." "言理一而不言分殊, 則爲墨氏兼愛, 言分殊而不言理一則, 爲楊氏爲我. 所以言分殊, 而見理一底自在那裏, 言理一, 而分殊底亦在, 不相夾雜."【子蒙】

98:82 ▲118)

98:83 問: "▲119)'潁封人▲120)', '申生▲121)皆不能無失處, 豈能盡得孝道?" 曰: "『西銘』本不是說孝, 只是說事天, 但推事親之心以事天耳. 二子就此處論之, 誠是如此. 蓋事親卻未免有正有不正處. 若天道純然, 則無正不正之處, 只是推此心以奉事之耳."【寓】

98:84 ▲122) "天不到得似獻公也. 人有妄, 天則無妄. 若教自家死, 便是理合如此, 只得聽受之."【夔孫】

98:85 ▲123)

98:86 ▲124)

---

118) ▲: 林聞一問: "『西銘』只是言仁·孝·繼志·述事." 曰: "是以父母比乾坤. 主意不是說孝, 只是以人所易曉者, 明其所難曉者耳."【木之】
119) ▲:『西銘』說
120) ▲: 之錫類
121) ▲: 其恭.' 二子
122) ▲: 問: "『西銘』: '無所逃而待烹.' 申生未盡子道, 何故取之?" 先生曰:
123) ▲: 答叔京"參乎""伯奇"之語: "天命無妄, 父母之命, 有時而出於人欲之私."【方】
124) ▲:『西銘』要句句見"理一而分殊."【文蔚】

98:87 ▲125)

98:88 ▲126) "今人說, 只說得中間五六句'理一分殊.' 據某看時, '乾稱父, 坤稱母', 直至'存吾順事, 沒吾寧也', 句句皆是'理一分殊.' 喚做'乾稱'·'坤稱', 便是分殊. 如云'知化則善述其事', 是我述其事, '窮神則善繼其志', 是我繼其志. 又如'存吾順事, 沒吾寧也.' 以自家父母言之, 生當順事之, 死當安寧之, 以天地言之, 生能127)順事而無所違拂, 死則安寧也, 此皆是分殊處. 逐句渾淪看, 便見128)理一, 當中橫截斷看, 便見分殊." 因問: "如先生後論云: '推親親之恩以示無我之公, 因事親之誠以明事天之實.' 看此二句, 足以包括『西銘』一篇之統體, 可見得'理一分殊'處分曉." 曰: "然." 又云: "以人之自有父母言之, 則一家之內有許多骨肉宗族. 如'民吾同胞, 物吾與也. 大君者, 吾父母宗子'以下, 卻是以天地爲一大父母, 與衆人廝129)共底也."【燾】

98:89 ▲130) "'混然中處'則便是一箇. 許多物事都在我身中, 更那裏去討一箇乾坤?" ▲131)【道夫】

98:90『西銘』一篇, 始末皆是"理一分殊." 以乾爲父, 坤爲母, 便是理一而分殊, "予茲藐焉, 混然中處", 便是分殊而理一. "天地之塞吾其

125) ▲:『西銘』通體是一箇"理一分殊", 一句是一箇"理一分殊", 只先看"乾稱父"三字. 一篇中錯綜此意.

126) ▲: 或問『西銘』"理一而分殊." 曰:

127) 能: 成化本·賀本에서는 當으로 되어 있다.

128) 見: 賀本에서는 是로 되어 있다.

129) 廝: 成化本·賀本에서는 厮로 되어 있다.

130) ▲: 道夫言: "看西銘, 覺得句句是'理一分殊.' 曰: "合下便有一箇'理一分殊', 從頭至尾又有一箇'理一分殊', 是逐句恁地." 又曰: "合下一箇'理一分殊', 截作兩段, 只是一箇天人." 道夫曰: "他說'乾稱父, 坤稱母, 予茲藐焉, 乃混然中處.' 如此則是三箇." 曰:

131) ▲: 問"塞"之與"帥"二字. 曰: "塞, 便是'充塞天地'之'塞', 帥, 便是'志者氣之帥'之'帥.'" 問: "'物吾與也', 莫是黨與之'與'?" 曰: "然."

體, 天地之帥吾其性", 分殊而理一, "民吾同胞, 物吾與也", 理一而分殊. 逐句推之, 莫不皆然. 某於篇末亦嘗發此意. 乾父坤母, 皆是以天地之大, 喩一家之小: 乾坤是天地之大, 父母是一家之小, 大君大臣是大, 宗子家相是小, 類皆如此推之. 舊嘗看此, 寫作旁通圖子, 分爲一[132]截, 上下排布, 亦甚分明. 【謨】

98:91 ▲[133] 又問: "自'惡旨酒'至'勇於從而順令', 此六聖賢事, 可見理一分殊乎?" 曰: "'惡旨酒', '育英才', 是事天, '顧養'及'錫類'則是事親, 每一句皆存兩義, 推類可見." 問: "'天地之塞', 如何是'塞'?" 曰: "'塞'與'帥'字, 皆張子用字之妙處. 塞, 乃『孟子』'塞天地之間', 體, 乃『孟子』'氣體之充'者, 有一毫不滿不足之處, 則非塞矣. 帥, 卽'志, 氣之帥', 而有主宰之意. 此『西銘』借用孟子論'浩然之氣'處. 若不是此二句爲之關紐, 則下文言'同胞', 言'兄弟'等句, 在他人中物, 皆與我初何干涉? 其謂之'兄弟'・'同胞', 乃是此一理與我相爲貫通. 故上說'父母', 下說'兄弟', 皆是其血脈過度處. ▲[134] 【寓】

98:92 ▲[135] "有父, 有母, 有宗子, 有家相, 此卽分殊也." 【節】

98:93 ▲[136]如人之一家, 自有等級之別. 所以乾則稱父, 坤則稱母, 不可棄了自家父母, 卻把乾坤做自家父母看. 且如"民吾同胞", 與自家兄弟同胞, 又自別. 龜山疑其兼愛, 想亦未深曉『西銘』之意. ▲[137] 【敬仲】

---

132) 一: 徽州本에서는 二로 되어 있다.

133) ▲: 一之問『西銘』"理一而分殊." 曰: "『西銘』自首至末, 皆是'理一而分殊.' 乾父坤母, 固是一理, 分而言之, 便見乾坤自乾坤, 父母自父母, 惟'稱'字便見異也."

134) ▲: 『西銘』解二字只說大槪, 若要說盡, 須因起疏注可也."

135) ▲: 問『西銘』分殊處. 曰:

136) ▲: 『西銘』大綱是理一而分自爾殊. 然有二說: 自天地言之, 其中固自有分別, 自萬殊觀之, 其中亦自有分別. 不可認是一理了, 只滾做一看, 這裏各自有等級差別. 且

137) ▲: 西銘一篇, 正在"天地之塞吾其體, 天地之帥吾其性"兩句上.

98:94 ▲[138] 而今道天地不是父母, 父母不是天地, 不得, 分明是一理. '乾道成男, 坤道成女', 則凡天下之男皆乾之氣, 凡天下之女皆坤之氣, 從這裏便撤[139]上徹下都卽是一箇氣, 都透過了." 又曰: "'繼之者善'便是公共底, '成之者性'便是自家得底. 只是一箇道理, 不道是這箇是, 那箇不是. 如水中魚, 肚中水便只是外面水." 【賀孫】

98:95 ▲[140]

98:96 ▲[141] 這是一直看下, 更須橫截看. 若只恁地看, 怕淺了. '民吾同胞', 同胞裏面便有理一分殊底意, '物吾與也', 吾與裏面便有理一分殊底意. '乾稱父, 坤稱母', 道是父母, 固是天氣而地質, 然與自家父母, 自是有箇親疏, 從這處便'理一分殊'了. 看見伊川說這意較多. 龜山便正是疑'同胞'・'吾與'爲近於墨氏, 不知他'同胞'・'吾與'裏面, 便自分'理一分殊'了. ▲[142]" 【賀孫 ▲[143]】

---

138) ▲: 問『西銘』. 曰: "更須子細看他說理一而分殊.

139) 撤: 『朱子語類』에서는 徹로 되어 있다. 【附箋紙】"撤", 恐"徹"之誤.

140) ▲: 問: "『西銘』'理一而分殊', 分殊, 莫是'民吾同胞, 物吾與也'之意否?" 曰: "民物固是分殊, 須是就民物中又知得分殊. 不是伊川說破, 也難理會. 然看久, 自覺裏面有分別."

141) ▲: 用之問: "『西銘』所以'理一分殊', 如民物則分'同胞'・'吾與', 大君家相, 長幼殘疾, 皆自有等差. 又如所以事天, 所以長長幼幼, 皆是推事親從兄之心以及之, 此皆是分殊處否?" 曰: "也是如此. 但這有兩種看:

142) ▲: 如公所說恁地分別分殊, '殊'得也不大段. 這處若不子細分別, 直是與墨氏兼愛一般?

143) ▲: ○卓錄云: "劉用之問: '『西銘』"理一而分殊." 若大君宗子, 大臣家相, 與夫民・物等, 皆是"理一分殊"否?' 曰: '如此看, 亦是. 但未深, 當截看. 如『西銘』劈頭來便是"理一而分殊." 且"乾稱父, 坤稱母", 雖以乾・坤爲父母, 然自家父母自有箇親疏, 這是"理一而分殊." 等而下之, 以至爲大君, 爲宗子, 爲大臣家相, 若理則一, 其分未嘗不殊. 民吾同胞, 物吾黨與, 皆是如此. 龜山正疑此一著, 便以民吾同胞, 物吾黨與, 近于墨氏之兼愛. 不知他同胞・同與裏面, 便有箇"理一分殊." 若如公所說恁地分別, 恐勝得他也不多. 這處若不分別, 直是與墨子兼愛一般?'"

98:97 ▲[144]

98:98 ▲[145] 人且逐日自把身心來體察一遍, 便見得吾身便是天地之塞, 吾性便是天地之帥, 許多人物生於天地之間, 同此一氣, 同此一性, 便是吾兄弟黨與, 大小等級之不同, 便是親疏遠近之分. 故敬天當如敬親, 戰戰兢兢, 無所不至, 愛天當如愛親, 無所不順. 天之生我, 安頓得好, 令我富[146]貴崇高, 便如父母愛我, 當喜而不忘, 安頓得不好, 令我貧賤憂戚, 便如父母欲成就我, 當勞而不怨." ▲[147)【文蔚】

98:99 ▲[148]

98:100 ▲[149]

98:101 『西銘』說, 是形化底道理, 此萬物一源之性. 太極者, 自外▲[150]推入去, 到此極盡, 更沒去處, 所以謂之太極.【謨】

---

144) ▲: 問: "『西銘』句句是'理一分殊', 亦只就事天・事親處分否?" 曰: "是. '乾稱父, 坤稱母', 只下'稱'字, 便別. 這箇有直說底意思, 有橫說底意思. '理一而分殊', 龜山說得又別. 他只以'民吾同胞, 物吾與'及'長長幼幼'爲理一分殊." 曰: "龜山是直說底意思否?" 曰: "是. 然龜山只說得頭一小截, 伊川意則闊大, 統一篇言之." 曰: "何謂橫說底意思?" 曰"'乾稱父, 坤稱母'是也. 這不是卽那事親底, 便是事天底?" 曰: "橫渠只是借那事親底來形容事天做箇樣子否?" 曰: "是."【淳】

145) ▲: 問: "向日曾以『西銘』仁孝之理請問, 先生令截斷橫看. 文蔚後來見得孝是發見之先, 仁是天德之全. 事親如事天, 卽是孝, 自此推之, 事天如事親, 卽仁矣. '老吾老, 幼吾幼', 自老老幼幼之心推之, 至於疲癃殘疾, 皆如吾兄弟顚連而無告, 方始盡. 故以敬親之心, 不欺闇室, 不愧屋漏, 以敬其天, 以愛親之心, 樂天循理, 無所不順, 以安其天, 方始盡性. 竊意橫渠大意只是如此, 不知是否?" 曰: "他不是說孝, 是將孝來形容這仁, 事親底道理, 便是事天底樣子.

146) 富: 賀本에서는 當으로 되어 있다.

147) ▲: 徐子融曰: "先生謂事親是事天底樣子, 只此一句, 說盡『西銘』之意矣?"

148) ▲: 『西銘』有箇劈下來底道理, 有箇橫截斷底道理. 直卿疑之. 竊意當時語意, 似謂每句直下而觀之, 理皆在焉, 全篇中斷而觀之, 則上專是事天, 下專是事親, 各有攸屬.【方子】

149) ▲: 聖人之於天地, 如孝子之於父母. 『西銘』.【升卿】

150) ▲: 而

98:102 ▲[151] 帥.【摠心性言.】 與.【如"與國""相與"之類.】 于時保之.【畏天.】 不憂.【樂天.】 賊.【賊子.】 濟惡.【積惡.】 化.【有迹.】 神.【無迹.】 旨酒.【欲也.】 不弛勞.【橫渠解"無施勞"亦作"弛."】 豫.【如『後書』[152]言"天意未豫." ○方】

98:103 ▲[153] 方云: "指其名者分之殊, 推其同者理之一."【方】

98:104 ▲[154]問: "龜山『語錄』曰: '『西銘』"理一而分殊." 知其理一, 所以爲仁, 知其分殊, 所以爲義."' 先生曰: "仁, 只是流出來底便是仁, 各自成一箇物事底便是義. 仁只是那流行處, 義是合當做處. 仁只是發出來底, 及至發出來有截然不可亂處, 便是義. 且如愛其親, 愛兄弟, 愛親戚, 愛鄕里, 愛宗族, 推而大之, 以至於天下國家, 只是這一箇愛流出來, 而愛之中便有許多等差. 且如敬, 只是這一箇敬, 便有許多合當敬底, 如敬長・敬賢, 便有許多分別." ▲[155]【義剛】

98:105 ▲[156] 因說: "我老老幼幼, 他亦老老幼幼, 互相推及, 天下豈

---

151) ▲: 問『西銘』:

152) 『後書』: 『朱子語類』에서는 『後漢書』로 되어 있다.【附箋紙】"後"下, 落"漢"字.

153) ▲: "龜山有論『西銘』二書, 皆非, 終不識'理一.' 至於'稱物平施', 亦說不著. 『易傳』說是. 大抵『西銘』前三句便是綱要, 了得, 卽句句上自有'理一分殊.'"【後來已有一篇說了.】

154) ▲: 林子武

155) ▲: 又問禮. 先生曰: "以其事物之宜之謂義, 義之有節文之謂禮. 且如諸侯七廟, 大夫五廟, 士二, 這箇便是禮, 禮裏面便有義. 所以說: '天命之謂性, 率性之謂道, 修道之謂敎.' 如『中庸集略』呂與叔所云: '自是合當恁地.' 知得親之當愛, 子之當慈, 這便是仁, 至於各愛其親, 各慈其子, 這便是義. 這一箇物事分不得. 流出來底便是仁, 仁打一動, 便是義禮智信當來. 不是要仁使時, 仁來用, 要義使時, 義來用, 只是這一箇道理, 流出去自然有許多分別. 且如心・性・情, 而今只略略動著, 便有三箇物事在那裏, 其實只是一箇物. 虛明而能應物者, 便是心, 應物有這箇道理, 便是性, 會做出來底, 便是情, 這只一箇物事."

156) ▲: 龜山說"理一"似未透. 據老幼及人一句, 自將分殊都說了. 但其意以老幼互相推及, 所以然者同類也, 但施置有先後耳.

有不治? 此便是'絜矩之道.'" 【方】

○[157]『西銘』, 初看有許多節拍, 卻似狹, 充其量, 是甚麽様大? 合下便有箇乾健・坤順意思. 自家身已便如此, 形體便是這箇物事, 性便是這箇物事. '同胞'是如此, '吾與'已[158]如此, 主腦▲[159]是如此, '尊高年, 所以長其長, 慈孤弱, 所以幼其幼', 又是做工夫處. 後面節節如此. '于時保之, 子之翼也. 樂且不憂, 純乎孝者也.' 其品節次第又如此. 橫渠這般說話, 體用兼備, 豈似他人只說得一邊?" 【賀孫】

○[160] 又曰: "『西銘』本不曾說'理一分殊', 因人疑後, 方說此一句." 【義剛】

98:106 ▲[161]

98:107[162] 問『東銘』. 曰: "此正如今法書所謂'故失'兩字." 因令道夫寫作圖子看[163]: 【戲言出於思也, 戲動作於謀也. 發於聲, 見乎四支,】 謂非己心, 不明也, 欲人無己疑, 不能也.□□□□ 【過言非心也, 過動非誠也. 失於聲, 謬迷其四體,】 謂己當然, 自誣也, 欲他人己從, 誣人也. 或者謂 【出於[164]心者, 歸咎爲己戲, 失於[165]思者, 自誣爲己誠.】 不知[166] 【戒其出歸咎甚者, 汝者汝[167]長遂】 且 【傲非,】 不智孰甚焉?

---

157) ○: 『朱子語類』의 94:20의 일부이다.
158) 已: 賀本에서는 是로 되어 있다.
159) ▲: 便
160) ○: 『朱子語類』의 95:175의 일부이다.
161) ▲: 謝良齋說『西銘』"理一分殊", 在上之人當理會理一, 在下之人當理會分殊. 如此, 是分『西銘』做兩節了? 艮齋看得『西銘』錯. 先生以爲然. 【泳】
162) 98:107: 『小分』의 이 항목에서 小註로 된 부분이 『朱子語類』에서는 空格을 두고 인용문으로 되어 있다.
163) 看: 徽州本에서는 이 뒤에 今具于左가 더 들어 있다.
164) 於: 賀本에서는 于로 되어 있다.
165) 於: 賀本에서는 于로 되어 있다.
166) 不知: 【附箋紙】"不知"以下, 恐錯書.

98:108 ▲[168] "惟是今人不能'脫然如大寐之得醒', 只是捉道理說. 要之, 也說得去, 只是不透徹." 又曰: "正要常存意, 使不忘, 他釋氏只是如此. 然他逼拶得又緊." 直卿曰: "張子語比釋氏更有窮理工夫在." 曰: "工夫固自在, 也須用存意." 問直卿: "如何說'存意不忘'?" 曰: "只是常存不及古人意." 曰: "設此語者, 只不要放倒此意爾." 【道夫】

98:109 橫渠: "未能立心, 惡思多之致疑." 此說甚好, 便見有次序處. 【必大錄云: "蓋云事固當考索. 然心未有主, 卻泛然理會不得."】 若是思慮紛然, 趨向未定, 未是箇主宰, 如何地講學? 【營】

98:110 ▲[169]"未知立心, ▲[170]則或善或惡, 故胡亂思量, 惹得許多疑起, 旣知所立, 則是此心已立於善而無惡, 便又惡講治之不精, 又卻用思. 講治之思, 莫非在我這道理之內. 如此, 則'雖勤而何厭'? '所以急於可欲者', 蓋急於可欲之善, 則便是無善惡之雜, 便是'立吾心於不疑之地.' 人之所以有疑而不果於爲善者, 以有善惡之雜, 今旣有善而無惡, 則'若決江河以利吾往'矣. '遜此志, 務時敏', 須[171]是低下着這心以順他道理, 又卻抖擻起那精神, 敏速以求之, 則'厥修乃來'矣. 這下面云云, 只是說一'敏'字." 【道夫】

98:111 "心大則百物皆通." 通, 只是透得那道理去, 病, 則是窒礙了. 【端蒙】

98:112 ▲[172]狹隘則事有窒礙不行. 如仁則流於姑息, 義則入於殘

---

167) 不知戒其出歸咎甚者, 汝者汝: 『朱子語類』에서는 不知戒其出汝者, 歸咎其不出汝者로 되어 있다.

168) ▲: 問: "橫渠語范巽之一段如何?" 曰:

169) ▲: 問

170) ▲: 惡思多之致疑, 旣知所以立, 惡講治之不精"一章. 曰: "未知立心,

171) 須: 賀本에서는 雖로 되어 있다.

172) ▲: 居甫問: "'心小則百物皆病.' 如何是小?" 曰: "此言

暴, 皆見此不見彼."【可學】

98:113 "合內外, 平物我, 此見道之大端." 蓋道只是致一公平之理而已.【端蒙】

98:114 問: "▲[173]'物怪神姦'▲[174] 曰: "且要守那定底. 如'精氣爲物, 游魂爲變', 此是鬼神定說. 又如孔子說'非其鬼而祭之諂也', '敬鬼神而遠之'等語, 皆是定底. 其他變處, 如未曉得, 且當守此定底. 如前晩說怪, 便是變處."【淳 ○第[175]三卷.】

98:115 ▲[176] 如"精氣爲物, 游魂爲變", 此是理之常也. "守之勿失"者, 以此爲正, 且恁地去, 他日當自見也. 若"要[177]之無窮, 求[178]之不可知", 此又溺於茫昧, 不能以常理爲主者也. 伯有爲厲, 別是一種道理. 此言其變, 如世之妖妄者也.【謨】

98:116 問: "顔子心麤[179]之說, ▲[180]" 曰: "顔子比之衆人純粹, 比之孔子便麤[181]. 如'有不善未嘗不知, 知之未嘗復行', 是他細膩如此. 然猶有這不善, 便是麤[182]. 伊川說'未能"不勉而中, 不思而得", 便是過'一段, 說得好."【淳】

98:117 ▲[183] 人有一毫不是, 便是心麤[184].【壽昌】

---

173) ▲: 橫渠
174) ▲: 書, 先生提出'守之不失'一句."
175) 第: 徽州本에서는 이 앞에 以下가 더 들어 있다.
176) ▲: 橫渠所謂"物怪神姦"不必辨, 且只"守之不失."
177) 要: 賀本에서는 委로 되어 있다.
178) 求: 賀本에서는 付로 되어 있다.
179) 麤: 成化本·賀本에서는 粗로 되어 있다.
180) ▲: 恐太過否?
181) 麤: 成化本·賀本에서는 粗로 되어 있다.
182) 麤: 成化本·賀本에서는 粗로 되어 있다.

98:118 ▲185) 客慮是泛泛底186)思慮, 習俗之心, 便是從來習□187)偏勝底心. 實心是義理底心."【僩 ○第四卷.】

98:119 ▲188) "敦篤虛靜, 是爲仁之本."【僩】

98:120 ▲189) "湛一, 是未感物之時, 湛然純一, 此是氣之本. 攻取, 如目之欲色, 耳之欲聲, 便是氣之欲." 曰: "攻取, 是攻取那物否?" 曰: "是."【淳 ○第五卷.】

98:121 問: "橫渠▲190)井191)議▲192), 果如何?" 曰: "講學時, 且恁講. 若欲行之, 須有機會. 經大亂之後, 天下無人, 田盡歸官, 方可給與民. 如唐口分世業, 是從魏·晉積亂之極, 至元魏及北齊·後周, 乘此機方做得. 荀悅『漢紀』一段正說此意, 甚好. 若平世, 則誠爲難行." ▲193)

---

183) ▲: 『近思錄』云, 顏子心粗. 顏子尙有此語,
184) 麤: 成化本·賀本에서는 粗로 되어 있다.
185) ▲: 問: "橫渠說: '客慮多而常心少, 習俗之心勝而實心未完.' 所謂客慮與習俗之心, 有分別否?" 曰: "也有分別:
186) 底: 賀本에는 없다.
187) □: 『朱子語類』에서는 染으로 되어 있다.
188) ▲: 問"敦篤虛靜者仁之本." 曰:
189) ▲: 問"湛一氣之本, 攻取氣之欲." 曰:
190) ▲: 謂: '世之病難行者, 以亟奪富人之田爲辭. 然處之有術, 期以數年, 不刑一人而可復.' 不審
191) 井: 【附箋紙】"井"下, 恐落"田"字.
192) ▲: 之行於今
193) ▲: 黃丈問: "東坡破此論, 只行限田之法, 如何?" 曰: "都是胡說? 作事初如雷霆霹靂, 五年後猶放緩了. 況限田之法雖擧於今, 明年便淡似今年, 後年又淡似明年, 一年淡一年, 便寢矣. 若欲行之, 須是行井田, 若不能行, 則且如今之俗. 必欲擧限田之法, 此之謂戲論? 且役法猶行不得: 往年貴賤通差, 縣吏呈單子, 首曰'第一都保正蔣芾', 因此不便, 竟罷. 況於田, 如何限得? 林勳『本政書』一生留意此事, 後在廣中作守, 畫作數井. 然廣中無人煙, 可以如此."【淳 ○義剛錄別出. 第九卷.】

98:122 ▲[194]問: "橫渠復井田之說如何?" 曰: "這箇事, 某皆不曾敢深考. 而今只是差役, 尙有萬千難行處, 莫道便要奪他田, 他豈肯? 且如壽皇初便[195]令官戶亦作保正. 其時蔣侍郎作保正, 遂令人書'保正蔣芾', 後來此令竟不行. 且如今有一大寄居作保正, 縣道如何敢去追他家人? 或又說, 將錢問富人買田來均, 不知如何得許多錢. 荀悅便道, 行井田須是大亂之後, 如高光之時, 殺得無人後, 田便無歸, 從而來均. 此說也是." 義剛問: "東坡限田之說如何?" 曰: "那箇只是亂說? 而今立法如霹靂, 後三五年去, 便放緩了. 今立限田時, 直是三二十年事, 到那時去, 又不知如何. 而今若要行井田, 則索性火急做, 若不行, 且依而今樣. 那限田只是箇戲論, 不可行. 林勳作『本政書』, 一生留意此事, 後守廣郡, 亦畫得數井. 然廣中無人煙, 可以如此." 【義剛】

98:123 橫渠若制井田, 畢竟繁. 使伊川爲之, 必簡易通暢. 【觀"古不必驗"之言可見. ○方】

98:124 問▲[196]"言有無, 諸子之陋也." 曰: "無者無物, 卻有此理, 有此理, 則有矣. 老氏乃云'物生於有, 有生於無', 和理也無, 便錯了?" 【可學 ○第十三卷.】

---

194) ▲: 安卿
195) 便: 『朱子語類』에서는 要로 되어 있다.
196) ▲: 橫渠

『朱子語類』 卷第九十九

「張子書二」【非類入『近思』者, 別爲此卷.】

99:1 『正蒙』有差, 分曉底看.【節】

99:2 或問: "『正蒙』中說得有病處, 還是他命辭不出有差, 還是見得差?" 曰: "他是見得差. 如曰'〈繼之者善也〉, 方是〈善惡混〉'云云. '〈成之者性〉, 是到得聖人處, 方是成得性, 所以說〈知禮成性而道義出〉.' 似這處, 都見得差了."【賀孫】

99:3 『正蒙』所論道體, 覺得源頭有未是處, 故伊川云: "過處乃在『正蒙』." 答書之中云: "非明睿所照, 而考索至此." 蓋橫渠卻只是一向苦思求將向前去, 卻欠涵泳以待其義理自形見處. 如云"由氣化有道之名", 說得是好, 終是生受辛苦, 聖賢便不如此說. 試教明道說, 便不同. 如以太虛・太和爲道體, 卻只是說得形而下者, 皆是"發而皆中節謂之和"處.【briefly】

99:4 橫渠教人道: "夜間自不合睡, 只爲無可應接, 他人皆睡了, 己不得不睡." 他做『正蒙』時, 或夜裏默坐徹曉. 他直是恁地勇, 方做得. 因舉曾子"任重道遠"一段, 曰: "子思・曾子直恁地, 方被他打得透."【榦】

99:5 橫渠作『正蒙』時, 中夜有得, 亦須起寫了, 方放下得而睡. 不然, 放不下, 無安著處.

99:6 問[1]『正蒙』說道體處, 如太和・太虛・虛空云者, 止是說氣. 說聚散處, 其流乃是箇大輪迴. 蓋其思慮攷索所至, 非性分自然之知. 若語道理, 惟是周子說"無極而太極"最好. 如"由太虛有天之名, 由氣化有道之名, 合虛與氣有性之名, 合性與知覺有心之名", 亦說得有理. "由氣化有道之名", 如所謂"率性之謂道"是也. 然▲[2]明道形容此理, 必不如此說. 伊川所謂"橫渠之言誠有過者, 乃在『正蒙』", "以淸虛一大, 爲萬物之原, 有未安"等語, 槪可見矣.【人傑】

99:7 問: "▲[3]'太和所謂道'一段, 考索許多亦好. 其後乃云: '不如野馬絪縕[4], 不足謂之太和', 卻說倒了." 曰: "彼以太和狀道體, 與發而中節之和何異?"【人傑】

99:8 問: "▲[5]'太虛'之說, ▲[6] 卻只說得'無字.'" 曰: "無極是該貫虛實淸濁而言. '無極'字落在中間, '太虛'字落在一邊了, 便是難說. 聖人熟了說出, 便恁地平正, 而今把意思去形容他, 卻有時偏了. 明道說: '氣外無神, 神外無氣. 謂淸者爲神, 則濁者非神乎?' 後來亦有人與橫渠說. 橫渠卻云: '淸者可以該濁, 虛者可以該實.' 卻不知'形而上者'還他是理, '形而下者'還他是器. 旣說是虛, 便是與實對了, 旣說是淸, 便是與濁對了. 如左丞相大得右丞相不多." 問曰: "無極且得做無形無象說?" 曰: "雖無形, 卻有理." 又問: "無極・太極, 只是一物?" 曰: "本是一物, 被他恁地說, 卻似兩物."【夔孫】

99:9 橫渠說道, 止於形器中揀箇好底說耳. 謂淸爲道, 則濁之中果非道乎? ▲[7]【人傑】

---

1) 問: 英祖刊本・賀本에는 없고, 徽州本에서는 이 뒤에 橫渠가 더 들어 있다.
2) ▲: 使
3) ▲: 橫渠說
4) 絪縕: 賀本에서는 絪縕으로 되어 있다.
5) ▲: 橫渠
6) ▲: 本是說無極,

99:10 言“客感·客形”與“無感·無形”, 未免分截作兩段事. 聖人不如此說, 只說“形而上·形而下”而已, 故又曰“一陰一陽之謂道.” 蓋陰陽雖是器, 而與道初不相離耳. 道與器, 豈各是一物乎?【罃】

99:11 問[8]“太虛不能無氣”一段. 曰: “此難理會. 若看, 又走作去裏.”【去僞】

99:12 問: “‘氣聚則離明得施而有形, 氣不聚則離明不得施而無形.’ 離明, 何謂也?” 曰: “此說似難曉. 有作日光說, 有作目說. 看來只是氣聚則目得而見, 不聚則不得而見, 易所謂‘離爲目’是也.” 先生因擧[9]“方其形也, 有以知幽之因, 方其不形也, 有以知明之故”, “合當言‘其形也, 有以知明之故, 其不形也, 有以知幽之因’方是[10]. 卻反說, 何也? 蓋以形之時, 此幽之因已在此, 不形之際, 其明之故已在此. 聚者散之因, 散者聚之故.”【一之 ○寓同.[11]】

99:13 問: “▲[12]‘太虛卽氣.’ 太虛何所指?” 曰: “他亦指理, 但說得不分曉.” 曰: “太和如何?” 曰: “亦指氣.” 曰: “他又云‘由昧者指虛空爲□[13], 而不本天道’, 如何?” 曰: “旣曰道, 則不是無, 釋氏便直指空了. 大要渠當初說出此道理多誤.”【可學】

99:14 ▲[14]“地純陰, 天浮陽”一段, 說日月五星甚密.【閎祖 ○「參兩」篇.】

---

7) ▲: “客感客形”與“無感無形”, 未免有兩截之病. 聖人不如此說, 如曰“形而上者謂之道”, 又曰“一陰一陽之謂道.”
8) 問: 徽州本에서는 이 뒤에 「太和篇」이 더 들어 있다.
9) 擧: 徽州本에서는 이 뒤에 『正蒙』이 더 들어 있다.
10) 是: 徽州本에서는 이 뒤에 如何가 더 들어 있다.
11) 寓同: 徽州本에서는 按, 徐寓錄同, 而自爲目, 是也. 處分作一條로 되어 있다.
12) ▲: 橫渠云:
13) □: 『朱子語類』에서는 性으로 되어 있다.
14) ▲: 『正蒙』中

99:15 ▲15) "天左旋, 處其中者順之, 少遲則反右矣." 此說好.【閎祖】

99:16 ▲16) "陰聚之, 陽必散之"一段, 卻見得陰陽之情.【螢】

99:17 ▲17)"陽爲陰累, 則相持爲雨而降." 陽氣正升, 忽遇陰氣, 則相持而下爲雨. 蓋陽氣輕, 陰氣重, 故陽氣爲陰氣壓墜而下也. "陰爲陽得, 則飄揚爲雲而升." 陰氣正升, 忽遇陽氣, 則助之飛騰而上爲雲也. "陰氣凝聚, 陽在內者不得出, 則奮擊而爲雷霆." 陽氣伏於陰氣之內不得出, 故爆開而爲雷也. "陽在外者不得入, 則周旋不舍而爲風." 陰氣凝結於內, 陽氣欲入不得, 故旋繞其外不已而爲風, 至吹散陰氣盡乃已也. "和而散, 則爲霜雪雨露, 不和而散, 則爲戾氣曀霾." 戾氣, 飛雹之類, 曀霾, 黃霧之類, 皆陰陽邪惡不正之氣, 所以雹水穢濁, 或青黑色.【僩】18)

99:18 問: "▲19)'帝天之命, 主於民心.'" 曰: "皆此理也. 民心之所向, 卽天心之所存也."【人傑 ○「天道」篇.】

99:19 問: "▲20)地曰示, ▲21).' '示'字之義如何?" 曰: "『說文』'示'字, 以有所示爲義, 故'視'字從'示.' 天之氣生而不息, 故曰神, 地之氣顯然示人, 故曰示. 向嘗見三舍時擧子『易』義中有云: '一而大, 謂之天, 二而小, 謂之地.' 二而小, 卽'示'字也, 恐是『字說』." 又曰'天曰神, 地曰

---

15) ▲: 橫渠云:
16) ▲: 橫渠言:
17) ▲: 橫渠云:
18)【僩】: 徽州本에서는 이 뒤에 按, 楊至錄略, 今附云: "凡陰氣凝結, 陽在內不得出, 則奮擊而爲雷霆. 陽在外不得入, 則周旋不捨而爲風, 和散則爲雨, 不和散則爲雹."이 더 들어 있다.
19) ▲: 橫渠言:
20) ▲: 橫渠謂: '鬼神者, 往來屈伸之意, 故天曰神,
21) ▲: 人曰鬼

示'者, 蓋其氣未嘗或息也. 人鬼則其氣有所歸矣."【廣 ○「神化」篇.】

99:20 ▲[22]問: ▲[23]如何是緩辭・急辭?" 曰: "神自是急底物事, 緩辭如何形容之? 如'陰陽不測之謂神', '神無方, 易無體', 皆是急辭. 化是漸漸而化, 若急辭以形容之, 則不可."【寓】

99:21 ▲[24]問: "象若非氣, 指何爲象? 時若非象, 指何爲時"云云. 答曰: "且如天地日月, 若無這氣, 何以撑柱[25]得成這象? 象無晦明, 何以別其爲晝夜? 無寒無暑, 何以別其爲冬夏?"【寓】

99:22 "天氣降而地氣不接, 則爲霧, 地氣升而天氣不接, 則爲雺."【見「禮運」注.】"聲者, 氣形相軋而成. 兩氣, 風雷之類, 兩形, 桴鼓之類, 氣軋形, 如笙簧[26]之類, 形軋氣, 如羽扇敲矢之類, 是皆物感之良能, 人習之而不察耳."【至 ○「動物」篇.】

99:23 問: "▲[27]'天性在人, 猶水性之在冰, 凝釋雖異, 爲理一也.' 又言: '未嘗無之謂體, 體之謂性.' 先生皆以其言爲近釋氏. 冰水之喩, 有還元反本之病, 云近釋氏則可. '未嘗無之謂體, 體之謂性', 蓋謂性之爲體本虛, 而理未嘗不實, 若與釋氏不同." 曰: "他意不是如此, 亦謂死而不亡耳."【文蔚 ○「誠明」篇.】

99:24 問: "▲[28]"水性在冰只是凍, 凝成箇冰, 有甚造化? 及其釋, 則這冰復歸於水, 便有跡了. 與天性在人自不同." 曰: "程子'器受日光'之

---

22) ▲: 林
23) ▲: "'神爲不測, 故緩辭不足以盡神, 化爲難知, 故急辭不足以體化.'
24) ▲: 林
25) 柱: 英祖刊本・成化本에서는 拄로 되어 있고, 賀本에서는 住로 되어 있다.
26) 簧: 賀本에서는 簧으로 되어 있다.
27) ▲: 橫渠說:
28) ▲: 張子冰水之說, 何謂近釋氏?" 曰:

說便是否?" 曰: "是. 除了器, 日光便不見, 卻無形了."【淳】

99:25 問: "橫渠謂'所不能無感者謂[29]性.' 性只是理, 安能感? 恐此言只可名'心'否?" 曰: "橫渠此言雖未親切, 然亦有箇模樣. 蓋感固是心, 然所以感者, 亦是此心中有此理, 方能感. 理便是性, 但將此句要來解性, 便未端的. 如伊川說'仁者天下之正理', 又曰: '仁者, 天下之公, 善之本也.' 將此語來贊詠仁, 則可, 要來正解仁, 則未親切. 如義, 豈不是天下之正理?"【淳】

99:26 ▲[30]"有此性, 自是因物有感. 見於君臣・父子日用事物當然處, 皆感也, 所謂'感而遂通'是也. 此句對了'天所不能自已謂命.' 蓋此理自無息止時, 晝夜寒暑. 無一時停, 故'逝者如斯', 而程子謂'與道爲體.' 這道理, 今古晝夜無須臾息, 故曰'不能已.'"【銖】

99:27 問: "▲[31]他便把博物多能作聞見之知. 若如學者窮理, 豈不由此至德性之知?" 曰: "自有不由聞見而知者."【可學 ○「大心」篇.】

99:28 問▲[32]"耳目知, 德性知." 曰: "便是差了. 雖在聞見, 亦同此理. 不知他資質如此, 何故如此差?" 某云: "呂與叔難曉處似橫渠, 好處卻多." 曰: "他又曾見伊川." 某云: "他更在得一二十年, 須傳得伊川之學." 曰: "『渠集』中有『與蘇季明』一書, 可疑, 恐曾學佛."【可學】

99:29 ▲[33]問▲[34]聖人不教人避凶處吉, 亦以正信勝之▲[35]. 伯謨

---

29) 者謂: 賀本에서는 首無로 되어 있다.
30) ▲: 問: "橫渠言'物所不能無感謂性', 此語如何?" 曰:
31) ▲: 聞見之知, 非德性之知.
32) ▲: 橫渠
33) ▲: 賀孫再
34) ▲: 前夜所說橫渠
35) ▲: 之語

云: "此可以破世俗利害之說. 合理者無不吉, 悖理者無不凶. 然其間未免有相反者, 未有久而不定也." 先生因云: "諸葛誠之卻道呂不韋『春秋』好, 道他措置得事好. 卻道董子'正其義不謀其利, 明其道不計其功'說不是. 他便說, 若是利成, 則義自在其中, 功成, 則道自在其中."【賀孫 ○「大易」篇.】

99:30 問▲36)說"遇." 曰: "他便說, 命就理說." 曰: "此遇乃是命." 曰: "然. 命有二, 有理, 有氣." 曰: "子思'天命之謂性'是理, 孟子是帶氣說." 曰: "然."【可學 ○「乾稱」篇.】

99:31 "▲37)命是天命, 遇是人事, 但說得亦不甚好, 不如孟子." 某又問. 曰: "但不知他說命如何."【可學】

99:32 橫渠闢釋氏輪回之說. 然其說聚散屈伸處, 其弊卻是大輪回. 蓋釋氏是箇箇各自輪回, 橫渠是一發和了, 依舊一大輪回. 呂與叔集中亦多有此意思.【䕫】

99:33 橫渠所謂"立得心", 只是作得主底意思.【端蒙 ○以下「理窟」篇38)『語錄』並雜論39).】

99:34 問▲40)"得尺守尺, 得寸守寸"之說. 曰: "不必如此, 且放寬地步. 不成讀書得一句且守一句? 須一面居敬持養將去."【德明】

99:35 ▲41)問: "虛者, 仁之原." 曰: "此如'克己復禮爲仁', 又如'太極

36) ▲: 橫渠
37) ▲: 橫渠言遇,
38) 篇: 英祖刊本에는 없다.
39) 論: 賀本에서는 錄으로 되어 있다.
40) ▲: 橫渠
41) ▲: 用之

動而生陽.'"【子蒙】

99:36 ▲[42] "虛只是無欲, 故虛. 虛明無欲, 此仁之所由生也." 又問: "此'虛'字與'一大淸虛'之'虛'如何?" 曰: "這虛也只是無欲, 渠便將這箇喚做道體. 然虛對實而言, 卻不似形而上者."【銖】

99:37 問: "▲[43]'淸虛一大'之說, 又要兼淸濁虛實." 曰: "渠初云'淸虛一大', 爲伊川詰難, 乃云'淸兼濁, 虛兼實, 一兼二, 大兼小.' 渠本要說形而上, 反成形而下, 最是於此處不分明. 如『參兩』云, 以參爲陽, 兩爲陰, 陽有太極, 陰無太極. 他要强索精思, 必得於而已[44]其差如此." 又問: "橫渠云'太虛卽氣', 乃是指理爲虛, 似非形而下." 曰: "縱指理爲虛, 亦如何夾氣作一處?" 問: "『西銘』所見又的當, 何故卻於此差?" 曰: "伊川云: '譬如以管窺天, 四旁雖不見, 而其見處甚分明.' 渠他處見錯, 獨於『西銘』見得好."【可學】

99:38 ▲[45] "他是揀那大底說話來該攝那小底, 卻不知道纔是恁說, 便偏了, 便是形而下者, 不是形而上者. 須是兼淸濁・虛實・一萬[46]・小大來看, 方見得形而上者行乎其間."

99:39 ▲[47]"淸虛一大"卻是偏. 他後來又要兼淸濁虛實言, 然皆是形而下. 蓋有此理, 則淸濁・虛實皆在其中.【可學】

99:40 ▲[48]"淸虛一大", 恰似道有有處, 有無處. 須是淸濁・虛實・

42) ▲: 問"虛者, 仁之原." 曰:
43) ▲: 橫渠有
44) 而已: 『朱子語類』에서는 已, 而로 되어 있다.
45) ▲: 或問: "橫渠先生'淸虛一大'之說如何?" 曰:
46) 萬: 賀本에서는 二로 되어 있다.
47) ▲: 橫渠
48) ▲: 橫渠說氣

一二・大小皆行乎其間, 乃是道也. 其欲大之, 乃反小之?【方】

99:41 ▲[49]問: "▲[50]'淸虛一大', 恐入空去否?" 曰: "也不是入空. 他都向一邊了. 這道理本平正, 淸也有是理, 濁也有是理, 虛也有是理, 實也有是理: 皆此理之所爲也. 他說成這一邊有, 那一邊無, 要將這一邊去管那一邊."【淳】

99:42 "淸虛一大", 形容道體如此. 道兼虛實言, 虛說只[51]得一邊.【閎祖】

99:43 ▲[52]"淸虛一大爲道體", 是於形器中揀出好底來說耳. 『遺書』中明道嘗辨之.【螢】

99:44 "或者別立一天", 疑卽是橫渠.【可學】

99:45 問橫渠說虛. 云: "亦有箇意思, 只是難說. 要之, 只'動而無動, 靜而無靜'說爲善. 橫渠又說'至虛無應', 有病."【方】

99:46 問: "'中虛, 信之本, 中實, 信之質', ▲[53] " 曰: "只看'中虛''中實'字, 便見本・質之異. 中虛, 是無事時虛而無物, 故曰中虛, 若有物, 則不謂之中虛. 自中虛中發出來, 皆是實理, 所以曰中實."【燾】

99:47 ▲[54] "中虛, 只是自家無私主, 故發出來無非眞實. 纔有些私於中, 便不虛不信矣."【燾】

---

49) ▲: 陳後之
50) ▲: 橫渠
51) 說只: 『朱子語類』에서는 只說로 되어 있다.【附箋紙】"說只", 本作"只說."
52) ▲: 橫渠言
53) ▲: 如何?
54) ▲: 問"中虛, 信之本." 曰:

99:48 問: “心如何能通以道, 使無限量.” 曰: “心不是橫門硬迸教大得. 須是去物欲之蔽, 則清明而無不知, 窮事物之理, 則脫然有貫通處. 橫渠曰‘不以聞見梏其心’, ‘大其心, 則能體天下之物.’ 所謂‘通之以道’, 便是脫然有貫通處. 若只守聞見, 便自然狹窄了.”【䕫】

99:49 ▲ [55]

99:50 橫渠云: “以誠包心, 不若以心包誠.” 是他看得忒重, 故他有“心小性大”之說.【道夫】

99:51 因看『語錄』“心小性大, 心不弘於性, 滯於知思”說, 及上蔡云“心有止”說, 遂云: “心有何窮盡? 只得此本然之體, 推而應事接物, 皆是. 故於此知性之無所不有, 知天亦以此. 因省李先生云: ‘盡心者, 如孟子見齊王問樂, 則便對云云, 言貨色, ▲[56]便對云云, 每遇一事, 便有以處置將去, 此是盡心.’ 舊時不之曉, 蓋此乃盡心之效如此. 得此本然之心, 則皆推得去無窮也. 如‘見牛未見羊’說, 苟見羊, 則亦便是此心矣.”【方】

99:52 橫渠云: “以道體身, 非以身體道.” 蓋是主於義理, 只知有義理, 卻將身只做物樣看待. 謂如先理會身上利害是非, 便是以身體道. 如顏子“非禮勿視”, 便只知有禮, 不知有己耳.【䕫】

99:53 問▲[57]“以道體身”▲[58]. 曰: “只是有義理, 直把自家作無物看. 伊川亦云: ‘除卻身, 只是理.’ 懸空只是箇義理.”【人傑】

---

55) ▲: 問“心包誠”一段. 曰: “是橫渠說話, 正如‘心小性大’之意.”【可學】
56) ▲: 則
57) ▲: 橫渠說
58) ▲: 等處

99:54 橫渠云: “學者識得仁體後, 如讀書講明義理, 皆是培壅.” 且只於仁體上求得一箇眞實, 卻儘有下功[59]夫處也.【謨】

99:55 ▲[60]問: “▲[61] ‘以心克己, 卽是復性, 復性便是行仁義.’ 切[62]謂克己便是克去私心, 卻云‘以心克己’, 莫剩卻‘以心’兩字否?” 曰: “克己便是此心克之. 公但看‘爲仁由己, 而由人乎哉’, 非心而何? ‘言忠信, 行篤敬, 立則見其參於前, 在輿則見其倚於衡’, 這不是心, 是甚麼? 凡此等皆心所爲, 但不必更著‘心’字. 所以夫子不言心, 但只說在裏, 敎人做. 如喫飯須是口, 寫字須是手, 更不用說口喫手寫.” 又問: “‘復性便是行仁義.’ 復是方復得此性, 如何便說行得?” 曰: “旣復得此性, 便恁地行. 纔去得不仁不義, 則所行便是仁義, 那得一箇在不仁不義與仁義之中底物事? 不是人欲, 便是天理, 不是天理, 便是人欲. 所以謂‘欲知舜與蹠之分者, 無他, 利與善之間也.’ 所隔甚不多, 但聖賢把得這界定爾.”【道夫】

○[63] 如橫渠『正蒙』, 乃是將先[64]頭, 事與人, 作言語.【可學】

○[65] 如橫渠『語錄』, 是呂與叔諸公, 隨日編者, 多陝西方言全有不可曉者.

---

59) 功: 賀本에서는 工으로 되어 있다.
60) ▲: 道夫
61) ▲: 張子云:
62) 切: 英祖刊本・成化本・賀本에서는 竊로 되어 있다.
63) ○: 『朱子語類』 52:192의 일부이다.
64) 先: 賀本에서는 無로 되어 있다.
65) ○: 『朱子語類』의 53:32의 일부이다.

『朱子語類』卷第一百

「邵子之書」

100:1 康節學於李挺之, 請曰: "願先生微開其端, 毋竟其說."【又恐是李學於穆時說.】 此意極好. 學者當然須是自理會出來, 便好.【方】

100:2 "伊川之學, 於大體上瑩徹, 於小小節目上猶有疏處. 康節能盡得事物之變, 卻於大體上有未瑩處." 用之云: "康節善談『易』,【一作"說『易』極好."】 見得透徹." 曰: "然. 伊川又輕之, 嘗有簡與橫渠云: '堯夫說『易』好聽. 今夜試來聽它說看.' 某嘗說, 此便是伊川不及孔子處. 只觀孔子便不如此."【僩 ○廣同.】

100:3 或言: "康節心胸如此快活, 如此廣大, 如何得似他?" 曰: "它是甚麼樣做工夫?"【僩】

100:4 問: "近日學者有厭拘檢, 樂舒放, 惡精詳, 喜簡便者, 皆欲慕邵堯夫之爲人." 曰: "邵子這道理, 豈易及哉? 他腹裏有這箇學, 能包括宇宙, 終始古今, 如何不做得大? 放得下? 今人卻恃箇甚後敢如此?" 因誦其詩云: "'日月星辰高照耀, 皇王帝伯大鋪舒.' 可謂人豪矣?"【大雅】

100:5 ▲[1]問: "康節只推到數?" 曰: "然." ▲[2]問: "須亦窺見理?" 曰: "雖窺見理, 卻不介意了."【可學】

---

1) ▲: 厚之
2) ▲: 某

100:6 問: "康節學到'不惑'處否?" 曰: "康節又別是一般. 聖人知天命以理, 他只是以術. 然到得術之精處, 亦非術之所能盡. 然其初只是術耳." 【璘】

100:7 "▲[3] 看這人須極會處置事, 被他神閑氣定, 不動聲氣, 須處置得精明. 他氣質本來淸明, 又養得來純厚, 又不曾枉用了心. 他用那心時, 都在緊要上用. 被他靜極了, 看得天下之事理精明. 嘗於百原深山中闢書齋, 獨處其中. 王勝之常乘月訪之, 必見其燈下正襟危坐, 雖夜深亦如之. 若不是養得至靜之極, 如何見得道理如此精明? 只是他做得出來, 須差異. 季通嘗云: '康節若做, 定是四公・八辟・十六侯・三十二卿・六十四大夫, 都是加倍法.' 想得是如此. 想見他看見天下之事, 才上手來, 便成四截了. 其先後緩急, 莫不有定, 動中機會, 事到面前, 便處置得下矣. 康節甚喜張子房, 以爲子房善藏其用. 以老子爲得『易』之體, 以孟子爲得『易』之用, 合二者而用之, 想見善處事." 問: "不知眞箇用時如何?" 曰: "先時說了, 須差異. 須有些機權術數也." 【僩】

100:8 ▲[4]問: "康節詩, 嘗有莊・老之說, 如何?" 曰: "便是他有些子這箇." 曰: "如此, 莫於道體有異否?" 曰: "他嘗說'老子得『易』之體, 孟子得『易』之用', 體・用自分作兩截." 曰: "他人[5]說經綸, 如何?" 曰: "看他只是以術去處得這事恰好無過, 如張子房相似, 他所以極口稱贊子房也. 二程謂其粹而不雜. 以今觀之, 亦不可謂不雜." 曰: "他說風花雪月, 莫是曾點意思否?" 曰: "也是見得眼前這箇好." 【璘錄云: "舜功云: '堯夫似曾點.' 曰: '他又有許多骨董.'"】 曰: "意其有'與自家意思一般'之意." 曰: "也是它有這些子. 若不是, 卻淺陋了." 【道夫】

---

3) ▲: 邵康節,

4) ▲: 直卿

5) 人: 『朱子語類』에서는 又로 되어 있다. 【附箋紙】 "又"

100:9 問: "程子謂康節'空中樓閣.'" 曰: "是四通八達.【方子錄云: "言看得四通八達."】 莊子比康節亦髣彿相似. 然莊子見較高, 氣較豪. 他是事事識得了, 又卻蹴踏著, 以爲不足爲. 康節略有規矩. 然其詩云: '賓朋莫怪無拘檢, 眞樂攻心不柰何.' 不知是何物攻他心."【佐】

100:10 "康節之學, 近似釋氏, 但卻又挨傍消息盈虛者言之." 問: "『擊壤序』中'以道觀道'等語, 是物各付物之意否?" 曰: "然. 蓋自家都不犯手之意. 道是指陰陽運行者言之." 又問: "如此則性與心身都不相管攝, 亡者自亡, 存者自存否?" 曰: "某固言其與佛學相近者, 此也." 又曰: "康節凡事只到半中央便止, 如'看花切勿看離披', 是也. 如此則與張子房之學相近." 曰: "固是. 康節自有兩三詩稱贊子房." 曰: "然則與楊氏爲我之意何異?" 先生笑而不言.【必大】

100:11 因論康節之學, 曰: "似老子. 只是自要尋箇寬閑[6]快活處, 人皆害它不得. 後來張子房亦是如此. 方衆人紛拏擾擾時, 它自在背處." 人傑因問: "『擊壤集』序有'以道觀性, 以性觀心, 以心觀身, 以身觀物, 治則治矣, 猶未離乎害也.' 上四句自說得好, 卻云'未離乎害.' 其下云: '不若以道觀道, 以性觀性, 以心觀心, 以身觀身, 以物觀物, 雖欲相傷, 其可得乎? 若然, 則以家觀家, 以國觀國, 以天下觀天下, 亦從而可知也.' 恐如上四句, 似合聖人之中道, '以道觀道'而下, 皆付之自然, 未免有差否?" 曰: "公且說前四句." 曰: "性只是仁義禮智, 乃是道也. 心則統乎性, 身則主乎心, 此三句可解. 至於物, 則身之所資以爲用者也." 曰: "此非康節之意. 既不得其意, 如何議論它?" 人傑因請教. 先生曰: "'以道觀性'者, 道是自然底道理, 性則有剛柔善惡參差不齊處, 是道不能以該盡此性也. 性有仁義禮智之善, 心卻千思萬慮, 出入無時, 是性不能以該盡此心也. 心欲如此, 而身卻不能如此, 是心有不能檢其身處. 以一身而觀物, 亦有不能盡其情狀變態處, 此則未離乎害

6) 閑: 賀本에는 間으로 되어 있다.

之意也. 且以一事言之: 若好人之所好, 惡人之所惡, 是'以物觀物'之意, 若以己之好惡律人, 則是'以身觀物'者也." 又問: "如此則康節'以道觀道'等說, 果爲無病否?" 曰: "謂之無病不可, 謂之有病亦不可. 若使孔・孟言之, 必不肯如此說. 渠自是一樣意思. 如'以天下觀天下', 其說出於老子." 又問: "如此則'以道觀性, 以性觀心, 以心觀身'三句, 義理有可通者, 但'以身觀物'一句爲不可通耳." 曰: "若論'萬物皆備於我', 則'以身觀物', 亦何不可之有?"【人傑】

100:12 康節本是要出來有爲底人, 然又不肯深犯手做. 凡事直待可做處, 方試爲之, 纔覺難, 便拽身退, 正張子房之流.【必大】

100:13 問: "'堯夫之學似揚雄', 如何?" 曰: "以數言."【可學】

100:14 某看康節『易』了, 都看別人底不得. 他說"太極生兩儀, 兩儀生四象", 又都無玄妙, 只是從來更無人識. 楊[7]子『太玄』一玄・三方・九州・二十七部・八十一家, 亦只是這箇. 他卻識, 只是他以三爲數, 皆無用了. 他也只是見得一箇麤[8]底道理, 後來便都無人識. 老氏"道生一, 一生二, 二生三", 亦剩說了一箇道. 便如太極生陽, 陽生陰, 至二生三, 又更都無道理. 後來五峰又說一箇云云, 便是"太極函三爲一"意思.【賀孫】

100:15 康節之學似楊[9]子雲. 『太玄』擬『易』, 方・州・部・家, 皆自三數推之. 玄爲之首, 一以生三爲三方, 三生九爲九州, 九生二十七爲二十七部, 九九乘之, 斯爲八十一家. 首之以八十一, 所以準六十四卦, 贊之以七百二十有九, 所以準三百八十四爻, 無非以三數推之. 康節之數, 則是加倍之法.【謨】

---

7) 楊: 英祖刊本・成化本・賀本에서는 揚으로 되어 있다.
8) 麤: 賀本에는 粗로 되어 있다.
9) 楊: 英祖刊本・成化本・賀本에서는 揚으로 되어 있다.

100:16 康節其初想只是看得“太極生兩儀, 兩儀生四象.” 心只管在那上面轉, 久之理透, 想得一擧眼便成四片. 其法, 四之外又有四焉. 凡物才過到二之半時, 便煩惱了, 蓋已漸趍[10]於衰也. 謂如見花方蓓蕾, 則知其將盛, 旣開, 則知其將衰, 其理不過如此. 謂如今日戌時, 從此推上去, 至未有天地之始, 從此推下去, 至人消物盡之時. 蓋理在數內, 數又在理內. 康節是他見得一箇盛衰消長之理, 故能知之. 若只說他知得甚事, 如『歐陽叔弼』定謚之類, 此知康節之淺陋者也. 程先生有一柬說「先天圖」甚有理, 可試往聽他說[11]看. 觀其意, 甚不把當事. 然自有『易』以來, 只有康節說一箇物事如此齊整. 如楊[12]子雲『太玄』便令[13]星補湊得可笑? 若不補, 又卻欠四分之一, 補得來, 又卻多四分之三. 如『潛虛』之數用五, 只似如今算位一般. 其直一畫則五也, 下橫一畫則爲六, 橫二畫則爲七, 蓋亦補湊之書也.【方子】

100:17 或問康節數學. 曰: “且未須理會數, 自是有此理. 有生便有死, 有盛必有衰. 且如一朵花, 含蘂時是將開, 略放時是正盛, 爛熳時是衰謝. 又如看人, 卽其氣之盛衰, 便可以知其生死. 蓋其學本於明理, 故明道謂其‘觀天地之運化, 然後頹乎其順, 浩然其歸.’ 若曰渠能知未來事, 則與世間占覆之術何異? 其去道遠矣? 其知康節者未[14]矣? 蓋他玩得此理熟了, 事物到面前便見, 便不待思量.” 又云: “康節以四起數, 疊疊推去, 自『易』以後, 無人做得一物如此整齊, 包括得盡. 想他每見一物, 便成四片了. 但才到二分以上便怕, 乾卦方終, 便知有箇姤卦來. 蓋緣他於起處推將來, 至交接處看得分曉.” 廣云: “先生前日說康節之學與周子・程子少異處, 莫正在此否? 若是聖人, 則處乾時, 自有箇處乾底道理, 處姤時, 自有箇處姤底道理否?” 曰: “然.”【廣】

---

10) 趍: 賀本에는 趨로 되어 있다.
11) 說: 賀本에서는 就로 되어 있다.
12) 楊: 英祖刊本・成化本・賀本에서는 揚으로 되어 있다.
13) 令: 『朱子語類』에서는 零으로 되어 있다.
14) 未: 賀本에는 末로 되어 있다.

100:18 問: "先生說邵堯夫看天下物皆成四片, 如此則聖人看天下物皆成兩片也." 曰: "也是如此, 只是陰陽而已." 【廣】

100:19 論『皇極經世』: "乃一元統十二會, 十二會統三十運, 三十運統十二世, 一世統三十年, 一年統十二月, 一月統三十日, 一日統十二辰. 是十二與三十迭爲用也." 【因云: "季通以十二[15]萬九千六百之數爲日分." 植】

100:20 堯至今方三千年. 邵『曆』一萬年爲一會. 【揚】

○[16] 問"會元"之氣[17]. 曰: "元氣會則生聖賢, 如歷家推朔旦冬至夜半甲子. 或[18]謂'元氣會', 亦似[19]此般模樣." 【寓】

100:21 『易』是卜筮之書, 『皇極經世』是推步之書. 『經世』以十二辟卦管十二會, 綳定時節, 卻就中推吉凶消長. 堯時正是乾卦九五, 其書與『易』自不相干. 【只是加一倍推將去. 方子】

100:22 ▲[20]問『易』與『經世書』同異. 曰: "『易』是卜筮. 『經世』是推步, 是一分爲二, 二分爲四, 四分爲八, 八分爲十六, 十六分爲三十二, 又從裏面細推去." 【節】

100:23 ▲[21]問: "『經世書』'水火土石', 石只是金否?" 曰: "它分天地間物事皆是四: 如日月星辰, 水火土石, 雨風露雷, 皆是相配." 又問:

---

15) 二: 賀本에는 三으로 되어 있다.
16) ○: 『朱子語類』의 94:224이다.
17) 氣: 賀本에는 期로 되어 있다.
18) 或: 英祖刊本 · 賀本에서는 所로 되어 있다.
19) 似: 賀本에서는 是로 되어 있다.
20) ▲: 㬊
21) ▲: 叔器

“金生水, 如石中出水, 是否?” 曰: “金是堅凝之物, 到這裏堅實後, 自拶得水出來.” 又問: “伯溫解『經世書』如何?” 曰: “他也只是說將去, 那裏面曲折精微, 也未必曉得. 康節當時只說與王某, 不曾說與伯溫. 模樣也知得那伯溫不是好人.”【義剛】

100:24 因論『皇極經世』, 曰: “堯夫以數推, 亦是心靜知之. 如董五經之類, 皆然.” 曰: “程先生云, 須是用時知之.” 曰: “用則推測.” 因舉興化 妙應知未[22]▲[23]之事. 曰: “如此又有術.”【可學】

100:25『皇極經世』紀年甚有法. 史家多言秦廢太后, 逐穰侯.『經世書』只言“秦奪宣太后權.” 伯恭極取之, 蓋實不曾廢.【方子】

100:26 康節『漁樵問對』無名公序與一兩篇書, 次第將來刊成一集.【節】

100:27 “‘天何依?’ 曰: ‘依乎地.’ ‘地何附?’ 曰: ‘附乎天.’ ‘天地何所依附?’ 曰: ‘自相依附. 天依形, 地依氣.’” 所以重複[24]而言不出此意者, 唯恐人於天地之外別尋去處故也. 天地無外, 所謂“其形有涯, 而其氣無涯”也. 爲其氣極緊, 故能扛得地住, 不然, 則墜矣. 氣外須有軀殼甚厚, 所以固此氣也. 今之地動, 只是一處動, 動亦不至遠也.【謨】

100:28 ▲[25]問“天依地, 地依氣.” 曰: “恐人道下面有物. 天行急, 地閣在中.”【可學】

100:29 “古今曆家, 只是推得箇陰陽消長界分爾, 如何得似康節說得

22) 未:【附箋紙】 “未”下, 恐■落字.
23) ▲: 來
24) 複: 賀本에서는 復으로 되어 있다.
25) ▲: 舜弼

那'天依地, 地附天, 天地自相依附, 天依形, 地附氣'底幾句? 向嘗以此數語附於『通書』之後. 欽夫見之, 殊不以爲然, 曰: '恐說得未是.' 某云: '如此則試別說幾句來看.'" 廣云: "伊川謂, 自古言數者, 至康節方說到理上." 曰: "是如此. 如楊[26]子雲亦略見到理上, 只是不似康節精."【廣】

100:30 問: "康節云: '雨化物之走, 風化物之飛, 露化物之草, 雷化物之木.' 此說是否?" 曰: "想且是以大小推排匹配去." 問: "伊川云: '露是金之氣.'" 曰: "露自是有淸肅底氣象. 古語云: '露結爲霜.' 今觀之誠然. 伊川云不然, 不知何故. 蓋露與霜之氣不同, 露能滋物, 霜能殺物也. 又雪霜亦有異, 霜則殺物, 雪不能殺物也. 雨與露亦不同, 雨氣昏, 露氣淸. 氣蒸而爲雨, 如飯甑蓋之, 其氣蒸鬱而汗下淋漓, 氣蒸而爲霧, 如飯甑不蓋, 其氣散而不收. 霧與露亦微有異, 露氣肅, 而霧氣昏也."【僩】

100:31 ▲[27]問: "康節云: '道爲太極.' 又云: '心爲太極.' 道, 指天地萬物自然之理而言, 心, 指人得是理以爲一身之主而言?" 曰: "固是. 但太極只是箇一而無對者."

100:32 康節云: "一動一靜者, 天地之妙也, 一動一靜之間者, 天地人之妙也." 蓋天只是動, 地只是靜. 到得人, 便兼動靜, 是妙於天地處. 故曰: "人者, 天地之心." 論人之形, 雖只是器, 言其運用處, 卻是道理.【螢】

100:33 人身是形耳, 所具道理, 皆是形而上者. 蓋"人者, 天地之心也." 康節所謂"一動一靜之間, 天地人之至妙"者歟?【人傑】

---

26) 楊: 英祖刊本・成化本・賀本에서는 揚으로 되어 있다.
27) ▲: 或

100:34 無極之前, 陰含陽也, 有象之後, 陽分陰也. 陽占卻陰分數. 【文蔚】

100:35 "性[28]者, 道之形體, 心者, 性之郛郭, 身者, 心之區宇, 物者, 身之舟車." 此[29]語雖說得麤[30], 畢竟大概好. 【文蔚[31]】

100:36 先生問: "性如何是道之形體?" 淳曰: "道是性中之理." 先生曰: "道是泛言, 性是就自家身上說. 道在事物之間, 如何見得? 只就這裏驗之. 【砥錄作"反身而求."】 性之所在, 則道之所在也. 道是在物之理, 性是在己之理. 然物之理, 都在我此理之中, 道之骨子便是性." 劉問: "性, 物我皆有, 恐不可分在己・在物否?" 曰: "道雖無所不在, 須是就己驗之而後見. 如'父子有親, 君臣有義', 若不就己驗之, 如何知得是本有? '天敘有典', 典是天底, 自我驗之, 方知得'五典五惇.' '天秩有禮', 禮是天底, 自我驗之, 方知得'五禮有庸.'" 淳問: "心是郛郭, 便包了性否?" 先生首肯, 曰: "是也. 如橫渠'心統性情'一句, 乃不易之論. 孟子說心許多, 皆未有似此語端的. 子細看, 便見其他諸子等書, 皆無依稀似此." 【淳 ○寓同. 砥同.】

100:37 ▲[32] "諸先生說這道理, 卻不似邵子說得最著實. 這箇道理, 纔說出, 只是虛空, 更無形影. 惟是說'性者道之形體', 卻見得實有. 不須談空說遠, 只反諸吾身求之, 是實有這箇道理? 還是無這箇道理? 故嘗爲之說曰: '欲知此道之實有者, 當求之吾性分之內.' 邵子忽地於『擊壤集』序自說出幾句, 最說得好?" 【賀孫】

---

28) 性: 徽州本에서는 이 앞에 先生擧邵康節語가 더 들어 있다.
29) 此: 徽州本에서는 이 앞에 曰이 더 들어 있다.
30) 麤: 成化本・賀本에서는 粗로 되어 있다.
31) 文蔚: 徽州本에서는 이 뒤에 按: 閎祖錄同而略, 今附, 云: "『擊壤集』序云'性者, 至身之舟車也', 說得好."가 더 들어 있다.
32) ▲: 正卿問: "邵子所謂'道之形體'如何?" 曰:

100:38 ▲[33] "天之付與, 其理本不可見, 其總要卻在此. 蓋人得之於天, 理元無欠闕. 只是其理卻無形象, 不於性上體認, 如何知得? 程子曰: '其體謂之道, 其用謂之神. 而其理屬之人, 則謂之性, 其體屬之人, 則謂之心, 其用屬之人, 則謂之情.'"【祖道】

100:39 ▲[34]

100:40 ▲[35] 問[36]道只是懸空說. ▲[37]【節】

100:41 ▲[38]

100:42 ▲[39]

100:43 ▲[40] 性是體, 道是用. 如云'率性之謂道', 亦此意."【僩】

100:44 ▲[41] 仁義禮智性也, 理也, 而具此性者心也, 故曰: "心者, 性之郛郭."【砥】

100:45 ▲[42]語. 器之云: "若說'道者, 性之形體', 卻分曉." 曰: "恁地

33) ▲: 或問: "'性者道之形體', 如何?" 曰:
34) ▲: 問: "性何以謂'道之形體'?" 曰: "若只恁說道, 則渺茫無據. 如父子之仁, 君臣之義, 自是有箇模樣, 所以爲形體也."【謨】
35) ▲: "性者, 道之形體." 此語甚好.
36) 問: 『朱子語類』에는 없다.
37) ▲: 統而言之謂道.
38) ▲: "性者, 道之形體." 今人只泛泛說得道, 不曾見得性.【椿】
39) ▲: "性者, 道之形體." 性自是體, 道是行出見於用處.
40) ▲: 才卿問"性者, 道之形體." 曰: "道是發用處見於行者, 方謂之道, 性是那道骨子.
41) ▲: "性者, 道之形體, 心者, 性之郛郭." 康節這數句極好. 蓋道卽理也, 如"父子有親, 君臣有義"是也. 然非性, 何以見理之所在? 故曰: "性者, 道之形體."
42) ▲: 器之問『中庸』首三句. 先生因擧"性者, 道之形體"之

看, 倒了. 蓋道者, 事物常行之路, 皆出於性, 則性是道之原本." 木之曰: "莫是性者道之體, 道者性之用否?" 曰: "模樣是如此."【木之】

100:46 ▲[43)]

100:47 ▲[44)]問: "康節云: '能物物, 則吾爲物中之人.' 伊川曰: '不必如此說. 人自是人, 物自是物.' 伊川說得終是平." 先生曰: "自家但做箇好人, 不怕物不做物."

100:48 或誦康節詩云: "若論先天一事無, 後天方要着工夫." 先生問: "如何是'一事無'?" 曰: "出於自然, 不用安排." 先生默然. 廣云: "'一事無'處是太極." 先生曰: "嘗謂太極是箇藏頭底物事, 重重推將去, 更無盡期. 有時看得來頭痛." 廣云: "先生所謂'迎之而不見其首, 隨之而不見其後', 是也."【廣】

100:49 邵子"天地定位, 否・泰反類"一詩, 正是發明「先天方圖」之義. 「先天圖」傳自希夷, 希夷又自有所傳. 蓋方士技術用以修煉, 『參同契』所言是也.【方子】

100:50 ▲[45)]問: "邵子詩: '須探月窟方知物, 未躡天根豈識人?' 又, 先生贊邵子'手探月窟, 足躡天根', 莫只是陰陽否?" 先生答之云: "「先

---

43) ▲: 方賓王以書問云: "'心者, 性之郛郭', 當是言存主統攝處?" 可學謂: "郛郭是包括. 心具此理, 如郛郭中之有人." 曰: "方說句慢." 問: "以窮理爲用心於外, 是誰說?" 曰: "是江西說." 又問: "'發見'說話, 未是. 如此則全賴此些時節, 如何倚靠?" 曰: "湖南皆如此說." 曰: "孟子告齊王, 乃是欲因而成就之, 若只執此, 便不是." 曰: "然." 又問: "'穀種之必生, 如人之必仁.' 如此, 卻是以生譬仁. 穀種之生, 乃生之理, 乃得此生理以爲仁." 曰: "'必'當爲'有.'" 又解南軒"發是心體, 無時而不發", 云: "及其旣發, 則當事而存, 而爲之宰者也." 某謂: "心豈待發而爲之宰?" 曰: "此一段强解. 南軒說多差."【可學】

44) ▲: 或

45) ▲: 何巨源以書

天圖」自復至乾, 陽也, 自姤至坤, 陰也. 陽主人, 陰主物. '手探足躡', 亦無甚意義. 但姤在上, 復在下, 上故言'手探', 下故言'足躡.'" 【廣】

100:51 問"▲46) '天根月窟閑47)來往, 三十六宮都是春.' 蓋云天理流行, 而己常周旋乎其間. 天根月窟是箇總會處, 如'大明終始, 時乘六龍'之意否?" 曰: "是." 【廣】

100:52 ▲48) 『易』中二十八卦翻覆成五十六卦, 唯有乾・坤・坎・離・大過・頤・小過・中孚八卦, 反覆只是本卦. 以二十八卦湊此八卦, 故言"三十六"也. 【寓】

100:53 "康節詩儘好看." 道夫問: "舊無垢引『心贊』云: '廓然心境大無倫, 盡此規模有幾人? 我性卽天天卽性, 莫於微處起經綸.' 不知如何?" 曰: "是殆非康節之詩也. 林少穎云: '朱內翰作.' 次第是子發也." 問: "何以辨?" 曰: "若是眞實見得, 必不恁地張皇." 道夫曰: "舊看此意, 似與'性爲萬物之一原, 而心不可以爲限量'同." 曰: "固是. 但只是模49)空說, 無着實處. 如康節云'天向一中分造化, 人從心上起經綸', 多少平易? 實見得者自別." 又問"一中分造化." 曰: "本是一箇, 而消息盈虛便生陰陽. 事事物物, 皆恁地有消便有息, 有盈便有虛, 有箇面便有箇背." 曰: "這便是自然, 非人力之所能爲者?" 曰: "這便是生兩儀之理." 【道夫 ○賀孫錄云: "'廓然心境大無倫', 此四句詩, 正如貧子說金, 學佛者之論也."】

100:54 康節煞有好說話, 『近思錄』不曾取入. 近看『文鑑』編康節詩, 不知怎生"天向一中分造化, 人於心上起經綸"底詩卻不編入. 【義剛】

46) ▲: 康節云:
47) 閑: 賀本에는 間으로 되어 있다.
48) ▲: "三十六宮都是春."
49) 模: 『朱子語類』에서는 摸로 되어 있다.

100:55 康節以品題風月自負, 然實[50]强似『皇極經世書』.【方 ○季通語.】

100:56 康節之學, 其骨髓在『皇極經世』, 其花草便是詩. 直卿云: "其詩多說閑[51]靜樂底意思, 太煞把做事了." 曰: '這箇未說聖人, 只顏子之樂亦不恁地. 看他詩, 篇篇只管說樂, 次第樂得來厭了. 聖人得底如喫飯相似, 只飽而已. 他卻如喫酒." 又曰: "他都是有箇自私自利底意思, 所以明道有'要之不可以治天下國家'之說."【道夫】

100:57 ▲[52]"雪月風花未品題." 此言事物皆有造化.【可學】

100:58 邵堯夫六十歲, 作『首尾吟』百三十餘篇, 至六七年間終. 渠詩玩侮一世, 只是一箇"四時行焉, 百物生焉"之意.【璘】

100:59 先生誦▲[53]"施爲欲似千鈞弩, 磨礪當如百鍊金." 或問: "千鈞弩如何?" 曰: "只是不妄發. 如子房之在漢, 謾說一句, 當時承當者便須百碎?"【道夫】

100:60 ▲[54]"幽暗巖崖生鬼魅, 清平郊野見鸞鳳[55]." 聖人道其常, 也只是就那光明處理會說與人. 那幽暗處知得有多少怪異?【僩】

100:61 康節曰: "思慮未起, 鬼神莫知, 不由乎我, 更由乎誰?" 此間有術者, 人來問事, 心下默念, 則他說相應. 有人故意思別事, 不念及此, 則其說便不應. 問姓幾畫, 口中默數, 則他說便著, 不數者, 說不

---

50) 實: 成化本・賀本에서는 實로 되어 있다.
51) 閑: 賀本에는 閒으로 되어 있다.
52) ▲: 邵堯夫詩:
53) ▲: 康節詩曰:
54) ▲: 康節詩云:
55) 鳳:【附箋紙】 凰

著.【義剛】[56)]

100:62 因論學者輕俊者不美, 朴厚者好, 因說: "章惇邢恕當時要學數於康節, 康節見得他破, 不肯與之. 明道亦識得邢, 『語錄』中可見. 凡先生長者惜才, 不肯大段說破, 萬一其有回意." 揚因問: "當時邵傳與章邢, 使其知前程事時, 須不至如此之甚?" 曰: "不可如此說." 後又問. 云: "使章邢先知之, 他更是放手做, 是虎而翼者也?" 又因說: "康節當時只是窮得天地盈虛消息之理, 因以明得此數. 要之, 天地之理, 卻自是當知, 數亦何必知之? 伊川謂'雷自起處起.' 何必推知其所起處? 惟有孟子見得, 曰: '莫非命也, 順受其正.' 但有今日, 都不須問前面事. 但自盡, 明日死也不可知, 更二三十年在世也不可知. 只自修, 何必預知之?"【揚】

100:63 康節謂章子厚曰: "以君之才, 於吾之學, 頃刻可盡. 但須相從洛[57)]下一二十年, 使塵慮銷散, 胸中豁無一事, 乃可相授."【驤】

100:64 康節數學源流於陳希夷. 康節天資極高, 其學只是術數學. 後人有聰明能算, 亦可以推. 建陽舊有一村僧宗元, 一日走上徑山, 住得七八十日, 悟禪而歸. 其人聰敏, 能算法, 看『經世書』, 皆略略領會得.【揚】

○[58)]『易』書本原於卜筮. 又說: "邵子之學, 只把'元 · 會 · 運 · 世'四字貫盡天地萬物."【友仁】

○[59)] 問: "康節於『易』如何?" 曰: "他又是一等說話." 問: "渠之學如

---

56)【義剛】: 徽州本에서는【淳. 按, 黃義剛錄同.】으로 되어 있다.
57) 洛: 英祖刊本 · 賀本에서는 林으로 되어 있고, 成化本에서는 發로 되어 있고, 萬曆本에서는 故로 되어 있다.
58) ○: 『朱子語類』의 66:17이다.

何?" 曰: "專在數上, 卻窺見理." 曰: "可用否?" 曰: "未知其可用. 但與聖人之學自不同." 曰:

59) ○:『朱子語類』의 66:76의 일부이다.

『朱子語類』 卷第一百一

「程子門人」

「總論」

101:1 問: “程門誰眞得其傳?” 曰: “也不盡見得. 如劉質夫·朱公掞·張思叔輩, 又不見他文字. 看程門諸公力量見識, 比之康節·橫渠, 皆趕不上.” 【義剛】[1)]

101:2 程子門下諸公便不及, 所以和靖云: “見伊川不曾許一人.” 或問: “伊川稱謝顯道王佐才, 有諸?” 和靖云: “見伊川說謝顯道好, 只是不聞‘王佐才’之語.” 劉子澄編『續近思錄』, 取程門諸公之說. 某看來, 其間好處固多, 但終不及程子, 難於附入. 【璘 ▲[2)]】

101:3 伊川之門, 謝上蔡自禪門來, 其說亦有差. 張思叔最後進, 然深惜其早世? 使天予之年, 殆不能[3)]量. 其他門人多出仕宦四方, 研磨亦少. 楊龜山最老, 其所得亦深. 【謙】

101:4 謂思叔持守不及和靖, 乃伊川語, 非特爲品藻二人, 蓋有深意. 和靖擧以語[4)]人, 亦非自是, 乃欲人識得先生意耳. 若以其自是之嫌而不言, 則大不是, 將無處不窒礙矣. 【鎬】

---

1) 【義剛】: 徽州本에서는 【淳. 按, 黃義剛錄同.】으로 되어 있다.
2) ▲: ○必大錄云: “程門諸先生親從二程子, 何故看他不透? 子澄編『近思續錄』, 某勸他不必作, 蓋接續二程意思不得.”
3) 能: 英祖刊本·賀本에서는 可로 되어 있다.
4) 語: 『小分』에서는 손상되어 보이지 않으나 『朱子語類』에 따라 보충하였다.

101:5 呂與叔『文集』煞有好處. 他文字極是實, 說得好處, 如千兵萬馬, 飽滿伉壯. 上蔡雖有過當處, 亦自是說得透. 龜山文字卻怯弱, 似是合下會得易. 某嘗說, 看文字須以法家深刻, 方窮究得盡. 某直是拚得下▲5)? 【閎祖】

101:6 上蔡多說過了. 龜山巧, 又別是一般, 巧得又不好. 范諫議說得不巧, 然亦好. 和靖又忒不巧, 然意思好. 【振】

101:7 問尹和靖立朝議論. 曰: "和靖不觀他書, 只是持守得好. 它『語錄』中說涵養持守處, 分外親切. 有些朝廷文字, 多是呂稽中輩代作." 問: "龜山立朝, 卻有許多議論?" 曰: "龜山雜博, 是讀多少文字." 【德明】

101:8 看道理不可不子細. 程門高弟如謝上蔡・游定夫・楊龜山輩, 下梢皆入禪學去. 必是程先生當初說得高了, 他們只晫見一截, 少下面着實工夫, 故流弊至此. 【義剛】6)

101:9 游・楊・謝三君子初皆學禪. 後來餘習猶在, 故學之者多流於禪. 游先生大是禪學. 【德明】

101:10 ▲7) 論伊川門人, ▲8) "多流入釋氏." 文蔚曰: "只是游定夫如此, 恐龜山輩不如此." 曰: "只『論語序』便可見." 【文蔚】

101:11 龜山少年未見伊川時, 先去看莊列等文字. 後來雖見伊川, 然而此念熟了, 不覺時發出來. 游定夫尤甚. 羅仲素時復亦有此意. 【恪】9)

---

5) ▲: 工
6) 【義剛】: 徽州本에서는 【淳】으로 되어 있다.
7) ▲: 一日,
8) ▲: 云:

101:12 問: “程門諸公親見二先生, 往往多差互. 如游定夫之說, 多入於釋氏. 龜山亦有分數.” 曰: “定夫極不濟事. 以某觀之, 二先生衣鉢[10]似無傳之者.” 又問: “上蔡議論莫太過?” 曰: “上蔡好於事上理會理, 卻有過處.” 又問: “和靖專於主敬, 集義處少.” 曰: “和靖主敬把得定, 亦多近傍理. 龜山說話頗淺狹. 范淳夫雖平正, 而亦淺.” 又問: “嘗見『震澤記善錄』, 彼親見伊川, 何故如此之差?” 曰: “彼只見伊川面耳.” 曰: “‘中無倚者[11]’之語, 莫亦有所自來?” 曰: “卻是伊川語.” 【可學】

101:13 “游・楊・謝諸公當時已與其師不相似, 卻似別立一家. 謝氏發明得較精彩, 然多不穩貼[12]. 和靖語卻實, 然意短, 不似謝氏發越. 龜山『語錄』與自作文又不相似, 其文大故照管不到, 前面說如此, 後面又都反了. 緣他只依傍語句去, 皆是不透. 龜山年高. 與叔年四十七, 他文字大綱立得脚來健, 多有[13]處說得好, 又切. 若有壽, 必煞進. 游定夫學無人傳, 無語錄. 他晚年嗜佛, 在江湖居, 多有尼出入其門. 他眼前分曉, 信得及底, 儘踐履得到. 其變化出入處, 看不出, 便從釋去, 亦是不透. 和靖在虎丘, 每旦起頂禮佛. 【鄭曰: “亦念『金剛經』.”】 他因趙相入侍講筵, 那時都說不出, 都柰何不得. 人責他事業, 答曰: ‘每日只講兩行書, 如何做得致君澤民事業?’ 高宗問: ‘程某道孟子如何?’ 答曰: ‘程某不敢疑孟子.’ 如此則是孟子亦有可疑處, 只不敢疑爾. 此處更當下兩語, 卻住了. 他也因患難後, 心神耗了. 龜山那時亦不應出. 侯師聖太麤[14]疏, 李先生甚輕之. 來延平看親, 羅仲素往見之, 坐少時不得, 只管要行. 此亦可見其麤[15]疏處. 張思叔敏似和靖, 伊川稱

---

9) 【恪】: 成化本・賀本에서는 【洛】으로 되어 있다.
10) 鉢: 賀本에서는 鉢로 되어 있다.
11) 者: 英祖刊本・賀本에서는 著로 되어 있다.
12) 貼: 成化本・賀本에서는 貼으로 되어 있다.
13) 多有: 成化本・賀本에서는 有多로 되어 있다.
14) 麤: 成化本・賀本에서는 粗로 되어 있다.
15) 麤: 成化本・賀本에서는 粗로 되어 있다.

其朴茂, 然亦狹, 無展拓氣象. 收得他雜文五六篇, 其詩都似禪, 緣他初是行者出身. 郭沖晦有『易』文字, 說『易』卦都從變上推[16]. 間[17]一二卦推得, 豈可都要如此? 近多有文字出, 無可觀. 周恭叔・謝用休・趙彦道・鮑若雨[18], 那時溫州多有人, 然都無立作. 王信伯乖." 鄭問: "他說'中無倚著', 又不取龜山'不偏'說, 何也?" 曰: "他謂中無偏倚, 故不取'不偏'說." 鄭曰: "胡文定只上蔡處講得些子來, 議論全似上蔡. 【如"獲麟以天自處"等.】 曾漸又故[19]文定處講得些子." 曰: "文定愛將聖人道理張大說, 都是勉强如此, 不是自然流出. 曾漸多是禪."【淳】

101:14 學者氣質上病最難救. 如程門謝氏便如"師也過", 游與楊便如"商也不及", 皆是氣質上病. 向見無爲一醫者, 善用鍼, 嘗云: "是病可以鍼而愈, 惟胎病爲難治."【必大】

101:15 蔡云: "▲[20]伊川門人▲[21], 何故後來更無一人見得親切?" 或云: "游・楊亦不久親炙." 曰: "也是諸人無頭無尾, 不曾盡心在[22]上面也. 各家去奔走仕宦, 所以不能理會得透. 如邵康節從頭到尾, 極終身之力而後得之. 雖其不能無偏, 然就他這道理, 所謂'成而安'矣. 如茂叔先生資稟便較高, 他也去仕宦. 只他這所學, 自是從合下直到後來, 所以有成. 某看來, 這道理若不是拚生盡死去理會, 終不解得? 『書』曰: '若藥不瞑眩, 厥疾不瘳.' 須是[23]喫些苦極, 力得[24]." 蔡云: "上蔡也雜佛・老." 曰: "只他見識又高." 蔡云: "上蔡, 老氏之學多, 龜山,

16) 都從變上推: 【附箋紙】 "都從變上推", 印本"都"字作"郡", 疑誤.
17) 間: 賀本에서는 問으로 되어 있다.
18) 鮑若雨: 【附箋紙】 "鮑若兩", 原本"兩"作"雨"
19) 故: 『朱子語類』에서는 胡로 되어 있다.
20) ▲: 不知
21) ▲: 如此其衆
22) 在: 『朱子語類』에서는 存으로 되어 있다.
23) 是: 賀本에는 없다.
24) 力: 成化本・賀本에서는 方으로 되어 있다.

佛氏之說多, 游氏只雜佛, 呂與叔高於諸公." 曰: "然. 這大段有筋骨, 惜其早死? 若不早死, 也須理會得到." ▲[25]【賀孫】

101:16 ▲[26]

101:17 上蔡之學, 初見其無礙, 甚喜之. 後細觀之, 終不離禪底見解. 如"灑[27]掃應對"處, 此只是小子之始學. 程先生因發明, 雖始學, 然其終之大者亦不離乎此. 上蔡於此類處, 便說得大了. 道理自是有小有大, 有初有終. 若如此說時, 便是不安於其小者・初者, 必知其中有所謂大者, 方安爲之. 如曾子三省處, 皆只是實道理. 上蔡於小處說得亦大了. 記二先生語云: "才得後, 便放開. 不然, 只是守." 此語記亦未備. 得了自然開, 如何由人放開? 此便是他病處. 諸家『語錄』, 自然要就所錄之人看. 上蔡大率張皇, 不妥帖. 更如游・楊解書之類, 多使聖人語來反正. 如解"不亦樂乎", 便云"'學之不講'爲憂. 有朋友講習, 豈不樂乎"之類, 亦不自在. 大率諸公雖親見伊川, 皆不得其師之說.【振】

101:18 程門弟子親炙伊川, 亦自多錯. 蓋合下見得不盡, 或後來放倒. 蓋此理無形體, 故易差, 有百般滲漏.【去僞】

101:19 程門諸高弟覺得不快於師說, 只爲他自說得去.【文蔚】

---

25) ▲: 蔡又因說律管, 云: "伊川何不理會? 想亦不及理會? 還無人相共理會? 然康節所理會, 伊川亦不理會." 曰: "便是伊川不肯理會這般所在."

26) ▲: "程門諸子在當時親見二程, 至於釋氏, 却多看不破, 是不可曉. 觀『中庸說』中可見. 如龜山云: '吾儒與釋氏, 其差只在杪忽之間.' 某謂何止杪忽? 直是從源頭便不同?" 伯豐問: "『崇正辨』如何?" 曰: "『崇正辨』亦好." 伯豐曰: "今禪學家亦謂所辨者, 皆其門中自不以爲然." 曰: "不成吾儒守三綱五常, 若有人道不是, 亦可謂吾儒自不以爲然否?" 又問: "此書只論其跡?" 曰: "論其跡亦好. 伊川曰: '不若只於跡上斷, 畢竟其跡是從那裏出來.' 胡明仲做此書, 說得明白. 若五峰說話中辨釋氏處卻糊塗, 鬪他不倒. 『皇王大紀』中亦有數段, 亦不分曉."【罃】

27) 灑: 賀本에서는 洒로 되어 있다.

101:20 古之聖賢未嘗說無形影話, 近世方有此等議論. 蓋見異端好說玄說妙, 思有以勝之, 故亦去玄妙上尋, 不知此正是他病處. 如孟子說"反身而誠", 本是平實, 伊川亦說得分明. 到後來人說時, 便如空中打箇筋斗. 然方其記錄伊川語, 元不錯. 及自說出來, 便如此, 必是聞伊川說時, 實不得其意耳. 【必大】[28)]

101:21 問: "郭仲晦[29)]何如人?" 曰: "西北人, 氣質重厚淳固, 但見識不及. 如『兼山易』·『中庸義』多不可曉, 不知伊川晚年接人是如何." 問: "游·楊諸公早見程子, 後來『語』·『孟』·『中庸說』, 先生猶或以爲疏略, 何也?" 曰: "游·楊諸公皆才高, 又博洽, 略去二程處參較所疑及病敗處, 各能自去求. 雖其說有疏略處, 然皆通明, 不似兼山輩立論可駭也." 【德明】

101:22 周恭叔學問, 自是靠不得. 【方】

101:23 朱公掞文字有幅尺, 是見得明也. 【方】

101:24 南軒云: "朱公掞『奏狀』說伊川不著." 先生云: "不知如何方是說看? 大意只要說得實, 便好. 如伊川說物便到'四凶'上, 及呂與叔『中庸』, 皆說實話也." 【方】

101:25 李朴·先之大概是能尊尚道學, 但恐其氣剛, 亦未能遜志於學問. 【道夫】

101:26 學者宜先看『遺書』, 次看和靖文字, 後乃看上蔡文字, 以發光彩, 且已[30)]可不迷其說也. 【方附[31)]季通語.】

---

28) 【必大】: 徽州本에서는 【伯豐】으로 되어 있다.
29) 郭仲晦: 『朱子語類』에서는 郭冲晦로 되어 있다.
30) 已: 賀本에서는 亦으로 되어 있다.

「呂與叔」

101:27 呂與叔惜乎壽不永? 如天假之年, 必所見又別. 程子稱其"深潛縝密", 可見他資質好, 又能涵養. 某若只如呂年, 亦不見得到此田地矣. "五福"說壽爲先者, 此也.【友仁】

101:28 有爲呂與叔挽詩云: "曲禮三千目, 躬行四十年?"【方】

101:29 呂與叔『中庸義』, 典實好看, 又有『春秋』·『周易解』.【方】

101:30 "呂與叔云: '聖人以中者不易之理, ▲32)以之爲敎.' 如此則是以中爲一好事, 用以立敎, 非自然之理也." 先生曰: "此是橫渠有此說. 所以橫渠沒, 門人以'明誠中子'諡之, 與叔爲作『諡議』, 蓋支離也. 西北人勁直, 才見些理, 便如此行去. 又說出時, 其他又無人曉, 只據他一面說▲33), 無朋友議論, 所以未精也."【振】

101:31 呂與叔本是箇剛底氣質, 涵養得到, 所以如此. 故聖人以剛之德爲君子, 柔爲小人. 若有其剛矣, 須除去那剛之病, 全其與34)剛之德, 相次可以爲學. 若不剛, 終是不能成.【有爲而言. 卓】

101:32 看呂與叔『論選擧狀』: "立士規, 以養德厲行, 更學制, 以量才進藝, 定貢法, 以取賢斂才, 立試法, 以試用養才, 立辟法, 以興能備用, 立擧法, 以覆實得人, 立考法, 以責任考功." 先生曰: "其論甚高. 使其不死, 必有可用."

---

31) 附: 賀本에는 없다.
32) ▲: 故
33) ▲: 去
34) 與: 英祖刊本·徽州本에서는 爲로 되어 있다

101:33 呂與叔後來亦看佛書, 朋友以書責之, 呂云: "某只是要看他道理如何." 其『文集』上雜記亦多不純. 想後來見二程了, 卻好.

101:34『呂與叔集』中有「與張天驥書」. 是天驥得一書與他云: "我心廣大如天地, 視其形體之身, 但如螻蟻." 此也不足辨, 但偶然是有此書. 張天驥便是東坡與他做「放鶴亭記」者, 卽雲龍處士, 徐州人. 心廣大後, 方能體萬物. 蓋心廣大, 則包得那萬物過, 故能體此. 體猶'體群臣'之'體.'"【義剛】

101:35 呂與叔論顏子等處極好. 龜山云云, 未是.【可學】

101:36 呂與叔有一段說輪回.【可學】

「謝顯道」

101:37 上蔡高邁卓絶, 言論宏肆, 善開發人.【若海】

101:38 上蔡語雖不能無過, 然都是確實做工夫35)▲36).【道夫】

101:39 問: "人之病痛不一, 各隨所偏處去. 上蔡才高, 所以病痛盡在'矜'字?" 曰: "此說是."【人傑】

101:40 謝氏謂去得"矜"字. 後來矜依舊在, 說道理愛揚揚地.【淳】

101:41 ▲37)問: "謝上蔡以覺言仁, 是如何?" 曰: "覺者, 是要覺得箇

35) 工夫:【附箋紙】"工夫"下, 印本有"來"字, 原本亦誤.
36) ▲: 來
37) ▲: 或

道理. 須是分毫不差, 方能全得此心之德, 這便是仁. 若但知得箇痛癢, 則凡人皆覺得, 豈盡是仁者耶? 醫者以頑痺爲不仁, 以其不覺, 故謂之'不仁.' 不覺固是不仁, 然便謂覺是仁, 則不可."【時擧】

101:42 問: "上蔡說仁, 本起於程先生引醫家之說而誤." 曰: "伊川有一段說不認義理[38], ▲[39] 只守得一箇空心, 覺何事?"【可學】

101:43 上蔡以知覺言仁. 只知覺得那應事接物底, 如何便喚做仁? 須是知覺那理, 方是. 且如一件事是合做與不合做, 覺得這箇, 方是仁. 喚着便應, 抉着便痛, 這是心之流注在血氣上底. 覺得那理之是非, 這方是流注在理上底. 喚着不應, 抉着不痛, 這固[40]是死人, 固是不仁. 喚得應, 抉着痛, 只這便是仁, 則誰箇不會如此? 須是分作三截看: 那不關痛癢底, 是不仁, 只覺得痛癢, 不覺得理底, 雖會於那一等, 也不便是仁, 須是覺這理, 方是.【植】

101:44 問: "謝氏以覺訓仁, 謂仁爲活物, 要於日用中覺得這箇[41]活物, 便見仁體. 而先生不取其說, 何也?" 曰: "若是識得仁體, 則所謂覺, 所謂活物, 皆可通也. 但他說得自有病痛, 畢竟如何是覺? 又如何是活物? 又卻別將此箇意思去覺那箇活物, 方寸紛擾, 何以爲仁? 如說'克己復禮', 己在何處? 克又如何? 豈可以活物覺之而已也?"【謨】

101:45 問: "上蔡以覺訓仁, 莫與佛氏說異? 若張子韶之說, 則與上蔡不同." 曰: "子韶本無定論, 只是迅筆便說, 不必辨其是非." 某云: "佛氏說覺, 卻只是說識痛癢." 曰: "上蔡亦然." 又問: "上蔡說覺, 乃是覺其理." 曰: "佛氏亦云覺理."【此一段說未盡, 客至起. ○可學】

---

38) 義理:【附箋紙】"義理"下, 脫"最好. 只以覺爲仁, 若不認義理"十二字.
39) ▲: 最好. 只以覺爲仁, 若不認義理,
40) 固: 賀本에서는 箇로 되어 있다.
41) 這箇: 賀本에는 없다.

101:46 上蔡云: "釋氏所謂性, 猶吾儒所謂心, 釋氏所謂心, 猶吾儒所謂意." 此說好.【閎祖】

101:47 問: "上蔡說佛氏目視耳聽一段, 比其它說佛處, 此最當." 曰: "固是. 但不知渠說本體是何? 性若不指理, 卻錯了."【可學】

101:48 因論『上蔡語錄』中數處, 如云"見此消息, 不下工夫"之類, 乃是謂佛儒本同, 而所以不同, 但是下截耳. 龜山亦如此. 某謂: "明道云: '以吾觀於佛, 疑於無異, 然而不同.'" 曰: "上蔡有「觀復堂記」云, 莊·列之徒云云, 言如此則是聖人與莊·列同, 只是言有多寡耳. 觀它說復, 又卻與伊川異, 似以靜處爲復. 湖州刻伊川『易傳』, 後有謝跋云, 非全書. 伊川相[42]約門人相聚共改, 未及而沒. 使當初若經他改, 豈不錯了? 龜山又有一書, 亦改刪伊川『易』. 『遺書』中謝記有一段, 下注云: '鄭轂親見.' 轂嘗云: '曾見上蔡每說話, 必覆巾掀髯攘臂.'"【方錄云: "鄭轂言: '上蔡平日說話到軒[43]舉處, 必反巾揎[44]袖以見精彩[45].'"】 某曰: "若他與朱子發說『論語』, 大抵是如此." 曰: "以此語學者, 不知使之從何入頭?"【可學】

101:49 ▲[46]

101:50 問上蔡"學佛欲免輪回"一段. 曰: "答辭似不甚切."【可學】

101:51 『上蔡語錄』論佛處, 乃江民表語. 民表爲諫官, 甚有可觀, 只

---

42) 相: 『朱子語類』에서는 嘗으로 되어 있다.【附箋紙】 "相約", "相"字印本·原本作"嘗".

43) 軒: 賀本에서는 掀으로 되어 있다.

44) 揎: 賀本에는 없다.

45) 彩: 『朱子語類』에서는 采로 되어 있다.

46) ▲: 上蔡「觀復齋記」中說道理, 皆是禪學底意思.【義剛】

是學佛. 當初是人寫江語與謝語共一冊, 遂誤傳作謝語. 唯室先生陳齊之有辨, 辨此甚明.【璘】

101:52 ▲[47]問: "上蔡說橫渠以禮敎人, 其門人下梢頭低, 只'溺於形[48]名度數之間, 行得來困, 無所見處', 如何?" 曰: "觀上蔡說得又自偏了. 這都看不得禮之大體, 所以都易得偏. 如上蔡說橫渠之非, 以爲'欲得正容謹節.' ▲[49]自是好, 如何廢這箇得? 如專去理會形[50]名度數, 固不得, 又全廢了這箇, 也不得. 如上蔡說, 便非曾子'籩豆則有司存', 本末並見之意. 後世如有作者, 必不專泥於刑名度數, 亦只整頓其大體. 如孟子在戰國時已[51]自見得許多瑣碎不可行, 故說喪服經界諸處, 只是理會大體, 此便是後來要行古禮之法."【賀孫】

101:53 問: "上蔡云: '陰陽交而有神, 形氣離而有鬼. 知此者爲智, 事此者爲仁.' 上兩句只是說伸而爲神, 歸而爲鬼底意思?" 曰: "是如此." 問: "'事此者爲仁', 只是說能事鬼神者, 必極其誠敬以感格之, 所以爲仁否?" 曰: "然." 問: "謝又云: '可者使人格之, 不使人致死之.' 可者, 是可以祭祀底否?" 曰: "然." 問: "禮謂致生爲不知, 此謂致生爲知?" 曰: "那只是說明器. 如三日齋, 七日戒, 直是將做箇生底去祭他, 方得." 問: "謝又云'致死之故, 其鬼不神.'" 曰: "你心不向他, 便無了." 問: "且如淫祀[52], 自有靈應, 如何便會無?" 曰: "昔一僧要破地獄, 人敎他念破地獄呪, 偏無討這呪處. 一僧與云'遍觀法界性'四句便是." 或云: "只是'一切惟心造.'" 曰: "然." 又問: "齋戒只是要團聚自家精神. 然'自家精神, 卽祖考精神.' 不知天地山川鬼神, 亦只以其來處一般

47) ▲: 國秀
48) 形: 賀本에서는 刑으로 되어 있다.
49) ▲: 這
50) 形: 賀本에서는 刑으로 되어 있다.
51) 已: 賀本에서는 己로 되어 있다.
52) 祀: 『朱子語類』에서는 祠로 되어 있다.

否?" 曰: "是如此. 天子祭天地, 諸侯祭封內山川, 是他是主. 如古人祭墓, 亦只以墓人爲尸."【胡泳】

101:54 鬼神, 上蔡說得好. 只覺得"陰陽交而有神"之說, 與後"神"字有些不同. 只是他大綱說得極好, 如曰: "可者使人格之, 不使人致死之." 可者, 是合當祭, 如祖宗父母, 這[53]須着盡誠感格之, 不要人便做死人看待他. "不可者使人遠之, 不使人致生之." 不可者, 是不當祭, 如閑神野鬼, 聖人便要人遠之, 不要人做生人看待他. 可者格之, 須要得他來, 不可者遠之, 我不管他, 便都無了. "精氣爲物, 遊魂爲變." 天地陰陽之氣交合, 便成人物, 到得魂氣歸於天, 體魄降於地, 是爲鬼, 便是變了. 說魂, 則魄可見.【賀孫】

101:55 ▲[54]問: "上蔡說鬼神云: '道有便有, 道無便無.' 初看此二句, 與'有其誠則有其神, 無其誠則無其神'一般, 而先生前夜言上蔡之語未穩, 如何?" 曰: "'有其誠則有其神, 無其誠則無其神', 便是合有底, 我若誠則有之, 不誠則無之. '道有便有, 道無便無', 便是合有底當有, 合無底當無. 上蔡而今都說得麤[55]了[56], 合當道: 合有底, 從而有之, 則有, 合無底, 自是無了, 便從而無之. 今卻只說'道有便有, 道無便無', 則不可."【義剛】

101:56 ▲[57] 要無便無." 以"非其鬼而祭之"者, 你氣一正而行, 則彼氣皆散矣.【楊】[58]

---

53) 這: 英祖刊本・賀本에서는 只로 되어 있다.
54) ▲: 叔器
55) 麤: 成化本・賀本에서는 粗로 되어 있다.
56) 麤了:【附箋紙】"麤了"上, 印本有"得"字, 原本亦誤.
57) ▲: 上蔡言: "鬼神, 我要有便有, 以天地祖考之類.
58)【楊】:『朱子語類』에서는【揚】으로 되어 있다.

101:57 上蔡曾有手簡云: "大事未辨." 李先生謂: "不必如此, 死而後已, 何時是辨?"【方】

101:58 上蔡曰: "人不可無根", 便是難. 所謂根者, 只管看, 便是根, 不是外面別討箇根來.

101:59 上蔡說"先有知識, 以敬涵養", 似先立一物了.【方】

101:60 上蔡云: "誠是實理." 不是專說是理. 後人便只於理上說, 不於心上說, 未是.【可學】

101:61 上蔡言"無窮者, 要當會之以神", 是說得過當. 只是於訓詁處尋繹踐履去, 自然"下學上達."【賀孫】

101:62 "上蔡云'見於作用者, 心也', 謂知而動者便是." 先生云: "本體是性, 動者情, 兼體動靜者心.【性靜, 情動.】 心."【方 ○以下數條, 方問『上蔡語錄』.】

101:63 "養心不如悅心." 先生云: "'不如'字, 恐有之, '淺近'字, 恐伊川未必爾. 此『錄』已傳兩手, 可疑. '悅心'說, 更舉出處看. 理義是本有, 自能悅心, 在人如行慊於心."

101:64 "心之窮物有盡, 而天者無盡." 先生云: "得其本, 則用之無窮, 不須先欲窮知其無窮也."

101:65 "放開只守." 追記語中, 說得頗別. 似謂放開是自然割[59]開乃

59) 割: 『朱子語類』에서는 豁으로 되어 있다.【附箋紙】 "割開", "割"印木作"豁". 原本亦作"豁."

得之效, 未得, 則只是守此.『錄』中語不安.

101:66 "敬則與事爲一." 先生云: "此與明道·伊川說別. 今胡文定一派要'身親格'者, 是宗此意."

101:67 說"何思何慮"處, 伊川本不許, 上蔡卻自擔當取也.【讀『語錄』及『易傳』可見. 這同上.】

101:68 上蔡家始初極有好玩, 後來爲克己學, 盡舍之. 後來有一好硯, 亦把與人.【方】

101:69 曾恬天隱嘗問上蔡云云, 上蔡曰: "用得底便是." 以其說絮, 故答以是. 又嘗問"恭·敬"字同異. 曰: "異." "如何異?" 曰: "'恭'平聲, '敬'仄聲." 上蔡英發, 故胡文定喜之, 想見與游·楊說話時悶也.【楊】[60]

101:70 如今人說道, 愛從高妙處說, 便說入禪去, 自謝顯道以來已然. 向時有一陳司業, 名可中, 專一好如此說. 如說如何是伊尹樂堯·舜之道, 他便去下面下一語云: "江上一犁春雨." 如此等類煞有, 亦煞有人從它. 只是不靠實, 自是說他一般話.【謙】

「楊中立」

101:71 龜山天資高, 朴實簡易, 然所見一定, 更不須窮究. 某嘗謂這般人, 皆是天資出人, 非假學力. 如龜山極是簡易, 衣服也只據見定. 終日坐在門限上, 人犯之亦不校[61]. 其簡易[62]率皆如此.【道夫 ○榦嘗

---

60)【楊】:『朱子語類』에서는【揚】으로 되어 있다.
61) 校: 賀本에서는 較로 되어 있다.
62) 易: 賀本에는 없다.

聞先生云: "坐在門外石坐子上." 今云門限, 記之誤也. ○方錄云: "龜山有時坐門限上. 李先生云: '某卽斷不敢.'"】

101:72 龜山解文字著述, 無綱要.【方】

101:73 龜山文字論議[63], 如手捉一物正緊, 忽墜地, 此由其氣弱.

101:74 "龜山詩文說道理之類, 才說得有意思, 便無收殺." 楊[64]曰: "是道理不遠[65]否?" 曰: "雖然, 亦是氣質弱, 然公平無病. 五峰說得卻緊, 然卻有病. ▲[66]【楊】[67]

101:75 龜山言: "'天命之謂性', 人欲非性也." 天命之善, 本是無人欲, 不必如此立說. 『如言[68]』云: "天理·人欲, 同體而異用, 同行而異情." 自是它全錯看了?【德明】

101:76 "龜山與范濟美言: '學者須當以求仁爲要, 求仁, 則"剛·毅·木·訥近仁"一言爲要.'" 先生曰: "今之學者, 亦不消專以求仁爲念, 相將只去看說仁處, 他處盡遺了. 須要將一部『論語』, 粗粗細細, 一齊理會去, 自然有貫通處, 卻會得仁, 方好. 又, 今人說曾子只是以魯得之, 蓋曾子是資質省力易學. 設使如今人之魯, 也不濟事. 范濟美博學高才, 俊甚, 故龜山只引'剛·毅·木·訥'告之, 非定理也."

101:77 問: "龜山言: '道非禮, 則蕩而無止, 禮非道, 則梏於器數儀章之末.' 則道乃是一虛無恍惚無所準則之物, 何故如此說'道'字?" 曰:

---

63) 論議: 『朱子語類』에서는 議論으로 되어 있다.
64) 楊: 『朱子語類』에서는 揚으로 되어 있다.
65) 遠: 『朱子語類』에서는 透로 되어 있다.【附箋紙】"不遠否", 原本"遠"作"透".
66) ▲: 程先生少年文字便好, 如『養魚記』·『顏子論』之類."
67)【楊】: 『朱子語類』에서는【揚】으로 되어 있다.
68) 如言:【附箋紙】"如言", 原本"如"作"知."

"不可曉. 此類甚多." 因問: "如此說, 則似禪矣." 曰: "固是. 其徒如蕭子莊・李西山・陳默堂皆說禪. 龜山沒, 西山嘗有佛經疏追薦之. 唯羅先生卻是着實子細去理會. 某舊見李先生時, 說得無限道理, 也曾去學禪. 李先生云: '汝恁地懸空理會得許多, 而面前事卻又理會不得? 道亦無玄妙, 只在日用間着實做工夫處理會, 便自見得.' 後來方曉得它說, 故今日不至無理會耳."【銖】

101:78 "龜[69]山彈蔡京, 亦是, 只不迅速." 擇之曰: "龜山晚出一節, 亦不是." 曰: "也不干晚出事. 若出來做得事, 也無妨. 他性慢, 看道理也如此. 平常處看得好, 緊要處卻放緩了? 做事都渙散無倫理. 將樂人性急, 麤[70]率. 龜山卻恁寬平, 此是間氣[71]. 然其麤[72]率處, 依舊有土風在."【義剛】

101:79 或問: "龜山晚年出處不可曉, 其召也以蔡京, 然在朝亦無大建明." 曰: "以今觀之, 則可以追咎當時無大建明. 若自家處之, 不知當時所▲[73]當建明者何事?" 或云: "不過擇將相爲急." 曰: "也只好說擇將相固是急, 然不知當時有甚人可做. 當時將只說种師道, 相只說李伯紀, 然固皆嘗用之矣. 又況自家言之, 彼亦未便見聽. 據當時事勢亦無可爲者, 不知有大聖賢之才如何爾."【僩】

101:80 問: "龜山晚年出得是否?" 曰: "出如何不是? 只看出得如何. 當初若能有所建明而出, 則勝於不出." 曰: "渠用蔡攸薦,【蔡老令攸薦之.】 亦未是." 曰: "亦不妨. 當時事急, 且要速得一好人出來救之, 只是出得來不濟事耳. 觀渠爲諫官, 將去猶惓惓於一對, 已而不▲[74]對.

69) 龜: 徽州本에서는 이 앞에 論及龜山, 先生曰이 더 들어 있다.
70) 麤: 成化本・賀本에서는 粗로 되어 있다.
71) 氣: 英祖刊本・徽州本에서는 出로 되어 있다.
72) 麤: 成化本・賀本에서는 粗로 되어 있다.
73) ▲: 以

及觀其所言, 第一, 正心·誠意, 意欲上推誠待宰執, 第二, 理會東南綱運. 當時宰執皆庸繆之流, 待亦不可, 不行[75]亦不可. 不告以窮理, 而告以正心·誠意. 賊在城外, 道途正梗, 縱有東南綱運, 安能達? 所謂'雖有粟, 安得而食諸'? 當危急之時, 人所屬望, 而著數乃如此? 所以使世上一等人笑儒者以爲不足用, 正坐此耳." 【可學】

101:81 草堂先生及識元城[76] 龜山. 龜山之出, 時已七十歲, 卻是從蔡攸薦出. 他那時覺得這邊扶持不得, 事勢也極, 故要附此邊人, 所以薦龜山. ▲[77]

101:82 ▲[78]

---

74) ▲: 得
75) 行: 英祖刊本에서는 待로 되어 있다.
76) 城: 徽州本에서는 이 뒤에 劉器之楊이 더 들어 있다.
77) ▲: 初緣蔡攸與蔡子應說, 令其薦擧人才, 答云: "太師用人甚廣, 又要討甚麽人?" 曰: "緣都是勢利之徒, 恐緩急不可用. 有山林之人, 可見告." 他說: "某只知鄉人鼓山下張觷, 字柔直, 其人甚好." 蔡攸曰: "家間子姪未有人教, 可屈他來否?" 此人卽以告張, 張卽從之. 及教其子弟, 儼然正師弟子之分, 異於前人. 得一日, 忽開諭其子弟以奔走之事, 其子弟駭愕, 卽告之曰: "若有賊來, 先及汝等, 汝等能走乎?" 子弟益驚駭, 謂先生失心, 以告老蔡. 老蔡因悟曰: "不然, 他說得是." 蓋京父子此時要喚許多好人出, 已知事變必至, 卽請張公叩之. 張言: "天下事勢至此, 已不可救, 只得且收擧幾箇賢人出, 以爲緩急倚仗耳." 卽令張公薦人, 張公於是薦許多人, 龜山在一人之數. 今『龜山墓誌』云: "會有告大臣以天下將變, 宜急擧賢以存國, 於是公出." 正謂此. 張後爲某州縣丞. 到任, 卽知虜人入寇, 必有自海道至者, 於是買木爲造船之備. 踰時果然. 虜自海入寇, 科州縣造舟, 倉卒擾擾, 油灰木材莫不踊貴. 獨張公素備, 不勞而辦. 以此見知於帥憲, 知南劍. 會葉鐵入寇, 民大恐. 他卽告諭安存之, 率城中諸富家, 令出錢米, 沽酒, 買肉, 爲蒸糊之類. 遂分民兵作三替, 逐替燕犒酒食, 授以兵器. 先一替出城與賊接戰, 卽犒第二替出, 先替未倦, 而後替卽得助之. 民大喜, 遂射殺賊首. 富民中有識葉鐵者, 卽厚勞之, 勿令執兵, 只令執長鎗, 上懸白旗, 令見葉鐵, 卽以白旗指向之. 衆上了弩, 卽其所指而發, 遂中之. 後都統任某欲爭功, 亦讓與之. 其餘諸盜, 卻得都統之力, 放賊之叔父以成反間. 【賀孫 ○儒用錄別出.】
78) ▲: 問龜山出處之詳. 曰: "蔡京晩歲漸覺事勢狼狽, 亦有隱憂. 其從子應之【文蔚錄云: "君謨之孫, 與他敘譜."】 自興化來, 因訪問近日有甚人才. 應之愕然曰: '今天下人才, 盡在太師陶鑄中, 某何人, 敢當此問?' 京曰: '不然. 覺得目前盡是面

101:83 ▲[79)]

101:84 問: "龜山當時何意出來?" 曰: "龜山做人也苟且, 是時未免祿仕, 故胡亂就之. 苟可以少行其道, 龜山之志也. 然來得已不是, 及至, 又無可爲者, 只是說得那沒緊要底事. 當此之時, 苟有大力量, 咄嗟間眞能轉移天下之事, 來得也不枉. 旣不能然, 又只是隨衆鶻突. 及欽宗卽位, 爲諫議大夫, 因爭配享事, 爲孫仲益所攻. 孫言, 楊某曩常與蔡京諸子游, 今衆議攻京, 而楊某曰, 愼毋攻居安云云. 龜山遂罷." ▲[80)]

諛脫取官職去底人, 恐山林間有人才, 欲得知.' 應之曰: '太師之問及此, 則某不敢不對. 福州有張觷, 字柔直者, 抱負不苟.' 觷平日與應之相好, 時適赴吏部, 應之因擧其人以告. 遂賓致之爲塾客, 然亦未暇與之相接. 柔直以師道自尊, 待諸生嚴厲, 異於他客, 諸生已不能堪. 一日, 呼之來前, 曰: '汝曹曾學走乎?' 諸生曰: '某尋常聞先生長者之敎, 但令緩行.' 柔直曰: '天下被汝翁作壞了. 早晩賊發火起, 首先到汝家. 若學得走, 緩急可以逃死.' 諸子大驚, 走告其父, 曰: '先生忽心恙'云云. 京聞之, 矍然曰: '此非汝所知也?' 卽入書院, 與柔直傾倒, 因訪策焉. 柔直曰: '今日救時, 已是遲了. 只有收拾人才是第一義.' 京因叩其所知, 遂以龜山爲對. 龜山自是始有召命. 今『龜山墓誌』中有'是時天下多故, 或說當世貴人, 以爲事至此, 必敗. 宜引耆德老成置諸左右, 開道上意'云者, 蓋爲是也. 柔直後守南劍, 設方略以拒范汝爲, 全活一城, 甚得百姓心. 其去行在所也, 買冠梳雜碎之物, 不可勝數, 從者莫測其所以. 後過南劍, 老稚迎拜者相屬於道. 柔直一一拊勞之, 且以所置物分遺. 至今廟食郡中." 【陳德本云: "柔直與李丞相極厚善. 其卒也, 丞相以詩哭之云: '中原未恢復, 天乃喪斯人?'" 儒用按: 鄕先生羅祕丞『日錄』: "柔直嘗知鼎州. 祕丞罷舒州士曹, 避地於鄕之石牛寨, 與之素昧平生. 時方道梗, 柔直在湖南, 乃宛轉寄詩存問云: '曾聞避世門金馬, 何事投身寨石生? 千里重湖方鼎沸, 可能同上岳陽樓?'" 則其汲汲人物之意, 亦可見矣." 是詩, 『夷堅志』亦載, 但以爲袁司諫作, 非也. 又按『玉溪文集』云"柔直嘗知贛州, 招降盜賊"云.】

79) ▲: 蔡京在政府, 問人材於其族子蔡子應, 【端明之孫.】 以張柔直對. 張時在部注擬, 京令子應招之, 授以問館. 張至, 以師禮自尊, 京之子弟怪之. 一日, 張敎京家子弟習走. 其子弟云: "從來先生敎某們慢行. 今令習走, 何也?" 張云: "乃公作相久, 敗壞天下. 相次盜起, 先殺汝家人, 惟善走者可脫, 何得不習?" 家人以爲心風, 白京. 京愀然曰: "此人非病風." 召與語, 問所以扶救今日之道及人材可用者. 張公遂言龜山 楊公諸人姓名, 自是京父子始知有楊先生. 【德明】

80) ▲: 又曰: "蔡京當國時, 其所收拾招引, 非止一種, 諸般名色皆有. 及淵聖卽位, 在朝諸人盡攻蔡京, 且未暇顧國家利害. 朝廷若索性貶蔡京過嶺, 也得一事了. 今日去幾官, 分司西京, 明日去幾官, 又移某州, 後日又移某州, 至潭州而京病死. 自此一年間, 只理會得箇蔡京. 這後面光景迫促了, 虜人之來, 已不可遏矣? 京有

【僩】

101:85 "龜山裂裳裹足, 自是事之變, 在家亦無可爲. 雖用'治蠱'之說, 然文定云: '若從其言, 亦救得一年[81].'" 先生云: "若用其言, 則議論正, 議論正, 則小人不得用.【然龜山亦言天下事.】 ▲[82]

101:86 問: "龜山晩歲一出, 爲士子詬罵, 果有之否?" 曰: "他當時一出, 追奪荊公王爵, 罷配享夫子且欲毁劈三經板. 士子不樂, 遂相與聚問三經有何不可, 輒欲毁之? 當時龜山亦謹避之." 問: "或者疑龜山此出爲無補於事, 徒爾紛紛. 或以爲大賢出處不可以此議, 如何?" 曰: "龜山此行固是有病, 但只後人又何曾夢到他地位在? 惟胡文定以柳下惠'援而止之而止'比之, 極好."【道夫】

101:87 ▲[83]龜山當此時雖負重名, 亦無殺活手段. 若謂其懷蔡氏汲引之恩, 力庇其子, 至有"謹勿擊居安"之語, 則誣矣. 幸而此言出於孫覿, 人自不信.【儒用】

101:88 ▲[84]'朝廷若委吳元忠輩推行其說, 決須救得一半, 不至如後

四子: 攸絛翛鞗. 鞗尙主. 絛曾以書諫其父, 徽宗怒, 令京行遣, 一家弄得不成模樣, 更不堪說. 攸翛後被斬. 是時王黼・童貫・梁師成輩皆斬, 此數人嘗欲廢立, 欽宗平日不平之故也. 及高宗初立時, 猶未知辨別元祐 熙豐之黨, 故用汪黃, 不成人才. 汪黃又小人中之最下・最無能者. 及趙丞相居位, 方稍能辨別, 亦緣孟后居中, 力與高宗說得透了, 高宗又喜看蘇・黃輩文字, 故一旦覺悟而自惡之, 而君子小人之黨始明."

81) 年: 『朱子語類』에서는 半으로 되어 있다.【附箋紙】 "救得一年", "年"印本作"半".

82) ▲: 當時排正論者, 耿南仲・馮澥二人之力爲多, 二人竟敗國? 南仲上言: '或者以王氏學不可用. 陛下觀祖宗時道德之學, 人才兵力財用, 能如熙豐時乎? 陛下安可輕信一人之言以變之?' 批答云: '頃以言者如何如何, 今聞師傅之臣言之如此, 若不爾, 幾誤也? 前日指揮, 更不施行.'"【方】

83) ▲: 龜山之出, 人多議之. 惟胡文定之言曰: "當時若能聽用, 決須救得一半." 此語最公. 蓋

來狼狽.' 然當時國勢已如此, 虜初退後, 便須急急理會, 如救焚拯溺. 諸公今日論蔡京, 明日論王黼, 當時姦黨各已行遣了, 只管理會不休, 擔閣了日子. ▲[85] 龜山亦被孫覿輩窘擾."【德明】

101:89 問: "龜山云: '消息盈虛, 天且不能暴爲之, 去小人亦不可驟.' 如何?" 曰: "只看時如何, 不可執. 天亦有迅雷風烈之時."【德明】

101:90 伯夷微似老子. 胡文定作『龜山墓誌』, 主張龜山似柳下惠, 看來是如此.【僩】

101:91 "孫覿見龜山撰「曾內翰行狀」, 曰: '楊中立卻會做文字.'" 先生曰: "龜山曾理會文字來."

101:92 李先生嘗云: "人見龜山似不管事, 然甚曉事也."【方】

101:93 李先生言: "龜山對劉器之言, 爲貧. 文定代云干[86]木云云, 不若龜山之遜避也."【汪書延李, 初至, 見便問之. 未竟, 李疾作. ○方】

101:94 龜山張皇佛氏之勢,【說橫渠不能屈之爲城下之盟.】 亦如李鄴張皇[87]金虜也.【龜山嘗枰[88]李奉使還云: "金人上馬如龍, 步行如虎, 渡[89]水如獺, 登城如猿." 時人目爲"四如給事." ○方】

101:95 問: "『橫浦語錄』載張子韶戒殺, 不食蟹. 高柳[90]崇相對, 故

84) ▲: 坐客問龜山立朝事. 曰: "胡文定論得好:
85) ▲: 如吳元忠・李伯紀向來亦是蔡京引用, 免不得略遮庇, 只管喫人議論.
86) 干: 賀本에서는 竿으로 되어 있다.
87) 皇: 『朱子語類』에서는 皇으로 되어 있다.
88) 枰: 賀本에서는 稱으로 되어 있다.
89) 渡: 賀本에서는 度로 되어 있다.
90) 柳: 『朱子語類』에서는 抑으로 되어 있다.

食之. 龜山云: '子韶不殺, 柳[91]崇故殺, 不可.' 柳[92]崇退[93], 龜山問子韶: '周公何如人?' 對曰: '仁人.' 曰: '周公驅猛獸, 兼夷狄, 滅國者五十, 何嘗不殺? 亦去不仁以行其仁耳.'" 先生曰: "此特見其非[94]▲[95]猶有未盡. 須知上古聖人制爲罔罟佃漁, 食禽獸之肉. 但'君子遠庖廚', 不暴殄天物. 須如此說, 方切事情." 【德明】

101:96 『龜山銘誌』不載高麗事. 他引歐公作『梅聖兪墓誌』不載『希文』詩事, 辨得甚好. "孰能識車中之狀, 意欲施之事?" 見『韓詩外傳』. 【道夫】

101:97 『龜山墓誌』, 首尾卻是一篇文字. 【後來不曾用. ○方】

「游定夫」

101:98 游定夫德性甚好. 【升卿】

101:99 游定夫, 徽廟初爲察院, 忽申本臺乞外, 如所請. 志完駭之. 定夫云[96]: "▲[97]何見之晚? 如公亦豈[98]▲[99]久此?" 【方】

「侯希聖」

---

91) 柳: 『朱子語類』에서는 抑으로 되어 있다.
92) 柳: 『朱子語類』에서는 抑으로 되어 있다.
93) 柳崇退: 【附箋紙】 "高柳崇・柳崇故殺・柳崇退", "柳"字, 皆作"抑"字.
94) 特見其非: 【附箋紙】 "特見其非", 原本"非"下有"不殺耳"三字.
95) ▲: 不殺耳,
96) 云: 【附箋紙】 "云"下印本有"公"字.
97) ▲: 公
98) 豈: 【附箋紙】 "豈"下印本・原本有"能"字.
99) ▲: 能

101:100 胡氏記侯師聖語曰: “仁如一元之氣, 化育流行, 無一息間斷.” 此說好. 【閎祖】

101:101 李先生云: “侯希聖嘗過延平, 觀其飮啗, 麤[100]疏人也.” 【方】

「尹彦明」

101:102 和靖在程門直是十分鈍底. 被他只就一箇“敬”字做工夫, 終被他做得成. 【節[101]】

101:103 和靖守得緊, 但不活. 【蓋卿】

101:104 和靖特[102]守其[103]餘[104]而格物未至, 故所見不精明, 無活法. 【升卿】

101:105 和靖才短, 說不出, 只緊守伊川之說. 【去僞】

101:106 和靖諦當. 又云: “就諸先生立言觀之, 和靖持守得不失. 然才短, 推闡不去, 遇面生者, 說得頗艱.” 【方】

101:107 和靖守得謹, 見得不甚透. 如俗語說, 他只是“抱得一箇不哭底孩兒”? 【義剛[105]】

---

100) 麤: 成化本·賀本에서는 粗로 되어 있다.
101) 節: 徽州本에서는 이 뒤에 按石餘慶錄同이 더 들어 있다.
102) 特: 『朱子語類』에서는 持로 되어 있다.
103) 其: 『朱子語類』에서는 有로 되어 있다.
104) 持守其餘: 【附箋紙】 “特守其餘”, 印本“特”作“持”, “其”作“有”.
105) 義剛: 徽州本에서는 이 뒤에 按陳淳錄同이 더 들어 있다.

101:108 問: "和靖言, 先生教人, 只是專令用'敬以直內'一段, 未盡." 曰: "和靖才力短, 伊川就上成就它, 它亦據其所聞而守之, 便以爲是."【可學】

101:109 自其上者言之, 有明未盡處, 自其下者言之, 有明得一半, 便謂只是如此. 尹氏亦只是明得一半, 便謂二程之教止此, 孔・孟之道亦只是如此. 惟是中人之性, 常常要[106]着力照管自家這心要常在. 須是窮得透徹, 方是.【敬仲】

101:110 和靖只是一箇篤實, 守得定. 如涪州被召, 「祭伊川文」云: "不背其師則有之, 有益於世則未也." 因言: "學者只守得某言語, 已自不易, 少間又自轉移了."【炎▲[107].】

101:111 和靖說"主一." 與祈居之云: "如人入神廟, 收斂精神, 何物可入得?" 有所據守.【方】

101:112 和靖主一之功多, 而窮理之功少. 故說經雖簡約, 有益學者, 但推說不去, 不能大發明. 在經筵進講, 少開悟啓發之功. 紹興初入朝, 滿朝注想, 如待神明, 然亦無大開發處. 是時高宗好看山谷詩. 尹云: "不知此人詩有何好處? 陛下看它作什麽?" 只說得此一言. 然只如此說, 亦何能開悟人主? 大抵解經固要簡約. 若告人主, 須有反覆開導推說處, 使人主自警省. 蓋人主不比學者, 可以令他去思量. 如孔子答[108]哀公 顔子好學之問, 與答季康子詳略不同, 此告君之法也.【餘[109]】

101:113 和靖當經筵, 都說不出. 張魏公在蜀中, 一日, 招和靖語之

106) 要: 賀本에는 없다.
107) ▲: 言
108) 答: 賀本에서는 告로 되어 있다.
109) 餘: 賀本에서는 銖로 되어 있다.

曰[110]: "'人有不爲也, 而後可以有爲', 此孟子至論." 和靖▲[111] "未是"[112]. 張曰: "何者爲至?" 和靖曰: "'好善優於天下'爲至." 先生曰: "此和靖至論, 極中張病. 然正好發明, 惜但此而止耳. 張初不喜伊洛之學, 故諫官有言. 和靖適召至九江, 見其文, 辭之, 張皇恐再薦. 和靖持守甚確, 凡遇飮, 手足在一處. 醉後亦然."【揚】

101:114 胡文定初疑尹和靖, 後見途中「辭召表」, 方知其眞有得. 「表」言"臣師程某, 今來亦不過守師之訓. 變所守, 又何取"云云之意. 時陳公輔論伊川學, 故途中進此「表」, 尹亦只得如此辭. 文定以此取之, 亦未可見尹所得處.【楊】[113]

101:115 尹子之學有偏處. 渠初見伊川, 將朱公掞所抄『語錄』去呈, 想是它爲有看不透處. 故伊川云: "某在, 何必觀此書?" 蓋謂不如當面與他說耳. 尹子後來遂云: "『語錄』之類不必看." 不知伊川固云"某在不必觀", 今伊川旣不在, 如何不觀? 又如云: "『易傳』是伊川所自作者, 其他『語錄』是學者所記. 故謂只當看『易傳』, 不當看『語錄』." 然則夫子所自作者『春秋』而已, 『論語』亦門人所記也. 謂學夫子者只當看『春秋』, 不當看『論語』, 可乎?【嵤】

101:116 尹和靖疑伊川之說, 多其所未聞.【璘】

101:117 王德修相見. 先生問德修: "和靖大概接引學者話頭如何?" 德修曰: "先生只云'在力行.'" 曰: "力行以前, 更有甚功夫?" 德修曰: "尊其所聞, 行其所知." 曰: "須是知得, 方始行得." 德修曰: "自'吾十有五而志於學', 以至'從心所欲不踰矩', 皆是說行." 曰: "便是先知了,

---

110) 曰: 賀本에는 없다.

111) ▲: 曰:

112) 和靖▲ "未是":【附箋紙】 "和靖未是", 原本"和靖"下有"曰"字.

113)【楊】: 『朱子語類』에서는【揚】으로 되어 있다.

然後志學."【文蔚】

101:118 問: "'天[114]地設位, 而易行乎其中矣.' 和靖『言行錄』云: '易行乎其中, 聖人純亦不已處.' 莫說得太拘? '天地設位, 而易行乎其中矣', 如言'天高地下, 萬物散殊', 而禮制行乎其中, 無適而非也. 今只言聖人'純亦不已', 莫太拘了?" 曰: "亦不是拘, 他說得不是. 陰陽升降便是易. 易者, 陰陽是也."【文蔚】

○[115] 因問: "尹子'"鬼神情狀", 只是解"遊魂爲變"一句', 卽是將'神'字亦作'鬼'字看了. 程・張說得甚明白, 尹子親見伊川, 何以不知此義?" 曰: "尹子見伊川晚, 又性質朴鈍, 想伊川亦不曾與他說."【螢】

101:119 和靖與楊畏答問一段語, 殊無血脈. 謂非本語, 極是. 龜山說得固佳, 然亦出於程子"羈靮以御馬而不以制牛, 胡不乘牛而服馬"之說.【鎬】

101:120 "人之所畏, 不得不畏." 此是和靖見未透處, 亦是和靖不肯自欺屈强妄作處.【鎬】

101:121 和靖赴樂會, 聽曲子, 皆知之, 亦歡然, 但拱手安足處, 終日未嘗動也. 在平江時, 累年用一扇, 用畢置架上. 凡百嚴整有常. 有僧見之, 云: "吾不知儒家所謂周・孔爲如何, 然恐亦只如此也."【方】

101:122 王德修言, 一日早起見和靖. 使人傳語, 令且坐, 候看經了相見. 少頃, 和靖出. 某問曰: "先生看甚經?" 曰: "看『光明經』." 某問: "先生何故看『光明經』?" 曰: "老母臨終時, 令每日看此經一部, 今不敢

---

114) 天: 徽州本에서는 이 앞에 文蔚所見이 더 들어 있다.
115) ○: 『朱子語類』의 74:104의 일부이다.

違老母之命." 先生曰: "此便是平日闕卻那'諭父母於道'一節, 便致得如此."【文蔚】

「張思叔」

101:123 張思叔與人做「思堂記」, 言世間事有當思者, 有不當思者. 利害生死, 不當思也, 如見某物而思終始之云云, 此當思也.【方】

「郭立之」【子和[116)]】

101:124 "郭子和傳其父學, 又兼象數, 其學已雜, 又被謝昌國拈掇得愈不是了? 且如『九圖』中性善之說, 性豈有兩箇? 善又安有內外? 故凡惡者, 皆氣質使然. 若去其惡, 則見吾性中當來之善. 語[117)]." 又問: "郭以兼山學自名, 是其學只一「艮」卦." 曰: "『易』之道, 一箇「艮」卦可盡, 則不消更有六十三卦." 又曰: "謝昌國論『西銘』'理一而分殊', 尤錯了?"【去僞】

101:125 郭子和性論, 與五峰相類. 其言曰: "目視耳聽, 性也." 此語非也. 視明而聽聰, 乃性也. 箕子分明說: "視曰明, 聽曰聰." 若以視聽爲性, 與僧家"作用是性"何異? 五峰曰: "好惡, 性也. 君子好惡以道, 小人好惡以欲. 君子・小人者, 天理・人欲而已矣." 亦不是. 蓋好善惡惡, 乃性也.【璘】

「胡康侯」【雖非門人, 而嘗見謝・楊, 今附[118)]. ○子姪附.】

---

116) 子和: 徽州本에서는 이 뒤에 立之子가 더 들어 있다.
117) 語: 徽州本에서는 矣로 되어 있다.
118) 謝楊, 今附: 徽州本에서는 龜山當附五峰之前으로 되어 있다.

101:126 或問: "胡文定之學與董仲舒如何?" 曰: "文定卽[119]信'得於己者可以施於人, 學於古者可以行於今.' 其他人皆謂得於己者不可施於人, 學於古者不可行於今, 所以淺陋. 然文定比似仲舒較淺, 仲舒比似古人又淺." ▲[120) 【學蒙】

101:127 文定大綱說得正. 微細處, 五峰尤精, 大綱卻有病. 【方】

101:128 胡文定說較疏, 然好, 五峰說密, 然有病.

101:129 問: "文定言, 人常令胸中自在." 云. 【"克己無欲."[121) ○方】

101:130 文定氣象溫潤, 卻似貴人. 【方】

101:131 原仲說, 文定少時性最急, 嘗怒一兵士, 至親毆之, 兵輒抗拒. 無可如何, 遂回入書室中作小冊, 盡寫經傳中文有寬字者於冊上以觀玩, 從此後遂不復卞[122]急矣. 【方】

101:132 ▲[123]文定云: "知至故能知言, 意誠故能養氣." 此語好. 又云: "豈有見理已明而不能處事者?" 此語亦好. 【夔孫】

101:133 "▲[124]『傳家錄』, 議語[125]極有力, 可以律貪起懦, 但以上工

---

119) 卽: 賀本에서는 卻으로 되어 있다.
120) ▲: 又曰: "仲舒識得本原, 如云'正心修身可以治國平天下', 如說'仁義禮樂皆其具', 此等說話皆好. 若陸宣公之論事, 卻精密, 第恐本原處不如仲舒. 然仲舒施之臨事, 又卻恐不如宣公也."
121) 【"克己無欲"】: 成化本·賀本에서는 본문으로 되어 있다.
122) 復卞: 賀本에서는 性으로 되어 있다.
123) ▲: 胡
124) ▲: 胡文定公
125) 語: 『朱子語類』에서는 論으로 되어 있다. 【附箋紙】 "議語極有力", 原本"語"作"論".

夫不到. 如訓子弟作郡處, 末後說道: '將來不在人下.' 便有克伐之意." 子升云: "有力行之意多, 而致知工夫少." 曰: "然."【木之】

101:134 問: "文定靖康第二箚如何?" 云: "君相了得, 亦不必定其規模, 不然, 亦須定其大綱. 專戰・專和・專守之類, 可定."【楊】[126)]

101:135 文定論時事, 要掃除故迹, 乘勢更張. 龜山論時事,[127)]用其「蠱」卦說, 且扶持苟完.【龜山語見『答胡康侯』第八書中, 止謂役法・冗官二事而已, 非盡然也.】 伊川有從本言者, 有從末言者. 從末言, 小變則小益, 大變則大益. 『包荒傳』云: "以含弘[128)]之體, 爲剛果之用."【方】

○[129)] 解經而通世務者, 無如胡文定. 然教他做經筵, 又却[130)]不肯. 一向辭去, 要做『春秋解』, 不知是甚意思. 蓋他有退而著書立言以垂後世底意思, 無那[131)]▲[132)]諸事業底心. 縱使你做得了將上去, 知得人君是看不看? 若朝夕在左右說, 豈不大有益? 是合下不合有這'著書垂世'底意思故也.【僩】

101:136 ▲[133)]文定▲[134)]云: "世間事如浮雲流水, 不足留情, 隨所寓而安也." 寅近年卻於正路上有箇見處, 所以立朝便不碌碌, 與往日全不同. 往時虛憍恃氣, 今則平心觀理矣.【振】

---

126)【楊】: 『朱子語類』에서는【揚】으로 되어 있다.
127) 事: 賀本에는 없다.
128) 弘: 成化本・賀本에서는 洪으로 되어 있다.
129) ○: 『朱子語類』의 95:177의 일부이다.
130) 却: 賀本에서는 都로 되어 있다.
131) 那:【附箋紙】 "那"下有"措"字.
132) ▲: 措
133) ▲: 胡
134) ▲: 公

101:137 曾吉甫答文定書中“天理・人欲”之說, 只是籠罩, 其實初不曾見得. 文定便許可之, 它便只如此住了.【謙】

101:138 胡文定初得曾文清時, 喜不可言. 然已仕宦駸駸了, 又參禪了, 如何成就得他?【楊135)】

101:139 向見籍溪說, 文定當建炎間, 兵戈擾攘, 寓荊門, 擬遷居. 適湘中有兩士人協力具舟楫, 往迎文定, 其一人乃黎才翁. 文定始亦有遲疑之意, 及至湘中, 則舍宇動用, 便利如歸, 處之極安. 又聞范丈說, 文定得碧泉, 甚愛之.「有本亭記」所謂“命門弟子往問津焉”, 卽才翁也.【佐】

101:140 胡致堂之說雖未能無病, 然大抵皆太過, 不會不及, 如今學者皆是不及.【學蒙 ○以下明仲.】

101:141 胡致堂說道理, 無人及得他. 以他才氣, 甚麽事做不得? 只是不通檢點, 如何做得事成? 我欲做事, 事未起, 而人已檢點我矣.【僩】

101:142 胡致堂議論英發, 人物偉然. 向嘗侍之坐, 見其數盃後, 歌孔明「出師表」, 誦張才叔「自靖人自獻於先王義」, 陳了翁「奏狀」等, 可謂豪傑之士也? 『讀史管見』乃嶺表所作, 當時並無一冊文字隨行, 只是記憶, 所以其間有牴牾處. 有人好誦佛書, 致堂因集史傳中虜人姓名揭之一處, 其人果收去念誦, 此其戲也. 又嘗解『論語』“擧直錯136)枉”章云, 是時哀公威權已去, 不知何以爲擧錯, 但能以是權付之孔子, 斯可矣.【人傑】

---

135) 楊: 『朱子語類』에서는 揚으로 되어 있다.
136) 錯: 賀本에서는 이 뒤에 諸가 더 들어 있다.

○[137] 必大曰: "致堂文字決烈明白, 卻可開悟人主." 曰: "明仲說得開, 一件義理, 他便說成一片. 如善畫者, 只一點墨, 便斡淡得開. 如尹和靖, 則更說不出.

101:143 胡氏『管見』有可刪者. 【「慕容超說」·「昭帝說」. ○營】

101:144 南軒言"胡明仲有三大功: 一, 言太上卽尊位事, 二, 行三年喪, 三云云." 先生云: "南軒見得好. 設使不卽位, 只以大元帥討賊, 徽廟升遐, 率六軍縞素, 是甚麽模樣氣勢? 後來一番難如一番. 今日有人做亦得, 只是又較難些子?" 【楊】[138]

101:145 胡籍溪人物好, 沈靜謹嚴, 只是講學不透. 【賀孫 ○以下原仲.】

101:146 藉溪敎諸生於功課餘暇, 以片紙書古人懿行, 或詩文銘贊之有補於人者, 粘置壁間, 俾往來誦之, 咸令精熟. 【若海】

101:147 籍溪廳上大榜曰: "文定書堂." 籍溪舊開藥店, "胡居士熟藥正鋪"幷諸藥牌, 猶存. 【振】

101:148 "明仲甚畏仁仲議論, 明仲亦自信不及." 先生云: "人不可不遇敵己之人. 仁仲當時無有能當之者, 故恣其言說出來. 然今觀明仲說, 較平正." 【楊[139] ○以下仁仲.】

101:149 游·楊之後, 多爲秦相所屈. 胡文定剛勁, 諸子皆然. 和仲不屈於秦, 仁仲直卻其招不往. 【楊】[140]

---

137) ○: 『朱子語類』의 67:155의 일부이다.
138) 【楊】: 『朱子語類』에서는 【揚】으로 되어 있다.
139) 楊: 『朱子語類』에서는 揚으로 되어 있다.

101:150 仁仲見龜山求教, 龜山云: “且讀『論語』.” 問: “以何爲要?” 云: “熟讀.” 【方】

101:151 五峰善思, 然思過處亦有之. 【道夫】

101:152 『知言』形容道德, 只是如畫卦影. 【到了後方理會得, 何益! ○方】

101:153 東萊云: “『知言』勝似『正蒙』.” 先生曰: “蓋後出者巧也.” 【方子 ○振錄云: “『正蒙』規摹大, 『知言』小.”】

101:154 『知言』疑議[141], 大端有八: 性無善惡, 心爲已發, 仁以用言, 心以用盡, 不事涵養, 先務知識, 氣象迫狹, 論語過高. 【方】

101:155 做出那事, 便是這裏有那理. 凡天地生出那物, 便都是那裏有那理. 五峰謂“性立天下之有”, 說得好, “情效天下之動”, 效如效死・效力之“效”, 是自力形出也. 【淳】

101:156 五峰說“心妙性情之德.” 不是他曾去研窮深體, 如何直見得恁地? 【夔孫】

101:157 “心妙性情之德.” 妙是主宰運用之意. 【升卿】

101:158 ▲[142]

140) 【楊】: 『朱子語類』에서는 【揚】으로 되어 있다.
141) 議: 賀本에서는 義로 되어 있다.
142) ▲: 仲思問: “五峰中・誠・仁如何?” 曰: “‘中者性之道’, 言未發也, ‘誠者命之道’, 言實理也, ‘仁者心之道’, 言發動之端也.” 又疑“道”字可改爲“德”字. 曰: “亦可. ‘德’字較緊, 然他是特地下此寬字. 伊川答與叔書中亦云: ‘中者性之德, 近之.’ 伯

101:159 ▲[143]問[144]: "天下[145]之所以命乎人者, 實理而已. 故言'誠者命之道, 中者性之道', 如何?" 曰: "未發時便是性." 曰: "如此則喜怒哀樂未發便是性, 既發便是情." 曰: "然. 此三句道得極密. 伯恭道'『知言』勝似『正蒙』', 如這處, 也是密, 但不純恁地." 又問: "'道'字不如'德'字?" 曰: "所以程子云: '中者性之德爲近之.' 但言其自然, 則謂之道, 言其實體, 則謂之德. '德'字較緊, '道'字較寬. 但他故下這寬字, 不要挨拶着他." 又問: "言中, 則性[146]與仁亦在其內否?" 曰: "不可如此看. 若可混幷[147], 則聖賢已自混倂了. 須逐句看他: 言誠時, 便主在實理發育流行處, 言性時, 便主在寂然不動處, 言心時, 便主在生發處." 【砥[148]】

101:160 ▲[149]問: "'誠者性之德', ▲[150]?" 曰: "何者不是性之德? 如仁義禮智皆性之德, 恁地說較不切. 不如胡氏'誠者命之道乎'說得較近傍." 【義剛】

101:161 ▲[151] 此數句說得密. 如何大本處卻含糊了? 以性爲無善

恭云: '『知言』勝『正蒙』.' 似此等處, 誠然, 但不能純如此處爾." 又疑中·誠·仁, 一而已, 何必別言? 曰: "理固未嘗不同. 但聖賢說一箇物事時, 且隨處說他那一箇意思. 自是他一箇字中, 便有箇正意義如此, 不可混說. 聖賢書初便不用許多了. 學者亦宜各隨他說處看之, 方見得他所說字本相.【如誠·如中·如仁.】 若便只混看, 則下梢都看不出."【伯羽 ○砥錄別出.】

143) ▲: 仲思

144) 問: 徽州本에서는 이 뒤에 五峰云: '誠者命之道也, 中者性之道也, 仁者心之道也.' 竊謂가 더 들어 있다.

145) 下: 『朱子語類』에는 없다.【附箋紙】 "天下之所以", 原本"之"上無"下"字.

146) 性: 『朱子語類』에서는 誠으로 되어 있다.【附箋紙】 "性與仁", "性"字印本及原本作"誠".

147) 幷: 『朱子語類』에서는 倂으로 되어 있다.

148) 砥: 徽州本에서는 이 뒤에 按: 與上條皆銖·仲思問, 而語意亦同, 但有詳略, 故竝存之.가 더 들어 있다.

149) ▲: 堯卿

150) ▲: 此語如何

151) ▲: 問: "'誠者物之終始', 而'命之道.'" 曰: "誠是實理, 徹上徹下, 只是這箇. 生物

惡, 天理・人欲都混了, 故把作同體." 或問: "'同行'語如何?" 曰: "此卻是只就事言之." 直卿曰: "它既以性無善惡, 何故云'中者性之道'?" 曰: "它也把中做無善惡."[152)]

101:162 ▲[153)]

101:163 ▲[154)]五峰云: "人有不仁, 心無不仁." 此說極好? 人有私欲遮障了, 不見這仁, 然心中▲[155)]依舊[156)]只在. 如日月本自光明, 雖被雲遮, 光明依舊在裏. 又如水被泥土塞了, 所以不流, 然水性之流依舊只在. 所以"克己復禮爲仁", 只是克了私欲, 仁依前[157)]只在那裏. 譬如一箇鏡, 本自光明, 只緣塵, 都昏了. 若磨去塵, 光明只在.【明作】

101:164 "五峰曰: '人有不仁, 心無不仁.' 既心無不仁, 則'巧言令色'者是心不是? 如'巧言令色', 則不成說道'巧言令色'底不是心, 別有一人'巧言令色.' 如心無不仁, 則孔子何以說'回也, 其心三月不違仁'?" 蕭佐曰: "'我欲仁, 斯仁至矣.' 這箇便是心無不仁." 曰: "回心三月不違仁, 如何說?" 問者默然久之. 先生曰: "既說回心三月不違仁, 則心有違仁▲[158)]. 違仁底是心不是? ▲[159)]'我欲仁', 便有不欲仁底, 是心不是?"【節】

都從那上做來, 萬物流形天地之間, 都是那底做. 五峰云: '誠者命之道, 中者性之道, 仁者心之道.'

152) "它也把中做無善惡.": 徽州本에서는 이 뒤에【淳】이 더 들어 있다.

153) ▲: 李維申說: "合於心者爲仁." 曰: "卻是從義上去. 不如前日說'存得此心便是仁', 卻是." 因舉五峰語云: "'人有不仁, 心無不仁.' 說得極好?"【雉】

154) ▲: 胡

155) ▲: 仁

156) 心中▲依舊:【附箋紙】"心中依舊", 原本"中"下有"仁"字.

157) 前: 賀本에서는 舊로 되어 있다.

158) ▲: 底

159) ▲: 說

101:165 ▲160) 定夫云: "恐是五峰說本心無不仁." 曰: "亦未是. 譬如人今日貧, 則說昔日富不得." 【震】

101:166 伊川初嘗曰: "凡言心者, 皆指已發而言." 後復曰: "此說未當." 五峰卻守其前說, 以心爲已發, 性爲未發, 將"心性"二字對說. 『知言』中如此處甚多. 【螢】

101:167 ▲161)學當勉, 不可據見定. 蓋道理無窮, 人之思慮有限, 若只守所得以爲主, 則其或墮於偏者, 不復能自明也. 如五峰只就其上成就所學, 亦只是忽而不詳細反復也. 【方】

101:168 問: "『知言』有云: '佛家窺見天機, 有不器於物者.' 此語莫已作兩截?" 曰: "亦無甚病. 【方錄作"此語甚得之."】 此蓋指妙萬物者, 而不知萬物皆在其中. 聖人見道體, 正如對面見人, 其耳目口鼻髮眉無不見. 佛家如遠望人, 只見髣象, 初不知其人作何形狀." 問: "佛家既如此說, 而其說性乃指氣, 卻是兩般." 曰: "渠初不離此說. 但既差了, 則自然錯入別處去." ▲162)

101:169 因言163): "久不得胡季隨諸人書. 季隨主其家學, 說性不可以善言. 本然之善, 本自無對, 才說善時, 便與那惡對矣. 才說善惡, 便非本然之性矣. 本然之性是上面一箇, 其尊無比. ▲164)善是下面底,

160) ▲: "五峰謂'人有不仁, 心無不仁', 此語有病. 且如顏子'其心三月不違仁.' 若纔違仁, 其心便不仁矣, 豈可謂'心無不仁'?"

161) ▲: 人

162) ▲: 【可學】

163) 因言: 徽州本에서는 云: 道二, 仁與不仁而已矣. 猶今人言乎底道理不好底道理相似. 若論正當道理, 只有一個, 更無第二個, 所謂夫道一而已矣者也. 因擧.로 되어 있다.

164) ▲: 【僩錄但云: "季隨主其家學, 說性不可以善言. 本然之性, 是上面一箇, 其尊無對."】

才說善時, 便與惡對, 非本然之性矣. '孟[165]子道性善', 非是說性之善, 只是贊歎之辭, 說'好箇性'? 如佛言'善哉'?[166) 【此文定之說.】 某嘗辨之云, 本然之性, 固渾然至善, 不與惡對, 【僩錄作"與[167)善可對."】 此天之賦予我者▲[168)也[169). 然行之在人, 則有善有惡: 做得是者爲善, 做得不是者爲惡. 豈可謂善者非本然之性? 只是行於人者, 有二者之異, 然行得善者, 便是那本然之性也. 若如其言, 有本然之善, 【僩錄作"性."】 又有善惡[170)相對之善, 【僩錄作"性."】 則是有二性矣? 方其得於天者, 此性也, 及其行得善者, 亦此性也. 只是纔有箇善底, ▲[171) 便有箇不善底, 所以善惡須著對說. 不是元有箇惡在那裏, 等得他來與之爲對. 只是行得錯底, 便流入於惡[172)▲[173). 此文定之說, 故其子孫皆主其說, 而致堂五峰以來, 其說益差, 遂成有兩性: 本然者是一性, 善惡相對者又是一性. 他只說本然者是性, 善惡相對者不是性, 豈有此理? 然文定又得於龜山, 龜山得之東林常摠. 摠, 龜山鄉人, 與之往來, 後住廬山東林. 龜山赴省, 又往見之. 摠極聰明, 深通佛書, 有道行. 龜山問: '〈孟子道性善〉, 說得是否?' 摠曰: '是.' 又問: '性豈可以善惡言?' 摠曰: '本然之性, 不與惡對.' 此語流傳自他. 然摠之言, 本亦未有病. 蓋本然之性是本無惡. 及至文定, 遂以'性善'爲贊歎之辭, 到得致堂·五峰輩, 遂分成兩截, 說善底不是性. 若善底非本然之性, 卻那處得這善來? 既曰贊歎性好之辭, 便是性矣. 【僩錄作"便是性本善矣."】 若非性善, 何贊歎之有? 如佛言'善哉! 善哉!' 爲贊美之辭, 亦是說這箇道理[174)好, 所以贊歎之也. 二蘇論性亦是如此, 嘗言, '孟子道性善', 猶

165) 孟: 徽州本에서는 이 앞에 故가 더 들어 있다.
166) 哉: 徽州本에서는 이 뒤에 贊歎之辭也가 더 들어 있다.
167) 與: 『朱子語類』에서는 無로 되어 있다.
168) ▲: 然
169) 我者▲也: 【附箋紙】 "我者也", 原本"者"下有"然"字.
170) 又有善惡: 【附箋紙】 "又有善惡", 原本"又"上有"之性", 原本盖誤.
171) ▲: 【僩錄作"行得善底."】
172) 流入於惡: 【附箋紙】 "流入於惡", 原本"惡"下有"矣"字.
173) ▲: 矣
174) 理: 賀本에는 없다.

云火之能熟物也▲[175]龜山反其說而辨之曰: '火之所以能熟物者, 以其能焚故耳. 若火不能焚, 物何從熟?' 蘇氏論性說: '自上古聖人以來, 至孔子不得已而命之曰一, 寄之曰中, 未嘗分善惡言也. 自"孟子道性善", 而一與中始支矣[176]?' 盡是胡說? 他更不看道理, 只認我說得行底便是. 諸胡之說亦然, 季隨至今守其家說." 因問: "文定却是卓然有立, 所謂'非文王猶興'者." 曰: "固是. 他資質好, 在太學中也多聞先生師友之訓, 所以能然. 嘗得潁昌一士人, 忘其姓名, 問學多得此人警發. 後爲荊門教授, 龜山與之爲代, 因此識龜山, 因龜山▲[177]識游・謝[178], 不及識伊川. 自荊門入爲國子博士, 出來便爲湖北提學. 是時上蔡宰本路一邑, 文定却從龜山求書見上蔡. 旣到湖北, 遂遣人送書與上蔡. 上蔡旣受書, 文定乃往見之. 入境, 人皆訝知縣不接監司. 論理, 上蔡旣受他書, 也是難爲出來接他. 旣入縣, 遂先修後進禮見之. 畢竟文定之學, 後來得於上蔡者爲多. 他所以尊上蔡而不甚滿於游・楊二公, 看來游定夫後來也是郎當, 誠有不滿人意處. 頃嘗見『定夫集』, 極說得醜差, 盡背其師說, 更說伊川之學不如他之所得. 所以五峰臨終謂彪德美曰: '聖門工夫要處只在箇"敬"字. 游定夫所以卒爲程門之罪人者, 以其不仁不敬故也.' 誠如其言."【卓 ○僩錄略.】

101:170 ▲[179]『知言』▲[180] 本欲推高, 反低了. 蓋說高無形影, 其勢遂向下去. 前夜[181]說韓子云: "何謂性? 仁義禮智信." 此語自是, 却是他已見大意, 但下面便說差了. 荀子但只見氣之不好, 而不知理之皆善. 揚子是好許多思量安排. 方要把孟子"性善"之說爲是, 又有不善之

---

175) ▲: , 荀卿言'性惡', 猶云火之能焚物也.
176) 一與中始支矣: 【附箋紙】 "一與中始支矣", "支"字未解, 或誤耶.
177) ▲: 方
178) 識游・謝: 【附箋紙】 "識游・謝", 原本"識"上有"方"字.
179) ▲: 胡氏說善是贊美之辭, 其源卻自龜山, 『龜山語錄』可見. 胡氏以此錯了, 故所作
180) ▲: 並一齊恁地說.
181) 夜: 賀本에서는 日로 되어 있다.

人, 方要把荀子"性惡"之說爲是, 又自有好人, 故說道"善惡混." 溫公便主張楊子[182]而非孟子. 程先生發明出來, 自今觀之, 可謂盡矣.【賀孫】

101:171 ▲[183] 如近年郭子和『九圖』, 便是如此見識, 上面書一圈子, 寫'性善'字, 從此牽下兩邊, 有善有惡." 或云: "恐文定當來未甚有[184]差, 後來傳襲, 節次訛舛." 曰: "看他說'善者贊美之辭, 不與惡對', 已自差異."【文蔚】

101:172 ▲[185]讀至彪居正問心一段, 先生曰: "如何?" 可學謂: "不於原本處理會, 卻待些子發見?" 曰: "孟子此事, 乃是一時間爲齊王耳. 今乃欲引之以上他人之身, 便不是了." 良久, 又云: "以放心求心, 便不是. 纔知求, 心便已回矣, 安得謂之放?"【可學】

101:173 因論湖湘學者崇尙『知言』, 曰: "『知言』固有好處, 然亦大有差失, 如論性, 卻曰: '不可以善惡辨, 不可以是非分.' 旣無善惡, 又無是非, 則是告子'湍水'之說爾. 如曰'好惡性也, 君子好惡以道, 小人好惡以己', 則是以好惡說性, 而道在性外矣, 不知此理卻從何而出." 問: "所謂'探視聽言動無息之際[186], 可以會情[187]', 此猶告子'生之謂性'之

182) 楊子: 『朱子語類』에서는 揚子로 되어 있다.

183) ▲: "龜山往來太學, 過廬山, 見常摠. 摠亦南劍人, 與龜山論性, 謂本然之善, 不與惡對. 後胡文定得其說於龜山, 至今諸胡謂本然之善不與惡對, 與惡爲對者又別有一善. 常摠之言, 初未爲失. 若論本然之性, 只一味是善, 安得惡來? 人自去壞了, 便是惡. 旣有惡, 便與善爲對. 今他卻說有不與惡對底善, 又有與惡對底善.

184) 甚有: 賀本에서는 有甚으로 되어 있다.

185) ▲: 問: "性無善惡之說, 從何而始?" 曰: "此出於常摠. 摠住廬山, 龜山入京, 枉道見之, 留數日. 因問: '孟子識性否?' 曰: '識.' 曰: '何以言之?' 曰: '善不與惡對言.' 他之意, 乃是謂其初只有善, 未有惡. 其後文定得之龜山, 遂差了. 今湖南學者信重『知言』. 某嘗爲敬夫辨析, 甚諱之. 渠當初唱道湖南, 偶無人能與辨論者, 可惜? 可惜?" 又

186) 際: 賀本에서는 本으로 되어 있다.

意否?" 曰: "此語亦有病. 下文謂: '道義明著, 孰知其爲此心? 物欲引誘, 孰知其爲人欲?' 便以道義對物欲, 卻是性中本無道義, 逐旋於此處攙入兩端, 則是性亦可以不善言矣? 如曰: '性也者, 天地鬼神之奧也, 善不足以名之, 況惡乎? ▲[188]言語亦大故誇逞. 某嘗謂聖賢言語自是平易, 如孟子▲[189] 如論齊王愛牛, 此良心之苗裔, 因私欲而見者, 以答求放心之問, 然雞犬之放, 則固有去而不可收之理, 人之放心, 只知求之, 則良心在此矣, 何必等待天理發見於物欲之間, 然後求之? 如此則中間空闕多少去處, 正如屋下失物, 直待去城外求也? 愛牛之事, 孟子只就齊王身上說, 若施之他人則不可. 況操存涵養, 皆是平日工夫, 豈有等待發見然後操存之理? 今胡氏子弟議論每每好高, 要不在人下. 纔說心, 便不說用心, 以爲心不可用. 至如『易傳』中有連使'用心'字處, 皆塗去'用'字. 某以爲, 孟子所謂'堯·舜之治天下, 豈無所用其心哉?' 何獨不可以'用'言也? 季隨不以爲然. 遂檢文定『春秋』中有連使'用心'字處質之, 方無語. 大率議論文字, 須要親切. 如伊川說顏子樂道爲不識顏子者, 蓋因問者元不曾親切尋究, 故就其人而答, 欲其深思而自得之爾. 後人多因程子之言, 愈見說得高遠, 如是, 則又不若樂道之爲有據. 伊尹'樂堯·舜之道', 亦果非樂道乎? 湖湘此等氣象, 乃其素習, 無怪今日之尤甚也?"【謨】

101:174 ▲[190]『知言』大抵說性未是. 自胡文定·胡侍郎皆說性未是. 其言曰: "性猶水也. 善, 其水之下乎, 情, 其水之瀾乎, 欲, 其水之波浪乎." 乍看似亦好, 細看不然. 如瀾與波浪何別? 渠又包了情欲在性中, 所以其說如此. ▲[191]伯恭舊看『知言』云: "只有兩段好, 其餘都不

---

187) 會情: 賀本에서는 知性으로 되어 있다.

188) ▲: 孟子說"性善"云者, 歎美之辭, 不與惡對.' 其所謂'天地鬼神之奧',

189) ▲: 尙自有些險處, 孔子則直是平實. '不與惡對'之說, 本是龜山與摠老相遇, 因論孟子說性, 曾有此言. 文定往往得之龜山, 故有是言. 然摠老當時之語, 猶曰: '渾然至善, 不與惡對', 猶未甚失性善之意. 今去其'渾然至善'之語, 而獨以'不與惡對'爲歎美之辭, 則其失遠矣?

190) ▲: 五峰

好. 一段: '能攻人實病, 能愛[192]人實攻.' 一段: '以天下與人, 而無人德我之望, 有人之天下, 而無取人之嫌.'" 後來卻又云, 都好. 不知伯恭晚年是如何地看. 某舊作『孟子或問』云: "人說性, 不肯定說是性善, 只是欲推尊性, 於性之上虛立一箇'善'字位子, 推尊其性耳. 不知尊之反所以失之?" 【璘】

101:175 "▲[193] 胡氏兄弟既闢釋氏, 卻說性無善惡, 所以[194]說得空了, 卻近釋氏. 但當云'好善而惡惡, 性也.'" 【螢】 謂: "好惡, 情也." 曰: "只是好惡, 卻好惡箇甚底?" 伯豐謂: "只'君子好惡以道', 亦未穩." 曰: "如此, 道卻在外, 旋好惡之也." 【螢】

101:176 ▲[195] 某常要與他改云: '所以好惡者, 性也.'" 【寓】

101:177 "好惡, 性也." 旣有好, 卽具善, 有惡, 卽具惡. 若只云有好惡, 而善惡不定於其中, 則是性中理不定也. 旣曰天, 便有"天命"·"天討." 【方】

101:178 『知言』云: "凡人之生, 粹然天地之心, 道義全具, 無適無莫, 不可以善惡辨, 不可以是非分, 無過也, 無不及也, 此中之所以名也." 卽告子"性無善無不善"之論也. ▲[196] 【閎祖】

○[197] 問: "『知言』云: '有一則有三, 自三而無窮矣.' 又云: '〈一陰一

---

191) ▲: 又云: "性, 好惡也. 君子以道, 小人以欲. 君子小人, 天理·人欲而已矣."
192) 愛: 『朱子語類』에서는 受로 되어 있다. 【附箋紙】 "能愛人實攻", 原本"愛人"作"受人."
193) ▲: 五峰云: '好惡, 性也.' 此說未是.
194) 所以: 『朱子語類』에서는 便似로 되어 있다.
195) ▲: 直卿言: "五峰說性云: '好惡, 性也.' 本是要說得高, 不知卻反說得低了?" 曰: "依舊是氣質上說.
196) ▲: 惟伊川"性卽理也"一句甚切至.

陽之謂道〉, 謂太極也. 陰陽剛柔顯極之幾, 至善以微, 孟子所謂〈可欲〉者也.' 如何?" 曰: "『知言』只是說得一段文字好, 皆不可曉."【㽦】

101:179 ▲198)

101:180 "五峰言: '天命不囿於善, 不可以人欲對.'" 曰: "天理固無對, 然有人欲, 則天理便不得不與人欲對爲消長. 善亦本無對, 然旣有惡, 則善便不得不與惡對爲盛衰. 且謂天命不囿於物, 可也, 謂'不囿於善', 則不知天之所以爲天矣? 謂惡不足以言性, 可也, 謂善不足以言性, 則不知善之所從來矣?"【升卿】

101:181 "好善而惡惡, 人之性也. 爲有善惡, 故有好惡. '善惡'字重, '好惡'字輕. 君子順其性, 小人拂其性. 五峰言: '好惡, 性也. 君子好惡以道, 小人好惡以欲.' 是'好人之所惡, 惡人之所好', 亦是性也? 而可乎?" 『或問』: "'天理・人欲, 同體異用'之說如何?" 曰: "當然之理, 人合恁地底, 便是體, 故仁義禮智爲體. 如五峰之說, 則仁與不仁, 義與不義, 禮與無禮, 智與無智, 皆是性. 如此則性乃一箇大人欲窠子? 其說乃與東坡子由相似, 是大鑿脫, 非小失也. '同行異情'一句, 卻說得去."【方子】 ○199) "下句尙可, 上句有病200). 蓋行處容或可同, 而其情則本不同也. 至於體・用, 豈可言異? 觀天理・人欲所以不同者, 其本原元自不同, 何待用也? 胡氏之學, 大率於大本處看不分曉, 故銳於

197) ○: 『朱子語類』 94:122의 일부이다.

198) ▲: 問: "『知言』'萬事萬物, 性之質也', 如何?" 曰: "此句亦未有害, 最是'好惡, 性也', 大錯? 旣以好惡爲性, 下文卻云'君子好惡以道', 則是道乃旋安排入來. 推此, 其餘皆可見." 問: "與告子說話莫同否?" 曰: "便是'湍水'之說." 又問: "粹然完具云云, 卻說得好. 又云不可以善惡言, 不可以是非判." 曰: "渠說有二錯: 一是把性作無頭面物事, 二是云云." 失記.【可學】

199) ○: 『朱子語類』 101:183의 일부이다.

200) 下句尙可, 上句有病:【附箋紙】 删上"同體而異用, 同行而異情", 而只曰"下句尙可, 上句有病", 似無事接矣.

闢異端, 而不免自入一脚也.【大雅】

○[201] 舜功問: "天理・人欲, 畢竟須爲分別, 勿令交關." 先生曰: "五峰云: '性猶水, 善猶水之下也, 情猶瀾也, 欲猶水之波浪也.' 波浪與瀾, 只爭大小, 欲豈可帶於情!" 某問: "五峰云'天理・人欲, 同行而異情'卻是." 先生曰: "是. 同行者, 謂二人同行於天理中, 一人日從天理, 一人專徇人欲, 是異情. 下云'同體而異用', 則大錯!" 因擧『知言』多有不是處. "'性無善惡', 此乃欲尊性, 不知卻鶻突了它. 胡氏論性, 大抵如此, 自文定以下皆然. 如曰: '性, 善惡也. 性・情・才相接.' 此乃說著氣, 非說著性. 向呂伯恭初讀『知言』, 以爲只有二段是, 其後卻云: '極妙, 過於『正蒙』!'"【可學】

101:182 ▲[202]

101:183 ▲[203]

201) ○: 『朱子語類』의 62:39이다.

202) ▲: 或問"天理・人欲, 同體而異用, 同行而異情." 曰: "胡氏之病, 在於說性無善惡. 體中只有天理, 無人欲, 謂之同體, 則非也. 同行異情, 蓋亦有之, 如'口之於味, 目之於色, 耳之於聲, 鼻之於臭, 四肢之於安佚', 聖人與常人皆如此, 是同行也. 然聖人之情不溺於此, 所以與常人異耳." 人傑謂: "聖賢不視惡色, 不聽惡聲, 此則非同行者." 曰: "彼亦就其同行處說耳. 某謂聖賢立言, 處處皆通, 必不若胡氏之偏也. 龜山云: '〈天命之謂性〉, 人欲非性也.' 胡氏不取其說, 是以人欲爲性矣? 此其甚差者也."【人傑】

203) ▲: 問: "'天理・人欲, 同體而異用, 同行而異情', 如何?" 曰: "下句尙可, 上句有病. 蓋行處容或可同, 而其情則本不同也. 至於體・用, 豈可言異? 觀天理・人欲所以不同者, 其本原元自不同, 何待用也? 胡氏之學, 大率於大本處看不分曉, 故銳於闢異端, 而不免自入一脚也. 如說性, 便說'性本無善惡, 發然後有善惡.' '孟子說性善, 自是歎美之辭, 不與惡爲對.' 大本處不分曉, 故所發皆差. 蓋其說始因龜山問揔老, 而答曰: '善則本然, 不與惡對.' 言'本然'猶可, 今曰'歎美之辭', 則大故差了? 又一學者問以放心求放心如何? 他當時問得極緊, 他一向鶻突應將去. 大抵心只操則存, 捨則放了, 俄頃之間, 更不喫力, 他卻說得如此周遮."【大雅】

101:184 ▲[204]

101:185 ▲[205]

101:186 ▲[206]

101:187 ▲[207]

101:188 ▲[208]云: "居正問: '以放心求放心, 可乎?' 既知其放, 又知求之, 則此便是良心也, 又何求乎? 又何必俟其良心遇事發見, 而後操之乎?"【方】

101:189 五峰曾說, 如齊 宣王不忍觳觫之心, 乃良心, 當存此心. 敬夫說"觀過知仁", 當察過心則知仁. 二說皆好意思. 然卻是尋良心與過

204) ▲: 問: "'天理・人欲, 同行而異情', 胡氏此語已精. 若所謂'同體而異用', 則失之混而無別否?" 曰: "胡氏論性無善惡, 此句便是從這裏來. 本原處無分別, 都把做一般, 所以便謂之'同體.' 他看道理儘精微, 不知如何, 只一箇大本卻無別了?"【淳】

205) ▲: 或問"天理・人欲, 同體異用." 曰: "如何天理・人欲同體得? 如此, 卻是性可以爲善, 亦可以爲惡, 卻是一團人欲窠子, 將甚麽做體? 卻是韓愈說性自好, 言人之爲性有五, 仁義禮智信是也. 指此五者爲性, 卻說得是. 性只是一箇至善道理, 萬善總名. 才有一毫不善, 自是情之流放處, 如何卻與人欲同體? 今人全不去看."【謙】

206) ▲: 問: "'天理・人欲同體而異用', 先生以爲未穩, 是否?" 曰: "亦須是實見此句可疑, 始得." 又曰: "今人於義利處皆無辨, 直恁鶻突去. 是須還他是, 不是還他不是. 若都做得是, 猶自有箇淺深. 自如此說, 必有一箇不是處, 今則都無理會矣."【寓】

207) ▲: 何丞辨五峰"理性", 何異修性? 蓋五峰以性爲非善惡, 乃是一空物, 故云"理"也.【方】

208) ▲: 看『知言』彪居正問仁一段, 云: "極費力. 有大路不行, 只行小徑. 至如'操而存之'等語, 當是在先. 自孟子亦不專以此爲學者入德之門也. 且齊王人欲蔽固, 故指其可取者言之. 至如說'自牖開說', 亦是爲蔽固而言. 若吾儕言語, 是是非非, 亦何須如此? 而五峰專言之, 則偏也." 又

心, 也不消得. 只此心常明, 不爲物蔽, 物來自見.【從周】

101:190 ▲[209)]

101:191 五峰說得宮之用極大, 殊不知十二律皆有宮. 又, 宮在五行屬土. 他說得其用如此大, 猶五常之仁. 宮自屬土, 亦不爲仁也. 又其云天有五帝座星, 皆不動. 今天之不動者, 只有紫微垣・北極・五帝座不動, 其他帝座如天市垣, 太微垣, 大火中星帝座, 與大角星帝座, 皆隨天動, 安得謂不動?【卓】

101:192 ▲[210)]

101:193 ▲[211)] 若以天運譬如輪盤, 則極星只是中間帶子處, 所以不動. 若是三箇不動, 則不可轉矣? 又言: "雖形器之事, 若未見得盡, 亦不可輕立議論. 須是做下學工夫. 雖天文地理, 亦須看得他破, 方可議之." 又曰: "明仲嘗畏五峰議論精確, 五峰亦嘗不有其兄, 嘗欲焚其『論語解』, 幷『讀史管見』. 以今觀之, 殊不然. 如『論語』・『管見』中雖有粗處, 亦多明白. 至五峰議論, 反以好高之過, 得一說便說, 其實與這物事都不相干涉, 便說得無著落. 五峰辨『疑孟』之說, 周遮全不分曉. 若是恁地分疏『孟子』, 剗地沈淪, 不能得出世."【螢】

101:194 "五峰疾病, 彪德美▲[212)]求教▲[213)] 五峰曰: '游定夫先生所

---

209) ▲: 五峰作『皇王大紀』, 說北極如帝星・紫微等皆不動. 說宮聲屬仁, 不知宮聲卻屬信. 又宮無定體, 十二律旋相爲宮. 帝星等如果不動, 則天必擘破. 不知何故讀書如此不子細.【人傑】

210) ▲: 五峰論樂, 以黃鍾爲仁, 都配屬得不是. 它此等上不曾理會, 卻都要將一大話包了.【螢】

211) ▲: 論五峰說極星有三箇極星不動, 殊不可曉.

212) ▲: 問之, 且

213) ▲: 焉.

以得罪於程氏之門者, 以其不仁不敬而已.'" 先生云: "言其習不著, 行不察, 悠悠地至於無所得而歸釋氏也. 其子德華, 謂汪聖錫云, 定夫於程氏無所得, 後見某長老, 乃有得也. 此與呂居仁『雜記』語同. 大率其資質本好者, 卻不用力, 所以悠悠. 如上蔡 文定, 器質本駁偏, 所以用力尤多."【方】

101:195 五峰「有本亭記」甚好. 理固是好, 其文章排布[214]之類, 是文人之文. 此其所居也. 其所極好, 在嶽山下, 當時託二學生謀得之. 文定本居籍溪, 恐其當衝, 世亂或不免, 遂去居湖北. 侯師聖令其遷, 謂亂將作, 乃遷衡嶽▲[215]下. 亦有一人, 侯令其遷, 不從, 後不免. 文定以識時知幾薦侯.【亂兵, 謂宗汝霖所招勤王者. 宗死, ▲[216]兵散走爲亂, 湖北靡孑遺矣? 楊[217]】

101:196 五峰說"區以別矣", 用『禮記』"勾萌"字音. 林少穎亦曾說與黃祖舜來如此.【方】

101:197 胡氏議論須捉一事爲說. 如后妃幽閒貞淑, 卻只指不妬[218]忌爲至, 伯夷氣象如此, 卻只指不失初心, 爲就文王去武王之事. 大要不論體, 只論發出來處, 類如此也.【方】

101:198 胡說有三箇物事: 一不動, 一動, 一靜, 相對.【振】

101:199 問: "湖南'以身格物', 則先亦是行, 但不把行做事爾." 曰: "湖南病正在無涵養. 無涵養, 所以尋常盡發出來."【不留在家[219]. 方】

---

214) 布: 賀本에서는 佈로 되어 있다.
215) ▲: 山
216) ▲: 其
217) 楊: 『朱子語類』에서는 揚으로 되어 있다.
218) 妬: 賀本에서는 妒로 되어 있다.

101:200 因說湖南學先體察, 云: "不知古人是先學灑[220]▲[221]應對? 爲復先體察?"【方】

101:201 湖南一派, 譬如燈火要明, 只管挑, 不添油, 便明得也卽不好. 所以氣局小, 長汲汲然張筋努脈.【方】

101:202 謂▲[222]季隨曰: "文定 五峰之學, 以今切[223]議來, 只有太過, 無不及. 季隨而今卻但有不及." 又曰: "爲學要剛毅果決, 悠悠不濟事."【方子 ○林學蒙[224]▲[225]如'發憤忘食, 樂以忘憂', 是甚麽樣精神骨筋[226]?" 注云: "因說胡季隨."】

101:203 或說胡季隨才敏. 曰: "也不濟事. 須是確實有志而才敏, 方可. 若小小聰悟, 亦徒然."【學蒙】

101:204 五峰諸子不着心看文字, 恃其明敏, 都不虛心下意, 便要做大. 某嘗論[227]學者, 難得信得及・就實上做工夫底▲[228]

---

219) 不留在家: 英祖刊本・成化本・賀本에서는 본문으로 되어 있다.
220) 灑: 賀本에서는 洒로 되어 있다.
221) ▲: 掃
222) ▲: 胡
223) 切: 賀本에서는 竊로 되어 있다.
224) 林學蒙:【附箋紙】 小註"林學蒙"下脫"録云"二字.
225) ▲: 錄云: "爲學要剛毅果決, 悠悠不濟事. 且
226) 筋: 賀本에서는 肋으로 되어 있다.
227) 論:: 賀本에서는 語로 되어 있고, 成化本에서는 說로 되어 있다.
228) ▲: 人.【賀孫】

『朱子語類』 卷第一百二

「楊氏門人」

「羅仲素」

102:1 羅先生嚴毅淸苦, 殊可畏. 【道夫】

102:2 李先生言: "羅仲素「春秋說」, 不及文定[1]. ▲[2]大, 設張羅落者大." 【『文定集』有「答羅書」, 可見. 方】

102:3 道夫言: "羅先生教學者靜坐中看'喜怒哀樂未發謂之中', 未發作何氣像[3]. 李先生以爲此意不惟於進學用[4]力, 兼亦是養心之要. 而『遺書』有云: '旣思, 則是已發.' 昔嘗疑其與前所學有礙, 細要[5]亦甚緊要, 不可以不考." 直卿曰: "此問亦甚切. 但程先生剖析毫釐, 體用明白, 羅先生探索本原[6], 洞見道體. 二者皆有大功於世. 善觀之, 則亦'並行而不相悖[7]'▲[8]. 況羅先生於靜坐觀之, 乃其思慮未萌, 虛靈不昧, 自有以見其氣像[9], 則初無[10]害於未發. 蘇季明以'求'字爲問, 則求

---

1) 文定: 【附箋紙】 "文定"下脫"蓋文定才"四字.
2) ▲: 蓋文定才
3) 像: 『朱子語類』에서는 象으로 되어 있다.
4) 用: 『朱子語類』에서는 有로 되어 있다. 【附箋紙】 "用力"之"用", 印本作"有", 原本亦誤.
5) 要: 英祖刊本・賀本에서는 思로 되어 있다.
6) 原: 賀本에서는 源으로 되어 있다.
7) 相悖: 【附箋紙】 "相悖"下脫"矣"字.
8) ▲: 矣
9) 像: 『朱子語類』에서는 象으로 되어 있다.

非思慮不可, 此伊川所以力辨其差也.” 先生曰: “公雖是如此分解羅先生說, 終恐做病. 如明道亦說靜坐可以爲學, 謝上蔡亦言多着[11]靜不妨. 此說終是小偏. 才偏, ▲[12]做病[13]. 道理自有動時, 自有靜[14]▲[15]. 學者只是‘敬以直內, 義以方外.’ 見得世間無處不是道理, 雖至微至小處亦有道理, 便以道理處之. 不可專要去靜處求. 所以伊川謂‘只用敬, 不用靜’, 便說得平. 也是他經歷多, 故見得恁地正而不偏. 若以世之大段紛擾人觀之, 若會靜得, 固好, 若講學, 則不可有毫髮之偏也. 如天雄·附子, 冷底人喫得也好, 如要通天下喫, 便不可.”【道夫】

「蕭子莊」

102:4 先生問: “浦城有蕭先生【顗[16]】, 受業於龜山之門, 不知所得如何?” 道夫遂以蕭先生所答范公三書呈. 先生曰: “元來是箇天資自好, 朴實頭底人, 初非學問之力. 且如所謂‘人能弘道’·‘君子泰而不驕’·‘君子坦蕩蕩’三者, 那因[17]學得本自不倫, 他又卻從而贊美之. 也須思量道如何而能弘, 如何而能泰與坦蕩蕩, 卻只恁說, 教人從何處下手? 況‘人能弘道’, 本非此意. 如他所說, 卻是‘士不可以不弘毅’·‘執德不弘.’ 今卻以‘人能弘道’言之, 自不干事. 又如第二書言: ‘士之所志, 舍仁義而何爲哉? 惟仁必欲熟, 義必欲精. 仁熟, 則造次顚沛有所不違, 義精, 則利用安身而德崇矣.’ 此數句說得儘好. 但仁固欲熟, 義固

---

10) 無: 英祖刊本·賀本에서는 未로 되어 있다.
11) 着: 賀本에서는 看으로 되어 있다.
12) ▲: 便
13) 才偏, ▲做病:【附箋紙】“才偏做病”, 原本“做”上有“便”字.
14) 自有靜:【附箋紙】“自有靜”, 原本“静”下有“時”字.
15) ▲: 時
16) 顗: 賀本에서는 覬로 되어 있고, 徽州本에서는 이 뒤에 字, 子莊.이 더 들어 있다.
17) 因:『朱子語類』에서는 人으로 되어 있다.【附箋紙】“那因學得”, 原本“因”作“人.”

欲精, 也須道如何而能精, 如何而能熟. 卻只隨他在後面說, 不知前面畢竟是如何. 又如擧孟子'不動心'·'養氣'之說, 皆是汎說. 惟其如此, 故人亦謂伊川也只恁地, 所以豪傑之士皆傲睨不服." 又曰: "據公所見, 若有人問自家'仁必欲熟, 義必欲精'兩句, 如何地答? 這便是格物致知." 道夫曰: "莫是克去己私以明天理, 則仁自然熟, 義自然精?" 曰: "此正程先生所謂'涵養必以敬, 進學在致知'之意也." 【道夫】

「廖用中」

102:5 或問爲善爲利處. 因擧龜山「答廖用中書」[18], 云: "龜山說得鶻突, 用中認得不子細, 後來於利害便不能分別. 紹興間, 秦老當國, 方主和議. 廖有召命, 自無所見, 卻去扣其平日所友善之人鄭邦達. 邦達初不經意, 但言: '和亦是好事.' 廖到闕, 即助和議, 遂爲中丞, 幸而不肯爲秦鷹犬. 秦嘗諷其論趙丞相, 不從. 遷工部尙書, 迄以此去." 【僩用】

102:6 龜山與廖尙書說義利事. 廖云: "義利即是天理·人欲." 龜山▲[19] "只怕[20]賢錯認, 以利爲義也." 後來被召主和議, 果如龜山說. 廖初擧鄭厚與某人, 可見其賢此二人. 二人皆要【上恐脫"不"字】. 主和議. 及廖被召, 卻不問此二人, 卻去與葉孝先商量, 更輔之以□□[21]. 及爲中丞, 又薦鄭轂. 然廖終與秦不合而出. 但初不能別義利之分, 亦是平時講之不熟也. 鄭博士, 某舊及見之, 年七十餘, 云嘗見上蔡. 先人甚敬之. 【賀孫】

102:7 ▲[22]

---

18) 書: 徽州本에서는 이 뒤에 【名剛南劍人】이 더 들어 있다.
19) ▲: 曰:
20) 龜山▲ "只怕: 【附箋紙】 "龜山只怕", 原本"龜山"下有"曰"字.
21) □□: 英祖刊本에서는 和議로 되어 있다.

「胡德輝」

102:8 因說胡珵德 輝所看文字▲[23]. 曰: "先友也, 晉陵人. 曾從龜山游, 故所記多龜山說話. 能詩文, 墨隸皆精好. 嘗見先人館中『唱和』一卷, 唯胡詩特佳. 趙忠簡公當國, 與張嵲巨山同爲史官. 及趙公去位, 張魏公獨相, 以爲元裕[24]未必全是, 熙豐未必全非, 遂擢何掄仲・季[25]似表二人爲史官. 胡・張所修史, 皆摽[26]出, 欲改之. 胡・張遂求去. 及忠簡再入相, 遂去何・李, 依舊用胡・張爲史官, 成書奏上, 弄得都成私意?"【僴用】

「尹氏門人」

「王德修」

102:9 先生云: "嚮日鄕間一親戚虞氏, 見仙里王德修見敎云: '學者要識一"愧"字與"恥"字.' 此言卻極好."【大雅】

102:10 一日侍坐, 學者問難紛然. 王德修曰: "不必多問, 但去行取. 且如人理會'惟精惟一, 允執厥中', 只管說如此是精, 如此是一, 臨了中卻不見." 先生曰: "精一則中矣."【文蔚】

---

22) ▲: 因言廖用中議和事, 云: "廖用中固非詭隨者, 但見道理不曾分曉. 當時龜山已嘗有語云'恐子以利爲義'者, 政爲是也."【壽昌】
23) ▲: , 問德輝何如人
24) 裕: 『朱子語類』에서는 祐로 되어 있다.【附箋紙】 "元裕"之"裕", 印本作"祐"
25) 季: 『朱子語類』에서는 李로 되어 있다.【附箋紙】 "季似表", 印本"季"作"李."
26) 摽: 成化本・賀本에서는 標로 되어 있다.

『朱子語類』卷第一百三

「羅氏門人」

「李愿中」

103:1 李先生終日危坐, 而神彩精明, 略無隤墮之氣.【升卿】

103:2 延平▲[1]氣象好.【振】

103:3 問延平▲[2]言行. 曰: "他卻不曾著書, 充養得極好. 凡爲學, 也不過是恁地涵養將去, 初無異義. 只是先生睟面盎背, 自然不可及."【驤】[3]

103:4 ▲[4]延平初間也是豪邁底人, 到後來也是磨琢之功. 在鄉, 若不異於常人, 鄉曲以上底人只道他是箇善人. 他也略不與人說. 待問了, 方與說.【賀孫】

103:5 李先生少年豪勇夜醉, 馳馬數里而歸. 後來養成徐緩, 雖行二三里路, 常委蛇緩步, 如從容室中也. 問: "先生如何養?" 曰: "先生只是潛養思索."【方】

---

1) ▲: 先生
2) ▲: 先生
3)【驤】: 徽州本에서는【道夫】로 되어 있다.
4) ▲: 李

103:6 "人性辨[5]急, 發不中節者, 當於平日言語動作間以緩持之. 持之久, 則心中所發, 自有條理." 因說: "李先生行郊外, 緩步委蛇, 如在室中, 不計其遠. 嘗隨至人家, 才相見, 便都看了壁上碑文. 先生俟茶罷, 卽起向壁立看, 看了一廳碑, 又移步向次壁看, 看畢就坐. 其所持專一詳緩如此. 初性甚急, 後來養成至於是也."【方】

103:7 ▲[6]問: "李先生謂: '常存此心, 勿爲事物所勝.'" 先生答之云▲[7]. 頃之, 復曰: "李先生涵養得自是別, 眞所謂不爲事物所勝者. 古人云, 終日無疾言遽色, 他眞箇是如此. 如尋常人去近處, 必徐行, 出遠處, 行必稍急. 先生出近處也如此, 出遠處亦只如此. 尋常人叫一人, 叫之一二聲不到[8], 則聲必厲, 先生叫之不至, 聲不加於前也. 又如坐處壁間有字, 某每常亦須起頭一看. 若先生則不然. 方其坐時, 固不看也. 若是欲看, 則必起就壁下視之. 其不爲事物所勝, 大率若此. 常聞先生後生時, 極豪邁, 一飮必數十盃. 醉則好馳馬, 一驟三二十里不回. 後來卻收拾得恁地純粹, 所以難及."【道夫】

103:8 李先生居處有常, 不作費力事. 所居狹隘, 屋宇卑小. 及子弟漸長, 逐間接起, 又接起廳屋. 亦有小書室, 然甚齊整瀟洒, 安物皆有常處. 其制行不異於人. 亦嘗[9]爲任希純教授延入學作職事, 居常無甚異同, 頹如也. 眞得龜山法門. 亦嘗議龜山之失.【方】

103:9 李延平不著書, 不作文, 頹然若一田夫野老, 然又太和順了. 羅仲素衣服之類亦日有定程, 如黃昏如何服, 睡復易. 然太執.【揚】

---

5) 辨: 賀本에서는 褊으로 되어 있다.

6) ▲: 行夫

7) ▲: 云

8) 到: 『朱子語類』에서는 至로 되어 있다.【附箋紙】"不到"之"到", 印本・原本作"至."

9) 嘗: 賀本에서는 常으로 되어 있다.

103:10 李先生好看『論語』, 自明而已. 謂孟子早是說得好了, 使人愛看了也. 其▲[10]在山間[11], 亦殊無文字看讀辨正, 更愛看『春秋左氏』. 初學於仲素, 只看經. 後侯師聖來沙縣, 羅邀之至, 問: "伊川如何看?" 云: "亦看『左氏』. 要見曲折, 故始看『左氏』."【方】

103:11 ▲[12]延平[13]▲[14]'靜坐'之說, 先生頗不[15]▲[16]爲然, 不知如何?" 曰: "這事難說. 靜坐理會道理, 自不妨. 只是討要靜坐, 則不可. 理會得道理明透, 自然是靜. 今人都是討靜坐以省事, 則不可. ▲[17]所謂靜坐, 只是打疊得心下無事, 則道理始出, 道理既出, 則心下愈明靜矣."【僩】

103:12 舊見李先生云: "初問羅先生學『春秋』, 覺說得自好. 後看胡文定『春秋』, 方知其說有未安處." 又云: "不知後來到羅浮山中靜極後, 見得又如何?" 某頗疑此說, 以爲『春秋』與"靜"字不相干, 何故須是靜處方得工夫長進? 後來方覺得這話好. 蓋義理自有着力看不出處. 然此亦是後面事, 初間亦須用力去理會, 始得. 若只靠着靜後聽他自長進, 便卻不得. 然爲學自有許多階級, 不可不知也. 如某許多文字, 便覺得有箇喫力處, 尚有這些病在. 若還更得數年, 不知又如何.【榦】

103:13 李先生云: "看聖賢言語, 但一踔看過, 便見道理者, 卻是眞

10) ▲: 居
11) 其▲在山間:【附箋紙】 "其在山間", 原本"在"上有"居"字.
12) ▲: 或問: "近見廖子晦言, 今年見先生, 問
13) 延平:【附箋紙】 "延平"上當有"問"字.
14) ▲: 先生
15) 頗不:【附箋紙】 "頗不"下印本・原本有"以"字.
16) ▲: 以
17) ▲: 嘗見李先生說: '舊見羅先生說『春秋』, 頗覺不甚好. 不知到羅浮靜極後, 又理會得如何.' 是時羅已死. 某心常疑之. 以今觀之, 是如此. 蓋心下熱鬧, 如何看得道理出? 須是靜, 方看得出.

意思. 纔着心去看, 便蹉過了多."【升卿】

103:14 『正蒙』·『知言』之類, 學者更須被他汩沒. 李先生極不要人傳寫文字及看此等. 舊嘗看『正蒙』, 李甚不許. 然李終是短於辨論邪正, 蓋皆不可無也. 無之, 卽是少博學詳說工夫也.【方】

103:15 李先生云: "橫渠說, 不須看. 非是不是, 只是恐先入了費力."【方】

103:16 李問陳幾叟借得文定『傳』本, 用薄紙眞謹寫一部. 『易傳』亦然.【方】

103:17 李先生云: "書不要點, 看得更好."【方】

103:18 李先生說一步是一步. 如說"仁者其言也訒", 某當時爲之語云, "聖人如天覆萬物"云云. 李曰: "不要如是廣說. 須窮'其言也訒'前頭如何, 要得一進步處."【方】

103:19 李先生不要人强行, 須有見得處方行, 所謂灑[18]然處. 然猶有偏在. 灑[19]落而行, 固好. 未到灑[20]落處, 不成不行? 亦須按本行之, 待其著察.【方】

103:20 李先生當時說學, 已有許多意思. 只爲說"敬"字不分明, 所以許多時無捉摸處.【方】

103:21 李先生說: "人心中大段惡念卻易制伏. 最是那不大段計利害

18) 灑: 賀本에서는 洒로 되어 있다.
19) 灑: 賀本에서는 洒로 되어 있다.
20) 灑: 賀本에서는 洒로 되어 있다.

·乍往乍來底念慮, 相續不斷, 難爲驅除." 今看得來, 是如此.【方】[21)]

103:22 李先生嘗云: "人之念慮, 若是於顯然過惡萌動, 此卻易見易除. 卻怕於匹[22)]似閑底事爆起來, 纏繞思念將去, 不能除, 此尤害事." 某向來亦是如此.【賀孫】

103:23 "'必有事焉.' 由此可至'君子三變.' '改過遷善', 由此可至'所過者化.'" 李先生說.【方】

103:24 李先生言: "事雖紛紛, 須還我處置."【方】

103:25 李先生有爲, 只用蠱卦, 但有決裂處.【方】

103:26 李先生云: "天下事, 道理多, 如子瞻才智高, 亦或窺得, 然其得處便有病也."【方】

103:27 問: "先生所作「李先生行狀」云'終日危坐, 以驗夫喜怒哀樂之前氣像[23)]爲如何, 而求所謂中者', 與伊川之說若不相似?" 曰: "這處是舊日下得語太重. 今以伊川之語格之. 則其下工夫處, 亦是有些子偏. 只是被李先生靜得極了, 便自見得是有箇覺處, 不似別人. 今終日危坐, 只是且收斂在此, 勝如奔馳. 若一向如此, 又似坐禪入定." ▲[24)]

103:28 ▲[25)]

---

21) 【方】: 『朱子語類』에서는 【廣】으로 되어 있다.【附箋紙】 "是如此"下註"方"字, 原本作"廣".

22) 匹: 賀本에서는 相으로 되어 있다.

23) 像: 『朱子語類』에서는 象으로 되어 있다.

24) ▲: 【賀孫】

25) ▲: 或問: "延平先生何故驗於喜怒哀樂未發之前而求所謂中?" 曰: "只是要見氣象." 陳後之曰: "持守良久, 亦可見未發氣象." 曰: "延平卽是此意. 若一向這裏,

103:29 問: "延平欲於未發之前觀其氣像[26], 此與楊氏體驗於未發之前者, 異同如何?" 曰: "這箇亦有些病. 那'體驗'字是有箇思量了, 便是已發. 若觀時恁著意看, 便也是已發." 問: "此體驗是著意觀? 只恁平常否?" 曰: "此亦是以不觀觀之."【淳】

103:30 再論李先生之學常在目前. 先生曰: "只是'君子戒愼所不睹, 恐懼所不聞', 便自然常存. 顔子非禮勿視聽言動, 正是如此."【德明】

「胡氏門人」

「張敬夫」

103:31 近日南軒書來, 不曾見說嘗讀某書, 有何新得. 今又與伯恭相聚, 往往打入多中去也.【方】

103:32 欽夫見識極高, 卻不耐事, 伯恭學耐事, 卻有病.【升卿】

103:33 南軒・伯恭之學皆疏略, 南軒疏略從高處去, 伯恭疏略從卑處去. 伯恭說道理與作爲, 自是兩件事. 如云: "仁義道德與度數刑政, 介然爲兩塗, 不可相通." 他在時不曾見與某說. 他死後, 諸門人弟子此等議論方漸漸說出來, 乃云, 皆原於伯恭也.【僩】

103:34 欽夫說得高了, 故先生只要得典實平易.【方】

103:35 敬夫高明, 他將謂人都似他, 纔一說時, 便更不問人曉會與否, 且要說盡他箇. 故他門人, 敏底秪學得他說話, 若資質不逮, 依舊

又差從釋氏去."【淳】

26) 像: 『朱子語類』에서는 象으로 되어 있다.

無著摸. 某則性鈍, 讀[27]書極是辛苦, 故尋常與人言, 多不敢爲高遠之論. 蓋爲是身曾親經歷過, 故不敢以是責人爾. 「學記」曰: "進而不顧其安, 使人不由其誠." 今敎者之病, 多是如此. 【道夫】

103:36 學者於理有未至處, 切不可輕易與之說. 張敬夫爲人明快, 每與學者說話, 一切傾倒說出. 此非不可, 但學者見未到這裏, 見他如此說, 便不復致思, 亦甚害事. 某則不然. 非是不與他說, 蓋不欲語[28]學者以未至之理耳. ▲[29]

103:37 南軒嘗言, 遁悶工夫好做. 【振】

103:38 南軒說"端倪"兩字極好. 此兩字[30], ▲[31]自人欲中生出來. 人若無這些箇秉彝, 如何思量得要做好人? 【煇】[32]

103:39 或問: "南軒云: '行之至, 則知益明, 知旣明, 則行益至[33].' 此意如何?" 曰: "道理固是如此. 學者工夫當並進, 不可推泥牽連, 下梢成兩下擔閣. 然二者都要用功[34], 則成就時二者自相資益矣." 【銖】

103:40 ▲[35]問: "南軒類聚言仁處, 先生何故不欲其如此?" 曰: "便是工夫不可恁地. 如此則氣象促迫, 不好. 聖人說仁處固是緊要, 不成不說仁處皆無用? 亦須是從近看將去, 優柔玩味, 久之自有▲[36]會處[37],

27) 讀: 賀本에서는 說로 되어 있다.
28) 語: 賀本에서는 與로 되어 있다.
29) ▲: 【枅】
30) 兩字: 【附箋紙】 "兩"字下印本有"却"字, 原本亦誤.
31) ▲: 卻
32) 【煇】: 徽州本에서는 【晦夫】로 되어 있다.
33) 至: 徽州本에서는 進으로 되어 있다.
34) 功: 賀本에서는 工으로 되어 있다.
35) ▲: 王壬
36) ▲: 一箇

方是工夫. 如'博學・審問・謹[38]思・明辨・篤行', 聖人須說'博學', 如何不教人便從謹[39]獨處做[40]? 須是說'禮儀三百, 威儀三千', 始得." 【雉】

103:41 問: "先生舊與南軒▲[41]論仁, ▲[42]合否?" 曰: "亦有一二處未合. 敬夫說本出胡氏. 胡氏之說, 惟敬夫獨得之, 其餘門人皆不曉, 但云當守師之說. 向來往長沙, ▲[43]與敬夫辨此[44]." 【可學】

103:42 問: "南軒與先生書, 說'性善'者歎美之辭, 如何?" 曰: "不必如此說. 善只是自然純粹之理. 今人多以善與惡對說, 便不是. 大凡人何嘗不願爲好人[45], 而怕惡人?" 【煇[46]】

103:43 問: "南軒謂'動中見靜, 方識此心.' 如何是'動中見靜'?" 曰: "'動中見靜', 便是程子所說'艮止'之意. 釋氏便言'定', 聖人只言'止.' 【寓錄云: "此段文已詳了."】 敬夫卻要將這箇爲'見天地之心.' 復是靜中見動, 他又要動中見靜, 卻倒說了." 【淳 ○寓同.】

103:44 ▲[47]

---

37) 自有▲會處: 【附箋紙】 "自有會處", 原本"會"上有"一箇"二字.
38) 謹: 英祖刊本・賀本에서는 愼으로 되어 있다.
39) 謹: 英祖刊本・賀本에서는 愼으로 되어 있다.
40) 謹獨處做: 【附箋紙】 "謹獨處做", 印本作"如獨處做", 印本似誤.
41) ▲: 反覆
42) ▲: 後來畢竟
43) ▲: 正
44) 與敬夫辨此: 【附箋紙】 "與敬夫辨此", 原本"與"上有"正"字.
45) 好人: 【附箋紙】 "好人", 印本作"如人", 印本似誤.
46) 煇: 徽州本에서는 晦夫로 되어 있다.
47) ▲: 問: "曾看南軒『論語』否?" 曰: "雖嘗略看, 未之熟也." 曰: "南軒後來只修得此書. 如孟子, 竟無工夫改." 【必大】

103:45 南軒『論語』初成書時, 先見後十篇, 一切寫去與他說. 後見前十篇, 又寫去. 後得書來, 謂說得是, 都改了. 孟子說, 不曾商量.

103:46 問: "南軒解'子謂子產, 有君子之道四焉', 將『孟子』'惠而不知爲政', 立兩壁辨論, 非特於本旨爲贅, 且使學者又生出一事." 曰: "欽夫最不可得, 聽人說話, 便肯改. 如『論語』舊說, 某與議論修來, 多是此類. 且如他向解顏淵'克己復禮'處, 須說要先格物, 然後克己. 某與說, 克己一事, 自始學至成德, 若未至'從心所欲, 不踰矩'・'從容中道'時, 皆要克, 豈可與如[48]此說定? 因作一戲語云: '譬如對先生長者聽其格言至論, 卻嫌他說得未盡, 云, 我更與他添些令盡.' 彼當時聞此語, 卽相從, 除卻先要格物一段. 不意今又添出'自始學至成德皆要克'一段. 此是某攻他病底藥, 病去, 則藥自不用可也. 今又更留取藥在, 卻是去得一病, 又留取一病在. 又如'述而不作'處, 他元說先云: '彼老彭者何人哉? 而反使吾夫子想像慕用?' 某與說, 此譬如吾夫子前面致恭盡禮於人, 而吾輩乃奮怒攘臂於其後? 他聞說卽改, 此類甚衆. 若『孟子』, 則未經修, 爲人傳去印了, 彼亦自悔. 出仕後不曾看[49]▲[50]文字, 未及修『孟子』而卒. 蓋其間有大段害事者: 如論性善處, 卻著一片說入太極來, 此類頗多." 大雅云: "此書卻好把與一般頽闒者看, 以作其喜學之意." 曰: "此亦呂伯恭教人看『上蔡語錄』之意. 但旣與他看了, 候他稍知趨嚮, 便與醫了, 則得."【大雅】

103:47 "南軒『語』・『孟』, 某嘗說他這文字不好看. 蓋解經不必做文字, 止合解釋得文義[51]通, 則理自明, 意自足. 今多去上做文字, 少間說來說去, 只說得他自一片道理, 經意卻蹉過子[52]? 要之, 經之於理,

48) 與如:【附箋紙】"與如"之"如", 印本作"知", 原本亦作"如".
49) 曾看:【附箋紙】"曾看"下印本有"得"字, 原本亦誤.
50) ▲: 得
51) 義: 賀本에서는 字로 되어 있다.
52) 子: 英祖刊本・成化本・賀本에서는 了로 되어 있다.【附箋紙】"蹉過子", 印

亦猶傳之於經. 傳, 所以解經也, 旣通其經, 則傳亦可無, 經, 所以明理也, 若曉得理, 則經雖無, 亦可. 嘗見一僧云: '今人解書, 如一盞酒, 本自好, 被這一人來添些水, 那一人來又添些水, 次第添來添去, 都淡了?' 他禪家儘見得這樣, 只是他又忒無註[53]解." 問: "陸氏之學, 恐將來亦無註[54]解去." 曰: "他本只是禪." 榦問: "嘗看文字, 多是虛字上無緊要處最有道理. 若做文字[55]粗疏▲[56]解, 這般意思, 卻恐都不見了." 曰: "然. 且如今說'秉彝', 這箇道理卻在'彝'字上'秉'字下. 所以莊子謂'批大郤, 導大窾', 便是道理都在空處. 如『易』中說'觀其會通, 以行其典禮', 通便是空處. 行得去, 便是通, 會, 便是四邊合湊來處." ▲[57]

103:48 ▲[58]

103:49 龍泉簿范伯崇寄書來云: "今日氣象, 官無大小, 皆難於有爲. 蓋通身是病, 無下藥處耳. 安得大賢君子, 正其根本, 使萬目具擧, 吾民得樂其生耶? 嚴陵之政, 遠近能言之. 蓋惻隱之心發於誠然, 加之明敏, 何事不立?" 【方】

本・原本"子"字, 皆連於"過"字, 而"子"字無義, 疑"了"字之誤.

53) 註: 成化本・賀本에서는 注로 되어 있다.

54) 註: 成化本・賀本에서는 注로 되어 있다.

55) 字: 賀本에는 없다.

56) ▲: 粗

57) ▲: 問: "莊子云: '聞解牛, 得養生.' 如何可以養生?" 曰: "只是順他道理去, 不假思慮, 不去傷著它, 便可以養生." 又曰: "不見全牛, 只是見得骨骼自開." 問: "莊子此意如何?" 曰: "也是他見得箇道理如此." 問: "他本是絶滅道理, 如何有所見?" 曰: "他也是就他道理中見得如此." 因歎曰: "天下道理, 各見得恁地, 剖析開去, 多少快活? 若只鶻突在裏, 是自欺而已?" 又問: "「老子」云'三十幅共一轂, 有之以爲利, 無之以爲用', 亦是此意否?" 曰: "某也政謂與此一般. 便也是他看得到這裏." 【榦】

58) ▲: 林艾軒在行在, 一日訪南軒, 曰: "程先生『語錄』, 某卻看得, 『易傳』, 看不得." 南軒曰: "何故?" 林曰: "『易』有象數, 伊川皆不言, 何也?" 南軒曰: "孔子說『易』不然. 『易』曰: '公用射隼于高墉之上, 獲之無不利.' 如以象言, 則公是甚? 射是甚? 隼是甚? 高墉是甚? 聖人止曰: '隼者, 禽也, 弓矢者, 器也, 射之者, 人也. 君子藏器於身, 待時而動, 何不利之有?" 【振】

103:50 "上初召魏公, 先召南軒來. 某亦赴召至行在, 語南軒云: '湯進之不去, 事不可爲. 莫擔負了他底, 至於敗事?' 某待得見魏公時, 親與之說. 度住不得, 一二日去矣. 及魏公來, 湯左相, 張右相, 都不可商量事. 同進同退, 獨與上商量又不得. 上又要商量, 但時召南軒入, 往來傳言, 與魏公商量. 一日[59], 召南軒, 上在一幄中, 外無一人, 說話甚款. 南軒開陳臨安不可居, 乞且移蹕建康, 然宮禁在[60]左右且少帶人, 又有[61]百司之類, 亦且帶緊要底去. 上曰: '朕獨行, 后妃宮禁之類, 全不帶一人去. 臨安淫侈之甚, 如何居?' 南軒祝上未須與人說, 相將又譌. 上曰: '朕不言. 卿不須漏洩.' 上因曰: '待朕取一文字與卿看.' 上顧左右無人使, 遂曰: '卿且待.' 上自起去取. 南軒見幄外皆是宮人, 深懼所言皆爲彼聞之矣. 少頃上來, 忘其文字. 其後與宰相議用兵事, 湯固力爭. 上曰: '朕朝[62]夕親往建康.' 未幾, 外面鬨鬨地, 謂上往建康. 南軒見上問云: '陛下嘗祝臣勿言. 聞陛下對宰執言之, 何也?' 上曰: '被他撓人, 故以此激之.'【思意[63]如此, 記不全.】 南軒出入甚親密, 滿朝忌之. 一日, 往見周葵, 政府諸人在, 次第逐報南軒來. 周指之曰: '吾輩進退, 皆在此郎之手.' 是時南軒少年, 又處得地位不是, 而人情皆如此, 何以成得事? 南軒亦間至太上處理會事之類, 太上曰: '尙記得卿父娶時如何事, 卿今如此.' 南軒奏邊事幷不可和之意, 太上亦順應之. 臨辭去, 乃曰: '與卿父說, 不如和好.' 湯在相位時, 有御札出來罵, 亦有'秦檜不如'之語. 然竟用之, 不可曉, 恐是太上意. 上因廣西買馬事之類, 甚向南軒, 諸公已忌之. 後到荊南, 趙雄事事沮之, 不可爲矣." 先生又言: "近有誰說, 在荊南時, 司天奏相星在楚地, 甚明. 上曰: '張栻當之.' 人愈忌之."【楊】[64]

---

59) 一日: 賀本에는 없다.
60) 在: 『朱子語類』에는 없다.【附箋紙】 "宮禁在", 印本無"在"字, 原本亦誤.
61) 有: 『朱子語類』에는 없다.
62) 朝: 『朱子語類』에서는 旦로 되어 있다.
63) 思意: 賀本에서는 意思로 되어 있다.
64)【楊】:『朱子語類』에서는【揚】으로 되어 있다.

103:51 南軒再召時, 論今日自是當理會恢復. 然不如此理會, 須是云云, 有箚子. 上大喜, 次日降出箚子, 御批: "恢復須是如此理會." 卽除侍講, 云: "且得直宿時與卿說話." 虞允文・趙雄之徒不喜, 遂沮抑之[65]. 【楊】[66]

103:52 南軒自魏公有事後, 在家凡出入人事之類, 必以兩轎同其弟出入. 【楊】[67]

103:53 議南軒祭禮, 曰: "欽夫信忒猛, 又學胡氏云云, 有一般沒人情底學問. 嘗謂欽夫曰: '改過不吝, 從善如流, 固好. 然於事上也略審覆行, 亦何害?'" 【南軒只以魏公繼室配, 又以時祭廢俗祭, 某屢言之. 伯羽】

103:54 因說南軒爲人作文序, 曰: "欽夫無文字不做序." 【淳】

103:55 南軒從善之亟. 先生嘗與閑坐立, 所見什物之類放得不是所在, 幷不齊整處, 先生謾言之, 雖夜後, 亦卽時今人移正之. 【楊】[68]

103:56 "春風駘蕩家家到, 天理流行事事淸." 此南軒題桃符云爾, 擇之譏[69]之. 【方】

103:57 欽夫言: "老子云: '不善人, 善人之資, 善人, 不善人之師.' 與孔子'見賢思齊, 見不賢內省'之意不同." 爲老子不合有資之之意, 不善也. 【方】

---

65) 之: 賀本에는 없다.
66) 【楊】: 『朱子語類』에서는 【揚】 으로 되어 있다.
67) 【楊】: 『朱子語類』에서는 【揚】 으로 되어 있다.
68) 【楊】: 『朱子語類』에서는 【揚】 으로 되어 있다.
69) 譏: 賀本에서는 議로 되어 있다.

『朱子語類』 卷第一百四

「朱子▲[1]」

「自論爲學工夫」

104:1 某少時[2]讀四書, 甚辛苦. 諸公今讀時, 又較易做工夫了. 【敬仲 ○以下讀書.】

104:2 後生家好着些工夫, 子細看文字. 某向來看『大學』, 猶病於未子細, 如今愈看, 方見得精切. 因說: "前輩諸先生長者說話, 於大體處固無可議, 若看其他細碎處, 大有工夫未到." 【木之】

104:3 某自丱[3]角讀『論』·『孟』, 自後欲一本文字高似『論』·『孟』者, 竟無之. 【友仁】

104:4 某十數歲時讀『孟子』言"聖人與我同類者", 喜不可言? 以爲聖人亦易做. 今方覺得難. 【楊】[4]

104:5 某舊時看文字, 一向看去, 一看數卷, 全不曾得子細, 於義理之文亦然, 極爲病. 今日看『中庸』, 只看一段子. 【楊】[5]

---

1) ▲: 一
2) 少時: 賀本에서는 自丱로 되어 있다.
3) 自卯: 成化本·賀本에서는 向丱로 되어 있다. 【附箋紙】 "卯", 印本作"丱", 原本亦誤.
4) 【楊】: 『朱子語類』에서는 【揚】으로 되어 있다.
5) 【楊】: 『朱子語類』에서는 【揚】으로 되어 있다.

104:6 讀書須純一. 如看一般未了, 又要般[6]涉, 都不濟事. 某向時讀書, 方其讀上句, 則不知有下句, 讀[7]上章, 則不知有下章. 讀『中庸』, 則祇讀『中庸』, 讀『論語』, 則祇讀『論語』. 一日祇看一二章, 將諸家說看合與不合. 凡讀盡[8]到冷淡無味處, 尤當著力推考.【道夫】

104:7 讀書須讀到不忍捨處, 方是見得眞味. 若讀之數過, 略曉其義卽厭之, 欲別求書看, 則是於此一卷書猶未得趨[9]也. 蓋人心之靈, 天理所在, 用之則愈明. 只提醒精神, 終日著意, 看得多少文字? 窮得多少義理? 徒爲懶倦, 則精神自是憒憒, 只恁昏塞不通, 可惜? 某舊日讀書, 方其讀『論語』時, 不知有『孟子』, 方讀「學而」第一, 不知有「爲政」第二. 今日看此一段, 明日且更看此一段, 看來看去, 直待無可看, 方換一段看. 如此看久, 自然洞貫, 方爲浹洽. 時下雖是鈍滯, 便一件了得一件, 將來卻有盡理會得時. 若撩東箚西, 徒然看多, 事事不了, 日暮途遠, 將來荒忙不濟事. 舊見李先生說: "理會文字, 須令一件融釋了後, 方更理會一件." "融釋"二字下得極好, 此亦伊川所謂"今日格一件, 明日又格一件, 格得多後, 自脫然有貫通處." 此亦是他眞曾經歷來, 便說得如此分明. 今若一件未能融釋, 而又欲理會一件, 則第二件又不了. 推之萬事, 萬事[10]不了, 何益?【大雅】

104:8 某是自十六七時下工夫讀書, 彼時四畔[11]皆無津涯, 只自恁地硬著力去做. 至今日雖不足道, 但當時也是喫了多少辛苦, 讀了書. 今人卒乍便要讀到某田地, 也是難. 要須積累著力, 方可. 某今老而將死, 所望者, 但願朋友勉力學問而已?【道夫】

---

6) 般: 賀本에서는 搬으로 되어 있다.

7) 讀: 徽州本에서는 이 앞에 方其가 더 들어 있다.

8) 盡: 『朱子語類』에서는 書로 되어 있다.【附箋紙】 "凡讀盡", 原本"盡"作"書".

9) 趨: 『朱子語類』에서는 趣로 되어 있다.【附箋紙】 "得趨"之"趨", 印本作"趣".

10) 萬事: 成化本・賀本에서는 事事로 되어 있다.【附箋紙】 "萬事萬事", 下"萬事", 印本・原本作"事事".

11) 畔: 賀本에서는 旁으로 되어 있다.

104:9 ▲[12]問「野有死麕」. 曰: "讀書之法, 須識得大義, 得他滋味. 沒要緊處, 縱理會得也無益. 大凡讀書, 多在諷誦中見義理. 況『詩』又全在諷誦之功, 所謂'淸廟之瑟, 一唱而三嘆[13]', 一人唱之, 三人和之, 方有意思. 又如今詩曲, 若只讀過, 也無意思, 須是歌[14]起來, 方見好處." 因說: "讀書須是有自得處. 到自得處, 說與人也不得. 某舊讀'仲氏任只, 其心塞淵, 終溫且惠, 淑愼其身, 先君之死[15], 以勗寡人'? '旣破我斧, 又闕我斨, 周公東征, 四國是皇. 哀我人斯, 亦孔之將'? 伊尹曰: '先王肇修人紀, 從諫弗咈, 先民時若, 居上克明, 爲下克忠, 與人不求備, 檢身若不及, 以至于[16]有萬邦. 玆惟艱哉?' 如此等處, 直爲之廢卷慨想而不能已? 覺得朋友間看文字, 難得這般意思. 某二十歲前後, 已看得書大意如此[17], ▲[18]但較精密. 日月易得, 匆匆過了五十來年?"【木之】

104:10 ▲[19]讀得經子諸書, 迤邐去看史傳, 無不貫通. 韓退之所謂'沈潛乎訓義, 反覆乎句讀', 須有沈潛反覆之功, 方得. 所謂'審問之', 須是表裏內外無一毫之不盡, 方謂之審. 恁地竭盡心力, 猶有見未到處, 卻不奈何. 如今人不曾竭盡心力, 只見得三兩分了, 便草草揭過, 少間只是鶻突無理會, 枉著日月, 依舊似不曾讀相似. 只如韓退之老蘇作文章, 本自沒要緊事. 然他大段用功, 少間方會漸漸埽去那許多鄙俗底言語, 換了箇心胸, 說這許多言語[20]▲[21]. 如今讀書, 須是加沈

12) ▲: 器之
13) 嘆: 賀本에서는 歎으로 되어 있다.
14) 歌: 徽州本에서는 이 뒤에 唱이 더 들어 있다.
15) 死: 『朱子語類』에서는 思로 되어 있다.【附箋紙】 "先君之死", 原本"死"作"思".
16) 于: 賀本에서는 於로 되어 있다.
17) 如此:【附箋紙】("大意如此"下), 有"如今"二(字).
18) ▲: 如今
19) ▲: 謂器之看詩, 病於草率. 器之云: "如今將先生數書循環看去." 曰: "都讀得了, 方可循環再看. 如今讀一件書, 須是眞箇理會得這一件了, 方可讀第二件, 讀這一段, 須是理會得這一段了, 方可讀第二段. 少間漸漸節次看去, 自解通透. 只五年間, 可以

潛之功, 將義理去澆灌胸腹, 漸漸盪滌去那許多淺近鄙陋之見, 方會見識高明." 因說: "讀詩, 惟是諷誦之功. 上蔡亦云: '詩, 須是嘔[22]吟諷誦以得之.' 某舊時讀詩, 也只先去看許多注解, 少間卻被惑亂. 後來讀至半了, 卻[23]只將『詩』來諷誦至四五十過, 已漸漸得『詩』之意, 卻去看注解, 便覺減了五分以上工夫, 更從而諷誦四五十過, 則胸中判然矣." 因說: "如今讀書, 多是不曾理會得一處通透了, 少間卻多牽引面前[24]疑難來說, 此最學者大病. 譬如一箇官司, 本自是鶻突了, 少間又取得許多鶻突底證見來證對, 卻成一場無理會去, 又有取後面未曾理會底來說. 卻似如今只來建陽縣, 猶自未見得分曉, 卻又將建寧府與南劍州事來說, 如何說得行? 少間弄來弄去, 只是胡說瞞人. 有人說話如此者, 某最怕之. 說甲未了, 又纏向乙上去, 說乙未了, 又纏向丙上去, 無一句著實. 正如斜風雨相似, 只管吹將去, 無一點著地. 敢[25]有終日與他說, 不曾判斷得一件分曉, 徒費氣力耳." 【木之】

104:11 先生因與朋友言及『易』, 曰: "『易』非學者之急務也. 某平生也費了些精神理會『易』與『詩』, 然其得力則未若『語』·『孟』之多也. 『易』與『詩』中所得, 似雞肋焉." 【壯祖】

104:12 問: "近着胡氏[26]『春秋』, 初無定例, 止說歸忠孝處, 便爲經義, 不知果得孔子意否?" 曰: "某▲[27]說, 『詩』·『書』是隔一重兩重說, 『易』·『春秋』是隔三重四重說. 『春秋』▲[28]例·『易』爻·象 雖是聖

20) 許多言語: 【附箋紙】 "許多言語", 原本"言語"下有"出來"二字.
21) ▲: 出來
22) 嘔: 『朱子語類』에서는 謳로 되어 있다.
23) 卻: 賀本에서는 都로 되어 있다.
24) 面前: 『朱子語類』에서는 前面으로 되어 있다.
25) 敢: 賀本에서는 故로 되어 있다.
26) 近着胡氏: 【附箋紙】 "近着胡氏", "着"字, 疑是"看"字之誤, 原本亦誤.
27) ▲: 嘗
28) ▲: 義

人立下, 今說者用之, 各信己見, 然於人倫大綱皆通, 但未知曾得聖人當初本意否. 且不如讓渠如此說, 且存取大意, 得三綱・五常不至廢墜足矣. 今欲直得聖人本意不差, 未須理會經, 先須於『論語』・『孟子』中專意看他, 切不可忙, 虛心觀之, 不須先自立見識, 徐徐以俟之, 莫立課程. 某二十年前得『上蔡語錄』觀之, 初用銀朱畫出合處, 及再觀, 則不同[29]矣, 乃用粉筆, 三觀, 則又用墨筆. 數過之後, 則全與元看時不同矣. 大抵老兄好去難處用工, 不肯向平易處用工, 故見如此難進, 今當於平易處用工."【大雅】

104:13 讀書貪多, 最是大病, 下梢都理會不得. 若到閑時無書讀時, 得一件書看, 更子細. 某向爲同安簿滿, 到泉州候批書, 在客邸借文字, 只借得一冊『孟子』, 將來子細讀, 方尋得本意見. 看他初間如此問, 又如此答, 待再問, 又恁地答. 其文雖若不同, 自有意脈, 都相貫通, 句句語意, 都有下落.【賀孫】

104:14 看文字, 都[30]是索居獨處好用功[31]夫, 方精專, 看得透徹, 未須便與朋友商量. 某往▲[32]在[33]同安▲[34]官滿, ▲[35]已遣行李, 無文字看, 於館▲[36]處[37]借得『孟子』一冊熟讀, 方曉得"養氣"一章語脈. 當時亦不暇寫出, 只逐段以紙簽簽之云, 此是如此說. 簽了, 便看得更分明. 後來其間雖有修改, 不過是轉換處, 大意不出當時所見. 如謾人底議論, 某少年亦會說, 只是終不安, 直到尋箇愨實處方已.【銖】

---

29) 同: 徽州本에서는 罔으로 되어 있다.
30) 都: 成化本・賀本에서는 卻으로 되어 있다.【附箋紙】"都是索居", 原本"都是"作"卻是".
31) 功: 賀本에서는 工으로 되어 있다.
32) ▲: 年
33) 往在:【附箋紙】"往在", 印本・原本作"往年".
34) ▲: 日, 因差出體究公事處, 夜寒不能寐, 因看得子夏論學一段分明. 後
35) ▲: 在郡中等批書,
36) ▲: 人
37) 在館處:【附箋紙】"在館處", 印本作"館人處".

104:15 某舊年思量義理未透, 直是不能睡. 初看子夏"先傳後倦"一章, 凡三四夜, 窮究到明, 徹夜聞杜鵑聲.【過】

104:16 問: "嘗聞先生爲學者言: '讀書, 須有箇悅處, 方進.' 先生又自言: '某雖如此, 屢覺有所[38]▲[39].'" 因稟曰: "此先生進德日新工夫. 不知學者如何到得悅處?" 曰: "亦只是時習. 時習故悅."【明德】[40]

104:17 某嘗說, 看文字須▲[41]似法家深刻, 方窮究得盡. 某直是下得工夫?【義剛】

104:18 某舊時讀書, 專要看[42]好處看, 到平平泛泛處, 多闊略, 後多記不得, 自覺也是一箇病. 今有一般人, 看文字卻只摸得些查[43]滓, 到有深意好處, 卻全不識?【此因有獻「易說」, 多失伊川精意而言. ○賀孫】

104:19 凡看文字, 諸家說異同處最可觀. 某舊日[44]看文字, 專看異同處. 如謝上蔡之說如彼, 楊龜山之說如此, 何者爲得? 何者爲失? 所以爲得者是如何? 所以爲失者是如何?【學蒙】

104:20 某尋常看文字都曾疑來. 如上蔡「觀復堂記」, 文定「答曾吉甫書」, 皆曾把做孔・孟言語一般看. 久之, 方見其未是. 每一次看透一件, 便覺意思長進. 不似他人只依俙[45]一見, 讀[46]其不似, 便不復

38) 有所:【附箋紙】"有所"下, 印本有"悅", 字, 原本作誤.
39) ▲: 悅
40)【明德】:『朱子語類』에서는【德明】으로 되어 있다.
41) ▲: 如
42) 看:『朱子語類』에서는 揀으로 되어 있다.【附箋紙】"要看"之"看", 印本作"揀", 原本亦誤.
43) 查: 英祖刊本・賀本에서는 渣로 되어 있다.
44) 某舊日:【附箋紙】"某舊日"之"某", 印本作"其", 印本疑誤.
45) 俙: 成化本・賀本에서는 稀로 되어 있다.
46) 讀:『朱子語類』에서는 謂로 되어 있다.【附箋紙】"讀其不似", 原本"讀"作"謂."

看, 不特不見其長處, 亦不見其短處.【螢】

104:21 某尋常見是人文字, 未嘗敢輕見[47], 亦恐有好處, 鞭著工夫看他.【螢】

104:22 某所以讀書自覺得力者, 只是不先立論[48].【方子】

104:23 某自十五六時至二十歲, 史書都不要看, 但覺得閑是閑非沒要緊, 不難理會. 大率才看得此等文字有味, 畢竟麤[49]心了. 呂伯恭教人看『左傳』, 不知何謂.【履孫】

104:24 "學者難得, 都不肯自去著力讀書. 某登科後要讀書, 被人橫截直截, 某只是不管, 一面自讀." 顧文蔚曰: "且如公有誰鞭辟? 畢竟是自要讀書."【文蔚】

104:25 看道理, 若只恁地說過一遍便了, 則都不濟事. 須是常常把來思量, 始得. 看過了後, 無時無候, 又把起來思量一遍. 十分思量不透, 又且放下, 待意思好時, 又把起來看. 恁地, 將久自然解透徹. 延平先生嘗言: "道理須是日中理會, 夜裏卻去靜處坐地思量, 方始有得." 某依此說去做, 眞箇是不同.【義剛 ○以下窮理】

104:26 ▲[50]問: "先生謂: '講論固不可無, 須是自去體認.' 如何是體認?" 曰: "體認是把那聽得底自去心裏重複思量過. 伊川曰: '時復思繹, 浹洽於中, 則說矣.' 某向來從師, 一日間所聞說話, 夜間如溫書一

47) 見: 『朱子語類』에서는 易으로 되어 있다.【附箋紙】 "輕見"之"見", 印本作"易", 原本亦誤.

48) 論: 徽州本에서는 이 뒤에 "且尋句內意隨文解義"가 더 들어 있다.

49) 麤: 成化本·賀本에서는 粗로 되어 있다.

50) ▲: 或

般, 字字子細思量過. 才有疑, 明日又問."【廣】

104:27 問[51]"必有事焉, 而勿正, 心勿忘, 勿助長." 曰: "此亦只是爲公孫丑不識'浩然之氣', 故教之養氣工夫緩急云, 不必太急, 不要忘了, 亦非教人於無著摸處用工也. 某舊日理會道理, 亦有此病. 後來李先生說, 令去聖經中求義. 某後刻意經學, 推見實理, 始信前日諸人之誤也."【大雅】

104:28 ▲[52]問: "嘗讀『孟子』'求放心'章, 今每覺心中有三病: 寵統不專一, 看義理每覺有一重似簾幙遮蔽, 又多有苦心不舒快之意." 曰: "若論求此心放失, 有千般萬樣病, 何止於三? 然亦別無道理醫治, 只在專一. 果能專一, 則靜, 靜則明, 明則自無遮蔽, ▲[53] 須自[54]有舒泰寬展處. 這也未曾如此, 且收斂此心專一, 漸漸自會熟, 熟了自有此意. 看來百事只在熟. 且如百工技藝, 也只要熟, 熟則精, 精則巧." 器之又問: "先生往時初學, 亦覺心有不專一否?" 曰: "某初爲學, 全無見成規模, 這邊也去理會尋討, 那邊也去理會尋討. 向時諸前輩每人各是一般說話. 後來見李先生, 李先生較說得有下落, 說得較縝密. 若看如今, 自是有見成下工夫處. 看來須是先理會箇安著處, 譬如人治生, 也須先理會箇屋子, 安著身己, 方始如何經營, 如何積累, 漸漸須做成家計. 若先未有安著身己處, 雖然經營, 畢竟不濟事. 爲學者不先存此心, 雖說要去理會, 東東西西, 都自無安著處. 孟子所以云收放心, 亦不是說只收放心便了. 收放心, 且收斂得箇根基, 方可以做工夫. 若但知收放心, 不做工夫, 則如近日江西所說, 則是守箇死物事. 故『大學』之書, 須教人格物·致知以至於誠意·正心·修身·齊家·治國·平天下, 節節有工夫[55]."【賀孫】

---

51) 問: 徽州本에서는 이 뒤에 孟子가 더 들어 있다.

52) ▲: 器之

53) ▲: 旣無遮蔽,

54) 須自:【附箋紙】"須自"上, 印本有"旣無遮蔽"四字.

104:29 某所得處甚約, 只是一兩切要句上. 卻日夜就此一兩句上用意玩味, 胸中自是灑落. 又云: "放心不必是走在別處去, 但一箚眼間便不見. 才覺得, 又便在面前, 不是難收拾. 自去提撕, 便見得是如此."【格】56)

104:30 近日已覺向來說話太支離處, 反身以求, 正坐自己用功亦未切耳. 因此減去文字功夫, 覺得閑中氣象甚適. 每勸學者, 亦且看『孟子』"道性善"·"求放心"兩章, 著實體察收拾爲要. 其餘文字, 且大概諷誦涵詠, 未須大段著力考索也.

104:31 舊在湖南理會「乾」·「坤」, 「乾」是先知, 「坤」是踐履, 上是"知至", 下是"終之", 卻不思今只理會箇知, 未審到何年月方理會"終之"也. 是時覺得無安居處, 常恁地忙. 又理會動靜, 以爲理是靜, 吾身上出來便是動, 卻不知未發念慮時靜, 應物時動, 靜而理感亦有動, 動時理安亦有靜. 初尋得箇動靜意思, 其樂甚乖, 然卻一日舊似一日. 當時看明道「答橫渠書」, 自不入也.【方】

104:32 舊來失了此物多時, 今收來嘗57)未便入腔窠, 但當盡此生之力而後已.【自謂云爾. ○方】

104:33 今日學者不長進, 只是"心不在焉." 嘗記少年時在同安, 夜聞鍾鼓聲, 聽其一聲未絶, 而此心已自走作, 因此警懼, 乃知爲學須是專心致知58). 又言: "人有一正念, 自是分曉. 又從旁別生一小念, 漸漸放

55) 節節有工夫: 徽州本에서는 이 뒤에 器之看文字見得快, 叔蒙亦看得好, 與前不同.이 더 들어 있다.

56)【格】:『朱子語類』에서는【恪】으로 되어 있다.

57) 嘗:『朱子語類』에서는 尙으로 되어 있다.

58) 知:『朱子語類』에서는 志로 되어 있다.【附箋紙】"專心致知", 原本"致知"作"致志".

闊去, 不可不察." 【德明】

104:34 這道理, 須是見得是如此了, 驗之於物, 又如此, 驗之吾身, 又如此, 以至見天下道理皆端酌[59]如此了, 方得. 如某所見所言, 又非自會說出來, 亦是當初於聖賢與二程所說推之, 而又驗之於己, 見得眞實如此. 【道夫】

104:35 劉晏見錢流地上, 想是他計較得熟了, 如此. 某而今看聖人說話, 見聖人之心成片[60]價從面前過. 【胡泳】

104:36 某尋常莫說前輩, 只是長上及朋友稍稍說道理底, 某便不敢說他說得不是, 且將他說去研究. 及自家曉得, 卻見得他底不是. 某尋常最居人後. 又曰: "尋常▲[61]最得此力[62]." 【節】

104:37 初師屛山籍溪. 籍溪學於文定, 又好佛・老, 以文定之學爲論治道則可, 而道未至. 然於佛・老亦未有見. 屛山少年能爲擧業, 官莆田, 接塔下一僧, 能入定數日. 後乃見了老, 歸家讀[63]儒書, 以爲與佛合, 故作『聖傳論』. 其後屛山先亡, 籍溪在. 某自見於此道未有所得, 乃見延平. 【可學[64] ○論傳授.】

104:38 或說: "象山說, '克己復禮', 不但只是欲克去那利欲忿懥之

59) 酌: 英祖刊本・成化本・賀本에서는 的으로 되어 있다. 【附箋紙】 "端酌", 疑"端的", 印本・原本並作"酌", 似誤矣.

60) 片: 英祖刊本에서는 牛로 되어 있다. 【附箋紙】 "片價", 印本作"牛", 原本作"片", 未知如何.

61) ▲: 某

62) 尋常最得此力: 【附箋紙】 "尋常最得此力", 原本"最"字上有"某"字.

63) 讀: 徽州本에서는 이 뒤에 誦이 더 들어 있다.

64) 可學: 徽州本에서는 이 앞에 辛亥四月初四日臨漳設廳, 夜侍坐, 因問傳授之由, 親見說. 是時祭風師散齋. 清源 陳易 厚之・南康 周謨 舜弼・九江 蔡念誠 元思共聞之.가 더 들어 있다.

私, 只是有一念要做聖賢, 便不可." 曰: "此等議論, 恰如小兒則劇一般, 只管要高去, 聖門何嘗有這般說話? 人要去學聖賢, 此是好底念慮, 有何不可? 若以爲不得, 則堯・舜之'兢兢業業', 周公之'思兼三王', 孔子之'好古敏求', 顏子之'有爲若是', 孟子之'願學孔子'之念, 皆當克去矣? 看他意思只是禪. 誌公云: '不起纖毫修學心, 無相光中常自在.' 他只是要如此, 然豈有此理? 只如孔子答顏子: '克己復禮爲仁.' 據他說時, 只這一句已多了, 又況有下頭一落索? 只是顏子才問仁, 便與打出方是? 及至恁地說他, 他又卻諱. 某常謂, 人要學禪時, 不如分明去學他禪和一棒一唱[65]便了. 今乃以聖賢之言夾雜了說, 都不成箇物事. 道是龍, 又無角, 道是蛇, 又有足. 子靜舊年也不如此, 後來弄得直恁地差異? 如今都教壞了後生[66], 箇箇不肯去讀書, 一味顛蹶沒理會處, 可惜? 可惜? 正如荀子不睹是, 逞快胡罵亂罵, 教得箇李斯出來, 遂至焚書坑儒? 若使荀卿不死, 見斯所爲如此, 必須自悔. 使子靜今猶在, 見後生輩如此顛蹶, 亦須自悔其前日之非." 又曰: "子靜說話, 常是兩頭明, 中間暗." 或問: "暗是如何?" 曰: "是他那不說破處. 他所以不說破, 便是禪. 所謂'鴛鴦繡出從君看, 莫把金針度與人', 他禪家自愛如此. 某年十五六時, 亦嘗留心於此. 一日在病翁[67]所會一僧, 與之語. 其僧只相應知[68]了說, 也不說是不是, 卻與劉說, 某也理會得箇昭昭靈靈底禪. 劉後說與某, 某遂疑此僧更有要妙處在, 遂去扣問他, 見他說得也煞好. 及去赴試時, 便用他意思去胡說. 是時文字不似而今細密, 由人麤[69]說, 試官爲某說動了, 遂得擧.【時年十九.】 後赴同安任, 時年二十四五矣, 始見李先生. 與他說, 李先生只說不是. 某卻倒疑李先生理會此未得, 再三質問. 李先生爲人簡重, 卻是不甚會說, 只教看聖賢言語. 某遂將那禪來權倚閣[70]起. 意中道, 禪亦自在, 且將聖人書

---

65) 唱: 賀本에서는 喝로 되어 있다.
66) 都教壞了後生:【附箋紙】"都教壞了後生", "壞", 疑"壞"字之誤, 原本亦誤.
67) 病翁: 徽州本에서는 이 앞에 劉가 더 들어 있다.
68) 知:『朱子語類』에서는 和로 되어 있다.【附箋紙】"相應知了", 原本"知"作"和".
69) 麤: 成化本・賀本에서는 粗로 되어 있다.

來讀. 書[71]來讀去, 一日復一日, 覺得聖賢言語漸漸有味. 卻回頭看釋氏之說, 漸漸破綻, 罅漏百出?"【廣】

104:39 問擇之云: "先生作「延平[72]行狀」, 言'點[73]坐澄心, 觀四者未發已前氣象', 此語如何?" 曰: "先生亦自說有病." 後復以問. ▲[74]云: "學者不須如此. 某少時未有知, 亦曾學禪, 只李先生極言其不是. 後來考究[75], 卻是這邊味長. 才這邊長得一寸, 那邊便縮了一寸, 到今銷鑠無餘矣. 畢竟佛學無是處."【德明[76]】

○[77] "某時爲學, 雖略理會得, 有不理會得處, 便也恁地過了. 及見李先生後, 方知得是恁地下工夫." 又曰: "某今見得這物事了, 覺得見好則劇相似. 舊時未理會得, 是下了多少工夫? 而今學者卻恁地泛泛然, 都沒緊要, 不把當事, 只是謾學. 理會得時也好, 理會不得時也不妨, 恁地如何得? 須是如射箭相似, 把著弓, 須是射得中, 方得."

104:40 某舊時亦要無所不學, 禪・道・文章・『楚詞』[78]・詩・兵法, 事事要學, 出入時無數文字, 事事有兩冊. 一日忽思之曰: "且慢, 我只一箇渾身, 如何兼得許多?" 自此逐時去了[79]. 大凡人知箇用心處, 自無緣及得外事.【楊】[80]

---

70) 閭: 『朱子語類』에서는 閣으로 되어 있다.【附箋紙】 "倚閭", 印本作"倚閣."

71) 書: 英祖刊本・成化本・賀本에서는 讀으로 되어 있다.【附箋紙】 "書來讀去", "書"字, 印本作"讀".

72) 延平: 徽州本에서는 이 뒤에 李先生이 더 들어 있다.

73) 點: 『朱子語類』에서는 黙으로 되어 있다.【附箋紙】 "點坐澄心", 原本"點"作"黙".

74) ▲: 先生

75) 究: 徽州本에서는 이 뒤에 竟이 더 들어 있다.

76) 德明: 徽州本에서는 이 앞에 某辛亥年夏時, 先生自漳州歸, 到惠安 泗州, 夜侍坐, 論儒釋, 其答亦如此.의 註가 더 들어 있다.

77) ○: 『朱子語類』의 98:37의 일부이다.

78) 詞: 賀本에서는 辭로 되어 있다.

79) 了: 成化本・萬曆本에서는 子로 되어 있다.

104:41 某自十四五歲時, 便覺得這物事是好這[81]物事, 心便愛了[82]. 某不敢自昧, 實以銖累寸積而得之.【方子】[83]

104:42 與范直閣說"忠恕", 是三十歲時書, 大概也是. 然說得不似, 而今看得又較別.【淳】

104:43 三十年前長進, 三十年後長進得不多.【僩】

104:44 某今且勸諸公屛去外務, 趲工夫專一去看這▲[84]理[85]. 某年二十餘已做這工夫, 將謂下梢理會得多少道理. 今忽然有許多年紀, 不知老之至此, 也只理會得這些子. 歲月已[86]得蹉跎, 可畏如此?【賀孫】

104:45 因言讀書用功之難. "諸公覺得大故淺近, 不曾著心. 某舊時用心甚苦. 思量這道理, 如過危木橋子, 相去只在毫髮之間, 才失脚, 便跌落下去? 用心極苦. 五十歲已後, 覺得心力短, 看見道理只爭絲髮之間, 只是心力把不上. 所以『大學』·『中庸』·『語』·『孟』諸文字, 皆是五十歲已前做了. 五十已後, 長進得甚不多. 而今人看文字, 全然心麤[87]. 未論說道理, 只是前輩一樣文士, 亦是用幾多工夫, 方做得成, 他工夫更[88]▲[89]. 若以他這心力移在道理上, 那裏得來? 如韓文公「答李翊」一書, 與老蘇「上歐陽公書」, 他直如此用工夫? 未有苟然而

80) 【楊】:『朱子語類』에서는【揚】으로 되어 있다.
81) 這:『朱子語類』에서는 底로 되어 있다.【附箋紙】"好這物事", 原本"這"作"底."
82) 了: 孝宗刊本·成化本에서는 이 뒤에서 별도의 항목으로 나뉜다.
83) 【方子】: 徽州本에서는【公謹】으로 되어 있다.
84) ▲: 道
85) 這理:【附箋紙】"這理", 印本"理"字上有"道"字, 原本亦誤.
86) 已:『朱子語類』에서는 易으로 되어 있다.
87) 麤: 成化本·賀本에서는 粗로 되어 있다.
88) 他工夫更:【附箋紙】"他工夫更", 原本"更"下有"多"字.
89) ▲: 多

成者. 歐陽公則就作文上改換, 只管揩磨, 逐旋捱將去, 久之, 漸漸揩磨得光. 老蘇則直是心中都透熟了, 方出之於書. 看他門[90]用工夫更難, 可惜? 若移之於此, 大段可畏. 看來前 輩以至敏之才而做至鈍底工夫, 今人以至鈍之才而欲爲至敏之[91]工夫, 涉獵看過, 所以不及古人也. 故孔子曰: '參也魯.' 須是如此做工夫始得."【僩】

104:46 讀[92]書須是虛心, 方得. 他聖人說一字是一字, 自家只平著心去秤停他, 都不使得一毫杜撰, 只順他去. 某向時也杜撰說得, 終不濟事. 如今方見得分明, 方見得聖人一言一字不吾欺. 只今六十一歲, 方理會得恁地. 若或去年死, 也則枉了. 自今夏來, 覺▲[93]得[94]纔是聖人說話, 也不少一箇字, 也不多一箇字, 恰恰地好, 都不用一一[95]些穿鑿. 莊子云: "吾與之虛而委蛇." 旣虛了, 又要隨他曲折恁地去. 今且與公說箇樣子, 久之自見. 今人大抵偪塞滿胸, 有許多伎倆, 如何便得他虛? 亦大是難. 分明道"知至而後意誠", 蓋知未至, 雖見人說, 終是信不過. 今說格物, 且只得一件・兩件格將去, 及久多後, ▲[96]然貫通信得[97].【道夫】

104:47 某覺得今年方無疑.【伯羽】

104:48 理會得時, 今老而死矣, 能受用得幾年? 然十數年前理會不得, 死又卻可惜?【士毅. ○丙辰冬.】

90) 門: 英祖刊本・賀本에서는 們으로 되어 있다.
91) 之: 賀本에서는 底로 되어 있다.
92) 讀: 徽州本에서는 이 앞에 大抵가 더 들어 있다.
93) ▲: 見
94) 今夏來, 覺▲得:【附箋紙】"今夏來覺得", 原本"得"上有"見"字.
95) 一:『朱子語類』에는 없다.
96) ▲: 自
97) 然貫通信得:【附箋紙】"然貫通信得", 原本"然"上有"自"字.

104:49 先生多有不可爲之歎. 漢卿曰: "前年侍坐, 聞先生云: '天下無不可爲之事, 兵隨將轉, ▲[98]逐符行[99].' 今乃謂不可爲." 曰: "便是這符不在自家手裡." 或謂漢卿多禪語. 賀孫因云: "前承▲[100]卿教訓[101], 似主靜坐澄淸之語. 漢卿云, 味道煞篤實云云[102]." 先生曰: "靜坐自是好. 近得子約書云: '須是識得喜怒哀樂未發之本體.' 此語儘好." 漢卿又問: "前年侍坐, 所聞似與今別. 前年云: '近[103]方看得這道理透. 苦[104]以前死, 卻亦是枉死了?' 今先生忽發歎, 以爲只如此不覺老了. 還當以前是就道理說, 今就勳業上說?" 先生曰: "不如此. 自是覺得無甚長進, 於上面猶覺得隔一膜."【又云: "於上面但覺透得一半."[105] ○賀孫[106]】

104:50 某當初講學, 也豈意到這裏? 幸而天假之年, 許多道理在這裏, 今年頗覺勝似去年, 去年勝似前年.【夔孫】

104:51 某老矣, 無氣力得說.【時先生病, 當夜說話, 氣力比常時甚微.】看也看不得了, 行也行不盡了, 說也說不辨了. 諸公勉之?【僩】

104:52 敬子擧先生所謂"傳命之脈", 及佛氏"傳心""傳髓"之說. 曰: "便是要自家意思與他爲一. 若心不在上面, 書自是書, 人自是人, 如

---

98) ▲: 將
99) 逐符行:【附箋紙】"逐符行", 原本"逐"字上有"將"字.
100) ▲: 漢
101) 前承卿教訓:【附箋紙】"前承卿教訓", "卿"上有"漢"字.
102) 云云: 徽州本에서는 但言只於日間體察. 曾說擔脚攫人, 物色人來告, 特擔脚行過, 又不能與究治, 取還之. 此心終不自安. 某遂告以因何放他過去? 若是養得心體虛明, 自無放過處.로 되어 있다.
103) 近: 成化本에서는 道로 되어 있다.
104) 苦:『朱子語類』에서는 若으로 되어 있다.【附箋紙】"苦以", 印本作"若以", 原本亦誤.
105) 又云: "於上面但覺透得一半.": 賀本에서는 본문으로 되어 있다.
106) 賀孫: 徽州本에서는 廣으로 되어 있다.

何看得出? 孔子曰: '吾十有五, 而志于學.' 只十五歲時, 便斷斷然以聖人爲志矣."【二程自十五六時, 便脫然欲學聖人. ○僩】

104:53 周 敬王四十一年壬戌, 孔子卒, 至宋 慶元三年丁巳, 一千六百七十六年.【先生是年正旦, 書於藏書閣下東楹. ○人傑107)】

104:54 人之血氣, 固有强弱, 然志氣則無時而衰. 苟常持得這志, 縱血氣衰極, 也不由他. 如某而今如此老病衰極, 非不知每日且放晚起以養病, 但自是心裏不穩, 只交到五更初, 便自睡不著了. 雖欲勉强睡, 然此心已自是箇起來底人, 不肯就枕了. 以此知, 人若能持得這箇志氣定, 不會被血氣奪. 凡爲血氣所移者, 皆是自棄自暴之人耳.【僩 ○以下「雜記」】

104:55 先生患氣痛·脚弱·泄瀉. 或勸晚起. 曰: "某自是不能晚起, 雖甚病, 纔見光, 亦便要起, 尋思文字. 纔稍晚, 便覺似宴安鴆毒, 便似箇懶隨108)底人, 心裏便不安. 須是早起了, 卻覺得心下鬆爽."【僩】

104:56 某氣質有病, 多在忿懥.【閎祖】

104:57 因語某人好作文, 曰: "平生最不喜作文, 不得已爲人所託, 乃爲之. 自有一等人樂於作詩, 不知移以講學, 多少有益?" 符舜功曰: "趙昌父前日在此, 好作詩. 與之語道理, 如水投石?"【可學】

104:58 戊辰年省試出"剛中而應." 或云: "此句凡七出." 某將『彖辭』暗地黙數, 只有五箇. 其人堅執. 某又再誦再數, 只與說: "記不得, 只記得五出, 且隨某所記行文." 已而出院檢本, 果五出耳. 又云: "只記

---

107) 人傑: 徽州本에서는 이 뒤에 按輔 廣錄同.이 더 들어 있다.
108) 隨: 英祖刊本·賀本에서는 惰로 되어 있고, 孝宗刊本·成化本에서는 墮로 되어 있다.【附箋紙】"懶隨"之"隨", 印本作"墮", "惰"字疑是.

得「大象」, 便畫得卦."【銖】

104:59 先生每得未見書, 必窮日夜讀之. 嘗云: "向時得『徽宗實錄』, 連夜看, 看得眼睛都疼." 一日, 得『韓南澗集』, 一夜與文蔚同看, 倦時令文蔚讀聽, 至五更盡卷. 曰: "一生做詩, 只有許多?"【文蔚】

『朱子語類』 卷第一百五

「朱子二」

「論自注書」

「總論」

105:1 傅至叔言: "伊·洛諸公文字, 說得不恁分曉, 至先生而後大明." 先生曰: "他一時間都是英才, 故撥著便轉, 便只須恁地說. 然某於文字, 都[1]只是依本分解注. 大抵前聖說話, 雖後面便生一箇聖人, 有未必盡曉他說者. 蓋他那前聖, 是一時間或因事而言, 或主一見而立此說. 後來人卻未見他當時之事, 故不解得一一與之合. 且如伊川解經, 是據他一時所見道理恁地說, 未必便是聖經本旨. 要之, 他那箇說, 卻亦是好說. 且如『易』之'元亨利貞', 本來只是大亨而利於貞[2]. 雖有亨, 若不貞[3], 則那亨亦使不得了. 當時文王之意, 祗是爲卜筮設, 故祗有'元亨', 更無有不元亨, 祗有'利貞', 更無不利貞. 後來夫子於「彖」旣以'元亨利貞'爲四德, 又於「文言」復以爲言, 故後人祗以爲四德, 更不做'元[4]亨利貞'說了. 『易』只是爲卜筮而作, 故『周禮』分明言太卜掌三易: 『連山』·『歸藏』·『周易』. 古人於卜筮之官立之, 凡數人. 秦去古未遠, 故『周易』亦以卜筮得不焚. 今人纔說『易』是卜筮之

---

1) 都: 『朱子語類』에서는 卻으로 되어 있다.【附箋紙】 "都只是", 原本"都"作"卻."
2) 貞: 成化本·賀本에서는 正으로 되어 있다.
3) 貞: 成化本·賀本에서는 正으로 되어 있다.
4) 元: 成化本·賀本에서는 大로 되어 있다.

書, 便以爲辱累了『易』, 見夫子說許多道理, 便以爲『易』只是說道理. 殊不知其言'吉凶悔吝'皆有理, 而其敎人之意無不在也. 夫子見文王所謂'元亨利貞'者, 把來作四箇說, 道理亦自好, 故恁地說, 但文王當時未有此意. 今若以'元者善之長, 亨者嘉之會, 利者義之和, 貞者事之幹', 與來卜筮者言, 豈不大糊塗了他? 要之, 文王者自不妨孔子之說, 孔子者自不害文王之說. 然孔子卻不是曉文王意不得, 但他又自要說一樣道理也." 【道夫】

105:2 某釋經, 每下一字, 直是稱等輕重, 方敢寫出? 【方子】

105:3 某解書, 如訓詁一二字等處, 多有不必解處, 只是解書之法如此, 亦要敎人知得, 看文字不可忽略. 【賀孫】

105:4 某所改經文字者, 必有意, 不是輕改, 當觀所以改之之意. 【節】

105:5 每常解文字, 諸先生有多少好說話, 有時不敢載者, 蓋他本文未有這般意思在. 【道夫】

105:6 問: "先生解經, 有異於程子說者, 如何?" 曰: "程子說, 或一句自有兩三說, 其間必有一說是, 兩說不是. 理一而已, 安有兩三說皆是之理? 蓋其說或後嘗改之, 今所以與之異者, 安知不曾經他改來? 蓋一章而衆說叢然, 若不平心明目, 自有主張斷入一說, 則必無衆說皆是之理." 【大雅】

105:7 方伯謨勸先生少著書. 曰: "在世間喫了飯後, 全不做得些子事, 無道理." 伯謨曰: "但發大綱." 曰: "那箇毫釐不到, 便有差錯, 如何可但發大綱?"

「小學之書」

105:8 問: "▲[5] '德崇業廣.'" 曰: "德是得之於心, 業是見之於事." 【燾】

105:9 問▲[6]"舞「勺」舞「象」." 曰: "「勺」是周公樂, 「象」是武王樂." 曰: "注: '勺, 籥也.' 是如何?" 曰: "而今也都見不得." 【淳】

105:10 問: "'衣不帛襦袴', 恐太溫, 傷陰氣也." 曰: "是如此. 今醫家亦說小兒子不要大煖. 「內則」亦是▲[7]不要著好物事[8]." 【璘】

105:11 ▲[9]

105:12 "方物出謀・發慮." 方, 猶對也. 只是比並那物, 如窮理一般▲[10]. 【淳】

105:13 ▲[11]問"五御"中"逐水曲"及"過君表"等處. 先生旣答, 曰: "而今便治『禮記』者, 他也不看. 蓋是他將這箇不干我事, 無用處, 便且鹵莽讀過了." 和之云: "後當如先生所教, 且將那頭放輕." 曰: "便放輕, 也不得. 須是見得這頭有滋味時, 那頭自輕." 【時舉】

---

5) ▲: 「小學」云:
6) ▲: 「小學」
7) ▲: 小兒
8) 不要著好物事: 【附箋紙】 "不要着好物事", 原本"不要"上有"小兒"二字.
9) ▲: 問: "『小學』舉『內則篇』'四十始仕, 方物出謀・發慮.' 先生注云: '方物出謀, 則謀不過物, 方物發慮, 則慮不過物.' 請問'不過物'之義?" 曰: "方物謀慮, 大概只是隨事謀慮." 【植】
10) ▲: 也
11) ▲: "和之所問『小學』'方物'之義, 乃是第二條. 莫只且看到此, 某意要識得下面許多事." 和之因

105:14 問: "▲[12]'八刑▲[13]', 卻無不友之刑, 惟[14]有不弟之刑. 又注云: '不敬師長.' 如何?" 曰: "也不須恁地看. 且看古之聖人教人之法如何, 而今全無這箇. 具[15]天降下民, 作之君, 作之師', 作之君, 便是作之師."【倪】

105:15 ▲[16]問: "恪非所以事親, 只是有嚴意否?" 曰: "太莊・太嚴厲了."【寓】

105:16 問: "▲[17]「明倫」一篇, ▲[18]盡是節文事親之實." 曰: "其中極有難行處." 曰: "愛敬與倪爲一, 自無難行." 曰: "此便是愛敬尺度. 須是把他去量度, 方見得愛敬."【倪】

105:17 ▲[19]問▲[20]君・師・父三節. 曰: "劉表遣韓嵩至京師. 嵩曰: '嵩至京師, 天子假嵩一職, 則成天子之臣, 將軍之故吏耳. 在君爲君, 不復爲將軍死也.' 便是此意."【卓】

105:18 問▲[21] 林學『小學』"父慈而教, 子孝而箴." 先生曰: "人旣自有這良能・良知了, 聖賢又恁地說, 直要人尋教親切. '父慈而教, 子孝而箴', 看我是能恁地不恁地?『小學』所說, 教人逐一去上面尋許多

---

12) ▲:『小學』「立教」篇,「大司徒」六行: 孝・友・睦・姻・任・恤. 後面
13) ▲: 糾萬民
14) 惟: 成化本・賀本에서는 雖로 되어 있다.
15) 具: 英祖刊本・成化本・賀本에서는 且로 되어 있다.
16) ▲: 楊尹叔問: "'嚴威儼恪, 非所以事親也', 注'恪'爲'恭敬', 如何?" 曰: "恭敬較寬, 便都包許多, 解'恪'字亦未盡. 恪, 是恭敬中朴實緊切處, 今且恁地解. 若就恭敬說, 則恭敬又別. 恭主容, 敬主事, 如'居處恭, 執事敬'之類." 安卿
17) ▲:『小學』
18) ▲: 見得
19) ▲: 葉兄
20) ▲:『小學』
21) ▲: 林兄: "看『小學』如何?"

道理. 到著『大學』, 亦只是這道理. 又敎人看得親[22]切實如此, 不是胡亂恁地說去."【子蒙】

105:19 問: "'疑事毋質', ▲[23]『小學』注云'毋得成言之', 何也?" 曰: "'質, 成也', '成言之', 皆古注文. 謂彼此俱疑, 不要將己意斷了." 問: "'直▲[24]勿有', 亦只是上意否?" 曰: "是從上文來, 都是敎人謙退遜讓."【賀孫】

105:20 問: "▲[25]明倫」篇, 何以無朋友一條?" 曰: "當時是衆編類來, 偶無此爾."【淳】

105:21 ▲[26]問: "「曲禮」'外言不入於閫, 內言不出於閫'一段甚切, 何故不編入『小學』?" 曰: "此樣處, 漏落也多." 又曰: "『小學』多說那恭敬處, 少說那防禁處."【義剛】

「近思錄」

105:22 修身大法, 『小學』備矣, 義理精微, 『近思錄』詳之.【閎祖】

105:23 『近思錄』好看. 四子, 六經之階梯, 『近思錄』, 四子之階梯.【淳】

105:24 ▲[27] 一道體, 二爲學大要, 三格物窮理, 四存養, 五改過遷

---

22) 親: 賀本에서는 就로 되어 있다.
23) ▲: 經文只說'疑事', 而
24) ▲: 而
25) ▲: 『小學』「實
26) ▲: 安卿
27) ▲: 『近思錄』逐篇綱目:

善, 克己復禮, 六齊家之道, 七出處・進退・辭受之義, 八治國・平天下之道, 九制度, 十君子處事之方, 十一教學之道, 十二改過及人心疵病, 十三異端之學, 十四聖賢氣象.【振】

105:25『近思錄』大率所錄雜, 逐卷不可以一事名. 如第十卷, 亦不可▲[28]事君目之, 以其有"人敎小童"在一段.【揚】

105:26『近思錄』一書, 無不切人身・救人病者.【壽昌】

105:27 ▲[29] "聖賢說得語言平, 如『中庸』・『大學』・『論語』・『孟子』, 皆平易. 『近思錄』是近來人說話, 便較切."【賀孫○卓[30]同.】

105:28 ▲[31] "且熟看『大學』了, 卽讀『語』・『孟』. 『近思錄』又難看."【賀孫】

105:29 ▲[32]首卷難看. 某所以與伯恭商量, 敎他做數語以載於後, 正謂此也. 若只讀此, 則道理孤單, 如頓兵堅城之下, 卻不如『語』・『孟』只是平鋪說去, 可以游心.【道夫】

105:30 ▲[33] 若於第一卷未曉得, 且從第二卷[34]・▲[35]三卷[36]看起. 久久後看第一卷, 則漸曉得.【過】

---

28) ▲: 以
29) ▲: 鄭言: "『近思錄』中語, 甚有切身處." 曰:
30) 卓: 徽州本에서는 이 뒤에 錄이 더 들어 있다.
31) ▲: 或問『近思錄』. 曰:
32) ▲: 『近思錄』
33) ▲: 看『近思錄』,
34) 卷: 成化本・賀本에는 없다.
35) ▲: 第
36) 三卷:【附箋紙】"三卷"上, 印本・原本有"第"字.

105:31 ▲[37] "今猝乍看這文字, 也是難. 有時前面恁地說, 後面又不是恁地, 這裏說得如此, 那裏又卻不如此. 子細看來看去, 又[38]自中間有箇路陌. 推尋通得四五十條後, 又卻只是一箇道理. 伊川云: '窮理豈是一日窮得盡? 窮得多後, 道理自通徹.'" 【驤】[39]

105:32 因論『近思錄』, 曰: "不當編『易傳』所載." 問: "如何?" 曰: "公須自見." 意謂『易傳』已自成書. 【文蔚】

105:33 因說『近思續錄』, 曰: "如今書已儘多了. 更有, 卻看不辦." 【螢】

「論語或問」

105:34 ▲[40]問『論語或問』. 曰: "是▲[41]十年前[42]文字, 與今說不類. 當時欲修, 後來精力衰, 那箇工夫大, 後掉了." 【節】

105:35 ▲[43]『論語或問』不須看. 請問, 曰: "支離." 【泳】

「孟子要指」

105:36 先生因編『孟子要指』云: "『孟子』若讀得無統, 也是費力. 某從十七八歲讀至二十歲, 只逐句去理會, 更不通透. 二十歲已後, 方知

37) ▲: 問蜚卿: "『近思錄』看得如何?" 曰: "所疑甚多." 曰:
38) 又: 『朱子語類』에서는 卻으로 되어 있다. 【附箋紙】 "又自中間", 原本"又"字作"卻".
39) 【驤】: 徽州本에서는 【道夫】로 되어 있다.
40) ▲: 張仁叟
41) ▲: 五
42) 年前: 【附箋紙】 "年前"上印本有"五"字, 原本亦誤.
43) ▲: 先生說

不可恁地讀. 元來許多長段, 都自首尾相照管, 脈絡相貫串, 只恁地熟讀, 自見得意思. 從此看『孟子』, 覺得意思極通快, 亦因悟作文之法. 如孟子當時固不是要作文, 只言語說出來首尾相應, 脈絡相貫, 自是合著如此." 又曰: "某當初讀'自暴自棄'章, 只恁地鶻突讀去. 伊川『易傳』云'拒之以不信, 絶之以不爲', 當初也匹似閑看過. 後因在舟中偶思量此, 將『孟子』上下文看, 乃始通串, 方始說得是如此, 亦溫故知新之意." 又曰: "看文字, 不可恁地看過便道了. 須是時復玩味, 庶幾忽然感悟, 到得義理與踐履處融會, 方是自得. 這箇意思, 與尋常思索而得, 意思不同." 【賀孫】

105:37 問: "『孟子』首章, 是先剖判箇天理・人欲, 令人曉得, 其托始之意甚明. 若先生所編要略, 卻是要從源頭說來, 所以不同." 曰: "某向時編此書, 今看來亦不必. 只『孟子』便直恁分曉示人, 自是好了." 時擧曰: "『孟子』前面多是分明說與時君. 且如章首說'上下交征利', 其害便至於'不奪不饜', 說仁義, 便云未有遺其親, 後其君, 次章說賢者便有此樂, 不賢者便不能有此樂. 都是一反一正, 言其效驗如此, 亦欲人君少知恐懼之意耳." 曰: "也不是欲[44]人君知恐懼, 但其效自必至此. 『孟子』之書, 明白親切, 無甚可疑者. 只要日日熟讀, 須敎他在吾肚中轉作千百回, 便自然純熟. 某當初看時, 要逐句去看他, 便但覺得意思促迫, 到後來放寬看, 卻有條理. 然此書不特是義理精明, 又且是甚次第底文章. ▲[45] 自此也知作文之法." 【時擧】

105:38 ▲[46]問: "看要略, 見先生所說『孟子』, 皆歸之仁義. 如說'性・反', 以後諸處皆然." 曰: "是他見得這道理通透, 見得裏面本來都無別物事, 只有箇仁義. 都[47]得說將出, 都離這箇不得, 不是要安排如

---

44) 欲: 『朱子語類』에서는 要로 되어 있다.
45) ▲: 某因熟讀後便見,
46) ▲: 敬之
47) 都: 『朱子語類』에서는 到로 되어 있다. 【附箋紙】 "都得說將出", 原本"都"作

此. 道也是離這仁義不得, 舍仁義不足以見道. 如造化只是箇陰陽, 舍[48]陰陽不足以明造化." 問: "古人似各有所主. 如曾子只守箇忠恕, 子思只守箇誠, 孟子只守箇仁義, 其實皆一理也." 曰: "也不是他安排要如此, 是他見得道理做出都是這箇, 說出也只是這箇, 只各就他[49]頭說, 不是把定這箇將來做. 如堯・舜是多少道理? 到得後來衣鉢[50]之傳, 只說'人心惟危, 道心惟微, 惟精惟一, 允執厥中.' 緊要在上三句, 說會如此, 方得箇中, 方得箇恰好. 這也到這地頭當說中, 便說箇中. 聖賢言語, 初不是著意安排, 只遇著這字, 便說出這字▲[51]."【賀孫】

105:39 ▲[52] 謂: "孟子發明許多道理都盡, 自此外更無別法. 思惟這箇, 先從性看. 看得這箇物事破了, 然後看入裏面去, 終不甚費力. 要知雖有此數十條, 是古人已說過, 不得不與他理會. 到得做工夫時, 卻不用得許多. 難得勇猛底人, 直截便做去."【賀孫】

105:40 ▲[53]問『要指』不取"杞柳"一章. 曰: "此章自分曉, 更無可玩索, 不用入亦可. 卻是'生之謂性'一段難曉, 說得來反恐鶻突, 故不編入."【賀孫】

「中庸集略」

105:41 大凡文字, 上古聖賢說底便不差. 到得周・程・張・邵們說

"到".

48) 舍: 『朱子語類』에서는 捨로 되어 있다.
49) 他: 『朱子語類』에서는 地로 되어 있다.
50) 鉢: 賀本에서는 缽로 되어 있다.
51) ▲: 也
52) ▲: 因整『要略』,
53) ▲: 敬之

得亦不差, 其他門人便多病. 某初要節一本『中庸集略』, 更下手不得. 其間或有一節說得好, 第二節更[54]差底, 又有說得似好, 而又說從別處去底. 然而看得他門[55]說多, 卻覺煞得力. 【義剛】[56]

「仁說」

105:42 「仁說」只說得前一截好. 【閎祖】

105:43 「仁說圖」(그림)

105:44 ▲[57] "天地之心, 只是箇生. 凡物皆是生, 方有此物. 如草木之萌芽, 枝葉條榦, 皆是生方有之. 人物所以生生不窮者, 以其生也. 才不生, 便乾枯死[58]了. 這箇是統論一箇仁之體. 其中又自有節目界限, 如義禮知[59], 又自有細分處也." 問"偏言則一事, 專言則包四者." 曰: "以專言言之, 則一者包四者, 以偏言言之, 則四者不離乎一者." 【僩】

105:45 問: "▲[60]「仁說」, 說'存此'者也, '不失此'者也. 如說'行此', 則仁在其中, 非仁也." 曰: "謂之仁固不可, 謂之非仁則只得恁地說. 如『孟子』便去解▲[61]'仁'字, 孔子卻不恁地." 【節】

54) 更: 『朱子語類』에서는 便으로 되어 있다.
55) 門: 英祖刊本 · 賀本에서는 們으로 되어 있다.
56) 【義剛】: 徽州本에서는 【夔孫】으로 되어 있다.
57) ▲: 問"仁者天地生物之心." 曰:
58) 死: 賀本에서는 殺로 되어 있다.
59) 知: 『朱子語類』에서는 智로 되어 있다.
60) ▲: 先生
61) ▲: 這

仁者、天地生物之心、而人之所得以爲心。

元亨利貞便是天地之心。

未發之前

四德具焉、而惟仁則包乎四者、是以涵育渾全、無所不統。

已發之際

四端著焉、而惟惻隱則貫乎四端、是以周流貫徹、無所不通。

所謂生之性、愛之理、仁之體也

所謂情之發、愛之用、仁之用也

專言則未發是體、已發是用。偏言則仁是體、惻隱是用。

公者所以體仁、猶言克己復禮爲仁也。蓋公則仁、仁則愛。

孝弟其用也、而恕其施也。知覺乃智之事。

仁說圖

「敬齋箴」

105:46 問"持敬"與"克己"工夫. 曰: "敬是涵養操持不走作, 克己則和根打併了, 教他盡淨." 問『敬齋箴』. 曰: "此是敬之目, 說有許多地頭去處." 【僩】

105:47 "守口如瓶", 是言語不亂出, "防意如城", 是恐爲外所誘. 【道夫】

105:48 "守口如瓶", 不妄出也, "防意如城", 閑邪之入也. "蟻封", 乃小巷屈曲之地, 是"折旋中矩", 不妄動也. 【敬仲】[62]

105:49 "'周旋中規, 折旋中矩.' 周旋, 是直去卻回來, 其回轉處欲其圓, 如中規也, 折旋, 是直去了, 復橫去, 如曲尺相似, 其橫轉處欲其方, 如中矩也." 又問▲[63]"蟻封." 曰: "蟻垤也[64], 北方謂之'蟻樓', 如小山子, 乃蟻穴地, 其泥墳起如丘垤, 中間屈曲如小巷道. 古語云: '乘馬折旋於蟻封之間.' 言蟻封之間, 巷路屈曲狹小, 而能乘馬折旋於其間, 不失其馳驟之節, 所以爲難也. '鸛鳴于垤', 垤, 卽蟻封也. 天陰雨下, 則蟻出, 故鸛鳴于垤, 以俟蟻之出, 而啄食之也. 王荊公初解垤爲自然之丘, 不信蟻封之說, 後[65]過北方親見有[66]之, 遂改[67]其說." 【僩[68]】

105:50 ▲[69] "心只要主一, 不可容兩事. 一件事了, 更加一件, 便是

---

62) 【敬仲】: 徽州本에서는 【道夫】로 되어 있다.
63) ▲: 『敬齋箴』
64) 也: 徽州本에서는 이 뒤에 蟻封이 더 들어 있다.
65) 後: 徽州本에서는 이 뒤에 見人說有之介甫가 더 들어 있다.
66) 有: 徽州本에는 없다.
67) 遂改: 徽州本에서는 方信其實而改로 되어 있다.
68) 僩: 徽州本에서는 卓・僩錄同.으로 되어 있다.
69) ▲: 問"主一." 曰:

貳, 一件事了, 更加兩件, 便是參. ‘勿貳以二, 勿參以三’, 是不要二三, ‘不東以西, 不南以北’, 是不要走作.” 【淳】

105:51 ▲[70] 初來有一箇事, 又添一箇, 便是來貳他成兩箇, 元有一箇, 又添兩箇, 便是來參他成三箇. ‘不東以西, 不南以北.’ 只一心做東去, 又要做西去, 做南去, 又要做北去, 皆是不主一. ▲[71].” 【寓】

105:52 ▲[72]問: “『敬齋箴』後面少些從容不迫之意, 欲先生添數語[73].” 曰: “如何解切迫[74]? 今未曾下手在, 便要從容不迫, 卻無此理. 除非那人做工夫大段嚴迫, 然後勸他勿迫切. 如人相殺, 未曾交鋒, 便要引退. 今未曾做工夫在, 便要開後門. 然亦不解迫切, 只是不曾做, 做著時不患其迫切, 某但常覺得寬緩[75]底意思多耳.” 李曰: “先生猶如此說, 學者當如何也?” 【僩】

「六君子贊」

105:53 “勇撤皐比”, 說講『易』事. 【閎祖】

「通鑑綱目」

105:54 說編『通鑑綱目』, 尚未成文字. 因言: “伯恭『大事記』忒藏頭亢腦, 如搏謎相[76]似. 又, 解題之類亦太[77]多.”[78]

70) ▲: 問: “‘勿貳以二, 勿參以三, 不東以西, 不南以北’, 如何分別?” 曰: “都只是形容箇敬. 敬須主一.
71) ▲: 上面說箇心不二三, 下面說箇心不走作
72) ▲: 或
73) 語: 賀本에서는 句로 되어 있다.
74) 切迫: 『朱子語類』에서는 迫切로 되어 있다.
75) 寬緩: 賀本에서는 緩寬으로 되어 있다.
76) 相: 賀本에서는 以로 되어 있다.

105:55 問: "'正統'之說, 自三代以下, 如漢·唐亦未純乎正統, 乃變中之正者, 如秦·西晉·隋, 則統而不正者, 如蜀·東晉, 則正而不統者." 曰: "何必恁地論? 只天下爲一, 諸侯朝覲獄訟皆歸, 便▲[79]得[80]正統. 其有正不正, 又是隨他做, 如何恁地論? 有始不得正統, 而後方得者, 是正統之始, 有始得正統, 而後不得者, 是正統之餘. 如秦初猶未得正統, 及始皇幷天下, 方始得正統. 晉初亦未得正統, 自泰康以後, 方始得正統[81]. 隋初亦未得正統, 自滅陳後, 方得正統. 如本朝至太宗幷了太原, 方是得正統. 又有無統時, 如三國·南北·五代, 皆天下分裂, 不能相君臣, 皆不得正統.【義剛錄作: "此時便是無統."】某嘗作『通鑑綱目』, 有'無統'之說. 此書今未及修, 後之君子必有取焉. 溫公只要編年號相續, 此等處, 須把一箇書'帝'·書'崩', 而餘書'主'·書'殂.' 旣不是他臣子, 又不是他史官, 只如旁人立看一般, 何故作此尊奉之態? 此等處, 合只書甲子, 而附注年號於其下, 如魏·黃初幾年, 蜀·章武幾年, 吳·靑龍幾年之類, 方爲是." 又問: "南軒謂漢後當以蜀漢年號繼之, 此說如何?" 曰: "如此亦得. 他亦以蜀漢是正統之餘, 如東晉, 亦是正統之餘也." 問: "東周如何?" 曰: "必竟周是天子." 問: "唐後來多藩鎭割據,【義剛錄云: "唐末天子不能有其土地, 亦可謂正統之餘否?"】則如何?" 曰: "唐之天下甚闊, 所不服者, 只河北數鎭之地而已."【義剛錄云: "安得謂不能有其土地?" ○淳 ○義剛同.】

105:56 ▲[82]某所作『綱目』以蜀爲主. 後劉聰·石勒諸人, 皆晉之故臣, 故東晉以君臨之. 至宋·後魏諸國, 則兩朝平書之, 不主一邊. 年號只書甲子.

---

77) 太: 賀本에서는 大로 되어 있다.
78) 多: 徽州本에서는 이 뒤에【寓】가 더 들어 있다.
79) ▲: 是
80) 便得:【附箋紙】"便得", 印本作"便是得", 原本亦誤.
81) 方始得正統:【附箋紙】"方始得正統", 原本"統"作"通", 原本疑誤.
82) ▲: 溫公『通鑑』以魏爲主, 故書"蜀丞相亮寇"何地, 從『魏志』也, 其理都錯.

105:57 問『綱目』主意. 曰: "主在正統." 問: "何以主在正統?" 曰: "三國當以蜀漢爲正, 而溫公乃云, 某年某月'諸葛亮入寇', 是冠履倒置, 何以示訓? 緣此遂欲起意成書. 推此意, 修正處極多. 若成書, 當亦不下『通鑑』許多文字. 但恐精力不逮, 未必能成耳. 若度不能成, 則須焚之." 【大雅】

105:58 問: "宋·齊·梁·陳正統如何書?" 曰: "自古亦有無統時. 如周亡之後, 秦未帝▲[83]前[84], 自是無所統屬底道理. 南北亦只是並書." 又問: "東晉如何書?" 曰: "宋·齊如何比得東晉?" 又問: "三國如何書?" 曰: "以蜀爲正. 蜀亡之後, 無多年便是西晉. 中國亦權以魏爲正." 又問: "後唐亦可以繼唐否?" 曰: "如何繼得?" 【賜】

105:59 ▲[85]『通鑑』於無[86]統處, 須立一箇爲主. 某又參取史法之善者, 如權臣擅命, 多書以某人爲某王某公. 范曄卻書"曹操自立爲'魏公.'" 『綱目』亦用此例. 【方子】

105:60 問: "武后擅唐, 則可書云: '帝在房陵.' 呂氏在漢, 所謂'少帝'者, 又非惠帝子, 則宜何書?" 曰: "彼謂'非惠帝子'者, 乃漢之大臣不欲當弑逆之名耳. 旣云'後宮美人子', 則是明其非正嫡元子耳." 【大雅】

105:61 ▲[87]問▲[88]"前輩云, 當廢武后所出, 別立太宗子孫." 曰: "此論固善. 但當時宗室爲武氏[89]殺盡, 存者皆愚暗, 豈可恃?" 因說: "『通鑑』提綱例. 凡逆臣之死, 皆書曰'死.' 至狄仁傑, 則甚疑之. 李氏之復,

---

83) ▲: 之
84) 未帝前: 【附箋紙】 "未帝前", 印本作"未帝之前", 原本亦誤.
85) ▲: 『綱目』於無正統處, 並書之, 不相主客.
86) 無: 徽州本에서는 이 뒤에 正이 더 들어 있다.
87) ▲: 或
88) ▲: 武后之禍. 曰:
89) 氏: 英祖刊本·賀本에서는 后로 되어 있다.

雖出於[90]仁傑, 然畢竟是死於周之大臣. 不柰何, 也教相隨入死例, 書云, 某年月日狄仁傑死也."【大雅】

90) 於: 賀本에는 없다.

『朱子語類』 卷第一百六

「朱子三」

「外任」

「同安主簿」

106:1 主簿就職內大有事, 縣中許多簿書皆當管. 某向爲同安簿, 許多賦稅出入之簿, 逐日點對僉押, 以免吏人作弊. 時某人爲泉倅, 簿書皆過其目. 後歸鄉與說及, 亦懵不知. 他是極子細官人, 是時亦只恁呈過. 【賀孫】

106:2 因說"慢令致期謂之賊", 曰: "昔在同安作簿時, 每點追稅, 必先期曉示. 只以一幅紙截作三片, 作小榜徧[1]貼云, 本廳取幾日點追甚鄉分稅, 仰人戶鄉司主人頭知委. 只如此, 到限日近時, 納者紛紛. 然此只是一箇信而已. 如或違限遭點, 定斷不恕, 所以人怕." 【時舉[2]】

106:3 初任同安主簿, 縣牒委補試. 喚吏人問例. 云: "預榜曉示, 令其具檢頗多." 即諭以不要如此, 只用一幅紙寫數榜, 但云縣學某月某日補試, 各請知悉. 臨期吏覆云: "例當展日." 又諭以"斷不展日"? 【過】

---

1) 徧: 賀本에서는 遍으로 되어 있다.
2) 時舉: 『朱子語類』에서는 時擧로 되어 있다. 徽州本에서는 이 뒤에 植錄同이 더 들어 있다.

106:4 問: "奏狀還借用縣印否?" 曰: "豈惟縣印? 縣尉印亦可借. 蓋是專達與給納官司及有兵刑處, 朝廷皆給印. 今之官司合用印處, 緣兵火散失, 多用舊印. 要去朝廷請印, 又須要錢, 所以官司且只苟簡過了. 某在同安作簿, 去州請印. 當時有箇指揮使, 幷一道家印, 緣胥吏得錢方給. 某戲謂, 要做箇軍員與道士, 亦不能得? 又見崇安縣丞用淮西漕使印." 【人傑】

「南[3]康」

106:5 因說賑濟, 曰: "平居須是修陂塘始得. 到得旱了賑濟, 委無良策. 然下手得早, 亦得便宜. 在南康時, 才見旱, 便剗刷錢物, 庫中得三萬來貫, 準擬糴米, 添支官兵. 卻去上供錢內借三萬貫糴米賑糶. 早時糴得, 卻糶錢還官中解發, 是以不闕事. 舊來截住客舡, 糴三分米. 至於客船[4]不來, 某見官中及上戶自有米, 遂出榜放客船米自便, 不糴客船[5]米. 又且米價不甚貴." 又曰: "悔一件事: 南康煞有常平米, 是庚寅辛卯年大旱時糴, 米價甚貴. 在法不得減元價, 遂不曾糶. 當時只存[6]糶了, 上章待罪, 且得爲更新米一番. 亦緣當時自有米, 所以不動. 此米久之爲南康官吏之害." 【璘】

106:6 某在南康[7]時, 民有訟坐家逃移者, 是身只在[8]▲[9], 而託言逃移不納稅. 又有訟望鄉復業者, 是身不回鄉, 而寄狀管業也. 【淳】

---

3) 南: 徽州本에서는 이 앞에 知가 더 들어 있다.
4) 船: 賀本에서는 舡으로 되어 있다.
5) 船: 賀本에서는 舡으로 되어 있다.
6) 存: 『朱子語類』에서는 好로 되어 있다. 【附箋紙】 "只存糶了", 原本"存"作"好"字.
7) 康: 徽州本에서는 이 뒤에 軍이 더 들어 있다.
8) 是身只在: 【附箋紙】 ■印本有"家"字, 原本亦誤.
9) ▲: 家

106:7 道夫言: "察院黃公【鍰, 字用和.】剛正, 人素畏憚. 其族有縱惡馬踏人者, 公治之急. 其人避之惟謹, 公則斬其馬足以謝所傷." 先生曰: "某南康臨罷, 有躍馬於市者, 踏了一小兒將死. 某時▲[10]學中[11], 令送軍院, 次日以屬知錄. 晚過廨舍, 知錄云: '早上所喻, 已栲治如法.' 某旣而不能無疑[12], 回至軍院, 則其人冠屨儼然, 初未嘗經栲掠也? 遂將吏人幷犯者訊. 次日, 吏人杖脊[13]勒罷, 偶一相識云: '此是人家子弟, 何苦辱之?' 某曰: '人命所係, 豈可寬弛? 若云子弟得躍馬踏人, 則後日將有甚於此者矣. 況州郡乃朝廷行法之地, 保佑善良, 抑挫豪橫, 乃其職也. 縱而不問, 其可得耶?' 後某罷, 諸公相餞於白鹿, 某爲極口說「西銘」'民吾同胞, 物吾與也'一段. 今人爲秀才者, 便主張秀才, 爲武官者, 便主張武官, 爲子弟者, 便主張子弟, 其所陷溺一至於此?"【賀孫聞之先生云: "因出謁回, 卽取[14]吏杖之譙樓下, 方始交割." ○道夫 ○人傑錄[15]云: "因說劉子澄好言家世, 曰: '某在南康時, 有一子弟騎馬踏[16]損人家小兒, 某訊而禁之, 子澄[17]以爲不然. 某因講「西銘」"凡天下疲癃殘疾, 惸獨鰥寡, 吾兄弟顚連而無告者也." 君子之爲政, 且要主張這一等人, 遂痛責之.' 大概人不可有偏倚處."】

106:8 法, 鄰縣有事於鄰州, 只是牒上. 今卻小郡與鄰大郡便申狀, 非是. 蓋雖是大郡, 卻都只是列郡, 只合使牒. 某在南康時, 吏人欲申隆興. 又, 建康除了安撫, 亦只是列郡, 某都是使牒. 吏初皇懼, 某與之云: "有法, 不妨只如此去."【揚】

10) ▲: 在
11) 某時▲學中:【附箋紙】 "某時學中", 原本"某時"下有"在"字.
12) 疑: 徽州本에서는 이 뒤에 於其說이 더 들어 있다.
13) 脊: 『朱子語類』에서는 脊으로 되어 있다.【附箋紙】 "杖脊", 印本"脊"作"脊", 原本亦誤.
14) 取: 賀本에서는 使로 되어 있다.
15) 錄: 徽州本에서는 이 뒤에 同而略今附가 더 들어 있다.
16) 踏: 賀本에는 없다.
17) 澄: 成化本에서는 潛으로 되어 있다.

「總論作郡」

106:9 因論常平倉, 曰: "某自典[18]二州, 知常平之弊如此, 更不敢理會. 看南康自有五六萬碩[19], 漳州亦六七萬碩[20], 盡是浮埃空殼, 如何敢挑動? 這一件事, 不知做甚麽合殺? 某在浙東嘗奏云, 常平倉與省倉不可相連, 須是東西置立, 令兩倉相去遠方可. 每常官吏檢點省倉, 則掛省倉某號牌子, 檢點常平倉, 則掛常平倉牌子. 只是一箇倉, 互相遮瞞? 令所在常平倉, 都教司法管, 此最不是. 少間太守要侵支, 司法如何敢拗他? 通判雖管常平, 而其職實管於司法. 又, 所在通判, 大率避嫌不敢與知州爭事, 韓文公所謂'例以嫌不可否事者也.' 且如經・總制錢・牙契錢・倍契錢之類, 盡被知州瞞朝廷奪去, 更不敢爭."【僩】

106:10 與陳尉說治盜事, 因曰: "凡事, 須子細體察, 思量到人所思量不到處, 防備到人所防備不到處, 方得無事." 又曰: "凡事, 須是小心寅畏, 若恁地麤[21]心鶻去, 不得." 又曰: "某嘗作郡來. 每見有賊發, 則惕然皇恐? 便思自家是長民之官, 所以致此是何由? 遂百[22]種爲收捉. 捉得, 便自歡喜, 不捉得, 則終夜皇恐?"【賀孫】

106:11 因說鄭惠叔愛惜官錢, 云: "某見人將官錢胡使, 爲之痛心? 兩爲守, 皆承弊政之後, 其所用官錢, 並無分明. 凡所送遺, 並無定例, 但隨意所向爲厚薄. 問胥輩, 皆云: '有時這般官員過往, 或十千, 或五千. 後番或是這樣, 又全不送, 白休了.' 某遂云: '如此不得. 朝廷有箇公庫在這裏, 若過往官員, 當隨其高下多少與之, 乃是公道, 豈可把爲自家私恩?' 於是立爲定例, 看甚麽官員過此, 便用甚麽例送與之, 卻

18) 典: 賀本에서는 點으로 되어 있다.
19) 碩: 賀本에서는 石으로 되어 있다.
20) 碩: 賀本에서는 石으로 되어 있다.
21) 麤: 成化本・賀本에서는 粗로 되어 있다.
22) 百: 成化本에서는 白으로 되어 있다.

得公溥. 後來至於凡入廣諸小官, 如簿·尉之屬, 箇箇有五千之助, 覺得意思儘好."【賀孫】

106:12 馬子嚴·莊甫見先生言: "近有人作假書請託公事者." 先生曰: "收假書, 而不見下書之人, 非善處事者. 舊見吳提刑【逵】[23]公路當官, 凡下書者, 須令當廳投下, 卻將書於背處觀之, 觀畢方發付其人, 令等回書. 前輩處事, 詳密如此. 又, 某當官時, 有人將▲[24]來者[25], 亦有法以待之, 須是留其人喫湯[26], 當面拆書, 若無他, 方令其去."【人傑】

106:13 問: "今之神祠, ▲[27]無義理之神祠, 雖係勅[28]額, 凡祈禱之類不往, 可否?" 曰: "某當官所至, 須理會一番. 如儀案所具合祈禱神示, 有無義理者, 使人可也."【人傑】

「浙東」[29]

106:14 "而今救荒甚可笑. 自古救荒只有兩說. 第一是感召和氣, 以致豐穰, 其次只有儲蓄之計. 若待他餓[30]時理會, 更有何策? 東邊遣使去賑濟, 西邊遣使去賑濟, 只討得逐州幾箇紫綾冊子來, 某處已如何措置, 某處已如何經畫, 元無實惠及民." 或問: "先生向來▲[31]荒如何[32]." 曰: "亦只是討得紫綾冊子, 更有何策?"【自修】

---

23) 【逵】: 賀本에서는 본문으로 되어 있다.
24) ▲: 書
25) 將▲來者:【附箋紙】 "將來者", 印本"將"下有"書"字, 原本亦誤.
26) 喫湯:【附箋紙】 "喫湯", 印本作"契", 疑印本誤, 原本亦作"喫".
27) ▲: 無義理者極多. 若當官處, 於極
28) 勅: 賀本에서는 敕으로 되어 있다.
29) 浙東: 徽州本에서는 이 뒤에 提擧가 더 들어 있다.
30) 餓: 賀本에서는 飢로 되어 있다.
31) ▲: 救

106:15 賑濟無奇策, 不如講水利. 到賑濟時成甚事? 向在浙東, 疑山陰·會稽二縣刷飢餓人少, 通判鄭南再三云數實. 及子細, 刷起三倍?【可學】

106:16 紹興時去得遲, 已無擘畫, 只依常行, 先差一通判抄箚城下兩縣飢民. 其人不留意, 只抄得四萬來人. 外縣卻抄得多, 遂欲治之而不曾[33], 卻託石天民重抄得八萬人. 是時已遲. 天民云: "甚易. 只關集大保長盡在一寺, 令供出人之貧者. 大保長無有不知, 數目[34]便辨. 卻分作數等賑濟賑糶. 其初令畫地圖, 量道里遠近, 就僧寺或莊宇置糶米所. 於門首立木窗, 關防再入之人."【璘】

106:17 先生語次, 問浙東旱. 可學云: "浙東民戶歌先生之德." 先生曰: "向時到部, 州縣有措置, 亦賴朝廷應副得以效力, 已自有名無實者多." 因曰: "向時浙東先措置, 分戶高下出米, 不知有米無米不同. 有徐木者獻策, 須是逐鄉使相推排有米者. 時以事逼不曾行. 今若行之一縣, 甚易. 大抵今時做事, 在州郡已難, 在監司尤難, 以地闊遠, 動成文具. 惟縣令於民親, 行之爲易. 計米之有無, 而委鄉之聰明·誠信者處之, 聰明者人不能欺, 誠信者人不忍欺. 若昏懦之人, 爲人[35]所答[36], 譎詐之士, 則務欲容私[37], 此大不可."【可學】

106:18 浙東之病, 如和買之害, 酒坊之害,【置酒坊者, 做不起破家, 做得起害民.】 如鹽倉之害,【如溫州有數處鹽倉, 置官吏甚多, 而一歲所買不過數十斤, 自可省罷.】 更欲白之朝. 出鹽之地, 納白戶鹽, 卻令過私鹽.

---

32) 向來▲荒如何:【附箋紙】 "向來荒如何", 原本"荒"字上有"救"字.
33) 不曾:【附箋紙】 "不曾"二字疑誤, 而印本亦然.
34) 目: 賀本에서는 日로 되어 있다.
35) 人: 賀本에서는 之로 되어 있다.
36) 答: 『朱子語類』에서는 紿로 되어 있다.【附箋紙】 "所答", 印本作"紿", 原本亦誤.
37) 私: 賀本에서는 於로 되어 있다.

【升卿】

106:19 某向在浙東, 吏人押安撫司牒, 旣僉名押字, 至紹興府牒, 吏亦請僉名, 某當時只押字去. 聞王仲行有語, 此伊川所謂"只第一件便做不得"者. 如南康[38]舊來有文字到建康, 皆用申狀, 某以爲不然. 是時陳福公作留守, 只牒建康僉廳, 若作前宰執, 只當直牒也. 如南康有文字到鄰路監司, 亦只合備牒. 其諸縣於[39]鄰州用牒, 卻有著令.【德明】

106:20 因論監司巡歷受折送, 曰: "近法, 自上任許一次受." 直卿曰: "看亦只可量受." 曰: "某在浙東, 都不曾受."【道夫】

106:21 "建陽簿權縣. 有婦人, 夫無以贍, 父母欲取以歸. 事到官, 簿斷聽離. 致道深以爲不然, 謂夫婦之義, 豈可以貧而相棄? 官司又豈可遂從其請?" 曰: "這般事都就一邊看不得. 若是夫不才, 不能背[40]其妻, 妻無以自給, 又柰何? 這似不可拘以大義. 只怕妻之欲離其夫, 別有曲折, 不可不根究." 直卿云: "其兄任某處, 有繼母與父不恤前妻之子. 其子數人貧窶不能自活, 哀鳴于[41]有司. 有司以其[42]名分不便, 只得安慰而遣之, 竟無如之何." 曰: "不然. 這般所在, 當以官法治之. 也須追出後母責戒勵, 若更離間前妻之子, 不在[43]活他, 定須痛治." 因云, 程先生謂"舜不告而娶", 舜雖不告, 堯嘗告之矣. 堯之告之也, 以王法治之而已. 因云: "昔爲浙東倉時, 紹興有繼母與夫之表弟通, 遂爲接

---

38) 南康: 徽州本에서는 이 뒤에 軍이 더 들어 있다.
39) 於: 賀本에서는 與로 되어 있다.
40) 背: 『朱子語類』에서는 育으로 되어 있다.【附箋紙】 "背其妻", "背"字, 印本作"育", 原本亦作"育".
41) 于: 賀本에서는 於로 되어 있다.
42) 其: 『朱子語類』에는 없다.【附箋紙】 "以其名分", 原本"以"下無"其"字.
43) 在: 『朱子語類』에서는 存으로 되어 있다.【附箋紙】 "不在活他", 原本"在"作"存".

脚夫, 擅用其家業, 恣意破蕩. 其子不甘[44], 來訴. 初以其名分不便, 卻之. 後趕至數十里外, 其情甚切, 遂與受理, 委楊敬仲. 敬仲深以爲子訴母不便. 某告之曰: '曾與其父思量否? 其父身死, 其妻輒棄背與人私通, 而敗其家業. 其罪至此, 官司若不與根治, 則其父得不銜冤於地下乎? 今官司只得且把他兒子頓在一邊.' 渠當時亦以爲然. 某後去官, 想成休了. 初追之急, 其接脚夫即赴井, 其有罪蓋不可掩."【賀孫】

「漳州」

106:22 郡中元自出公牒, 延郡士黃知錄・樵・施允壽・石洪慶・李唐咨・林易簡・楊士訓及淳與永嘉 徐寓八人入學, 而張敬[45]授與舊職事沮格. 至是, 先生下學, 僚屬又有乞留舊有官學正, 有司只得守法, 言者不止. 先生變色厲詞曰: "郡守以承流宣化爲職, 不以簿書財計獄訟爲事. 某初到此, 未知人物賢否, 風俗厚薄. 今已九月矣, 方知得學校底裏, 遂▲[46]留意學校[47]. 所以採訪鄉評物論, 延請黃知錄, 以其有恬退之節, 欲得表率諸生. 又延請前輩士人同爲之表率, 欲使邦人士子識些向背, 稍知爲善之方, 與一邦之人共趨士君子之域, 以體朝廷敎養作成之意. 不謂作之無應, 弄得來沒合殺. 敎授受朝廷之命, 分敎一邦, 其責任不爲不重, 合當自行規矩. 而今卻容許多無行之人・爭訟職事人在學, 枉請官錢, 都不成學校? 士人先要識箇廉退之節. 禮義廉恥, 是謂四維. 若寡廉鮮恥, 雖能文要何用? 某雖不肖, 深爲諸君恥之?"【淳 ○寓錄▲[48]異.】

---

44) 其子不甘:【附箋紙】 "其子不甘", "甘"字似誤, 疑"堪"字, 印本亦作"甘".

45) 敬:『朱子語類』에서는 敎로 되어 있다.【附箋紙】 "張敬授", 印本作"教授", 原本亦然.

46) ▲: 欲

47) 遂▲留意學校:【附箋紙】 "遂留意學校", 原本"遂"字下有"欲"字.

48) ▲: 少

106:23 詣學, 學官以例講書. 歸謂諸生曰: "且須看他古人道理意思如何. 今卻只做得一篇文字讀了, 望他古人道理意思處, 都不曾見." 【道夫】

106:24 先生熟聞知錄趙師虙之爲人, 試之政事, 又得其實, 遂首擧之, 其詞曰: "履行深醇, 持心明恕." 聞者莫不心服. 【道夫】

106:25 "問[49]先生禁漳民禮佛朝嶽, 皆所以正人心也." 曰: "未說到如此. 只是男女混淆, 便當禁約爾." 侍坐諸公各言諸處淫巫瞽惑等事, 先生蹙頞嗟嘆[50]而已. 因擧江西有玉隆萬壽宮, 太平興國宮, 每歲兩處朝拜, 不憚遠近奔趨, 失其本心, 一至於此? 曰: "某嘗見其如此, 深哀其愚? 上昇一事, 斷無此理. 豈有許多人一日同登天, 自後又卻不見一箇登天之人? 如汀民事定・光二佛, 其惑亦甚. 其佛肉身當[51]留公廳, 禱祈徼福. 果有知道理人爲汀州, 合先投畀水火, 以祛民惑. 愚民施財崇修佛宇, 所在皆然, 此弊滋蔓尤甚." 陳後之言: "泉州妖巫惑民? 新立廟貌. 海船[52]運土石, 及遠來施財, 遭風覆舟相繼而不悟." 曰: "亦嘗望見廟宇壯麗, 但尋常不喜入神廟, 不及往觀. 凡此皆是愚而無知者之所爲爾[53]?" 【謨】

106:26 ▲[54]問弭盜. 曰: "只是嚴保伍之法." 鄭云: "保伍之中, 其弊自難關防, 如保頭等, 易得挾勢爲擾." 曰: "當令逐處鄉村擧衆所推服底人爲保頭. 又不然, 則行某漳州教軍之法, 以弭盜心. 這是已試之效." 因與說: "某在漳州, 初到時, 教習諸軍弓射等事, 皆無一人能之.

---

49) 問: 賀本에서는 聞으로 되어 있다.
50) 嘆: 賀本에서는 歎으로 되어 있다.
51) 當: 『朱子語類』에서는 嘗으로 되어 있다. 【附箋紙】 "當留公廳", 原本"當"作"嘗".
52) 船: 賀本에서는 舡으로 되어 있다.
53) 爾: 賀本에서는 耳로 되어 있다.
54) ▲: 鄭湜補之

後分許多軍作三番, 每月[55]輪番入教[56]場挽弓, 及等者有賞, 其不及者留在, 只管挽射, 及等則止, 終不及則罷之. 兩月之間, 翕然都會射, 及上等者亦多, 後多留刺以塡闕額. 其有老弱不能者, 並退罷之. 他若會射了, 有賊盜他是不怕他." 劉叔通問: "韓范當初敎兵甚善." 先生因云: "公道韓公兵法如何?" 又云: "刺陝西義勇事, 何故這箇人恁地不曉事? 儂智高反, 亦是輕可底事, 何故恁地費力?" 劉云: "聞廣中都無城郭, 某[57]處種竻木爲城, 枝節生刺, 刀火不能破."【賀孫】

106:27 ▲[58]問: "趙守斷人立後事錯了, 人無所訴." 曰: "理卻是心之骨, 這骨子不端正, 少間萬事一齊都差了? 如一箇印刊得不端正, 看印在甚麼所在, 千箇萬箇都喎斜. 不知人心如何恁地暗昧? 這項事, 其義甚明. 這般所在, 都是要自用, 不肯分委屬官, 所以事叢雜, 處置不暇, 胡亂斷去. 在法, 屬官自合每日到官長處共理會事, 如有不至者, 自有罪. 今則屬官雖要來, 長官自不要他來, 他也只得體這般法意是多少好. 某嘗說, 或是作縣, 看是狀牒如何煩多, 都自有箇措置. 每聽詞狀, 集屬官都來, 列位於廳上看, 有多少均分之, 各自判去. 到著到時, 亦復如此. 若是眼前易事, 各自處斷. 若有可疑等事, 便留在, 集衆較量斷去, 無有不當, 則獄訟如何會壅? 此非獨爲長官者省事, 而屬官亦各欲自效. 兼是如簿尉等初官, 使之決獄聽訟得熟, 是亦敎誨之也. 某在漳州, 豐憲送下狀如雨, 初亦爲隨手斷幾件. 後覺多了, 恐被他壓倒了, 於是措置幾隻廚子在廳上, 分了頭項. 送下訟來, 卽與上簿. 合索案底, 自入一廚, 人案已足底, 自入一廚. 一日集諸同官, 各分幾件去定奪. 只於廳兩邊設幙位, 令逐項敘來歷, 未後擬判. 俟食時, 卽就郡廚辦數味, 飮食同坐. 食訖, 卽逐人以所定事較量. 初間定得幾箇來, 自去做文章, 都不說著事情. 某不免先爲畫樣子云, 某官今承受提刑

55) 月: 賀本에서는 日로 되어 있다.
56) 敎: 賀本에서는 校로 되어 있다.
57) 某: 英祖刊本·賀本에서는 其로 되어 있다.
58) ▲: 楊通老

司判下狀係某事. 一, 甲家於某年某月某日有甚干照, 計幾項, 乙家於某年某月某日有甚干照, 計幾項, 逐項次第寫令分明. 一, 甲家如何因甚麼事爭起到官, 乙家如何來解釋互論, 甲家又如何供對已前事分明了. 一, 某年某月某日如何斷. 一, 某年某月某日某家於某官翻[59]訴, 某官又如何斷. 以後幾經翻[60]訴, 並畫一寫出, 後面卻點對以前所斷當否, 或有未盡情節, 擬斷在後. 如此了, 卻把來看. 中間有擬得是底, 並依其所擬斷決, 合追人便追人, 若不消追人, 便只依其所擬, 回申提刑司去. 有擬得未是底, 或大事可疑, 卻合衆商量. 如此事都了, 並無壅滯." 楊通老云: "天下事體固是說道當從原頭理會來, 也須是從下面細處理會將上, 始得." 曰: "固是. 如做監司, 只管怕訟多, 措置不下. 然要省狀, 也不得. 若不受詞訟, 何以知得守令政事之當否? 全在這裏見得. 只如入建陽, 受建陽民戶訟, 這箇知縣之善惡便見得. 如今做守令, 其弊百端, 豈能盡防? 如胥吏沈滯公事, 邀求於人, 人皆知可惡, 無術以防之. 要好, 在嚴立程限. 他限日到, 自要苦苦邀索不得. 若是做守令, 有可以百千[61]沈滯底事, 便是無頭腦. 須逐事上簿, 逐事要了, 始得. 某爲守, 一日詞訴, 一日著到. 合是第九日亦詞訟, 某卻罷了此日詞訟. 明日是休日, 今日便刷起, 一旬之內, 有未了事, 一齊都要了. 大抵做官, 須是令自家常閑, 吏胥常忙, 方得. 若自家被文字來叢了, 討頭不見, 吏胥便來作弊. 做官須是立綱紀, 綱紀旣立, 都自無事. 如諸縣發簿曆到州, 在法, 本州點對自有限日. 如初間是本州磨美[62]司, 便自有十日限, 卻交過通判審計司, 亦有五日限. 今到處並不管著限日, 或遲延一月, 或遲延兩三月, 以邀索縣道, 直待計囑滿其所欲, 方與呈州. 初過磨算司使一番錢了, 到審計司又使一番錢, 到倅廳發回呈州呈覆, 吏人又要錢. 某曾作簿, 知其弊, 於南康及漳州, 皆用限日. 他這般法意甚好, 後來一向埋沒了. 某每到, 即以法曉諭, 定要

---

59) 翻: 成化本・賀本에서는 番으로 되어 있다.
60) 翻: 成化本・賀本에서는 番으로 되어 있다.
61) 百千: 成化本・賀本에서는 白干으로 되어 있다.
62) 美: 『朱子語類』에서는 算으로 되어 있다.

如此, 亦使磨底磨得子細, 審底審得子細. 有新簿舊簿不同處, 便批出理會. 初間吏輩以爲無甚緊要, 在漳州押下縣簿, 付磨算司及審計司, 限到滿日卻不見到. 根究出, 乃是交點司未將上, 卽時▲[63]兩吏[64], 後來卻每每及限, 雖欲邀索, 也不敢遷延. 縣道知得限嚴, 也不被他邀索. 如此等事整頓得幾件, 自是省事. 此是大綱紀. 如某爲守, 凡遇支給官員俸給, 預先示以期日, 到此日, 只要一日支盡, 更不留未支. 這亦防邀索之弊. 看百弊之多, 只得嚴限以促之, 使他大段邀索不得." 又曰: "某人世爲良宰, 云要緊處有八字: '開除民丁, 剗割戶稅.' 世世傳之." 又曰: "法初立時, 有多少好意思. 後來節次臣僚胡亂申請, 皆變壞[65]了. 如父母在堂, 不許異財, 法意最好. 今爲▲[66]父母[67]▲[68]不異財, 卻背地去典賣, 後來卻昏賴人. 以一時之弊, 變萬世之良法, 只是因某人私意申請. 法儘有好處. 今非獨下之人不畏法, 把法做文具事, 上自朝廷, 也只把做文具行了, 皆不期於必行. 前夜說上下視法令皆爲閑事. 如不許州郡監司饋送, 幾番行下[69], ▲[70]州郡監司亦復如前, 但變換名目, 多是做忌日, 去寺中焚香, 於是皆有折送, 其數不薄. 間有甚無廉恥者, 本無忌日[71], ▲[72]焚香以圖饋送者. 朝廷詔令, 事事都如此無紀綱, 人人玩弛, 可慮? 可慮?" 又曰[73]: "只如省部有時行下文字, 儘有好處. 只是後來付之胥吏之手, 都沒收殺. 某在漳州, 忽行下文字, 應諸州用鑄印處, 或有闕損磨滅底, 並許申上, 重行改造. 此亦有當申者. 如合有鑄印處, 乃是兵刑錢穀處, 如尉有鑄印, 亦有管部

---

63) ▲: 決
64) 卽時▲兩吏: 【附箋紙】 "卽時兩吏", 原本"兩"上有"決"字.
65) 壞: 『朱子語類』에서는 壞로 되어 있다. 【附箋紙】 ■, 印本"壞"作■誤.
66) ▲: 人
67) 今爲▲父母: 【附箋紙】 "今爲父母", 印本作"今爲人父母在", 原本亦無"人"字.
68) ▲: 在
69) 幾番行下: 【附箋紙】 "幾番行下", 原本"下"字下有"而"字.
70) ▲: 而
71) 本無忌日: 【附箋紙】 "本無忌日"下脫"乃設爲忌日"五字.
72) ▲: 乃設爲忌日
73) 曰: 賀本에는 없다.

弓兵，司理主郡刑獄，乃無鑄印．▲[74]來申去[75]，又如掉在水中一般？過得幾時，又行文字來，又申去，又休了．如今事事如此，省部文字，一付之吏手，一味邀索，百端阻節．如某在紹興，有納助米人從縣保明到州，州保明到監司，監司方與申部，忽然部中又行下一文字來，再令保明？某▲[76]與逐一[77]詳細申去云：'已從下一一保明訖，未委今來因何再作行移？' 如此申去，休了．後來忽又行▲[78]來云：'助米人稱進士，未委是何處幾時請到文解？還是鄉貢？如何，仰一一牒問上來．' 這▲[79]不叵耐[80]？他事事敢如此邀求取索．當初朝廷只許進士助米，所謂'進士'，只是科擧終場人，如何敢恁地說？某當時若便得這省吏在前，卽時便與刺兩行字配將去？然申省去，將謂省官須治此吏，那吏[81]治他？又如奏罷一縣令，卽申請一面差人待闕，候救荒事訖，交割下替．不知下替便來爭，上去部裏論，部裏便判罷權官．後來與申去云，元初差這人，乃是奉聖旨令救荒，盡與備許多在前．及後部中行下，乃前列聖旨了，後乃仍舊自云：'合還下替，交割職事．' 直是恁地胡亂行移，略不知有聖旨？那箇權官見代者來得恁地急，不能與爭，自去了．"【賀孫】

106:28 敬之問："「淳熙事類」，本朝累聖刪定刑書，不知尙有未是處否？" 曰："正緣是刪改太多，遂失當初立法之意．如父母在堂，不許分異，此法意極好．到後來因有人親在，私自分析，用盡了，到親亡，卻據法負賴，遂著令許私分．又某往在臨漳，豐憲送一項公事，有人情願

---

74) ▲：後
75) 來申去：【附箋紙】 "來申去"，原本"來"字上有"後"字．
76) ▲：遂
77) 某▲與逐一：【附箋紙】 "某與逐一"，原本"某"字下有"遂"字．
78) ▲：下
79) ▲：是叵耐
80) 這▲不叵耐：【附箋紙】 "這不叵耐"，原本"這"下又有"是叵耐"三字．
81) 吏：『朱子語類』에서는 裏로 되어 있다．【附箋紙】 "那吏"，印本作"那裏"，原本亦誤．

不分, 人皆以爲美. 乃是有寡嫂孤子, 後來以計嫁其嫂, 而又以已子添立, 併其產業. 後▲[82]鄭承[83][84]看驗, 逐項部[85]析子細, 乃知其情."【賀孫】

106:29 頃常欲因奏對言一事, 而忘之. 諸州軍兵衣絹或非所有, 則以上供錢對易於出產州軍, 最爲煩擾. 如漳州舊與信・處二州對易. 每歲本州爲兩州抱[86]認上供錢若干, 盡數解納, 而兩州絹絶不來? 太守歲遣書饋懇情, 恬不爲意, 或得三分之一, 間[87]發到一半, 極矣. 然絹紕薄, 而價高, 常致軍人怨詈. 傅景仁初解漳州, 以支散衣絹不好, 爲軍人喊噪, 不得已以錢貼支, 始得無事, 歲以爲苦. 興化取之台州, 更是回遠. 此事最不難理會, 而無一人肯言之者, 不知何故. 旣知漳不出絹, 信州・處州有之, 何不令兩州以所合發納上供錢輸絹左藏, 只令漳州以錢散軍人, 豈不兩便? 軍人皆願得錢, 不願得絹. 蓋今絹價每定[88]三千省, 而請錢則得五千省故也. 此亦當初立法委曲勞複之過, 改之何妨?【僩】

106:30 本州鬻鹽, 最爲毒民之橫賦, 屢經旨罷, 而復[89]屢起. 先生至, 石丈屢言其利害曲折. 先生卽散榜, 先罷瀕海十一鋪, 其餘諸鋪擬俟經界正賦旣定, 然後悉除之. 至是, 諸鋪解到鹽錢, 諸庫皆充塞. 先生曰: "某而今方見得鹽錢底裏, 與郡中歲計無預. 前後官都被某見過, 無不巧作名色支破者. 古者山澤之利, 與民共之, 今都占了, 是何理

82) ▲: 委
83) 承: 英祖刊本에서는 丞으로 되어 있다.
84) 後▲鄭承:【附箋紙】"後鄭丞", 印本"後"下有"委"字, 原本亦誤.
85) 部:『朱子語類』에서는 剖로 되어 있다.
86) 抱: 成化本・賀本에서는 包로 되어 있다.
87) 間: 賀本・萬曆本에서는 措로 되어 있다.
88) 定:『朱子語類』에서는 疋로 되어 있다.【附箋紙】"每定", 印本"定"作"疋", 原本亦誤.
89) 復: 賀本에서는 複로 되어 있다.

也? 合盡行除罷, 而行迫無及矣?”【淳】

106:31 本朝立法, 以知州爲不足恃, 又置通判分掌財賦之屬. 然而知州所用之財, 下面更有許多幕職官通管, 尙可稽考. 惟通判使用, 更無稽考. 通判廳財賦極多. 某在漳州, 凡胥吏輩窠坐, 有優輕處, 重難處, 盡與他擺換一次, 優者移之重處, 重者移之優處. 惟通判廳人吏不願移換, 某曰: “你若不肯, 盡與你斷罷.” 於是皆一例擺換. 蓋通判廳財賦多, 恣意侵漁, 無所稽考[90]▲[91]. 【僩】

106:32 問欲行經界本末. 曰: “本一官員姓唐, 上殿論及此, 尋行下漳・泉二州相度. 本州申以爲可行, 而泉州 顔尙書操兩可之說, 致廟堂疑貳. 卻是因黃伯耆輪對再論, 某[92]箚子末極好. 如云: ‘今日以天下之大, 公卿百官之衆, 商量一經界, 三年而不成? 使更有大於此者, 將若之何?’ 上如其請, 卽時付出. 三省宰執奏請, 又止且行於漳州. 且事當論是非. 若經界果可行, 當行於三州, 若不可行, 則皆當止. 漳與泉・汀接壤, 今獨行於漳州, 果何謂?” 某云: “今農務已興, 乃差官措置, 豈是行經界之時? 去冬好行, 乃不行, 廟堂何不略思?” 曰: “今日諸公正是如此滾纏過, 故做到公卿. 如少有所思, 則必至觸礙, 安得身如此之安? 若放此心於天地間公平處置, 則何事不可爲? 去年上朝廷文字, 及後來抗祠請, 皆有後時之慮. 今日卻非避事.” 【可學】

106:33 “經界, 料半年便都了. 以半年之勞而革數百年之弊, 且未說到久, 亦須四五十年未便卒壞[93]. 若行, 則令四縣特作四樓以貯簿籍,

---

90) 稽考: 【附箋紙】 “稽考”下, 印本・原本有“也”字.

91) ▲: 也

92) 某: 『朱子語類』에서는 其로 되어 있다. 【附箋紙】 “再論某箚子”, 原本“某”作“其”.

93) 壞: 『朱子語類』에서는 壞로 되어 있다. 【附箋紙】 “卒壤”, 印本“壤”作“壞”, 原本亦誤.

州特作一樓, 以貯四縣之圖帳, 不與他文書混. 闔郡皆曰不可者. 只是一樣人田多稅少, 便造稅[94]啐嚇, 以爲必有害無利. 一樣人是憚勞, 懶做事, 卻被那說所誣, 遂合辭以爲不可. 其下者因翕然從之." 或曰: "亦是民間多無契, 故恐耳." 曰: "十分做一分無契, 此只一端耳. 況某亦許無契者來自陳." 或曰: "只據民戶見在田, 不必索契, 如何?" 曰: "如此則起無限爭訟, 必索契, 則無限爭▲[95]曷[96]矣[97]. 今之爲縣, 眞有愛民之心者十人, 則十人以經界爲利, 無意於民者十人, 則十人以經界爲害. 今之民, 只教貧者納稅, 富者自在收田置田, 不要納稅. 如此則人便道好, 更無些事不順他, 便稱頌爲賢守?" 【淳】

106:34 因論漳・泉行經界事: "假未得人, 勢亦著做. 古人立事, 亦硬擔當著做, 以死繼之而已. 韓魏公作相, 溫公在言路, 凡事頗不以魏公爲然, 魏公甚被他激撓. 後來溫公作「魏公祠堂記」, 卻說得魏公事分明, 見得魏公不可及處, 溫公方心服他. 記中所載魏公之言曰: '凡爲人臣者, 盡力以事君, 死生以之, 顧事之是非何如耳. 至於成敗, 天也, 豈可豫憂其不成, 遂輟不爲哉[98]?' 公爲此言時, 乃仁宗之末・英宗之初, 蓋朝廷多故之時也." 【必大 ○人傑錄云: "某在臨漳, 欲行經界, 只尋得善熟者數人任之. 大抵立事須要人才, 若人才難得, 不成便休, 須著做去." 又一條云: "立事之人, 須要硬擔當, 死生以之. 如韓魏公之立英廟. 英廟卽位, 繼感風疾, 魏公當時只是鎭之以靜. 及英廟疾亟, 迎立潁王. 或曰: '若主上復安, 將如之何?' 魏公曰: '不過爲太上皇耳.' 溫公爲諫官, 魏公甚苦之. 及作「魏公祠堂記」, 有數語形容魏公最好, 是他見得魏公有不可及處."】

106:35 先生於州治射堂之後圃, 畫爲井字九區, 中區石甃爲高壇,

94) 稅: 『朱子語類』에서는 說로 되어 있다. 【附箋紙】 "便造稅", 印本"稅"作"說", 原本亦誤.

95) ▲: 訟

96) 曷: 『朱子語類』에서는 遏로 되어 있다.

97) 爭曷矣: 【附箋紙】 "爭曷矣", 印本作"爭訟遏矣", 原本亦誤.

98) 哉: 成化本에서는 或으로 되어 있다.

中之後區爲茆庵[99], 庵[100]三窗, 左窗櫺爲「泰」卦, 右爲「否」卦, 後爲「復」卦, 前扇爲「剝」卦. 庵[101]前接爲小屋. 前區爲小茅亭. 左右三區, 各列植桃李, 而間以梅. 九區之外, 圍繞植竹. 是日遊其間, 笑謂諸生曰: "上有九疇八卦之象, 下有九丘八陣之法." 【淳】

106:36 先生庚寅[102]四月至臨漳. 淳罷省試歸, 至冬至, 始克拜席下. 明年, 先生以喪嫡子, 丐祠甚堅. 當路者又以經界一奏, 先生持之力, 雖已報行, 而終以不便己爲病, 幸其有是請也, 卽爲允之. 四月, 主管鴻慶宮, 加祕閣修撰, 二十九日遂行. 淳送至同安縣東之沈井鋪而別, 實五月二日也. 先生在臨漳, 首尾僅及一期, 以南陬敝陋之俗, 驟承道德正大之化, 始雖有欣然慕, 而亦有諤然疑, 譁然毁者. 越半年後, 人心方肅然以定. 僚屬厲志節而不敢恣所欲, 士[103]族奉繩檢而不敢干以私, 胥徒易慮而不敢行姦, 豪猾斂蹤而不敢冒法. 平時習浮屠爲傳經禮塔朝岳之會者, 在在皆爲之屛息. 平時附鬼爲妖, 迎遊於街衢而掠抄於閭巷者[104], 亦皆相視斂戢, 不敢輒擧. 良家子女從空門者, 各閉精廬, 或復人道之常. 四境狗偸之民, 亦望風奔遁, 改復生業. 至是, 及期, 正爾安習先生之化, 而先生行矣? 是豈不爲恨哉? 【淳】

106:37 先生因說邑中隕星, 恐有火災, 縣官禱禳, 云: "豈可不修人事? 合當拘家家蓄水警備." 【因擧漳州之政. ○賀孫】

106:38 建寧自鄭丙程大昌至今, 聖節不許僧子陞堂說法. 他處但人[105]▲[106]敢擔當往[107]罷. 某在臨漳, 且令隨例祝香, 只不許人問話.

99) 庵: 賀本에서는 菴으로 되어 있다.
100) 庵: 賀本에서는 菴으로 되어 있다.
101) 庵: 賀本에서는 菴으로 되어 있다.
102) 寅: 『朱子語類』에서는 戌로 되어 있다. 【附箋紙】 "庚寅", 印本作"庚戌", 原本亦誤.
103) 士: 『朱子語類』에서는 仕로 되어 있다.
104) 者: 成化本・賀本에는 없다.

須[108]曾孝敘知青州, 請一僧開堂, 觀者甚衆. 其僧忽云: "此知州是你青州半面天子." 孝敘大皇恐, 卽是[109]自劾, 枷此僧送獄.【必大】

106:39 先生除江東漕, 辭免. 文蔚問: "萬一不容辭免, 則當如何?" 曰: "事便是如此安排不得. 此已辭了, 而今事卻在他這裏, 如何預先安排得?"【文蔚】

「潭[110]州」

106:40 在潭州時, 詣學陞堂, 以百數籤抽八齋, 每齋一人, 出位講『大學』一章. 講畢, 教授以下請師[111]座講說大義. 曰: "大綱要緊, 只是前面三兩章. 君子・小人之分, 卻在'誠其意'處. 誠於爲善, 便是君子, 不誠底, 便是小人, 更無別說."【琮】

106:41 問: "先生到此, 再諸[112]學矣, 不知所以教諸生者, 規模如何?" 曰: "且敎他讀經書, 識得聖人法語大訓." 曰: "鄉來南康「白鹿學規」, 卻是教條, 不是官司約束." 曰: "屢欲尋訪湖學舊規, 尚此未獲." 曰: "先生如此教人, 可無躐等之患." 曰: "躐等何害? 若果有會躐等之人, 自可敬服." 曰: "何故?" 曰: "今若有人在山脚下, 便能一躍在山頂

---

105) 但人:【附箋紙】"但人"下, 印本・原本有"不"字.
106) ▲: 不
107) 往:『朱子語類』에서는 住로 되어 있다.【附箋紙】"往罷", 印本"往"作"住".
108) 須:『朱子語類』에서는 頃으로 되어 있다.【附箋紙】"須曾孝叔", 印本・原本作"頃".
109) 是:『朱子語類』에서는 時로 되어 있다.【附箋紙】"卽是", 印本作, "時", 原本亦誤.
110) 潭: 徽州本에서는 이 앞에 知가 더 들어 있다.
111) 師:『朱子語類』에서는 帥로 되어 있다.【附箋紙】"師座", 印本"師"作"帥", 原本亦作"師".
112) 諸:『朱子語類』에서는 詣로 되어 있다.【附箋紙】"再諸學矣", "諸"字, 疑"詣"字之誤, 原本亦誤.

上, 何幸如之? 政恐不由山脚, 終不可以上山頂耳." 【琮】

106:42 先生至嶽麓書院, 抽簽子, 請兩士人講『大學』, 語意皆不分明. 先生遽止之, 乃諭諸生曰: "前人建書院, 本以待四方士友, 相與講學, 非止爲科擧計. 某自到官, 甚欲與諸公相與講明. 一江之隔, 又多不暇. 意謂諸▲[113]必[114]皆留意, 今日所說, 反不如州學, 又安用此贅疣? 明日煩教授諸職事共商量一規程, 將來參定, 發下兩學, 共講磨此事. 若只如此不留心, 聽其所之. 學校本是來者不拒, 去者不追, 豈有固而留之之理? 且學問自是人合理會底事. 只如'明明德'一句, 若理會得, 自提省人多少. 明德不是外面將來, 安在身上, 自是本來固有底物事. 只把此切己做工夫, 有甚限量? ▲[115]是聖賢緊要[116]警策人處, 如何不去理會? 不理會學問, 與蚩蚩橫目之氓何異?" 【謙】

106:43 客說社倉訟事. 曰: "如今官司鶻突, 都無理會, 不如莫辨." 因說: "如今委送事, 不知屬官能否, 胡亂送去, 更無分曉了絶時節. 某在潭州時, 州中僚屬, 朝夕相見, 卻自知得分曉, 只縣官無由得知. 後來區處每▲[117]版帳錢[118], 令縣官逐人輪番押來, 當日留住, 試以公事. 又怕他鶻突寫來, 卻與立了格式云, 今蒙使府委送某事如何. 一某人於某年月日於某處理某事, 某官如何斷. 一又於某時某再理, 某官如何斷. 一某今看詳此事理如此, 於條合如何結絶. 如此, 人之能否, 皆不得而隱." 【木之】

106:44 問: "先生須更被大任用在." 曰: "某何人, 安得有此? 然亦做

113) ▲: 公
114) 諸必: 【附箋紙】 "諸必", 印本"諸"字下有"公"字. 原本亦誤.
115) ▲: 此
116) 是聖賢緊要: 【附箋紙】 "是聖賢緊要", 原本"是"上有"此"字.
117) ▲: 月
118) 每▲版帳錢: 【附箋紙】 "每版帳錢", 印本"每"下有"月"字.

不得, 出來便敗. 且如在長沙城, 周圍甚廣, 而兵甚少. 當時事未定, 江上訩訩[119], 萬一兵潰, 必趨長沙. 守臣不可去, 只是浪戰而死. 此等事, 須是有素定家計. 魏公初▲[120]五路[121], 治兵積粟爲五年計, 然後大擧. 因虜人攻犯淮甸, 不得已爲宰[122]制之師. 事旣多違, 魏▲[123]久廢[124], 晩年出來, 便做不得. 欲爲家計, 年老等不得了, 只是逐急去, 所以無成. 某今日亦等不得了, 規模素不立, 才出便敗."【德明】

106:45 或問修城事. 云: "修城一事, 費亦浩瀚. 恐事▲[125]力小, 兼不得人, 亦難做. 如今只靠兩寨兵, 固是費力, 又無馭衆之將可用." 張倅云: "向來靖康之變, 虜至長沙, 城不可守. 雖守臣之罪, 亦是闊遠難守." 曰: "向見某州修城, 亦以闊遠之故, 稍縮令狹, 卻易修." 周伯壽云: "前此陳君擧說, 長沙米倉酒庫自在城外. 萬一修得城完, 財物盡在城外, 不便. 只當移倉庫, 不當修城." 曰: "此是秀才家應科擧議論. 倉庫自當移, 城自當修." 先生又云: "向見張安國帥長沙, 壁間掛一修城圖, 計料甚子細. 有人云: '如何料得如此? 恐可觀不可用.' 張帥自後便卷了圖子, 更不說著. 周益公自是怕事底人, 不知誰便說得他動. 初, 益公任內, 只料用錢七萬. 今甎[126]瓦之費已使了六萬, 所餘止一萬, 初料得少, 如今朝廷亦不肯添了."【謙】

106:46 而今官員不論大小, 盡不見客. 敢立定某日見客, 某日不見客. 甚至月十日不出, 不知甚麽條貫如此. 是禮乎? 法乎? 可怪? 不知

---

119) 訩訩: 孝宗刊本・英祖刊本・成化本에서는 詾詾으로 되어 있고, 賀本에서는 洶洶으로 되어 있다.

120) ▲: 在

121) 初▲五路:【附箋紙】"初五路", 印本"初"下有"在"字. 原本亦誤.

122) 宰:『朱子語類』에서는 牽으로 되어 있다.【附箋紙】"宰制", 印本"宰", 作"牽." 原本亦誤.

123) ▲: 公

124) 魏▲久廢:【附箋紙】"魏久廢", 印本"魏"下有"公"字. 原本亦誤.

125) ▲: 大

126) 甎: 賀本에서는 磚으로 되어 있다.

出來與人相應接少頃, 有甚辛苦處? 使人之欲見者等候不能得見, 或有急幹欲去, 有甚心情等待? 欲吞不可, 欲吐不得, 其苦不可言? 此等人, 所謂不仁之▲[127], 心[128]都頑然無知, 抓著不痒, 稻[129]著不痛矣? 小官嘗被上位如此而非之矣, 至他榮顯, 又不自知矣. 因言夏漕每日先見過往人客了, 然後請職事官相見. 蓋恐幕職官稟事多時, 過客不能久候故也. 潭州初一十五例不見客, 諸司皆然, 某遂破例令皆相見. 【先生在潭州每間日一詣學, 士人見於齋中, 官員則於府署. ○僩】

106:47 今人獄事, 只管理會要從厚. 不知不問是非善惡, 只務從厚, 豈不長姦惠惡? 大凡事▲[130]之無心[131], 因其所犯, 考其實情, 輕重厚薄付之當然, 可也. 若從薄者固不是, 只云我只要從厚, 則此病所係亦不輕. 某在長沙治一姓張人, 初不知其惡如此, 只因所犯追來, 久之乃出頭. 適有大赦, 遂且與編管. 後來聞得此人凶惡不可言. 人只是平白地打殺不問. 門前有一木橋, 商販者自橋上過, 若以柱杖拄其橋, 必捉來弔縛. 此等類甚多, 若不痛治, 何以懲戒? 公等他日仕宦, 不問官大小, 每日詞狀, 須置一簿, 穿字號錄判語, 到事亦作一簿, 發放文字亦作一簿. 每日必勾了號, 要一日內許多事都了, 方得. 若或做不辦, 又作一簿記未了事, 日日檢點了, 如此方不被人瞞了事. 今人只胡亂隨人來理會, 來與不來都不知, 豈不誤事? 【銖】

106:48 過甲寅年見先生, 聞朋輩說, 昨歲虜人問使人云: "南朝朱先生出處如何?" 對以"本朝見擢用." 既歸, 卽白堂, 所以得帥長沙之命. 【過】

---

127) ▲: 人
128) 不仁之▲心: 【附箋紙】 "不仁之心", 印本"之"下有"人"字.
129) 稻: 孝宗刊本에서는 稲로 되어 있고, 英祖刊本・成化本・賀本에서는 搯로 되어 있다.
130) ▲: 付
131) 事▲之無心: 【附箋紙】 "事之無心", 印本"事"下有"付"字. 原本亦誤.

『朱子語類』 卷第一百七

「朱子四」

「內任」【丙辰後, 雜▲[1]言行.】

「孝宗朝」

107:1 六月四日, 周揆令人諭意云: "上問: '朱某到已數日, 何不請對?'" 遂詣閤門, 通進榜子. 有旨: "初七日後殿班引." 及對, 上慰勞甚渥. 自陳昨任[2]浙東提擧日, 荷聖恩保全. 上曰: "浙東救荒, 煞究心." 又言: "蒙除江西提刑, 衰朽多疾, 不任使令." 上曰: "知卿剛正, 只留卿在這裏, 待與淸要差遣." 再三辭謝, 方出奏箚. 上曰: "正所欲聞." 口奏第一箚意, 言犯惡逆者, 近來多奏裁減死. 上曰: "似如此人, 只貸命, 有傷風敎, 不可不理會." 第四箚[3]言科罰. 上曰: "聞多是羅織富民." 第五箚讀至"置[4]將之權, 旁出閹寺", 上曰: "這箇事卻不然, 盡是採之公論, 如何由他?" 對曰: "彼雖不敢公薦, 然皆託於士大夫之公論, 而實出於此曹之私意. 且如監司守臣薦屬吏, 蓋有受宰相·臺諫風旨者. 況此曹奸僞百出, 何所不可? 臣往蒙賜對, 亦嘗以此爲說, 聖諭謂爲不然. 臣恐疏遠所聞不審, 退而得之士大夫, 與▲[5]夫走卒, 莫不謂然, 獨陛下未之知耳. 至去者未遠而復還?"【謂甘昇.】 問上曰: "陛下

---

1) ▲: 記
2) 任: 賀本에서는 日로 되어 있다.
3) 箚: 賀本에서는 札로 되어 있다.
4) 置: 賀本에서는 制로 되어 있다.
5) ▲: 夫防

知此人否?" 上曰: "固是. 但漏洩[6]文書, 乃是他子弟之罪." 對曰: "豈有子弟有過, 而父兄無罪? 然此特一事耳. 此人挾勢爲奸, 所以爲盛德之累者多矣." 上曰: "高宗以其有才, 薦過來." 對曰: "小人無才尙可, 小人有才, 鮮不爲惡." 上因擧馬蘇論才・德之辨[7]云云, 至"當言責者, 懷其私以緘默", 奏曰: "陛下以曾任知縣人爲六院察官, 闕則取以充之. 雖曰親擢, 然其涂轍一定, 宰相得以先布私恩於合入之人, 及當言責, 往往懷其私恩, 豈肯言其過失?" 上曰: "然. 近日[8]之事可見矣." 至"知其爲賢而用之, 則用之唯恐其不速, 聚之唯恐其不多, 知其爲不肖而退之, 則退之唯恐其不早, 去之唯恐其不盡", 奏曰: "豈有慮君子太多, 須留幾箇小人在裏? 人之治身亦然, 豈有慮善太多, 須留些惡在裏?" 至"軍政不修, 士卒愁怨", 曰: "主將刻剝士卒以爲苞苴, 陞轉階級, 皆有成價." 上曰: "卻不聞此. 果有時, 豈可不理會? 卿可子細採探, 卻來說." 末後辭云: "照對江西係是盜賊刑獄浩繁去處, 久闕正官[9]. ▲[10]今逾邇前[11]前去之任, 不知有何處分?" 上曰: "卿自詳練, 不在多囑." 【閎祖】

107:2 "今之兵官, 有副都總管・路鈐・路分・都監・統領將官・州鈐轄・州都監, 而路鈐・路分・統領之類, 多以貴游子弟處之. 至如副都總管, 事體極重, 向以節度使爲之, 後有以修武郎爲之者. 如州統領, 至有以下班祗[12]應爲之者, 此士夫所親見. 只今天下無憂[13], 邊境不聳, 故無害. 萬一略有警, 便難承當. 兵政病敗, 未有如今日之甚者? 某屢言於壽皇. ▲[14]【道夫】

---

6) 漏洩: 賀本에서는 洩漏로 되어 있다.
7) 辨: 賀本에서는 辯로 되어 있다.
8) 日: 賀本에서는 一로 되어 있다.
9) 正官: 賀本에서는 官正으로 되어 있다.
10) ▲: 臣
11) 前: 『朱子語類』에는 없다.
12) 祗: 賀本에서는 祇로 되어 있다.
13) 憂: 『朱子語類』에서는 虞로 되어 있다.

「寧宗朝」15)

107:3 初見先生, 卽拜問云: "先生難進易退之風, 天下所共知. 今新天子嗣位, 乃幡然一來, 必將大有論建." 先生笑云: "只爲當時不合出長沙, 在官所有召命, 又不敢固辭." 又問16): "今旣受了侍從職名, 卻不容便去." 先生云: "正爲如此." 又笑云: "若病得狼狽時, 也只得去." 【自修】

107:4 在講筵時, 論嫡孫承重之服, 當時不曾帶得文字行. 旋借得『儀禮』看, 又不能得分曉, 不免以禮律爲證. 後來歸家檢注疏看, 分明說: "嗣君有廢疾不任國事者, 嫡孫承重." 當時若寫此文字出去, 誰人敢爭? 此亦講學不熟之咎. 【人傑】

107:5 祧僖祖之議, 始於禮官許及之・曾三復, 永嘉諸公合爲一辭. 先生獨建不可祧之議. 陳君擧力以爲不然, 趙揆亦右陳說. 文字旣上, 有旨, 次日引見. 上出所進文字, 云: "高宗不敢祧, 壽皇不敢祧, 朕安敢祧?" 再三以不祧爲是. 旣退, 而政府持之甚堅, 竟不行. 唯謝中丞入文字, 右先生之說, 乞且依禮官初議. 爲樓大防所繳, 卒祧僖祖云. 【閎祖】

107:6 先生檢熙寧「祧廟議」示諸生云: "荊公數語, 是甚次第? 若韓維・孫固・張師顔等所說, 如何及得他? 最亂道是張師顔說. 當時親法之議也如此, 是多少人說, 都說不倒. 東坡是甚麽樣會辯? 也說得不

---

14) ▲: 壽皇謂某曰: '命將, 國之大事, 非朝廷之公選, 卽諸軍之公薦, 決無他也.' 某奏云: '陛下但見列薦於朝廷之上, 以爲是皆公選, 而不知皆結托來爾. 且如今之文臣列薦者, 陛下以爲果皆出於公乎? 不過有勢力者一書便可得.' 壽皇曰: '果爾, 誠所當察. 卿其爲朕察之?'"

15) 寧宗朝: 徽州本에서는 今上【寧宗朝】로 되어 있다.

16) 問: 賀本에서는 云로 되어 있다.

甚切. 荊公可知是動得人主. 前日所論欲祧者, 其說不出三項. 一欲祧僖[17]祖於[18]於夾室, 以順・翼・宣祖所祧之主祔焉. 但夾室乃偏側之處, 若藏列祖祖[19]於偏側之處, 而太祖以孫居中尊, 是不可也. 一, 是欲祔景靈宮. 景靈宮 祥[20]符所建, 貌象西畔六人, 東向. 其四皆依[21]道家冠服, 是四祖. 二人通天冠, 絳紗袍, 乃是太祖・太宗, 暗地設在裏, 不敢明言. 某書中有一句說云云. 今旣無頓處, 況元初奉祀景靈▲[22]祖, 是用簠簋籩豆, 又是蔬食. 今若祔列祖, 主祭時須用葷腥, 須用牙盤食, 這也不可行. 又一項, 是欲立別廟. 某說, 若立別廟, 須大似太廟, 乃可. 又不知祫祭時如何, 終不成四人令在那一邊, 幾人自在這一廟, 也只是不可. 不知何苦如此? 其說不過但欲太祖正東向之位, 別更無說. 他所謂'東向', 又那曾考得古時是如何? 東向都不曾識, 只從少時讀書時, 見奏議中有說甚'東向', 依俙[23]聽得. 如今廟室甚狹, 外面又接簷, 似乎闊三丈, 深三[24]丈. 祭時各捧主出祭, 東向位便在楹南簷北之間, 後自坐空, 昭在室外, 後卻靠實, 穆卻在簷下一帶, 亦坐空. 如此則東向不足爲尊, 昭一列卻有面南居尊之意. 古者室中之事, 東向乃在西南隅, 所謂奧, 故爲尊. 合祭時, 太祖位不動, 以群主入就尊者, 左右致饗, 此所以有取於東向▲[25]. 今堂上之位旣不足以爲尊, 何苦要如此? 乃使太祖無所自出." 祝禹圭云: "僖祖以上皆不可考." 曰: "是不可考. 要知定是有祖所自出. 不然, 僖祖卻從平地爆出來, 是甚說話?" 問: "郊則如何?" 曰: "郊則自以太祖配天. 這般事, 最是宰相沒主張. 這[26]奏議是趙子直編. 是他當初已不把荊公做是了, 所以將

---

17) 僖: 英祖刊本・成化本에서는 禧로 되어 있다.
18) 於: 賀本에는 없다.
19) 祖: 『朱子語類』에는 없다.
20) 祥: 『朱子語類』에서는 元으로 되어 있다.
21) 依: 賀本에서는 衣로 되어 있다.
22) ▲: 宮聖
23) 俙: 英祖刊本・賀本에서는 稀로 되어 있고, 孝宗刊本・成化本에서는 希로 되어 있다.
24) 三: 徽州本에서는 二로 되어 있다.
25) ▲: 也

那不可祧之說, 皆附於注脚下, 又甚率略, 那許多▲[27]是說箇甚麽? 只看荊公云: '反屈列祖之主, 下祔子孫之廟, 非所以順祖宗之孝心.' 如何不說得人主動? 當時上云: '朕聞之矍然, 敢不祗允?' 這許多只閑說, 只是好勝, 都不平心看道理." 又云: "某嘗在上前說此, 上亦以爲不可, 云: '高宗旣不祧, 壽皇旣不祧, 朕又安可爲?' 柰何都無一人將順這好意思. 某所議, 趙丞相白乾地不付出, 可怪?"【賀孫】

107:7 問: "本朝廟制, 韓維請遷僖祖, 孫固欲爲僖祖立別廟, 王安石欲以僖祖東向, 其議如何?" 曰: "韓說固未是, 孫欲立別廟, 如姜嫄, 則姜嫄是婦人, 尤無義理. 介甫之說卻好. ▲[28]孫從之云: '僖祖無功德.' 某云: '且如秀才起家貴顯, 是自能力學致位, 何預祖宗? 而朝廷贈官必及三代. 如公之說, 則不必贈三代矣. 僖祖有廟, 則其下子孫當祧者置於東西夾室, 於理爲順. 若以太祖爲尊, 而自僖祖至宣祖, 反置於其側, 則太祖之心安乎?'" 又問: "趙丞相平日信先生, 何故如此?" 曰: "某後來到家檢渠所編『本朝諸臣奏議』, 正主韓維等說, 而作小字附注王安石之說於其下, 此惡王氏之僻也." 又問廟門堂室之制. 曰: "古之士廟, 如今之五架屋, 以四分之一爲室, 其制甚狹. 近因在朝, 見太廟之堂亦淺, 祫祭時, 太祖東向, 乃在虛處. 群穆背簷而坐, 臨祭皆以帟幙圍之. 古人惟朝踐在堂, 它祭皆在室中. 戶近東, 則太祖與昭穆之位背處皆實. 又其祭逐廟以東向爲尊, 配位南向. 若朝踐以南向爲尊, 則配位西向矣." 又問: "今之州縣學, 先聖有殿, 只是一虛敞處, 則堂室之

---

26) 這: 賀本에는 없다.

27) ▲: 要祧底話, 卻作大字寫. 不知那許多【附箋紙】那許多要祧底話, 却作大字寫, 不知

28) ▲: 僖祖雖無功德, 乃是太祖嘗以爲高祖. 今居東向, 所謂'祖以孫尊, 孫以祖屈'者也. 近者孝宗祔廟, 趙丞相主其事, 因祧宣祖, 乃併僖祖祧之, 令人毁拆僖祖之廟. 當時集議某不曾預, 只入文字, 又於上前說此事. 末云: '臣亦不敢自以爲是, 更乞下禮官, 與群臣集議.' 趙丞相遂不付出. 當時曾無玷陳君擧之徒全然不曉, 但謝子肅章茂獻卻頗主某說. 又【附箋紙】 僖祖雖無功德, 乃是太祖嘗以爲高祖. 今居東向, 所謂'祖以孫尊, 孫以祖屈'者也.

制不備?” 曰: “古禮無塑像, 只云先聖位向東.” 又問: “若一[29]一理會, 則更無是處?” 曰: “固是.” 【人傑】

107:8 “太廟向有十二室, 今祔孝宗, 卻除了僖祖·宣祖兩室, 止有十一室, 止有八世, 進不及祖宗時之九, 退不得如古之七, 豈有祔一宗而除兩祖之理? 況太祖而上, 又豈可不存一始祖? 今太祖在廟, 而四祖竝列四夾室, 亦甚不便. 某謂止祧宣祖, 合存僖祖. 旣有一祖在上, 以下諸祖列于[30]西夾室, 猶可. 或言: ‘周祖后稷, 以其有功德, 今僖祖無功, 不可與后稷竝論.’ 某遂言: ‘今士大夫白屋起家, 以至榮顯, 皆說道功名是我自致, 何關於乃祖乃父? 則朝廷封贈三代, 諸公能辭而不受乎? 況太祖初來自尊僖祖爲始祖, 諸公必忍去之乎?’ 某聞一日集議, 遂辭不赴. 某若去時, 必與諸公合炒去. 乃是陳君擧與趙子直自如此做, 曾三復·孫逢吉亦主他說. 中間若謝子肅·章茂獻·張春卿·樓大防[31]皆以爲不安, 云: ‘且待朱丈來商量.’ 曾三復乃云: ‘乘此機會祧了.’ 這是甚麽事, 乘機投會恁地急? 某先有一奏議投了. 樓張諸公上箚, 乞降出朱某議, 若某言近理, 臣等敢不遵從? 趙子直又不付出, 至於乘夜撤去僖祖室? 兼古時遷廟, 又豈應如此? 偶一日接奉使, 兩府侍從皆出, 以官驛狹, 侍郎幕次在茶坊中, 而隔幕次說及此, 某遂辨說一番, 諸公皆順聽. 陳君擧謂: ‘今各立一廟. 周時后稷亦各立廟.’ 某說: ‘周制與今不同. 周時豈特后稷各立廟, 雖赧王也自是一廟. 今立廟若大於太廟, 始是尊祖. 今地步狹窄, 若別立廟, 必▲[32]得小小廟宇, 名曰尊祖, 實貶之也?’ 君擧說幾句話, 皆是臨時去撿[33]注脚來說. 某告之云: ‘某所說底, 都是大字印在那裏底, 卻不是注脚細字.’ 向時

29) 一: 賀本에는 없다.
30) 于: 賀本에서는 於로 되어 있다.
31) 曾三復·孫逢吉亦主他說. 中間若謝子肅·章茂獻·張春卿·樓大防: 小分脚註: 據行狀, 樓大防當在曾三復上.
32) ▲: 做
33) 撿: 賀本에서는 檢으로 되어 있다.

太廟一帶十二間, 前堂後室, 每一廟各占一間, 祧廟之主卻在西夾室. 今立一小廟在廟前, 不知中間如何安排? 後來章茂獻・謝深甫諸公皆云: '悔不用朱丈之說?' 想也且恁地說." 正淳欲借奏草看, 曰: "今事過了, 不須看."【賀孫】

107:9 集議▲[34] 劉知夫云: "諸公議欲立僖祖廟爲別廟. 陳君舉舍人引「閟宮」爲故事. 先生曰: "「閟宮」詩, 而今人都說錯了." 又因論『周禮』"祀先王以袞[35]冕, 祀先公以驚冕", 此乃不敢以天子之服加先公, 故降一等. 直卿云: "恐不是'祭以大夫'之義." 先生曰: "祭自用天子禮, 只服略降耳."【時學[36]】

107:10 ▲[37]

107:11 今日偶見韓持國廟議, 都不成文字? 元祐諸賢文字大率如此, 只是胡亂討得一二浮辭引證, 便將來立議論, 抵當他人. 似此樣議論, 如何當得王介父[38]? 所以當時只被介父[39]出, 便揮動一世, 更無人敢當其鋒. 只看王介父[40]廟議是甚麽樣文字? 他只是數句便說盡, 更移動不得, 是甚麽樣精神? 這幾箇如何當得他? 伊川最說得公道, 云: "介父[41]所見, 終是高於世俗之儒[42]." 又曰: "朱公掞排禪學箚子, 其所

---

34) ▲: 欲祧僖祖, 正太祖東向之位, 先生以爲僖祖不可祧, 惟存此, 則順・翼・宣祧祖可以祔入.

35) 袞: 賀本에서는 鷩로 되어 있다.

36) 時學: 徽州本에서는 이 뒤에 寓錄同.이 더 들어 있다.

37) ▲: 問: "甲寅祧廟, 其說異同?" 曰: "趙丞相初編奏議時, 已將王介甫之說不作正文寫, 只注小字在下." 又曰: "祧廟亦無毀拆之理." 曰: "曾入文字論祧. 朝奏云: '此事不可輕易.' 上云: '說得極好. 以高宗朝不曾議祧, 孝宗朝不曾議祧, 卿云"不可輕易", 極是.' 又奏云: '陛下旣以臣言爲然, 合下臣章疏集議.' 卻不曾降出." 【過】

38) 父: 賀本에서는 甫로 되어 있다.

39) 父: 賀本에서는 甫로 되어 있다.

40) 父: 賀本에서는 甫로 되어 있다.

41) 父: 賀本에서는 甫로 되어 있다.

以排之者甚正. 只是這般樣論, 如何排得他? 也是胡亂討幾句引證, 便要斷倒他, 可笑之甚?"【時呂正獻公作相, 好佛, 士大夫競往參禪, 寺院中入室陞堂者皆滿. 當時號爲"禪鑽." 故公掞上疏乞禁止之. ○僩】

107:12 ▲43)

107:13 今之史官, 全無相統攝, 每人各分一年去做. 或有一件事, 頭在第一年, 末梢又在第二三年者, 史官只認分年去做, 及至把來, 全鬪湊不著. 某在朝時建議說, 不要分年, 只分事去做. 且天下大事無出吏·禮·兵·刑·工·戶六件事. 如除拜注授是吏部事, 只教分得吏事底人, 從建炎元年, 逐一編排至紹興三十二年. 他皆倣此, 卻各將來編年逐月類入. 衆人不從. 某又云, 若要逐年做, 須是實置三簿. 一簿關報上下年事首末, 首當附前年某月, 末當附後年某月, 一簿承受所關報本年合入事件, 一簿考異. 向後各人收拾得, 也存得箇本. 又別置一簿, 列具合立傳者若干人, 某人傳, 當行下某處收索行狀·墓誌等文字, 專牒轉運司疾速報應. 已到者, 句44)銷簿, 未到者, 據數再催45), 庶幾易集. 後來去國, 聞此說又不行.【賜】

107:14 而今史官不相統總, 只是各自去書, 書得不是, 人亦不敢改. 更是他書了, 亦不將出來, 據他書放那裏, 知他是不是? 今雖有那「日歷」, 然皆是兼官, 無暇來修得. 而今須是別差六人鎖放那裏, 敎他專工修, 方得. 如近時作『高宗實錄』, 卻是敎人管一年, 這也不得. 且如

42) 儒: 徽州本에서는 論으로 되어 있다.

43) ▲: 實錄院略無統紀. 修撰官三員, 檢討官四員, 各欲著撰, 不相統攝, 所修前後往往不相應. 先生嘗與衆議, 欲以事目分之. 譬之六部: 吏部專編差除, 禮部專編典禮, 刑部專編刑法, 須依次序編排, 各具首末, 然後類聚爲書, 方有條理. 又如一事而記載不同者, 須置簿抄出, 與衆會議, 然後去取, 庶幾存得總底在. 唯葉正則不從.【葉爲檢討, 正修『高宗實錄』. ○閎祖】

44) 句: 賀本에서는 鉤로 되어 있다.

45) 催: 賀本에서는 摧로 되어 있다.

這一事, 頭在去年, 尾在今年, 那書頭底不知尾, 書尾底不知頭, 都不成文字? 如爲臣下作傳, 某將來看時, 說得詳底只是寫行狀, 其略底又恰如『春秋』樣, 更無本末可攷. 又有差除去了底, 這一截又只休了, 如何地稽攷[46)]? 據某看來, 合分作六項, 人管一事. 謂如刑事, 便去關那刑部文字看. 他那用刑皆有年月, 恁地把來編類, 便成次序. 那五者皆然. 俟編一年成了, 卻合斂來. 如元年五月一日有某事, 這一月內事先後便皆可見. 且如立傳, 他那「日歷」上, 薨卒皆有年月在. 這便當印板行下諸州, 索行實・墓誌之屬, 卻令運司專差一人督促, 史院卻去督促運司. 有未到底. 又刷下去催來, 便恁地便好, 得成箇好文字. 而今『實錄』, 他們也是將「日歷」做骨, 然卻皆不曾實用心. 有時攷不得後, 將牒下州縣去討, 那州郡不應, 也不管. 恁地, 如何解理會得?【義剛】

107:15 ▲[47)]

107:16 君擧謂不合與諸公爭辨[48)], 這事難說. 嘗記得林少穎見人好說話, 都記寫了. 嘗擧一項云, 國家嘗理會山陵, 要委諭民間遷去祖墳事. 後區處未得, 特差某官前往定奪果當如何. 這箇官人看了, 乃云只消著中做. 林說: "這話說得不是. 當時只要理會當遷與不當遷. 當遷去, 雖盡去亦得, 若不當遷, 雖一毫不可動. 當與不當, 這便是中, 如

46) 攷: 成化本・賀本에서는 考로 되어 있다.

47) ▲: 近世修史之弊極甚? 史官各自分年去做, 旣不相關, 又不相示. 亦有事起在第一年, 而合殺處在二年, 前所書者不知其尾, 後所書者不知其頭. 有做一年未終, 而忽遷他官, 自空三四月日而不復修者. 有立某人傳, 移文州郡索事實, 而竟無至者. 嘗觀『徽宗實錄』, 有傳極詳, 似只寫行狀・墓誌, 有傳極略, 如『春秋』樣, 不可曉. 其首末雜手所作, 不成倫理. 然則如之何? 本朝史以曆日爲骨, 而參之以他書. 今當於史院置六房吏, 各專掌本房之事. 如「周禮」官屬下所謂史幾人者, 卽是此類. 如吏房有某注差, 刑房有某刑獄, 戶房有某財賦, 皆各有冊系日月而書. 其吏房有事涉刑獄, 則關過刑房, 刑房有事涉財賦, 則關過戶房. 逐月接續爲書, 史官一閱, 則條目具列, 可以依據. 又以合立傳之人, 列其姓名於轉運司, 令下諸州索逐人之行狀・事實・墓誌等文字, 專委一官掌之, 逐月送付史院. 如此, 然後有可下筆處. 及異日史成之後, 五房書亦各存之, 以備漏落.【淳】

48) 辨: 賀本에서는 辯으로 되어 있다.

何於二者之間酌中做?" 此正是今時人之大病. 所以『大學』格物窮理, 正要理會這些. 須要理會教是非端的分明, 不如此定不得. 如初間看善惡如隔一牆, 只管看來, 漸漸見得善惡如隔一壁. 看得隔一壁底, 已自勝似初看隔一牆底了, 然更看得又如隔一幅紙. 這善惡只是爭些子, 這裏看得直是透? 善底端的是善, 惡底端的是惡, 略無些小疑似. 『大學』只要論箇知與不知, 知得切與不切.[49]

107:17 ▲[50]

107:18 是夜雨甚, 先生蹙惻然憂歎, 謂: "明日掩殯[51]雨, 勢如此, 奈何?" 再三憂之. 賀孫問: "紹興山陵土甚卑, 不知如何?" 曰: "固是可慮. 只這事, 前日旣在那裏都說來, 只滿朝無一人可恃, 卒爲下面許多陰陽官占住了." 問: "聞趙丞相前亦入文字, 說得甚好." 曰: "是說得煞好, 後來一不從, 也只住了." 自高宗殯[52]宮[53]時, 在蜀中入文字說此. 今又擧此, 不知如何, 又只如此住了. 某初到, 亦入一文字, 後來卻差孫從之相視. 只孫從之是朝中煞好人, 他初間畫三項利害, 云: '展發引之期, 別卜殯[54]宮, 上策也, 只依舊在紹興, 下策也.' 說得煞力. 到得相視歸來, 更說得沒理會. 到後來, 又令集議. 初已告報日子, 待到那一日四更時, 忽扣門報云: '不須集議.' 待問其故, 云: '已再差官相視.' 時鄭惠叔在吏書, 乃六部之長, 關集都是他. 當時但聽得說差官, 便止了衆人集議. 當時若得集議一番, 須說得事理分明. 初, 孫從之去, 那曾得看子細? 纔到那裏, 便被守把老閹促將去, 云: '這裏不是久

49) 切: 成化本·徽州本에서는 이 뒤에 【賀孫】이 더 들어 있다.
50) ▲: 先生看天雨, 憂形於色, 云: "第一且是攢宮掘箇窟在那裏, 如何保得無水出? 梓宮甚大, 攢宮今闊四丈, 自成池塘, 奈何? 奈何? 這雨浸淫已多日, 奈何?"【賀孫】
51) 殯: 賀本에서는 攢로 되어 있다.
52) 殯: 賀本에서는 攢로 되어 있다.
53) 宮: 賀本에는 없다.
54) 殯: 賀本에서는 攢로 되어 있다.

立處.' 某時在景靈宮行香, 聞此甚叵[55]耐, 卽與同坐諸公說: '如此, 亦不可不說.' 遂回聚於鄭惠叔處. 待到那裏, 更無一人下手作文字, 只管教某. 某云: '若作之, 何辭? 止緣某前日已入文字, 今作出, 又止此意思. 得諸公更作, 庶說得更透切.' 都只說過, 更無人下手, 某[56]遂推劉得修作. 劉遂下手, 鄭惠叔又只管說, 不消說如何. 某說: '這是甚麼樣大事? 如何恁地住?' 遂顧左右, 卽取紙筆令劉作, 衆人合湊, 遂成. 待去到待漏院要進, 都署銜位, 各了. 黃伯耆者, 他已差做相視官, 定了不簽他, 他又來, 須要簽, 又換文字將上. 待得他去相視歸來, 卻說道: '自好.' 這事遂定. 滿朝士大[57]夫都靠不得, 便如此. 這般事, 爲臣子須做一家事盡心竭誠乃可. 明知有不穩當, 事大體重如此, 如何住得? 他說須要山是如何, 水須從某方位盤轉, 經過某方位, 從某方位環抱, 方可用. 不知天地如何恰生這般山, 依得你[58]這般樣子, 更莫管他也. 依他說, 爲臣子也須盡心尋求, 那知不有如此樣? 驀忽更有, 也未可知, 如何便住得? 聞亦自有人來說幾處可用, 都被那邊計較阻抑了." 又云: "許多侍從也不學, 宰相也不學, 將這般大事只恁地做. 且▲[59]祧廟集議, 某時怕去爭炒, 遂不去, 只入文字. 後來說諸公在那裏群起譁然, 甚可畏, 宰相都自怕了. 君舉所主廟議, 是把『禮記』'祖文王, 宗武王'爲據, 上面又說'祖契而宗湯.' 又引『詩』「小序」'禘太祖.' 『詩』「序」有甚牢固? 又引'烝祭歲, 文王騂牛一, 武王騂牛一', 那時自是卜洛之始, 未定之時, 一時禮數如此. 又用『國語』, 亦是難憑." 器之問: "濮議如何?" 先生曰: "歐公說固是不是, 辯[60]之者亦說得偏. 旣是所生, 亦不可不略示[61]殊異. 若止封皇伯, 與其他皇伯等, 亦不可. 須封號爲'大王'之類, 乃可. 伊川先生有說, 但後來已自措置得好. 凡祭享禮數,

---

55) 叵: 成化本·徽州本·萬曆本에서는 回로 되어 있다.
56) 某: 賀本에서는 其로 되어 있다.
57) 大: 賀本에는 없다.
58) 你: 賀本에는 없다.
59) ▲: 如
60) 辯: 賀本에서는 辨로 되어 있다.
61) 示: 賀本에서는 是로 되어 있다.

一付其下面子孫, 朝廷無所預."【賀孫】

107:19 林丈說: "彭子壽彈韓侂胄只任氣性, 不顧國體, 致侂胄大憾, 於[62]趙相, 激成後日之事." 曰: "他絕不曉事情, 率爾而妄擧?"【淳】

「丙辰後」

107:20 ▲[63]

107:21 直卿云: "先生去國[64], 其他人不足責, 如吳德夫·項平父·楊子直合乞出." 先生曰: "諸人怕做黨錮, 看得定是不解恁地. 且如楊子直前日纔見某入文字, 便來勸止, 且攢著眉做許多模樣. 某對他云: '公[65]何消得恁地? 如今都是這一串說話, 若一向絕了, 又都無好人去.'"【賀孫】

107:22 季通被罪, 臺評及先生. 先生飯罷, 樓下起西序行數回, 卽中位打坐. 賀孫退歸精舍, 告諸友. 漢卿筮之, 得「小過」"公弋取彼在穴", 曰: "先生無虞, 蔡所遭必傷." 卽同輔萬季弟至樓下. 先生坐睡甚酣, 因諸生偶語而覺, 卽揖諸生. 諸生問所聞蔡丈事如何. 曰: "州縣捕索甚急, 不曉何以得罪." 因與正淳說早上所問『孟子』未通處甚詳. 繼聞蔡已遵路, 防衛頗嚴. 諸友急往中途見別, 先生舟往不及. 聞蔡留邑中, 皆詹元善調護之. 先生初亦欲與經營, 包顯道因言: "禍福已定, 徒爾勞擾." 先生嘉之, 且云: "顯道說得自好, 未知當局如何." 是夜諸生

---

62) 於: 賀本에서는 放로 되어 있다.

63) ▲: 正卿問: "命江陵之命, 將止於三辭?" 曰: "今番死亦不出. 纔出, 便只是死?"【賀孫】

64) 國: 徽州本에서는 官으로 되어 있다.

65) 公: 徽州本에서는 이 뒤에 且說來가 더 들어 있다.

坐樓下, 圍爐講問而退. 聞蔡編管道州, 乃沈繼祖文字, 主意詆先生也.【賀孫】

107:23 或有謂先生曰: "沈繼祖乃正淳之連袂也." 先生笑曰: "'彌子之妻, 與子路之妻, 兄弟也.' 何傷哉?"【人傑】

107:24 先生往淨安寺候蔡. 蔡自府乘舟就貶, 過淨安, 先生出寺門接之. 坐方丈, 寒暄外, 無嗟勞語. 以連日所讀『參同契』所疑扣蔡, 蔡應答灑[66]然. 少遲, 諸人醵酒至, 飮皆醉. 先生間行, 列坐寺前橋上飮, 回寺又飮. 先生醉睡. 方坐飮橋上, 詹元善卽退去. 先生曰: "此人富貴氣?"【賀孫】

107:25 論及"僞學"事, 云: "元祐諸公後來被紹聖群小治時, 卻是元祐曾去撩撥它來, ▲[67]今卻是平地起這件事出."【義剛】

107:26 有一朋友微諷先生云: "先生有'天生德於予'底意思, 卻無'微服過宋'之意." 先生曰: "某又不曾上書自辨, 又不曾作詩謗訕, 只是與朋友講習古書, 說這道理. 更不教做, 卻做何事?" 因曰: "『論語』首章言: '人不知而不慍不亦君子乎?' 斷章言: '不知命, 無以爲君子.'【賜錄云: "且以利害禍福言之, 此是至粗底. 此處人都[68]信不及, 便講學得, 待如何? 亦沒安頓處."】 今人開口亦解說[69]一飮一啄自有定分, 及過[70]小小利害, 便生趨避計較之心. 古人刀鋸在前, 鼎鑊在後, 視之如無物者,【賜錄作"如履平地."】 蓋緣只見得這道理, 都不見那刀鋸鼎鑊?" 又曰: "'死生有命', 如合在水裏死, 須是溺殺, 此猶不是深奧底事, 難曉底話. 如今朋

66) 灑: 賀本에서는 洒로 되어 있다.
67) ▲: 而
68) 都: 賀本에서는 只로 되어 있다.
69) 說: 賀本에는 없다.
70) 過: 『朱子語類』에서는 遇로 되어 있다.

友都信不及, 覺見此之[71]日孤, 令人意思不佳."【人傑】

107:27 ▲[72]

107:28 ▲[73][74]

107:29 今爲辟禍之說者, 固出於相愛. 然得某壁立萬仞, 豈不益爲吾道之光?【閎祖】

107:30 "其默足以容", 只是不去擊鼓訟冤, 便是默, 不成屋下合說底話亦不敢說也?【同】

107:31 或有人勸某當此之時, 宜略從時. 某答之云: "但恐如草藥, 煅[75]煉得無性了, 救不得病耳?"【僩】

107:32 有客遊二廣多年, 知其山川人物風俗, 因言廉州山川極好. 先生笑曰: "被賢說得好, 下梢不免去行一番." 此時黨事方起. 又因問舉業, 先生笑曰: "某少年時只做得十五六篇義, 後來只是如此發舉及第. 人但不可不會作文字. 及其得, 也只是如此. 今人卻要求爲必得, 豈有此理?"【祖道】

107:33 時"僞學"之禁嚴, 彭子壽鐫三官, 勒停. 諸權臣之用事者, 睥

---

71) 之: 『朱子語類』에서는 道로 되어 있다.
72) ▲: 或勸先生散了學徒, 閉戶省事以避禍者. 先生曰: "禍福之來, 命也."【廣】
73) ▲: 先生曰: "如某輩皆不能保, 只是做將去, 事到則盡付之. 人欲避禍, 終不能避."【德明】
74)【附箋紙】或勸先生散了學徒, 閉戶省事以避禍者. 先生曰: "禍福之來, 命也."【廣】 先生曰: "如某輩皆不能保, 只是做將去, 事到則盡付之. 人欲避禍, 終不能避."【德明】 右二條, 當添入.
75) 煅: 賀本에서는 鍛로 되어 있다.

睨不已. 先生曰: "某今頭常如黏在頸上." 又曰: "自古聖人未嘗爲人所殺."【胡泳】

「雜記言行」

107:34 某嘗言, 吾儕講學, 正欲上不得罪於聖賢, 中不誤於一己, 下不爲來者之害, 如此而已, 外此非所敢與.【道夫】

107:35 吾輩不用有忿世疾惡之意, 第[76]常自體此心寬明無係累, 則日充日明, 豈可涯涘耶? 泛愛親仁, 聖人忠恕體用, 端的如此.【振】

107:36 "人言好善嫉惡, 而今在閒[77]處, 只見嫉[78]惡之心愈至." 伯謨曰: "唯其好善, 所以嫉惡."【道夫】

107:37 ▲[79]

107:38 ▲[80]

107:39 ▲[81]

107:40 長孺問: "先生須得邵堯夫先知之術?" 先生久之曰: "吾之所知者: '惠迪吉, 從逆凶', '滿招損, 謙受益.' 若是明日晴, 後日雨, 吾又安能知耶?"【懇】

76) 第: 賀本에서는 當으로 되어 있다.
77) 閒: 『朱子語類』에서는 閑으로 되어 있다.
78) 嫉: 賀本에서는 疾로 되어 있다.
79) ▲: 先生愛說"恰好"二字, 云: "凡事自有恰好處."【過】
80) ▲: 先生每語學者云: "凡事無許多閑勞攘."【過】
81) ▲: 先生每論及靖康建炎間事, 必蹙頞慘然, 太息久之.【義剛】

107:41 因言科擧之學, 問: “若有大賢居今之時, 不知當如何?” 曰: “若是第一等人, 它定不肯就.” 又問: “先生少年省試報罷時如何?” 曰: “某是時已自斷定, 若那番不過省, 定不復應擧矣.” 【僩】

107:42 有爲其兄求薦書. 先生曰: “沒奈何, 爲公發書. 某只云, 某人爲某官, 亦老成諳事, 亦可備任使. 更須求之公議如何, 某不敢必. 辛棄疾是朝廷起廢爲監司, 初到任, 也須采公議薦擧. 他要使一路官員. ▲[82]知所激勸是如何人. 他若把應副[83]人情, 有書來便取去, 這一任便倒了. 某兩爲太守, 嘗備員監司, 非獨不曾以此事懇人, 而人亦不曾敢以此事懇某, 自謂平日修行得這些力. 他明知以私意來懇祝, 必被某責. 然某看公議擧人, 是箇好人, 人人都知, 若是擧錯了, 也是自家錯了. 本不是應副[84]人情, 又不是交結權勢, 又不是被他獻諛, 這是多少明白? 人皆不來私懇, 其間有當薦之人, 自公擧之. 待其書來說, 某已自擧薦他了, 更無私懇者.” 【賀孫】

107:43 ▲[85]

107:44 人每欲不見客, 不知它是如何. 若使某一月日不見客, 必須大病一月. 似今日一日與客說話, 卻覺得意思舒暢. 不知它們關著門不見人底, 是如何過日? 【義剛】

107:45 直卿[86]勸先生且謝賓客數月, 將息病. 先生曰: “天生一箇人,

---

82) ▲: 他所薦擧, 須要教一路官員

83) 副: 賀本에서는 付로 되어 있다.

84) 副: 賀本에서는 付로 되어 있다.

85) ▲: 有親戚託人求擧. 先生曰: “親戚固是親戚, 然薦人於人, 亦須是薦賢始得. 今鄕里平平等人, 無可稱之實, 某都不與發書懇人. 況某人事母如此, 臨財如此, 居鄕曲事長上如此, 教自家薦擧他甚麽得?” 因問所託之人: “公且與撰幾句可薦之跡將來, 是說得說不得? 假使說道向來所爲不善, 從今日自新, 要求擧狀, 是便有此心, 何可保?” 【賀孫】

便須著管天下事. 若要不管, 須是如楊氏爲我方得, 某卻不曾去學得這般學."【義剛】

107:46 ▲[87]

107:47 先生病中應接不倦, 左右請少節之. 先生厲聲曰: "你懶惰, 教我也懶惰?"【淳】

107:48 先生病起, 不敢峻補, 只得平補. 且笑曰: "不能興衰撥亂, 只得扶衰補敝."【淳】

107:49 近日百事都如此, 醫者用藥, 也只用平平穩穩底藥, 亦不能爲害, 亦不能治病. 是他初不曾識得病, 故且如此酌中. 世上事都如此. 扁鵲視疾, 察見肺肝, 豈是看見裏面如何? 也只是看得證候極精, 纔見外面, 便知五臟六腑事.【賀孫】

107:50 ▲[88]

107:51 ▲[89] 溪流漲盛, 先生扶病往觀. 曰: "君子於大水, 必觀焉."【僩】

107:52 先生每觀一水一石, 一草一木, 稍清陰處, 竟日目不瞬. 飲酒不過兩三行, 又移一處. 大醉, 則趺坐高拱. 經史子集之餘, 雖記錄雜

86) 直卿: 徽州本에서는 이 앞에 黃이 더 들어 있다.

87) ▲: 擇之勞先生人事之繁. 答曰: "大凡事, 只得耐煩做將去. 纔起厭心, 便不得."【道夫】

88) ▲: 先生一日說及受贓者, 怒形於言, 曰: "某見此等人, 只與大字面配去?" 徐又曰: "今說公吏不合取錢, 爲知縣者自要錢矣?" 節節言之, 爲之吁歎.【過】

89) ▲: 梅雨,【附箋紙】此當刪.

說[90], 擧輒成誦. 微醺, 則吟哦古文, 氣調淸壯. 某所聞見, 則先生每愛誦屈原「楚騷」·孔明「出師表」·淵明「歸去來」幷詩, 幷杜子美數詩而已.【壽昌】

107:53 先生於父母墳墓所托[91]之鄕人, 必加禮. 或曰: "敵己以上, 拜之."【賀孫】

107:54 先生每日早起, 子弟在書院, 皆先著衫到影堂前擊板, 俟先生出. 旣啓門, 先生陞堂, 率子弟以次列拜炷香, 又拜而退. 子弟一人詣土地之祠炷香而拜. 隨侍登閣, 拜先聖像, 方坐書院, 受早揖, 飮湯少坐, 或有請問而去. 月朔, 影堂薦酒果, 望日, 則薦茶, 有時物, 薦新而後食.【過】

107:55 先生早晨拈香. 春夏則深衣, 冬則戴漆紗帽. 衣則以布爲之, 闊袖皂襻, 裳則用白紗, 如濂溪畫像之服. 或有見任官及它官相見, 易穿[92]衫而出.【過】

107:56 問衣裳制度. 曰: "也無制度, 但畫像多如此, 故效之." 又問: "有尺寸否?" 曰: "也無稽考處. 那『禮』上雖略說, 然也說得沒理會處."【義剛[93]】

107:57 先生嘗立北橋, 忽市井游手數人悍然突過, 先生斂衽橋側避之. 每間[94]行道間, 左右者或辟人, 先生卽厲聲止之曰: "你管他作甚?" 先生每徒行報[95]謁, 步速[96]而意全[97], 不左右顧. 及無事領諸生遊賞,

90) 說: 賀本에서는 記로 되어 있다.
91) 托: 『朱子語類』에서는 託으로 되어 있다.
92) 穿: 『朱子語類』에서는 窄으로 되어 있다.
93) 義剛: 徽州本에서는 이 뒤에 按此條問先生服.이 더 들어 있다.
94) 間: 『朱子語類』에서는 閑으로 되어 있다.

則徘徊顧瞻, 緩步微吟. 先生有疾, 及諸生省問, 必正冠坐揖, 各盡其情, 略無捲[98]接之意. 諸生有未及壯年者, 待之亦周詳. 先生病少愈, 旣出寢室, 客至必見, 見必降階肅之, 去必送至下階[99]. 諸生夜聽講退, 則不送. 或在坐有外客, 則自降階送之. 先生於客退, 必立視其車行, 不復顧, 然後退而解衣, 及應酬他事. 或客方登車猶相面, 或以他事稟者, 不領之. 或前客纔登車, 而尙留之客輒有所稟議, 亦令少待. 先生對客語及本路監司守將, 必稱其官.【賀孫】

107:58 侍先生到唐石, 待野叟樵夫, 如接賓客, 略無分毫畦町, 某因侍立久之. 先生曰: "此一等人, 若勢分相絕, 如何使他得以盡其情?" 唐石有社倉, 往往支發不時, 故彼人來告. 先生云: "救弊之道, 在今日極是要嚴. 不嚴, 如何得實惠及此等細民?"【炎】

107:59 先生端居甚嚴, 而或"溫而厲"·"恭而安", 望其容貌, 則見面盎背. 當諸公攻"僞學"之時, 先生處之雍容, 只似平時. 故炎祭先生文有云: "凜然若銜馭之甚嚴, 泰然若方行之無畔. 蓋久而後得之, 又何止流行乎四時, 而昭示乎河漢?"【炎】

107:60 先生書所居之桃符云: "愛君希道泰, 憂國願年豐." 書竹林精舍桃符云: "道迷前聖統, 朋誤遠方來."【先是, 趙昌父書曰: "敎存君子樂, 朋自遠方來." 故嗣歲先生自家易之以此.[100] ○若海】

107:61 先生書閣上只扁南軒"藏書"二字. 鎭江一竇兄托[101]過稟求書

---

95) 報: 賀本에서는 拜로 되어 있다.
96) 速: 賀本에서는 遠로 되어 있다.
97) 全:『朱子語類』에서는 專로 되어 있다.
98) 捲:『朱子語類』에서는 倦로 되어 있다.
99) 下階:『朱子語類』에서는 階下로 되어 있다.
100)【先是, 趙昌父 … 易之以此】: 賀本에서는 본문으로 되어 있다.
101) 托:『朱子語類』에서는 託로 되어 있다.

其家齋額, 不許. 因云: "人家何用立牌榜? 且看熹家何曾有之?" 先是, 漳州守求新"貢院"二字, 已爲書去, 卻以此說: "彼有數百間貢院, 不可無一牌, 人家何用?" 【過】

107:62 登先生藏書閣, 【南軒題】[102]壁上題云: "於穆元聖, 繼天測靈, 開此謨訓, 惠我光明. 靖言保之, 匪金厥籯, 含英咀實, 百世其承?" 意其爲藏書閣銘也, 請先生書之, 刻置社倉書樓之上. 先生曰: "只是以此記書廚名, 待爲別做." 【振】

107:63 "道間人多來求詩與跋, 某以爲人之所以與天地日月相爲長久者, 元不在此." 【可學】

107:64 先生因人求墓銘, 曰: "'吁嗟身後名, 於我如浮煙?' 人旣死了, 又更要這物事做甚?" 或曰: "先生語此, 豈非有爲而言?" 曰: "也是旣死去了, 待他說是說非, 有甚干涉?" 又曰: "所可書者, 以其有可爲後世法. 今人只是虛美其親, 若有大功大業, 則天下之人都知得了, 又何以此爲? 且人爲善, 亦自是本分事, 又何必須要恁地寫出?" 【賀孫】

107:65 信州一士人爲其先人求墓碑, 先生不許. 請之不已, 又卻之. 臨別送出, 擧指云: "贈公'務實'二字." 【過】

107:66 先生初欲正甫以沙隨行實來, 爲作墓碑, 久之不到. 旣而以舊人文字稍多, 又欲屬筆. 汪季路亦不曾及是議, 立祠堂于[103]德興縣學. 【曾爲德興丞.】 爲書"沙隨先生之祠"六字. 【過】

107:67 陳同父一子・一婿 【吳康】[104], 同來求銘文. 先生是時例不

102) 【南軒題】: 賀本에서는 본문으로 되어 있다.
103) 于: 賀本에서는 於로 되어 있다.
104) 【吳康】: 賀本에서는 본문으로 되어 있다.

作此, 與寫"有宋龍川先生陳君同父之墓"十二字. 婺源 李參仲於先生爲鄉舊, 其子亦來求墓銘, 只與跋某人所作行實, 亦書"有宋鍾山先生李公之墓"與之.【過】

107:68 壽昌因先生酒酣興逸, 遂請醉墨. 先生爲作大字「韶國師頌」一首, 又作小字杜牧之「九日詩」一首, 又作大字淵明「歸田園居」一首. 有擧子亦乘便請之, 先生曰: "公旣習學業, 何事於此?" 請之不已, 亦爲作淵明「阻風於規林」第二首. 且云: "但能參得此一詩透, 則公今日所謂學業, 與夫他日所謂功名富貴者, 皆不必經心可也."【壽昌】

107:69 先生語朋舊: "無事時不妨將藥方看, 欲知得養生之理也."【過】

107:70 先生說: "南軒論熹命云'官多祿少'四字." 因云: "平日辭官文字甚多."【過】

107:71 ▲105)

107:72 ▲106)

107:73 ▲107)

107:74 先生於世俗未嘗立異. 有歲迫欲入新居而外門未立者, 曰: "若入後有禁忌, 何以動作?" 門欲横從巷出. 曰: "直出是公道, 横則與

105) ▲: 因上亮隔, 取中間一條爲正, 云: "事須有一箇大本."【方】
106) ▲: 因對雨, 云: "安徐便好."【昨日驟雨. 今日方微下, 已浹洽, 悠悠未已, 有周溥意, 不似前日暴也. ○方】
107) ▲: 開窗坐, 見窗前地上日色, 卽覺熱, 退坐不見, 卽不熱. 目受而心忌之, 則身不安之矣. 如許渤著衣, 問人寒熱, 則心凝不動也. 僧有受焚者, 亦爾.【方】

世俗相拗."【淳】

107:75 ▲[108)]

107:76 壽昌問先生: "'此心元自通天地, 枉卻靈宮一炷香?' ▲[109)] 若在小龍王廟, 還敢如此道否?" 先生曰: "某卻不曾到吳城山."【壽昌】

---

108) ▲: 先生問直卿: "何不移入新屋居?" 曰: "外門未立." 曰: "歲暮只有兩日, 便可下工. 若搬入後有禁忌, 如何動作? 初三又是赤口."【義剛】

109) ▲:【先生「遊南嶽詩」.】

『朱子語類』 卷第一百八

「朱子五」

「論治道」

108:1 治道別無說, 若使人主恭儉好善, "有言逆于[1]心, 必求諸道, 有言遜[2]于[3]志, 必求諸非道", 這如何會不治? 這別無說, 從古來都有見成攘[4]子, 眞是如此. 【賀孫】

108:2 天下事有大根本, 有小根本. 正君心是大本. 其餘萬事各有一根本, 如理財以養民爲本, 治兵以擇將爲本.

108:3 天下事自有个大根本處, 每事又各自有个緊要處. 【端蒙】

108:4 天下事當從本理會, 不可從事上理會. 【方】

108:5 ▲[5]

108:6 爲學, 是自博而反諸約, 爲治, 是自約而致其博. 【自修】

108:7 因論世俗不冠帶, 云: "今爲天下, 有一日不可緩者, 有漸正之

1) 于: 賀本에서는 於로 되어 있다.
2) 遜: 成化本・賀本에서는 孫으로 되어 있다.
3) 于: 賀本에서는 於로 되어 있다.
4) 攘: 『朱子語類』에서는 樣으로 되어 있다.
5) ▲: 論世事, 曰: "須是心度大, 方包裹得過, 運動得行." 【振】

者. 一日不可緩者, 興起之事也, 漸正之者, 維持之事也.”【方】

108:8 古者修身與取才, 卹民與養兵, 皆是一事, 今遂分爲四.【升卿】

108:9 自古有“道術爲天下裂”之說, 今親見其弊矣.【自修】

108:10 天下事, 須▲[6]人主曉得通透了, 自要去做, 方得. 如一事八分是人主要做, 只有一二分是爲宰相了做, 亦做不得.【廣】

108:11 問: “或言今日之告君者, 皆能言‘修德’二字. 不知敎人君從何處修起? 必有其要.” 曰: “安得如此說? 只看合下心不是私, 卽轉爲天下之大公. 將一切私底意盡屛去, 所用之人非賢, 卽別搜求正人用之.” 問: “以一人耳目, 安能盡知天下之賢?” 曰: “只消用一个好人作相, 自然推排出來. 有一好臺諫, 知他不好人, 自然住不得.”【德明】

108:12 “井田之法要行, 須是封建, 令逐國各自去理會. 如王畿之內, 亦各有都鄙・家鄙. 漢人嘗言, 郡邑在諸國之外, 而遠役於中都, 非便.” 問: “漢以王國雜見於郡縣間, 如何?” 曰: “漢本無法度.”【德明】

108:13 封建實是不可行. 若論三代之世, 則封建好處, 便是君民之情相親, 可以久安而無患, 不似後世郡縣, 一二年輒易, 雖有賢者, 善政亦做不成.【淳】

108:14 因言: “封建只是歷代循襲, 勢不容已, 柳子厚亦說得是. 賈生謂‘樹國必相疑之勢’, 甚然. 封建後來自然有尾大不掉之勢. 成周盛時, 能得幾時? 到春秋列國强盛, 周之勢亦浸微矣. 後來到戰國, 東・

6) ▲: 是

西周分治, 赧王但寄於西周公耳. 雖是聖人法, 豈有無弊者?" 大帥[7]先生之意, 以爲封建井田皆易得致弊.【廣】

108:15 問: "後世封建郡縣, 何者爲得?" 曰: "論治亂畢竟不在此. 以道理觀之, 封建之意, 是聖人不以天下爲己私, 分與親賢共理, 但其制則不過大, 此所以爲得. 賈誼於漢言'衆建諸侯而少其力.' 其後主父偃竊其說, 用之於武帝."【端蒙】

108:16 諸生論郡縣封建之弊. 曰: "大抵立法必有弊, 未有無弊之法, 其要只在得人. 若是箇人, 則法雖不善, 亦占分數多了, 若非其人, 則有善法, 亦何益於事? 且如說郡縣不如封建, 若封建非其人, 且是世世相繼, 不能得他去, 如郡縣非其人, 卻只三兩年任滿便去, 忽然換得好底來, 亦無定. 范太史『唐鑑』議論大率皆歸於得人. 某初嫌他恁地說, 後來思之, 只得如此說." 又云: "革弊須從原頭理會."【燾】

108:17 "柳子厚「封建論」則全以封建爲非, 胡明中[8]輩破其說, 則專以封建爲是. 要之, 天下制度, 無全利而無害底道理, 但看利害分數如何. 封建則根本較固, 國家可恃, 郡縣則截然易制, 然來來去去, 無長久之意, 不可恃以爲固也. 如役法亦然. 荊公只見差役之害, 而免役之利." 先生云: "差役時皆土著家戶人, 州縣亦較可靠, 免役則皆浮浪之人. 靖康間州縣亦有守令要守, 而吏民皆散去, 無復可恃. 然其弊亦不勝▲[9]多也[10]."【揚】

108:18 先生言論間猶有不滿於五峰論封建井田數事. 嘗疏其說以質疑. 先生云: "封建井田, 乃聖王之制, 公天下之法, 豈敢以爲不然? 但

7) 帥: 賀本에서는 率로 되어 있다.
8) 中: 『朱子語類』에서는 仲으로 되어 있다.
9) ▲: 其
10) 也: 賀本에는 없다.

在今日恐難下手. 設使强做得成, 亦恐意外別生弊病, 反不如前, 則難收拾耳. 此等事, 未須深論. 他日讀書多, 歷事久, 當自見之也."【枅】

108:19 因論封建, 曰: "此亦難行. 使膏粱之子弟不學而居士民上, 其爲害豈有涯哉? 且以漢諸王觀之, 其荒縱淫虐如此, 豈可以治民? 故主父偃勸武帝分王子弟, 而使吏治其國, 故禍不及民. 所以後來諸王也都善弱, 蓋漸染使然. 積而至於魏之諸王, 遂使人監守, 雖飮食亦皆禁制, 更存活不得. 及至晉懲其弊, 諸王各使之典大藩, 摠强兵, 相屠相戮, 馴致大亂." 僩云: "監防太密, 則有魏之傷恩, 若寬去繩勒, 又有晉之禍亂. 恐皆是無古人教養之法, 故爾." 曰: "那个雖教, 無人奈[11]得他何." 或言: "今之守令亦善."【卓錄起此, 作郭兄問.】 曰: "卻無前代尾大不掉之患. 只是州縣之權太輕,【卓錄作"無權."】 卒有變故, 更支撑不住." 僩因擧祖宗官制沿革中, 說祖宗時州郡禁兵之額極多, 又有諸般名色錢可以贍養. 及王介甫作相, 凡州郡兵財, 皆括歸朝廷, 而州縣益虛. 所以後來之變, 天下瓦解, 由州郡無兵無財故也. 曰: "只祖宗時, 州郡已自輕了. 如仁宗朝京西群盜橫行, 破州屠縣, 無如之何. 淮南盜王倫破高郵, 郡守晁仲約以郡無兵財, 遂開門犒之【卓錄作: "斂[12]金帛賂之."】 使去. 富鄭公聞之大怒, 欲誅守臣, 曰: '豈有任千里之寄, 不能拒賊, 而反賂之?' 范文正公爭之曰: '州郡無兵無財, 俾之將何捍拒? 今守臣能權宜應變, 以全一城之生靈, 亦可矣, 豈可反以爲罪耶?' 然則彼時州郡已如此虛弱了, 如何盡責得介甫?"【僩 ○卓錄今附于下.】 "介甫只是刮刷太甚, 凡州郡禁兵闕額, 盡令勿補塡. 且如一州有千人禁軍額, 闕五百人, 則本郡不得招塡, 每歲樁留五百名之衣糧, 幷二季衣賜之物, 令轉運使掌之, 而盡歸於朝廷, 如此煞得錢不可勝計."【陳丈云: "記得先生說, 教提刑掌之, 歸朝廷, 名曰'封樁錢[13]額禁軍錢.'"】 又

11) 奈: 賀本에서는 柰로 되어 있다.
12) 斂: 成化本·賀本에서는 歛으로 되어 있다.
13) 錢: 孝宗刊本·英祖刊本·成化本에서는 鈌로 되어 있고, 賀本에서는 闕로 되어 있다.

云: "也怪不得州郡, 欲添兵, 誠無糧食給之, 其勢多招不得. ▲14)【卓】

108:20 居今之世, 若欲盡除今法, 行古之政, 則未見其利, 而徒有煩擾之弊. 又事體重大, 阻格處多, 決然難行. 要之, 因祖宗之法而精擇其人, 亦足以治, 只是要擇人. ▲15)【僩 ○德明錄云: "問: '今日之治, 當以何爲先?' 曰: '只是要得人.'"】

108:21 問: "先生所謂'古禮繁文, 不可攷16)究, 欲取今見行禮儀增損用之, 庶其合於人情, 方爲有益.' 如何?" 曰: "固是." 曰: "若是, 則『禮』中所載冠・婚・喪・祭等儀, 有可行者否?" 曰: "如冠・昏禮, 豈不可行? 但喪・祭有煩雜耳." 問: "若是, 則非理明, 義精者, 不足以與此." 曰: "固是." 曰: "井田封建如何?" 曰: "亦有可行者. 如有功之臣, 封之一鄉, 如漢之鄉亭侯. 田稅亦須要均, 則經界不可以不行, 大綱在

---

14) ▲: 某守南康, 舊有千人禁軍額, 某到時纔有二百人而已, 然歲已自闕供給. 本軍每年有租米四萬六千石, 以三萬九千來上供, 所餘者止七千石, 僅能贍得三月之糧. 三月之外, 便用別擘畫措置, 如斛面・加糧之屬. 又盡, 則預於民間借支. 方借之時, 早穀方熟, 不得已出榜, 令民先將早米來納, 亦謂之租米. 俟冬, 則折除其租米, 亦當大米之數, 如此猶贍不給. 壽皇數數有指揮下來, 必欲招滿千人之額. 某申去云: '不難於招, 只是無討糧食處.' 又行下云: '便不及千人, 亦須招塡五百人.' 雖聖旨如此, 然終無得錢糧處, 只得如此挨過日子而已? 想得自初千人之額, 自來不曾及數. 蓋州郡只有許多米, 他無來處, 何以贍給之? 然上供外所餘七千石, 州郡亦不得用. 轉運使每歲行文字下來約束, 只教樁留在本州, 不得侵支顆粒. 那裏有? 年年侵使了,【每監司使公吏下來檢視, 州郡又厚賂遺之, 使去.】全無顆粒, 怪不得. 若更不得支此米, 何從得贍軍? 然亦只贍得兩三月, 何況都無? 非天雨鬼輸, 何從得來? 某在彼時, 顏魯子・王齊賢屢行文字下來, 令不得動. 某報去云: '累政卽無顆粒見在. 雖上司約束分明, 柰歲用支使何? 今求上司, 不若爲之豁除其數. 若守此虛名而無實, 徒爲胥吏輩賂賄之地. 又況州郡每歲靠此米支遣, 決不能如約束, 何似罷之?' 更不聽, 督責愈急. 顏魯子又推王齊賢, 王齊賢又推顏魯子. 及王齊賢去, 顏依舊行下約束, 卻被某不能管得, 只認支使了. 若以爲罪, 則前後之爲守者皆一樣, 又何從根究? 其勢不柰何, 只得如此處."

15) ▲: 范淳夫『唐鑑』, 其論亦如此, 以爲因今郡縣, 足以爲治. 某少時常鄙之, 以爲苟簡因循之論. 以今觀之, 信然.

16) 攷: 成化本・賀本에서는 考로 되어 있다.

先正溝洫. 又如孝弟忠信, 人倫日用間事, 播爲樂章, 使人歌之, 倣『周禮』讀法, 徧[17]示鄉村裏落, 亦可代今粉壁所書條禁."【人傑】

108:22 問: "歐公「本論」謂今冠・昏・喪・祭之禮, 只行於朝廷, 宜令禮官講明頒行於郡縣. 此說如何?" 曰: "向來亦曾頒行, 後來起告訐之訟, 遂罷. 然亦難得人教他." 問: "三代規模未能遽復, 且講究一个粗法管領天下, 如社倉擧子之類." 先生曰: "譬如補鍋, 謂之小補可也. 若要做, 須是一切重鑄. 今上自朝廷, 下至百司・庶府, 外而州縣, 其法無一不弊, 學校科擧尤甚." 又云: "今之禮, 尙有見於威儀辭遜之際, 若樂, 則全是失了?" 問: "朝廷合頒降禮樂之制, 令人講習." 曰: "以▲[18]浙東之事觀之, 州縣直是視民如禽獸, 豐年猶多饑死者? 雖百后夔, 亦呼召他和氣不來?"【德明】

108:23 ▲[19]

108:24 立一个簡易之法, 與民由之, 甚好. 夏・商井田法所以難廢者, 固是有聖賢之君繼作, 亦是法簡, 不似周法繁碎. 然周公是其時不得不恁地, 惟繁故易廢. 使孔子繼周, 必能通變使簡易, 不至如是繁碎. 今法極繁, 人不能變通, 只管築塞在這裏.【道夫】

108:25 吳伯英與黃直卿議洫溝[20]. 先生徐曰: "今則且理會當世事尙未盡, ▲[21]何暇議古?"【蓋卿】

108:26 ▲[22]

---

17) 徧: 賀本에서는 遍으로 되어 있다.
18) ▲: 前日
19) ▲: 制度易講, 如何有人行?【振】
20) 洫溝: 『朱子語類』에서는 溝洫로 되어 있다.
21) ▲: 如刑罰, 則殺人者不死, 有罪者不刑, 稅賦, 則有産者無稅, 有稅者無産,

108:27 ▲[23)]

108:28 因說理會天下彌文, 曰: "伊川云: '只患不得爲, 不患不能爲. 如有稱在此, 物來卽輕重皆了, 何必先要一一等過天下之物?"【方】

108:29 審微於未形, 御變於將來, 非知道者孰能?【燾】

108:30 ▲[24)]

108:31 不能則謹守常法.【燾】

108:32 天生一世人才, 自足一世之用. 自古及今, 只是這一般人. 但是有聖賢之君在上, 氣焰大, 薰蒸陶冶得別, 這箇自爭八九分. 只如時節雖不好, 但上面意思略轉, 下面便轉. 況乎聖賢是甚力量? 少間無狀底人自銷鑠改變, 不敢做出來, 以其平日爲己之心爲公家辦事, 自然修舉, 蓋小人多是有才底.【儒用 ▲[25)]】

108:33 荀悅曰: "教化之行, 挽中人而進於君子之域, 教化之廢, 推中人而墮於小人之塗[26)]." 若是舉世恁地各舉其職, 有不能者, 亦須勉

---

22) ▲: 欲整頓一時之弊, 譬如常洗滌, 不濟事. 須是善洗者, 一一拆洗, 乃不枉了, 庶幾有益.【過】

23) ▲: 聖人固視天下無不可爲之時, 然勢不到他做, 亦做不得.【燾】

24) ▲: 會做事底人, 必先度事勢, 有必可做之理, 方去做.【燾】

25) ▲: ○或錄云: "問: '天地生一世人, 自足了一世用, 但患人不能盡用天地之才, 此其不能大治. 若以今世論之, 則人才之可數者, 亦可見矣, 果然足以致大治乎?' 曰: '不然. 人只是這箇人, 若有聖賢出來, 只它氣焰自薰蒸陶冶了無限人才, 這箇自爭八九分. 少間無狀者惡者自消爍, 不敢使出, 各求奮勵所長, 而化爲好人矣. 而今朝廷意思略轉, 則天下之人便皆變動, 況有大聖賢者出, 甚麽樣氣魄? 那箇盡薰蒸了, 小人自是不敢放出無狀, 以其自私自利辦事之心而爲上之用, 皆是有用之人矣.'"

26) 塗: 徽州本에서는 域으로 되어 있다.

强去做, 不然, 也怕公議. 旣無公議, 更擧無忌憚了?【夔孫】

108:34 ▲[27)]

108:35 ▲[28)]

108:36 ▲[29)]

108:37 汎言人才, 曰: "今人只是兩種. 愼[30)]密者多退避, 俊快者多粗疏."【道夫】

108:38 ▲[31)]

108:39 貪汙者必以廉介者爲不是, 趨競者必以恬退者爲不是. 由此▲[32)]推之, 常人莫不皆然.【人傑】

108:40 今人材擧業浸纖弱尖巧, 恐是風氣漸薄使然, 好人或出於荒山中.【方】

108:41 賀孫問先生出處, 因云: "氣數衰削. 區區愚見, 以爲稍稍爲善正直之人, 多就摧折困頓, 似皆佞諛得志之時." 曰: "亦不可一向如

27) ▲: 天下人, 不成盡廢之, 使不得從政. 只當講學, 庶得人漸有好者, 庶有可以爲天下之理.【方】

28) ▲: 今日人材須是得箇有見識, 又有度量人, 便容受得今日人材, 將來截長補短使.【升卿】

29) ▲: 後世只是無箇人樣?【德明】

30) 愼: 成化本・賀本에서는 謹으로 되어 있다.

31) ▲: 世間有才底人, 若能損那有餘, 勉其不足時節, 卻做得事, 卻出來擔當得事, 與那小廉曲謹底不同.【附箋紙】"世間有才底人, 若能損那有餘, 勉其不足時節, 却做得事, 却出來擔當得事, 與那小廉曲(謹)底不同." 此條當添入.

32) ▲: 類

此說, 只是無人. 一人出來, 須得許多人大家合力做. 若是做不得, 方可歸之天, 方可喚做氣數. 今若有兩三人要做, 其他都不管他, 直教那兩三人摧折了便休."【賀孫】

108:42 有言: "世界無人管, 久將脫去. 凡事未到手, 則姑晦之, 俟到手, 然後爲." 有詰之者曰: "若不幸未及爲而死, 吾志不白, 則如之何?" 曰: "此亦不柰何, 吾輩蓋是折本做也." 先生曰: "如此則是一部『孟子』無一句可用也? 嘗愛孟子答淳于髡之言曰: '嫂溺援之以手, 天下溺援之以道. 子欲手援天下乎?' 吾人所以救世者, 以其有道也. 旣自放倒矣, 天下豈一手可援哉? 觀其說, 緣飾得來不好. 安得似陸子靜堂堂自在, 說成一个物事乎?"【方子】

108:43 ▲[33]

108:44 "荀彧歎無智謀之士, 看今來把誰做智謀之士?" 伯謨云: "今時所推, 只永嘉人, 江西人又麤[34], 福建又無甚人." 先生不應, 因云: "南軒見義必爲, 他便是沒安排周遮, 要做便做. 人說道他勇, 便是勇, 這便是不可及?" 歎息數聲.【賀孫】

108:45 浙中人大率以不生事撫循爲知體. 先生謂: "便是'枉尺直尋.' 如此風俗議論至十年, 國家事都無人作矣? 常人以便文, 小人以容奸, 如此風大害事."【揚】

108:46 今世士大夫惟以苟且逐旋挨去爲事, 挨得過時且過. 上下相咻以勿生事, 不要十分分明理會事, 且恁鶻突. 才理會得分明, 便做官

33) ▲: 直卿云: "嘗與先生言, 如今有一等才能了事底人, 若不識義理, 終是難保. 先生不以爲然. 以爲若如此說, 卻只是自家這下人使得, 不是自家這下人, 都不是人才?"【賀孫】

34) 麤: 成化本 · 賀本에서는 粗로 되어 있다.

不得. 有人少負能聲, 及少經挫抑, 卻悔其大[35]惺惺了了, 一切刓方爲圓, 且恁隨俗苟且, 自道是年高見識長進. 當官者, 大小上下, 以不見吏民, 不治事爲得策, 曲直在前, 只[36]不理會, 庶幾民自不來, 以此爲止訟之道. 民有冤抑, 無處伸訴, 只得忍遏. 便有訟者, 半年周歲不見消息, 不得了[37]決, ▲[38]亦只得休和, 居官者遂以爲無訟之可聽. 風俗如此, 可畏? 可畏? 【僩】

108:47 今日人才之壞, 皆由於詆排道學. 治道必本於正心·修身, 實見得恁地, 然後從這裏做出. 如今士大夫, 但說據我逐時恁地做, 也做得事業, 說道學, 說正心·修身, 都是閒[39]說話, 我自不消得用此. 若是一人叉手並脚, 便道是矯激, 便道是邀名, 便道是做崖岸. 須是如市井底人拖泥帶水, 方始是通儒實才? 【賀孫】

108:48 ▲[40]

108:49 蔡季通因浙中主張『史記』, 常說道邵康節所推世數, 自古以降, 去後是不解會甚好, 只得就後世做規模. 以某看來則不然. 孔子修

---

35) 大: 賀本에서는 太로 되어 있다.
36) 只: 徽州本에서는 이 뒤에 恁이 더 들어 있다.
37) 了: 成化本·徽州本에서는 予로 되어 있다.
38) ▲: 民
39) 閒: 『朱子語類』에서는 閑으로 되어 있다.
40) ▲: 器遠問: "『文中子』: '安我者, 所以寧天下也, 存我者, 所以厚蒼生也.' 看聖人恁地維持紀綱, 卻與有是非無利害之說有不相似者." 曰: "只爲人把利害之心去看聖人. 若聖人爲治, 終不成埽蕩紀綱, 使天下自恁地頹壞廢弛, 方喚做公天下之心? 聖人只見得道理合恁地做. 今有天下在這裏, 須著去保守, 須著有許多維持紀綱, 這是決定著如此, 不如此便不得, 這只是箇睹是." 又問: "若如此說, 則陳丈就事物上理會, 也是合如此." 曰: "雖是合如此, 只是無自家身己做本領, 便不得." 又問: "事求可, 功求成, 亦是當如此?" 曰: "只要去求可求成, 便不是. 聖人做事, 那曾不要可, 不要成? 只是先從這裏理會去, 卻不曾恁地計較成敗利害. 如公所說, 只是要去理會許多汨董了, 方牽入這心來, 卻不曾有從這裏流出在事物上底意思." 【賀孫】 【附箋紙】 此下脫器遠問: 『文中子』一節, 當添入.

六經, 要爲萬世標準. 若就那時商量, 別作个道理, 孔子也不解修六經得. 如司馬遷亦是个英雄, 文字中間自有好處. 只是他說經世事業, 只是第二三著, 如何守他議論? 如某退居老死無用之物, 如諸公都出仕官, 這國家許多命脈, 固自有所屬, 不直截以聖人爲標準, 卻要理會第二三著, 這事煞利害, 千萬細思之?【賀孫】

108:50 凡事求可, 功求成, 取必於智謀之末, 而不循天理之正者, 非聖賢之道.【燾】

108:51 ▲[41)]

108:52 今世有二弊, 法弊・時弊. 法弊但一切更改之, 卻甚易, 時弊則皆在人, 人皆以私心爲之, 如何變得? 嘉祐間法可謂弊矣, 王荊公未幾盡變之, 又別起得許多弊, 以人難變故也.【揚】

108:53 揚因論科擧法雖不可以得人, 然尙公. 曰: "銓法亦公. 然法至於盡公, 不在人, 便不是好法. 要可私而公, 方始好."【揚】

108:54 ▲[42)]

108:55 ▲[43)]

108:56 ▲[44)]

---

41) ▲: 古人立法, 只是大綱, 下之人得自爲. 後世法皆詳密, 下之人只是守法. 法之所在, 上之人亦進退下之人不得.【揚】【附箋紙】"古人立法, 只是大綱, 下之人得自爲. 後世法皆詳密, 下之人只是守法. 法之所在, 上之人亦進退, 下之人不得.【揚】" 此當添入.

42) ▲: 今日之法, 君子欲爲其事, 以拘於法而不得騁, 小人卻徇其私, 敢越於法而不之顧.【人傑】

43) ▲: 今人只認前日所行之事而行之, 便謂之循典故, 也須揀箇是底始得.【學蒙】

108:57 ▲[45]

108:58 今日之事, 若向上尋求, 須用孟子方法, 其次則孔明之治蜀, 曹操之屯田許下也. 【德明】

108:59 因論郡縣政治之乖, 曰: "民雖衆, 畢竟只是一箇心, 甚易感也." 【揚】

108:60 吳英·茂實云: "政治當明其號令, 不必嚴刑以爲威." 曰: "號令旣明, 刑罰亦不可弛. 苟不用刑罰, 則號令徒掛墻[46]壁爾. 與其不遵以梗吾治, 曷若懲其一以戒百? 與其覈實檢察於其終, 曷若嚴其始而使之無犯? 做大事, 豈可以小不忍爲心?" 【言經界. ○道夫】

108:61 因論經界, 曰: "只著一'私'字, 便生無限枝節." 或問: "程子'與五十里采地'之說如何?" 曰: "人之心無窮, 只恐與五十里, 他又要一百里, 與一百里, 他又要二百里." 【淳】

108:62 吾輩今經歷如此, 異時若有尺寸之柄, 而不能爲斯民除害去惡, 豈不誠可罪耶? 某嘗謂, 今之世姑息不得, 直須共他理會, 庶幾善弱可得存立. 【道夫】

108:63 或問: "爲政者當以寬爲本, 而以嚴濟之?" 曰: "某謂當以嚴爲本, 而以寬濟之. 「曲禮」謂'涖官行法, 非禮, 威嚴不行.' 須是令行禁止. 若曰令不行, 禁不止, 而以是爲寬, 則非也." 【人傑】

---

44) ▲: 被幾箇秀才在這裏翻弄那吏文, 翻得來難看. 吏文只合直說, 某事是如何, 條貫是如何, 使人一看便見, 方是. 今只管弄閑言語, 說到緊要處, 又只恁地帶過去. 【至】

45) ▲: 今日天下, 且得箇姚崇·李德裕來措置, 看如何. 【浩】

46) 墻: 賀本에서는 牆으로 되어 있다.

108:64 古人爲政, 一本於寬, 今必須反之以嚴. 蓋必如是矯之, 而後有以得其當. 今人爲寬, 至於事無統紀, 緩急予奪之權皆不在我, 下梢却是姦[47]豪得志, 平民旣不蒙其惠, 又反受其殃矣?【若海】

108:65 今人說寬政, 多是事事不管, 某謂壞了這"寬"字.【人傑】

108:66 平易近民, 爲政之本.【僩】

108:67 爲政如無大利害, 不必議更張[48]. 則所更一事未成, 必鬨然成紛擾, 卒未已也. 至於大家, 且假借之. 故子產引『鄭書』曰: '安定國家, 必大焉先.'"【人傑】

108:68 問: "爲政更張之初, 莫亦須稍嚴以整齊之否?" 曰: "此事難斷定說▲[49]. 今人往往過嚴者, 多半是自家不曉, 又慮人欺己, 又怕人慢己, 遂將大拍頭去拍他, 要他畏服. 若自見得, 何消過嚴? 便是這事難." ▲[50]【僩】

108:69 因言處[51]置天下事直是難? 救得這一弊, 少間就這救之之心又生那一弊. 如人病寒, 下熱藥, 少間又變成燥熱, 及至病熱, 下寒藥, 少間又變得寒. 到得這家計壞了, 更支捂不住.【僩】

108:70 問: "州縣間寬嚴事, 旣已聞命矣. 若經世一事, 向使先生見用, 其將何先?" 曰: "亦▲[52]是隨時. 如壽皇之初是一樣, 中間又是一

---

47) 姦: 成化本·賀本에서는 奸으로 되어 있다.
48) 議更張: 徽州本에서는 議更張이 한 번 더 들어 있다.
49) ▲: , 在人如何處置. 然亦何消要過於嚴? 今所難者, 是難得曉事底人. 若曉事底人, 歷練多, 事纔至面前, 他都曉得依那事分寸而施以應之, 人自然畏服
50) ▲: 又曰: "難? 難?"
51) 處: 成化本·賀本에서는 措로 되어 있다.【附箋紙】處, 當作措.
52) ▲: 只

樣, 只合隨時理會." 問: "今日之治, 奉行祖宗成憲. 然是太祖皇帝以來至今, 其法亦有弊而當[53]更者." 曰: "亦只是就其中整理, 如何便超出做得? 如薦擧, 如科場, 如銓試, 就其中從長整理." 問: "向說諸州廂禁軍與屯戍大軍更互敎閱, 如何?" 曰: "亦只是就其法整理." 旣而歎曰: "法度尙可移, 如何得人心變易, 各人將他心去行法? 且如薦擧一事, 雖多方措置隄防, 然其心只是要去私他親舊, 應副權勢, 如何得心變?" 說了. ▲[54)]【德明】

108:71 問治亂之機. 曰: "今看前古治亂, 那裏是一時做得? 少是四五十年, 多是一二百年醞釀, 方得如此." ▲[55)]俛首太息.【賀孫】

53) 當: 成化本·賀本에서는 常으로 되어 있다.

54) ▲: 德明起稟云: "數日聽尊誨, 敬當銘佩, 請出整衣拜辭." 遂出, 再入, 拜於床下. 三哥扶掖. 先生俯身蹙眉, 動色言曰: "後會未期. 朋友間多中道而畫者, 老兄卻能拳拳於切己之學, 更勉力擴充, 以慰衰老之望?" 德明復致詞拜謝而出, 不勝悵然? 前一日, 先生云: "朋友赴官來相別, 某病如此, 時事又如此, 後此相見, 不知又如何." 道中追念斯言, 不覺涕下? 伯魯進求一言之誨. 先生云: "歸去且與廖丈商量. 昨日說得已詳, 大抵只是如此." 稱"丈"者, 爲丈夫. 伯魯言.

55) ▲: 遂

『朱子語類』卷第一百九

「朱子六」

「論取士」

109:1 古人學校·教養·德行·道藝·選擧·爵祿·宿衛·征伐·師旅·田獵, 皆只是一項事, 皆一理也.

109:2 召穆公始諫厲王不聽, 而退居于郊. 及厲王出奔, 國人欲殺其子, 召公匿之. 國人圍召公之第, 召公乃以己子代厲王之子, 而宣王以立. 因歎曰: "便是這話難說? 古者公卿世及, 君臣恩意交結素深, 與國家共休戚, 故患難相爲如此. 後世相遇如塗人, 及有患難, 則渙然離散而已. 然今之公卿子孫, 亦[1]不可用者, 只是不曾敎得, 故公卿之子孫莫不驕奢淫泆[2]. 不得已而用草茅新進之士, 擧而加之公卿之位, 以爲苟勝於彼而已. 然所恃者, 以其知義理, 故勝之耳. 若更不知義理, 何所不至? 古之敎國子, 其法至詳密, 故其才者旣足以有立, 而不才者亦得以薰陶漸染, 而不失爲寡過之人, 豈若今之驕騃淫奢也哉? 陳同父課藁中有一段論此, 稍佳."【僩】

109:3 賓問: "人才須敎養. 明道章疏須先擇學官, 如何?" 曰: "便是未有善擇底人. 某嘗謂, 天下事不是從中做起, 須得結子頭是當, 然後從上梳理下來, 方見次序." 德明問: "聞先生嘗言, 州縣學且依舊課試,

---

1) 亦: 徽州本에서는 有로 되어 있다.
2) 泆: 賀本에서는 佚로 되어 있다.

太學當專養行義之士.” 曰: “卻如此不得. 士自四方遠來太學, 無緣盡知其來歷, 須是從鄉擧.” 【德明】

109:4 “呂與叔欲奏立四科取士, 曰德行, 曰明經, 曰政事, 曰文學. 德行則待州縣擧薦, 下三科卻許人投牒自試. 明經裏面分許多項目, 如『春秋』則兼通三傳, 禮則通三禮, 樂則盡通諸經所說樂處. 某看來, 樂處說也未盡. 政事則如試法律等及行移決判事. 又定爲試辟, 未試則以事授之, 一年看其如何, 辟則令所屬長官擧辟.” 器遠[3]云: “這也只是法.” 曰: “固是法, 也待人而行, 然這卻法意詳盡. 如今科擧, 直是法先不是了. 今[4]來欲敎吏部與二三郎官盡識得天下官之賢否, 定是了不得這事?” 【賀孫】

109:5 因論學校, 曰: “凡事須有規模. 且如太學, 亦當用一好人, 使之自立繩墨, 遲之一[5]年, 日與之磨煉, 方可. 今日學官只是計資考遷用, 又學識短淺, 學者亦不尊向.” 可學曰: “神宗未立三舍前, 太學亦盛.” 曰: “『呂氏家塾記』云, 未立三舍前, 太學只是一大書會, 當時有孫明復・胡安定之流, 人如何不趨慕?” 【可學】

109:6 ▲[6]

109:7 ▲[7]

---

3) 器遠: 賀本에서는 遠器로 되어 있다.
4) 今: 徽州本에서는 이 앞에 且如가 더 들어 있다.
5) 一: 『朱子語類』에서는 十으로 되어 있다.
6) ▲: 林擇之曰: “今士人所聚多處, 風俗便不好. 故太學不如州學, 州學不如縣學, 縣學不如鄉學.” 曰: “太學眞箇無益, 於國家敎化之意何在? 向見陳魏公說, 亦以爲可罷.” 【義剛】
7) ▲: 祖宗時, 科擧法疏闊. 張乖崖守蜀, 有士人亦不應擧. 乖崖去尋得李畋出來擧送去. 如士人要應擧時, 只是著布衫麻鞋, 陳狀稱, 百姓某人, 今聞朝廷取士如何如何, 來應擧, 連投所業. 太守略看所業, 方請就客位, 換襴幞相見, 方得請試. 只一二人, 試訖擧送. 舊亦不糊名, 仁宗時方糊名. 【揚】

109:8 "商鞅論人不可多學爲士人, 廢了耕戰. 此無道之言. 然以今觀之, 士人千人萬人, 不知理會甚事, 眞所謂游手? 只是恁地底人, 一旦得高官厚祿, 只是爲害朝廷, 何望其濟事? 眞是可憂?" 因云云云. "舊時此中赴試時, 只有[8]四五千人, 今多一倍." 因論呂與叔論得取士好. 因論其集上代人章表之類, 文字多難看, 此文集之弊. 揚因謂: "去了此等好." 曰: "然." 因歎: "與叔甚高, 可惜死早? 使其得六十左右, 直可觀, 可惜善人無福? 兄弟都有立. 一兄和叔, ▲[9]更直截, 死早." 【揚】

109:9 康節謂: "天下治, 則人上行, 天下亂, 則人上文." 太祖時, 人都不理會文, 仁宗時, 人會說. 今又不會說, 只是胡說. 因見時文義, 甚是使人傷心? 【揚】

109:10 因說"子張學干祿", 曰: "如今時文, 取者不問其能, 應者亦不必其能, 只是盈紙便可得. 推而上之, 如除擢皆然. 禮官不識禮, 樂官不識樂, 皆是吏人做上去. 學官只是備員考試而已, 初不是有德行道藝可爲表率, 仁義禮智, 從頭不識到尾? 國家元初取人如此, 爲之奈何?" 【明作】

109:11 王[10]舍人做『乾元統天義』, 說乾元處云"如目之有視, 耳之有聽, 體之有氣, 心之有神"云云. 如今也無這般時文. 【僩】

109:12 ▲[11]

---

8) 有: 賀本에서는 是로 되어 있다.
9) ▲: 做鄕約「鄕儀」者【附箋紙】做鄕約, 鄕儀者.
10) 王: 成化本·賀本에서는 三로 되어 있다.
11) ▲: 今人作經義, 正是醉人說話. 只是許多說話改頭換面, 說了又說, 不成文字? 【僩】

109:13 今人爲經義者, 全不顧經文, 務自立說, 心麤[12]膽大, 敢爲新奇詭異之論. 方試官命此題, 已欲其立奇說矣. 又[13], 出題目定不肯依經文成片段, 都是斷章牽合, 是甚麽義理? 三十年前人猶不敢如此, 只因一番省試出"上天之載, 無聲無臭, 儀刑文王"三句, 後遂成例. 當時人甚駭之, 今遂以爲常矣. 遂使後生輩違背經旨, 爭爲新奇, 迎合主司之意, 長浮競薄, 終將若何, 可慮? 可慮? 王介甫『三經義』固非聖人意, 然猶使學者知所統一. 不過專念本經, 及看注解, 而以其本注之說爲文辭, 主司考其工巧[14], 而定去留耳. 豈若今之違經背義, 恣爲奇說, 而無所底止哉? 當時神宗令介甫造『三經義』, 意思本好. 只是介甫之學不正, 不足以發明聖意爲可惜耳. 今爲經義者, 又不若爲詞賦, 詞賦不過工於對偶, 不敢如治經者之亂說也. 聞虜中科舉罷, 即曉示云, 後舉於某經某史命題, 仰士子各習此業. 使人心有所定止, 專心看一經一史, 不過數舉, 則經史皆通. 此法甚好. 今爲主司者, 務出隱僻題目, 以乘人之所不知, 使人弊精神於檢閱, 茫然無所向方, 是果何法也? 【僩】

109:14 ▲[15] 或曰: "若不出難題, 恐盡被人先牢籠做了." 曰: "莫管他. 自家依舊是取得好文字, 不誤遠方觀聽. 而今卻都是杜撰胡說, 破壞後生心術, 這箇乖. 某常說, 今日學校科舉不成法. 上之人分明以盜賊[16]遇士, 士亦分明以盜賊自處, 動不動便鼓譟作鬧, 以相迫脅, 非盜賊而何? 這箇治之無他, 只是嚴挾書傳義之禁, 不許繼燭, 少間自沙汰

12) 麤: 成化本・賀本에서는 粗로 되어 있다.
13) 又: 徽州本에서는 이 뒤에 其所가 더 들어 있다.
14) 巧: 『朱子語類』에서는 拙로 되어 있다.
15) ▲: 時有報行遣試官牽合破碎出題目者. 或曰: "如此行遣一番, 也好." 曰: "某常說, 不當就題目上理會. 這箇都是道術不一, 所以如此. 所以王介甫行「三經字說」, 說是一道德, 同風俗. 是他真箇使得天下學者盡只念這物事, 更不敢別走作胡說, 上下都有箇據守. 若是有才者, 自就他這腔子裏說得好, 依舊是好文字. 而今人卻務出暗僻難曉底題目, 以乘人之所不知, 卻如何教他不杜撰, 不胡說得?"
16) 盜賊: 賀本에서는 賊盜로 되어 있다.

了一半. 不是秀才底人, 他亦自不敢來. 雖無沙汰之名, 而有其實. 既不許繼燭, 他自要奔【去聲】, 無緣更代得人筆." 或曰: "恐難止遏. 今只省試及太學補試, 已自禁遏不住." 曰: "也只是無人理會. 若捉得一兩箇, 眞箇痛治, 人誰敢犯? 這箇須從保伍中做起, 卻從保正社首中討保明狀, 五家爲保, 互相保委. 若不是秀才, 定不得與保明. 若捉出詭名納兩副三副卷底人來, 定將保明人痛治, 人誰敢犯? ▲[17]." 或曰: "解額當均否?" 曰: "固是當均." 或曰: "看來不必立爲定額, 但以幾名終場卷子取一名, 足矣." ▲[18]因說混補, 曰: "頃在朝時, 趙丞相欲行三舍法. 陳君擧欲行混補, 趙丞相不肯, 曰: '今此天寒粟貴, 若復混補, 須添萬餘人, 米價愈騰踊矣?' 某曰: '爲混補之說者固是謬, 爲三舍之說亦未爲得也. 未論其他, 只州郡那裏得許多錢穀養他? 蓋入學者既有舍法之利, 又有科擧之利, 不入學者止有科擧一塗, 這裏便是不均. 利之所在, 人誰不趨? 看來只均太學解額於諸路, 便無事. 如今太學解額, 七人取兩人. 便七人取一人也由我, 十人取一人也由我, 二十人・三十人・四十人取一人也只由我. 而今自立个不平放這裏, 如何責得人趨'?" 或問: "恩榜無益於國家, 可去否?" 曰: "此又去不得. 去之則傷仁恩, 人必怨.[19] 看來只好作文學助教闕, 立定某州文學幾員, 助教幾員, ▲[20]其人士之多少以定員數, 如宗室宮觀例, 令自指射占闕, 相與受代, 莫要教他出來做官. 既不傷仁恩, 又無老耄昏濁貪猥不事事之病矣."【杜佑『通典』中說釋奠處有文學助教官.】 因說祿令, 曰: "今日祿令更莫說, 更是不均. 且如宮觀祠祿, 少間又盡指占某州某州. 蓋州郡財賦各自不同, 或元初立額有厚薄, 或後來有增減, 少間人盡占多處去. 雖曰州郡富厚, 被人炒多了, 也供當不去. 少間本州本郡底不曾給得,

---

17) ▲: 某嘗說, 天下無難理會底事, 這般事, 只是黑地裏脚指縫也求得出來, 不知如何得恁地無人理會?" 又曰: "今日科擧考試也無法不通看

18) ▲: 曰: "不得. 少間便長詭名納卷之弊. 依舊與他立定額. 只是從今起, 照前三擧內終場人數計之, 就這數內立定額數. 三擧之後, 又將來均一番. 如此則多少不至相懸絶矣."

19) 怨: 徽州本에서는 이 뒤에 怒가 더 들어 있다.

20) ▲: 隨

只得去應副他處人矣." 因又說經界. 或曰: "初做, 也須擾人." 曰: "若處之有法, 何擾之有? 而今只是人人不曉, 所以被人瞞說難行. 間有一兩个曉得底, 終不足以勝不曉者之多. 若人人都敎他算, 敎他法量, 他便使瞞不得矣. 打量極多法, 惟法算量極易, 自紹興間, 秦丞相擧行一番以至今. 看來是蘇綽以後, 到紹興方得行一番, 今又多弊了. 看來須是三十年又量一番, 庶常無弊. 蓋人家田産只五六年間便自不同, 富者貧, 貧者富, 少間病敗便多, 飛産匿名, 無所不有. 須是三十年再與打量一番, 則乘其弊少而易爲力, 人習見之, 亦無所容其奸矣. 要之, 旣行, 也安得盡無弊? 只是得大綱好, 其間寧無少弊處? 只如秦丞相·紹興間行, 也安得盡無弊? 只是十分弊, 也須革去得九分半, 所餘者一分半分而已. 今人卻情願受這十分重弊壓在頭上, 都不管. 及至纔有一人理會起, 便去搜剔那半分一分底弊來瑕疵之, 以爲決不可行. 如被人少卻百貫千貫卻不管, 及被人少卻百錢千錢, 便反到要與理會. 今人都是這般見識. 而今分明是有箇天下國家, 無一人肯把做自家物事看, 不可說著. 某常說, 天下事所以終做不成者, 只是壞於懶與私而已? 懶, 則士大夫不肯任事. 有一樣底說, 我只認做三年官了去, 誰能閒[21]理會得閒[22]事, 閒[23]討煩惱? 我不理會, 也得好好做官去. 次則豪家上戶群起遮攔, 恐法行則奪其利, 盡用納稅. 惟此二者爲梗而已." 又曰: "事無有處置不得者. 事事自有箇恰好處, 只是不會思量, 不得其法. 只如舊時科擧無定日, 少間人來這州試了, 又過那州試, 州裏試了, 又去漕司試, 無理會處. 不知誰恁[24]聰明, 會思量定作八月十五日, 積年之弊, 一朝而革, 這箇方喚做處置事. 聖人所以做事動中機會, 便是如此." 又曰: "凡事須看透背後去." 因擧掌云: "且如這一事, 見得這一面是如此, 便須看透那手背後▲[25], 方得. 如國手下碁[26]▲[27],

21) 閒: 『朱子語類』에서는 閑으로 되어 있다.
22) 閒: 『朱子語類』에서는 閑으로 되어 있다.
23) 閒: 『朱子語類』에서는 閑으로 되어 있다.
24) 恁: 徽州本에서는 이 뒤에 地가 더 들어 있다
25) ▲: 去

便見▲28)數十著以後之著. 若只看這一面, 如何見得那事幾? 更說甚治道?"【僩】

109:15 包顯道言科擧之弊. 先生曰: "如他經尙是就文義上說, 最是『春秋』不成說話, 多是去求言外之意, 說得不成模樣. 某說道, 此皆是'侮聖人之言'? 卻不如王介甫樣, 索性廢了, 較强." 又笑云: "常有一人作「隨時變通論」, 皆說要復古. 至論科擧要復鄕擧里選, 卻說須是歇二29)十年卻行, 要待那種子盡了方行得. 說得來也是."【義剛】

109:16 器遠問: "今士人習爲時文應擧, 如此須當有箇轉處否?" 曰: "某舊時看, 只見天下如何有許多道理恁地多? 如今看來, 只有一箇道理, 只有一箇學. 在下者也著如此學, 在上者也著如此學. 在上若好學, 自見道理, 許多弊政, 亦自見得須要整頓. 若上好學, 便於學舍選擧賢儒, 如胡安定·孫明復這般人爲敎導之官, 又須將科目盡變了, 全理會經學, 這須會好. 今未說士子, 且看朝廷許多奏表, 支離蔓衍, 是說甚麽? 如誥宰相, 只須說數語戒諭, 如此做足矣." 敬之云: "先生常說: '表奏之文, 下諛其上也, 誥勑30)之文, 上諛其下也.'"【賀孫】

109:17 問: "今日科擧之弊, 使有可爲之時, 此法何如?" 曰: "也廢他不得. 然亦須有箇道理." 又曰: "更須兼他科目取人."31)

109:18 ▲32)可學問: "歐陽公當時變文體, 亦是上之人主張?" 曰: "渠

---

26) 碁: 成化本·賀本에서는 棋로 되어 있다.
27) ▲: 一著
28) ▲: 得
29) 二: 徽州本에서는 三으로 되어 있다.
30) 勑: 賀本에서는 敕으로 되어 있다.
31) 人: 徽州本에서는 이 뒤에 【賡】이 더 들어 있다.
32) ▲: "今時文賦卻無害理, 經義大不便, 分明是'侮聖人之言'? 如今年三知擧所上箚子, 論擧人使字, 理會這箇濟得甚? 今日亦未論變科擧法. 只是上之人主張分別

是變其詭怪. 但此等事, 亦須平日先有服人, 方可." 舜功問: "歐陽公「本論」亦好, 但未[33]結末盡." 曰: "「本論」精密卻過於「原道」. 「原道」言語皆自然, 「本論」卻生受. 觀其意思, 乃是聖人許多憂慮做出, 卻無自然氣象. 下篇不可曉." 德粹云: "以拜佛, 知人之性善." 先生曰: "亦有說話. 佛亦教人爲善, 故渠以此觀之也." 【可學】

109:19 今科擧之弊極矣? 鄕擧里選之法是第一義, 今不能行. 只是就科擧法中與之區處, 且變著如今經義格子, 使天下士子各通五經大義. 一擧試『春秋』, 一擧試三『禮』, 一擧試『易』·『詩』·『書』, 禁懷挾. 出題目, 便寫出注疏與諸家之說, 而斷以己意. 策論則試以時務, 如禮·樂·兵·刑之屬, 如此亦不爲無益. 欲革奔競之弊, 則均諸州解額, 稍損太學之額. 太學則罷月書季攷[34]之法, 皆限之以省試, 獨取經明行修之人. 如此, 亦庶幾矣. 【大之】[35]

109:20 ▲[36]

109:21 ▲[37]

109:22 ▲[38]

109:23 ▲[39]

善惡, 擢用正人, 使士子少知趨向, 則人心自變, 亦有可觀."

33) 未: 成化本·賀本에서는 末로 되어 있다. 【附箋紙】 上"未"是"末".

34) 攷: 成化本·賀本에서는 考로 되어 있다.

35) 【大之】: 『朱子語類』에서는 【木之】로 되어 있다.

36) ▲: 因言今日所在解額太不均, 先生曰: "只將諸州終場之數, 與合發解人數定便了. 又不是天造地設有定數, 何故不敢改動? 也是好笑?" 【浩】

37) ▲: 或言太學補試, 動一二萬人之冗. 曰: "要得不冗, 將太學解額減損, 分布於諸州軍解額少處. 如此則人皆只就本州軍試, 又何苦就補試也?" 【燾】

38) ▲: 臨別, 先生留飯. 坐間出示理會科擧文字, 大要欲均諸州解額, 仍乞罷詩賦, 專經學論策, 條目井井. 云: "且得士人讀些書, 三十年後, 恐有人出." 【泳】

109:24 ▲[40)]

109:25 ▲[41)]

109:26 ▲[42)]

109:27 今人都不曾讀書, 不會出題目. 『禮記』有無數好處, 好出題目.【揚】

109:28 ▲[43)]

109:29 張孟遠以書來論省試策題目, ▲[44)]今日之弊, 在任法而不任人. 孟遠謂今日凡事傷不能守法. 曰: "此皆偏說. 今日乃是要做好事, 則以礙法不容施行, 及至做不好事, 卽便越法不顧, 只是不勇於爲善."

39) ▲: 乙卯年, 先生作『科學私議』一通, 付過看. 大概欲於三年前曉示, 下次科場, 以某經・某子・某史試士人. 如大義, 每道只六百字, 其餘兩場亦各不同. 後次又預前以某年科場, 別以某經・某子・某史試士人, 蓋欲其逐番精通也. 過欲借錄, 不許.【過】

40) ▲: 先生言時文之謬, 云: "如科學後便下詔, 今番科學第一場出題目在甚經內, 論題出在甚史內, 如『史記』・『漢書』等, 廣說二書, 策只出一二件事. 庶幾三年之間, 專心去看得一書. 得底固是好, 不得底也逐番看得一般書子細."【胡泳】

41) ▲: 先生云: "禮書已定, 中間無所不包. 某常欲作一科學法. 今之詩賦實爲無用, 經義則未離於說經. 但變其虛浮之格, 如近古義, 直述大意. 立科取人, 以『易』・『詩』・『書』爲一類, 三『禮』爲一類, 『春秋』三『傳』爲一類. 如子年以『易』・『詩』・『書』取人, 則以前三年擧天下皆理會此三經, 卯年以三『禮』取人, 則以前三年擧天下皆理會此三『禮』, 午年以『春秋』三『傳』取人, 則以前三年擧天下皆理會此『春秋』三『傳』. 如『易』・『詩』・『書』稍易理會, 故先用此一類取人. 如是周而復始, 其每擧所出策論, 皆有定所. 如某書出論, 某書出策, 如天文・地理・樂律之類, 皆指定令學者習, 而用以爲題." 賀孫云: "此法若行, 但恐卒未有考官." 曰: "須先令考官習之."【賀孫】

42) ▲: 李先生說: "今日習『春秋』者, 皆令各習一傳, 并習誰解, 只得依其說, 不得臆說." 先生曰: "六經皆可如此, 下家狀時, 皆令定了."【揚】

43) ▲: 科擧種子不好. 謂試官只是這般人.【揚】

44) ▲: 言

【必大】

109:30 ▲[45)]

109:31 問: "今之學校, 自麻沙時文冊子之外, 其他未嘗過而問焉." 曰: "怪它不得, 上之所以教者不過如此. 然上之人曾不思量, 時文一件, 學子自是著急, 何用更要你教? 你設學校, 卻好教他理會本分事業." 曰: "上庠風化之原, 所謂'季攷[46)]行藝'者, 行尤可笑, 只每月占一日之食便是." 先生笑曰: "何其簡易也?" 曰: "天下之事, 大正則難, 如學校間小正須可." 曰: "大處正不得, 小處越難. 才動著, 便有掣肘, 如何正得?" 【琮】

109:32 因說科擧所取文字, 多是輕浮, 不明白著實. 因歎息云: "最可優者, 不是說秀才做文字不好, 這事大關世變. 東晉之末, 其文一切含胡, 是非都沒理會." 【賀孫】

109:33 有少年試教官. 先生曰: "公如何須要去試教官? 如今最沒道理, 是教人懷牒來試討教官. 某嘗經歷諸州, 教官都是許多小兒子, 未[47)]生髭鬚. 入學底多是老大底人, 如何服得他, 某思量, 須是立箇定制, 非四十以上不得任教官." 又云: "須是罷了堂除, 及注授教官, 卻請本州鄉先生爲之. 如福州, 便教林少穎這般人做, 士子也歸心, 他教也必不苟." 又云: "只見泉州教官卻老成, 意思卻好. 然他教人也未是, 如教人編抄甚長編文字." ▲[48)] 【賀孫】

---

45) ▲: "科擧是法弊. 大抵立法, 只是立箇得人之法. 若有奉行非其人, 卻不干法事, 若只得人便可. 今卻是法弊, 雖有良有司, 亦無如之何." 王嘉叟云: "朝廷只有兩般法: 一是排連法, 今銓部是也, 一是信采法, 今科擧是也." 【螢】

46) 攷: 成化本・賀本에서는 考로 되어 있다.

47) 未: 徽州本에서는 이 앞에 猶自가 더 들어 있다.

48) ▲: 又曰: "今教授之職, 只教人做科擧時文. 若科擧時文, 他心心念念要爭功名, 若不教他, 你道他自做不做? 何待設官置吏, 費廪祿教他做? 也須是當職底人怕

109:34 坐中有說赴賢良科. 曰: "向來作時文應擧, 雖是角虛無實, 然猶是白直, 卻不甚害事. 今來最是喚做賢良者, 其所作策論, 更讀不得. 緣世上只有許多時事, 已前一齊話了, 自無可得說. 如笮酒相似, 第一番淋了, 第二番又淋了, 第三番又淋了. 如今只管又去許多糟粕裏只管淋, 有甚麼得話? 旣無可得話, 又只管要新. 最切害處, 是輕德行, 毁名節, 崇智術, 尙變詐, 讀之使人痛心疾首. 不知是甚世變到這裏, 可畏? 可畏? 這都是不祥之兆, 隆興以來不恁地. 自隆興以後有恢復之說, 都要來[49]說功名, 初不曾濟得些事. 今看來, 反把許多元氣都耗卻. 管子・孔門所不道, 而其言猶曰'禮義廉恥, 是謂四維.' 如今將禮義廉恥一切掃[50]除了, 卻來說事功?"【賀孫】

109:35 ▲[51]

109:36 說趙丞相欲放混補, 歎息云: "方今大倫, 恁地不成模樣? 身爲宰相, 合以何爲急? 卻要急去理會這般事, 如何恁▲[52]不識輕重? 此皆是衰亂之態. 只看宣和末▲[53], 番人將至, 宰相說甚事, 只看『實錄』頭一版便見. ▲[54]今時文日趨於弱, 日趨於巧小, 將士人這些志氣都

道人不曉義理, 須是要教人識些. 如今全然無此意, 如何恁地?"

49) 來: 徽州本에서는 求로 되어 있다.

50) 掃: 賀本에서는 埽로 되어 있다.

51) ▲: 葉正則・彭大老欲放混補, 廟堂亦可之, 但慮艱食, 故不果行. 二人之意, 大率爲其鄕人地耳. 廟堂云"今日太學文字不好", 卻不知所以不好之因. 便使時文做得十分好後, 濟得甚事? 某有一策: 諸州解額, 取見三擧終場最多人數, 以寬處爲準, 皆與添上. 省試取數卻不增. 其補試, 卻用科擧年八月十五日引試. 若要就補, 須舍了解試始得. 如此, 庶幾人有固志, 免得如此奔競喧鬨.【閎祖】

52) ▲: 地

53) ▲: 年

54) ▲: 且說太學秀才做時文不好, 你道是識世界否? 如今待補取士, 有甚不得? 如何道恁地便取得人才, 如彼便取不得人才? 只是亂說. 待補之立, 也恰如擲骰子一般, 且試采, 擲得便得試, 擲不得便不得試, 且以爲節制. 那裏得底便是, 不得底便不是? 這般做事, 都是枉費氣力. 某常說均解額, 只將逐州三擧終場人數, 用其最多爲額, 每百人取幾人, 太學許多濫恩一齊省了. 元在學者, 聽依舊恩例. 諸路

消削得盡. ▲[55]宣和末年三舍法纔罷, 學舍中無限好人才, 如胡邦衡之類, 是甚麼様有氣魄? 做出那文字是甚豪壯? 當時亦自煞有人. 及紹興渡江之初, 亦自有人才. 那時士人所做文字極麤[56], 更無委曲柔弱之態, 所以亦養得氣字. 只看如今秤斤注兩, 作兩句破頭, 如此是多少衰氣?"【賀孫】

109:37 或問: "趙子直建議行三舍法: 補入縣學, 自縣學比試, 入於州學, 自州學貢至行在補試, 方入太學. 如何?" 曰: "這是顯然不可行底事. 某嘗作書與說, 他自謂行之有次第, 這下梢須大乖. 今只州縣學裏小小補試, 動不動便只是請囑之▲[57]. 若更[58]把這箇爲補試之地, 下梢須至於興大獄. 子直這般所在, 都不詢訪前輩. 如向者三舍之弊, 某嘗及見老成人說, 劉聘君云, 縣學嘗得一番分肉, 肉有內舍・外舍多寡之差. 偶齋僕下錯了一分, 學生便以界方打齋僕, 高聲大怒云: '我是內舍生, 如何卻只得外舍生肉?' 如此等無廉恥事無限, 只是蔡京法度如此. 嘗見胡珵・德輝有言曰: '學校之設, 所以教天下之人爲忠爲孝也. 國家之學法, 始於熙寧, 成於崇觀. 熙寧之法, 李[59]▲[60]爲之也, 崇觀之法, 蔡京爲之也. 李定者, 天下之至不孝者也, 蔡京者, 天下之至不忠者也. 豈有不忠・不孝之人, 而其所立之法可行於天下乎?' 今欲行三舍之法, 亦本無他說, 只爲所取待補多滅裂, 眞正老成士人, 多不得大學就試, 大學緣此多不得人. 然初間所以立待補之意, 只爲四

牒試皆罷了, 士人如何也只安鄉學. 如何自家卻立箇物事, 引誘人來奔趨? 下面又恁地促窄, 無入身處. 如何又只就微末處理會? 若均解額取人數多, 或恐下梢恩科數多, 則更將分數立一長限, 以前得舉人, 卻只依舊限, 有甚不得處? 他只說近日學中緣有待補, 不得廣取, 以致學中無好文字. 不知時文之弊已極, 雖鄉舉又何嘗有好文字膾炙人口? 若是要取人才, 那裏將這幾句冒頭見得? 只是胡說?

55) ▲: 莫說以前, 只是
56) 麤: 成化本・賀本에서는 粗로 되어 있다.
57) ▲: 私
58) 更: 賀本에서는 便로 되어 있다.
59) 李: 【附箋紙】 "李"下脫"定".
60) ▲: 定

方士人都來就試, 行在壅隘, 故爲此法. 然又須思量, 所以致得四方士人苦死都要來赴大學試, 爲甚麼? 這是箇弊端, 須從根頭61)理會去. 某與子直書曾云, 若怕人都來赴大學試, ▲62)思量士人所以都要來做甚麼. 皆是秀才, 皆非有古人教養之實, 而仕進之途如此其易. 正試旣優, 又有舍選, 恩數厚, 較之諸州或五六百人解送一人, 何其不平至於此? ▲63)做得病痛如此. 不就這處醫治, 卻只▲64)理會其末? 今要好, 且明降指揮, 自今大學並不許以恩例爲免. 若在學人援執舊例, 則以自合65)新補入爲始. 他未入者幸得入而已, 未暇計此. 大學旣無非望之恩, 又於鄕學額窄處增之, 則人人自安鄕里, 何苦都要入大學? 不就此整理, 更說甚? 高抑崇66), 秦丞67)相擧之爲68)▲69), 抑崇乃龜山門人. 龜山於學校之弊, 煞有說話, 渠非不習聞講論, 到好做處, 卻略不施爲. 秦本惡程學, 後見其用此人, 人莫不相慶, 以爲庶幾善類得相汲引. 後乃大不然, 一向苟合取媚而已? 學校以前整頓固難. 當那時兵興之後, 若從頭依自家好規模整頓一番, 豈不可爲? 他當時於秦相前, 亦不敢說及此."【賀孫】

109:38 ▲70)

61) 頭: 賀本에서는 本으로 되어 있다.
62) ▲: 須
63) ▲: 自是
64) ▲: 去
65) 合: 賀本에서는 今으로 되어 있다.
66) 崇: 徽州本에서는 이 뒤에 渡江初가 더 들어 있다.
67) 丞: 『朱子語類』에는 없다.
68) 爲: 【附箋紙】 "爲"下脫"司業"二字.
69) ▲: 司業
70) ▲: 因論黃幾先言, 曾於周丈處見虜中賦, 氣脈厚. 先生曰: "那處是氣象大了, 說得出來. 自是如此, 不是那邊人會."【揚】

『朱子語類』卷第一百一十

「朱子七」

「論兵」

110:1 今州郡無兵無權. 先王之制, 內有六鄕·六遂·都鄙之兵, 外有方伯·連帥之兵, 內外相維, 緩急相制.【賀孫】

110:2 本强, 則精神折衝, 不强, ▲[1]招殃致凶.【僩】

110:3 或言: "古人之兵, 當如子弟之衛父兄. 而孫·吳之徒, 必曰與士卒同甘苦而後可, 是子弟必待父兄施恩而後報也." 先生曰: "巡而拊之, '三軍之士皆如挾纊', 此意也少不得."【賀孫 ○木之同.】

110:4 ▲[2]

110:5 "辛棄疾頗諳曉兵事. 云: '兵老弱不汰可慮. 向在湖南收茶寇, 令統領揀人, 要一可當十者, 押得來便看不得, 盡是老弱? 問何故如此? 云, 只揀得如此, 間有稍壯者, 諸處借事去. 州郡兵旣弱, 皆以大軍可恃, 又如此? 爲今之計, 大段著揀汰, 但所汰者又未有[3]頓處.' 某

---

1) ▲: 則

2) ▲: 凡爲守帥者, 止教閱將兵, 足矣. 程其年力, 汰斥癃老衰弱, 招補壯健, 足可爲用, 何必更添寨置軍? 其間衣糧或厚或薄, 遂致偏廢. 如此間將兵, 則皆差出接送矣.【方子】

3) 有: 徽州本에서는 이 뒤에 安이 더 들어 있다.

向見張魏公, 說以分兵殺虜之勢. 只緣虜人調發極難, 完[4]顔要犯江南, 整整兩年, 方調發得聚. 彼中雖是號令簡, 無此間許多周遮, 但彼中人纔逼迫得太急, 亦易變, 所以要調發甚難. 只有沿淮有許多捍禦之兵. 爲吾之計, 莫若分幾軍趨關・陝, 他必擁兵於關・陝, 又分幾軍向西京, 他必擁兵於西京, 又分幾軍望淮北, 他必擁兵於淮北, 其他去處必空弱. 又使海道兵擣海上, 他又著擁兵捍海上. 吾密揀精銳幾萬在此, 度其勢力旣分, 於是乘其稍弱處, 一直收山東. 虜人首尾相應不及, 再調發來添助, 彼卒未聚, 而吾已據山東. ▲[5] 中原及燕京自不消得大段用力, 蓋精銳萃於山東而虜勢已截成兩段去. 又先下明詔, 使中原豪傑自爲響應. 是時魏公答以'某只受一方之命, 此事恐不能主之.'" 蔡云: "今兵政如此, 終當如何?" 曰: "須有道理." 蔡曰: "莫著改更法制?" 曰: "這如何得? 如同父云: '將今法制, 重新洗換一番方好.' 某看來, 若便使改換得井牧其田, 民皆爲兵, 若無人統率之, 其爲亂道一也." "然則如之何?" 曰: "只就這腔裏自有道理, 這極易. 只呼吸之間, 便可以弱爲强, 變怯爲勇, 振柔爲剛, 易敗爲勝, 直如反掌耳?"【賀孫】

110:6 ▲[6]

110:7 ▲[7]

110:8 ▲[8]

---

4) 完: 『朱子語類』에서는 元으로 되어 있다.

5) ▲: 纔據山東,

6) ▲: 先生云: "當今要復太祖兵法, 方可復中原." 又云: "諸州禁軍皆不可用. 幾年說要揀冗兵, 但只說得, 各圖苟且安便, 無有爲者. 故新者來, 舊者又不去, 來而又來, 相將積得, 皆不可用. 如澄冗官, 見這人不可用, 便除一人. 而今不可用者又復留而不去, 故軍冗不練, 官冗不澄."【壽昌】

7) ▲: 問: "今日之軍政, 只有君相上下一心, 揀之又揀, 如太祖時, 方好." 曰: "只有揀練便用. 太祖時卽用. 如揀而養十數年, 又老了, 依舊無用."【揚】

110:9 今日兵不濟事. 兵官不得人, 專務刻削兵, 且驕弱安養, 不知勞苦, 一旦如何用? 某嘗言, 宜散京師之兵, 卻練諸郡之兵, 依太祖法, 每年更戍趲去淮上衛邊. 謂如福建之兵趲去饒州, 饒州之兵趲去衢·信, 衢·信趲去行在, 迤邐趲去淮上. 今年如此, 明年又趲去, 則京師全無養兵之費, 豈不大好?【僩】

110:10 言今兵政之弊, 曰: "唐制節度【兵】, 觀察【財】. 處置等使, 卽節鎭也, 使持節某州諸軍事【兵】, 某州刺史【民】, 卽支郡也. 支郡隸於節鎭, 而節鎭·支郡各有衙前左右押衙, 管軍都頭, 並掌兵事, 又皆是士人爲之. 其久則根勢深固, 反視節度有客主之勢. 至有誅逐其上, 而更代爲之. 凡陸梁跋扈之事, 因玆而有. 惟[9]是節度得人, 方能率服人心, 歸命朝廷. 若論唐初兵力最盛, 斥地最廣, 乃在於統兵者簡約而無牽制之患. 然自唐末, 大抵節鎭之患深, 如人之病, 外强中乾, 其勢必有以通其變而後可. 故太祖皇帝知其病而疏理之, 於是削其支郡, 以斷其臂指之勢,【當時至有某州某縣直隸京師, 而不屬節度者.】 置通判, 以奪其政, 命都監監押, 以奪其兵, 立倉場庫務之官, 以奪其財, 向之所患, 今皆無憂矣. 其後又有路分·鈐轄·總管等員. 神宗時, 又增置三十七將. 亂離之後, 又有都統·統領·統制之名. 大抵今日之患, 又卻在於主兵之員多. 朝廷雖知其無用, 姑存其名. 目[10]費國家之財, 不可勝計, 又刻剝士卒, 使士卒困怨於下. 若更不變而通之, 則其害未艾也. 要之, 此事但可責之郡守. 他分明謂之郡將, 若使之練習士卒, 修治器甲, 築固城壘, 以爲一方之守, 豈不隱然有備而可畏? 古人謂'生之者衆, 食之者寡, 爲之者疾, 用之者舒', 今一切反之?"【道夫】

110:11 問: "後世雖養長征兵, 然有緩急, 依舊徵發於民, 終是離民兵不得. 兼長征兵終不足靠, 如杜子美「石壕吏詩」可見." 曰: "自秦·

---

8) ▲: 今兵官愈多, 兵愈不精.【道夫】
9) 惟: 徽州本에서는 이 앞에 其間이 더 들어 있다.
10) 目: 成化本·賀本에서는 日로 되어 있다.

漢以下至六國, 皆未有長征兵, 都是徵發於民. 及唐府衛法壞, 然後方有長征兵." 因論[11]荊・襄義勇, 州縣官吏反擾之. 當時朝廷免徵科, 官吏不得役使.[12] 今徵科既不得免, 民反倍有所費, 又官吏役使如故. 曰: "某當初見劉共父說, 他制得義勇極好, 且是不屬官吏, 官不得擾之. 某應之曰: '無緣有不屬州縣之理.' 固疑其末流如此."【僩】

110:12 兵甲詭名不可免, 善兵者亦不於▲[13]理會. 纔有一人可用, 便令其兼數人之料. 軍中若無此, 便不足以使人. 故朝廷只是擇將, 以其全數錢米與之, 只責其成功, 不來此屑屑計較. 近來刮刷得都盡, 朝廷方以爲覈實得好.【先生云, 聞前輩云云. ○揚】

110:13 兵法以能分合爲變, 不獨一陣之間有分合, 天下之兵皆然. 今日之兵, 分者便不可合, 合者便不可分. 本朝舊來只郡國禁兵而已, 但在西北者差精銳耳. 渡江後, 又添上御前軍, 卻是張・韓輩自起此項兵. 後來既不可得而去, 只得如此聚屯. 今以不如祖宗時財賦, 養祖宗時所無之兵, 安得不窮也?【營】

110:14 ▲[14]

110:15 ▲[15]

---

11) 因論: 徽州本에서는 良久因又論으로 되어 있다.
12) 使: 徽州本에서는 이 뒤에 指揮가 더 들어 있다.
13) ▲: 此
14) ▲: 唐時州縣上供少, 故州縣富. 兵在藩鎭, 朝廷無甚養兵之費. 自本朝罷了藩鎭, 州郡之財已多歸於上. 熙豐間, 又令州郡見看軍額幾人, 折了者不得補, 卻以其費樁管上供, 而朝廷得錢物甚多. 今天下兵約四五十萬, 又皆羸弱無用之人, 所費不可計. 今若要理會, 須從此起.【揚】
15) ▲: 論財賦, 曰: "財用不足, 皆起於養兵. 十分, 八分是養兵, 其他用度, 止在二分之中. 古者刻剝之法, 本朝皆備, 所以有靖康之亂. 已前未有徐・揚・江・鄂之兵, 止謂張宣撫兵, 某人兵. 今增添許多兵. 合當精練禁兵, 汰其老弱, 以爲廂兵."【節】

110:16 ▲[16)]

110:17 ▲[17)]

110:18 "今日民困, 正緣沿江屯兵費重. 只有屯田可減民力, 見說襄·漢間儘有荒地." 某云: "當用甚人耕墾?" 曰: "兵民兼用, 各自爲屯. 彼地沃衍, 收穀必多. 若做得成, 敵人亦不敢窺伺. 兵民得利既多, 且耕且戰, 便是金城湯池. 兵食既足, 可省漕運, 民力自蘇. 然後盡驅州郡所養歸明北軍, 往彼就食, 則州郡自寬. 遲之十年, 其效必著. 須是擇帥. 既得其人, 專一委任, 許令辟召寮屬, 同心措置, 勿數更易, 庶幾有濟."【浩 ○屯田.】

110:19 ▲[18)]

110:20 因言: "淮上屯田, 前此朝廷嘗差官理會. 其人到彼, 都不曾敢起人所與者. 都只令人築起沿江閒[19)]地以爲屯, 此亦太不立. 大抵世事須是出來擔當, 不可如此放倒. 人是天地中最靈之物, 天能覆而不能載, 地能載而不能覆, 恁地大事, 聖人猶能裁成輔相之, 況於其他." 因舉齊 景公答夫子"君君臣臣"之語, 又與晏子言"美哉室"之語, 皆放倒說話. 且如五代時, 兵驕甚矣. 周 世宗 高平一戰既敗卻, 忽然誅[20)]不用命者七十餘人, 三軍大振, 遂復合戰而克之. 凡事都要人有志.【壯祖】

---

16) ▲: 今朝廷盡力養兵, 而兵常有不足之患. 自兵農既分之後, 計其所費, 卻是無日不用兵也.【時舉】
17) ▲: 今天下財用費於養兵者十之八九, 一百萬貫養一萬人. 此以一歲計.【僩】
18) ▲: 范伯達有文字, 說淮上屯田, 須與畫成一井, 中爲公田, 以給軍. 令軍人子弟分耕, 取公田所入以給軍.【德明】
19) 閒: 『朱子語類』에서는 閑으로 되어 있다.
20) 誅: 徽州本에서는 이 뒤에 戮이 더 들어 있다.

110:21 屯田, 須是分而屯之, 統帥屯某甚州, 總司屯甚州, 漕司屯甚州, 以[21]戶部尙書爲屯田使, 使各考其所屯之多少, 以爲殿最, 則無不可行者. 今則不然, 每欲行一文字, 則經由數司僉押相牽制, 事何由成? 【道夫】

110:22 趙昌夫[22]相見, 因論兵事. 先生曰: "兵以用而見其强弱, 將以用而見其能否. 且如本朝諸公游陝西者, 多知邊事, 此亦是用兵之故. 今日諸將[23]坐於屋下, 何以知其能? 縱有韓白復生, 亦何由辨之?" 【可學 ○擇將帥.】

110:23 問選擇將帥之術. 曰: "當無事之時, 欲識得將, 須是具大眼力, 如蕭何識韓信, 方得. 不然, 邊警之時, 兩兵相抗, 恁時人才自急. 且如國家中興, 張・韓・劉・岳突然而出, 豈平時諸公所嘗識者? 不過事期到此, 厮拶出來耳." 【道夫】

110:24 ▲[24]

110:25 今日將官全無意思, 只似人家驕子弟了. 褒衣博帶, 談道理, 說詩書, 寫好字, 事發遣? 如此, 何益於事? 【謙】

110:26 今諸道帥臣, ▲[25]曾作一二任監司, 卽以除之, 有警, 則又欲其親督戰士. 此最不便, 萬一爲賊所虜, 爲之柰何? 彼固不足恤[26], 然失一帥, 其勢豈不張大? 前輩謂祖宗用帥取以二路. 一是曾歷邊郡, 一

---

21) 以: 徽州本에서는 이 앞에 上面卽이 더 들어 있다.
22) 夫: 『朱子語類』에서는 父로 되어 있다.
23) 將: 賀本에서는 生으로 되어 있다.
24) ▲: 不令宦官賣統軍官職, 是今日軍政第一義. 【方】
25) ▲: 只
26) 恤: 『朱子語類』에서는 卹로 되어 있다.

是帥臣子弟, 曾諳兵事者. 此最有理. 或謂戎幕宜用文臣三四員, 此意亦好. 蓋經歷知得此等利害, 向後皆可爲帥. 然必須精選而任, 不可泛濫也.【道夫】

110:27 ▲[27)]

110:28 ▲[28)]

110:29 或問古今治亂者. 先生言: "古今禍亂, 必有病根. 漢宦官后戚, 唐藩鎭, 皆病根也. 今之病根, 在歸正人忽然放敎他來, 州縣如何奈得他何? 所幸老者已死, 少者無彼中人氣象, 似此間人一般, 無能爲矣."【謙】

110:30 ▲[29)]

「論刑」

110:31 天下事最大而不可輕者, 無過於兵刑. 臨陳時, 是胡亂錯殺了幾人. 所以老子云: "夫佳兵者不祥之器, 聖人不得已而用之." 獄訟, 面前分曉事易看. 其情僞難通, 或旁無佐證, 各執兩說繫人性命處, 須喫緊思量, 猶恐有誤也."【僩】

---

27) ▲: 或問: "諸公論置二大帥以統諸路之帥, 如何?" 曰: "不消如此. 只是擇得一箇人了, 君相便專意委任他, 卻使之自擇參佐, 事便歸一. 今若更置大帥以監臨之, 少間必有不相下之意, 徒然紛擾. 須是得一箇人委任他, 聽他自漸漸理會許多軍政, 將來自有條理."【恪】

28) ▲: 蜀遠朝廷萬有餘里. 擇帥須用嚴毅·素有威名·足以畏壓人心, 則喜亂之徒不敢作矣.【道夫】

29) ▲: 邊防馬政甚弊. 廬州舊夾肥水而城, 今只築就一邊.【揚】

110:32 論刑, 云: "今人說輕刑者, 只是所犯之人爲可憫, 而不知被傷之人尤可念也. 如劫盜殺人者, 人多爲之求生, 殊不念死者之爲無辜, 是[30]知爲盜賊計, 而不爲良民地也. 若如酒稅僞會子, 及飢荒竊盜之類, 猶可以情原其輕重大小而處之."【時擧】

110:33 今之法家, 惑於罪福報應之說, 多喜出人罪以來福報. 夫使無罪者不得直, 而有罪者得倖免, 是乃所以爲惡爾, 何福報之有?『書』曰: "欽哉! 欽哉! 惟刑之恤哉!" 所謂欽恤者, 欲其詳審曲直, 令有罪者不得免, 而無罪者不得濫刑也. 今之法官惑於欽恤之說, 以爲當寬人之罪而出其死, 故凡罪之當殺者, 必多爲可出之塗, 以俟奏裁, 則率多減等. 當斬者配, 當配者徒, 當徒者杖, 當杖者笞. 是乃賣弄條貫, 舞法而受賕者耳? 何欽恤之有? 罪之疑者從輕, 功之疑者從重, 所謂疑者, 非法令之所能決, 則罪從輕而功從重, 惟此一條爲然耳, 非謂凡罪皆可以從輕, 而凡功皆可以從重也. 今之律令亦有此條, 謂法所不能決者, 則俟奏裁. 今乃明知其罪之當死, 亦莫不爲可生之塗以上之. 惟壽皇不然, 其情理重者皆殺之.【僩】

110:34 李公晦問: "'恕'字, 前輩多作愛人意思說, 如何?" 曰: "畢竟愛人意思多." 因云: "人命至重, 官司何故斬之於市? 蓋爲此人曾殺那人, 不斬他, 則那人之冤無以伸, 這愛心便歸在被殺者一邊了. 然古人'罪疑惟輕', '與其殺不辜, 寧失不經', 雖愛心只在被殺者一邊, 卻又溢出這一邊些子."【佐】

30) 是: 徽州本에서는 이 앞에 如此則이 더 들어 있다.

『朱子語類』卷第一百一十一

「朱子八」

「論民」

111:1 建寧迎神. 先生曰: "孟子言: '我亦欲正人心, 息邪說, 距詖行, 放淫辭', 今人心都喎邪了, 所以如此. 泉州一富室, 捨財造廟, 擧室乘舟往廟所致祭落成, 中流舟溺, 無一人免者. 民心不得其正, 眼前利害猶曉不得, 況欲曉之以義理哉?"【必大 ○人傑錄略. ○敎民】

111:2 今欲行古制, 欲法三代, 煞隔霄壤. 今說爲民減放, 幾時放得到他元肌膚處? 且如轉運使每年發十萬貫, 若大段輕減, 減至五萬貫, 可謂大恩. 然未減放那五萬貫, 尙是無名額外錢. 須一切從民正賦, 凡所增名色, 一齊除盡, 民方始得脫淨, 這裏方可以議行古制. 如今民生日困, 頭只管重, 更起不得. 爲人君, 爲人臣, 又不以爲急, 又不相知, 如何得好? 這須是上之人一切埽[1]除妄費, 臥薪嘗膽, 合天下之智力, 日夜圖求, 一起而更新之, 方始得. 某在行在不久, 若在彼稍久, 須更見得事體可畏處. 不知名園麗圃, 其費幾何? 日費幾何? 下面頭會箕斂以供上之求. 又有上不在天子, 下不在民, 只在中間白乾消沒者何限? ▲[2]【賀孫 ○取民】

111:3 程正思言, 當今守令取民之弊, 渠能言其弊, 畢竟無策. 就使臺官果用其言而陳於上前, 雖戒敕州縣, 不過虛文而已. 先生云: "今

---

1) 埽: 孝宗刊本・英祖刊本・成化本에서는 掃로 되어 있다.
2) ▲: 因言賦重民困, 曰: "此去更須重在?"

天下事只礙箇失人情, 便都做[3]不得. 蓋事理只有一箇是非, 今朝廷之上, 不敢辨別是非. 如宰相固不欲逆上意, 上亦不欲忤宰相意. 今聚天下之不敢言是非者在朝廷, 又擇其不敢言之甚者爲臺諫, 習以成風, 如何做得事?"【人傑】

111:4 ▲[4]

111:5 ▲[5]

111:6 ▲[6]

111:7 ▲[7]

111:8 ▲[8]

111:9 ▲[9]

---

3) 做: 賀本에서는 使로 되어 있다.

4) ▲: 今上下匱乏, 勢須先正經界. 賦入既正, 總見數目, 量入爲出, 罷去冗費, 而悉除無名之賦, 方能救百姓於湯火中. 若不認百姓是自家百姓, 便不恤.【必大】

5) ▲: 荀悅云, 田制須是大亂之後, 方可定.【揚】

6) ▲: 今之賦, 輕處更不可重. 只重處減似那輕處, 可矣.【淳】

7) ▲: 今世産賦百弊. 砧基簿, 只是人戶私本, 在官中本, 天下更無一處有. 稅賦本末, 更無可稽尋處.【義剛】

8) ▲: 朋友言, 某官失了稅簿. 先生曰: "此豈可失了? 此是根本. 無這箇後, 如何稽考? 所以「周官」建官, 便皆要那史. 所謂史, 便是掌管那簿底."【義剛】

9) ▲: 福建賦稅猶易辨, 浙中全是白撰, 橫斂無數, 民甚不聊生, 丁錢至有三千五百者. 人便由此多去計會中使, 作宮中名字以免稅. 向見辛幼安說, 糞船亦挿德壽宮旗子. 某初不信, 後提擧浙東, 親見如此. 嘗有人充保正, 來論某當催秋稅, 某人當催夏稅. 某初以爲催稅只一般, 何爭秋夏? 問之, 乃知秋稅苗産有定色, 易催, 夏稅是和買絹, 最爲重苦. 蓋始者一疋, 官先支得六百錢, 後來變得令人先納絹, 後請錢, 已自費力了, 後又無錢可請, 只得白納絹, 今又不納絹, 只令納價錢, 錢數又重. 催不到者, 保正出之, 一番當役, 則爲之困矣. 故浙中不如福建, 浙西又不如浙東, 江東又不如江西. 越近都處, 越不好.【淳 ○義剛同.】

111:10 浩曰: "江 浙稅重. 昨日來, 路問村人, 見得此間只成十一之稅." 曰: "嘗見前輩說, 閩中眞是樂國. 某初只在山間, 不知外處事, 及到浙東, 然後知吾鄕果是樂地. 今只汀州全做不得, 彼處屢經寇竊, 逃亡者多. 遺下産業, 好者上戶占去, 不好者勒鄰至耕佃. 鄰至無力, 又逃亡. 所有田業或抛荒, 或隱沒, 都無歸著. 又, 官科鹽於民, 歲歲增添, 此外有名目科斂不一, 官艱於催科, 民苦於重斂, 更無措手足處. 守倅只利俸厚, 得俸便了, 更不恤大體, 須是得監司與理會. 亦近說與應倉了, 不知如何." 浩云: "要好, 得監司去地頭置局, 與理會一番, 直是見底方可住." 先生擊節曰: "此是至切之論? 某之見正是如此." 【浩】

111:11 黃仁卿將宰樂安, ▲[10] 先生曰: ▲[11]"元稹「均田圖」惜乎不見? 今將他傳來考, 只有兩疏, 卻無那圖. 然周世宗一見而喜之, 便欲行, 想見那圖大段好. 嘗見陸宣公「奏議」後面說那口分世業, 其纖悉畢盡, 古人直是恁地用心? 今人若見「均田圖」時, 他只把作鄕司職事看了, 定是不把作書讀. 今如何得有陸宣公樣秀才?" 又曰: "林勳『本政書』每鄕開具若干字號田, 田下註人姓名, 是以田爲母, 人爲子, 說得甚好." 【義剛】

111:12 ▲[12]

---

10) ▲: 論及均稅錢 曰: "今說道'稅不出鄕.' 要之, 稅有輕重, 如何不出鄕得? 若教稅不出州時, 庶說稍均得." 【附箋紙】 "論及均稅錢."

11) ▲: "'稅不出鄕', 只是古人一時間尋得這說, 去防那一時之弊. 而今耳裏聞得, 卻把做箇大說話. 但只均稅錢, 也未盡, 須是更均稅物方得. 且如福州納稅, 一錢可以當這裏十錢, 而今便須是更均那稅物." 又曰: "往在漳州, 見有退稅者, 不是一發退了, 謂如春退了稅後, 秋又要退苗, 卻不知別郡如何. 然畢竟是名目多後, 恁地. 據某說時, 只教有田底便納米, 有地底便納絹, 只作兩鈔, 官司亦只作一倉一場. 如此, 百姓與官司皆無許多勞攘." 又曰: "三十年一番經界方好." 又曰:

12) ▲: 楊通老相見, 論納米事. 先生曰: "今日有一件事最不好: 州縣多取於民, 監司知之當禁止, 卻要分一分? 此是何義理?" 又論廣西鹽, 曰: "其法亦不密. 如立定格, 六斤不得過百錢, 不知去海遠處, 搬擔所費重. 此乃許子之道. 但當任其所之,

111:13 嘗謂爲政者當順五行, 修五事, 以安百姓. 若曰賑濟於凶荒之餘, 縱饒措置得善, 所惠者淺, 終不濟事.【道夫 ○賑民】

111:14 今賑濟之事, 利七而害三, 則當冒三分之害, 而全七分之利. 不然, 必欲求全, 恐併與所謂利者失之矣?【人傑】

111:15 ▲[13)]

111:16 ▲[14)]

111:17 直卿言: "辛幼安帥湖南, 賑濟榜文祇用八字, 曰: '劫禾者斬? 閉糴者配?'" 先生曰: "這便見得他有才. 此八字, 若做兩榜, 便亂道." 又曰: "要之, 只是粗道[15)]."【道夫】

111:18 李壽翁启請要移義倉放鄉下, 令簿尉月巡之, 丞三月一巡之. 先生曰: "如此則丞・簿・尉只▲[16)]辦此事也不給, 都無力及其他事矣. 又月月官出擾鄉人一番, 也是行不得." 後被朝廷寫下「常平法」一卷下來, 也不道是行得行不得, 只休了. 又有一官人, 要令逐縣試過

隨其所糴, 則其價自平. 天下之事所以可權衡者, 正謂輕重不同. 乃今一定其價, 安得不弊?" 又論汀寇止四十人, 至調泉・福・建三州兵, 臨境無寇, 須令汀守分析. 先生曰: "纔做從官不帶職出, 便把這事做欠闕, 見風吹草動, 便喜做事, 不顧義理, 只是簡利多害少者爲之. 今士大夫皆有此病."【可學】

13) ▲: "余正甫說時, 煞說得好, 雖有智者爲之計, 亦不出於此. 然所說救荒賑濟之意固善, 而上面取出之數, 不節不可." 直卿云: "制度雖只是這箇制度, 用之亦在其人. 如糴米賑饑, 此固是. 但非其人, 則做這事亦將有不及事之患." 曰: "然."【賀孫】

14) ▲: 賑濟之策, 初且大綱,【如抄人口之類, 亦且待其抄來如何. 如不實, 有人訟, 然後或添或去, 卻罪官吏.】 一細碎, 便生病. 屯田亦然, 且理會大處. 如薛士龍輩皆有一定格子, 細細碎碎, 皆在我手, 尚得. 只一出使委人, 如何了得? 又此等事, 須是上下一心方行得.【揚】

15) 道: 賀本에서는 法으로 되어 있다.

16) ▲: 幹

了, 方得來就試. 先生云: "且如福州十二縣, 今只一處弊, 逐處試過, 卻有十二處弊?"【揚】

111:19 今日莫備於役法, 亦莫弊於役法.【振 ○役民】

111:20 問: "差役・雇役孰便?" 曰: "互有得失. 而今所謂雇役便者, 卽謂不擾稅人, 然聚浮浪無根著之▲[17]在那裏, 又多害事. 所謂差役便者, 卽謂稅人自顧藉愛惜, 然其爲之者, 多有破家蕩産之患. 蓋緣旣教他作衙前, 少間庫廚都教他管, 便自備這物事, 以供應官員, 大有不便. 祖宗時卻有坊場・河渡以補之, 謂之'優重'也."【夔孫】

111:21 ▲[18]

111:22 "彭仲剛子復作台州臨海縣, 理會役法甚善. ▲[19]彭計一縣有幾▲[20], 鄉有闊狹, 某鄉多富家, 某鄉少富家, ▲[21]以畀兩鄉, 令其均平. 其有不均處, 則隨其道里遠近分割裨補, 令其恰好, 人甚便之." 或曰: "恐致人怨." 曰: "不怨. 蓋其公心素有以信於民, 民自樂之, 雖非法令之所得爲, 然使民宜之, 亦終不得而變也. 又有所在利於爲保正, 而不利於爲保長者. 蓋保長催稅, 其擾極多. 某在紹興, 有人訴不肯爲保長, 少間卻計會情願做保正, 某甚嘉之, 以爲捨易而就難. 及詢之土人, 乃云保長難於保正. 又有計會欲爲保長者, 蓋有所獲於其中. 所在風俗不同, 看來只用倍法: 若産錢滿若干, 當爲保正, 外又計其餘産若干, 當爲保長, 若産錢倍多, 則須兩番爲保正. 如此則無爭. 又,

---

17) ▲: 人
18) ▲: 因論役法, 曰: "差役法善. 晁以道嘗有箚子, 論差役有十利."【僩】
19) ▲: 朝廷措置役法, 看如何措置, 終是不公. 且如鄉有寬狹, 寬鄉富家多, 狹鄉富家少, 狹鄉富家靳靳自足, 一被應役, 無不破家蕩産, 極可憐憫?
20) ▲: 鄉
21) ▲: 卻中分富家,

催稅之法, 頃見崇安 趙宰使人傣由子, 分爲幾限, 令百姓依限當廳來納, 甚無擾. 及過隆興, 見帥司令諸▲[22]傣由子催稅, 而責以十限. 縣但委之吏手, 是時饑餓民甚苦之, 悉爲吏人乞覓. 或▲[23]少止七百, 而限以十限, 每限自用百錢與吏, 或欲作一項輸納, 吏又以違限拒之, 或所少不滿千錢, 而趁限之錢, 則已踰千矣. 其擾不可言. 所以做官難, 非通四方之風俗情僞, 如何了得?"【僩】

111:23 李丈問: "保正可罷否?" 曰: "這箇如何罷得? 但處之無擾可矣." 曰: "此自王荊公始否?" 曰: "保正自古有, 但所管人戶數有限. 今只論都, 則人數不等, 然亦不干人數多寡. 若無擾, 雖所管千百家, 亦不爲勞苦, 若重困之, 雖二十家亦不勝矣."【淳】

111:24 因論保伍法, 或曰: "此誠急務." 曰: "固是. 先王比閭保伍之法, 便是此法, 都是從這裏做起, 所謂'分數'是也. 兵書云: '御衆有多寡, 分數是也.' 看是統馭幾人, 只是分數明, 所以不亂. 王介甫銳意欲行保伍法, 以去天下坐食之兵, 不曾做得成. 范仲達名如璋, 太史之弟. 爲袁州 萬載令, 行得保伍極好. 自來言保伍法, 無及之者. 此人有心力, 行得極整肅, 雖有姦細, 更無所容. 每有疑似[24]無行止人, 保伍不敢著, 互相傳送至縣, 縣驗其無他, 方令傳送出境. 訖任滿, 無一寇盜. 頃張定叟知袁州, 託其詢[25]問, 則其法已亡, 偶有一縣吏略記大概."【僩】

111:25 某「保甲草」中所說縣郭四門外置隅官四人, 此最緊要, 蓋所以防衛縣郭以制變. 縣有官府・獄訟・倉庫之屬, 須是四面有箇防衛始得. 一箇隅官, 須各管得十來里方可, 諸鄉則只置彈壓之類, 而不復

22) ▲: 邑
23) ▲: 所
24) 似: 賀本에서는 以로 되어 있다.
25) 詢: 賀本에서는 訊으로 되어 있다.

置隅官, 黙寓箇大小相維之意於其間. 又, 後面"子弟"一段, 須是著意理會. 這箇子弟, 眞箇要他用, 非其他泛泛之比. 須是別有箇拔擢旌賞以激勸之, 乃可. 此等事難處, 須是理會敎他整密無些罅縫, 方可.【僩】

111:26 "歸正人", 元是中原人, 後陷於蕃而復歸中原, 蓋自邪而歸於正▲[26]. "歸明人", 元不是中原人, 是徭洞之人歸來[27]中原, 蓋自暗而歸於明也.【如西夏人歸中國, 亦謂之"歸明." ○燾】

▲[28]

111:27 今朝廷之財賦不歸一, 分成兩三項, 所以財匱. 且如諸路總領贍軍錢, 凡諸路財賦之入總領者, 戶部不得而預也. 其他則歸戶部, 戶部又未盡得. 凡天下之好名色錢容易取者・多者, 皆歸於[29]內藏庫・封樁庫, 惟留得名色極不好・極難取者, 乃歸戶部. 故戶部所得者, 皆是枷棒栲箠得來, 所以戶部愈見匱乏. 封樁內藏, 孝宗時銳意恢復, 故愛惜此錢, 不肯妄用. 間欲支, 則有司執奏, 旋悟而止. 及至今日, 則供浮費不復有矣. 今之戶部・內藏, 正如漢之大農・少府錢. 大農, 則國家經常之費, 少府, 則人主之私錢.【財】[30]

111:28 今之戶部, 但逐時了得些以支撥都下軍馬之類. 如無, 又借出內藏錢以充之. 凡天下財賦到, 卽分幾多入內庫, 幾多入何處, 幾多入戶部. 王宣子爲戶部時, 曾去理會. 虞幷甫不樂, 罷黜之.【揚】

---

26) ▲: 也
27) 歸來: 『朱子語類』에서는 來歸로 되어 있다.
28) ▲: 「論財」
29) 於: 孝宗刊本・英祖刊本・成化本에서는 于로 되어 있다.
30) 【財】: 賀本에는 없다.

111:29 因致道說國家財用耗屈, 某人曾記得, 在朝文臣每月共支幾萬貫, 武臣及內侍等五六十萬貫. 曰: "唐初節度使皆是臨陳對敵, 平定禍亂, 故得此官. 今因唐舊, 而節度使之名不罷, 皆安居暇食, 安然受節度使之重祿, 豈不是無謂? 似聞蔡京當國, 曾欲罷之." 【賀孫】

111:30 宗室俸給, 一年多一年. 駸駸四五十年後, 何以當之? 事極必有變. 如宗室生下, 便有孤遺請給. 初立此條, 止爲貧窮全無生活計者, 那曾要得恁地泛及? 【賀孫】

111:31 因言宗室之盛, 曰: "頃在漳州, 因壽康登極恩, 宗室重試出官, 一日之間, 出官者凡六十餘人. 州郡頓添許多俸給, 幾無以支吾. 朝廷不慮久遠, 宗室日盛, 爲州郡之患, 今所以已有一二州郡倒了. 緣宗室請受浩瀚, 直是孤遺多. 且如一人有十子, 便用十分孤遺請受, 有子孫多, 則寧不肯出官. 蓋出官, 則其子孫孤遺之俸皆止, 而一官之俸, 反不如孤遺衆分之多也. 在法, 宗室無依倚者, 方得請孤遺俸, 有依倚者不得請. 有依倚, 謂其伯叔兄弟有官可以相依倚, 而不至於困乏. 今則有伯叔兄弟爲官者, 反得憑勢以請孤遺之俸, 而眞孤遺無依倚者反艱於請, 以其無援, 而州郡沮抑之也. 不知當初立法如何煞有不公處? 如宗室丁憂, 依舊請俸, 宗室選人待闕, 亦有俸給, 恩亦太重矣. 朝廷更不思久遠, 他日爲州郡之害未涯也. 如漢法: 宗室惟天子之子, 則裂土地而王之, 其王之子, 則嫡者一人繼王, 庶子則皆封侯, 侯惟嫡子繼侯, 而其諸子則皆無封. 故數世之後, 皆與庶人無異, 其勢無以自給, 則不免躬農畝之事. 如光武少年自販米, 是也. 漳 泉宗室最多. 南外・西外, 在彼宮中不能容, 則皆出居於外." 因問西外・南外. 曰: "徽宗以宗室衆多, 京師不能容, 故令秦王位下子孫出居西京, 謂之'西外', 太祖位下子孫出居南京, 謂之'南外.' 及靖康之亂, 遭虜人殺戮虜掠之餘, 能渡江自全者, 高宗亦遣州郡收拾. 於是皆分置福 泉二州, 依舊分太祖・秦王位下而居之也. 居于[31]京師者, 皆太宗以下子孫. 太宗子姓[32]是時世次未遠, 皆有緦麻服, 故皆處於京師. 而太宗以下, 又自分兩等, 濮園者尤親, 蓋濮邸比那又爭兩從也. 濮園之親, 所謂'南班宗室'是也. 近年如趙不流之屬皆是南班, 其恩禮又優. 故濮園位下女事人者, 其夫皆有官." 因言: "京師破時, 黃唐傳爲宗正官, 以宗室簿籍獻于[33]虜, 虜依簿搜索, 無一人能逃匿者. 又, 徽宗 淵聖諸子, 皆是宦者指名取索, 亦無一人能免者, 言之痛傷! 虜人初破京城時, 只見來索近上寵倖用事底宦者數人, 人莫測之, 但疑其欲效此間置官, 依做宮闈間事耳. 乃是呼去問諸王諸公主所在, 宮人有幾位, 諸王有幾位, 兩宮各有多少, 幷宮中寶玉之藏各有幾所. 宦者一一聲說, 略不敢隱. 其有宮中秘藏寶玉之物, 外人不得知者, 虜人皆來索取, 皆是宦者敎之也. 方搜捕諸王宗室時, 吳革獻議於孫傅, 欲藏匿淵聖之子, 年十許歲, 以續趙祀, 而取外人一子狀貌年數相似者, 殺之以獻虜, 云皇子出閤, 爲衆人爭奪蹂踐而死. 孫傅不敢擔當, 竟不敢爲, 只得兩手付之, 無一箇骨肉能免者, 可痛!" 問: "吳革是時結連義兵, 欲奪二聖, 爲范瓊誘殺之. 不知當時若從中起, 能有濟否?" 曰: "也做不得, 大勢去矣? 古人云: '懍乎若朽索之馭六馬?' 豈不是如此? 只這裏才操縱少緩, 其終便有此禍, 可不慄慄危懼? 從古以來如此. 如唐高祖·太宗之子孫被武后殺盡, 其間不絕如綫. 唐明皇奔迸流離, 其子孫皆餓死, 中更幾番禍亂, 殺戮無遺, 哀哉!"【卓】

111:32 ▲[34]

111:33 或欲通銅錢出淮, 先生深以爲不然. 云: "東南銅錢已是甚少, 其壞之又多端. 私鑄銅器者, 動整四五緡壞了. 只某鄉間舊有此, 想見

31) 于: 賀本에서는 於로 되어 있다.
32) 姓: 『朱子語類』에서는 孫으로 되어 있다.
33) 于: 賀本에서는 於로 되어 있다.
34) ▲: 或論會子之弊. 曰: "這物事輕了, 是誘人入於死地. 若是一片白紙, 也直一錢在. 而今要革其弊, 須是從頭理會方得."【燾】

別處更多. 又有海舶之泄, 海船高大, 多以貨物覆其上, 其內盡載銅錢, 轉之外國. 朝廷雖設官禁, 那曾檢點得出? 其不廉官吏反以此爲利. 又其一, 則淮上透漏, 監官點閱稅物, 但得多納幾錢, 他不復問. 銅錢過彼極有利, 六七百文可得好絹一匹. 若更不禁, 那箇不要帶去? 又聞入川中用, 若放入川 蜀, 其透漏之路更多."【賀孫】

111:34 論淮西鐵錢交子, 曰: "交子本是代錢, 今朝廷只以紙視之. 今須是銅錢交子不得用於淮, 鐵錢交子不得用於江南. 又須江南官司置場, 兌換銅錢交子, 乃可行耳."【人傑】

111:35 "兩淮鐵錢交子, 試就今不行處作箇措置, 不若禁行在會子不許過江, 只專令用交子. 如淮人要過江買賣, 江南須自有人停榻交子, 便能換錢. 又不若朝廷捐數萬貫錢在江南收買交子, 卻發過淮南, 自可流通." 必大曰: "不許行在會子過淮, 此恐難禁." 先生以爲然. 必大因言: "鐵錢之輕, 亦緣積年鑄得多了, 又只用之淮上十餘郡, 所以至此益賤." 先生遂言: "古者只是荒歲方鑄錢. 『周禮』所謂'國凶荒札喪, 則市無征而作布', 旣可因此以養饑民, 又可以權物之重輕. 蓋古人錢闕, 方鑄將來添. 今淮上亦可且住鑄數歲, 候少時卻鑄."【次年, 臣僚請罷舒 蘄鼓鑄. ○必大】

111:36 ▲[35]

---

35) ▲: 閩下四州鹽法分稅, 上四州官賣. 浙東 紹興四州邊海亦合如閩下四州法, 而官賣之, 故其法甚弊.【揚】

『朱子語類』 卷第一百一十二

「朱子九」

「論官」

112:1 周不置三公之官，只是冢宰以下六卿爲之. 周公嘗以冢宰爲太師，「顧命」乃同召太保奭・芮伯・彤伯・畢公・衛侯・毛公. 注謂此六卿也，“稱公則三公矣.” 【揚】

112:2 或問: “漢三公之官與周制不同，何耶?” 曰: “漢初未見孔壁古文『尙書』中「周官」一篇說太師・太傅・太保爲三公. ▲[1] 但見伏生口授「牧誓」・「立政」篇中所說司徒・司馬・司空，遂誤以是爲三公而置之. 【愚按: “漢高后元年，初置少傅. 平帝 元始元年，又置太保・太師. 然當時所建三公，實司徒・司馬・司空，非此之謂. 但因其字義，以爲師・保之職，故亦甚尊崇之，位在三公上. 東漢稱爲上公，後世易爲三師，皆是意也. 使西漢明見「周官」，有所據依，必不若是舛矣.” 又按: 『漢書』「百官表」中却曰: “太師・太傅・太保，是爲三公.” 又曰: “或說司馬主天，司徒主人，司空主土，是爲三公.” 其說與「周官」合者，豈孔氏『書』所謂“傳之子孫以貽後代”者，至是私有所傳授，故班固得以述之歟? 抑但習聞其說無所折衷，故兩存之而不廢耶? 古文『尙書』至東晉時因內史梅頤始行于世. 東晉之前如揚雄以「酒誥」爲虛談，趙岐・杜預以「說命」・「皐陶謨」等篇爲逸書，則其證也.】 古者，諸侯之國只得置司徒司馬司空三卿. 爲天子，方得置三公・三孤・六卿. 「牧誓」・「立政」所紀，周是時方爲諸侯，乃侯國制度. 「周官」所紀，則在成王時，所以不同. 三公

---

1) ▲: 【或錄云: “自古文『尙書』出，方有「周官」篇. 伏生口授二十五篇無「周官」，故漢只置太尉・司徒・司空爲三公，而無周三公・三少，蓋未見古文『尙書』.”】

・三孤以師道輔佐天子, 本是加官. 周公以太師兼冢宰, 召公以太保兼宗伯, 是以加官而兼宰相之職也. ▲[2] 後世官職益紊, 今遂以三公・三孤之官, 爲階官貼職之類, 不復有師保之任, 論道經邦之責矣. 舊來猶是文臣之有勳德重望者方除[3], 以其有輔敎天子之名故也. 後世或以諸王, 或以武臣爲之, 旣是天子之子與武臣, 豈可任師保之責耶? 訛謬承襲, 不復釐正. 祖宗之法, 除三孤三公者必須建節, ▲[4] 加檢校太子少保少師之類, 然後除開府儀同三司, 卽[5]除開府, 然後除三孤・三公. 南渡以來, 如張・韓・劉・岳諸武臣猶是如此. 今則不然, 旣建節後, 便抹過檢校, 徑除開府, 至三孤・三公矣. ▲[6] 神宗贈韓魏公尚書令, 令後世不得更加侍中中書令, 著爲定制, 其禮極隆. 本朝惟韓公爲然. ▲[7] 後來蔡京改官制, 遂奏云: '昔太宗皇帝嘗爲尚書令, 今後更不除尚書令.' 殊不知爲尚書令者, 乃唐 太宗也. 故唐不除尚書令, 惟郭子儀功高特除, 子儀堅[8]不敢受, 曰: '昔者太宗皇帝嘗爲此官, 非人臣敢居.' 朝廷遂加'尙父'之號. 蔡京名爲紹述熙・豐故事, 却恣意紛更, 不知訛舛, 擧朝莫不笑之, 而不敢指其非. 又奏徽宗云: '嘗面奉神宗聖旨, 令改造尙書省.' 尙書省者, 神宗所造, 規模極雄偉, 國朝以來, 宮[9]府所未有. 訖工, 神宗幸之, 見壯麗如此, 出令云: '今後輒敢少有

---

2) ▲:【上數語疑有未圓處.】

3) 方除: 徽州本에는 方得除此로 되어 있다.

4) ▲:【或錄云: "今加三公者, 又須加節度使. 朝廷又極惜節度使, 蓋節度使每月請俸千餘緡, 所以不輕授人. 本朝如韓・富・文・杜諸公欲加三公少, 須建節, 不知是甚意."】

5) 卽:『朱子語類』에는 旣로 되어 있다.

6) ▲:【或錄云: "'或和開府抹過, 加三公三少者有之.' 又曰: '檢校開府以上, 蔭子便得文官. 文臣爲樞密直學士者, 蔭子反得武官. 如富鄭公家子弟有爲武官者, 是也. 五代以武臣爲樞密使, 武臣或不識字, 故置樞密直學士, 令文臣輔之, 故奏子皆得武官, 本朝因而不廢. 文官自金紫轉特進開府, 然後加三公三少, 如富・韓諸公是如此. 本朝置三太三少, 而無司徒司馬司空之三公. 然韓・杜諸公有兼司徒司空, 又有守司空者, 皆不可曉.'"】

7) ▲:【僩錄云: "蓋已前贈者皆是以中書令兼尚書令, 神宗特贈尚書令者, 其禮極重."】

8) 堅: 徽州本에는 이 뒤에 辭가 더 있다.

更易者, 以違制論?' 自後宰相居之, 輒不利: 王珪病死, 章子厚・韓忠彦・蔡確皆相繼斥去. 京惡之. 是時蜀中有一士人姓家迎合其意, 獻「唐尙書省圖」, 云: '唐尙書省正廳在前, 六曹諸司房[10]在後, 今皆反是, 又土地堂在正廳之前, 今却在後, 所以宰相數不利.' 京信其說, 遂毁拆重造, 比前苟簡逼仄之甚, 無忌憚如此?" 又曰: "本朝太宗嘗以中書令爲開封尹, 由開封尹入禪大統, 故後來不除中書令, 尹開府者[11]亦不敢正除, 必加'權'字. 蔡京改官制, 遂除中書令, 當除底不除,【謂尙書令】 不當除底却除, 又尹開封者更不帶'權'字. 其悖亂無知, 皆此類也? 又京以三公爲宰相, 令人以'公相'呼己, 而不得呼'相公.' 後來秦檜亦如此, 蓋倣此也." 或問: "僕射名義如何?" 曰: "舊云, 秦時置僕射, 專主射, 恐不然. 『禮』云: '僕人師扶左, 射人師扶右,【卽「周官」大[12]僕之職.】 君薨以是擧.' 僕射之名蓋起於此. 以其朝夕親近人主, 後世承誤, 輒失其眞, 遂以爲宰相之號. 如侍中・中書令・尙書令, 亦是如此. 侍中秦官, 漢因之, 多是侍衛人主, ▲[13] 行則參錯於宦官之間. 其初猶以儒者爲之, 如武帝時孔安國爲侍中, 嘗掌唾壺, 是也. 以其日與人主相親, 故浸以用事. 尙書是掌君[14]臣書卷[15], 如州郡開拆司, 管進呈文字, 凡四方章奏, 皆由之以達. 其初亦甚微, 只如尙衣・尙食・尙輦・尙藥之類, 亦緣居中用事, 所以權日重. ▲[16] 中書, 因漢 武帝游宴後庭, 去外庭遠, 始用宦者典事, 謂之'中書謁者', ▲[17] 置令・僕射, 尤與人主親狎, 故其權愈重. 元帝時, 弘恭爲令, 石顯爲僕射, 嘗權傾內外. ▲[18] 及光武卽位, 政事不任三公, 而盡歸臺閣, ▲[19] 三公皆擁

---

9) 宮: 成化本・賀本,에는 官으로 되어있다.
10) 房: 徽州本에는 多로 되어 있다.
11) 尹開府者: 徽州本에는 其開封府者로 되어 있다.
12) 大: 賀本에는 太로 되어있다.
13) ▲:【或錄云: "或執唾壺虎子之屬, 行幸則從, 其初職甚微."】
14) 君: 『朱子語類』에는 群으로 되어있다.
15) 卷: 『朱子語類』에는 奏으로 되어있다.
16) ▲:【按: 秦時少府遣吏四人, 在殿中主發書, 故謂之尙書. 尙, 猶主也.】
17) ▲:【或錄云: "故置中尙書, 以宦者爲之."】
18) ▲:【按: 蕭望之云: "中書政本, 宜用士人." 蓋自武帝始用宦官出入奏事, 非舊制

虛器, 凡天下事盡入於中書. ▲[20] 嘗見後漢群臣章奏首云: 臣某'奏疏尙書', 猶今言'殿下'·'陛下'之類, 雖是不敢指斥而言, 亦足以見其居要地而秉重權矣. 當時事無巨細, 皆是尙書行下三公, 或不經由三公, 徑下九卿. ▲[21] 故東漢時不惟尙書之權重, 九卿之權亦重者, 此也. ▲[22] 曹操開魏王府, 未敢卽擬朝廷建官,▲[23] 但置秘書令, ▲[24] 簒漢之後, 始改爲中書監. 以其素承寵任, ▲[25]荀勗自中書遷尙書監, 人賀之, 勗曰: '奪我鳳凰池, 諸君何賀耶?' ▲[26] 西漢時中書之權重, 東漢時尙書之權重, 至此則中書之權復重, 而尙書之權漸輕矣." 問: "'省'字何義?" 曰: "省, 卽禁也. 舊謂之'禁', 避漢 元后父諱, 遂改爲'省[27].'"
【儒用 ▲[28]】

112:3 古者人主左右攜提, 執賤役, 若虎賁綴衣之類, 皆是士大夫, 日相親密, 所謂"侍御僕從, 罔匪正人, 以旦夕承弼厥辟, 出入起居, 罔有不欽, 發號施令, 罔有不臧." 不似而今太[29]隔絶, 人主極尊嚴, 眞如神明, 人臣極卑屈, 望拜庭下, 不交一語而退. 漢世禁中侍衛亦是士大夫, 以孔安國大儒而執唾盂, 雖儀盆亦是士人執之. 宋 文帝時, 大臣劉湛入見, 則與坐語, 初間愛之, 視日影之斜, 惟恐其去, 後來厭之, 視日影[30]之斜, 惟恐其不去, 後竟殺之? 魏 明帝初說: "大臣太重則國

也.】
19) ▲:【或錄云: "臺卽尙書, 閣卽禁中也."】
20) ▲:【或錄作"中尙書."】
21) ▲:【或錄云: "三公之權, 反不如九卿, 所以漢世宦者弄權用事."】
22) ▲:【按: 光武不任三公, 事歸臺閣者, 蓋當時謂六尙書臺, 猶今言尙書省也.】
23) ▲:【或錄云: "置中書."】
24) ▲:【或錄作"監."】
25) ▲: 故
26) ▲:【或錄云: "'蓋尙書又不如中書之居中用事親密也.' 問: '侍中是時爲何官?' 曰: '黃門監, 卽今之門下省. 左右散騎常侍, 皆黃門監之屬也.'"】
27) 省: 徽州本에서는 이 뒤에 猶今言省中禁中이 더 있다.
28) ▲: 或錄少異.
29) 太: 賀本에서는 大로 되어있다.
30) 影:『朱子語類』에서는 景으로 되어있다.

危, 小臣太親則身蔽." 當時於大臣已爲之處置. 後來左右小臣親密, 至使中書令某人上床執手, 强草遺語[31], 流弊便有此事. 漢宣懲霍光之弊, 事必躬親, 又有宦者恭・顯出來. 光武懲王莽之弊, 不任三公, 事歸臺閣. 尙書・御史大夫・謁者, 謂之"三臺."【義剛】[32]

112:4 ▲[33]

112:5 尙書・尙衣・尙食, 尙乃主守之意, 秦語, 作平音.【淳】

112:6 漢御史大夫, 如本朝參知政事.【義剛】

112:7 唐官皆家京師.【賀孫】

112:8 唐之僕射, 卽今之特進. 他只是恁地[34]轉將去.【義剛】

112:9 ▲[35]

112:10 唐之朝廷, 有親衛, 有勳衛, 有翊衛. 親衛, 則以親王侯之子爲之, 勳衛, 則以功臣之子弟爲之, 翊衛, 則惟其所選.【公謹】

112:11 或問東宮官屬. 曰: "『唐六典』載東宮官制甚詳, 如一小朝廷. 置詹事以統衆務, 則猶朝廷▲[36]尙書省也. 置左右二春坊以領衆局,

---

31) 語: 『朱子語類』에서는 詔로 되어 있다.
32) 【義剛】: 徽州本에는 【淳】으로 되어 있다.
33) ▲: 昔周公立許多官制, 都有統攝連屬. 自秦漢而下, 皆是因一事立一官, 便無些統攝連屬了.【燾】
34) 恁地: 賀本에서는 恁으로 되어 있다.
35) ▲: 唐之兵盡付與刺史・節度使. 其他牙將之類, 皆由刺史・節度使辟置, 無如今許多官屬.【廣】
36) ▲: 之

則猶中書・門下省也. 左右春坊又皆設官, 有各率其屬之意. 崇文館猶朝廷之館閣, 贊善大夫猶朝廷之諫議大夫. 其官職一視朝廷而爲之降殺, 此等制度猶好. 今之東宮官屬極苟簡. 左右春坊, 舊制皆用賢德者爲之, 今遂用武弁之小有才者, 其次惟有講讀數員而已. 如贊善大夫諸官, 又但爲階官, 非實有職業, 神宗以『唐六典』改官制, 乃有疏略處, 如東宮官屬之不備是也. 某舊嘗入一箚子, 論東宮官制疏略, 宜放舊損益之, 不報." 又曰: "唐之官制, 亦大率因隋之舊・府・衛, 租・庸・調之法, 皆是也. 當時大亂殺傷之後, 幾無人類, 所以宇文泰與蘇綽能如此經營. 三代而下, 制度稍可觀▲[37], 唯宇文氏耳. 蘇綽一代之奇才, 今那得一人如此?" 【儒用】

112:12 『唐六典』, 明皇▲[38]所撰, 雖有是書, 然其建官却不依此. 其書却是齊整, 然其說一切繁冗迂曲. 神宗喜之, 一一依此定官制. 神宗本欲富强, 其後因此皆迂曲緩弱了. 左僕射行事, 右丞相取旨, 溫公元祐間甚苦之, 入文字要改祖宗官制, 雖名不齊整, 然其實徑直. 紹興間以其不便, 方改之, 二相之權均矣. 【揚】

112:13 因論神宗官制, 右相反重: "前漢官制雖是[39]亂道, 却是實主事, 神宗時反徇名亡實. ▲[40] 溫公亦私造得一制度: 左相主禮・吏・戶三部, 右相主兵・刑・工三部. 後有一人要令六部尚書得自執奏, 亦不行. 今左右相兼掌三省事." 【揚】

112:14 "方今朝廷只消置一相, 三參政兼六曹, 【如吏兼禮, 戶兼工, 兵兼刑.】 樞密可罷, 如此則事易達. 又如宰相擇長官, 長官却擇其寮. 今銓曹注擬小官, 繁劇[41]而又不能擇賢. 每道只令監司差除, 亦好. 每

---

37) ▲: 者
38) ▲: 時
39) 是: 『朱子語類』에는 없다.
40) ▲: 漢初制中書, 後武帝倦勤, 遂置內中書, 宦官爲之, 石顯之類是也.

道仍只用一監司." 人傑因擧陸宣公之言, 以爲"豈有爲臺閣長官則不能擇一二屬吏, 爲宰相則可擇千百具寮"? 曰: "此說極是. 當時如沈旣濟, 亦有此說之意."【人傑】

112:15 ▲[42]

112:16 ▲[43]

112:17 古者王畿千里而已, 然官屬已各令其長推擇. 今天下之大, 百官之衆, 皆總于[44]吏部. 下至宰執幹辦使臣, 特其家私僕厮, 亦須吏部差注, 所以只是袞袞地鶻突差將去, 何暇論其人之材否? 今朝廷擧事, 三省下之六部, 六部下之監寺, 監寺却申上六部, 六部又備申三省, 三省又依所申行下. 只祠祭差官, 其人不過在朝職事官, 其姓名亦豈難記? 然省中必下之禮部, 禮部行下太常, 太常方擬定申部, 部申省, 省方從其所申差官, 不知何用如此迂回[45]? 只三省事亦然, 尙書關中書取旨, 中書送門下審覆, 門下送尙書施行. 又如旣有六部, 卽無用九卿. 周家只以六卿分職, 漢人只以九卿釐庶務, 事各歸一. 本朝建官重三疊四, 多少勞擾? 此須大有爲後痛更革之. 若但宰相有志, 亦不能辦, 必得剛健大有爲之君自要做時, 方可. 『書』曰: "亶聰明作元后, 元

41) 劇: 賀本에서는 據로 되어있다.

42) ▲: 嘗與劉樞言: "某做時, 且精選一箇吏部尙書, 使得盡搜羅天下人才, 諸部官長得自辟屬官, 卻要過中書・吏部尙書考察. 朝官未闕人時, 亦未得薦. 俟次第闕人, 卻令侍從以下各擧一人二人. 只擧一二人, 彼亦不敢以大段非才者進. 今常常薦人, 一切都淡了. 又倂天下監司, 一路只著一漕一憲, 茶鹽將兼了." 因論尹穡不著胸中不好時, 卻尙解理會事. 當時多倂了官司, 後來又復了.【揚】

43) ▲: 陳同父謂: "今要得國富兵强, 須是分諸路爲六段, 六曹尙書領之. 諸州有事, 祇經諸曹尙書奏裁取旨. 又每一歲或二歲, 使一巡歷, 庶幾下情可達." 先生曰: "若廣中四川之類, 使之巡歷, 則其本曹亦有廢弛之患." 陳曰: "劇曹則所領者少, 若路遠則兵・工部可爲也." 曰: "此亦是一說."【道夫】

44) 于: 賀本에서는 於로 되어 있다.

45) 回: 賀本에서는 曲으로 되어 있다.

后作民父母." 須是剛明智勇, 出人意表之君, 方能立天下之事. 又如今諸路兵將官, 有總管·路分·路鈐·都監·監押·正將·副將, 都不曾管一事. 廂軍旣無用, 又養禁軍, 禁軍又分揀中·不揀中兩等, 然亦無用, 又別養大軍, 今大軍亦漸如廂·禁軍矣? 此是耗蠹多少? "通其變, 使民不倦", 今變而不通, 民皆倦了, 故鼓舞不動. 國初緣藩鎭彊, 故收其兵權, 置通判官, 今[46]已無前日可防之弊, 却依舊守此法, 可謂不知變也. 只通判是要何用? 繆者事事不管, 只任知州自爲, 彊者又必妄行[47]以撓郡政, 是何益哉? 【必大】

112:18 "自秦置守·尉·監, 漢有郡守, 刺史如今監司, 專主按察. 至漢末令刺史掌兵, 遂侵郡守之權, 兼治民事, 而刺史之權獨重. 後來或置或否. 【漢有十二州, 百三郡, 郡有太守, 州有刺史. 歷代添置州名愈多而郡愈少. ▲[48]其後也, 遂去郡而爲州, 故刺史兼治軍民而守廢. 至隋, 又置郡守. 後又廢守, 置刺▲[49], 而刺史遂爲太守之職.】 某嘗說, 不用許多監司. 每路只置一人, 復刺史之職, 正其名曰按察使, 令擧刺州縣官吏. 其下却置判官數員以佐之, 如轉運判官·刑獄判官·農田判官之類. 農田專主婚·田, 轉運專主財賦, 刑獄專主盜賊刑獄[50], 而刺史總之. 稍重諸判官之權, 資◇[51]視通判, 而刺史視太守. 判官有事欲奏聞, 則刺史爲之發奏. 刺史不肯發, 則許判官自徑申御史臺·尙書省, 以分刺史之權. 蓋刺史之權獨專, 則又不便. 若其人昏濁, 則害貽一路, 百姓無出氣處, 故又須略重判官之權. 諸判官下却置數員屬官, 如幕職官[52]之類. 如此則重權歸一, 太守自治州事, 而刺史則擧刺一路, 豈不簡徑省事, 而無煩擾耗蠹之弊乎[53]." 問: "今之主管, 資格亦視通判?" 曰: "然. 但

---

46) 今: 賀本에서는 故로 되어 있다.
47) 行: 『朱子語類』에서는 作로 되어 있다.
48) ▲: 又
49) ▲: 史
50) 刑獄: 賀本에는 없다.
51) ◇: 序
52) 幕職官: 成化本·賀本에서는 職幕官으로 되어 있다.

權輕不能有所爲, 只得奉承運使而已. 若分爲判官, 俾得專達, 則其權重, 而監司亦不敢妄作矣."【僩】

112:19 ▲[54]

112:20 ▲[55]

112:21 銓擇之法, 只好京官付之監司, 選人付之郡守, 各令他隨材擬職, 州申監司, 監司申吏部, 長貳審察聞奏, 下授其職. 却令宰相擇監司, 吏部擇郡守. 如此則朝廷亦可無事, 又何患其不得人?【道夫】

112:22 朝廷只當擇監司·太守, 自餘職幕縣官, 容他各辟所知, 方可責成. 天下須是放開做, 使恢恢有餘地乃可.【浩】

112:23 ▲[56]

112:24 ▲[57]

112:25 ▲[58]

---

53) 乎: 賀本에서는 矣로 되어 있다.

54) ▲: 姚崇擇十道使之說甚善. 范富天章所條, 亦只說到擇監司而已. 今諸路監司猥衆, 恰如無一般. 不若每路只擇一賢監司, 其餘悉可省罷.【僴】

55) ▲: 監司, 每路只須留一人. 揀其無風力者, 且與一郡而擇去之.【必大】

56) ▲: 因論薦擧之弊, 曰: "亦不難革. 只是擇諸路監司, 幷得一好吏部尙書, 揀薦得不是人材者退去, 便須得人. 今胡亂薦來, 但不犯贓罪便得. 若犯了贓, 不過降得兩官, 安得不胡薦?"【僴】

57) ▲: 監司薦人, 後犯贓犯罪, 須與鐫三五資: 正郎則降爲員郎, 員郎則降爲承議郎以下. 若已爲侍從, 或無職名可鐫, 則鐫其俸, 或一切不與奏薦. 如此則方始得它痛, 恁地也須怕. 今都不損它一毫?【道夫】

58) ▲: 只管說官冗, 何不於任子上更減? 今員外所得恩數, 展至正郎, 正郎恩數, 迤邐展上. 合奏京官者, 且與選人, 又何害? 不肯索性理會一番, 只是恐人怨謗. 祖宗時亦幾次省削了, 久而自定, 何足恤耶?【浩】

112:26 兵制・官制・田制, 便考得三代・西漢分明, 然與今日事勢名實皆用不得. 如官制, 不若且就今日之官罷其冗員, 存其當存者, 亦自善.【必大】

112:27 某嘗謂, 宰相是舜・禹・伊・周差遣. 下此, 亦須房・杜・姚・宋之徒, 方能處置得天下事. 後之當此任者, 怪他不能當天下之事不得. 是他人品只如此, 力量有所不足, 如何强得?【振】

112:28 客有爲固始尉, 言淮甸無備甚. 先生曰: "大臣慮四方, 若位居宰相也, 須慮周於四方, 始得. 如今宰相思量得一邊, 便全然掉却那一邊. 如人爲一家之長, 一家上下也須常常都計掛在自家心下, 始得."【賀孫】

112:29 ▲[59]

112:30 先生閱報狀, 見臺中有論列章疏, 嘆[60]曰: "'射人須射馬, 擒賊須擒王', 如何却倒了?"【道夫】

112:31 ▲[61]

112:32 國子司業學官尚可爲. 天下人材所聚, 庶幾有可講學成就者. 然今日爲之, 明日便當改作, 使士人毋以利爲心. 若君無尊德樂道之誠, 必不能用.【方】

112:33 治愈大則愈難爲, 監司不如做郡, 做郡不如做縣. 蓋這裏有

---

59) ▲: 今日言事官欲論一事一人, 皆先探上意如何, 方進文字. 振】

60) 嘆: 賀本에서는 歎으로 되어있다.

61) ▲: "古人云, 左史書言, 右史書動. 今也恁地分不得, 只合合而記之." 直卿曰: "所可分者, 事而已." 曰: "也分不得. 所言底, 便行出此事來." 道夫】

仁愛心, 便隔這一重. 要做件事, 他不爲做, 便無緣得及民.【淳】

112:34 ▲[62]

112:35 ▲[63]

112:36 ▲[64]

112:37 襄陵 許子禮作縣法: "開收人丁, 推割產稅"二句.【方】

112:38 "開落丁口, 推割產錢", 是治縣八字法. 詞牒無情理者不必判. 先減書鋪及勒供罪狀不得告訐之類. 葉子昂催稅, 只約民間逐限納錢上州, 縣不留錢.【德明】

112:39 ▲[65]

112:40 前輩說話可法. 某嘗見吳公路云: "他作縣, 不敢作旬假. 一日假, 則積下一日事, 到底自家用做, 轉添得繁劇, 則多粗率不子細, 豈不害事?"【道夫】

112:41 ▲[66]

---

62) ▲: 某嘗謂, 今做監司, 不如做州郡, 做州郡, 不如做一邑, 事體卻由自家. 監司雖大於州, 州雖大於邑, 然都被下面做翻了, 上面如何整頓?【道夫】

63) ▲: 爲守令, 第一是民事爲重, 其次則便是軍政, 今人都不理會.【道夫】

64) ▲: 俞亨宗云: "某做知縣, 只做得五分." 曰: "何不連那五分都做了?"【自修】

65) ▲: 有一朋友作宰, 通監司書, 先說無限道理. 陳公亮作帥, 謂之曰: "若要理會職事, 且不須此迂闊." 某以爲名言.【人傑】

66) ▲: 謂李思永曰: "衡陽訟牒如何?" 思永曰: "無根之訟甚多." 先生曰: "與他研窮道理, 分別是非曲直, 自然訟少. 若厭其多, 不與分別, 愈見事多."【蓋卿】

112:42 ▲[67]

112:43 某人爲太守, 當見客日分, 先見過客, 方接同官及寄居官[68]人. 問其故, 曰: "同官有稟議待商量區處, 頗費時節. 過客多是略見卽行, 若停軌在後, 恐妨行色." 此事可法. 【賀孫】

112:44 ▲[69]

112:45 ▲[70]

112:46 官無大小, 凡事[71]只是一箇公. 若公時, 做得來也精采. 便若小官, 人也望風畏服. 若不公, 便是宰相, 做來做去, 也只得箇沒下梢. 【與立】

112:47 今之仕宦不能盡心盡職者, 是無那"先其事而後其食"底心. 【端蒙】

112:48 ▲[72]

112:49 如看道理, 辨是非, 又須是自高一著, 方判決得別人說話. 如

67) ▲: 問德粹: "婺源旱如何?" 滕答云云. 先生曰: "最有一件事, 是今日大弊, 旱則申雨, 檢荒則云熟, 火燒民家則減數奏. 到處如此?" 【可學】

68) 官: 賀本에서는 賓으로 되어 있다.

69) ▲: 朝廷設教官一件, 大未是. 後生爲教官, 便做大了. 只歷一兩任教官, 便都不了世事. 須是不拘科甲, 到五十方可爲之, 不然, 亦須四十五. 【淳】

70) ▲: 律: 主簿管押一縣簿, 凡事盡與之知, 錄事錄一郡事, 太守有事, 許知錄奏聞. 謂之"知錄"者, 以官稍大, 如今知縣之類. 【揚】

71) 事: 孝宗刊本에서는 書로 되어 있다.

72) ▲: 嘗歎州縣官碌碌, 民無所告訴. 兼民情難知, 耳目難得其人, 看來如何明察, 亦多有不知者. 以此觀之, 若是見得分明決斷時, 豈可使有毫髮不盡? 又歎云: "民情難知如此, 只是將甚麼人爲耳目之寄?" 【賀孫】

堂上之人, 方能看堂下之人. 若身在堂下, 如何看見子細? 又如今兩人廝炒, 自家要去決斷他, 須是自家高得他. 若與他相似, 也斷他不得, 況又不如他. ▲[73] 因[74]云: "今做官人, ▲[75] 先著馭吏? 少間無有不拱手聽命於吏者, 這只是自家不見得道理, 事來都區處不下. 吏人弄得慣熟, 却見得高於他, 只得▲[76]任之." 又云: "如圍棊一般: 兩人初著, 那箇不要勝? 誰肯去就死地自做活計? 這只是見不高, 無柰何."【賀孫】

112:50 胡致堂[77]言: "吏[78]人, 不可使他知我有恤他之意." 此說極好. 又曰: "此已是恤他不可恤. 小處可恤, 大處不可恤." ▲[79]【節】

112:51 某與諸公說, 下梢去仕宦, 不可不知. 須是有旁通歷, 逐日公事, 開項逐一記, 了卽勾之. 未了, 須理會教了, 方不廢事.【賀孫】

112:52 ▲[80]

112:53 ▲[81]

112:54 ▲[82]

---

73) ▲: 李雖不與熟, 嘗於其見先人時望見之, 先人稱其人有才略.

74) 因: 賀本에서는 曰로 되어 있다.

75) ▲: 幾時箇箇是闒冗人? 多是要立作向上. 那箇不說道

76) ▲: 委

77) 胡致堂: 徽州本에서는 胡侍郎으로 되어 있다.

78) 吏: 賀本에서는 使로 되어 있다.

79) ▲: 又曰: "三五十錢底可恤, 若有人來理會, 亦須治他."

80) ▲: 當官文書簿曆, 須逐日結押, 不可拖下.【僩】

81) ▲: 前輩檢驗皆有書, 當官者不可不知.【極多樣. ○僩】

82) ▲: 因民戶計較, 沮撓社倉倉官, 而知縣不恤, 曰: "此事從來是官吏見這些米不歸於官吏, 所以皆欲沮壞其事. 今若不存官倉, 數年之間, 立便敗壞. 雖二十來年之功, 俱爲無益."【賀孫】

112:55 “人居官要應副親戚, 非理做事. 只說道囑託所得貨賄, 親戚受之. 這是甚麽底事, 敢胡亂做?” 因說: “吳公路爲本路憲, 崇安宰上世與之有契, 在邑恣行, 無所不至. 有訴於吳, 其罪甚衆. 吳[83)]謂其上世有恩於我, 我▲[84)]居官, 終不成以法相繩, 遂寬釋訟者遣之. 斯人益肆其暴虐, 邑民皆無所告訴. 看來固當不忘上世之恩, 若以私恩一向廢法, 又如何當官? 漢 武帝不以隆慮公主之故而赦其子. 昭平君雖其初以金錢豫贖▲[85)]死罪, 後竟付之法. 云: ‘法令者, 先帝之所造也. 柰何以弟故廢先帝法, 吾何面目入高廟乎?’ 東方朔上壽曰: ‘臣聞聖主爲政, 賞不避仇讎, 誅不擇骨肉. 『書』曰: “不偏不黨, 王道蕩蕩.” 此二帝·三王之所重也. 陛下行之, 天下幸甚?’ 夫‘天討有罪’, 是大小大事? 豈可以私廢?” 直卿云: “若是吳憲待崇安宰, 雖當一任[86)]之法, 還亦有少委曲否?” 曰: “如恩舊在部屬, 未欲一寘于法, 亦須令尋醫去可也.” 【賀孫】

112:56 爲稅官, 若是父兄宗族舟船過, 只得稟白州府, 請別委官檢稅, 豈可直拔放去? 所以祖宗立法, 許相迴避. 又曰: “臨事須是分毫莫放過. 如某當官, 或有一相識親戚之類, 如此越用分明, 不肯放過.” 【道夫】

112:57 或欲圖押[87)]綱厚賞者. 曰: “譬如一盤珍饌, 五人在坐, 我愛喫, 那四人亦都愛喫. 我伸手去拏, 那四人亦伸手去拏, 未必果誰得之. 能恁地思量, 便自不去圖. 古者權謀之士, 雖千萬人所▲[88)]得底, 他也有計術去必得.” 【淳】

---

83) 吳: 賀本에서는 只로 되어있다.
84) ▲: 今
85) ▲: 其
86) 任: 『朱子語類』에서는 付로 되어있다.
87) 押: 賀本에서는 神으로 되어있다.
88) ▲: 欲

112:58 過到溫陵回, 以所聞岳侯對高廟"天下未太平"之問, 云: "文臣不愛錢, 武臣不惜命, 天下當太平", 告之先生之前. 只笑云: "後來武官也愛錢?" 【過】

『朱子語類』卷第一百一十三

「朱子十」

「訓門人一」

113:1 問: "氣質弱者, 如何涵養到剛勇?" 曰: "只是一箇勉强. 然變化氣質最難."【以下訓德明.】

113:2 "今學者皆是就冊子上鑽, 卻不就本原處理會, 只成講論文字, 與自家身心都無干涉. 須是將身心做根柢." 德明問: "向承見教, 須一面講究, 一面涵養, 如車兩輪, 廢一不可." 曰: "今只就文字理會, 不知涵養, 便是一輪轉, 一輪不轉." 問: "今只論涵養, 卻不講究, 雖能閑邪存誠, 懲忿窒慾, 至處事差失, 則柰何?" 曰: "未說到差處, 且如所謂'居處恭, 執事敬', 若不恭敬, 便成放肆. 如此類不難知, 人卻放肆不恭敬. 如一箇大公至正之路甚分明, 不肯行, 卻尋得一線路與自家私意[1)]合, 便稱是道理. 今人每每如此."

113:3 問: "涵養於未發之初, 令不善之端旋消, 則易爲力, 若發後, 則難制." 曰: "聖賢之論, 正要就發處制. 惟子思說'喜怒哀樂未發謂之中.' 孔·孟教人, 多從發處說. 未發時固當涵養, 不成發後便都不管?" 德明云: "這處最難." 因擧橫渠"戰退"之說. 曰: "此亦不難, 只要明得一箇善惡. 每日遇事, 須是體驗. 見得是善, 從而保養取, 自然不肯走在惡上去."[2)]

---

1) 意: 賀本에서는 道로 되어 있다.

113:4 ▲[3]

113:5 ▲[4]

113:6 德明問: "編喪·祭禮, 當依先生指授, 以『儀禮』爲經, 『戴禮[5]』爲傳, 『周禮』作旁證." 曰: "和『通典』也須看, 就中卻又議論更革處." 語畢, 卻云: "子晦正合且做切己工夫, 只管就外邊文字上走, 支離雜擾, 不濟事. 孔子曰: '操則存, 舍則亡.' 孟子曰: '學問之道無他, 求其放心而已矣.' 須如此做家計. 程子曰: '心要在腔子裏, 不可鶩外.' 此箇心, 須是管著他始得. 且如曾子於禮上纖細無不理會過. 及其語孟敬子[6], 則曰: '動容貌, 斯遠暴慢矣, 正顔色, 斯近信矣, 出辭氣, 斯遠鄙倍矣. 籩豆之事, 則有司存.' 須有緩急先後之序, 須有本末, 須將操存工夫做本, 然後逐段逐義去看, 方有益, 也須有倫序. 只管支離雜看, 都不成事去. '行有餘力, 則以學文.' '志於道, 據於德, 依於仁', 然後'游於藝.' 今只就冊子上理會, 所以每每不相似." 又云: "正要'克己'上做工夫."

113:7 ▲[7]問: "當官事多, 膠膠擾擾, 柰何?" 曰: "他自膠擾, 我何與

---

2) 113:3: 【附箋紙】此下脫"次日又云"一節, 當添入.

3) ▲: 次日又云: "雖是涵養於未發, 源淸則流淸, 然源淸則未見得, 被它流出來已是濁了. 須是因流之濁以驗源之未淸, 就本原處理會. 未有源之濁而流之能淸者, 亦未有流之濁而源淸者, 今人多是偏重了. 只是涵養於未發, 而已發之失乃不能制, 是有得於靜而無得於動, 只知制其已發, 而未發時不能涵養, 則是有得於動而無得於靜也."

4) ▲: 問: "看先生所解文字, 略通大義, 只是意味不如此浹洽." 曰: "只要熟看." 又云: "且將正文熟誦, 自然意義生. 有所不解, 因而記錄, 它日卻有反復."

5) 禮: 『朱子語類』에서는 記로 되어 있다.

6) 孟敬子: 徽州本에서는 門弟子로 되어 있다.

7) ▲: 先生擧『遺書』云: "根本須先培壅然後可立趨向." 又云: "學者須敬守此心, 不可急迫, 當栽培深厚, 涵泳於其間, 然後可以自得. 今且要收斂此心, 常提撕省察. 且如坐間說時事, 逐人說幾件, 若只管說, 有甚是處? 便截斷了, 提撕此心, 令在此. 凡遇事應物皆然."

焉? 濂溪云: '定之以中正仁義而主靜.' 中與仁是發動處, 正是當然定理處, 義是截斷處, 常要主靜. 豈可只管放出不收斂? '截斷'二字最緊要."

113:8 又云: "須培擁[8]根本, 令豐壯. 以此去理會學, 三代以下書, 古今世變治亂存亡, 皆當理會. 今只看此數書, 又半上落下. 且如編禮書不能就, 亦是此心不壯, 須是培養令豐碩. 呂子約'讀三代以下書'之說, 亦有謂. 大故有書要讀, 有事要做."

113:9 ▲[9]

113:10 問: "山居頗適, 讀書罷, 臨水登山, 覺得甚樂." 曰: "只任閒散不可, 須是讀書." 又言上古無閒民. 其說甚多, 不曾記錄. 大意似謂閒散是虛樂, 不是實樂.

113:11 因說某人"開廣可喜, 甚難得, 只是讀書全未有是處. 學者須是有業次. 竊疑諸公亦未免如此." 德明與張顯父在坐, 竦然聽教. 先生言: "前輩諸賢, 多只是略綽見得箇道理便休, 少有苦心理會者. 須是專心致意, 一切從原頭理會過. 且如讀「堯・舜典」'曆象日月星辰', '律・度・量・衡', '五禮・五玉'之類, 「禹貢」山川, 「洪範」九疇, 須一一理會令透. 又如禮書冠・昏[10]・喪・祭, 王朝邦國許多制度, 逐一

8) 擁: 賀本에서는 壅으로 되어 있다.

9) ▲: 問: "五典之彝, 四端之性, 推尋根源, 旣知爲我所固有, 日用之間, 大倫大端, 自是不爽. 少有差失, 只是爲私欲所撓, 其要在窒慾." 曰: "有一分私慾, 便是有一分見不盡, 見有未盡, 便勝他私慾不過. 若見得脫然透徹, 私慾自不能留. 大要須是知至, 才知至, 便到意誠・心正一向去." 又擧虎傷事. 當時再三深思所見, 及推太極動靜・陰陽五行與夫仁義中正之所以主靜者求教. 曰: "據說, 亦只是如此, 思索亦只到此. 然亦無可思索. 此乃'雖欲從之, 末由也已'處. 只要時習, 常讀書, 常講貫, 令常在目前, 久久自然見得."

10) 昏: 賀本에서는 婚으로 되어 있다.

講究.” 因言: “趙丞相論廟制, 不取荊公之說, ▲11)子直一生工夫只是編「奏議」. 今則諸人之學, ▲12)又只做得西漢以下工夫, 無人就堯・舜・三代原13)頭處理會來.” 又與敬之說: “且如做學業, 亦須苦心理會文字, 方可以決科. 讀書若不苦心去求, 不成業次, 終不濟事.”

113:12 ▲14)

113:13 問: “前承先生書云: ▲15)‘賴天之靈, 常在目前.’ 如此安得不進? 蓋李先生爲黙坐澄心之學, 持守得固. 後來南軒深以黙坐澄心爲非. 自此學者工夫愈見散漫, 反不如黙坐澄心之專.’” 先生曰: “只爲李先生不出仕, 做得此工夫. 若是仕宦, 須出來理會事. 向見吳公濟爲此學, 時方授徒, 終日在裏黙坐. 諸生在外, 都不成模樣, 蓋一向如此不得.” 問: “龜山之學云: ‘以身體之, 以心驗之, 從容自得於燕閒靜一之中.’ 李先生學於龜山, 其源流是如此.” 曰: “龜山只是要閒散, 然卻讀書. ▲16)和靖便不讀書.”

113:14 初七日稟辭, 因求一言爲終身佩服, 先生未答. 且出, 晚謁再請. 先生曰: “早間所說用功事, 細思之, 只是昨日說‘戒愼17)不睹, 恐懼不聞’, 是要切工夫. 佛氏說得甚相似, 然而不同. 佛氏要空此心, 道家要守此氣, 皆是安排. 子思之時, 異端並起, 所以作『中庸』發出此事, 只是戒愼18)恐懼, 便自然常存, 不用安排. ‘戒愼19)恐懼’雖是四箇

---

11) ▲: 編「奏議」時, 已編作細注. 不知荊公所論, 深得三代之制. 又不曾講究毀廟之禮, 當是時除拆, 已甚不應『儀禮』, 可笑?
12) ▲: 又只是做「奏議」以下工夫. 一種稍勝者,
13) 原: 賀本에서는 源로 되어 있다.
14) ▲: 臨別, 再言: “學者須是有業次, 須專讀一書了, 又讀一書.” 德明起稟: “數日侍行, 極蒙教誨. 若得師友常提撕警省, 自見有益.” 曰: “如今日議論, 某亦得溫起一遍.”
15) ▲: ‘李先生云:
16) ▲: 尹
17) 愼: 成化本에서는 謹으로 되어 있다.

字, 到用著時無它, 只是緊鞭約令歸此窠臼來.” 問: “佛氏似亦能愼[20]獨.” 曰: “它只在靜處做得, 與此不同. 佛氏只是占便宜, 討閒靜處去. 老·莊只是占姦, 要它自身平穩.” 先生又自言: “二三年前, 見得此事尙鶻突, 爲它佛說得相似. 近年來方見得分曉, 只是‘戒愼[21]所不睹, 恐懼所不聞’, 好[22]顔子約禮事是如此. 佛氏卻無此段工夫.”

113:15 ▲[23]問: “‘必有事焉而勿正’一段, 亦是不安排, 亦是戒愼[24]恐懼則心自存之意?” 曰: “此孟子言養氣之事. ‘必有事焉’, 謂集義也. 集義, 則氣自長. 亦難正他, 亦難助他長. 必有事焉[25]而勿忘於集義, 則積漸自長去.”[26]

113:16 ▲[27]問: “‘顧諟天之明命’, 畢竟是箇甚麼?” 曰: “只是說見得道理在面前, 不被物事遮障了. ‘立則見▲[28]於前, 在輿則見其倚於衡’, 皆是見得理如此, 不成是有一塊物事光輝輝地在那裏.” 【義剛】

113:17 廖子晦得書來云: “‘有本原, 有學問.’ 某初曉不得[29], 後來看

---

18) 愼: 成化本에서는 謹으로 되어 있다.
19) 愼: 成化本에서는 謹으로 되어 있다.
20) 愼: 成化本에서는 謹으로 되어 있다.
21) 愼: 成化本에서는 謹으로 되어 있다.
22) 好: 成化本·賀本에서는 如으로 되어 있다.
23) ▲: 先生極論戒愼恐懼, 以爲學者切要工夫. 因問: “『遺書』中‘敬義夾持直上達天德’之語, 亦是切要工夫?” 曰: “不理會得時, 凡讀書語言, 各各在一處. 到底只是一事.” 又
24) 愼: 成化本에서는 謹으로 되어 있다.
25) 焉: 『朱子語類』에서는 없다.
26) 去: 徽州本에서는 이 뒤에 【以上德明自錄, 下見諸錄.】가 더 있다.
27) ▲: 安卿問: “前日先生與廖子晦書云: ‘道不是有一箇物事閃閃爍爍在那裏.’ 固是如此. 但所謂‘操則存, 舍則忘’, 畢竟也須有箇物事.” 曰: “操存只是教你收斂, 教那心莫胡思亂想, 幾曾捉定有一箇物事在裏?” 又
28) ▲: 其參
29) 不曉得: 賀本에서는 曉不得으로 되어 있다.

得他們都是把本原處是別有一塊物來模樣. 聖人敎人, 只是致知▲[30]物, 不成眞箇是有一箇物事, 如一塊水銀樣, 走來走去那裏. 這便是禪家說'赤肉團上自有一箇無位眞人'模樣."【義剛】

113:18 以前看得心只是虛蕩蕩地, 而今看得來, 湛然虛明, 萬理便在裏面. 向前看得便似一張白紙, 今看得, 便見紙上都是字. 廖子晦們[31]便只見得是一張紙.【義剛】

113:19 ▲[32]

113:21[33] 或問"誠敬"二字云云. 先生曰: "也是如此. 但不去做工夫, 都[34]說得, 不濟事. 且如公一日間, 曾有幾多時節去體察理會來? 若不曾如此下工夫, 只據冊上寫底把來口頭說, 雖說得是, 何益? 某嘗[35]說與學者, 此箇道理, 須是用工夫自去體究. 講論固不可闕, 若只管講, 不去體究, 濟得甚事? 蓋此義理儘廣大無窮盡, 今日恁地[36]說, 亦未必是. 又恐他只說到這裏, 入深也更有在, 若便領略將去, 不過是皮膚而已, 又不入思慮, 則何緣會進? 須是把來橫看豎看, 子細窮究. 都理會不得底, 固當去看, 便是領略得去者, 亦當如此看. 看來看去, 方有疑處也. 此箇物事極密, 毫釐間便相爭, 如何恁地疏略說得? 若是那眞箇下工夫到田地底人, 說出來自別. 漢卿所問雖若近似, 也則看得淺. 須是理會來, 理會去, 理會得意思到, 似被膠漆粘住時, 方是長進

---

30) ▲: 格.【頭註】格
31) 們: 成化本・孝宗刊本에서는 門으로 되어 있다.
32) ▲: 直卿言: "廖子晦作宰, 不庭參, 當時忤了上位, 但此一節最可服." 先生曰: "庭參底固不是, 然待上位來爭, 到底也不是."【義剛】
33) 113:21 :『朱子語類』에서는 113:20의 뒤에 있다.【附箋紙】下"廖德明"一節, 當在此..
34) 都:『朱子語類』에서는 徒로 되어 있다.
35) 嘗:『朱子語類』에서는 常으로 되어 있다.
36) 地: 賀本에서는 他로 되어 있다.

也." 因問: "'誠敬'二字如何看?" 廣云: "先敬, 然後誠." 曰: "且莫理會先後. 敬是如何? 誠是如何?" 廣曰: "敬是把捉[37]工夫, 誠則到自然處." 曰: "敬也有把捉時, 也有自然時, 誠也有勉爲誠時, 亦有自然誠時. 且說此二字義, 敬只是箇收斂畏懼, 不縱放, 誠只是箇朴直慤實, 不欺誑. 初時須著如此不縱放, 不欺誑, 到得工夫到時, 則自然不縱放, 不欺誑矣."【以下訓廣.】

113:20[38] 廖德明赴潮倅, 來告別, 臨行求一安樂法. 曰: "聖門無此法."【僩】

113:22 ▲[39]先生曰: "昨日也偶然說到此. 某將謂凡人讀書都是如此用功, 後來看得卻多不如此. 蓋此箇道理問也問不盡, 說也說不盡, 頭緒儘多, 須是自去看. 看來看去, 則自然一日深似一日, 一日分曉似一日, 一日簡易似一日, 只是要熟. 孟子曰: '仁, 亦在乎熟之而已.' 熟, 則一喚在面前. 不熟時, 纔被人問著, 便須旋去尋討, 迨尋討得來時, 意思已不如初矣."

113:23 先生謂廣: "看文字傷太快, 恐不子細. 雖是理會得底, 更須將來看. 此不厭熟, 熟後更看, 方始滋味出." 因笑曰: "此是做'僞學'底工夫?"

113:24 先生諭廣曰: "今講學也只[40]如此, 更須於主一▲[41]做工夫.

37) 捉: 賀本에서는 作으로 되어 있다.
38) 113:20 :『朱子語類』에서는 113:21의 앞에 있다.【附箋紙】當在上.
39) ▲: 廣云: "昨日聞先生教誨做工夫底道理. 自看得來, 所以無長進者, 政緣不曾如此做工夫, 故於看文字時不失之膚淺, 則入於穿鑿. 今若據先生之說, 便如此著實下工夫去, 則一日須有一日之功, 一月須有一月之功, 決不到虛度光陰矣."
40) 只: 賀本에서는 須로 되어 있다.
41) ▲: 上

若無主一工夫, 則所講底義理無安著處, 都不是自家物事, 若有主一工夫, 則外面許多義理, 方始爲我有, 都[42]是自家物事. 工夫到時, 才主一, 便覺意思好, 卓然精明, 不然, 便緩散消索了, 沒意思." 廣云: "到此侍教誨三月, 雖昏愚, ▲[43]亦自覺得與前日不同, 方始有箇進修底田地, 歸去當閉戶自做工夫." 曰: "也不問在這裏不在這裏, 也不說要如何頓段做工夫, 只自脚下便做將去. 固不免有散緩時, 但才覺便收斂將來, 漸漸做去. 但得收斂時節多, 散緩之時少, 便是長進處. 故孟子說: '學問之道無他, 求其放心而已.' 所謂'求放心'者, 非是別去求箇心來存著, 只才覺放, 心便在此. 孟子又曰: '雞犬放則知求之, 心放則不知求.' 某嘗[44]謂, 雞犬猶是外物, 才放了, 須去外面捉將來, 若是自家心, 更[45]不用別求, 才覺, 便在這裏. 雞犬放, 猶有求不得時, 自家心則無求不得之理." 因言: "橫渠說做工夫處, 更精切似二程. 二程資稟高, 潔淨, 不大段用工夫. 橫渠資稟有偏駁夾雜處, 他大段用工夫來. 觀其言曰: '心淸時少, 亂時多. 其淸時, 視明聽聰, 四體不待羈束而自然恭謹, 其亂時, 反是.' 說得來大段精切."

113:25 先生又謂廣: "見得義理雖▲[46]快, 但言動之間, 覺得輕率▲[47]多. 子曰: '仁者其言也訒.' 仁者之言, 自不恁地容易. 謝氏曰: '視聽言動不可易, 易則多非禮.' 須時時自省覺, 自收斂, 稍緩縱則失之矣." 翌日廣請曰: "先生昨日言廣言動間多輕率, 無那'其言也訒'底意思, 此深中廣之病. 蓋舊年讀書, 到適然有感發處, 不過贊歎聖言之善耳, 都不能玩以養心. 自到師席之下, 一日見先生泛說義理不是面前物, 皆吾心固有者, 如道家說存想法, 所謂'鉛汞龍虎'之屬, 皆人身內

---

42) 都: 英祖刊本・成化本・賀本에서는 卻으로 되어 있다.
43) ▲: 然
44) 嘗: 賀本에서는 常으로 되어 있다.
45) 更: 賀本에서는 便으로 되어 있다.
46) ▲: 稍
47) ▲: 處

所有之物. ▲[48]更望先生痛加敎飭." 先生良久擧伊川說曰: "'人心有主則實, 無主則虛.' 又一說卻曰: '有主則虛, 無主則實.' 公且說看是如何?" 廣云: "有主則實, 謂人具此實然之理, 故實, 無主則實, 謂人心無主, 私欲爲主, 故實." 先生曰: "心虛則理實, 心實則理虛. '有主則實', 此'實'字是好, 蓋指理而言也, '無主則實', 此'實'字是不好, 蓋指私欲而言也. 以理爲主, 則此心虛明, 一毫私意著不得. 譬如一泓淸水, 有少許砂土便見."

113:26　或問: "人之思慮, 有邪有正. 若是大段邪僻之思卻容易制, 惟是許多無頭面無[49]緊要底[50]思慮, 不知何以制之?" 曰: "此亦無他, 只是覺得不當思量[51]底, 便莫要思, 便從脚下做將去. 久久純熟, 自然無此等思慮矣. 譬如人坐不定者, 兩脚常要行, 但纔要行時, 便自少覺莫要行. 久久純熟, 亦自然不要行而坐得定矣. 前輩有欲澄治思慮者, 於坐處置兩器, 每起一善念, 則投白豆一粒於器中, 每起一惡念, 則投黑豆一粒於器中. 初時黑豆多, 白豆少[52], 後白豆多, 黑豆少, 後來遂不復有黑豆, 後來[53]則雖白豆亦無之矣. 然此只是箇死法. 若更加以讀書窮理底工夫, 則去那般不正當底思慮, 何難之有? 又如人有喜做不要緊事, 如寫字作詩之屬. 初時念念要做, 更遏捺不得. 若能將聖賢言語來玩味, 見得義理分曉, 則漸漸覺得此重彼輕, 久久不知不覺, 自然剝落消殞去. 何必橫生一念, 要得別尋一捷徑, 盡去了意見, 然後能如此[54]?▲[55]此皆是不柰煩去修治他一箇身心了, 作此見解. 譬如人做

---

48) ▲: 又數日因廣誦義理又向外去, 先生云: '前日說與公, 道皆吾心固有, 非在外之物.' 廣不覺恍然有警於心? 又一日侍坐, 見先生說'如今學者大要在喚醒上', 自此方知得做工夫底道理. 而今於靜坐時, 讀書玩味時, 則此心常在, 一與事接, 則心便緩散了. 所以輕率之病見於言動之間, 有不能掩者. 今得先生警誨, 自此更當於此處加省察收攝之功. 然侍敎只數日在,

49) 無: 『朱子語類』에서는 不로 되어 있다.

50) 底: 賀本에서는 之로 되어 있다.

51) 量: 賀本에서는 慮로 되어 있다.

52) 黑豆多, 白豆少: 賀本에서는 白豆少, 黑豆多로 되어 있다.

53) 後來: 『朱子語類』에서는 最後로 되어 있다.

官, 則當至誠去做職業, 卻不柰煩去做, 須要尋箇倖門去鑽, 道鑽得這裏透時, 便可以超躐將去. 今欲去意見者, 皆是這箇心. 學者但當就意見上分眞妄, 存其眞者, 去其妄者而已. 若不問眞妄, 盡欲除之, 所以游游蕩蕩, 虛度光陰, 都無下工夫處." 因擧『中庸』曰: "'喜怒哀樂未發謂之中, 發而皆中節謂之和. 中也者, 天下之大本, 和也者, 天下之達道. 致中和, 天地位焉, 萬物育焉.' 只如喜怒哀樂, 皆人之所不能無者, 如何要去得? 只是要發而中節爾. 所謂致中, 如孟子之'求放心'與'存心養性'是也, 所謂▲[56]和, 如孟子論平旦之氣, 與擴充[57]其仁義之心是也. 今卻不柰煩去做這樣工夫, 只管要求捷徑去意見. 只恐所謂去意見者, 正未免爲意見也. 聖人教人如一條大路, 平平正正, 自此直去, 可以到聖賢地位. 只是要人做得徹. 做得徹時, 也不大驚小怪, 只是私意剝落淨盡, 純是天理融明爾." 又曰: "'興於詩, 立於禮, 成於樂.' 聖人做出這一件物事來, 使學者聞之, 自然歡喜, 情願上這一條路去. 四方八面擸掇他去這路上行." 又曰: "所謂致中者, 非但只是在中而已, 纔有些子偏倚, 便[58]不可. 須是常在那中心十字上立, 方是致中. 譬如射: 雖射中紅心, 然在紅心邊側, 亦未當, 須是正當紅心之中, 乃爲中也." 廣云: "此非常存戒愼[59]恐懼底工夫不可." 曰: "固是. 只是箇戒愼[60]恐懼, 便是工夫." 廣云: "數日敬聽先生教誨做工夫處, 左右前後, 內外本末, 無不周密, 所謂盛水不漏." 曰: "'博我以文, 約我以禮', 聖門教人, 只此兩事, 須是互相發▲[61]. 約禮底工夫深, 則博文底工夫愈明, 博文底工夫至, 則約禮底工夫愈密."

---

54) 如此: 【附箋紙】"隔夕嘗有爲'去意見'之說者", 當在"如此"之下.
55) ▲: 隔夕嘗有爲'去意見'之說者,
56) ▲: 致
57) 擴充: 成化本・賀本에서는 充廣으로 되어 있다.
58) 便: 成化本에서는 知로 되어 있다.
59) 愼: 成化本에서는 謹으로 되어 있다.
60) 愼: 成化本에서는 謹으로 되어 있다.
61) ▲: 明【頭註】明

113:27 廣請于[62]先生, 求"居敬窮理"四字. 曰: "自向裏做工夫, 何必此?" 因言, 昔羅隱從錢王巡錢塘城, 見樓櫓之屬, 陽爲不曉而問曰: "此何等物?" 錢曰: "此爲樓櫓." 又問: "何用?" 錢曰: "所以禦寇." 曰: "果能爾, 則當移向內施之." 蓋諷[63]之以寇在內故也.

113:28 ▲[64]廣云: "▲[65] 須有疑, 卻得拜書請問." 曰: "且自勉做工夫. ▲[66]若有疑處, 且須自去思量, 不要倚靠人, 道待去問他. 若無人可問時, 不成便休也? 人若除得箇倚靠人底心, 學也須會進."

113:29 ▲[67]

113:30 大雅謁先生於鉛山 觀音寺, 納贄拜謁. 先生問所學, 大雅因質所見. 先生曰: "所謂事事物物各得其所, 乃所謂時中之義. 但所說大意卻錯雜. 據如此說, 乃是欲求道於無形無象之中, 近世學者大抵皆然. 聖人語言甚實, 且卽吾身日用常行之間可見. 惟能審求經義, 將聖賢言語虛心以觀▲[68], 不必要著心去看他, 久之道理自見, 不必求之太高也. 今如所論, 卻只於渺渺茫茫處想見一物懸空▲[69], 更無捉摸處, 將來如何頓放, 更沒收殺. 如此則與身中日用自然判爲二物, 何緣得有諸己? 只看『論語』一書, 何嘗有懸空說底話? 只爲漢儒一向尋

---

62) 于: 賀本에서는 於로 되어 있다.

63) 諷: 成化本·賀本에서는 風으로 되어 있다.

64) ▲: 先生問廣: "到此幾日矣?" 廣云: "八十五日." 曰: "來日得行否?" 廣曰: "來早拜辭." 曰: "有疑更問."

65) ▲: 今亦未有疑. 自此做工夫去,

66) ▲: 學者最怕因循, 莫說道一下便要做成. 今日知得一事亦得, 行得一事亦得, 只不要間斷, 積累之久, 自解做得徹去.

67) ▲: 先生語漢卿: "有疑未決, 可早較量." 答云: "眼前亦無所疑. 且看做去有礙, 方敢請問." 先生因云: "人說道頓段做工夫, 亦難得頓段工夫. 莫說道今日做未得, 且待來日做. 若做得一事, 便是一事工夫, 若理會得這些子, 便有這些子工夫. 若見處有積累, 則見處自然貫通, 若存養處有積累, 則存養處自然透徹."【賀孫】

68) ▲: 之

69) ▲: 在

求訓詁[70]，更不看聖人[71]意思，所以二程先生不得不發明道理，開示學者，使激昂向上，求聖人用心處，故放得稍高. 不期今日學者乃捨近取[72]遠，處下窺高，一向懸空說了，扛得兩[73]脚都不著地? 其爲害，反甚於向者之未知尋求道理，依舊只[74]在大路上行. 今之學者卻求捷徑，遂至鑽山入海[75]. 吾友要知，須是與他古本相似者，方是本分道理，若不與古本相似，盡是亂道."【以下訓大雅.】

113:31 臨別請教，以爲服膺之計. 曰: "老兄已自歷練，但目下且須省閑事，就簡約上做工夫. 若舉業亦是本分事. 且如前日令老兄作「告子未嘗知義論」，其說亦自好，但終是搏量，非實見得. 如今人說人文字辭太多. 不是辭多，自緣意少. 若據某所見，'義內'卽是'行有不慊於心則餒'，便是[76]自見得義在內. 若徹頭徹尾一篇說得此理明，便是吾人日用事，豈特一篇時文而已?"

113:32 再見，因言: "去冬請違之後，因得一詩云: '三見先生道愈尊，言提切切始能安. 如今決破本根說，不作從前料想看. 有物有恒[77]須自盡，中倫中慮覺猶難. 願言克己工夫熟，要得周旋事仰鑽.'" 看畢，云: "甚好." 大雅云: "近卻盡去得前病，又覺全然安了，忒煞無疑，恐難進步. 且如南軒說'無適無莫'，'適是有所必，莫是無所主'，便見得不妥貼. 程氏謂'無所往，無所不往，且要〈義之與比〉處重'，便安了." 曰: "此且做得一箇麤麤底基址在，尙可加功. 但古人訓釋字義，無用'適'字爲'往'字者. 此'適'字，當如[78]'吾誰適從'之'適'，音'的'，是端的之

70) 詁: 『朱子語類』에서는 話로 되어 있다.
71) 人: 賀本에서는 賢으로 되어 있다.
72) 取: 『朱子語類』에서는 求로 되어 있다.
73) 兩: 徽州本에서는 四로 되어 있다.
74) 只: 賀本에서는 없다.
75) 海: 『朱子語類』에서는 水로 되어 있다.
76) 是: 『朱子語類』에서는 없다.
77) 恒: 成化本・賀本에서는 常으로 되어 있다.

意. 言無所定, 亦無不定耳. 張欽夫云: '〈無適無莫〉, 釋氏謂有適・莫.' 此亦可通." 問: "如何是麤麤底基址?" 曰: "無所往, 亦無所不往, 亦無深害. 但認得'義'字重, 亦是. 所謂麤者, 如匠人出治材料, 且成樸在, 然後刻畫可加也. 如云'義'字, 豈可便止? 須要見之於事, 那裏是義, 那裏是不義. 不可謂心安於此便是義. 如宰我以食稻衣錦爲安, 不成便是義? 今所以要於聖賢語言[79]上精加考究, 從而分別輕重, 辨明是非, 見得粲然有倫, 是非不亂, 方是所謂'文理密察'是也. 自此應事接物, 各當事幾, 而不失之過, 不失之不及, 此皆精於義理之效也." 問: "此是'精義入神以致用'否?" 曰: "▲[80]'精義入神', 不過要思索令精之又精, 則見於日用自然合理. 所謂'入神', 卽此便是, 非此外別有入神處也. 如老兄詩云: '中倫中慮', 只恁汎說何益? 倫慮, 只是箇倫理所在, 要使言行有倫理爾. 須是平時精考後躬行之, 使凡一言一行皆出乎此理, 則這邊自重. 所謂'仰不愧, 俯不怍', 浩然之氣亦從是生. 若用工如此, 方有進處. 若如此進時, 一齊俱進. 聖賢見處, 雖卒未可遽盡, 然進進不已, 隨力量自當[81]有到處. 若非就這上見得義理之正, 則非特所學不可見於行, 亦非此道之至." 因問: "苟不至德, 至道不凝[82]焉.' 離事物・舍躬行以爲道, 則道自道, 我自我, 尙不能合一, 安得有進?" 曰: "然."

113:33 再見, 卽問曰: "三年不相見, 近日如何?" 對云: "獨學悠悠, 未見進處." 曰: "悠悠於學者最有病. 某前此說話, 亦覺悠悠, 而學於某者皆不作切己工夫, 故亦少見特然可恃者. 且如孟子初語滕 文公, 只道'性善.' 善學者只就這上便做工夫, 自應有得. 及後再見孟子, 則不復更端矣. 只說'世子疑吾言乎? 夫道◇[83]而已矣.' 顏淵曰: '舜何人

---

78) 如: 賀本에서는 爲로 되어 있다.
79) 言: 賀本에서는 없다.
80) ▲: 所謂
81) 隨力量自當: 賀本에서는 自當隨力量으로 되어 있다.
82) 凝: 成化本에서는 疑로 되어 있다.

也? 予何人也? 有爲者亦若是.' 以至'若藥弗[84]瞑眩, 厥疾弗瘳'? 其言激切如此, 只▲[85]欲▲[86]著緊下工夫耳. 又如語曹交一段, 意亦同此. 大抵爲學, 須是自家發憤振作, 鼓勇做去, 直是要到一日須見一日之效, 一月須見一月之效. 諸公若要做, 便從今日做去, 不然, 便截從今日斷, 不要務爲說話, 徒無益也." 大雅云: "從前但覺寸進, 不見特然之效." 曰: "正爲如[87]此, 便不曾離得舊窟, 何緣變化得舊氣質?"

113:34 又曰: "學者做切己工夫, 要得不差, 先須辨義利所在. 如思一事, 非特財利·利欲, 只每事[88]求自家安利處便是, 推此便不可入堯·舜之道. 切須勤勤提省, 察之於纖微毫忽之間, 不得放過. 如此, 便不會錯用工夫."

113:35 問: "程先生云: '周羅事者, 先有周羅之病在心, 多疑者, 先有疑病在心.' 大雅則浩然無疑, 但不免有周羅事之心." 曰: "此正是無切己工夫, 故見他人事, 須攬一分. 若自己曾實做工夫, 則如忍痛然. 我自痛, 且忍不暇, 何暇管他人事? 自己若把得重, 則彼事自輕."

113:36 ▲[89]

113:37 再見, 即曰: "吾輩此箇事, 世俗理會不得. 凡欲爲事, 豈可信世俗之言爲去就? 彼流俗何知? 所以王介甫一切屛之. 他做事雖是過,

---

83) ◇: 一
84) 弗: 賀本에서는 不로 되어 있다.
85) ▲: 是
86) ▲: 其
87) 如: 賀本에서는 없다.
88) 事: 賀本에서는 處로 되어 있다.
89) ▲: 因論古今聖賢千言萬語, 不過只要睹是爾. 曰: "睹是固好, 然卻只是結末一著, 要得睹是, 須去求其所以." 大雅曰: "不過致知窮理." 曰: "實做去, 便見得所以處."

然吾輩自守所學, 亦豈可爲流俗所梗? 如今浙東學者多陸子靜門人, 類能卓然自立, 相見之次, 便毅然有不可犯之色. 自家一輩朋友又覺不振, 一似忘相似, 彼則又似助長." 又曰: "大抵事只有一箇是非, 是非旣定, 卻揀一箇是處行將去. 必欲回互得人人道好, 豈有此理? 然事之是非, 久卻自定. 時下須是在我者無慊, 仰不愧, 俯不怍. 別人道好道惡, 管他?"

113:38 臨別請益. 曰: "大要只在'求放心.' 此心流濫[90], 無所收拾, 將甚▲[91]做管轄處? 其他用工摠閒慢, 須先[92]就自心上立得定. 決定不雜, 則自然光明四達, 照用有餘, 凡所謂是非美惡, 亦不難辨矣. 況天理人欲決[93]不兩立, 須得全在天理上行, 方見▲[94]人欲消盡. 義之與利, 不待分辨而明. 至若所謂利者, 凡有分毫求自利便處皆是, 便與克去, 不待顯著, 方謂之利. 此心須令純, 純只在一處, 不可令有外事參雜. 遇事而發, 合道理處, 便與果決行去, 勿顧慮. 若臨事見義, 方復遲疑, 則又非也. 仍須勤勤把將做事, 不可俄頃放寬. 日日時時如此, 便須見驗. 人之精神, 習久自成. 大凡人心若勤緊收拾, 莫令[95]▲[96]寬縱逐物, 安有不得其正者? 若眞箇提得緊, 雖半月見驗可也."

113:39 再見, 首見教云: "今日用功, 且當以格物爲事. 不曰'窮理', 卻說'格物'者, 要得就事物上看敎道理分明. 見得是處, 便斷然行將去, 不要遲疑. 將此逐日做一段工夫, 勿令作輟, 夫是之謂'集義.' 天下只要一箇是, 若不研究得分曉, 如何行得? 『書』所謂'惟精惟一', 最要. 是他上聖相傳來底, 只是如此."

---

90) 濫: 賀本에서는 亂으로 되어 있다.
91) ▲: 處
92) 須先: 賀本에서는 先須로 되어 있다.
93) 決: 賀本에서는 없다.
94) ▲: 得
95) 令: 『小分』에서는 肯를 令로 고쳤다.
96) ▲: 放

113:40 問: "吾輩之貧者, 令不學子弟經營, 莫不妨否?" 曰: "止經營衣食, 亦無甚害. 陸家亦作鋪買賣." 因指其門閾云: "但此等事, 如在門限裏, 一動著脚, 便在此門限外矣. 緣先以利存心, 做時雖本爲衣食不足, 後見利入稍優, 便多方求餘, 遂生萬般計較, 做出礙理事來. 須思量止爲衣食, 爲仰事俯育耳. 此計稍足, 便▲[97]收斂, 莫令出元所思處, 則粗可救過." 因令看"利用安身, 以崇德也." 大雅云: "'利者, 義之和也.' 順利此道, 以安此身, 則德亦從而進矣." 曰: "孔子遭許多困厄, 身亦危矣, 而德亦進, 何也?" 大雅云: "身安而後德進者, 君子之常. 孔子遭變, 權之以宜, 寧身不安, 德則須進." 曰: "然."【答曰: "'然', 意似未盡."】[98] 劉仲升云: "橫渠說: '〈精義入神〉, 事豫吾內, 求利吾外也, 〈利用安身〉, 素利吾外, 致養吾內也.'" 曰: "他說自分明."[99]

113:41 ▲[100]

97) ▲: 須
98)【答曰: "'然', 意似未盡."】: 賀本에서는 본문으로 되어 있다.
99) 明: 徽州本에서는 이 뒤에【以上並大雅自錄】가 더 있다.
100) ▲: 正叔有支蔓之病, 先生每救其偏, 正叔因習靜坐. 後復有請, 謂因此遂有厭書冊之意. 先生曰: "豈可一向如此? 只是令稍稍虛閑, 依舊自要讀書."【文蔚】

『朱子語類』 卷第一百一十四

「朱子十一」

「訓門人二」

114:1 先生問: "看甚文字?" 曰: "看『論語』." "看得『論語』如何?" 曰: "自看『論語』後, 覺[1]得做工夫緊, 不似每常悠悠." 曰: "做甚工夫?" 曰: "只是存養." 曰: "自見住不得時, 便是. 某怕人說'我要做這箇事.' 見飯便喫, 見路便行, 只管說'我要做這箇事', 何益?" 文蔚又言: "近來覺◇[2]一進處: 畏不義, 見不義事不敢做." 曰: "甚好. 但亦要識得義與不義. 若不曾睹[3]當得是, 顚前錯後, 依舊是胡做." 又曰: "須看『大學』. 聖賢所言, 皆是自家元有此◇[4], 但人不肯著意看. 若稍自著意, 便自見得, 卻不是自家無此理, 他鑿空撰來."【以下訓文蔚.】

114:2 ▲[5]

114:3 ▲[6]

1) 覺: 『小分』에서는 逼를 覺로 고쳤다. 『朱子語類』에서는 逼으로 되어 있다. 【附箋紙】 覺.
2) ◇: 有
3) 睹: 成化本에서는 賭로 되어 있다.
4) ◇: 理
5) ▲: 問: "私意竊發, 隨卽鉏治, 雖去枝葉, 本根仍在, 感物又發, 如何?" 曰: "只得如此, 所以曾子'戰戰兢兢, 如臨深淵, 如履薄氷'?"
6) ▲: 一日侍食, 先生曰: "只『易』中'節飮食'三字, 人不曾行得."

114:4 "子融·才卿是許多文字看過. 今更巡一徧[7], 所謂'溫故', 再巡一徧[8], 又須較見得分曉. 如人有多田地, 須自照管, 曾耕得不曾耕得, 若有荒廢處, 須用耕墾." 子融曰: "每自思之: 今亦不可謂不知, 但知之未至, 不可謂不誠, 但其誠未至, 不可謂不行, 但行之未至[9]. 若得這三者皆至, 便是了得此事." 曰: "須有一箇至底道理."

114:5 因說僧家有規矩嚴整, 士人卻不循禮, 曰: "他卻是心有用處. 今士人雖有好底, 不肯爲非, 亦是他資質偶然如此. 要之, 其心實無所用, 每日閒慢時多. 如欲理會道理, 理會[10]不得, 便掉過三五日·半月日不當事, 鑽不透便休了. 旣是來這一門, 鑽不透, 又須別尋一門. 不從大處入, 須從小處入, 不從東邊入, 便從西邊入, 及其入得, 卻只是一般. 今頭頭處處鑽不透, 便休了. 如此則無說矣. 有[11]理會不得處, 須是皇皇汲汲然, 無有理會不得者. 譬如人有大寶珠, 失了, 不著緊尋, 如何會得[12]?"

114:6 ▲[13]

114:7 問: "'色容莊'最難." 曰: "心肅則容莊, 非是外面做那莊出來." 陳才卿亦說"九容." 次早, 才卿以右手拽涼衫, 左袖口偏於一邊. 先生曰: "公昨夜說'手容恭', 今卻如此?" 才卿赧然, 急叉手鞠躬, 曰: "忘了." 先生曰: "爲己之學有忘耶? 向徐節孝見胡安定, 退, 頭容少偏, 安定忽厲聲云: '頭容直!' 節孝自思: '不獨頭容要直, 心亦要直.' 自此便

---

7) 徧: 成化本에서는 遍으로 되어 있다.
8) 徧: 成化本에서는 遍으로 되어 있다.
9) 至: 『小分』에서는 在를 至로 고쳤다.
10) 理會: 『小分』에서는 理會會를 理會로 고쳤다.
11) 有: 孝宗刊本에서는 不로 되어 있다.
12) 得: 徽州本에서는 이 뒤에 【以上並陳文尉自錄, 下見諸錄.】이 더 있다.
13) ▲: 謂文蔚曰: "公卻是見得一箇物事, 只是不光彩." 一日, 呈所送崇甫序. 觀畢, 曰: "前日說公不光彩, 且如這般文字, 亦不光彩."

無邪心. 學者須是如此始得."【友仁[14]】

114:8 次日相見, 先生偶脚氣發. 因蘇宜久欲歸, 先生蹙然曰: "觀某之疾如此, 非久於世間者, 只是一兩年間人. 亦欲接引後輩一兩人, 傳續此道, 荷公們遠來, 亦欲有所相補助. 只是覺得如此苦口, 都無一分相啓發處. 不知如何, 橫說豎說, 都說不入. 如昨夜才卿問程先生如此謹嚴, 何故諸門人皆不謹嚴?【因隔夜說有[15]門諸弟子及後來失節者.】 某答云: '是程先生自謹嚴, 諸門人自不謹嚴, 干程先生何事?' 某所以發此者, 正欲才卿深思而得, 反之於身, 如針之箚身, 皇恐發憤, 無地自存. 思其所以然之故, 卻再問某. 李先生資質如何, 全不相干涉. 非惟不知針之箚身, 便是刀鋸在身, 也不知痛了. 每日讀書, 心全不在上, 只是要自說一段文義便了. 如做一篇文義相似, 心中全無所作爲. 恰似一箇無圖之人, 飽食終日, 無所用心. 若是心在上面底人, 說得話來自別, 自相湊合. 敢說公們無一日心在上面. 莫說一日, 便十日心也不在! 莫說十日, 便是數月心也不在! 莫說數月, 便是數[16]年心也不在! 每日讀書, 只是讀過了, 便了更[17]不知將此心去體會, 所以說得來如此疏." 先生意甚不樂.【僩】

114:9 陳才卿說『詩』. 先生曰: "謂公不曉文義, 則不得, 只是不見那好處. 正如公適間說窮理, 也知事事物物皆具此理, 隨事精察, 便是窮理, 只是不見所謂好處. 所謂'民生日用而不知', 所謂'小曉得而大曉不[18]得', 這箇便是大病?【此句厲聲說.】 某也只說得到此, 要公自去會得." 久之, 又曰: "大凡物事[19]須要說得有滋味[20], 方見有功. 而今隨

---

14) 友仁: 徽州本에서는 이 뒤에 按黃卓錄此條云: "郭兄問: '容色莊甚難.' 曰: '非用功於外, 如心肅則容莊.'"이 더 있다.
15) 有: 賀本에서는 程으로 되어 있다.
16) 數: 孝宗刊本・成化本・賀本에서는 整으로 되어 있다.
17) 了, 更: 賀本에서는 없다.
18) 曉不: 賀本에서는 不曉로 되어 있다.
19) 物事: 賀本에서는 事物로 되어 있다.

文解義, 誰人不解? 須要見古人好處. 如昔人賦梅云: '疏影橫斜水淸淺, 暗香浮動月黃昏.' 這十四箇字, 誰人不曉得? 然而前輩直恁地稱嘆[21], 說他形容得好, 是如何? 這箇便是難說, 須要自得言外之意始得. 須是看得那物事有精神, 方好. 若看得有精神, 自是活動有意思, 跳躑叫喚, 自然不知手之舞, 足之蹈. 這箇有兩重: 曉得文義是一重, 識得意思好處▲[22]一重. 若只是曉得外面一重, 不識得他好底意思, 此是一件大病. 如公看文字, 都是如此. 且如公看『詩』, 自宣王中興諸詩至此.【至「節南山」.】 公於其他詩都說來, 中間有一詩最好, 如「白駒」是也, 公卻不曾說. 這箇便見公不曾看得那物事出, 謂之無眼目. 若是具眼底人, 此等詩如何肯放過? 只是看得無意思, 不見他好處, 所以如此." 又曰: "須是踏飜了船, 通身都在那水中, 方看得出?"【僩 ○建別錄. 文蔚錄云: "文蔚一日說『太極』·『通書』, 不說格物·致知工夫, 先生甚訝之. 後數日, 文蔚拈起中間二[23]語. 先生曰: '趯飜卻船, 通身下水裏去!' 文蔚始有所悟." 今池錄卻將文蔚別話頭合作一段, 記者誤矣.】

114:10 袁州臨別請教. 先生曰: "守約兄弟皆太拘謹, 更少放寬. 謹固好, 然太拘則見道理不盡, 處事亦往往急迫. 道理不只在一邊, 須是四方八面看, 始盡."【訓閎祖.】

114:11 "邵武人箇箇急迫, 此是氣稟如此. 學者先須除去此病, 方可進道." 先生謂方子曰: "觀公資質自是寡過. 然開闊中又須縝密, 寬緩中又須謹敬."【訓方子.】

114:12 又問: "如孟子言'勿忘, 勿助長', 卻簡易. 而今要細碎做去, 怕不能貫通?" 曰: "孟子言'勿忘, 勿助長'處, 自是言養氣. 試取孟子說

---

20) 味: 成化本에서는 來로 되어 있다.
21) 嘆: 賀本에서는 歎으로 되어 있다.
22) ▲: 是
23) 二: 『朱子語類』에서는 三으로 되어 있다.

處子細看, 便見. 大凡爲學, 最切要處在吾身心, 其次便是做事, 此是的實緊切處. 學者須是把聖人之言來窮究, 見得身心要如此, 做事要如此. 天下自有一箇道理在, 若大路然. 聖人之言, 便是一箇引路底."

114:13 李公晦問"忠恕." 曰: "初讀書時, 且從易處看. 待▲[24]熟後, 難者自易理會. 如捉賊, 先擒盡弱者, 則賊魁自在這裏, 不容脫也. 且看『論語』前面所說分曉處."【蓋卿】

114:14 前日得公書, 備悉雅意. 聖賢見成事迹, 一一可考而行. 今日之來, 若捨六經之外, 求所謂玄妙之說, 則無之. 近世儒者不將聖賢言語爲切己可行[25]之事, 必於上面求新奇可喜之論, 屈曲纏繞, 詭秘變怪, 不知聖賢之心本不如此. 旣以自欺, 又轉相授受, 復以欺人. 某嘗謂, 雖使聖人復生, 亦只將六經·『語』·『孟』之所載者, 循而行之, 必不更有所作爲. 伏羲再出, 依前只畫八卦, 文王再出, 依前只衍六十四卦, 禹再出, 依前只是「洪範」九疇. 此外更有甚詫異事? 如今要緊, 只是將口讀底便做身行底, 說出底便是心存底. 居父相聚幾一年, 覺得渠只怕此事有難者, 某終曉渠意不得.【以下訓賀孫.】

114:15 問在鄉如何讀書.[26] 賀孫云: "少失怙恃, 凡百失敎. 旣壯, 所從師友, 不過習爲科擧之文, 然終不肯安心於彼, 常欲讀聖賢之書. 自初得先生所編『論孟精義』讀之, 至今不敢忘. 然中間未能有所決擇, 故未有定見." 先生曰: "大凡人說[27]要去從師, 然未及從師之時, 也須先自著力做工夫. 及六七分, 到得聞緊切說話, 易得長進. 若是平時不曾用力, 終是也難一頓下手."

---

24) ▲: 得
25) 可行: 賀本에서는 없다.
26) 問在鄉如何讀書: 賀本에서는 問在卿: "如何讀書?"로 되어 있다.
27) 說: 賀本에서는 欲으로 되어 있다.

114:16 今須先正路頭, 明辨爲己爲人之別, 直見得透, 卻旋旋下工夫, 則思慮自通, 知識自明, 踐履自正. 積日累月, 漸漸熟, 漸漸自然. 若見不透, 路頭錯了, 則讀書雖多, 爲文日工, 終做事不得. 比見浙間朋友, 或自謂能通『左傳』, 或自謂能通『史記』, 將孔子置在一壁, 卻將左氏司馬遷駁雜之文鑽研推尊, 謂這箇是盛衰之由, 這箇是成敗之端. 反而思之, 干你身己甚事? 你身己有多多少少底事合當理會, 有多多少少底病未曾去, 卻來說甚盛衰興亡治亂, 這箇直是自欺!

114:17 ▲[28]

114:18 先生因學者少寬舒意, 曰: "公讀書恁地縝密, 固是好. 但恁地逼截成一團, 此氣象最不好, 這是偏處. 如一項人恁地不子細, 固是不成箇道理, 若一向蹙密, 下梢卻展拓不去. 明道一見顯道, 曰: '此秀才展拓得開, 下梢可望.'" 又曰: "於辭氣間亦見得人氣象. 如明道語言, 固無甚激昂, 看來便見寬舒意思. 龜山, 人只道恁地寬, 看來不是寬, 只是不解理會得, 不能理會得. 范純夫『語解』比[29]諸公說理最平淺, 但自有寬舒氣象, 儘[30]好."

114:19 ▲[31]公往前在陳君擧處, 如何看文字?" 曰: "也只就事上理會, 將古人所說來商量, 須教可行." 曰: "怕恁地不得. 古人見成法度不用於今, 自是如今有用不得處. 然不可將古人底折[32]合來, 就如今爲可用之計. 如鄭康成所說井田, 固是難得千里平地, 如此方正, 可疆理溝洫之類. 但古人意思, 必是如此方得, 不應零零碎碎做得成. 古人

---

28) ▲: 仁父味道卻是別, 立得一箇志趨卻正, 下工夫卻易.
29) 比: 成化本에서는 北으로 되어 있다.
30) 儘: 賀本에서는 最로 되어 있다.
31) ▲: 問: "看『大學』, 覺得未透, 心也尙粗在." 曰: "這粗便是細, 只是恁地看熟了, 自通透.
32) 折: 賀本에서는 析로 되어 있다.

事事先去理會大處正處, 到不得已處方有變通. 今卻先要去理會變通之說."

114:20 ▲[33]

114:21 問: "前日承教辨是非, 只交遊中便有是有非, 自家須分別得, 且不須誦言. 這莫是只說尋常泛交? 若朋友, 則有責善琢磨之義." 曰: "固是. 若是等閒人, 亦自不可說. 只自家胸次, 便要得是非分明, 事事物物上, 都有箇道理, 都有是有非. 所以'舜好問, 而好察邇言.' 雖淺近閒言語中, 莫不有理, 都要見得破. '隱惡而揚善', 自家這裏善惡便分明. 然以聖明照[34]鑒, 纔見人不好, 便說出來, 也不得. 只是揚善, 那惡底自有不得掩之理. 纔說揚善, 自家已自分明, 這亦聖人與人爲善之意." ▲[35]

114:22 如今理會道理, 且要識得箇頭. 若不識得箇頭, 只恁地散散逐段說, 不濟事. 假饒句句說得, 段段記得, 有甚精微奧妙? 都理會得, 也都是閒話. 若識得箇頭上有源, 頭下有歸著, 看聖賢書, 便句句著實, 句句爲自家身己設, 如此方可以講學. 要知這源頭是甚麽, 只在身己上看. 許多道理, 盡是自家固有底. 仁義禮智, "知皆擴[36]而充之, 若火之始然, 泉之始達." 這箇是源頭, 見得這箇了, 方可講學, 方可看聖賢說話. 恰如人知得合當行, 只假借聖賢言語作引路一般. 不然, 徒記得說得, 都是外面閑話. 聖賢急急教人, 只在這些子. 纔差過那邊去, 便都無些子著身己, 都是要將去附合人, 都是爲別人, 全不爲自家身

33) ▲: 問: "初學心下恐空閑未得. 試驗之平日, 常常看書, 否則便思索義理, 其他邪妄不見來, 才心下稍空閑, 便思量別所在去. 這當柰何?" 曰: "才要閑便不閑, 才要靜便不靜, 某向來正如此. 可將明道「答橫渠書」看." 因擧其間"非外是內"之說.
34) 照: 成化本・賀本에서는 昭로 되어 있다.
35) ▲: 又云: "一件事走過眼前, 匹似閑, 也有箇道理, 也有箇是非. 緣天地之間, 上蟠下際, 都無別事, 都只是這道理."
36) 擴: 成化本에서는 廣으로 되어 있다.

己. 纔就這邊來, 便是自工夫. 這正是爲己爲人處. 公今且要理會志趣是要如何. 若不見得自家身己道理分明, 看聖賢言語, 那裏去捉摸? 又云: "如今見得這道理了, 到得進處, 有用力慤實緊密者, 進得快, 有用力慢底, 便進得鈍. 何況不見得這源頭道理, 便緊密也徒然不濟事. 何況慢慢地, 便全然是空? 如今拽轉亦快. 如船遭逆風, 吹向別處去, 若得風翻轉, 是這一載不問甚麽物色, 一齊都拽轉, 若不肯轉時, 一齊都不轉. 見說'毋不敬', 便定定著'無[37]不敬'始得, 見說'思無邪', 便定定著'思無邪'始得. 書上說'毋不敬', 自家口讀'毋不敬', 身心自恁地怠慢放肆, 『詩』上說'思無邪', 自家口讀'思無邪', 心裏卻胡思亂想: 這不是讀書. 口卽是心, 心卽是口. 又如說'足容重', 須著重, 是天理合下付與自家, 便當重, 自家若不重, 便自壞了天理. '手容恭', 須著恭, 是天理合下付與自家, 便當恭, 自家若不恭, 便自壞了天理. '目容端, 口容止, 聲容靜, 頭容直, 氣容肅, 立容德, 色容莊'云云[38], 把聖賢說話將來學, 便是要補塡得元初底教好. 又如說'非禮勿視', 自是天理付與自家雙眼, 不曾教自家視非禮, 纔視非禮, 便不是天理. '非禮勿聽', 自是天理付與自家雙耳, 不曾教自家聽非禮, ▲[39]便不是天理. '非禮勿言', ▲[40]'非禮勿動', ▲[41]云云.[42]

114:23 賀孫請問, 語聲末後低, 先生不聞. 因云: "公仙鄕人何故聲

---

37) 無: 賀本에서는 毋로 되어 있다.

38) '目容端, 口容止, 聲容靜, 頭容直, 氣容肅, 立容德, 色容莊'云云: 徽州本은 '目容端, 須着端是天理, 合下付與自家便當端, 自家若不端, 便自壞了天理. 口容止, 須着止是天理, 合下付與自家便當止, 自家若不止, 便自壞了天理. 聲容靜, 須着靜是天理, 合下付與自家便當靜, 自家若不靜, 便自壞了天理. 頭容直, 須着直是天理, 合下付與自家便當直, 自家若不直, 便自壞了天理. 氣容肅, 須着肅是天理, 合下付與自家便當肅, 自家若不肅, 便自壞了天理. 立容德, 須着德是天理, 合下付與自家便當德, 自家若不德, 便自壞了天理. 色容莊, 須着莊是天理, 合下付與自家便當莊, 自家若不莊, 便自壞了天理.'으로 되어 있다.

39) ▲: 纔聽非禮,

40) ▲: 自是天理付與自家一箇口, 不曾教自家言非禮, 纔言非禮, 便不是天理.

41) ▲: 自是天理付與自家一箇身心, 不曾教自家動非禮, 纔動非禮, 便不是天理."

42) 云云: 『朱子語類』에서는 없다.

氣都恁地? 說得箇起頭, 後面懶將去. 孔子曰: '聽其言也厲.' 公只管恁地, 下梢不好. 見道理不分明, 將漸入於幽暗, 含含胡胡, 不能到得正大光明之地. 說話須是一字是一字, 一句是一句, 便要見得是非."

114:24 ▲[43]

114:25 ▲[44]

114:26 嘗見陸子靜說: "且恁地依傍▲[45]." 思之, 此語說得最[46]好. 公看文字, 亦且就分明注解依傍看教熟. 待自家意思與他[47]意思相似, 自通透. 也自有一般人敏捷, 都要看過, 都會通曉. 若不恁地, 只是且就曉得處依傍看. 如公讀『論語』, 還常[48]文義曉得了未? 若文義未曉得, 又且去看某家如此說, 某家如彼說, 少間都攪得一場沒理會. 尹和靖只是依傍伊川許多說話, 只是他也沒變化, 然是守得定.

114:27 ▲[49]

114:28 ▲[50]

---

43) ▲: 先生謂賀孫: "也只是莫巧. 公鄉間有時文之習, 易得巧."

44) ▲: 問: "往前承誨, 只就窮理說較多. 此來如'尊德性・致廣大・極高明'上一截, 數數蒙提警, 此意是如何?" 曰: "已前也說了, 只是夾雜說. 如『大學』中亦自說. 但覺得近日諸公去理會窮理工夫多, 又自漸漸不著身己."

45) ▲: 看

46) 最: 『朱子語類』에는 最가 없다.

47) 他: 『小分』에서는 他他를 他로 고쳤다.

48) 常: 賀本에서는 當으로 되어 있다.

49) ▲: 辭先生, 同黃敬之歸鄉赴擧. 先生曰: "仙里士人在外, 孰不經營僞牒? 二公獨逕還鄉試, 殊强人意."

50) ▲: 先生問: "赴試用甚文字?" 賀孫以『春秋』對. 曰: "『春秋』爲仙鄉陳・蔡諸公穿鑿得盡. 諸經時文愈巧愈鑿, 獨『春秋』爲尤甚, 天下大抵皆爲公鄉里一變矣!"

114:29 先生問時學: "觀書如何?" 時學自言: "◇[51]苦於粗率, 無精密之◇[52], 不知病根何在?" 曰: "▲[53]今學者亦多來求病根, 某向他說, 頭痛灸頭, 腳痛灸脚. 病在這上, ◇[54]便了, 更別討甚病根也!" 【以下訓時學.】

114:30 ▲[55]

114:31 ▲[56]

114:32 ▲[57]

114:33 先生問云: "子善別後做甚工夫?" 時學云: "自去年書院看『孟子』至「告子」, 歸後雖日在憂患中, 然夜間亦須看一二章. 至今春看了, 卻看『中庸』. 見讀程『易』. 此讀書工夫如此. 若裏面工夫, 尙多間斷, 未接續成片段, 將如之何?" 先生曰: "書所以維持此心, 若一時放下, 則一時德性有懈. 若能時時讀書, 則此心庶可無間斷矣." 因問: "'日夜之所息', 舊兼止息之義, 今只作生息之義, 如何?" 曰: "近看得只是此義." 時學云: "凡物日夜固有生長, 若良心旣放而無操存之功, 則安得自能生長?" 曰: "放去未遠, 故亦能生長. 但夜間長得三四分, 日間所

---

51) ◇: 常
52) ◇: 功
53) ▲: 不要討甚病根. 但知道粗率, 便是病在這上, 便更加仔細便了.
54) ◇: 只治這上
55) ▲: 又讀"回也三月不違仁"一段, 曰: "工夫旣能向裏, 只要常提醒此心. 心才在這裏, 外面許多病痛, 自然不見."
56) ▲: 問"管仲之器小哉"處, 說及王伯之所以異. 先生曰: "公看文字, 好立議論. 是先以己意看他, 卻不以聖賢言語來澆灌胸次中, 這些子不好. 自後只要白看, 乃好."
57) ▲: 先生歷言諸生之病甚切. 謂時學: "看文字也卻細膩親切, 也卻去身上做工夫. 但只是不去正處看, 卻去偏傍處看. 如與人說話相似, 不向面前看他, 卻去背後尋索, 以爲面前說話皆不足道, 此亦不是些小病痛. 想見日用工夫, 也只去小處理會. 此亦是立心不定故爾, 切宜戒之?"

爲又做了七八分, 卻摺轉來, 都消磨了這些子意思, 此所以終至於梏亡也?"[58]

114:34 早拜朔, 先生▲[59] 是日, 問時學: "看『詩』外, 別看何書?" 時學答: "欲一面看『近思錄』." 曰: "大凡爲學有兩樣: 一者是自下面做上去, 一者是自上面做下來. 自下面做上者, 便是就事上旋尋箇道理湊[60]合將去, 得到上面極處, 亦只一理. 自上面做下者, 先見得箇大體, 卻自此而觀事物, 見其莫不有箇當然之理, 此所謂自大本而推之達道也. 若會做工夫者, 須從大本上理會將去, 便好. 昔明道在扶溝謂門人曰: '爾輩在此只是學某言語, 盍若行之?' 謝顯道請問焉, 卻云: '且靜坐.'" 時學因云: "'雷在地中,「復」. 先王以至日閉[61]關, 商旅不行, 后不省方.' 在學者分上說, 便是要安靜涵養這些子善端耳." 曰: "若著實做工夫, 要知這說話也不用說. 若會做工夫, 便一字也來這裏使不著. 此說, 某不欲說與人, 卻恐學者聽去, 便做空虛[62]認了. 且如程門中如游定夫, 後來說底話, 大段落空無理會處, 未必不是在扶溝時只恁地聽了." 時學因言平日學問次第云云. 先生曰: "此心自不用大段拘束他, 他既在這裏, 又要向那裏討他? 要知只是爭箇醒與睡著耳. 人若醒時, 耳目聰明, 應事接物, 便自然無差錯處. 若被私慾[63]引去, 便一似睡著相似, 只更與他喚醒. 才醒, 又便無事矣." 時學因云: "釋氏有'豁然頓悟'之說, 不知使得否? 不知倚靠得否?" 曰: "某也曾見叢林中有言'頓悟'者, 後來看這人也只尋常. ◇[64]陸子靜門人, 初見他時,

---

58) 也: 徽州本에서는 이 뒤에【以下訓時學】가 더 있다.

59) ▲: 說: "諸友相聚已半年, 光陰易過, 其間看得文義分明者, 所見亦未能超詣, 不滿人意. 兼是爲學須是己分上做工夫, 有本領, 方不作言語說. 若無存養, 儘說得明, 自成兩片, 亦不濟事, 況未必說得明乎? 要須發憤忘食, 痛切去做身分上功夫, 莫荏苒, 歲月可惜也?"

60) 湊: 成化本에서는 揍로 되어 있다.

61) 閉: 賀本에서는 閇으로 되어 있다.

62) 空虛: 賀本에서는 虛空으로 되어 있다.

63) 慾: 賀本에서는 欲으로 되어 있다.

64) ◇: 如

常云有所悟, 後來所爲, 卻更顚倒錯亂. 看來所謂'豁然頓悟'者, 乃是當時略有所見, 覺得果是淨潔快活. 然稍久, 則卻漸漸淡去了, 何嘗倚靠得?" 時擧云: "舊時也有底[65]般狂這[66]時節, 以爲聖人便卽日可到. 到後來, 果如先生所云, 漸漸淡了. 到今日, 卻只是[67]逐旋挨去. 然早上聞先生賜敎云: '諸生工夫不甚超詣.' 時擧退而思之. 不知如何便得超詣?" 曰: "只從大本上理會, 亦是逐旋挨去, 自會超詣. 且如今學者考理, 一如在淺水上撑船相似, 但覺辛苦不能鄕前. 須是從上面放得些水來添, 便自然撑得動, 不用費力, 滔滔然去矣! 今有學者在某門者, 其於考理非不精當, 說得來置水不漏, 直是理會得好, 然所爲卻顚倒錯繆, 全然與所知者相反! 人只管道某不合引他, 如今被他累卻. 不知渠實是理會得, 某如何不與他說? 他凡所說底話, 今世俗人往往有全曉不得者. 他之所說, 非不精明, 然所爲背馳者, 只是不曾在源頭上用力故也. 往往他一時明敏, 隨處理會, 便自曉得分明. 然源頭上不曾用功, 只是徒然耳." 時擧因云: "如此者, 不是知上工夫欠, 乃是行上全然欠耳." 曰: "也緣知得不實, 故行得無力." ▲[68] 先生又謂時擧曰: "朋友相處, 要得更相規戒, 有過則告." 時擧應喏. 先生曰: "然小過只嘵嘵底說, 又似沒緊要相似. 大底過失, 又恐他已深痼, 不容易說, 要知只盡公之誠意耳." ▲[69]

114:35 ▲[70]

---

65) 底: 『朱子語類』에서는 這로 되어 있다.

66) 這: 『朱子語類』에서는 底로 되어 있다.

67) 是: 『朱子語類』에서는 得으로 되어 있다.

68) ▲: 時擧云: "惟其不見於行, 是以知不能實. 時擧嘗謂, 知與行互相發明之說, 誠不可易之論." 先生又云: "此心虛明, 萬理具足, 外面理會得者, 卽裏面本來有底, 只要自大本而推之達道耳."

69) ▲: 又云: "本領上欠了工夫, 外面都是閑. 須知道大本若立, 外面應事接物上道理, 都是大本上發出. 如人折這一枝花, 只是這花根本上物事."

70) ▲: 問: "久侍師席, 今將告違. 氣質偏蔽, 不能自知, 尙望賜以一言, 使終身知所佩服." 曰: "凡前此所講論者, 不過如此, 亦別無他說, 但於大本上用力. 凡讀書窮理, 須要看得親切. 某少年曾有一番專看親切處, 其他器數都未暇考. 此雖未爲

114:36 丙午四月五日見先生, 坐定, 問: “從何來?” 某云: “自丹陽來.” 問: “仙鄕莫有人講學?” 某說: “鄕里多理會文辭之學.” 問: “公如何用心?” 某說: “收放心. 慕顏子克己氣象. 游判院教某常[71]收放心, 常察忘與助長.” 曰: “固是. 前輩煞曾講說, 差之毫釐, 繆以千里. 今之學者理會經書, 便流爲傳註[72], 理會史學, 便流爲功利, 不然, 卽入佛老. 最怕差錯.” ▲[73] 先生說與廖子晦: “適間文卿說: ‘明道語學者: 要鞭辟近裏, 切問而近思, 仁在其中矣.’” 又曰: “‘言忠信, 行篤敬, 雖蠻貊之邦行矣, 言不忠信, 行不篤敬, 雖州里行乎哉? 立則見其參於前

是, 卻與今之學者汎然讀過者, 似亦不同.”

71) 常: 『小分』에서는 當을 常으로 고쳤다. 賀本에는 없다.

72) 註: 成化本·賀本에서는 注로 되어 있다.

73) ▲: 問: “公留意此道幾年? 何故向此?” 某說: “先妣不幸, 某憂痛無所措身. 因讀「西銘」, 見說‘乾父坤母’, 終篇皆見說得是, 遂自此棄科擧. 某十年願見先生, 緣家事爲累. 今家事盡付妻子, 於世務絶無累, 又無功名之念, 正是侍教誨之時.” 先生說: “公已得操心之要.” 問: “公常讀何書?” 答云: “看伊川『易傳』·『語·孟精義』·『程氏遺書』·『近思錄』.” 先生說: “『語·孟精義』皆諸先生講論, 其間多異同, 非一定文字, 又在人如何看. 公畢竟如何用心?” 某說: “仰慕顏子, 見其氣象極好, 如‘三月不違仁’, ‘得一善則拳拳服膺’, 如克己之目. 某卽察私心, 欲去盡, 然而極難. 頃刻不存, 則忘, 才著意, 又助長, 覺得甚難.” 先生云: “且只得恁地.” 先生問: “君十年用功, 莫須有見處?” 某謝: “資質愚鈍, 未有見處, 望先生教誨.” 先生云: “也只是這道理, 先輩都說了.” 問: “仙鄕莫煞有人講學?” 某說: “鄕里多從事文辭.” 先生說: “早來說底, 學經書者多流爲傳注, 學史者多流爲功利, 不則流入釋·老.” 某卽說: “游判院說釋氏亦格物, 亦有知識, 但所見不精.” 先生說: “近學佛者又生出許多知解, 各立知見, 又卻都不如它佛元來說得直截.” 問: “都不曾見誰?” 某說: “只見游判院. 薛象先略曾見.” 先生說: “聞說薛象先甚好, 只是不相識, 曾有何說?” 某說: “薛大博教某‘居仁由義’, ‘仁者人之安宅, 義者人之正路.’” “別有何說?” 某說: “薛大博論顏子克己之目, 擧伊川「四箴」.” 某又說: “薛大博說: ‘近多時不聞人說這話.’ 謂某學問實頭, 但不須與人說. 退之言不可公傳. 道之在孟子, 已私淑諸人.” 先生云: “卻不如此. 孟子說‘君子之教者五’, 上四者皆親教誨之. 如‘私淑艾’, 乃不曾親見, 私傳此道自治, 亦猶我教之一等. 如私淑諸人, 乃孟子說, 我未得爲孔子徒也, 但私傳孔子之道淑諸人.” 又說與同座二客: “如竇君說話與公別,【池錄作“此公卻別.”】 不用心於外.” 晚見先生, 同坐廖教授子晦·敬之. 先生說: “向來人見尹和靖云: ‘諸公理會得箇“學”字否? 只是學做箇人. 人也難做, 如堯舜方是做得箇人.’” 某說: “天地人謂之三極, 人才有些物欲害處, 便不與天地流通, 如何得相似? 誠爲難事.” 先生曰: “是.” 問: “鎭江耿守如何?” 某說: “民間安土樂業.” 云: “見說好, 只是不相識.”

也, 在輿則見其倚於衡也, 夫然後行.' 只此是學. 質美者明得盡, 查[74]滓便渾化[75], 卻與天地同體, 其次莊敬持養, 及其至則一也. 明得盡時, 查[76]滓已自化了, 莊敬持養, 未能與己合."【以下訓從周.】

114:37 先生問: "曾理會'敬'字否?" 曰: "程先生說: '主一之謂敬, 無適之謂一.'" 曰: "畢竟如何見得這'敬'字?" 曰: "端莊嚴肅, 則敬便存." 曰: "須是將敬來做本領. 涵養得貫通時, 才'敬以直內', 便'義以方外.' 義便有敬, 敬便有義. 如居仁便由義, 由義便居仁." 某說: "敬莫只是涵養? 義便分別是非." 曰: "不須恁地說. 不敬時, 便是不義."

114:38 學者理會道理, 當深沉潛思. 又曰: "讀書如煉丹[77], 初時烈火鍛煞, 然◇[78]漸漸慢火養. 又如煮物, 初時烈火煮了, 卻須慢火養. 讀書初勤敏[79]著力, 子細窮究, 後來卻須緩緩溫尋, 反復玩味, 道理自出. 又不得貪多欲速, 直須要熟, 工夫自熟中出. 文卿病在貪多欲速."

114:39 公看道理, 失之太寬. 譬如小物而用大籠罩, 終有轉動. 又如一物, 上下四旁皆有所添引, 如此則必不精矣. 當如射則[80], 專心致志, 只看紅心. 若看紅心, 又覷四邊, 必不能中. 『列子』說一射者懸蝨於戶, 視之三年, 大如車輪. 想當時用心專一, 不知有他. 雖實無這事, 要當如此, 所見方精.

114:40 某說: "'克·伐·怨·欲', 此四事, 自察得卻絕少. 昨日又思量'剛'字, 先聖所取甚重, 曰: '吾未見剛者.' 某驗之於身, 亦庶幾焉. 且

74) 查: 成化本·賀本에서는 渣로 되어 있다.
75) 化: 成化本·賀本에서는 然으로 되어 있다.
76) 查: 賀本에서는 渣로 되어 있다.
77) 丹: 『小分』에서는 丹砂를 丹으로 고쳤다.
78) ◇: 後
79) 敏: 『小分』에서는 便를 敏으로 고쳤다.
80) 則: 『朱子語類』에서는 者로 되어 있다.

如有邪正二人, 欲某曲言之, 雖死不可." 先生曰: "不要恁地說. 惟天性剛强之人, 不爲物欲所屈. 如'克·伐·怨·欲', 亦不要去尋來[81]勝他. 如此則胸中隨從者多, 反害事, 只此便是'克·伐·怨·欲.' 只是虛心看物, 物來便知是與非, 事事物物皆有箇透徹無隔礙, 方是. 才一事不透, 便做病. 且如公說不信陰陽家說, 亦只孟浪不信. 夜來說神仙事不能得了當, 究竟知否?" 某對: "未知的當. 請問." 先生曰: "伊川曾說'地美, 神靈安, 子孫盛.' 如'不爲'五者, 今之陰陽家卻不知. 惟近世呂伯恭不信, 然亦是橫說. 伊川言方爲至當. 古人卜其宅兆, 是有吉凶, 方卜. 譬如草木, 理會根源, 則知千條萬葉上各有箇道理. 事事物物各有一線相通, 須是曉得. 敬夫說無神仙, 也不消得. 便有, 也有甚奇異? 彼此無相干, 又管他什磨[82]? 卻須要理會是與非. 且如說閑話多, 亦是病, 尋不是處去勝他, 亦是病, 便將來做'克·伐·怨·欲'看了, 一切掃[83]除. 若此心湛然, 常如明鏡, 物來便見, 方是. 如公前日有些見處, 只管守著歡喜則甚? 如漢高祖得關中, 若見寶貨婦女喜後便住, 則敗事矣? 又如既取得項羽, 只管喜後, 不去經畫天下, 亦敗事. 正如過渡, 既已上岸, 則當向前, 不成只管讚歎[84]渡船之功?"

114:41 ▲[85]

114:42 ▲[86]

114:43 先生問竇云: "尋常看'敬'字如何?" 曰: "心主於一而無有它

---

81) 來: 賀本에서는 求로 되어 있다.
82) 磨: 『朱子語類』에서는 麼로 되어 있다.
83) 掃: 賀本에서는 埽로 되어 있다.
84) 歎: 賀本에서는 嘆으로 되어 있다.
85) ▲: 聖人言語, 一重又一重, 須入深處看. 若只見皮膚, 便有差錯. 須深沉, 方有得. 夜來所說, 是終身規模, 不可便要使, 便有安頓.
86) ▲: 先生問: "如何理會致知格物?" 從周曰: "涵養主一, 使心地虛明, 物來當自知未然之理." 曰: "恁地則兩截了."

適.” 先生曰: “只是常要提撕, 令胸次湛然分明. 若只塊然獨坐, 守著箇敬, 卻又昏了. 須是常提撕, 事至物來, 便曉然判別得箇是非去.” 竇云: “每常胸次湛然淸明時, 覺得可悅.” 曰: “自是有可悅之理, 只是敬好. ‘敬以直內’, 便能‘義以方外.’ 有箇敬, 便有箇不敬, 常如此戒懼. 方不睹不聞, 未有私欲之際, 已是戒懼了, 及至有少私意發動, 又卻謹[87]獨, 如此, 卽私意不能爲吾害矣.”【德明】

114:44 ▲[88]

114:45 竇自言夢想顚倒. 先生曰: “魂與魄交而成寐, 心在其間, 依舊能思慮, 所以做成夢.” 因自言: “數日病, 只管夢解書. 向在官所, 只管夢爲人判狀.” 竇曰: “此猶是日中做底事.” 曰: “只日中做底事, 亦不合形於夢.”【德明】

---

87) 謹: 賀本에서는 愼으로 되어 있다.

88) ▲: 竇問: “讀『大學章句』·『或問』, 雖大義明白, 然不似聽先生之敎親切.” 曰: “旣曉得此意思, 須持守相稱方有益, ‘誠敬’二字是涵養它底.”【德明】

『朱子語類』卷第一百一十五

「朱子十二」

「訓門人三」

115:1 問"曾點·漆雕開已見大意." 曰: "曾點·漆雕開是合下見得大了. 然但見大意, 未精密也." 因語人傑曰: "正淳之病, 大概說得渾淪, 都不曾嚼破殼子, 所以多有纏縛, 不索性, 絲來線去, 更不直截, 無那精密潔白底意思. 若是實識得, 便自一言兩語斷得分明. 如今工夫, 須是一刀兩段, 所謂'一棒一條痕, 一摑一掌血.' 如此做頭底, 方可無疑慮. 如項羽救趙, 旣渡, '沈船破釜, 持三日糧, 示士卒必死, 無還心', 故能破秦. 若更瞻前顧後, 便不可也." 因擧禪語云: "寸鐵可殺人." "無殺人手段, 則載一車鎗刀, 逐件弄過, 畢竟無益."【以下訓人傑.】

115:2 ▲[1)]

115:3 先生問別後工夫. 曰: "▲[2)] 近看『中庸』, 見得道理只從下面做起, 愈下[3)]愈實." 先生曰: "道理只是如此, 但今人須要說一般深妙, 直以爲不可曉處方是道. 展轉相承, 只將一箇理會不得底物事, 互相欺謾, 如主管假會子相似. 如二程說經義, 直是平常, 多與舊說相似,

---

1) ▲: 屢與人傑說"愼思之"一句, 言思之不愼, 便有枉用工夫處.

2) ▲: 謹守敎誨, 不敢失墜. 舊來於先生之說, 猶不能無疑. 自昨到五更後, 乃知先生之道, 斷然不可易.

3) 下: 賀本에서는 見으로 되어 있다.

但意味不同. 伊川曰: '予年十七八時, 已曉文義, 讀之愈久, 但覺意味深長.' 蓋只是這箇物事, 愈說愈明, 愈看愈精, 非別有箇要妙不容言者也. ▲[4)]"

115:4 ▲[5)]

115:5 先生問人傑: "學者多入於禪, 何也?" 人傑答以"彼蓋厭吾儒窮格工夫, 所以▲[6)]趨捷徑." 先生曰: "'操則存, 舍則亡', 吾儒自有此等工夫, 然未有不操而存者. 今釋氏[7)]謂我有箇道理, 能不操而存, 故學者靡然從之. 蓋爲主一工夫, 學者徒能言而不能行, 所以不能抵當[8)]他釋氏之說也." ▲[9)] 次日見先生, 曰: ▲[10)] "聖人之心, 如一泓止水, 遇應事時, 每[11)]見箇影子, 所以發必中節. 若自心異[12)]籠籠地, 則應事安能中節?"

115:6 靜時見此理, 動時亦當見此理. 若靜時能見, 動時却見不得, 恰似不曾.

---

4) ▲: 近見湖南學者非復欽夫之舊. 當來若到彼中, 須與整理一番, 恨不能遂此意耳?
5) ▲: 看人傑『論語疑義』, 云: "正淳之病, 多要與衆說相反. 譬如一柄扇子, 衆人說這一面, 正淳便說那一面以詰之, 及衆人說那一面, 正淳卻說這一面以詰之. 舊見欽夫解『論語』, 多有如此處. 某嘗語之云, 如此, 是別爲一書, 與『論語』相詰難也."
6) ▲: 要
7) 氏: 『朱子語類』에서는 子로 되어 있다.
8) 抵當: 孝宗刊本・成化本・賀本에서는 當抵로 되어 있다.
9) ▲: 人傑因曰: "人傑之所見, 卻不徒言, 乃眞得所謂操而存者." 曰: "畢竟有欠闕." 人傑曰: "工夫欠闕則有之, 然此心則未嘗不存也." 曰: "正淳只管來爭, 便是源頭有欠闕." 反覆敎誨數十言. 人傑曰: "荷先生敎誨, 然說人傑不著." 曰: "正淳自主張, 以爲道理只如此. 然以某觀之, 有得者自然精明不昧. 正淳更且靜坐思之, 能知所以欠闕, 則斯有進矣." 因言: "程門諸公, 如游楊者, 見道不甚分明, 所以說著做工夫處, 都不緊切. 須是操存之際, 常看得在這裏, 則愈益精明矣."
10) ▲: "昨日聞敎誨, 方知實有欠闕." 先生曰:
11) 每: 『朱子語類』에서는 但으로 되어 있다.
12) 異: 『朱子語類』에서는 黑으로 되어 있다.【附箋紙】"每當作但, 異當作黑."

115:7 ▲[13)]

115:8 人傑將行, 請教. 先生曰: "平日工夫, 須是做到極時, 四邊皆黑, 無路可入, 方是有長進處, 大疑則可大進. 若自覺有些長進, 便道我已到了, 是未足以爲大進也. 顏子仰高鑽堅, 瞻前忽後, 及至'雖欲從之, 末由也已', 直是無去處了, 至此, 可以語進矣."

115:9 ▲[14)]

115:10 "學問亦無箇一超直入之理, 直是銖積寸累做將去. 某是如此喫辛苦, 從漸做來. 若要得知, 亦須是喫辛苦了做, 不是可以坐談僥倖而得." 正淳曰: "連[15)]日侍先生, 教自做工夫, 至要約貫通處, 似已詳盡." 先生曰: "只欠做."【螢】

115:11 道夫以疑目質之先生, 其別有九: 其[16)]一曰: "涵養・體認, 致知・力行, 雖云互相發明, 然畢竟當於甚處著力?" 曰: "四者據公看, 如何先後?" 曰: "據道夫看, 學者當以致知爲先." 曰: "四者本不可先後, 又不可無先後, 須當以涵養爲先. 若不涵養而專於致知, 則是徒然思索, 若專於涵養而不致知, 卻鶻突去了. 以某觀之, 四事只是三事, 蓋體認便是致知也." 二曰: "居常持敬, 於靜時最好, 及臨事則厭倦. 或於臨事時著力, 則覺紛擾. 不然, 則於正存敬時, 忽忽爲思慮引去. 是三者將何以勝之?" 曰: "今人將敬來做別[17)]一事, 所以有厭倦, 爲思

---

13) ▲: 問: "索理未到精微處, 如何?" 曰: "平日思慮夾雜, 不能虛明. 用此昏底心, 欲以觀天下之理, 而斷天下之疑, 豈能究其精微乎?"

14) ▲: 問: "每有喜好適意底事, 便覺有自私之心. 若欲見理, 莫當便與克下, 使其心無所喜好, 雖適意亦視爲當然否?" 曰: "此等事, 見得道理分明, 自然消磨了. 似此迫切, 卻生病痛."

15) 連: 成化本에서는 通으로 되어 있다.

16) 其: 徽州本에서는 이 앞에 先生曰正願得之가 더 있다.

17) 做別: 『朱子語類』에서는 別做로 되어 있다.

慮引去. 敬只是自家一箇心常醒醒便是, 不可將來別做一事. 又豈可指擎跽曲拳, 塊然在此而後爲敬?" 又曰: "今人將敬・致知來做兩事. 持敬時只塊然獨坐, 更不去思量, 卻是今日持敬, 明日去思量道理也? 豈可如此? 但一面自持敬, 一面去思量[18]道理, 二者本不相妨." 三曰: "人之心, 或爲人激觸, 或爲利欲所誘, 初時克得下. 不覺突起, 更不可禁禦, 雖痛遏之, 卒不能勝, 或勝之, 而已形於辭色. 此等爲害不淺[19]." 曰: "只是養未熟爾." 四曰: "『知言』云: '天理人欲, 同體而異用, 同行而異情.' 竊謂凡人之生, 粹然天地[20]之心, 不與物爲對, 是豈與人欲同體乎?" 曰: "五峰'同體而異用'一句, 說得不是[21], 天理人欲如何同得? 故張欽夫「嶽麓書院記」只使他'同行而異情'一句, 卻是他合下便見得如此. 他蓋嘗曰: '凡人之生, 粹然天地之心, 道義完具, 無適無莫, 不可以善惡辨, 不可以是非分', 所以有'天理人欲, 同體而異用'之語. 只如'粹然天地之心', 卽是至善, 又如何不可分辨? 天理便是性, 人欲便不是性, 自是▲[22]合下見得如此. 當時無人與他理會, 故恁錯了." 五曰: "『遺書』云: '今志于[23]義理, 而心不安樂者, 何也? 此則正是剩一箇助之長. 雖則心"操之則存, 捨[24]之則亡", 然而持之太甚, 便是"必有事焉"▲[25]正之也. 亦須且恁地去. 如此者, 只是德孤. "德不孤, 必有隣." 到德[26]盛後, 自無窒礙, 左右逢其原也.' 此一段多所未解." 曰: "這箇也自分明. 只有'且恁◇[27]去'此一句難曉[28]. 其意只是不可說道

---

18) 量: 賀本에서는 慮으로 되어 있다.
19) 淺: 徽州本에서는 이 뒤에 望先生明教先生이 더 있다.
20) 地: 賀本에서는 理로 되어 있다.
21) 曰: "五峰'同體而異用'一句, 說得不是: 徽州本에서는 "五峰之言必有深意, 望先生詳論." 先生曰: "五峰天理人欲'同體而異用'此一句說得不是." 로 되어 있다.
22) ▲: 他
23) 于: 賀本에서는 於로 되어 있다.
24) 捨: 賀本에서는 舍로 되어 있다.
25) ▲: 而
26) 德: 賀本에서는 得로 되어 있다.
27) ◇: 地
28) 難曉: 徽州本에서는 이 앞에 教人이 더 있다.

持之太甚, 便放下了, 亦須且恁持去. 德孤, 只是單丁有這些道理, 所以不可靠, 易爲外物侵奪. 緣是處少, 不是處多. 若是處多, 不是處少, 便不爲外物侵奪. 到德盛後, 自然'左右逢其原'也." 六曰: "南軒「答吳晦叔書」云: '反復其道', 正言消長往來乃是道也. 程子所謂'聖人未嘗復, 故未嘗見其心.' 蓋有往則有復. 以天地言之, 陽氣之生, 所謂復也. 固不可指此爲天地心, 然於其復也, 可見天地心焉, ▲[29] 竊謂聖人之心, 天地之心也. 天地之心可見, 則聖人之心亦可見. 況夫「復」之爲卦, 一陽復於積陰之下, 乃天地生物之心也. 聖人雖無復, 然是心之用因時而彰, 故堯之不虐, 舜之好生, 禹之拯溺, 湯之救民於水火, 文王之視民如傷, 是皆以天地之心爲心者也. 故聖賢之所推尊, 學者之所師慕, 亦以其心顯白而無暗曖之患耳. 而謂不可見, 何哉?[30]" 曰: "不知程子當時[31]說如何, 欽夫卻恁說. 大抵『易』之言陰陽, 有指君子小人而言, 有指天理人欲而言, 有指動靜之機而言, 初不▲[32]以一偏而論. 如天下皆君子而無小人, 皆天理而無人欲, 其善無以加. 有若動不可以無靜, 靜不可以無動, 蓋造[33]化不能以獨成. 或者見其相資而不可相無, 遂以爲天下不可皆君子而無小人, 不能皆天理而無人欲, 此得其一偏之論. 只如'有不善未嘗不知, 知之未嘗復行', 此賢者之心因復而見者. 若聖人則無此, 故其心不可見. 然亦有因其動而見其心者, 正如公所謂堯之不虐, 舜之好生, 皆是因◇[34]動而見其心者. 只當時欽夫之語亦未分明." 七曰: "李延平教學者於靜坐時看喜怒哀樂未發之氣象爲如何. 伊川謂'旣思, 卽是已發.' 道夫謂, 李先生之言主於體認, 程先生之言專在涵養, 其大要實相▲[35]表裏. 然於此不能無疑.

---

29) ▲: 蓋所以復者是也. 在人有失則有復. 復, 賢者之事也, 於其復也, 亦可見其心焉.

30) 哉: 徽州本에서는 "張先生發明程子之指, 雖云昭著, 然愚意終所未諭, 用敢攄其臆說, 以求正於先生焉." 先生이 더 있다.

31) 程子當時: 『小分』에서는 當時程子를 교정부호로 바로잡았다.

32) ▲: 可

33) 造: 『小分』에서는 敎를 造로 고쳤다.

34) ◇: 其

夫所謂體認者, 若曰體之於心而識之, 猶所謂默會也. 信如斯言, 則未發自是一心, 體認又是一心, ▲[36] 不亦[37]膠擾而支離乎? 李先生所言決不至是"[38]. 曰: "李先生所言自是他當時所見如此." 問: "二先生之說何從?" 曰: "也且只得依程先生之說." 八問: 邵康節「男子吟」. 曰: "康節詩乃是說「先天圖」中數之所從◇[39]處. '天根月窟', 指「復」·「姤」二卦而言." 九問: "『濂溪遺事』載邵伯溫記康節論天地萬物之理以及六合之外, 而伊川稱歎. 『東見錄』云: '人多言天地外, 不知天地如何說內外? 外面畢竟是箇甚? 若言著外, 則須似有箇規模.' 此說如何?" 曰: "六合之外, 莊周亦云'聖人存而不論', 以其難說故也. 舊嘗見「漁樵問對[40]」: '問: 〈天何依?〉 曰: 〈依乎地〉. 〈地何附?〉 曰: 〈附乎天〉. 〈天地何所依附?〉 曰: 〈自相依附. 天依形, 地附氣, 其形也有涯, 其氣也無涯〉.' 意者當時所言, 不過如此. 某嘗欲注此語於『遺事』之下, 欽夫苦不許, 細思無有出是說者." 因問: "向得此書, 而或者以爲非康節所著." 先生曰: "其間儘有好處, 非康節不能著也." 【以下訓道夫.】

115:12 請問爲學之要. 曰: "公所條者便是. 須於日用間下工, 只恁說歸虛空, 不濟事. 溫凊定省, 這四事亦須實行方得, 只指摘一二事, 亦豈能盡? 若一言可盡, 則聖人言語豈止一事? 聖人言語明白, 載之書者, 不過孝弟忠信. 其實精粗本末, 祇是一理. 聖人言'致知·格物', 亦豈特一二而已? 如此則便是德孤. 致, 推致也, 格, 到◇[41]. 亦須一一推到那裏方得." ▲[42] 子昂曰: "敢問推之之說?" 曰: "且如孝, 只是

35) ▲: 爲
36) ▲: 以此一心認彼一心,
37) 不亦: 【附箋紙】"以此一心認彼一心", 當在"不亦"之上.
38) 是: 徽州本에서는 이 뒤에 "但道夫愚陋, 切所未曉, 幸先生詳教." 先生이 더 있다.
39) ◇: 起
40) 問對: 孝宗刊本·成化本에서는 對問로 되어 있다.
41) ◇: 也
42) ▲: 又曰: "'爲人君, 止於仁', 姑息也是仁, 須當求其所以爲仁, '爲臣, 止於敬', 擎跽曲拳也是敬, 亦當求其所以爲敬. 且如公自浦城來崇安, 亦須徧歷崇安境界, 方

從愛上推去, 凡所以愛父母者, 無不盡其至. 不然, 則曾子問孝至末梢, 卻問'子從父之令, 可以爲孝乎?' 蓋父母有過, 己所當[43]諍, 諍之亦是愛之所推. 不成道我愛父母, 姑從其令."

115:13 問: "向見先生教童蜚卿於心上著工夫. 數日來專一靜坐, 澄治此心." 曰: "若如此塊然都無所事, 卻如浮屠氏矣. 所謂'存心'者或讀書以求義理, 或分別是非以求至當之歸. 只那所求之心, 便是已存之心, 何俟塊然以處而後爲存耶?"

115:14 ▲[44]

115:15 ▲[45]

115:16 ▲[46]

是到崇安. 人皆有是良知, 而前此未嘗知者, 只爲不曾推去爾. 愛親從兄, 誰無是心? 於此推去, 則溫凊定省之事, 亦不過是愛. 自其所知, 推而至於無所不知, 皆由人推耳."

43) 當: 賀本에서는 合으로 되어 있다.

44) ▲: 大率爲學雖是立志, 然書亦不可不讀, 須將經傳本文熟復. 如仲思早來所說專一靜坐, 如浮屠氏塊然獨處, 更無酬酢, 然後爲得, 吾徒之學, 正不如此. 遇無事則靜坐, 有書則讀書, 以至接物處事, 常教此心光嗆嗆地, 便是存心. 豈可凡百放下, 祇是靜坐? 向日蜚卿有書, 亦說如此. 某答之云: "見有事自那裏過, 卻不理會, 卻只要如此, 如何是實下工夫?"

45) ▲: "大凡人須是存得此心. 此心既存, 則雖不讀書, 亦有一箇長進處, 纔一放蕩, 則放下書冊, 便其中無一點學問氣象. 舊來在某處朋友, 及今見之, 多茫然無進學底意思, 皆恁放蕩了!" 道夫曰: "心不存, 雖讀萬卷, 亦何所用?" 曰: "若能讀書, 就中卻有商量. 只他連這箇也無, 所以無進處." 道夫曰: "以此見得孟子'求放心'之說緊要." 曰: "如程子所說'敬'字, 亦緊要也."

46) ▲: 問: "尋常操存處, 覺纔著力, 則愈紛擾, 這莫是太把做事了?" 曰: "自然是恁地. 能不操而常存者, 是到甚麼地位? 孔子曰: '操則存, 舍則亡.' 操, 則便在這裏, 若著力去求, 便蹉過了. 今若說操存, 已是剩一箇'存'字, 亦不必深著力. 這物事本自在, 但自家略加提省, 則便得. '必有事焉, 而勿正, 心勿忘, 勿助長也.'"

115:17 問: "處鄕黨[47]宗族, 見他有礙理不安處, 且欲與之和同, 則又不便, 欲正己以遠之, 又失之孤介而不合中道, 如何?" 曰: "這般處也是難, 也只得無忿疾之心爾."

115:18 ▲[48]

115:19 道夫辭拜還侍, 先生曰: "更硬著脊梁骨?"

115:20 道夫問: "劉季文所言心病, 道夫常恐其志不立, 故心爲氣所動. 不然, 則志氣旣立, 思慮凝靜, 豈復有此?" 曰: "此亦是不讀書, 不窮理, 故心無所用, 遂生出這病. ▲[49] 又曰: "讀書須是專一, 不可支蔓. 且如讀『孟子』, 其間引援『詩』·『書』處甚多. 今雖欲檢本文, 但也只須看此一段, 便依舊自看本來章句, 庶幾此心純一." 道夫曰: "此非特爲讀書之方, 抑亦存心養性之要法也."

115:21 問: "向者以書言仁, 雖蒙賜書有進敎之意, 然仁道至大, 而道夫所見, 只以存心爲要, 恐於此當更有恢廣功夫." 曰: "也且只得恁做去, 久之自見." 頃之, 復曰: "這功[50]夫忙不得. 只常將上來思量, 自能有見. 橫渠云: '蓋欲學者存意之不忘, 庶游心浸熟, 有一日脫然如大寐之得醒耳.'"

115:22 先生問: "別看甚文字?" 曰: "只看『近思錄』. 今日問箇, 明日

---

47) 黨: 成化本·賀本에서는 鄙으로 되어 있다.
48) ▲: 先生一日謂蜚卿與道夫曰: "某老矣. 公輩欲理會義理, 好著緊用工, 早商量得定. 將來自求之, 未必不得. 然早商量得定, 尤好."
49) ▲: 某昨日之言, 不曾與說得盡." 道夫因言: "季文自昔見先生後, 敦篤謹畏, 雖居於市井, 人罕有見之者. 自言向者先生敎讀『語』·『孟』, 後來於此未有所見, 深以自愧, 故今者復來." 曰: "得他恁地也好. 或然窮來窮去, 久之自有所見, 亦是一事."
50) 功: 賀本에서는 工으로 되어 있다.

復將來溫尋, 子細熟看." 曰: "如適間所說'元亨利貞', 是一箇道理之大綱目, 須當時復將來子細硏究. 如濂溪『通書』, 只是反復說這一箇道理. 蓋那裏雖千變萬化, 千條萬緖, 只是這一箇做將去."

115:23 ▲[51]

115:24 ▲[52]

115:25 ▲[53]

115:26 仲思言: "正大之體難存." 曰: "無許多事. 古人已自說了, 言語多則愈支離. 如公昨來所問涵養・致知・力行三者, 便是以涵養做頭, 致知次之, 力行次之. 不涵養則無主宰. 如做事須用人, 纔放下或困睡, 這事便無人做主, 都由別人, 不由自家. 旣涵養, 又須致知, 旣致知, 又須力行. 若致知而不力行, 與不知同. 亦須一時並了, 非謂今日涵養, 明日致知, 後日力行也. 要當皆以敬爲本. 敬卻不是將來做一箇事. 今人多先安一箇'敬'字在這裏, 如何做得? 敬只是提起這心, 莫敎放散, 恁地, 則心便自明. 這裏便窮理・格物. 見得當如此便是, 不當如此便不是, 旣見[54]了, 便行將去. 今且將『大學』來讀, 便見爲學次第, 初無許多屈曲." 又曰: "某於『大學』中所以力言小學者, 以古人於小學中已自把捉成了, 故於大學之道, 無所不可. 今人旣無小學之功, 卻當以敬爲本."【驤】

51) ▲: 問: "敬而不能安樂者, 何也?" 曰: "只是未熟在. 如飢而食, 喫得多・則須飽矣."

52) ▲: 問: "道夫在門下雖數年, 覺得病痛尙多." 曰: "自家病痛, 他人如何知得盡? 今但見得義理稍不安, 便勇決改之而已." 久之, 復曰: "看來用心專一, 讀書子細, 則自然會長進, 病痛自然消除."

53) ▲: 於今爲學之道, 更無他法, 但能熟讀精思, 久久自有見處. "尊所聞, 行所知", 則久久自有至處.【若海 ○蜀本作道夫錄.】

54) 見: 賀本에서는 是로 되어 있다.

115:27 ▲[55)]

115:28 ▲[56)]

115:29 "慤實有志而又才敏者, 可與爲學." 道夫曰: "苟慤實有志, 則剛健有力. 如此, 雖愚必明矣, 何患不敏?" 曰: "要之, 也是恁地. 但慤實有志者, 於今實難得." ▲[57)]

115:30 庚戌五月, 初見先生于[58)]臨漳. ▲[59)] 問看『易』. 曰: "未好看, 『易』自難看. 『易』本因卜筮而設, 推原陰陽消長之理, 吉凶悔吝之道. 先儒講解, 失聖人意處多. 待用心力去求, 是費多少時光? 不如且先讀『論語』." 又問讀『詩』. 曰: "『詩』固可以興, 然亦自難. 先儒之說, 亦多失之. 某枉費許多年工夫, 近來於『詩』·『易』略得聖人之意. 今學者不如且看『大學』·『語』·『孟』·『中庸』四書, 且就見成道理精心細求, 自應有得. 待讀此四書精透, 然後去讀他經, 卻易爲力." 寓舉子宜宗兄云: "人最怕拘迫, 易得小成." 且言"聖賢規模如此其大." 曰: "未好說聖賢. 但隨人資質, 亦多能成就. 如伯夷高潔, 不害爲聖人之淸, 若做不徹, 亦不失爲謹厚之士, 難爲徇虛名."【以下訓寓.】

115:31 問: "初學精神[60)]▲[61)], 靜坐如何?" 曰: "此亦好, 但不專在靜

---

55) ▲: 爲學之道, 在諸公自去著力. 且如這裏有百千條路, 都茅塞在裏, 須自去揀一條大底行. 如仲思昨所問數條, 第一條涵養·致知·力行, 這便是爲學之要. 【驤】

56) ▲: "讀書要須耐煩, 努力翻了巢穴. 譬如煎藥, 初煎時, 須猛著火, 待滾了, 卻退著, 以慢火養之. 讀書亦須如此." 頃之, 復謂驤曰: "觀令弟卻自耐煩讀書."【驤】

57) ▲: 【驤】

58) 于: 賀本에서는 於로 되어 있다.

59) ▲: 問: "前此從誰學?" 寓答: "自少只在鄉里從學." 先生曰: "此事本無蹺崎, 只讀聖賢書, 精心細求, 當自得之. 今人以爲此事如何秘密, 不與人說, 何用如此?"

60) 神: 【附箋紙】"易散"二字, 在"神"下.

61) ▲: 易散.

處做工夫, 動作亦當體驗. 聖賢教人, 豈專在打坐上? 要是隨處著力, 如讀書, 如待人處事, 若動若靜, 若語若默, 皆當存此. 無事時, 只合靜心息念. 且未說做他事, 只自家心如何令把捉不定? 恣其散亂走作, 何有於學? 孟子謂'學問之道無他, 求其放心而已矣.' 不然, 精神不收拾, 則讀書無滋味, 應事多齟齬[62], 豈能求益乎?"

115:32 問: "有事時應物[63], 無事時心如何?" 曰: "無事時只得無事, 有事時也如無事時模樣. 只要此心常在, 所謂'動亦定, 靜亦定'也." 問: "程子言: '未有致知而不在敬者.'" 曰: "心若走作不定, 何緣見得道理? 如理會這一件事未了, 又要去理會那事, 少間都成無理會. 須是理會這事了, 方好去理會那事, 須是主一." 問: "思慮難一, 如何?" 曰: "徒然思慮, 濟得甚事? 某謂, 若見得道理分曉, 自無閒雜思慮. 人所以思慮紛擾, 只緣未見道理耳. '天下何思何慮'? 是無閒思慮也." 問: "程子常教人靜坐, 如何?" 曰: "亦是他見人要多慮, 且教人收拾此心耳. 初學亦當如此."

115:33 先生謂寓曰: "文字可汲汲看, 悠悠不得. 急看, 方接得前面看了底, 若放慢, 則與前面意思不相接矣. 莫學某看文字, 看到六十一歲, 方略見得道理恁地.【賀孫錄作方略見得通透.】 今老矣, 看得, 做甚使得? 學某不濟事, 公宜及早向前."

115:34 問: "如古人詠歌舞蹈, 到動盪血脈流通精神處, 今旣無之, 專靠義理去研究, 恐難得悅樂. 不知如何?" 曰: "只是看得未熟耳. 若熟看, 待浹洽, 則悅矣." 先生因說寓: "讀書看義理, 須是開豁胸次, 令磊落明快, 恁地憂愁作甚底? 亦不可先責效. 才責效, 便見有憂愁底意思, 只管如此, 胸中結聚一餅子不散. 須是胸中寬閒始得. 而今且放置

---

62) 齟齬: 『朱子語類』에서는 齟齬로 되어 있다.
63) 物: 『朱子語類』에서는 事로 되어 있다.

閒事, 不要閒思量, 只專心去玩味義理, 便會心精, 心精, 便會熟. '涵養當用敬, 進學則在致知.' 無事時, 且存養在這裏, 提撕[64]警覺, 不要放肆. 到那講習應接, 便當思量義理, 用義理做將去. 無事時, 便著存養收拾此心."

115:35 問: "前夜先生所答一之動靜處, 曾舉云: '譬如與兩人同事, 須是相救始得.' 寓看來, 靜卻救得動, 不知動如何救得靜?" 曰: "人須通達萬變, 心常湛然在這裏. 亦不是閉門靜坐, 塊然自守. 事物來, 也須去應. 應了, 依然是靜. 看事物來, 應接去也不難, 便是'安而後能慮.' 動了靜, 靜了動, 動靜相生, 循環無端. 如人之噓吸, 若只管噓, 氣絶了, 又須吸, 若只管吸, 氣無去處, 便不相接了. 噓之所以爲吸, 吸之所以爲噓. '尺蠖之屈, 所[65]以求伸也, 龍蛇之蟄, 以存身也.' 屈伸消長, 闔闢往來, 其機不曾停息. 大處有大闔闢, 小處有小闔闢, 大處有大消息[66], 小處有小消息[67]. 此理萬古不易. 如目有瞬時, 亦豈能常瞬? 定又須開, 不能常開. 定又須瞬, 瞬了又開, 開了又瞬. 至纖至微, 無時不然." 又問: "此說相救, 是就義理處說動靜. 不知就應事接物處說動靜如何?" 曰: "應事得力, 則心地靜, 心地靜, 應事分外得力, 便是動救靜, 靜救動. 其本只在湛然純一, 素無私心始得. 無私心, 動靜一齊當理, 才有一毫之私, 便都差了." ▲[68]

---

64) 撕: 孝宗刊本・成化本에서는 撥로 되어 있다.

65) 所: 『朱子語類』에서는 없다.

66) 息: 賀本에서는 長으로 되어 있다.

67) 息: 賀本에서는 長으로 되어 있다.

68) ▲: 【淳錄云: "徐問: '前夜說動靜功用相救. 靜可救得動, 動如何救得靜?' 曰: '須是明得這理, 使無不盡, 直到萬理明徹之後, 此心湛然純一, 便能如此. 如靜也不是閉門獨坐, 塊然自守, 事物來都不應. 若事物來, 亦須應, 旣應了, 此心便又靜. 心旣靜, 虛明洞徹, 無一毫之累, 便從這裏應將去, 應得便徹, 便不難, 便是"安而後能慮." 事物之來, 須去處置他. 這一事合當恁地做, 便截然斷定, 便是"慮而後能得." 得是靜, 慮是動. 如"艮其止", 止是靜, 所以止之便是動. 如"君止於仁, 臣止於敬", 仁敬是靜, 所以思要止於仁敬, 便是動. 固是靜救動, 動救靜, 然其本又自此心湛然純一, 素無私始得. 心無私, 動靜便一齊當理, 心若自私, 便都差子. 動了又靜, 靜了又動, 動靜只管相生, 如循環之無端. 若要一於動靜, 不得. 如人

115:36 ▲[69)]

115:37 ▲[70)]

115:38 ▲[71)]

115:39 ▲[72)]

115:40 居父如僧家禮懺, 今日禮多少拜, 說懺甚罪過, 明日又禮多少拜, 又說懺甚罪過, 日日只管說. 如浙中朋友, 只管說某今日又如此, 明日又說如此. 若是見得不是, 便須掀飜[73)]做敎是◇[74)]. 若只管恁地徒說, 何益? 如宿這客店, 不穩便, 明日須進前去好處宿. 若又只在這裏住, 又只[75)]說不好, 豈不可笑?【賀孫】

之嘘吸, 若一向嘘, 氣必絶了, 須又當吸, 若一向吸, 氣必滯了, 須又當嘘. 嘘之所以爲吸, 吸之所以爲嘘. "尺蠖之屈, 以求伸也, 龍蛇之蟄, 以存身也, 精義入神, 以致用也, 利用安身, 以崇德也." 一屈一伸, 一闔一闢, 一消一息, 一往一來, 其機不曾停. 大處有大闢闔・大消息, 小處有小闢闔・小消息, 此理更萬古而不息. 如目豈能不瞬時? 亦豈能常瞬? 又須開. 開了定, 定了又瞬, 瞬了又定, 只管恁地去. 消息闔闢之機, 至纖至微, 無物不有.'"】

69) ▲: 寓 臨漳告歸, 稟云: "先生所以指教, 待歸子細講求." 曰: "那處不可用功? 何待歸去用功? 古人於患難尤見得著力處. 今夜在此, 便是用功處."

70) ▲: 居甫請歸作工夫, 曰: "即此處便是工夫."【可學】

71) ▲: 居甫問: "平日只是於大體處未正." 曰: "大體, 只是合衆小理會成大體. 今不窮理, 如何便理會大體?"【可學】

72) ▲: "居甫・敬之是一種病, 都緣是弱. 仁父亦如此, 定之亦如此. 只看他前日信中自說'臨事而懼', 不知孔子自說行三軍. 自家平居無事, 只管恁地懼箇甚麽?" 賀孫說: "定之之意, 是當先生前日在朝, 恐要從頭拆洗, 決裂做事, 故說此." 曰: "固是. 若論來如今事體, 合從頭拆洗, 合有決裂做處, 自是定著如此. 只是自家不曾當這地位, 自是要做不得. 若只管懼了, 到合說處都莫說."【賀孫】

73) 飜: 英祖刊本・成化本・賀本에서는 翻으로 되어 있다.

74) ◇: 當

75) 只: 賀本에서는 없다.

115:41 洪慶將歸, 先生召入與語. 出前卷子, 示[76]曰: "議論也平正. 兩日來反覆爲看所說者, 非不是, 但其中言語多似不自胸中流出, 原其病只是淺耳, 故覺見枯燥, 不甚條達. 合下原頭欠少工夫. ▲[77] 又曰: "如今要下工夫, 且須端莊存養, 獨見[78]昭曠之原, 不須枉費工夫, 鑽紙上語. 待存養得此中昭明通[79]達, 自覺無許多窒礙. 恁時方取文字來看, 則自然有意味, 道理自然透徹, 遇事▲[80]自然迎刃而解, 皆無許多病痛. 此等語, 不欲對諸人說, 恐他不肯去看文字, 又不實了. 且敎他看文字, 撞來撞去, 將來自有撞著處. 公旣年高, 又做這般工夫不得, 若不就此上面著緊用工, 恐歲月悠悠, 竟無所得." 又曰: "近來學者, 如漳·泉人物, 於道理上發得都淺, 卻[81]是作文時, 文采發越粲然可觀, 【謂堯卿·至之.】 浙間士夫又卻好就道理▲[82]壁角頭著工夫, 如某人輩, 【子善·叔恭.】 恐也是風聲氣習如此." 又云: "今之學者有三樣人才: 一則資質渾厚, 卻於道理上不甚透徹, 一則儘理會得▲[83], 又生得直是薄, 一則資質雖厚, 卻飄然說得道理儘多, 又似承當不起. 要箇恰好底, 難得. 此間卻有一兩箇朋友理會得好. 如公資質如此, 何不可爲? 只爲源頭處用工較少, 而今須喫緊著意做取. 尹和靖在程門直是十分鈍底, 被他只就一箇[84]▲[85]字上做工夫, 終被他做得成." 因說▲[86]陳後之·陳安卿二人, 爲學頗得蹊徑次第. 又曰: "顏子與聖人不

---

76) 示: 賀本에서는 云으로 되어 있다.

77) ▲: 今先須養其源, 始得. 此去且存養, 要這箇道理分明常在這裏, 久自有覺, 覺後, 自是此物洞然通貫圓轉." 乃擧『孟子』"求放心"·"操則存"兩節, 及明道『語錄』中"聖賢敎人千言萬語, 下學上達"一條云: "自古聖賢敎人, 也只就這理上用功. 所謂放心者, 不是走作向別處去. 蓋一瞬目間便不見, 纔覺得便又在面前, 不是苦難收拾. 公且自去提撕, 便見得."

78) 見: 『朱子語類』에서는 觀으로 되어 있다.

79) 通: 『朱子語類』에서는 洞으로 되어 있다.

80) ▲: 時

81) 卻: 賀本에서는 都로 되어 있다.

82) ▲: 上

83) ▲: 道理

84) 箇: 【附箋紙】"箇下脫敬"

85) ▲: '敬'

爭多, 便是聖人地位. 但顏子是水初平, 風浪初靜時, 聖人則是水已平, 風恬浪靜時.” 又曰: “爲學之道, 須先存得這箇道理, 方可講究. 若居處必恭, 執事必敬, 與人必忠. 要如顏子, 直須就視聽言動上警戒到復禮處. 仲弓‘出門如見大賓, 使民如承大祭’, 是無時而不主敬. 如今亦不須較量顏子・仲弓如何會如此? 只將▲[87]那事, 就自家切己處便做他底工夫, 然後有益.” 又曰: “爲學之道, 如人耕種一般, 先須辦了一片地在這裏了, 方可在上耕種, 今卻就別人地上鋪排許多種作底物色, 這田地元不是我底. 又如人作商: 亦須先安排許多財本, 方可運動, 若財本不贍, 則運動未得. 到論道處, 如說水, 只說是冷, 不能以‘不熱’字說得, 如說湯, 只說是熱, 不能以‘不冷’字說得. 又如飮食, 喫著酸底, 便知是酸◇[88], 喫著鹹底, 便知是鹹底, 始得.” ▲[89] 【訓洪慶. ○恪錄云: “石子餘將告歸, 先生將子餘問目出, 曰[90]: 云云[91]. 又云: ‘某少時爲學. 十六歲便好理學, 十七歲便有如今學者見識. 後得謝顯道『論語』, 甚喜, 乃熟讀. 先將朱筆抹出語意好處, 又熟讀得趣, 覺見朱抹處太煩, 再用墨抹出, 又熟讀得趣, 別用靑筆抹出, 又熟讀得其要領, 乃用黃筆抹出. 至此, 自見所得處甚約,

---

86) ▲: 及

87) ▲: 他

88) ◇: 底

89) ▲: 語多不能盡記, 姑述其大要者如此.

90) 訓洪慶. ○恪錄云: “石子餘將告歸, 先生將子餘問目出, 曰: 徽州本에서는 訓餘慶, 自錄. 按林恪亦錄此條, 前略而後異, 今附云: “右子餘將告歸, 先生留飯. 飯罷, 召入與語, 將子餘所問目出, 曰로 되어 있다.

91) 云云: 『朱子語類』에서는 ‘兩日反覆與公看, 見得公所說非是不是, 其病痛處只是淺耳. 淺, 故覺得枯燥, 不恁條達, 只源頭處元不曾用工夫來. 今須是整肅主一, 存養得這箇道理分明, 常在這裏. 持之已久, 自然有得, 看文字自然通徹, 遇事自然圓轉, 不見費力.’ 乃擧『孟子』‘學問之道無它, 求其放心而已矣’, ‘操則存, 舍則亡, 出入無時, 莫知其鄕’二節, 及明道『語錄』‘聖賢千言萬語, 只是欲人將已放之心約之使反復入身來, 下學而上達’, 云: ‘自古賢聖敎人, 只是就這箇道理上用功. 放心, 不是走作別處去. 一霎眼間卽便不見, 才覺便又在面前, 不是難收拾. 公自去提撕, 便見得. 今要下工夫, 且獨觀昭曠之原, 不須枉用工夫, 鑽紙上語. 存得此中昭明條暢, 自覺無許多窒礙, 方取文字來看, 便見有味. 道理通透, 遇事則迎刃而解, 無許多病痛. 然此等語, 不欲對諸公說. 且敎他自用工夫, 撞來撞去, 自然撞著. 公旣年高, 若不如此下工夫, 恐悠悠歲月, 竟無所得.’으로 되어 있다.

只是一兩句上. 卻日夜就此一兩句上用意玩味, 胸中自是灑落.'"】

115:42 ▲[92)]

115:43 ▲[93)]

115:44[94)] 問: "何以驗得性中有仁義禮智信?" 先生怒曰: "觀公狀貌不離乎嬰孩, 高談每及於性命!" 與衆人曰: "他只管來這裏摸這性, ◇[95)]若是去捕捉他, 則愈遠. 理本實有條理. 五常之體, 不可得而測度, 其用則爲五敎, 孝於親, 忠於君." 又曰: "必有本, 如惻隱之類, 知其自仁中發, 事得其宜, 知其自義中出, 恭敬, 知其自禮中出, 是是非非, 知其自智中出, 信者, 實有此四者. 眼前無非性, 且於分明處作工夫." 又曰: "體不可得而見, 且於用上著工夫, 則體在其中." 次夜曰: "吉甫昨晚問要見性中有仁義禮智. 無故不解發惻隱之類出來, 有仁義禮智, 故有惻隱之類." [96)]

115:45 問: "事有合理◇[97)]有意爲之, 如何?" 曰: "事雖義而心則私. 如路, 好人行之亦是路, 賊行之亦是路. 合如此者是天理, 起計較便不是."

115:46 ▲[98)]

---

92) ▲: 先生謂徐容父曰: "爲學, 須是裂破藩籬, 痛底做去, 所謂'一杖一條痕! 一摑一掌血'! 使之歷歷落落, 分明開去, 莫要含糊."【道夫 ○訓容父.】

93) ▲: 問學問之端緒. 曰: "且讀書依本分做去."【以下訓節.】

94) 115:44:【附箋紙】此一節刪.

95) ◇: 性

96) 類:【附箋紙】【以下訓節.】

97) ◇: 而

98) ▲: "只是揮扇底, 只是不得背著他." 節問曰: "只順他?" 曰: "只是循理."

115:47 ▲[99]

115:48 問: "欲求大本以總括天下萬事." 曰: "江西便有這箇議論. 須是窮得理多, 然後有貫通處. 今理會得一分, 便得一分受用, 理會得二分, 便得二分受用. 若'一以貫之', 儘未在. 陸子靜要盡掃去, 從簡易. 某嘗說, 且如做飯: 也須趁柴理會米, 無道理合下便要簡易."

115:49 以某觀之, 做箇聖賢, 千難萬難. 如釋氏則今夜痛說一頓, 有利根者當下便悟, 只是箇無星之稱耳?

115:50 將與人看不得. 公要討箇無聲無臭底道, 雖視之不見, 聽之不聞, 然卻開眼便看見, 開口便說著. 雖"無極而太極", 然只是眼前道理. 若有箇高妙◇[100]道理而聖人隱之, 便是聖人大無狀! 不忠不信, 聖人首先犯著!

115:51 問: "節嘗見張無垢解'雍徹'一章, 言夫子氣象雍容. 節又見明道先生爲人亦和. 節自後處事亦習寬緩, 然卻至於廢事." 曰: "曾子剛毅, 立得牆壁在, 而後可傳之子思・孟子. 伊川・橫渠甚嚴, 游・楊之門倒塌了. 若天資大段高, 則學明道, 若不及明道, 則且學伊川・橫渠."

115:52 問: "篤行允蹈, 皆是作爲. 畢竟道自道, 人自人, 不能爲一." 曰: "爲一, 則聖人矣, '不勉而中, 不思而得, 從容中道.'" 又問: "顏子'不遠復', '擇乎中庸', 顏子亦未到此地." 曰: "固是. 只爲後人把做易了, 後遂流爲異端."

99) ▲: 問: "應事心便去了." 曰: "心在此應事, 不可謂之出在外."
100) ◇: 底

115:53 問: "事事當理則必不能容, 能容則必不能事事當理." 曰: "容只是寬平不狹. 如這箇人當殺則殺之, 是理合當殺, 非是自家不容他."

115:54 ▲[101)]

115:55 問: "節昔以觀書爲致知之方, 今又見得是養心之法." 曰: "較寬, 不急迫." 又曰: "一擧兩得, 這邊又存得心, 這邊理又到." 節復問: "心在文字, 則非僻之心自入不得?" 先生應.

115:56 問: "觀書或曉其意, 而不曉字義. 如'從容'字, 或曰'橫出爲從, 寬容爲容', 如何?" 曰: "這箇見不得. 莫要管他橫出·包容, 只[102)]理會言意."

115:57 ▲[103)]

115:58 問: "精神收斂便昏, 是如何?" 曰: "也不妨." 又曰: "昏, 畢竟是慢. 如臨君父[104)]·淵崖, 必不如此." 又曰: "若倦, 且瞌睡些時, 無害." 問: "非是讀書過當倦後如此. ▲[105)]纔收斂來, 稍久便困." 曰: "便是精神短後如此."

---

101) ▲: 不曾說教胡亂思, 說"愼思."
102) 只: 『小分』에서는 只只를 只로 고쳤다.
103) ▲: 節初到一二日, 問"君子義以爲質"一章. 曰: "不思量後, 只管去問人, 有甚了期? 向來某人自欽夫處來, 錄得一冊, 將來看. 問他時, 他說道那時陳君擧將伊川『易傳』在看, 檢兩版又問一段, 檢兩版又問一段. 欽夫他又率略, 只管爲他說. 據某看來, 自當不答. 大抵問人, 必說道古人之說如此, 某看來是如此, 未知是與不是. 不然, 便說道據某看來不如此, 古人又如此說, 是如何? 不去思量, 只管問人, 恰如到人家見著椅子, 去問他道: '你安頓這椅子是如何?'"
104) 父: 成化本에서는 文으로 되어 있다.
105) ▲: 是

『朱子語類』 卷第一百一十六

「朱子十三」

「訓門人四」

116:1 問: “平時處事, 當未接物[1]時, 見得道理甚分明, 及做著, 又便錯了. 不知如何恁地?” 曰: “這是難事. 但須是知得病痛處, 便去著力. 若是易爲, 則天下有無數聖賢了.” 【以下訓義剛.】[2]

116:2 ▲[3]

116:3 問: “氣質昏蒙, 作事多悔: 有當下便悔時, 有過後思量得不是方悔時, 或經久所爲因事機觸得悔時. 方悔之際, 惘然自失, 此身若無所容? 有時恚恨至於成疾. 不知何[4]由可以免此?” 曰: “旣知悔時, 第二次莫恁地便了, 不消得常常地放在心下. 那‘未見能見其過而內自訟’底, 便是不悔底. 今若信意做去後, 蕩然不知悔, 固不得, 若旣知悔, 後次改便了, 何必常常恁地悔?” ▲[5]

116:4 世間只是這箇道理, 譬如晝日當空, 一念之間合著這道理, 則皎然明白, 更無纖毫窒礙, 故曰“天命之謂性.” 不只是這處有, 處處皆

---

1) 物: 『朱子語類』에는 없다.

2) 【以下訓義剛.】: 徽州本에서는 116:2의 끝에 小注로 있다.

3) ▲: 問: “打坐也是工夫否?” 曰: “也有不要打坐底, 如果若之屬, 他最說打坐不是.” 又問: “而今學者去打坐後, 坐得瞌睡時, 心下也大故定.” 曰: “瞌睡時, 卻不好.”

4) 何: 孝宗刊本·成化本에서는 可로 되어 있다.

5) ▲: 【淳錄云: “旣知悔, 便住了, 莫更如此做. 只管悔之又悔作甚?”】

有. 只是尋時先從自家身上尋起, 所以說"性者, 道之形體也", 此一句最好. 蓋是天下道理尋討將去, 那裏不可體驗? 只是就自家身上體驗, 一性之內, 便是道之全體. 千人萬人, 一切萬物, 無不是這道理. 不特自家有, 它也有, 不特甲有, 乙也有. 天下事都恁地.

116:5 ▲[6)]

116:6 ▲[7)]

116:7 ▲[8)]

116:8 ▲[9)]

---

6) ▲: 書有合講處, 有不必講處. 如主一處, 定是如此了, 不用講. 只是便去下工夫, 不要放肆, 不要戲慢, 整齊嚴肅, 便是主一, 便是敬. 聖賢說話, 多方百面, 須是如此說. 但是我恁地說他箇無形無狀, 去何處證驗? 只去切己理會, 此等事久自會得.

7) ▲: 問: 說"漆雕開章"云云, 先生不應. 又說"與點章"云云, 先生又不應. 久之, 卻云: "公那江西人, 只管要理會那漆雕開與曾點, 而今且莫要理會. 所謂道者, 只是君之仁, 臣之敬, 父之慈, 子之孝, 便是. 而今只去理會'言忠信, 行篤敬', '博學而篤志, 切問而近思, 仁在其中矣.' 須是步步理會. '坐如尸', 便須要常常如尸, '立如齋', 便須要常常如齋. 而今卻只管去理會那流行底, 不知是箇甚麼物事? 又不是打破一桶水, 隨科隨坎皆是."

8) ▲: 義剛啓曰: "向時請問平生多悔之病, 蒙賜教, 謂第二番莫爲便了, 也不必長長存在胸中. 義剛固非欲悔, 但作一事時, 千思萬量, 若思量不透處, 又與朋友相度. 合下做時, 自謂做得圓密了, 及事纔過, 又便猛省著, 有欠缺處. 纔如此思著, 則便被氣動了志, 便是三兩日精神不定. 不知此病生於何處?" 曰: "便是難? 便是難? 不能得到恰好處. 顔子'仰之彌高, 鑽之彌堅, 瞻之在前, 忽焉在後', 便是如此, 便是不能得見這箇物事定帖. 這也無著力處. 聖人教人, 但不過是'博文約禮.' 須是平時只管去講明, 講明得熟時後, 卻解漸漸不做差了."

9) ▲: 又問: "格物工夫, 至爲浩大. 如義剛氣昏, 也不解泛然格得. 欲且將書細讀, 就上面研究義理, 如何?" 曰: "書上也便有面前道理在." 義剛又言: "古人爲學, 皆是自小得人教之有方, 所以長大來易入於道. 義剛目前只是習作舉業, 好書皆不曾講究. 而今驟收其放心, 覺用力倍難. 今欲將小學等書理會, 從洒掃應對進退, 禮樂書數射御, 從頭再理會起, 不知如何?" 曰: "也只是事事致謹, 常常持養, 莫教放慢了, 便是. 若是自家有箇操柄時, 便自不解到得十分走作了."

116:9 ▲[10]

116:10 ▲[11]

116:11 先生問晏淵: "平日如何做工夫? 看甚文字?" 曰: "舊治『春秋』並史書." 曰: "『春秋』如何看?" 曰: "只用劉氏說看." 曰: "公數千里來見某, 其志▲[12]如何?" 曰: "旣拜先生, 只從先生之敎." 曰: "『春秋』是學者末後事, 惟是理明義精, 方見得. 『春秋』是言天下之事. 今不去理會身己上事, 卻去理會天下之事, 到理會得天下事, 於身己上卻不曾處置得. 所以學者讀書, 先要理會自己本分上事." 又言: "劉道修向時章疏中說'道學'字, 用錯了." 先生因▲[13]: "德修向時之事, 不合將許多條法與壽皇看, 暴露了, 被小人知之, 卻做了脚手. 某以爲, 大率若小人勢弱時節, 只用那虛聲, 便可恐得他去, 若小人勢盛時節, 便不可如此暴露, 被他先做脚手. 雖然, 德修亦自好, 當時朝廷大故震動." 【訓淵.】

116:12 ▲[14]

---

10) ▲: 義剛啓曰: "半年得侍洒掃, 曲蒙提誨, 自此得免小人之歸. 但氣質昏蒙, 自覺易爲流俗所遷. 今此之歸, 且欲閉門不出, 刻意讀書, 皆未知所向, 欲乞指示." 先生曰: "只杜門便是所向, 別也無所向. 只是就書上子細玩味, 考究義理, 便是." 義剛之初拜先生也, 具述平日之非與所以遠來之意, 力求陶鑄及所以爲學之序. 先生曰: "人不自訟, 則沒柰何他. 今公旣自知其過, 則講書窮理, 便是爲學, 也無他陶鑄處." 問: "讀書以何者爲先?" 曰: "且將『論語』·『大學』共看." 至是, 又請曰: "『大學』已看了, 先生解得分明, 也無甚疑. 『論語』已看九篇. 今欲看畢此書, 更看『孟子』, 如何?" 曰: "好. 『孟子』也分明, 甚易看."

11) ▲: "侍敎半年, 仰蒙提誨. 自正月間看『論語』, 覺得略得入頭處. 先生所以敎人, 只要逐章逐句理會, 不要揀擇, 敬遵明訓. 但此番歸去, 恐未便得再到侍下. 如『語』·『孟』中設有大疑, 則無可問處. 今欲於此數月揀大頭段來請敎, 不知可否?" 曰: "好."

12) ▲: 欲

13) ▲: 論

14) ▲: 晏亞夫將上趙子直·黃文叔二書呈先生. 先生曰: "公有志於當世, 亦自好. 但若要從自家身上做將來, 須是捨其所已學, 從其所未學."【恪】

116:13 ▲[15)]

116:14 ▲[16)]

116:15 甲寅八月三日, 蓋卿以書見先生于[17)]長沙郡齋, 請隨諸[18)]生遇晚聽[19)]講[20)], 是晚請教者七十餘人. 或問: "向蒙見教, 讀書須要涵泳, 須要浹洽. 因看孟子千言萬語, 只是論心. 七篇之書如此看, 是涵泳工夫否?" 曰: "某爲見此中人讀書大段鹵莽, 所以說讀書須當涵泳, 只要了[21)]細尋繹, 令胸中有所得爾. 如吾友所說, 又襯貼一件意思, 硬要差排, 看書豈是如此?" 又一士友曰: "先生'涵養[22)]'之說, 乃杜元凱'優而柔之'之意." 曰: "固是如此, 亦不用如此解說. 所謂涵泳者, 只是子細讀書之異名也. 大率與人說話便是難. 某只說一箇'涵泳', 一人硬來差排, 一人硬來解說. 此是隨語生解, 支離延蔓, 閒說閒講, 少間展轉, 只是添得多, 說得遠. 如此讀[23)]書, 如此聽人說話, 全不是自做工夫, 全無巴鼻. 可知是使人說學是空談[24)]. 此中人所問, 大率如此: 好理會處不理會, 不當理會處卻支離去說, 說得全無意思."【以下訓蓋卿.】

116:16 蓋卿因言: "致知・格物工夫旣到, 然後應事接物, 始得其宜.

---

15) ▲: 先生語晏亞夫云: "亞夫歸去, 且須杜門安坐數年, 虛心玩味他義理, 教專與自家心契合. 若恁底時, 病痛自去, 義理自明. 大抵靜, 方可看義理."【佐】
16) ▲: "須是靜, 方可爲學." 謂亞夫曰: "公旣歸, 可且杜門潛心數年."【方子 ○蓋卿錄云: "亞夫稟辭, 先生勉之曰: '歸後且杜門潛心二三年, 仍須虛心以讀書.'"】
17) 于: 賀本에서는 於로 되어 있다.
18) 諸: 孝宗刊本・成化本에서는 請으로 되어 있다.
19) 聽: 『小分』에서는 聽聽을 교정부호로 바로잡았다.
20) 請隨諸生遇晚聽講 : 徽州本에서는 請曰: "蓋卿願從學久矣, 乃今得遂所圖. 然先生以召命戒途有日, 殊爲匆匆, 卽欲隨諸生遇晚聽講."으로 되어 있다.
21) 了: 『朱子語類』에서는 子로 되어 있다.
22) 養: 『朱子語類』에서는 泳으로 되어 있다.
23) 讀: 賀本에서는 講으로 되어 있다.【附箋紙】讀, 是講.
24) 談: 孝宗刊本에서는 做로 되어 있다.

若工夫未到，雖於應事接物之際，未盡合宜，亦只得隨時爲應事接物之計也.” 曰: “固是如此. ▲[25] 善乎明道之言曰: ‘學者全體此心. 學雖未盡，若事物之來，不可不應，但隨分限應之，雖不中不遠矣.’”

116:17 ▲[26]

116:18 初見，先生云: “某自到此，與朋友亦無可說，古人學問只是爲己而已. 聖賢教人，具有倫理. 學問是人合理會底事. 學者須是切己，方有所得. 今人知爲學者，聽人說一席好話，亦解開悟，到切己工夫，◇[27]全不曾做，所以悠悠歲月，無可理會. 若使切己下工，聖賢言語雖散在諸書，自有箇通貫道理. 須實有見處，自然休歇不得. 如人趁養家一般，一日不◇[28]趁，便受飢餓. 今人事無小大[29]，皆潦[30]草過了. 只如讀書一事，頭邊看得兩段，便揭過後面，或看得一二段，或看得三五行，殊不曾子細理會，如何會有益?” 或問: “人講學不明，用處全差了.” 曰: “不待酬酢應變時. 若學不切己，自家一箇渾身自無處著，雖三魂七魄，亦不知下落，何待用時方差?” 坐間有言及傅子淵者. 曰: “人雖見得他偏，見得他不是，此邊卻未有肯著力做自家工夫，如何不爲他所謾? 近世人大被人謾，可笑! 見人胡亂一言一動，便被降下了. 只緣自無工夫，所以如此. 便又有不讀書之說，可以誘人，宜乎陷溺者多.” 先生又云: “彼一般說話，雖是說禪，卻能鞭逼得人緊. 後生於此邊旣無所得，一溺其說，便把做件事做，如何可回? 終竟他底不是，愈傳愈壞了人.” 或又云: “近世學者多躐等.” 曰亦[31]: “更有不及等人.”

---

25) ▲: 若學力未到時，不成不去應事接物. 且如某在長沙時，處之固有一箇道理，今在路途，道理又別. 人若學力未到，其於應事接物之間，且隨吾學力所至而處之.

26) ▲: 蓋卿稟辭，且乞贈言. 先生曰: “逐日所相與言者，宜著工夫，不用重說.” 曰: “尙得爲遠謁函丈之計.” 曰: “人事不可預期. 歸日，宜一面著實做工夫.”

27) ◇: 卻

28) ◇: 去

29) 小大: 『小分』에서는 大小를 교정부호로 바로잡았다.

30) 潦: 孝宗刊本·成化本에서는 老로 되어 있다.

【以下訓謙.】

116:19 問謙: “曾與戴肖望相處, 如何?” 曰: “亦只商量得舉子程文.” 曰: “此是一厄. 人過了此一厄, 當理會學問. 今人過了此一厄, 又去理會應用之文, 作古文, 作詩篇, 亦是一厄. 須是打得破, 方得.”

116:20 問: “爲學工夫, 以何爲先?” 曰: “亦不過如前所說, 專在人自立志. 旣知這道理, 辨得堅固心, 一味向前, 何患不進. 只患立志不堅, 只恁聽人言語, 看人文字, 終是無得於己.” 或云: “須是做工夫, 方覺言語有益.” 曰: “別人言語, 亦當子細窮究. 孟子說: ‘我知言, 我善養吾浩然之氣.’ 知言便是窮究[32]別人言語. 他自邪說, 何與我事? 被他謾過, 理會不得, 便有陷溺. 所謂‘生於其心, 害於其政, 作於其政, 害於其事’, 蓋謂此也.”

116:21 德之看文字尖新, 如見得一路光明, 便射從▲[33]一路去. 然爲學讀書, 寧詳毋略, 寧近無[34]遠, 寧下毋高, 寧拙毋巧. 若一向單過, 不加子細, 便看書也不分曉. 然人資質亦不同, 有愛趨高者, 亦有好務詳者. 雖皆有得, 然詳者終是看得溥博浹洽. 又言: “『大學』等書, 向來人只說某說得詳, 如何不略說, 使人自致思? 此事大不然. 人之爲學, 只是爭箇肯與[35]不肯耳. 他若無得, 不肯向這邊, 略亦不解致思, 他若肯向此一邊, 自然有味, 愈詳愈有意味.”[36]

116:22 “生知之聖, 不待學而自至. 若非生知, 須要學問. 學問之先,

---

31) 亦曰: 『小分』에서는 曰亦를 교정부호로 바로잡았다.
32) 究: 孝宗刊本·成化本에서는 理로 되어 있다.
33) ▲: 此
34) 無: 『朱子語類』에서는 毋로 되어 있다.
35) 與: 『朱子語類』에는 없다.
36) 味: 徽州本에서는 이 뒤에 【以上皆謙自錄, 下見諸錄.】이 더 있다.

止是致知. 所知果致[37], 自然透徹, 不患不進." 謙請云: "知得, 須要踐履." 曰: "不眞知得, 如何踐履得? 若是眞知, 自住不得. 不可似他們只把來說過了." 又問: "今之言學者滿天下, 家誦『中庸』·『大學』·『語』·『孟』之書, 人習『中庸』·『大學』·『語』·『孟』之說. 究觀其實, 不惟應事接物與所學不相似, 而其爲人擧足動步, 全不類學者所爲. 或做作些少[38]氣象, 或專[39]治一等議論, 專一欺人. 此豈其學使然歟? 抑踐履不至歟? 抑所學之非歟?" 曰: "此何足以言學? 某與人說學問, 止是說得大概, 要人自去下工. 譬如寶藏一般, 其中至寶之物, 何所不有? ◇[40]止能指與人說, 此處有寶. 若不下工夫自去討, 終是不濟事. 今人爲學, 多是爲名, 不肯切己. 某甚不滿於長沙士友. 胡季隨特地來一見, 卻只要相閃, 不知何故. 南軒許久與諸公商量, 到如今只如此, 是不切己之過."

116:23 ▲[41]

116:24 ▲[42]

116:25 ▲[43]

---

37) 致: 孝宗刊本·成化本에서는 至로 되어 있다.
38) 少:『朱子語類』에서는 小로 되어 있다.
39) 專 : 孝宗刊本·成化本에서는 事로 되어 있다.
40) ◇: 某
41) ▲: 廖兄請曰: "某遠來求敎, 獲聽先生雅言至論, 退而涵泳, 發省甚多. 旅中只看得先生『大學章句』·『或問』一過, 所以誨人者至矣. 爲學入德之方, 無以加此, 敢不加心? 明日欲別誨席, 更乞一言之賜." 曰: "他無說, 只是自下工夫, 便有益. 此事元不用許多安排等待, 所謂'造次顚沛必於是'也, 人只怕有悠悠之患." 廖復對曰: "學者之病, 多在悠悠, 極荷提策." 曰: "見得分曉, 便當下工夫. 時難得而易失, 不可只恁地過了."【蓋卿】
42) ▲: 先生問: "前此得書, 甚要講學, 今有可說否?" 自修云: "適値先生去國匆匆, 不及款承敎誨." 曰: "自家莫匆匆便了."【訓自修.】
43) ▲: 問平日工夫, 泳對: "理會時文." 先生曰: "時文中亦自有工夫." 請讀何書. 曰: "看『大學』."【以下訓泳.】

116:26 ▲[44)]

116:27 "讀『大學』畢[45)], 次『論』·『孟』及『中庸』, 兼看『近思錄』." 先生曰: "書讀到無可看處, 恰好看."【訓泳.】[46)]

116:28 ▲[47)]

116:29 ▲[48)]

116:30 先生謂夔孫云: "公旣久在此, 可將一件文字與衆人共理會, 立箇程限, 使敏者不得而先, 鈍者不得而後. 且如這一件事, 或是甲思量不得, 乙或思量得, 這便是朋友切磋之義." 夔孫請所看底文字. 曰: "且將「西銘」看." 及看畢, 夔孫依先生解說過. 先生曰: "而今解得分曉了, 便易看, 當初直是難說." 夔孫請再看底[49)]文字. 索『近思錄』披數板, 云: "也揀不得, 便漏了他底也不得." 遂云: "'無極而太極', 而今人都想象[50)]有箇光明閃爍底物事在那裏. 卻[51)]不知本是說無這物事, 只是有箇理, 解如此動靜而已. 及至一動一靜, 便是陰陽. 一動一靜, 循環無端. '太極動而生陽', 亦只是從動處說起. 其實, 動之前又有靜, 靜之前又有動. 推而上之, 其始無端, 推而下之, 以至未來之際, 其卒無終. 自有天地, 便只是這物事在這裏流轉, 一日便有一日之運, 一月便有一月之運, 一歲便有一歲之運. 都只是這箇物事滾, 滾將去, 如水車

---

44) ▲: 說『大學』首章不當意. 先生說: "公讀書如騎馬, 不會鞭策得馬行, 撑船, 不會使得船動."
45) 畢: 賀本에서는 必로 되어 있다.
46)【訓泳.】: 『朱子語類』에는 없다.
47) ▲: 先生與泳說: "看文字罷, 常且靜坐."
48) ▲: 問: "而今看道理不出, 只是心不虛靜否?" 曰: "也是不曾去看. 會看底, 就看處自虛靜, 這箇互相發."【以下訓夔孫.】
49) 這: 『朱子語類』에서는 底로 되어 있다.
50) 象: 賀本에서는 像으로 되어 있다.
51) 卻: 賀本에서는 那로 되어 있다.

相似: 一箇起, 一箇倒, 一箇上, 一箇下. 其動也, 便是中, 是仁, 其靜也, 便是正, 是義. 不動則靜, 不靜則動, 如人不語則默, 不默則語, 中間更無空處. 又如善惡: 不是善, 便是惡, 不是惡, 便是善. '聖人定之以中正仁義', 便是主張這箇物事. 蓋聖人之動, 便是元亨, 其靜, 便是利貞, 都不是閒底動靜. 所謂[52]繼天地之志, 述天地之事, 便是如此. ◇[53]知得恁地便生, 知得恁地便死, 知得恁地便消, 知得恁地便長, 此皆是繼天地之志. 隨他恁地進退消長[54]盈虛, 與時偕行, 小而言之, 飢食渴飲, 出作入息, 大而言之, 君臣便有義, 父子便有仁, 此都是述天地之事. 只是這箇道理, 所以君子修之便吉, 小人悖之便凶. 這物事機關二[55]下撥轉, 便攔他不住, 如水車相似, 才踏發這機, 更住不得. 所以聖賢'兢兢業業, 一日二日萬幾', 戰戰兢兢, 至死而後知免. 大化恁地流行, 只得隨他恁地, 故曰: '存心養性, 所以事天也, 壽夭[56]不貳, 修身以俟之, 所以立命也.' 這與「西銘」都相貫穿, 只是一箇物事. 如云: '五行, 一陰陽也, 陰陽, 一太極也, 太極, 本無極也. 五行之生也, 各一其性. 無極之眞, 二五之精, 妙合而凝, 乾道成男, 坤道成女. 二氣交感, 化生萬物, 萬物生生, 而變化無窮焉.' 便只是'天地之塞吾其體, 天地之帥吾其性', 只是說得有詳略緩急耳. 而今萬物到秋冬時各自斂藏, 便恁枯瘁, 忽然一下春來, 各自發生條暢, 這只是一氣, 一箇消, 一箇息. 那箇滿山青黃碧綠, 無非天地之化流行發見. 而今自家喫[57]他, 著他, 受用他, 起居食息都在這裏, 離他不得. 所以仁者見之便謂之仁, 智者見之便謂之智, 無非是此箇物事. '繼之者善', 便似日月[58]裝添貌[59]樣, '成之者性', 便恰似造化都無可做了, 與造化都不相

52) 謂: 賀本에서는 以로 되어 있다.
53) ◇: 如
54) 長: 『朱子語類』에서는 息으로 되어 있다.
55) 二: 孝宗刊本・英祖刊本・成化本에서는 一로 되어 있다.
56) 壽夭: 『朱子語類』에서는 夭壽로 되어 있다.
57) 喫: 賀本에서는 吃로 되어 있다.
58) 月: 『朱子語類』에서는 日로 되어 있다.
59) 貌: 『朱子語類』에서는 模로 되어 있다.

鬮相似. 到得'成之者性', 就那上流行出來, 又依前是'繼之者善.' 譬如穀, 旣有箇穀子, 裏面便有米, 米又會生出來. 如果子皮裏便有核, 核裏便有仁, 那仁又會發出來. 人物莫不如此. 如人方其在胞胎中, 受那父母之氣, 則是'繼之者善.' 及其生出來, 便自成一箇性了, 便自會長去, 這後又是'繼之者善', 只管如此. 仁者謂之仁, 便▲[60]見那發生處, 智者謂之智, 便是見那收斂處. '百姓日用而不知', 便是不知所謂發生, 亦不知所謂收斂, 醉生夢死而已. 周先生『太極通書』, 便只是滾這幾句. 『易』之爲義, 也只是如此. 只是陰陽交錯, 千變萬化, 皆從此出, 故曰: '『易』有太極.' 這一箇便生兩箇, 兩箇便生四箇, 四箇便生八箇, 八箇便生十六箇, 十六箇便生三十二箇, 三十二箇便生六十四箇. 故'八卦定吉凶, 吉凶生大業.' 聖人所以說出時, 只是使人不迷於利害之途耳." 少頃, 又擧"誠幾德"一章, 說云: "'誠無爲', 只是自然有實理恁地, 不是人做底, 都不曾犯手勢. '幾善惡', 便是心之所發處有箇善有箇惡了. '德'便只是善底, 爲聖爲賢, 只是▲[61]材料做." 又擧第三"大本達道章"說云: "未發時便是那靜, 已發時便是那動. 方其靜時, 便是有箇體在裏了, 如這卓子未用時, 已有這卓子在了. 及其已發, 便有許多用. 一起一倒, 無有窮盡. 若靜而不失其體, 便是天下之大本立焉, 動而不失其用, 便是天下之達道行焉. 若其靜而或失其體, 則天下之大本便昏了, 動而或失其用, 則天下之達道便乖了. 說來說去, 只是這一箇道理." 夔孫問云: "此箇道理, 孔子只說'一陰一陽之謂道, 繼之者善, 成之者性', 却[62]不曾[63]分別出性是如何. 孟子乃分別出, 說是有◇[64]四者, 然又只是以理言. 到周先生說方始盡, 方始見得人必有是四者, 這四者亦有所附著." 先生曰: "孔子說得細膩, 說不曾了. 孟子說得麤, 疏略, 只是說'成之者性', 不曾從原頭推說來. 然其界分, 自孟子方說

60) ▲: 是
61) ▲: 這
62) 却: 賀本에서는 都로 되어 있다.
63) 曾: 『朱子語類』에서는 會로 되어 있다.
64) ◇: 此

得分曉." 陳仲蔚因問: "龜山說: '知其理一, 所以爲仁, 知其分殊, 所以爲義.' 仁便是體? 義便是用否?" 曰: "仁只是流出來底, 義是合當做底. 如水, 流動處是仁, 流爲江河, 匯爲池沼, 便是義. 如惻隱之心便是仁, 愛父母, 愛兄弟, 愛鄕黨, 愛朋友故舊, 有許多等差, 便是義. 且如敬, 只是一箇敬, 到敬君, 敬長, 敬賢, 便有許多般樣. 禮也是如此. 如天子七廟, 諸侯五廟, 這箇便是禮, 其或七或五之不同, 便是義. 禮是理之節文, 義便是事之所宜處. 呂與叔說'天命之謂性'云: '自斬而緦, 喪服異等, 而九族之情無所憾, 自王公至皀隷, 儀章異制, 而上下之分莫敢爭, 自是天性合如此.' 且如一堂有十房父子, 到得父各慈其子, 子各孝其父, 而人不嫌者, 自是合如此也. 其慈, 其孝, ▲[65]便是仁, 各親其親, 各子其子, 這便是義. 這箇物事分不得, 流出來便是仁, 仁打一動, 義禮智便隨在這裏了. 不是要仁使時, 義卻留在後面, 少間放出來. 其實只是一箇道理, 論著界分, 便有許多分別. 且如心性情虛明應物, 知得這事合恁地, 那事合恁地, 這便是心, 當這事感則這理應, 當那事感則那理應, 這便是性, 出頭露面來底便是情, 其實只是一箇物事. 而今這裏略略動, 這三箇便◇[66]在, 子細看來, 亦好則劇." 又擧邵子"性者道之形體"處, 曰: "道雖無所不在, 然如何地去尋討他? 只是回頭來看, 都在自家性分之內. 自家有這仁義禮智, 便知得他也有仁義禮智[67], 千人萬人, 一切萬物, 無不是這道理. 推而廣之, 亦無不是這道理. 他說'道之形體', 便是說得好[68]." 【訓夔孫.】[69]

116:31 ▲[70]

---

65) ▲: 這

66) ◇: 都

67) 便知得他也有仁義禮智: 『小分』에서는 두 번 반복된 것을 교정부호로 바로잡았다.

68) 好: 徽州本에서는 이 뒤에 【以上夔孫自錄, 下見諸錄.】이 더 있다.

69) 【訓夔孫.】: 『朱子語類』에는 없다.

70) ▲: 林子武初到時, 先生問義剛云: "在何處安下?" 曰: "未曾移入堂長房." 曰: "它便是有思量底. 蘇子容押花字常要在下面, 後有一人官在其上, 卻挨得他花字向

116:32 ▲[71]

116:33 慶元丁巳三月, 見先生於考亭. 先生曰: “甚荷遠來, 然而不是時節. 公初從何人講學?” 曰: “少時從劉衡州問學.” 曰: “見衡州如何?” 曰: “衡州開明大體, 使人知所向慕.” 曰: “如何做工夫?” 曰: “却無下手處.” 曰: “向來亦見廬陵諸公有問目之類, 大綱寬[72]緩, 不是斬釘截鐵, 眞箇可疑可問, 彼此只做一場話說休了. 若如此悠悠, 恐虛過歲月. 某已前與朋友往來, 亦是如此. 後來欽夫說道: ‘凡肯向此者, 吾二人只如此放過了, 不特使人泛[73]然來行一遭, 便道我曾從某人處講論, 一向胡說, 反爲人取笑, 亦是壞了多少好氣質底. 若只悠悠地去, 可惜. ◇[74]後須是截下, 看晩年要成就得一二人, 不妨是吾輩事業.’ 自後相過者, 這裏直是不放過也.” 祖道又曰: “頃年亦嘗見陸象山.” 先生笑曰: “這卻好商量. 公且道象山如何?” 曰: “象山之學, 祖道曉不得, 更是不敢學.” ▲[75] 曰[76]: “象山與祖道言: ‘目能視, 耳能聽, 鼻能知香臭, 口能知味, 心能思, 手足能運動, 如何更要甚存誠持敬, 硬要將一物去治一物? 須要如此做甚? 詠歸舞雩, 自是吾子家風.’ 祖道曰: ‘是則是有此理, 恐非初學▲[77]所到地位.’ 象山曰: ‘吾子有之, 而必欲外鑠以爲本, 可惜也?’ 祖道曰: ‘此恐只是先生見處. 今使祖道便要如此, 恐成猖狂妄行, 蹈乎大方者矣!’ 象山曰: ‘纏遶[78]舊習, 如落陷穽, 卒除

上面去, 他遂終身悔其初無思量, 不合押花字在下.” 及包顯道等來, 遂命子武作堂長, 後竟不改. 【義剛】

71) ▲: 問: “承先生賜教讀書之法, 如今看來, 聖賢言行, 本無相違. 其間所以有可疑者, 只是不逐處硏究得通透, 所以見得牴牾. 若眞箇逐處逐節逐段見得精切, 少間卻自到貫通地位.” 曰: “固是. 如今若苟簡看過, 只一處, 便自未曾理會得了, 卻要別生疑義, 徒勞無益.” 【訓木之.】

72) 寬: 賀本에서는 竟으로 되어 있다.

73) 泛: 孝宗刊本・英祖刊本・賀本에서는 汎으로 되어 있다.

74) ◇: 今

75) ▲: 曰: “如何不敢學?”

76) 曰: 【附箋紙】“曰: ‘如何不敢學?’”, 當添入“曰”字上.

77) ▲: 者

78) 遶: 成化本・賀本에서는 繞로 되어 있다.

不得.'" 先生曰: "陸子靜所學, 分明是禪." 又曰: "江西人大抵秀而能文, 若得人點化, 是多少明快? 蓋有不得不任其責者. 然今黨事方起, 能無所畏乎? 忽然被他來理會, 礙公進取時如何?" 曰: "此是自家身己上事[79], 進取何足議?" 曰: "可便遷入精舍."【以下訓祖道.】

116:34 ▲[80]

116:35 ▲[81]

116:36 ▲[82]

116:37 一日拜別, 先生曰: "歸去各做工夫, 他時相見, 却好商量也. 某所解『論』[83]·『孟』和訓詁[84]注在下面, 要人精粗本末, 字字爲咀嚼過. 此書, 某自三十歲便下工夫, 到而今改猶未了, 不是草草看者, 且歸子細."

116:38 曾兄問: "讀『大學』, 已知綱目次第了. 然大要用工夫, 恐在'敬'之一字. 前見伊川說'敬以直內, 義以方外'處." 先生曰: "能'敬以直內'矣, 亦須'義以方外.' 能知得是非[85], 始格得物. 不以義方▲[86], 則

---

79) 事: 賀本에는 없다.

80) ▲: 先生謂祖道曰: "讀書, 且去鑽研求索. 及反覆認得時, 且蒙頭去做, 久久須有功效. 吾友看文字忒快了, 卻不沉潛, 見得他子細意思. 莫要一領他大意, 便去搏摸, 此最害事! 且熟讀, 就他注解爲他說一番. 說得行時, 卻又爲他精思, 久久自落窠臼. 略知瞥見, 便立見解, 終不是實. 恐他時無把捉, 虛費心力."

81) ▲: 問進德之方. 曰: "大率要修身窮理. 若修身上未有工夫, 亦無窮理處." 問: "修身如何?" 曰: "且先收放心. 如心不在, 無下手處. 要去體察你平昔用心, 是爲己爲人? 若讀書計較利祿, 便是爲人."

82) ▲: "資稟純厚者, 須要就上面做工夫." 問: "如何?" 曰: "人生與天地一般, 無些欠缺處. 且去子細看秉彝常性是如何, 將孟子言性善處看是如何善, 須精細看來."

83) 『論』: 賀本에서는 『語』로 되어 있다.

84) 誥: 『朱子語類』에서는 詁로 되어 있다.

85) 非: 『小分』에서는 순서가 잘못 된 것을 교정부호로 바로잡았다. 원래 뒤의 문

是非好惡不能分別, 物亦不可格." 又問: "恐敬立則義在其中, 伊川所謂'弸諸中, 彪諸外', 是也." 曰: "雖敬立而義在, 也須認得實, 方見得. 今有人雖胸中知得分明, 說出來亦是見得千了百當, 及應物之時, 顚倒錯謬, 全是私意, 亦不知. 聖人所謂敬義處, 全是天理, 安得有私意? 今釋・老能立箇門戶恁地, 亦是它從旁窺得近似. 他所謂敬時, 亦卻是能敬, 更有▲87)'笠影'之喩."

116:39 某嘗喜▲88)鈍底人, 他若是做得工夫透徹時, 極好, 卻煩惱那敏底, 只是略綽看過, 不曾深去思量. 當下說, 也理會得, 只是無滋味, 工夫不耐久. 如莊仲便是如此. 某嘗煩惱這樣底, 少間不濟事. 敏底人, 又卻用89)做那鈍底工夫, 方得. 【以下訓僩.】

116:40 問: "尋常遇事時, 也知此爲天理, 彼爲人欲. 及到做時, 乃爲人欲引去, 事已卻悔, 如何?" 曰: "此便是無克己工夫. 這樣處, 極要與他掃90)除打疊, 方得. 如一條大路, 又有一條小路. 明知合行大路, 然小路面前有箇物引著, 自家不知不覺行從小路去, 及至面前91)荊棘蕪穢, 又卻生悔. 此便是天理人欲交戰之機. 須是遇事之時, 便與克下, 不得苟且放過. 此須明理以先之, 勇猛以行之. 若是上智聖人底資質, 不用著力, 自然循92)天理而行, 不流於人欲. 若賢人資質次於聖人者, 到遇事時固不會錯, 只是先也用分別教是而後行之. 若是中人之資◇93), 須大段著力, 無一時一刻不照管克治, 始得. 曾子曰: '仁以爲己

장인 能知得是, 始格得物. 不以義方, 則是非好惡不能分非別의 속에 끼어 있는 것을 앞으로 옮겨 놓았다.

86) ▲: 外
87) ▲: 箇
88) ▲: 那
89) 用: 賀本에서는 要로 되어 있다.
90) 掃: 賀本에서는 埽로 되어 있다.
91) 面前: 『朱子語類』에서는 前面으로 되어 있다.
92) 循: 賀本에서는 存으로 되어 있다.
93) ◇: 質

任, 不亦重乎? 死而後已, 不亦遠乎?' 又曰: '戰戰兢兢, 如臨深淵, 如履薄冰. 而今而後, 吾知免夫, 小子!' 直是恁地用功, 方得."

116:41 問每日做工夫處. 曰: "每日▲[94]工夫, 只是常常喚醒, 如程子所謂'主一之謂敬', 謝氏所謂'常惺惺法'是也. 然這裏便有致知底工夫. 程子曰: '涵養須用敬, 進學則在致知.' 須居敬以窮理. 若不能敬, 則講學又無安頓處."

116:42 ▲[95]

116:43 ▲[96]

116:44 ▲[97]

116:45 今公掀然有飛揚之心, 以爲治國平天下如指諸掌. 不知自家一箇身心都安頓未有下落, 如何說功名事業? 怎生治人? 古時英雄豪傑不如此. 張子房, 不問著他不說. 諸葛孔明甚麽樣端嚴? 公浙中一般學, 是學爲英雄之學, 務爲跅弛豪縱, 全不點檢身心. 某這裏須是事事從心上理會起, 擧止動步, 事事有箇道理. 一毫不然, 便是欠闕了他道理. 固是天下事無不當理會, 只是有先後緩急之序, 須先立其本, 方以次推及其餘. 今公們學都倒了, 緩其所急, 先其所後, 少間使得這身

94) ▲: 做

95) ▲: 問: "'色容莊', 持久甚難." 曰: "非用功於外也, 心肅而容莊." 問: "若非聖人說下許多道理, 則此身四支耳目更無安頓處." 曰: "然. 古人固嘗言之: '非禮則耳目手足無所措.'"

96) ▲: 道理極是細膩. 公們心都粗大, 入那細底不得.

97) ▲: 公而今只是說他人短長, 都不自反己看. 如公適間說學者來此不講誦, 蚤來莫去, 是理會甚事? 自初來至去, 是有何所得? 聽得某說話, 有何警發? 每日靠甚麽做本? 從那裏做去? 公卻會說得箇頭勢如此大. 及至末梢, 又卻只是檢點他人某事某事, 元未有緊要, 那人亦如何服公說? 且去理會自己身心, 煞有事在.

心飛揚悠遠, 全無收拾處. 而今人不知學底, 他心雖放, 然猶放得近. 今公雖曰知爲學, 然卻放得遠, 少間會失心去, 不可不覺!

116:46 讀書之法, 旣先識得他外面一箇皮殼了, 又須識得他裏面骨髓方好. 如公看『詩』, 只是識得箇模象[98]如此, 他裏面好處, 全不見得. 自家此心都不曾與他相黏, 所以眊燥, 無汁漿. 如人開溝而無水, 如此讀得何益? 未論讀古人書, 且如讀[99]近世名公詩, 也須知得他好處在那裏. 如何知得他好處? 亦須吟哦諷詠而後得之. 今人都不曾識: 好處也不識, 不好處也不識, 不好處以爲好者有之矣, 好者亦未必以爲好也. 其有知得某人詩好, 某人詩不好者, 亦只是見已前人如此說, 便承虛接響說取去. 如矮子看戲相似, 見人道好, 他也道好. 及至問著他那裏是好處? 元不曾識. 擧世皆然, 只是不曾讀. 熟讀後自然見得. "人而不爲「周南」·「召南」, 其猶正牆面而立也歟[100]!" 今公讀二「南」了, 還能不正牆面而立否? 意思都不曾相黏, 濟得甚事? 前日所學韓退之·蘇明允二公論作文處, 他都是下這般工夫, 實見得那好處, 方做出這般文章. 他都是將三代以前文字熟讀後, 故能如此. 如向者呂子約書來, 說近來看『詩』甚有味, 錄得一冊來, 盡是寫他讀『詩』有得處. 及觀之, 盡是說『詩』序. 如「關雎」只是說一箇"后妃之德也", 「葛覃」只是說得箇"后妃之本"與"化天下以婦道也." 自"關關雎鳩"·"葛之覃兮"已下, 更不說著. 如此讀『詩』, 是讀箇甚麽? 呂伯恭『大事記[101]』亦是如此, 盡是編排『詩』序·『書』序在上面. 他們讀書, 盡是如此草草. 以言事, 則不實, 以立辭, 則害意.

116:47 問: "'鳶飛魚躍', 南軒云: '〈鳶飛魚躍〉, 天地之中庸也.'" 曰: "只看公如此說, 便是不曾理會得了. 莫依傍他底說, 只問取自家是眞

98) 象: 賀本에서는 像으로 되어 있다.
99) 讀: 賀本에서는 一로 되어 있다.【附箋紙】讀, 或作一.
100) 歟: 賀本에서는 與로 되어 있다.
101) 記: 賀本에서는 紀로 되어 있다.

實見得不曾? 自家信, 是信得箇甚麽? 這箇道理, 精粗小大, 上下四方, 一齊要著到, 四邊合圍起理會, 莫令有些子[102]走透. 小[103]間方從一邊理會得, 些小有箇見處, 有箇入頭處. 若只靠一邊去理會, 少間便偏枯了, 尋捉那物事不得. 若是如此悠悠, 只從一路去攻擊他, 而又不曾著力, 何益於事?" 李敬子曰: "覺得已前都是如此悠悠過了?" 曰: "既知得悠悠, 何不便莫要悠悠? 便是覺得[104]意思都不曾痛切. 每日看文字, 只是輕輕地拂過, 寸進尺退, 都不曾依傍築磕著那物事來. 此間說時, 旋紐捏[105]湊合, 說得些小, 才過了, 又便忘了. 或他日被人問起, 又遂旋紐捏[106]說得些小, 過了又忘記了. 如此濟得甚事? 早間說如負痛相似."【因言: "持敬, 如『書』所云'若有疾', 如此方謂之持敬.】[107] 如人負一箇大痛, 念念在此, 日夜求所以去之之術. 理會這一件物事[108], 須是徹頭徹尾, 全文記得, 始是如此, 末是如此, 中間是如此, 如此謂之是, 如此謂之非. 須是理會敎透徹, 無些子凝[109]滯, 方得. 若只是如此輕輕拂過, 是濟甚事? 如兩軍厮殺, 兩邊擂起鼓了, 只得拚[110]命進前, 有死無二, 方有箇生路, 更不容放慢. 若才放[111]慢, 便被他殺了?"

116:48 友仁初參拜畢, 出『疑問』一冊, 皆『大學』·『語』·『孟』·『中庸』平日所疑者. 先生略顧之, 謂友仁曰: "公今須是逐一些子細理會, 始得, 不可如此鹵莽. 公之意, 自道此是不曉者, 故問. 然其他不問者, 恐亦未必是. 豈能便與聖賢之意合? 須是理會得底也來整理過,

---

102) 子: 『小分』에서는 少를 子로 고쳤다. 孝宗刊本·英祖刊本·成化本에서는 小로 되어 있다.
103) 小: 孝宗刊本·成化本·賀本에서는 少로 되어 있다.
104) 得: 賀本에는 없다.
105) 紐捏: 賀本에서는 扭捏로 되어 있다.
106) 紐捏: 賀本에서는 扭捏로 되어 있다.
107)【因言 … 如此方謂之持敬.】: 賀本에서는 본문으로 되어 있다.
108) 事: 『朱子語類』에는 없다.
109) 凝: 『朱子語類』에서는 疑로 되어 있다.
110) 拚: 賀本에서는 拌으로 되어 있다.
111) 才放: 賀本에서는 纔攻으로 되어 있다.

方可.”【以下訓友仁.】

116:49 問“邦畿千里, 惟民所止.” 曰: “此是大率言物各有所止之處. 且如公, 其心雖止得是, 其迹則未在. 心迹須令爲一, 方可. 豈有學聖人之道, 服非法之服, 享非禮之祀者. 程先生謂‘文中子言心迹之判, 便是亂說’者, 此也.” 友仁曰: “舍此則無資身之策.” 曰: “‘君子謀道不謀食’, 豈有爲人而憂此者?”

116:50 先生曰: “公向道甚切, 也曾學禪來.” 曰: “非惟學禪, 如老·莊及釋氏教典, 亦曾涉獵. 自說『法華經』至要處乃在‘是法非思量分別之所能解’一句.” 先生曰: “我這裏正要思量分別. 能思量分別, 方有豁然貫通之理. 如公之學也不易.” 因以手指書院曰: “如此屋相似, 只中間潔淨, 四邊也未在. 未能博學, 便要約禮. 窮理處不曾用工, 守約處豈免有差? 若差之毫忽, 便有不可勝言之弊.” 又顧同舍曰: “德元卻於此理見得彷彿, 惜乎不曾多讀得書.” 卻謂友仁曰: “更須痛下工夫讀書始得. 公今所看『大學或問』「格物致知傳」, 程子所說許多說話, 都一一記得, 方有可思索玩味.”

116:51 張問: “先生『論語或問』甚好, 何故不肯刊行?” 曰: “便是不必如此. 文字儘多, 學者愈不將做事了, 只看得『集注』儘得. 公還盡記得『集注』說話否? 非唯『集注』, ◇[112]正文亦記不全, 此皆是不[113]曾子[114]細用工夫. 且如邵康節始學於百原, 堅苦刻厲, 冬不爐, 夏不扇, 夜不就席者有年, 公們曾如此否? 『論語』且莫說別處, 只如說仁處, 這裏是如此說, 那裏是如此說, 還會合得否?” 友仁曰: “先生有一處解‘仁’字甚曉然, 言: ‘仁者, 人心之全德, 必欲以身體而力行之, 可謂“重”矣! 一息尚存, 此志不容少懈, 可謂“遠”矣!” 先生不應. 次日, 卻問: “公昨

112) ◇: 恐

113) 不: 孝宗刊本에서는 其로 되어 있다.

114) 子: 賀本에서는 仔로 되어 있다.

夜所擧解仁說在何處?" 曰: "在曾子言'仁以爲己任'章." 先生曰: "德元看文字, 卻能記其緊要處. 有萬千人看文字者, 卻不能於緊要處理會, 只於瑣細處用工. 前日他問『中庸或問』: '不一其內, 無以制其外, 不齊其外, 無以養其中, 靜而不存, 無以立其本, 動而不察, 無以勝其私.' 此皆是切要處. 學者若能於切要處做工夫, 又於細微處不遺闕了, 久之自然有得."

116:52 ▲[115]

116:53 因誨郭兄云: "讀書者當將此身葬在此書中, 行住坐臥, 念念在此, 誓以必曉徹爲期. 看外面有甚事, 我也不管, 只恁一心在書上, 方謂之善讀書. 若但欲來人面前說得去, 不求自熟, 如此濟得甚事? 須是著起精神, 字字與他看過. 不惟念得正文注字, 要自家暗地以俗語解得, 方是. 如今自家精神都不曾與書相入, 念本文注字猶記不得, 如何曉得?"【卓 ○僩同.】

116:54 "讀書, 須立下硬寨, 定要通得這一書, 方看第二書. 若此書旣曉未得, 我寧死也不看那箇! 如此立志, 方成工夫." 郭德元[116]言: "記書不得." 曰: "公不可欲速, 且讀一小段. 若今日讀不得, 明日又讀, 明日讀不得, 後日又讀, 須被自家讀得. 若只記得字義訓釋, 或其中有一兩字漏落, 便是那腔子不曾塡得滿, 如一箇物事欠了尖角處相似. 少間自家做出文字, 便也有所欠闕[117], 不成文理. 嘗見蕃人及武臣文字, 常不成文理, 便是如此. 他心中也知得要如此說, 只是字義有所欠闕[118], 下得不是. 這箇便是'不得於言, 勿求於心'之患. 是他心有所蔽,

---

115) ▲: 拜辭, 先生曰: "公識性明, 精力短, 每日文字不可多看. 又, 記性鈍, 但用工不輟, 自有長進矣."
116) 元: 成化本에서는 此로 되어 있다.
117) 闕: 賀本에서는 缺로 되어 있다.
118) 闕: 賀本에서는 缺로 되어 있다.

故如此. 司馬遷『史記』用字也有下得不是處. 賈誼亦然, 如「治安策」說教太子處云: '太子少長知妃色, 則入于學.' 這下面承接, 便用解說此義, 忽然掉了, 卻說上學去云: '學者所學之官也.' 又說'帝入東學, 上親而貴仁'一段了, 卻方說◇[119]太子事, 云'及太子旣冠成人, 免於保傅之嚴'云云, 都不成文義, 更無段落. 他只是乘才快, 胡亂寫去, 這般文字也不可學. 董仲舒文字卻平正, 只是又困. 董仲舒[120]・匡[121]衡・劉向諸人文字, 皆善弱無氣燄. 司馬遷・賈生文字雄豪可愛, 只是逞快, 下字時有不穩處, 段落不分明. 匡[122]衡文字卻細密, 他看得經書極子細, 能向裏做工夫, 只是做人不好, 無氣節. 仲舒讀書不如衡子細, 疏略甚多, 然其人純正開闊, 衡不及也." 又曰: "荀子云: '誦數以貫之, 思索以通之.' 誦數, 卽今人讀書記遍數也, 古人讀書亦如此. 只是荀卿做得那文字不帖律處也多."【僩】

116:55 郭德元告行, 先生曰: "人若於日間閒言語省得一兩句, 閒人客省見得一兩人, 也濟事. 若渾身都在鬧場中, 如何讀得書? 人若逐日無事, 有見成飯喫, 用半日靜坐, 半日讀書, 如此一二年, 何患不進?"【僩】

---

119) ◇: 上
120) 又困. 董仲舒: 成化本에서는 又困善, 仲舒로 되어 있다.
121) 匡: 孝宗刊本・賀本에서는 康으로 되어 있다.
122) 匡: 孝宗刊本・賀本에서는 康으로 되어 있다.

『朱子語類』卷第一百一十七

「朱子十四」

「訓門人五」

117:1 黃直卿會看文字, 只是氣象少, 間或又有看得不好處.【文蔚】

117:2 因說正思『小學字訓』, 直卿云: "此等文字亦難做, 如'中', 只說得無倚之中, 不曾說得無過不及之中." 曰: "便是此等文字難做, 如'仁', 只說得偏言之仁, 不曾說得包四者之仁."【至 ○若海錄云: "一部大『爾雅』."】

117:3[1] ▲[2]聞程正思死, 哭之哀.【賀孫】

117:4[3] ▲[4]程正思一學生來謁, 坐定, 蹙頞[5]云: "正思可惜! 有骨筋[6], 有志操. 若看道理, 也粗些子在."【自修】

117:5 問功夫節目次第. 曰: "尋常與學者說做功[7]夫甚遲鈍, 但積累得多, 自有貫通處. 且如『論』·『孟』, 須從頭看, 以正文爲正, 卻看諸

---

1) 117:3 :【附箋紙】刪
2) ▲: 先生
3) 117:4 :【附箋紙】刪
4) ▲: 有
5) 頞: 賀本에서는 額으로 되어 있다.
6) 筋: 孝宗刊本·成化本·賀本에서는 肋으로 되어 있다.
7) 功: 賀本에서는 工으로 되어 있다.

家說狀得正文之意如何. 且自平易處作工夫, 觸類有得, 則於難處自見得意思. 如'養氣'之說, 豈可驟然理會? 候玩味得七篇了, 漸覺得意思. 如一件木頭, 須先劖削平易處, 至難處, 一削可除也. ▲[8]不先治平易處, 而徒用力於其所難, 所以未有得而先自困也."【以下訓謨.】

117:6 問: "謨於鄉曲, 自覺委靡隨順處多, 恐不免有同流合汙之失." 曰: "'孔子於鄉黨, 恂恂如也, 似不能言者.' 處鄉曲, 固要人情周盡, 但須分別是非, 不要一向[9]隨順, 失了自家. 天下事, 只有一箇是, 一箇非, 是底便是, 非底便非." 問: "是非自有公論?" 曰: "如此說, 便不是了. 是非只是是非, 如何是非▲[10]外, ▲[11]有一箇公論? 才說有箇公論, 便又有箇私論也? 此卻不可不察."【以下訓謨.】[12]

117:7 "謨於私欲, 未能無之. 但此意萌動時, 卻知用力克除, 覺方寸累省, 頗勝前日, 更當如何?" 曰: "此只是強自降伏, 若未得天理純熟, 一旦失覺察, 病痛出來, 不可不知也." 問: "五峰所謂'天理人欲同行異情', 莫須這裏要分別否?" 曰: "'同行異情', 只如飢食渴飲等事, 在聖賢無非天理, 在小人無非私欲, 所謂'同行異情'者如此. 此事若不曾尋著本領, 只是說得他名義而已. 說得名義儘分曉, 畢竟無與我事. 須就自家身上實見得私欲萌動◇[13]如何, 天理發見時如何, 其間正有好用工夫處. 蓋天理在人, 互[14]萬古而不泯, 恁[15]其[16]如何蔽錮, 而天理常自若, 無時不自私意中發出, 但人不自覺. 正如明珠大貝, 混雜沙礫中,

8) ▲: 今
9) 向: 賀本에서는 面으로 되어 있다.
10) ▲: 之
11) ▲: 更
12)【以下訓謨.】: 賀本에는 없다.
13) ◇: 時
14) 互: 『朱子語類』에서는 亘으로 되어 있다.
15) 恁: 賀本에서는 任으로 되어 있다.
16) 其: 孝宗刊本에서는 甚으로 되어 있다.

零零星星逐時出來. 但只於這箇道理發見處, 當下認取, 簇合零星, 漸成片段. 到得自家好底意思日長月益, 則天理自然純固, 向之所謂私欲者, 自然消靡退散, 久之不復萌動矣. 若專務克治私欲, 而不能充長善端, 則吾心所謂私欲者日相鬪敵, 縱一時按伏得下, 又當復作矣. 初不道隔去私意後, 別尋一箇道理主執而行, 才如此, 又只是自家私意. 只如一件事, 見得如此爲是, 如此爲非, 便從是處行將去, 不可只恁休[17]. 誤了一事, 必須知悔, 只這知悔處便是天理. 孟子說'牛山之木', 既曰'若此其濯濯也', 又曰'萌蘖生焉', 既曰'旦晝梏亡', 又曰'夜氣所存.' 如說'求放心', 心既放了, 如何又求得? 只爲這些道理只[18]於一性者, 渾然至善, 故發於日用者, 多是善底. 道理只要人自識得, 雖至惡人, 亦只患他頑然不知省悟, 若心裏稍知不穩, 便從這裏改過, 亦豈不可做好人? 孟子曰: '人之所以異於禽獸者幾希? 庶民去之, 君子存之.' 去, 只是去著這些子, 存, 只是存著這些子, 學者所當深察也." 謨再三稱贊. 先生曰: "未可如此便做領略過去. 有些說話, 且留在胸次烹治煅煉, 教這道理成熟. 若只一時以爲說得明白, 便道是了, 又恐只做一場話說."

117:8 寒泉之別, 請所以教. 曰: "議論只是如此, 但須務實." 請益. 曰: "須是下眞實工夫." 未幾, 復以書來, 曰: "臨別所說務實一事, 途中曾致思否? 今日學者不能進步, 病痛全在此處, 不可不知也!"

117:9 既受『詩傳』, 倂力抄錄, 頗疏侍教. 先生曰: "朋友來此, 多被冊子困倒, 反不曾做得工夫. 何不且過此說話? 彼皆紙上語爾. 有所面言, 資益爲多." 又問: "與周茂元同邸, 所論何事?" 曰: "周宰云: '先生著書立言, 義理精密. 既得之, 熟讀深思, 從此力行, 不解有差.'" 曰: "周宰才質甚敏, 只有些麤疏, 不肯去細密處求, 說此便可見. 載之簡

---

17) 休: 『小分』에서는 体를 休로 고쳤다.
18) 只: 『朱子語類』에서는 根으로 되어 있다.

牘, 縱說得甚分明, 那似當面議論, 一言半句, 便有通達處? 所謂'共君一夜話, 勝讀十年書.' 若說到透徹處, 何止十年之功也?"[19]

117:10 問: "未知學問, 知有人欲, 不知有天理, 旣知學問, 則克己工夫有著力處. 然應事接物之際, 苟失存主, 則心不在焉, 及旣知覺, 已爲間斷. 故因天理發見而收合善端, 便成片段. 雖承見教如此, 而工夫最難." 曰: "此亦學者常理, 雖顔子亦不能無間斷. 正要常常點檢, 力加持守, 使動靜如一, 則工夫自然接續." 問: "『中庸或問』所謂'誠者物之終始', 以理之實而言也, '不誠無物', 以此心不實而言也. 謂此心不存, 則見於行事雖不悖理, 亦爲不實, 正謂此歟?" 曰: "『大學』所謂'知至・意誠'者, 必須知至, 然後能誠其意也. 今之學者只說操存, 而不知講明義理, 則此心憒憒, 何事於操存也? 某嘗謂'誠意'一節, 正是聖・凡分別關隘去處. 若能誠意, ◇[20]是透得此關後, 滔滔然自在, 去爲君子, 不然, 則崎嶇反側, 不免爲小人之歸也." "致知所以先於誠意者, 如何?" 曰: "致知者, 須是知得盡, 尤要親切. 尋常只將'知至'之'至'作'盡'字說, 近來看得合是作'切至'之'至.' 知之者切, 然後貫通得誠意底意思, 如程先生所謂'眞知'者是也."

117:11 舜弼以書來問仁, 及以仁義禮智與性分形而上下. 先生答書略曰: "所謂仁之德, 卽程子'穀種'之說, 愛之理也. 愛乃仁之已發, 仁乃愛之未發. 若於此認得, 方可說與天地萬物同體. 不然, 恐無交涉. 仁義禮智, ◇[21]之大目, 皆形而上者, 不可分爲二也." 因云: "舜弼爲學, 自來不切己體認[22], 卻只是尋得三兩字來撑拄, 亦只說得箇皮殼子." 【罃】

---

19) 也: 徽州本에서는 이 뒤에 【以上並周謨自錄, 下見諸錄】이 더 있다.
20) ◇: 則
21) ◇: 性
22) 認: 『小分』에서는 認認을 認으로 고쳤다.

117:12 一[23]日同舜弼遊屛山歸, 因說山園甚佳. 曰: "園雖佳, 而人之志則荒矣?"【方子】

117:13[24] ▲[25]: "尋常於存養時, 若擡起心, 則急迫而難久, 才放下, 則又散緩而不收, 不知如何用工方可?" 曰: "只是君元不曾做[26]得下也."【以下訓柄.】

117:14 問: "凡人之心, 不存則亡, 而無不存不亡之時, 故一息之頃不加提省之力, 則淪於亡而不自覺. 天下之事, 不是則非, 而無不是不非之處, 故一事之微, 不加精察之功, 則陷於惡而不自知. 柄近見如此, 不知如何?" 曰: "道理固是如此, 然初學後亦未能便如此也."【訓柄】[27]

117:15 魏元壽問『大學』. 先生因云: "今學者不會看文字[28], 多是先立私意, 自主張己說, 只借聖人言語做起頭, 便自把己意接說將去. ◇[29]痛專在這上, 不可不戒." 又云: "近有一學者來, 欲說'皇極.' 某令他說看, 都不相近, 只做一箇'大中'字說了, 便更▲[30]不子[31][32]細把聖人言語略思量看是如何. 且人一日間, 此心是起多少私意, 起多少計較, 都不會略略回心轉意去看, 把聖賢思量, 不知是在天地間做甚麽也?"【時舉 ○訓椿.】

---

23) 一: 孝宗刊本·賀本에서는 一이 빠져있다.
24) 117:13 :【附箋紙】刪
25) ▲: 問
26) 做: 成化本·賀本에서는 放으로 되어 있다.
27)【訓柄】:『朱子語類』에는 없다.
28) 字: 賀本에서는 章으로 되어 있다.
29) ◇: 病
30) ▲: 無可說處. 不知自孔孟以後千數百年間, 讀書底更.
31) 子: 賀本에서는 仔로 되어 있다.
32) 不子:【附箋紙】"無可說處. 不知自孔·孟以後千數百年間, 讀書底更", 當入"不子"上.

117:16 “學者精神短底, 看義理只到得半途, 便以爲前面沒了.” 必大曰: “若工夫不已, 亦須有向進.” 曰: “須知得前面有, 方肯做工夫. 今之學者, 大概有二病: 一以爲古聖賢亦只此是了, 故不肯做工夫, 一則自謂做聖賢事不得, 不肯做工夫.”【以下訓必大.】

117:17 拜違, 先生曰: “所當講者, 亦略備矣. 更宜愛惜光陰, 以副願望.” 又曰: “別後正好自做工夫, 趲積下. 一旦相見, 庶可擧出商量, 勝如旋來理會”33).

117:18 必大初見, 曰: “必大日來讀『大學』之書, 見得與己分上益親切, 字字句句皆己合做底事. 但雖見得道理合如此, 然反而檃括其念慮踐履之間, 卻有未能如此者. 蓋緣向來自待, 未免有失之姑息處. 始謂氣習物欲之蔽, 不能頓革, 當以漸銷鑠之而已. 不知病根未盡除, 則爲善去惡之際固已爲之繫累, 不能勇決. 操存少懈, 則其隱伏於中者往往紛起, 而不自覺其動於惡者, 固多有之. 今須是將此等意思便與一刀兩斷, 勿復凝滯. 於道理合如此處便擔當著做, 不得遲疑, 庶可補旣往之過, 致日新之功. 如何?” 曰: “要得如此.” 必大又曰: “向因子夏‘大德·小德’之說, 遂只知於事之大者致察, 而於小者苟且放過. 德之不修, 實此爲病. 張子曰: ‘纖惡必除, 善斯成性矣. 察惡未盡, 雖善必粗矣.’ 學者須是毫髮不得放過, 德乃可進.” 曰: “若能如此, 善莫大焉. 以小惡爲無傷, 是誠不可.”

117:19 某一生與人說話多矣. 會看文字, 曉解明快者, 卻是吳伯豐. 方望此人有所成就, 忽去年報其死, 可惜! 可惜! 若稍假之年, 其進未可量也. 伯豐有才氣, 爲▲34)精苦, 守官治事皆有方法.【僩】

---

33) 會: 徽州本에서는 이 뒤에 【以上並罃自錄】이 더 있다.
34) ▲: 學

117:20 "吳伯豐好箇人, 近日死了, 可惜! 頗留意, 也展托得開. 江西如萬正淳亦純實, 只是昏鈍, 與他說, 都會不得." 因問: "'展托得開', 向來明道有此語, 莫是擴充得去否?" 曰: "適說吳伯豐, 只是據他才也展托得行. 渠與沈是親, 近日力要收拾, 它更不爲屈, 可取."【德明】

117:21 問: "嘗讀何書?" 曰: "讀『語』·『孟』." 曰: "如今看一件書, 須是著力至誠去看一番, 將聖賢說底一句一字都理會過. 直要見聖賢語脈所在, 這一句一字是如何道理, 及看聖賢因何如此說. 直是用力與他理會, 如做冤讎相似, 理會教分曉, 然後將來玩味, 方盡見得意思出來. 若是泛濫看過, 今次又見是好, 明次又見是好, 終是無功夫, 不得力."【以下訓螢.】

117:22 議論中譬如常有一條線子纏縛, 所以不索性, 無那精密潔白底意思. 若是實見得, 便自一言半句, 斷當35)分明.

117:23 先生問螢與伯豐·正淳: "此去做甚工夫?" 伯豐曰: "政欲36)請敎, 先『易』後『詩』, 可否?" 曰: "旣嘗讀37)『詩』, 不若先『詩』後『易』." 螢曰: "亦欲看『詩』." 曰: "觀『詩』之法, 且虛心熟讀尋繹之, 不要被舊說粘定, 看得不活. 伊川解『詩』, 亦說得義理多了. 『詩』本只是恁地38)說話, 一章言了, 次章又從而歎詠之, 雖別無義, 而意味深長. 不可於名物上尋義理. 後人往往見其言只如此平淡, 只管添上義理, 卻窒塞了他. 如一源淸水, 只管將物事堆積在上, 便壅隘了. 某觀諸儒之說. 唯上蔡云'『詩』在識六義體面, 卻諷味以得之', 深得『詩』之綱領, 他人所不及. 所謂'以意逆志'者, 逆, 如迎待之意. 若未得其志, 只得待之, 如'需于酒食'之義. 後人讀『詩』, 便要去捉將志來, 以至束縛之. 呂氏

---

35) 當: 賀本에서는 得으로 되어 있다.
36) 欲: 『小分』에서는 爲를 欲으로 고쳤다.
37) 嘗讀: 『小分』에서는 讀嘗를 교정부호로 바로잡았다.
38) 地: 賀本에서는 他로 되어 있다.

『詩記』有一條收數說者, 卻不定. 云, 此說非『詩』本意, 然自有箇安頓用得他處, 今◇[39]概存之. 正如一多可的[40]人, 來底都是, 如所謂'要識人情之正.' 夫'『詩』可以觀'者, 正謂其間有得有失, 有黑有白, 若都是正, 卻無可觀. 今不若且置「小序」于後, 熟讀正文. 如收得一詩, 其間說香, 說白, 說寒時開, 雖無題目, 其爲梅花詩必矣. 每日看一經外, 『大學』·『論語』·『孟子』·『中庸』四書, 自依次序循環看. 然史亦不可不看. 若只看『通鑑』, 『通鑑』卻[41]是連長記去, 一事只一處說, 別無互見, 又散在編年, 雖是大事, 其初卻小, 後來漸漸做得大. 故人初看時不曾著精神, 只管看向後去, 卻記不得, 不若先草草看正史一過. 正史各有傳, 可見始末, 又有他傳可互攷, 所以易記. 每看一代正史訖, 卻去看『通鑑』. 亦須作綱目, 隨其大事劄記某年有某事之類, 準『春秋』經文書之. 溫公亦有『本朝大事記』, 附『稽古錄』後."

117:24 先生問螢及二友: "俱嘗看『易傳』, 看得如何是好? ◇[42]處是緊要? 看得愛也不愛? 愛者是◇[43]他甚處?" 螢等各對訖. 先生曰: "如此, 只是鶻盧提看, 元不曾實得其味. 此書自是難看, 須經歷世故多, 識盡人情物理, 方看得入. 蓋此書平淡, 所說之事, 皆是見今所未嘗有者. 如言事君及處事變患難處, 皆未嘗當著, 可知讀時無味. 蓋他說得闊遠, 未有底事, 預包在此. 學者須先讀『詩』·『書』他經, 有箇見處, 及曾經歷過此等事, 方可以讀之, 得其無味之味, 此初學者所以未可便看. 某屢問讀『易傳』人, 往往皆無所得, 可見此書難讀. 如『論語』所載, 皆是事親·取友·居鄉黨, 目下便用得者, 所言皆對著學者卽今實事. 『孟子』每章先言大旨了, 又自下注脚. 『大學』則前面三句摠盡致知·格物而下一段綱目, '欲明明德'以下一段, 又摠括了傳中許多

39) ◇: 一
40) 的: 孝宗刊本에서는 底로 되어 있다.
41) 卻: 賀本에서는 都로 되어 있다.
42) ◇: 何
43) ◇: 愛

事, 一如鎖子骨, 才提起, 便摠統得來. 所以教學者且看二三書. 若『易傳』, 則卒乍裏面無提起處. 蓋其間義理闊多, 伊川所自發, 與經文又似隔一重皮膜, 所以看者無箇貫[44]穿處. 蓋自孔子作[45]傳時, 解'元亨利貞'已與文王之詞不同, 伊川之說又與經文不相著. 讀者須是文王自作文王意思看, 孔子自作孔子意思看, 伊川自作伊川意思看. 況『易』中所言事物, 已是譬喻, 不是實指此物而言, 固自難曉. 伊川又別發明出義理來. 今須先得經文本意了, 則看程『傳』, 便不至如門扇無臼, 轉動不得. 亦是一箇大底胸次, 識得世事多者, 方看得出. 大抵程『傳』所以好者, 其言平正, 直是精密, 無小[46]過處, 不比他書[47]有抑揚, 讀者易發越. 如上蔡『論語』, 義理雖未盡, 然人多喜看, 正以其說有過處, 啓發得人, 看者易入. 若程『傳』, 則不見其抑揚, 略不驚人, 非深於義理者未易看也."【人傑錄略, 見『易』類.】

117:25 淳冬至以書及自警詩爲贄見. 翌日入郡齋, 問功夫大[48]要. 曰: "學固在乎讀書[49], ▲[50] 公詩甚好, 可見亦曾用工夫. 然以何爲要? 有要則三十五章可以一貫. 若皆以爲要, 又成許多頭緖, 便如東西南北禦寇一般." 曰: "晩生妄意未知折衷, 惟先生敎之." 先生問: "平日如◇[51]用工夫?" 曰: "只就己上用工夫." "己上如何用工夫?" 曰: "只日用間察其天理·人欲之辨." "如何察之?" 曰: "只就秉彝良心處察之." 曰: "心豈直是發? 莫非心也. 今這裏說話也是心, 對坐也是心, 動作也是

---

44) 貫: 『小分』에서는 實를 貫으로 고쳤다.
45) 作: 賀本에서는 所로 되어 있다.
46) 小: 孝宗刊本·成化本·賀本에서는 少로 되어 있다.
47) 書: 孝宗刊本·成化本·賀本에서는 處로 되어 있다.
48) 大: 『小分』에서는 大大를 大로 고쳤다.
49) 翌日入郡齋, 問功夫大要. 曰: "學固在乎讀書: 徽州本에서는 先生翌日延入郡齋, 與語曰: "某踰分到此, 恨識面之晩." 淳起稟曰: "淳年齒壯長, 蹉跎無立, 仰視聖賢, 大有愧心. 今日初侍, 未知所以爲問, 望先生指示其工夫要處." 先生曰: "學固在乎讀書."로 되어 있다.
50) ▲: 而亦不專在乎讀書.
51) ◇: 何

心. 何者不是心? 然則緊要著力在何處?" 扣之再三, 淳思未答. 先生縷縷言曰: "凡看道理, 須要窮箇根源來處. 如爲人父, 如何便止於慈? 爲人子, 如何便止於孝? 爲人君, 爲人臣, 如何便止於仁, 止於敬? 如論孝, 須窮箇孝根原來處, 論慈, 須窮箇慈根原來處. 仁敬亦然. 凡道理皆從根原來處[52]窮究, 方見得確定, 不可只道我操修踐履便了. 多見士人有謹守資質好者, 此固是好. 及到講論義理, 便偏執己見, 自立一般門戶, 移轉不得, 又大可慮. 道理要見得眞, 須是表裏首末, 極其透徹, 無有不盡, 眞見得是如此, 決然不可移易, 始得. 不可只窺見一斑[53]半點, 便以爲是. 如爲人父, 須眞知是決然止於慈而不可易, 爲人子, 須眞知是決然止於孝而不可易. 善, 須眞見得是善, 方始決然必做, 惡, 須眞見得是惡, 方始決然必不做. 如看不好底文字, 固是不好, 須自家眞見得是不好, 好底文字固是好, 須自家眞見得是好. 聖賢言語, 須是眞看得十分透徹, 如從他肚裏穿過, 一字或輕或重移易不得, 始是. 看理徹, 則我與理一. 然一下未能徹, 須是浹洽始得. 這道理甚活, 其體渾然, 而其中粲然. 上下數千年, 眞是昭昭在天地間, 前聖後聖相傳, 所以斷然而不疑. 夫子之所敎者, 敎乎此也, 顏子之所樂者, 樂乎此也. 圓轉處儘圓轉, 直截處儘直截. 先知所以覺後知, 先覺所以覺後覺." 問: "顏子之樂, 只是天地間至富至貴底道理樂去. 樂可求之否?" 曰: "非也. 此一下未可便知, 須是窮究萬理, 要令極徹." 已而曰: "程子謂: '將這身來放在萬物中一例看, 大小大快活!' 又謂: '人於天地間竝無窒礙處, 大小大快活!' 此便是顏子樂處. 這道理在天地間, 須是眞窮到底, 至纖至悉, 十分透徹, 無有不盡, 則與萬物爲一, 無所窒礙, 胸中泰然, 豈有不樂?"【以下訓淳. ○饒錄在[54]五段.】

117:26[55] 問: "日用間今且如何用工夫?" 曰: "大綱只是恁地. 窮究根

52) 來處: 賀本에서는 處來로 되어 있다.
53) 斑: 『朱子語類』에서는 班으로 되어 있다.
54) 在: 『朱子語類』에서는 作으로 되어 있다.
55) 117:26: 【附箋紙】 此條刪.

原來處, 直要透徹. 又且須'敬以直內, 義以方外', 此二句爲要."

117:27 "'擇善而固執之', 如致知・格物, 便是擇善, 誠意・正心・修身, 便是固執, 只此二事而已." 淳擧南軒謂: "知與行互相發." 曰: "知[56]與行須是齊頭做, 方能互相發. 程子曰'涵養須用敬, 進學則在致知', 下'須'字'在'字, 便是皆要齊頭著力, 不可道知得了方始行. 有一般人儘聰明, 知得而行不及, 是資質弱, 又有一般人儘行得而知不得." 因問: "淳資質懦弱, 行意常緩於知, 克己不嚴, 進道不勇, 不審何以能嚴能勇?" 曰: "大綱亦只是適間所說. 於那根原來處眞能透◇[57], 這箇自都了."

117:28[58] 問: "靜坐觀書, 則義理浹洽, 到幹事後, 看義理又生, 如何?" 曰: "只是未熟."

117:29 問: "看道理, 須尋根原來處, 只是就性▲[59]看否?" 曰: "如何?" 曰: "天命之性, 萬理完具, 摠其大目, 則仁義禮智, 其中逡分別成許多萬善. 大綱只如此, 然就其中須件件要徹." 曰: "固是如此, 又須看性所因是如何?" 曰: "當初天地間元有這箇渾然道理, 人生稟得便是性." 曰: "性只是理, 萬理之總名. 此理亦只是天地間公共之理, 稟得來便爲我所有. 天之所命, 如朝廷指揮差除人去做官, 性如官職, 官便有職事."

117:30[60] 天下萬事都是合做底, ▲[61]事. 聖賢教人, 也不曾殺定教

---

56) 知: 成化本에서는 如로 되어 있다.
57) ◇: 徹
58) 117:28: 【附箋紙】 刪.
59) ▲: 上
60) 117:30: 【附箋紙】 刪.
61) ▲: 而今也不能殺定合做甚底

人如何做. 只自家日用間, 看甚事來便做工夫. 今日一樣事來, 明日又一樣事來, 預定不得. 若指定是事親, 而又有事長, 指定是事長, 而又有事君. 只日用間看有甚事來, 便做工夫.

117:31[62] 這道理不是如堆金積寶在這裏, 便把分付與人去, 亦只是說一箇路頭, 教人自去討. 討得便是自底, 討不得也無奈何. 須是自著力, 著些精彩去做, 容易不得.

117:32 譬如十里地頭, 自家行到五里, 見人說十里地頭事, 便把爲是, 更不進去. 那人說固不我欺, 然自家不親到那裏, 不見得眞, 終是信不過.

117:33 須是理會得七八分功夫了, 被人決一決, 便有益, 說十分話, 便領得. 若不曾做功[63]夫, 雖說十分話, 亦了不得.

117:34 若道生做一世人, 不可汎汎隨流, 須當了得人道, 便有可望. 若道不如且過了一生, 更不在說. 須思量到如何便超凡而達聖, 今日爲鄉人, 明日爲聖賢, 如何會到此, 便一聳拔?【聳身著力言】 如此, 方有長進. 若理會得也好, 理會不得也好, 便悠悠了.

117:35 讀書理會一件了, 又一件. 不止是讀書, 如遇一件事, 且就這事上思量合當如何做, 處得來當, 方理會别一件. 書不可只就皮膚上看, 事亦不可只就皮膚上理會. 天下無書不是合讀底, 無事不是合做底. 若一箇書不讀, 這裏便缺此一書之理, 一件事不做, 這裏便缺此一事之理. 大而天地陰陽, 細而昆蟲草木, 皆當理會. 一物不理會, 這裏便缺此一物之理.

62) 117:31:【附箋紙】刪.
63) 功: 賀本에서는 工으로 되어 있다.

117:36 天下無不可說底道理. 如爲人謀而忠, 朋友交而信, 傳而習, 亦都是眼前底事, 皆可說. 只有一箇熟處說不得. 除了熟之外, 無不可說者. 未熟時, 頓放這裏又不穩帖, 拈放那邊又不是. 然終不成住了, 也須從這裏更著力始得. 到那熟處, 頓放這邊也是, 頓放那邊也是, 七顚八倒無不是, 所謂"居之安, 則資之深, 資之深, 則左右逢其原." 譬如梨柹, 生時酸澀喫不得, 到熟後, 自是一般甘美. 相去大遠, 只在熟與不熟之間.【寓錄同.】

117:37[64] 謂淳曰: "『大學』已是讀過書, 宜朝夕常常溫誦勿忘."

117:38[65] 講究義理, 不下得工夫也不得, 如學業不下得功夫, 也不解精. 老蘇年已壯方學文, 煞用力, 到所謂"若人之言固當然者", 這處便是悟. 做文章合當如此, 亦只是熟, 便如此. 恰如自家們講究義理到熟處, 悟得爲人父, 確然是止於慈, 爲人子, 確然是止於孝. 老蘇文豪傑, 只是熟. 子由取他便遠.

117:39[66] 問: "看文字只就本句, 固是見得古人本意. 然不推廣之, 則用處又易得不相浹, 如何?" 曰: "須是本句透熟, 方可推. 若本句不透熟, 不惟推便錯, 於未推時已錯了!"

117:40 學, 則處事都是理, 不學, 則看理便不恁地周匝, 不恁地廣大, 不恁地細密. 然理亦不是外面硬生道理, 只是自家固有之理. "堯·舜性之", 此理元無失, "湯·武反之", 已有些子失, 但復其舊底, 學只是復其舊底而已. 蓋向也交割得來, 今卻失了, 可不汲汲自修而反之乎? 此其所以爲急. 不學, 則只是硬隄防, 處事不見理, 一向任私意, 平時卻也强勉[67]去得, 到臨事變, 便亂了.

---

64) 117:37:【附箋紙】刪.
65) 117:38:【附箋紙】刪.
66) 117:39:【附箋紙】刪.

117:41 問: "持敬致知, 互相發明否?" 曰: "古人如此說, 必須是如此. 更問他發明與不發明要如何? 古人言語寫在冊子上, 不解錯了. 只如此做工夫, 便見得滋味. 不做持敬, 只說持敬作甚? 不做致知, 只說致知作甚? 譬如他人做得飯熟, 盛在椀[68]裏, 自是好喫, 不解毒人, 是定. 自家但喫將去, 便知滋味, 何用問人? 不成自家這一邊做得些小持敬工夫, 計會那一邊致知發明與未發明, 那一邊做得些小致知工夫, 又來計會這一邊持敬發明與未發明. 如此, 有甚了期?" 季文問: "持敬・致知, 莫是竝行而不相礙否?" 曰: "也不須如此, 都要做將去."

117:42[69] 看道理須要就那大處看, 便前面開闊. 不要就壁角裏, 地步窄, 一步便觸, 無去處[70]了. 而今且要看天理人欲, 義利公私, 分別得明, 將自家日用底與他勘驗, 須漸漸有見處, 前頭漸漸開闊. 那箇大壇場, 不去上面做, 不去上面行, 只管在壁角裏, 縱理會得一句, 只是一句透, 道理小了. 如「破斧」詩, 須看那"周公東征, 四國是皇", 見得周公用心始得.

117:43[71] 諸友問疾, 請退. 先生曰: "堯卿・安卿且坐. 相別十年, 有甚大頭項工夫, 大頭項疑難, 可商量處?" 淳曰: "數年來見得日用間大事小事分明, 件件都是天理流行, 無一事不是合做底, 更不容挨推閃避. 撞著這事, 以理斷定, 便小心盡力做到尾去. 兩三番後, 此心磨刮出來, 便漸漸堅定. 雖有大底, 不見其爲大, 難底, 不見其爲難, 至磽确至勞苦處, 不見其爲磽确勞苦, 橫逆境界, 不見其有憾恨底意, 可愛羨難割捨底, 不見其有粘滯底意. 見面前只是理, 覺如水到船浮, 不至有甚慳澀, 而夫子與點之意, 顏子樂底意, 漆雕開信底意, 『中庸』'鳶飛

67) 强勉: 賀本에서는 勉强으로 되어 있다.
68) 椀: 成化本에서는 碗으로 되어 있다.
69) 117:42: 【附箋紙】 刪.
70) 去處: 賀本에서는 處去로 되어 있다.
71) 117:43: 【附箋紙】 刪.

魚躍'底意, 周子灑落及程子活潑潑底意, 覺見都在面前, 眞箇是如此? 而'禮儀三百, 威儀三千', 亦無一節文非天理流行. 『易』三百八十四爻時義, 便正是就日用上剖析箇天理流行底條目. 前聖後哲, 都是一揆. 而其所以爲此理之大處, 卻只在人倫, 而身上工夫切要處, 卻只在主敬. 敬則此心常惺惺, 大綱卓然不昧, 天理無時而不流行. 而所以爲主敬工夫, 直是[72]不可少時放斷. 心常敬, 則常仁." 先生曰: "恁地汎[73]說也容易." 久之, 曰: "只恐勞心落在無涯可測之處." 因問: "向來所呈「與點說」一段如何?" 曰: "某平生便是不愛人說此話. 『論語』一部自'學而時習之'至'堯曰', 都是做工夫處. 不成只說了'與點', 便將許多都掉了. 聖賢說事親便要如此, 事君便要如此, 事長便要如此, ▲[74], 行便要如此, 都是好用工夫處. 通貫浹洽, 自然見得在面前. 若都掉了, 只管說'與點', 正如喫饅頭, 只撮箇尖處, 不喫下面餡子, 許多滋味都不見. 向來此等無人曉得, 說出來也好. 今說得多了, 卻[75]是好笑, 不成模樣. 近來覺見說這樣話, 都是閒說, 不是眞積實見. 昨廖子晦亦說'與點'及鬼神, 反覆問難, 轉見支離沒合殺了. 聖賢敎人, 無非下學工夫. 一貫之旨, 如何不便說與曾子, 直待他事事都曉得, 方說與他? 子貢是多小[76]聰明? 到後來方與說: '汝[77]以予爲多學而識之者與?' 曰: '然,[78]非與?' 曰: '非也, 予一以貫之.' 此意是如何? 萬理雖只是一理, 學者且要去萬理中千頭百緖都理會, 四面湊合來, 自見得是一理. 不去理會那萬理, 只管去理會那一理, 說'與點', 顏子之樂如何. 程先生『語錄』事事都說, 只有一兩處說此, 何故說得恁地少? 而今學者何故

---

72) 是: 賀本에서는 時로 되어 있다.
73) 汎: 成化本에서는 泛으로 되어 있다.
74) ▲: 言便要如此
75) 卻: 賀本에서는 都로 되어 있다.
76) 小: 『朱子語類』에서는 少로 되어 있다.
77) 汝: 賀本에서는 女로 되어 있다.
78) 見其爲難, … 曰: '然: 『小分』에서는 非與? … 都是日用間의 뒤에 있으며 이 장과 앞장의 순서가 바뀌었으나 『朱子語類』에 따라 순서를 교정하였다. 【附箋紙】 與上張當換.

說得恁地多? 只是空想象. 程先生曰: '學者識得仁體, 實有諸己, 只要義理栽培.' 恐人不曉栽培, 更說'如求經義, 皆栽培之意.' 呂晉伯問伊川: '『語』·『孟』, 且將緊要處理會如何?' 伊川曰: "固是好. 若有所得, 終不浹洽.' 後來晉伯終身坐此病, 說得孤單, 入禪學去. 聖賢立言垂教, 無非著實. 如'博我以文, 約我以禮', 如'尊德性而道問學, 致廣大而盡精微, 極高明而道中庸, 溫故而知新, 敦厚以崇禮', 如'博學之, 審問之, 愼思之, 明辨之, 篤行之', 如'君子食無求飽, 居無求安, 敏於事而愼於言, 就有道而正焉'等類, 皆一意也. 大抵看道理, 要得寬平廣博, 平心去理會. 若實見得, 只說一兩段, 亦見得許多道理. 不要將一箇大底語言[79]都來罩了, 其間自有輕重不去照管, 說大底說得太大, 說小底又說得都無巴鼻. 如昨日晚[80]「破斧」詩, 恐平日恁地枉用心處多." 淳曰: "昨聞先生敎誨, 其他似此樣處, 無所疑矣." 曰: "學問不比做文字, 不好便改了. 此卻是分別善惡邪正, 須要十分是當, 方與聖賢契合. 如「破斧」詩, 恁地說也不錯, 只是不好. 說得一角, 不落正腔窠, 喎斜了. 若恁地看道理淺了, 不濟事. 恰似撑船放淺處, 不向深流, 運動不得, 須是運動游泳於其中." 淳又曰: "聖人千言萬語, 都是日用間[81]本分合做底工夫. 只是立談之頃, 要見總會處, 未易以一言決." 曰: "不要說總會. 如'博我以文, 約我以禮', 博文便是要一一去用工, 何曾說總會處? 又如'深造之以道, 欲其自得之也', 深造以道, 便是要一一用工, 到自得, 方是總會處. 如顏子'克己復禮', 亦須是'非禮勿視, 非禮勿聽, 非禮勿言, 非禮勿動', 不成只守箇克己復禮, 將下面許多都除了? 如公說『易』, 只大綱說箇三百八十四爻皆天理流行. 若如此, 一部『周易』只一句便了, 聖人何故作許多「十翼」, 從頭說'大哉乾元'云云, '至哉坤元'▲[82]? 聖賢之學, 非老氏之比. 老氏說'通於一, 萬事畢',

---

79) 語言: 英祖刊本·賀本에서는 言語로 되어 있다.
80) 晚: 『朱子語類』에서는 說로 되어 있다.
81) 非與? … 都是日用間: 『小分』에서는 見其爲難, … 曰: '然의 앞에 끼어 있어 이 장과 뒷장의 순서가 바뀌었으나 『朱子語類』에 따라 순서를 교정하였다. 【附箋紙】此與下張當相換.

其他都不說. 少間又和那一都要無了, 方好. 學者固是要見總會處. 而今只管說箇總會處, 如'與點'之類, 只恐孤單沒合殺, 下梢流入釋老去, 如何會有'詠而歸'底意思?" 【義剛同.】

117:44 ▲[83] 淳稟曰: "適間蒙先生痛切之誨, 退而思之, 大要'下學而上達.' '下學'與'上達'[84], 固相對是兩事, 然下學卻當大段多著工夫." 曰: "聖賢敎人, 多說下學事, 少說上達事. 說下學工夫要多也好, 但只理會下學, 又[85]局促了. 須事事理會過, 將來也要知箇貫通處. 不去[86]理會下學, 只理會上達, 卽都無事可做, 恐孤單枯燥. 程先生曰: '但是自然, 更無玩索.' 旣是自然, 便都無可理會了. 譬如耕田, 須是種下種子[87], 便去耘鋤灌溉, 然後到那熟處. 而今只想象那熟處, 卻不曾下得種子, 如何會熟? 如'一以貫之', ▲[88]聖人論到極處了. 而今只去想象那一, 不去理會那▲[89], 譬如討一條錢索在此, 都無錢可穿." 又問: "爲學工夫, 大概在身則有箇心, 心之體爲性, 心之用爲情, 外則目視耳聽, 手持足履, 在事則自事親事長以至於待人接物, 灑掃應對, 飮食寢處, 件件都是合做工夫處. 聖賢千言萬語, 便只是其中細碎條目." 曰: "講論時是如此講論, 做工夫時須是著實去做. 道理聖人都說盡了. 『論語』中有許多, 『詩』·『書』中有許多, 須是一一與理會過方得. 程先生謂'或讀書講明道義, 或論古今人物而別其是非, 或應接事物而處其當否', 如何而爲孝, 如何而爲忠, 以至天地之所以高厚, 一物之所以然, 都逐一理會, 不只是箇一便都了." 胡叔器因問: "下學莫只是就切近處求否?" 曰: "也不須恁地揀, 事到面前, 便與他理會. 且如讀書: 讀

---

82) ▲: 云云
83) ▲: 晩再入臥內, *『小分』에서는 附箋紙를 붙여서 가려놓았다.
84) '下學'與'上達': 賀本에서는 '下學而上達'로 되어 있다.
85) 又: 孝宗刊本에서는 文으로 되어 있다.
86) 去: 賀本에서는 要로 되어 있다.
87) 須是種下種子: 賀本에서는 須是下了種子로 되어 있다.
88) ▲: 是
89) ▲: 貫

第一章, 便與他理會第一章, 讀第二章, 便與他理會第二章. 今日撞著這事, 便與他理會這事, 明日撞著那事, 便理會那事. 萬事只是一理, 不成只揀大底要底理會, 其他都不管. 譬如海水, 一灣一曲, 一洲一渚, 無非海水. 不成道大底是海水, 小底不是. 程先生曰: '窮理者, 非謂必盡窮天下之理, 又非謂止窮得一理便到. 但積累多後, 自當脫然有悟處.' 又曰: '自一身之中以至萬物之理, 理會得多, 自當豁然有箇覺處.' 今人務博者, 卻要盡窮天下之理, 務約者又謂反身而誠, 則天下之物無不在我, 此皆不是. 且如一百件事, 理會得五六十件了, 這三四十件雖未理會, 也大概可曉了. 某在漳州有訟田者, 契數十本, 自崇寧起來, 事甚難考. 其人將正契藏了, 更不可理會, 某但索四畔衆契比驗, 四至昭然. 及驗前後所斷, 情僞更不能逃." 又說: "常[90]有一官人斷爭田事, 被某掇了案, 其官人卻來那穿款處考出. 窮理亦只是如此." 【義剛同.】

117:45 先生召諸友至臥內, 曰: "安卿更有甚說話?" 淳曰: "兩日思量爲學道理: 日用間做工夫, 所以要步步縝密者, 蓋緣天理流行乎日用之間, 千條萬緖, 無所不在, 故不容有所欠缺. 若工夫有所欠缺, 便於天理不湊得著." 曰: "也是如此. 理只在事物之中. 做功夫須是密, 然亦須是那疏處斂向密, 又就那密處展放開. 若只拘要那縝密處, 又卻局促了." 問: "放開底樣子如何?" 曰: "亦只是見得天理是如此, 人欲是如此, 便做將去." "李丈說: '廖倅惠書有云: 〈無時不戒愼恐懼, 則天理無時而不流行, 有時而不戒愼恐懼, 則天理有◇[91]而不流行〉.' 此語如何?" 曰: "不如此, 也不得. 然也不須得將戒愼恐懼說得太重, 也不是恁地驚恐. 只是常常提撕, 認得這物事, 常常存得不失. 今人只見他說得此四箇字重, 便作臨事驚恐看了. '如臨深淵, 如履薄冰', 曾子▲[92]只是順這道理, 常常恁地把捉去. 【義剛錄作: "恁地兢謹把捉去, 不成便恁

90) 常: 成化本・賀本에서는 嘗으로 되어 있다.
91) ◇: 時
92) ▲: 亦

地驚恐. 學問只是要此心常存."】 若不用戒愼恐懼, 而此理常流通者, 惟天地與聖人耳. 聖人'不勉而中, 不思而得, 從容中道', 亦只是此心常存, 理常明, 故能如此. 賢人所以異於聖人, 衆人所以異於賢人, 亦只爭這些子境界, 存與不存而已. 嘗[93]謂人無有極則處, 便是堯·舜·周·孔, 不成說我是從容中道, 不要去戒愼恐懼! 他那工夫, 亦自未嘗得息.【義剛錄此下云: "良久, 復問安卿: '適來所說天理·人欲, 正謂如何?' 對曰: '天下事事物物, 無非是天理流行.' 曰: '如公所說, 只是想像箇天理流行, 卻無下面許多工夫.'"】 子思說'尊德性', 又卻說'道問學', '致廣大', 又卻說'盡精微', '極高明', 又卻說'道中庸', '溫故', 又卻說'知新', '敦厚', 又卻說'崇禮', 這五句是爲學用功精粗, 全體說盡了. 如今所說, 卻只偏在'尊德性'上去, 揀那便宜多底占了, 無'道問學[94]'底許多工夫.【義剛錄作: "無緊要看了."】 恐只是占便宜自了之學, 出門動步便有礙, 做一事不得. 今人之患, 在於徒務末而不究其本. 然只去理會那本, 而不理會那末,【義剛作"颺下了那末."】 亦不得. 時變日新而無窮, 安知他日之事, 非吾輩之責乎? 若是少間事勢之來, 當應也只得應. 若只是自了, 便待工夫做得二十分到, 終不足以應變. 到那時, 卻怕人說道不能應變, 也牽强去應, 應得便只成杜撰, 便只是人欲, 又有誤認人欲作天理處. 若應變不合義理, 則平日許多工夫, 依舊都是錯了. 吾友僻在遠方, 無師友講明, 又不接四方賢士, 又不知遠方事情, 又不知古今人事之變, 這一邊易得暗昧了. 一日之間, 事變無窮, 小而一身有許多事, ◇[95] 大而一國, 又大而天下, 事業恁地多, 都要人與他做. 不是人做, 卻敎誰做? 不成我只管得自家? 若將此樣學問一去應變[96], 如何通得許多事情[97], 做出許多事業? 學者須是立定此心, 汎觀天下之事, 精粗巨細, 無不周偏[98]. 下梢打成一塊, 亦是一箇物事, 方可見於用. 不是揀那精

93) 嘗: 賀本에서는 常으로 되어 있다.
94) 問學: 『小分』에서는 學問을 교정부호로 바로잡았다. 孝宗刊本·英祖刊本에서는 學問으로 되어 있다.
95) ◇: 一家又有許多事,【附箋紙】一家又有許多事
96) 一去應變: 『朱子語類』에서는 去應變으로 되어 있다.
97) 事情: 『小分』에서는 情事를 교정부호로 바로잡았다.

底放在一邊, 粗底放在一邊. 嘗見胡文定「答曾吉甫書」有'人只要存天理, 去人欲'之論, 後面一向稱贊, 都不與之分析, 此便是前輩不會爲人處. 此處正好捉定與他剖判始得. 所謂'天理人欲', 只是一箇大綱如此, 下面煞有條目. 須是就事物上辨別那箇是天理, 那箇是人欲, 不可恁地空說, 將大綱來罩卻, 籠統無界分. 恐一向暗昧, 更動不得. 如做器具, 固是敎人要做得好, 不成要做得不好? 好底是天理, 不好底是人欲. 然須是較量所以好處, 如何樣做方好, 始得.【義剛錄云: "然亦大概是如此. 如做這湯瓶, 須知是如何地是好, 如何地是不好. 而今只儱侗說道好, 及我問你好處是如何時, 你卻又不曉, 如何恁地得?"】 今且將平日看甚書中, 見得古人做甚事, 那處是, 那處不是, 那處可疑, 那處不可疑, 自見得又看是如何. 於平日做底事, 甚麽處是, 擧數段來, 便見得所以爲天理, 所以爲人欲." 淳因擧向年居喪, 喪事重難, 自始至終, 皆自擔當, 全無分文責備舍弟之意. 曰: "此也是合做底." 淳曰: "到臨葬時, 同居尊長皆以年月不利爲說, 淳皆無所徇. 但治壙事辦, 則卜一日爲之." 曰: "此樣天理, 又是硬了." 李丈曰: "亦是尊長說得下." 曰: "幸而無齟齬耳. 若有不能相從, 則少加委曲, 亦無妨." 淳曰: "大祥次日, 族中尊長爲酒食之會, 淳走避之. 後來聞尊長鎭日相尋, 又令人皇恐. 如何?" 曰: "不喫也好, 然此亦無緊要. 『禮』: '君賜之食, 則食之, 父之友食之, 則食之, 不避粱肉.' 某始嘗疑此. 後思之, 只是當時一食, 後依舊不食爾. 父之友旣可如此, 則尊長之命, 一食亦無妨. 若有酒醴, 則辭."【義剛同.】

117:46 是夜再召淳與李丈入臥內, 曰: "公歸期不久, 更有何較量?" 淳讀「與點說」. 曰: "大槪都是, 亦有小小一兩處病." 又讀廖倅書所難「與點說」. 先生曰: "有得有失." 又讀淳所回廖倅書. 先生曰: "天下萬物當然之則, 便是理, 所以然底, 便是原頭處. 今所說, 固是如此. 但聖人平日也不曾先說箇天理在那裏, 方敎人做去湊. 只是說眼前事,

98) 偏: 『朱子語類』에서는 徧으로 되어 있다.

教人平平恁地做工夫去, 自然到那有見處." 淳曰: "因做工夫後, 見得天理也無妨. 只是未做工夫, 不要先去討見天理否?" 曰: "畢竟先討見天理, 立定在那裏, 則心意便都在上面行, 易得將下面許多工夫放緩了. 孔門惟顏子·曾子·漆雕開·曾點見得這箇道理分明. 顏子固是天資高, 初間'仰之彌高, 鑽之彌堅', 亦自討頭不著. 從'博文約禮'做來, '欲罷不能, 竭吾才', 方見得'如有所立卓爾', 向來髣彿底, 到此都合聚了. 曾子初亦無討頭處, 只管從下面捱來捱去, 捱到十分處, 方悟得一貫. 漆雕開曰: '吾斯之未能信.' 斯是何物? 便是他見得箇物事. 曾點不知是如何, 合下便被他綽見得這箇物事. '曾點·漆雕開已見大意', 方是程先生恁地說. 漆雕開較靜, 曾點較明爽, 亦未見得他無下學工夫, 亦未見得他合殺是如何. 只被孟子喚做狂, 及觀「檀弓」所載, 則下梢◇[99]如此而已. 曾子父子之學自相反, 一是從下做到, 一是從上見得. 子貢亦做得七八分工夫, 聖人也要喚醒他, 喚不上. 聖人不是不說這道理, 也不是便說這道理, 只是說之有時, 教人有序. 子晦之說無頭. 如吾友所說從原頭來, 又卻要先見箇天理在前面, 方去做, 此正是病處. 子晦疑得也是, 只說不出. 吾友合下來說話, 便有此病, 是◇[100]見'有所立卓爾', 然後'博文約禮'也. 若把這天理不放下相似, 把一箇空底物, 放這邊也無頓處, 放那邊也無頓處, 放這邊也恐攧破, 放那邊也恐攧破. 這天理說得蕩樣[101], 似一塊水銀, 滾來滾去, 捉那不著. 又如水不沿流遡源, 合下便要尋其源, 鑿來鑿去, 終是鑿不著[102]. 下學上達, 自有次第. 於下學中又有次第: 致知又有多少次第, 力行又有多少次第." 淳曰: "下學中, 如致知時, 亦有理會那上達底意思否?" 曰: "非也. 致知, 今且就這事上, 理會箇合做底是如何? 少間, 又就這事上思量合做底, 因甚是恁地? 便見得這事道理 ▲[103]原頭[104]處. 逐事都如

99) ◇: 只
100) ◇: 先
101) 様: 賀本에서는 漾으로 되어 있다.
102) 著: 賀本에서는 得으로 되어 있다.
103) ▲: 合恁地. 又思量因甚道理合恁地? 便見得這事道理.

此理會, 便件件知得箇原頭處." 淳曰: "件件都知得箇原頭處, 湊合來, 便成一箇物事否?" 曰: "不怕不成一箇物事. 只管逐件恁地去, 千件成千箇物事, 萬件成萬箇物事, 將間自然撞著成一箇物事, 方如水到船浮. 而今且去放下此心, 平平恁地做, 把文字來平看, 不要得高. 第一番, 且平看那一重文義是如何? 第二番, 又揭起第一重, 看那第二重是如何? 第三番, 又揭起第二重, 看那第三重是如何? 看來看去, 二十番三十番, 便自見得道理有穩處. 不可才看一段, 便就這一段上要思量到極, 要尋見原頭處. 如'天命之謂性', 初且恁地平看過去, 便看下面'率性之謂道', 若只反倒這'天命之謂性'一句, 便無工夫看'率性之謂道'了. '喜怒哀樂未發之謂中', 亦且平看過◇[105], 便看'發而皆中節謂之和', 若只反到[106]這未發之中, 便又無工夫看中節之和了." 又曰: "聖人敎人, 只是一法, 敎萬民及公卿大夫士之子皆如此. 如'父子有親, 君臣有義', 初只是有兩句. 後來又就'父子有親'裏面推說許多, '君臣有義'裏面推說許多. 而今見得有親有義合恁地, 又見得因甚有親, 因甚有義, 道理所以合恁地. 節節推上去, 便自見原頭處. 只管恁地做工夫去, 做得合殺, 便有采." 又曰: "聖人敎人, 只是說下面一截, 少間到那田地又挨上些子, 不曾直說到上面. '子以四敎: 文・行・忠・信.' 又曰: '博學而篤志, 切問而近思, 仁在其中矣.' 做得許多, 仁自在其中. '志於道, 據於德, 依於仁', 又且'游於藝', 不成只一句便了. 若只一句便了, 何更用許多說話? 如'詩三百, 一言以蔽之曰: 〈思無邪〉.' 聖人何故不只存這一句, 餘都刪了? 何故編成三百篇, 方說'思無邪'? 看三百篇中那箇事不說出來?" 又曰: "莊周・列禦寇亦似曾點底意思. 他也不是專學老子, 吾儒書他都看來, 不知如何被他綽見這箇物事, 便放浪去了. 今禪學也是恁地." 又曰: "'二三子以我爲隱乎? 吾無隱◇[107]

---

104) 原頭: 【附箋紙】"合恁地. 又思量因甚道理合恁地? 便見得這事道理", "原頭"上脫此二十字.

105) ◇: 去

106) 到: 『朱子語類』에서는 倒로 되어 있다.

107) ◇: 乎

爾. 吾無行而不與二三子者, 是丘也.' 向見衆人說得玄妙, 程先生說得絮.【黃作"切但."】 後來子細看, 方見得衆人說, 都似禪了, 不似程先生說得穩."【義剛同.】

117:47[108] 問: "前夜承敎誨, 不可先討見天理, 私心更有少疑, 蓋一事各有一箇當然之理, 眞見得此理, 則做此事便確定, 不然, 則此心末梢又會變了. 不審如何?" 曰: "這自是一事之理. 前夜所說, 只是不合要先見一箇渾淪大底物攤在這裏, 方就這裏放出去做那萬事, 不是於事都不顧理, 一向冥行而已. 事親中自有箇事親底道理, 事長中自有箇事長底道理, 這事自有這箇道理, 那事自有那箇道理. 各理會得透, 則萬事各成萬箇道理, 四面湊合來, 便只是一箇渾淪道理. 而今只先去理會那一, 不去理會那貫, 將尾作頭, 將頭作尾, 沒理會了. 曾子平日工夫, 只先就貫上事事做去到極處, 夫子方喚醒他說, 我這道理, 只用一箇去貫了, 曾子便理會得. 不是只要抱一箇渾淪底事物[109], 敎他自流出去."【義剛同.】

117:48 淳有問目段子, 先生讀畢, 曰: "大概說得也好, 只是一樣意思."【義剛錄云: "先生曰: '末梢自反之說, 說"大而化之"做其麽? 何故恁地儱侗?"】 又曰: "公說道理, 只要撮那頭一段尖底, 末梢便要到那'大而化之'極處, 中間許多都把做查[110]滓, 不要理會. 相似把箇利刃截斷, 中間都不用了, 這箇便是大病. 曾點·漆雕開不曾見他做工夫處, 不知當時如何被他綽[111]見這道理. 然就二人之中, 開卻是要做工夫. '吾斯之未能信', 斯, 便是見處, 未能信, 便是下工夫處. 曾點有時是他做工夫, 但見得未定. 或是他天資高後, 被他瞥見得這箇物事, 亦不可知. 雖是恁地, 也須低著頭, 隨衆從'博學·審問·愼思·明辨·篤行'底做

108) 117:47:【附箋紙】刪
109) 事物: 『朱子語類』에서는 物事로 되어 있다.
110) 査: 賀本에서는 渣로 되어 있다.
111) 綽: 『朱子語類』에서는 逴으로 되어 있다.

工夫, 襯貼起來方實, 證驗出來方穩, 不是懸空見得便了. 博學·審問五者工夫, 終是[112]離他不得. 只是見得後, 做得不費力也. 如曾子平日用功[113]極是子細, 每日三省, 只是忠信傳習底事, 何曾說著'一貫'?「曾子問」一篇都是問喪·祭變禮微細處. 想經禮聖人平日已說底, 都一一理會了, 只是變禮未說, 也須逐一問過. '一貫'之說, 夫子只是謾提醒他. 縱未便曉得, 且放緩亦未緊要, 待別日更一提之. 只是曾子當下便曉得, 何曾只管與他說? 如『論語』中百句, 未有數句說此.『孟子』自得之說, 亦只是說一番, 何曾全篇如此說? 今卻是懸虛說一箇物事, 不能得了, 只要那一去貫, 不要從貫去到那一, 如不理會散錢, 只管要去討索來穿. 如此則『中庸』只消'天命之謂〈性〉'一句, 及'無聲無臭至矣'一句便了. 中間許多'達孝'·'達德'·'九經'之類, 皆是粗迹[114], 都掉卻, 不能耐煩去理會了. 如'禮儀三百, 威儀三千', 只將一箇道理都包了, 更不用理會中間許多節目. 今須是從頭平心讀那書, 許多訓詁名物度數, 一一去理會. 如禮儀, 須自一二三四數至於三百, 威儀, 須自一百二百三百數至三千, 逐一理會過, 都恁地通透, 始得. 若是只恁懸虛不已, 恰似村道說無宗旨底禪樣, 瀾翻地說去也得, 將來也解做頌, 燒時也有舍利, 只是不濟得事! 又曰: "一底與貫底, 都只是一箇道理. 如將一貫已穿底錢與人, 及將一貫散錢與人, 只是一般, 都用得, 不成道那散底不是錢?"【義剛同. ○泳錄云: "如用一條錢貫一齊穿了."】

117:49 問氣弱膽小之病. 曰: "公只去做功夫, 到理明而氣自強, 而膽自大矣."

117:50 問: "事各有理, 而理各有至當十分處. 今看得七八分, 只做到七八分處, 上面欠了分數. 莫是窮來窮去, 做來做去, 久而且熟, 自能長進到十分否?" 曰: "雖未能從容, 只是熟後便自會從容." 再三詠一

112) 是: 『朱子語類』에서는 始로 되어 있다.
113) 功: 賀本에서는 工으로 되어 있다.
114) 迹: 賀本에서는 跡으로 되어 있다.

"熟"字.

117:51 諸友入侍, 坐定, 先生自[115)]淳申前說, 曰: "若把這些子道理只管守定在這裏, 則相似山林苦行一般, 便都無事可做了, 所謂'潛心大業'者何有哉?" 淳曰: "已知病痛, 大段欠了下學工夫." 曰: "近日陸子靜門人寄得數篇詩來, 只將顏淵・曾點數件事重疊說, 其他『詩書』禮樂都不說. 如吾友下學, 也只是揀那尖利底說, 麤鈍底都掉了. 今日下學, 明日便要上達. 如『孟子』, 從「梁惠王」以下都不讀, 只揀「告子」・「盡心」來說, 只消此兩篇, 其他五篇都刪了. 緊要便讀, 閒謾[116)]底便不讀, 精底便理會, 粗底便不理會. 書自是要讀, 恁地揀擇不得. 如『論語』二十篇, 只揀那曾點底意思來涵泳, 都要蓋了. 單單說箇'風乎舞雩, 詠而歸', 只做箇四時景致, 『論語』何用說許多事? 前日江西朋友來問, 要尋箇樂處. 某說: '只是自去尋, 尋到那極苦澀處, 便是好消息. 人須是尋▲[117)]那意思不好處, 這便是樂底意思來, 卻無不做工夫自然樂底道理.' 而今做工夫, 只是平常恁地去理會, 不要把做差異看了. 粗底做粗底理會, 細底做細底理會, 不消得揀擇. 『論語』・『孟子』恁地揀擇了, 史書及世間麤底書, 如何地看得?" 【義剛同.】

117:52 諸友揖退, 先生留淳獨語, 曰: "何故無所問難?" 淳曰: "數日承先生教誨, 已領大意, 但當歸去作工夫." 曰: "此別定不再相見." 淳問曰: "己分上事已理會, 但應變處更望提誨." 曰: "今且當理會常[118)], 未要理會變. 常底許多道理未能理會得盡, 如此[119)]便要理會變? 聖賢說話, 許多道理平鋪在那裏, 且要闊著心胸平去看, 通透後自能應變. 不是硬捉定一物, 便要討常, 便要討變. 今也須如僧家行却[120)], 接四

115) 自: 『朱子語類』에서는 目으로 되어 있다.
116) 謾: 『朱子語類』에서는 慢으로 되어 있다.
117) ▲: 到
118) 理會常: 成化本에서는 俚會當로 되어 있다.
119) 此: 『朱子語類』에서는 何로 되어 있다.
120) 却: 『朱子語類』에서는 脚으로 되어 있다.

方之賢士, 察四方之事情, 覽山川之形勢, 觀古今興亡治亂得失之跡, 這道理方見得周徧. '士而懷居, 不足以爲士矣!' 不是塊然守定這物事在一室, 關門獨坐便了, 便可以爲聖賢. 自古無不曉事情底聖賢, 亦無不通變底聖賢, 亦無關門獨坐底聖賢, ▲[121]無所不通, 無所不能, 那箇事理會不得? 如『中庸』'天下國家有九經', 便要理會許多物事. 如武王訪箕子陳「洪範」, 自身之視・聽・言・貌・思, 極至於天人之際, 以人事則有八政, 以天時則有五紀, 稽之於卜筮, 驗之於庶徵[122], 無所不備. 如『周禮』一部書, 載周公許多經國制度, 那裏便有國家當自家做? 只是古聖賢許多規模, 大體也要識. 蓋這道理無所不該, 無所不在. 且如禮樂射御書數, 許多周旋升降文章品節之繁, 豈有妙道精義在? 只是也要理會. 理會得熟時, 道理便在上面. 又如律曆・刑法・天文・地理・軍旅・官職之類, 都要理會. 雖▲[123]能洞究其精微, 然也要識箇規模大概, 道理方浹洽通透. 若只守箇些子, 捉定◇[124]這[125]裏, 把許多都做閒事, 便都無事了. 如此, 只理會得門內事, 門外事便了不得. 所以聖人教人要博學!【二字力說.】 須是'博學之, 審問之, 愼思之, 明辨之, 篤行之.' '子曰: 〈我非生而知之者, 好古敏以求之者也〉.' '文・武之道, 布在方冊', '在人, 賢者識其大者, 不賢者識其小者. 夫子焉不學? 而亦何常師之有'? 聖人雖是生知, 然也事事理會過, 無一之不講. 這道理不是只就一件事上理會見得便了. 學時無所不學, 理會時, 卻是逐件上理會去. 凡事雖未理會得詳密, 亦有箇大要處, 縱詳密處未曉得, 而大要處已被自家見了. 今公只就一線上窺見天理, 便說天理只恁地了[126], 便了[127]去通那萬事, 不知如何得. 萃百物, 然後觀化工之神, 聚衆材, 然後知作室之用. 於一事一義上, 欲窺聖人之

121) ▲: 聖賢
122) 徵: 成化本에서는 證으로 되어 있다.
123) ▲: 未
124) ◇: 在
125) 這: 賀本에서는 那로 되어 있다.
126) 了: 賀本에서는 樣子로 되어 있다.
127) 了: 『朱子語類』에서는 要로 되어 있다.

用心, 非上智不能也. 須撤開心胸去理會. 天理大, 所包得亦大. 且如五常之教, 自家而言, 只有箇父子夫婦兄弟, 才出外, 便有朋友, 朋友之中, 事已煞多, 及身有一官, 君臣之分便定, 這裏面又煞多事, 事事都合講過. 他人未做工夫底, 亦不敢向他說. 如吾友於己分上已自見得, 若不說與公, 又可惜了! 他人於己分上不曾見得, 泛而觀萬事, 固是不得. 而▲[128]今只道是持敬, 收拾身心, 日用要合道理無差失, 此固是好. 然出而應天下事, 應這事得時, 應那時[129]又不得. 學之大本, 『中庸』·『大學』已說盡了. 『大學』首便說'格物致知.' 爲甚要格物致知? 便是要無所不格, 無所不知. 物格知至, 方能意誠·心正·身修, 推而至於家齊·國治·天下平, 自然滔滔去, 都無障礙."【義剛同.】

117:53 淳稟曰: "伏承教誨, 深覺大欠下學工夫. 恐遐陬僻郡, 孤陋寡聞, 易致差迷, 無從就正. 望賜下學說一段, 以爲朝夕取準." 曰: "而今也不要先討差處, 待到那差池[130]頭, 便旋旋理會. 下學只是放闊去做, 局促在那一隅, 便窄狹了. 須出四方游學一遭, 這朋友處相聚三兩月日, 看如何, 又那朋友處相聚三兩月日, 看如何." 胡叔器曰: "游學四方固好, 恐又隨人轉了." 曰: "要我作甚[131]?【義剛錄云: "胡叔器曰: '恐又被不好底人壞了.' 先生曰: '我須是先知得他是甚麼樣人, 及見後與他相◇[132], 數日便見. 若是不合, 便去.'"】[133] 不合便去. 若恁地隨人轉, 又不如只在

128) ▲: 今已有箇本領, 卻只捉定這些子便了, 也不得. 如
129) 時: 『朱子語類』에서는 事로 되어 있다.
130) 池: 『朱子語類』에서는 地로 되어 있다.
131) 甚: 徽州本에서는 이 뒤에 不合便去, 若隨人轉, 又不如在屋裏孤陋寡聞이 더 있다.
132) ◇: 處
133)【義剛錄云: … 便去.'"】: 徽州本에는【按黃義剛錄少異, 今附云: "陳安卿下學說有'恐差了'之語, 先生曰: '也不須說, 而今也不要先計那差處, 待到地頭旋旋理會下學, 只是放開去做. 局促去, 那一段便窄狹了, 須是出四方游一遭. 這朋友處相聚三兩月日看如何, 又那朋友處三兩月日看如何, 恁地便見.' 胡叔器曰: '遊學固好, 恐又被不好底人壞了.' 先生曰: '我須是先知得他是甚麼樣人, 及見後不與他相處數月便見. 若是不合, 便去. 若恁地隨人轉, 不如只在屋裏孤陋寡聞.'"】로 되어 있다.

屋裏孤陋寡聞.”【義剛同.】

117:54 先生問淳曰: “安卿須是‘友天下之善士爲未足, 又尚論古之人.’ 須是開闊, 方始展拓. 若只如此, 恐也不解十分.”

117:55 先生餞席, 酒五行, 中筵, 親酌一杯勸李丈云: “相聚不過如此, 退去反而求之.” 次一杯與淳134), 曰: “安卿更須出來行一遭. 村裏坐, 不覺壞了人. 昔陳了翁說, 一人棋甚高, 或邀之入京參國手. 日久在側, 並無所教, 但使之隨▲135)攜棋局而已. 或人詰其故, 國手曰: ‘彼棋已精, 其高著已盡識之矣. 但低136)著未曾識, 敎之隨行, 亦要都經歷一過.’”

117:56 臨行拜別, 先生曰: “安卿今年已許人書會, 冬間更須出來137)一遭.” 李丈稟曰: “『書解』乞且放緩, 願早成禮書, 以幸萬世.” 曰: “『書解』甚易, 只等蔡三哥來便了. 禮書大段未也”138).

117:57 安卿問: “先生前日與廖子晦書云‘道不是有箇物事閃閃爍爍在那裏’, 固是如此. 但所謂‘操則存, 舍則亡’, 畢竟也須是有箇物事.” 曰: “操存只是敎你收斂, 敎你心莫胡思亂量, 幾曾捉定有箇物事在▲139)裏.” 又問: “‘顧諟天之明命’, 畢竟是箇甚麽?” 曰: “此只是說要得道理在面前, 不被物事遮障了. ‘立則見其參於前, 在輿則見其倚於衡’, 皆只是見得理如此, 不成別有箇物事光爍在那裏.”

---

134) 淳: 徽州本에서는 이 뒤에 起趨而前先生力止之坐가 더 있다.
135) ▲: 行
136) 低: 孝宗刊本·成化本에서는 淺으로 되어 있다.
137) 來: 『朱子語類』에서는 行으로 되어 있다.
138) 也: 徽州本에서는 이 뒤에 【以上並淳自錄, 下見諸錄】이 더 있다.
139) ▲: 那

117:58 漳州 陳淳會問, 方有可答, 方是疑.【賀孫】

117:59 賀孫問: "安卿近得書否?" 曰: "緣王子合與他答問, 諱他寫將來, 以此漳州朋友都無問難來." 因說: "子合無長進, 在學中將實錄課諸生, 全不識輕重先後. 許多學者, 近來覺得都不濟事." 賀孫云: "也是世衰道微, 人不能自立, 纔做官便顚沛." 曰: "如做官, 科擧, 皆害事." 或曰: "若在此說得甚好, 做卻如此." 曰: "只緣無人說得好. 說得好, 乃是知得到, 若知得到, 雖摩頂至足, 也只是變他不得." 因言: "器之昨寫來問幾條, 已答去. 今再說來, 亦未分曉. 公之爲仁, 公不可與仁比並看. 公只是無私, 纔無私, 這仁便流行. 程先生云, '唯公爲近之', 卻不是近似之'近.' 纔公, 仁便在此, 故云近. 猶云'知所先後, 則近道矣', 不是道在先後上, 只知先後, 便近於道. 如去其壅塞, 則水自流通. 水之流通, 卻不是去壅塞底物事做出來. 水自是元有, 只被塞了, 纔除了塞便流. 仁自是元有, 只被私意隔了, 纔克去己私, 做底便是仁." 賀孫云: "公是仁之體, 仁是理." 曰: "不用恁地說, 徒然不分曉. 只公[140]是無私, 無私則理無或蔽. 今人喜也是私喜, 怒也是私怒, 哀也是私哀, 懼也是私懼, 愛也是私愛, 惡也是私惡, 欲也是私欲. 苟能克去己私, 擴然大公, 則喜是公喜, 怒是公怒, 哀·懼·愛·惡·欲, 莫非公矣. 此處煞係利害. 顏子所受[141]於夫子, 只是'克己復禮爲仁.' 讀書最忌以己見去說, 但欲合己見, 不知非本來旨意. 須是且就他▲[142]說, 說教分明, 有不通處, 卻以己意較量."【賀孫】

附 考異[二]恁甚【恁一作選】 蔽錮【錮一作固】 [五] 一日【一無一】曾做【做一作放】[八]斷當【當一作得】[九]可的【的一作底】[十]小過【小一作少】他書【書一作處】[十七]去處【一作處去】[二十一]又局【又一誤文】種下【一作下了】[二十七]攧破【攧恐愼】著下【著一作得】[三十]綽

140) 公: 賀本에서는 要로 되어 있다.
141) 受: 孝宗刊本·成化本·賀本에서는 授로 되어 있다.
142) ▲: 頭

見【綽一作違】[三十四]在這【這一作那】地了【了一作樣子】衆材【材一誤林】[三十六]低著【低一作淺】事在【在下一有那】[三十七]所受【受一作授】

『朱子語類』卷第一百一十八

「朱子十五」

「訓門人六」

118:1 先生問伯羽: "如何用工[1]?" 曰: "且學靜坐, 痛抑思慮." 曰: "痛抑也不得, 只是放退可也. 若全閉眼而坐, 卻有思慮矣." 又言: "也不可全無思慮, 無邪思耳."【以下訓伯羽.】

118:2 學者博學・審問・謹[2]思・明辨等, 多有事在. 然初學且須先打疊去雜思慮, 作得基址, 方可下手. 如起屋須有基址, 許多梁柱方有頓處.

118:3 觀書須寬心平易看, 先見得大綱道理了, 然後詳究節目. 公今如人入大屋, 方在一重門外, 裏面更有數重門未入未見, 便要說他房裏事, 如何得?

118:4 公大抵容貌語言[3]皆急迫, 須打疊了, 令心下快活. 如一把棼絲, 見自棼而未定, 才急下手去挐, 愈亂了[4].

118:5 人須打疊了心下閒思雜慮. 如心中紛擾, 雖求得道理, 也沒頓

---

1) 工: 賀本에서는 功으로 되어 있다.
2) 謹: 賀本에서는 愼으로 되어 있다.
3) 語言: 『小分』에서는 言語를 교정부호로 바로잡았다.
4) 了: 賀本에서는 了가 없다.

處. 須打疊了後, 得一件方是一件, 兩件方是兩件.

118:6 公看文字子細, 卻是性急[5], 太忙迫, 都亂了. 又是硬鑽鑿求道理, 不能平心易氣看. 且用認得定, 用玩味寬看.

118:7 問: "讀書莫有次序否? 余正叔云, 不可讀, 讀則蹉過了." 曰: "『論語』章短者誠不可讀, 讀則易蹉過後章去. 若『孟子』·『詩』·『書』等, 非讀不可. 蓋它首尾自相應, 全籍讀, 方見." 問: "伯羽嘗覺固易蹉了. 專看, 則又易入於硬鑽之弊, 如何?" 曰: "是不可鑽. 書不可進前一步看, 只有退看, 只有退看[6]. 譬如以眼看物, 欲得其大體邪正曲直, 須是遠看方定, 若近看愈狹了, 不看見." "凡人謂以多事廢讀書, 或曰氣質不如人者, 皆是不責志而已? 若有志時, ▲[7]? 那問他氣質不美?" 曰: "事多·質不美者, 此言雖若未是太過, 然卽[8]此可見其無志, 甘於自暴自棄, 過孰大焉? 眞箇做工夫人, 便自不說此話."

118:8 蜚卿問: "致知後, 須持[9]養, 方力行?" 曰: "如是, 則今日致知, 明日持養, 後日力行? 只持養便是行. 正心·誠意豈不是行? 但行有遠近, 治國·平天下則行之遠耳."【可學】

118:9 蜚卿問: "不知某之主一如何?" 曰: "凡人須自知, 如己喫飯, 豈可問他人飢飽?" 又問: "或於無事時, 更有思量否?" 曰: "無事時只是無事, 更思箇甚? 然人無事時少, 有▲[10]時多, 才思便是有事." 蜚卿曰: "靜時多爲思慮紛擾." 曰: "此只爲不主一, 人心皆有此病. 不如且

---

5) 性急: 賀本에서는 急性으로 되어 있다.
6) 只有退看: 『朱子語類』에는 없다. *『小分』에서 두 번 반복하여 잘못 쓴 듯하다.
7) ▲: 那問他事多
8) 卽: 孝宗刊本에서는 耶로 되어 있다.
9) 持: 成化本에서는 待로 되어 있다.
10) ▲: 事

將讀書程課繫縛此心, 逐旋行去, 到節目處自見功效淺深. 大凡理只在人身[11]中, 不在面外[12]. 只爲人役役於不可必之利名, 故本原固有者, 日加昏蔽, 豈不可惜?"【道夫】

118:10 蜚卿欲類仁說看. 曰: "不必錄. 只識得一處, 他處自然▲[13]破竹矣."【道夫】

118:11 先生謂蜚卿: "看公所疑, 是看『論語』未子細. 這讀書, 是要得義理通, 不是要做趕課程模樣. 若一項未通, 且就上思索教通透, 方得. 初間疑處, 只管看來, 自會通解. 若▲[14]寫在策上, 心下便放卻, 於心下便無所得. 某若有未通解處, 自放心不得, 朝朝日日, 只覺有一事在這裏."【賀孫】

118:12 蜚卿以書謁先生, 有棄科舉之說. 先生曰: "今之士大夫應舉干祿, 以爲仰事俯育之計, 亦不能免. 公生事如何?" 曰: "粗可伏臘." 曰: "更須自酌量."【道夫】

118:13 蜚卿▲[15]: "某欲謀於先生, 屏棄科舉, 望斷以一言." 曰: "此事在公自看如何, 須是度自家可以仰事俯育. 作文字, 比之他人有可得之理否, 亦須自思之. 如人飢飽寒煖, 須自知之, 他人如何說得?"【道夫】

118:14 蜚卿云: "某正爲心不定, 不事科舉." 曰: "放得下否? ." 曰: "欲放下." 曰: "才說'欲'字, 便不得, 須除去'欲'字. 若要理會道理, 忙又

11) 身: 賀本에서는 心으로 되어 있다.
12) 面外: 『朱子語類』에서는 外面으로 되어 있다.
13) ▲: 如
14) ▲: 便
15) ▲: 曰

不得, 亦不得懶." 【驤】

118:15 "看今世學者病痛, 皆在志不立. 嘗見學者不遠千里來此講學, 將謂眞以此爲事. 後來觀之, 往往只要做二三分人, 識些道理便是. 不是看他不破, 不曾以此語之. 夫人與天地並立爲三, 自家當思量, 天如此高, 地如此厚, 自家一箇七尺血氣之軀, 如何會並立爲三? 只爲自家此性元善, 同是一處出來. 一出一入, 若存[16]若亡, 元來固有之性不曾見得, 則雖具[17]人衣冠, 其實與庶物不爭多. 伊川曰: '學者爲氣所奪, 習所勝[18], 只可責志.' 顔淵曰: '仰之彌高, 鑽之彌堅, 瞻之在前, 忽焉在後. 旣竭吾才, 如有所立卓爾.' 在顔子分明見此物, 須要做得. 如人在戰陣, 雷鼓一鳴, 不殺賊, 則爲賊所殺, 又安得不向前? 又如學者應擧覓官, 從早起來, 念念在此, 終被他做得. 但移此心向學, 何所不至? 孔子曰'吾十有五而志于學'至'三十而立'以上, 節節推去. 五峰曰: '爲學在立志, 立志在[19]居敬', 此言甚佳. 夫一陰一陽相對. 志纔立, 則已在陽處立, 雖時失脚入陰, 然一覺悟, 則又在於陽. 今之學者皆曰: '它是堯·舜, 我是衆人, 何以爲堯·舜?' 爲是言者, 曾不如佛家善財童子曰: '我已發菩提心, 行何行而作佛?' 渠卻辦作佛, 自家卻不辦作堯·舜." 某因問: "立志固是, 然志何以立?" 曰: "自端本立. 以身▲[20]參天地, 以匹夫而安天下, 實有此理." 方伯謨問: "使齊王用孟子, 還可以安天下否?" 曰: "孟子分明往見齊王, 以道可行. 只是他計些小利害, 愛些小便宜, 一齊昏了. 自家只立得大者定, 其他物欲一齊[21]走退." 有[22]擧『中庸』一段: "曰'德性', 曰'高明', 曰'廣大', 皆是元來底, '問學'·'中庸'·'精微', 所以接續此也." 某問: "孔門弟子問

16) 存: 賀本에서는 有로 되어 있다.
17) 具: 賀本에서는 其로 되어 있다.
18) 所奪, 習所勝: 賀本에서는 所勝, 習所奪로 되어 있다.
19) 在: 孝宗刊本·成化本에서는 빠져있다.
20) ▲: 而
21) 齊: 孝宗刊本에서는 李로 되어 있다.
22) 有: 賀本에서는 又로 되어 있다.

仁·問智, 皆從一事上做去." 曰: "只爲他志已立, 故求所以趨向之路. 然孔門學者亦有志不立底, 如宰予·冉求是也. 顏子固不待說, 如'子路有聞, 未之能行, 惟恐有聞', 豈不是有志? 至如漆雕開·曾點皆有志. 孔子在陳, 思魯之狂士. 狂士何足思? 蓋取其有志. 得聖人而師之, 皆足爲君子."【以下訓可學. 璘錄聞: "同錄異"23). 見後訓璘.】

118:16 先生問: "昨日與吾友說立志一段, 退後思得如何?" 某曰: "因先生之言, 子細思之, 皆是實理. 如平日見害人之事不爲, 見非義之財不取, 皆是自然如此." 曰: "既自然如此, 因何做堯·舜不得?" 某謂: "盡其心, 則知其性." 曰: "此不是答策題, 須是實見得. '徐行後長者謂之弟', 須見得如何弟, 是作得堯·舜." 因語: "'執德不弘, 信道不篤, 焉能爲有? 焉能爲亡?' 所謂天理人欲也. 更將孟子答滕 文公·曹交問孟子章熟讀. 纔見24)得此, 甚省力."

118:17 問: "作事多始銳而終輟, 莫是只爲血氣使?" 曰: "雖說要義理之氣, 然血氣亦不可無. 『孟子』'氣, 體之充', 但要以義理爲主耳."

118:18 問: "講學須當志其遠者·大者." 曰: "固是. 然細微處亦須研窮. 若細微處不研窮, 所謂遠者·大者, 只是揣作一頭詭怪之語, 果何益? 須是知其大小, 測其淺深, 又別其輕重." 因問: "平時讀書, 因見先生說, 乃知只得一模樣耳." 曰: "模樣亦未易得, 恐只是識文句."

118:19 問: "反其性如何?" 曰: "只吾友會道箇反時, 此便是天性, 只就此充之, 別無道理. 滕 文公纔問孟子, 孟子便'道性善.' 自今觀之, 豈不躐等? 不知此乃是自家屋裏物, 有甚過當! 既立得性了, 則每事點檢, 視事之來, 是者從之, 非者違之. 此下文甚長, 且於根本上用工夫.

---

23) 璘錄聞: "同錄異": 賀本에서는 璘錄云: "□錄異"로 되어 있다.
24) 見: 孝宗刊本에서는 具로 되어 있다.

旣尙留此, 便宜審觀自見."

118:20 再見, 請敎. 因問: "平日讀書時似亦有所見, 旣釋書則別是一般. 又, 每苦思慮紛擾, 雖持敬亦未免弛慢, 不知病根安在?" 曰: "此乃不求之於身, 而專求之於書, 固應如此. 古人曰: '爲仁由己, 而由人乎哉!' 凡吾身日用之間, 無非道, 書則所以接湊此心耳. 故必先求之於身, 而後求之於書, 則讀書方有味." 又曰: "持敬▲[25]未免弛慢, 是未嘗敬也, 須是無間斷乃可. 至如言思慮多, 須是合思卽思, 不合思者不必思, 則必不擾亂." 又問: "凡求之於心, 須是主一? 爲或於事事求之?" 曰: "凡事[26]無非用心處, 只如於孝則求其如何是孝, 於弟則求其如何是弟. 大抵見善則遷, 有過則改. 聖人千言萬語, 不出此一轍. 須積習時久, 游泳浸漬[27], 如飮醇酒, 其味愈▲[28], 始見其眞是眞非. 若似是而非, 似有而實未嘗有, 終日[29]恍惚, 然此最學者之大病." 又問: "讀書宜以何爲法?" 曰: "須少看. 凡讀書須子細精[30]窮講究, 不可放過. 假如有五項議論, 開策時須逐一爲別白, 求一定說. 若他日再看, 又須從頭檢閱, 而後知前日之讀書草略甚矣. 近日學者讀書, 六經皆云通, 及問之, 則往往失對, 只是當初讀時綽過了. 孟子曰'仁在乎熟', 吾友更詳思之. 大抵古人讀書, 與今人異. 如孔門學者於聖人, 纔問仁·問知, 終身事業已在此. 今人讀書, 仁義禮智總識, 而卻無落泊處, 此不熟之故也. 昔五峰於京師問龜山讀書法, 龜山云: '先讀『論語』.' 五峰問: '『論語』二十篇, 以何爲緊要?' 龜山曰: '事事緊要.' 看此可見."

118:21 問: "可學稟性太急, 數年來力於懲忿上做工夫, 似減得分數.

---

25) ▲: 而
26) 事凡: 『小分』에서는 凡事를 교정부호로 바로잡았다.
27) 漬: 孝宗刊本·成化本에서는 積으로 되어 있고 徽州本·萬曆本에서는 淸으로 되어 있다.
28) ▲: 長
29) 日: 에서는 自로 되어 있다.
30) 精: 『朱子語類』에서는 硏으로 되어 있다.

然遇事不知不覺忿暴, 何從而去此病?" 曰: "亦在乎熟耳. 如小兒讀書遍數多, 自記得, 此熟之驗也. 大抵稟賦得深, 多少年月, 一旦如何便盡打疊得! 須是日夜懲戒之以至於熟, 久當自去."

118:22 一日晚, 同王春【先生親戚.】 魏才仲請見. 問: "吾友年幾何?" 對云: "三十七." 曰: "已自過時. 若於此因循, 便因循了. 昔人讀書, 二十四五時須已立得一門庭." 某因說: "平日亦有志於學. 只是爲貧奔走, 雖勤讀書, 全無趨向." 曰: "讀書須窮研道理. 吾友日看『論』·『孟』否?" 對以常看. 曰: "如何看?" 曰: "日間只是看『精義』." 曰: "看『精義』, 有利有害. 若能因諸家之說以考聖人之意而得於吾心, 則『精義』有益. 若只鶻突綽過, 如風過耳, 雖百看何[31]補? 善▲[32]『論』·『孟』者, 只一部『論』·『孟』自亦可, 何必『精義』?" 因擧"學而時習之"問曰: "吾友何說?" 某依常解云云. 先生曰: "聖人下五箇字, 無一字虛. 學然後時習之, 不學則何習之有? 所謂學者, 不必前言往行, 凡事上皆是學, 如箇人好, 學其爲人, 箇事好, 學其爲事. 習之者, 習其所學也. 習之而熟, 能無悅乎? 近日學者多習而不學[33]." 某又問: "'學而不思則罔', 亦是此意?" 曰: "且就本文理會. 牽傍會合, 最學者之病." 又問: "'有朋自遠方來', 何故樂?" 對以得朋友而講習, 故樂. 曰: "若是已得於己, 何更待朋友?" 再三請益. 曰: "且自思之."

118:23 語次, 因道: "某平日讀書[34]不識塗徑, 枉費心力. 適得先生開喩, 方知趨向. 自此期早夜孜孜, 無負敎誨." 曰: "吾友旣如此說, 須與人作樣子. 第一, 下工夫莫草略. ▲[35]過了, 故下梢頭儹無去處, 一齊棄了. 大凡看書麤, ▲[36], 看書細, 則心細. 若研窮不熟, 得些義理,

31) 何: 成化本에서는 可로 되어 있다.
32) ▲: 看
33) 習而不學: 賀本에서는 學而不習로 되어 있다.
34) 書: 賀本에서는 箇로 되어 있다.
35) ▲: 研究一章義理已得, 方別看一章. 近日學者多緣草略

以爲是亦得, 以爲非亦得. 須是見得‘差之毫釐, 繆以千里’方可.”

118:24 問: “昨日先生所問, 退而以「滕 文公」數章熟▲[37]. 只如昨日所說四端, 此便是眞心, 便是性善. 今只是於天理人欲上判了, 去得人欲, 天理自明. 自家家裏事, 豈有不向前?” 先生曰: “然. 未要論到人欲, 人欲亦難去. 只且自體認這箇理, 如何的見是性善? 堯・舜是可爲? 如何是仁? 如何是義? 若於此有見, 要已自已不得. 孟子曰: ‘求則得之, 舍則失之.’ 今學者求不見得, 舍不見失, 只是悠悠, 今日待明日, 明日又待後日.” 語未畢, 伯謨至. 先生云: “適來所言, 子上卻有許多說話, 德粹無說, 然皆是不勉力作工夫. 謝上蔡於明道前舉史書成文, 明道曰: ‘賢卻會記得, 可謂玩物喪志.’ 上蔡發汗. 須是如此感動, 方可. 今只且於舊事如此過, 豈是感發? 須是不安, 方是, 所謂‘不能以一朝居.’”

118:25 問德粹: “數日作何工夫?” 曰: “讀「告子」.” 曰: “見得如何?” 曰: “固是要見, 亦當於事上見之.” 曰: “行事上固要見, 無事時亦合理會. 如看古人書, 或靜坐, 皆可以見.” 又問某: “見得如何?” 曰: “只是‘操捨’二字分判.” 曰: “操捨固是, 亦須先見其本. 不然, 方操而則存時, 已捨己[38]則亡矣.” 又問: “前說‘有朋自遠方來’, 看見如何?” 曰: “前日說不是. ‘有朋自遠方來’, 乃是善可以及人, 善可以及人, 則合彼己爲一, 豈不樂?” 先生曰: “此是可以及人? 爲或已及人?” 曰: “惟其可以及人, 所以能及人.” 先生曰: “樂是可以及人而樂? 是已及人而樂?” 曰: “已及人而樂.” 先生曰: “然. 伊川說已盡, 後來諸公多變其說, 云朋友講習. 我若未有所得, 誰肯自遠方來? 要之, 此道天下公共, 旣已得於己, 必須及於人. ‘不知而不慍’, 非君子成德不能. 慍, 非怒之謂. 自君子以降, 人不知己, 亦不能無芥蔕於胸中.”

---

36) ▲: 則心粗
37) ▲: 讀
38) 己: 『朱子語類』에서는 而로 되어 있다.

118:26 先生問: "近日所見如何?" 某對: "間斷處頗知提撕." 曰: "更宜加意."

118:27 先生問: "近日如何?" 曰: "頗覺心定." "如何心定?" 曰: "每常遇無事[39], 卻散漫, 遇有事, 則旋求此心. 今卻稍勝前." 曰: "讀甚書?" 曰: "讀「告子」, 昨讀至'夜氣'之說, 因覺病痛全在此心上." 曰: "亦未說至此, 須是見得有踊躍之意, 方可." 是日德粹又語『小學』. 先生曰: "德粹畢竟昏弱. 子上尙雜, 更宜加意."

118:28 問: "人有剛果過於中, 如何?" 曰: "只爲見彼善於此, 剛果勝柔, 故一向[40]剛. 周子曰: '剛善爲義, 爲直, 爲斷, 爲嚴毅, 爲幹固, 惡爲猛, 爲隘, 爲强梁.' 須如此別, 方可."【璘錄云: "問: '孫吉甫說, 性剛未免有失, 如何?' 先生擧『通書』云: '剛善・剛惡.' '固是剛比之暗弱之人爲勝, 然只是彼善於此而已. 畢竟未是."】 問: "何以制之使歸於善?" 曰: "須於中求之." 問: "昨日承先生敎誨矯激事, 歸而思之: 務爲長厚固不可. 然程氏敎人卻云, 當學顏子之渾厚. 看近日▲[41]弊, 莫只是眞僞不同?" 曰: "然. 顏子卻是渾厚, 今人卻是聶夾, 大不同. 且如當官, 必審是非, 明去就. 今做事至於危處, 卻避禍, 曰: '吾爲渾厚', 可乎? 且如後漢諸賢與宦官爲敵, 旣爲冀州刺史, 宦官親戚在部內爲害, 安得不去之? 安得謂之矯激? 須是不做它官. 故古人辭尊而居卑, 辭富而居貧, 居卑則不與權豪相抗, 亦無甚職事." 符舜功云: "如陳寔弔宦官之喪, 是大要渾厚." 曰: "然." 某問: "如范滂之徒, 太甚." 曰: "只是行其職. 大抵義理所在, 當爲則爲, 無渾厚, 無矯激, 如此方可." 某又問: "李膺赦後殺人, 莫不順天理?" 曰: "然. 士不幸遇亂世, 不必仕. 如趙臺卿乃於杜子賓夾壁中坐過數年, 又如蔡邕, 更無整身處."

39) 無事: 『小分』에서는 事無를 교정부호로 바로잡았다.
40) 向: 賀本에서는 日로 되어 있다.
41) ▲: 之

118:29 問: "吾友昔從曾大卿遊[42], 於▲[43]議論云何?" 曰: "曾先生靜默少言, 有一二言不及其躬行者." 曰: "曾卿齊家正身, 不欺暗室, 眞難及."

118:30 鄭子上因赴省經過, 問『左傳』數事. 先生曰: "數年不見公, 將謂有異問相發明, 卻問這般不緊要者, 何益? 人若能於『大學』·『語』·『孟』·『中庸』四書窮究得通透, 則經傳中折莫甚大事, 以其理推之, 無有不曉者, 況此末事! 今若此, 可謂是'颺了甛桃樹, 沿山摘醋梨'也." 【友仁】

118:31 璘注鄂▲[44]教官闕. 先生曰: "▲[45]嘗勸人, 不如做縣丞, 隨事猶可以及物. 做教官沒意思, 說義理人不信, 又須隨分做課試, 方是鬧熱." 【以下訓璘.】

118:32 問: "做何工夫?" 璘對以未曾. 曰: "若是做得工夫, 有疑可問, 便好商量. 若未做功[46]夫, 只說得一箇爲學大端, 他日又如何得商量? 嘗見一般朋友, 見事便奮發要議論, 胡亂將經書及古人作議論, 看來是沒意思. 又有一般全不做功夫底, 更沒下手商量處. 又不如彼胡亂做工夫, 有可商議得. 且如論古人, 便是論錯了, 亦是曾考論古人事跡一過. 他日與說得是, 將從前錯底改起, 便有用."

118:33 問爲學大端. 曰: "且如士人應舉, 是要做官, 故其功夫勇猛, 念念不忘, 竟能有成. 若爲學, 須立箇標準, 我要如何爲學? 此志念念不忘, 功夫自進. 蓋人以眇然之身, 與天地並立而爲三, 常思我以血

42) 遊: 賀本에서는 游로 되어 있다.
43) ▲: 其
44) ▲: 渚
45) ▲: 某
46) 功: 賀本에서는 工으로 되어 있다.

▲47)之身, 如何配得天地? 且天地之所以與我者, 色色周備, 人自汚壞了." 因擧"萬物皆備於我, 反身而誠, 樂莫大焉"一章. "今之爲學, 須是求復其初, 求全天之所以與我者, 始得. 若要全天之所以與我者, 便須以聖賢爲標準, 直做到聖賢地位, 方是全得本來之物而不失. 如此則功夫自然勇猛. 臨事觀書常有此意, 自然接續. 若無求復其初之志, 無必爲聖賢之心48), 只見因循荒廢了." 因擧"孟子道性善, 言必稱堯・舜"一章, 云: "'道性善', 是說天之所以與我者, 便以堯・舜爲樣子. 說人性善, 皆可以爲堯・舜, 便是立箇標準了. 下文引成覸・顔淵・公明儀之言, 以明聖賢之可以必爲. 末後'若藥不瞑眩, 厥疾不瘳', 最說得好. 人要爲聖賢, 須是猛起服瞑眩之藥相似, 教他磨49)了一上了, 及其定疊, 病自退了." 又擧顔子"仰之彌高"一段. 又說: "人之爲學, 正如說恢復相似: 且如東南亦自有許多財賦, 許多兵甲, 儘自好了, 如何必要恢復? 只爲祖宗元有之物, 須當復得, 若不復得, 終是不了. 今人爲學, 彼善於此, 隨分做箇好人, 亦自足矣, 何須必要做聖賢? 只爲天之所以與我者, 不可不復得, 若不復得, 終是不了, 所以須要講論. 學以聖賢爲準, 故問學須是50)復性命之本然, 求造聖賢之極, 方是學問. 【可學錄云: "如尋常人說, 且作三五分人, 有甚不可? 何必須早夜孳孳? 只爲自家元初51)一箇性, 甚是善, 須是還其元物. 不還元物, 畢竟欠闕. 此一事, 乃聖人相傳, 立定一鐵椿, 移動不得."】 然此是大端如此. 其間讀書, 考古驗今, 工夫皆不可廢." 因擧"尊德性而道問學"一章. 又云: "有一般人, 只說天之所以與我者, 都是光明純粹好物, 其後之所以不好者, 人僞52)有以害之. 吾之爲學, 只是去其所以害此者而已. 害此者盡去, 則工夫便了. 故其弊至於廢學不讀書, 臨事大綱雖好, 而所見道理便有徧53)處.

47) ▲: 氣
48) 之心: 『小分』에서는 心之를 교정부호로 바로잡았다.
49) 磨: 成化本 賀本에서는 厤로 되어 있다.
50) 是: 賀本에서는 要로 되어 있다.
51) 初: 賀本에서는 有로 되어 있다.
52) 僞: 賀本에서는 爲로 되어 있다.
53) 徧: 『朱子語類』에서는 偏으로 되어 있다.

爲學旣知大端是欲復天之所與而必爲聖賢, 便以‘父子有親, 君臣有義, 夫婦有别, 長幼有序, 朋友有信’, 此五者爲五箇大樁相似, 念念理會, 便有工夫可做. 所以『大學』‘在止於至善’, 只云: ‘爲人君, 止於仁, 爲人臣, ▲[54]於敬, 爲人子, 止於孝, 爲人父, 止於慈, 與國人交, 止於信.’”

118:34 “從前朋友來此, 某將謂不遠千里而來, 須知箇趣向了, 只是隨分爲他說箇爲學大概去, 看來都不得力, 此某之罪. 今日思之: 學者須以立志爲本. 如昨日所說爲學大端, 在於求復性命之本然, 求造聖賢之極致, 須是便立志如此, 便做去始得. 若曰我之志只是要做箇好人, 識些道理便休, 宜乎工夫不進, 日夕漸漸消靡. 今須思量天之所以與我者, 必須是光明正大, 必不應只如此而◇[55], 就自家性分上儘做得去, 不到聖賢地位不休. 如此立志, 自家[56]歇不住, 自是儘有工夫可做. 如顔子之‘欲罷不能’, 如小人之‘孳孳爲利’, 念念自不忘. 若不立志, 終不得力.” 因擧程子云: “學者爲氣所勝, 習所奪, 只可責志.” 又擧云: “‘立志以定其本, 居敬以持其志’, 此是五峰議論好處.” 又擧“士尙志. 何謂尙志? 曰: ‘仁義而已矣.’” 又擧“舜爲法於天下, 可傳於後世, 我猶未免爲鄕人也, 是則可憂也. 憂之如何? 如舜而已矣.” 又擧“三軍可奪帥, 匹夫不可奪志也.” “如孔門亦有不能立志者, 如冉求‘非不說子之道, 力不足也’, 是也. 所以其後志於聚斂, 無足怪.”

118:35 又曰: “要知天之與我者, 只如孟子說: ‘無惻隱之心, 非人也, 無羞惡之心, 非人也, 無是非▲[57]心, 非人也, 無辭讓[58]之心, 非人也.’ 今人非無惻隱・羞惡・是非・辭讓[59]發見處, 只是不省察了. 若於日

54) ▲: 止
55) ◇: 止
56) 家: 『朱子語類』에서는 是로 되어 있다.
57) ▲: 之
58) 讓: 成化本・賀本에서는 遜으로 되어 있다.

用間試省察此四端者, 分明迸攢[60]出來, 就此便操存涵養將去, 便是下手處. 只爲從前不省察了, 此端才見, 又被▲[61]欲汨了. 所以秉彝不可磨滅處雖在, 而終不能光明正大, 如其本然."

118:36 試思人▲[62]眇然之身, 可以贊天地之化育, 以常人而可以爲聖賢, 以四端之微, 而充之可以保四海, 是如何而致? 若分明見此, 志自立, 工夫自住不得.

118:37 "昨日所說爲學大端在於立志必爲聖賢, 曾看得'人皆可以爲堯·舜'道理分明否? 又見得我可以爲堯·舜而不爲, 其患安在? 固是孟子說'性善'·'徐行後長'之類. 然今人四端非不時時發見, 非不能徐行, 何故不能爲堯·舜? 且子細看. 若見得此分明, 其志自立, 其工夫自不可已." 因擧"執德不弘, 信道不篤, 焉能爲有? 焉能爲亡?" 謂: "不弘不篤, 不當得一箇人數, 無能爲輕重."

118:38 須常常自問: 云[63]人之性善, 而己之性卻不見其善, "人皆可以爲堯·舜", 而己之身卽未見其所以爲堯·舜者, 何故? 常常自問, 知所愧恥, 則勇厲奮發, 而志立矣. 更將『孟子』「告子」篇反復讀之, "指不若人"之類數段, 改[64]可以助人興發必爲之志.

118:39 問所觀書. 璘以讀「告子」篇對. 曰: "古人'興於『詩』', '『詩』可以興.' 又曰: '雖無文王, 猶興.' 人須要奮發興起必爲之心, 爲學方有端緖. 古人以詩吟咏[65]起發善心, 今旣不能曉古詩, 某以爲「告子」篇

59) 讓: 成化本·賀本에서는 遜으로 되어 있다.
60) 攢: 成化本에서는 贊으로 되어 있고 賀本에서는 趲으로 되어 있다.
61) ▲: 物
62) ▲: 以
63) 云: 賀本에서는 人으로 되어 있다.
64) 改: 『朱子語類』에는 없다.
65) 咏: 『朱子語類』에서는 詠으로 되어 있다.

諸段, 讀之可以興發人善心者, 故勸人讀之. 且如'理義[66]之悅我心, 猶芻豢之悅我口', 讀此句, 須知義理可以悅我心否? 果如芻豢悅口否? 方是得." 璘謂: "理義悅心, 亦是臨事見得此事合理義, 自然悅懌." 曰: "今則終日無事, 不成便廢了理義? 便無悅處? 如讀古人書, 見其事合理義. 思量古人行事, 與吾今所思慮欲爲之事, 才見得合理義, 則自悅; 才見不合理義, 自有羞愧憤悶之心. 不須一一臨事時看."

118:40 問璘: "昨日臥雲庵[67]中何所爲?" 璘曰: "歸時日已暮, 不曾觀書, 靜坐而已." 先生擧橫渠"六有"說: "'言有法, 動有敎, 晝有爲, 宵有得, 息有養, 瞬有存', 以爲雖靜坐, 亦有所存主始得. 不然, 兀兀而已." 【可學錄云: "先生問德粹: '夜間在庵[68]中作何工夫?' 德粹云云. 先生曰: '橫渠云: "言有敎, 動有法, 晝有爲, 宵有得, 息有養, 瞬有存." 此語極好. 君子"終日乾乾", 不可食息閑, 亦不必終日讀書, 或靜坐存養, 亦是. 天地之生物以四時運動. 春生夏長, 固是不息, 及至秋冬凋落, 亦只▲[69]藏於其中, 故明年復生. 若使至秋冬已絶, 則來春無緣復有生意. 學者常[70]喚令此心不死, 則日有進.'"】

118:41 德粹問: "在四明守官, 要顧義理. 纔到利害重處, 則顧忌, 只是拌一去, 如何?" 先生曰: "無他, 只是志不立, 卻隨利害走了." 【可學】

118:42 問德粹: "此心動時應物, 不動時如何?" 曰: "只是散漫." 曰: "便是錯了. 自家一箇心卻令成兩端. 須是檢點他." 【可學】

118:43 "人在官, 固當理會官事. 然做得官好, 只是使人道是一好官

---

66) 理義: 賀本에서는 義理로 되어 있다.
67) 庵: 賀本에서는 菴으로 되어 있다.
68) 庵: 賀本에서는 菴으로 되어 있다.
69) ▲: 是
70) 常: 孝宗刊本에서는 當으로 되어 있다.

人. 須講學立大本, 則有源流. 若只要人道是好官人, 今日做得一件, 明日又做一件, 卻窮了." 德粹云: "初到明州, 問爲學於沈叔晦. 叔晦曰: '若要讀書, 且於婺源山中坐, 旣在四明, 且理會官事.'" 先生曰: "縣尉旣做了四年, 滕德粹元▲[71]曾理會."【可學】

118:44 誨力行云: "若有人云孔·孟天資不可及, 便知此人自暴自棄, 萬劫千生無緣見道. 所謂'九萬里則風斯下.'"【以下訓力行.】

118:45 "講學切忌硏究一事未得, 又且放過別求一事. 如此則有甚了期? 須是逐件打結, 久久通貫." 力行退讀先生"格物"之說, 見李先生所以敎先生有此意.

118:46 力行連日荷敎. 府判張丈[72]退謂力行曰: "士佺到此餘五十日, 備見先生接待學者多矣, 不過誘之掖之, 未見如待五[73]友著氣用力, 痛下鉗鎚如此. 以九分欲打煉成器, 不得不知此意."

118:47 問: "事有最難底奈何." 曰: "亦有數等, 或是外面阻遏做不得, 或是裏面紛亂處不去, 亦有一種紛拏時, ▲[74]纖毫委曲細微[75]處難處, 全只在人自去理會. 大槪只是要見得道理分明, 逐事上自有一箇道理.『易』曰: '探賾索隱.' 賾處不是奧, 是紛亂時, 隱是隱奧也, 全在探索上. 紛亂是他自紛亂, 我若有一定之見, 安能紛亂得我? 大凡一等事固不可避, 避事不是工夫. 又有一等[76]人情底事, 得遣退時且遣退, 無時是了, 不要摟攬. 凡可以省得底事, 省亦不妨, 應接亦只是不

71) ▲: 不
72) 丈: 孝宗刊本·成化本·賀本에서는 文으로 되어 있다.
73) 五:『朱子語類』에서는 吾로 되어 있다.
74) ▲: 及
75) 細微:『朱子語類』에서는 微細로 되어 있다.
76) 等: 孝宗刊本에서는 得으로 되어 있다.

奈何. 有合當住不得底事, 此卻要思量處置, 裏面都自有箇理." 或謂: "人心紛擾時難把捉." 曰: "眞箇是難把持. 不能得久, 又被事物及閒思慮引將去. 『孟子』'牛山之木'一章, 最要看'操之則存, 舍之則亡.'" 或又[77]謂: "把持不能▲[78], 勝物欲不去." 曰: "這箇不干別人事. 雖是難, 亦是自著力把持, 常惺惺, 不要放倒. 覺得物欲來, 便著緊不要隨他去. 這箇須是自家理會. 若說把持不得, 勝他不去, 是自壞了, 更說甚'爲仁由己, 而由人乎哉'?" 又曰: "把心不定, 喜怒憂懼四者皆足以動心." 因問: "憂患恐懼, ▲[79]四者[80]似一般?" 曰: "不同. 恐懼是目下逼來得緊底, 使人恐懼失措, 憂患是思慮, 預防那將來有大禍福利害底事. 此不同." 又問: "忿懥好樂, 乃在我之事, 可以勉强不做. 如憂患恐懼, 乃是外面來底, 不由自家." 曰: "都不得. 便是外面來底, 須是自家有箇道理處[81]置得下. 恐懼憂患, 只是徒然. 事來亦合當思慮不妨, 但只管累其本心, 也不濟得事. 孔子畏匡人, 文王囚羑里, 死生在前了, 聖人元不動心, 處之恬然. 只看此, 便是要見得道理分明, 自然無此患. 所以聖人教人致知·格物, 考求[82]一箇道理. 自此以上, 誠意·正心皆相連上去也."【以下訓明作.】

118:48 凡日用工夫, 須是自做喫緊把捉. 見得不是處, 便不要做, 勿徇他去. 所說事有善者可從, 又有不善者間之, 依舊從不善處去, 所思量事忽爲別思量勾引將去, 皆是自家不曾把捉得住, 不干別人事. 須是自把持, 不被他引去方是. 顏子問仁, 孔子答許多話, 其末卻云: "爲仁由己, 而由人乎哉?" 看來不消此二句亦得. 然許多話, 不是自己著力做, 又如何得? 明知不善又去做, 看來只是知得不親切. 若眞箇知

77) 或又: 『小分』에서는 又或를 교정부호로 바로잡았다.
78) ▲: 久
79) ▲: 恐
80) 者: 『朱子語類』에서는 字로 되어 있다.
81) 處: 賀本에서는 措로 되어 있다.
82) 求: 『朱子語類』에서는 究로 되어 있다.

得, 定不肯做. 正如人說飮食過度傷生, 此固衆所共知, 然不是眞知. 偶一日飮食過度爲害, 則明日決不分外飮食, 此眞知其傷, 遂不復再爲也. 把捉之說, 固是自用著力, 然又以枯槁無滋味, 卒急不易著力. 須平日多讀書, 講明道理, 以涵養灌培, 使此心常如[83]理相入, 久後自熟, 方見得力處. 且如讀書, 便今日看得一二段, 來日看三五段, 殊未有緊要. 惟[84]是磨以歲月, 讀得多, 自然有用處. 且約而言之: 『論』·『孟』固當讀, 六經亦當讀, 史書又不可不讀. 講究得多, 便自然熟. 但始初須大段著力窮究, 理▲[85]敎道理通徹. 不過一二番稍難, 向後也只是以此理推去, 更不艱辛, 可以觸類而長. 正如入仕之初看公案, 初看時自是不[86]相諳, 較難理會. 須著些心力, 如法考究. 若如此看得三五項了, 自然便熟, 向後看時, 更不似初看[87]難, 亦可類推也. 又如人要知得輕重, 須用稱方得. 有拈弄得熟底, 只把在手上, 便知是若干斤兩, 更不用稱. 此無他, 只是熟. 今日也拈弄, 明日也拈弄, 久久自熟. 也如百工技藝做得精者, 亦是熟後便精. 孟子曰: "夫仁, ◇[88]在乎熟之而已." 所以貴乎熟者, 只是要得此心與義理相親. 苟義理與自家相近, 則非理之事, 自然相遠. 思慮多走作, 亦只是不熟, 熟後自無. 又如說做事偶合于理則心安, 或差時則餒, 此固是可見得本然之理, 所以差時便覺不安. 然又有做得不是時[89], 不知覺悟. 須是常惺惺省察, 不要放過. 據某看, 學問之道, 只是眼前日用底便是, 初無深遠玄妙.

118:49 "大凡學問不可只理會一端. 聖賢千言萬語, 看得雖似紛擾, 然卻都是這一箇道理. 而今只就緊要處做固好, 然別箇也須一一理會, 湊得這一箇道理都一般, 方得. 天下事硬就一箇做, 終是做不成. 如莊

83) 如: 『朱子語類』에서는 與로 되어 있다.
84) 惟: 成化本에서는 堆로 되어 있고 賀本에서는 須로 되어 있다.
85) ▲: 會
86) 不: 『朱子語類』에서는 未로 되어 있다.
87) 看: 『朱子語類』에서는 間으로 되어 있다.
88) ◇: 亦
89) 時: 賀本에서는 處로 되어 있다.

子說: '風之積也不厚, 則其負大翼也無力.' 須是理會得多, 方始襯簟得起. 且如'籩豆之事各[90]有司存', 非是說籩豆之事置之度外, 不用理會. '動容貌'三句, 亦只是三句是自家緊要合做底, 籩豆是付與有司做底, 其事爲輕. 而今只理會三句, 籩豆之事都不理會, 萬一被有司喚籩做豆, 若不曾曉得, 便被他瞞. 又如田子方說'君明樂官, 不明樂音', 他說得不是. 若不明得音, 如何明得官? 次第被他易宮爲商, 也得? 所以『中庸』先說箇'博學之', 孟子曰: '博學▲[91]詳說之.' 且看孔子雖曰生知, 是[92]事去問人, 若問禮・問喪於老聃之類甚多. 只如官名不曉得, 莫也無害, 聖人亦汲汲去問郯子. 蓋是我不識底, 須是去問人, 始得." 因說: "南軒『洙泗言仁』, 編得亦未是. 聖人說仁處固是仁, 然不說處不成非仁? 天下只有箇道理, 聖人說許多說話, 都要理會. 豈可只去理會說仁處, 不說仁處便掉了不管? 子思做『中庸』, 大段周密不易, 他思量如是. '德性'五句, 須是許多句方該得盡, 然第一句爲主. '致廣大・極高明・溫故・敦厚', 此上一截是'尊德性'事, 如'道中庸・盡精微・知新・崇禮', 此上[93]一截是'道問學'事. 都要得纖悉具備, 無細不盡, 如何只理會一件?" 或問知新之理. 曰: "新是故中之事, 故是舊時底, 溫起來以'尊德性', 然後就裏面討得新意, 乃爲'道問學.'"

118:50 一日因論讀『大學』, 答以每爲念慮攪擾, 頗妨工夫. 曰: "只是不敬. 敬是常惺惺底法, 以敬爲主, 則百事皆從此做去. 今人都不理會我底, 自不知心所在, 都要理會他事, 又要齊家・治國・平天下. 心者, 身之主也. 撐船須用篙, 喫[94]飯須使[95]匙. 不理會心, 是不用篙, 不使匙之謂也. 攝心只是敬. 才敬, 看做甚麼事, 登山亦只這箇心, 入

90) 各: 賀本에서는 則으로 되어 있다.
91) ▲: 而
92) 是: 賀本에서는 事로 되어 있다.
93) 上: 『朱子語類』에서는 下로 되어 있다.
94) 喫: 賀本에서는 吃로 되어 있다.
95) 使: 賀本에서는 用으로 되어 있다.

水亦只這箇心."【訓戀】

118:51 與立同問: "常苦志氣怯弱, 恐懼太過, 心下常若有事, 少悅豫底意思, 不知此病痛是如何?" 曰: "試思自家是有事? 是無事?" 曰: "本無事, 自覺得如此." 曰: "若是無事, 便是無事, 又恐懼箇甚? 只是見理不徹後如此. 若見得理徹, 自然心下無事. 然此亦是心病." 因擧『遺書』捉虎96)及滿室置尖物事. 又曰: "且如今人害淨潔97)病, 那裏有淨潔98)病? 只是疑病, 疑後便如此. 不知在君父之前, 還如此得否?" 㦤又因論氣質各有病痛不同. 曰: "纔明理後, 氣質自然變化, 病痛都自不見了."【以下訓與立·㦤.】

118:52 先生誨與立等曰: "爲學之道無他, 只是要理會得目前許多道理. 世間事無大無小, 皆有道理. 如『中庸』所謂'率性之謂道', 也只是這箇道理, '道不可須臾離', 也只是這箇道理. 見得是自家合當做底便做將去, 不當做底斷不可做, 只是如此." 又曰: "爲學無許多事, 只是要持守身心99), 硏究道理, 分別得是非善惡, 直是'如好好色, 如惡惡臭.' 到這裏方是踏著實地, 自住不得." 又曰: "經書中所言只是這一箇道理, 都重三疊四說在裏, 只是許多頭面出來. 如『語』·『孟』所載也只是這許多話. 一箇聖賢出來說一番了, 一箇聖賢又出來從頭說一番. 如『書』中堯之所說, 也只是這箇, 舜之所說, 也只是這箇, 以至於禹·湯·文·武所說, 也只是這箇. 又如『詩』中周公所贊頌文·武之盛德, 亦只是這箇, 便若桀·紂之所以危亡, 亦只是反了這箇道理. 若使別撰得出來, 古人須自撰了. 惟其撰不得, 所以只共這箇道理." 又曰: "讀書須是件件讀, 理會了一件, 方可換一件. 這一件理會得通徹是當了, 則終身更不用再理會, 後來只須把出來溫尋涵泳便了. 若不與逐

96) 虎: 賀本에서는 處로 되어 있다.
97) 淨潔: 賀本에서는 潔淨으로 되어 있다.
98) 淨潔: 賀本에서는 潔淨으로 되어 있다.
99) 身心: 賀本에서는 心身으로 되어 있다.

件理會, 則雖讀到老, 依舊是生底, 又卻如不曾讀一般, 濟甚事? 如喫飯, 不成一日都要喫得盡? 須與分做二[100]頓喫, 只恁地頓頓喫去, 知一生喫了多少飯? 讀書亦如此." 𢿫因說: "學者先立心志爲難." 曰: "也無許多事, 只是一箇敬. 徹上徹下, 只是這箇道理. 到得剛健, 便自然勝得許多物欲之私."【溫公謂: "人以爲如制悍馬, 如幹盤石之難也. 靜而思之, 在我而已. 如轉戶樞, 何難之有?"】

118:53 𢿫問: "'思無邪', 固要得如此, 不知如何能得如此?" 曰: "但邪者自莫思, 便了." 又問: "且如持敬, 豈不欲純一於敬? 然自有不敬之念固欲與己相反, 愈制則愈甚. 或謂只自持敬, 雖念慮妄發, 莫管他, 久將自定, 還如此得否?" 曰: "要之, 邪正本不對立, 但恐自家胸中無箇主. 若有主, 邪[101]自不能入." 又問: "不敬之念非出於本心. 如忿慾之萌, 學者固當自克, 雖聖賢亦無如之何. 至於思慮妄發[102], 欲制之而不能." 曰: "才覺恁地, 自家便挈起了, 但莫先去防他. 然此只是自家見理不透, 做主不定, 所以如此. 『大學』曰: '物格而後知至, 知至而後意誠.' 才[103]意誠, 則自然無此病."

118:54 拜先生訖, 坐定. 先生云: "文振近看得文字較細, 須用常提掇起得惺惺, 不要昏晦. 若昏晦. 則不敬莫大焉. 才昏晦時, 少間一事來, 一齊被私意牽將去, 做主不得. 須用認取那箇是身? 那箇是心? 卓然在目前, 便做得身主. 少間事物來, 逐一區處得當."【以下訓南升.】

118:55 又云: "看文字須以鄭文振爲法, 理會得便說出, 待某看甚處未是, 理會未得, 便問." 又云: "渠今退去, 心中卻無疑也."

---

100) 二: 孝宗刊本・成化本・賀本에서는 三으로 되어 있다.
101) 邪: 賀本에서는 且로 되어 있다.
102) 思慮妄發: 『小分』에서는 妄發思慮를 교정부호로 바로잡았다.
103) 才: 賀本에서는 纔으로 되어 있다.

118:56 先生曰: "文振近來看得須容易了." 南升曰: "不敢容易看. 但見先生『集注』字字著實, 故易得分明."【先生曰: "潘兄·鄭兄要看文字, 可明日且同文振從後段看起, 將來卻補前面. 廖兄亦可從此看起." 謂潘立之·鄭神童·廖晉卿也.】

118:57 "朋友多是方理會得文字看[104]好, 又歸去." 似指植言. 又云: "鄭文振能平心看文字, 看得平正周匝, 只無甚精神. 如立之, 則有說得到處. 如文振, 無甚卓然到處, 亦無甚不到處."【植】

118:58 先生問倪: "已前做甚工夫?" 曰: "只是理會舉業." 曰: "須有功夫." 曰: "只是習『春秋』." 又問: "更做甚工夫?" 曰: "曾涉獵看先生『語孟精義』." 曰: "近來作『春秋』義, 穿鑿殊甚. 如紹興以前, 只是諱言攘夷復讎事, 專要說和戎, 卻不至如此穿鑿. 某那時亦自說春秋不可做, 而今穿鑿尤甚." 倪曰: "緣是主司出題目, 多是將不相屬處出, 致舉子不得不如此." 曰: "卻是引得他如此." 又曰: "向來沈司業曾有申請, 令主司不得斷章出題, 後來少變." 曰: "向在南康日, 教官出題不是, 也不免將他申請下郡學, 令不得如此. 近來省試, 如『書』題, 依前如此." 又曰: "看來不要作『春秋』義, 可別治甚經."【▲[105]訓倪. 時舉云: "問游和之: '曾看甚文字?' 曰: '某以『春秋』▲[106]舉, 粗用力於此經, 但[107]不免有科第之心, 故不知義理[108]之要.' 曰: '『春秋』難治, 做出經義, 往往都非經旨. 某見紹興初治『春秋』者, 經義中只避數項說話, 如復仇討賊之類而已. 如今卻不然, 往往所避者多, 更不復依傍『春秋』經意說, 只自做一種說話, 知他是說甚麽? 大凡科舉之事, 士子固未能免, 然只要識得輕重. 若放那一頭重, 這一頭輕, 是不足道. 然[109]兩頭輕重一般, 也只不得, 便一心在這裏, 一心在那裏, 於本身易得

---

104) 看: 『朱子語類』에는 없다.
105) ▲: 以下
106) ▲: 應
107) 但: 『朱子語類』에서는 似로 되어 있다.
108) 義理: 『朱子語類』에서는 理義로 되어 있다.
109) 道. 然: 『小分』에서는 然道를 교정부호로 바로잡았다.

悠悠. 須是敎令這頭重, 那頭輕, 方好. 孟子云: "今之人, 修其天爵, 以要人爵." 凡要人爵者, 固是也理會天爵. 然以要人爵而爲之, 則110)所修者皆非切己之學.'"】

118:59 問倪"未識下手功111)夫." 曰: "擧業與這箇道理, 一似箇藏子. 做擧業, 只見那一邊. 若將此心推轉看這一邊, 極易. 孟子云: '古人修其天爵, 而人爵從之, 今人修其天爵, 以要人爵.'" 又將起扇子云: "公只是將那頭放重, 這頭放輕了, 便得. 若兩頭平, 也不得."

118:60 倪求下手工夫. 曰: "只是要收斂此心, 莫要走作, 走作便是不敬, 須要持敬. 堯是古今第一箇人, 『書』說堯, 劈頭便云'欽明文思', 欽, 便是敬." 問: "敬如何持?" 曰: "只是要莫走作. 若看見外面風吹草動, 去看覷他, 那得許多心去應他? 便也是不112)收斂." 問: "莫是'主一之謂敬'?" 曰: "主一是敬表德, 只是要收斂. 處宗廟只是敬, 處朝廷只是嚴, 處閨門只是和, 便是持敬." 【時擧聞同. 見後.】

118:61 倪曰: "自幼旣失小學之序, 願授『大學』." ▲113)甚好, 也須把『小學』書看, 只消旬月114)功夫."

118:62 "諸公固皆有志於學, 然持敬工夫大段欠在. 若不知此, 何以爲進學之本? 程先生云: '涵養須用敬, 進學則在致知.' 此最切要." 和之問: "不知敬如何持?" 曰: "只是要收斂此心, 莫令走失而115)是. 今人精神自不曾定, 讀書安得精專? 凡看山看水, 風驚草動, 此心便自走失, 視聽便自眩惑. 此何以爲學? 諸公切宜免此." 【時擧】

---

110) 之, 則: 『小分』에서는 則之를 교정부호로 바로잡았다.
111) 功: 賀本에서는 工으로 되어 있다.
112) 是不: 賀本에서는 不是로 되어 있다.
113) ▲: 曰: "授『大學』
114) 月: 成化本 賀本에서는 日로 되어 있다.
115) 而: 賀本에서는 便으로 되어 있다.

118:63 緊切詳密.【以下訓至.】

118:64 書云:“千萬更加勉力, 就日用實事上提撕, 勿令昏縱爲佳?” 118:65[116] 至自[117]謂:“從來於喜怒哀樂之發, 雖未敢自謂中節, 自覺亦無甚過差.” 曰:“若不窮理, 則喜怒哀樂之發, 便有過差處也不覺, 所以貴於窮理.”

118:66 書云:“日用之間, 常切操存, 讀書窮理, 亦勿[118]廢惰, 久久當自覺有得力處.”

118:67 又書云:“要須反己深自體察, 有箇火急痛切處, 方是入得門戶. 若只如此悠悠, 定是閑過日月. 向後無得力處, 莫相怪也.”【三書『文集』未載.】

118:68 楊子順・楊至之[119]・趙唐卿辭歸請教. 先生曰:“學不是讀書, 然不讀書, 又不知所以爲學之道. 聖賢教人, 只是要誠意・正心・修身・齊家・治國・平天下. 所謂學者, 學此而已. 若不讀書, 便不知如何而能修身, 如何而能齊家・治國. 聖賢之書說修身處, 便如此, ▲[120] 節節在那上, 自家都要去理會, 一一排定在這裏, 來, 便應將去.”【淳】

118:69 楊問:“某多被思慮紛擾, 思這事, 又慮做那一事去. 雖知得了, 自是難止.” 曰:“旣知不是, 便當絶斷, 更何必問?”【寓】

---

116) 118:65:『小分』에서는 118:64에 이어져 한 항목으로 편집되어 있다.
117) 自:『小分』에서는 원래 글자를 붓으로 지우고 自로 고쳤다.
118) 勿: 賀本에서는 無로 되어 있다.
119) 楊至之:『小分』에서는 至之楊를 교정부호로 바로잡았다.
120) ▲: 說齊家・治國處, 便如此.

118:70 至之少精深, 蜚卿[121]少寬心, 二病正相反.【道夫】

118:71 植再擧曾子"忠恕一貫"及子貢"聞一知二"章. 曰: "大概也是如此. 更須依曾子逐事經歷做過, 方知其味." 先生繼問或人: "理會得所擧忠恕否?" 陳因問『集註[122]』中▲[123]程子第一段. 先生曰: "明道說此一段甚好, 非程子不能道得到. 自'忠恕一以貫之'以後說忠恕, 至'達道也'住, 乃說'一以貫之'之忠恕. 其曰'此與違道不遠異者, 動以天爾', 何也? 蓋此數句乃動以天爾. 如'推己及物[124], 違道不遠', 則動以人爾." 又問: "如此則有學者之忠恕?" 曰: "聖人不消言恕, 故集註[125]中云, 借學者之事而言."【以下訓植.】

118:72 植擧"仁者, 愛之理, 心之德", 紬繹說過. 曰: "大概是如此, 而今只是做仁工夫." 植因問: "顏子'博文約禮', 是循環工夫否?" 曰: "不必說循環. 如左脚行得一步了[126], 右脚方行得一步, 右脚旣行得一步, 左脚又行得一步. 此頭得力, 那頭得力[127], 那頭◇[128]得力, 此頭又長, 所以欲罷而不能. 所謂'欲罷不能'者, 是它先見得透徹, 所以復乎天理, 欲罷不能. 如顏子敎他復天理, 他便不能自已, 敎他徇人欲, 便沒擧止了. 蓋惟是見得通透, 方無間斷. 不然, 安得不間斷?"

118:73 過見先生. 越數日, 問曰: "思得爲學之要, 只在主敬以存心, ▲[129] '格物所以明此心.'"【以下訓過.】

---

121) 卿: 賀本에서는 之로 되어 있다.
122) 註: 『朱子語類』에서는 注로 되어 있다.
123) ▲: 擧
124) 物: 賀本에서는 人으로 되어 있다.
125) 註: 『朱子語類』에서는 注로 되어 있다.
126) 了: 成化本에서는 子로 되어 있다.
127) 得力: 『朱子語類』에서는 又長으로 되어 있다.
128) ◇: 旣
129) ▲: 格物以觀當然之理." 曰: "主敬以存心, 卻是. 下句當云:

118:74 先生敎過爲學不可麤淺, 因以橘子譬云: "皮內有肉, 肉內有子, 子內有仁." 又云: "譬如掃地, 不可只埽面前, 如椅子之下及角頭背處, 亦須掃著."

118:75 先生語過以爲學須要專一用功, 不可雜亂, 因擧異敎數語云: "用志不分, 乃凝於神. 置之一處, 無事一[130]辨."

118:76 謂林正卿曰: "理會這箇, 且理會這箇, 莫引證見, 相將都理會不得. 理會'剛而塞', 且理會這一箇'剛'字, 莫要理會'沉潛剛克.' 各自不同."【節 ○訓學蒙.】

118:77 問思慮紛擾. 曰: "公不思慮時, 不識箇心是何物. 須是思慮時, 知道這心如此紛擾, 漸漸見得, 卻有下工夫處."【以下訓賜.】

118:78 問: "存心多被物欲奪了." 曰: "不須如此說, 且自體認自家心是甚物? 自家旣不曾識得箇心, 而今都說未得. 纔識得, 不須操而自存, 如水火相濟, 自不相離. 聖賢說得極分明. 夫子說了, 孟子恐後世不識, 又說向裏, 後之學者依舊不把做事, 更▲[131]甚閒話. 『孟子』四端處, 儘有可玩索."

118:79 問: "每日暇時, 略靜坐以養心, 但覺意自然紛起, 要靜越不靜." 曰: "程子謂: '心自是活底物事, 如何窒定敎他不思? 只是不可胡亂思.' 纔著箇要靜底意思, 便是添了多少思慮. 且不[132]要恁地拘迫他, 須自有寧息時." 又曰: "要靜, 便是先獲, 便是助長, 便是正."【以下訓胡泳.】

---

130) 一: 『朱子語類』에서는 不로 되어 있다.
131) ▲: 說
132) 且不: 『小分』에서는 不且를 교정부호로 바로잡았다.

118:80 問: "程子敎人, 每於己分上提撕, 然後有以見流行之妙. 正如先生昨日答語中謂'理會得其性情之德, 體用分別, 各是何面目'一段一般." 曰: "是如此." 問: "人之手動足履, 須還是都[133]覺得始得. 看來不是處, 都是心不在後, 差[134]過了." 曰: "須是見得他合當是恁地." 問: "'立則見其參於前, 在輿則見其倚於衡', 只是熟後自然見得否?" 曰: "也只是隨處見得那忠信篤敬是合當如此." 又問: "舊見「敬齋箴」中云[135]: '擇地而蹈, 折旋蟻封.' 遂欲如行步時, 要步步覺得他移動. 要之無此道理, 只是常常提撕." 曰: "這箇病痛, 須一一識得, 方得. 且如事父母, 方在那奉養時, 又自著注脚解說道, 這箇是孝, 如事兄長, 方在那順承時, 又自著注脚解說道, 這箇是弟, 便是兩箇了." 問: "只是如事父母, 當勞苦有倦心之際, 卻須自省覺說這箇是當然." 曰: "是如此."

118:81 伯量問: "南軒所謂'敬者通貫動靜內外而言', 泳嘗驗之, 反見得靜時工夫少, 動時工夫多, 少間隨事逐物去了." 曰: "隨事逐物, 也莫管他. 有事來時, 須著應他, 也只得隨他去, 只是事過了, 自家依舊來這裏坐, 所謂'動亦敬, 靜亦敬'也." 又問: "但恐靜時工夫少, 動時易得撓亂耳." 曰: "如何去討靜得? 有事時須著應. 且如早間起來, 有許多事, 不成說事多撓亂人, 我且去靜坐. 不是如此. 無事時固是敬, 有事時敬便在事上. 且如早間人客來相見, 自家須著接它, 接它時, 敬便在交接處. 少間又有人客來, 自家又用接它. 若自朝至暮, 人客來不已, 自家須盡著接他, 不成不接他, 無此理. 接他時, 敬便隨著在這裏. 人客去後, 敬亦是如此. 若厭人客多了心煩, 此卻是自撓亂其心, 非所謂敬也. 所以程子說: '學問到專一時方好.' 蓋專一, 則有事無事皆是如此. 程子答或人之問, 說一大片, 末梢只有這一句是緊要處." 又曰: "不可有厭煩好靜之心. 人在世上, 無無事底時節. 要無事時, 除是死

---

133) 是都: 『小分』에서는 都是를 교정부호로 바로잡았다.
134) 差: 成化本·賀本에서는 挫로 되어 있다.
135) 中云: 『小分』에서는 云中을 교정부호로 바로잡았다.

也. 隨事來, 便著應他. 有事無事, 自家之敬元未嘗間斷也. 若事至面前, 而自家[136]卻自主靜, 頑然不應, 便是心死矣."【僩】

118:82 壽昌問: "鳶飛魚躍, 何故仁便在其中?" 先生良久微笑曰: "公好說禪, 這箇亦略似禪, 試將禪來說看." 壽昌對: "不敢." 曰: "莫是'雲在青天水在甁'麼?" 壽昌又不敢對. 曰: "不妨試說看." 曰: "渠今正是我, 我且不是渠." 曰: "何不道我今正是渠?" 旣而又曰[137]: "須將『中庸』其餘處一一理會, 令敎子細. 到這箇田地時, 只恁地輕輕拈掇過, 便自然理會得, 更無所疑, 亦不著問人."【訓壽昌.】

118:83 ▲[138]

118:84 先生曰: "子所謂'賢者過之也.' 夫過猶不及, 然其玩心於高明, 猶賢於一等輩." 因問: "子遊廬山, 嘗聞人說一周宣幹否?" 壽昌對以聞之, 今見有一子頤字龜父者在. 先生曰: "周宣幹有一言極好: '朝廷若要恢復中原, 須要罷三十年科擧, 始得.'"

118:85 先生問壽昌: "近日敎浩讀甚書?" 壽昌對以方伯謨敎他午前卽理『論語』, 仍聽講, 曉些義理, 午後卽念些蘇文之類, 庶學作時文. 先生笑曰: "早間一服朮[139]附湯, 午後又一服淸涼散." 復正色云: "只敎讀『詩』·『書』便好."

118:86 ▲[140]

---

136) 而自家: 賀本에서는 自家로 되어 있다.
137) 又曰: 『小分』에서는 曰又를 교정부호로 바로잡았다.
138) ▲: 先生顧壽昌曰: "子好說禪, 禪則未必是. 然其所趣向, 猶以爲此是透脫生死底等事. 其見識猶高於世俗之人, 紛紛然抱頭聚議, 不知是照證箇甚底事?"
139) 朮: 賀本에서는 木으로 되어 있다.
140) ▲: 先生問壽昌: "子好說禪, 何不試說一上?" 壽昌曰: "明眼人難謾." 先生曰: "我則異於是, 越明眼底, 越當面謾他."

118:87 先生問壽昌: “子見疏山, 有何所得?” 對曰: “那箇且拈歸一壁去.” 曰: “是會了拈歸一壁? 是不會了拈歸一壁?” 壽昌欲對云: “總在裏許.” 然當時不曾敢應. 會先生爲壽昌題手中扇云: “長憶江南三月裏, 鷓鴣啼處百花香.” 執筆視壽昌曰: “會麽? 會也不會?” 壽昌對曰: “總在裏許.”

118:88 先生奉天子命, 就國于潭, 道過臨江. 長孺自吉水山間越境迎見. 某四拜, 先生受半答半. 跪進箚子, 略云: “竊觀聖賢之間, 惟兩答問最親切極至: ‘子路·曾皙·冉有·公西華侍坐. 子曰: 〈居則曰, 不吾知也. 如或知爾, 則何以哉?〉’ 子路以使勇對, 冉有以足民對, 子華以小相對. 三子者, 夫子皆未之[141]領許也. 獨曾點下一轉語: ‘〈異乎三子者[142]之撰. 莫春者, 春服旣成, 冠者五六人, 童子六七人, 浴乎沂, 風乎舞雩, 詠而歸〉. 夫子喟然歎曰: 〈吾與點也!〉’ 此是一問答. ‘子貢問: 〈有一言而可以終身行之者乎?〉 子曰: 〈其恕乎?〉’ 此是一問答. 是故善答莫如點, 善問者莫如賜. 長孺懵不知道, 先生若曰: ‘如或知爾, 則何以哉?’ 長孺未有以對也. 長孺狂妄, 將有請問於先生曰: ‘有一言而可以終身行之者乎?’ 先生推先聖之心, 慰學者之望, 不孤長孺所以委身受敎之誠, 賜金聲玉振之音.” 先生閱箚◇[143], 笑曰: “恁地卻不得. 子貢問夫子: ‘有一言而可以終身行之者乎?’ 子曰: ‘其恕乎!’ 此只是就子貢身上與他一箇‘恕’字. 若其他學者要學聖人, 煞有事件, 如何將一箇字包括得盡?” 問曰: “先生云: ‘一箇字包不盡, 極是. 但大道茫茫, 何處下手? 須有一箇切要可以用功夫處.’” 先生乃擧『中庸』“大哉聖人之道”至“敦厚以崇禮”一章. 誦訖, 遂言曰: “尊德性, 道問學, 致廣大, 盡精微, 極高明, 道中庸, 溫故, 知新, 敦厚, 崇禮’, 只從此下功夫理會.” 曰: “何者是德性? 何者◇[144]問學?” 曰: “不過是‘居居處

141) 之: 賀本에서는 所로 되어 있다.
142) 子者: 『小分』에서는 者子를 교정부호로 바로잡았다.
143) ◇: 子
144) ◇: 是

恭145), 執事敬', '言忠信, 行篤敬'之類, 都是德性. 至於問學, 卻煞闊, 條項甚多. 事事物物皆是問學, 無窮無盡." 曰: "德性卻如何尊? 問學卻如何道?" 曰: "將這德性做一件重事, 莫輕忽他, 只此是尊." 時先生手中持一扇, 因擧扇而言: "且如這一柄扇, 自家不會做, 去問人扇如何做. 人教之以如何做, 如何做, 旣聽得了, 須是去做這扇, 便得. 如此, 方是道問學. 若只問得去, 卻掉下不去做, 如此, 便不是道問學." 曰: "如先生之言, '道'字莫只是訓'行'否?" 先生頷之, 而曰: "自'尊德性'而下, 雖是五句, 卻是一句總四句, 雖是十件, 卻兩件統八件." "如何是一句總四句?" 曰: "'尊德性, 道問學', 這一句爲主, 都總得'致廣大, 盡精微, 極高明, 道中庸, 溫故, 知新, 敦厚, 崇禮', 四句." 問: "如何是兩件統八件? 不知分別那箇四件屬'尊德性'? 那箇四件屬'道問學'?" 曰: "'致廣大, 盡精微, 極高明, 道中庸', 這四件屬尊德性. '溫故, 知新, 敦厚, 崇禮', 這四件屬道問學."【按: 『章句』: "'尊德▲146), 所以存心', 致廣大, 極高明, 溫故, 敦厚, 皆存心之屬也. '道問學所以致知', 盡精微, 道中庸, 知新, 崇禮, 皆致知之屬也." 此錄蓋誤.】 問: "如何'致廣大'? 如何'盡精微'?" 曰: "自家須要做聖賢事業, 到聖賢地位, 這是'致廣大.' 然須是從灑掃147)應對進退間, 色色留意, 方得, 這是'盡精微.'" 問: "如何'極高明'? 如何'道中庸'?" 曰: "此身與天地並, 這是'極高明.' 若只說卻不踏實地, 無漸進處, 亦只是胡說. 也須是自家周旋委曲於規矩準繩之中, 到俯仰無愧怍處始得, 這是'道中庸.'" 問: "如何'溫故'? 如何'知新'?" 曰: "譬如讀『論語』, 今日讀這一段, 所得是如此, 明日再讀這一段, 所得又如此. 兩日之間所讀同, 而所得不同, 這便是'溫故知新.'" 問: "如何'敦厚'? 如何'崇禮'?" 曰: "若只是恁地敦厚, 卻塊然無用. 也須是見之運量酬酢, 施爲注措之間, 發揮出來始得." 長孺謝云: "教誨親切明白, 後學便可下工夫." 先生又諷誦"大哉聖人之道? 洋洋乎發育萬物, 峻極于

145) 居居處恭: 『朱子語類』에서는 居處恭으로 되어 있다.
146) ▲: 性
147) 灑掃: 孝宗刊本・成化本에서는 掃洒로 되어 있고, 賀本에서는 埽洒로 되어 있다.

天. 優優大哉? 禮儀三百, 威儀三千, 待其人然後行. 故曰: '苟不至德, 至道不凝焉.'" 等數語而贊之曰: "這全在人. 且如'發育萬物, 峻極于天? 禮儀三百, 威儀三千', 甚次第大事, 只是一箇人做了. 然而下面又特地拈出, 謂'苟不至德, 至道不凝焉.' 結這兩句, 最爲要切. 須先了得'禮儀三百, 威儀三千', 然後到得'發育萬物, 峻極于天'去處. 這一箇'凝'字最緊. 若不能凝, 則更沒些子屬自家. 須是凝時, 方得. 所謂'至德', 便是'禮儀三百, 威儀三千', 所謂'至道', 便是'發育萬物, 峻極于天', 切須著力理會?"【按『章句』, 至德指其人, 至道指"發育萬物, 峻極于天"與"禮儀三百, 威儀三千"兩節. 此錄亦誤.】 長孺請曰: "愚陋恐不能盡記先生之言, 不知先生可以書爲一說如何?" 先生笑曰: "某不立文字, 尋常只是講論. 適來所說, 盡之矣. 若吾友得之於心, 推而行之, 一向用工, 儘有無限, 何消某寫出? 若於心未契, 縱使寫在紙上, 看來是甚麽物事? 吾友只在紙上尋討, 又濟甚事?" 長孺謝曰: "敢不自此探討力行?" 曰: "且著力勉之? 勉之?" 長孺起, 先生留飯, 置酒三行, 燕語久之, 飯罷辭去, 退而記之.【訓長孺.】

118:89 因言異端之學, 曰: "嘗見先生答'死而不亡'說, 其間數句: '大率禪學只是於自己精神魂魄上, 認取一箇有知覺之物, 把持玩弄, 至死不肯放捨.' 可謂直截分曉." 曰: "何故只擧此數句, 其他平易處都不說? 只是務要痛快說話, 只此便是病處. 初在臨江, 見來箚, 固已疑其有此, 今見果然." 問: "平日自己不知病痛, 今▲[148]得蒙點破, 卻望指教, 如何醫治?" 曰: "大凡自家見得都是, 也且做一半是, 留取一半且做未是. 萬一果是, 終久不會變著, 萬一未是, 將久浹洽, 自然貫通. 不可才有所見, 便就上面扭捏[149]. 如『孟子』中'養氣'一段, 是學者先務." 問: "'養氣'一段, 不知要緊在甚處?" 曰: "從頭至尾都要緊." 因指靜香堂言: "今人說屋, 只說棟梁要緊, 不成其他椽桷事事都不要?"【以

---

148) ▲: 日
149) 捏: 賀本에서는 捝로 되어 있다.

下訓琮.】

118:90 問: “程子之言, 有傳遠之誤者, 願先生一一與理會過.” 曰: “今之所言, 與程子異者亦多矣.” 曰: “節目小者不必論. 且如「金縢」一說, 程子謂, 此但是周公發於誠心, 不問有此理無此理. 如聖人自在天理上行, 豈有無此理而聖人乃爲之者? 此等語恐誤.” 曰: “然則有此理乎?” 曰: “詳考「金縢」首尾, 周公初不曾代武王死”, 曰: “‘以旦代某之身’, 卻是如何?” 曰: “武王有[150]疾, 周公恐是三后在天有所譴責, 故以身代行事而請命焉耳.” 先生擧“予仁若考”以下至“無墜天之降寶命”, 曰: “此一段卻如何解?” 曰: “如古注之說, 恐待周公大[151]薄.” 曰: “今卻要如何說?” 曰: “竊詳周公之意, 蓋謂盡其材藝於鬼神之事者, 己所能也. 己所能, 則己所當任其責, 非武王之責也. 受命帝庭而敷佑四方, 定爾子孫而使民祗畏, 是則武王之所能. 若今三后以鬼神之事責武王, 是‘墜天之降寶命’也.” 曰: “只務說得響快. 前聖後賢都是恁地解說將來, 如何一旦要改換他底? 此非學者之先務. 須於自家身己上理會, 方是實學問. 格物之學, 須是窮見實理. 今若於聖人分上不能實見, 何以學聖人?” 曰: “自己一箇身心元不理會, 卻只管去議論別人不是, 枉了工夫.” 曰: “平日讀至此有疑, 願求是正.” 曰: “只緣自己處工夫少, 所以別人處議論多. 且理會自家應事接物處, 與未應接時, 此心如何.” 曰: “昨日先生與諸人答問心說, 或謂存亡出入, 皆是神明之妙, 或謂存底入底亦不是. 先生之說云: ‘入而存者, 道心也, 出而亡者, 人心也.’ 琮謂, 通四句只是說人心. ‘操之則存, 舍之則亡’, 於是‘出入無時, 莫知其鄕.’ 言其所以危◇[152]如此. 若是道心, 則湛然常存, 不惟無出, 亦自無入, 不惟不舍, 雖操亦無所用.” 曰: “且道如何是人心? 如何是道心?” 曰: “心一也. 方寸之間, 人欲交雜, 則謂之人心, 純然天理, 則謂之道心.” 曰: “人心, 堯・舜不能無, 道心, 桀紂不能無. 蓋人心不全是

150) 有: 『小分』에서는 有有를 교정부호로 바로잡았다.
151) 大: 『朱子語類』에서는 太로 되어 있다.
152) ◇: 者

人欲, 若全是人欲, 則直是喪亂, 豈止危而已哉? 只飢食渴飲, 目視耳聽之類是也, 易流故危. 道▲153)卽惻隱・羞惡之心, 其端甚▲154)故也." 問: "'惟精惟一', 不知學者工夫多在'精'字上? 或多在'一'字上?" 曰: "'惟精惟一', 是一樣說話." 曰: "琮意工夫合多在'精'字▲155)." 曰: "如何見得?" 曰: "譬如射: 藝精則一, 不精則二三." 曰: "如何得精?" 曰: "須▲156)克己中來. 若己私未克, 則被精157)底夾和在, 何止二三?" 曰: "'精'字只是▲158)縫罅上見得分明, '一'字卻是守處." 問: "如此, 恐'允執厥中'更無著力處?" 曰: "是其效也."

118:91 或問: "今日挑講, 諸生所請何事?" 曰: "萍鄉一士人問性無復. 其說雖未是, 其意卻可進." 因言: "'克己復禮', 今人全不曾子細理會." 琮問: "「克己」銘一篇, 如顏子分上, 恐不必如此." 曰: "何故?" 曰: "顏子'不遠復', '有不善未嘗不知, 知之未嘗復行', 安用張皇如此?" 曰: "又只是議論別人." 又曰: "此'己'字未與物爲對, 只己意發處便自克了." 問: "是'克家'之'克', 非'克敵'之'克'也." 曰: "林三山亦有此說. 大凡孔門爲仁, 言雖不同, 用工處都一般." 又問: "如'子貢問爲仁. 子曰: 〈工欲善其事, 必先利其器. 居是邦也, 事其大夫之賢者, 友其士之仁者〉.' 不知此言是築底處? 或尙有進步處?" 曰: "如何?" 曰: "事賢・友仁方是利其器處." 曰: "亦是如此."

118:92 "聖賢言語, 只管將來玩弄, 何益於己?" 曰: "舊學生以論題商議, 非敢推尋立論." 曰: "不問如此. 只合下立脚不是, 偏在語言上去, 全無體察工夫, 所以神氣飛揚. 且如仲方主張'克己'之說只是治己, 還

153) ▲: 心
154) ▲: 微
155) ▲: 上
156) ▲: 從
157) 精: 『朱子語類』에서는 粗로 되어 있다.
158) ▲: 於

曾如此自治否? 仁之爲器重, 爲道遠, 擧莫能勝, 行莫能至. 果若以此自任, 是大小大事? 形神自是肅然, '無有師保, 如臨父母.' 曾子所謂'戰戰兢兢, 如臨深淵, 如履薄冰'? 如此氣象, 何暇輕於立論? 仲方此去, 須覺識見只管遲鈍, 語言只管畏縮, 方是自家進處." 琮起謝云: "先生敎誨之言, 可謂深中膏肓, 如負芒刺? 自惟病根生於'思而不學', 於是不養之氣襲而乘之, '徵於色, 發於聲', 而不自知也. 孟子曰: '持其志, 毋暴其氣.' 琮雖不敏, 請事斯語矣?" 曰: "此意固然. 志不立後, 如何持得?" 曰: "更願指敎." 曰: "'『大學』之道, 在明明德, 在新民', 是立志處."

『朱子語類』卷第一百一十九

▲[1]

「訓門人七」

119:1 欲速之患終是有, 如一念慮間便出來, 如看書欲都了之意, 是也.【以下訓方.】

119:2 方行屋柱邊轉, 擦下柱上黑. 見云: "若'周旋中規, 折旋中矩', 不到得如此."【大率多戒方欲速也.】

119:3 方云: "此去當自持重以矯輕." 先生曰: "舊亦嘗戒擇之以安重."

119:4 方云: "此去欲看『論語』, 如何?" 曰: "經皆好看, 但有次第耳."【前此曾令方熟看『禮記』.】

119:5 臨行請教. 曰: "累日所講, 無非此道, 但當勉之." 又曰: "持守可以自勉, 惟窮理須講論, 此尤當勉." 又曰: "經書正須要讀. 如史書要見事變之血脈, 不可不熟." 又曰: "持敬工夫, 愈密愈精." 因曰: "自浮沉了二十年, 只是說取去, 今乃知當涵養."

119:6 包顯道言: "楊子直論『孟子』'四端', 也說得未是." 先生笑曰:

---

1) ▲: 「朱子十六」

“他舊曾去晁以道家作館，晁教他校正「闢孟子說」，被以道之說入[2]心後，因此與孟子不足．後來所以抵死要與他做頭抵，這亦是拗．人才拗，便都不見正底道理．諸葛誠之嘗言，孟子說‘性善’，說得來緩，不如說惡底較好．那說惡底，便使得人戒愼恐懼後方去爲善．不知是怎生見得偏後，恁地嶢崹[3]．嘗見他執得一部呂不韋『呂覽』，說[4]道裏面煞有道理，不知他見得是如何．晁以道在經筵講『論語』畢，合當解『孟子』，他說要莫講．高宗問他如何．曰：‘孟子與孔子之道不同，孔子尊王，孟子卻敎諸侯行王道.’由此遭論去國．他當時也是博學，負重名，但是而今將他幾箇[5]劄子來看，都[6]不可曉，不知是如何．李覯也要罵孟子．不知只管要與孟子做頭抵做甚？你且揀箇小底來罵，也得.”【義剛】

119:7 包顯道領生徒十四人來，四日皆無課程．先生令義剛問顯道所以來故，於是次日皆依精舍規矩說『論語』．一生說“時習”章．先生曰：“只是熟，故說，到說時，自不肯休了．而今人所以恁地作輟者，只是未熟．‘以善及人，而信從者衆’，此說地步闊．蓋此道理天下所公共，我獨曉之而人不曉得，也自悶．今‘有朋自遠方來’，則從者衆，故可樂．這箇自是地位大段高了．‘人不知而不慍’，也是難．慍不是大段怒，但心裏略有不平底意便是慍．此非得之深，養之厚，何以至此？”一生說“務本”章．先生曰：“‘君子務本，本立而道生’，這是掉開說．凡事若是務本時，道便自然生．此若拈定孝悌[7]說，下面自不要這兩句了.”又曰：“愛是仁之發，謂愛是仁，卻不得．論性，則仁是孝弟之本．惟其有這仁，所以能孝弟．仁是根，孝弟是發出來底，仁是體，孝弟是用，仁是

2) 入：孝宗刊本・成化本에서는 人으로 되어 있다.
3) 嶢崹：英祖刊本에서는 嘵嵥로 되어 있고 賀本 에서는 蹺蹊로 되어 있다.
4) 說：賀本・萬曆本・徽州本에서는 到로 되어 있다.
5) 幾箇：『小分』에서는 箇幾를 교정부호로 바로잡았다.
6) 都：賀本에서는 却으로 되어 있다.
7) 悌：『朱子語類』에서는 弟로 되어 있다.

性, 孝弟是仁裏面事. 某嘗謂孟子論'四端'處, 說得最詳盡, 裏面事事有, 心・性・情都說盡. 心是包得這兩箇物事. 性是心之體, 情是心之用, 性是根, 情是那芽子. 惻隱・羞惡・辭讓[8]・是非皆是情. 惻隱是仁之發, 謂惻隱是仁, 卻不得, 所以說道是仁之端也. 端, 便是那端緒子. 讀書須是子細, '思之弗得, 弗措也, 辨之弗明, 弗措也', 如此方是. 今江西人皆是要倏然[9]自在, 才讀書, 便要求箇樂處, 這便不是了. 某說, 若是讀書尋到那苦澁處, 方解有醒悟. 康節從李挺之學數, 而曰: '但擧其端, 勿盡其言, 容某思之.' 它是怕人說盡了, 這便是有志底人." 因言: "聖人漉得那天理似泥樣熟. 只看那一部『周禮』, 無非是天理, 纖悉不遺." 一生說"三省"章. 先生曰: "忠是發於心而形於外, 信也是心裏發出來, 但卻是就事上說. 而今人自謀時, 思量得無不周盡, 及爲人謀, 則只思量得五六分便了, 這便是不忠. '與朋友交', 非謂要安排去罔他爲不信, 只信口說出來, 說得不合於理, 便是不信. 謀是主一事言, 信是泛說." 一生說"敬事而信"章. 先生曰: "大事小事皆要敬. 聖人只是理會一箇'敬'字. 若是敬時, 方解信與愛人・節用・使民, 若是不敬, 則其他都做不得. 「學而」一篇皆是就本領上說. 如治國, 禮樂刑政, 尙有多少事, 而夫子卻只說此五項者, 此蓋本領所在." 一生說"入孝出弟"章. 先生曰: "夫子只是泛恁地說, 說得較寬, 子夏說得較力. 他是說那誠處, '賢賢易色', 是誠於好善, '事父母能竭其力', 是誠於事親, '事君能致其身', 是誠於事君, '與朋友交, 言而有信', 是誠於交朋友. 這說得都重, 所以恁地說. 他是要其終而言. 道理也是恁地, 但不合說得大力些." 義剛問: "'賢賢易色', 如何在先?" 曰: "是有那好善之心底, 方能如此." 一生說"溫良恭儉"章. 先生曰: "夫子也不要求之於己而後得, 也不只是有◇[10]五德. 若說求之於己而後得, 則聖人又無這般意思. 這只是說聖人謹厚退讓, 不目[11]◇[12]爲聖賢, 人自然樂告

---

8) 讓: 成化本・賀本에서는 遜으로 되어 있다.
9) 倏然: 成化本에서는 偸然으로 되어 있고, 賀本에서는 偸閒으로 되어 있다.
10) ◇: 此
11) 目: 孝宗刊本・成化本 賀本에서는 自로 되어 있다.

之. '夫子之求之也', 此是反語. 言夫子不曾求, 不似其它人求後方得, 這是就問者之言以成語, 如'吾聞以堯・舜之道要湯, 未聞以割烹也.' 伊尹不是以堯・舜之道去要湯是定, 這只是表得不曾割烹耳." 一生說"顏子不愚"章. 先生曰: "聖人便是一片赤骨立底天理, 光明照耀, 更無蔽障, 顏子則是有一重皮子[13]. 但其他人則被這皮子包裹得厚, 剝了一重又一重, 不能得便見那裏面物事, 顏子則皮子甚薄, 一剝便爆出來. 夫子與他說, 只是要與它剝這一重皮子. 它緣是這皮子薄, 所以一說便曉, 更不要再三. 如說與它'克己復禮', 它更不問如何是克己, 如何◇[14]復禮, 它便曉得, 但問其目如何而已."【以下訓揚. ○義剛】

119:8 先生謂顯道曰: "久不相見, 不知年來做得甚工夫?" 曰: "只據見成底書讀."【夔孫錄云: "包顯道侍坐, 先生方修書, 語之曰: '公輩逍遙快活, 某便是被這事苦.' 包曰云▲[15]."】 ○[16] 先生曰: "聖賢已說過, 何待更去理會他? 但是不恁地, 恁地都不濟事." 次日又言: "昨夜睡不著, 因思顯道恁地說不得. 若是恁地, 便不是'自强不息'底道理. 人最是怕陷溺其心, 而今顯道輩便是以淸虛寂滅陷溺其心, 劉子澄輩便是以務求博雜【夔孫錄作"求多務博[17]."】 陷溺其心. '周公思兼三王, 以施四事. 其有不合者, 仰而思之, 夜以繼日, 幸而得之, 坐以待旦.' 聖賢之心直是如此." 已而其生徒復說"孝弟爲仁之本." 先生曰: "說得也都未是." 因命林子武說一過. 旣畢, 先生曰: "仁是根, 惻隱是根上發出底萌芽, 親親・仁民・愛物, 便是枝葉." 次日, 先生親下精舍, 大會學者.【夔孫錄[18]云: "顯道請先生爲諸生說書."】 先生曰: "荷顯道與諸兄[19]遠來, 某平

---

12) ◇: 以
13) 子: 成化本・賀本에서는 了로 되어 있다.
14) ◇: 是
15) ▲: 云
16) ○: 『朱子語類』의 119:8를 별도의 항목으로 나누었다.
17) 博: 成化本에서는 溥로 되어 있다.
18) 孫錄: 『小分』에서는 錄孫을 교정부호로 바로잡았다.
19) 兄: 賀本에서는 生으로 되어 있다.

日說底便是了, 要特地說, 又似無可說. 而今與公鄉里平日說不同處, 只是爭箇讀書與不讀書, 講究義理與不講究義理. 如某便謂是須當先知得, 方始行得. 如孟子所謂詖·淫·邪·遁之辭, 何與自家事? 而自家必欲知之, 何故? 若是不知其病痛所自來, 少間自家便落在裏面去了. 孔子曰: '『詩』, 可以興, 可以觀, 可以群, 可以怨, 邇之事父, 遠之事君, 多識於鳥獸草木之名.' 那上面六節, 固是當理會, 若鳥獸草木之名, 何用自家知之? 但是旣爲人, 則於天地之間物理, 須要都知得, 方可. 若頭上髻子, 便十日不梳後待如何? 便一月不梳待如何? 但須是用梳, 方得. 張子曰: '書所以維持此心, 一時放下, 則一時德性有懈.' 也是說得'維持'字好. 蓋不讀書, 則此心便無用處. 今但見得些子, 便更不肯去窮究那許多道理, 陷溺其心於淸虛曠蕩之地, 卻都不知, 豈可如此? 直卿與某相聚多年, 平時看文字甚子細, 數年在三山, 也煞有益於朋友, 今可爲某說一遍." 直卿起辭. 先生曰: "不必多讓." 顯道云: "可以只將昨日所說'有子'章申之." 於是直卿略言此章之指, 復歷述[20]聖賢相傳之心法. 旣畢, 先生曰: "仁便是本, 仁更無本了. 若說孝弟是仁之本, 則是頭上安頭, 以脚爲頭, 伊川所以將'爲'字屬'行'字讀. 蓋孝弟是仁裏面發出來底. '性中只有箇仁義禮智, 何嘗有箇孝弟來?' 它所以恁地說時, 緣是這四者是本, 發出來卻有許多事, 千條萬緒, 皆只是從這四箇物事裏面發出來. 如愛, 便是仁之發, 才發出這愛來時, 便事事有: 第一是愛親, 其次愛兄弟, 其次愛親戚, 愛故[21]舊, 推而至於仁民, 皆是從這物事發出來. 人生只是箇陰陽, 那陰中又自有箇陰陽, 陽中又自有箇陰陽, 物物皆不離這四箇. 而今且看: 如天地, 便有箇四方, 以一歲言之, 便有箇四時, 以一日言之, 便有箇晝夜昏旦, 以十二時言之, 便是四箇三, 若在人, 則只是這仁義禮智這四者. 如這火爐有四箇角樣, 更不曾折了一箇. 方未發時, 便只是仁義禮智, 及其旣發, 則便有許多事. 但孝弟至親切, 所以行仁以此爲本. 如這水流來下

---

20) 述: 賀本에서는 敍로 되어 있다.
21) 愛故: 『小分』에서는 故愛를 교정부호로 바로잡았다.

面, 做幾箇塘子, 須先從那第一箇塘子過. 那上面便是水源頭, 上面更無水了. 仁便是本. 行仁須是從孝弟裏面過, 方始到那第二箇第三箇塘子. 但據某看, 孝弟不特是行仁之本, 那三者皆然. 如親親長長, 須知親親當如何? 長長當如何? '年長以倍, 則父事之, 十年以長, 則兄事之, 五年以長, 則肩隨之', 這便是長長之道. 事君時是一般, 與上大夫言是一般, 與下大夫言是一般, 這便是貴貴之道. 如此便是義. 事親有事親之禮, 事兄有事兄之禮. 如今若▲[22]父不拜[23]後, 謂之孝弟, 可不可? 便是行禮也由此過. 孟子說: '孩提之童, 無不知愛其親, 及其長也, 無不知敬其兄.' 若是知得親之當愛, 兄之當敬, 而不違其事之之道, 這便是智. 只是這一箇物事, 推於愛, 則爲仁, 宜之, 則爲義, 行之而[24]遜, 則爲禮, 知之, 則爲智." 良久, 顯道云: "江西之學, 大要也是以行己爲先." 先生曰: "如孝弟等事數件合先做底, 也易曉, 夫子也只略略說過. 如孝弟·謹信·汎愛·親仁, 也只一處恁地說. 若是後面許多合理會處, 須是從講學中出[25]. 不然, 爲一鄉善士則可, 若欲理會得爲人許多事, 則難."【義剛】

119:9 先生因論揚, 書謂"江南人氣粗勁而少細膩, 浙人氣和平而力弱, 皆其所偏也."【揚】

119:10 浩作卷子, 疏已上條目爲問. 先生逐一說過了. 浩乞逐段下疏數語. 先生曰: "某意思到處, 或說不得, 說得◇[26], 或寫不得. 此據所見, 盡說了. 若寫下, 未必分明, 卻失了先聞[27]言語. 公只記取. 若未安, 不妨反覆."【訓邵浩.】

---

22) ▲: 見
23) 拜: 成化本·賀本에서는 揖으로 되어 있다.
24) 而: 『朱子語類』에서는 以로 되어 있다.
25) 出: 『朱子語類』에서는 來로 되어 있다.
26) ◇: 處
27) 聞: 成化本·賀本에서는 間으로 되어 있다.

119:11 砥初見, 先生問: "曾做甚工夫?" 對以近看『大學章句』, 但未知下手處. 曰: "且須先操存涵養, 然後看文字, 方始有浹洽處. 若只於文字上尋索, 不就自家心裏下工夫, 如何貫通?" 問: "操存涵養之道如何?" 曰: "才操存涵養, 則此心便在." 仲思問: "操存未能無紛擾之患." 曰: "才操, 便存. 今人多於操時不見其存, 過而操之, 愈自[28]執捉, 故有紛擾之患."【此下訓砥.】

119:12 問: "有事時須應事接物, 無事時此心如何?" 曰: "無事時, 亦只如有事▲[29]模樣, 只要此心常在也." 又問: "程子言'未有致知而不在敬', 如何?" 曰: "心若走作不定, 如何見得道理? 且如理會這一件事未了, 又要去理會那一件事, 少間都成沒理會. 須是理會這事了, 方去理會那事." 又問: "只是要主一?" 曰: "當如此." 又問: "思慮難一, 如何?" 曰: "徒然思慮, 濟得甚事? 某謂若見得道理分曉, 自無閒雜思慮. 人之所以思慮紛擾, 只緣未實見得此理. 若實見得此理, 更何暇思慮? '天下何思何慮'? 不知有甚事可思慮也." 又問: "伊川嘗教人靜坐, 如何?" 曰: "亦是他見人要多思慮, 且以此教人收拾此心耳, 若初學者亦當如此."

119:13 用之問: "動容周旋未能中禮, 於應事接物之間, 未免有礙理處, 如何?" 曰: "只此便是學. 但能於應酬之頃, 逐一點檢, 便一一合於理, 久久自能中禮也."【砥 ○訓礪.】

119:14 問『論』·『孟』疑處. 曰: "今人讀書有疑, 皆非眞疑. 某雖說了, 只做一場話說過, 於切己工夫何益? 向年在南康, 都不曾爲諸公說." 次日, 求教切己工夫. 曰: "且如『論語』說'孝弟爲仁之本', 因甚後便可以爲仁之本? '巧言令色鮮矣仁', 卻爲甚不鮮禮, 不鮮義, 而但鮮

28) 自: 成化本에서는 有로 되어 있다.
29) ▲: 時

仁? 須是如此去著體認, 實[30)]莫要才看一遍不通, 便掉下了. 蓋道▲[31)]無形象, 須體認之可矣."【以下訓煇.】

119:15 問: "私欲難克, 奈何?" 曰: "'爲仁由己, 而由人乎哉?' 所謂'克己復禮爲仁'者, 正如以刀切物. 那刀子乃我本自有之器物, 何用更借別人底? 若認我一己爲刀子而克之, 則私欲去而天理見矣."

119:16 陳芝廷秀以謝昌國尙書書, 及嘗所往來詩文來見. 且曰: "每嘗讀書, 須極力苦思, 終爾不似." 曰: "不知所讀何書?" 曰: "『尙書』·『語』·『孟』." 曰: "不知又何所思?" 曰: "只是於文義道理致思爾." 曰: "也無大段可思, 聖賢言語平鋪說在裏. 如夫子說'學而時習之', 自家是學何事? 便須著時習. 習之果能說否? '有朋自遠方來', 果能樂不樂? 今人學所以求人知, 人不見知, 果能不慍否? 至孟子見梁王, 便說箇仁義與利. 今但看自家所爲是義乎? 是利乎? 向內便是義, 向外便是利, 此甚易見. 雖不讀書, ▲[32)]恁做將去. 若是路脉[33)]正當, 卽便是義. 讀書是自家讀書, 爲學是自家爲學, 不干別人一錢[34)]事, 別人助自家不得. 若只是要人道好, 要求人知, 便是爲人, 非爲己也." 因誦子張"問達"一章, 語音琅然, 氣節慷慨, 聞者聳動!【道夫 ○以下訓芝.】

119:17 廷秀問: "今當讀何書?" 曰: "聖賢教人, 都提切己說話, 不是教人向外, 只就紙上讀了便了. 自家今且剖判一箇義利. 試自睹當自家, 今是要求人知? 要自爲己? 孔子曰: '君子喩於義, 小人喩於利.' 又曰: '古之學者爲己, 今之學者爲人.' 孟子曰: '亦有仁義而已矣, 何必曰利?' 孟子雖是爲時君言, 在學者亦是切身事. 大凡爲學, 且須分箇

---

30) 著體認, 實: 『小分』에서는 著實體認을 교정부호로 바로잡았다.
31) ▲: 本
32) ▲: 只
33) 脉: 『朱子語類』에서는 陌으로 되어 있다.
34) 錢: 賀本에서는 綫으로 되어 있다.

內外, 這便是生死路頭! 今人只一言一動, 一步一趨, 便有箇爲義爲利在裏. 從這邊便是爲義, 從那邊便是爲利, 向內便是入聖賢之域, 向外便是趨愚不肖之途. 這裏只在人劄定脚做將去, 無可商量. 若是已認得這箇了, 裏面煞有工夫, 卻好商量也." 顧謂道夫曰: "曾見陸子靜'義利'之說否?" 曰: "未也." 曰: "這是他來南康, 某請他說書, 他卻說這義利分明, 是說得好! 如云: '今人只讀書便是爲利! 如取解後, 又要得官, 得官後, 又要改官. 自少至老, 自頂至踵, 無非爲利!' 說得來痛快, 至有流涕者! 今人初生稍有知識, 此心便恁亹亹地去了, 干名逐利, 浸浸不已, 其去聖賢日以益遠, 豈不深可痛惜?"【道夫】

119:18 先生謂陳廷秀曰: "今只理會下手做工夫處, 莫問他氣稟與習. 只是是底便做, 不是底莫做, 一直做將去. 那箇萬里不留行, 更無商量. 如今推說雖有許多般樣, 到做處只是是底便做. 一任你氣稟物欲, 我只是不恁地. 如此則'雖愚必明, 雖柔必强', 氣習不期變而變矣."【道夫】

119:19 爲學有用精神處, 有惜精神處, 有合著工夫處, 有枉了工夫處. 要之, 人精神有得亦不多, 自家將來枉用了, 亦可惜. 惜得那精神, 便將來看得這文字. 某舊讀書, 看此一書, 只看此一書, 那裏得恁閑功夫錄人文字? 廷秀 行夫都未理會得這箇功夫在. 今當截頭截尾, 劄定脚跟, 將這一箇意思帖在上面. 上下四旁, 都不管他, 只見這物事在面前. 任你孔夫子見身, 也還我理會這箇了, 直須抖擻精神, 莫要昏鈍. 如救火治病, 豈可悠悠歲月?【道夫】

119:20 廷秀問: "某緣不能推廣." 曰: "而今也未要理會如此. 如佛家云: '只怕不成佛, 不怕成佛後不會說話.' 如公卻是怕成佛後不會說話了?" 廷秀又問: "莫是見到後自會恁地否?" 曰: "不用恁地問. 如今只用下工夫去理會, 見到時也著去理會, 見不到時也著去理會. 且如見得此段後, 如何便休得? 自著去理會. 見不到時, 也不曾說自家見不到便休了, 越著去理會, 理會到死! 若理會不得時, 亦無可奈何."【道夫】

119:21 陳芝拜辭, 先生贈以『近思錄』, 曰: "公事母, 可檢'幹母之蠱'看, 便自見得那道理." 因言: "『易傳』自是成書, 伯恭都摭來作「閫範」, 今亦載在『近思錄』. 某本不喜他如此, 然細點檢來, 段段皆是日用切近功夫而不可闕者, 於學者甚有益."【友仁】

119:22 問每日做工夫處. 曰: "每日工夫, 只是常常喚醒, 如程先生所謂'主一之謂敬', 謝氏所謂'常惺惺法'是也." "然. 這裏便有[35]致知底工夫. 程先生曰: '涵養須是敬, 進學則在致知.' 須居敬以窮理, 若不能敬, 則講學又無安頓處."【以下訓卓】

119:23 問: "'主一無適', 亦是遇▲[36]之時也須如此." 曰: "於無事之時這心卻只是主一, 到遇事之時也是如此. 且如這事當治不治, 當爲不爲, 便不是主一了. 若主一時, 坐則心坐, 行則心行, 身在這裏, 心亦在這裏. 若不能主一, 如何做得工夫?" 又曰: "人之心不正, 只是好惡昏了他. 孟子言: '平旦之氣, 其好惡與人相近者幾希.' 蓋平旦之時, 得夜間息得許久, 其心便明, 則好惡公: 好則人之所當好, 惡則人之所當惡, 而無私意於其間. 過此▲[37], 則喜怒哀樂紛擾於前, 則必有以動其氣, 動其氣則必動其心, 是'梏之反覆', 而夜氣不能存矣. 雖得夜間稍息, 而此心不能自明, 是終不能善也."

119:24 問: "每常遇事時也分明知得理之是非, 這是天理, 那是人欲. 然到做處, 又卻爲人欲引去, 及至做了, 又卻悔. 此是如何?" 曰: "此便是無克己工夫, 這樣處極要與他掃[38]除打疊. 如一條大路, 又有一條

35) 有: 孝宗刊本・成化本・賀本에서는 是로 되어 있다.
36) ▲: 事
37) ▲: 時

小路. 自家也知得合行大路, 然被小路有箇物事引著, 不知不覺, 走從小路去, 及至前面荊棘蕪穢, 又卻生悔. 此便是天理人欲交戰之機, 須是遇事時便與克下, 不得苟且放過. 明理以先之, 勇猛以行之. 若是上智聖人底資[39]質, 它不用著力, 自然循天理而行, 不流於人欲. 若賢人之資[40]次於聖人者, 到得遇事時, 固不會錯, 只是先也用分別教是, 而後行之. 若是中人之資[41], 須大段著力, 無一時一刻不照管克治, 始得.[42] 曾子曰: '仁以爲己任, 不亦重乎? 死而後已, 不亦遠乎?' 須是如此做工夫. 其言曰: '戰戰兢兢, 如臨深淵, 如履薄冰? 而今而後, 吾知免夫, 小子!' 直是恁地用工方得."

119:25 語黃先之病處, 數日諄諄. 先之云: "自今敢[43]不猛省?" 曰: "何用猛省? 見得這箇是要緊, 便拽轉來. 如東邊不是, 便挈[44]過西邊, 更何用猛省? 只某夜來說得不力, 故公領得尤未切. 若領會得切, 只眼下見不是, 便一何[45]打破沙瓶便了. 公今只看一箇身心, 是自家底? 是別人底? 是自家底時, 今纔挈轉, 便都是天理, 挈不轉, 便都是人欲. 要識許多道理, 是爲自家? 是爲別人? 看許多善端, 是自家本來固有? 是如今方從外面強取來, 附在身上? 只恁地看, 便灑然分明. '未之思也, 夫何遠之有?' 纔思, 便在這裏. 某嘗說, 孟子鷄犬之喩也未甚切. 鷄犬有求而不得, 心則無求而不得, 纔思, 便在這裏, 更不離步. 莊子云: '其熱焦火, 其寒凝冰, 其疾俛仰之間, 而再撫四海之外.' 心之變化如此, 只怕人自不求. 如桀·紂·盜跖[46], 他自向那邊去, 不肯思. 他

---

38) 掃: 賀本에서는 埽로 되어 있다.
39) 資: 孝宗刊本·成化本에서는 姿로 되어 있다.
40) 資: 孝宗刊本·成化本에서는 姿로 되어 있다.
41) 資: 孝宗刊本·成化本에서는 姿로 되어 있다.
42) 始得: 孝宗刊本·成化本에서는 是得으로 되어있다.
43) 敢: 成化本에서는 取로 되어 있다.
44) 挈: 成化本에서는 望으로 되어 있다.
45) 何: 『朱子語類』에서는 下로 되어 있다.
46) 跖: 賀本에서는 蹠로 되어 있다.

若纔會思, 便又在這裏. 心體無窮, 前做不好, 便換了後面一截, 生出來便是良心・善性."【賀孫】

119:26 昨夜與先之說"思則得之." 纔思, 便在這裏, 這失底已自過去了. 自家纔思, 這道理便自生. 認得著莫令斷, 如[47]得. 一節斷, 一節便不是. 今日恁地一節斷了, 明日又恁地一節斷, 只管斷了, 一向失去.【賀孫】 119:27[48] 德輔言: "自承敎誨, 兩日來讀書, 覺得只是熟時自見道理." 曰: "只是如此. 若忽下趨高以求快, 則都不是. '下學而上達.' 初學直是低."【以下訓德輔.】

119:28 德輔言: "今人看文字義理, 如何得恁不細密?" 曰: "只是不曾仔細讀那書, 枉用心, 錯思了. 孔子說: '吾嘗終日不食, 終夜不寐[49], 以思, 無益, 不如學也.' 正謂這樣底. 所謂'思而不學則殆', 殆者, 心隉杌危殆不安. 尹和靖讀得伊川說話煞熟, 雖不通透, 渠自有受用處. 呂堅中作尹「墓誌」・「祭文」云, 尹於六經之書, '耳順心通, 如誦己言.' 嘗愛此語說得好, 但和靖卻欠了思."

119:29 問汪長孺: "所讀何書?" 長孺誦『大學』所疑. 先生曰: "只是輕率. 公不惟讀聖賢之書如此, 凡說話及論人物亦如此, 只是不敬." 又云: "長孺氣麤[50], 故不仔細. 爲今工夫, 須要靜, 靜多不妨, 今人只是動多了靜. 靜亦自有說話, 程子曰: '爲學須是靜.'" 又曰: "靜多不妨. 才靜, 事都見得, 然總亦只是一箇敬."【懇】 119:30[51] 長孺向來自謂有悟, 其狂怪殊不可曉, 恰與金溪學徒相似. 嘗見受學於金溪者, 便一似𠻳[52]下箇甚物事, 被他撓得來恁地. 又如有一箇蠱在他肚中, 螬得

---

47) 如: 孝宗刊本・成化本・賀本에서는 始로 되어 있다.
48) 119:27: 『小分』에서는 119:26에 이어져 한 항목으로 편집되어 있다.
49) 寐: 『朱子語類』에서는 寢으로 되어 있다.
50) 麤: 成化本・賀本에서는 粗로 되어 있다.
51) 119:30: 『小分』에서는 119:29에 이어져 한 항목으로 편집되어 있다.

他自不得由己樣. 某又[53]皆譬云, 長孺 叔權皆是爲酒所使, 一箇善底只是發酒玆[54], 那一箇便酒顚.【必大】

119:31 姜叔權也是箇資質好底人, ▲[55]如吳公濟相似. 汪長孺正好得他這般人相處. 但叔權也昏鈍, 不是箇撥著便轉, 挑著便省底. 於道理只是慢慢思量後, 方說得. 若是長孺說話恁地橫後跳躑, 他也無奈他何.【道夫】

119:32 問孟子"如不得已"一段. 曰: "公念得'如不得已'一句字重了!【聲高】但平看, 便理會得." 因此有警, 以言語太麤[56]急也.【訓振】

119:33 先生問: "日間做甚工夫?" 震曰: "讀『大學章句』·『或問』, 玩味先生所以警策學者著實用工處." 曰: "旣知工夫在此, 便把『大學』爲主, 我且做客, 聽命於『大學』." 又問: "『或問』中載諸先生敬之說, 震嘗以'整齊嚴肅'體之於身, 往往不能久. 此心又未免出入, 不能自制." 曰: "只要常▲[57]操守, 人心如何免得出入? 正[58]如人要去, 又且留住他, 莫敎他去得遠."【訓震】

119:34 椿臨行請敎. 曰: "凡人所以立身行己, 應事接物, 莫大乎誠敬. 誠者何? 不自欺不妄之謂也. 敬者何? 不怠慢不放蕩之謂也. 今欲作一事, 若不立誠以致敬, 說這事[59]不妨胡亂做了, 做不成又付之無可奈何, 這更[60]是不能敬. 人面前底是一樣, 背後又是一樣, 外面做底

---

52) 嚥: 孝宗刊本·成化本에서는 燕으로 되어 있다.
53) 又: 賀本에서는 嘗으로 되어 있다.
54) 玆: 『朱子語類』에서는 慈로 되어 있다.
55) ▲: 正
56) 麤: 成化本·賀本에서는 粗로 되어 있다.
57) ▲: 常
58) 正: 孝宗刊本·成化本에서는 一로 되어 있다.
59) 這事: 『小分』에서는 事這를 교정부호로 바로잡았다.

事, 內心卻不然, 這箇皆不誠也. 學者之心, 大凡當以誠敬爲主."【訓椿】

119:35 紹熙[61]甲寅良月, 先生緜[62]經筵奉祠, 待命靈[63]芝, 杞往見. 首問: "曾作甚工夫?" 曰: "向蒙程先生▲[64]端蒙賜敎, 謂人之大倫有五, 緊要最是得寸守寸, 得尺守尺." 曰: "如何得這寸, 得這尺?" 曰: "大概以持敬爲本, 推而行之於五者之間." 曰: "大綱是如此." 顧蘇兄云: "凡人爲學須窮理, 窮理以讀書爲本. 孔子曰: '好古敏以求之.' 若不窮理, 便只守此, 安得有進底工夫? 如李兄所云固是. 且更窮理, 就事物上看. 窮得這箇道理到底了, 又卻窮那箇道理. 如此積之以久, 窮理益多, 自然貫通. 窮理須是窮得◇[65]底, 方始是." 杞云: "莫'致知在格物'否?" 曰: "固是. 『大學』論治國・平天下許多▲[66], 卻歸在格物上. 凡事事物物, 各有一箇道理. 若能窮得道理, 則施之事物, 莫不各當其位. 如'人君止於仁, 人臣止於敬'之類, 各有一至極道理." 又云: "凡萬物莫不各有一道理, 若窮理, 則萬物之理皆不出此." 曰: "此是'萬物皆備於我'?" 曰: "極是."【訓杞】

119:36 初投先生書, 以此心不放動爲主敬之說. 先生曰: "'主敬'二字只恁地做不得, 須是內外交相養. 蓋人心活物, 吾學非比釋氏, 須是窮理."【書中有云: "近乃微測爲學功用, 知此事乃切己事, 所係甚重", 先生擧以語朋友云: "誠是如此." 以下訓士毅】

119:37 問: "窮理莫如隨事致察, 以求其□□[67]之則." 曰: "是如此."

---

60) 更: 『朱子語類』에서는 便으로 되어 있다.
61) 熙: 賀本에서는 興으로 되어 있다.
62) 緜: 賀本에서는 由로 되어 있다.
63) 靈: 賀本에서는 露로 되어 있다.
64) ▲: 曰
65) ◇: 到
66) ▲: 事

問: "人固有◇[68]意於爲過而終陷於過者, 此則不知之失[69]. 然當不知之時, 正私意物欲方蔽錮[70], 切[71]恐雖欲致察而不得其眞." 曰: "卻[72]恁地兩相擔閣不得, 須是察." 問: "程子所謂'涵養須用敬, 進學則在致知', 不可除一句." 曰: "如此方始是." 又曰: "知與敬是先立底根脚."

119:38 "講論自是講論, 須是將來自體驗. 說一段過又一段, 何補? 某向來從師, 一日說話, 晚頭如溫書一般, 須子細看過. 有疑, 則明日又問." 問: "士毅尋常讀書, 須要將說心處將自體之以心, 言處事處推之以事, 隨分量分曉, 方放過, 莫得體驗之意否?" 曰: "亦是." 又曰: "體驗是自心裏暗自講量一次."【廣錄云: "或問: '先生謂講論固不可無, 須是自去體認. 如何是體認?' 曰: '體認是把那聽得底, 自去心裏重復思繹過. 伊川曰: "時[73]時復思繹, 浹洽於中, 則說矣." 某向來從師, 日間所聞說話, 夜間如溫書一般, 一一子細思量過. 才[74]有疑, 明日又問.'"】

119:39 士毅稟歸, 請教. 曰: "只前數日說底便是, 只要去做工夫. 如飮食在前, 須是去喫緊[75]他, 方知滋味." 又曰: "學者最怕不知蹊徑, 難與他說. 今日有一朋友將書來, 說從外面去, 不知何益. 不免說與他, 教看『孟子』'存心'一段. 人須是識得自家物事, 且如存, 若不識得他, 如何[76]如何存得? 如今旣知蹊徑, 且與他做去. 只如主敬・窮理, 不可偏廢. 這兩件事, 如踏一物一般, 踏著這頭, 那頭便動. 如行步,

---

67) □□: 『小分』에서는 공란으로 되어 있으나 『朱子語類』에서는 當然으로 되어 있다.
68) ◇: 非
69) 失: 賀本에서는 矣로 되어 있다.
70) 錮: 孝宗刊本・成化本에서는 固로 되어 있다.
71) 切: 成化本・賀本에서는 竊로 되어 있다.
72) 卻: 賀本에서는 這箇로 되어 있다.
73) 時: 『朱子語類』에는 없다.
74) 才: 賀本에서는 方으로 되어 있다.
75) 緊: 『朱子語類』에는 없다.
76) 如何: 『朱子語類』에는 없다.

左足起, 右足自來." 又曰: "更有一事, 如今學者須是莫把做外面事看. 人須要學, 不學便欠闕了他底, 學時便得箇恰好."

119:40 "人須做工夫方有疑. 初做時, 事[77]定是觸▲[78]相礙, 沒理會處. 只如居敬・窮理, 始初定分作兩段. 居敬則執持在此, 纔動則便忘了也[79]." 問: "始學必如此否?" 曰: "固然. 要知居敬在此, 動時理便自窮. 只是此話, 工夫未到時難說." 又曰: "但能無事時存養教到, 動時也會求理."

119:41 問: "如何是反身窮理?" 曰: "反身是著實之謂." 又曰: "向自家體分上求."【以下訓枅.】

119:42 問: "天理眞箇難明, 己私眞箇難克, 望有以敎之." 先生罵曰: "公不去用力, 只管說道是難. 孟子曰: '道若大路然, 豈難知哉? 人病不求耳?' 往往公亦知得這箇道理好. 纔下手, 見未有入頭處, 便說道是難, 而不肯用力, 所以空過了許多日月[80], 可惜! 可惜! 公若用力久, 亦自有箇入頭處, 何患其難?"

119:43 枅嘗問先生: "自謂矯揉之力雖勞, 而氣稟之偏自若, 警覺之念雖至, 而惰怠之習未除. 異端之敎雖非所願學, 而芒忽之差未能辨, 善・利之間雖知所決擇, 而正行・惡聲之念, 或潛行而不自覺. 先覺之微言奧論, 讀之雖間有契, 而不能浹洽於心意之間"云云. 曰: "所論皆切問近思. 人之爲學, 惟患不自知其所不足, 今旣知之, 則亦卽此而加▲[81]焉耳. 爲仁由己, 豈他人所能與? 惟讀書窮理之功不可不講也."

---

77) 事: 成化本에는 없다.
78) ▲: 著
79) 也: 孝宗刊本・英祖刊本・成化本에는 없다.
80) 日月: 『朱子語類』에서는 月日으로 되어 있다.
81) ▲: 勉

119:44 先生語枅曰: “看公意思好. 但本原處殊欠工夫, 莫如此過了日月, 可惜!”

『朱子語類』卷第一百二十

「朱子十七」

「訓門人八」【雜訓諸門人者爲此卷】

120:1 因說林擇之, 曰: "此人曉事, 非其他學者之比." 徐又曰: "到他己分, 事事卻暗."【文蔚】

120:2 先生問堯卿: "近看道理, 所得如何?" ▲[1] : "日用間有些著落, 不似從前走作." 曰: "此語亦是鶻突, 須是端的見得是如何. 譬如飮食須見那箇是好喫, 那箇滋味是如何, 不成說道都好喫."【淳】

120:3 問堯卿: "今日看甚書?" 曰: "只與安卿較量下學處." 曰: "不須比安卿. 公年高, 且據見▲[2]底道理受用. 安卿後生有精力, 日子長, 儘可闊著步去."【淳】

120:4 李丈問: "前承敎, 只據見定道理受用. 某日用間已見有些著落[3], 事來也應得去, 不似從前走作." 曰: "日用間固是如此, 也須隨自家力量成就去看如何." 問: "工夫到此, 自是不能間斷[4]得?" 曰: "'博學・審問・愼[5]思・明辨・篤行', 這箇工夫常恁地. 昔李初平欲讀書,

---

1) ▲: 曰
2) ▲: 定
3) 著落: 成化本・賀本에서는 落著로 되어 있다.
4) 間斷: 成化本에서는 問所로 되어 있다.
5) 愼: 成化本에서는 謹으로 되어 있다.

濂溪曰: ‘公老無及矣, 只待某說與公, 二年方覺悟.’ 他既讀不得書, 濂溪說與他, 何故必待二年之久覺悟? 二年中說多少事, 想見事事說與他. 不解今日一說, 明日便悟, 頓成箇別一等人, 無此理也. 公雖年高, 更着涵養工夫. 如一粒菜子, 中間含許多生意, 亦須是培壅澆灌, 方得成. 不成說道有那種子在此, 只待他自然生根生苗去. 若只見道理如此, 便要受用去, 則一日止如一日, 一年止如一年, 不會長進. 正如菜子無糞去培壅, 無水去澆灌也. 須是更將『語』·『孟』·『中庸』·『大學』中道理來涵養.” 【淳 ○義剛同.】

120:5 堯卿問: “事來斷制 【淳錄作“置.”】 不下, 當何以處之?” 曰: “便斷制不得, 也著斷制, 不成掉了.” 又問: “莫須且隨力量做去?” 曰: “也只得隨力量做去.” 又問: “事有至理, 理有至當十分處. 今已看得七八分, 待窮來窮去, 熟後自[6]解到那分數足處.” 曰: “雖未能從容, 只是熟後便自會, 只是熟, 只是熟.” 【義剛 ○淳錄略.】

120:6 傅誠 至叔請教. 曰: “聖賢教人甚分曉, 但人不將來做切己看, 故覺得讀所做時文之書與這箇異. 要之, 只是這箇書. 今人但見口頭道得, 筆下去得, 紙上寫得, 以爲如此便了. 殊不知聖賢教人初不如是, 而今所讀亦自與自家不相干涉也.” 【道夫】

120:7 與楊通老[7]說: “學問最怕悠悠. 讀書不在貪多, 未能讀從後面去, 且溫習前面已曉底. 一番看, 一番別.” 【賀孫】

120:8 通老問: “孟子說‘浩然之氣’, 如何是浩然之氣?” 先生不答. 久之, 曰: “公若留此數日, 只消把『孟子』白[8]去熟讀. 他逐句自解一句, 自家只排句讀將去, 自見得分明, 卻好來商量. 若驀地問後, 待與說將

6) 自: 成化本에서는 白으로 되어 있다.
7) 老: 成化本에서는 若으로 되어 있다.
8) 白: 成化本에서는 曰로 되어 있다.

去, 也徒然. 康節學於穆伯長, 每有扣請, 必曰: '願開其端, 勿盡其意.' 他要待自思量得. 大凡事理, 若是自去尋討得出來, 直是別."【賀孫】

120:9 語通老: "早來說無事時此理存, 有事時此理亡. 無他, 只是把事做等閒. 須是於事上窮理, 方可. 理於事本無異, 今見事來, 別把做一般看, 自然錯了."【可學】

120:10 周公謹問: "學者理會文字, 又卻昏了. 若不去看, 恐又無路可入." 曰: "便是難. 且去看聖賢氣象, 識他一箇規模. 若欲盡窮天下之理, 亦甚難, 且隨自家規模大小做去. 若是迫切求益, 亦害事, 豈不是私意?"【泳】

120:11 李公謹問: "讀書且看大意, 有少窒礙處, 且放過, 後來旋理會, 如何?" 曰: "公合下便立這規模, 便不濟事了. 才恁地立規模, 只是要苟簡. 小處曉不得, 也終不見大處. 若說窒礙, 到臨時十分不得已, 只得且放下. 如何先如此立心?"【賀孫】

120:12 語敬子云[9]: "讀書須是心虛一而靜, 方看得道理出. 而今自家心只是管外事, 硬定要如此, 要別人也如此做, 所以來這裏看許多時文字, 都不濟事, 不曾見有長進. 是自家心只在門[10]外走, 與人相抵拒在這裏, 不曾入得門中, 不知屋裏是甚模樣. 這道▲[11]本自然, 不消如此. 如公所言, 說得都是, 只是不曾自理會得公身上事, 所以全然無益. 只是硬椿定方法抵拒將去, 全無自然意思, 都無那活底水, 只是聚得許多死水." 李曰: "也須是積將去." 曰: "也只積得那死水, 那源頭活水不生了. 公只是每日硬用力推這車子, 只見費力. 若是有活水來, 那車子自轉, 不用費力." 李曰: "恐才如此說, 不善聽者放寬, 便不濟事."

9) 云: 賀本에서는 曰로 되어 있다.
10) 門: 孝宗刊本에서는 問으로 되어 있다.
11) ▲: 理

曰: “不曾教你放寬. 所以學問難, 才說得寬, 便不著緊, 才太緊, 又不濟事. 寬固是便狼狽, 然緊底下梢頭也不濟事.”【僩】

120:13 敬子問: “人患多懼, 雖明知其不當懼, 然不能克. 莫若且强制此心使不動否?” 曰: “只管强制, 也無了期. 只是理明了, 自是不懼, 不須强制.”【僩】

120:14 胡叔器問: “每常多有恐懼, 何由可免?” 曰: “須是自下工夫, 看此事是當恐懼不當恐懼. 『遺書』云: ‘治怒難, 治懼亦難. 克己可以治怒, 明理可以治懼.’ 若於道理見得了, 何懼之有?”【義剛】

120:15 問叔器: “看文字如何?” 曰: “兩日方在思量顏子樂處.” 先生疾言曰: “不用思量. 他只是[12]‘博我以文, 約我以禮’後, 見得那天理分明, 日用間義理純熟後, 不被那人欲來苦楚, 自恁地快活. 而今只去博文約禮, 便自見得. 今卻索之於杳冥無朕之際, 去何處討這樂處? 將次思量得成病. 而今一部『論語』, 說得恁地分明, 自不用思量, 只要著實去用工. 前日所說人心・道心, 便只是這兩事. 只去臨時思量那箇是人心, 那箇是道心. 便顏子也只是使人心聽◇[13]於道心, 不被人心勝了道心. 今便須是常常揀擇敎精, 使道心常常在裏面如箇主人, 人心只如客樣. 常常如此無間斷, 便能‘允執厥中.’”【義剛】

120:16 胡問靜坐用功[14]之法. 曰: “靜坐只是恁靜坐, 不要閑勾當, 不要閑思量, 也無法.” 問: “靜坐時思一事, 則心倚靠在事上, 不思量, 則心無所倚靠, 如何?” 曰: “不須得倚靠. 若然, 又是道家數出入息, 目視鼻端白一般. 他亦是心無所寄寓, 故要如此倚靠. 若不能斷得思量, 又不如且恁地, 也無害.”【淳 ○義剛錄同. 又曰: “靜坐息閑雜思量, 則養得

12) 是: 賀本에서는 道로 되어 있다.
13) ◇: 命
14) 功: 賀本에서는 工으로 되어 있다.

來便條暢."】

120:17 胡叔器患精神短. 曰: "若精神少, 也只是做去. 不成道我精神少, 便不做. 公只是思索義理不精, 平日讀書只泛泛地過, 不曾貼理[15]細密思量. 公與安卿之病正相反. 安卿思得義理甚精, 只是要將那麤底物事都掉了. 公又不去義理上思量, 事物來, 皆柰何不得. 只是不曾向裏去理會. 如入市見鋪席上都是好物事, 只是自家沒錢買得, 如書冊上都是好說話, 只是自家無柰▲[16]何. 如黃兄前日說忠恕. 忠恕只是體用, 只是一箇物事, 猶形影, 要除一箇除不得. 若未曉, 且看過去, 卻[17]時復把來玩味, 少間自見得." 叔器曰: "安卿[18]在遠方. 望先生指一路脈, 去歸自尋." 曰: "見行底便是路, 那裏有別底路來? 道理星散在事物上, 卻無總在一處底. 而今只得且將『論』·『孟』·『中庸』·『大學』熟看. 如『論語』上看不出, 少間就『孟子』上看得出. 『孟子』上底, 只是『論語』上底, 不可道『孟子』勝『論語』. 只是自家已前看不到, 而今方見得到." 又問: "'優游涵泳, 勇猛精進'字如何?" 曰: "也不須恁地立定牌牓, 【淳錄作"做題目."】 也不須恁地起草, 只做將去." 又問: "應事當如何[19]?" 曰: "士人在家有甚大事? 只是著衣喫飯, 理會眼前事而已. 其他天下事, 聖賢都說十分盡了. 今無他法, 爲高必因丘陵, 爲下必因川澤, 自家只就他說話上寄搭些工夫, 便都是我底. 某舊時看文字甚費力. 如『論』·『孟』, 諸家解有一箱, 每看一段, 必檢許多, 各就諸說上推尋意脈, 各見得落著, 然後斷其是非. 是底都抄出, 一兩字好亦抄出. 雖未如今『集注』簡盡, 然大綱已定. 今『集注』只是就那上刪來, 但人不著心, 守見成說, 只草草看了. 今試將『精義』來參看一兩段, 所以去取底是如何, 便自見得. 大抵事要思量, 學要講. 如

---

15) 理: 『朱子語類』에서는 裏로 되어 있다.
16) ▲: 他
17) 卻: 賀本에서는 那로 되어 있다.
18) 卿: 孝宗刊本·成化本·賀本에서는 之로 되어 있다.
19) 如何: 賀本에서는 何如로 되어 있다.

古人一件事, 有四五人共做. 自家須看那人做得是, 那人做做[20]得不是. 又如眼前一件事, 有四五人共議, 甲要如此, 乙要如彼. 自家須見那人說得是, 那人說得不是. 便待思量得不是, 此心曾經思量一過, 有時那不是底發我這是底. 如十箇物事, 團九箇不著, 那一箇便著, 則九箇不著底, 也不是枉思量. 又如講義理有未通處, 與朋友共講. 十人十樣說, 自家平心見[21]那箇不是. 或他說是底, 卻發得自家不是底, 或十人都說不是, 有時因此發得自家是底. 所以適來說, 有時是這處理會得, 有時是那處理會得, 少間便都理會得. 只是自家見識到, 別無法. 學者須是撒▲[22]心胸, 事事逐件都與理會過. 未理會得底, 且放下, 待無事時復將來理會, 少間甚事理會不得?"【義剛】

120:18 林恭甫問: "『論語』記門人問答之辭, 而「堯曰」一篇乃記堯・舜・湯・武許多事, 何也?" 曰: "不消恁地理會文字, 只消理會那道理. 譬如喫飯, 椀中盛得飯, 自家只去喫, 看那滋味如何, 莫要問他從那處來.「堯曰」一篇, 某也嘗見人說來, 是夫子嘗誦述前聖之言, 弟子類記於此. 先儒亦只是如此說. 然道理緊要卻不在這裏, 這只是外面一重, 讀書須去裏面理會. 譬如看屋, 須看那房室[23]間架, 莫要只去看那外面墻壁粉飾. 如喫荔枝, 須喫那肉, 不喫那皮. 公而今卻是剝了◇[24]肉, 卻喫那皮核! 讀書須是以自家之心體驗聖人之心. 少間體驗得熟, 自家▲[25]心便是聖人之心. 某自二十時看道理, 便要看▲[26]裏面. 嘗看上蔡『論語』, 其初將紅筆抹出, 後又用青筆抹出, 又用黃筆抹出, 三四番後, 又用黑[27]筆抹出, 是要看[28]那精底. 看道理, 須是漸漸向裏尋

20) 做:『朱子語類』에는 없다.
21) 見:『朱子語類』에서는 看으로 되어 있다.
22) ▲: 開
23) 室: 賀本에서는 屋으로 되어 있다.
24) ◇: 那
25) ▲: 之
26) ▲: 那
27) 黑:『朱子語類』에서는 墨으로 되어 있다.

到那精英處, 方是. 如射箭: 其初方上垛, 後來又要中帖, 少間又要中第一暈, 又要中第二暈, 後又要到紅心. 公而今只在垛之左右, 或上或下, 卻不要中的, 恁地不濟事. 須是子細看, 看得這一般熟後, 事事書都好看. 便是七言雜字, 也有道理. 未看得時, 正要去緊要處鑽, 少間透徹, 則無書不可讀. 而今人不去理會底, 固是不足說, 去理會底, 又不知尋緊要處, 也都討頭不著."【義剛】

120:19 子升問: "向來讀書, 病於草草, 所以多疑而無益. 今承先生之教, 欲自『大學』溫去." 曰: "然. 只是著便把做事. 如說持敬[29], 便須入隻脚在裏面做, 不可只作說話看了."【木之】

120:20 子升問: "主一工夫兼動靜否?" 曰: "若動時收斂心神在一事上, 不胡亂思想, 東去西去, 便是主一." 又問: "由敬可以至誠否?" 曰: "誠自是眞實, 敬自是嚴謹. 如今正不要如此看, 但見得分曉了, 便下工夫做將去. 如'整齊嚴肅', '其心收斂', '常惺惺'數條, 無不通貫."【木之】

120:21 子升問遇事心不存之病. 曰: "只隨處警省, 收其放心, 收放只在自家俄頃瞬息間耳." 或擧先生「與呂子約書」, 有"知其所以爲放者而收之, 則心存矣." 此語最切要. 又問曾子謂孟敬子"君子所貴乎道者三"之意. 曰: "曾子之意, 且將對下面'籩豆之事則有司存'說. 言君子動容貌, 要得遠暴慢, 正顏色, 要得近信, 出辭氣, 要得遠鄙倍. 此其本之所當先者. 至於'籩豆之事則有司存', 蓋末而當後者耳, 未說到做工夫上. 若說三者工夫, 則在平日操存省察耳."【木之】

120:22 黎季成問: "向來工夫零碎, 今聞先生之誨, 乃見得人之所任

28) 看: 『朱子語類』에서는 尋으로 되어 있다.
29) 敬: 孝宗刊本에서는 做로 되어 있다.

甚重, 統體通貫." 曰: "季成只是守舊窠窟, 須當進步." 【蓋卿】

120:23 敬之【黃名顯子】. 問: "理旣明於▲[30], 須又見這樣子, 方始安穩." 曰: "學問思辨, 亦皆是學. 但學是習此事, 思是思量此理者. 只說見這樣子又不得, 須是依樣去做. 然只依本畫葫蘆又不可, 須是百方自去尋討, 始得." 【寓】

120:24 語敬之: "今看文字, 專要看做裏面去. 如何裏面也更無去處, 不著[31]得許多言語? 這裏只'主一無敵[32]', '敬以直內', 涵養去. 嘗謂文字寧是看得淺, 不可太深, 寧是低看, 不可太高. 蓋淺近雖未能到[33]那切近處, 更就上面推尋, 卻有見時節. 若太深遠, 更無回頭時. 恰似[34]人要來建陽, 自信州來, 行到崇安歇了, 卻不妨, 明日更行, 須會到. 若不問來由, 一向直走過均亭去, 迤邐前去, 更無到建陽時節." 【寓】

120:25 語敬之曰: "這道理也只是如此看. 須是自家自奮迅做去, 始得. 看公大病痛只在箇懦弱, 須是便勇猛果決, 合做便做. 不要安排, 不要等・待, 不要靠別人, 不要靠書籍言語, 只是自家自檢點. 公曾看『易』, 『易』裏說陽剛陰柔, 陰柔是極不好." 【賀孫】

120:26 語黃敬之: "須是打撲精神, 莫教恁地慢. 慢底須是橋[35]教緊, 緊底須是莫放教慢." 【賀孫】

120:27 語敬之曰: "敬之意氣甚弱, 看文字都恁地遲疑不決, 只是不見得道理分明." 賀孫問: "先生向令敬之看『孟子』. 若讀此書透, 須自

---

30) ▲: 心
31) 著: 賀本에서는 看으로 되어 있다.
32) 敵: 『朱子語類』에서는 適으로 되어 있다.
33) 能到: 『小分』에서는 到能를 교정부호로 바로잡았다.
34) 似: 賀本에서는 是로 되어 있다.
35) 橋: 成化本에서는 撟로 되어 있고, 賀本에서는 矯로 되어 있다.

變得氣質否?" 曰: "只是道理明, 自然會變. 今且說讀『孟子』, 讀了只依舊是這箇人, 便是不曾讀, 便是不曾得他裏面意思, 『孟子』自是『孟子』, 自家身已自是自家身己. 讀書看道理, 也須著些氣力, 打撲精神, 看教分明透徹, 方於身上有功. 某近來衰晚, 不甚著力看文字. 若舊時看文字, 有一段理會未得, 須是要理會得, 直是辛苦! 近日卻看得平易. 舊時須要勉强說教得, 方了, 要知初間也著如此著力. 看公如今只恁地慢慢, 要進又不敢進, 要取又不敢取, 只如將手恁地探摸, 只怕物事觸了手相似. 若恁地看文字, 終不見得道理, 終不濟事, 徒然費了時光. 須是勇猛向前, 匹馬單鎗做將去看如何, 只管怕箇甚麽? '彼丈夫也, 我丈夫也, 吾何畏彼哉?' 他合下也有許多義理, 自家合下也有許多義理, 他做得, 自家也做得. 某近看得道理分明, 便是有甚利害[36], 有甚禍福, 直是不怕. 只是見得道理合如此, 便做將去."【賀孫】

120:28 黃敬之有書, 先生示人傑. 人傑云: "其說名義處, 或中或否. 蓋彼未有實功, 說得不濟事." 曰: "也須要理會. 若實下功夫, 亦須先理會名義, 都要著落. 彼謂'易者心之妙用, 太極者性之本體', 其說有病. 如伊川所謂'其體則謂之易, 其理則謂之道, 其用則謂之神', 方說得的當. 然伊川所謂'體'字, 與'實'字相似, 乃是該體・用而言. 如陰陽動靜之類, 畢竟是陰爲體, 陽爲用, 靜而動, 動而靜, 是所以爲易之體也." 人傑云: "向見先生云, 體是形體, 卻是著形氣說, 不如說該體・用者爲備耳." 曰: "若作形氣說, 然卻只說得一邊. 惟說作該體・用, 乃爲全備, 卻統得下面'其理則謂之道, 其用則謂之神'兩句."【人傑】

120:29 "某平生不會懶, 須[37]甚病, 然亦一心欲向前做事, 自是懶不得. 今人所以懶, 未必是眞箇怯弱, 自是先有畏事之心. 纔見一事, 便料其難而不爲. 緣先有箇畏縮之心, 所以習成怯弱而不能有所爲也."

---

36) 利: 孝宗刊本・成化本에서는 刑으로 되어 있다.
37) 須: 『朱子語類』에서는 雖로 되어 있다.

昌父云: “某平生自覺血氣弱, 日用工夫多只揀[38]易底事做. 或尙論人物, 亦只取其與己力量相近者學之, 自覺難處進步不得也.” 曰: “便當因[39]這易處而益求其所謂難, 因這近處而益求其所謂遠, 不可只守這箇而不求進步. 縱自家力量到那難處不得, 然不可不勉慕而求之. 今人都是未到那做不得處, 便先自懶怯了. 雖是怯弱, 然豈可不向前求其難者遠者? 但求之, 無有不得. 若眞箇著力求而不得, 則無如之何也.” 趙曰: “某幸聞諸老先生之緖言, 粗知謹守, 而不敢失墜爾.” 曰: “固是好, 但終非活法爾.”【僩】

120:30 昌父辭, 請敎. 曰: “當從實處作工夫.”【可學】

120:31 饒幹 廷老問: “今之學者不是忘, 便是助長.” 曰: “這只是見理不明耳. 理是自家固有底, 從中而出, 如何忘得? 使他見之之明, 如飢而必食, 渴而必飮, 則何忘之有? 如食而至於飽則止, 飮而至於滿腹則止, 又何助長之有? 此皆是見理不明之病.”【道夫】

120:32 先生謂饒廷老曰: “觀公近日都汨沒了這箇意思[40]. 雖縣事叢冗, 自應如此, 更宜做功[41]夫.”【蓋卿】

120:33 二彭【尋 · 蠡】 初見, 問平居做甚工夫. 曰: “爲科擧所累, 自時文外不曾爲學.” 曰: “今之學者多如此. 然旣讀聖人書, 當反身而求可也.” 二公頗自言其居家實踐等事. 曰: “躬行固好, 亦須講學. 不講學, 遇事便有嵲屼不自安處. 講學明, 則坦坦地行將去. 此道理無出聖人之言, 但當熟讀深思. 且如人看生文字與熟文字, 自是兩般. 旣熟時, 他人說底便是我底. 讀其他書, 不如讀『論語』最要, 蓋其中無所不

---

38) 揀: 孝宗刊本에서는 楝으로 되어 있다.
39) 因: 賀本에는 없다.
40) 意思: 『小分』에서는 思意를 교정부호로 바로잡았다.
41) 功: 賀本에서는 工으로 되어 있다.

有. 若只躬行而不講學, 只是箇鶻突底好人." 又曰: "『論語』只是箇坯璞子, 若子細理會, 煞有商量處."【謨】

120:34 語泉州 趙公曰: "學固不在[42]乎讀書, 然不讀書, 則義理無由明. 要之, 無事不要理會, 無書不要讀. 若不讀這一件書, 便闕了這一件道理, 不理會這一事, 便闕這一事道理. 要他底, 須著些精彩方得, 然泛泛做又不得. 故程先生教人以敬爲本, 然後心定理明. 孔子言'出門如見大賓'云云, 也是散說要人敬. 但敬便是箇關聚底道理, 非專是閉目靜坐, 耳無聞, 目無見, 不接事物, 然後爲敬. 整齊收斂, 這身心不敢放縱, 便是敬. 嘗謂'敬'字似甚字? 恰似箇'畏'字相似."【寓】

120:35 蕭兄問心不能自把捉. 曰: "自是如此. 蓋心便能把捉自家, 自家卻如何把捉得他? 唯有以義理涵養耳." 又問: "'持其志', 如何卻又要主張?" 曰: "志是心之發, 豈可聽其自放而不持之? 但不可硬守定耳."【蓋卿】

120:36 問曾光祖曰: "公讀書, 有甚大疑處?" 曰: "覺見持敬不甚安." 曰: "初學如何便得安? 除是孔子方始'恭而安.' 今人平日恁地放肆, 身心一下自是不安. 初要持敬. 也須有些勉强. 但須覺見有些子放去, 便須收斂提掇起, 教在這裏, 常常相接, 久後自熟." 又曰: "雖然這箇也恁地把捉不得, 須是先理會得箇道理. 而今學問, 便只要理會一箇道理. '天生烝民, 有物有則.' 有一箇物, 便有一箇道理. 所以『大學』之道, 教人去事物上逐一理會得箇道理. 若理會一件未得, 直須反覆推窮研究[43], 行也思量, 坐也思量, 早上思量不得, 晚間又把出思量, 晚間思量不得, 明日又思量. 如此, 豈有不得底道理? 若只略略地思量, 思量不得便掉了, 如此千年也理會不得, 只管責道是自家魯鈍. 某常

42) 在: 孝宗刊本에서는 有로 되어 있다.
43) 推窮研究: 『朱子語類』에서는 推究研窮로 되어 있다.

謂, 此道理無他, 只是要熟. 只是今日把來恁地看過, 明日又把來恁地看過, 看來看去, 少間自然看得. 或有看不得底, 少間遇著別事▲[44]沒鼻, 也會自然觸發, 蓋爲天下只是一箇道理."【賀孫】

120:37 光祖說: "『大學』首尾該貫,【此處必有脫字.】 初間看, 便不得如此. 要知道理只是這箇道理, 只緣失了多年, 卒急要尋討不見. 待只管理會敎熟, 卻便這箇道理, 初間略見得些少時也似." 白[45]: "生恁地, 自無安頓去處. 到後來理會熟了, 便自合當如此. 如一件器用掉在所在多年, 卒乍要討, 討不得. 待尋來尋去, 忽然討見, 卽是元初的定底物事."【賀孫】

120:38 光祖說: "治國·平天下, 皆本於致知·格物, 看▲[46]只是敬." 又擧伊川說"內直則外無不方." 曰: "伊川亦只是大體如此說. 看來世上自有一般人, 不解恁地內直外便方正, 是只[47]了得自身己, 遇事應物, 都顚顚倒倒沒理會. 『大學』須是要人窮理. 今來一種學問, 正坐此病. 只說我自理會得了, 其餘事皆裁[48]斷, 不必理會, 自會做得, 更不解商[49]量, 更不解講究, 到做出都不合義理. 所以聖人說'敬以直內', 又說'義以方外', 是見得世上有這般人. 學者須是要窮理, 不論小事大事, 都識得通透. 直得[50]自本至末, 自頂至踵, 並無些子夾雜處. 若說自家資質恁地好, 只消恁地做去, 更不解理會其他道理, 也不消問別人, 這倒是夾雜, 倒是私意."【賀孫】

120:39 光祖告行, 云: "蒙敎誨讀『大學』, 已略知爲學之序. 平日言

---

44) ▲: 沒巴
45) 白: 孝宗刊本·成化本·賀本에서는 曰로 되어 있다.
46) ▲: 來
47) 是只: 賀本에서는 只是로 되어 있다.
48) 裁: 孝宗刊本·成化本·賀本에서는 截로 되어 있다.
49) 商: 孝宗刊本에서는 箇로 되어 있고, 成化本에서는 個로 되어 있다.
50) 直得: 『小分』에서는 得直을 교정부호로 바로잡았다.

語動作, 亦自常去點檢. 又恐有發露而不自覺, 乞指示箴戒.” 曰: “看公意思遲重, 不到有他過. 只是看文字上, 更子細加功, 更須著51)些精采.”【賀孫】

120:40 曾問: “讀『大學』已知綱目次第了, 然大要用工夫, 恐在‘敬’之一字. 前見伊川說‘敬以直內, 義以方外’處.” 先生曰: “能‘敬以直內’矣, 亦須‘義以方外’, 方能知得是非, 始格得物. 不以義方外, 則是非好惡不能分別, 物亦不可格.” 曾又問: “恐敬立則義在其中, 伊川所謂‘弸諸中, 彪諸外’, 是也.” 曰: “雖敬立而義在, 也須認得實, 方見得. 今有人雖胸中知得分明, 說出來亦是見得千了百當, 及到應物之時, 顚倒錯謬, 全是私意. 不知聖人所謂敬義處, 全是天理, 安得有私意?” 因言: “今釋老所以能立箇門戶恁地, 亦是他從旁窺得近似. 他所謂敬時, 亦却是能敬, 更有‘笠影’之喩.”【卓】

120:41 程次卿自述: “向嘗讀伊・洛書. 妄謂人當隨事而思, 視時便思明, 聽時便▲52)聰. 視聽不接時, 皆不可有所思, 所謂‘思不出其位.’ 若無事而思, 則是紛紜妄想.” 曰: “若閑時不思量義理, 到臨事而思, 已無及. 若只塊然守自家箇軀殼, 直到有事方思, 閒時都莫思量, 這卻甚易, 只守此一句足矣. 聖賢千千萬萬, 在這裏何用? 如公所說, 則六經・『語』・『孟』之書, 皆一齊不消存得. 以孔子之聖, 也只是好學: ‘我非生而知之者, 好古敏以求之者也.’ ‘文・武之道未墜於地, 在人: 賢者識其大者, 不賢者識其小者, 莫不有文・武之道焉. 夫子焉不學? 而亦何常師之有?’ 若說閒時都莫思, 則世上大事小事, 都莫理會. 如此, 卻都無難者. 事事須先理會, 知得了, 方做得行得. 何故『中庸』卻不先說‘篤行之’, 卻先說‘博學之, 審問之, 愼53)思之, 明辨之’? 『大學』何故卻不先說‘正心誠意’? 卻先說致知是如何如何? 『孟子』卻說道‘詖

51) 著: 孝宗刊本에서는 看으로 되어 있다.
52) ▲: 思
53) 愼: 成化本에서는 謹으로 되어 있다.

辭知其所蔽, 淫辭知其所陷, 邪辭知其所離, 遁辭知其所窮'? 若如公說, 閒時卻[54]不消思量." 季通問: "程君之意是如何?" 曰: "他只要理會自家這心在裏面, 事至方思, 外面事都不要思量理會." 蔡云: "若不理會得世上許多事, 自家裏面底也怕理會不得." 曰: "只據他所見, 自守一箇小小偏枯底物事, 無緣只[55]得大體." 因顧賀孫曰: "公鄉間陳叔向正是如此. 如他說格物云: '物是心, 須是格住這心. 致知如了了的當, 常常知覺.' 他所見旣如彼, 便將聖賢說話都入他腔裏面, 不如此則他所學無據. 這都是不曾平心讀聖賢之書, 只把自家心下先頓放在這裏, 卻捉聖賢說話壓在裏面. 如說隨事而思, 無事不消思, 聖賢也自有如此說時節, 又自就他地頭說. 只如公說'思不出其位', 也不如公說, 這'位'字都[56]不是只守得這軀殼. 這'位'字煞大, 若見得這意思, 天下甚麽事不關自家身己? 極而至於參天地, 贊化育, 也只是這箇心, 都只是自家分內事." 蔡云: "陸子靜正是不要理會許多. 王道夫乞朝廷以一監書賜象山, 此正犯其所忌." 曰: "固是." 蔡云: "若一向是禪時, 也終是高." 曰: "只是許多模樣, 是甚道理如此? 若實見得自家底分明, 看破[57]許多道理, 不待辨而明. 如今諸公說道這箇也好, 某敢百口保其自見不曾分明. 如云洛底也是, 蜀底也是, 某定道他元不曾理會得. 如熙・豐也不是, 元祐也不是, 某定保他自元不曾理會得. 如云佛氏也好, 老氏也好, 某定道他元不曾理會得. 若見得自底分明, 是底直是是, 非底直是非, 那得恁地含含胡胡, 怕觸著人, 這人也要周旋, 那人也要周旋?" 【賀孫】

120:42 程又問: "某不是▲[58]道閒時全不去思量, 意謂臨事而思, 如讀書時只思量這書." 曰: "讀書時思量: 書, 疊了策時, 都莫思量去. 行

54) 卻: 成化本 賀本에서는 都로 되어 있다.
55) 只: 『朱子語類』에서는 知로 되어 있다.
56) 都: 『朱子語類』에서는 卻으로 되어 있다.
57) 破: 孝宗刊本에서는 被로 되어 있고, 賀本에서는 彼로 되어 있다.
58) ▲: 說

動時心下思量書都不得. 在這裏坐, 只思量這裏事, 移過那邊去坐, 便不可思量這裏事. 今日只思量今日事, 更不可思量明日事. 這不成說話? 試自去平心看聖賢書, 都自說得盡."【賀孫】

120:43 吳伯英初見, 問: "書如何讀?" 曰: "讀書無甚巧妙, 只是熟讀. 字字句句, 對注解子細辯認語意. 解得一遍[59]是一遍[60]工夫, 解得兩遍[61]是兩遍[62]工夫. 工夫熟時, 義理自然通貫, 不用問人." 先生問: "居[63]常看甚文字?" 曰: "曾讀『大學』." 曰: "看得如何?" 曰: "不過尋行數墨, 解得文義通, 自不會[64]生眼目於言外求意." 曰: "如何是言外意?" 曰: "且如臣之忠, 子之孝, 火之熱, 水之寒, 只知爲臣當忠, 爲子當孝, 火性本熱, 水性本寒, 不知臣之所以忠, 子之所以孝, 火之所以熱, 水之所以寒." 曰: "格物只是就事物上求箇當然之理. 若臣之忠, 臣自是當忠, 子之孝, 子自是當孝. 爲臣試不忠, 爲子試不孝, 看自家心中如何? 火熱水寒, 水火之性自然如此. 凡事只是尋箇當然, 不必過求, 便生鬼怪."【僩】

120:44 吳伯英問: "某當從致知・持敬, 如此用工夫?" 曰: "此自吾友身上合做底事, 不須商量."【蓋卿】

120:45 吳伯英問持敬之義. 曰: "且放下了持敬, 更須向前進一步." 問: "如何是進步處?" 曰: "心中若無一事時, 便是敬."【蓋卿】

120:46 吳伯英講書. 先生因曰: "凡人讀書, 須虛心入裏玩味道理, 不可只說得皮膚上. 譬如一食物, 滋味盡在裏面, 若只舐噬其外, 而不

59) 遍: 賀本에서는 徧으로 되어 있다.
60) 遍: 賀本에서는 徧으로 되어 있다.
61) 遍: 賀本에서는 徧으로 되어 있다.
62) 遍: 賀本에서는 徧으로 되어 있다.
63) 居: 賀本에서는 尋으로 되어 있다.
64) 會: 賀本에서는 曾으로 되어 있다.

得其味, 無益也."

120:47 問器遠所學來歷. 曰: "自年二十從陳先生. 其教人讀書, 但令事事理會, 如讀『周禮』, 便理會三百六十官如何安頓, 讀『書』, 便理會二帝·三王所以區處天下之事, 讀『春秋』, 便理會所以待伯者予奪之義. 至論身己上工夫, 說道: '〈形而上者謂之道, 形而下者謂之器〉. 器便有道, 不是兩樣, 須是識禮樂法度皆是道理.'" 曰: "禮樂法度, 古人不是不理會[65]. 只是古人都是見成物事, 到合用時便將來使. 如告顏淵'行夏之時, 乘殷之輅', 只是見成物事. 如學字一般, 從小兒便自曉得, 後來只習教熟. 如今禮樂法度都一齊散亂[66], 不可稽考, 若著心費力在上面, 少間弄得都困了."【賀孫】

120:48 器遠言: "少時好讀伊·洛諸書. 後來見陳先生, 卻說只就事上理會, 較著實. 若只管去理會道理, 少間恐流於空虛." 曰: "向見伯恭亦有此意, 卻以『語』·『孟』爲虛著[67]. 『語』·『孟』開陳許多大本原, 多少的實可行, 反以爲恐流於空虛, 卻把『左傳』做實, 要人看. 殊不知少間自都無主張, 只見許多神頭鬼面, 一場沒理會, 此乃是大不實也! 又只管教人看史書, 後來諸生都衰了. 如潘叔度臨死, 卻去討佛書看, 且是止不得. 緣是他那裏都無箇捉摸, 卻▲[68]尋討這箇. 如人乘船, 一齊破散了, 無柰何, 將一片板且守得在這裏." 又曰: "孟子曰: '作於其心, 害於其事, 作於其事, 害於其政.' 若不就自家身心理會教分明, 只道有些病痛不妨, 待有事來旋作安排, 少間也把捉得一事了, 只是有些子罅縫, 少間便是一箇禍端. 這利害非輕, 假饒你盡力極巧, 百方去做, 若此心有些病根, 只是會不好." 又曰: "又有說道, 身己自著理會, 一種應出底事又自著理會, 這分明分做兩邊去. 不知古人說修身而天

---

65) 理會: 『小分』에서는 會理를 교정부호로 바로잡았다.
66) 散亂: 賀本에서는 亂散으로 되어 있다.
67) 著: 成化本에서는 看으로 되어 있다.
68) ▲: 來

下平, 須說做不是始得. 『大學』云‘物格而後知至[69], 知至而後意誠’云云, 今來卻截斷一項, 只便要理會平天下, 如何得?” 又曰: “聖門之中, 得其傳者惟顏子. 顏子之問, 夫子之答有二項: 一則問爲仁, 一則問爲邦. 須知得那箇是先, 那箇是後. 也須從‘克己復禮’上做來, 方可及爲邦之事, 這事最分曉可見.” 又曰: “公適來說君擧要理會經世之學. 今且理會一件要緊事, 如國家養許多歸明・歸正及還軍年老者, 費▲[70]食供之, 州郡困乏, 展轉二三十年, 都縮手坐視其困. 器遠且道合如何商量? 去之則傷恩, 養之則益困. 若壯資其力, 而老棄其人, 是大不可, 須有箇措置[71].” 器遠言: “鄕間諸先生嘗懷見先生之意, 卻不得面會剖析, 使這意思合.” 一曰[72]: “某不是要敎人步步相循, 都來入這圈套. 只是要敎人分別是非敎明白, 是底還他是, 不是底還他不是, 大家各自著力, 各自撑柱[73]. 君盡其職, 臣效其功, 各各行到大路頭, 自有箇歸一處. 是乃不同之同, 乃所以爲眞同也. 若乃依阿鶻突, 委曲包含, 不別是非, 要他[74]成一片, 定是不可.”【賀孫】

120:49 器遠問: “初學須省事, 方做得工夫.” 曰: “未能應得事, 終是省好. 然又怕要去省, 卻有不省病痛. 某嘗▲[75]有時做事要省些工夫, ▲[76]得做出卻有不好, 卻不厭人意. 且如出路要減些用度令簡便, 到要用時沒討處, 也心煩, 依前是不曾省得. 若可無事時, 且省儘好. 若主家事, 及父母在上, 當代勞役, 終不成掉了, 去閒所在坐不管. 省事固好, 然一向不經歷, 得到[77]事來, 卻會被他來倒了.” 問: “處鄕黨固

69) 知至: 『小分』에서는 至知를 교정부호로 바로잡았다.
70) ▲: 糧
71) 措置: 賀本에서는 指實로 되어 있다.
72) 一曰: 賀本에서는 又曰로 되어 있다.
73) 柱: 英祖刊本・成化本에서는 拄로 되어 있다.
74) 他: 『朱子語類』에서는 打로 되어 있다.
75) ▲: 看
76) ▲: 到
77) 得到: 『朱子語類』에서는 到得로 되어 있다.

當自盡, 不要理會別人. 若有事與己相關, 不可以不說, 當如何?" 曰: "若合說, 便著說, 如所謂'若要他[78]頭也須說'? 若是不當自家說, 與其人不可說, 則只得不說. 然自家雖然是不說, 也須示之以不然之意. 只有箇當說與不當說, 若要把他不是處做是說, 便決是不可." 【賀孫】

120:50 曹問: "先生所解'致知格物'處, 某卽就這上做去. 如未能到貫通處, 莫也無害否?" 曰: "何謂無害? 公只是不曾學, 豈有不貫通處? 學得熟便通. 且如要去所在, 須是去到, 方得. 若行得一日, 又說恐未必能到, 若如此, 怎生到得? 天下只有一箇道理, 緊包在那下, 撒破便光明, 那怕不通?" 【曹叔遠】

120:51 又問: "如孟子言'勿忘, 勿助長', 卻簡易. 而今要從細碎做去, 卻怕不能貫通." 曰: "'勿忘, 勿助長', 自是言養氣, 試取孟子說處子細看. 大凡爲學, 最切要處在吾心身, 其次便是做事, 此是的實緊切處. 又那裏見得如此? 須是聖人之言. 今之學者, 須是把聖人之言來窮究, 見得身心要如此, 做事要如此. 天下自有一箇道理若大路然, 聖人之言, 便是那引路底."

120:52 江文卿博識群書, 因感先生之敎, 自咎云: "某五十年前, 枉費許多工夫, 記許多文字." 曰: "▲[79]不妨. 如今若理會得這要緊處, 那許多都有用. 如七年十載積疊得柴了, 如今方點火燒." 【賀孫】

120:53 謂江文卿曰: "'多聞, 擇其善者而從之, 多見, 而識之.' 公今卻無擇善一著. 聖人擇善, 便是事不遺乎理. 公今知得, 便拽▲[80]前許多工夫自不妨. 要轉便轉, 更無難者. 覺公意思尙放許多不下, 說幾句又漸漸走上來, 如車水相似, 又滾將去." 又曰: "東破[81]說話固多不是,

78) 他: 成化本・賀本에서는 我로 되어 있다.
79) ▲: 也
80) ▲: 轉

就他一套中間又自有精處. 如說『易』, 說甚性命, 全然惡模樣. 如說『書』, 卻有好處. 如說帝王之興, 受命之祥, 如「河[82]圖」·「洛書」·「玄鳥」·「生民」之時[83], 固有是理, 然非以是爲先. 恨學者推之過詳, 流入讖緯, 後人舉從而廢之, 亦過矣. 這是他說得好處, 公卻不記得這般所在, 亦是自家本領不明. 若理會得原頭正, 到得看那許多, 方有辨別. 如程先生與禪子讀碑, 云: '公所看都是字, 某所看都是理.' 似公如今所說亦都是字, 自家看見都是理."【賀孫】

120:54 周兄良問: "某平時所爲, 把捉這心敎定. 一念忽生, 則這心返被他引去." 曰: "這箇亦只是認敎熟, 熟了便不如此. 今日一念纔生, 有以制之, 明日一念生, 又有以制之, 久後便無此理. 只是這邊較少, 那邊較多, 便被他勝了. 如一車之火, 以少水勝之, 水撲處才滅, 而火又發矣. 又如弱人與強人相牽一般, 強人在門外, 弱人在門裏, 弱底不能勝, 便被他強底拖去了. 要得勝他, 亦只是將養敎力壯後, 自然可以敵得他去. 非別有箇道理, 也只在自家心有以處之耳. 孟子所謂捨則亡, 操則常存在此. 『大學』所謂忿懥·好樂等事, 亦是除了此心, 則心自然正, 不是把一箇心來正一箇心." 又曰: "心只是敬. 程子所謂'主一無適', 主一只是專一. 如在這裏讀書, 又思量做文字, 又思量別事去, 皆是不專." 又曰: "見得徹處, 徹上徹下, 只是一箇道理, 須是見得實方是. 見得鐵定, 如是便爲善, 不如是便爲惡, 此方是見得實."【卓】

120:55 諸生說書畢, 先生曰: "諸公看道理, 尋得一線子路脈著了. 說時也只是恁地, 但於持守處更須加工夫. 須是著實於行己上做得三兩分始[84]得, 只恁說過不濟事." 周貴卿曰: "非不欲常常持守, 但志不能帥氣, 後臨事又變遷了." 曰: "只是亂道? 豈是由他自去? 正要待他

---

81) 破: 『朱子語類』에서는 坡로 되어 있다.
82) 河: 成化本에서는 何로 되어 있다.
83) 時: 『朱子語類』에서는 詩로 되어 있다.
84) 始: 孝宗刊本·成化本에서는 是로 되어 있다.

去時撥轉來. ‘爲仁由己, 而由人乎哉?’ ‘止, 吾止也, 往, 吾往也.’”【義剛】

120:56 李周翰請教, 屢歎年歲之高, 未免時文之累. 曰: “這須是自見得, 從小兒也須讀『孝經』·『論語』來, 中間何故不教人如此? 曾讀書, 也須疑著. 某所編『小學』, 公且子細去看, 也有古人說話, 也有今人說話, 且看是如何. 古人都自少涵養好了.” 後因說“至善”, 又問作時文, 先生曰: “讀書才說要做文字使, 此心便錯了. 若剩看得了, 到合說處便說, 當不說處不說也得, 本來不是要人說得便了. 如時文, 也只不出聖賢許[85]多說話翻謄出來. 且如到說忠信處, 他也會說做好, 只是如[86]自身全不相干.” 因擧“在漳州日, 詞訟訖, 有▲[87]士人立庭下. 待詢問, 乃是要來從學. 居泉州, 父母遣學擧業, 乃厭彼, 要從學. 某以其非父母命, 令且歸去, 得請再來, 始無所礙. 然其有所見如此, 自別.”【賀孫】

120:57 吳棠 直翁問: “學亦頗知自立, 而病痛猶多, 柰何?” 曰: “未論病痛. 人必全體是, 而後可以言病痛. 譬如純是白物事了, 而中有黑點, 始可言病痛. 公今全體都未是, 何病痛之可言? 設雖有善, 亦只是黑上出白點, 特其義理之不能已與氣質之或美耳. 大抵人須先要趨向是. 若趨向正底人, 雖有病痛, 也是白地上出黑花. 此特其氣稟之偏, 未能盡勝耳, 要之白地多也. 趨向不正底人, 雖有善, 亦只是黑地上出白花, 卻成差異事. 如孔門弟子, 亦豈能純善乎? 然終是白地多, 可愛也. 人須先拽轉了自己趨向始得. 孔子曰: ‘苟志於仁矣, 無惡也.’ 旣志於義理, 自是無惡, 雖有未善處, 只是過耳, 非惡也. 以此推之, 不志於仁, 則無善矣. 蓋志在於利欲, 假有善事, 亦偶然耳, 蓋其心志念念只在利欲上. 世之志利欲與志義理[88]之人, 自是不干事. 志利欲者,

85) 許: 賀本에서는 不로 되어 있다.
86) 如: 『朱子語類』에서는 與로 되어 있다.
87) ▲: 一

便如趨夷狄禽獸之徑, 志理義者, 便是趨正路. 鄉里如江德功・吳公濟諸人, 多少是激惱人, 然其志終在於善. 世亦有一種不激惱人底, 又見人說道理, 他也從而美之, 見人非佛・老, 他亦從而非之. 但只是胡亂順人情說, 而心實不然, 不肯眞箇去做, 此最不濟事."【伯羽】

120:58 "某人來說書, 大概只是捏[89]合來說, 都不詳密活熟. 此病乃是心上病, 蓋心不專靜純一, 故思慮不精明. 須要養得此心令虛明專靜, 使道理從裏面流出, 便好." 銖曰: "「豫」六二'介于石, 不終日, 貞吉', 正謂此." 曰: "然." 張仁叟問: "可[90]以能如此? 莫只在靜坐否?" 曰: "自去檢點. 且一日間試看此幾箇時在內? 幾箇時在外? 小說中載趙公以黑白豆記善惡念之起, 此是古人做工夫處. 如此檢點, 則自是[91]矣." 又曰: "讀書須將心帖在書冊上, 逐字看得各有著落, 方好商量. 須是收拾此心, 令專靜純一, 日用動靜間都在, 不馳走散亂, 方看得文字精審. 如此, 方是有本領."【銖】

120:59 先生語陳公直曰: "讀書, 且逐些子理會, 莫要攪動他別底. 今人讀書, 多是從頭一向看到尾, 都攪渾了."【道夫】

120:60 先生嘗謂劉學古曰: "康節詩云: '閒居愼[92]莫說無妨?' 蓋道無妨, 便是有妨. 要做好人, 則上面煞有等級, 做不好人, 則立地便至, 只在把住放行之間爾."【道夫】

120:61 彥忠問: "居常苦私意紛攪, 雖卽覺悟而痛抑之, 然竟不能得潔靜不起." 先生笑曰: "此正子靜'有頭'之說, 卻是使[93]得. 惟其此心無

---

88) 義理: 『朱子語類』에서는 理義로 되어 있다.
89) 捏: 孝宗刊本・賀本에서는 揑로 되어 있다.
90) 可: 『朱子語類』에서는 何로 되어 있다.
91) 是: 『朱子語類』에서는 見으로 되어 있다.
92) 愼: 成化本 賀本에서는 謹으로 되어 있다.

主宰, 故爲私意所勝. 若常加省察, 使良心常在, 見破了這私意只是▲[94]外面入. 縱饒有所發動, 只是以主待客, 以逸待勞, 自家這裏亦容他不得. 此事須是平日著工夫, 若待他起後方省察, 殊不濟事."【道夫】

120:62 林士謙初見, 問仁智自得處. 曰: "仁者得其爲仁, 智者得其爲智, 豈仁智之外更有自得? 公此問不成問. 且去將『論語』從'學而時習'讀起, 『孟子』將'梁 惠王'讀▲[95], 『大學』從'『大學』之道在明明德'讀起, 『中庸』從'天命之謂〈性〉'讀起. 某之法是如此, 不可只摘中間一兩句來理會, 意脈不相貫."【淳】

120:63 蘇宜久辭, 問歸欲觀『易』. 曰: "而今若教公讀『易』, 只看古注, 幷近世數家注, 又非某之本心. 若必欲敎公依某之『易』看, 某底又只說得三分, 自有七八分[96]曉不得, 亦非所以爲教. 看來『易』是▲[97]難理會底物事[98], 卒急看未得, 不若且未要理會. 聖人云: '『詩』·『書』·執禮, 可[99]雅言也.' 看來聖人教人, 不過此數者. 公旣理會『詩』了, 只得此[100]理會『書』, 理會『書』了, 便當理會『禮』. 『禮』之爲書, 浩瀚難理會, 卒急如何看得許多? 且如箇『儀禮』, 也是幾多頭項. 某因爲思得一策: 不若且買一本溫公『書儀』, 歸去子細看. 看得這箇, 不惟人家冠·昏·喪·祭之禮, 便得他用, 兼以之看其他禮書, 如『禮記』·『儀禮』·『周禮』之屬, 少間自然易, 不過只是許多路逕[101]節目. 溫公『書

---

93) 使: 賀本에서는 始로 되어 있다.
94) ▲: 從
95) ▲: 起
96) 七八: 『朱子語類』에서는 六七로 되어 있다.
97) ▲: 箇
98) 物事: 『小分』에서는 物事을 교정부호로 바로잡았다.
99) 可: 『朱子語類』에서는 皆로 되어 있다.
100) 此: 『朱子語類』에서는 且로 되어 있다.
101) 逕: 賀本에서는 徑으로 되어 있다.

儀』固有是有非, 然他那箇[102]大概是."【僩】

120:64 廖晉卿請讀何書. 曰: "公心放已久, 精神收拾未定, 無非走作之時. 可且收斂精神, 方好商量讀書." 繼謂之曰: "「王[103]藻」九容處, 且去子細體認. 待有意思, 卻好讀書."【時學】

120:65 厚之臨別請教, 因云: "看文字▲[104]生." 曰: "日子足, 便熟."【可學】

120:66 陳希周請問讀書修學之門. 曰: "所謂讀書者, 只是要理會這箇道理. 治家有治家道理, 居官有居官道理, 雖然頭面不同, 然又只是一箇道理. 如水相似, 遇圓處圓, 方處方, 小處小, 大處大, 然亦只是一箇水耳."【時學 ○植錄作傅希同.】

120:67 先生謂鄭光弼子直曰: "書雖是古人書, 今日讀之, 所以蓄自家之德. 卻不是欲這邊讀得些子, 便搬出做那邊用. 『易』曰: '君子以多識前言往行, 以蓄其德.' 公今卻是讀得一書, 便做得許多文字, 馳騁跳躑, 心都不在裏面. 如此讀書, 終不干自家事." 又曰: "義利之辨, 正學者所當深知."【道夫】

120:68 子合純篤, 膚仲疏敏.【道夫】

120:69 先生謂正甫【任忠厚, 遂安人.】"精神專一."【僩】

120:70 鍾唐傑問"窮理・持敬." 曰: "此事不用商量. 若商量持敬, 便不成持敬, 若商量窮理, 便不成窮理. 須令實理在題目之後."【蓋卿】

---

102) 那箇: 『小分』에서는 箇那를 교정부호로 바로잡았다.
103) 王: 『朱子語類』에서는 玉으로 되어 있다.
104) ▲: 先

120:71[105] 閭丘次孟言: “嘗讀「曲禮」·『遺書』·康節詩, 覺得心意快活.” 曰: “他本平鋪地說在裏, 公卻帖了箇飛揚底意思在上面, 可知是恁地. 康節詩云: ‘眞樂攻心不柰何.’ 某謂此非眞樂也, 眞樂便不攻心. 如顏子之樂, 何嘗恁地?” 曰: “次孟何敢◇[106]康節, 直塗之人爾.” 曰: “塗人卻無許多病. 公正是肚裏有許多見識道理, 攪得恁地叫喚來.” 又舉「曲禮」成誦. 先生曰: “但「曲禮」無許多叫喚.” 曰: “次孟氣不足.” 曰: “非氣不足, 乃氣有餘也.”【道夫】

120:72 語元昭: “且要虛心, 勿要周遮.” 元昭以十詩獻, 詩各以二句[107]命題, 如“實理”之類, 節節推之. 先生指「立命詩」兩句: “‘幾度風霜猛摧折, 依前春草滿池塘.’ 旣說道佛·老之非, 又卻流於佛老, 此意如何?” 元昭曰: “言其無止息.” 曰: “觀此詩與賢說話又異. 此只是要鬪勝. 知道, 安用許多言? 顏子當時不曾如此, 此只是要人知, 安排飣餖出來, 便不是. 末篇「極致」尤不是. 如何便到此, 直要撞破天門! 前日說話如彼, 今日[108]又如此, 只是說話.”【可學】

120:73 元昭告歸. 先生曰: “歸以何爲工夫?” 曰: “子細觀來, 平生只是不實, 當於實處用工夫.” 曰: “只是麤. 除去麤, 便是實.” 曰: “每嘗觀書, 多只理會大意, 元不曾子細講究.” 曰: “大意固合理會, 文義亦不可不講究, 最忌流於一偏. 明道曰: ‘與賢說話, 卻似扶醉漢, 救得一邊, 倒了一邊.’ 今之學者大抵皆然. 如今人讀史成誦, 亦是玩物喪志. 學者若不理會得, 聞這說話, 又一齊棄了. 只是停埋攤布, 使表裏相通方可. 然亦須量力. 若自家力不及, 多讀無限書, 少間埋沒於其間, 不惟無益, 反爲所害. 近日學者又有一病, 多求於理而不求於事, 求於心而不求於身. 如說‘一日克己復禮, 天下歸仁.’ 旣能克己, 則事事皆仁,

---

105) 120:71 :【附箋紙】當刪.
106) ◇: 望
107) 句: 賀本에서는 字로 되어 있다.
108) 日: 成化本에서는 目으로 되어 있다.

天下皆歸仁於我, 此皆有實迹. 而必曰‘天下皆歸吾仁之中’, 只是無形無影. 自龜山以來皆如此說. 徐承叟亦云, 見龜山說如此."

120:74 先生問元昭: "近來頗覺得如何?" 曰: "自覺此心不實." 曰: "但不要窮高極遠, 只於言行上點檢, 便自實. 今人論道, 只論理, 不論事, 只說心, 不說身. 其說至高, 而蕩然無守, 流於空虛異端之說. 且如‘天下歸仁’, 只是天下與其仁, 程子云‘事事皆仁’是也. 今人須要說天下皆歸吾仁之中, 其說非不好, 但無形無影, 全無下手脚處. 夫子對顏子‘克己復禮’之目, 亦只是就視聽言動上理會. 凡思慮之類, 皆動字上包了, 不曾更出非禮勿思一條. 蓋人能制其外, 則可以養其內. 固是內是本, 外是末, 但偏說存於中, 不說制於外, 則無下手脚處, 此心便不實. 外面儘有過言・過行更不管, 卻云吾正其心, 有此理否? 浙中王蘋信伯親見伊川來, 後來設教作怪. 舒州有『語錄』之類, 專教人以‘天下歸仁.’ 才見人, 便說‘天下歸仁’, 更不說‘克己復禮’!" 【璘】

120:75 楊丞問心思擾擾. 曰: "程先生云: ‘整齊嚴肅[109], 則心便一. 一則自無非僻之干.’ 只才整頓起處, 便是天理, 別無[110]天理. 但常常整頓起, 思慮自一." 【璘】

120:76 黃達才言思不能精之病. 曰: "硬思也不得. 只要常常提撕, 莫放下, 將久自解有得." 【義剛】

120:77 立之問: "某常於事物未來, 思慮未萌時, 覺見有惺惺底意思, 故其應變接物, 雖動, 卻有不動之意存. 未知是否?" 曰: "應變接物, 只要得是. 如‘敬以直內, 義以方外’, 此可以盡天下▲[111]事. 若須要不動, 則當好作事處, 又蹉過了." 【時舉】

---

109) 整齊嚴肅: 孝宗刊本・成化本・賀本에서는 嚴威整肅으로 되어 있다.
110) 別無: 賀本에서는 無別로 되어 있다.
111) ▲: 之

120:78 李伯誠曰: “打坐時意味也好.” 曰: “坐時固是好, 但放下脚, 放開眼, 便不恁地了. 須是臨事接物時, 長如坐時方可. 如挽一物樣, 待他要去時, 硬挽將轉來, 方得.”【義剛】

120:79 張以道請誨. 曰: “但長長照管得那心便了. 人若能提掇得此心在時, 煞爭事.”【義剛】

120:80 劉炳 韜仲以書問格物未盡, 處義未精. 曰: “此學者之通患. 然受病不在此, 這前面別有受病處.” 余正叔曰: “豈其自然乎?” 曰: “都不干別事, 本不立耳.”【伯羽】

120:81 鄭昭先 景紹請教. 曰: “今人卻是倒置. 古人學而後仕, 今人卻▲[112]仕而後學. 其未仕也, 非不讀書, 但心有所溺, 聖賢意思都不能見. 科擧也是奪志. 今旣免[113]此, 亦須沒沒[114]於學. 爲學之道, 聖經賢傳所以告人者, 已竭盡而無餘, 不過欲人存此一心, 使自家身有主宰. 今人馳騖紛擾, 一箇心都不在軀殼裏. 孟子曰: ‘學問之道無他, 求其放心而已.’ 又曰: ‘存其心, 養其性, 所以事天也.’ 學者須要識此.”【道夫】

120:82 丘玉甫作別, 請益. 曰: “此道理儘說只如此. 工夫全在人, 人卻聽得頑【去聲】. 了, 不曾眞箇做. 須知此理在己, 不在人, 得之於心而行之於身, 方有得力, 不可只做冊子工夫. 如某文字說話, 朋友想都曾見之. 想只是看過, 所以旣看過, 依舊只如舊時. 只是將身掛在義理[115]邊頭, 不曾眞箇與之爲一. 須是決然見得未嘗離, 不可相捨處, 便自然著做不能已也.” 又曰: “學者肯做工夫, 想是自有時. 然所謂時

---

112) ▲: 反
113) 免: 賀本에는 없다.
114) 沒沒: 『朱子語類』에서는 汲汲으로 되어 있다.
115) 義理: 『朱子語類』에서는 理義로 되어 있다.

者, 不可等候, 只自肯做時便是也. 今學者自不以爲飢, 如何强他使食? 自不以爲渴, 如何强他使飮?."【必大】

120:83 江元益問入德. 曰: "德者己之所自有. 入德, 只是進得底. 且如仁義禮智, 自家不得, 便不是自家底."【榦】

120:84 江元益問門人勇者爲誰. 曰: "未見勇者."【榦】

120:85 林叔和別去, 請教. 曰: "根本上欠工夫, 無歸宿處. 如讀書應事接物, 固當用功, 不讀書, 不應事接物時如何?" 林好主葉正則之說. 曰: "病在先立論, 聖賢言語, 卻只將來證他說. 凡讀書須虛心, 且似未識字底. 將本文熟讀平看, 今日看不出, 明日又看. 看來看去, 道理自出."【閎祖】

120:86 周元卿問: "讀書, 有時半板前心在書上, 半板後忽然思慮他事, 口雖讀, 心自在別處, 如何得心只在書上?" 曰: "此最不可. '不誠無物', 雖讀, 猶不讀也. '誠者物之終始.' 如半板已前心在書上, 則只在半板有始有終, 半板以後心不在焉, 則無物矣."【壯祖】

120:87 謂諸友曰: "鄭仲履之學, 只管從小小處看, 不知經旨初不如此, 觀書當從大節目處▲[116]. 程子有言: '平其▲[117], 易其氣, 闕其疑, 則聖人之意可見矣.'"【蓋卿】

120:88 方叔弟問: "平居時習, 而習中每覺有愧, 何也?" 曰: "如此, 只是工夫不接續. 要習, 須常令工夫接續則得." 又問尋求古人意思. 曰: "某常謂, 學者須是信, 又須不信, 久之, 卻自尋得箇可信底道理,

116) ▲: 看
117) ▲: 心

則是眞信也."【大雅】

120:89 先生以林一之問卷示諸生, 曰: "一之恁地沉淪, 不能得超脫. 他說生物之心, 我與那物同, 便會相感. 這生物之心, 只是我底, 觸物便自然感, 非是因那物有此心, 我方有此心. 且赤子不入井, 牛不觳觫時, 此心何之? 須常粧箇赤子入井, 牛觳觫在面前, 方有此惻隱之心, 無那物時, 便無此心乎? 又說義利作甚? 此心才有不存, 便錯了. 未說到那義利處."【淳】

120:90 林一之問: "先生說動靜▲[118], 莫[119]只是動中有靜, 靜中有動底道理?" 曰: "固是如此. 然何須將來引證? 某僻性最不喜人引證. 曰固是如此, 然何須將來引證[120]. 動中靜, 靜中動, 古人已說了. 今更引來, 要如何引證得是? 但與此文義不差耳, 有甚深長? 今自家理會這處, 便要將來得使. 恁地泛泛引證, 作何用? 明道言介甫說塔, 不是上塔, 今人正是說塔. 須是要直上那項[121]上去, 始得, 說得濟甚事? 如要去取咸陽, 一直去取, 便好, 何必要問咸陽是如何廣狹? 城池在那處? 宮殿在那處? 亦何必說是雍州之地? 但取得其地便是. 今恁地引證, 恰似要說咸陽, 元不曾要取他地."【寓】

120:91 郭叔雲問: "爲學之初, 在乎格物. 物物有理, 從何處下手?" 曰: "人箇箇有知, 不成都無知, 但不能推而致之耳. 格物, 是格物理至徹底處." 又云: "致知・格物, 只是一事, 非是今日格物, 明日又致知. 格物以理言, 致知以心言."【恪】

120:92 先生教郭曰: "爲學切須收斂端嚴, 就自家身心上做工夫, 自

---

118) ▲: 義
119) 莫: 賀本에는 없다.
120) 曰固是如此, 然何須將來引證: 『朱子語類』에는 없다.
121) 項: 成化本・賀本에서는 頂으로 되어 있다.

然有所得."【恪】

120:93 與馮德英[122]說爲己・爲人. 曰: "若不爲己, 看做甚事都只是爲別人. 雖做得好, 亦不關己. 自家去從師, 也不是要理會身己, ▲[123]只是漫恁▲[124], 只是要人說道也曾如此, 要人說道好. 自家又識得甚麼人, 自家又有幾箇朋友, 這都是徒然. 說道, 看道理, 不曾著自家身己, 如何會曉得? 世上如此爲學者多. 只看爲己底是如何, 他直是苦切. 事事都是自家合做底事, 如此方可, 不如此定是不可. 今有人苦學者, 他因甚恁地苦? 只爲見這物事是自家合做底事. 如人喫飯, 是自家肚飢, 定是要喫. 又如人做家主, 要錢使, 在外面百方做計, 壹錢也要將歸. 這是爲甚如此? 只爲自家身上事. 若如此爲學, 如何會無所得?"【賀孫】

120:94 余國秀問治心・修身之要. 以爲雖知事理之當爲, 而念慮之間多與日間所講論相違. 曰: "且旋恁地做去, 只是如今且說箇'熟'字. 這'熟'字如何便得到這地位? 到得熟地位, 自有忽然不可知處. 不是被你硬要得, 直是不知不覺得如此."【賀孫】

120:95 國秀問: "向曾問身心性情之德, 蒙批誨云云. 宋傑竊於自己省驗, 見得此心未發時, 其仁義禮智之體渾然未有區別. 於此敬而無失, 則發而爲惻隱・羞惡・辭讓[125]・是非之情, 自有條理而不亂. 如此體認, 不知是否?" 曰: "未須說那'敬而無失', 與未有區別, 及自有條理而不亂在, 且要識認得這身心性情之德是甚底模樣. 說未有區別, 亦如何得? 雖是未發時無所分別, 然亦不可不有所分別. 蓋仁自有一箇仁底模樣物事在內, ▲[126] 禮智皆然. 今要就發處認得在裏面物事

---

122) 英: 成化本・賀本에서는 貞으로 되어 있다.
123) ▲: 自家去取友, 也不是要理會身己.
124) ▲: 地
125) 讓: 成化本・賀本에서는 遜으로 되어 있다.

是甚模樣. 故發而爲惻隱, 必要認得惻隱之根在裏面是甚底物事, 發而爲羞惡, 必要認得羞惡之根在裏面是甚底物事. 禮智亦如之. 譬如木有四枝, 雖只一箇大根, 然必有四根, 一枝必有一根也." 又問: "宋傑尋常覺得資質[127]昏愚, 但持敬則此心虛靜, 覺得好. 若敬心稍不存, 則裏面固是昏雜, 而發於外亦鶻突, 所以專於'敬而無失'上用功." 曰: "這裏未消說敬與不敬在. 蓋敬是第二節事, 而今便把來夾雜說, 則鶻突了, 愈難理會. 且只要識得那一是一, 二是二. 便是虛靜, 也要識得這物事, 不虛靜, 也要識得這物事. 如未識得這物事時, 則所謂虛靜, 亦是箇黑底虛靜, 不是箇[128]白底虛靜. 而今須是要[129]打破那黑底虛靜, 換做箇白淨[130]底虛靜, 則八窗玲瓏, 無不融通. 不然, 則守定那裏底虛靜, 終身黑淬淬地, 莫之通曉也."【燾】

120:96 問: "先生答余國秀云: '須理會得其性情之德.'" 曰: "須知那箇是仁義禮智之性, 那箇是惻隱·羞惡·恭敬·是非之情, 始得." 問: "且如與人相揖, 便要知得禮數合當如此. 不然, 則'行矣而不著, 習矣而不察.'" 曰: "常常恁地覺得, 則所行也不會大段差舛."【胡泳】

120:97 用之擧似: "先生向日曾答蔡丈[131]書, 承喩'以禮爲先'之說. 又: '〈似識造化〉之云, 不免倚於一物, 未是[132]親切工夫耳. 大抵濂溪說得的當, 『通書』中數數拈出〈幾〉字. 要當如此瞥地, 卽自然有箇省力處, 無規矩中卻有規矩, 未造化時已有造化.' 此意如何?" 曰: "幾是[133]要得. 且於日用處省察, 善便存放這裏, 惡便去而不爲, 便是自

---

126) ▲: 義自有箇義底模樣物事在內,
127) 得資質: 『小分』에서는 資質得을 교정부호로 바로잡았다.
128) 箇: 孝宗刊本·英祖刊本·成化本에는 없다.
129) 是要: 『小分』에서는 要是를 교정부호로 바로잡았다.
130) 淨: 賀本에는 없다.
131) 丈: 成化本에서는 文으로 되어 있고, 孝宗刊本에서는 又로 되어 있다.
132) 是: 賀本에서는 知로 되어 있다.
133) 是: 賀本에서는 固로 되어 있다.

家切己處. 古人禮儀, 都是自少理會了, 只如今人低躬唱喏, 自然習慣. 今既不可考, 而今人去理會, 合下便別將做一箇大頭項. 又不道且理會切身處, 直是要理會古今[134]因革一副當, 將許多精神▲[135]枉耗了, 元未切自家身己在." 又曰: "只有『大學』敎人致知・格物底, 便是就這處理會, 到意誠・心正處展開去, 自然大. 若便要去理會甚造化, 先將這心弄得大了, 少間都沒物事說得滿."【賀孫】

120:98 林仲參問下學之要受用處. 曰: "潑底倚卓[136]在屋下坐, 便是受用. 若貪慕外面高山曲水, 便不是受用底." 擧詩云: "貧家淨掃[137]地, 貧女好梳頭. 下士晩聞道, 聊以拙自修." "前人只恁地說了."【銖】

120:99 劉淮求敎. 曰: "某無別法, 只是將聖賢之書虛心下氣以讀之. 且看這箇是, 那箇不是. 待得一回推出一回新, 便是進處. 不然, 只是外面事, 只管做出去, 不見裏面[138]滋味, 如何責得他?"

120:100 趙恭父再見. 問: "別後讀書如何?" 曰: "近覺得意思卻不甚迫切." 曰: "若只恁地據見定做工夫, 卻又有苟且之病去." 曰: "安敢苟且?" 曰: "既不迫切, 便相將向這邊來, 又不可不察." 又問: "切己工夫, 如何曰[139]愈見得己私難勝?" 曰: "這箇也不須苦苦[140]與他爲敵. 但纔覺得此心隨這物事去, 便與他喚回來, 便都沒事."

120:101 謂南城 熊曰: "聖賢語言, 只似常俗人說話. 如今須▲[141]把

---

134) 今: 賀本에서는 人으로 되어 있다.
135) ▲: 都
136) 倚卓: 賀本에서는 椅桌으로 되어 있다.
137) 掃: 賀本에서는 埽로 되어 있다.
138) 面: 賀本에는 없다.
139) 曰: 賀本에는 없다.
140) 苦苦: 孝宗刊本에서는 若若으로 되어 있다.
141) ▲: 是

得聖賢言語, 湊得成常俗言語, 方是, 不要引東引西. 若說這句未通, 又引那句, 終久兩下都理會不得. 若這句已通, 次第引[142]那句自解通."【銖】

120:102 看文字, 不可過於疏, 亦不可過於密. 如陳德本有過於疏之病, 楊志仁有過於密之病. 蓋太謹密, 則少間看道理從那窮處去, 更插不入. 不若且放下, 放開闊看.【燾】

120:103 器之看文字見得快. 叔蒙亦看得好, 與前不同.【賀孫】

120:104 許敬之侍教, 屢與言, 不合. 曰: "學未曉理, 亦無害, 說經未得其意, 亦無害. 且須靜聽說話, 尋其語脈是如何. 一向强辯[143], 全不聽所說, 胸中殊無主宰, 少間只成箇狂妄人去."【淳】

120:105 純[144]叟問: "方讀書時, 覺得無靜底工夫. 須有讀書之時, 有虛靜之時." 曰: "某舊見李先生, 嘗教令靜坐. 後來看得不然, 只是一箇'敬'字好. 方無事時, 敬於自持,【凡心不可放入無何有之鄉, 須收斂存[145]此.】 及應事時, 敬於應事, 讀書時, 敬於讀書, 便自然該貫動靜, 心無時不存."【德明】

120:106 先生見劉淳叟閉目坐, 曰: "淳叟待要遺物, 物本不可遺."【大雅】

120:107 坐間有及劉淳叟事. 曰: "不意其變常至此? 某向往奏事時來相見, 極口說陸子靜之學大謬. 某因詰之云: '若子靜學術自當付之

142) 引: 孝宗刊本・英祖刊本・成化本에서는 到로 되어 있다.
143) 辯: 賀本에서는 辨으로 되어 있다.
144) 純: 賀本에서는 淳으로 되어 있다.
145) 存: 成化本・賀本에서는 在로 되어 있다.

公論, 公如何得如此說他?' 此亦見他質薄處. 然某[146]初間深信之, 畢竟自家喚做不知人."【賀孫】

120:108 「辨姦論」謂"事之不近人情者, 鮮不爲大姦慝." 每常嫌此句過當, 今見得亦有此樣人. 某向年過江西與子壽對語, 而劉淳叟 堯夫獨去後面角頭坐, 都不管, 學道家打坐. 被某罵云: "便是某與陸丈言不足聽, 亦有數年之長, 何故恁地作怪?"【義剛】

120:109 因論劉淳叟事, 云: "添差倅亦可以爲." 論治三吏事, 云: "漕自來爲之亦好. 不然, 委別了事人. 淳叟自爲太掀揭, 故生事." 因論今趙帥可語, 鹽弊何不一言? 云: "某如何敢與? 大率以沉審爲是, 出位爲戒."【振】

120:110 陳寅仲問劉淳叟. 曰: "劉淳叟, 方其做工夫時, 也過於陳正己, 反[147]其狼狽, 也甚於陳正己. 陳正己輕薄, 向到那裏, 覺得他意思大段輕薄, 每事只說道他底是. 他資[148]質本自撈攘, 後來又去合那陳同父. 兼是伯恭教他時, 只是教他權數了. 伯恭教人, 不知是怎生地至此." 笑云: "向前是[149]他門[150]人有箇祭文云, 其有能底, 則教他立功名作文章, 其無能底, 便語他'正心・誠意'!"【義剛】

120:111 先生說: "陳正己, 薛象先喜之者何事?" 賀孫云: "想是喜其有才." 汪長孺謂: "倂無其才, 全做事不成." 曰: "叔權謂長孺: '他日[151]觀氣質之變, 以驗進道[152]之淺深.' 此說最好. 大凡人須是子細

146) 某: 賀本에서는 其로 되어 있다.
147) 反: 孝宗刊本・成化本・賀本에서는 及으로 되어 있다.
148) 資: 孝宗刊本・成化本에서는 姿로 되어 있다.
149) 是: 孝宗刊本・成化本・賀本에서는 見으로 되어 있다.
150) 門: 賀本에서는 們으로 되어 있다.
151) 日: 孝宗刊本에서는 白으로 되어 있다.
152) 道: 賀本에서는 退로 되어 있다.

沉靜,『大學』謂'知[153]止而後有定, 定而後◇[154]靜, 靜而後能安, 安而後能慮, 慮而後能得.' 如一件物事, 自家知得未曾到這裏, 所見未曾定, 以無定之見, 遂要決斷此事, 如何斷得盡? 一件物事, 有長有短. 自家須實見得他那處是長, 那處是短. 如今便一定把著他短處, 便一齊沒他長處. 若只如此, 少間一齊不通.『禮記』云: '疑事毋質, 直而勿有.' 看古人都是恁地不敢草草. 周先生所以有'主靜'之說, 如「蒙」·「艮」二卦, 皆有靜止之體.「洪範」五事'聽曰聰, 聰作謀.' 謀屬金, 金有靜密意思, 人之爲謀, 亦欲靜密. '貌曰恭, 恭◇[155]肅.' 恭[156]屬水, 水有細潤意思, 人之擧動, 亦欲細潤. 聖人所以爲聖人, 只是'動靜不失其時, 時止則止, 時行則行.' 聖人這般所在, 直是則得好. 自家先恁地浮躁, 如何要發得中節? 做事便事事做不成, 說人則不曾說得著實." 又曰: "老子▲[157]術, 自有退後一著. 事也不攙前去做, 說也不曾說將出, 但任你做得狼狽了, 自家徐出以應之. 如人當紛爭之際, 自去僻靜處▲[158], 任其如何. 彼之利害長短, 一一都冷看破了, 從旁下一著, 定是的當. 此固是不好底術數, 然較之今者浮躁胡說亂道底人, 彼又較勝." 因擧老子語: "'豫兮若冬涉川, 猶兮若畏四鄰, 儼若客, 渙若冰將釋.' 子房深於老子之學. 曹參學之, 有體而無用."【賀孫】

120:112 問: "姜叔權自言終日無思慮, 有'寂然不動'之意. 德輔疑其已至." 曰: "只[159]問他還能'感而遂通天下之故'否? 須是窮理. 若只如此, 則不須說格物·致知." 問: "如此則叔權叔[160]之靜未是至?" 曰: "固是."【德輔】

153) 知: 成化本에서는 之로 되어 있다.
154) ◇: 能
155) ◇: 作
156) 恭: 賀本에서는 肅으로 되어 있다.
157) ▲: 之
158) ▲: 坐
159) 只: 賀本에서는 且로 되어 있다.
160) 叔: 『朱子語類』에는 없다.

120:113 戴明伯請教. 曰: "且將一件書讀. 聖人之言, 卽聖人之心, 聖人之心, 卽天下之理. 且逐段看令分曉, 一段分曉, 又看一段. 如此至一二十段, 亦未解便見箇道理, 但如此心平氣定, 不東馳西騖, 則道理自逐旋分明. 去得自家心上一病, 便是一箇道理明也. 道理固是自家本有, 但如今隔一隔了, 須逐旋指[161]磨呼喚得歸. 然無一喚便見之理. 如金溪只要自得, 若自得底是, 固善, 若自得底非, 卻如何? 不若且虛心讀書. 讀書, 切不可自謂理會得了. 便理會得, 且只做理會不得. 某見說不會底, 便有長進, 不長進者, 多是自謂已理會得了底. 如此則非特終身不長進, 便假如釋氏三生十六劫, 也終理會不得!" 又云: "此心先錯用向東去, 及至喚回西邊, 又也只是那向東底心, 但只列轉些頓放, 元不曾改換. 有一學者先佞佛, 日逐念「金剛大悲呪」不停口. 後來雖不念佛, 來誦『大學』·『論』·『孟』, 卻依舊趕徧[162]數, 荒荒忙忙誦過, 此亦只是將念「大悲呪」時意思移來念儒書爾."【必大】

120:114 栝[163]蒼 徐元明【名琳】. 鄭子上同[164]見. 先生說: "'博學而詳說之, 將以反說約也.' 今江西諸人之學, 只是要約, 更不務博, 本來雖有些好處, 臨事盡是鑿空杜撰. 至於呂子約, 又一向務博, 而不能反約. 讀得書多, 左牽右撰, 橫說直說, 皆是此理, 只是不潔淨, 不切要, 有牽合無謂處. 沈叔晦不讀書, 不敎人, 只是所守者淺狹, 只有些子道理, 便守定了, 亦不博之弊."【璘】

120:115 陸深甫問爲學次序. 曰: "公家庭尊長平日所以敎公者如何?" 陸云: "刪定叔祖所以見敎者, 謂此心本無虧欠, 人須見得此心, 方可爲學." 曰: "此心固是無虧欠, 然須是事事做得是, 方無虧欠. 若只說道本無虧欠, 只見得這箇便了, 豈有是理?" 因說: "江西學者自以

161) 指: 『朱子語類』에서는 揩로 되어 있다.
162) 徧: 成化本에서는 遍으로 되어 있다.
163) 栝: 成化本·賀本에서는 括로 되어 있다.
164) 同: 孝宗刊本에서는 何로 되어 있다.

爲得陸删定之學, 便高談大論, 略無忌憚. 忽一日自以爲悟道, 明日與人飮酒, 如法罵人. 某謂賈誼云, 秦二世今日卽位而明日射人? 今江西學者乃今日悟道而明日罵人, 不知所悟[165]者果何道哉?" 【時擧】

120:116 包詳道書來言"自壬子九月一省之後"云云. 先生謂顯道曰: "人心存亡之決, 只在出入息之間. 豈有截自今日今時便鬼亂, 已後便悄悄之理? 聖賢之學, 是捎捎定定做, 不知不覺, 自然做得徹. 若如所言, 則是聖賢修爲講學都不須得, 只等得一旦怳然悟去, 如此者起人僥倖之心." 【義剛】

120:117 "看孫吉甫書, 見得是要做文字底氣習. 且如兩漢・晉・宋・隋・唐風俗, 何嘗有箇人要如此變來? 只是其風俗之變, 滾來滾去, 自然如此. 漢末名節之極, ◇[166]變作淸虛底道理. 到得陳・隋以後, 都不理會名節, 也不理會淸虛, 只是相與做一般纖豔[167]底文字. 君臣之間, 把這文字做一件大事理會. 如進士擧是隋煬帝做出來, 至唐三百年以至國初, 皆是崇尙文辭." 鄭子上問: "風俗袞[168]來袞[169]去, 如何到本朝程先生出來, 便理會發明得聖賢道理?" 曰: "周子二程說得道理如此, 亦是上面諸公那[170]趲將來. 當楊・劉時, 只是理會文字. 到范文正・孫明復・石守道・李泰[171]伯・常夷甫諸人, 漸漸刊落枝葉, 務去理會政事, 思學問見於用處. 及胡安定出, 又敎人作'治事[172]齋', 理會政事, 漸漸那[173]得近裏, 所以周・程發明道理出來, 非一人之力

---

165) 悟: 賀本에서는 修로 되어 있다.
166) ◇: 便
167) 豔: 賀本에서는 艶으로 되어 있다.
168) 袞: 賀本에서는 滾으로 되어 있다.
169) 袞: 賀本에서는 滾으로 되어 있다.
170) 那: 賀本에서는 挪로 되어 있다.
171) 泰: 賀本에서는 太로 되어 있다.
172) 事: 孝宗刊本・成化本・賀本에서는 道으로 되어 있다.
173) 那: 賀本에서는 挪로 되어 있다.

也."【璘】

120:118 先生謂杜叔高曰: "學貴適用."

120:119 先生謂魯可幾曰: "事不要察取盡."【道夫】

120:120 或問徐子顔. 曰: "其人有守, 但未知所見如何."【文蔚】

120:121 今學者有兩樣, 意思鈍底, 又不能得他理會得, 到得意思快捷底, 雖能當下曉得, 然又恐其不牢固. 如龔鄭伯理會也快, 但恐其不牢固.【賀孫】

120:122 先生問郭廷碩: "今如何?" 曰: "也只如舊爲學." 曰: "賢江西人, 樂善者多, 知學者少." 又說: "楊誠齋廉介淸潔, 直是少. 謝尙書和易寬厚, 也煞朴[174]直. 昔過湘中時, 曾到謝公之家, 頽然在敗屋之下, 全無一點富貴氣, 也難得." 又曰: "聞彭子壽造居甚大, 何必如此?" 又及一二人, 曰: "以此觀謝尙書, 直是朴[175]實."【祖道】

120:123 先生問: "湘鄕舊有從南軒遊者, 爲誰?" 佐對以周奭 允升·佐外舅[176]舒誼 周臣. 外舅[176]沒已數歲, 南軒答其論「知言疑義」一書, 載『文集』中. 允升藏修之所正枕江上, 南軒題曰'漣溪書室.' 鄕曲後學講習其間, 但允升今病不能出矣." 先生曰: "南軒向在靜江曾得書, 甚稱說允升, 所見必別, 安得其一來? 次第送少藥物與之."【佐】

120:124 直卿告先生以趙友裕復有相招之意. 先生曰: "看今世務已自沒可柰何. 只得隨處與人說, 得識道理人多, 亦是幸事."【賀孫】

---

174) 朴: 成化本에서는 樸으로 되어 있다.
175) 朴: 成化本에서는 樸으로 되어 있다.
176) 舅: 孝宗刊本에서는 勇으로 되어 있다.

120:125 呂德遠辭, 云將娶, 擬某日歸. 及期, 其兄云: "與舍弟商量了, 且更承教一月, 卻歸." 曰: "公將娶了, 如何又恁地說? 此大事, 不可恁地. 宅中想都安排了, 須在等待, 不可如此." 呂卽日歸[177). 【義剛】

120:126 季繹勸蔡季通酒, 止其泉南之行. 蔡決於先生, 先生笑而不答. 良久, 云: "身勞而心安者爲之, 利少而義多者爲之." 【人傑 ○廣錄云: "或有所欲爲, 謀於先生. 曰: '心佚而身勞, 爲之, 利少而義多, 爲之.'"】

120:127 先生看糊窗, 云: "有些子不齊整, 便不是他道理." 朱季繹云: "要好看, 卻從外糊." 直卿云: "此自欺之端也?" 【賀孫】

177) 不可如此. 呂卽日歸: 賀本에서는 不可如此了. 卽日歸로 되어 있다.

『朱子語類』卷第一百二十一

▲[1]

「訓門人九」【總訓門人而無名氏者爲此卷.】

121:1 朋友乍見先生者, 先生每曰: "若要來此, 先看熹所解書也."【過】

121:2 世昌問: "先生教人, 有何宗旨?" 曰: "某無宗旨, 尋常只是教學者隨分讀書."【文蔚】

121:3 讀書須是成誦, 方精熟. 今所以記不得, 說不去, 心下若存若亡, 皆是不精不熟之患. 若曉得義理, 又皆記得, 固是好. 若曉文義不得, 只背得, 少間不知不覺, 自然相觸發, 曉得這義理. 蓋這一段文義橫在心下, 自是放不得, 必曉而後已. 若曉不得, 又記不得, 更不消讀書矣. 橫渠云[2]: "讀書須是成誦." 今人所以不如古人處, 只爭這些子. 古人記得, 故曉得, 今人鹵莽, 記不得, 故曉不得. 緊要處・慢處, 皆須成誦, 自然曉得也. 今學者若已曉得大義, 但有一兩處阻礙說不去, 某這裏略些數句撥[3]動, 自然曉得. 今諸公盡不曾曉得, 縱某多言何益? 無他, 只要熟看熟讀而已, 別無方法也.【卓 ○僩略.】

121:4 一學者患記文字不起. 先生曰: "只是不熟, 不曾玩味入心, 但

---

1) ▲: 「朱子十八」
2) 云: 賀本에서는 說로 되어 있다.
3) 撥: 賀本에서는 發로 되어 있다.

守得冊子上言語, 所以見冊子時記得, 纔放下便忘了. 若使自家實得他那意思, 如何會忘? 譬如人將一塊生薑來, 須知道是辣. 若將一塊砂糖來, 便不信是辣."【端蒙】

121:5 謂一士友曰[4]: "向嘗收書, 云:'讀書不用精熟', 又云: '不要思惟.' 讀書正要精熟, 而言不用精熟, 學問正要思惟, 而言不可思惟, 只爲此兩句在胸中做病根. 正如人食冷物留於脾胃之間, 十數年爲害. 所以與吾友相別十年只如此者, 病根不除也."【蓋卿】

121:6 嘗見老蘇說他讀書: "『孟子』·『論語』·『韓子』及其他聖人之文, 兀然端坐, 終日以讀者十八年. 方其始也, 入其中而惶然, 博觀於其外而駭然以驚. 及其久也, 讀之益精, 而其胸中豁然以明, 若人之言固當然者, 猶未敢自出其言也. 時旣久, 胸中之言日益多, 不能自制, 試出而書之, 已而再三讀之, 渾渾乎覺其來之易矣." 又韓退之「答李翊」·柳子厚「答韋中立書」, 言讀書用功之法, 亦可見. 某嘗嘆[5]息, 以爲此數人者, 但求文字言語聲響之工, 用了許多功夫, 費了許多精力, 甚可惜也! 今欲理會這箇道理, 是天下第一至大至難之事, 乃不曾用得旬月功夫熟讀得一卷書, 只是泛然發問, 臨時湊合, 元不曾記得本文, 及至問著, 元不曾記得一段首尾, 其能言者, 不過敷演己說, 與聖人言語初不相干, 是濟甚事? 今請歸家正襟危坐, 取『大學』·『論語』·『中庸』·『孟子』, 逐句逐字分曉精切, 求聖賢之意, 切己體察, 著己踐履, 虛心體究. 如是兩三年, 然後方去尋師訂[6]其是非, 方有可商量, 有可議論, 方是"就有道而正焉"者. 入道之門, 是將自家身己入那道理中去, 漸漸相親, 久之與己爲一. 而今人道理在這裏, 自家身在外面, 全不曾相干涉?

---

4) 曰: 賀本에서는 日로 되어 있다.
5) 嘆: 『朱子語類』에서는 歎으로 되어 있다.
6) 訂: 賀本에서는 證으로 되어 있다.

121:7 因言及釋氏, 而曰: "釋子之心却有用處. 若是好叢林, 得一好長老, 他直是朝夕汲汲不捨, 所以無有不得之理. 今公等學道, 此心安得似他? 是此心元不曾有所用, 逐日流蕩放逐, 如無家之人. 思量一件道理不透, 便颺去聲. 掉放一壁, 不能管得, 三日五日不知拈起, 每日只是悠悠度日, 說閑話[7]逐物而已. 敢說公等無一日心在此上. 莫說一日, 一時也無, 莫說一時, 頃刻也無. 悠悠漾漾, 似做不做, 從生至死, 忽然無得而已. 今朋友有謹飭不妄作者, 亦是他資稟自如此. 然其心亦無所用, 只是閑慢過日." 或云: "須是汲汲." 曰: "公只會說汲汲, 元不曾汲汲. 若是汲汲用功底人, 自別. 他那得工夫說閑話? 精專懇切, 無一時一息不在裏許. 思量一件道理, 直是思量得徹底透熟, 無一毫不盡. 今公等思量這一件道理, 思量到半間不界, 便掉了, 少間又看那一件, 那件看不得, 又掉了, 又看那一件. 如此沒世不濟事. 若眞箇看得這一件義[8]理透, 入得這箇門路, 以之推他道理, 也只一般. 只是公等不曾通得這箇門路, 每日只是在門外走, 所以都無入頭處, 都不濟事."【又曰: "若是大處入不得, 便從小處入, 東邊▲[9]不得, 便從西邊入. 及至入得了, 觸處皆是此理. 今公等千頭萬緖, 不曾理會得一箇透徹, 所以東解西模, 便無一箇入頭處."】又曰: "學道做工夫, 須是奮厲警發, 悵然如有所失, 不尋得則不休. 如自家有一大光明寶藏, 被人偸將去, 此心還肯放捨否? 定是去追捕尋捉得了, 方休. 做工夫亦須如此."【僩】

121:8 諸公來聽說話, 某所說亦不▲[10]聖賢之言. 然徒聽之, 亦不濟事, 須是便去下工夫, 始得. 近覺得學者所以不成頭項者, 只緣聖賢說得多了, 旣欲爲此, 又欲爲彼. 如夜來說"敬以直內, 義以方外." 若實下工夫, 見得眞箇是敬立則內直, 義形而外方, 這終身可以受用. 今人却似見得這兩句好, 又見說"克己復禮"也好, 又見說"出門如見大賓"也

---

7) 話:『小分』에서는 이 뒤에 放이 있던 것을 교정부호로 삭제하였다.
8) 義:『朱子語類』에서는 道로 되어 있다.
9) ▲: 入
10) ▲: 出

好. 空多了, 少間却不把捉得一項周全.【賀孫】

121:9 "今學者看文字, 不必自立說, 只記得前賢與諸家說, 便得. 而今看自家如何說, 終是不如前賢. 須盡記得諸家說, 方有箇襯簟處, 這義理根脚方牢, 這心也有殺泊處. 心路只在這上走, 久久自然曉得透熟. 今公輩看文字, 大概都有箇生之病, 所以說得來不透徹. 只是去巴攬包籠他, 元無實見處. 某舊時看文字極難, 諸家說盡用記. 且如『毛詩』, 那時未似如今說得如此條暢. 古今諸家說, 盡[11]用記取, 間[12]時將起思量: 這一家說得那字是, 那字不是, 那一家說得那字不是, 那字是, 那家說得全是, 那家說得全非, 所以是者是如何, 所以非者是如何. 只管思量, 少間這正當道理, 自然光明燦爛在心目間, 如指諸掌. 今公們只是紐捏[13]巴攬來說, 都記得不熟, 所以這道理收拾他不住, 自家也使他不動, 他也不服自家使. 相聚得一朝半日, 又散去了, 只是不熟. 這箇道理, 古時聖賢也如此說, 今人也如此說, 說得大概一般. 然今人說終是不似, 所爭者只是熟與不熟耳. 縱使說得十分全似, 猶不似在, 何況和那十分似底也不曾看得出?" 敬子云: "而今每日只是優游和緩, ▲[14] 須是苦心竭力下工夫方得. 那箇優游和緩, 須是做得八分九分成了, 方使得優游和緩. 而今便說優游和緩, 只是泛泛而已矣. 這箇做工夫, 須是放大火中鍛煉, 鍛敎他通紅, 溶成汁, 瀉成鋌, 方得. 今只是略略火面上熁得透, 全然生硬, 不屬自家使在, 濟得甚事? 須是縱橫舒卷皆由自家使得, 方好搦成團, 捺成匾, 放得去, 收得來, 方可. 某嘗思, 今之學者所以多不得力・不濟事者, 只是不熟. 平生也費許多功夫看文字, 下梢[15]頭都不得力者, 正緣不熟耳. 只緣一箇不熟, 少間無▲[16]件事理會得精. 呂居仁記老蘇說平生因聞'升裏轉, 斗裏量'之

11) 盡: 賀本에서는 蓋로 되어 있다.
12) 間: 孝宗刊本・成化本・賀本에서는 閑으로 되어 있다.
13) 紐捏: 賀本에서는 扭捏로 되어 있다.
14) ▲: 分外看得幾遍, 分外讀得幾遍, 意思便覺得不同. 曰: 而今便未得優游和緩.
15) 梢: 孝宗刊本・成化本에서는 稍로 되어 있다.

語, 遂悟作文章妙處. 這箇須是爛泥醬熟, 縱橫妙用皆由[17]自家, 方濟得事也."【僩】

121:10 某煞有話要與諸公說, 只是覺次序未到. 而今只是面前小小文義尙如此理會不透, 如何說得到其他事? 這箇事, 須是四方上下・小大本末, 一齊貫穿在這裏, 一齊理會過. 其操存踐履處, 固是緊要, 不可間斷. 至於道理之大原, 固要理會, 纖悉委曲處, 也要理會, 制度文爲處, 也要理會, 古今治亂處, 也要理會, 精粗大小, 無不當理會. 四邊一齊合起, 功夫無些罅漏. 東邊見不得, 西邊須見得, 這下見不得, 那下須見得, 旣見得一處, 則其他處亦可類推. 而今只從一處去攻擊他, 又不曾著力, 濟得甚事? 如坐定一箇地頭, 而他支脚, 也須分布擺陣. 如大軍厮殺相似, 大軍在此坐以鎭之, 游軍依舊去別處邀截, 須如此作功[18]夫方得. 而今都只是悠悠, 礙定這一路, 略略拂過, 今日走來挨一挨, 又退去, 明日亦是如此. 都不曾抓著那痒處, 何況更望掐著那[19]痛處? 所以五年十年只是恁地, 全不見長進. 這箇須是勇猛奮厲, 直前不顧去做, 四方上下一齊著到, 方有箇入頭. 孔子曰: "仁遠乎哉? 我欲仁, 斯仁至矣." 這箇全要人自去做. 孟子所謂奕秋, 只是爭這些子, 一箇進前要做, 一箇不把當事. 某八九歲時讀『孟子』到此, 未嘗不慨然奮發, 以爲爲學須如此做功[20]夫. 當初便有這箇意思如此, 只是未知得那碁[21]是如何著, 是如何做功[22]夫. 自後更不肯休, 一向要去做功[23]夫. 今學者不見有奮發底意思, 只是如此悠悠地過, 今日見他是如此, 明日見他亦是如此.

---

16) ▲: 一
17) 由: 孝宗刊本에서는 古로 되어 있다.
18) 功: 賀本에서는 工으로 되어 있다.
19) 那: 賀本에는 없다.
20) 功: 賀本에서는 工으로 되어 있다.
21) 碁: 成化本에서는 棋로 되어 있다.
22) 功: 賀本에서는 工으로 되어 있다.
23) 功: 賀本에서는 工으로 되어 있다.

121:11 因建陽士人來請問, 先生曰: “公們如此做工夫, 大故費日子. 覺得今年只似去年, 前日只是今日, 都無昌大發越底意思. 這物事須教看得精透後, 一日千里始得. 而今都只泛泛在那皮毛上理會, 都不曾抓著那痒處, 濟得甚事? 做工夫一似穿井相似: 穿到水處, 自然流出來不住, 而今都乾燥, 只是心不在, 不曾著心. 如何說道出去一日, 便不曾做得工夫? 某常說, 正是出去路上好做工夫. 且如出十里外, 既無家事炒, 又無應接人客, 正好提撕思量道理. 所以學貴‘時習’, 到‘時習’, 自然‘說’也. 如今不敢說‘時習’, 須看得見那物事方能‘時習.’ 如今都看不見, 只是不曾入心, 所以在窗下看, 才起去便都忘了. 須是心心念念在上, 便記不得細注字, 也須時時提起經正文在心, 也爭事. 而今都只在那皮毛上理會, 盡不曾抓著痒處. 若看得那物事熟時, 少間自轉動不得. 自家脚才動, 自然踏著那物事行.” 又云: “須是得這道理入心不忘了, 然後時時以義理澆灌之. 而今這種子只在地面上, 不曾入地裏去, 都不曾與土氣相接著.”

121:12 學者悠悠是大病. 今覺諸公都是進寸退尺, 每日理會些少[24] 文義, 都輕輕地拂過, 不曾動得皮毛上. 這箇道理規模大, 體面闊, 須是四面去包括, 方無走處. 今只從一面去, 又不曾著力, 如何可得? 且如曾點・漆雕開兩處, 漆雕開事言語少, 難理會, 曾點底, 須子細看他是樂箇甚底? 是如何地樂? 不只是聖人說這箇事可樂, 便信著. 他須[25]是自見得箇可樂底, 依人口說不得. 又曰: “而今持守, 便打疊教淨潔, 看文字, 須著意思索, 應接事物, 都要是當. 四面去討他, 自有一面通處.” 又曰: “如見陳厮殺, 擂著鼓, 只是向前去, 有死無二, 莫更回頭始得!” 【胡泳】

121:13 或言: “在家衮衮, 但不敢忘書冊, 亦覺未免間斷.” 曰: “只是

---

24) 少: 『朱子語類』에서는 小로 되어 있다.
25) 須: 賀本에서는 原으로 되어 있다.

無志. 若說家事, 又如何汨沒得自家? 如今有稍高底人, 也須會擺脫得過, 山間坐一年半歲, 是做得多少工夫? 只恁地, 也立得箇根脚. 若時往應事, 亦無害, 較之一向在事務裏袞, 是爭那裏去. 公今三五年不相見, 又只恁地悠悠, 人生有幾箇三五年耶?"【賀孫】

121:14 或有來省先生者. 曰: "别後讀何書?" 曰: "雖不敢廢學, 然家間事亦多, 難得全功." 曰: "覺得公今未有箇地頭在, 光陰可惜. 不知不覺, 便是三五年. 如今又去赴官, 官所事尤多, 益難得餘力. 人生能得幾箇三五年? 須是自强. 若尋得箇僻靜寺院, 做一兩年工夫, 須尋得箇地頭, 可以自上做將去. 若似此悠悠, 如何得進?"【廣】

121:15 某見今之學者皆似箇無所作爲, 無圖底人相似. 人之爲學, 當如救火追亡, 猶恐不及. 如自家有箇光明寶藏被人奪去, 尋求趕捉, 必要取得始得. 今學者只是悠悠地無所用心, 所以兩年・三年・五年・七年相別, 及再相見, 只是如此.【僩】

121:16 謂諸生曰: "公皆如此悠悠, 終不濟事. 今朋友著力理會文字, 一日有一日工夫, 然尚恐其理會得零碎, 不見得周匝. 若如諸公悠悠, 是要如何? 光陰易過, 一日減一日, 一歲無一歲, 只見老大. 忽然死著, 思量來這是甚則劇, 恁地悠悠過了."【賀孫】

121:17 某平日於諸友看文字, 相待甚寬, 且只令自看. 前日因病, 覺得無多時月, 於是大懼! 若諸友都只恁悠悠, 終於無益. 只要得大家盡心, 看得這道理教分明透徹. 所謂道理, 也只是將聖賢言語體認本意. 得其本意, 則所言者便只此道理, 一一理會令十分透徹, 無些罅縫蔽塞, 方始住. 每思以前諸先生盡心盡力, 理會許多道理, 當時亦各各親近師承, 今看來各人自是一說. 本來諸先生之意, 初不體認得, 只各人挑載得些去, 自做一家說話, 本不曾得諸先生之心. 某今惟要諸公看得道理分明透徹, 無些小蔽塞. 某之心卽諸公之心, 諸公之心卽某之心, 都只是這箇心. 如何有人說到這地頭? 又如何有人說不到[26]這地頭? 這是因甚恁地? 這須是自家大段欠處.【賀孫】

121:18 先生痛言諸生工夫悠悠, 云: "今人做一件▲[27], 沒緊要底事, 也著心去做, 方始會成, 如何悠悠會做得事? 且如好寫字底人, 念念在此, 則所見之物, 無非是寫字底道理. 又如賈島學作詩, 只思'推敲'兩字, 在驢上坐, 把手作推敲勢. 大尹出, 有許多車馬人從, 渠更不見, 不覺犯了節. 只此'推敲'二字, 計甚利害? 他直得恁地用力, 所以後來做得詩來極是精高. 今吾人學問, 是大小大事. 卻全悠悠若存若亡, 更不著緊用力, 反不如他人做沒要緊底事, 可謂倒置, 諸公切宜勉之."【時擧】

121:19 諸友只有箇學之意, 都散漫, 不恁地勇猛, 恐度了日子. 須著火急痛切意思, 嚴了期限, 趲了工夫, 辨幾箇月日氣力去攻破一過, 便就裏面旋旋涵養. 如攻寨, 須出萬死一生之計, 攻破了關限, 始得. 而今都打寨未破, 只循寨外走. 道理都咬不斷, 何時得透?【淳】

121:20 謂諸生曰: "公說欲遷善改過而不能, 只是公不自去做工夫. 若恁地安安排排, 只是做不成. 如人要赴水火, 這心才發, 便入裏面去. 若說道在這裏安排, 便只不成. 看公來此, 逐日只是相對, 默坐無言, 恁地慢滕滕, 如何做事?" 數日後, 復云: "坐中諸公有會做工夫底, 有病痛底, 某一一都看見, 逐一救正他. 惟公恁地循循默默, 都理會公心下不得, 這是幽冥暗弱, 這是大病. 若是剛勇底人, 見得善, 便[28]還他做得透, 做不是處, 也顯然在人耳目, 人皆見之. 前日公說'風雷「益」', 看公也無些子風意思, 也無些子雷意思."【賀孫】

---

26) 到: 賀本에서는 得으로 되어 있다.

27) ▲: 事.

28) 便: 賀本에서는 別로 되어 있다.

121:21 “某於相法, 卻愛苦硬淸癯底人, 然須是做得那苦硬底事. 若只要苦硬, 亦不知爲學, 何貴之有? 而今朋友遠處來者, 或有意於爲學. 眼前朋友大率只是據見定了, 更不求進步. 而今莫說更做甚工夫, 只眞箇看得百十字精細底, 也不見有.” 或曰: “今之朋友, 大率多爲作時文妨了工夫.” 曰: “也不曾見做得好底時文, 只是剽竊亂道之文而已. 若要眞箇做時文底, 也須深資廣取以自輔益, 以之爲時文, 莫更好. 只是讀得那亂道底時文, 求合那亂道底試官, 爲苟簡蔑[29]裂底工夫. 他亦不曾子細讀那好底時文, 和時文也有時不子細讀得. 某記少年應舉時, 嘗下視那試官, 說: ‘他如何曉得我底意思!’ 今人盡要去求合試官, 越做得那物事低了. 嘗見已前相識間做賦者, 甚麽樣讀書? 無書不讀. 而今只念那亂道底賦, 有甚見識? 若見識稍高, 讀書稍多, 議論高人, 豈不更做得好文字出? 他見得底只是如此, 遂互相倣傚, 專爲苟簡滅裂底工夫?” 歎息者久之. 【僩】

121:22 看來如今學者之病, 多是箇好名. 且如讀書, 卻不去子細考究義理, 教極分明. 只是纔看過便了, 只道自家已看得甚麽文字了, 都不思量於身上濟得甚事. 這箇只是做名聲, 其實又做得甚麽名聲? 下梢只得人說他已看得甚文字了. 這箇非獨卓丈如此, 看來都如此. 若恁地, 也是枉了一生. 【賀孫】

121:23 今學者大抵不曾子細玩味得聖賢言意, 卻要懸空妄立議論. 一似喫物事相似, 肚裏其實未曾飽, 卻以手鼓腹, 向人說: “我已飽了.” 只此乃是未飽, 若眞箇飽者, 卻未必說也. 人人好做甚銘, 做甚贊, 於己分上其實何益? 旣不曾實讀[30]得書, 玩味得聖賢言意, 則今日所說者是這箇話, 明日又只是這箇話, 豈得有新見邪? 切宜戒之! 【時擧】

---

29) 蔑: 賀本에서는 滅로 되어 있다.
30) 讀: 賀本에서는 講으로 되어 있다.

121:24 今朋友之不進者, 皆有“彼善於此爲足矣”之心, 而無求爲聖賢之志, 故皆有自恕之心, 而不能痛去其病. 故其病常隨在, 依舊逐事物流轉, 將求其彼善於此亦不可得矣. 【大雅】

121:25 昌父言: “學者工夫多間斷.” 曰: “聖賢教人, 只是要救一箇間斷.” 【文蔚】

121:26 因說學者工夫間斷, 謂“古山和尚自言: ‘喫古山飯, 阿古山矢, 只是看得一頭白水牯.’ 今之學者卻不如他.” 【文蔚】

121:27 有一等朋友, 始初甚銳意, 漸漸疏散, 終至於忘了. 如此, 是當初不立界分做去. 【士毅】

121:28 今來朋友相聚, 都未見得大底道理. 還且謾恁地逐段看, 還要直截盡理會許多道理, 教身上沒些子虧欠. 若只恁地逐段看, 不理會大底道理, 依前不濟事. 這大底道理, 如曠闊底基址, 須是開墾得這箇了[31], 方始架造安排, 有頓放處. 見得大底道理, 方有立脚安頓處. 若不見得大底道理, 如人無箇居著, 趁得百十錢歸來, 也無頓放處[32], 況得明珠至寶, 安頓在那裏? 自家一身都是許多道理. 人人有許多道理, 蓋自天降衷, 萬里皆具[33], 仁義禮智, 君臣父子兄弟朋友夫婦, 自家一身都擔在這裏. 須是理會了, 體認教一一周足, 略欠闕[34]些子不得. 須要緩心, 直要理會教盡. 須是大作規模, 闊開其基, 廣闢其地, 少間到逐處, 即看逐處都有頓放處. 日用之間, 只在這許多道理裏面轉, 喫飯也在上面, 上床也在上面, 下床也在上面, 脫衣服也在上面, 更無些子空闕處. 堯·舜·禹·湯也只是這道理. 如人刺繡花草, 不

---

31) 了: 賀本에서는 些로 되어 있다.
32) 放處: 『小分』에서는 處放를 교정부호로 바로잡았다.
33) 具: 成化本에서는 其로 되어 있다.
34) 闕: 賀本에서는 缺로 되어 있다.

要看他繡得好, 須看他下針處, 如人寫字好, 不要看他寫得好, 只看他把筆處.【賀孫】

121:29 先生問: "諸公莫更有甚商量?" 坐中有云: "此中諸公學問皆溺於高遠無根, 近來方得先生發明, 未遽有問. 將來有所疑, 卻寫去問." 先生曰: "卻是'以待來年然後已'說話, 此只是不曾切己立志. 若果切己立志, 睡也不著, 起來理會, 所以'發憤忘食', '終日不食, 終夜不寢'去理會. 今人有兩般見識: 一般只是談虛說妙, 全不切己, 把做一場說話了, 又有一般人說此事難理會, 只恁地做35) 人自得, 讓與他們36) 自理會. 如人交易, 情愿批退帳, 待別人典買. 今人情愿批退學問底多."【謙】

121:30 諸公數日看文字, 但就文字上理會, 不曾切己. 凡看文字, 非是要理會文字, 正要理會自家性分上事. 學者須要主一, 主一當要心存在這裏, 方可做工夫. 如人須尋箇屋子住, 至於爲農工商賈, 方惟其所之. 主者無箇屋子, 如小人趁得百錢, 亦無歸宿. 孟子說"求其放心", 已是兩截. 如常知得心在這裏, 則心自不放. 又云: "無事時須要知得此心, 不知此心, 恰似37)睡困38), 都不濟事. 今看文字, 又理會理義不出, 亦只緣主一工夫欠闕."【植 ○時舉同.】

121:31 先生一日謂諸生曰: "某患學者讀書不求經旨, 談說空妙, 故欲令先通曉文義, 就文求意, 下梢頭往往又只守定冊子上言語, 卻看得不切己. 須是將切己看, 玩味入心, 力去行之, 方有所益."【端蒙】

121:32 學者說文字或支離泛濫, 先生曰: "看教切己."【文蔚】

---

35) 做: 孝宗刊本에서는 故로 되어 있다.
36) 們: 孝宗刊本·成化本에서는 門으로 되어 있다.
37) 恰: 賀本에서는 卻로 되어 있다.
38) 困: 成化本에서는 睏으로 되어 있다.

121:33 學者講學, 多是不疑其所當疑, 而疑其所不當疑. 不疑其所當疑, 故眼前合理會處多蹉過, 疑其所不當疑, 故枉費了工夫. 金溪之徒不事講學, 只將箇心來作弄, 胡撞亂撞. 此▲[39]所以令學者入細觀書做工夫者, 正欲其熟考聖賢言語, 求箇的確所在. 今卻考索得如此支離, 反不濟事. 如某向來作『或問』, 蓋欲學者識取正意. 觀此書者, 當於其中見得此是當辨, 此不足辨, 刪其不足辨者, 令正意愈明白可也. 若更去外面生出許多議論, 則正意反不明矣. 今非特不見經文正意, 只諸家之說, 亦看他正意未著. 又曰: "『中庸』言'愼思', 何故不言深思? 又不言勤思? 蓋不可枉費心去思之, 須是思其所當思者, 故曰'愼思'也."【必大】

121:34 或問: "向蒙見教, 讀書須要涵泳, 須要浹洽. 因看『孟子』千言萬語, 只是論心. 七篇之書如此看, 是涵泳工夫否?" 曰: "某爲見此中人讀書大段鹵莽, 所以說讀書須當涵泳, 只要子細看玩尋繹, 令胸中有所得爾. 如吾友所說, 又襯貼一件意思, 硬要差排, 看書豈是如此?" 或曰: "先生涵泳之說, 乃杜元凱'優而柔[40]之'之意." 曰: "固是如此, 亦不用如此解說. 所謂'涵泳'者, 只是子細讀書之異名. 與人說話便是難. 某只是說一箇'涵泳', 一人硬來安排, 一人硬來解說. 此是隨語生解, 支離延蔓, 閑說閑講, 少間展轉只是添得多, 說得遠, 卻要做甚? 若是如此讀書, 如此聽人說話, 全不是自做工夫, 全無巴鼻. 可知是使人說學是空談. 此中人所問, 大率如此, 好理會處不理會, 不當理會處卻支離去說, 說得全無意思."【蓋卿】[41]

121:35 或解[42]"居處恭, 執事敬, 與人忠", 云: "須是從裏面做出來, 方得他外面如此." 曰: "公讀書便是多有此病. 這裏[43]又那得箇裏面做

---

39) ▲: 間
40) 柔: 賀本에서는 游로 되어 있다.
41)【蓋卿】: 賀本에는【蓋】로 되어 있다.
42) 解: 賀本에서는 問으로 되어 있다.

出來底說話來? 只是居處時便用恭, 執事便用敬, 與人時便用忠, '雖之夷狄, 不可棄也.' 不過只是如此說. 大凡看書, 須只就他本文看教直截, 切忌如此支離蔓衍, 拖脚拖尾, 不濟得事. 聖賢說話, 那一句不直截? 如利刃削成相似. 雖以孔子之語, 渾然溫厚, 然他那句語更是斬截. 若如公說一句, 更用數十字去包他, 則聖賢何不逐句上更添幾字, 教他分曉? 只看濂溪・二程・橫渠門[44]說話, 無不斬截有力, 語句自是恁地重. 無他, 所以看得如此寬緩無力者, 只是心念不整肅, 所以如此. 緣心念不整肅, 所以意思寬緩, 都湊泊他那意思不著, 說從別處去. 須是整肅心念, 看教他意思嚴緊, 說出來有力, 四方八面截然有界限, 始得. 如今說得如此支蔓, 都不成箇物事, 其病只在心念不整肅上."【僩】

121:36 讀書之法, 只要落窠槽. 今公們讀書, 盡不◇[45]落得那窠槽, 只是走向外去思量, 所以都說差去. 如初間大水瀰漫, 少間水旣退, 盡落低窪處, 方是入窠槽. 今盡是泛泛說從別處去. 某常以爲書不難讀, 只要人緊貼就聖人言語上平心看他, 文義自見. 今都是硬差排, 思其所不當思, 疑其所不當疑, 辨其所不當辨, 盡是枉了, 濟得甚事?【僩】

121:37 某嘗說, 文字不難看, 只是讀者心自嶢崎了, 看不出. 若大著意思[46]反復[47]熟看, 那正當道理自湧出來. 不要將那小意智私見識去間亂他, 如此無緣看得出. 如千軍萬馬, 從這一條大路去, 行伍紀律, 自是不亂. 若撥數千人從一小路去, 空攪亂了正當底行陳[48], 無益於事. 又曰: "看書且要依文看得箇[49]大概意思了, 卻去考究細碎處. 如

43) 這裏: 賀本에서는 這裏面으로 되어 있다.
44) 門: 賀本에서는 們으로 되어 있다.
45) ◇: 曾
46) 意: 成化本에서는 志로 되어 있다.
47) 復: 成化本에서는 覆으로 되어 있다.
48) 陳: 賀本에서는 陣으로 되어 있다.
49) 箇: 賀本에는 없다.

今未曾看得正當底道理出, 便落草了, 墮在一隅一角上, 心都不活動. 這箇是[50]轉水車相似, 只撥轉機關子, 他自是轉, 連那上面磨子篩籮一齊都轉, 自不費力. 而今一齊說得枯燥, 無些子滋味, 便更看二十年, 也只不濟事. 須教他心裏活動轉得, 莫[51]著在那角落頭處. 而今諸公看文字, 如一箇船閣在淺水上, 轉動未得, 無那活水泛將去, 更將外面物事[52]搭載放上面, 越見動不得. 都是枉用了心力, 枉費日子. 天下道理更有幾多, 若只如此看, 幾時得了[53]? 某而今也[54]自與諸公們說不辨, 只覺得都無意思. 所願諸公寬著意思, 且看正當道理, 教他活動有長進處, 方有所益. 如一條死蛇, 弄教他活. 而今只是弄得一條死蛇, 不濟事."【僩】

121:38 學者須要無事時去做得工夫, 然後可來此剖決是非. 今才一不在此, 便棄了這箇. 至此, 又卻臨時逐旋尋得一兩句言語來問, 則又何益?【壽昌】

121:39 或曰: "某尋常所學, 多於優遊[55]浹洽中得之." 曰: "若遽然便以爲有所見, 亦未是. 大抵於'博學·審問·愼思·明辨', 且未可說'篤行', 只這裏便是浹洽處. 孔子所以'好古敏以求之', 其用力如此."【謨】

121:40 人合是疑了問, 公今卻是揀難處來問, 教人如何描摸? 若說得, 公又如何便曉得? 若升高必自下. 今人要入室奧, 須先入門入庭, 見路頭熟, 次第入中間來. 如何自階裏一造要做後門出? 伊川云: "學者須先就近處."【賀孫】

---

50) 是: 孝宗刊本·成化本에서는 似로 되어 있다.
51) 莫: 賀本에서는 若으로 되어 있다.
52) 物事: 賀本에서는 事物로 되어 있다.
53) 得了: 賀本에서는 了得으로 되어 있다.
54) 也: 賀本에서는 一로 되어 있다.
55) 遊: 『朱子語類』에서는 游로 되어 있다.

121:41 而今人聽人說話未盡, 便要爭說. 亦須待他人說教盡了. 他人有說不出處, 更須反覆問, 教說得盡了, 這裏方有處置在.【賀孫】

121:42 或人請諸經之疑, 先生旣答之, 復曰: "今雖盡與公說, 公盡曉得, 不於自家心地上做工夫, 亦不濟事."【道夫】

121:43 諸公所以讀書無長進, 緣不會疑. 某雖看至沒緊要底物事, 亦須致疑. 纔疑, 便須理會得徹頭.【僩】

121:44 或謂: "問難, 只是作話頭, 不必如此." 曰: "不然. 到無疑處不必問, 疑則不可不問. 今如此云云, 不是惡他人問, 便是自家讀書未嘗有疑."【可學】

121:45 讀『語錄』玩了, 卻不如乍見者勇於得, 此是病.【方】

121:46 諸生請問不切. 曰: "群居最有益, 而今朋友乃不能相與講貫, 各有疑忌自私之意. 不知道學問是要理會箇甚麽? 若是切己做工夫底, 或有所疑, 便當質之朋友, 同共[56]商量. 須有一人識得破者, 已是講得七八分, 卻到某面前商量, 便易爲力. 今旣各自東西, 不相講貫, 如何得會長進? 欲爲學問, 須要打透這些子, 放令開闊, 識得箇'以能問於不能, 以多問於寡'底意思, 方是切於爲己."【時擧】

121:47 或問太極. 曰: "看如今人與太極多少遠近?" 或人自說所讀書. 曰: "徒然說得一片, 恁地多不濟事. 如今且要虛心, 心若不虛, 雖然恁地問, 待別人恁地說自不入. 他聽之如不聞, 只是他自有箇物事橫在心下. 如顏子, 人道他'得一善則拳拳服膺而不失', 他不曾自知道'得一善拳拳服膺而不失', 他'見不善未嘗不知, 知之未嘗復行', 他不曾

56) 共: 賀本에서는 其로 되어 있다.

自知道'見不善未嘗不知, 知之未嘗復行', 他'不遷怒, 不貳過', 他不曾自知道'不遷怒, 不貳▲[57].' 他只見箇道理當如此. 『易』曰: '君子以虛受人.' 『書』曰: '惟學遜志.' 舊有某人來問事, 略不虛心, 一味氣盈色滿. 當面與他說, 他全不聽得."【賀孫】

121:48 "天下之理, 有長有短, 有大有小, 當各隨其義理看. 某看得學者有箇病, 於他人如此說處, 又討箇義理, 責其不如彼說, 於其如彼說處, 又責其不如此說." 因擧所執扇反復[58]爲喻, 曰: "此扇兩邊各有道理. 今學者待他人說此邊道理, 便翻轉那一邊難之, 及他說那一邊, 卻又翻轉這一邊難之."【必大】

121:49 問: "氣質之害, 直是今人不覺. 非特讀書就他氣質上說, 只如每日聽先生說話, 也各以其所偏爲主. 如十句有一句合他意, 硬[59]硬執定這一句." 曰: "是如此. 且如「仲山甫」一詩, 蘇子由專歎美'旣明且哲, 以保其身'二句, 伯恭偏喜'柔嘉維則'一句. 某問何不將那'柔亦不茹, 剛亦不吐'以下四句做好? 某意裏又愛這四句." 問: "這四句如何?" 曰: "也自剛了." 問: "剛底終是占得分數多?" 曰: "也不得, 只是比柔又較爭."【胡泳】

121:50 質敏不學, 乃大不敏. 有聖人之資必好學, 必下問. 若就自家杜撰, 更不學, 更不問, 便已是凡下了. 聖人之所以爲聖, 也只是好學下問. 舜自耕稼陶漁以至爲[60]帝, 無非取諸人以爲善. 孔子說, 禮, "吾聞諸老聃", 這也是學於老聃, 方知得這一事.【賀孫】

121:51 先生因學者少寬舒意, 曰: "公讀書恁地縝密, 固是好. 但恁

---

57) ▲: 過
58) 復: 成化本에서는 覆으로 되어 있다.
59) 硬: 『朱子語類』에서는 便으로 되어 있다.
60) 爲: 賀本에서는 於로 되어 있고 成化本에서는 于로 되어 있다.

地逼截成一團, 此氣象最不好, 這是偏處. 如一項人恁地不子細, 固是不成道理, 若一向蹙密, 下梢卻展拓不去. 明道一見謝顯道, 曰: '此秀才展拓得開, 下梢可望.'" 又曰: "於詞氣間亦見得人氣象. 如明道語言固無甚激昂, 看來便見寬舒意思. 龜山, 人只道恁地寬, 看來不是寬, 只是不解理會得, 不能理會得. 范純夫『語解』比諸公說理最平淺, 但自有寬舒氣象, 儘好."【賀孫】

121:52 因人之昏弱而箴之曰: "人做事, 全靠這些子精神."【節】

121:53 有言貧困不得專意問學者. 曰: "不干事. 世間豈有無事底人? 但十二時看那箇時閑, 一時閑便做一時工夫, 一刻閑便做一刻工夫. 積累久, 自然別." 或又以離遠師席, 不見解注爲說. 曰: "且如某之讀書, 那曾得師友專守在裏? 初又曷嘗有許多文字? 也只自著力耳." 或曰: "先生高明, 某何敢望?" 曰: "如此則全未知自責. '堯·舜與人同耳', 曷嘗有異? 某嘗謂, 此皆是自恕之語, 最爲病痛."【道夫】

121:54 或言氣稟昏弱, 難於爲學. 曰: "誰道是公昏弱? 但反而思之, 便强便明, 這氣色打一轉. 日日做工夫, 日日有長進."【子蒙】

121:55 或問: "某欲克己而患未能." 曰: "此更無商量. 人患不知耳, 旣已知之, 便合下手做, 更有甚商量? '爲仁由己, 而由人乎哉'?"【雉】

121:56 或言: "今且看先生動容周旋以自檢. 先生所著文義, 卻自歸去理會." 曰: "文義只是目下所行底, 如何將文義別做一邊看? 若不去理會文義, 終日只管相守閑坐, 如何有這道理? 文義乃是躬行之門路, 躬行卽是文義之事實."【賀孫】

121:57 或問: "人固欲事事物物理會, 然精力有限, 不解一一都理會得." 曰: "固有做不盡底. 但立一箇綱程, 不可先自放倒. 也須靜著心, 實著意, 沉潛反覆, 終久自曉得去."【祖道】

121:58 或說"居敬・窮理." 曰: "都不須如此說. 如何說又怕居敬不得? 窮理有窮不去處? 豈有此理[61]? 只是自家元不曾居敬, 元不曾窮理, 所以說得如此. 若眞箇去窮底, 豈有窮不得之理? 若心堅, 便是石也穿, 豈有道理了窮不得之理? 而今說又怕有窮不得處, 又怕如何, 又計較如何, 都是枉了. 只恁勇猛堅決向前去做, 無有不得之理, 不當如此遲疑. 如人欲出路: 若有馬, 便騎馬去, 有車, 便乘車去, 無車, 便徒步去. 只是從頭行將去, 豈有不到之理?"【僩 ○燾錄云: "問: '理有未窮, 且只持敬否?' 曰: '不消恁地說. 持敬便只管持將去, 窮理便只管窮將去. 如說前面萬一有[62]持不得, 窮不得處, 又去別生計較, 這箇都是枉了思量. 然亦只是不曾眞箇持敬・窮理, 若是眞箇曾持敬・窮理, 豈有此說? 譬如出路: 要乘轎, 便乘轎, 要乘馬, 便乘馬, 要行, 便行. 都不消思量前面去不得時, 又著如何, 但當勇猛堅決向前. 那裏要似公說居敬不得處又著如何, 窮理不得處又著如何. 古人所謂心堅石穿, 蓋未嘗有做不得底事. 如公幾年讀書不長進時, 皆緣公恁地, 所以搭滯了.' 又曰: '聖人之言, 本自直截. 若裏面有屈曲處, 聖人亦必說在上面. 若上面無底, 又何必思量從那屈曲處去? 都是枉了工夫.'"】

121:59 或問: "格物一項稍支離." 曰: "公依舊是箇計較利害底心下在這裏. 公且試將所說行將去, 看如何[63]. 若只管在這裏擬議, 如何見得? 如做得箇船, 且安排槳楫, 解了繩, 放了索, 打將去看, 卻自見涯岸. 若不放船去, 只管在這裏思量, 怕有風濤, 又怕有甚艱[64]險, 如何得到岸? 公今恰似箇船全未曾放離岸, 只管計較利害, 聖賢之說那尙恁地? '子路有聞, 未之能行, 唯恐有聞.' 如今說了千千萬萬, 卻不曾去下得分寸工夫." 又曰: "聖人常說: '有殺身以成仁.' 今看公那邊人,

---

61) 理: 賀本에서는 意로 되어 있다.
62) 有: 賀本에는 없다.
63) 如何: 賀本에서는 何如로 되어 있다.
64) 艱: 賀本에는 없다.

敎他'殺身以成仁', 道他肯不肯? 決定是不肯. 才說著, 他也道是怪在." 又曰: "'吾未見剛者.' 聖人只是要討這般人, 須是有這般資質, 方可將來磨治. 『詩』云: '追琢其章, 金玉其相.' 須是有金玉之質, 方始琢磨得出. 若是泥土之質, 假饒你如何去裝飾, 只是箇不好物事, 自是你根脚本領不好了." 又曰: "如讀書, 只是理會得, 便做去. 公卻只管在這裏說道如何理會. 伊川云: '人所最可畏者, 便做.'"【賀孫】

121:60 先生問學者曰: "公今在此坐, 是主靜? 是窮理?" 久之未對. 曰: "便是公不曾做工夫. 若不是主靜, 便是窮理, 只有此二者. 旣不主靜, 又不窮理, 便是心無所用, 閑坐而已. 如此做工夫, 豈有長進之理? 佛者曰: '十二時中, 除了著衣喫飯是別用心.' 夫子亦云: '造次必於是, 顚沛必於是.' 須是如此做工夫, 方得. 公等每日只是閑用心, 問閑事・說閑話底時節多, 問緊要事, 究竟自己事底[65]時節少. 若是眞箇做工夫底人, 他自是無閑工夫說閑話・問閑事. 聖人言語有幾多緊要大節目, 都不曾理會. 少[66]者固不可不理會, 然大者尤緊要."【僩】

121:61 或問: "致知當主敬." 又問: "當如先生說次第觀書." 曰: "此只是說話, 須要下工夫方得."【蓋卿】

121:62 諸公且自思量, 自朝至暮, 還曾有頃刻心從這軀殼裏思量過否?【僩】

121:63 賢輩但知有營營逐物之心, 不知有眞心, 故識慮皆昏. 觀書察理, 皆草草不精, 眼前易曉者, 亦看不見, 皆由此心雜而不一故也. 所以前輩語初學者必以敬, 曰: "未有致知而不在敬者." 今未知反求諸心, 而胸中方且叢雜錯亂, 未知所守. 持此雜亂之心以觀書察理, 故凡

65) 事底: 賀本에서는 底事로 되어 있다.
66) 少: 『朱子語類』에서는 小로 되어 있다.

工夫皆從一偏一角做去, 何緣會見得全理? 某以爲諸公莫若且收斂身心, 盡掃雜慮, 令其光明洞達, 方能作得主宰, 方能見理. 不然, 亦終歲而無成耳. 【大雅】[67]

121:64 "諸公皆有志於學, 然持敬工夫大段欠在. 若不知此, 何以爲進學之本? 程先生云: '涵養須用敬, 進學則在致知.' 此最切要." 游和之問: "不知敬如何持?" 曰: "只是要收斂身心, 莫令走失而已. 今人精神自不曾定, 讀書安得精專? 凡看山看水, 風吹草動, 此心便自走失, 何以爲學? 諸公切宜勉此?" 【南升】

121:65 先生語諸生曰: "人之爲學, 五常百行, 豈能盡常常記得? 人之性惟五常爲大, 五常之中仁尤爲大, 而人之所以爲是仁者, 又但當守'敬'之一字. 只是常求放心, 晝夜相承, 只管提撕, 莫令廢惰, 則雖不能常常盡記衆理, 而義禮智信之用, 自然隨其事之當然而發見矣. 子細思之, 學者最是此一事爲要, 所以孔門只是教人求仁也." 【壯祖】[68]

121:66 或曰: "每常處事, 或思慮之發, 覺得發之正者心常安, 其不正者心常不安. 然義理不足以勝私欲之心, 少間安者卻容忍, 不安者卻依舊被私欲牽將去. 及至事過, 又卻悔, 悔時依舊是本心發處否?" 曰: "然. 只那安・不安處, 便是本心之德. 孔子曰: '志士仁人無求生以害仁, 有殺身以成仁.' 求生如何便害仁? 殺身如何便成仁? 只是箇安與不安而已." 又曰: "不待接事時方流入於私欲, 只那未接物時此心已自流了. 須是未接物時也常剔抉此心教他分明, 少間接事便不至於流. 上蔡解'爲人謀而不忠'云: '爲人謀而忠, 非特臨事而謀, 至於平居靜慮, 思所以處人者一有不盡, 則非忠矣.' 此雖於本文說得來大過, 然卻如此. 今人未到爲人謀時方不忠, 只平居靜慮閑思念時, 便自懷

67) 【大雅】: 孝宗刊本・成化本에는 【雅】로 되어 있다.
68) 【壯祖】: 賀本에는 【閎祖】로 되어 있다.

一箇利便於己, 將不好處推與人之心矣. 須是於此處常常照管得分明, 方得."【僩】

121:67 或問: "靜時見得此心, 及接物時又不見." 曰: "心如何見得? 接物時只要求箇是. 應得是, 便是心得其正, 應得不是, 便是心失其正, 所以要窮理. 且如人唱喏, 須至誠還他喏. 人問何處來, 須據實說某處來. 卽此便是應物之心, 如何更要見此心? 浙間有一般學問, 又是得江西之緒餘, 只管教人合眼端坐, 要見一箇物事如日頭相似, 便謂之悟, 此大可笑. 夫子所以不大段說心, 只說實事, 便自無病. 至孟子始說'求放心', 然大概只要人不馳騖於外耳, 其弊便有這般底出來, 以此見聖人言語不可及."【學蒙】

121:68 或問: "覺得意思虛靜時, 應接事物[69]少有不中節者. 纔是意思不虛靜, 少間應接事物便都錯亂." 曰: "然. 然公又只是守得那塊然底虛靜, 雖是虛靜, 裏面黑漫漫地, 不曾守得那白底虛靜, 濟得甚事? 所謂虛靜者, 須是將那黑底打開成箇白底, 敎他裏面東西南北玲瓏透徹, 虛明顯敞, 如北[70]方喚做虛靜. 若只確守得箇黑底虛靜, 何用▲[71]?"【僩】

121:69 有問: "程門教人說敬, 卻遺了恭. 『中庸』說'篤恭而天下平', 又不說敬. 如何恭・敬不同?" 曰: "昔有人曾以此問上蔡. 上蔡云: '不同: 恭是平聲, 敬是側聲.'" 學坐大笑. 先生曰: "不是如此理會, 隨他所說處理會. 如只比並作箇問頭, 又何所益?"【謙】

121:70 先生嘗語在坐者云: "學者▲[72]令道理在胸中流轉."【過】

---

69) 事物: 『小分』에서는 物事를 교정부호로 바로잡았다.
70) 北: 賀本에서는 此로 되어 있다.
71) ▲: 也
72) ▲: 常常

121:71 先生見學者解說之際, 或似張大, 卽語之曰: "說道理, 不要大驚小怪."【過】

121:72 今之學者只有兩般, 不是玄空高妙, 便是膚淺外馳.

121:73 張洽因先生言近來學者多務▲73)遠, 不自近處著工夫, 因言: "近來學者誠有好高之弊. 昔有問伊川: '如何是道?' 伊川曰: '行處是.' 又問明道'如何是道?' 明道令於君臣父子兄弟上求. 諸先生之言, 不曾有高遠之說." 先生曰: "明道之說固如此. 然君臣父子兄弟之間, 各有箇當然之理, 此便是道."

121:74 因說今人學問, 云: "學問只是一箇道理. 不知天下說出幾多言語來, 若內無所主, 一隨人脚跟轉, 是壞了多少人. 吾人日夜要講明此學, 只爲74)要理明學至, 不爲邪說所害, 方是見得道理分明. 聖賢眞可到, 言話眞不誤人. 今人被人引得七上八下, 殊可笑."【謙】

121:75 或問『左傳』疑義. 曰: "公不求之於六經『語』·『孟』之中, 而用功於『左傳』. 且『左傳』有甚麽道理? 縱有, 能幾何? 所75)謂'棄卻 甛桃樹, 緣山摘醋梨.' 天之所賦於我者, 如光明寶藏, 不會收得, 卻上他人門教化一兩錢, 豈不哀哉? 只看聖人所說, 無不是這箇大本. 如云: '天高地下, 萬物散殊, 而禮▲76)行矣, 流而不息, 合同而化, 而樂興焉.' 不然, 子思何故說箇'天命之謂性, 率性之謂道, 修道之謂敎'? 此三句是怎如此說? 是乃天地萬物之大本大根, 萬化皆從此出. 人若能體察得, 方見得聖賢所說道理, 皆從自己胸襟流出, 不假他求. 某向嘗見呂伯恭愛與學者說『左傳』, 某嘗戒之曰: '『語』·『孟』六經許多道理

---

73) ▲: 高
74) 爲: 賀本에서는 謂로 되어 있다.
75) 所: 孝宗刊本에서는 謂로 되어 있다.
76) ▲: 制

不說, 恰限說這箇. 縱那上有些零碎道理, 濟得甚事?' 伯恭不信, 後來又說到『漢書』. 若使其在, 不知今又說到甚處, 想益卑矣, 固宜爲陸子靜所笑也. 子靜底是高, 只是下面空疏, 無物事承當. 伯恭底甚低, 如何得似他?" 又曰: "人須是於大原本上看得透, 自然心胸開闊, 見世間事皆瑣瑣不足道矣." 又曰: "每日開眼, 便見這四箇字在面前【仁義禮智】[77] 只趯著脚指頭便是. 這四箇字若看得熟, 於世間道理, 沛然若決江河而下, 莫之能禦矣. 若看得道理透, 方見得每日所看經書, 無一句一字一點一畫不是道理之流行, 見天下事無大無小, 無一名一件不是此理之發見. 如此, 方見得這箇道理渾淪周遍, 不偏枯, 方見得所謂'天命之謂性'底全體. 今人只是隨所見而言, 或見得一二分, 或見得二三分, 都不曾見那全體, 不曾到那極處, 所以不濟事."【僩】

121:76 "浙中朋友, 一等底只理會上面道理, 又只理會一箇空底物事, 都無用, 少間亦只是計較利害, 一等又只就下面理會事, 眼前雖粗有用, 又都零零碎碎了, 少間只見得利害. 如橫渠說釋氏有'兩末之學', 兩末, 兩頭也, 都[78]是那中間事物轉關處都不理會." 賀孫問: "如何是轉關處?" 曰: "如致知・格物, 便是就事上理會道理. 理會上面底, 卻棄賓[79]事物爲陳跡, 便只說箇無形影底道理, 然若還被他放下來, 更就事上理會, 又卻易. 只是他已見得上面一段事物[80], 不費氣力, 省事了, 又那肯下來理會? 理會下面底, 又都細碎了. 這般道理, 須是規模大, 方理會得." 遂擧伊川說: "曾子易簀, 便與有天下行一不義, 殺一不辜不爲一同." "後來說得來, 便無他氣象. 大底卻可以[81]做小, 小底要做大卻難, 小底就事物細碎上理會."【賀孫】

---

77)【仁義禮智】: 賀本에서는 본문으로 되어 있다.
78) 都: 賀本에서는 卻으로 되어 있다.
79) 賓: 孝宗刊本・成化本・賀本에서는 置로 되어 있다.
80) 事物: 『朱子語類』에서는 物事로 되어 있다.
81) 以: 賀本에는 없다.

121:77 先生問浙間事. 某曰: "浙間難得學問. 會說者, 不過孝悌忠信而已." 曰: "便是守此四字不得, 須是從頭理會來, 見天理從此流出便是."【炎】

121:78 謂邵武諸友: "公看文字, 看得緊切好. 只是邵武之俗, 不怕不會看文字, 不患看文字不切, 只怕少寬舒意思."【賀孫】

121:79 方伯謨以先生教人讀『集注』爲不然. 蔡季通丈亦有此語, 且謂"四方從學之士稍自負者, 皆不得其門而入, 去者亦多." 某因從容侍坐, 見先生擧似[82]與學者云: "讀書須是自肯下工夫始得. 某向得之甚難, 故不敢輕說與人. 至於不得已而爲注釋者, 亦是博採諸先生及及[83]前輩之精微寫出與人看, 極是簡要, 省了多少工夫. 學者又自輕看了, 依舊不得力." 蓋是時先生方獨任斯道之責, 如「西銘」·『通書』·『易象』諸書方出, 四方辨詰紛然. 而江西一種學問, 又自善鼓扇學者, 其於聖賢精義皆不暇深考, 學者樂於簡易, 甘於詭僻, 和之者亦衆, 然終不可與入堯·舜之道. 故先生教人, 專以主敬·窮理爲主, 欲使學者自去窮究, 見得道理如此, 便自能[84]立, 不待辨說而明. 此引而不發之意, 其爲學者之[85]心蓋甚切, 學者可不深味此意乎?【炎】

121:80 或問: "所謂'窮理', 不知是反己求之於心? 惟復是逐物而求於物?" 曰: "不是如此. 事事物物皆有箇道理, 窮得十分盡, 方是格物. 不是此心, 如何去窮理? 不成物自有箇道理, 心又有箇道理, 枯槁[86]其心, 全與物不接, 卻使此理自見. 萬無是事. 不用自家心, 如何別向物上求一般道理? 不知物上道理卻是誰去窮得? 近世有人爲學, 專要說

---

82) 似: 賀本에서는 以로 되어 있다.
83) 及: 『朱子語類』에는 없다.
84) 自能: 『小分』에서는 能自를 교정부호로 바로잡았다.
85) 者之: 『小分』에서는 之者를 교정부호로 바로잡았다.
86) 槁: 『朱子語類』에서는 槁로 되어 있다.

空說妙, 不肯就實, 卻說是悟. 此是不知學, 學問無此法. 才說一'悟'字, 便不可窮詰, 不可研究, 不可與論是非, 一味說入虛談, 最爲惑人. 然亦但能謾得無學底人, 若是有實學人, 如何被他謾? 才說'悟', 便不是學問. 奉勸諸公, 且子細讀書. 書不曾讀[87], 不見義理, 乘虛接渺, 指摘一二句來問人, 又有漲開其說來問, 又有牽甲證乙來問, 皆是不曾有志朴實頭讀書. 若是有志朴實頭讀書, 眞箇逐些理會將去, 所疑直是疑, 亦有可答. 不然, 彼己無益, 只是一場閑說話爾, 濟得甚事? 且如讀此一般書, 只就此一般書上窮究, 冊子外一箇字且莫兜攬來炒. 將來理明, 卻將已曉得者去解得未曉者. 如今學者將未能解說者卻去參解說不得者, 鶻突好笑. 悠悠歲月, 只若人耳."【謙】

121:81 或問: "所守所行, 似覺簡易, 然茫然未有所獲." 曰: "旣覺得簡易, 自合有所得, 卻曰茫然無所獲者, 如何?" 曰: "比之以前爲學多岐[88], 今來似覺簡略耳. 愚殊不敢望得道, 只欲得一箇入頭處." 曰: "公之所以無所得者, 正坐不合簡易. 揚子雲曰: '以簡以易, 焉支焉離?' ▲[89]所以爲簡易也. 人須是'博學之, 審問之, 愼[90]思之, 明辨之, 篤行之', 然後可到簡易田地. 若不如此用工夫, 一蹴便到聖賢地位, 卻大段易了, 古人何故如此'博學・審問・愼[91]思・明辨・篤行'乎? 夫是五者, 無先後, 有緩急. 不可謂博學時未暇審問, 審問時未暇愼[92]思, 愼[93]思時未暇明辨, 明辨時未暇篤行. 五者從頭做將下去, 只微有少差耳, 初無先後也. 如此用工, 他日自然簡易去.【謨錄注云: "包顯道以書論此, 先生面質如此."】 孟子曰: '博學而詳說之, 將以反說約也.' 『語』云: '博我以文, 約我以禮.' 須是先博然後至約, 如何便先要約得? 人

87) 曾讀: 『小分』에서는 讀曾을 교정부호로 바로잡았다.
88) 岐: 成化本에서는 歧으로 되어 있다.
89) ▲: 蓋支離
90) 愼: 成化本에서는 謹로 되어 있다.
91) 愼: 成化本에서는 謹로 되어 있다.
92) 愼: 成化本에서는 謹로 되어 있다.
93) 愼: 成化本에서는 謹로 되어 있다.

若先以簡易存心, 不知'博學・審問・愼[94]思・明辨・篤行', 將來便入異端去."【去僞 ○謨同】

121:82 先生言: "此兩日甚思諸生之留書院者, 不知在彼如何. 孔子在陳, 思魯之狂士. 『孟子』所記, 本亦只是此說. '狂猬'卽'狂簡', '不忘其初', 卽'不知所以裁之.' 當時隨聖人在外底, 卻逐日可照管他. 留魯者, 卻不見得其所至如何, 然已說得'成章'了. 成章是有首有尾, 如異端亦然. 釋氏亦自說得有首有尾, 道家亦自說得有首有尾. 大抵未成者尙可救, 已成者爲足慮."【▲[95]先生在郡中 ○必大】

121:83 或云: "嘗見人說, 凡是外面尋討入來底, 都不是." 曰: "喫飯也是外面尋討入來, 若不是時, 須是肚裏做病, 如何又喫得安穩? 蓋飢而食者, 卽是從裏面出來. 讀書亦然, 書固在外, 讀之而通其義者卻自是裏面事, 如何都喚做外面入來得? 必欲盡捨『詩』・『書』而別求道理, 異端之說也."【琮】

121:84 天下道理自平易簡直. 人於其間, 只是爲剖析人欲以復天理, 教明白洞達, 如此而已. 今不於明白處求, 卻求之於偏旁處, 縱得些理, 其能幾何? 今日諸公之弊, 卻自要說一種話云: "我有此理, 他人不知." 安有此事? 理[96]只是一般理, 只是要明得, 安有人不能而我獨能之事? 如此則是錯了.【可學】

121:85 "學者同在此, 一般講學, 及其後說出來, 便各有差誤. 要其所成, 有上截底無下截, 有下截底無上截, 有皮殼底無肚腸, 有肚腸底無皮殼. 不知是如何?" 必大曰: "工夫有間斷, 亦是氣質之偏使然." 曰: "固是氣質, 然大患是不子細. 嘗謂今人讀書, 得如漢儒亦好. 漢儒各

94) 愼: 成化本에서는 謹로 되어 있다.
95) ▲: 時
96) 理: 賀本에는 없다.

專一家, 看得極子細. 今人才看這一件, 又要看那一件, 下梢都不曾理會得."【必大】

121:86 看二十五條, 曰: "此正與前段相反, 卻有上截無下截. 天資高底, 固有能不爲富貴所累, 然下此者亦必[97]思所以處之. '貧而樂'者固勝如'無諂', '富而好禮'者固勝如'無驕.' 若未能'無諂無驕'底, 亦須且於此做工夫. 頃見一文集云, 有一人天資善弈, 極高, 遂入京見國手. 國手與之下了, 但云: '可隨我諸處, 看我與人弈.' 如此者半年, 遂遣之. 其人曰: '某隨逐許時, 未蒙教得有所長.' 國手曰: '汝棊本高, 但未曾識低著, 卻恐與人下時錯了. 我帶你去半年, 只是欲汝識低著耳.'" 因論碁, 又曰: "『黙堂集』中亦載一說: 有兩箇對弈, 方爭一段, 甚危. 其人忽舍所爭, 卻別於閑處下一著, 衆所不曉. 既畢, 或問之. 曰: '所爭處已自定, 此一著亦有利害, 不可不急去先下一著, 然對者固未必曉.' 問者曰: '既見得其人未必曉, 又何用急去下?' 曰: '在彼雖可忽, 在我者不可不盡耳.' 天下事皆當如此, 不獨弈也."【謍】

121:87 政和有客同侍坐. 先生曰: "這下人全不讀書. 莫說道教他讀別書, 只是要緊如六經·『漢書』·『唐書』諸子, 也須著讀始得. 又不是大段直錢了, 不能得他讀. 只問人借將來讀, 也得. 如何一向只去讀時文? 如何擔當箇秀才名目在身己上? 既做秀才, 未說道要他理會甚麼高深道理, 也須知得古聖賢所以垂世立教之意是如何? 古今盛衰存亡治亂事體是如何? 從古來人物議論是如何? 這許多眼前底都全不識, 如何做士人? 須是識得許多, 方始成得箇人." 又云: "向[98]來人讀書爲科擧計, 已自是末了. 如今又全不讀而赴科擧, 又末之末者. 若以今世之所習, 雖做得官, 貴窮公相, 也只是箇沒見識底人. 若依古聖賢所教做去, 雖極貧賤, 身自躬耕, 而胸次亦自浩然, 視彼汚濁卑下之徒, 曾

97) 亦必: 『小分』에서는 必亦을 교정부호로 바로잡았다.
98) 向: 孝宗刊本에서는 尙으로 되어 있다.

犬彘之不若.” 又曰: “如今人也須先立箇志趣, 始得. 還當自家要做甚麽人? 是要做聖賢? 是只要苟簡做箇人? 天教自家做人, 還只教恁地便是了? 閑時也須思量著. 聖賢還是元與自家一般, 還是有兩般? 天地交付許多與人, 不獨厚於聖賢而薄於自家, 自家[99]是有這四端, 是無◇[100]四端? 只管在塵俗裏面衮, 還曾見四端頭面, 還不曾見四端頭面? 且自去看. 最難說是意趣卑下, 都不見上面許多道理. 公今如只管去喫魚鹹, 不知有芻豢之美. 若去喫芻豢, 自然見魚鹹是不好喫物事.” 又云: “如『論語』說‘學而時習之’, 公且自看平日是曾去學, 不曾去學? 曾去習, 不曾去習? 學是學箇甚麽? 習是習箇甚麽? 曾有說意思, 無說意思? 且去做好. 讀聖賢之書, 熟讀自見. 如孟子說‘亦有仁義而已’, 這也不待注解. 如何孟子須教人舍利而就義? 如今人如何只去義而趨利?”【賀孫】

121:88 問曾點. 曰: “今學者全無曾點分毫氣象. 今整日理會一箇半箇字有[101]下落, 猶未分曉, 如何敢望他? 他直是見得這道理活潑潑地快活. 若似而今諸公樣做工夫, 如何得似它?” 問: “學者須是打疊得世間一副當富貴利祿底心, 方可以言曾點氣象, 方有可用功處.” 曰: “這箇大故是外面粗處. 某常說, 這箇不難打疊, 極未有要緊, 不知別人如何. 正當是裏面工夫極有細碎難理會處, 要人打疊得. 若只是外面富貴利錄[102], 此何足道? 若更這處打不透[103], 說甚麽學? 正當學者裏面工夫多有節病. 人亦多般樣. 而今自家只見得這箇重, 便說難打疊, 他人病痛又有不在是者. 若人人將這箇去律它, 教須打併這箇了, 方可做那箇, 則其無此病者, 卻覺得緩散無力. 急這◇[104]邊, 便緩卻那一

99) 自家: 賀本에는 없다.
100) ◇: 這
101) 有: 成化本에서는 育으로 되어 있다.
102) 錄: 『朱子語類』에서는 祿으로 되어 있다.
103) 不透: 賀本에서는 不箇透로 되어 있다.
104) ◇: 一

邊. 所以這道理極難, 要無所不用其力. 莫問他急緩先後, 只認是處便奉行, 不是處便緊閉, 教他莫要出來. 所以說'是故君子無所不用其極', '是故君子戒愼乎其所不睹, 恐懼乎其所不聞. 莫見乎隱, 莫顯乎微.' 又曰: '仁以爲己任, 不亦重乎?' 四方八面, 盡要照管得到. 若一處疏闕, 那病痛便從那疏處入來. 如人廝殺, 凡山川途徑, 險阻要害, 無處不要防守. 如姜維守蜀, 他只知重兵守著正路, 以爲魏師莫能來, 不知鄧艾卻從陰平武都而入, 反出其後. 他當初也說▲[105]裏險阻, 人必來不得, 不知意之所不備處, 才有縫罅, 便被賊人來了. 做工夫都要如此, 所以這事極難, 只看'是故君子無所不用其極'一句便見. 而今人有終身愛官職不知厭足者, 又有做到中中官職便足者, 又有全然不要, 只恁地懶惰因循, 我也不要官職, 我也無力爲善, 平平過者, 又有始間是好人, 末後不好者, 又有始間是好人, 末後不好者[106], 又有始間不好, 到末好者, 如此者多矣. 又有做到宰相了, 猶末[107]知厭足, 更要經營久做者. 極多般樣."【僩】

121:89 先生過信州, 一士子請見, 問爲學之道. 曰: "'道二: 仁與不仁而已矣.' 聖人千言萬語, 只是要教人做人."【文蔚】

121:90 先生曰: "相隨同歸者, 前面未必程程可說話, 相送至此者, 一別又不知幾年. 有話可早商量." 久而無人問. 先生遂云: "學者須要勇決, 須要思量, 須要著業[108]." 又云: "此間學者只有過底, 無有不及底."【在大桂鋪說 ○震】

121:91 與或人說: "公平日說甚剛氣, 到這裏爲人所轉, 都屈了. 凡

---

105) ▲: 那
106) 又有始間是好人, 末後不好者: 『小分』에서는 반복되어 있으나 『朱子語類』에는 없다.
107) 末: 成化本에서는 未으로 되어 있다.
108) 業: 賀本에서는 緊으로 되어 있다.

事若見得了, 須使堅如金石."【賀孫】[109)]

121:92 舊看不尙文華薄勢利之類說話, 便信以爲然, 將謂人人如此[110)]. 後方知不然. 此在資質.

121:93 學者輕俊者不美, 朴厚者好.【振】

121:94 先生因言: "學者平居議論多頹塌, 臨事難望他做得事." 遂說: "一姓王學者, 後來狼狽, 是其平時議論, 亦專是回互. 有一處責曾子許多時用大夫之簀, 臨時不是童子說, 則幾失易簀. 王便云: '這是曾子好處. 旣受其簀. 若不用之, 必至取怒季孫, 故須且將來用.' 大抵今之學者多此病, 如學夫子, 便學他'微服過宋', '君命召, 不俟駕', '見南子'與'佛肸召'之類. 有多少處不學, 只學他這箇."【胡泳】

121:95 大率爲善須自有立. 今欲爲善之人, 不可謂少, 然多顧浮議, 浮議何足恤? 蓋彼之是非, 干我何事? 亦是我此中不痛切耳. 若自著緊, 自痛切, 亦何暇恤它人之議哉?【大雅】

121:96 或言某人好善. 曰: "只是徇人情與世浮沉, 要敎人道好. 又一種人見如此, 卻欲矯之, 一味只是說人短長, 道人不是, 全不反己. 且道我是甚麼人? 他是如何人? 全不看他所爲是如何, 我所爲是如何, 一向只要胡亂說人. 此二等人皆是不知本領, 見歸一偏, 坐落在窠臼中, 不能得出, 聖賢便不如此."【謙】

121:97 因說: "而今人須是他曉得, 方可與他說話. 有般人說與眼前事尙不曉, 如何要他知得千百年英雄心事?"【燾】

---

109)【賀孫】: 賀本에는 없다.
110) 此: 賀本에서는 在로 되어 있다.

121:98 有一朋友輕慢, 去後因事偶語及之. 先生曰: “何不早說, 得某與他道?” 坐中應曰: “不欲說.” 曰: “他在卻不欲說, 去後卻後面說他, 越不是.”【端蒙】

121:99 因論諸人爲學, 曰: “到學得爭綱爭紀, 學卻反成箇不好底物事.” 揚曰: “大率是人小故然. 又各人合下有箇肚私見識, 世間書・人, 無所不有, 又一切去附會上, 故皆偏側違道去.” 先生甚然之.【揚】

121:100 門人有與人交訟者, 先生數責之云: “欲之甚, 則昏蔽而忘義理, 求之極, 則爭奪而至怨仇.”【賀孫】

121:101 每夜諸生會集, 有一長上, 纔坐定便閑話. 先生責曰: “公年已四十, 書讀未通, 纔坐便說別人事. 夜來諸公閑話至二更, 如何如此相聚, 不回光反照, 作自己工夫, 卻要閑說?” 歎息久之.【賀孫】

121:102 有侍坐而因[111]睡者, 先生責之. 敬子曰: “僧家言, 常常提起此志令堅强, 則坐得自直, 亦不昏困[112], 纔一縱肆, 則嗒然頹放矣.” 曰: “固是. 道家修養, 也怕昏困[113], 常要直身坐, 謂之‘生腰坐’, 若昏困[114]倒靠, 則是死腰坐矣.” 因擧小南和尙少年從師參禪, 一日偶靠倚而坐, 其師見之, 叱曰: “‘得恁地無脊梁骨?’ 小南悚然, 自此終身不靠倚坐.” 又擧徐處仁知北京日, 早晨[115]會僚屬治事訖, 復穿秉[116]會坐, 設[117]廳上. 徐多記覽, 多說平生履歷州郡利害, 政事得失, 及前言往

111) 因: 孝宗刊本・英祖刊本・賀本에서는 困으로 되어 있고 成化本에서는 睏으로 되어 있다.
112) 困: 成化本에서는 睏으로 되어 있다.
113) 困: 成化本에서는 睏으로 되어 있다.
114) 困: 成化本에서는 睏으로 되어 있다.
115) 晨: 賀本에서는 辰으로 되어 있다.
116) 秉: 賀本에서는 衣로 되어 있다.
117) 設: 賀本에서는 談으로 되어 있다.

行. 終日危坐, 僚屬甚苦之. 嘗暑月會坐, ▲118)秦兵曹▲119)瞌睡, 徐厲聲叱之起曰: "某在此說話, 公卻瞌睡, 豈以某言爲不足聽耶? 未論某是公長官. 只論鄉曲, 亦是公丈人行, 安得如此?" 叫客將掇取秦兵曹坐椅子◇120). 問: "◇121)後來做宰相, 卻無聲譽." 曰: "他只有治郡之才."【僩】

121:103 有學者每相揖畢, 輒縮左手袖中. 先生曰: "公常常縮著一隻手是如何? 也似不是擧止模樣."【義剛】

121:104 先生讀書屏山書堂. 一日, 與諸生同行登臺, 見草盛, 命數兵耘草, 分作四段, 令各耘一角. 有一兵逐根拔去, 耘得甚不多, 其他所耘處, 一齊了畢. 先生見耘未了者, 問諸生曰: "諸公看幾箇耘草, 那箇快?" 諸生言諸兵皆快, 獨指此一人以爲鈍. 曰: "不然. 某看來, 此卒獨快." 因細視諸兵所耘處, 草皆去不盡, 悉復呼來再耘. 先生▲122)曰: "那一兵雖不甚快, 看他甚子細, 逐根去令盡. 雖一時之難, 卻只是一番工夫便了. 這幾箇又著從頭再用工夫, 只緣其初欲速苟簡, 致得費力如此. 看這處, 便是學者讀書之法."【寓】

121:105 留丞相以書問『詩集傳』數處. 先生以書示學者曰: "他官做到這地位, 又年齒之高如此, 雖在貶所, 亦不曾閑度日. 公等豈可不惜寸陰?"【友仁】

121:106 先生氣疾作, 諸生連日皆無問難. 一夕, 遣介召入臥內, 諸生亦無所請. 先生怒曰: "諸公恁地閑坐時, 是怎生地? 恁地便歸去強,

---

118) ▲: 有
119) ▲: 者
120) ◇: 去
121) ◇: 徐
122) ▲: 復

不消得恁地遠來?"【義剛】

121:107 大有事用理會在, 某今只是覺得後面日子短促了, 精力有所不逮, 然力之所及, 亦不敢不勉. 思量著, 有萬千事要理會在, 自是不容已. 只是覺得後面日子大故催促人, 可爲慨歎耳?

121:108 先生言: "日來多病, 更無理會處, 恐必不久於世. 諸公全靠某, 不得, 須是自去做工夫, 始得. 且如看文字, 須要此心在上面. 若心不在上面, 便是不曾看相似, 所謂'視之不見, 聽之不聞', 只是'心不在焉'耳."【時舉】

121:109 先生不出, 令入臥內相見, 云: "某病此番甚重. 向時見文字, 也要議論, 而今都怕了. 諸友可各自努力, 全靠某, 不得."【時舉】

121:110 "講學須要著實. 向來諸公多[123]見得不明, 卻要做一罩說." 語次云: "目前諸友亦多有識門戶者. 某旦暮死耳, 不敢望大行. 且得接續三四十年, 說與後退[124]令知, 亦好."【可學】[125]

121:111 先生一日腰疼甚, 時作呻吟聲. 忽曰: "人之爲學, 如某腰疼, 方是."【在坐者皆不能問. 泳久而思之, 恐是爲學工夫意思接續, 自然無頃刻之忽忘, 然後進進不已. 痛楚在身, 雖欲無之而不可得, 故以開諭學者, 其警人之意深矣! ○胡泳】

121:112 因說工夫不可間斷, 曰: "某若臂痛, 常以手擦之, 其痛遂止. 若或時擦, 或時不擦, 無緣見效, 卽此便是做工夫之法." 正叔退, 謂文蔚曰: "擦臂之喻最有味."【文蔚】

123) 多: 賀本에서는 都로 되어 있다.
124) 退: 孝宗刊本・成化本・賀本에서는 進으로 되어 있다.
125)【可學】: 賀本에는【時擧】로 되어 있다.

附考異【二】老蘇一段【與『大全』七十四劵, 滄洲精舍論學者, 略同.】『孟子』·『論語』【『大全』作取『論語』·『孟子』.】十八【『大全』作七.】【三】『孟子』【『大全』子下有及『詩』·『書』·『禮記』·程·張諸書.】【六】皆由【由, 一作古.】【十三】實讀【讀, 一作講.】【十四】做人【做, 一誤故.】【十五】恰似【恰, 一作卻.】【十八】箇是【是, 一作似.】【二十八】何所【所, 一誤謂.】【三十五】向來【向, 一誤尚.】

『朱子語類』卷第一百二十二

「呂伯恭」

122:1 因說南軒・東萊, 或云: "二[1]先生若是班乎?" 壽昌曰: "不然." 先生適聞之, 遂問何如[2]. 曰: "南軒非壽昌所敢知, 東萊亦不相識. 但以文字觀之, 東萊博學多識則有之矣, 守約恐未也." 先生然之.【壽昌】

122:2 某嘗謂, 人之讀書, 寧失之拙, 不可失之巧, 寧失之低, 不可失之高. 伯恭之弊, 盡在於巧.【伯羽】

122:3 伯恭說義理, 太多傷巧, 未免杜撰. 子靜使氣, 好爲人師, 要人悟.【一云: "呂太巧, 杜撰. 陸喜同己, 使氣." 閎祖】

122:4 或問東萊・象山之學. 曰: "伯恭失之多, 子靜失之寡."【柄】

122:5 或問: "東萊謂變化氣質, 方可言學." 曰: "此意甚善. 但如鄙意, 則以爲學乃能變化氣質耳. 若不讀書窮理, 主敬存心, 而徒切切計較於昨非今是之間, 恐亦勞而無補也."

122:6 伯恭更不教人讀『論語』.【方子】

122:7 伯恭教人看文字也麤. 有以『論語』是非問者. 伯恭曰: "公不

---

1) 二: 孝宗刊本・成化本에서는 三으로 되어 있다.
2) 何如: 『朱子語類』에서는 如何로 되어 있다.

會看文字, 管他是與非做甚? 但有益於我者, 切於我者, 看之足矣." 且天下須有一箇是與不是, 是處便是理, 不是處便是咈▲[3]), 如何不理會得? 【賜】

122:8 "躬自厚而薄責於人, 則遠怨矣." 呂丈舊時性極褊[4])急, 因病中▲[5])『論語』, 於此有省, 後遂如此好. 【廣錄云: "伯恭言, 少時[6])愛使性, 才見使令者不如意, 便躁怒. 後讀『論[7])語』云云. 某嘗問路德章: '曾見東萊說及此否?'"】

122:9 伯恭要無不包羅, 只是撲過, 都不精. 『詩』小序是他看不破. 薛常州『周禮制度』都不能言. 邵數亦教季通說過一遍[8]), 又休了. 【揚】

122:10 東萊聰明, 看文理卻不子細. 向嘗與較程『易』, 到「噬嗑」卦"和而且治", 一本'治'作'洽.' 據'治'字於理爲是, 他硬執要做'洽'字. '和'已有洽意, 更下'洽'字不得. 緣他先讀史多, 【淳錄作"讀史來多而雜[9])."】所以看粗著眼[10]). 讀書須是以經爲本, 而後讀史. 【義剛, 淳同[11])】

122:11 李德之問: "『係[12])辭精義』編得如何?" 曰: "編得亦雜, 只是前輩說話有一二句與「係[13])辭」相雜者皆載. 只如'觸類而長之', 前輩曾說

3) ▲: 理
4) 褊: 成化本에서는 偏으로 되어 있다.
5) ▲: 讀
6) 少時: 孝宗刊本에서는 少時로 되어 있다.
7) 讀論 : 孝宗刊本에서는 論讀으로 되어 있다.
8) 遍: 賀本에서는 徧으로 되어 있다.
9) 雜: 賀本에는 없다.
10) 眼: 徽州本에서는 이 뒤에 【陳本無'多所'二下七字, 有'失多而雜'四字】 가 더 있다.
11) 淳同: 徽州本에서는 按陳淳錄同而小異로 되어 있다.
12) 係: 成化本·賀本에서는 繫로 되어 있다.
13) 係: 成化本·賀本에서는 繫로 되어 있다.

此便載入, 更不暇問是與不是."【蓋卿】

122:12 或問『係[14]辭精義』[15]. 曰: "這文字雖然是裒集得做一處, 其實於本文經旨多有難通者. 如伊川說話與橫渠說話, 都有一時意見如此, 故如此說. 若用本經文一二句看得亦自通, 只要成片看, 便上不接得前, 下不帶得後. 如程先生說『孟子』'勿忘, 勿助長', 只把幾句來說敬. 後人便將來說此一章, 都前後不相通, 接前不得, 接後不得. 若知得這般處是暇[16]借來說敬, 只恁地看, 也自見得程先生所以說之意, 自與孟子不相昔[17]馳. 若此等處, 最不可不知."【賀孫】

122:13 人言何休爲『公』·『穀』[18]忠臣, 某嘗戲伯恭爲毛·鄭之佞臣.【道夫】

122:14 問東萊之學. 曰: "伯恭於史分外子細, 於經卻不甚理會. 有人問他'忠恕', 楊氏·侯氏之說孰是? 他卻說: '公如何恁地不會看文字? 這箇都好.' 不知是如何看來. 他要說爲人謀而不盡心爲忠, 傷人害物爲恕, 恁地時他方說不是." 義剛曰: "他也是相承那江·浙間一種史學, 故恁地." 曰: "史甚麽學? 只是見得淺."【義剛】

122:15 先生問: "向見伯恭, 有何說?" 曰: "呂丈勸令看史." 曰: "他此意便是不可曉. 某尋常非特不敢勸學者看史, 亦不勸[19]勸學者看經. 只『語』·『孟』亦不敢便教他看, 且令看『大學』. 伯恭動勸人看『左傳』·遷『史』, 今[20]子約諸人擡得司馬遷不知大小, 恰比孔子相似!"【必大】

---

14) 係: 成化本·賀本에서는 繫로 되어 있다.
15) 係: 徽州本에서는 이 앞에 東萊所編이 더 있다.
16) 暇: 『朱子語類』에서는 假로 되어 있다.
17) 昔: 『朱子語類』에서는 背로 되어 있다.
18) 穀: 賀本에서는 羊으로 되어 있다.
19) 勸: 『朱子語類』에서는 敢으로 되어 있다.
20) 今: 賀本에서는 令으로 되어 있다.

122:16 伯恭・子約宗太史公之學, 以爲非漢儒所及, 某嘗痛與之辨. 子由『古史』言馬遷“淺陋而不學, 疏略而輕信.” 此二句最中馬遷之失, 伯恭極惡之. 『古史』序云: “古之帝王, 其必爲善, 如火之必熱, 水之必寒. 其不爲不善, 如騶虞之不殺, 竊脂之不穀.” 此語最好. 某嘗問伯恭: “此豈馬遷所能及?” 然子由此語雖好, 又自有病處, 如云: “帝王之道以無爲宗”之類. 他只說得箇頭勢大, 下面工夫又皆空疏[21]. 亦猶馬遷『禮書』云: “大哉禮樂之道. 洋洋乎鼓舞萬物, 役使群動.” 說得頭勢甚大, 然下面亦空疏, 卻引荀子諸說以足之. 又如「諸侯年表」, 盛言形勢之利, 有國者不可無, 末卻云: “形勢雖强, 要以仁義爲本.” 他上文本意主張形勢, 而其末卻如此說者, 蓋他也知仁義是箇好底物事, 不得不說, 且說教好看. 如『禮書』所云, 亦此意也. 伯恭極喜渠此等說, 以爲遷知“行夏之時, 乘殷之輅, 服周之冕”, 爲得聖人爲邦之法, 非漢儒所及. 此亦衆所共知, 何必馬遷? 然遷嘗從董仲舒游[22], 『史記』中有“余聞之董生云”, 此等語言, 亦有所自來也. 遷之學, 也說仁義, 也說詐力, 也用權謀, 也用功利, 然其本意卻只在於權謀功利. 孔子說伯夷“求仁得仁, 又何怨”? 他一傳中首尾皆是怨辭, 盡說壞了伯夷. 子由『古史』皆删去之, 盡用孔子之語作傳, 豈可以子由爲非, 馬遷爲是? 可惜子約死了, 此論至死不曾明. 聖賢以六經垂訓, 炳若丹青, 無非仁義道德之說. 今求義理不於六經, 而反取疏略淺陋之子長, 亦惑之甚矣! 【僩】

122:17 問: “東萊『大事記』有續『春秋』之意, 中間多主『史記』.” 曰: “公鄉里主張『史記』甚盛, 其間有不可說處, 都與他出脫得好. 如「貨殖傳」, 便說他有諷諫意之類, 不知何苦要如此? 世間事是還是, 非還非, 黑還黑, 白還白, 通天通地, 貫古貫今, 決不可易. 若使孔子之言有未是處, 也只還他未是, 如何硬穿鑿說?” 木之又問: “『左氏傳』合如

---

21) 空疏: 賀本에서는 疏空으로 되어 있다.
22) 游: 賀本에서는 遊로 되어 있다.

何看?" 曰: "且看他記載事迹處. 至如說道理, 全不似『公』·『穀』. 要知左氏是箇曉了識利害底人, 趨炎附勢. 如載劉子'天地之中'一段, 此是極精碎[23]底. 至說'能者養之以福, 不能者敗以取禍', 便只說向禍福去了. 大率『左傳』只道得禍福利害底說話, 於義理上全然理會不得." 又問: "所載之事實否?" 曰: "也未必一一實." 子升問: "如載卜妻敬仲與季氏生之類, 是如何?" 曰: "看此等處, 便見得是六卿分晉·田氏簒齊以後之書." 又問: "此還是當時特故撰出此等言語否?" 曰: "有此理. 其間做得成者, 如斬蛇之事, 做不成者, 如丹書狐鳴之事. 看此等書, 機關熟了, 少間都壞了心術. 莊子云: '有機械者必有機事, 有機事必有機心, 則純白不備. 純白不備者, 道之所不載也.' 今浙中於此二書, 極其推尊, 是理會不得." 因言: "自孟子後, 聖學不傳, 所謂'軻之死不得其傳.' 如荀卿說得頭緒多了, 都不純一. 至揚雄所說底話, 又多是莊·老之▲[24]. 至韓退之喚做要說道理, 又一向主於文詞. 至柳子厚卻反助釋氏之說. 因言異端之教, 漢·魏以後, 只是老·莊之說. 至晉時肇法師, 釋氏之教始興. 其初只是說, 未曾身爲. 至達磨面壁九年, 其說遂熾."【木之】

122:18 看『大事記』, 云: "其書甚妙, 考訂得子細, 大勝『詩記』. 此書得自由, 詩被古說壓了."

122:19 "伯恭解說文字太尖巧. 渠曾被人說不曉事, 故作此等文字出來, 極傷事." 敬之問: "『大事記』所論如何?" 曰: "如論公孫弘等處, 亦傷太巧."【德明】

122:20 伯恭『大事記』辨司馬遷·班固異▲[25]處最好. 渠一日記一年. 渠大抵謙退, 不敢任作書之意, 故『通鑑』·『左傳』已載者, 皆不

---

23) 碎: 『朱子語類』에서는 粹로 되어 있다.
24) ▲: 說
25) ▲: 同

載, 其載者皆『左傳』·『通鑑』所無者耳. 有太纖巧處, 如指出公孫弘·張湯姦狡處, 皆說得羞愧人. 伯恭少時被人說他不曉事, 故[26]其論事多指出人之情僞, 云: "我亦知得此." 有此意思不好.【璘】

122:21 東萊自不合做[27]這『大事記』. 他那[28]時自感疾了, 一日要做一年. 若不死, 自漢武至五代, 只千來年, 他三年自可了此文字. 人多云, 其解題煞有工夫. 其實他當初作題目, 卻煞有工夫, 只一句要包括一段意. 解題只見成, 檢令諸生寫. 伯恭病後, 旣免人事應接, 免出做官, 若不死[29], 大段做得文字.【賀孫】

122:22 因說伯恭『少儀外傳』多瑣碎處, 曰: "人之所見不同. 某只愛看人之大體大節, 磊磊落落處, 這般瑣碎便懶看. 伯恭又愛理會這處, 其間多引忍恥之說, 最害義. 緣他資質弱, 與此意有合, 遂就其中推廣得大. 想其於忠臣義士死節底事, 都不愛. 他亦有詩, 說張巡·許遠那時不應出來."【淳】

122:23 伯恭是箇寬厚底人, 不知如何做得文字卻似箇輕儇底人? 如省試義大段鬧裝, 說得堯·舜大段脅肩諂笑, 反不若黃德潤辭雖窘, 卻質實尊重. 「館職策」亦說得慢, 不分曉, 後面又全無緊要. 伯恭尋常議論, 亦緣讀書多, 肚裏有義理多. 恰似念得條貫多底人, 要主張一箇做好時, 便自有許多道理, 升之九天之上, 要主張做不好時, 亦然.【謍】

122:24 或言: "東萊「館職策」·君擧「治道策」, 頗涉淸談, 不如便指其事說, 自包治道大原意." 曰: "伯恭策止緣裏面說大原不分明, 只自

26) 故: 孝宗刊本에서는 做로 되어 있다.
27) 做: 孝宗刊本에서는 故로 되어 있다.
28) 他那: 『小分』에서는 那他를 교정부호로 바로잡았다.
29) 若不死: 孝宗刊本에서는 死不若으로 되어 있다.

恁地依傍說, 更不直截指出."【賀孫】

122:25 伯恭『文鑑』, 有正編其文理之佳者, 有其文且如此, 而衆人以爲佳者, 有其文雖不甚佳, 而其人賢名微, 恐其泯沒, 亦編其一二篇者, 有文雖不佳, 而理可取者, 凡五例. 先生云: "已忘[30]一例, 後來爲人所譖, 令崔大雅 敦詩刪定, 奏議多刪改之. 如蜀人呂陶有一文論制師服, 此意甚佳, 呂止收此一篇. 崔云: '陶多少好文, 何獨收此?' 遂去之, 更參入他文."

122:26 先生方讀『文鑑』, 而學者至. 坐定, 語學者曰: "伯恭『文鑑』去取之文, 若某平時看不熟者, 也不敢斷他. 有數般皆某熟讀底, 今揀得也無巴鼻. 如詩, 好底都不在上面, 卻載那衰颯底. 把作好句法, 又無好句法, 把作好意思, 又無好意思, 把作勸戒, 又無勸戒." 林擇之云: "他平生不會作詩." 曰: "此等有甚難見處?"【義剛 ○淳錄云: "伯恭『文鑑』去取, 未足爲定論."[31]】

122:27 東萊『文鑑』編得泛, 然亦見得近代之文. 如沈存中「律歷」一篇, 說渾天亦好.【義剛】

122:28 伯恭所編奏議, 皆優柔和緩者, 亦未爲全是. 今丘宗卿作序者是舊▲[32]編. 後修『文鑑』, 不止乎此, 更添入.

122:29 嘗語呂文[33]編奏議, 爲臺諫懷挾.【揚】

---

30) 忘: 『朱子語類』에서는 亡으로 되어 있다.

31) 淳錄云: "伯恭『文鑑』去取, 未足爲定論": 徽州本에서는 按陳 · 淳錄同而略, 今附云: "呂伯恭『文鑑』去取未足爲定論."으로 되어 있다.

32) ▲: 所

33) 文: 成化本 · 賀本에서는 丈으로 되어 있다.

122:30 伯恭「祭南軒文」, 都就小狹處說來, 其文弱.

122:31 呂伯恭『文集』中如「答項平父書」, 是傅夢泉 子淵者, 如罵曹立之書, 是陸子靜者. 其他僞者想又多在.【璘】

122:32 伯恭亦嘗看『藏經』來. 然甚深, 不見於言語文字間. 有些伯術, 卻忍不注[34]放得出來, 今害人之甚!【揚】

122:33 "可憐子約一生辛苦讀書, 只是竟與之說不合! 今日方接得他三月間所寄書, 猶是論'寂然不動', 依舊▲[35]說.【時子約已死.】 它硬說'寂然不動'是耳無聞, 目無見, 心無思慮, 至此方是工夫極至處. 伊川云: '要有此理, 除是死也.' 幾多分曉? 某嘗答之云: '「洪範」五事: 貌曰儼, 言曰啞, 視曰盲, 聽曰聾, 思曰塞, 方得. 還有此理否?' 渠至死不曉, 不知人如何如此不通?" 用之云: "釋氏之坐禪入定, 便是無聞無見, 無思無慮." 曰: "然. 它是務使神輕去其體, 其理又不同. 神仙則使形神相守, 釋氏則使形神相離. 佛家有'白骨觀', 初想其形, 從一點精氣始, 漸漸胞胎孕育, 生産稚乳, 長大壯實, 衰老病死, 以至[36]屍[37]體[38]胖脹枯僵, 久之化爲白骨. 旣想爲白骨, 則視其身常如白骨, 所以厭棄脫離而無留戀之念也, 此又釋氏工夫[39]之最下者."【僩 ○以下子約.】

122:34 "今日得子約書, 有'見未用之體'一句, 此話卻好." 問: "未用, 是喜怒哀樂未發時, 那時自覺有箇體段則是. 如著意要見他, 則是已發?" 曰: "只是識認他."【士毅 ○廣錄云: "近得子約書, 有'未發之本體'一句, 此語甚好. 人須是看得這箇分曉, 始得."】

---

34) 注: 『朱子語類』에서는 住로 되어 있다.
35) ▲: 主他舊
36) 至: 賀本에서는 致로 되어 있다.
37) 屍: 成化本에서는 尸로 되어 있다.
38) 體: 孝宗刊本・成化本・賀本에서는 骸로 되어 있다.
39) 工夫: 賀本에는 없다.

122:35 「答子約書」云: "目下放過了合做底親切工夫, 虛度了難得少壯底時日?"【方子】

122:36 觀呂子約書, 有論讀『詩』及劉壯輿字畫一段. 曰: "某之語『詩』, 與子約異. 『詩』序多附會, 須當觀『詩經』. 渠平日寫書來, 字畫難曉. 昔日劉元城戒劉壯輿, 謂此人字畫不正, 必是心術不明, 故寫此一段與之. 子約書又云: "昨讀『左傳』劉康公說'民受天地之中以生', 下云: '君子勤禮, 小人盡力', 見得古人說道理平實, 不張皇, 而著實下手處[40], 隨貴賤高卑皆有地位. 非如後世此之爲可, 而彼[41]之爲不可, 人有所不可爲, 道有所不可行也." 先生曰: "此一段議論卻好."【可學】

122:37 呂子約死, 先生曰: "子約竟齎著許多鶻突道理去矣!"【賀孫】

122:38 先生問: "呂子約近況如何?" 曰: "呂丈在鄉里, 方取其家來, 骨肉得團聚, 不至落寞." 曰: "得渠書, 多說仙郡士友日夕過從, 以問學爲樂. 罪大責輕, 遷客得如此, 過分矣. 亦是仙郡士友好學樂善, 豈非衡州流風餘韻所及乎?" 嗟歎久之. 又問曰: "識章茂獻否?" 曰: "嘗見之, 亦蒙教誨." 曰: "江西士大夫如茂獻亦難得." 又言: "吳伯豐有見識, 力學不倦." 祖道因言伯豐自植立事. 曰: "此某知之有未盡, 不意伯豐能如此."【祖道】

122:39 伯恭門徒氣宇厭厭, 四分五裂, 各自爲說, 久之必至銷歇. 子靜則不然, 精神緊峭, 其說分明, 能變化人, 使人旦異而晡不同, 其流害未艾也.【道夫 ○以下門人.】

122:40 婺州士友只流從祖宗故事與史傳一邊去. 其馳外之失, 不

---

40) 處: 賀本에는 없다.
41) 彼: 賀本에서는 此로 되어 있다.

少[42]病在不曾於『論語』上加工.【升卿】

122:41 浙間學者推尊『史記』, 以爲先黃老, 後六經, 此自是太史談之學. 若遷則皆宗孔氏, 如於「夏紀贊」用行夏時事, 於「商紀贊」用乘商輅事, 「高祖紀贊」則曰"朝以十月, 車服黃屋左纛", 蓋譏其不用夏時商輅也. 遷之意脈誠恐[43]如是, 考得甚好. 然但以此遂謂遷能學孔子, 則亦徒能得其皮殼而已. 假使漢高祖能行夏時, 乘商輅, 亦只是漢高祖, 終不可謂之禹·湯. 此等議論, 恰與欲削「鄉黨」者相反.【必大】

122:42 先生出示「答孫自修書」, 因言: "陸氏之學雖是偏, 尙是要去做箇人. 若永嘉·永康之說, 大不成學問, 不知何故如此. 他日用動靜間, 全是這箇本子, 卒乍改換不得. 如呂氏言漢高祖當用夏之忠, 卻不合黃屋左纛. 不知縱使高祖能用夏時, 乘商輅, 亦只是這漢高祖也, 骨子不曾改變, 蓋本原處不在此."【銖】

122:43 伊川發明道理之[44]後, 到得今日, 浙中士君子有一般議論, 又費力, 只是云不要矯激. 遂至於凡事回互, 揀一般偎風躲前[45]處立地, 卻笑人慷慨奮發, 以爲必陷矯激之禍, 此風更不可長. 如嚴子陵是矯激分明, 呂伯恭作「詞[46]記」須要辨其非矯激. 想見子陵聞之, 亦自一笑. 子陵之高節, 自前漢之末, 如龔勝諸公不屈於王莽者甚多,【『漢書』末後有傳可見】[47]. 光武是一箇讀書識道理底人, 便去尊敬嚴子陵. 子陵旣高蹈遠擧, 又誰恤是矯激不是矯激在! 胡文定父子平生不服人, 只服范文正公「嚴子陵詞[48]記」云: "先生之心, 出乎日月之上, 光武之

---

42) 少: 賀本에서는 知로 되어 있다.
43) 誠恐: 賀本에서는 恐誠으로 되어 있다.
44) 理之: 『小分』에서는 之理를 교정부호로 바로잡았다.
45) 前: 『朱子語類』에서는 箭으로 되어 있다.
46) 詞: 『朱子語類』에서는 祠로 되어 있다.
47) 【『漢書』末後有傳可見】: 賀本에서는 본문으로 되어 있다.
48) 詞: 英祖刊本·賀本에서는 祠로 되어 있다.

器[49)], 包乎天地之外. 微先生不能成光武之大, 微光武豈能遂先生之高?" 直是說得好? 其議論什麽正大? 往時李泰伯[50)]作「袁州學記」說崇『詩』·『書』, 尙節義, 文字雖麤, 其說振厲, 使人讀之森然, 可以激懦夫之氣. 近日浙中文字雖細膩, 只是一般回互, 無奮發底意思, 此風漸不好. 其意本是要懲艾昔人矯激之過, 其弊至此. 孔子在陳, 思魯之狂士, ▲[51)]雖不得中, 猶以奮發, 可與有爲. 若一向委靡, 濟甚事? 又說: "固是矯激者非. 只是不做矯激底心, 亦是私意. 大凡只看道理合做與不合耳, ▲[52)]合做, 豈可避矯激之名而不爲?"【璘】

122:44 鄭子上問: "昨日所說浙中士君子多要回互以避矯激之名, 莫學顏子之渾厚否?" 曰: "渾厚自是渾厚. 今浙中人只學一般回互底心意, 不是渾厚. 渾厚是可做便做, 不計利害之謂. 今浙中人卻是計利害太甚, 做成回互耳, 其弊至於可以得利者無不爲. 如陳仲弓送宦[53)]者葬, 所謂有仲弓之志則可, 無仲弓之志則不可." 因說, 東漢事勢, 士君子欲全身遠害, 則有不仕而已. 若出仕遇宦官縱橫, 如何畏禍不與他理會得? 若未免仕, 只得辭尊居卑, 辭富居貧. 若旣要爲大官, 又要避禍, 無此理.【璘】

122:45 問: "前蒙賜書中, 有'近日浙中學者多靠一邊', 如何?" 曰: "往往泥文義者只守文義, 淪虛靜者更不讀書. 又有陳同父一輩說不[54)]必求異者. 某近到浙中, 學者卻別, 滯文義者亦少. 只沈晦叔一等, 皆問著不言不語, 說著文義又卻作怪."【䕃】

---

49) 器: 賀本에서는 量으로 되어 있다.
50) 泰伯: 賀本에서는 太伯으로 되어 있다.
51) ▲: 蓋狂士
52) ▲: 如
53) 宦: 成化本에서는 官으로 되어 있다.
54) 不: 賀本에서는 又로 되어 있다.

122:46 近日浙中一項議論，盡是白空撰出，覺全捉摸不著．恰如自家不曾有基址[55)]，卻要起甚樓臺，就上面添一層，又添一層，只是道新奇好看，其實全不濟事．又云: "空撰出許多說話，如捏[56)]眼生花." 【賀孫】

122:47 叔度與伯恭爲同年進士，年又長，自視其學非伯恭比，卽俯首執子弟禮而師事之，略無難色，亦今世之所無耳．【道夫 ○叔度.】

122:48 叔度應童子進士詞科，然竟以不能隨世俛仰，不肯一日置其身於仕路也．【道夫】

122:49 自叔度以正率其家，而子弟無一人敢爲非義者．【道夫】

附考異【一】二先【二，一誤三】【二】少時【一作時少】讀論【一誤論讀】【三】今子【今，一作令】【六】事故【故，一誤做】 合做【做，一誤故.】 若不死【一誤死不若】【十二】祠記【祠，一誤詞】

---

55) 址: 成化本에서는 砋로 되어 있고, 賀本에서는 地로 되어 있다.
56) 捏: 賀本에서는 捏로 되어 있다.

『朱子語類』卷第一百二十三

「陳君擧」【陳同父 · 葉正則附】

123:1 先生問德粹: "去年何處作考官?" 對以永嘉. 問: "曾見君擧否?" 曰: "見之." 曰: "說甚話?" 曰: "說「洪範」及『左傳』." 曰: "「洪範」如何說?" 曰: "君擧以爲讀「洪範」, 方知孟子之'道性善.' 如前言五行 · 五事, 則各言其德性, 而未言其失. 及過於皇極, 則方辨其失." 曰: "不然. 且各還他題目: 一則五行, 二則五事, 三則八政, 四則五紀, 五則皇極, 至其後庶徵 · 五福 · 六極, 乃權衡聖道而著其驗耳." 又問: "『春秋』如何說?" 滕云: "君擧云: '世人疑左丘明好惡不與聖人同, 謂其所載事多與經異, 此則有說. 且如晉 先蔑奔, 人但謂先蔑奔秦耳. 此乃先蔑立嗣不定, 故書"奔"以示貶.'" 曰: "是何言語? 先蔑實是奔秦, 如何不書'奔'? 且書'奔秦', 謂之'示貶', 不書奔, 則此事自不見, 何以爲褒? 昨說與吾友, 所謂專於博上求之, 不反於約, 乃謂此耳. 是乃於穿鑿上益加穿鑿, 疑誤後學." 可學因問: "左氏識見如何?" 曰: "左氏乃一箇趨利避害之人, 要置身於穩地, 而不識道理, 於大倫處皆錯. 觀其議論, 往往皆如此. 且『大學』論所止, 便只說君臣父子五件, 左氏豈知此? 如云'周 · 鄭交質', 而曰'信不由中, 質無益也.' 正如田客論主, 而責其不請喫茶? 使孔子論此, 肯如此否? 尙可謂其好惡同聖人哉. 又如論宋宣公事, 曰: '宋宣公可謂知人矣. 立穆公, 其子饗之, 命以義夫.' 是何等言談!" 可學曰: "此一事, 『公羊』議論卻好." 曰: "『公羊』乃儒者之言." 可學又問: "林黃中亦主張左氏, 如何?" 曰: "林黃中卻會占便宜. 左氏疏脫多在'君子曰', 渠卻把此殃苦劉歆. 昔呂伯恭亦多勸學者讀『左傳』, 嘗語之云: '『論』 · 『孟』聖賢之言不使學者讀, 反使讀『左傳』?' 伯恭曰: '讀『論』 · 『孟』, 使學者易向外走.' 因語之云: '『論』 ·

『孟』卻向外走, 『左氏』卻不向外走. 讀『論』·『孟』, 且先正人之[1]見識, 以參他書, 無所不可. 此書自傳惠公元妃孟子起, 便沒理會.' 大抵『春秋』自是難看. 今人說『春秋』, 有九分九釐不是, 何以知聖人之意是如此? 平日學者問『春秋』, 且以胡文定『傳』語之."【可學】

123:2 陳君舉得書云: "更望以「雅」·「頌」之音[2]消鑠群慝, 章句訓詁付之諸生." 問他如何是「雅」·「頌」之音? 今只有「雅」·「頌」之辭在, 更沒理會, 又去那裏討「雅」·「頌」之音? 便都只是瞞人! 又謂某前番不合與林黃中·陸子靜諸人辨, 以爲"相與詰難, 竟無深益. 蓋刻畫太精, 頗傷易簡, 矜持已甚, 反涉吝驕." 不知更何如方是深益? 若孟子之闢楊·墨, 也只得恁地闢. 他說"刻畫太精", 便只是某不合說得太分曉, 不似他只恁地含胡[3]. 他是理會不得, 被衆人擁從, 又不肯道我不識, 又不得不說, 說又不識, 所以不肯索性開口道這箇是甚物事, 又只恁鶻突了. 子靜雖占姦不說, 然他見得成▲[4]物事, 說話間便自然有箇痕跡可見. 只是人理會他底不得, 故見不得, 然亦易見. 子靜只是人未從, 他便不說, 及鉤致得來, 便直是說, 方始與你理會. 至如君舉胸中有一部『周禮』, 都撑腸[5]拄肚, 頓著不得. 如「遊古山詩」又何消說著[6]? 只是他稍理會得, 便自要說, 又說得不著. 如東坡 · 子由見得箇道理, 更不成道理, 又卻便開心見膽, 說教人理會得. 又曰: "他那似得[7]子靜! 子靜卻是見得箇道理, 卻成一部禪, 他和禪識不得."【賀孫】

123:3 金溪之學雖偏, 然其初猶是自說其私路上事, 不曾侵過官路來. 後來於不知底亦要彊說, 便說出無限亂道. 前輩如歐公諸人爲文,

---

1) 人之: 『小分』에서는 之人을 교정부호로 바로잡았다.
2) 音: 孝宗刊本·成化本에서는 意로 되어 있다.
3) 胡: 孝宗刊本·成化本·賀本에서는 糊로 되어 있다.
4) ▲: 箇
5) 撑腸: 『小分』에서는 腸撑을 교정부호로 바로잡았다.
6) 著: 賀本에서는 이 뒤에 他가 더 있다.
7) 似得: 賀本에서는 得似로 되어 있다.

皆善用其所長, 凡所短處, 更不拈出來說, 所以不見疏脫. 今永嘉又自說一種學問, 更沒頭沒尾, 又不及金溪. 大抵只說一截話, 終不說破是箇甚麽, 然皆以道藝[8]先覺自處, 以此傳授. 君擧到湘中一收, 收盡南軒門人, 胡季隨亦從之問學. 某向見季隨, 固知其不能自立, 其胸中自空空無主人, 所以纔聞他人之說, 便動. 季隨在湖南頗自尊大, 諸人亦多宗之. 凡有議論, 季隨便爲之判斷孰是孰非. 此正猶張天師, 不問長少賢否, 只是世襲做大. 正淳曰: "湖南之從南軒者甚衆且久, 何故都無一箇得其學?" 曰: "欽夫言自有弊. 諸公只去學他說話, 凡說道理, 先大拍下. 然欽夫後面卻自有說, 諸公卻只學得那大拍頭."【必大】

123:4 因說鄕里諸賢文字, 以爲"皆不免有藏頭亢腦底意思. 有學者來問, 便當直說與之, 在我不可不說. 若其人半間不界, 與其人本無求益之意, 故意來磨難, 則不宜說. 外此, 說儘無害. 我畢竟說從古聖賢已行底道理, 不是爲姦爲盜, 怕說與人. 不知我說出便有甚罪過? 諸賢所見皆如此. 祗緣怕人譏笑, 遂以此爲戒, 便藏頭不說. 某與林黃中爭辨一事, 至今亦只是說, 不以爲悔. '夫道若大路然', 何掩蔽之有?" 某因[9]說及某人, 鄕里皆推其有所見. 其與朋友書, 言學不至於"不識不知, 順帝[10]之則"處, 則學爲無用. 先生曰: "近來人自要向高說一等話. 要知初學及此, 是爲躐等. 詩人這句自是形容文王聖德不可及處. 聖人敎人, 何嘗不由知[11]由識入來?"【寓】

123:5 或曰: "永嘉諸公多喜文中子." 曰: "然, 只是小. 它自知定學做孔子不得了, 才見箇小家活子, 便悅而趨之. 譬如泰山之高, 它不敢登, 見箇小土堆子, 便上去, 只是小."【僩[12]】

---

8) 藝: 賀本에서는 義로 되어 있다.
9) 某因: 成化本에서는 공란으로 되어 있고 賀本에서는 打空으로 되어 있다.
10) 帝: 成化本에서는 帶로 되어 있다.
11) 由知: 賀本에서는 없다.
12) 僩: 徽州本에서는 이 뒤에 玫下之論永嘉永康之學이 더 있다.

123:6 因說永嘉之學, 曰: "張子韶學問雖不是, 然他卻做得來高, 不似今人卑汚." 又曰: "上蔡多說知覺, 自上蔡一變而爲張子韶."【學蒙】

123:7 "古人紀綱天下, 凡措置許多事, 都是心法從這裏流出, 是多少正大? 今若去逐些子搜抉出來評議, 恐不得. 凡看文字, 也須待自有忽然湊合見得異同處. 若先去逐些安排比並, 便不是." 因問: "君擧說漢・唐好處與三代暗合, 是如何?" 曹曰: "亦只是事上看, 如漢初待群臣不專執其權, 略堂陛之嚴, 不恁地操切, 如財散於天下之類." 曰: "這也自是事勢到這裏, 見得秦時君臣之勢如此間隔, 故漢初待宰相如此. 然而蕭何是多少功勞? 幾年宰相, 一旦繫獄, 這喚做操切不操切? 又如周勃終身有功, 後來也下獄對問. 又如賈誼書中所說是如何? 財用那時自寬饒, 不得不散在郡縣. 且如而今要散在郡縣, 得也不得? 上面又不儲蓄財賦閒在那裏, 只是每年合天下之所入, 不足以供一年之用, 一月之入, 不足以供一月之用, 逐時挨展將去. 將漢初來看, 要散之郡縣得否? 這只是閒說. 第一項最是養許多坐食之兵, 其費最廣. 州郡自是州郡底, 如許多大軍, 是[13]如何區處? 無祖宗天下之半, 而有祖宗所無之兵. 如州郡兵還養在, 何用? 若留心太守, 又會去教他[14]攀些弓, 射些弩, 教他做許多模樣, 也只是不忍將許多錢糧白與他. 到有厮殺時, 你道他與你去厮殺否? 只是徒然?" 問: "君擧曾要如何措置?" 曰: "常常憂此, 但措置亦未曾說出." 問: "看唐事如何?" 曰: "聞之陳先生說, 唐初好處, 也是將三省推出在外. 這卻從魏・晉時自有裏面一項, 唐初卻盡屬之外, 要成一體. 如唐經禍變後, 便都有諸王出來克復, 如肅宗事. 及代宗後來, 雖是郭子儀, 也有箇◇[15][16]出來." 曰: "三省在外, 怕自隋時已如此, 只唐時併屬之宰相. 諸王克復, 代宗事, 只是郭子儀, 怕別無諸王. 唐官看他『六典』, 將前代許多官一齊盡

13) 是: 賀本에서는 見으로 되어 있다.
14) 又會去敎他: 賀本에서는 又會敎他去으로 되어 있다.
15) ◇: 主
16) 主: 成化本에서는 王으로 되어 있다.

置得徧[17]官, 如何不冗? 今只看漢初時官如何, 到得元成間如何, 又看東漢初如何, 到東漢末時如何, 到三國・魏・晉以後如何: 只管添, 只管雜."【賀孫】

123:8 器遠言: "鄉間諸先生所以要教人就事上理會教著實, 緣是向時諸公多是淸談, 終於敗事." 曰: "便是而今自恁地說, 某尙及見前輩都不曾有這話. 是三十年前如此, 不曾將這箇分作兩事. 如所謂'推倒牆, 撞倒壁', 如此麤話, 那時都恁地麤, 卻有好處. 南渡時, 有許多人出來做得事. 經變故後, 將許多人都推折了. 到而今卻是氣卑弱了, 凡事都無些子正大, 只是細巧." 曰: "陳先生要人就事上理會教實之意, 蓋怕下梢用處不足. 如司馬公居洛六任, 只理會得箇『通鑑』, 到元祐出來做事, 卻有未盡處, 所以激後來之禍. 如今須先要較量教盡." 曰: "便是如今都要恁地說話. 如溫公所做, 今只論是與不是, 合當做與不合當做, 如何說他激得後禍? 這是全把利害去說. 溫公固是有從初講究未盡處, 也是些小事. 如役法變得未盡, 只是東南不便, 他西北自便之. 那時節已自極了, 只得如此做. 若不得溫公如此做, 更自有一場出醜. 今只將紙上語去看, 便道溫公做得過當. 子細看那時節, 若非溫公, 如何做? 溫公是甚氣勢? 天下人心甚麽樣感動? 溫公直有旋乾轉坤之功. 溫公此心可以質天地, 通幽明, 豈容易及? 後來呂微仲・范堯夫用調停之說, 兼用小人, 更無分別, 所以成後日之禍. 今人卻不歸咎於調停, 反歸咎於元祐之政. 若眞[18]是見得君子小人不可雜處, 如何要委曲遮護得? 蔡確也是卒急難去, 也是猾. 他置獄傾一從官, 得從官, 置獄傾一參政, 得參政, 置獄傾一宰相, 得宰相. 看溫公那時, 已自失委曲了. 如王安石罪旣已明白, 後旣加罪於蔡確之徒, 論來安石是罪之魁[19], 卻於其死, 又加太傅及贈禮皆備, 想當時也道要委曲周旋[20]他. 如今看來, 這般卻煞不好. 要好, 便合當顯白其罪, 使人知得

17) 徧: 賀本에서는 偏으로 되어 있다.
18) 眞: 孝宗刊本・成化本에서는 直으로 되어 있다.
19) 魁: 徽州本에서는 이 뒤에 首가 더 있다.

是非邪正, 所謂'明其爲賊, 敵乃可服.' 須是明顯其不是之狀. 若更加旌賞, 卻惹得後來許多群小不服. 今又都沒理會, 怕道要做朋黨, 那邊用幾人, 這邊用幾人, 不問是非, 不別邪正, 下梢還要如何? 某看來, 天下事須先論其大處, 如分別是非邪正, 君子小人, 端的是如何了, 方好於中間酌量輕重淺深施用."【賀孫】

123:9 器遠言"陳丈大意說, 格君, 且令於事上轉移他心下歸於正. 如蕭何事漢, 令散財於外, 可以去其侈心, 成其愛民之心. 說北齊 宣帝"云云. 曰: "欲事君者, 豈可以此爲法? 自元魏以下至北齊, 最爲無綱紀法度, 自家卻以爲事君法!"【賀孫】

123:10 永嘉看文字, 大[21]字平白處都不看, 偏要去注疏小字中, 尋節目以爲博. 只如韋玄成「傳廟議」, 渠自不理會得, 卻引『周禮』"「守祧」掌守先王先公之廟祧"注去[22]: "先公之遷主藏於后稷之廟, 先王之遷主藏於文・武之廟." 遂謂周 后稷別廟. 殊不知太祖與三昭三穆皆各自爲廟, 豈獨后稷別廟? 又云: "后稷不爲太祖, 甚可怪也."【閎祖】

123:11 季通及敬之皆云: "永嘉貌敬甚至. 及與宮祠, 乃繳之, 云: '朱某素來迂闊, 臣所不取. 但陛下進退人才, 不當如此.'" 以問先生, 先生云: "不曾見此文字. 怎見得"【閎祖】

123:12 德粹問陳君擧 福州事, 曰: "無[23]此, 只是過當. 作一添倅, 而一州之事皆欲爲之. 「益」之初九曰: '利用爲大作, 元吉, 無咎.'「象」曰[24]: '下不厚事也.' 初九欲爲九四作事, 在下本不當處厚事. 以爲上

---

20) 旋: 孝宗刊本에서는 旌으로 되어 있다.
21) 大: 賀本에서는 文으로 되어 있다.
22) 去: 成化本・賀本에서는 云으로 되어 있다.
23) 無: 賀本에서는 如로 되어 있다.
24) 曰: 徽州本에서는 이 뒤에 元吉, 無咎.가 더 있다.

之所任, 故爲之而致元吉, 乃爲之. 若[25]不然, 不惟己不安, 而亦累於上.【璘錄云: "初九上爲四所任, 而作大事, 必盡善而後無咎. 若所作不盡善, 未免有咎也. 故孔子釋[26]之曰: '下不厚事也.' 蓋在下之人不當任[27]重事. 若在下之人爲在上之人作事, 未能盡善, 自應有咎."】 向編『近思錄』, 說與伯恭: '此一段非常有, 不必入.' 伯恭云: '旣云非常有, 則有時而有, 豈可不書以爲戒?' 及後思之, 果然."【可學 ○璘錄少異.】

123:13 陳同父縱橫之才, 伯恭不直治之, 多爲諷說, 反被他玩.【揚 ○陳同父.】

123:14 說同父, 因謂: "呂伯恭烏得爲無罪? 恁地橫論, 卻不與他剖說打教破, 卻和他都自被包裹在裏. 今來伯恭門人卻亦有爲同父之說者, 二家打成一片, 可怪. 君擧只道某不合與說, 只是他見不破. 天下事不是是, 便是非, 直截兩邊去, 如何恁地含胡[28]鶻突? 某鄉來與說許多, 豈是要眼前好看? 靑天白日在這裏, 而今人雖不見信, 後世也須有人看得此說, 也須回轉得幾人." 又歎惜[29]久之, 云: "今有一等自恁地高出聖人之上, 一等自恁地陷身汙濁, 要擔頭出不得?"【賀孫】

123:15 同父才高氣粗, 做[30]文字不明瑩, 要之, 自是心地不淸和也.【道夫】

123:16 先生說: "看史只如看人相打, 相打有甚好看處? 陳同父一生被史壞了." 直卿亦[31]言: "東萊敎學者看史, 亦被史壞."【泳】

---

25) 若: 賀本에서는 又로 되어 있다.
26) 釋: 成化本에서는 擇으로 되어 있다.
27) 任: 賀本에서는 없다.
28) 胡: 孝宗刊本・成化本・賀本에서는 糊로 되어 있다.
29) 歎惜: 孝宗刊本・英祖刊本・成化本에서는 嘆惜으로 되어 있고, 賀本에서는 歎息으로 되어 있다.
30) 做: 成化本・賀本에서는 故로 되어 있다.

123:17 陳同父「祭東萊文」云: “在天下無一事之可少, 而人心有萬變之難明.” 先生曰: “若如此則雞鳴狗盜皆不可無?” 因擧『易』曰: “天下之動, 貞夫一者也. 天下何思何慮? 同歸而殊塗, 一致而百慮. 天下何思何慮?” 又云: “同父在利欲膠漆盆中.” 【閎祖】

123:18 鄭厚「藝圃折衷」, 當時以爲邪說, 然尙自占取地步, 但不知權. 其說之行, 猶使人知君臣之義. 如陳同父議論卻乖, 乃不知正. 曹丕旣簒, 乃曰: “舜・禹之事, 吾知之矣?” 此乃以己而窺聖人, ▲[32]舜・禹亦只是簒, 而文之以揖讓[33]爾. 同父亦是於漢・唐事迹上尋討箇仁義出來, 便以爲此卽[34]王者事, 何異於此? 【必大】

123:19 因言: “陳同父讀書, 譬如人看劫盜公案, 看了, 須要斷得他罪, 及防備禁制他, 敎做不得. 他卻不要斷他罪, 及防備禁制它, 只要理會得許多做劫▲[35]底道理, 待學他做.” 【廣】

123:20 或謂[36]: “同父口說皇王帝霸之略, 而一身不能自保.” 先生曰: “這只是見不破. 只說箇是與不是便了, 若做不是, 恁地依阿苟免以保其身, 此何足道? 若做得是, 便是委命殺身, 也是合當做底事.” 【賀孫】

123:21 陳同父學已行到江西, 浙人信向已多. 家家談王伯, 不說蕭何・張良, 只說王猛, 不說孔・孟, 只說文中子, 可畏! 可畏! 【可學】

31) 亦: 賀本에서는 없다.
32) ▲; 謂
33) 讓: 成化本・賀本에서는 遜으로 되어 있다.
34) 此卽: 『小分』에서는 卽此를 교정부호로 바로잡았다.
35) ▲: 盜
36) 謂: 賀本에서는 問으로 되어 있다.

123:22 陸子靜分明是禪, 但卻成一箇行戶, 尙有箇據處. 如葉正則說, 則只是要教人都曉不得. 嘗得一書來, 言世間有一般魁偉底道理, 自不亂於三綱五常. 旣說不亂三綱五常, 又說別是箇魁偉底道理, 卻是箇甚麽物事? 也是亂道! 他不說破, 只是籠統恁地說以謾人. 及人理會得來都無效驗時, 他又說你是未曉到這裏. 他自也曉不得. 他之說最誤人, 世間獃人都被他瞞, 不自知.【義剛 ○葉正則.】

123:23 葉正則說話, 只是杜撰. 看他進卷, 可見大略.【泳】

123:24 葉進卷『待遇集』毁板, 亦毁得是.【淳】

123:25 葉正則作文論事, 全不知些著實利害, 只虛論. 因及許多云云. 又見一文論社倉事. 戴少[37]望尙有些實說, 然不是如此. 葉則都是閒說.【振】

123:26 見或人所作講義, 不知如何如此. 聖人見成言語, 明明白白, 人尙曉不得, 如何須要立一文字, 令深於聖賢之言. 如何教人曉得? 戴少[38]望比見其湖南語說[39], 卻平正. 只爲說得太容易了, 兼未免有意於弄文.【賀孫】

123:27 江西之學只是禪, 浙學卻專是功利. 禪學後來學者摸索一上, 無可摸索, 自會轉去. 若功利, 則學者習之, 便可見效, 此意甚可憂!

37) 少: 賀本에서는 肖로 되어 있다.
38) 少: 成化本・賀本에서는 肖로 되어 있다.
39) 語說: 賀本에서는 說話로 되어 있다.

『朱子語類』卷第一百二十四

「陸氏[1]」

124:1 性質.【陸子美】 精神.【子靜 ○若海】

124:2 問陸梭山「同異辨」. 曰: "若本有, 卻如何掃蕩得? 若本無, 卻如何建立得? 他以佛氏亦曉得理. 如旣曉得理後, 卻將一箇空底物事來口頭說時, 佛不到今日了. 他自見得一箇道理, 只是空." 又曰: "佛也只是理會這箇性, 吾儒也只理會這箇性, 只是他不認許多帶來底."【節】

124:3 陸子壽自撫來信, 訪先生於鉛山觀音寺. 子壽每談事, 必以『論語』爲證. 如曰: "聖人教人'居處恭, 執事敬.' 又曰: '子所雅言·『詩』·『書』·執禮, 皆雅言也.' '弟子入則孝, 出則弟, 謹而信, 汎愛衆, 而親仁.' 此等皆教人就實處行, 何嘗高也?" 先生曰: "某舊間持論亦好高, 近來漸漸移近下, 漸漸覺實也. 如孟子, 卻是將他已到底[2]教人. 如言'存心養性, 知性知天', 有其說矣, 是他自知得. 餘人未到他田地, 如何知得他滋味? 卒欲行之, 亦未有入頭處. 若『論語』, 卻是聖人教人存心養性·知性知天實涵養處, 便見得, 便行得也."【大雅】

124:4 陸子壽看先生解『中庸』"莫顯乎微"云: "幾微細事也." 因嘆[3]美其說之善, 曰: "前後說者, 連'莫見乎隱'一袞說了, 更不見切體處. 今如此分別, 卻是使人有點檢處. 九齡自覺力弱, 尋常非禮念慮, 固能

---

1) 陸氏: 徽州本에서는 陸子靜으로 되어 있다.
2) 已到底: 賀本에서는 到底已로 되어 있다.
3) 嘆: 『朱子語類』에서는 歎으로 되어 있다.

常常警策, 不使萌於心. 然志力終不免有怠時, 此殆所謂幾微處須點檢▲[4]." 先生曰: "固然."【大雅】

124:5 問: "曾見陸子壽「志道據德說」否?" 曰: "未也. 其說如何?" 曰: "大槪亦好."【必大[5]】

124:6 因說陸子靜, 謂: "江西[6]未有人如他八字著脚."【文蔚】

124:7 叔器問象山師承. 曰: "它們天姿[7]也高, 不知師誰. 然也不問師傳. 學者多是就氣稟上做, 便解偏了."【義剛】

124:8 符舜功問陸子靜「君子喩於義口義」. 曰: "子靜只是拗. 伊川云: '惟其深喩, 是以篤好.' 子靜必要云: '好後方喩.' 看來人之於義利, 喩而好者[8]多. 若全不曉, 又安能好? 然好之則喩矣. 畢竟伊川說占得多."【璘】

124:9 因說: "陸先生每對人說, 有子非後學急務, 以其說不合有多節目, 不直截. 某因謂是比聖人言語較緊. 且如孝悌[9]之人, 豈解犯上, 又更作亂?" 曰: "人之品不同, 亦自有孝弟之人解犯上者, 自古亦有作亂者. 聖賢言語寬平, 不消如此急迫看."【振】

124:10 問: "象山言: '〈本立而道生〉, 多卻〈而〉字.'" 曰: "聖賢言語一步是一步. 近來一種議論, 只是跳躑. 初則兩三步做一步, 甚則十數步作一步, 又甚則千百步作一步, 所以學之者皆顚狂."【方子】

---

4) ▲: 也
5) 必大: 徽州本에서는 伯豊으로 되어 있다.
6) 西: 賀本에서는 南으로 되어 있다.
7) 姿: 賀本에서는 資로 되어 있다.
8) 者: 賀本에서는 也로 되어 있다.
9) 悌: 『朱子語類』에서는 弟로 되어 있다.

124:11 先生問賀孫: "再看『論語』前面, 見得意思如何?" 曰: "初看有未通處, 今看得通. 如'孝悌[10]爲仁之本'一章, 初看未甚透, 今卻看得分曉." 先生曰: "如此等說話, 陸象山都不看. 凡是諸弟子之言, 便以爲不是而不足看, 其無細心看聖賢文字如此. 凡說未得處, 便將箇硬說鬭倒了, 不消看. 後生纔入其門, 便學得許多不好處, 便悖慢無禮, 便胡[11]說亂道, 更無禮律, 只學得▲[12]許多凶暴, 可畏! 可畏! 不知如何學他許多不好, 恁地快?" 賀孫又問: "'孝弟爲仁之本', 『集注』云: '學者務此, 則仁道自此而生.' '此'字亦只指孝弟[13]?" 先生曰: "覺此句亦欠'本立'字." 賀孫云: "上文已說孝弟乃是行仁之本." 先生曰: "此段若無程先生說, 終無人理會得透. 看楊・謝諸說, 如何是理會得? 謝說更乖: '孝弟非仁, 乃近仁也.' 不知孝弟非仁, 孝弟是甚麽物事? 孝弟便是仁, 非孝弟外別有仁, 非仁外別有孝弟. 如諸公說, 將體用一齊都沒理會了!" 【賀孫】

124:12 有自象山來者. 先生問: "子靜多說甚話?" 曰: "恰[14]如時文相似, 只連片衮[15]將去." 曰: "所說者何?" 曰: "他只說'天地之性人爲貴', 人爲萬物之靈. 人所以貴與靈者, 只是這心. 甚[16]說雖詳多, 只恁衮[17]去." 先生曰: "信如斯言, 雖聖賢復生與人說, 也只得恁地. 自是諸公以時文之心觀之, 故見得它箇是時文也. 便若時文中說得恁地, 便是聖賢之言也. 公也須自反, 豈可放過?" 【道夫】

124:13 陸子靜說"良知良能"・"四端"等處, 且成片擧似經語, 不可謂

---

10) 悌: 『朱子語類』에서는 弟로 되어 있다.
11) 胡: 賀本에는 없다.
12) ▲: 那
13) 弟: 『朱子語類』에서는 悌로 되어 있다.
14) 恰: 賀本에서는 卻으로 되어 있다.
15) 衮: 賀本에서는 滾로 되어 있다.
16) 甚: 賀本에서는 其로 되어 있다.
17) 衮: 賀本에서는 滾으로 되어 있다.

不是. 但說人便能如此, 不假修爲存養, 此卻不得. 譬如旅寓之人, 自家不能送他回鄉, 但與說云: "你自有田有屋, 大段快樂, 何不便回去?" 那人旣無資送, 如何便回去得? 又如脾胃傷弱, 不能飮食之人, 卻硬要將飯將肉塞入他口, 不問他喫得與喫不得. 若是一頓便理會得, 亦豈不好? 然非生知安行者, 豈有此理? 便是生知安行, 也須用學. 大抵子思說"率性", 孟子說"存心養性", 大段說破. 夫子更不曾說, 只說"孝弟"·"忠信篤敬." 蓋能如此, 則道理便在其中矣.【人傑】

124:14 至之問告子"不得於言, 勿求於心." 先生云: "陸子靜不著言語, 其學正似告子, 故常諱這些子." 至之云: "陸嘗[18]云, 人不惟不知孟子高處, 也不知告子高處. 先生語陸云, 試說看. 陸只鶻突說過." 先生▲[19]語諸生云: "陸子靜說告子也高, 也是他尙不及告子. 告子將心硬制得不動, 陸遇事未必皆能不動."【植】

124:15 子靜常言顔子悟道後於仲弓. 又曰: "『易』繫決非夫子作." 又曰: "孟子無柰告子何." 陳正己錄以示人. 先生申言曰: "正己也乖."【道夫】

124:16 江西士風好爲奇論, 恥與人同, 每立異以求勝. 如陸子靜說告子論性强孟子, 又說荀子"性惡"之論甚好, 使人警發, 有縝密之功. 昔荊公參政日, 作「兵論」藁, 壓之硯下. 劉貢父謁見, 値客, 徑坐於書院, 竊取視之.【可學錄云: "皆記得, 又頓放元處."】 旣而以未相見而坐書院爲非, 遂出就客次. 及相見, 荊公問近作, 貢父以[20]近[21]作「兵論」對, 乃竊荊公之意, 而易其文以誦之.【可學錄云: "荊公出論兵. 貢父依荊公「兵論」說曰: '某策如此.'"】 荊公退, 碎其硯下之藁, 以爲所論同於人

---

18) 嘗: 賀本에서는 常으로 되어 있다.

19) ▲: 因

20) 以: 賀本에서는 이 앞에 遂가 더 있다.

21) 近: 賀本에는 없다.

也.【可學錄作: "焚之. 好異惡同如此."】 皆是江西之風如此.【淳 ○可學錄略.】

124:17 金溪說"充塞仁義", 其意之所指, 似別有一般仁義, 非若尋常他人所言者也.【必大】

124:18 陸子靜學者欲執喜怒哀樂未發之中, 不知如何執得? 那事來面前, 只得應他, 當喜便喜, 當怒便怒, 如何執得?【文蔚】

124:19 陸子靜說, 只是一心, 一邊屬人心, 一邊屬道心, 那時尙說得好在.【節】

124:20 先生謂祖道曰: "陸子靜答賢書, 說箇'簡易'字, 卻說錯了. '乾以易知, 坤以簡能', 是甚意思? 如何只容易說過了? 乾之體健而不息, 行而不難, 故易, 坤則順其理而不爲, 故簡. 不是容易苟簡也."【祖道】

124:21 某向與子靜說話, 子靜以爲意見. 某曰: "邪意見不可有, 正意見不可無." 子靜說: "此是閒議論." 某曰: "閑議論不可議論, 合議論則不可不議論." 先生又曰: "『大學』不曾說'無意', 而說'誠意.' 若無意見, 將何物去擇乎『中庸』? 將何物去察邇言? 『論語』'無意', 只是要無私意. 若是正意, 則不可無." 先生又曰: "他之無意見, 則是不理會理, 只是胡撞將去. 若無意見, 成甚麽人在這裏?"【節】

124:22 或問: "陸子靜每見學者才有說話, 不曰'此只是議論', 卽曰'此只是意見.' 果如是, 則議論意見皆可廢乎?" 曰: "旣不尙議論, 則是默然▲[22]而已, 旣不貴意見, 則是寂然無思而已. 聖門問學, 不應如此. 若曰偏議論・私意見, 則可去, 不當槪以議論意見爲可去也."【柄】

---

22) ▲: 無言

124:23 有一學者云: “學者須是除意見. 陸子靜說顏子克己之學, 非如常人克去一切忿欲利害之私, 蓋欲於意念所起處, 將來克去.” 先生痛加誚責, 以爲: “此三字誤天下學者. 自堯・舜相傳至歷代聖賢書冊上並無此三字. 某謂除去不好底意見則可, 若好底意見, 須是存留. 如飢之思食, 渴之思飲, 合做底事思量去做, 皆意見也. 聖賢之學, 如一條大路, 甚次第分明. 緣有‘除意見’橫在心裏, 便更不在做. 如日間所行之事, 想見只是不得已去做, 才做, 便要忘了, 生怕有意見. 所以目視霄漢, 悠悠過日, 下梢只成得箇狂妄. 今只理會除意見, 安知除意見之心, 又非所謂意見乎?”【人傑】

124:24 陸子靜說“克己復禮”, 云, 不是克去己私利欲之類, 別自有箇克處, 又卻不肯說破. 某嘗代之下語云: “不過是要‘言語道斷, 心行路絕’耳.” 因言: “此是陷溺人之深坑, 學者切不可不戒!”【廣】

124:25 因看金溪「與胡季隨書」中說顏子克己處, 曰: “看此兩行議論, 其宗旨是禪, 尤分曉. 此乃捉著眞贓正賊, 惜方見之, 不及與之痛辯. 其說以忿欲等皆未是己私, 而思索講習卻是大病, 乃所當克治者. 如禪家‘乾屎橛’等語, 其上更無意義, 又不得別思義理. 將此心都禁遏定, 久久忽自有明快處, 方謂之得. ‘此之謂失其本心’, 故下梢忿慾[23]紛起, 恣意猖獗, 如劉淳叟輩所爲, 皆彼自謂不妨者也. 杲老在徑山, 僧徒苦其使性氣, 沒頭腦, 甚惡之, 又戀著他禪. 嘗有一僧云: ‘好捉倒剝去衣服, 尋看他禪是在左脅下, 是在右脅下? 待尋得見了, 好與奪下, ▲[24]趕將出門去.’ 杲老所喜, 皆是麤疏底人, 如張子韶・唐立夫諸公是也. 汪聖錫・呂居仁輩稍謹愿, 痛被他薄賤. 汪丈爲人淳厚, 趕張子韶輩不得, 又有許多記問經史典故, 又自有許多鶻突學問義理, 又戀著鶻突底禪. 群疑塞胸, 都沒分曉, 不自反躬窮究, 只管上求下告,

23) 慾: 孝宗刊本・成化本・賀本에서는 欲으로 되어 있다.
24) ▲: 卻

問他討禪, 被他恣意相薄. 汪丈嘗謂某云: '杲老禪學實自有好處.' 某問之曰: '侍郎曾究見得[25]其好處否?' 又卻云'不曾.' 今金溪學問眞正是禪, 欽夫伯恭緣不曾看佛書, 所以看他不破, 只某便識得他. 試將『楞嚴』·『圓覺』之類一觀, 亦可粗見大意. 釋氏之學, 大抵謂若識得透, 應千罪惡, 卽都無了. 然則此一種學, 在世上乃亂臣賊子之三窟耳? 王履道做盡無限過惡, 遷謫廣中, 剗地在彼說禪非細. 此正謂其所爲過惡, 皆不礙其禪學爾."【必大】

124:26 舜功云: "陸子靜不喜人說性." 曰: "怕只是自理會不曾分曉, 怕人問難. 又長大了, 不肯與人商量[26], 故一切[27]截斷了. 然學而不論性, 不知所學何事?"【璘】

124:27 聖賢教人有定本, 如"博學·審問·愼[28]思·明辨·篤行"是也. 其人資質剛柔敏鈍, 不可一槪論, 其教則不易. 禪家教更無定, 今日說有定, 明日又說無定, 陸子靜似之. 聖賢之教無內外本末上下, 今子靜卻要理會內, 不管外面, 卻無此理. 硬要轉聖賢之說爲他說, 寧若爾說, 且作爾說, 不可誣罔聖賢亦如此.【泳 ○周公謹記.】

124:28 陸子靜云: "涵養是主人翁, 省察是奴婢." 陳正己力排其說. 曰: "子靜之說無定常, 要云今日之說自如此, 明日之說自不如此. 大抵他只要拗: 才見人說省察, 他便反而言之, 謂須是涵養, 若有人向他說涵養, 他又言須是省察以勝之. 自渠好爲訶佛罵祖之說, 致令其門人'以夫子之道反害夫子'!"【璘】

124:29 吾儒頭項多, 思量著得人頭痺. 似陸子靜樣不立文字, 也是

25) 得: 『朱子語類』에는 없다.
26) 量: 賀本에서는 이 뒤에 做가 더 있다.
27) 切: 成化本·賀本에서는 截로 되어 있다.
28) 愼: 成化本에서는 謹로 되어 있다.

省事. 只是那書也不是分外底物事, 都是說我這道理, 從頭理會過, 更好. 【僩】

124:30 汪長孺▲[29]: "江西所說'主靜', 看其語是要不消主這靜, 只我這裏動也靜, 靜也靜." 先生曰: "若如其言, 天自春了夏, 夏了秋, 秋了冬, 自然如此, 也不須要'輔相・裁成'始得." 【賀孫】

124:31 江西之學, 無了惻隱辭讓[30]之心, 但有羞惡之心, 然不羞其所當羞, 不惡其所當惡. 有是非之心, 然是其所非, 非其所是. 【方子】

124:32 潘恭叔說: "象山說得如此, 待應事, 都應不是." 曰: "可知是他所學所說盡是杜撰, 都不依見成格法. 他應事也只是杜撰, 如何得合道理?" 【賀孫】

124:33 陸氏會說, 其精神亦能感發人, 一時被它聳動底, 亦便清明. 只是虛, 更無底簟. "思而不學則殆", 正謂無底簟便危殆也. "山上有木, 「漸」, 君子以居賢德善俗." 有堦[31]梯而進, 不患不到. 今其徒往往進時甚銳, 然其退亦速. 纔到退時, 便如墮[32]千仞之淵? 【螢】

124:34 頃有一朋友作書與陸子靜, 言陸[33]之學蕩而無[34]所執. 陸復書言, 蕩本是好語. "君子坦蕩蕩", 堯"蕩蕩無能名", 『詩』云"蕩蕩上帝", 『書』云"王道蕩蕩", 皆以蕩爲善, 豈可以爲不善邪[35]? 其怪如此. 【僩】

---

29) ▲: 說
30) 讓: 成化本・賀本에서는 遜으로 되어 있다.
31) 堦: 成化本에서는 階로 되어 있다.
32) 墮: 『朱子語類』에서는 墜로 되어 있다.
33) 陸: 賀本에서는 立으로 되어 있다.
34) 無: 成化本에서는 而로 되어 있다.
35) 邪: 成化本에서는 那로 되어 있다.

124:35 向見陸子靜與王順伯論儒釋, 某嘗竊笑之. 儒釋之分, 只爭虛・實而已. 如老氏亦謂: "恍兮惚兮, 其中有物, 窈兮冥兮, 其中有精." 所謂"物・精", 亦是虛. 吾道雖有"寂然不動", 然其中粲▲[36]者存, 事事有.【節】

124:36 先生問人傑: "別後見陸象山如何?" 曰: "在都下相處一月, 議論間多不合." 因擧戊戌春所聞於象山者, 多是分別"集義所生, 非義襲而取之"兩句. 曰: "彼之病處正在此, 其說'集義', 卻是'義襲.' 彼之意, 蓋謂學者須是自得於己, 不爲文義牽制, 方是集義. 若以此爲義, 從而行之, 乃是求之於外, 是義襲而取之也. 故其弊自以爲是, 自以爲高, 而視先儒之說皆與己不合. 至如「與王順伯書」論釋氏義利公私, 皆說不著. 蓋釋氏之言見性, 只是虛見, 儒者之言性, 止是仁義禮智, 皆是實事. 今專以義利公私斷之, 宜順伯不以爲然也."【人傑 ○罃錄詳.】

124:37 問正淳: "陸氏之說如何?" 曰: "癸卯相見, 某於其言不無疑信相半." 曰: "信是信甚處? 疑是疑其[37]處?" 曰: "信其論學, 疑其訶詆古人." 曰: "須是當面與它隨其說上討箇分曉. 若一時不曾分疏得, 乃欲續後於書問間議論, 只是說得皮外, 它亦只是皮外答來, 越不分曉. 若是它論學處是, 則其它說話皆是, 便攻訶古人今人, 亦無有不是處, 若是它訶詆得古人不是, 便是它說得學亦不是. 向來見子靜與王順伯論佛云, 釋氏與吾儒所見亦同, 只是義利・公私之間不同. 此說不然. 如此, 卻是吾儒與釋氏同一箇道理. 若是同時, 何緣得有義利不同? 只被源頭便不同: 吾儒萬理皆實, 釋氏萬理皆空." 又曰: "它尋常要說'集義所生者', 其徒包敏道至說成'襲義而取', 卻不說'義襲而取之.' 它說如何?" 正淳曰: "它說須是實得. 如義襲, 只是强探力取." 曰: "謂如人心知此義理, 行之得宜, 固自內發. 人性質有不同, 或有魯鈍, 一時見未

36) ▲: 然
37) 其: 『朱子語類』에서는 甚으로 되어 있다.

到得, 別人說出來, 反之於心, 見得爲是而行之, 是亦內也. 人心所見不同, 聖人方見得盡. 今陸氏只是要自渠心裏見得底, 方謂之內, 若別人說底, 一句也不是. 才自別人說出, 便指爲義外. 如此, 乃是告子之說. 如'生而知之', 與'學而知之, 困而知之', '安而行之', 與'利而行之, 勉强而行之', 及其知之行之, 則一也. 豈可一一須待自我心◇[38]出, 方謂之內? 所以指文義而求之者, 皆不爲內? 故自家才見▲[39]如此, 便一向執著, 將聖賢言語便亦不信, 更不去講貫, 只是我底是, 其病痛只在此. 只是專主'生知・安行', 而'學知'以下, 一切皆廢. 又只管理會'一貫', 理會'一.' 且如一貫, 只是萬理一貫, 無內外本末, 隱顯精粗, 皆一以貫之. 此政'同歸殊塗, 百慮一致', 無所不備. 今卻不敎人恁地理會, 卻只尋箇'一', 不知去那裏討頭處?"【謍 ○必大錄云: "先生看正淳與金溪往復書云云, '釋氏皆空'之下有曰: '學所以貴於講書, 是要入細理會. 今陸氏只管說"一貫." 夫"一貫"云者, 是擧萬殊而一貫之, 小大・精粗・隱顯・本末, 皆在其中. 若都廢置不講, 卻一貫箇甚底[40]? 學要大綱涵養, 子細講論. 嘗與金溪辨"義外"之說. 某謂事之合如此者, 雖是在外, 然於吾心以爲合如此而行之[41], 便是內也. 且如人有性質魯鈍, 或一時見不到, 因他人說出來, 見得爲是, 從而行之, 亦內也. 金溪以謂, 此乃告子之見, 直須自得於己者方是. 若以他人之說爲義而行之, 是求之於外也. 遂於事當如此處, 亦不如此. 不知此乃告子之見耳.' 必大因言: '金溪有云: 〈不是敎人不要讀書, 讀書自是講學中一事. 纔說讀書, 已是剩此一句〉.' 曰: '此語卻是.' 必大又言其學全[42]在踐履之說. 曰: '此言雖是, 然他意只是要踐履他之說耳.'"】

124:38 禪學熾則佛氏之說大壞. 緣他本來是大段著工夫收拾這心性, 今禪說只恁地容易做去. 佛法固是本不見大底道理, 只就他本法中是大段細密, 今禪說只一向麤暴. 陸子靜之學, 看他千般萬般病, 只

---

38) ◇: 而
39) ▲: 得
40) 底: 賀本에서는 麽로 되어 있다.
41) 之: 賀本에서는 없다.
42) 全: 賀本에서는 없다.

在不知有氣稟之雜，把許多麤惡底氣都把做心之妙理，合當恁地自然做將去. 向在鉛山得他書云，看見佛之所以與儒異者，止是他底全是利，吾儒止是全在義. 某答他云，公亦只見得第二著. 看他意，只說吾[43]儒[44]絶斷得許多利欲，便是千了百當，一向任意做出都不妨. 不知初自受得這氣稟不好，今才任意發出，許多不好底，也只都做好商量了. 只道這是胸中流出, 自然天理, 不知氣有不好底夾雜在裏, 一齊衮將去, 道害事不害事? 看子靜書, 只見他許多粗暴底意思可畏. 其徒都是這樣, 才說得幾句, 便無大無小, 無父無兄, 只我胸中流出底是天理，全不著得些工夫. 看來這錯處，只在不知有氣稟之性. 又曰: "論性不論氣，不備.' 孟子不說到氣一截，所以說萬千與告子幾箇，然終不得他分曉. 告子以後，如荀・揚之徒，皆是把氣做性說了." 【賀孫】

124:39 迎而距之.【謂陸氏不窮理. ○方子】

124:40 子靜"應無所住以生其心."【閎祖】

124:41 子靜尋常與吾人說話，會避得箇"禪"字. 及與其徒，卻只說禪.【自修】

124:42 吳仁父說及陸氏之學. 曰: "只是禪. 初間猶自以吾儒之說蓋覆, 如今一向說得熾, 不復遮護了. 渠自說有見於理, 到得做處, 一向任私意做去，全不睹是. 人同之則喜，異之則怒. 至任喜怒，胡亂便打人罵人. 後生纔登其門, 便學得不遜無禮, 出來極可畏. 世道衰微，千變百怪如此，可畏! 可畏!" 【木之】

124:43 陸子靜之學，自是胸中無奈許多禪何. 看是甚文字，不過假

43) 吾: 賀本에서는 없다.
44) 儒: 賀本에서는 이 뒤에 者가 더 있다.

借以說其胸中所見者耳. 據其所見, 本不須聖人文字得. 他卻須要以聖人文字說者, 此正如販鹽者, 上面須得數片鯗魚遮蓋, 方過得關津, 不被人捉了耳.【廣】

124:44 先生嘗說: "陸子靜·楊敬仲自是十分好人, 只似患淨潔病底. 又論說道理, 恰似閩中販私鹽底, 下面是私鹽, 上面以鯗魚蓋之, 使人不覺." 蓋謂其本是禪學, 卻以吾儒說話遮掩.【過】

124:45 爲學若不靠實, 便如釋老談空, 又卻不如他說得索性. 又曰: "近來諸處學者談空浩瀚, 可畏! 可畏! 引得一輩江西士人都顚了."【浩】

124:46 陸子靜好令人讀介甫萬言書, 以爲渠此時未有異說, 不曉子靜之意.【璘】

124:47 因言讀書之法, 曰: "一句有一句道理, 窮得一句, 便得這一句道理. 讀書須是曉得文義了, 便思量聖賢意指是如何? 要將作何用?" 因坐中有江西士人問爲學, 曰: "公門[45]都被陸子靜誤, 教莫要讀書, 誤公一生? 使公到今已老, 此心倀倀然, 如村愚拍[46]盲無知之人, 撞牆撞壁, 無所知識. 使得這心飛揚跳躑, 渺渺茫茫, 都無所主, 若涉大水, 浩無津涯, 少間便會失心去. 何故? 下此一等, 只會失心, 別無合殺也. 傅子淵便是如此.【子淵後以喪心死.[47]】 豈有學聖人之道, 臨了卻反有失心者? 是甚道理? 吁, 誤人誤人! 可悲可痛! 分明是被他塗其耳目, 至今猶不覺悟[48]. 今教公之法: 只討聖賢之書, 逐日逐段, 分明理會. 且降伏其心, 遜志以求之, 理會得一句, 便一句理明, 理會得

45) 門: 賀本에서는 們으로 되어 있다.
46) 拍: 成化本에서는 柏으로 되어 있고 賀本에서는 目으로 되어 있다.
47) 子淵後以喪心死: 徽州本에서는 名夢泉·陸子靜上足也로 되어 있다.
48) 悟: 孝宗刊本·英祖刊本·成化本에서는 悞로 되어 있다.

一段, 便一段義明, 積累久之, 漸漸曉得. 近地有朋友, 便與近地朋友商量, 近地無朋友, 便遠求師友商量. 莫要閒過日子, 在此住得旬日, 便做旬日工夫. 公看此間[49]諸公每日做工夫, 都是逐段逐句理會. 如此久之, 須漸見些道理. 公今只是道聽道[50]說, 只要說得. 行[51]若聖賢之道, 只是說得贏, 何消做工夫? 只半日便說盡了. '博學・審問・愼[52]思・明辨', 是理會甚事? 公今莫問陸刪定如何, 只認問取自己便了. 陸刪定還替得公麼? 陸刪定他也須讀書來. 只是公那時見他不讀書, 便說他不讀書. 他若不讀書, 如何做得許多人先生? 吁, 誤人誤人!" 又曰: "從陸子靜者, 不問如何, 箇箇學得不遜. 只纔從他門前過, 便學得悖慢無禮, 無長少之節, 可畏可畏!"【僩】

124:48 象山死, 先生率門人往寺中哭之. 旣罷, 良久, 曰: "可惜死了告子."【此說得之文卿. ○泳】

124:49 因論南軒欲曾節夫往見陸先生, 作書令去看陸如何, 有何說備寄來. 先生曰: "只須直說. 如此則便謂教我去看如何, 便不能有益了."【揚】

124:50 因說[53]陸子靜, 云: "這箇只爭些子, 才差了便如此. 他只是差過去了, 更有一項, 卻是不及. 若使過底, 拗轉來卻好, 不及底, 趲向上去卻好. 只緣他纔高了, 便不肯下, 纔不及了, 便不肯向上. 過底, 便道只是就過裏面求箇中, 不及底, 也道只就不及裏面求箇中. 初間只差了些子, 所謂'差之毫釐, 繆以千里.'" 又曰: "如伯夷之淸, 柳下惠之和, 孟子便說道'隘與不恭, 君子不由.' 如孔子說'逸民: 伯夷・叔齊',

49) 間: 成化本에서는 聞으로 되어 있다.
50) 道: 『朱子語類』에서는 塗로 되어 있다.
51) 行: 賀本・萬曆本에서는 待로 되어 있다.
52) 愼: 成化本에서는 謹으로 되어 있다.
53) 說: 賀本에서는 問으로 되어 있다.

這已是甚好了, 孔子自便道: '我則異於是, 無可無不可.'" 又曰: "某看近日學問, 高者便說做天地之外去, 卑者便只管陷溺, 高者必入於佛老, 卑者必入於管商. 定是如此, 定是如此!"【賀孫】

124:51 曹叔遠問: "陸子靜敎人, 合下便是, 如何?" 曰: "如何便是? 公看經書中還有此樣語否? 若云便是, 夫子當初引帶三千弟子, 日日說來說去則甚? 何不云你都是了, 各自去休? 也須是做工夫, 始得." 又問: "或有性識明底, 合下便是, 後如何?" 曰: "須是有那地位, 方得. 如'舜與木石居[54], 與鹿豕游, 及聞一善言, 見一善行, 沛然若決江河, 莫之能禦.' 須是有此地位, 方得. 如'堯・舜之道孝悌', 不成說才孝悌, 便是堯・舜! 須是誦堯言, 行堯行, 眞箇能'徐行後長', 方是."【下二條詳.】

124:52 問: "陸象山道, 當下便是." 曰: "看聖賢敎人, 曾有此等語無? 聖人敎人, 皆從平[55]實地上做去. 所謂'克己復禮, 天下歸仁', 須是先克去己私方得. 孟子雖云'人皆可以爲堯・舜', 也須是'服堯之服, 誦堯之言, 行堯之行', 方得. 聖人告顔子以'克己復禮', 告仲弓以'出門如見大賓, 使民如承大祭', 告樊遲以'居處恭, 執事敬, 與人忠', 告子張以'言忠信, 行篤敬', 這箇是說甚底話? 又平時告弟子, 也須道是'學而時習', '行有餘力, 則以學文', 又豈曾說箇當下便是底語? 大抵今之爲學者有二病, 一種只當下便是底, 一種便是如公平日所習底. 卻是這中間一條路, 不曾有人行得. 而今人旣不能知, 但有聖賢之言可以引路. 聖賢之言, 分分曉曉, 八字打開, 無些子回互隱伏說話."【卓】

124:53 或問: "陸象山大要說當下便是, 與聖人不同處是那裏?" 曰: "聖人有這般說話否? 聖人不曾恁地說. 聖人只說'克己復禮. 一日克己

54) 居: 成化本에서는 俱로 되어 있다.
55) 平: 成化本에서는 乎로 되어 있다.

復禮, 天下歸仁.' 而今截斷'克己復禮'一段, 便道只恁地便了. 不知聖人當年領三千來人, 積年累歲, 是理會甚麽? 何故不說道, 才見得, 便教他歸去自理會便了? 子靜如今也有許多人來從學, 亦自長久相聚, 還理會箇甚麽? 何故不教他自歸去理會? 只消恁地便了? 且如說'堯・舜之道, 孝悌而已矣', 似易. 須是做得堯許多工夫, 方到得堯, 須是做得舜許多工夫, 方到得舜." 又曰: "某看來, 如今說話只有兩樣. 自淮以北, 不可得而知. 自淮以南, 不出此兩者, 如說高底, 便如'當下便是'之說, 世間事事都不管. 這箇本是專要成己, 而不要去成物, 少間只見得上面許多道理切身要緊去處不曾理會, 而終亦不足以成己. 如那一項, 卻去許多零零碎碎上理會, 事事要曉得. 這箇本是要成物, 而不及於成己, 少間只見得下面許多羅羅嘈嘈, 自家自無箇本領, 自無箇頭腦了, 後去更不知得那箇直是是, 那箇直是非, 都恁地鶻鶻突突, 終於亦不足以成物. 這是兩項如此, 眞正一條大路, 卻都無人識, 這箇只逐一次第行將去. 那一箇只是過, 那一箇只是不及. 到得聖人大道, 只是箇中. 然如今人說那中, 也都說錯了, 只說道▲[56]含含胡胡, 同流合汙, 便喚做中. 這箇中本無他, 只是平日應事接物之間, 每事理會教盡, 教恰好, 無一毫過不及之意."【賀孫】

124:54 陸子靜之學, 只管說一箇心本來是好底物事, 上面著不得一箇字, 只是人被私欲遮了. 若識得一箇心了, 萬法流出, 更都無許多事. 他卻是實見得箇道理恁地, 所以不怕天, 不怕地, 一向胡叫胡喊. 又曰: "如東萊便是如何云云, 不似他見得恁地直拔俊偉. 下梢東萊學者一人自執一說, 更無一人守其師說, 亦不知其師緊要處是在那裏, 都只恁地衰塌不起了, 其害小. 他學者是見得箇物事, 便都恁地[57]胡叫胡說, 實是卒動他不得, 一齊恁地無大無小, 便是'天上天下, 惟我獨尊.' 若我見得, 我父不見得, 便是父不似我, 兄不見得, 便是兄不似

56) ▲: 恁地
57) 地: 賀本에서는 底로 되어 있다.

我. 更無大小, 其害甚大! 不待至後世, 卽今便是." 又曰: "南軒初年說, 卻有些似他. 如「嶽麓書院記」, 卻只恁地說. 如愛牛, 如赤子入井, 這箇便是眞心. 若理會得這箇心了, 都無事. 後來說卻不如此. 子靜卻雜些禪, 又有術數, 或說或不說. 南軒卻平直恁地說, 卻逢人便說." 又曰: "浙中之學, 一種只說道理底, 又不似他實見得. 若不識, 又不肯道我不識, 便含胡鶻突遮蓋在這裏." 又因說: "人之喜怒憂懼, 皆是人所不能無者, 只是差些便不正. 所以學者便要於此處理會, 去其惡而全其善. 今他只說一箇心, 便都道是了, 如何得? 雖曾子·顏子是著多少氣力, 方始庶幾其萬一." 又曰: "孟子更說甚'性善'與'浩然之氣', 孔子便全不說, 便是怕人有走作, 只教人'克己復禮.' 到克盡己私, 復還天理處, 自是實見得這箇道理, 便是貼實底聖賢. 他只說[58]恁地了, 便是聖賢, 然無這般顚狂底聖賢. 聖人說'克己復禮', 便是眞實下工夫. '一日克己復禮', 施之於一家, 則一家歸其仁, 施之一鄕, 則一鄕歸其仁, 施之天下, 則天下歸其仁. 是眞實從手頭過, 如飮酒必醉, 食飯必飽. 他們[59]便說一日悟得'克己復禮', 想見天下歸其仁, 便是想像飮酒便能醉人, 恰似說'如飮醇酎'意思." 又曰: "他是會說得動人, 使人都恁地快活, 便會使得人都恁地發顚發狂. 某也會恁地說, 使人便快活, 只是不敢, 怕壞了人. 他之說, 卻是使人先見得這一箇物事了, 方下來做工夫, 卻是上達而下學, 與聖人'下學上達'都不相似. 然他才見了, 便發顚狂, 豈肯下來做? 若有這箇直截道理, 聖人那裏教人恁地步步做上去?"【賀孫】

124:55 許行父謂: "陸子靜只要頓悟, 更無工夫." 曰: "如此說不得. 不曾見他病處, 說他不倒. 大抵今人多是望風便罵將去, 都不曾根究到底. 見他不是, 須子細推原怎生不是, 始得, 此便是窮理. 旣知他不是處, 須知是處在那裏, 他旣錯了, 自家合當如何, 方始有進. 子靜固

58) 說: 賀本에서는 是로 되어 있다.
59) 們: 孝宗刊本·成化本에서는 門으로 되어 있다.

有病, 而今人卻不曾似他用功, 如何更[60]說得他? 所謂'五穀不熟, 不如稊稗', 恐反爲子靜之笑也. 且如看史傳, 其間有多少不是處. 見得他不是, 便有箇是底在這裏, 所以無往非學."【閎祖】

124:56 先生問: "曾見陸子靜否?" 可學對以向在臨安欲往見. 或云: "吾友方學, 不可見, 見歸必學參禪." 先生曰: "此人言極有理. 吾友不去見, 亦是. 然更有一說: 須修身立命, 自有道理, 則自不走往他. 若自家無所守, 安知一旦立脚得牢? 正如人有屋可居, 見他人有屋宇, 必不起健羨. 若是自家自無住處, 忽見人有屋欲借自家, 自家雖欲不入, 安得不入? 切宜自作工夫?"【可學】

124:57 守約問: "吾徒有往從陸子靜者, 多是學得這下些小細碎文義, 致得子靜謂先生教人只是章句之學, 都無箇脫洒[61]道理. 其實先生教人, 豈曾如此? 又有行不掩其言者, 愈招他言語." 先生曰: "不消得如此說. 是他行不掩言, 自家又奈[62]何得他? 只是自點檢教行掩其言, 便得. 看自家平日是合當恁地, 不當恁地. 不是因他說自家行不掩言, 方始去行掩其言. 而今不欲窮理則已, 若欲窮理, 如何不在讀書講論? 今學者有幾箇理會得章句? 也只是渾淪吞棗, 終不成又學他, 於章句外別撰一[63]箇物事, 與他鬪." 又曰: "某也難說他, 有多多少少, 某都不敢說他. 只是因諸公問, 不得不說. 他是向一邊去拗不轉了, 又不信人言語, 又怎奈何他? 自家只是理會自家是合當做. 聖人說'言忠信, 行篤敬', '居處恭, 執事敬, 與人忠'等語, 都是實說鐵定是恁地, 無一句虛說. 只是教人就這上做工夫, 做得到, 便是道理."【賀孫】

124:58 學者須是培養. 今不做培養工夫, 如何窮得理? 程子言: "動

---

60) 更: 『朱子語類』에서는 便으로 되어 있다.
61) 洒: 成化本에서는 灑로 되어 있다.
62) 奈: 賀本에서는 柰로 되어 있다.
63) 一: 孝宗刊本·英祖刊本·成化本에서는 壹로 되어 있다.

容貌, 整思慮, 則自生敬. 敬只是主一也. 存此, 則自然天理明." 又◇[64]: "整齊嚴肅, 則心便一, 一則自是無非僻之干. 此意但涵養久之, 則天理自然明." 今不曾做得此工夫, 胸中膠擾駁雜, 如何窮得理? 如它人不讀書, 是不肯去窮理. 今要窮理, 又無持敬工夫. 從陸子靜學, 如楊敬仲輩, 持守得亦好, 若肯去窮理, 須窮得分明. 然它不肯讀書, 只任一己私見, 有似箇稊稗. 今若不做培養工夫, 便是五穀不熟, 又不如稊稗也. 次日又言: "陸子靜・楊仲敬[65]有爲己工夫, 若肯窮理, 當甚有可觀, 惜其不改也?"【德明】

124:59 論子由『古史』言, 帝王以無爲宗. 因言: "佛氏學, 只是任[66]它意所爲, 於事無有是處." 德明云: "楊敬仲之學是如此." 先生曰: "佛者言: '但願空諸所有, 愼[67]勿實諸所無.' 事必欲忘卻, 故曰'但願空諸所有', 心必欲其空, 故曰'愼[68]勿實諸所無.' 楊敬仲學於陸氏, 更不讀書, 是要不'實諸所無', 已讀之書, 皆欲忘卻, 是要'空諸所有.'"【德明】

124:60 至之擧似楊敬仲詩云: "'有時父召急趨前, 不覺不知造淵奧.' 此意如何"? 曰: "如此卻二了: 有箇父召急趨底心, 又有箇造淵奧底心. 纔二, 便生出無限病痛. 蓋這箇物事, 知得是恁地便行將去, 豈可更帖著一箇意思在那上? 某舊見張子韶有箇文字論仁義之實云: '當其事親之時, 有以見其溫然如春之意, 便是仁, 當其從兄之際, 有以見其肅然如秋之意, 便是義.' 某嘗對其說, 古人固有習而不察, 如今卻是略略地習, 卻加意去察, 古人固有由之而不知, 如今卻是略略地由, 卻加意去知." 因笑云: "李先生見某說, 忽然曰: '公適閒[69]說得如[70], 可更說

---

64) ◇: 曰
65) 仲敬: 『朱子語類』에서는 仲敬로 되어 있다.
66) 任: 賀本에서는 恁으로 되어 있다.
67) 愼: 成化本・賀本에서는 謹으로 되어 있다.
68) 愼: 成化本・賀本에서는 謹으로 되어 있다.
69) 閒: 『朱子語類』에서는 間으로 되어 있다.
70) 如: 『朱子語類』에서는 好로 되어 있다.

一遍看.'"【道夫】

124:61 楊敬仲「己易」說雷霆事, 身上又安得有? 且要著實.【可學】[71]

124:62 "楊敬仲說, 楊爻一畫者在己, 陰爻一畫者應物底是." 先生云: "正是倒說了. 應物者卻是陽."【泳】

124:63 "楊敬仲言, 天下無掣肘底事. 沈叔晦言, 天下無不可教底人." 先生云: "此皆好立偏論者."【振】

124:64 楊敬仲有『易論』. 林黃中有『易解』,『春秋解』專主左氏. 或曰: "林黃中文字可毁." 先生曰: "卻是楊敬仲文字可毁."【泳】

124:65 撫學有首無尾, 婺學有尾無首. 渾[72]學首尾皆無, 只是與人說.【泳】

124:66 有說悟者, 有說端倪者. 若說可欲是善, 不可欲是惡, 而必自尋一箇道理以爲善, 根脚虛矣, 非鄉人皆可爲堯・舜之意.【說悟者指金溪, 說端倪者指湖南. ○人傑】

124:67 因論今之言學問者, 人自爲說, 說出無限差異. 胡文定曰【首有一二句記不詳.】"諸子百家人肆其說, 誑惑衆生"者, 是也.【謝上蔡曰: "諸子百家, 人人自生出一般見解, 欺誑衆生." ○必大】

124:68 彭世昌守象山書院, 盛言山上有田可耕, 有圃可蔬, 池塘碓磑, 色色皆備. 先生曰: "旣是如此, 下山來則甚?" 世昌曰: "陸先生旣有書院, 卻不曾藏得書, 某此來爲欲求書." 曰: "緊要書能消▲[73]幾卷?

---

71) 可學: 成化本에서는 可로 되어 있다.
72) 渾: 賀本에서는 禪으로 되어 있다.

某向來亦愛如此. 後來思之, 這般物事聚者必散, 何必役於物?" 世昌臨別, 贈之詩曰: "▲[74]聞說是君開, 雲木參天爆響雷. 好去山頭且堅坐, 等閑莫要下山來."【文蔚】

73) ▲: 得
74) ▲: 象山

『朱子語類』卷第一百二十五

「老子[1]」【莊 · 列[2]】

▲[3]

125:1 康節嘗言"老氏得『易』之體, 孟子得『易』之用", 非也. 老子自有老子之體用, 孟子自有孟子之體用. "將欲取之, 必固與之", 此老子之體用也, 存心養性, 擴充[4]其四端, 此孟子之體用也.【廣】

125:2 老子之術, 謙沖儉嗇, 全不肯役精神.【閎祖】

125:3 老子之術, 須自家占得十分穩便, 方肯做, 才有一毫於己不便, 便不肯做.【閎祖】

125:4 老子之學, 大抵以虛靜無爲·沖退自守爲事. 故其爲說, 常以懦弱謙下爲表, 以空虛不毁萬物爲實. 其爲治, 雖曰"我無爲而民自化", 然不化者則亦不之問也. 其爲道每每如此, 非特"載營魄"一章之指爲然也. 若曰"旁日月[5], 扶宇宙, 揮斥八極, 神氣不變"者, 是乃莊生之荒唐, 其曰"光明寂照, 無所不通, 不動道場, 徧周沙界"者, 則又瞿曇之幻[6]語, 老子則初曷嘗有是哉? 今世人論老子者, 必欲合二家之似

---

1) 子: 『朱子語類』에서는 氏로 되어 있다.
2) 列: 賀本에서는 이 뒤에 附가 더 있다.
3) ▲: 「老子」
4) 擴充: 成化本·賀本에서는 充廣으로 되어 있다.
5) 日月: 賀本에서는 月日로 되어 있다.
6) 幻: 孝宗刊本에서는 幼로 되어 있다.

而一之, 以爲神常載魄而無所不之, 則是莊・釋之所談, 而非老子之意矣.【僩】

125:5 伯豐問: "程子曰'老子之言竊弄闔闢'者, 何也?" 曰: "如'將欲取▲[7], 必固與之'◇[8]類, 是它亦窺[9]得些道理, 將來竊弄. 如所謂'代大臣斲則傷手'者, 謂如人之惡者, 不必自去治他, 自有別人與它理會. 只是占便宜, 不肯自犯手做." 㽦曰: "此正推惡離己." 曰: "固是. 如子房爲韓報秦, 攛掇高祖入關, 及項羽殺韓王成, 又使高祖平項羽, 兩次報仇皆不自做. 後來定太子事, 它亦自處閒地, 又只教四老人出來定之."【㽦】

125:6 老子不犯手, 張子房其學也. 陶淵明亦只是老・莊.

125:7 問: "楊氏愛身, 其學亦淺近, 而舉世宗尚之, 何也?" 曰: "其學也不淺近, 自有好處, 便是老子之學. 今觀老子書, 自有許多說話, 人如何不愛? 其學也要出來治天下, 淸虛無爲, 所謂'因者君之綱', 事事只是因而爲之. 如漢文帝・曹參, 便是用老氏之效, 然又只用得老氏[10]皮膚, 凡事只是包容因循將去. 老氏之學最因[11], 它閒時似箇▲[12]無卑弱底人, 莫教緊要處發出來, 更教你支[13]梧不住, 如張子房是也. 子房皆老氏之學. 如嶢關之戰, 與秦將連和了, 忽乘其懈擊之, 鴻溝之約, 與項羽講解[14]了, 忽回軍殺之, 這箇便是他柔弱之發處. 可畏! 可畏! 它謀[15]策不須多, 只消三兩[16]次如此, 高祖之業成矣."【僩】

---

7) ▲: 之
8) ◇: 之
9) 亦窺: 『小分』에서는 窺亦을 교정부호로 바로잡았다.
10) 氏: 『朱子語類』에서는 子로 되어 있다.
11) 因: 『朱子語類』에서는 忍으로 되어 있다.
12) ▲: 虛
13) 支: 賀本에서는 枝로 되어 있다.
14) 解: 賀本에서는 和로 되어 있다.

125:8 問: "楊朱似老子, 頃見先生如此說. 看來楊朱較放退, 老子反要以此治國, 以此取天下." 曰: "大概氣象相似. 如云'致虛極, 守靜篤'之類, 老子初間亦只是要放退, 未要放出那無狀來. 及至反一反, 方說'以無事取天下', 如云'反者道之動, 弱者道之用'之類."【僩】

125:9 楊朱之學出於老子, 蓋是楊朱曾就老子學來, 故『莊』·『列』之書皆說楊朱. 孟子闢楊朱, 便是闢老·莊了. 釋氏有一種低底, 如梁武帝是得其低底. 彼初入中國, 也未在. 後來到中國, 卻竊取老·莊之徒許多說話, 見得儘高. 『新唐書[17]』贊【李[18]蔚】 說得好[19].【南升】

125:10 人皆言孟子不排老子, 老子便是楊氏.【可學】[20]

125:11 問: "老子與鄉原如何?" 曰: "老子是出人理之外, 不好聲, 不好色, 又不做官, 然害倫理. 鄉原猶在人倫中, 只是箇無見識底好人."【淳 ○義剛一條見『論語』類.】

125:12 『老子』中有仙意.

▲[21]

「莊子」

---

15) 謀: 成化本에서는 詩로 되어 있고 賀本에서는 計로 되어 있다.
16) 三兩: 賀本에서는 兩三으로 되어 있다.
17) 新唐書: 『小分』에서는 唐新을 교정부호로 바로 잡았다.
18) 李: 成化本에서는 季로 되어 있다.
19) 『新唐書』贊【李蔚】說得好: 賀本에서는 『新唐書』【李蔚】贊說得好로 되어 있다.
20) 【可學】: 賀本에는 없다.
21) ▲: 125:17 항목의 뒤에 나타나는 제목인 「列子」의 주석 참조.

125:14 "莊周曾做秀才, 書都讀來, 所以他說話都說得也是. 但不合沒拘檢, 便凡[22]百了." 或問: "康節近似莊周?" 曰: "康節較穩."【燾】

125:15 莊子比邵子見較高, 氣較豪. 他是事事識得, 又卻蹴踏了, 以爲不足爲. 邵子卻有規矩.【方子】

125:16 李夢先問: "莊子・孟子同時, 何不◇[23]相遇? 又不聞相道及,【林作: "其書亦不相及."】 如何?" 曰: "莊子當時也無人宗之, 他只在僻處自說, 然亦止是楊朱之學. 但楊氏說得大了, 故孟子力排之."【義剛○夔孫同.】

125:17 問: "孟子與莊子同時否?" 曰: "莊子後得幾年, 然亦不爭多." 或云: "莊子都不說著孟子一句." 曰: "孟子平生足跡只齊・▲[24]・滕・宋・大梁之間, 不曾過大梁之南. 莊子自是楚人, 想見聲聞不相接. 大抵楚地便多有此樣差異底人物學問, 所以孟子說陳良云云." ▲[25] "如今看許行之說如此鄙陋, 當時亦有數十百人從他, 是如何?" 曰: "不特此也, 如『莊子』書中說惠施・鄧析之徒, 與夫'堅白異同'之論,【歷舉其說】. 是甚麼學問? 然亦自名家." 或云: "他恐是借他[26]以顯理?" 曰: "便是禪家要如此. 凡事須要倒說, 如所謂'不管夜行, 投明要到', 如'人上樹, 口銜樹枝, 手足懸空, 卻要答話', 皆是此意." 廣云: "『通鑑』中載孔子順與公孫龍辯說數話, 似好." 曰: "此出在『孔叢子』, 其他說話又不如此. 此書必是後漢時人撰者. 若是古書, 前漢時又都不見說是如何. 其中所載孔安國書之類, 其氣象萎薾, 都不似西京時文章."【廣】

---

22) 凡: 成化本에서는 九로 되어 있다.
23) ◇: 一
24) ▲: 魯
25) ▲: 曰:
26) 他: 『朱子語類』에서는 此로 되어 있다.

「列子」[27]

125:13 列子平淡疏曠.【方子】

「老・莊」

125:18 老子猶要做事在. 莊子都不要做了, 又卻說道他會做, 只是不肯做.【廣】

125:19 "莊周是箇大秀才, 他都理會得, 只是不把做事. 觀其第四篇「人間世」及「漁父篇」以後, 多是說孔子與諸人語, 只是不肯學孔子, 所謂'知者過之'者也. 如說'『易』以道陰陽,『春秋』以道名分'等語, 後來人如何下得? 它直是似快刀利斧劈截將去, 字字有著落." 公晦曰: "莊子較之老子, ▲[28]平帖些." 曰: "老子極勞攘, 莊子得些, 只也乖. 莊子跌蕩. 老子收斂, 齊脚斂手, 莊子卻將許多道理掀翻說, 不拘繩墨.【方子錄云: "莊子是一箇大秀才, 他事事識得. 如「天下篇」後面乃是說孔子, 似用快刀利斧斫將去, 更無些礙, 且無一句不著落. 如說'『易』以道陰陽'等語, 大段說得好, 然卻不肯如此做去. 老子猶是欲斂手齊脚去做, 他卻將他窠窟一齊踢翻了."】莊子去孟子不遠, 其說不及孟子者, 亦是不相聞. 今亳州 明道宮乃老子所生之地. 莊子生於蒙, 在淮西間. 孟子只往來齊・宋・鄒・魯, 以至於梁而止, 不至於南. 然當時南方多是異端, 如『孟子』所謂'陳良, 楚產也, 悅周公・仲尼之道, 北學於中國', 又如說'南蠻鴃舌之人, 非先王之道', 是當時南方多異端." 或問: '許行恁地低, 也有人從之." 曰: "非獨是許行, 如公孫龍'堅白同異'之說, 是甚模樣? 也使得人終日只弄這箇." 漢卿問: "孔子順許多話卻好." 曰: "出於『孔叢子』, 不知是否? 只『孔樣[29]子』說話, 多類東漢人文, 其氣軟弱, 又全不似西漢人文. 兼

---

27) 「列子」: 『小分』・英祖刊本에서는 제목 「列子」와 항목 125:13이 「莊子」 125:14 ~ 125:17보다 나중에 나타난다.

28) ▲: 較

西漢初若有此等話, 何故不略見於賈誼・董仲舒所述? 恰限到東漢方突出來? 皆不可曉." 【賀孫 ○前廣錄一條, 疑聞同.[30)]】

125:20 問: "老子與莊子似是兩般說話." 曰: "莊子於篇末自說破矣." 問: "先儒論老子, 多爲之出脫, 云老子乃矯時之說. 以某觀之, 不是矯時, 只是不見實理, 故不知禮樂刑政之所出, 而欲去之." 曰: "渠若識得'寂然不動, 感以[31)]遂通天下之故', 自不應如此. 它本不知下一節, 欲占一簡徑言之, 然上節無實見, 故亦不脫灑[32)]. 今讀『老子』者亦多錯. 如『道德經』云'名非常名', 則下文有名・無名, 皆是一義, 今讀者皆將'有・無'作句. 又如'常無欲, 以觀其妙, 常有欲, 以觀其徼[33)]', 只是說'無欲・有欲', 今讀者乃以'無・有'爲句, 皆非老子之意." 【可學】

125:21 莊子・老子不是矯時. 夷・惠矯時, 亦未是. 【可學】

「莊・列」

125:22 孟子・莊子文章皆好. 列子在前, 便有迂僻處. 左氏亦然, 皆好高而少事實. 【人傑】

125:23 因言, 『列子』語, 佛氏多用之. 『莊子』全寫『列子』, 又變得峻奇. 『列子』語溫純, 柳子厚嘗稱之. 佛家於心地上煞下工夫. 【賀孫】

125:24 列・莊本楊朱之學, 故其書多引因[34)]其語. 『莊子』說: "子之

---

29) 樣: 『朱子語類』에서는 叢으로 되어 있다.
30) 前廣錄一條, 疑聞同: 徽州本에서는 接李方子錄一段上. 不拘繩墨, 而語不同으로 되어 있다.
31) 以: 『朱子語類』에서는 而로 되어 있다.
32) 灑: 賀本에서는 洒로 되어 있다.
33) 徼: 賀本에서는 竅로 되어 있다.
34) 因: 『朱子語類』에는 없다.

於親也, 命也, 不可解於心." 至臣之於君, 則曰: "義也, 無所逃於天地之間." 是他看得那君臣之義, 卻似是逃不得, 不奈何, 須著臣服他. 更無一箇自然相胥爲一體處, 可怪! 故孟子以爲無君, 此類是也. 【大雅】

「老・莊・列子」

125:25 莊子是箇轉調底. 老子・列子又細似莊子.

125:26 "雷擊所在, 只一氣衮[35)]來, 間有見而不爲害, 只緣氣未掤裂, 有所擊者皆是已發." 蔡季通云: "人於雷所擊處, 收得雷斧之屬, 是一氣擊後方始結成, 不是將這箇來打物. 見人拾得石斧如今斧之狀, 以[36)]細黃石." 因說道士行五雷法. 先生曰: "今極卑陋是道士, 許多說話全亂道." 蔡云: "禪家又勝似他." 曰: "禪家已是九分亂道了, 他又把佛家言語參雜在裏面. 如佛經本自遠方外國來, 故語音差異, 有許多差異字, 人都理會不得, 他便撰許多符咒, 千般萬樣, 教人理會不得, 極是陋." 蔡云: "道士有箇莊・老在上, 卻不去理會." 曰: "如今秀才讀多少書, 理會自家道理不出, 他又那得心情去理會莊・老?" 蔡云: "無人理會得『老子』通透, 大段鼓動得人, 恐非佛教之比." 曰: "公道如何?" 蔡云: "緣他帶治國・平天下道理在." 曰: "做得出, 也只是箇曹參." 蔡云: "曹參未能盡其術." 曰: "也只是恁地, 只是藏縮無形影." 因問蔡曰: "公看'道可道, 非常道, 名可名, 非常名, 無名天地之始, 有名萬物之母', 是如何說?" 蔡云: "只是無名是天地之始, 有名便是有形氣了. 向見先生說『庚桑子』一篇都是禪, 今看來果是." 曰: "若其它篇, 亦自有禪話, 但此篇首尾都是這話." 又問蔡曰: "『莊子』'虛無因應', 如何點?" 曰: "只是恁地點." "多有人將'虛無'自做一句, 非是. 他後面又自解如何是無, 如何是因." 又云: "莊子文章只信口流出, 煞高." 蔡云:

35) 衮: 賀本에서는 滾으로 되어 있다.
36) 以: 『朱子語類』에서는 似로 되어 있다.

"列子亦好." 曰: "列子固好, 但說得困弱, 不如莊子." 問: "老子如何?" 曰: "老子又較深厚." 蔡云: "看『莊周傳』說, 似乎莊子師於列子. 云先有作者如此, 恐是指列子." 曰: "這自說道理, 未必是師列子." 蔡問: "'皆原於道德之意', 是誰道德?" 曰: "這道德只▲[37]是他道德." 蔡云: "人多作吾聖人道德. 太史公智識[38]卑下, 便把這處作非細看, 便把作『大學』·『中庸』看了." 曰: "『大學』·『中庸』且過一邊, 公恁地說了, 主張『史記』人道如何? 大凡看文章[39]只看自家心下, 先自偏曲了, 看人說甚麼事, 都只入這意來. 如大路看不見, 只行下偏蹊曲徑去. 如分明大字不看, 卻只看從罅縫偏[40]旁處去. 如字寫在上面不看. 卻就字背後面看. 如人眼自花了, 看見眼前物事都差了, 便說道只恁地." 蔡云: "不平心看文字, 將使天地都易位了." 曰: "道理只是這一箇道理, 但看之者情僞變態, 言語文章自有千般萬樣. 合說東, 卻說西, 合說這裏, 自說那裏, 都是將自家偏曲底心求古人意." 又云: "如太史公說話, 也怕古人有這般人, 只自家心下不當如此. 將臨川·何言·江默之事觀之, 說道『公羊』·『穀梁』是姓姜人一手做, 也有這[41]般事. 『尙書』序不似孔安國作, 其文軟弱, 不似西漢人文, 西漢人[42]麤豪, 也不似東漢人文, 東漢人文有骨肋, 也不似東晉人文, 東晉如孔坦疏也自得. 他文是大段弱, 讀來卻宛順, 故[43]『孔叢子』底人一手做. 看『孔叢子』撰許多說話, 極是陋. 只看他撰造說陳涉, 那得許多說話正史都無之? 他卻說道自好, 陳涉不能從之. 看他文卑弱, 說到後面, 都無合殺." 蔡云: "恐是孔家子孫." 曰: "也不見得." 蔡說: "『春秋呂氏解』煞好." 曰: "那箇說不好? 如一句經在這裏, 說做褒也得, 也有許多說話, 做貶也得, 也有許多說話, 都自說得似." 又云: "如『史記』「秦紀」分明是國史,

---

37) ▲: 自
38) 識: 成化本에서는 誠로 되어 있다.
39) 章: 『朱子語類』에서는 字로 되어 있다.
40) 偏: 賀本에서는 四로 되어 있다.
41) 有這: 『小分』에서는 這有를 교정부호로 바로잡았다.
42) 人: 『朱子語類』에서는 文으로 되어 있다.
43) 故: 『朱子語類』에서는 是做로 되어 있다.

中間儘謹嚴. 若如今人把來生意說, 也都由他說, 『春秋』只是舊史錄在這裏." 蔡云: "如先生做『通鑑鋼目』, 是有意? 是無意? 須是有去取. 如『春秋』, 聖人豈無意?" 曰:"聖人雖有意, 今亦不可知, 卻妄爲之說, 不得." 蔡云: "左氏怕是左史倚相之後, 蓋『左傳』中楚事甚詳." ▲[44] "以三『傳』較之, 在左氏得七◇[45]分." 蔡云: "道理則『穀梁』及七八分. 或云, 三傳中間有許多駁處, 都是其學者後來添入."【賀孫】

125:27 儒敎自開闢以來, 二帝三王述天理, 順人心, 治世敎民, 惇[46]厚典庸禮之道, 後世聖賢遂著書立言, 以示後世. 及世之衰亂, 方外之士厭一世之紛拏, 畏一身之禍害, 耽空寂以求全身於亂世而已. 及老子唱[47]其端, 而列禦寇・莊周・楊朱之徒和之. 孟子嘗闢之以爲無父無君, 比之禽獸. 然其言易入, 其敎易行. 當漢之初, 時君世主皆信其說, 而民亦化之. 雖以蕭何・曹參・汲黯・太史談輩亦皆主之, 以爲眞足以先於六經, 治世者不可以莫之尙也. 及後漢以來, 米賊張陵・海島寇謙之之徒, 遂爲盜賊. 曹操以兵取陽平, 陵之孫魯卽納降款, 可見其虛繆不足稽矣.【僩】

「『老子書』」

「道可道章第一」

125:28 問: "『老子』'道可道'章, 或欲以'常無''常有'爲句讀, 而'欲'字屬下句者, 如何?" 曰: "先儒亦有如此做句者, 不妥貼[48]." 問: "'三十輻共一轂, 當其無, 有車之用.' 無, 是車之坐處否?" 曰: "恐不然. 若以坐處

---

44) ▲: 曰:
45) ◇: 八
46) 惇: 成化本賀・本에서는 厚로 되어 있다.
47) 唱: 賀本에서는 倡으로 되어 있다.
48) 貼: 賀本에서는 帖으로 되어 있다.

爲無, 則上文自是就輻轂而言, 與下文戶牖埏埴是一例語. 某嘗思之, 無是轂中空處. 惟其中空, 故能受軸而運轉不窮. 猶傘柄上木管子, 衆骨所會者, 不知名何. 緣管子中空, 又可受傘柄, 而開[49]闔下上. 車之轂亦猶是也. 莊子所謂'樞始得其環中, 以應無窮', 亦此意."【僩】

「谷神不死章第六」

125:29 正淳問"谷神不死, 是爲玄牝." 曰: "谷虛. 谷中有神, 受聲所以能響, 受物所以生物."【螢】

125:30 問"谷神." 曰: "谷只是虛而能受, 神謂無所不應. 它又云: '虛而不屈, 動而愈出.' 有一物之不受, 則虛而屈矣, 有一物之不應, 是動而不能出矣." 問: "'玄牝', 或云, 玄是衆妙之門, 牝是萬物之祖." 曰: "不是恁地說. 牝只是木孔承笋, 能受底物事. 如今門檈謂之牡, 鐶則謂之[50]牝, 鎖管便是牝, 鎖鬚便是牡. 雌雄謂之牝牡, 可見. 玄者, 謂是至妙底牝, 不是那一樣底牝." 問: "老子之言, 似有可取處?" 曰: "它做許多言語, 如何無可取? 如佛氏亦儘有可取, 但歸宿門戶都錯了."【夔孫】

125:31 問"谷神不死." 曰: "谷之虛也, 聲達焉, 則響應之, 乃神化之自然也. '是謂玄牝.' 玄, 妙也, 牝, 是有所受而能生物者也. 至妙之理, 有生生之意焉, 程子所以[51]取老氏之說也."【人傑】

125:32 玄牝蓋言萬物之感而應之不窮,【又言受而不先.】[52] 如言"聖人執左契而不責於人", 契有左右, 左所以銜右. 言左契, 受之義也.

---

49) 開: 賀本에서는 闢으로 되어 있다.
50) 之: 賀本에는 없다.
51) 以: 賀本에서는 없다.
52)【又言受而不先.】: 賀本에서는 본문으로 되어 있다.

【方子】

125:33 沈莊中[53]問: "'谷神不死, 是謂玄牝', 如何?" 曰: "谷神是那箇虛而應物底物事." 又問: "'常有欲以觀其徼', 徼之義如何?" 曰: "徼是那邊徼, 如邊界相似, 說那應接處. 向來人皆作'常無''常有'點, 不若只作'常有欲''無欲'點." 義剛問: "原壤看來也是學老子." 曰: "他也不似老子, 老子却不恁地." 莊仲曰: "却似莊子." 曰: "是. 便是夫子時已有這樣人了." 莊仲曰: "莊子雖以老子爲宗, 然老子之學尙要出來應世, 莊子却不如此." 曰: "莊子說得較開闊, 較高遠, 然却較虛, 走了老子意思. 若在老子當時看來, 也不甚喜他如此說." 莊仲問: "'道可道'如何解?" 曰: "道而可道, 則非常[54]道, 名而可名, 則非常名." 又問"玄"之義. 曰: "玄, 只是深遠而至於黑窣窣地處, 那便是衆妙所在." 又問"寵辱若驚, 貴大患若身." 曰: "從前理會此章不得." 【義剛】

125:34 張以道問"載營魄"與"抱一能無離乎"之義. 曰: "魄是一, 魂是二, 一是水, 二是火. 二[55]抱一, 火守水, 魂載魄, 動守靜也." 【義剛】

125:35 "專氣致柔", 只看他這箇甚麽樣工夫. 專, 非守之謂也, 只是專一無間斷. 致柔, 是到那柔之極處. 纔有一毫發露, 便是剛, 這氣便粗了. 【僩】

125:36 "老子之學只要退步柔伏, 不與你爭. 才有一毫主張計較[56]思慮之心, 這氣便麤了. 故曰'致虛極, 守靜篤', 又曰: '專氣致柔, 能如嬰兒乎?' 又曰: '知其雄, 守其雌, 爲天下谿, 知其白, 守其黑, 爲天下谷.' 所謂谿, 所謂谷, 只是低下處. 讓你在高處, 他只要在卑下處, 全不與

---

53) 中: 『朱子語類』에서는 仲으로 되어 있다.
54) 非常: 『小分』에서는 常非를 교정부호로 바로잡았다.
55) 二: 成化本에서는 一로 되어 있다.
56) 計較: 『小分』에서는 較計를 교정부호로 바로잡았다.

你爭. 他這工夫極離. 常見畫本老子便是這般氣象, 笑嘻嘻地, 便是箇退步占便宜底人. 雖未必肖他, 然亦是他氣象也. 只是他放出無狀來, 便不可當. 如曰'以正治國, 以奇用兵, 以無事取天下', 他取天下便是用此道. 如子房之術, 全是如此. 嶢關之戰, 啗秦將以利, 與之連和了, 卽回兵殺之, 項羽約和, 已◇[57]解了, 卽勸高祖追之. 漢家始終治天下全是得此術, 至武帝盡發出來. 便卽[58]當子房閒時不做聲氣, 莫教他說一語, 更不可當. 少年也任俠殺人, 後來因黃石公教得來較細, 只是都使人不疑他, 此其所以乖也. 莊子比老子便不同. 莊子又轉調了精神, 發出來麤. 列子比莊子又較細膩." 問: "御風之說, 亦寓言否?" 曰: "然."【僩】

「古之爲善士章第十五」

125:37 某[59]叔懷說: "先生舊常謂老子也見得此箇道理, 只是怕與事物交涉, 故其言有曰: '豫兮若冬涉川, 猶兮若畏四鄰, 儼若容.'" 廣因以質於先生. 曰: "老子說話大抵如此. 只是欲得退步占姦, 不要與事物接. 如'治人事天莫若嗇', 迫之而後動, 不得已而後起, 皆是這樣意思. 故爲其學者多流於術數, 如申·韓之徒皆是也. 其後兵家亦祖其說, 如『陰符經』之類是也. 他說'以正治國, 以奇用兵, 以無事取天下.' 據他所謂無事者, 乃是大奇耳. 故後來如宋齊丘遂欲以無事竊人之國. 如今道家者流, 又卻都不理會得他意思."【廣】

「將欲噏之章第三十六」

125:38 問老氏柔能勝剛, 弱能勝强之說. 曰: "它便揀便宜底先占了.

57) ◇: 講
58) 卽: 英祖刊本에서는 郞으로 되어 있다.
59) 某: 『朱子語類』에서는 甘으로 되어 있다.

若這下, 則剛柔寬猛各有用時."【德明】

「上德不德章第三十八」

125:39 郭德元問: "老子云: '夫禮, 忠信之薄而亂之首.' 孔子又卻問禮於他, 不知何故?" 曰: "他曉得禮之曲折, 只是他說這是箇無緊要底物事, 不將爲事. 某初間疑有兩箇老聃, 橫渠亦意其如此. 今看來不是如此. 他曾爲柱下史, 故禮自是理會得, 所以與孔子說得如此好. 只是他又說這箇物事不用得亦可, ▲[60]似聖人用禮時反若多事, 所以如此說. 「禮運」中'謀用是作, 而兵由此起'等語, 便自有這箇意思."【文蔚】

「反者道之動章第四十一」

125:40 問"反者, 道之動, 弱者, 道之用." 曰: "老子說話都是這樣意思. 緣他看得天下事變熟了, 都於反處做起. 且如人剛强咆呼[61]跳躑之不已, 其勢必有時而屈. 故他只務爲弱. 人纔弱時, 卻蓄得那精剛完全, 及其發也, 自然不可當. 故張文潛說老子惟靜故能知變, 然其勢必至於忍心無情, 視天下之人皆如土偶爾. 其心都冷冰冰地了, 便是殺人也不恤, 故其流多入於變詐刑名. 太史公將他與申・韓同傳, 非是强安排, 其源流實是如此."【廣】

125:41 『易』不言有無. 『老子』言"有生於無", 便不是.【閎祖】

「道生一章第四十二」

125:42 一便生二, 二便生四. 老子卻說"二生三", 便是不理會得.

60) ▲: 一
61) 呼: 『朱子語類』에서는 哮로 되어 있다.

125:43 “道生一, 一生二, 二生三.” 不合說一箇生一箇.【方】

「名與身章第四十四」

125:44 多藏必厚亡, 老子也是說得好.【義剛】

「天下有道章第四十六」

125:45 “天下無62)道, 卻走馬以糞車”是一句, 謂以走馬◇63)糞車也. 頃在江西見有所謂“糞車”者, 方曉此語.【今本無“車”字, 不知先生所見何本. ○僩】

「治人事天章第五十九」

125:46 老子言: “治人事天, 莫若嗇. 夫惟嗇, 是謂早服, 早服, 謂之重積德. 重積德, 則無不克.” 他底意思, 只要收斂, 不要放出.【友仁】

125:47 儉德極好. 凡事儉則鮮失. 老子言: “治人事天, 莫若嗇. 夫惟嗇, 是謂早服, 早服, 是謂重積德.” 被它說得曲盡. 早服者, 言能嗇則不遠而復, 便在此也. 重積德者, 言先已有所積, 復養以嗇, 是又加積之也. 如修養者, 此身未有所損失, 而又加以嗇養, 是謂早服而重積. 若待其▲64)損而後養, 則養之方足以補其所損, 不得謂之重積矣. 所以貴早服. 早服者, 早覺未損而嗇之也. 如某此身已衰耗, 如破屋相似, 東扶西倒, 雖欲修養, 亦何能有益邪65)? 今年得季通書說, 近來深曉養生之理, 盡得其法. 只是城郭不完, 無所施其功也. 看來是如此.

62) 無: 賀本에서는 有로 되어 있다.
63) ◇: 載
64) ▲: 已
65) 邪: 賀本에서는 耶로 되어 있다.

【僩】

125:48 『老子』: “治人事天莫如嗇.” 嗇, 養也. 先生曰: “嗇, 只是吝嗇之‘嗇.’ 它說話只要少用[66]些子.” 擧此一段, 至“莫知其極.” 【河】

「『莊書[67]』」

「內篇養生主[68]第三」

125:49 “‘因者, 君之綱.’ 道家之說最要這因. 萬件事, 且因來做.” 因擧『史記』「老子傳贊」云云: “虛無因應, 變化於無窮.” 曰: “虛無是體, 與‘因應’字當爲一句. 蓋因應是用因而應之之義云爾.” 【植】

125:50 因論“庖丁解牛”一段, 至“恢恢乎其有餘刃”, 曰: “理之得名以此. ○[69] 所見無全牛, 熟.” 【僩】

「外篇天地第十二」

125:51 “莊子云: ‘各有儀則之謂性.’ 此謂‘各有儀則’, 如‘有物有則’, 比之諸家差善. 董仲舒云: ‘質樸之謂性, 性非敎化不成.’ 性本自成, 於敎化下一‘成’字, 極害理.” 【可學】

125:52 問: “‘野馬也, 塵埃也, 生物之以息相吹也’, 是如何?” 曰: “他是言九萬里底風, 也是這箇推去. 息, 是鼻息出入之氣.” 【節】

---

66) 少用: 『小分』에서는 用少를 교정부호로 바로잡았다.
67) 莊書: 『朱子語類』에서는 莊子書로 되어 있다.
68) 主: 賀本에는 없다.
69) ○: 賀本에서는 125: 50에 이어져 한 항목으로 편집되어 있으며 所見앞에 目中이 더 있다.

125:53 問: "『莊子』'實而不知以爲忠, 當而不知以爲信', 此語似好." 曰: "以實當言忠信, 也好. 只是它意思不如此. 雖實, 而我不知以爲忠, 雖當, 而我不知以爲信." 問: "莊生他都曉得, 只是卻轉了說." 曰: "其不知處便在此."【僩】

「外篇天運第十四」

125:54 先生曰: "'天其運乎, 地其處乎, 日月其爭於所乎. 孰主張是? 孰綱維是? 孰居無事推而行是[70]? 意者, 其有機緘而不得已邪? 意者, 其▲[71]轉不能自止邪? 雲者爲雨乎? 雨者爲雲乎? 孰隆[72]施是[73]? 孰居無事淫樂而勸是?' 莊子這數語甚好, 是他見得, 方說到此. 其才高如老子[74]. 「天下」篇言'『詩』▲[75]道志, 『書』以道事, 『禮』以道行, 『樂』以道和, 『易』以道陰陽, 『春秋』以道名分', 若見不分曉, 焉敢如此道? 要之, 他病, 我雖理會得, 只是不做." 又曰: "莊・老二書解注者甚多, 竟無一人說得他本義出, 只據他臆▲[76]. 某若拈出, 便別, 只是不欲得."【友仁】

125:55 ▲[77]

「『參同契』」

125:56 先生以『參同契』示張以道云: "近兩日方令書坊開得, 然裏面

---

70) 孰居無事推而行是: 賀本에서는 孰居無事而推行是로 되어 있다.
71) ▲: 運
72) 隆: 成化本에서는 降으로 되어 있고 賀本에서는 能으로 되어 있다.
73) 施是: 『小分』에서는 是施를 교정부호로 바로잡았다.
74) 老子: 賀本에서는 莊子로 되어 있다.
75) ▲: 以
76) ▲: 說
77) ▲: "烈風", 『莊子』音作"厲風." 如此之類甚多.【節】

亦難曉." 義剛問: "曾景建謂『參同』本是『龍虎上經』, 果否?" 曰: "不然. 蓋是後人見『魏伯陽傳』其[78]'龍虎上經'一句, 遂僞作此經, 大概皆是體『參同』而爲, 故其間有說錯了處. 如『參同』中云'二用無爻位, 周流行六虛.' 二用者, 卽『易』中用九·用六也. 「乾」·「坤」六爻, 上下皆有定位, 唯用九·用六無位, 故周流行於六虛. 今『龍虎經』卻錯說作虛危去. 蓋討頭不見, 胡亂牽合一字來說."【義剛】

125:57 "『參同契』所言'「坎」·「離」·水·火·龍·虎·鉛·汞'之屬, 只是互換其名, 其實只是精氣二者[79]而已. 精, 水也, 「坎」也, 龍也, 汞也, 氣, 火也, 「離」也, 虎也, 鉛也. 其法: 以神運精氣結而爲丹, 陽氣在下, 初成水, 以火煉之則凝成丹. 其說甚異. 內外異色如鴨子卵, 眞箇成此物. 『參同契』文章極好, 蓋後漢之能文者爲之, 讀得亦不枉. 其用字皆根据[80]古書, 非今人所能解, 以故皆爲人妄[81]解. 世間本子極多. 其中有云: '千周粲彬彬兮, 萬遍[82]將可覩, 神明或告人兮, 魂靈忽自悟.' 言誦之久, 則文義要訣自見." 又曰: "'二用無爻位, 周流行六虛', 二用者, 用九·用六, 九·六亦「坎」·「離」也. 六虛者, 卽「乾」·「坤」之初·二·三·四·五·上六爻位也. 言二用雖無爻位, 而常周流乎「乾」·「坤」六爻之間, 猶人之精氣上下周流乎一身而無定所也. 世有『龍虎經』, 云在『參同契』之先, 季通亦以爲好. 及得觀之, 不然, 乃檃括『參同契』之語而爲之也."【僩 ○卓錄云: "'鉛·汞·龍·虎·水·火·「坎」·「離」皆一樣是精氣. 『參同契』盡被後人胡解. 凡說鉛汞之屬, 只是互換其名, 其實只一物也. 精與氣二者, 而以神運之耳'云云[83]. '〈千周兮粲彬彬, 用之

78) 其: 『朱子語類』에서는 有로 되어 있다.
79) 二者: 『小分』에서는 者二를 교정부호로 바로잡았다.
80) 据: 成化本에서는 據로 되어 있다.
81) 妄: 賀本에서는 枉으로 되어 있다.
82) 遍: 賀本에서는 徧으로 되어 있다.
83) 云云: 徽州本에서는 精, 水也, 坎也, 龍也, 汞也. 氣, 火也, 離也, 虎也, 鉛也. 它之法尺, 是以神運精氣結而爲丹, 陽氣在下, 初融爲水, 火煉之, 以應成丹. 其說堪異, 內外異色如鷄卵, 眞個成此物. 『參同契』文章極好, 後漢之能文者爲之.

萬遍斯可覩, 鬼神將告予, 神靈忽自悟〉. 言誦之久, 則文義要訣自見.' 又云[84]: '〈二用無爻位, 周流遍六虛[85]〉, 言二用雖無爻位, 常周流乎「乾」·「坤」六爻之間, 猶人身之精氣常周流乎人之一身而無定所也.' 又云: '〈往來無定所, 上下無常居〉, 亦此意也. 世有『龍虎經』, 或以爲在『參同契』之先. 嘗見季通說好. 及觀之, 不然, 盡是檃括『參同契』爲之. 如說〈二用六虛〉處, 彼不知爲『周易』之〈二用六虛〉, 盡錯解了, 遂分說云, 有六樣虛, 盡是亂說. 『參同契』文章極好, 念得亦不枉. 其中心云, 我[86]若不告人, 絶聖道罪誅, 言之著竹帛, 又恐漏泄天機之意. 故但爲重覆反復之語, 令人子細讀之自曉. 其法皆在其中, 多不曉."】

125:58 『參同契』爲艱深之詞, 使人難曉. 其中有"千周萬遍"之說, 欲人之熟讀以得之也. 大概其說以爲欲明言之, 恐泄天機, 欲不說來, 又卻可惜!【人傑】

「論修養」

125:59 人言仙人不死. 不是不死, 但只是漸漸銷融了, 不覺耳. 蓋他能煉其形氣, 使查[87]滓都銷融了, 唯有那些淸虛之氣, 故能升騰變化. 『漢書』有云: "學神仙尸解銷化之術." 看得來也是好則劇, 然久後亦須散了. 且如秦漢間所說仙人, 後來都不見了. 國初說鍾離權·呂洞賓之屬, 後來亦不見了. 近來人又說劉高尙, 過幾時也則休.【廣】

125:60 長孺說修養·般運事. ▲[88] "只是屛氣減息, 思慮自少, 此前

其用字根據古書, 皆有出處, 非今人所能解, 故盡被人錯解. 世間本子極多, 其中有云.으로 되어 있다.

84) 云: 徽州本에서는 이 뒤에 乾坤二用, 二用者, 用九用六也. 九六, 亦坎, 離也. 又云이 더 있다.

85) 虛: 徽州本에서는 이 뒤에 今乾坤用九用六, 無爻位也. 六虛資, 乾之初九·九二·九三·九四·九五·上九, 坤之初六·六二·六三·六四·上六, 六爻也가 더 있다.

86) 我: 成化本·賀本에서는 汝로 되어 있다.

87) 査: 賀本에서는 渣로 되어 있다.

輩之論也. 今之人傳得法時, 便授與人, 更不問他人肥與瘠, 怯與壯. 但是一律敎他, 未有不敗・不成病痛者."【懇】[89)]

125:61 因論道家修養, 有黙坐以心縮上氣而致閉死者. 曰: "心縮氣亦未爲是. 某嘗考究他妙訣, 只要神形全不撓動. 故『老子』曰: '心使氣則强.' 纔使氣, 便不是自然. 只要養成嬰兒, 如身在這裏坐, 而外面行者是嬰兒. 但無工夫做此. 其導引法, 只如消息, 皆是下策."【淳】

125:62 "『陰符經』, 恐是[90)]唐 李筌[91)]所爲, 是他著意去做, 學他古文[92)]. 何故只因他說起, 便行於世? 某向以語伯恭, 伯恭亦以爲然. 一如『麻衣易』, 只是戴氏自做自解, 文字自可認." 道夫曰: "向見南軒跋云: '此眞麻衣道者書也.'" 曰: "敬夫看文字甚疏."【道夫】

125:63 閭丘主簿進『黃帝陰符經傳』. 先生說: "『握奇經』等文字, 恐非黃帝作, 【池本作"因閭丘問『握奇經』, 引程子說, 先生曰"云云.】 唐 李筌爲之. 聖賢言語自平正, 都無許多嶢崎."【池本此下云: "又, 『詩』序是衛宏作, 好事者附會, 以爲出於[93)]聖人. 其『詩』章多是牽合, 須細考可也."】 因擧『遺書』云: "'前輩說處或有未到, 【池本作"有到, 有不到處."】 不可一槪定.' 橫渠尋常有太深言語, 如言'鬼神二氣之良能之[94)]', 說得好. 伊川言'鬼神造化之跡', 卻未甚明白." 問良能之義. 曰: "只是二氣之自然者耳." 因擧"明則有禮樂, 幽則有鬼神." "鬼自是屬禮, 從陰, 神自是屬樂, 從陽. 『易』言精氣[95)] 【池本云: "'鬼神卽禮樂.' 又云: '前輩之說如此. 當知

---

88) ▲: 曰:
89) 【懇】: 賀本에서는 빠져있다.
90) 是: 賀本에서는 皆로 되어 있다.
91) 筌: 成化本에서는 佺으로 되어 있다.
92) 文: 賀本에서는 人으로 되어 있다.
93) 於: 賀本에서는 없다.
94) 之: 『朱子語類』에는 없다.
95) 『易』言精氣: 賀本에서는 없다.

幽與明之實如何. 鬼自從陰, 屬禮, 神自從陽, 屬樂.' 因擧'樂者敦和, 率神而從天, 禮者別宜, 歸鬼而從地'云云."】『易』言'精氣爲物, 游魂爲變', 此卻是知鬼神之情狀. '魂氣升於天, 體魄歸於地', 是神氣上升, 鬼魄下降. 不特人也, 凡物之枯敗也, 其香氣騰於上, 其物腐於下, 此可類推."【寓】[96]

125:64 閭丘次孟謂: "『陰符經』所謂'自然之道靜, 故天地萬物生, 天地之道浸, 故陰陽勝, 陰陽相推, 變化順矣.' 此數語, 雖六經之言無以加." 先生謂: "如此[97]閭丘此等見處, 儘得."【今按『陰符經』無其語.[98] ○ 道夫】

125:65 『陰符經』云: "天地之道浸." 這句極好. 陰陽之道, 無日不相勝, 只管逐些子挨出. 這箇退一分, 那箇便進一分.【道夫】

125:66 問: "『陰符經』云: '絶利一源.'" 曰: "絶利而止守一源."【節】

125:67 問: "『陰符經』'三反晝夜'是如何?" 曰: "三反, 如'學而時習之', 是貫上文言, 言專而又審. 反, 是反反覆覆."【節】

125:68 "三反晝夜"之說, 如修養家子午行持. 今日如此, 明日如此, 做得愈熟, 愈有效驗.【人傑】

「論道教」

125:69 老氏初只是淸淨無爲. 淸淨無爲, 卻帶得長生不死. 後來卻只說得長生不死一項. 如今恰成箇巫祝, 專只理會厭禳祈禱. 這自經兩節變了.【賀孫】

---

96)【寓】: 賀本에서는 없다.
97) 此: 『朱子語類』에서는 他로 되어 있다.
98) 今按『陰符經』無其語: 賀本에서는 본문으로 되어 있다.

125:70 道家有『老』·『莊』書, 卻不知看, 盡爲釋氏竊而用之, 卻去倣傚釋氏經教之屬. 譬如巨室子弟, 所有珍寶悉爲人所盜去, 卻去收拾他[99]人家破甕破釜.【必大】

125:71 道教最衰, 儒教雖[100]不甚振, 然猶有學者斑斑[101]駁駁, 說些義理. 又曰: "佛書中多說'佛言', 道書中亦多云'道言.' 佛是箇人, 道卻如何會說話? 然自晉來已有此說."【必大】

125:72 道家之學, 出於老子. 其所謂"三淸", 蓋倣釋氏"三身"而爲之爾. 佛氏所謂"三身": 法身者, 釋迦之本性也, 報身者, 釋迦之德業也, 肉身者, 釋迦之眞身, 而實有之人也. 今之宗其敎者, 遂分爲三像而駢列之, 則旣失其指矣. 而道家之徒欲倣其所爲, 遂尊老子爲三淸: 元始天尊, 太上道君, 太上老君. 而昊天上帝反坐其下. 悖戾僭逆, 莫此爲甚! 且玉淸元始天尊旣非老子之法身, 上淸太上道君又非老子之報身, 設有二像, 又非與老子爲一, 而老子又自爲上淸太上老君, 蓋倣[102]佛[103]氏之失▲[104]又失之者也. 況莊子明言老聃之死, 則聃亦人鬼爾, 豈可僭居昊天上帝之上哉? 釋老之學盡當毀廢. 假使不能盡去, 則老氏之學但當自祀其老子·關尹·列·莊之[105]徒, 以及安期生·魏伯陽輩. 而天地百祠自當領於天下之祠官, 而不當使道家預之, 庶乎其可也.【僩】

125:73 論道家三淸, 今皆無理會. 如那兩尊, 已是詭名俠戶了. 但老子旣是人鬼, 如何卻去[106]昊天上帝之上? 朝廷更不正其位次? 又如眞

---

99) 他: 賀本에는 없다.
100) 儒教雖: 『小分』에서는 雖儒教를 교정부호로 바로잡았다.
101) 斑斑: 『朱子語類』에서는 班班으로 되어 있다.
102) 倣: 孝宗刊本·英祖刊本·成化本에서는 傚로 되어 있다.
103) 佛: 『朱子語類』에서는 釋으로 되어 있다.
104) ▲: 而
105) 之: 賀本에서는 子로 되어 있다.

武, 本玄武, 避聖朝[107]諱, 故曰“眞武.” 玄, 龜也, 武, 蛇也, 此本虛·危星形似[108]之, 故因而名. 北方爲玄·武七星, 至東方則角·亢·心·尾象龍, 故曰蒼龍, 西方奎·婁狀似虎, 故曰白虎, 南方張·翼狀似鳥, 故曰朱鳥. 今乃以玄武爲眞聖, 而作眞龜蛇於下, 已無義理. 而又增天蓬·天猷及翊聖眞君作四聖, 殊無義理. 所謂“翊聖”, 乃今所謂“曉子”者. 眞宗時有此神降, 故遂封爲“眞君.”【義剛】

125:74 “道家行法, 只是精神想出, 恐人不信, 故以法愚之.【太史遷】『呂與叔集』記一事極怪. 舊見臨漳有孫事道巡檢亦能此.” 可學云: “天下有許多物事, 想極, 物自入來.” 曰: “然.”【可學】

125:75 道家說仙人尸解, 極怪異. 將死時, 用一劍, 一圓藥, 安於睡處. 少間, 劍化作自己, 藥又化作甚麼物, 自家卻自去別處去. 其劍亦有名, 謂之“良非子.” 良非之義, 猶言本非我也. “良非子”好對“亡是公.”

106) 去: 『朱子語類』에서는 居로 되어 있다.
107) 朝: 『朱子語類』에서는 祖로 되어 있다.
108) 似: 賀本에서는 以로 되어 있다.

『朱子語類』卷第一百二十六

「釋氏」

126:1 孟子不闢老・莊而闢楊・墨, 楊・墨卽老・莊也. 今釋子亦有兩般: 禪學, 楊朱也, 若行布施, 墨翟也. 道士則自是假, 今無說可闢. 然今禪家亦自▲[1]非其佛祖之意者, 試看古經如『四十二章』等經可見. 楊文公集『傳燈錄』說西天二十八祖, 知他是否? 如何舊時佛祖是西域夷狄人, 卻會做中國樣押韻詩? 今看『圓覺』云: "四大分散, 今者妄身當在何處?" 卽是竊『列子』"骨骸反其根, 精神入其門, 我尙何存"語. 宋景文說『楞嚴』前面呪是他經, 後面說道理處是附會. 『圓覺』前數疊稍可看, 後面一段淡如一段去, 末後二十五定輪[2]與夫[3]誓語, 可笑.【大雅 ○以下論釋氏亦出楊・墨.】

126:2 問: "佛・老與楊・墨之學如何?" 曰: "楊・墨之說猶未足以動人. 墨氏謂'愛無差等', 欲人人皆如至親, 此自難從, 故人亦未必信也. 楊氏一向爲我, 超然遠擧, 視營營於利祿者皆不足道, 此其爲說雖甚高, 然人亦難學他, 未必盡從. 楊朱卽老子弟子. 人言孟子不闢老氏, 不知但闢楊・墨, 則老・莊在其中矣. 佛氏之學亦出於楊氏. 其初如不愛身以濟衆生之說, 雖近於墨氏, 然此說最淺近, 未是他深處. 後來是達磨過來, 初見梁武, 武帝不曉其說, 只從事於因果, 遂去面壁九年. 只說人心至善, 卽此便是, 不用辛苦修行, 又有人取老・莊[4]之說從而附益之, 所以其說愈精妙, 然只是不是耳. 又有所謂'頑空'・'眞空'

---

1) ▲: 有
2) 輪: 賀本에서는 輸로 되어 있다.
3) 夫: 賀本에서는 大로 되어 있다.
4) 老・莊: 『朱子語類』에서는 莊・老로 되어 있다.

之說. 頑空者如死◇[5]槁木, 眞空則能攝衆有而應變, 然亦只是空耳. 今不消窮究他, 伊川所謂'只消就跡上斷便了. 他旣逃其父母, 雖說得如何道理, 也使不得.' 如此, 卻自足以斷之矣."【時擧】

126:3 宋景文「唐書贊」, 說佛多是華人之譎誕者, 攘莊周・列禦寇之說佐其高. 此說甚好. 如歐陽公只說箇禮法, 程子又只說自家義理, 皆不見他正贓, 卻是宋景文捉得他正贓. 佛家先偷列子. 列子說耳目口鼻心體處有六件, 佛家便有六根, 又三之爲十八戒.【此處更擧佛經▲[6]與列子語相類處, 當考.】 初間只有『四十二章經』, 無恁地多. 到東晉便有談議,【小說及史多說此.】 如今之講師做一篇議總說之. 到後來談議厭了, 達磨便入來只靜坐, 於中有稍受用處, 人又都向此. 今則文字極多, 大概都是後來中國人以莊列說自文, 夾揷其間, 都沒理會了. 攻之者所執又出禪學之下.【淳 ○以下論釋氏出於莊・老.】

126:4 "老子說他一箇道理甚縝密. 老子之後有列子, 亦未甚至大段不好. 說列子是鄭穆公時人. 然穆公在孔子前, 而列子中說孔子, 則不是鄭穆公時人, 乃鄭頃公時人也. 列子後有莊子, 莊子模倣列子, 殊無道理. 爲他是戰國時人, 便有縱橫氣象, 其文大段豪偉. 『列子』序中說老子. 『列子』言語多與佛經相類, 覺得是如[7]此. 疑得佛家初來中國, 多是偷『老子』意去做經, 如說空處是也. 後來道家做『淸靜經』, 又卻偷佛家言語, 全做得不好. 佛經所謂'色卽是空'處, 他把色・受・想・行・識五箇對一箇'空'字說, 故曰'空卽是色. 受・想・行・識, 亦復如是', 謂是空也. 而『淸淨經』中偷此句意思, 卻說'無無亦無', 只偷得他'色卽是空', 卻不曾理會得他'受・想・行・識亦復如是'之意, 全無道理. 佛家偷得『老子』好處, 後來道家卻只偷得佛家不好處. 譬如道家有箇寶藏, 被佛家偷去, 後來道家卻只取得佛家瓦礫, 殊可笑也. 人

---

5) ◇: 灰
6) ▲: 語
7) 是如: 『小分』에서는 如是를 교정부호로 바로잡았다.

說孟子只闢楊・墨, 不闢老氏. 卻不知道家修養之說只是爲己, 獨自一身便了, 更不管別人, 便是楊氏爲我之學." 又曰: "孔子問老聃之禮, 而老聃所言禮殊無謂. 恐老聃與老子非一人, 但不可考耳." 因說"子張學干祿." 先生曰: "如今科擧取者不問其能, 應者亦不必其能, 只是寫得盈紙, 便可得而推行之. 如除擢皆然. 禮官不識禮, 樂官不識樂, 皆是吏人做上去. 學官只是備員考試而已, 初不是▲[8]德行道藝可爲表率, 仁義禮智從頭不識到尾. 國家元初取人如此, 爲之奈何?" 【明作】

126:5 佛氏乘虛入中國. 廣大自勝之說, 幻妄寂滅之論, 自齋戒變爲義學. 如▲[9]法師・支道林皆義學, 然又只是盜襲莊子之說. 今世所傳「肇論」, 云出於肇法師, 有"四不遷"之說: "日月歷天而不周, 江河競注而不流, 野馬飄鼓而不動, 山嶽偃仆而常靜." 此四句只是一義, 只是動中有靜之意, 如適間所說東坡"逝者如斯而未嘗往也"之意爾. 此是齋戒之學一變, 遂又說出這一般道理來. 及達磨[10]入來, 又翻了許多窠臼, 說出禪來, 又高妙於義學, 以爲可以直超徑悟. 而其始者禍福報應之說, 又足以鉗制愚俗, 以爲資足衣食之計. 遂使有國家者割田以贍之, 擇地以居之, 以相從陷於無父無君之域而不自覺. 蓋道釋之敎皆一再傳而浸失其本眞. 有國家者雖隆重儒學, 而選擧之制, 學校之法, 施設注措之方, 旣不出於文字言語之工, 而又以道之要妙無越於釋・老之中, 而崇重隆奉, 反在於彼. 至於二帝三王述天理・順人心・治世敎民・惇[11]典庸禮之大法, 一切不復有行之者. 唐之韓文公, 本朝之歐陽公, 以及關[12]・洛諸公, 旣皆闡明正道以排釋氏, 而其言之要切, 如傅奕本傳, 宋景文「李蔚贊」, 東坡「儲祥觀碑」, 陳後山「白鶴宮記」, 皆足以盡見其失. 此數人皆未深知道, 而其言或出於强爲,

8) ▲: 有
9) ▲: 遠
10) 磨: 孝宗刊本・成化本에서는 麽로 되어 있다.
11) 惇: 賀本에서는 厚로 되어 있다.
12) 關: 賀本에서는 閩으로 되어 있다.

是以終有▲[13]滿人意處. 至二蘇兄弟晩年諸詩, 自言不墮落, 則又躬陷其中而不自覺矣.【僩】

126:6 釋氏書其初只有『四十二章經』, 所言甚鄙俚. 後來日添月益, 皆是中華文士相助撰集. 如晉宋間自立講師, 孰爲釋迦, 孰爲阿難, 孰爲迦葉, 各相問難, 筆之於書, 轉相欺誑. 大抵多是剽竊『老子』·『列子』意思, 變換推衍而[14]文其說. 『大般若經』卷帙甚多, 自覺支離, 故節縮爲『心經』一卷. 『楞嚴經』只是强立一兩箇意義, 只管疊將去, 數節之後, 全無意味. 若『圓覺經』本初亦能幾何? 只鄙俚甚處便是, 其餘增益附會者爾. 佛學其初只說空, 後來說動靜, 支蔓旣甚, 達磨[15]遂脫然不立文字, 只是黙然端坐, 便心靜見理. 此說一行, 面前[16]許多皆不足道, 老氏亦難爲抗衡了. 今日釋氏, 其盛極矣. 但程先生所謂"攻之者執理反出其下." 吾儒執理旣自卑汙, 宜乎攻之而不勝也.【說佛[17]書皆能擧其支離篇章成誦, 此不能盡記. ○謨[18]】

126:7 因說程子"耳無聞, 目無見"之答, 曰: "決無此理." 遂擧釋敎中有"塵旣不緣, 根無所著, 反流全一, 六用不行"之說, 蘇子由以爲此理至深至妙. 蓋他意謂六根旣不與六塵相緣, 則收拾六根之用, 反復歸於本體, 而使之不行. 顧烏有此理? 廣因擧程子之說: "譬如靜坐時, 忽有人喚自家, 只得應他, 不成不應." 曰: "彼說出『楞嚴經』. 此經是唐房融訓釋, 故說得如此巧. 佛書中唯此經最巧. 然佛當初也不如是說. 如『四十二章經』, 最先傳來中國底文字, 然其說卻自平實. 道書中有「眞誥」, 末後有「道授篇」, 卻是竊『四十二章經』之意爲之. 非特此也, 至如地獄託生妄誕之說, 皆是竊他佛敎中至鄙至陋者爲之. 某嘗謂其

13) ▲: 不
14) 而: 『朱子語類』에서는 以로 되어 있다.
15) 磨: 孝宗刊本·成化本에서는 麽로 되어 있다.
16) 面前: 『朱子語類』에서는 前面으로 되어 있다.
17) 佛: 孝宗刊本에서는 侯로 되어 있다.
18) 此不能盡記. ○謨: 『小分』에서는 不能盡記. ○謨此를 교정부호로 바로잡았다.

徒曰: '自家有箇大寶珠, 被他竊去了, 卻不照管, 亦都不知, 卻去他牆根壁角, 竊得箇破瓶破罐用, 此甚好笑?' 西漢時儒者說道理, 亦只是黃老意思. 如揚雄『太玄經』皆是, 故其自言有曰: '老子之言道[19]德, 吾有取焉耳.' 後漢 明帝時, 佛始入中國. 當時楚王英最好之, 然都不曉其說. 直至晉・宋間, 其敎漸盛. 然當時文字亦只是將莊・老[20]之說來鋪張, 如遠師諸論, 皆成片盡是老・莊意思. 直至梁 會通間, 達磨[21]入來, 然▲[22]一切被他掃[23]蕩, 不入[24]文字, 直指人心. 蓋當時儒者之學, 旣廢絶不講, 老・佛之說, 又如此淺陋, 被他窺見這箇罅隙了, 故橫說竪說, 如是張王[25], 沒奈他何. 人才聰明, 便被他誘引將去. 嘗見畫底諸祖師, 其人物皆雄偉, 故果[26]老謂臨濟若不爲僧, 必作一渠魁也. 又嘗在廬山見歸宗像, 尤爲可畏, 若不爲僧, 必作大賊矣."【廣】

126:8 道之在天下, 一人說取一般. 禪家[27]最說得高妙去, 蓋自莊・老來, 說得道自是一般物事, 闃闃在天地間. 後來佛氏又放開說, 大決藩籬[28], 更無下落, 愈高愈妙, 吾儒多有折而入之. 把聖賢言語來全, 看[29]不如此. 世間惑人之物不特尤[30]物爲然. 一語一言可取, 亦是惑人, 況佛氏之說足以動人如此乎? 有學問底人便不被他惑.【謙】

---

19) 言道: 『小分』에서는 道言을 교정부호로 바로잡았다.
20) 莊・老: 『小分』에서는 老・莊을 교정부호로 바로잡았다.
21) 磨: 孝宗刊本・成化本에서는 磨로 되어 있다.
22) ▲: 後
23) 掃: 賀本에서는 埽로 되어 있다.
24) 入: 『朱子語類』에서는 立으로 되어 있다.
25) 王: 賀本에서는 皇으로 되어 있다.
26) 果: 『朱子語類』에서는 杲로 되어 있다.
27) 家: 孝宗刊本에서는 來로 되어 있다.
28) 藩籬: 『小分』에서는 籬藩을 교정부호로 바로잡았다.
29) 全, 看: 『朱子語類』에서는 看, 全으로 되어 있다.
30) 尤: 賀本에서는 於로 되어 있다.

126:9 因論佛, 曰: "老子先唱說, 後來佛氏又做得脫灑廣闊, 然考其語多本莊·列." 公晦云: "曾聞先生說, 莊子說得更廣闊似佛, 後若有人推演出來, 其爲害更大在!" 【拱壽】[31]

126:10 謙之問: "佛氏之空, 與老子之無一般否?" 曰: "不同, 佛氏只是空豁豁然, 和有都無了, 所謂'終日喫飯, 不曾咬破一粒米, 終日著衣, 不曾掛著一條絲.' 若老氏猶骨是有, 只是淸淨無爲, 一向恁地深藏固守, 自爲玄妙, 教人摸索不得, 便是把有無做兩截看了." 【恪[32] ○以下雜論釋·老同異.】

126:11 謙之問: "今皆以佛之說爲無, 老之說爲空, 空與無不同如何?" 曰: "空是兼有無之名. 道家說半截有, 半截無, 已前都是無, 如今眼下卻是有, 故謂之空. 若佛◇[33]說都是無, 已前也是無, 如今眼下也是無, '色卽是空, 空卽是色.' 大而萬事萬物, 細而百骸九竅, 一齊都歸於無. 終日喫飯, 卻道不曾咬著一粒米, 滿身著衣, 卻道不曾掛著一條絲. 【賀孫】

126:12 問: "釋氏之無, 與老氏之無何以異?" 曰: "老氏依舊有, 如所謂'無欲觀其妙, 有欲觀其徼'是也. 若釋氏則以天地爲幻妄, 以四大爲假合, 則是全無也." 【柄】

126:13 老氏欲保全其身底意思多, 釋氏又全不以其身爲事, 自謂別有一物不生不滅. 歐公嘗言, 老氏貪生, 釋氏畏死, 其說亦好. 氣聚則生, 氣散則死, 順之而已, 釋·老則皆悖之者也. 【廣】

126:14 釋·老, 其氣象規模大概相似. 然而老氏之學, 尙自理會自

31) 【拱壽】: 徽州本에서는 【銖】로 되어 있다.
32) 恪: 成化本에 格으로 되어 있다.
33) ◇: 家之

家一箇渾身, 釋氏則自家一箇渾身都不管了.【焘】

126:15 佛氏之失, 出於自私之厭, 老氏之失, 出於自私之巧. 厭薄世故, 而盡欲空了一切者, 佛氏之失也, 關機巧便, 盡天下之術數者, 老氏之失也. 故世之用兵算數刑名, 多本於老氏之意.【端蒙】

126:16 老氏只是要長生, 節病易見. 釋氏於天理大本處見得些分數, 然卻認爲己有, 而以生爲寄. 故要見得父母未生時面目, 旣見, 更[34]不認作衆人公共底, 須要見得爲己有, 死後亦不失, 而以父母所生之身爲寄寓. 譬以舊屋破倒, 卽自跳[35]入新屋. 故黃蘗一僧有偈與其母云: "先曾寄宿此婆家." 止以父母之身爲寄宿處, 其無情義絶滅天理可知! 當時有司見渠此說, 便當明正典刑. 若聖人之[36]道則不然, 於天理大本處見得是衆人公共底, 便只隨他天理去, 更無分毫私見. 如此, 便倫理自明, 不是自家作爲出來, 皆是自然如此. 往來屈伸, 我安得而私之哉?【大雅】

126:17 "釋氏見得高底儘高." 或問: "他何故只說空?" 曰: "說'玄空', 又說'眞空.' 玄空便是空無物, 眞空卻是有物, 與吾儒說略同. 但是它都不管天地四方, 只是理會一箇心. 如老氏亦只是要存得一箇神氣. 伊川云: '只就迹上斷便了.' 不知它如此要何用?"【南升】

126:18 問: "釋氏以天地萬物爲幻, 老氏又卻說及下截." 曰: "老氏勝."【可學】

126:19 釋氏之說易窮. 大抵不過如道家『陰符經』所謂"絶利一源, 便到至道."【大雅】[37]

34) 更: 賀本에서는 便으로 되어 있다.
35) 跳: 賀本에서는 挑로 되어 있다.
36) 之: 孝宗刊本·成化本에서는 此로 되어 있다.

126:20 "奪胎出世"之說有之. 釋道專專此心, 故神. 道出神, 故能奪胎, 釋定, 故死而能出世. 釋定, 故能入定, 道定, 故能成丹.【揚】[38]

126:21 釋氏只『四十二章經』是古書, 餘皆中國文士潤色成之. 『維摩經』亦南北時作. 道家之書只『老子』·『莊』·『列』及『丹經』而已. 『丹經』如『參同契』之類, 然已非老氏之學. 『淸淨』·『消災』二經, 皆模學釋書而誤者. 『度人經』·『生神章』皆杜光庭撰. 最鄙俚是『北斗經』. 蘇子瞻作『儲祥宮記』, 說後世道者只是方士之流, 其說得之.【螢】

126:22 有言莊老禪佛之害者. 曰: "禪學最害道. 莊·老於義理絶滅猶未盡. 佛則人倫已壞. 至禪, 則又從頭將許多義理掃[39]滅無餘. 以此言之, 禪最爲害之深者." 頃之, 復曰: "要其實則一耳. 害未有不由淺而深者."【以下論釋·老滅綱常.】

126:23 或[40]問佛與莊·老不同處. 曰: "莊·老絶滅義理, 未盡至. 佛則人倫滅盡, 至禪[41]則義理滅盡.【方子錄云: "正卿問莊子與佛所以不盡[42]. 曰: '莊子絶滅不盡, 佛絶滅盡. 佛是人倫滅盡, 到禪家義理都滅盡.'"】 佛初入中國, 止說修行, 未有許多禪底說話."【學蒙[43]】

126:24 佛·老之學, 不待深辨而明. 只是廢三綱五常, 這一事已是極大罪名. 其他更不消說.【賀孫】

126:25 天下只是這道理, 終是走不得. 如佛·老雖是滅人倫, 然自

---

37)【大雅】: 徽州本에서는【僩】으로 되어 있다.
38)【揚】: 成化本에서는【楊】으로 되어 있다.
39) 掃: 賀本에서는 埽로 되어 있다.
40) 或: 成化本에서는 空格으로 되어 있다.
41) 至禪: 『小分』에서는 禪至를 교정부호로 바로잡았다.
42) 盡: 賀本에서는 同으로 되어 있다.
43) 學蒙: 徽州本에서는이 뒤에 彼李方子錄止'義理滅盡이 더 있다.

是逃不得. 如無父子, 卻拜其師, 以其弟子爲子, 長者爲師兄, 少者爲師弟. 但是只護得箇假底, 聖賢便是存得箇眞底.【夔孫】

126:26 釋・老稱其有見, 只是見得箇空虛寂滅. 眞是虛, 眞是寂無處, 不知他所謂見者見箇甚底? 莫親於父子, 卻棄了父子, 莫重於君臣, 卻絶了君臣, 以至民生彝倫之間不可闕[44]者, 它一皆去之. 所謂見者見箇甚物? 且如聖人"親親而仁民, 仁民而愛物", 他卻不親親, 而剗地要仁民愛物. 愛物時, 也則是食之有時, 用之有節, 見生不忍見死, 聞聲不忍食肉, 如仲春之月, 犧牲無用牝, 不麛, 不卵, 不殺胎, 不覆巢之類, 如此而已. 他則不食肉, 不茹葷, 以至投身施虎. 此是何理?【卓】

126:27 某人言: "天下無二道, 聖人無兩心. 儒・釋雖不同, 畢竟只是一理." 某說道: "惟其天下無二道, 聖人無兩心, 所以有我底著他底不得, 有他底著我底不得. 若使天下有二道, 聖人有兩心, 則我行得我底, 他行得他底."【節 ○以下儒・釋之辨.】

126:28 儒・釋言性異處, 只是釋言空, 儒言實, 釋言無, 儒言有.【德明】

126:29 吾儒心雖虛而理則實. 若釋氏則一向歸空寂去了.【柄】

126:30 釋氏虛, 吾儒實, 釋氏二, 吾儒一. 釋氏以事理爲不緊要而不理會.【節】

126:31 釋氏只要空, 聖人只要實. 釋氏所謂"敬以直內", 只是空豁豁地, 更無一物, 卻不會"方外." 聖人所謂"敬以直內", 則湛然虛明, 萬理

44) 闕: 『朱子語類』에서는 闕로 되어 있다.

具足, 方能"義以方外."

126:32 問: "儒・釋之辨, 莫只是'虛・實'兩字上分別?" 曰: "未須理會. 自家己分若知▲[45]眞, 則其僞自別, 甚分明, 有不待辨."【可學】

126:33 問: "釋氏以空寂爲本?" 曰: "釋氏說空, 不是便不是, 但空裏面須有道理始得. 若只說道我見箇空, 而不知有箇實底道理, 卻做甚用得? 譬如一淵淸水, 淸泠徹底, 看來一如無水相似. 它便道此淵只是空底, 不曾將手去探是冷是溫, 不知道有水在裏面. 佛氏之見正如此. 今學者貴於格物・致知, 便了[46]見得到底. 今人只是一班兩點見得些子, 所以不到極處也."【南升】

126:34 吾以心與理爲一, 彼以心與理爲二. 亦非固欲如此, 乃是見處不同, 彼見得心空而無理, 此見得心雖空而萬理咸備也. 雖說◇[47]與理一, 不察乎氣稟物欲之私, 是見得不眞, 故有此病. 『大學』所以[48]貴格物也.【植 ○或錄云: "近世一種學問, 雖說心與理一, 而不察乎氣稟物欲之私[49], 故其發亦不合理, 卻與釋氏同病, 不可不察."】

126:35 儒者以理爲不生不滅, 釋氏以神識爲不生不滅. 龜山云: "儒・釋之辨, 其差抄[50]忽." 以某觀之, 眞似冰炭!【方子】[51]

126:36 儒者見道, 品節燦然. 佛氏亦見天機, 有不器於物者, 然只是

---

45) ▲: 得
46) 了: 『朱子語類』에서는 要로 되어 있다.
47) ◇: 心
48) 以: 賀本에서는 謂로 되어 있다.
49) 與理一, 而不察乎氣稟物欲之私: 『小分』에서는 理一, 而不察乎氣稟物欲之私與를 교정부호로 바로잡았다.
50) 抄: 成化本・賀本에서는 眇로 되어 있다.
51) 【方子】: 徽州本에서는【公謹】으로 되어 있다.

綽過去.【方】[52]

126:37 問: “先生以釋氏之說爲空, 爲無理. 以空言, 似不若‘無理’二字切中其病.” 曰: “惟其無理, 是以爲空. 它之▲[53], 所謂性者, 只是箇空底物事, 無理.”【節】

126:38 先生問衆人曰: “釋氏言‘牧牛’, 老氏言‘抱一’, 孟子言‘求放心’, 皆一般, 何緣不同”? 節就問曰: “莫是無這理?” 曰: “無理煞害事.”【節】

126:39 釋氏合下見得一箇道理空虛不實, 故要得超脫, 盡去物累, 方是無漏爲佛地位. 其他有惡趣者, 皆是衆生餓鬼. 只隨順有所修爲者, 猶是菩薩地位, 未能作佛也. 若吾儒, 合下見得箇道理便實了, 故首尾與之不合.【大雅】

126:40 擧佛氏語曰: “千種言, 萬般解, 只要教君長不昧.” 此說極好. 問: “程子曰: ‘佛氏之言近理, 所以爲害尤甚.’ 所謂近理者, 指此等處否?” 曰: “然. 它只是守得這些子光明, 全不識道理, 所以用處七顚八倒. 吾儒之學, 則居敬[54]爲本, 而窮理以充之. 其本原不同處在此.”

126:41 曹問何以分別儒・釋差處. 曰: “只如說‘天命之謂性’, 釋氏便不識了, 便傻[55]說是空覺. 吾儒說底是實理, 看他便錯了[56]. 他云: ‘不染一塵, 不捨一法.’ 旣‘不染一塵’, 卻如何‘不捨一法’? 到了是說那空處, 又無歸著. 且如人心, 須是其中自有父子君臣兄弟夫婦朋友[57]. 他

---

52) 【方】: 成化本에서는 【坊】으로 되어 있다.
53) ▲: 所謂心
54) 居敬: 『小分』에서는 敬居를 교정부호로 바로잡았다.
55) 傻: 賀本에서는 遽로 되어 있다.
56) 了: 成化本에서는 子로 되어 있다.

做得徹到底, 便與父子君臣兄弟夫婦朋友都不相親. 吾儒做得到底, 便'父子有親, 君臣有義, 兄弟有序, 夫婦有別, 朋友有信.' 吾儒只認得一箇誠實底道理, 誠便是萬善骨子."

126:42 問佛氏所以差. 曰: "從劈初頭便錯了, 如'天命之謂性', 他把做空虛說了. 吾儒見得都是實. 若見得到自家底從頭到尾小事大事都是實, 他底從頭到尾都是空, 恁地見得破, 如何解說不通? 又如'實際理地不受一塵, 萬行叢中不捨一法'等語, 這是他後來桀黠底又撰出這一話來倚傍吾儒道理, 正所謂'遁辭知其所窮.' 且如人生一世間, 須且理會切實處. 論至切至實處, 不過是一箇心, 不過一箇身, 若不自會做主, 更理會甚麼? 然求所以識那切實處, 則莫切於聖人之書. ▲[58], 便是箇引導人底物事. 若舍[59]此而它求, 則亦別無門路矣. '舜人也, 我亦人也. 舜爲法於天下, 可傳於後世, 我猶未免爲鄕人也, 是則可憂也. 憂之如何? 如舜而已矣.' '高山仰止, 景行行止.' 只怕不見得, 若果是有志之士, 只見一條大路直上行將去, 更不問著有甚艱難險阻. 孔子曰: '向道而行, 忘身之老也, 不知年數之不足也, 俛焉日有孜孜, 斃而後已?' 自家立著志向前做將去, 鬼神也避道, 豈可先自計較? 先自怕卻? 如此終於無成."【賀孫】

126:43 因舉佛氏之學與吾儒有甚相似處, 如云: "有物先天地, 無形▲[60]寂寥, 能爲萬象主, 不逐四時凋." 又曰: "樸落非它物, 縱橫不是塵. 山河及大地, 全露法王身." 又曰: "若人識得心, 大地無寸土." 看他是甚麽樣見識? 今區區小儒, 怎生出得他手? 宜其爲他揮下也. 此

---

57) 便遽說是空覺…夫婦朋友: 徽州本에서는 他只是說那空處又無歸着. 且如人心, 須是其中自有父子君臣兄弟夫婦朋友道理, 是他便說道只是空覺 吾偏說則是實理. 他云不染一塵, 不捨不法, 卻如何不捨法了로 되어 있다.

58) ▲: 聖人之書

59) 舍: 成化本에서는 捨로 되어 있다.

60) ▲: 本

是法眼禪師下一派宗旨如此. 今之禪家皆破其說, 以爲有理路, 落窠臼, 有礙正當如[61]見. 今之禪家多是"麻三斤"・"乾屎橛"之說, 謂之"不落窠臼", "不墮理路." 妙喜之說, 便是如此. 然又有翻轉不如此說時. 【僩】

126:44 佛者云: "置之一處, 無事不辦." 也只是教人如此做工夫, 若是專一用心於此, 則自會通達矣. 故學禪者只是把一箇話頭去看, "如何是佛"・"麻三斤"之類, 又都無義理得穿鑿. 看來看去, 工夫到時, 恰似打一箇失落一般, 便是參學事畢. 莊子亦云. "用志不分, 乃凝於神." 也只是如此教人. 但他都無義理, 只是箇空寂. 儒者之學則有許多義理, 若看得透徹, 則可以貫事物, 可以洞古今. 【廣 ○士毅錄云: "釋氏云: '置之一處, 無事不辦.' 此外別有何法? 只是釋氏沒道理, 自[62]呀將去."】

126:45 釋・老之書極有高妙者, 句句與自家箇同. 但不可將來比方, 煞誤人事. 【季文 ○道夫】

126:46 先生遊[63]鍾山書院, 見書籍中有釋氏書, 因而揭看. 先君問: "其中有所得否?" 曰: "幸然無所得. 吾儒廣大精微, 本末備具, 不必它求." 【季札】

126:47 言釋氏之徒爲學精專, 曰: "便是某常說, 吾儒這邊難得如此. 看他下工夫, 直是自日至夜, 無一念走作別處去. 學者一時一日之間是多少閒雜念慮, 如何得似他? 只惜他所學非所學, 枉了工夫! 若吾儒邊人下得這工夫, 是甚次第? 如今學者有二病: 好高, 欲速. 這都是志向好底如此. 一則是所以學者失其旨, 二則是所學者多端, 所以紛紛擾擾, 終於無所歸止." 【賀孫 ○以下論釋氏工夫.】

---

61) 如: 『朱子語類』에서는 知로 되어 있다.
62) 自: 孝宗刊本・成化本에서는 白으로 되어 있다.
63) 遊: 賀本에서는 游로 되어 있다.

126:48 問釋氏入定, 道家數息. 曰: "他只要靜, 則應接事物[64]不差. 孟子便也要存夜氣, 然而須是理會'旦[65]晝之所爲.'" 曰: "吾儒何不效[66]他恁地?" 曰: "他開眼便依舊失了, 只是硬把捉, 不如吾儒非禮勿視聽言動, 戒愼恐懼乎不睹不聞, '敬以直內, 義以方外', 都一切就外面攔截." 曰: "釋氏只是'勿視・勿聽', 無那'非禮'工夫." 曰: "然." 季通因曰: "世上事便要人做, 只管似它坐定做甚? 日月便要行, 天地便要運." 曰: "他不行不運, 固不是. 吾輩是在這裏行, 是在這裏運, 只是運行又有差處. 如今胡喜胡怒, 豈不是差? 他是過之, 今人又不及." 【榦】

126:49 問: "昔有▲[67]禪僧, 每自喚曰: '主人翁惺惺著!'『大學或問』亦取謝氏'常惺惺法'之語, 不知是同是異?" 曰: "謝氏之說地步闊, 於身心事物上皆有工夫. 若如禪者所見, 只看得箇主人翁便了, 其動而不中理者, 都不管矣. 且如父子天性也, 父被他人無禮, 子須當去救, 他卻不然. 子若有救之之心, 便是被愛牽動了心, 便是昏了主人翁處. 若如此惺惺, 成甚道理? 向曾覽『四家錄』, 有些說話極好笑, 亦可駭. 說若父母爲人所殺, 無一擧心動念, 方始名爲'初發心菩薩.' 他所以叫'主人翁惺惺著', 正要如此. '惺惺'字則同, 所作工夫則異, 豈可同日而語?" 【友仁】

126:50 佛家有"流注想." 水本流將去, 有些滲漏處, 便留滯. 【蓋卿】

126:51 僧家尊宿得道, 便入深山中, 草衣木食, 養數十年. 及其出來, 是甚[68]次第? 自然光明俊偉. 世上人所以只得叉手看他自[69]動.

---

64) 應接事物: 『小分』에서는 事物應接을 교정부호로 바로잡았다.
65) 旦: 成化本에서는 日로 되어 있다.
66) 效: 賀本에서는 傚로 되어 있다.
67) ▲: 一
68) 是甚: 『小分』에서는 甚是를 교정부호로 바로잡았다.

【方】

126:52 徐子融有“枯槁有性無性”之論. 先生曰: “性只是理, 有是物[70]斯有是理. 子融錯處是認心爲性, 正與佛氏相似. 只是佛氏磨擦得這心極精細, 如一塊物事, 剝了一重皮, 又剝一重皮, 至剝到極盡無可剝處, 所以磨弄得這心精光, 他便認做性, 殊不知此正聖人之所謂心. 故上蔡云: ‘佛氏所謂性, 正聖人所謂心, 佛氏所謂心, 正聖人所謂意.’ 心只是該得這理. 佛氏元不曾識得這理一節, 便認知覺運動做性. 如視聽言貌, 聖人則視有視之理, 聽有聽之理, 言有言之理, 動有動之理, 思有思之理, 如箕子所謂‘明・聰・從・恭・睿’是也. 佛氏則只認那能視・能聽・能言・能思・能動底, 便是性. 視明也得, 不明也得, 聽聰也得, 不聽也得, 言從也得, 不從也得, 思睿也得, 不睿也得, 他都不管, 橫來豎來, 它都認做性. 它最怕人說這‘理’字, 都要除掉了, 此正告子‘生之謂性’之說也.” 僩問: “禪家又有以揚眉瞬目知覺運動爲弄精魂, 而訶斥之者, 何也?” 曰: “便只是弄精魂. 只是他磨擦得來精細, 有光彩, 不如此麤糙爾.” 僩問: “彼言一切萬物皆有破壞, 惟有法身常注[71]不滅. 所謂‘法身’, 便只是這箇?” 曰: “然. 不知你如何占得這物事住? 天地破壞, 又如何被你占得這物事常不滅?” 問: “彼大概欲以空爲體, 言天地萬物皆歸於空, 這空便是他體.” 曰: “他也不是欲以空爲體. 它只是說這物事裏面本空, 著一物不得.”【僩 ○以下論釋氏誤認心・性.】

126:53 問: “聖門說‘知性’, 佛氏亦言‘知性’, 有以異乎[72]?” 先生笑曰: “也問得好. 據公所見如何? 試說看.” 曰: “據友仁所見及佛氏之說者, 此一性, 在心所發爲意, 在目爲見, ▲[73]耳爲聞, 在口爲議論, 在手能

---

69) 自: 孝宗刊本・成化本에서는 曰로 되어 있다.
70) 是物: 『小分』에서는 物是를 교정부호로 바로잡았다.
71) 注: 『朱子語類』에서는 住로 되어 있다.
72) 有以異乎: 徽州本에서는 이 뒤에 幸望先生開發蒙昧가 더 있다.
73) ▲: 在

持, 在足運奔, 所謂'知性'者, 知此而已." 曰: "且據公所見而言. 若如此見得, 只是箇無星之秤[74], 無寸之尺. 若在聖門, 則在心所發爲意, 須是誠始得, 在目雖見, 須是明始得, 在耳雖聞, 須是聰始得, 在口談論及在手在足之類, 須皆[75]動之以禮始得. '天生烝民, 有物有則.' 如公所見◇[76]佛氏之說, 只有物無則了, 所以與聖門有差. 況孟子所說'知性'者, 乃是'物格'之謂."【友仁】

126:54 若是如釋氏道, 只是那坐底視底是, 則夫子之教人, 也只說視聽言動底是便了, 何故卻說"非禮勿視, 非禮勿聽, 非禮勿言, 非禮勿動"? 如"居處・執事・與人交", 止說"居處・執事・與人交"便了, 何故於下面著箇"恭・敬・忠"? 如"出門・使民", 也只說箇"出門・使民"便了, 何故卻說"如見大賓? 如承大祭"? 孔子言: "克己復禮爲仁?"【厲聲言'復禮'・'仁'字 ○節】

126:55 釋氏只知坐底是, 行底是. 如坐, 交脛坐也得, 疊足坐也得, 邪坐也得, 正坐也得. 將見喜所不當喜, 怒所不當怒, 爲所不當爲. 他只是直衝去, 更不理會理. 吾儒必要理會坐之理當如尸, 立之理當如齋, 如頭容便要直. 所以釋氏無理.【節】

126:56 知覺之理, 是性所以當如此者, 釋氏不知. 他但知知覺, 沒這理, 故孝也得, 不孝也得. 所以動而陽, 靜而陰者, 蓋是合動不得不動, 合靜不得不靜.【節】

126:57 釋氏棄了道心, 卻取人心之危者而作用之, 遺其精者, 取其粗者以爲道. 如以仁義禮智爲非性, 而以眼前作用爲性是也. 此只是源頭處錯了.【人傑】

---

74) 秤: 『朱子語類』에서는 稱으로 되어 있다.
75) 皆: 賀本에서는 是로 되어 있다.
76) ◇: 及

126:58 釋氏專以作用爲性. 如某國王問某尊者曰: "如何是佛?" 曰: "見性爲佛." 曰: "如何是性?" 曰: "作用爲性?" 曰: "如何是作用?" 曰云云. 禪家又有黠[77]者云: "當來尊者答國王時, 國王何不問尊者云: '未作用時, 性在甚處?'" 【螢】

126:59 "作用是性: 在目曰見, 在耳曰聞, 在鼻齅香, 在口談論, 在手執捉, 在足運奔", 卽告子"生之謂性"之說也. 且如手執捉, 若執刀胡亂殺人, 亦可爲性乎? 龜山擧龐居士云"神通妙用, 運水般[78]柴", 以比"徐行後長", 亦坐此病. 不知"徐行後長"乃謂之弟, "疾行先長"則爲不弟. 如曰運水般[79]柴卽是妙用, 則徐行疾行皆可謂之弟耶. 【人傑】

126:60 問釋氏"作用是性." 曰: "便只是這性, 他說得也是. 孟子曰: '形色, 天性也. 惟聖人然後可以踐形.' 便是此性. 如口會說話, 說話底是誰? 目能視, 視底是誰? 耳能聽, 聽底是誰? 便是這箇. 其言曰: '在眼曰見, 在耳曰聞, 在鼻齅香, 在口談論, 在手執捉, 在足運奔. 徧現俱該法界, 收攝在一微塵. 識者只[80]是佛性, 不識喚作精魂.' 他說得也好." 又擧『楞嚴經』波斯[81]國王見恒河水一段云云. "所以禪家說'直指人心, 見性成佛.' 他只要你見得, 言下便悟, 做底[82]便徹, 見得無不是此性. ▲[83]說'存養心性', 養得來光明寂照, 無所不徧, 無所不通. 唐 張拙詩云: '光明寂照徧河沙, 凡聖含靈共我家'云云. 又曰: "'實際理地不受一塵, 佛事門中不舍一法.' 他箇本自說得是, 所養者也是, 只是差處便在這裏, 吾儒所養者是仁・義・禮・智, 他所養者只是視・聽・言・動. 儒者則全體中自有許多道理, 各自有分別, 有是非, 降

77) 黠: 賀本에서는 傷로 되어 있다.
78) 般: 賀本에서는 搬으로 되어 있다.
79) 般: 賀本에서는 搬으로 되어 있다.
80) 只: 『朱子語類』에서는 知로 되어 있다.
81) 斯: 賀本에서는 師로 되어 있다.
82) 底: 『朱子語類』에서는 處로 되어 있다.
83) ▲: 也

衷秉彝, 無不各具此理. 他只見得箇渾淪底物事, 無分別, 無是非, 橫底也是, 竪底也是, 直底也是, 曲底也是, 非理而視也是此性, 以理而視也是此性. 少間用處都差, 所以七顚八倒, 無有是處. 吾儒則只是一箇眞底道理, 他也說我這箇是眞實底道理, 如云: '惟此一事實, 餘二則非眞.' 只是他說得一邊, 只認得那人心, 無所謂道心, 無所謂仁義禮智, 惻隱・羞惡[84)]・辭讓[85)]・是非, 所爭處只在此. 吾儒則自'天命之謂性, 率性之謂道', 以至至誠盡人物之性, 贊天地之化育, 識得這道理無所不周, 無所不徧. 他也說: '我這箇無所不周, 無所不徧.' 然眼前君臣父子兄弟夫婦上, 便不能周徧了, 更說甚周徧? 他說'治生產業, 皆與實相不相違背'云云, 如善財童子五十▲[86)]參, 以至神鬼神仙士農工商技藝, 都在他性中. 他說得來極闊, 只是其實行不得. 只是諱其所短, 强如此籠罩去. 他舊時瞿曇說得本不如此廣闊, 後來禪家自覺其陋, 又翻轉窠臼, 只說'直指人心, 見性成佛.'"【僩】

126:61 "昨夜說'作用是性', 因思此語亦自好. 雖云釋氏之學是如此, 他卻是眞箇見得, 眞箇養得. 如云說話底是誰? 說話底是這性, 目視底是誰? 視底也是這性, ▲[87)]聽底也是這性, 鼻之聞香, 口之知味, 無非是這箇性. 他凡一語默, 一動息, 不無[88)]見得此性, 養得此性." 或問: "他雖見得, 如何能養?" 曰: "見得後, 常常得在這裏, 不走作, 便是養. 今儒者口中雖常說性是理, 不止於作用, 然卻不曾做他樣存得養得, 只是說得如此, 元不曾用功, 心與身元不相管攝, 只是心麤. 若自早至暮, 此心常常照管, 甚麼次第? 這箇道理, 在在處處發見, 無所不有, 只是你不曾存得養得. 佛氏所以行六七百年, 其教愈盛者, 緣他也依傍這道理, 所以做得盛. 他卻常在這身上, 他得這些子, 卽來欺負你秀

84) 羞惡: 『小分』에서는 惡羞를 교정부호로 바로잡았다.
85) 讓: 成化本・賀本에서는 遜으로 되어 있다.
86) ▲: 三
87) ▲: 聽底是誰?
88) 不無: 『朱子語類』에서는 無不로 되어 있다.

才, 你秀才無一人做得似他. 今要做. 無他, 只說四端擴[89]充得便是. 孟子說'存心養性', 其要只在此. '凡有四端於我者, 知皆擴[90]而充之矣, 若火之始然, 泉之始達.' 學者只要守得這箇, 如惻隱・羞惡・辭讓[91]・是非. 若常存得這惻隱之心, 便養得這惻隱之性, 若合當愛處, 自家卻不起愛人之心, 便[92]傷害了那惻隱之性. 如事當羞惡, 自家不羞惡, 便是傷害了那羞惡之性. 辭讓[93]・是非, 皆然. '人能充無欲害人之心, 而仁不可勝用矣, 人能充無受爾汝之實, 無所往而不爲義也.' 只要就這裏存得, 養得. 所以說'利與善之間', 只爭這些子, 只是絲髮之間. 如人靜坐, 忽然一念之發, 只這箇便是道理, 便有箇是與非, 邪與正. 其發之正者, 理也, 雜而不正者, 邪也. 在在處處無非發見處, 只要常存得, 常養得耳."【僩】

126:62 佛家作用, 引罽賓王問. 某問: "他初說空, 今卻如此." 曰: "旣無理, 亦只是無. 聽亦此, 不聽亦此. 然只是認得第二箇, 然他後來又不如此說. 傅大士云云." 曰: "他雖不如此, 然卒走此不得?" 曰: "然."【可學】

126:63 問儒・釋. 曰: "據他說道明得心, 又不曾得心爲之用, 他說道明得性, 又不曾得性爲之用. 不知是如何?" 又問: "不知先從他徑處入, 然後卻歸此?" 曰: "若要從徑入, 是猶從近習求言職. 須是見他都無所用."【泳】

126:64 佛家說: "會萬物於一己." 若曉得這道理, 自是萬物一體, 更何須會? 若是曉不得, 雖欲會, 如何會得?【愃】

---

89) 擴: 成化本에서는 廣으로 되어 있다.
90) 擴: 成化本에서는 廣으로 되어 있다.
91) 讓: 成化本・賀本에서는 遜으로 되어 있다.
92) 便: 賀本에서는 이 뒤에 是가 더 있다.
93) 讓: 成化本・賀本에서는 遜으로 되어 있다.

126:65 佛氏見影, 朝說這箇, 暮說這箇. 至於萬理錯綜如此, 卻都不知.【方】

126:66 釋氏先知死, 只是學一箇不動心. 告子之學則是如此.【端蒙】

126:67 "凡遇事先須[94]識得箇邪正是非, 盡掃[95]私見, 則至公之理自存." 大雅云: "釋氏欲驅除物累, 至不分善惡, 皆欲掃[96]盡. 云凡聖情盡, 卽如如[97]佛, 然後來往自由. 吾道卻只要掃[98]去邪見. 邪見旣去, 無非是處, 故生不爲物累, 而死亦然." 曰: "聖人不說死. 已死了, 更說甚事? 聖人只說旣生之後, 未死之前, 須是與他精細理會道理敎是. 胡明仲侍郎自說得好: '人, 生物也, 佛不言生而言死, 人事可見, 佛不言顯而言幽.' 釋氏更不分善惡, 只尊向他底便是好人, 背他底便入地獄. 若是箇殺人賊, 一尊了他, 便可生天." 大雅云"于頔在『傳燈錄』爲法嗣, 可見." 曰: "然."【大雅】

126:68 佛書多有後人添入. 初入[99]中國, 只有『四十二章經』. 但此經亦[100]有添入者. 且如西天二十八祖所作偈, 皆有韻, 分明是後人增加. 如楊文公・蘇子由皆不悟此, 可怪? 又其文字中至有甚拙者云云. 如『楞嚴經』前後, 只是說呪, 中間皆是增入. 蓋中國好佛者覺其陋而加之耳.【可學 ○以下論佛經.】

126:69 佛初只[101]有『四十二章經』, 其說甚平. 如言彈琴, 弦急則絶,

---

94) 先須: 『小分』에서는 須先을 교정부호로 바로잡았다.
95) 掃: 賀本에서는 埽로 되어 있다.
96) 掃: 賀本에서는 埽로 되어 있다.
97) 如: 賀本에서는 知로 되어 있다.
98) 掃: 賀本에서는 埽로 되어 있다.
99) 入: 成化本에서는 大로 되어 있다.
100) 亦: 賀本에서는 都로 되어 있다.

慢則不響, 不急不慢乃是. 大抵是偷得老·莊之意. 後來達磨出來, 一齊掃[102]盡. 至『楞嚴經』, 做得極好. 【柳宗元「六祖塔銘」有"中外融有[103]粹孔習." ○方子】

126:70 達磨未來中國時, 如遠·肇法師之徒, 只是談莊·老, 後來人亦多以莊·老助禪. 古亦無許多經. 西域豈有韻? 諸祖相傳偈, 平仄押韻語, 皆是後來人假合.

126:71 問: "『心經』如何?" 曰: "本『大般若經』六百卷, 『心經』乃▲[104]節本." 曰: "他既說空, 又說色, 如何?" 曰: "他蓋欲於色見空耳. 大抵只是要鶻突人. 如云'實際中不立一法', 又云'不捨一法'【此佛經語, 記不全.】 之類, 皆然." 問: "劫數如何?" 曰: "他之說, 亦說天地開闢, 但理會不得. 某經云, 到末劫人皆小, 先爲火所燒成劫灰, 又爲風所吹, 又爲水所淹. 水又成沫, 地自生五穀, 天上人自飛下來喫, 復成世界. 他不識陰陽, 便恁地亂道." 問: "佛默然處如何?" 曰: "是他到處." 曰: "如何'與灑掃[105]應對合'?" 曰: "蓋言精粗無二." 曰: "'活潑潑地'是禪語否?" 曰: "不是禪語, 是俗語. 今有儒家字爲佛家所竊用, 而後人反以爲出於佛者: 如'寺'·'精舍'之類, 不一." 【可學】

126:72 佛書中說"六根"·"六塵"·"六識"·"四大"·"十二緣生"之類, 皆極精巧. 故前輩學佛者, 謂此孔子所不及. 今學者且須截斷. 必欲窮究其說, 恐不能得身己出來. 【方子錄止此.】 他底四大, 卽吾儒所謂魂魄聚散. 十二緣生在『華嚴合論』第十三御卷. 佛說本言盡去世間萬事. 其後黠者出, 卻言"實際理地[106], 不染一塵, 萬事門中, 不舍一法." 【可學】

---

101) 只: 『朱子語類』에서는 止로 되어 있다.
102) 掃: 賀本에서는 埽로 되어 있다.
103) 有: 賀本에서는 有가 없다.
104) ▲: 是
105) 掃: 賀本에서는 埽로 되어 있다.
106) 實際理地: 成化本에서는 實際埋地로 되어 있고, 賀本에서는 實證理地로 되어

126:73 『華嚴合論』精密. 【閎祖】

126:74 『華嚴合論』, 其言極鄙陋無稽. 不知陳了翁一生理會這箇, 是有甚麽好處, 也不會厭. 可惜極好底秀才, 只恁地被他引去了? 又曰: "其言旁引廣諭, 說神說鬼, 只是一箇天地萬物皆具此理而已. 經中本說得簡徑白直, 卻被注解得越沒收殺[107]." 或問『金剛經』大意. 曰: "他大意只在須菩提問'云何住, 云何降伏其心'兩句上. 故說不應住法生心, 不應住[108]色生心, '應無所住而生其心', 此是答'云何住.' 又說'若胎生, 若卵生, 若濕生, ▲[109]化生, 我皆令入無餘涅槃而滅度之', 此是答'云何降伏其心.' 彼所謂'降伏'者, 非爲[110]▲[111]遏伏此心, 謂盡降收世間衆生之心入它無餘涅槃中滅度, 都教你無心了方是, 只是一箇'無'字. 自此以後, 只管纏去, 只是這兩句. 如這卓[112]子, 則云若此卓[113]子, 非名卓[114]子, 是名卓[115]子. '若見諸相非相, 則見如來', 離一切相, 卽名佛, 皆是此意. 要之, 只是說箇'無.'" 【僩】

126:75 問: "龜山集中所答了翁書, 論『華嚴』大旨. 不知了翁諸人何爲好之之篤?" 曰: "只是見不透, 故覺得那箇好. 以今觀之, 也是好, 也是動得人." 道夫曰: "只爲他大本不立, 故偏了." 先生默然良久, 曰: "眞所謂'詖·淫·邪·遁.' 蓋詖者, 是它合下見得偏. 儒者之道大中至正, 四面均平. 釋氏只見一邊, 於那處都蔽塞了, 這是'詖辭知其所蔽.' 淫者, 是只見得一邊, 又卻說得周遮造瀚, 所以其書動數百卷, 是皆陷

있다.

107) 殺: 賀本에서는 煞로 되어 있다.

108) 住: 賀本에서는 色으로 되어 있다.

109) ▲: 若

110) 爲: 『朱子語類』에서는 謂로 되어 있다.

111) ▲: 欲

112) 卓: 賀本에서는 桌으로 되어 있다.

113) 卓: 賀本에서는 桌으로 되어 있다.

114) 卓: 賀本에서는 桌으로 되어 있다.

115) 卓: 賀本에서는 桌으로 되어 있다.

於偏而不能返, 這是'淫辭知其所陷.' 邪者, 是它見得偏了, 於道都不相貫屬, 這是'邪辭知其所離.' 遁者, 是它已離於道而不通, 於君臣父子都已棄絶, 見去不得, 卻道道之精妙不在乎此, 這是'遁辭知其所窮.' 初只是詖, 詖而後淫, 淫而後邪, 邪而後離, 離而後遁. 要之, 佛氏偏處只是虛其理. 理是實理, 他卻虛了, 故於大本不立也." 因問: "溫公解禪偈, 卻恐後人作儒佛一貫會了." 先生因誦之曰: "此皆佛之至陋者也, 妙處不在此." 又問: "『遺書』云: '釋氏於"敬以直內"則有之, "義以方外"則未也.' 道夫於此未安." 先生笑曰[116]: "前◇[117]童蜚卿正論此, 以爲釋氏大本與吾儒同, 只是其末異. 某與言: '正是大本不同.'" 因檢『近思錄』有云: "佛有一箇覺之理, 可以[118]'敬以直內'矣, 然無'義以方外.' 其'直內'者, 要之其本亦不是." "這是當時記得全處, 前者記得不完也." 又曰: "只無'義以方外', 則連'敬以直內'也不是了." 又曰: "程子謂: '釋氏唯務上達而無下學, 然則其上達處豈有是邪?' 亦此意. 學佛者嘗云: '儒佛一同.' 某言: '你只認自家說不同. 若果是, 又何必言同? 只這靠傍底意思, 便是不同, 便是你底不是, 我底是了.'" 【道夫】

126:76 『圓覺經』只有前兩三卷好, 後面便只是無說後强添. 如『楞嚴經』, 當初只有那阿難一事, 及那燒牛糞時一呪, 其餘底皆是文章之士添. 那燒牛糞, 便如爇蕭樣. 後來也有人祈雨後燒, 亦出此意也. 【義剛】

126:77 『楞嚴經』本只是呪語. 後來房融添入許多道理說話. 呪語想亦淺近, 但其徒恐譯出, 則人易之, 故不譯. 所以有呪者, 蓋浮屠居深山中, 有鬼神蛇獸爲害, 故作呪以禁之. 緣他心靈, 故能知其性情, 制馭得他. 呪全是想法. 西域人誦呪如叱喝, 又爲雄毅之狀, 故能禁伏鬼神, 亦如巫者作法相似. 又云: "汀州人多爲巫. 若巫爲祟, 則治之者全

116) 笑曰: 『小分』에서는 曰笑를 교정부호로 바로잡았다.
117) ◇: 日
118) 以: 賀本에서는 言으로 되어 있다.

使不行. 沈存中記水中『金剛經』不濕, 蓋人心歸向深固, 所感如此." 因言: "後世被他佛法橫入來, 鬼神也沒理會了." 又曰: "世人所謂鬼神, 亦多是喫酒喫肉漢, 見他戒行精潔, 方寸無累底人, 如何不生欽敬?"【閎祖】

126:78 『維摩詰經』, 舊聞李伯紀之子說, 是南北時一貴人如蕭子良之徒撰. 渠云載在正史, 然檢不見.【伯紀子名績[119], 讀書甚博. ○必大】

126:79 『傳燈錄』極陋, 蓋眞宗時一僧做上之. 眞宗令楊大年刪過, 故出楊大年名, 便是楊大年也曉不得.【義剛】

126:80 因語禪家, 云: "當初入中國, 只有『四十二章經』. 後來旣久, 無可得說, 晉宋而下, 始相與演義. 其後義又窮. 至達磨以來, 始一切掃[120]除. 然其初答問, 亦只分明說. 到其後又窮, 故一向說無頭話, 如'乾矢橛'·'柏樹子'之類, 只是胡鶻突人. 旣曰不得無語, 又曰不得有語, 道也不是, 不道也不是, 如此則使之東亦不可, 西亦不可. 置此心於危急之地, 悟者爲禪, 不悟者爲顚. 雖爲禪, 亦是蹉了蹊徑, 置此心於別處, 和一身皆不管, 故喜怒任意. 然細觀之, 只是於精神上發用." 問: "渠旣一向說空, 及其作用又只是氣." 曰: "作用是心, 亦是氣, 渠自錯認了. 渠雖說空, 又要和空皆無, 如曰'空生大覺中'之類. 昔日了老專教人坐禪, 杲老以爲不然, 著『正邪論』排之. 其後杲在天童, 了老乃一向師尊禮拜, 杲遂與之同. 及死, 爲之作銘." 問: "渠旣要淸淨寂滅, 如何不坐禪?" 曰: "渠又要得有悟. 杲舊甚喜子韶, 及南歸, 貽書責之, 以爲與前日不同. 今其小師錄杲文字, 去『邪正[121]論』, 「與子韶書」亦節卻." 問: "病翁墓志中說官莆田事, 如何?" 曰: "佛家自說有體無用, 是渠言如此, 依實載之." 問: "禪僧有鳴鼓升坐死者, 如何?" 曰:

---

119) 績: 賀本에서는 縝으로 되어 있다.
120) 掃: 賀本에서는 埽로 되어 있다.
121) 邪正: 『朱子語類』에서는 正邪로 되어 있다.

"世念旣去, 自知得. 只是能握[122]不臥床席耳, 別無它說."【可學 ○以下禪學.】

126:81 禪◇[123]一箇呆守法, 如"麻三斤"·"乾屎橛." 他道理初不在這上, 只是敎他麻了心, 只思量這一路, 專一積久, 忽有見處, 便是悟. 大要只是把定一心, 不令散亂, 久後光明自發. 所以不識字底人, 才悟後便作得偈頌. 悟後所見雖同, 然亦有深淺. 某舊來愛問參禪底, 其說只是如此. 其間有會說者, 卻吹噓得大. 如杲佛日之徒, 自是氣魄大, 所以能鼓動一世, 如張子韶·汪聖錫輩皆北面之.【閎祖】

126:82 或問: "禪家說無頭當底說話, 是如何?" 曰: "他說得分明處, 卻不是. 只內中一句黑如漆者, 便是他要緊處. 於此曉得時, 便盡曉得. 他又愛說一般最險絶底話, 如引取人到千仞之崖邊, 猛推一推下去. 人於此猛省得, 便了." 或曰: "不理會得, 也是一事不了." 曰: "只此亦是格物."【祖道】

126:83 郭德元問: "禪者云: '〈知〉之一字, 衆妙之門.' 它也知得這'知'字之妙." 曰: "所以伊川說佛氏之言近理, 謂此類也. 它也微見得這意思, 要籠絡這箇道理. 只是它用處全差, 所以都間斷, 相接不著." 僩問: "其所謂知, 正指此心之神明作用▲[124]否?" 曰: "然." 郭又問: "圭峰云: '作有義事, 是省悟心, 作無義事, 是狂亂心. 狂亂由情念, 臨終被業牽, 省悟不由情, 臨終能轉業.' 又自注云: '此〈義〉非〈仁義〉之〈義〉, 乃〈理義〉之〈義〉.' 甚好笑." 曰: "它指仁義爲恩愛之義, 故如此說. 他雖說理義, 何嘗夢見? 其後杲老亦非之云: '〈理義〉之〈義〉, 便是〈仁義〉之〈義〉, 如何把虛空打做兩截?'"【僩[125]】

---

122) 握: 『朱子語類』에서는 偃으로 되어 있다.

123) ◇: 只是

124) ▲: 者

125) 僩: 徽州本에서는 이 뒤에 按黃卓錄至相接不着同, 以下詳略少異, 今附云: "又

126:84 僧家所謂禪者, 於其所行全不相應. 向來見幾箇好僧說得禪, 又行得好, 自是其資質爲人好耳, 非禪之力也. 所謂禪, 是僧家自舉一般見解, 如秀才家舉業相似, 與行己全不相干. 學得底人, 有許多機鋒, 將出來弄一上了, 便收拾了, 到其爲人, 與俗人無異. 只緣禪自是禪, 與行不相應耳. 僧家有云"行·解"者, 行是行己, 解是禪也. 【璘】

126:85 禪僧自云有所得, 而作事不相應, 觀他又安有睟面盎背氣象? 只是將此一禪橫置胸中, 遇事將出, 事了又收. 大抵只論說, 不論行. 昔日病翁見妙喜於其面前要逞自家話. 渠於開喜升座, 卻云: "彥仲[126] 修行卻不會禪, 寶學會禪卻不修行, 所謂張三有錢不會使, 李四會使又無錢." 皆是亂說. 大抵此風亦有盛衰, 紹興間最盛, 閩中自有數人, 可歎, 可歎! 先王之道不明, 卻令異端橫出豎立? 【可學】

126:86 釋氏, 須灼然看得他底之非, 一出一入不濟事, 禪將作何用? 【振】

126:87 禪學一喝一棒, 都掀翻了, 也是快活. 卻看二程說話, 可知道不索性. 豈特二程, 便夫子之言亦如此. "學而時習之, 不亦說乎?" 看得好支離.

126:88 學道又雜佛學者, 但歇一月工夫, 看誰邊有味? 佛氏只歇一月, 味便消了. 彼漸消則此漸進, 此是鈍工夫, 然卻是法門也. 【方】

126:89 問德粹: "在四明, 曾到天童[127]· 育王否?" 曰: "到." 曰: "亦

圭峰云: '此又非仁義之義, 乃理義之義. 它指仁義爲恩愛恩小□義, 故如此說.' 圭峰禪師嗣者譯會禪師, 若澤師北宗神秀禪師, 所謂北宗六祖也. 南宗慧能爲南宗六祖, 皆傳法於五祖. 北宗專主張這卻字, 南宗知之曰: '知之一字 衆妙之門.' 僩問: '他之所謂知, 正指此心之神明作用者, 但不明理耳.' 曰: '然.'"이 더 있다.

126) 仲: 『朱子語類』에서는 沖으로 되어 있다.

曾參禪否?" 曰: "有時夜靜無事, 見長老入室, 亦覺心靜." 先生笑, 因問: "德光如何?" 滕曰: "不問渠法門事, 自是大管人事." 先生曰: "皆如此. 今年往莆中弔陳福[128]公, 迴途過雪峰, 長老升堂說法, 且胡鶻過. 及至接人, 卻甚俗, 只是一路愛便宜, 纔說到六七句, 便道仰山大王會打供, 想見宗杲也是如此." 又問人傑: "如何?" 曰: "臨死只是漸消削." 先生曰: "它平日只理會臨行一節, 又卻如此?"【可學 ○雜論.】

126:90 釋氏"地・水・火・風"之說, 彼所謂地水, 如云魄氣, 火風, 如云魂氣. 又說, 火風先徹[129], 地水後散, 則其疾不暴, 地水先散, 火風後散, 則其疾暴.【德明】

126:91 釋氏地・水・火・風, 粗而言之: 地便是體, 水便是魄, 火風便是魂. 他便也是見得這魂魄.

126:92 釋氏說, 法身便是本性, 報身是其德業, 化身是其肉身. 問: "報身是如何?" 曰: "是他成就効[130]驗底說話. 看他畫毗盧遮那坐千葉蓮珠常富貴, 便如吾儒說聖人備道全美相似."

126:93 魯可幾問釋氏"因緣"之說. 曰: "若看『書』'作善降之百祥, 作不善降之百殃', 則報應之說誠有之. 但他說得來▲[131]不是." 又問: "陰德之說如何?" 曰: "也只是不在其身, 則在其子孫耳."【道夫】

126:94 佛家不合將才作緣習. 緣習是說宿緣.【可學】

---

127) 童: 賀本에서는 章으로 되어 있다.
128) 福: 『朱子語類』에서는 魏로 되어 있다.
129) 徹: 『朱子語類』에서는 散으로 되어 있다.
130) 効: 成化本에서는 效로 되어 있고, 賀本에서는 驗으로 되어 있다.
131) ▲: 只是

126:95 禪家以父子兄弟相親愛處爲有緣之慈. 如虎狼與我非類, 我卻有愛及他, 【如以身飼虎.】 便是無緣之慈, 以此爲眞慈. 【淳 ○義剛同.】

126:96 甘吉父問"仁者愛之理, 心之德." 時學因問: "釋氏說慈, 卽是愛也. 然施之不自親始, 故愛無差等." 先生曰: "釋氏說'無緣慈.' 記得甚處說: '融性起無緣之大慈.' 蓋佛氏之所謂慈, 並無緣由, 只是無所不愛. 若如愛親之愛, 渠便以爲有緣, 故父母棄而不養, 而遇虎之飢餓, 則捨身以食之, 此何義理耶?" 【時學】

126:97 問: "佛法如何是以利心求?" 曰: "要求淸淨寂滅超脫世界, 是求一身利便." 【可學】

126:98 釋氏之學, 務使神輕去其幹, 以爲坐亡立脫之備, 其魄之未盡化者, 則流爲膏液, 散爲珠琲, 以驚動世俗之耳目, 非老子"專氣致柔"之謂也. 【僩】

126:99 因論釋氏多有神異, 疑其有之. 曰: "此未必有. 便有, 亦只是妖怪." 【方子】

126:100 佛家多有"奪胎"之說, 也如何見得? 只是在理無此. 【淳】

126:101 問說禪家言性, 太陽之下置器處. 曰: "此便是說輪回[132]." 【可學】

126:102 問禪家言性"傾此于[133]彼"之說. 曰: "此只是'偷生奪陰'之說

132) 回: 賀本에서는 廻로 되어 있다.
133) 于: 賀本에서는 於로 되어 있다.

耳. 禪家言偸生奪陰, 謂人懷胎, 自有箇神識在裏了, 我卻撞入裏面, 去逐了它, 我卻受它血陰. 它說傾此于[134]彼, 蓋如一破弊物在日下, 其下日影自有方圓大小, 卻欲傾此日影爲彼日影. 它說是人生有一塊物事包裹在裏, 及其旣死, 此箇物事又會去做張三, 做了張三, 又會做王二. 便如人做官, 做了這官任滿, 又去做別官, 只是無這道理." 或擧世間有如此類底爲問. 先生曰: "而今只是理會箇正理. 若以聞見所接論之, 則無了期." 又曰: "橫渠說'形潰反原', 以爲人生得此箇物事, 旣死, 此箇物事卻復歸大原去, 又別從裏面抽出來生人. 如一塊黃泥, 旣把來做箇彈子了, 卻依前歸一塊裏面去, 又做箇彈子出來. 伊川便說是'不必以旣屈之氣爲方伸之氣.' 若以聖人'精氣爲物, 游魂爲變'之語觀之, 則伊川之說爲是. 蓋人死則氣散, 其生也, 又是從大原裏面發出來."【夔孫】

126:103 問: "輪回[135]之說當時如何起?" 曰: "自漢以來已有此說話. 說得成了, 因就此結果." 曰: "不知佛祖已有此說否?" 曰: "今佛經存者亦不知孰爲佛祖之書." 厚之云: "或傳范淳夫是鄧禹後身." 曰: "鄧禹亦一好人, 死許多時, 如何魄識乃至今爲他人?" 某云: "呂居仁詩亦有'狗脚朕'之語." 曰: "它又有'偸胎奪陰'之說, 皆脫空."【可學】

126:104 鄭問: "輪回[136]之說, 是佛家自創否?" 曰: "自『漢書』載鬼處, 已有此話模樣了. 元城『語錄』載, 溫公謂'吾欲扶教耳.' 溫公也看不破, 只是硬恁地說."【淳】

126:105 或有言修後世者. 先生曰: "今世不修, 卻修後世, 何也?"【道夫】

134) 于: 賀本에서는 於로 되어 있다.
135) 回: 『朱子語類』에서는 迴로 되어 있다.
136) 回: 『朱子語類』에서는 迴로 되어 있다.

126:106 德粹問: “人生卽是氣, 死則氣散. 浮屠氏不足信. 然世間人爲惡死, 若無地獄治之, 彼何所懲?” 曰: “吾友且說堯·舜·三代之世無浮屠氏, 乃比屋可封, 天下太平. 及其後有浮屠, 而爲惡者滿天下. 若爲惡者必待死然後治之, 則生人立君又焉用?” 滕云: “嘗記前輩說, 除卻浮屠祠廟, 天下便知向善, 莫是此意?” 曰: “自浮屠氏入中國, 善之名便錯了. 渠把奉佛爲善. 如修橋道造路, 猶有益於人. 以齋僧立寺爲善, 善安在? 所謂除浮屠祠廟便向善者, 天下之人旣不溺於彼, 自然孝父母, 悌長上, 做一好人, 便是善. 大抵今之佛書, 多是後世做文字者所爲. 向見伯恭說, 曾看『藏經』, 其中有至不成說話者. 今世傳一二本經, 乃是其祖師所傳, 故士大夫好佛者, 多爲簧鼓.” 某問: “道家之說, 云出於老子. 今世道士又卻不然. 今之傳, 莫是張角術?” 曰: “是張陵, 見『三國志』. 他今用印, 乃‘『陽平』治都功印.’ 張魯起兵之所, 又有祭酒, 有都講祭酒. 魯以女妻馬超, 使爲之. 其設醮用五斗米, 所謂‘米賊’是也. 向在浙東祈雨設醮, 拜得脚痛. ▲[137]念此何以得雨? 自先不信.” 某問: “漢時如鄭康成注二『禮』, 但云鬼神是氣. 至佛入中國, 人鬼始亂.” 曰: “然.” 【可學】

126:107 初, 西域僧來東漢時, 令鴻臚寺寄居, 後以爲僧居, 因名曰“寺.” 寺是官寺, 非釋者取之. 【寺之起自此時. ○雉】

126:108 俗言佛燈, 此是氣盛而有光, 又恐是寶氣, 又恐是腐葉飛蟲之光. 蔡季通去廬山問得, 云是腐葉之光. 云, 昔人有以合子合得一團光, 來日看之, 乃一腐葉. 妙喜在某處見光, 令人撲之, 得一小蟲, 如蛇樣, 而甚細, 僅如布線大. 此中有人隨汪聖錫到峨眉山. 云, 五更初去看, 初布白氣而已[138], 有圓光如鏡, 其中有佛. 然其人以手裹頭巾, 則光中之佛亦裹頭巾, 則知乃人影耳. 今所在有石, 號“菩薩石”者, 如

---

137) ▲: 自
138) 白氣而已: 孝宗刊本·成化本·賀本에서는 白氣, 已而로 되어 있다.

水精狀, 於日中照之, 便有圓光. 想是彼處山中有一物, 日初出, 照見其影圓, 而映人影如佛影耳. 峨眉山看佛, 以五更初看.【璘】

126:109 道謙言: "『大藏經』中言, 禪子病脾時, 只坐禪六七日, 減食便安." 謙言: "渠曾病, 坐得三四日便無事."

126:110 雪峰開山和尚住山數年, 都無一僧到, 遂下山. 至半嶺, 忽有一僧來, 遂與之俱還. 先生▲[139]: "若是某, 雖無人來, 亦不下山?"【文蔚】

126:111 王質不敬其父母, 曰: "自有物無始以來, 自家是換了幾箇父母了." 其不孝莫大於是? 以此知佛法之無父, 其禍乃至於此. 使更有幾箇如王質, 則雖殺其父母, 亦以爲常. 佛法說君臣父子兄弟, 只說是偶然相遇. 趙子直「戒殺子文[140]」, 末爲因報之說云: "汝今殺他, 他再出世必殺汝." 此等言語, 乃所以啓其殺子[141], 蓋彼安知不說道: "我今可以殺汝, 必汝前身曾殺我?"【賀孫 ○以下論釋氏滅人倫之害.】

126:112 佛家說要廢君臣父子, 他依舊廢不得. 且如[142]今一寺, 依舊有長老之類, 其名分亦甚嚴, 如何廢得? 但皆是僞.【義剛】

126:113 問: "釋氏之失, 一是自利, 厭死生而學, 大本已非, 二是滅絶人倫, 三是徑[143]求上達, 不務下學, 偏而不該." 曰: "未須如此立論."【人傑[144]】

---

139) ▲: 曰
140) 子文: 賀本에서는 身又로 되어 있다.
141) 子: 賀本에서는 身으로 되어 있다.
142) 且如: 『小分』에서는 如且를 교정부호로 바로잡았다.
143) 徑: 孝宗刊本・成化本・賀本에서는 逕으로 되어 있다.
144) 人傑: 徽州本에서는 이 뒤에 以下論釋氏無人倫之害가 더 있다.

126:114 次日因余國秀解“物則”, 語及釋氏, 先生曰: “他佛▲[145]都從頭不識, 只是認知覺運動做性, 所以鼓動得許多聰明豪傑之士. 緣他是高於世俗, 世俗一副當汙濁底事, 他是無了, 所以人競趨他之學. 元初也不如此. 佛教初入中國, 只是修行說話, 如『四十二章經』是也. 初間只有這一卷經. 其中有云, 佛問一僧: ‘汝處家爲何業?’ 對曰: ‘愛彈琴.’ 佛問: ‘絃緩如何?’ 曰: ‘不鳴矣.’ ‘絃急如何?’ 曰: ‘聲絶矣.’ ‘急緩得中如何?’ 曰: ‘諸音普矣.’ 佛曰: ‘學道亦然. 心須調適, 道可得矣.’ 初間只如此說. 後來達磨入中國, 見這般說話, 中國人都會說了, 遂換了話頭, 專去面壁靜坐默照, 那時亦只是如此. 到得後來, 又翻得許多禪底說話來, 盡掉了舊時許多話柄. 不必看經, 不必靜坐, 越弄得來闊, 其實只是作弄這些精神.” 或曰: “彼亦以知覺運動爲形而下者, 以空寂▲[146]形而上者, 如何?” 曰: “便只是形而下者. 他只是將知覺運動做玄妙說.” 或曰: “如此則安能動人? 必更有玄妙處.” 曰: “便只是這箇. 他那妙處, 離這知覺運動不得, 無這箇, 便說不行. 只是被他作弄得來精, 所以橫渠有‘釋氏兩末’之論. 只說得兩邊末梢頭, 中間眞實道理卻不曾識. 如知覺運動, 是其上一梢也, 因果報應, 是其下一梢也.” 或曰: “因果報應, 他那邊有見識底, 亦自不信.” 曰: “雖有不信底, 依舊離這箇不得. 如他幾箇高禪, 縱說高殺, 也依舊掉舍這箇不可[147], 將去愚人. 他那箇物事沒理會, 捉撮他不得. 你道他如此, 他又說不如此. 你道他是知覺運動, 他又有時掉翻了. 都不說時, 雖是掉翻, 依舊離這箇不得.” 或問: “今世士大夫所以晩年都被禪家引去者, 何故?” 曰: “是他底高似你. 你平生所讀許多書, 許多記誦文章, 所藉以爲取利祿聲名之計者, 到這裏都靠不得了, 所以被他降下. 他底是高似你, 且是省力, 誰不悅而趨之? 王介甫平生讀許多書, 說許多道理, 臨了捨宅爲寺, 卻請兩箇僧來住持, 也是被他笑. 你這箇物事, 如何出得他?” 或問: “今也不消學他那一層, 只認依著自家底做便了.” 曰: “固是. 豈

145) ▲: 家
146) ▲: 爲
147) 可: 『朱子語類』에서는 下로 되어 있다.

可學他? 只是依自家底[148]做, 少間自見得他底低."【僩 ○以下論士大夫好佛.】

126:115 問: "士大夫末年多溺於釋氏之說者, 如何?" 曰: "緣不曾理會得自家底原頭, 但看得些小文字, 不過要做些文章, 務行些故事, 爲取爵祿之具而已. 卻見得他底高, 直是玄妙, 又且省得氣力, 自家反不及他, 反爲他所鄙陋, 所以便溺於他之說, 被他引入去."【燾】

126:116 今之學者往往多歸異教者, 何故? 蓋爲自家這裏工夫有欠缺處, 奈[149]何這心不下, 沒理會處. 又見自家這裏說得來疏略, 無箇好藥方治得他沒奈[150]何底心, 而禪者之說, 則以爲有箇悟門, 一朝得入[151], 則前後際斷, 說得恁地見成懍[152]快, 如何不隨他去? 此卻是他實要心性上理會了如此. 不知道自家這裏有箇道理, 不必外求, 而此心自然各止其所. 非獨如今學者, 便是程門高弟[153], 看他說那做工夫處, 往往不精切.【廣】

126:117 老氏見得煞高, 佛氏安敢望他? 唐人方說佛. 本朝士大夫好佛者, 始初楊大年, 後來張無盡. 又說: "張無垢參杲老, 汪玉山被[154]他引去, 後來亦好佛. 但汪丈爲人無果決, 好佛又見不透, 又不能果決而退. 嘗見汪丈論楊大年好佛, 後來守不定, 汪丈甚不信. 云是蘇子由記此, 恐未必是."【南升】

126:118 "老氏煞淸高, 佛氏乃爲逋逃淵藪. 今看何等人, 不問大人

148) 底: 賀本에서는 的으로 되어 있다.
149) 奈: 賀本에서는 柰로 되어 있다.
150) 奈: 賀本에서는 柰로 되어 있다.
151) 得入: 賀本에서는 入得으로 되어 있다.
152) 懍: 『朱子語類』에서는 捷으로 되어 있다.
153) 弟: 孝宗刊本에서는 第로 되어 있다.
154) 被: 成化本에서는 彼로 되어 있다.

小兒, 官員村人商賈, 男子婦人, 皆得入其門. 最無狀, 是見婦人便與之對談. 如杲老與中貴權要及士夫皆好. 湯思退與張魏公如水火, 杲老與湯張皆好." 又云: "杲老乃是禪家之俠." 又云: "陳了翁好佛, 說得來七郎八當?"【南升】

126:119 韓退之詩: "陽明人所居, 幽暗鬼所寰. 嗟龍獨何智? 出入人鬼間." 今僧家上可以交賢士大夫, 下又交中貴小人, 出入其間不以爲恥, 所謂"出入人鬼間"也. 如妙喜與張魏公好, 又與一種小人小官好.【璘】

126:120 信州人新鄂州教官龔安國, 聞李德遠過郡, 見之. 李云: "若論學, 唯佛氏直截. 如學周公・孔子, 乃是抱橋柱澡洗."【方】

126:121 問: "近世王日休立化, 如何?" 曰: "此人極不好, 貪汙異常." 曰: "旣如此, 何故立脫?" 曰: "它平日坐必向西, 心在於此, 遂想而得. 此乃佛氏最以爲下者."【程氏說"野狐精", 正是以如此爲不足貴. ○可學】

126:122 因說某人棄家爲僧, 以其合奏官與弟, 弟又不肖, 母在堂, 無人奉養. 先生顰蹙曰: "奈何棄人倫滅天理至此?" 某曰: "此僧乃其家之長子." 方伯謨曰: "佛法亦自不許長子出家." 先生曰: "縱佛許亦不可."【可學】

126:123 陳福公臨終, 親筆戒其子勿用浮屠. 林子方亦[155]責之. 人之卑陋乃如此?【淳】

126:124 先生說及俗人之奉佛者, 每晨拜跪備至, 及其老也, 體多康健, 以爲獲福於佛. 不知其日勞筋骨, 其他節省運用血氣, 所以安也.

---

155) 亦: 『朱子語類』에서는 力으로 되어 있다.

【過】

126:125 夷狄之教入于[156]中國, 非特人爲其所迷惑, 鬼亦被他迷惑. 大乾廟所以塑僧像, 乃勸其不用牲祭者. 其他廟宇中, 亦必有所謂勸善大師. 蓋緣人之信向者旣衆, 鬼神只是依人而行.【必大】

126:126 "本朝歐陽公排佛, 就禮法上論, 二程就理上論, 終不如宋景文公捉得正贓出.【見「李蔚傳贊」論華人增加處.】佛書分明是中國人附益." 問: "佛法所以傳至今, 以有禍福之說助之?" 曰: "亦不全如此, 卻是人佐佑之. 初來只有『四十二章經』, 至晉・宋間乃談義, 皆是剽竊『老』・『莊』, 取『列子』爲多. 其後達磨來又說禪, 又有三事: "一空, 二假, 三中. 空全論空, 假者想出世界, 中在空假之中. 唐人多說假."【可學 ○以下闢佛.】

126:127 問: "胡僧不能害傅奕, 只是邪不能干正否?" 曰: "是他心不動."【胡泳】

126:128 論釋氏之說, 如明道數語, 闢得極善.【見「行狀」中者.】 它只要理會箇寂滅, 不知須强要寂滅它做甚? 旣寂滅後, 卻作何用? 何況號爲尊宿禪和者, 亦何曾寂滅得? 近世如宗杲, 做事全不通點檢, 喜怒更不中節. 晉宋以前遠法師之類, 所談只是莊・列, 今其集中可見[157]. 其後要自立門戶, 方脫去莊列之談, 然實剽竊其說. 傅奕亦嘗如此說, 論佛只是說箇大話謾人, 可憐人都被它謾, 更不省悟. 試將『法華經』看, 便見其誕. 開口便說恒河沙數幾萬幾千幾劫, 更無近底年代. 又如佛受記某甲幾劫後方成佛. 佛有神通, 何不便成就它做佛? 何故[158]待闊許久? 又如住世羅漢猶未成佛, 何故許多時修行都無長進? 今被它

156) 于: 賀本에서는 於로 되어 있다.
157) 可見: 『小分』에서는 見可를 교정부호로 바로잡았다.
158) 故: 賀本에서는 以로 되어 있다.

撰成一藏說話, 遍滿天下, 惑了多少人. 勢須用退之盡焚去乃可絶. 今其徒若聞此說, 必曰, 此正是爲佛教者. 然實謬爲此說, 其心豈肯如此? 此便是言行不相應處. 今世俗有一等卑下底人, 平日所爲不善, 一旦因讀佛書, 稍稍收斂, 人便指爲學佛之效, 不知此特粗勝於庸俗之人耳. 士大夫學佛者, 全不曾見得力, 近世李德遠輩皆是也. 今其徒見吾儒所以攻排之說, 必曰, 此吾之迹耳, 皆我自不以爲然者. 如果是不以爲然, 當初如何卻恁地撰下? 又如僞作「韓・歐別傳」之類, 正如盜賊怨捉事人, 故意攤贓耳. 【僩】

126:129 因論釋氏, 先生曰: "自伊・洛君子之沒[159], 諸公亦多聞闢佛氏矣. 然終竟說他不下者, 未知其失之要領耳. 釋氏自謂識心見性, 然其所以不可推行者何哉? 爲其於性與用分爲兩截也. 聖人之道, 必明其性而率之, 凡修道之敎, 無不本於此. 故雖功用充塞天地, 而未有出於性之外者. 釋氏非不見性, 及到作用處, 則曰無所不可爲. 故棄君背父, 無所不至者, 由其性與用不相管也." 時魏才仲侍側, 問其故. 先生曰: "如今未有此病, 然亦不可不知. 譬如▲[160]食物: 欲知烏喙之不可食, 須是認下這底是烏喙, 知此物之爲毒, 則他日不食之矣. 若不便認下, 他日卒然遇之, 不知其毒, 未有不食之也. 異端之害道, 如釋氏者極矣. 以身任道者, 安得不辨之乎? 如孟子之辨楊・墨, 正道不明, ▲[161]異端肆行, 周孔之敎將遂絶矣. 譬如火之焚將及身, 任道君子豈可不拯[162]救也?"

126:130 因說"誠意", 曰: "前輩有[163]謂闢釋氏爲扶敎者, 安在其不妄語也?" 【閎祖】

159) 沒: 賀本에서는 後로 되어 있다.
160) ▲: 人
161) ▲: 而
162) 拯: 孝宗刊本・成化本에서는 極으로 되어 있다.
163) 有: 賀本에서는 何로 되어 있다.

126:131 伊川謂“所執皆出禪學之下”, 此說甚好.【謂攻之者. ○淳】

126:132 今之闢佛者, 皆以義利辨之, 此是第二義. 正如唐人檄高麗之不能守鴨綠之險, 高麗遂守之. 今之闢佛者類是. 佛以空爲見. 其見已錯, 所以都錯, 義・利又何足以爲辨? 舊嘗參究後, 頗疑其不是. 及見李先生之言, 初亦信未及, 亦且背一壁放, 且理會學問看如何. 後年歲間漸見其非.【揚】

126:133 儒之不闢異端者, 謂如有賊在何處, 任之, 不必治.【揚】

126:134 近看『石林過庭錄』, 載上蔡說伊川參某僧, 後有得, 遂反之,【蜀本作‘去.’】 偸其說來做己使, 是爲洛學. 某也嘗疑如石林之說固不足信, 卻不知上蔡也恁地說, 是怎生地? 向見光老示及某僧「與伊川居士帖」, 後見此帖乃載『山谷集』中, 後又見【蜀本有“文集[164]別本”四字.】 有跋此帖者,【蜀本作‘語.’】 乃僧「與潘子眞【潘淳, 乃興嗣之子也.】 帖」,【蜀本云: “其所以載於『山谷集』者, 以山谷嘗綠其語, 而或以爲山谷帖也[165].” 淳錄云: “其非與伊川, 明矣.”】 其差謬類如此. 但當初佛學只是說無存養底工夫, 至唐六祖始教人存養工夫. 當初學者亦只是說不曾就身上做工夫, 至伊川方教人就身上做工夫. 所以謂伊川偸佛[166]說爲己使.【義剛】

126:135 問: “靈源與潘子眞書, 今人皆將做與伊川書, 謂伊川之學出於靈源也. 恐後人以入『傳燈錄』中, 如退之之比. 不知可寓於何書注[167]破?” 云: “某舊十年前聞此事, 則半夜起來爲作文矣? 其好辯甚

164) 文集: 『小分』에서는 集文을 교정부호로 바로잡았다.
165) 以山谷嘗綠其語, 而或以爲山谷帖也: 賀本에서는 以山谷載於山谷, 而或與山谷帖也로 되어 있다.
166) 偸佛: 『小分』에서는 佛偸를 교정부호로 바로잡았다.
167) 注: 賀本에서는 汪으로 되어 있다.

也."【振】

126:136 釋氏之教, 其盛如此, 其勢如何拗得他轉? 吾人家守得一世再世, 不崇尚他者, 已自難得. 三世之後, 亦必被他轉了. 不知大聖人出, "所過者化, 所存者神"時, 又如何?【必大】

○[168] 先生顧壽昌曰: "子好說禪, 禪則未必是. 然其所趣向, 猶以爲此是透脫生死底等事. 其見識猶高於世俗之人, 紛紛然抱頭聚議, 不知是照證箇甚底事?"【訓壽昌】[169]

○[170] 先生問壽昌: "子好說禪, 何不試說一上?" 壽昌曰: "明眼人難謾." 先生曰: "我則異於是, 越明眼底, 越當面謾他."

168) ○:『朱子語類』의 118:83이다.
169)【訓壽昌】:『朱子語類』에는 없다.
170) ○:『朱子語類』의 118:86이다.

『朱子語類』 第一百二十七

「本朝一[1]」

「太祖朝」

127:1 漢高祖・本朝太祖有聖人之材.【必大】

127:2 或言: "太祖受命, 盡除五代弊法, 用能易亂爲治." 曰: "不然. 只是去某[2]甚者, 其他法令條目多仍其舊. 大凡做事底人, 多是先其大綱, 其他節目可因則因, 此方是英雄手段. 如王介甫大綱都不曾理會, 卻纖悉於細微之間, 所以弊也."【僩用】

127:3 問: "藝祖平定天下如破竹, 而河東獨難取, 何耶? 以爲兵强, 則一時政事所爲, 皆有敗亡之勢. 不知何故如此?" 曰: "這卻本是他家底. 郭威乘其主幼而奪之, 劉氏遂據有幷州. 若使柴氏得天下, 則劉氏必不服, 所以太祖以書喻之, 謂本與他無讎隙, 渠答云: '不忍劉氏之不血食也.' 此其意可見矣. 被他辭直理順了, 所以難取."【榦江】[3]

127:4 國初下江南, 一年攻城不下, 是時江州亦城守三年. 蓋其國小, 君臣相親, 故能得人心如此.【因說先世理評公[4]仕江南死事, 及此. 德明】

---

1) 本朝一: 徽州本에서는 祖宗一로 되어 있고 英祖刊本에서는 本朝로 되어 있다.
2) 某: 『朱子語類』에서는 其로 되어 있다.
3) 【榦江】: 英祖刊本・成化本・賀本에서는 【榦】으로 되어 있다.
4) 理評公: 賀本・萬曆本에서는 理平公으로 되어 있다.

127:5 因說今官府文移之煩, 先生曰: "國初時事甚簡徑, 無許多虛文. 嘗見太祖時, 樞密院一卷公案, 行遣得簡徑. 畢竟英雄底人做事自別, 甚樣索性! 聞番中卻如此, 文移極少. 且如駕過景靈宮, 差從官一人過盞子, 有甚難事? 只消宰相點下便了. 須要三省下吏部, 吏部下太常, 太常擬差申部, 部申省, 動是月十日不能得了, 所差又卽是眼前人. 趙丞相在位, 甚有意要去此等弊, 然十不能去一二, 可見上下皆然."【太祖時公案, 乃是蜀中一州軍變, 後[5]申來乞差人[6]管攝軍馬. 樞密院具已經差使使臣, 及未經差使姓名, 內一人姓樊. 注云: "樊愛能孫. 只有一人." 注: "此人淸廉可使." 太祖就此人姓上點一點, 就下批四字云: "只敎他去." 後面有卷[7]狀云: "雜隨四人, 某甲某乙." 太祖又批其下云: "只帶兩人去." "小底二人, 某童某童, 大紫騮[8]馬一疋[9], 幷鞍轡, 小紫騮[10]馬一疋[11], 幷鞍轡." 太祖又批其下云: "不須帶紫騮[12]馬, 只騎騮[13]馬去." 又乞下銓曹, 疾[14]速差知州, 後面有銓曹擬[15]差狀. 約只隔得二三[16]日, 又有到任申狀. 其兵馬監押纔到時, 其知州亦到了[17]. 其行遣得簡徑▲[18]速如此! ○雉】

127:6 秀才好立虛論事, 朝廷纔做一事, 鬨鬨地鬨過了, 事又只休. 且如黃河事, 合卽其處看其勢如何, 朝夕只在朝廷上鬨, 河東決西決.【揚錄云: "害幾多了, 此中論要導河[19]處亦未住. 凡作一事皆然. 漢時在上重,

5) 後: 賀本・萬曆本에서는 復으로 되어 있다.
6) 人: 賀本에서는 없다.
7) 卷: 『朱子語類』에서는 劵으로 되어 있다.
8) 騮: 賀本・萬曆本에서는 騮로 되어 있다.
9) 疋: 成化本에서는 匹로 되어 있다.
10) 騮: 『朱子語類』에서는 騮로 되어 있다.
11) 疋: 成化本에서는 匹로 되어 있다.
12) 騮: 『朱子語類』에서는 騮로 되어 있다.
13) 騮: 成化本・賀本에서는 騮로 되어 있다.
14) 疾: 賀本에서는 作로 되어 있다.
15) 擬: 成化本에서는 疑로 되어 있다.
16) 二三: 『朱子語類』에서는 一二로 되어 있다.
17) 了: 『小分』에서는 손상되어 보이지 않으나 『朱子語類』에 따라 보충하였다.
18) ▲: 健

唐亦多爲虛論所沮. 如憲宗討蔡, 不是憲宗, 如何做得! 刺武元衡, 傷裴度, 憲宗決爲之, 乃成."】 凡作一事皆然. 太祖當時亦無秀才, 全無許多閑說. 只是今日何處看修器械, ▲[20]明日何處看習水戰, 又明日何處敎閱. 日日著實做, 故事成.

127:7 問: "開寶九年, 不待踰年而遂改元, 何也?" 曰: "這是開國之初, 一時人材麤疏, 理會不得. 當時藝祖所以立得許多事, 也未有許多秀才說話牽制他. 到這般處, 又忒欠得幾箇秀才說話."【榦】

「太宗・眞宗朝」

127:8 才卿問: "秦漢以下, 無一人知講學明理, 所以無善治." 曰: "然." 因泛論歷代以及本朝太宗・眞宗之朝, 可以有爲而不爲. "太宗每日看『太平廣記』數卷, 若能推此心去講學, 那裏得來! 不過寫字作詩, 君臣之間以此度日而已. 眞宗東封西祀, 靡[21]費巨萬計, 不曾做得一事. 仁宗有意於爲治, 不肯安於小成, 要做極治之事. 只是資質慈仁, 卻不甚通曉用人, 驟進驟退, 終不曾做得一事, 然百姓戴之如父母. 契丹初陵中國, 後來卻服仁宗之德, 也是慈仁之效. 緣它至誠惻怛, 故能動人如此."【卓】

127:9 氣有盛衰, 盛時便做得未是, 亦不大段覺. 眞宗時, 遼人直至澶州, 旋又無事, 亦是氣正盛. 靖康時, 直弄得到這般田地! 前漢如此之盛, 至光武再興, 亦只得三四分. 後來一切扶不起, 亦氣衰故.【揚】

---

19) 河: 成化本・賀本에서는 向으로 되어 있다.

20) ▲: 又

21) 靡: 英祖刊本에서는 糜으로 되어 있고 成化本에서는 縻로 되어 있고 賀本에서는 縻로 되어 있다.

「仁宗朝」

127:10 問: "章獻不如宣仁. 然章獻輔仁宗, 後來卻無事." 曰: "亦是仁[22]宗資質好. 後來亦是太[23]平日久, 宮中太寬. 如崔[24]乳母事, 宣仁不知, 此一事便反不及章獻."【可學】

「英宗朝」

127:11 亞夫問"濮議." 曰: "歐公說不是, 韓公・曾公亮和之. 溫公・王珪議是. 范鎭・呂誨[25]・范純仁・呂大防皆彈歐公. 但溫公又於濮王一邊禮數太薄, 須於中自有斟酌可也. 歐公之說斷不可. 且如今有爲人後者, 一日所後之父與所生之父相對坐, 其子來喚所後父爲父, 終不成又喚所生父爲父! 這自是道理不可. 試坐仁宗於此, 亦坐濮王於此, 使英宗過焉, 終不成都喚兩人爲父! 只緣衆人道是死後爲鬼神不可考, 胡亂呼都不妨, 都不思道理不可如此. 先是[26], 仁宗有詔云: '朕皇兄濮安懿王之子, 猶朕之子也.' 此甚分明, 當時只以此爲據足矣." 亞夫問: "古禮自何壞起?" 曰: "自定陶王時已壞了. 蓋成帝不立弟中山王, 以爲禮, 兄弟不得相入廟, 乃立定陶王, 蓋子行也. 孔光以『尙書』盤庚 殷之兄[27]王爭之, 不獲. 當時濮廟之爭, 都是不曾[28]好好讀古禮, 見得古人意思, 爲人後爲之子, 其義甚祥[29]."【賀孫】

---

22) 仁: 英祖刊本에서는 二로 되어 있다.
23) 太: 孝宗刊本・英祖刊本에서는 大로 되어 있다.
24) 崔: 『朱子語類』에서는 雇로 되어 있다.
25) 誨: 賀本에서는 晦로 되어 있다.
26) 是: 『朱子語類』에서는 時로 되어 있다.
27) 兄: 英祖刊本에서는 及으로 되어 있다.
28) 曾: 賀本・萬曆本에서는 爭으로 되어 있다.
29) 祥: 『朱子語類』에서는 詳으로 되어 있다.

127:12 “濮議”之爭, 結殺在王陶擊韓公, 蔣之奇論歐公. 伊川代彭中丞奏議, 似亦未爲允當. 其後無收殺, 只以濮國主其祀. 可見天理自然, 不由人安排.【方子】

○[30] 器之問: “濮議如何?” 先生曰: “歐公說固是不是, 辯之者亦說得偏. 既是所生, 亦不可不略是殊異. 若止封皇伯, 與其他皇伯等, 亦不可. 須封號爲‘大王’之類, 乃可. 伊川先生有說, 但後來已自措置得好. 凡祭享禮數, 一付其下面子孫, 朝廷無所預.”【賀孫】

127:13 本朝許多大疑禮, 都措置未得. 如濮廟事, 英宗以皇伯之子入繼大統, 後只令嗣王奉祭祀, 天子則無文告.【賀孫】

「神宗朝」

127:14 神宗銳意爲治, 用人便一向傾信他. ▲[31]用富鄭公, 甚傾信. 及論兵, 鄭公曰: “願陛下二十年不可道著‘用兵’二字.” 神宗只要做, 鄭公只要不做, 說不合. 後來傾信王介父[32], 終是坐此病. 只管好用兵, 用得又不著, 費了無限財穀, 殺了無限人, 殘民蠹物之政, 皆從此起. 西蕃[33]小小擾邊, 只是打一陣退便了, 卻去深入侵他疆界, 才奪得鄯州等空城, 便奏捷. 朝廷不審, 便命官發兵去守, 依舊只是空城. 城外皆是蕃[34]人, 及不能得歸朝廷, 又發兵去迎歸, 多少勞費[35]! 熙河之敗, 喪兵十萬, 神宗臨朝大慟, 自此[36]得疾而終. 後來蔡京用事, 又以

30) ○: 『朱子語類』의 107:18의 일부이다.

31) ▲: 初

32) 父: 英祖刊本・賀本에서는 甫로 되어 있다.

33) 蕃: 賀本에서는 番으로 되어 있다.

34) 蕃: 成化本・賀本에서는 番으로 되어 있다.

35) 勞費: 賀本에서는 費力로 되어 있다.

36) 此: 賀本에서는 없다.

爲不可棄, 用兵復不利, 又事幽 燕, 此亦自神宗啓之, 遂至中朝傾覆[37]. 反思鄭公之言, 豈不爲天下至論!【義剛[38]】

127:15 神宗極聰明, 於天下事無不通曉, 眞不世出之主, 只是頭頭做得不中節拍. 如王介甫爲相, 亦是不世出之資, 只緣學術不正當, 遂悞[39]天下. 使神宗得一眞儒而用之, 那裏得來! 此亦氣數使然. 天地生此人, 便有所偏了. 可惜可惜!【卓】

127:16 神宗大概好用生事之人. 如吳居厚[40]在京西, 括民買鑊, 官司鑄許多鑊, 令民四口買一, 五口則買二. 其後民怨, 幾欲殺之, 吳覺而免, 然卒稱旨. 其後如蔡京欲擧行神宗時政, 而所擧行者皆熙寧之政, 非元豐 神祖自行之政也. 故了翁摭摘其失, 以爲京但行得王安石之政, 而欺蔽不道, 實不曾紹復元豐之政也.【義剛】

127:17 神宗事事留心. 熙寧初闢闊京城至四十餘里, 盡修許多兵備, 每門作一庫, 以備守城. 如『射法』之屬, 皆造過. 但造得太文, 軍人剗地不曉.【義剛】

127:18 熙寧作『陣法』, 令將士讀之. ▲[41]厮殺時, 已被將官打得不成模樣了.【義剛】

127:19 論及本[42]圖, 云: "神宗大故留心邊事. 自古人主何曾恁地留心!"【義剛】

---

37) 覆: 賀本에서는 復으로 되어 있다.
38) 義剛: 徽州本에서는 이 뒤에 陳淳錄同이 더 있다.
39) 悞: 成化本에서는 誤로 되어 있다.
40) 厚: 賀本에서는 後로 되어 있다.
41) ▲: 未
42) 本: 成化本·賀本에서는 木으로 되어 있다.

127:20 神宗理會得文字, 極喜陳殿院【師錫, 建人】文. 嘗於太學中取其程文閱之, 每得, 則貯之錦囊中. 及殿試編排卷子奏御, 神宗疑非師錫之文. 從頭閱之, 至中間, 見一卷子, 曰: "此必陳某之文也." 寘[43]之第三. 已而果然.【儒用】

127:21 溫公『日錄』中載厚陵事甚詳. 林子中『雜記』載裕陵事甚詳.【方子】

「哲宗朝」

127:22 哲宗常使一舊卓子, 不好. 宣仁令換之, 又只如此在. 間[44]之, 云: "是爹爹用底." 宣仁大慟, 知其有紹述意也. 又劉摯嘗進君子小人之名, 欲宣仁常常喻哲宗使知之. 宣仁曰: "常與孫子說, 然未曾了得." 宣仁亦是見其如此, 故皆不肯放下, 哲宗甚銜之. 紹述雖是其本意, 亦是激於此也.【揚】

127:23 哲宗春秋尚富, 平日寡言. 一旦講筵說『書』, 至"又[45]用三德", 發問云: "只是此三者, 還更有?" 這也問得無情理. 然若有人會答時, 就這裏推原, 卻紋[46]有好說話. 當時被忽然問後, 都答不得.【義剛】

127:24 紹聖四年, 長安民家得秦璽, 改元元符. 是時下公卿雜議, 莫有知者. 李伯時號多識, 辨其果秦璽, 遂降入[47]寶赦.【德明】

---

43) 寘: 成化本에서는 置로 되어 있다.
44) 間: 『朱子語類』에서는 問으로 되어 있다.【附箋紙】"間"字, 恐是"問."
45) 又: 『朱子語類』에서는 乂로 되어 있다.
46) 紋: 『朱子語類』에서는 煞로 되어 있다.【附箋紙】"紋", 恐是"煞"字之誤.
47) 入: 『朱子語類』에서는 八로 되어 있다.

「徽宗朝」

127:25 欽聖當時諭宰執, 有廢劉再立孟子[48]之意, 曾子宣兩存之. 後蔡京以曾欲廢劉, 治之. 蔡爲相, 弟卞爲樞密, 入▲[49][50]字, 謂任伯雨曾謂臣欲謀廢宣仁, 臣無此事. 欲案治, 遂治任伯雨. 其他一二十人, 當時言事官不及此事者, 亦因以治之.【揚】

127:26 徽廟初, 上蔡初召, 上殿問對語不少. 然上蔡云, 多不誠. 遂退, 只求監局之類去. 或謂建中年號與德宗同, 不佳. 上蔡云, 恐亦不免[51]一播. 後下獄, 事不知.【方】

127:27 徽宗因見星變, 卽令衛士仆黨碑, 云: "莫待明日, 引得蔡京又來炒." 明日, 蔡以爲言, 又下詔云: "今雖仆碑, 而『黨籍』卻仍舊."【義剛】

127:28 蔡京謀取湟・鄯, 費四千萬緡!【揚】

127:29 今看著徽宗朝事, 更無一著下得是. 古之大[52]國之君猶有一二著下得是, 而大勢不可支吾. 那時更無一小著下得是, 使無虜人之猖獗, 亦不能安. 以當時之勢, 不知有伊・呂之才, 能轉得否? 恐也不可轉. 嘗試思之, 無著可下手. 事弄得極了, 反爲虜人所持. 當初約女眞同滅契丹. 旣女眞先滅了契丹, 王師到日, 惟有空城, 金帛子女, 已爲女眞席卷而去, 遂竭府庫問女眞換此空城. 又以歲幣二百萬貫而爲每歲空[53]額. 是時帑藏空竭, 遂斂敷民間, 云免百姓往燕山打糧草, 每

48) 子: 『朱子語類』에서는 없다.【附箋紙】"孟"下"子"字, 疑是衍也.
49) ▲: 文
50) 入:【附箋紙】"入"字下, 當有"文."
51) 免: 賀本에서는 兒로 되어 있다.
52) 大: 英祖刊本에서는 亡으로 되어 있다.

人科錢三十貫, 以充免役之費. 民無從得錢, 遂命監司・郡守親自徵督, 必足而後已. 亦煞瞰得錢, 共科得六百餘萬貫, 然奉虜亦不多, 恣爲用事者侵使, 更無稽考. 及結局日, 任事者遂焚簿曆, 朝廷亦不問. 又, 契丹相郭藥師以常勝軍來降, 朝廷處之河北諸路近邊塞上. 後又有契丹甚人來降, 亦有一軍名義勝軍, 亦處之河北諸路, 皆厚廩給. 是時中國已空竭, 而邊上屯戍之兵, 餼廩久絶, 飢寒欲死, 而常勝・義勝兩軍安坐而享厚祿. 故中國屯戍之兵數罵詈之云: "我爲中國戰鬥守禦幾軍[54]矣, 今反受飢寒. 汝輩皆降蕃[55], 有何功而享厚俸!" 久之, 兩邊遂相殺. 及後來虜入中國, 常勝義勝兩軍先往降之. 二軍散處中國, 盡知河北諸路險要虛實去處, 遂爲虜鄕導, 長驅入中原. 又, 徽宗先與阿骨打盟誓, 兩邊不得受叛降. 中國雖得契丹空城而無一人, 又遠屯戍中原之兵以守之, 飛芻轉餉, 不勝其擾. 又, 契丹敗亡餘將, 數數引兵來降, 朝廷又皆受之, 蓋不受又恐其爲盜. 虜人已有怨言. 又虜中有張瑴者, 知平州, 欲降, 徽宗親寫詔書以招之. 由[56]間路往, 又爲虜所得, 而張瑴已來降矣. 虜益怨. 又, 契丹亡國之主天祚者, 在虜中. 徽宗又親寫招之, 若歸中國, 當以皇兄之禮相待, 賜甲第, 極所以奉養者. 天祚大喜, 欲歸中國, 又爲虜所得. 【天祚故爲虜人所殺】 由是虜人大怒, 云: "始與我盟誓如此, 今乃寫詔書招納我叛亡!" 遂移檄來來[57]責問, 檄外又有甚檄文, 極所以罵詈之語, 今『實錄』中皆不敢載. 徽宗大恐, 遂招引到張瑴來, 不柰何, 斬其首與虜人. 又作道理, 分雪天祚之事, 遂啓其輕侮之心. 然阿骨打卻乖, 他常以守信義▲[58]說. 其諸將欲請起兵問罪, 阿骨打每不可, 曰: "吾與大宋盟誓已定, 豈可敗盟!" 夷狄猶能守信義, 而我[59]之所以敗盟失信, 取怒於夷狄之類如此! 每讀其

53) 空: 英祖刊本・賀本에서는 定으로 되어 있다.
54) 軍: 『朱子語類』에서는 年으로 되어 있다.
55) 蕃: 賀本에서는 番으로 되어 있다.
56) 由: 賀本에서는 中으로 되어 있다.
57) 來來: 『朱子語類』에서는 來로 되어 있다.
58) ▲: 爲
59) 我: 賀本에서는 吾로 되어 있다.

書, 看得人頭痛, 更無一版有一件事做得應節拍.【卓】

127:30 宣和內禪, 惟有吳敏有『中橋居士記錄』, 說得最詳.【銖】

127:31 老內侍黃節夫事徽宗, 言道人林靈素有幻術, 其實也無. 如溫革言見鬼神者, 皆稗官, 某不曾見. 所作「天人示現記」, 皆集衆人之妄.【吏部親見節夫, 聞其言如此. ○方子】

「欽宗朝」

127:32 淵聖卽位時, 日重暈相軋. 太祖 陳橋卽位時亦然. 淵聖卽位三四日後, 昏霧四塞, 豈取[60]南仲邪說有以蒙蔽之乎?【揚】

127:33 "欽宗勤儉慈仁, 出於天資. 當時親出詔答, 所論事理皆是. 但於臣下賢否邪正辨別不分明, 又無剛健勇決之操, 纔說著用兵便恐懼, 遂致播遷之禍, 言之使人痛心! 如詔旨付主帥論用兵事, 亦儘有商量處置. 但其後須有'更當子細, 不可悞事'之語. 又嘗在李先生家藥方冊子上見箇御筆, 其冊子是朝報[61]紙做, 乃是當時議臣中有請授祖宗科擧之法, 上旣俞之矣. 明日, 耿南仲·馮澥華[62]又論神宗法制當紹述, 不可改. 故降御筆云: '昨來因議臣論罪[63], 失於不審, 遂行出. 今得師傅大臣之言, 深合朕心. 所有前降旨揮, 更不施行.' 當時只緣紹述做得如此了, 猶且不悟. 故李伯紀煞與欽宗論說, 但卻不合. 因綱罷, 而大[64]學生及軍民伏闕乞留之, 自後君臣遂生間隙, 疑其以[65]軍

60) 取: 『朱子語類』에서는 耿으로 되어 있다.【附箋紙】"取"字, 恐是"耿."
61) 報: 賀本에서는 廷으로 되어 있다.
62) 華: 『朱子語類』에서는 輩로 되어 있다.【附箋紙】"華", 恐是"輩"字.
63) 罪: 『朱子語類』에서는 奏로 되어 있다.
64) 大: 『朱子語類』에서는 太로 되어 있다.
65) 以: 賀本에서는 없다.

民脅己. 方圍閑[66]時, 降空名告身千餘道, 令其便宜補授, 其官上至節度使. 綱只書塡了數名小使臣, 餘者悉繳回, 而欽宗已有'近日人臣擅作威福, 漸不可長'之語. 如此, 教人如何做事?" 廣曰: "自漢・唐來, 惟有本朝臣下最難做事, 故議論勝而功名少." 曰: "議論勝, 亦自仁廟後而蔓衍於熙豐. 若是太祖時, 雖有議論, 亦不過說當時欲行之事耳, 無許多閑言語也."

127:34 靖康所用, 依舊皆熙豐 紹聖之黨. 欽宗欲褒贈溫公 范純仁, 以畏徽廟, 遂抹"純仁"字, 改作"仲淹", 遂贈文正太師. 【揚】

127:35 言及[67]靖康之禍, 曰: "本朝全盛之時, 如慶曆・元祐間, 只是相共扶持這箇天下, ▲[68], 不敢動. 被夷狄侮, 也只忍受, 不敢與較, 亦不敢施設一事, 方得天下稍寧. 積而至於[69]□□[70], 一旦所爲如此, 安得天下不亂!" 【卓】

「高宗朝」

127:36 二聖北狩時, 遣曹眞中道歸. 於背心生領上寫云: "可便卽眞, 來救父母!" 【義剛】

127:37 胡明仲初召至揚州, 久之未得對. 忽聞隣居有一衛士語一衛士云: "今夜次第去了." 胡聞之, 急去問之. 云: "官家亦去." 胡只聞得一句, 便歸叫僕[71]糴數斗米, 造飯裹囊, 夜出候城門. 暗中見數騎出,

---

66) 閑: 『朱子語類』에서는 閉로 되어 있다.
67) 及: 賀本에서는 定으로 되어 있다.
68) ▲: 不敢做事
69) 於: 【頭註】 於下恐"崇宣"二字, 唐本有"靖康"二字.
70) □□: 英祖刊本・成化本・賀本에서는 靖康으로 되어 있고 孝宗刊本에서는 □□으로 되어 있다. 孝宗刊本의 【頭註】 於下恐脫"崇宣"二字,

謂上也, 遂出. 逐後得舟渡江, 乃見一人擁氈坐石上, 乃上也.【揚】

127:38 渡揚州時, 煞殺了人[72]. 那不得過來底切骨怨. 當時人骨肉相散失, 沿路皆帖榜子, 店中都滿, 樹上[73]都是. 這邊卻放得幾箇官[74]者恁地! 一日, 康履與諸官[75]者出觀潮, 帳設塞街, 軍人皆憤惋不平, 後成苗・劉之變. 王淵也是善戰, 然未爲有大功, 不及當時諸老將, 一旦簽書樞密, 人皆不服. 一日早, 只見街上鬨鬨地, 人不敢開門. 從隙中窺, 但見人馬皆滿路, 見苗傅左手提得王淵頭, 右手提一劍以徇衆. 少頃, 盡殺官者[76], 逃在人家夾壁中底, 也一齊捉出來殺. 朱勝非卻也未爲大乖, 當時被苗・劉做得來可畏了, 不奈何, 只得且隱忍去調護他. 卻來[77]幾而義兵至, 這事便都休了. 是他無狀時, 不合說他調護甚有功, 被義兵□□[78]地壞了他事. 是他要自居其功, 這箇卻乖. 當時若不殺了苗・劉, 也無了當. 他若尙在那裏, 終是休不得.【義剛】

127:39 "苗傅乃一愚夫. 劉正彦本文士, 先欲投中官唐某. 唐云: '子乃文臣, 吾其如子何? 子換武而來, 乃可.' 劉旣換武, 唐不顧之, 專主王淵, 正彦遂鼓扇傅. 是時命淵簽書, 武將皆憤怒, 故起此禍. 張魏公在平江, 湯東野作守, 有傅云赦[79]書到. 湯訪於魏公. 公云, 可遣一識文理人先去拆着[80], 乃遣敎授[81]行, 果明受赦. 是時恐諸軍變, 魏公乃

---

71) 僕: 『朱子語類』에서는 僕으로 되어 있다.【附箋紙】"僕"字, 恐是"僕."
72) 了人: 『小分』에서는 人了를 교정부호로 바로잡았다.
73) 上: 賀本에서는 下로 되어 있다.
74) 官: 『朱子語類』에서는 宦으로 되어 있다.
75) 官: 孝宗刊本・英祖刊本・賀本에서는 宦으로 되어 있다.
76) 盡殺官者: 賀本에서는 盡宦官者로 되어 있고 孝宗刊本・英祖刊本・成化本에서는 盡殺宦者로 되어 있다.
77) 來: 『朱子語類』에서는 未로 되어 있다.
78) □□: 『朱子語類』에서는 來, 剗로 되어 있다.
79) 赦: 賀本에서는 없다.
80) 着: 『朱子語類』에서는 看으로 되어 있다.
81) 授: 賀本에서는 受로 되어 있다.

與湯商量, 先搬出犒賞錢, 使人將舊赦書於樓上宣之. 既而韓世忠軍至, 遂同謀起兵. 呂丞相在建康, 推爲盟主." 問: "來[82]丞相之功如何?" 曰: "在城中亦只得如此. 但設有他變, 渠亦不能死節. 要之, 亦有功." 其後苗・劉出走, 到臨平, 爲魏公等所敗. 朱乃全韓[83]此一節, 未是. 今朝天門乃是其所造. 隆祐自禁中乘轎以出. 金人陷京師, 亦取隆祐, 適瑤華失火, 步歸孟氏, 得免."【可學】

127:40 苗傅幷一姓張人【▲[84]記其名, 乃▲[85]苗起事人】[86], 走至武夷新村, 張諭人捉之. 苗銜之, 遂言▲[87]捉者曰: "某卻是苗太尉. 然今捉某卻是張, 則汝功已被張分之矣." 捉者卽殺張. 時韓世忠收范汝爲, 尚在建州. 韓欲得苗, 而其人乃解送建守李. 李送行在. 韓勢盛, 遂入文字, 以苗爲某得, 被其人奪了. 其捉人遂編[88]管, 建守亦罷官, 其功遂爲韓所攘. 文字所載, 皆言韓收苗, 但此中人知之. 以此知天下事多如此, 文字上如何可全信!【又云: "劉正彥結王淵, 王淵結康. 庚庚[89]宦者, 其事皆正彥▲[90] 苗爲之."[91] ○揚】

127:41 高宗行達會稽, 樓寅亮待次某縣丞, 寓會稽村落中, 出奏書乞建儲. 高宗時年二十六七, 大喜, 卽日除監察御史, 遣黃院子懷勅牒物色授之. 中使至其家, 家人聞倉卒有聖恩, 以爲得罪且死, 相與環

---

82) 來:『朱子語類』에서는 朱로 되어 있다.
83) 韓:『朱子語類』에서는 諱로 되어 있다.
84) ▲: 不
85) ▲: 教
86)【不記其名, 乃教苗起事人】: 賀本에서는 본문으로 되어 있다.
87) ▲: 於
88) 編: 賀本에서는 偏으로 되어 있다.
89) 庚庚: 成化本에서는 庾庾로 되어 있고 賀本・萬曆本은 便更으로 되어 있고 孝宗刊本・英祖刊本은 庾庚으로 되어 있다.
90) ▲: 教
91)【又云: "劉正彥結王淵, 王淵結康. 便更宦者, 其事皆正彥教苗爲之."】: 賀本에서는 본문으로 되어 있다.

泣. 寅亮出, 使者自懷中出勑命, 寅亮拜受, 與使者俱詣行在所. 此事國史不載. 先生嘗欲聞於太史, 俾之編入而不果, 每以爲恨.【方子】

127:42 樓寅亮【明州人】. 太上朝入文字云: "自太宗傳子之後, 至今太祖之後有類庶姓者. 今虜未悔過, 中原未復云云, 乞立太祖後承大統." 太上喜, 遂用樓爲察院.【振】

127:43 曾光祖論及『中興遺史』載孟后過贛州時事, 與鄉老所傳甚合. 云, 太后至城中, 遭某賊放火, 城中且救火, 連日不止, 城外又有一隊賊來圍了城. 曰: "其時也是無策. 虜人是破了潭州後, 過來分隊至諸州, 皆是緣港上來. 太后先至洪州時, 此間王修撰在彼作帥, 覺得事勢不是, 遂白扈駕執政, 太后乃去. 後三四日, 虜果至, 王乃走. 城中百姓相率推一大寄居作首而降虜. 進賢姓傅者言是李侍郎." 曰: "不必更說他名字." 又曰: "信州先降虜. 撫州守姓王, 聞信守降, 亦降."【義剛】

127:44 先生脚疼臥息樓下, 吟詠杜子美「古柏行」三數遍. 賀孫侍[92]立. 先生云: "偶看「中興小記」, 載句龍如淵入爭和議時言語. 若果有此言, 如何夾持前進, 以取中原? 最可恨者, 初來魏公既免[93]車駕到建康, 當紹興七年時, 虜主[94]已簒. 高慶裔・粘罕相繼或誅或死. 劉豫既見疑於虜, 二[95]子又大敗而歸, 北方更無南向意. 如何魏公纔因呂祉事見點[96], 趙丞相忽然一旦發回蹕臨安之議? 一坐定著, 竟不能動, 不知其意是如何?" 因歎息久之云: "爲大臣謀國一至於此, 自今觀之, 爲大可恨! 若在建康, 則與中原氣勢相接, 北面顧瞻, 則宗廟父兄生靈塗

92) 侍: 成化本에서는 恃로 되어 있다.
93) 免: 『朱子語類』에서는 勉으로 되어 있다.
94) 主: 賀本에서는 王으로 되어 있다.
95) 二: 賀本에서는 一로 되어 있다.
96) 點: 『朱子語類』에서는 黜로 되어 있다.

炭, 莫不在目, 雖欲自已, 有不能自已者. 惟是轉來臨安, 南北聲跡寖遠, 上下宴安, 都不覺得外面事, 事變之來, 皆不及知, 此最利害. 方建康未回蹕時, 胡文定公方被召, 沿江而下. 將至[97], 聞車駕已還臨安, 遂稱疾轉去. 看來若不在建康, 也是徒然出來, 做得甚事! 是時有陳無玷者, 字筠叟, 在荊鄂間爲守, 聞車駕還臨安, 卽令人賫錢酒之屬, 往接胡文定. 吏人云: '胡給事赴召去多日. 兼江面闊, 船多, 如何去尋得?' 陳云: '江面雖闊, 都是下去船. 你但望見有逆水上來底船, 便是給事船.' 已而果然. 當時講和本意, 上不爲宗社, 下不爲生靈, 中不爲息兵待時, 只是怯懼, 爲苟延[98]歲月計. 從頭到尾, 大事小事, 無一件措置得是當. 然到今日所以長久安寧者, 全是宗社之靈. 看當時措置, 可驚! 可笑!"【賀孫】

127:45 建康形勢勝於臨安. 張魏公欲都建康, 適値淮西兵變, 魏公出而趙相入, 遂定都臨安.【饒】[99]

127:46 東南論都, 所以必要都建康者, 以建康正諸方水道所湊, 一望則諸要害地都在面前, 有相應處. 臨安如入屋角房中, 坐視外面, 殊不相應. 武昌亦不及建康. 然今之武昌, 非昔之武昌. 吳郡[100]武昌, 乃今武昌縣, 地勢迫窄, 只恃前一水爲險耳. 鄂州正今[101]之武昌, 亦是好形勢, 上可以通關·陝, 中可以向許·洛, 下可以通山東. 若臨安, 進只可通得山東及淮北而已.【義剛】

127:47 前輩當南渡初, 有言都建康者. 人云, 建康非昔之建康, 亦不可都. 雖勝似坐杭州, 如在深窟裏, 然要得出近外, 不若都鄂渚, 應接

---

97) 至: 賀本에서는 去로 되어 있다.
98) 延: 成化本·賀本에서는 없다.
99)【饒】: 徽州本에서는【庚】으로 되어 있다.
100) 郡: 『朱子語類』에서는 都로 되어 있다.【附箋紙】"郡"字, 恐是"都"字.
101) 今: 賀本에서는 昔으로 되어 있다.

得蜀中上一邊事體. 看來其說也是. 如今杭州一向偏在東南, 終不濟事. 記得岳飛初勵兵於鄂渚, 有旨令移鎭江陵. 飛大會諸將與謀, 偏問諸將, 皆以爲可, 獨任士安不應. 飛頗怒之. 任曰: "大將所以移鎭江陵, 若是時, 某安敢不說? 某爲見移鎭不是, 所以不敢言. 據某看, 這裏已自成規摹, 已自好了. 此地可以阻險而守. 若往江陵, 則失長江之利, 非某之所敢知." 飛遂與申奏, 乞止留軍鄂渚. 建康舊都所以好, 卻以石頭城爲險. 此城之下, 上流之水湍急, 必渡得此水上這岸, 方得, 所以建鄴可守. 屯軍於此城之上, 虜兵不可向矣.【賀孫】

127:48 "建康形勢雄壯, 然攻破著淮, 則只隔一水. 欲進取, 則可都建康, 欲自守, 則莫若都臨安." 或問江陵. 曰: "江陵低在水中心, 全憑堤, 被他殺守堤之吏, 便乖. 那堤一年一次築, 只是土."【節】

127:49 張戒見高宗. 高宗問[102]: "▲[103]時得見中原?" 戒對曰: "古人居安思危, 陛下居危思安." 陳同父極愛此對.【方子】

127:50 太上曰: "朕恨不手斬耿南仲!"【揚】

127:51 岳飛嘗面奏, 虜人欲立欽宗子來南京, 欲以變換南人耳目, 乞皇子出閤以定民心. 時孝宗方十餘歲. 高宗云: "卿將兵在外, 此事非卿所當預." 是時有參議姓王者, 在候班, 見飛呈箚子時手震. 及飛退, 上謂王曰: "岳飛將兵在外, 卻來干與此等事! 卿緣路來, 見他曾與甚麽人交?" 王曰: "但見飛沿路學小書甚密, 無人得知." 但以此推脫了. 但此等事甚緊切, 不知上何故恁地說? 如飛武人能慮及此, 亦大故是有見識. 某向來在朝, 與君舉商量, 欲拈出此等事, 尋數件相類者, 一併上之. 將其後裔, 乞加些官爵以顯之, 未及而罷."【義剛】

---

102) 問:【附箋紙】"問"下, 當有"幾"字.
103) ▲: 幾

127:52 范伯達 如圭盡裒仁宗時論立英宗許多文字進呈. 一日, 太上謂陳康伯曰: "范某近進一文字, 亦好. 朕此意定已久." 遂命陳公論立太子事, 一時盡定.【振】

127:53 昭慈小不快, 高廟問疾. 因話間曰: "有一事, 久欲說與官家." 高廟請其故. 曰: "宣仁廢立之說, 皆是章厚[104]之徒撰造. 中間雖嘗辨白, 然載在『國史』者, 尙未嘗改. 可令史官重議刪修, 以昭明聖母之德於萬世." 時趙忠簡當國, 歲薦元祐故家子弟[105], 如范如圭數人, 方始改得正. 然亦頗有偏處: 才是元祐事便都是, 熙豐時事便都不是. 後趙罷, 張魏公繼之, 又欲修改動.【蓋魏公亦不甚主張元祐事.】 令史官某等簽出, 來[106]及改而又罷. 趙復相, 遂以爲言而辭.【趙·張因是有不協處.】 是時又有人上書, 乞禁錮章厚[107]子孫親戚者, 高廟欲從之. 趙有文字說, 但禁其子孫是[108]矣, 恐不可及其親戚. 上批以爲省所奏, 可見仁恕, 更宜子細, 無貽後悔. 未幾, 趙復罷. 謝祖信爲諫官, 遂排擊之不遺餘力. 嶺表之貶, 實祖信之力也. 祖信 邵武人, 乃章厚[109]之婿. 因言, 當時若非高廟要辨別邪正如此, 則一代史冊被他糊塗, 萬世何以取信!【廣】

127:54 太上出使時至磁州, 磁人不欲其往, 諫不從. 宗忠簡欲假神以拒之, 曰: "此有崔府君廟甚靈, 可以卜珓, 仍其廟有馬能如何." 遂入燒香. 其馬銜車輦等物塞了去路. 宗曰: "此可以見神之意矣." 遂止不往. 後太[110]上感其事, 以爲車輦是即位之兆, 不曾關白中書, 只令內官就玉津園路口造崔府君廟, 令曹詠作記. 一日, 北使來, 秦出接,

---

104) 厚: 英祖刊本에서는 惇으로 되어 있다.
105) 弟: 孝宗刊本에서는 第로 되어 있다.
106) 來: 『朱子語類』에서는 未로 되어 있다.
107) 厚: 英祖刊本에서는 惇으로 되어 있다.
108) 是: 『朱子語類』에서는 足으로 되어 있다.
109) 厚: 英祖刊本에서는 惇으로 되어 있다.
110) 太: 英祖刊本에서는 大로 되어 있다.

過玉津園, 見之. 歸奏, 所見大[111]廟, 不知是何神? 太上因語之. 秦曰: "虜以爲功, 今卻歸功於神, 恐虜使見之不便." 卽日拆之. 秦全是倚虜脅太上, 每取旨時, 只是說過. 一日, 除周葵作何官. 太上曰: "周葵爲彼官未久, 且令在彼." 秦不應, 下來卽批勑除之. 政府一人云: "適間上意未允." 秦曰: "此等事, 只是奏過便了." 遂除之. 取綦崇禮御批事, 徐惇立作一「宰相拜罷記」, 載其事. 秦欲毁之, 行文字, 令天下盡投官焚其書. 徐先不喜於秦矣, 又以此書, 懼不可言. 一日, 只見一使來下書, 幷封文字一束. 徐視之, 乃直省舊吏送其所作書藁也. 小人中有好人如此.【揚 ○璘錄[112]云: "檜[113]末年作事, 皆與▲[114] 光堯作崔府君廟於玉津三路上[115], 檜設計移之. 曹筠言水漲[116], 光堯逐之, 檜遂除他從官. 今上奏邊[117]事, 檜遂閣其俸. 殿中侍御[118]史周葵欲言戶部尙書梁汝嘉. 梁結中書舍人林待聘, 林密禱於檜, 檜遂除周葵起居郎. 不待光堯應之, 便改除." ○可學錄云: "周葵爲御史, 欲段[119]知臨[120]安府某人. 某人遂結[121]一從官厚於檜者, 曰: '端公將搖動公.' 早朝, 其人遂直入檜幕中, 再三懇告. 檜先奏事, 遽擢[122]葵爲起居郎. 葵不得上, 至省中與某從官相見, 袖中出所欲上章奏, 乃是臨安尹某. 從官方悟其紿."】 127:55[123] 靖康·建炎, 太上未立時, 有一宗室名叔向, 秦王位下人, ▲[124]山中出來, 招十數萬人, 欲爲之. 忽太上卽位南

111) 大: 賀本에서는 太로 되어 있다.
112) 錄: 孝宗刊本에서는 二로 되어 있다.
113) 檜: 孝宗刊本에서는 三으로 되어 있다.
114) ▲: 光堯爭勝
115) 三路上: 英祖刊本·成化本에서는 園路上으로 되어 있고 賀本에서는 園路口로 되어 있다.
116) 漲: 孝宗刊本에서는 張으로 되어 있다.
117) 邊: 孝宗刊本에서는 二로 되어 있다.
118) 御: 孝宗刊本에서는 四로 되어 있다.
119) 段: 『朱子語類』에서는 按으로 되어 있다.
120) 臨: 孝宗刊本에서는 二로 되어 있다.
121) 結: 孝宗刊本·英祖刊本·成化本에서는 紿로 되어 있다.
122) 擢: 孝宗刊本에서는 叕로 되어 있고 成化本에서는 掇로 되어 있다.
123) 127:55: 『小分』에서는 127:54에 이어져 한 항목으로 편집되어 있다.
124) ▲: 自

京, 欲歸朝廷, 然不肯以其兵與朝廷, 欲與宗澤. 其謀主陳烈曰: “大王若歸朝廷, 則當以其兵與朝廷. 不然, 卽提兵過河, 迎復二聖.” 叔向卒歸朝廷, 後亦加官之類, 拘於一寺中. 亦與陳烈官, 烈棄之而去, 竟不知所之. 烈去, 叔向陰被害.” 【揚】

127:56 張子韶人物甚偉, 高廟時除講筵. 嘗有所奏陳, 上云: “朕只是一箇至誠.” 張奏云: “陛下對群臣時如此, 退居禁中時不知如何?” 云: “亦只是箇誠.” 又問: “對宮嬪時如何?” 上方經營答語間, 張便奏云: “只此便是不誠.” 先生云: “高宗容諫, 故臣下得以盡言. 張侍郎一生學佛, 此是用老禪機鋒.” 【德明】

127:57 論及黃察院劾王醫師, 先生曰: “今此東百官宅, 乃王醫師花園, 後來籍爲百官宅.” 直卿曰: “中貴只合令入大內住, 庶可免關節之類.” 先生曰: “他若出來外面與人打關節, 也得. 更是今大內甚窄, 無去處. 便是而今都不是古. 古人置官[125]者, 正以他絶人道後, 可入宮, 今卻皆有妻妾, 居大第, 都與常人無異, 這都不是. 出入又乘大轎. 記得京師全盛時, 百官皆只乘馬, 雖侍從亦乘馬. 惟是元老大臣老而有疾底, 方賜他乘轎. 然也尙辭遜, 未敢便乘. 今卻百官不問大小, 盡乘轎, 而官[126]者將命之類皆乘轎. 見說虜中卻不如此. 中貴出入宮禁, 只獨自. 若有命令, 只是自勒馬, 亦無人引. 裹一幞頭, 卻取落兩隻脚在懷裏, 自勒馬去, 這卻大故省徑. 且如祖宗朝, 百官都無屋住, 雖宰執亦是賃屋. 自神宗置東西府, 宰相方有第, 今卻官[127]者亦作大屋. 以祖宗全盛之天下而猶省費如此, 今卻不及祖宗天下之半而耗費卻如此, 安得不空乏!” 【義剛】

127:58 逆亮臨江, 百官中不挈家走者, 惟陳魯公與黃瑞明耳. 是時

125) 官: 成化本・賀本에서는 宦으로 되어 있다.
126) 官: 英祖刊本・成化本・賀本에서는 宦으로 되어 있다.
127) 官: 『朱子語類』에서는 宦으로 되어 있다.

廖剛請駕幸閩中, 以爲閩中天險, 人民忠義. 是時閩中盜賊正充斥, 乃降旨令開閩中路, 闊丈五尺. 又宿州之戰, 高宗已遜位. 日雇夫五百人立殿廷下, 人日支一千足, 各備擔索. 高宗懲維揚之禍, 故百官般[128]家者皆不問.【揚錄云: "逆亮犯順時, 朝士皆辦去, 惟陳魯公・黃通老不動. 當時亦有言者令止之. 太上曰: '任之. 揚州時, 悔不先令其去, 多壞了人.'"】

127:59 問: "辛巳[129]「親征詔」, 舊聞出於洪景盧之手. 近施慶之云, 劉共甫實爲之. 乃翁嘗從共甫見其草本. 未知孰是." 曰: "是時陳魯公當國, 命二公人爲一詔, 後遂合二公之文而一之, 前段用景盧者, 後段用共甫者." 問: "此詔如何?" 曰: "亦做得欠商量, 蓋名義未正故也. 記得汪丈嘗以此相問, 某答曰: '此只當以淵聖爲辭. 蓋前時屈己講和者[130], 猶以鑾輅在北之故, 今其禍變若此, 天下之所痛憤, 復讎[131]之義, 自不容己, 以此播告, 則名正言順. 如入[132]陵廢祀等說, 此事隔闊已久, 許多時去那裏來!'"【僩用】

「孝宗朝」

127:60 孝宗小年極鈍. 高宗一日出對廷臣云: "夜來不得睡." 或問: "何故?" 云: "看小兒子讀書, 凡二三百遍, 更念不得, 甚以爲憂." 某人進云: "帝王之學, 只要知興亡治亂, 初不在記誦." 上意方少解. 後來卻恁聰明, 試文字有不如法者, 學官必被責. 邵武某人作省元, "五母雞"用"畆"字, 孝宗大怒, 欲駁放了. 後又不行[133].

---

128) 般: 英祖刊本・賀本에서는 搬으로 되어 있다.
129) 辛巳: 成化本・賀本에서는 庚辰으로 되어 있다.
130) 者: 賀本에서는 也로 되어 있다.
131) 讎: 賀本에서는 仇로 되어 있다.
132) 入: 『朱子語類』에서는 八로 되어 있다.
133) 行: 徽州本에서는 이 뒤에【庚】이 더 있다.

127:61 問壽皇爲皇子本末. 曰: "本一上殿官樓寅亮上言, 擧英宗故事. 且謂太祖受命, 而子孫無爲帝王者, 當於太祖之下選一人養宮中. 他日皇子生, 只添一節度使耳. 繼除臺官, 趙忠簡遂力贊於外. 當時宮中亦有齟齬, 故養兩人. 後來皆是高宗自主張. 未禪位前數日, 忽批云: '宗室某可追贈秀王, 謚安僖[134].' 先已安排了. 若不然, 壽皇如何處置!"【可學】

127:62 高宗將禪位, 先追贈秀王[135], 可謂能盡父子之道者矣.【僩】

127:63 "高宗初, 張魏公奏事, 論恢復, 中外皆言上神武不可及, 後夾[136]講和了便休. 壽皇初年要恢復, 只要年歲做成." 問: "壽皇時人才已不及高宗時." 曰: "高宗也無人. 當時有許多有名底人, 而今看, 也只如此." 問: "岳侯若做事, 何如張・韓?" 曰: "張・韓所不及, 卻是它識道理了." 又問: "岳侯以上者, 當時有誰?" 曰: "次第無人."【胡泳】

127:64 上初恢復之志甚銳, 及符離之敗, 上方大慟, 曰: "將謂番人易殺." 遂用湯思退. 再和之後, 又敗盟.【揚】

127:65 壽皇合下若有一人夾持定, 十五六年做多少事!【道夫】

127:66 壽皇直是有志於天下, 要用人. 嘗歎自家不如箇孫仲謀, 能得許多人.【賀孫】

127:67 某嘗謂士大夫不能盡言於壽皇, 眞爲自負. 蓋壽皇儘受人言, 未嘗有怒色. 但不樂時, 止與人分疏辨析爾.【道夫】

---

134) 僖: 賀本에서는 喜로 되어 있다.
135) 秀王: 徽州本에서는 이 뒤에 謚安僖가 더 있다.
136) 夾: 英祖刊本・成化本・賀本에서는 來로 되어 있다.

127:68 壽皇晩來極爲和易. 某嘗因奏對言檢旱, 天語云: "檢放之弊, 惟在於後時而失實." 只這四字, 盡得其要領. 又言經・總制錢, 則曰: "聞巧爲名色以取之民." 其於天下事極爲諳悉. 【道夫】

127:69 問: "或言孝宗於內殿置御屛, 書天下監司帥臣都137)守姓名, 作揭貼子138)其上, 果否?" 曰: "有之. 孝宗是甚次第英武! 劉共甫奏事便殿, 嘗見一馬在殿廷間, 不動, 疑之. 一日問王公明. 公▲139)曰: '此刻木爲之者. 上萬幾之暇, 卽御之以習據鞍騎射故也.'" ▲140) 【儒用】

127:70 歲旱, 壽皇禁中祈雨有應. 一日, 引宰執入見. 恭父奏云: "此固陛下至誠感通. 然天人之際, 其近如此. 若他事一有不至, 則其應亦當如此. 願陛下深加聖慮, 則天下幸甚!" 恭父斯語, 頗得大臣體. 【因言梁丞相白蓮事. ○ 道夫】

127:71 因言孝宗末年之政, 先生曰: "某嘗作孝宗挽辭, 得一聯云: '乾坤歸獨御, 日月要重光.'" 【雉】

127:72 因論壽皇最後所用宰執, 多是庸人. 如某人, 不知於上前說何事. 可學云: "某人卻除大職名, 與小郡. 又有被批出與職名外, 任141)卻是知他不足取." 曰: "壽皇本英銳, 於此等皆照見. 只是向前爲人所誤, 後來欲安靜, 厭人喚起事端, 且如此打過. 至於大142)甚, 則又厭之. 正如惡駿馬之奔踶, 而求一善馬騎之, 至其駑鈍不前, 則又不免加以鞭策. 薛補闕曾及某人. 壽皇云: '亦屢以意導之而不去.' 擧此亦

137) 都: 『朱子語類』에서는 郡으로 되어 있다.
138) 子: 賀本에서는 於로 되어 있고 英祖刊本・萬曆本에서는 于로 되어 있다.
139) ▲: 明
140) ▲: 又曰: "某嘗以浙東常平事入見, 奏及賑荒. 上曰: '其弊只在後時失實.' 此四字極切荒政之病."
141) 任: 賀本에서는 恁으로 되어 있다.
142) 大: 孝宗刊本・英祖刊本・成化本에서는 太로 되어 있다.

可見. 大抵作事不出於義理而出於血氣, 久之未有不消鑠者. 向來封事中亦嘗言此."【可學】

127:73 高宗大行, 壽皇三年戴布幞頭, 著衣衫, 遵行古禮, 可謂上正千年之失. 當時宰相不學, 三日後便服朝服. 雖壽皇謙德, 不欲以此喩郡[143]臣, 然臣子自不當如此. 可謂有父子而無君臣.【賜】

127:74 孝宗居高宗喪, 常朝時裏[144]白幞頭, 著布袍. 當時臣下卻依舊著紫衫. 周洪道要著凉衫, 王季海不肯, 止於紫衫上繫皂帶. 今上登極, 常時著白綾背子, 臣下卻著凉衫, 頗不失禮, 而君之服遂失其舊.【人傑 ○廣錄云: "今上居孝宗喪, 臣下都著凉衫, 方正得臣爲君服. 人主之服卻有未盡. 頃在潭州, 聞孝宗訃三日後易服, 心下殊不穩. 不免使人傳語官員, 且著凉衫. 後來朝廷行下文字來, 方佑[145]敢出榜曉示."】

「寧宗朝」

127:75 上卽位踰月, 留揆以一二事忤旨, 持[146]批逐之, 人方服其英斷. 先生被召至上饒, 聞之, 有憂色. 曰: "人心易驕如此, 某今方知可懼." 黃問曰: "某人專恣當逐, 何懼之有?" 曰: "大臣進退, 亦當存其體貌, 豈宜如此?" 又問: "恐是廟堂諸公難其去, 故以此勸上逐之." 曰: "亦不可如此. 何不使其徒諭之以物論, 不佳[147]恐丞相久勞機務, 或欲均佚? 俟其請去而後許之, 則善矣. 幼主新立, 豈可導之以輕逐大臣耶! 且如陳源之徒, 論其罪惡, 須是斬之乃善. 然人主新立, 復敎以殺人, 某亦不敢如此做也."【至】

---

143) 郡: 『朱子語類』에서는 群으로 되어 있다.
144) 裏: 『朱子語類』에서는 褁로 되어 있다.【附箋紙】"裏"字, 恐是"褁"也.
145) 佑: 『朱子語類』에서는 始로 되어 있다.【附箋紙】"佑"字, 恐是"始"字.
146) 持: 英祖刊本・成化本・賀本에서는 特으로 되어 있다.
147) 佳: 賀本에서는 惟로 되어 있다.

127:76 向改慶元年號時, 先擬"隆平." 某云: "向來改'隆興'時, 有人議破, 以爲'隆'字近'降'字. 今旣說破, 則不可用." 又曰: "'淳熙'本作'純'字. 時人有言此字必改, 言未旣, 而改文字至, 蓋'純'字有'屯'字在旁." 又曰: "眞宗時, 楊大年擬進'豊[148]'字, 上曰: '爲子不了.' 不用."【義剛】

148) 豊: 『朱子語類』에서는 豊享으로 되어 있다.

『朱子語類』卷第一百二十八

「本朝二」

「法制」

128:1 唐殿庭間種花柳, 故杜詩云: "香飄合殿春風轉, 花覆千官淑景移." 又云: "退朝花底散." 國朝惟植槐楸, 鬱然有嚴毅氣象. 又唐制, 天子坐朝, 有二宮嬪引至殿上, 故前詩起句云: "戶外昭容紫綬[1]垂, 雙瞻御坐[2]引朝儀." 至敬宗時方罷, 止用小黃門引導. 至今是如此. 【按: 岑參詩"花迎劍佩星初落, 柳拂旌旗露未乾", 亦殿庭種花柳之一證也. 又杜「贈田澄舍人」有"舍人退食收封事, 宮女開函近[3]御筵", 亦可爲二宮嬪之證. ○儒用】

128:2 舊時主上每日不御正殿. 然自升朝官以上, 凡在京者皆著去立, 候宰相奏事罷, 卻來押班, 拜兩拜方了, 日日如此. 後來韓魏公不知如何偶然忘了, 不及押班便歸第. 御史中丞王陶卽彈之, 然[4]遂去國. 溫公代爲中丞, 先奏云: "前王陶以彈宰相不押班而去國. 今若宰相更不押班, 則中丞無以爲職. 須是令宰相▲[5]班, 某方就職." 如此, 便是不押班也不是. 【義剛 ○方子錄云: "國初文德殿正衙常朝, 升朝官以上皆排班, 宰相押班, 再拜而出. 時歸班官甚苦之, 其後遂廢, 致王樂道以此攻魏公, 蓋亦以人情趨於簡便故也."】

---

1) 綬: 孝宗刊本에서는 袖로 되어 있다.
2) 坐: 『朱子語類』에서는 座로 되어 있다.
3) 近: 『朱子語類』에서는 進으로 되어 있다.
4) 然: 賀本에서는 韓으로 되어 있다.
5) ▲: 押

128:3 祖宗於古制雖不能守, 然守得家法卻極謹. 舊時朝見, 皆是先引見閤門, 閤門方引從殿下舞蹈後, 方得上殿, 而今都省了. 本來朝見底, 皆是用一榜子上於閤門, 閤門奏上, 方始引見. 而今卻於引見時, 閤門積得這榜子, 俟放見時, 卻一併上. 則都省了許多, 只是殿下拜▲[6], 便上殿. 這非惟是在下之人懶, 亦是人主不能恁地等得, 看他在恁地舞手弄脚. 更是閤門也懶能敎得他, 及它有失儀, 又著彈奏. 而今都是從簡易處去了. 【義剛】

128:4 引見・上殿是兩事. 今閤門引見, 便用舞蹈. 近日多是放見, 只是上殿拜於堦下, 直前奏事而已. 惟授告門謝有舞蹈. 【文蔚】

128:5 近日上殿禮簡, 如所謂舞蹈等事, 皆無之. 只是直至殿下拜一雙, 上殿奏事, 退又拜, 卽退. 這也是閤門要省事, 故如此. 壽皇[7]初間得幾時見群臣, 皆許只用紫衫. 後來有人說道太簡, 後不如此. 【賀孫】

128:6 問朝見舞蹈之禮. 曰: "不知起於何時. 元魏末年, 方見說那舞, 然恐或是夷狄之風." 【廣】

128:7 近日拜表之禮甚異. 論禮, 班首合跪進, 上面卻有人來跪受, 但進表後, 進者因跪而拜. 今則進表者先拜, 卻跪進, ▲[8]受者亦拜. 此禮不可曉. 【文蔚】

128:8 皇太子參決時, 見宰相侍從以賓主之[9]▲[10]. 餘官不然. 又曰: "獨宰相爲正拜者, 蓋餘官謝恩在殿下拜, 侍從以上雖拜殿上, 亦只偏

---

6) ▲: 兩拜
7) 壽皇: 成化本에서는 書是로 되어 있다.
8) ▲: 其
9) 賓主之: 【附箋紙】"賓主之"下, 落"禮"字.
10) ▲: 禮

拜, 獨宰相正拜, 故云."【敬仲】

128:9 宮中有內尙書, 主文字, 文字皆過他處, 天子亦頗禮之, 或賜之坐, 不係嬪御. 亦掌印璽, 多代御批. 行出底文字, 只到三省.【文蔚】

128:10 問: "本朝十一室, 則九廟・七廟之制如何?" 曰: "孝宗未祔廟, 僖祖・宣祖未祧遷時, 爲十二室, 是九世. 今旣祔[11]宣祖, 又祧僖祖, 卻祔孝宗, 止[12]是八世. 進不及九, 退不及七. 當時且祧宣祖, 存得九廟, 卻待後世商量猶得. 直如此忽忙, 何也?"【人傑】

128:11 今景靈宮, 乃叔孫遍[13]所謂"原廟"是也. 叔孫通言"原廟", 則是衣冠月出遊之地, 只一月一次到彼, 初無神坐. 今則一一有之, 又只似太廟了, 恐非叔孫通所謂"原廟"之意. 今景靈宮謂之"朝獻", 太廟謂之"大享."【子蒙】

128:12 問: "景靈[14]起於何代?" 曰: "起於眞廟. 初只祀聖祖, 諸帝后神御散於諸寺. 其後神宗始祀聖祖於前殿, 帝后於後殿. 似此等禮數, ▲[15]唐人配廟只一后, 餘后立別廟. 本朝諸后俱配." 問: "人家配如何? 先儒說只用元妃. 伊川謂若所祭人是次妃生, 卽配以次妃." 曰: "此未安. 古者諸侯一聚[16]九女, 元妃卒, 次妃奉事. 所謂次妃者, 乃元妃之妾, 固不可同坐. 若如後世士大夫家或三聚[17], 皆人家女, 雖同祀何害? 所謂'禮以義起'也, 唐人已如此." 可學云: "唐人立廟院, 重氏族,

---

11) 祔: 賀本에서는 祧로 되어 있다.
12) 止: 賀本・萬曆本에서는 正으로 되어 있다.
13) 遍: 『朱子語類』에서는 通으로 되어 있다.【附箋紙】"遍", 恐是"通"字.
14) 景靈: 徽州本에서는 이 뒤에 宮자가 있다
15) ▲: 唐人亦無. 且如
16) 聚: 『朱子語類』에서는 娶로 되어 있다.
17) 聚: 『朱子語類』에서는 娶로 되어 있다.

固能如此." 曰: "唐人極有可取處."【可學】

128:13 因言五禮, 云: "今諸后位數多, 至尊拜跪勞. 古人一帝只以一后配, 其餘自別立廟, 庶幾不亂嫡妾之分. 今皆配, 不是. 唐人有言, 人家夫婦卻不同. 蓋古者天子諸侯不再聚[18], 故次后與正后有名分. 若人家, 則再聚[19]亦妻也, 故可同祭. 伊川「祭議[20]」祭繼室於別廟, 恐未穩."【璘】

128:14 三后並配, 自本朝眞廟始. 其初議者皆以歸咎於錢惟演, 後旣習見爲常, 亦無復有議之者矣. 古人雖以子貴, 然庶母無係於先君之禮. 如『左傳』書"僖公成風", 『晉書』"簡文太后", 皆以係於其子, 而別制廟以祀之.【必大】

128:15 "玄朗"諱起於眞廟朝, 王欽若之徒推得出, 這也無攷竟處.【義剛】 128:16[21] 某常疑本朝諱得那舊諱無謂. 且如宣帝舊名病已, 何曾諱? 平帝舊名亦不曾諱. 虜中諱得又蹺崎, 偏旁皆諱: 謂諱"敬"字, "立人"傍底也諱, 下面著"言"字底也諱. 近日朝廷祧了幾箇祖諱卻是, 然"玄朗"卻不祧. 那聖祖莫較遠[22]似宣祖些麽?【義剛】

128:17 張以道曰: "秦王陵在汝州, 太祖以下八朝陵在永安軍. 翟興・翟俊[23]父子嘗提兵至此, 乏水, 興禱之. 天無雨, 小溪平白湧洪流, 六軍遂得水用."【義剛 ○ 平白疑是中自之詩[24]】

---

18) 聚: 『朱子語類』에서는 娶로 되어 있다.
19) 聚: 『朱子語類』에서는 娶로 되어 있다.
20) 議: 『朱子語類』에서는 儀로 되어 있다.
21) 128:16: 『小分』에서는 128:15에 이어져 한 항목으로 편집되어 있다.
22) 遠: 賀本에서는 近으로 되어 있다.
23) 翟興・翟俊: 賀本에서는 瞿興・瞿俊으로 되어 있다.
24) 平白疑是中自之詩: 英祖刊本・成化本・賀本에서는 이 부분이 없다.

128:18 古者車只▲[25]六寸[26], 今五輅[27]甚大. 嘗見人說秦太師制此, 又高於京師舊日者. 上面耀葉三層, 皆高於舊日三寸, 成尺二寸. 周輅, 孔子猶以爲侈, 要乘殷輅. 今輅只是極其侈靡[28].

128:19 因問陳庭秀【臨安人】. 曰: "今大禮命從官一人立玉[29]輅側, 以帛維之, 名何官?" 曰: "名'備顧問官', 又曰'執綏官.'" 先生笑曰: "然徧檢古今郊禮, 安有所謂'備顧問安[30]'·'執綏官'者? 蓋此本太僕卿, 卽執御之職. 古者君將升車, 則御者先升, 執轡中立, 以綏度左肩而雙垂之.【綏如圓轡】君以兩手援綏而升, 立車之左, 以左爲尊.【魏公子無忌自駕, 虛左方以迎侯生是也. 行大禮, 不敢坐.】 車行數步止. 中書令宣詔, 命千牛將軍【千牛, 擇武力者爲之.】 執長刀, 立車之右以防非常, 所謂驂乘也. 旣升車, 復行, 望郊壇數步, 復少駐, 千牛將軍乃降立道左. 車復行, 則執長刀前導而行. 此唐制也. 及政和修禮, 脫千牛升車一節, 而但有'降車立道左'之文. 初未嘗登, 何降之有? 所謂太僕卿執御之職, 遂訛曰'執綏官'·'備顧問官.' 然又不執綏, 卻立于[31]輅側, 恐其傾跌, 以物維之. 雖今之典禮官, 亦但曰'執綏官'·'備顧問官'也. 今爲太常少卿者, 便撥數日工夫, 將禮書細閱一過, 亦須略曉, 而直爲此鹵莽也! 周洪道嘗記渠作執綏官事, 自云考訂精博. 某問周: '何謂執綏官?' 渠亦莫曉. 又, 綏, 本人君升車之所執, 御者但授與君, 則御者亦不可謂之'執綏官.'『語』曰'升車, 必正立執綏', 謂乘車者爾." 又曰: "今玉輅太重, 轉動極難, 兼雕刻旣多, 反不堅牢, 不知何用許多金玉裝飾爲也? 所以聖人欲乘殷之輅, 取其堅質而輕便耳. 仁宗·神宗廟兩[32]

---

25) ▲: 六尺
26) 六寸:【附箋紙】"六寸"上, 宜有"六尺"二字.
27) 輅: 賀本에서는 路로 되어 있다.
28) 靡: 徽州本에서는 이 뒤에【庚】이 더 있다.
29) 玉: 賀本에서는 王으로 되어 있다.
30) 安:『朱子語類』에서는 官으로 되어 있다.
31) 于: 賀本에서는 於로 되어 있다.
32) 廟兩: 成化本에서는 '朝兩'로 되어 있고 賀本·萬曆本에서는 '兩朝'로 되어 있

造玉[33]輅, 皆以重大致壓壞. 本朝尙存唐一玉[34]輅, 聞小而輕, 捷而穩, 諸輅之行, 此必居先. 或置之後, 則隱隱作聲. 旣有此輅, 乘此是[35]矣, 何以更爲? 聞後來此輅亦入虜中."【僩】

128:20 南渡以前, 士大夫皆不甚用轎, 如王荊公·伊川皆云不以人代畜. 朝士皆乘馬. 或有老病, 朝廷賜令乘轎, 猶力辭後受. 自南渡後至今, 則無人不乘轎矣[36].

128:21 因言, 物纔數年不用, 便忘之. 祖宗時, 升朝官出入有柱斧, 其制是水精小斧頭子, 在轎前. 至宣政間方罷之, 今人遂不識此物, 亦不聞其名矣. 如祖宗時人畫像有執柱斧者.【璘】

128:22 冊命之禮, 始於漢武封三王, 後遂不廢. 古自有此禮, 至武帝始復之耳. 郊祀宗廟, 太子皆有玉冊, 皇后用金冊.【記不審】 宰相貴妃皆用竹冊. 凡宰相宣麻, 非是宣與宰相, 乃是揚告王庭, 令百官皆聽聞, 以其人可用與否. 首則稱道之文, 後乃警戒之詞, 如今云"於戲"以下數語是也. 末乃云: "主者施行." 所謂"施行"者, ▲[37]冊拜之禮也. 此禮, 唐以來皆用之. 至本朝宰相不敢當冊[38]拜之禮, 遂具辭免. ▲[39], 然後許, 只命書麻詞于[40]誥以賜之, 便當冊文, 不復宣麻于[41]庭, 便是書以賜宰相. 乃是獨宣誥命於宰相, 而他人不得與聞, 失古意矣.【僩】

다.

33) 玉: 孝宗刊本에서는 王으로 되어 있다.
34) 玉: 孝宗刊本에서는 王으로 되어 있다.
35) 是: 英祖刊本·成化本·賀本에서는 足으로 되어 있다.
36) 則無人不乘轎矣: 徽州本에서는 이 뒤에【庚】이 더 있다.
37) ▲: 行
38) 冊:【附箋紙】此"冊"字, 恐是"再"字.
39) ▲: 三辭
40) 于: 賀本에서는 於로 되어 있다.
41) 于: 賀本에서는 於로 되어 있다.

128:23 因論今宗室與漢差別. 漢宗室只是天子之子封王, 王子封侯, 嫡子世襲, 支庶以下皆同百姓, 只是免其繇戍, 如漢 光武皆是起於民間也.【壽】[42)]

128:24 今南班宗室, 多帶"皇兄"·"皇叔"等冠於官職之上, 非古者"不得以戚戚君"之意. 王定國嘗言之神廟, 欲令只帶某王孫, 或曾孫, 或幾世孫. 且如越王下當云: "越王幾世孫."【廣錄云: "此說卻是. 不惟可免'戚君'之非禮, 又可因而見其世系, 稍全得些宗法."】 後來定國得罪, 指以爲離間骨肉. 今宗室散無統紀, 若使當時從定國之說, 卻有次序可攷也.【人傑 ○廣同[43)].】

128:25 古者三公坐而論道, 方可子細說得. 如今莫說教宰執坐, 奏對之時, 頃刻卽退. 文字懷於袖間, 只說得幾句, 便將文字對上宣讀過, 那得子細指點! 且說無坐位, 也須有箇案字[44)], 令開展在上, 指畫利害, 上亦知得子細. 今頃刻便退, 君臣如何得同心理會事! 六朝時, 尙有"對案畫敕"之語. 若有一案, 猶使大臣略憑倚細說, 如今公吏門[45)]呈文字相似, 亦得子細. 又云: "直要理會事, 且如一事屬吏部, 其官長奏對時, 下面許多屬官一齊都著在殿下. 逐事付與某人某人, 便著有箇區處, 當時便可參考是非利害, 卽時施行, 此一事便了. 其他諸部有事皆如此, 豈不了事? 如今只隨例送下某部看詳, 遷延推托, 無時得了, 或一二月, 或四五月, 或一年, 或兩三年, 如何得了! 某在漳州要理會某事, 集諸同官商量, 皆逡巡泛泛, 無敢向前. 如此, 幾時得了! 於是卽取紙來, 某自先寫起, 教諸同官各隨所見寫出利害, 只就這裏便見得分明, 便了得此一事. 少間若更有甚商量, 亦只是就這上理會,

---

42)【壽】: 英祖刊本·成化本·賀本에서는【燾】로 되어 있다.
43) 廣同: 徽州本에서는 按輔廣錄同, 而有詳略. 又按李方子錄同而略으로 되어 있다.
44) 字: 『朱子語類』에서는 子로 되어 있다.
45) 門: 英祖刊本·賀本에서는 們으로 되어 있다.

寫得在這裏定了, 便不到推延. 若只將口說來說去, 何時得了! 朝廷萬事, 只緣各家都不說要了, 但隨時延歲月, 作履歷遷轉耳, 那得事了? 古者人君'自朝至于[46]日中昃, 不遑暇食, 用咸和萬民', '一日二日萬幾.' 如今群臣進對, 頃刻而退, 人主可謂甚逸. 古人豈是故爲多事?" 又云: "漢·唐時, 御史彈刻[47]人, 多抗聲直數其罪於殿上, 又如要刻[48]某人, 先榜於闕外, 直指其名, 不許入朝. 這須是如此. 如今要說一事, 要去一人, 千委百曲, 多方爲計而後敢說, 說且不盡, 是甚模樣! 六朝所載'對案畫敕'下, 又云: '後來不如此, 有同譖愬!' 看如今言事者, 雖所言皆是, 亦只類譖愬."【賀孫】

128:26 "本朝祖宗積累之深, 無意外倉卒之變. 惟無意外之變, 所以都不爲意外之防. 今樞密▲[49]號爲典兵, 倉卒之際, 要得一馬使也沒討處! 今樞密要發兵, 須用去御前畫肯[50]下殿前司, 然後可發. 若有緊急事變, 如何待得許多節次? 漢三公都帶司馬及將軍, 所以倉卒之際, 便出得手, 立得事, 扶得傾危. 今幸然無意外之變, 若或有之, 樞密且倉卒下手未得. 苗·劉之事, 今人多責之朱·呂, 當時他也是自做未得. 古人定大難◇[51]不知是如何? 不知范文正·寇萊公人物生得如何? 氣貌是如何? 平日飮食言語是如何樣底人? 今不復得親身看, 且得箇依稀樣子, 看是如何地. 如今有志節擔當大事人, 亦須有平闊廣大之意始得." 致道云: "若做不得, 只得繼之以死而已." 曰: "固是事極也不愛一死. 但拚[52]卻一死, 於自身道理雖僅得之, 然恐無益於事, 其危亡傾頹自若, 奈何! 如靖康, 李忠愍死於虜手, 亦可謂得其死. 但當時使虜人感慨, 謂中國有忠臣義士如此, 可以不必相擾, 引兵而退. 如此,

46) 于: 賀本에서는 於로 되어 있다.
47) 刻: 賀本에서는 劾으로 되어 있다.
48) 刻: 賀本에서는 劾으로 되어 있다.
49) ▲: 院
50) 肯: 『朱子語類』에서는 旨로 되어 있다.
51) ◇: 者
52) 拚: 賀本에서는 拌으로 되어 있고 成化本에서는 拼으로 되어 있다.

却於宗社有益. 若自身旣死, 事變只如此, 濟得甚事! 當死而死, 自是無可疑者."【賀孫】

128:27 因說歷代承襲之弊, 曰: "本朝鑒五代藩鎭之弊, 遂盡奪藩鎭之權, 兵也收了, 財也收了, 賞罰刑政一切收了, 州郡遂日就困弱. 靖康之禍, 虜騎所過, 莫不潰散." 因及熙寧變法, 曰: "亦是當苟且廢弛之餘, 欲振而起之, 但變之不得其中爾."【賀孫】

128:28 本朝官制與唐大概相似, 其曲折却也不同.【義剛】

○[53] 國朝之制: 外而三公三少, 內而皇后太子貴妃皆有冊. 但外自三公而下, 內自嬪妃而下, 皆聽其辭免.【一辭卽免.】 惟皇后太子用冊."【銖】

128:29 神宗用『唐六典』改官制, 頒行之. 介甫時居金陵, 見之大驚. 曰: "上平日許多事, 無不商量來. 只有此一大事, 却不曾商量." ▲[54] 神宗因見『唐六典』, 遂斷自宸衷, 銳意改之, 不日而定, 初[55]不曾與臣下商量也.【僩】

128:30 唐初每事先經由中書省, 中書做定將上, 得旨再下中書, 中書付門下. 或有未當, 則門下繳駁, 又上中書, 中書又將上, 得肯[56]再下中書, 中書又下門下. 若事可行, 門下卽下尙書省, 尙書省但主書塡"奉行"而已, 故中書之權獨重. 本朝亦最重中書, 蓋以造命可否進退皆由之也. 門下雖有繳駁, 依舊經由中書, 故中書權獨重. 及神宗倣『唐六典』, 三省皆依此制, 而事多稽滯. 故渡江以來, 執政事皆歸一. 獨

---

53) ○: 『朱子語類』의 81:152의 일부이다.
54) ▲: 蓋
55) 初: 賀本에서는 却으로 되어 있다.
56) 肯: 『朱子語類』에서는 旨로 되어 있다.

諸司吏曹【二十四曹】. 依舊分額各屬, 三省吏人自分所屬, 而其上之綱領則不分也.【舊時三省事各自由, 不相侵自[57], 不相聞知. 中書自理會中書事, 尙書自理會尙書事, 門下自理會門下事.】 如有除授, 則宰執同共議定, 當筆宰執判"過中", 書[58]中書吏人做上去, 再下中書, 中書下門下, 門下下尙書. 書行給舍繳駁, 猶州郡行下事, 須幕職官僉押, 如有不是, 得以論執. 中書行下門下, 皆用門下省官屬僉押. 事有未當, 則官屬得以執奏.【僩】

128:31 "舊制: 門下省有侍中, 有門下侍郎, 中書省有中書令·中書侍郎. 改官制, 神宗除去侍中·中書令, 只置門下·中書侍郎. 後倂尙書左右丞·門下中書侍郎四員, 爲參政▲[59]." 或云: "始者昭文館大學士兼同中書門下平章事, 富鄭公等爲之. 後改爲左右僕射, 則蔡京·王黼首居是選. 及改爲左右丞相, 則某人等爲之. 名愈正, 而人愈不逮前, 亦何預名事?" 曰: "只是實不正, 使名旣正而實亦正, 豈不尤佳?" 又曰: "人言王安石以'正名'之說馴致禍亂. 且'正名'是孔子之言, 如何便道王安石說得不是? 使其名果正, 豈不更佳?"【僩】

128:32 問: "何故起居郞卻大, 屬門下省? 起居舍人卻小, 屬中書省?" 曰: "不知當初何故, 只是胡亂牽挐得來底便是. 起居郞居在[60], 起居舍人居右, 故如此分大小. 只緣改官制時, 初無斬新排到理會底說. 故如此牽拖舊職, 不成倫序."【僩】

128:33 給事中初置時, 蓋欲其在內給事. 或[61]差除有不當, 用捨有不是, 要在裏面整頓了, 不欲其宜[62]露於外. 今則不然, 或有除授小報

57) 自: 英祖刊本·成化本·賀本에서는 越로 되어 있다.
58) 書: 成化本·賀本에서는 없다.
59) ▲: 官
60) 在: 『朱子語類』에서는 左로 되어 있다.【附箋紙】"在"字, 恐是"左."
61) 或: 賀本에서는 上으로 되어 있다.

纔出, 遠近皆知了, 給舍方繳駁, 乃是給事外也. 這般所在, 都沒理會. 【賀孫】

128:34 問: "或言六尚書得論臺諫之失, 是否?" 曰: "舊來左右丞得糾臺諫. 嘗見長老言, 神宗建尚書省, 中爲令聽, 兩旁則左右僕射・左右丞・左右司郎中. 蔡京得政, 奏言土地神在某方, 是居人位, 所以宰相累不利, 建議將尚書省折[63]去." 因言: "蔡氏以'紹述'二字箝天下士大夫之口, 其實神宗良法美意, 變更殆盡. 它人拆尚書省, 便如何了得?" 【德明】

128:35 "初, 蔡京更定幕職, 推・判官謂之'分曹建院.' 以爲節度使・觀察使在唐以治兵治財, 今則皆是閑稱呼, 初無職事, 而推・判官猶襲節度・觀察之名, 甚無謂. 又古者以軍興, 故置參軍. 今參軍等職皆治民事, 而猶循用參軍之號, 亦無意謂. 於[64]分曹建院推・判等官, 改爲司▲[65]曹事・司儀曹事. 此類有六. 參軍之屬改爲某院▲[66], 而盡除去節度參軍之名, 看來改得自是. 又如婦人封號, 有夫爲秦國公, 而妻爲魏國夫人者, 亦有封兩國者. 秦檜妻封兩國, 范伯達笑之曰: '一妻而爲兩國夫人, 是甚義理?' 故京皆改隨其夫號: 如夫封建安郡, 則妻封建安郡夫人, 夫封秦國, 則妻亦封秦國夫人, 侯伯子男皆然. 看來[67]隨其夫稱極是. 如淑人・碩人・宜人・孺人之類, 亦京所定, 各隨其夫官帶之. 後人謂淑人・碩人非婦人所宜稱. 看來稱碩人亦無妨, 惟淑人則非所宜爾. 但只有一節未善: 有夫方封某郡伯, 而妻已先封爲某國夫人者, 此則與京所改者相値, 齟齬不可行. 蓋其封贈格法如

62) 宜: 『朱子語類』에서는 宣으로 되어 있다.
63) 折: 『朱子語類』에서는 拆으로 되어 있다.
64) 於: 英祖刊本・成化本・賀本에서는 故로 되어 있다.
65) ▲: 士
66) ▲: 某院
67) 看來: 『小分』에서는 來看을 교정부호로 바로잡았다.

此. 當初合幷格法也與整頓過, 則無病矣. 遂使人得以咎之, 謂其法自相違戾, 亦是京不仔細, 乘勢粗改. 後人以其出於京也, 遂不問是非, 一切反之. 又如神宗所改官制. 舊制: 凡通判太守出去, 皆帶吏部員外郎・吏部郎中, 其見居職者, 則加以判流內銓・流外銓. 豈有吏部官而可帶出治州郡者! 故神宗皆爲諸郎, 如朝奉郎・朝散郎・朝奉大夫・朝散大夫之類. 所以朝散以下謂之員郎, 蓋本員外郎之資敍, 朝奉大夫方謂之正郎, 蓋吏部中郎[68]資敍也. 朝散郎・朝奉大夫之類有二十四階, 分爲三等, 每等八階, 以別異雜流有出身無出身人, 故有前行・中行・後行." 又問知縣・通判・知州資敘. 曰: "在法, 做兩任知縣, 有關陞狀, 方得做通判, 兩任通判, 有關陞狀, 方得爲知州, 兩任知州, 有關陞狀, 方得爲提刑. 提刑又有一節, 方得爲轉運. 今巧官[69]者欲免州縣之勞, 皆經營六院. 蓋旣爲六院, 便可經營寺・監・簿・丞, 爲寺・監・簿・丞出來, 便可得小郡. 又不肯作郡, 便欲經營爲郎官. 郎官非作郡不得除, 故又經營權郎, 又如[70]權郎徑除卿・監・長・貳, 則已在正郎官之右矣. 又如法中非作縣不得作郡, 故不作縣者, 必經營爲臨安倅. 蓋旣爲臨安倅, 則必得郡, 更不復問先曾爲縣否也. 人君深居九重, 安知外間許多曲折? 宰相雖知, ▲[71]且苟簡, 可以應副親舊. 若是人君知得, 都與除了這般體例. 苟不作縣, 雖爲臨安倅, 亦不免便使權卿・監, 苟不作郡, 定不得除郎, 爲卿・監者, 亦須已作郡人方得做, 不得以寺・監・丞・簿等官權之, 則人無僥倖之心矣. 只緣當初立法, 不肯公心明白, 留得這般掩頭藏倖底路徑, 所以使人趨之. 嘗記歐公說舊制, 觀文殿大學士壓資政殿大學士, 資政殿大學士壓觀文殿學士, 觀文殿學士壓資政殿學士. 後來改觀文兩學士都壓資政兩學士, 議者以見任者難爲改動. 歐公以爲此不難, 已任者勿改, 而自今除者始, 可也. 以今觀之, 亦何須如此勞攘? 將見任者皆與改定又何妨? 不

68) 中郎: 『朱子語類』에서는 郎中으로 되어 있다.
69) 官: 『朱子語類』에서는 宦으로 되어 있다.
70) 又如: 『朱子語類』에서는 卻自로 되어 있다.
71) ▲: 又

過寫換數字而已, 又不會痛, 當時疑慮顧忌▲[72]如此. 只緣自來立法建事, 不肯光明正大, 只是如此委曲回護. 其弊至於今日略欲觸動一事, 則議者紛然以爲壞祖宗法. 故神宗憤然欲一新之, 要改者更[73]改. 孝宗亦然, 但又傷於大[74]銳, 少商量."【僩】

128:36 "唐制: 某鎭節度使, 某州刺史觀察使,【此藩鎭所稱.】使持節某州軍州事,【此屬州軍所稱. 其屬官則云某州軍事判官, 某州軍事推官. 今尙如此. 若節鎭屬官, 則云節度推・判官, 以自異於屬州.】使與州各分曹案. 使院有觀察判官・觀察推官, 州院有知錄, 糾六曹官, 爲六曹之長. 凡兵事則屬使院, 民事則屬州院, 刑獄則屬司理院. 三者分屬, 不相侵越. 司法專▲[75]掌[76]倉庫. 然司理旣結獄, 須推・判官簽押, 方爲圓備. 不然, 則不敢結斷. 本朝倂省州院・使院爲一. 如署銜, 但云知某州軍州事. 軍州事, 則使院之職也. 自倂省三院, 而州郡六曹之職頗爲淆亂, 司法・司理・司戶三者尙仍舊. 知錄管州院事, 專主敎民, 今乃管倉庫, 獨爲不得其職. 所以六曹官惟知錄免三[77]日衙, 以其職尊, 故優異之. 此等事, 史書並不載, 惟雜說中班駁見一二. 舊嘗疑州院卽是司理院. 後閱『范文正公集』, 有云, 如使院・州院宜倂省歸一, 方知不然. 因曉州院・使院之別.【使院, 今之僉廳也】凡諸幕職官皆謂之當職官. 如『唐書』所云, 有事當罰, 則詔云自當職官以下以次受罰, 有事當賞, 則云當職官以下以次受賞, 謂自推・判官而下也." 又曰: "後來蔡京改六曹官名, 頗不[78]舊職, 爲不淆亂. 渡江以來, 以其出於京也, 皆罷之." 又問: "長史何官?" 曰: "六朝時長史甚輕. 次第只是奔走長官之前, 有君臣之分, 不得坐. 至唐則甚重. 蓋皇子旣遙領正大帥, 其群臣

---

72) ▲: 已
73) 更: 『朱子語類』에서는 便으로 되어 있다.
74) 大: 『朱子語類』에서는 太로 되어 있다.
75) ▲: 檢法, 司戶專
76) 掌: 成化本에서는 堂으로 되어 있다.
77) 三: 賀本에서는 二로 되어 있다.
78) 不: 『朱子語類』에서는 得으로 되어 있다.

出爲藩鎭者, 則稱云副大帥某州長史.【韓文董晉官位可見.】 至唐中葉, 而長史・司馬・別駕皆爲貶官, 不事事. 蓋節度使既得自辟置官屬, 【如節度・觀察推判官之屬.】 此既重, 則彼皆輕矣."【僩】

128:37 蔡元道所爲祖宗官制舊典, 他只知懲創後來之禍, 遂皆歸咎神宗, 不合輕改官制. 事事以祖宗官制爲是, 便說此是百王不可易之典. 殊不知後來所以放行踰越, 任用小人, 自是執法者偏私, 何關改官制事! 如武臣諸節度・副總管諸使所以恩禮隆異, 俸給優厚者, 蓋太祖初奪諸鎭兵權, 恐其謀叛, 故置諸節度使, 隆恩異數, 極其優厚, 以收其心而杜其異志. 及太宗・眞宗以後, 則此輩或已[79]老死, 又無兵權. 後來除授者, 自可殺其禮數, 減其俸給, 降其事權, 而猶襲一時權宜苟且之制, 爲子孫不可易之常典, 豈不過哉! 然祖宗時放行, 極艱其選, 不過一二人・二三人. 後來小人用事, 凡宰相除罷, 及武臣寵倖宦者之徒, 無不得之, 實法制不善有以啓之耳. 及經變故, 乃追咎輕越祖宗法度之過. 不知此既開其可入之塗, 彼孰不爲可入之塗以求合乎? 【僩】

128:38 唐 沈既濟之說已如此. 新添改官制, 而舊職名不除, 所以愈見重複. 然唐時猶自歸一, 如藩鎭節度使・觀察使, 民事兵事一人皆了. 今既有帥, 又有家居節度使, 便用費許多錢養他. 見任事者請俸卻寡, 而家居守閑名者, 請俸卻大.【節度使請俸月千餘緡.】 又節度印, 古者所以置旌節以爲儀衛, 而重其權. ▲[80]令帶之家居, 請重俸, 是甚意? 今爲福州安撫使, 而反不如威武軍節度使之請俸.【僩】

128:39 祖宗置資格, 自立僥倖之門. 如武臣橫行, 最爲超捷. 纔除橫行, 便可越過諸史[81], 許多等級皆不須歷, 一向上去. 然今人又不用除

79) 已: 賀本에서는 以로 되어 있다.
80) ▲: 今卻
81) 史:『朱子語類』에서는 使로 되어 있다.

橫行, 橫行猶用守這數級, 只落階[82]官則無所不可. 祖宗之法, 本欲人遵守資格, 謹重名器. 而不知自置許多僥倖之路, 令人脫過, 是甚意思? 除是執法者大段把得定, 不輕放過一箇半箇, 無一毫私, 方執得住. 不然, 便不可禁遏矣. 不知當初立法, 何故如此? 今獃底人, 便只守此爲不可易之典, 才觸動著, 便說是變動祖宗法制. 也須賭箇[83]是, 始得. 【僩】

128:40 趙表之生做文官, 纔到封王, 【封安定郡王.】 便用換武. 豈文官不可封王, 而須武官邪[84]? 又今宗正須以宗室武官爲之, 文官也只做得. 世間一樣愚人, 便以此等制度爲百王不可易之法! 【僩】

128:41 只改儒林·文林之屬, 其他皆可通行. 文官猶有古[85]名, 如武官諸階稱呼, 多有無意義者. 又曰: "四廂都指揮使, 又有甚諸色使, 皆是虛名. 只有三衙都指揮使眞有職事." 又曰: "元豐以前武臣無宮觀, 故武臣無閑者. 凡[86]武臣乞解軍職, 必出藩府. 及元豐 介甫相, 置宮觀, 方有閑者." 【僩】

128:42 本朝先未有祠祿, 但有主管某宮·某觀公事者, 皆大官帶之, 眞箇是主管本宮·本觀御容之屬. 其他多只是監當差遣. 雖嘗爲諫議官, 亦有爲監當者, 如監船場·酒務之屬. 自王介甫更新法, 慮天下士大夫議論不合, 欲一切彈擊罷黜[87], 又恐駭物論, 於是制[88]爲宮觀祠祿, 以待新法異議之人. 然亦難得, 推[89]監司郡守以上, 眷禮優渥者方

82) 階: 賀本에서는 借로 되어 있다.
83) 箇: 賀本에서는 過로 되어 있다.
84) 邪: 賀本에서는 耶로 되어 있다.
85) 古: 孝宗刊本·成化本에서는 右로 되어 있다.
86) 凡: 賀本에서는 見으로 되어 있다.
87) 黜: 『朱子語類』에서는 黜로 되어 있다.
88) 制: 『朱子語類』에서는 創으로 되어 있다.
89) 推: 『朱子語類』에서는 惟로 되어 있다.

得之. 自郡守以下, 則盡送部中與監當差遣. 後來漸輕, 今則又輕, 皆可以得之矣.【僩】

128:43 華州 雲臺觀・南京 鴻慶宮, 有祖宗[90]神像在, 使人主管, 猶有說. 若武夷山 沖佑觀・臨安府 洞霄宮, 知他主管箇甚麼? 128:44[91] 今太廟室深而堂淺, 一代爲一室, 堂則雖在室前, 而實同爲一堂. 古人大抵室事尙東向, 堂事尙南[92]向.【賀孫】

128:45 "皇城使有親兵數千人, 今八廂貌士之屬是也. 以武臣二員幷內侍都知二員掌之. 本朝只此一項, 令官[93]者掌兵, 而以武臣參之." 因笑曰: "此項又以[94]制殿前都指揮之兵也."【僩】

128:46 "今之三[95]衙, 卽舊日之指揮使. 朱溫由宣武節度使簒唐, 疑忌他人, 自用其宣武指揮便[96]爲殿前指揮使, 管禁衛諸軍. 以至今日, 其權益重. 嘗見歐陽公記其爲某官時, 殿帥之權猶輕, 見從官, 不接坐, 但傳語, 不及獻茶. 及再入爲執政, 則禮數大異矣." 問: "何故如此?" 曰: "也是積漸致然. 是他權重後, 自然如此."【僩】

128:47 問: "唐之人主喜用宦者監軍, 何也?" 曰: "是他信諸將不過, 故用其素所親信之人. 後來一向疏外諸將, 盡用官[97]者. 本朝太宗令王繼恩平李順有功, 宰相擬以宣徽使賞之. 太宗怒, 切責宰相, 以爲太

---

90) 祖宗: 賀本・萬曆本에서는 神宗으로 되어 있다.
91) 128:44: 英祖刊本・賀本에서는 별도의 항목으로 편집하였으나 『小分』・孝宗刊本・成化本에서는 128:43에 이어져 한 항목으로 편집되어 있다.
92) 南: 賀本・萬曆本에서는 西 로 되어 있다.
93) 官: 『朱子語類』에서는 宦으로 되어 있다.
94) 以: 賀本에서는 似로 되어 있다.
95) 三: 賀本에서는 二로 되어 있다.
96) 便: 『朱子語類』에서는 使로 되어 있다.
97) 官: 『朱子語類』에서는 宦으로 되어 있다.

重, 蓋宣徽亞執政也, 遂創'宣政使'處之. 朝臣諸將中豈無可任者, 須得用宦者! 彼旣有功, 則爵賞不得吝矣. 然猶守得這些意思, 恐啓[98]宦者權重之患. 及熙豐用兵, 遂皆用宦者. 李憲在西, 權任如大將. 馴至後來, 遂有童貫・譚稹之禍."【宦者其初只是走馬承受之數[99], 浸漸用事, 遂至如此. ○僩】

128:48 今之總管, 乃國初之部署. 後避英廟諱, 改焉. 都監乃是唐之監軍, 不知何時轉了.【廣】

128:49 太祖收諸鎭節度兵權, 置諸州指揮使, 大州十▲[100]員, 次州六七員, 又次州三四員, 每員管兵四五百人. 本州自置營招兵, 而軍員管之. 每遇遷陞, 則密院出宣付之. 用紙一大幅, 題其上曰"宣付指揮使某", 卻不押號, 而以御前大寶印之. 軍員得此極重, 有一人而得數宣者, 蓋營中亦有[101]數等品級遷轉也. 指揮有廳, 有射場, 只在營中升降, 不得出官.【僩[102]】

128:50 "總領一司, 乃趙忠簡所置, 當時之意甚重. 蓋緣韓・岳統兵權重, 方欲置副貳, 又恐啓他之疑, 故特置此一司, 以總制財賦爲名, 卻專切報發御前兵馬文字, 蓋欲陰察之也." 或謂: "總領之職, 自可併歸漕司." 曰: "財賦散在諸路, 漕司卻都呼吸不來. 亦如坑冶, 須是創立都大提點, 方始呼吸得聚."【道夫】

128:51 運使本是愛民之官, 今以督辦財賦, 反成殘民之職. 提刑本是仁民之官, 今以經・總制錢, 反成不仁之具.【淳】

---

98) 啓: 賀本에서는 起로 되어 있다.
99) 數: 『朱子語類』에서는 類로 되어 있다.
100) ▲: 數
101) 亦有: 『小分』에서는 有亦을 교정부호로 바로잡았다.
102) 僩: 徽州本에서는 이 앞에 樞密院行下文字曰宣, 尙書省曰箚子가 더 있다.

128:52 祖宗, 凡升朝官在京, 未有職事者, 每日赴班, 纔有差遣則已.【廣】

128:53 今群臣以罪▲[103]者, 不能全其退處之節. 凡有辭避, 必再三不允, 直待章疏劾之, 遂從罷點[104].【人傑】

128:54 舊制: 遷謫人詞頭, 當日命下, 當日便要, 不許隔宿, 便與詞頭報行. 而今緣[105]有信箚, 故詞頭有一兩月不下者, 中書以此覺得事多. 此皆軍興後事多, 故如此. 國朝舊制, 煞有因軍興後廢格而未復者.【廣】

128:55 舊法: 貶責人若是庶官, 亦須帶別駕或司馬, 無有帶階官者. 今呂子約卻是帶階官安置.【人傑】

128:56 今日作史, 左右史有『起居注』, 宰執有『時政記』, 臺官有『日曆』, 並送史官[106]著作處參改, 入『實錄』作史. 大抵史皆不實, 緊切處不敢上史, 亦不關報.【椿】

128:57 史甚弊, 因『神宗實錄』皆不敢寫. 傳聞只據人自錄來者. 才對者, 便要所上文字, 并奏對語上史館.【楊】[107]

128:58 今之修史者, 只是依本子寫, 不敢增減一字. 蓋自紹聖初, 章惇爲相, 蔡卞[108]修國史, 將欲以史事中傷諸公. 前史官范純夫・黃魯

103) ▲: 去
104) 點:『朱子語類』에서는 黜로 되어 있다.【附箋紙】"點", 恐是"黜"字.
105) 綠:『朱子語類』에서는 緣으로 되어 있다.
106) 官:『朱子語類』에서는 館으로 되어 있다.
107)【楊】: 英祖刊本・賀本에서는【揚】으로 되어 있다.
108) 卞: 賀本에서는 汴으로 되어 있다.

直已去職, 各令於開封府界內居住, 就近報國史院, 取會文字. 諸所不樂者, 逐一條問黃・范, 又須疏其所以然, 至無可問, 方令去. 後來使[109]官因此懲創, 故不敢有所增損也.【按『實錄』, 是時史官趙彦若亦同於府界居住. 後趙安置澧[110]州, 范永州, 黃黔州. ○儒用】

128:59 先生問營"有山答[111]『陳留對問』否?" 曰: "無之." 曰: "聞當時秦少游最爭得峻, 惜乎亦不見之. 陸農師卻有當來對問, 其間云, 嘗舉[112]山谷爭入王介甫'無使上知'[113]▲[114]語. 又云, 當時史官因論溫公改詩賦不是. 某云: '司馬光那得一件是? 皆是自敍與諸公爭辨之語.'"【營】

128:60 "『道君欽宗實錄』數百卷, 呂丈月十日修了. 云, 只是得大節目百十條." 問云: "何不入文字展日?" 曰: "便不是呂丈規模."【振】

128:61 本朝『國紀』好看, 雖略, 然大綱卻都見. 「長編」太詳, 難看. 熊子復編『九朝要略』, 不甚好.【『國紀』, 徐端立編. 僩】

128:62 『聖政編年』一書, 起太祖, 止紹興九年, 書坊人做. 非好書.【振】

128:63 今之『學規』, 非胡安定所撰者. 仁宗置州縣學, 取湖學規矩頒行之. 湖學之規, 必有義理, 不如是其陋也. 如第一條"謗訕朝政"之類, 其出於蔡京行舍法之時有所改易乎? 當時如徐節孝爲楚州教官, 乃罷之, 而易以其黨. 大抵本朝經王氏及蔡京用事後, 舊章蕩然, ▲[115]

109) 使: 『朱子語類』에서는 史로 되어 있다.
110) 澧: 賀本에서는 豊으로 되어 있다.
111) 答: 『朱子語類』에서는 谷으로 되어 있다.【附箋紙】"答"字, 恐是"谷"字之誤.
112) 擧: 『朱子語類』에서는 與로 되어 있다.
113) 知:【附箋紙】"知"下, 落"之"字.
114) ▲: 之

勝116)歎哉!【人傑】

128:64 問學究一科沿革之故. 曰: "此科卽唐之明經是也. 進士科則試文字, 學究科但試墨義. 有才思者多去習進士科, 有記性者則應學究科. 凡試一大經者, 兼一小經. 每段擧一句, 令寫上下文, 以通不通爲去取. 應者多是齊・魯・河朔間人, 只務熟讀, 和注文也記得, 故當時有'董五經'・'黃二117)傳'之稱. 但未必曉文義, 正如和尙轉經相似. 又有司待之之禮, 亦不與進士等. 進士入試之日, 主文則設案焚香, 垂簾講拜. 至學究, 則徹幕以防傳義, 其法極嚴, 有渴至飮硯水而黔其口者, 當時傳以爲笑. 歐公亦有詩云: '焚香禮進士, 徹幕待諸生.'【或云, "徹幕"乃"瞋118)目"字, 亦非歐詩】其取厭薄如此, 荊公所以惡而罷之. 但自此科一罷之後, 人多不肯去讀書."【僩用】

128:65 熙寧『三舍法』, 李定所定. 崇・觀『三舍法』, 蔡京所定. 胡德輝【珵】119) 嘗作記. 學者, 所以學爲忠與孝也. 今欲訓天下士以忠孝, 而學校之制乃出於不忠不孝之人, 不亦難乎!【僩用】120)

128:66 "太121)學舍法壞人多, 龜山嘗立論. 高抑崇曾見龜山. 太學初興, 召爲司業, 善類頗屬望. 到彼一切放倒,『三舍法』, 卻在渠手中成. 莫負了龜山否?" 王子合曰: "聞那時只是取法於一舊老吏." 浩曰: "秦會之是舊太122)學中人, 想是据123)他向日所行了." 曰: "高公不合與

---

115) ▲: 可
116) 勝:【附箋紙】"勝"字上, 宜有"可"字.
117) 二: 英祖刊本・成化本에서는 三으로 되어 있다.
118) 瞋: 賀本・萬曆本・徽州本에서는 瞑으로 되어 있다.
119)【珵】: 賀本에서는【埕】으로 되어 있다.
120)【僩用】: 徽州本에서는【淳】으로 되어 있다.
121) 太: 賀本에서는 大로 되어 있다.
122) 太: 成化本・賀本에서는 大로 되어 있다.
123) 据: 成化本・賀本에서는 據로 되어 있다.

承當. 高公大率不立, 五峰嘗有書責他."【浩】

128:67 先生因論本朝南渡以來, 其初立法甚放寬, 蓋欲聚人. 不知後來放緊, 便不得.【燾】

128:68 今之法, 大概用唐法.【淳】

128:69 問: "今三代之法, 或可見於律中否?" 曰: "律自秦・漢以來, 歷代修改, 皆不可得而見矣. 如漢律文簡奧, 後代修改, 今亦不可見矣."【淳】

128:70 律是歷代相傳, 勑是太祖時修, 律輕而勑重. 如勑中刺面編配, 律中無之, 只是流若千[124]里, 卽今之白面編管是也. 勑中上刑重而下刑輕, 如律中校[125]一百, 實有一百, 勑中則折之爲二十.【五折一】 今世斷獄只是勑, 勑中無, 方用律.【同】[126]

128:71 因言: "律極好.【律卽『刑統』】 後來勑令格式, 罪皆太重, 不如律. 『乾道淳熙新書』更是雜亂. 一時法官不識制法本意, 不合於理者甚多. 又或有是計囑妄立條例者. 如母已出嫁, 欲賣産業, 必須出母著押之類. 此皆非理, 必是當時有計囑而創此條也. 孝宗不喜此書, 嘗令修之, 不知修得如何."【僩】

128:72 『刑統』大字是歷代相傳, 「注」字是世宗時修.【淳】

128:73 舊來勑令文辭典雅, 近日殊淺俗.【裏面是有幾多病痛. ○方子】

124) 千: 英祖刊本・成化本・賀本에서는 干으로 되어 있다.
125) 校: 『朱子語類』에서는 杖으로 되어 있다.
126)【同】: 徽州本에서는【淳】으로 되어 있다.

128:74 宋莒公曰: "'應從而違, 堪供而闕', 此六經之亞文也." 謂子不從父不義之命, 及力所不能養者, 古人皆不以不孝坐之. 義當從而不從, 力可供而不供, 然後坐以不孝之罪. 【淳】

○[127] 又問: "本朝之刑與古雖相遠, 然也較近厚." 曰: "何以見得?" 義剛曰: "如不甚輕殺人之類." 曰: "也是. 但律較輕, 勑較重. 律是古來底, 勑是本朝底. 而今用時, 勑之所無, 方用律. 本朝自徒以下罪輕. 古時流罪不刺面, 只如今白面編管樣. 是唐・五代方是黥面. 決脊, 如折杖, 卻是太祖方創起, 這卻較寬." 安卿[128]問: "律起於何時?" 曰: "律是從古來底, 逐代相承修過, 今也無理會了. 但是而今刑統, 便是古律, 下面注底, 便是周世宗者. 如宋莒公所謂'律應從而違, 堪供而闕, 此六經之亞文也.' 所謂'律'者, 『漢書』所引律便是, 但其辭古, 難曉. 如當時數大獄引許多詞, 便如而今款樣, 引某罪引某法爲斷. 本朝便多是用唐法." 義剛曰: "漢法較重於唐, 當時多以語辭獲罪." 曰: "只是他用得如此, 當時之法卻不曾恁地. 他只見前世輕殺人, 便恁地. 且如楊惲一書, 看得來有甚大段違法處? 謂之不怨不可, 但也無謗朝政之辭, 卻便謂之'腹誹'而腰斬!" 【義剛】

128:75 或問: "'勑・令・格・式', 如何分別?" 曰: "此四字乃神宗朝定法時綱領. 本朝止有編勑, 後來乃命群臣修定. 元豐中, 執政安燾等上所定勑令. 上喻燾曰: '設於此而逆彼之至謂之"格", 設於此而使彼效之謂之"式", 禁於示[129]然謂之"令", 治其已然謂之"勑." 修書者要當知[130]此. 若其書完具, 政府總之, 有司守之, 斯無事矣.' 【此事載之『己卯[131]錄』, 時出亦[132]學者. 因祀[133]其文如此, 然恐有脫誤處.】 神廟天資絶

127) ○: 『朱子語類』의 79:156의 일부이다.
128) 卿: 『朱子語類』에서는 師로 되어 있다.
129) 示: 『朱子語類』에서는 未로 되어 있다. 【附箋紙】 "示"字, 恐是"未"字.
130) 知: 賀本에서는 如로 되어 있다.
131) 卯: 賀本에서는 仰으로 되어 있다.
132) 亦: 『朱子語類』에서는 示로 되어 있다.

人, 觀此數語, 直是分別得好. 格, 如五服制度, 某親當某服, 某服當某時, 各有限極, 所謂'設於此而逆彼之至'之謂也. 式, 如磨勘轉官, 求恩澤封贈之類, 只依箇樣子寫去, 所謂'設於此而使彼效之'之謂也. 令, 則條令禁制其事不得爲・某事違者有罰之類, 所謂'禁於未然'者. 勑, 則是已結此事, 依條斷遣之類, 所謂'治其已然'者. 格・令・式在前, 勑在後, 則有'敎之不改而▲[134]誅之'底意思. 今但欲尊'勑'字, 以勑居前, 令・格・式在後, 則與不敎而殺者何異? 殊非當時本指." 又問: "伊川云: '介甫言: "律是八分書." 是他見得如此.' 何故?" 曰: "律是『刑統』, 此書甚好, 疑是歷伐[135]所有傳襲下來. 至周世宗, 命竇儀注解過, 名曰『刑統』, 卽律也. 今世卻不用律, 只用勑令. 大概勑令之法, 皆重於『刑統』. 『刑統』與古法相近, 故曰'八分書.'"【"介甫之見, 畢竟高於世俗之儒." 此亦伊川語, 因論祧廟及之. ○儒用】 128:76[136] 某事合當如何, 這謂之"令." 如某功得幾等賞, 某罪得幾等罰, 這謂之"格." 凡事有箇樣子, 如今家保狀式之類, 這謂之"式." 某事當如何斷, 某事當如何行, 這謂之"勑." 令[137]人呼爲"勑・令・格・式", 據某看, 合呼爲"令・格・式・勑." 勑是令・格・式所不行處, 故斷之以勑. 某在漳州, 曾編得戶・繒[138]兩門法.【賀孫】

128:77 本合是先令而後勑, 先敎後刑[139]之意. 自荊公用事以來, 方定爲"勑・令・格・式"之序.【德明】

128:78 "唐藩鎭權[140]▲[141]", 爲朝廷之患. 今日州郡權輕, 卻不能生

133) 祀: 『朱子語類』에서는 記로 되어 있다.
134) ▲: 後
135) 伐: 『朱子語類』에서는 代로 되어 있다.【附箋紙】"伐"字, 恐是"代"也.
136) 128:76: 『小分』에서는 128:75에 이어져 한 항목으로 편집되어 있다.
137) 令: 『朱子語類』에서는 今으로 되어 있다.
138) 繒: 『朱子語類』에서는 婚으로 되어 있다.
139) 刑: 賀本에서는 行으로 되어 있다.
140) 權: 【附箋紙】"權"下, 落"重"字.

事, 又卻無以制盜賊." 或曰: "此亦緣介父[142]刮刷州郡太甚." 曰: "也不專是介父[143]. 且如仁宗時, 淮南盜賊發, 晁[144]仲約知高郵軍, 反以金帛牛酒使人買覓他去. 富鄭公欲誅其人, 范文正公謂他旣無錢, 又無兵, 卻教他將甚去殺賊? 得他和解得去, 不殘破州郡, 亦自好. 只是介父[145]後來又甚. 州郡禁軍有闕額處, 都不補. 錢糧盡欲解發歸朝廷, 謂之'封樁[146]闕額禁軍錢', 係提刑司管." 【文蔚】

128:79 經制錢, 宣和間用兵, 經制使所創. 總制錢, 紹興初用兵, 總制使所創. 【二人不記姓名】 應干稅錢物, 雜色場·務納錢, 每貫刻五十文, 作頭子錢. 括之爲二色錢, 以分毫積, 計大計多, 況其大者!

128:80 經制錢, 陳亨伯所創. 蓋因方臘反, 童貫討之, 亨伯爲隨軍轉運使. 朝廷以其權輕, 又重爲經制使. 患軍用不是[147], 創爲此名以收州縣之財, 當時大獲其利. 然立此制時, 明言軍罷而止, 其後遂因而不改. 至紹興四年, 韓球又創總制錢, 大略倣經制爲之. 十一年經界法行, 民間印契多, 信[148]有所得, 朝廷遂以此年立額. 至次年, 則其數大虧, 乃令州縣添補解發. 自後州縣大困, 朝廷亦知之. 議者乃請就三年中取中制以立額. 卻不知中制者乃所添補之歲, 其額猶爲重也, 因仍至今. 頃年得江西憲時, 陛對曰[149], 亦嘗爲孝宗言之. 蓋此政是憲司職事. 又曰: "亨伯創經制錢時, 其兄弟有名某者, 勸止之. 不從, 乃率其子姪哭於家廟, 以爲作俑之罪, 祖先將不祀矣!" 【廣】

---

141) ▲: 重
142) 父: 英祖刊本·賀本에서는 甫로 되어 있다.
143) 父: 英祖刊本·賀本에서는 甫로 되어 있다.
144) 晁: 賀本·萬曆本에서는 趙로 되어 있다.
145) 父: 賀本에서는 甫로 되어 있다.
146) 椿: 英祖刊本·賀本에서는 樁으로 되어 있다.
147) 是: 『朱子語類』에서는 足으로 되어 있다.
148) 信: 『朱子語類』에서는 倍로 되어 있다.
149) 曰: 英祖刊本·成化本·賀本에서는 日로 되어 있다.

128:81 德粹語婺源納銀之弊, 方伯謨因問和買. 先生言其初曰: "今日惟紹興最重. 舊抛和買數時, 兩浙運使乃紹興人. 朝廷抛降三十萬匹與浙東, 紹興受十四萬. 是時都吏乃▲[150], 會稽又受多. 惟餘姚令不肯受, 爲其民以瓦礫擲之, 不得已受歸, 而其數少, 恨不記其名." 滕云: "婺源乃汪內翰鄉邑. 汪知鄉郡, 朝廷初降月椿[151]時, 會諸縣令于[152]廷. 婺源令偶言丹楊[153]鄉民頑, 汪本此鄉人, 以令爲譏之, 先勒令受十分之四分三釐, 至於今爲害." 先生曰: "疇昔創封椿[154]時, 本無實數, 只是賴州縣. 且如常平中一項錢, 亦許椿[155]數. 提舉司錢今日又解, 明日又解, 解必有限, 彼豈不來爭? 以此觀之, 事皆係作始不是."【可學】

128:82 祖宗立法催科, 只是九分, 才破這一分, 便不催. 但破得一百貫, 謂之"破分", 便住. 自曾丞相仲欽爲戶部時, 便不用這法, 須要催盡. 至今所以如此.【悟】

128:83 所在上供銀, 皆分配諸縣. 獨建寧因吳公路作憲, 算就鹽綱上納. 雖是算在綱上, 中間作舊科數, 諸縣甚者至科民間買納. 後沈公雅來, 卻檢會前時行下指揮, 遂罷買上供銀.【道夫】

128:84 張定叟尚書云, 青城每郊用木十五萬緡縛幕屋, 事已, 撤去, 皆諸璫得之. 其費出於臨安. 渠知府日, 嘗奏乞從本府出錢蓋屋, 庶免逐郊費用, 不從.【閎祖】

---

150) ▲: 會稽縣人
151) 椿: 賀本에서는 樁으로 되어 있다.
152) 于: 賀本에서는 於로 되어 있다.
153) 楊: 賀本에서는 陽으로 되어 있다.
154) 椿: 賀本에서는 樁으로 되어 있다.
155) 椿: 賀本에서는 樁으로 되어 있다.

『朱子語類』卷第一百二十九

「本朝三」

「自國初至熙寧人物[1]」

129:1 因論唐初國初人才, 云: "國初人材, 是五代時已生得了."【德明】

129:2 太宗朝一時人多尙文仲[2]子, 蓋見朝廷事不振, 而文中子之書頗說治道故也, 然不得其要. 范文正公雖有欲爲之志, 然也麤, 不精密, 失照管處多.【卓 ○僩綠[3]略】

129:3 國初人便已崇禮義, 尊經術, 欲復二帝・三代, 已自勝如唐人, 但說未透在. 直至二程出, 此理始說得透.【因看『程明道集[4]』 ○方子】

129:4 問本朝宰相孰優. 曰: "各有所長."【力行】

129:5 趙幾道云: "本朝宰相, 但一味度量而已." 曰: "'寬裕溫柔, 足以有容', 固好, 又須'發强剛毅, 足以有執', 則得."【大雅】

129:6 "宰相薦張齊賢, 曾受一曹司甚恩【忘了】[5], 齊賢後以兄事之.

---

1) 熙寧人物: 徽州本에서는 慶曆用人으로 되어 있다.
2) 仲: 『朱子語類』에서는 中으로 되어 있다.
3) 綠: 『朱子語類』에서는 錄으로 되어 있다.
4) 程明道集: 『朱子語類』에서는 种明逸集으로 되어 있다.

擧此一事, 齊賢可知矣." 先生曰: "祖宗時人樸實如此. 今好薦章如此, 乃是一言章也."【楊】[6)]

129:7 李文靖只做得如此. 若有學, 便可做三代事, 眞宗末[7)]年豈有如此等事!【揚】

129:8 『談苑』說李文靖設[8)]口匏事, 極好, 可謂鎭浮. 然與不興利事, 皆落一偏. 胡不廣求有道賢德, 興起至治也?【方】

129:9 李文靖重厚沉默, 嘗寓京師, 亦少出入. 一日, 忽有一轎至. 下轎, 乃一蓋頭婦人, 不見其面, 然儀度甚美, 入文靖房, 八[9)]而出. 衆訝之, 以爲文靖如此, 卻引得這般人來, 遂問之. 文靖亦只依違應之曰: "'亦言某前程之類, 何足信!' 深詰[10)]之, 文靖曰: '諸公曾見其面乎? 一面都是目!'"【許文靖爲相. ○揚】

○[11)] 李文靖爲相, 嚴毅端重, 每見人不交一談. 或有諫之者, 公曰: '吾見豪俊跅弛之士, 其議論尙不足以起發人意. 今所謂通家子弟, 每見我, 語言進退之間, 尙用[12)]章失措. 此等有何識見, 而足與語, 徒亂人意耳!' 王文正・李文穆皆如此, 不害爲賢相, 豈必人人皆與之語耶? 宰相只是一箇進賢退不肖, 若著一豪[13)]私心便不得. 前輩嘗言: '做宰相只要辨一片心, 辨一雙眼. 心公則能進賢退不肖, 眼明則能識得那

---

5)【忘了】: 英祖刊本・賀本에서는 본문으로 되어 있다.
6)【楊】: 『朱子語類』에서는【揚】으로 되어 있다.
7) 末: 『朱子語類』에서는 晩으로 되어 있다.
8) 設: 『朱子語類』에서는 沒로 되어 있다.
9) 八: 『朱子語類』에서는 久로 되어 있다.
10) 詰: 『朱子語類』에서는 詰로 되어 있다.
11) ○: 『朱子語類』의 72:19의 일부이다.【附箋紙】此條不在本類.
12) 用: 『朱子語類』에서는 周로 되어 있다.【附箋紙】"用", 恐是"周"字.
13) 豪: 賀本에서는 毫로 되어 있다.

箇是賢, 那箇是不肖.' 此兩言說盡做宰相之道. 只怕其所好者未必眞賢, 其所惡者未必眞不肖耳. 若眞箇知得, 更何用牢籠? 且天下之大, 人才之衆, 可人人牢籠之耶?" 或問: "如一樣小人, 涉歷旣多, 又未有過失, 自家明知其不肖, 將安所措之?" 曰: "只恐居其位不久. 若久, 少間此等小人自然退聽, 不容他出來也. 今之爲相者, 朝夕疲精神於應接書簡之間, 更何暇理會國事! 世俗之論, 遂以此爲相業. 然只是牢籠人住在那裏, 今日一見, 明日一請, 或住半年・周歲, 或住數月, 必不得已而後與之. 其人亦以爲宰相之顧我厚, 令我得好差遣而去. 賢愚同滯, 擧世以爲當然. 有一人焉, 略欲分別善惡, 杜絶干請, 分諸闕於部中, 己得以免應接之煩, 稍留心國, 則事[14]人爭非之矣! 且以當日所用之才觀之, 固未能皆賢, 然比之今日爲如何? 今日之謗議者, 皆昔之遭擯棄之人也. 其論固何足信?【此下▲[15]兩句】 逸[16]若牢籠得一人, 則所謂小人者, 豈止此一人? 與一人, 則千百皆怨矣. 且吾欲牢籠之, 能保其終不畔己否? 已往之事, 可以鑒矣. 如公之言, 卻是憧憧往來之心也. 其人之失處, 卻不在此, 卻是他未能眞知賢不肖之分耳." 或曰: "如某人者, 也有文采, 也廉潔, 豈可棄之耶?" 曰: "公欲取賢才耶? 取文采耶? 且其廉, 一己之事耳, 何足以救其利口覆邦家之禍哉? 今世之人, 見識一例低矮, 所論皆卑. 某嘗說, 須是盡吐瀉出那肚裏許多鏖糟惡濁底見識, 方略有進處. 譬如人病傷寒, 在上則吐, 在下則瀉, 如此方得病除."【僩】

129:10 問: "本朝如王沂公, 人品甚高, 晩年乃求復相, 何也?" 曰: "便是前輩都不以此事爲非, 所以至范文正方厲廉恥, 振作士氣." 日[17] "如寇萊公, 也因天書欲復相." 曰: "固是."【植】

---

14) 則事: 『朱子語類』에서는 事則으로 되어 있다.

15) ▲: 逸

16) 逸: 『朱子語類』에서는 없다.【附箋紙】"逸"字, 以舊本推之, 當在小註. 新本在於"若守以龍"上, 恐誤, 更詳之.

17) 日: 『朱子語類』에서는 曰로 되어 있다.

129:11 問: "王沂公云: '恩欲己出, 怨使誰當?' 似此不可爲通法否?" 曰: "它只說不欲牢籠人才, 說使必出自我門下. 宅[18]亦未嘗不薦人才." 【植】[19]

129:12 問: "先生前日曾論本朝惟范文正公振作士大夫之功爲多. 不知使范公處韓公受顧命之時, 處事亦能如韓公否?" 曰: "看范公才氣, 亦須做得." 又曰: "祖宗以來, 名相如李文靖・王文正諸公, 只恁地善, 亦不得. 至范文正時便大厲名節, 振作士氣, 故振作士大夫之功爲多." 問: "范文正作『百官圖』以獻, 其意如何?" 曰: "它只說▲[20], 如此遷轉卽是私. 呂許公當國, 有無故躐等用人處, 故范公進此圖於仁宗." 因舉『詩』云: "'誨爾序爵.' 人主此事亦不可不知. 假如有人已做侍御史, 宰相驟擢作侍從, 雖官品高, 然侍御史卻緊要. 爲人主者, 便須知把他擢作侍從, 如何不把做諫議大夫之類." 【植】

129:13 "近得周益公言[21], 論呂・范解仇事. 曰: '初, 范公在朝, 大臣多忌之. 及爲開封府, 又爲『百官國[22]』以獻. 因指其遷進遲速次序曰, 某爲超遷, 某爲左遷, 如是而爲公, 如是而爲私, 意頗在呂相. 呂不樂, 由是落職, 出知饒州. 未幾, 呂亦罷相. 後呂公再入, 元昊方犯邊, 乃以公徑[23]略西事, 公亦樂爲之用. 嘗奏記呂公云: "相公有汾陽之心之德, 仲淹無臨淮之才之力." 後歐陽公爲「范公神道碑」, 有"懽然相得, 戮力平賊"之語, 正謂是也.' 公之子堯夫乃以爲不然, 遂刊去此語. 前書今集中亦不載, 疑亦堯夫所刪. 他如『叢談』所記, 說得更乖. 某謂呂公方寸隱微, 雖未可測, 然其補過之功, 使天下實被其賜, 則有

18) 宅: 『朱子語類』에서는 它로 되어 있다. 【附箋紙】 "宅"字, 改以"它"宜矣.
19) 【植】: 成化本・賀本에서는 【相】 으로 되어 있다.
20) ▲: 如此遷轉卽是公
21) 言: 『朱子語類』에서는 書로 되어 있다.
22) 國: 『朱子語類』에서는 圖로 되어 있다. 【附箋紙】 "國"字, 恐是"圖"字
23) 徑: 『朱子語類』에서는 經으로 되어 있다.

不可得而掩者. 范公平日胸襟豁達, 毅然以天下國家爲己任. 既爲呂公而出, 豈復更有匿怨之竟[24]? 況公嘗自謂平生無怨惡於一人, 此言尤可驗. 忠宣固是賢者, 然其規模廣狹, 與乃翁不能無間. 意謂前日既排許公[25], 今日若與之解仇, 前後似不相應, 故諱言之. 卻不知乃翁心事, 政不如此. 歐陽公聞其刊去碑中數語, 甚不樂也." 問: "後來正獻亦及識范公否?" 曰: "正獻通判穎[26]州[27]時, 歐陽公爲守. 范公知青州, 過穎[28], 謁之. 因語正獻曰: '太博近朱者赤. 歐陽永叔在此, 宜頻近筆硯.' 異時同薦三人: 則王荊公・司馬溫公及正獻公也. 其知人如此." 又曰: "呂公所引, 如張方平・王拱辰・李淑之徒, 多非端士, 終是不樂范公. 張安道過失更多[29], 但以東坡父子懷其汲引之恩, 文字中十分說他好, 今人又好看蘇文, 所以例皆稱之. 介甫文字中有說他不好處, 人既不看, 看又不信."【儒用】

129:14 呂申公斥逐范文正諸人, 至晚年復收用之, 范公亦竭盡底蘊而爲之用, 這見文正高處. 忠宣辨歐公銘▲[30]事, 這便是不及文正.【道夫】

129:15 范文正傑出之才.

129:16 某嘗謂, 天生人才, 自足得用. 豈可厚誣天下以無人? 自是用不到耳. 且如一箇范文正公, 自做秀才時便以天下爲己任, 無一事不理會過. 一旦仁宗大用之, 便做出許多事業. 今則所謂負剛大之氣者, 且先一筆勾斷. 稱停到第四五等人, 氣宇厭厭, 布列臺諫, 如何得

---

24) 竟: 『朱子語類』에서는 意로 되어 있다.【附箋紙】"竟"字, 恐是"意"字而今誤.
25) 許公: 英祖刊本・成化本・賀本에서는 申公으로 되어 있다.
26) 穎: 『朱子語類』에서는 潁으로 되어 있다.
27) 州: 『小分』에서는 川에【附箋紙】州
28) 穎: 『朱子語類』에서는 潁으로 되어 있다.
29) 多: 成化本에서는 名으로 되어 있다.
30) ▲: 志

事成! 故某向謂, 姓名未出, 而內外已知其非天下第一流矣!【道夫】

129:17 范文正公嘗云: "浙人輕佻易動, 功[31]宜戒之!"【子蒙】

129:18 某嘗說, 呂夷簡最是箇無能底人. 今人卻說他有相業, 會處置事, 不知何者爲相業? 何者善處置? 爲相正要以進退人才爲先, 使四夷聞知, 知所聳畏. 方其爲相, 其才德之大者, 如范文正諸公旣不用, 下而豪俊跅弛之士, 如石曼卿諸人, 亦不能用. 其所引援, 皆是半間不界無狀之人, 弄得天下之事日入於昏亂. 及一旦不奈元昊何, 遂盡挨與范文正公. 若非范文正公, 則西方之事決定弄得郎當, 無如之何矣. 今人以他爲▲[32]相業, 深所未曉.【子蒙】

129:19 因言仁宗朝, 講書楊安國之徒, 一時聚得幾箇朴純無能之人, 可笑. 先生曰: "此事緣范文正招引一時才俊之士, 聚在館閣. 如[33]蘇子美・梅聖俞之徒, 此事[34]輩雖有才望, 雖皆是君子黨, 然輕儇戲謔, 又多分流品. 一時許公爲相, 張安道爲御史中丞, 王拱辰之徒, 皆深惡之, 求去之未有策. 而蘇子美又杜祁公壻[35], 杜是時爲相, 蘇爲館職, 兼進奏院. 每歲院中賽神, 例賣故紙錢爲飮燕之費. 蘇承例賣故紙, 因出己錢添助爲會, 請館閣中諸名勝, 而分別流品, 非其侶者皆不得與. 會李定願與, 而蘇不肯. 於是盡招兩軍女妓作樂爛飮, 作爲傲歌. 王勝之【名直柔】句云: '敧倒太極遣帝扶, 周公 孔子驅爲奴.' 這一隊專探伺他敗闕, 才聞此句, 拱辰卽以白上. 仁宗大怒, 卽令中官捕捉, 諸公皆已散走逃匿. 而上怒甚, 捕捉甚峻, 城中喧然. 於是韓魏公言於上曰: '陛下卽位以來, 未嘗爲此等事. 一旦遽如此, 驚駭物聽.' 仁宗怒少

31) 功: 『朱子語類』에서는 切로 되어 있다.【附箋紙】"功"字, 恐是"切"字.
32) ▲: 有
33) 如: 成化本에서는 知로 되어 있다.
34) 事: 『朱子語類』에서는 없다.【附箋紙】"此事"之"事"字, 恐衍也.
35) 壻: 成化本에서는 婿로 되어 있다.

解, 而館閣之士罷逐一空, 故時有'一網打盡'之語. 杜公亦罷相, 子美除名爲民, 永不敍復. 子美居湖州, 有詩曰: '不及雞竿下坐人.' 言不得此[36]罪人引赦免放也. 雖是拱辰・安道輩攻之甚急, 然亦只這幾箇輕薄做得不是. 縱有時名, 然所爲如此, 終亦何補於天下國家邪? 仁宗於是懲才士輕薄之弊, 這幾箇承意旨, 盡援引純朴持重之人以愚仁宗. 凡解經, 不過釋訓詁而已, 如楊安國・彭乘之徒是也. 是時張安道爲御史中丞, 助呂公以攻范."【卓】

129:20 陳執中俗吏, 然執法, 仁廟謂惟此人不瞞人. 近世葉顒近似之.【揚】

129:21 德粹以明州上[37]人所寄書納先生, 因請問其書中所言. 先生曰: "渠言'漢之名節, 魏・晉之曠蕩, 隋・唐之辭童[38], 皆懲其弊爲之.' 不然. 此只是正理不明, 相衮將去, 遂成風俗. 後漢名節, 至於末年, 有貴己賤人之弊. 如皇甫規, 鄉人見之, 卻問: '卿前[39]在鴈門, 食鴈美乎?' 擧此可見. 積此不已, 其勢必至於虛浮入老・莊. 相衮到齊・梁間, 又不復如此, 只是作一般艶辭, 君臣賡歌褻瀆之語, 不以爲怪. 惰[40]之辭章, 乃起於煬帝. 進士科至不成科目, 故遂衮纏至唐, 及[41]本朝然後此理復明. 正如人有病, 今日一病, 明[42]▲[43]變一病, 不成要將此病變作彼病." 某問: "已前皆衮纏成風俗. 本朝道學之盛, 豈是衮纏?" 先生曰: "亦有其漸. 自范文正以來已有好議論, 如山東有孫明復, 徂徠有石守道, 湖州有胡安定, 到後來遂有周子・程子・張子出. 故

---

36) 此: 『朱子語類』에서는 比로 되어 있다.
37) 上: 『朱子語類』에서는 士로 되어 있다.
38) 童: 『朱子語類』에서는 章으로 되어 있다.
39) 前: 賀本에서는 없다.
40) 惰: 『朱子語類』에서는 隋로 되어 있다.
41) 及: 賀本에서는 至로 되어 있다.
42) 明: 【附箋紙】"明"下, 落"日"字.
43) ▲: 日

程子平生不敢忘此數公, 依舊尊他. 若如楊・劉之徒, 作四六駢儷之文, 又非此比. 然數人者皆天資高, 知尊王黜霸, 明義去利. 但只是如此便了, 於理未見, 故不得中." 某問: "安定學甚盛, 何故無傳?" 曰: "當時所講止此, 只些門人受去做官, 死後便已. 嘗言劉彝善治水, 後來果然. 彝有一部詩, 遇水▲[44]便廣說."【璘錄云: "劉彝治水, 所至興水利. 劉有一部『詩解』, 處處▲[45]水引[46]說, 好笑. 熟處難忘."】 某又問: "以前說後漢之風, 皆以爲起於嚴子陵, 近來說又別." 曰: "前漢末, 極有名節人. 光武起[47]極崇儒重道, 尊經術, 後世以爲法. 如見樊英築壇場, 猶待神明. 嚴子陵直分明是隱士, 渠高氣遠邁, 直是不屈. 又論其不矯激, 呂伯恭作「祠堂記」, 卻云它中和. 嘗問之: '嚴子陵何須如此說? 使它有知, 聞之豈不發一笑!' 因說: "有[48]前輩如李泰伯門[49]議論, 只說貴王賤霸[50], 張大其說, 欲以劫人之聽, 卻是矯激, ▲[51]猶有以使人奮起. 今日須要作中和, 將來只便委靡了. 如范文正公作「子陵祠堂記」云: '先生之心, 出乎日月之上, 光武之鬼[52], 包乎天地之外. 微先生, 不能成光武之大, 微光武, 豈能遂先生之高!' 胡文定父子極喜此語. 大抵前輩議論麤而大, 今日議論細而小, 不可不理會." 某問: "此風俗如何可變?" 曰: "如何可變? 只且自立."【可學】

129:22 論安定規模雖少疏, 然卻廣大著實. 如孫明復『春秋』雖過當, 然占得氣象好. 如陳古靈文字尤好. 嘗過台州, 見一豐碑, 說孔子之道, 甚佳. 此亦是時世漸好, 故此等人出, 有"魯一變"氣象, 其後遂有

---

44) ▲: 處
45) ▲: 作
46) 引: 『朱子語類』에서는 利로 되어 있다.
47) 起: 賀本에서는 卻으로 되어 있다.【附箋紙】起
48) 有: 『朱子語類』에서는 없다.
49) 門: 英祖刊本・賀本에서는 們으로 되어 있다.
50) 霸: 『朱子語類』에서는 伯으로 되어 있다.
51) ▲: 然
52) 鬼: 孝宗刊本・成化本・賀本에서는 器로 되어 있고 英祖刊本에서는 量으로 되어 있다.【附箋紙】"鬼", 恐是"兄"字.

二先生. 若當時稍加信重, 把二先生義理繼之, 則可以一變, 而乃爲王氏所壞! 問: "當時如此積漸將成, 而壞於王氏, 莫亦是有氣數?" 曰: "然."【可學】

129:23 因言兼山·艾軒二氏『中庸』, 曰: "程子未出時, 如胡安定·石守道·孫明復諸人說, 話雖麤疏, 未盡精妙, 卻儘平正, 更如古靈先生文字都好." 道夫云: "只如「諭俗」一文, 極爲平正簡易." 曰: "許多事都說盡, 也見他一介[53]胸襟盡包得許多." 又曰: "大抵事亦自有時. 如程子未出, 而諸公已自如此平正."【道夫】

129:24 本朝孫·石輩忽然出來, 發明一箇平正底道理自好, 前代亦無此等人. 如韓退之已自五分來, 只是說文章. 若非後來關·洛諸公出來, 孫·石便是第一等人. 孫較弱, 石健甚, 硬做.

129:25 問: "孫明復如何恁地惡胡安定?" 曰: "安定較和易, 明復卻剛勁." 或曰: "孫泰山也是大故剛介." 曰: "明復未得爲介, 石守道卻可謂剛介."【義剛】

129:26 石守道只是麤. 若其名利嗜欲之類, 直是打疊得伶俐, 茲所以不動心也.【揚】

129:27 嘉祐前輩如此厚重. 胡安定於義理不分明, 然是甚[54]氣象!【揚】[55]

129:28 問: "安定平日所講論, 今有傳否?" 曰: "並無. 薛士龍在湖州, 嘗以書問之. 回書云, 並無. 如當初取湖州學法以爲大[56]學法, 今此法

53) 介: 『朱子語類』에서는 箇로 되어 있다.
54) 甚: 孝宗刊本·成化本에서는 其로 되어 있다.
55)【揚】: 賀本에서는 없다.

▲[57]無. 今日法, 乃蔡京之法." 又云: "祖宗以來, 學者但守注疏, 其後便論道, 如二蘇直是要論道. 但注疏如何棄得!"【可學】

129:29 安定·太山·徂徠·廬陵諸公以來, 皆無今日之術數. 老蘇有九分來許罪.【揚】

129:30 安定 胡先生只據他所知, 說得義理平正明白, 無一些玄妙. 近有一輩人, 別說一般惹邪底禪[58]說話. 禪亦不是如此. 只是不曾見那禪師, 便是被他笑.【揚錄云, 徐子儀之徒.】

129:31 因論李泰白[59], 曰: "當時國家治, 時節好, 所論皆勁正如此. 曾南豐攜歐公書, 往餘杭見范文正. 文正云'歐九得書, 令將錢與公. 今已椿[60]得甚處錢留公矣. 亦欲少款, 適聞李先生來, 欲出郊迓之'云云."

129:32 閩宰方叔珪【永嘉人】. 以書來, 稱本朝人物甚盛, 而功業不及於漢·唐, 只緣是要去小人. 先生曰: "是何等議論! 小人如何不去得? 自是不可合之物. '一董[61]一蕕, 十年尙猶有臭.' 觀仁宗用韓·范·富諸公, 是甚次第! 只爲小人所害. 及韓·富再當國, 前日事都忘了. 富公一向畏事, 只是要看經念佛, 緣是小人在傍故耳. 若謂小人不可去, 則舜當時去'四凶'是錯了?" 可學問: "方君意謂不與小人競, 則身安, 可以做事." 曰: "不去小人, 如何身得安!" 劉晦伯云: "有人說「泰卦」'內君子, 外小人', 爲君子在內, 小人在外. 小人在外[62], 小人道消,

---

56) 大: 『朱子語類』에서는 太로 되어 있다.
57) ▲: 亦
58) 禪: 賀本에서는 詳으로 되어 있다.
59) 白: 『朱子語類』에서는 伯으로 되어 있다.
60) 椿: 成化本·賀本에서는 樁으로 되어 있다.
61) 董: 『朱子語類』에서는 薰으로 되어 있다.【附箋紙】 "董", 恐是"薰"字.
62) 小人在外: 英祖刊本에서는 君子道長으로 되어 있고 成化本·賀本에서는 없

乃是變爲君子."曰:"亦有此理. 聖人亦有容小人處, 又是一截事. 且當看正當處. 使小人變爲君子固好, 只是不能得如此."可學云:"小人譖君子, 須加以朋黨叛逆."曰:"如此則一網可打盡. 雖是如此, 然君子亦不可過當. 如元祐諸公行蔡新州事, 卻不是. 渠固有罪, 然以作詩行重責, 大不可. 然當元祐時, 只行遣渠一人, 至紹聖則禍甚酷. 以此觀君子之於小人, 未能及其毫毛, 而小人之於君子, 其禍常大, 安可不去!"【可學】

129:33 韓當[63]初來時, 要拆洗做▲[64], 不[65]做不得, 出去. 及再來, 亦只隨時了. 遇聖明如此, 猶做不得!【揚】

129:34 富鄭公與韓魏公議不合, 富恨之, 至不弔魏公喪. 富公守某州, 魯直爲尉, 久不之任, 在路遷延. 富有所聞, 大怒, 及到, 遂不與交割. 後幕幹勸之, 方肯. 及魯直在史館修「韓魏公傳」, 使人問富曾弔韓喪否. 知其不曾, 遂以此事送下[66]案中, 遂成案底. 後人雖欲修去此事, 而有案底, 竟不可去, 魯直也可謂乖. 但魏公年年卻使人去鄭公家上壽, 恁地便是富不如韓較寬大.【義剛】

129:35 韓魏公・富鄭公皆言新法不便. 韓公更能論列, 上面不從他, 也委曲作箇道理著行他底. 如富公更不行, 自用他那法度, 後來遂被人言. 雖如此, 畢竟喚做是, 不得. 今事有不便, 但當如韓公論列. 若不從, 也須做道理減省了行他底. 大不可行, 則有去而已. 如富公直截自用己意, 則不可也.【端蒙】

다.【附箋紙】此"小人在外"四字, 當闕.【附箋紙】君子道長

63) 當:『朱子語類』에서는 富로 되어 있다.

64) ▲: 過

65) 不:『朱子語類』에서는 없다.【附箋紙】"洗做"下"不"字, 印本作"過."

66) 下: 成化本에서는 不로 되어 있다.

129:36 歐公章疏言地震, 山石崩入於海. 某謂正是"羸豕孚蹢[67]躅"之義. 當極治時, 已自栽培得這般物在這裏了, 故直至如今.【道夫】

129:37 先生因泛言交際之道, 云: "先人曾有雜錄冊子, 記李仲和之祖【見居三衢】. 同包孝肅同讀書一僧舍, 每出入, 必經由一富人門, 二公未嘗往見之. 一日, 富人俟其過門, 邀之坐. 二公託以他事, 不入. 他日復招飯, 意廑甚. 李欲往, 包公正色與語曰: '彼富人也, 吾徒異日或守鄉郡, 今妄與之交, 豈不爲他日累乎!' 竟不往. 後十年, 二公果相繼典鄉郡." 先生因嗟歎前輩立己接人之嚴蓋如此. 方二公爲布衣, 所志已如此. 此古人所謂言行必"稽其所終, 慮其所敝"也. 或言: "近有爲鄉邑者, 泛接部內士民, 如布衣交, 甚至狎溺無所不至. 後來遇事入手, 處之頗有掣肘處." 曰: "爲邑之長, 此等處當有限節. 若脫略繩墨, 其末流之弊, 必至於此. 包・李之事, 可爲法也."【時舉】

129:38 張乖崖云: "陽是人有罪, 而未書案, 尙變得, 陰是已書案, 更變不得." 此人曾見希夷來, 言亦似「太極圖」.【節】

129:39 "趙叔平, 樂易厚善人也. 平生做工夫, 欲驗心善惡之多少, 以一器盛黑豆, 一器盛白豆, 中間置一虛器. 才一善念動, 則取白豆投其中, 惡念動, 則取黑豆投其中, 至夜, 則倒虛器中之豆, 觀其黑白, 以驗善惡之多少. 初間黑多而白少, 久之, 漸一般, 又久之, 則白多而黑少, 又久, 則和豆也無了, 便是心純一於善矣." 或曰: "恐無此理." 曰: "前輩有一種工夫如此. 若能持敬, 則不消如此心煩, 自然當下便復於善矣."

129:40 陳烈【字季慈】, 行甚高, 然古怪太甚. 使其知義理之正, 是如何樣有力量? 惜其只一向從一邊去. 「辭官表」甚古, 橫渠嘗稱之.

67) 蹢: 賀本에서는 없다.

溫公薨, 陳上表慰國家, 『張文潛集』中有代范忠宣答其表書.

129:41 陳烈「辭官表」, 上謂似『尚書』[68]之文. 陳好行古禮, 其妻厭之而求去. 人遂誣陳惡其妻醜而出之.【揚】

129:42 陳烈初年讀書, 不理會得, 又不記. 因讀『孟子』"求[69]◇[70]心"一段, 遂謝絶人事, 靜坐室中. 數月後, 看文字記性加數倍, 又聰明.【揚】

129:43 阮逸撰『元經』·『關朗易』·『李靖問對』, 見『後山談叢』.【潘】[71]

129:44 "崔正言奏議亦好." 又問: "曾看劉質夫『春秋』·謝顯道·胡明仲『集』否?"【螢】

---

68)『尙書』: 賀本에서는 中書로 되어 있다.
69) 求:【附箋紙】"求"下, 落"放"字.
70) ◇: 放
71)【潘】:『朱子語類』에서는【螢】으로 되어 있다.

『朱子語類』 卷第一百三十

「本朝四」

「自熙寧至靖康用人[1]」

130:1 問荊公得君之故. 曰: "神宗聰明絶人, 與群臣說話, 往往領略不去, 才與介甫說, 便有'於吾言無所不說'底意思, 所以君臣相得甚懽. 向見何萬 一之少年時所著數論, 其間有說云, 本朝自李文靖公·王文正公當國以來, 廟論主於安靜, 凡有建明, 便以生事歸之, 馴至後來天下弊事極多. 此說甚好. 且如仁宗朝是甚次第時節? 國勢卻如此緩弱, 事多不理. 英宗卽位, 已自有性氣要改作, 但以聖躬多病, 不久晏駕, 所以當時謚之曰'英.' 神宗繼之, 性氣越緊, 尤欲更新之. 便是天下事難得恰好, 卻又撞着介甫出來承當, 所以作壞[2]得如此?" 又曰: "介甫變法, 固有以召亂. 後來又卻不別去整理, 一向放倒, 亦無緣治安." 【儒用 ○以下荊公.】

130:2 論王荊公過[3]神宗, 可謂千載一時, 惜乎渠學術不是, 後來直壞[4]到恁地. 問: "荊公初起, 便挾術數? 爲後來如此?" 曰: "渠初來, 只是要做事. 到後面爲人所攻, 便無去就. 不觀荊公『日錄』, 無以知其本末. 它直是强辯, 藐[5]視一世, 如文潞公, 更不敢出一語." 問: "溫公所

---

1) 自熙寧至靖康用人: 孝宗刊本에서는 自熙寧至靖康用人物로 되어 있고 英祖刊本에서는 自熙寧至靖康으로 되어 있다.
2) 壞: 『朱子語類』에서는 壞로 되어 있다.【附箋紙】 "壞"字, 印本作"壞."
3) 過: 『朱子語類』에서는 遇로 되어 있다.【附箋紙】 "過"字, 印本作"遇."
4) 壞: 『朱子語類』에서는 壞로 되어 있다.【附箋紙】 "壞"字, 印本作"壞."
5) 藐: 成化本·賀本에서는 邈으로 되어 있다.

作如何?" 曰: "渠亦只見荊公不是, 便倒一邊. 如東坡當初議論, 亦要變法, 後來皆改了." 又問: "神宗 元豐之政, 又卻不要荊公." 曰: "神宗盡得荊公許多伎倆[6], ◇[7]何用他? 到元豐間, 事皆自做, 只是用一等庸人備左右趨承耳." 又問: "明道・橫渠初見時, 皆許以峻用. 後來乃如此, 莫是荊公說已行, 故然?" 曰: "正如吾友適說徐子宜上殿極蒙褒獎, 然事卻不行." 曰: "設使橫渠・明道用於當時, 神宗盡得其學, 他日還自做否?" 曰: "不然. 使二先生得君, 卻自君心上爲之, 正要大家商量, 以此爲根本. 君心旣正, 他日雖欲自爲, 亦不可." 又云: "富韓公召來, 只是要去, 語人云: '入見上, 坐亦不定, 豈能做事?'" 某云: "韓公當仁廟再用時, 與韓魏公在政府十餘年, 皆無所建明, 不復如舊時." 曰: "此事看得極好, 當記取." 又問: "使范文◇[8]公當此, 定不肯回." 曰: "文正卻不肯回, 須更精密似前日." 【可學】

130:3 "荊公初作江東提刑, 回來奏事, 上萬言書. 其間一節云: '今之小官俸薄, 不足以養廉, 必當有以益之. 然當今財用匱乏, 而復爲此論, 人必以爲不可行. 然天下之財未嘗不足, 特不知生財之道, 無善理財之人, 故常患其不足.' 神宗甚善其言. 後來纔作參政第二日, 便專措置理財, 徧置回易庫, 以籠天下之利, 謂『周禮』泉府之職正是如此. 卻不知周公之制, 只爲天下之貨有不售, 則商旅留滯而不能行, 故以官錢買之, 使後來有欲買者, 官中卻給與之, 初未嘗以此求利息也." 時擧云: "'凡國之財用取具焉', 則是國家有大費用皆給於此, 豈得謂之不取利耶? 朝廷財用, 但可支常費耳. 設有變故之來, 定無可以應之." 曰: "國家百年承平, 其實規模未立, 特幸其無事耳. 若有大變, 豈能支耶? 神宗一日聞回易庫零細賣甚果子之類, 因云: '此非朝廷之體.' 荊公乃曰: '國家創置有司, 正欲領其繁細. 若回易庫中, 雖一文之物, 亦當不憚出納, 乃有司之職, 非人君所當問. 若人君問及此, 則乃爲繁碎

---

6) 倆: 【附箋紙】 "倆"下, 落"更"字.
7) ◇: 更
8) ◇: 正

而失體也.' 其說甚高, 故神宗信之."【時擧】

130:4 "新法之行, 諸公實共謀之, 雖明道先生不以爲不是, 蓋那時也是合變時節. 但後來人情洶洶, 明道始勸之以不可做逆人情底事. 及王氏排衆議行之甚力, 而諸公始退散." 道夫問: "新法之行, 雖塗人皆知其有▲[9], 何故害[10]明道不以爲非?" 曰: "自是王氏行得來有害. 若使明道爲之, 必不至恁地狼狽." 問: "若專用韓・富, 則事體如何?" 曰: "二公也只守舊." "專用溫公如何?" 曰: "他又別是一格." 又問: "若是二程出來擔負, 莫須別否?" 曰: "若如明道, 十事須還他全別, 方得. 只看他當時薦章, 謂其'志節慷慨'云云, 則明道豈是循常蹈故塊然自守底人?"【道夫】

130:5 『呂氏家傳』載荊公當時與申公極相好, 新法亦皆商量來, 故行新法時, 甚望申公相助. 又用明道作條例司, 皆是望諸賢之助, 是時想見其意好. 後來盡背了初意, 所以諸賢盡不從. 「明道行狀」不載條例司事, 此卻好分明載其始末.

130:6 神宗嘗問明道云: "王安石是聖人否?" 明道曰: "'公孫碩膚, 赤舃几几', 聖人氣象如此. 王安石一身尙不能治, 何聖人爲?" 先生曰: "此言最說得荊公著."

130:7 荊公德行, 學則非.【若海】

130:8 先生論荊公之學所以差者, 以其見道理不透徹. 因云: "洞視千古, 無有見道理不透徹, 而所說所行不差者. 但無力量做得來, 半上落下底, 則其膚[11]淺. 如庸醫不識病, 只胡亂下那沒緊要底藥, 便不至

9) ▲: 害
10) 害: 『朱子語類』에서는 없다.
11) 膚: 英祖刊本・賀本에서는 害로 되어 있다.

於殺人. 若荊公輩, 他硬見從那一邊去, 則如不識病證, 而便下大黃・附子底藥, 便至於殺人."【燾】

130:9 劉叔通言: "王介甫, 其心本欲救民, 後來弄壞者, 乃過誤致然." 曰: "不然. 正如醫者治病, 其心豈不欲活人? 卻將砒霜[12]與人喫. 及病者死, 卻云我心本欲捄[13]其病, 死非我之罪, 可乎? 介甫之心固欲捄[14]人, 然其術足以殺人, 豈可謂非其罪?"【僩】

130:10 因語荊公, 陸子靜云: "他當時不合於法度上理會." 語之云: "法度如何不理會? 只是他所理會非三代法度耳." 居甫問: "荊公節儉恬退, 素行亦好." 曰: "他當時作此事, 已不合中. 如孔子於飲食衣服之間, 亦豈務滅裂? 它當初便只苟簡, 要似一苦行然." 某問: "明道'共改'之說亦是權?" 曰: "是權. 若從所說, 縱未十分好, 亦不至於[15]它日之甚." 問: "章子厚說, 溫公以母改子, 不是. 此說卻好." 曰: "當時亦是溫公見得事急, 且把做題目." 問: "溫公當路, 卻亦如荊公, 不通商量." 曰: "溫公▲[16]只是見得前日不是, 已又已病, 急欲救世耳. 哲宗於宣仁有憾, 故子厚輩得入其說. 如親政次日, 卽召中官. 范淳夫疏, 拳拳君臣之間, 只說到此, 向上去不得, 其如之何?" 問: "宣仁不還政, 如何?" 曰: "王彥霖『繫年錄』一段可見. 嘗對宣仁論君子小人, 彥霖云: '太皇於宮中須說與皇帝.' 曰: '亦屢說, 孫兒都未理會得.' 觀此一節, 想是似[17]未可分付, 故不放下. 宣仁性極剛烈. 蔡新州之事, 行遣極重." 曰: "當時若不得范忠宣救, 殺了他, 他日諸公禍又重." 曰: "賴有此耳." 又問: "韓師朴・曾子宣 建中事如何?" 曰: "渠二人卻要和會.

---

12) 霜: 英祖刊本・賀本에서는 礵으로 되어 있다.
13) 捄: 英祖刊本・成化本・賀本에서는 救로 되어 있다.【附箋紙】"捄"字, 恐"過"之誤, 下"捄"字亦然.
14) 捄: 英祖刊本・成化本・賀本에서는 救로 되어 있다.
15) 於: 『朱子語類』에서는 如로 되어 있다.
16) ▲: 亦
17) 似: 成化本・賀本에서는 以로 되어 있다.

子宣『日錄』極見渠心跡. 當時商量云, 左除卻軾・轍, 右除卻京卞, 此意亦好. 後來元祐人漸多, 頗攻其短, 子宣卻反悔, 師朴無如之何." 又問: "蔡京之來, 乃師朴所引, 欲以傾子宣." 曰: "京入朝, 師朴遣子迎之十里, 子宣卻遣子迎之二十里. 京旣入, 和二人皆打出."【可學 ○或錄云: "韓師朴是箇鶻突的人, 薦蔡京, 欲使之排曾子宣"云云.】

○[18] 看來荊公亦有邪心夾雜, 他卻將『周禮』來賣弄, 有利底事便行之. 意欲富國强兵, 然後行禮義, 不知未富强, 人才風俗已先壞了! 向見何一之有一小論, 稱荊公所以辦得盡行許多事, 緣李文靖爲相日, 四方言利害者盡皆報罷, 積得許多弊事, 所以激得荊公出來一齊要整頓過. 荊公此意便是慶曆 范文正公諸人要做事底規模. 然范文正公等行得尊重, 其人才亦忠厚. 荊公所用之人, 一切相反."【僩】

130:11 汪聖錫嘗問某云: "了翁攻『日錄』[19], 其說是否?" 應之曰: "不是." 曰: "如何不是?" 曰: "若言荊公學術之繆, 見識之差, 誤神廟委任, 則可.【壯祖錄云: "若言荊公學術不正, 負神廟委任之意, 是非謬亂, 爲神廟聖學之害, 則可."】 卻云『日[20]錄』是蔡卞增加, 又云荊公自增加. 如此則是彼所言皆是, 但不合增加其辭以誣宗廟耳. 又以其言'太祖用兵, 何必有名? 眞宗矯誣上天', 爲謗祖宗. 此只是把持他, 元不曾就道理上理會, 如何說得他倒?"【方子】

130:12 伯豐問『四明尊堯集』. 曰: "只似討鬧, 卻不於道理上理會. 蓋它止是於利害上見得, 於義理全疏. 如介甫心術隱微處, 都不曾攻得, 卻只是把持. 如曰'謂太祖濫殺有罪, 謂眞宗矯誣上天', 皆把持語也. 『龜山集』中有攻『日錄』[21]數段, 卻好. 蓋龜山長於攻王氏. 然『三

18) ○: 『朱子語類』의 71:83의 일부이다.【附箋紙】 此條不在本類.
19) 攻『日錄』: 賀本에서는 『政日錄』로 되어 있다.
20) 日: 成化本에서는 目으로 되어 있다.
21) 攻『日錄』: 賀本에서는 『政日錄』으로 되어 있다.

經義辨』中亦有不必辨者, 卻有當辨而不曾辨者."【螢】

130:13 "王氏『新經』儘有好處, 蓋其極平生心力, 豈無見得著處?" 因擧書中改古注點句數處, 云: "皆如此讀得好. 此等文字, 某嘗欲看一過, 與摭撮其好者而未暇."【賀孫】

130:14 三舍士人守得荊公學甚固.【銖】

130:15 陳後山說, 人爲荊公學, 喚作"轉般倉, 模畫手. 致無贏餘, 但有虧欠"! 東坡云: "荊公之學, 未嘗不善, 只是不合要人同已[22]." 此皆說得未是. 若荊公之學是, 使人人同已[23], 俱入於是, 何不可之有? 今卻說"未嘗不善, 而不合要人同", 成何說話? 若使彌望皆[24]黍稷, 都無稂莠, 亦何不可? 只爲荊公之學自有未是處耳.【銖】

130:16 荊公作『字說』時, 只在一禪寺中. 禪床前置筆硯, 掩一龕燈. 人有書翰來者, 拆封皮埋放一邊. 就倒禪床睡少時, 又忽然起來寫一兩字, 看來都不曾眠. 字本來無許多義理, 他要箇箇如此做出來, 又要照顧▲[25]得[26]前後, 要相貫通.

130:17 介甫解佛經亦不是, 解"揭帝揭帝"云: "揭其所以爲帝者而示[27]之." 不知此是胡語?【璘】

○[28] 龜山有辯荊公『字說』三十餘字. 荊公『字說』, 其說多矣, 止辯

22) 已: 成化本·賀本에서는 己로 되어 있다.
23) 已: 成化本·賀本에서는 己로 되어 있다.
24) 皆: 賀本에서는 者로 되어 있다.
25) ▲: 須
26) 得: 賀本에서는 없다.
27) 示: 成化本에서는 云으로 되어 있다.
28) ○: 『朱子語類』의 86:59의 일부이다.【附箋紙】 此條不在本類.

三十字, 何益哉? 又不去頂門上下一轉語, 而隨其後屑屑與之辯. 使其說轉, 則吾之說不行矣.【僩】

130:18 唐坰・林夫力疏荊公, 對神宗前叱神宗[29]. 每誦其疏一段竟, 又問云: "王安石是如此也無?" 荊公力辨之. 坰云: "在陛下前尙如此不臣?" 坰初附荊公, 荊公不曾收用, 故後詆之. 坰初欲言時, 就曾魯公借錢三百千, 以言荊公了, 必見逐. 貧, 用以作裹足. 曾以其作言事官, 借與之. 後得罪逐, 曾監取其錢, 而後放行.【揖】[30]

130:19 蜚卿問荊公與坡公之學. 曰: "二公之▲[31]皆不正. 但東坡之德行那裏得似荊公? 東坡初年若得用, 未必其患不甚於荊公. 但東坡後來見得荊公狼狽, 所以都自改了. 初年論甚生財, 後來見靑苗之法行得狼狽, 便不言生財. 初年論甚用兵, 如曰'用臣之言, 雖北取契丹可也.' 後來見荊公用兵用得狼狽, 更不復言兵. 他分明有兩截底議論."【道夫】

130:20 荊公後來所以全不用許多儒臣, 也是各家都說得沒理會. 如東坡以前進說許多, 如均戶口・較賦役・教戰守・定軍制・倡勇敢之類, 是然[32]要出來整理弊壞處. 後來荊公做出, 東坡又卻盡底翻轉, 云也無一事可做. 如揀汰軍兵, 也說怕人怨, 削進上[33]恩例, 也說士人失望, 恁地都一齊沒理會, 始得. 且如役法, 當時只怕道衙前之役, 易致破蕩. 當時於此合理會, 如何得[34]會破蕩? 『晁以道文集』有論役法處,

---

29) 神宗: 『朱子語類』에서는 荊公으로 되어 있다.【附箋紙】 "叱"下"神宗"二字, 印本作"荊公."

30)【揖】:『朱子語類』에서는【揚】으로 되어 있다.

31) ▲: 學

32) 然: 『朱子語類』에서는 煞로 되어 있다.【附箋紙】 "然"字, 印本作"煞."

33) 上: 『朱子語類』에서는 士로 되어 있다.【附箋紙】 新舊本"進上"之"上"字, 恐"士"字之誤.

34) 如何得:【附箋紙】 "如何得"下, 落"理"字. 謄本同.

煞好.【賀孫】

130:21 熙寧更法, 亦是勢當如此. 凡荊公所變更者, 初時東坡亦欲爲之. 及見荊公做得紛擾狼狽, 遂不復言, 卻去攻他. 如荊公初上底書, 所言皆是, 至後來卻做得不是. 自荊公以改法致天下之亂, 人遂以因循爲當然. 天下之弊, 所以未知所終也.【必大】

130:22 介甫初與呂吉甫好時, 常簡帖往來. 其一云: "勿令上知." 後來不足, 呂遂繳奏之, 神宗亦胡亂藏掩[35]了. 介甫只好人奉己, 故與只[36]合. 若東坡門[37]不順己, 硬要治他, 如何天生得恁地狼[38]?"【義剛】

130:23 問: "萬世之下, 王臨川當作如何評品?" 曰: "陸象山嘗記之矣, 何待他人問?" "莫只是學術錯否?" 曰: "天資亦有拗强處." 曰: "若學術是底, 此樣天資卻更有力也." 曰: "然."【琮】

130:24 介甫每得新文字, 窮日夜閱之. 喜食羊頭簽, 家人供至, 或值看文字, 信手撮入口, 不暇用筯, 過食亦不覺, 至於生患. 且道將此心應事, 安得會不錯? 不讀書時, 常入書院. 有外甥懶學, 怕他入書院, 多方討新文字, 得之, 只顧看文字, 不暇入書院矣.【文蔚】

130:25 因論王氏之學, 而曰: "元澤幼卽穎悟. 嘗有人籠獐·鹿各一, 以遺介父[39], 元澤時俱未識也. 或問之曰: '孰爲鹿? 孰爲獐?' 元澤曰: '獐邊者是鹿, 鹿邊者是獐.' 其後解經大抵類此."【必大】

---

35) 掩: 孝宗刊本·英祖刊本·成化本에서는 揜으로 되어 있다.
36) 只: 『朱子語類』에서는 呂로 되어 있다.【附箋紙】"只"字, 印本作"呂."
37) 門: 英祖刊本·賀本에서는 們으로 되어 있다.
38) 狼: 『朱子語類』에서는 狠으로 되어 있다.
39) 父: 英祖刊本·成化本·賀本에서는 甫로 되어 있다.

130:26 世上有“依本分”三字, 只是無人肯行. 且如蘇氏之學, 卻成箇物事. 若王氏之學, 都不成物事, 人卻偏要去學, 這便是不依本分. 近看「博古圖」, 更不成文理, 更不可理會, 也是怪. 其中說一“旅”字, 云: “王曰: ‘衆也.’” 這[40]是自古解作衆, 他卻要恁地說詩[41], 是說王氏較香得些了[42]. 這是要取奉那王氏, 但恁地也取奉得來不好.【義剛】

130:27 先生取荊公奏藁進『鄴侯家傳』者, 令人傑讀之.【廣錄云: “取荊公議府兵奏藁, 及鄴侯與德宗議復府兵之說, 令諸生誦之. 曰: ‘如今得箇宰相如此, 甚好.’”】 又讀盇[43]公「跋」. 先生曰: “如盇公說, 則其事都不成做.” 人傑云: “鄴侯有智略, 如勸肅宗先取范陽, 亦好.” 曰: “此策誠善. 彼勸肅宗未可取兩京者, 欲以兩京縶其四將, 惜乎不用也?” 人傑云: “荊公保甲行於畿甸, 其始固咈人情, 元祐諸公盡罷之, 卻是壞其已成之法.” 曰: “固是. 近張元德亦有此議論寄來.” 因言: “元祐諸公大略有偏處, 多如此.” 人傑云: “如棄地與西夏, 亦未安.” 曰: “當時如呂微仲, 自以爲不然. 蓋呂[44]西人, 知其利害. 其他諸公所見, 恨不得納諸其懷, 其意待西夏倔强時, 只欲卑巽請和耳.” 因言: “本朝養兵蠹國, 更無人去源頭理會, 只管從枝葉上去添兵添將. 太祖初定天下, 將諸軍分隷州郡, 特寄養耳, 故謂之‘第幾指揮’, 謂之‘禁軍’, 明其爲禁衛也. 其將校乃衙前, 今所謂‘都知兵馬使’, 謂之‘敎練’, 乃其軍之將也. 若都監, 乃唐末監軍之遺制. 鈐[45]轄·都部署, 皆國初制也. 部署, 卽今之總管. 今州鈐·路鈐·總管, 皆無職事, 但大閱時供職一兩日耳. 潭州有八指揮, 其制皆廢弛. 而飛虎一軍獨盛, 人皆謂辛幼安之力. 以某觀之, 當時何不整理親軍? 自是可用. 卻別創一軍, 又增其費. 又今之江

40) 這: 徽州本에서는 이 뒤에 豈特王氏解作衆가 더 있다.
41) 詩: 『朱子語類』에서는 時로 되어 있다.【附箋紙】 “詩”字, 印本作“時.”
42) 了: 『朱子語類』에서는 子로 되어 있다.【附箋紙】 “些”下“了”字, 印本作“子.”
43) 盇: 徽州本에서는 이 앞에 周가 있다.
44) 呂: 徽州本에서는 이 뒤에 是가 있다.
45) 鈐: 『朱子語類』에서는 鈐으로 되어 있다.【附箋紙】 “鈐”字, 印本作“鈐.” 下“鈐”同.

上屯駐, 祖宗時亦無人[46]. 某之意, 欲使更戍於州郡, 可以漸汰將兵, 然這話難說. 又今之兩淮・荊 襄義勇皆可用, 但人多不之思耳."【人傑 ○廣錄云: "京畿保甲之法, 荊公做十年方成. 至元祐時, 溫公廢了, 深可惜! 蓋此是已成之事, 初時人固有怨者, 後來做得成, 想人亦安之矣. 卻將來廢了, 可惜! 因言軍政後來因事而添者甚多, 添得新者, 卻不理會舊時有者. 祖宗只有許多禁軍散在諸州, 謂之禁軍者, 乃天子所用之軍, 不許他役. 而今添得許多御前諸軍分屯了, 故諸州舊有禁軍皆不理會. 又如潭州緣置飛虎一軍了, 都不管那禁軍與親兵."】

130:28 溫公可謂知・仁・勇. 他那活[47]國救世處, 是甚次第? 其規模稍大, 又有學問, 其人嚴而正.【植 ○以下溫公.】 130:29[48] 義剛曰: "溫公力行處甚篤, 只是見得淺." 曰: "是."【義剛】 130:30[49] 子思所謂"誠", 包得溫公所謂"不妄語"者. 溫公誠在子思誠裏.【閎祖】[50]

130:31 曹兄問: "諸先生皆以爲司馬公許多年居洛, 只成就得一部『通鑑』, 及到入朝, 卻做得許多不好事." 曰: "道司馬公做得未善, 即是, 道司馬公之失, 卻不是. 當時哲廟若有漢昭之明, 便無許多事." 又曰: "不知有聖人出來, 天下事如何處置?" 因擧『易』云: "井渫不食, 行測也, 求王明, 受福也."【卓】

130:32 溫公忠直, 而於事不甚通曉. 如爭役法, 七八年間直是▲[51]此一事. 他只說不合令民出錢, 其實不知民自便之. 此是有甚大事? 卻如何捨命爭?【端蒙】

---

46) 人: 『朱子語類』에서는 之로 되어 있다.【附箋紙】 "人"字, 印本作"之."

47) 活: 徽州本에서는 治로 되어 있다.

48) 130:29: 『小分』에서는 130:28에 이어져 한 항목으로 편집되어 있다.【附箋紙】 此當有圈

49) 130:30: 『小分』에서는 130:29에 이어져 한 항목으로 편집되어 있다.【附箋紙】 當有圈【附箋紙】 義剛・子思兩條, 印本皆不連上.

50)【閉祖】: 『朱子語類』에서는【閎祖】로 되어 있다.

51) ▲: 爭

130:33 司馬溫公爲諫官, 與韓魏公不合. 其後作「祠堂記」, 極稱其爲人, 豈非自見熙·豐之事故也? 韓公眞難得, 廣大沉深?【可學】

130:34 "司馬公憂國之心, 至垂絶猶未忘, 道鄕亦然. 竊謂到此無可奈何, 亦只得休矣." 先生曰: "全不念著, 卻如釋氏之忘. 若二公者, 又似太過." 問: "夫子曳杖負手, 逍遙而歌, 卻不然." 曰: "夫子猶言: '明王不興, 天下孰能宗予?' 依舊是要做他底."【德明】

130:35 "與其得小人, 不若得愚人." 溫公晚年更歷之多, 爲此說.【揚】

130:36 范蜀公作「溫公墓誌」, 乃是全用東坡「行狀」, 而後面所作銘, 多記當時姦黨事. 東坡令改之, 蜀公因令東坡自作, 因皆出蜀公名, 其後卻無事. 若依[52]范所作, 恐不免被小人掘了.【義剛】

130:37『涑水記聞』, 呂家子弟力辨, 以爲非溫公書.【蓋其中有記呂文靖公數事, 如殺郭后等.】 某嘗見范太史之孫某說, 親收得溫公手寫藁本, 安得爲非溫公書? 某編『八朝言行錄』, 呂伯恭兄弟亦來辨. 爲子孫者只得分雪, 然必欲天下之人從己, 則不能也.【僩】

130:38 溫公省試, 作「民受天地之中以生論」, 以生爲活. 其說以爲民能受天地之中, 則能活也. 『溫公集』中自有一段如此說, 也說得好, 卻說他人以生爲生育之生者不然, 拗論如此. 某舊時這般文字, 及『了齋集』之類, 盡用子細看過. 其有論此等去處, 盡拈出看. 少年被病翁監看, 他不許人看, 要人讀. 其有議論好處, 被他監讀, 煞喫工夫? 又云: "『了翁集』後面說禪, 更沒討頭處. 病翁笑曰: '這老子後來說話如此, 想是病心風."【僩】

---

52) 依: 賀本에서는 없다.

130:39 正獻爲溫公言, 佛家心法, 只取其簡要. 此呂氏之學也.【方】[53]

130:40 問: "明道[54]▲[55]元祐事, 須並用熙・豐[56]之黨." 曰: "明道只是欲與此數人者共變其法, 且誘他入脚來做." 問: "如此卻似任術?" 曰: "處事亦有不能免者, 但明道是至誠爲之, 此數人者亦不相疑忌. 然須是明道方能了此. 後來元祐諸公治得此黨太峻, 亦不待其服罪. 溫公論役法疏略, 悉爲章子厚所駁, 只一向罷逐, 不問所論是非, 卻是太峻急. 然當時如蔡確輩留得在朝廷, 豈不害事?"【德明】

130:41 元祐諸公大綱正, 只是多疏, 所以後來熙・豐諸人得以反倒.【揚】

130:42 元祐諸賢議論, 大率凡事有據見定底意思, 蓋矯熙豐更張之失, 而不知其墮於因循. 旣有箇天下, 兵須用練, 弊須用革, 事須用整頓. 如何一切不爲得? 又曰: "元祐諸賢, 多是閉著門說道理底. 後來見諸行事, 如趙元鎭意思, 是其源流大略可睹矣."【僩用】

130:43 熙寧[57]時, 諸人生財治獄, 紛起可畏. 一人嘗以獄事累及呂申公. 申公時爲樞密, 其人帶吏直入樞府, 令申公供文字之類, 甚無禮. 後元祐間例治此等人, 申公遂以其嘗治己之故, 恐人以爲私報之讎, 遂特輕之, 當時人以是美之. 先生曰: "只是莫過行遣, 至當得這般罪, 合與他行遣. 此處皆是病."【揚】

---

53)【方】: 『小分』에서는 附箋紙에 가려져 있으나 보이므로 보충하였다.
54) 明道:【附箋紙】"道"下, 恐落"論"字.
55) ▲: 論
56) 熙・豐: 徽州本에서는 張・蔡로 되어 있다.
57) 熙寧: 『朱子語類』에서는 熙・豐으로 되어 있다.【附箋紙】"寧"字, 印本作"豊."

130:44 元祐特立一司, 名“理訴所”, 令熙・豐間有所屈抑者, 盡來雪理, 此元祐人之過也. 後徽宗卽位求言, 人盡言之. 後爲蔡京將攷[58], 有說熙・豐不好者, 盡罪之, 以鍾世美第一. 蘇季明亦以此得罪. 【揚】

130:45 范淳夫純粹, 精神短, 雖知尊敬程子, 而於講學處欠缺. ▲[59]『唐鑑』[60]極好, 讀之亦不無憾. 【道夫】

130:46 范淳夫論治道處極善, 到說義理處, 卻有未精. 【螢】

130:47 范淳夫說『論語』較麤, 要知卻有分明好處. 如『唐鑑』文章, 議論最好. 不知當時也是此道將明, 如何便敎諸公都恁地白直? 某嘗看文字, 見說得好處, 便尋他來歷, 便是出於好人之門. 【賀孫】

130:48 范淳夫講義, 做得條暢. 此等正是他所長, 說得出, 能如此分曉. 【必大】

○[61] 范氏『講義』於淺處亦說得出, 只不會深, 不會密, 又傷要說義理多. 如解『孟子』首章, 總括古今言利之說成一大片, 卻於本章之義不曾得分曉. 想當時在講筵進讀, 人主未必曾理會得. 大抵范氏不會辯, 如孟子便長於辯. 亦不是對他人說話時方辯, 但於緊要處反復[62]論難, 自是照管得緊. 范氏之說, 門[63]鎖不牢處多, 極有疏漏者.”

---

58) 攷: 賀本・萬曆本에서는 放으로 되어 있다.
59) ▲: 如
60)『唐鑑』: 【附箋紙】 “唐”上, 落“如”字.
61) ○: 『朱子語類』의 67:155의 일부이다.
62) 復: 賀本에서는 覆으로 되어 있다.
63) 門: 賀本에서는 櫃으로 되어 있고 成化本에서는 塊로 되어 있다.

130:49 范淳夫不可曉, 招李方叔教其子溫輩, 【溫者[64]不佳.】 又嘗薦陳元輿自代. 若道要純謹, 李方叔初不純謹, 若道要學術議論, 元輿又不是這樣人. 【德明】

130:50 韓持國 趙淸獻俱學佛. 向在衢州, 見淸獻公家書, 雖佛尋常言語奉持亦謹, 居家淸若[65]之甚. 韓持國臥病, 令家人奏樂於前, 就床上輾轉稱快. 以此而觀, 則淸獻所得多矣. 【德明】

130:51 正淳問: "韓持國言'道上無克', 此說猶可. 至說'道無眞假', 則誤甚矣!" 曰: "正緣其謂'道無眞假', 所以言'無克.' 若知道有眞假, 則知假者在所當克也." 【必大】

130:52 南豐與兄, 看來是不足. 觀其兄與歐公帖, 可見. 【義剛】

130:53 曾南豐初亦耿耿, 後連典數郡, 欲入而不得, 故在福建亦進荔子. 後得滄州, 過闕, 上殿箚子力爲諛說, 謂本朝之盛自三代以下所無, 後面略略說要戒懼等語, 所謂"勸百而諷一"也. 然其文極妙.

130:54 曾子固初與介甫極厚善. 入館後, 出倅會稽令. 集中有詩云: "知者尙復然, 悠悠誰可語?" 必是曾諫介甫來, 介甫不樂, 故其當國不曾引用. 後介甫罷相, 子固方召入, 又卻專一進諛辭, 歸美神宗更新法度, 得箇中書舍人. 丁艱而歸, 不久遂亡. 不知更活幾年, 只做如何合殺? 子宣在後, 一向做出疏脫. 初, 子宣有意調停, 不主元祐, 亦不主元豐, 遂有建中靖國年號, 如豐相之・陳瑩[66]中・鄒志完輩, 皆其所引. 卻又被諸公時攻其短, 子宣不堪, 有斥之使去國者. 其弟子開有書與子宣云: "某人者皆是[67]名流, 今置閑處." 蓋爲是也. 後韓忠彦欲擠

64) 者: 賀本에서는 甚으로 되어 있다.
65) 若: 『朱子語類』에서는 苦로 되어 있다. 【附箋紙】 "若"字, 宜"苦"字.
66) 瑩: 賀本에서는 塋으로 되어 있다.

子宣，遂引蔡京入來．子宣知之，反欲通殷懃於京．忠彥方遣其子迓京，則子宣之子已將父命迎之於二十里外矣．先時子宣攻京甚力，至是，遂不復誰何．凡京有所論奏，不曰"京之言是"，則曰"京之言善"，又不自知其疏脫，載之『日錄』.【僩用】

130:55 問: "劉元城不知培植君子之黨．才一小事，便一向傳[68]擊，以致君子盡去而小人用矣，此其過否?" 曰: "過不在此，是他見識有病．'不知言，無以知人也.' 是他不知言．且如說伊川，他只見得祖宗有典故，才有不合，便道不是．渠不知輔導少主之理當如此，故伊川一向被他論列，是他見識只如此．又如蔡新州事，被他當時自謂有定策功，宣仁亦甚惡之，謂須與他痛治，恐後來皇帝被人惑，治他不得．元城亦欲因其詩以治之．當時執政・侍從・臺諫有不欲治蔡者，一切逐去．蓋以詩治人自不正，因此以治彼罪，又不是．詩胡說，何足道? 定策謀，他又不說了，又無緣治得他，都不消問了．其本原只在開導人主心術，使人主知不賞私恩，不罰私怨之理，則蔡何足慮? 元城亦不是私意．只是言不當如此，卻不知以詩治人不當，又欲絕其定策姦謀．如此治之，豈不使人主益疑? 後蔡死，其家果訴冤，謂蔡有定策功．諸人忌之，遂起大禍．後治元祐諸公，皆爲蔡報怨也．溫公治時，必不如此."【揚】

○[69] 或曰: "近日諸公多有爲持平之說者，如何?" 曰: "所謂近時惡濁之論此是也，不成議! 論某常[70]說，此所謂平者，乃大不平也，不知怎生平得." 僩問: "胡文定說，元祐某人建議，欲爲調停之說者云: '但能內君子而外小人，天下自治，何必深治之哉?' 此能體天理人欲者也．此語亦似持平之論，如何?" 曰: "文定未必有此論．然小人亦有數般樣，

---

67) 是: 『朱子語類』에서는 時로 되어 있다.【附箋紙】"是"字，印本作"時"，孰當?
68) 傳: 孝宗刊本에서는 猼으로 되어 있고 英祖刊本・成化本・賀本에서는 搏으로 되어 있다.【附箋紙】新舊本"傳"字，恐"搏"之誤.
69) ○: 『朱子語類』의 72:19의 일부이다.
70) 常: 賀本에서는 嘗으로 되어 있다.

若一樣可用底, 也須用. 或有事勢危急, 翻轉後, 其禍不測. 或只得隱忍, 權以濟一時之急耳, 然終非常法也. 明道當初之意便是如此, 欲使諸公用熙・豐執政之人, 與之共事, 令變熙・豐之法. 或他日事翻, 則其罪不獨在我. 他正是要使術, 然亦拙謀. 諺所謂'掩目捕雀', 我卻不見雀, 不知雀卻看見我. 你欲以此術制他, 不知他之術更高你在. 所以後來溫公留章子厚, 欲與之共變新法, 卒至簾前悖詈, 得罪而去. 章忿叫曰: '他日不能陪相公喫劍得!' 便至如此, 無可平之理, 盡是拙謀. 某嘗說, 今世之士, 所謂巧者, 是大拙, 無有能以巧而濟者, 都是枉了, 空費心力. 只有一箇公平正大行將去, 其濟不濟, 天也. 古人間有如此用術而成者, 都是偶然, 不是他有意智. 要之, 都不消如此, 決定無益. 【僩】

130:56 問: "黃履・邢恕少居大[71)]學, 邢固俊拔, 黃亦謹厚力學, 後來二人卻如此狼狽." 曰: "它固會讀書, 只是自做人不好. 然黃卻是箇白直底人, 只是昏愚無見識, 又愛官職, 故爲邢所誘壞. 邢則有意於爲惡, 又濟之以才, 故罪過多." 【僩】

130:57 邢恕本不定疊, 知隨州時, 溫公猶未絕之, 與通書. 只是明道・康節看得好. 康節詩云: "愼勿輕爲西晉風?" 明道語見上蔡『錄』中, "便不得不說"處. 開封劊子事, 只是後來撰出, 當時無此事, 「辨誣」中有"妄謂"二字. 【德明】

130:58 問: "邢恕少年見諸公時, 亦似好." 先生曰: "自來便尖利出頭, 不確實, 到處裏去入作章惇用. 林希作御史, 希擊伊川, 只俟邢救, 便擊之. 恕言於哲宗: '臣於程某嘗事之以師友, 今便以程某斬作千段, 臣亦不救.' 當時治恕者, 皆尋得「明道行狀」後所載說, 卽本此治之. 恕過惡如此, 皆不問. 只在這一邊者, 有毫髮必治之." 【揚】

---

71) 大: 賀本에서는 太로 되어 있다.

130:59 邢恕令王直方父爲高【忘其名】. 做一脫宣仁欲廢哲宗事由文字, 令高上之, 人初不知之. 直方臨死, 以文字籠分人, 籠中有其文字在, 其說謂宣仁欲立其所生神宗弟. 徐度侍郎云: "便是立神宗弟, 亦無不是."【揚】

130:60 蘇子容薦李淸臣. 淸臣一對, 便說繼述事, 蘇聞之駭然. 出, 蘇語李曰: "邦直將作好官?"【振】

130:61 因論高甲人及葉祖洽, 曰: "此人本無才能, 但時方尊尙介甫之學, 祖洽多用其說, 且因而推尊之, 故作第一人.【按『編年』, 上好讀『孟子』, 人未知之. 時廷試進士, 始用策, 葉祖洽鄕人黃履在禁從, 因以告之. 祖洽試策皆援引『孟子』, 故稱旨, 擢爲第一.】 然其人品凡下, 又不敢望新進用事之人, 提拔不起, 當時不甚擢用. 元祐固是無緣用他, 及至紹聖間, 復行'紹述'之說, 依舊在閑處, 無聊之甚, 遂自詭以爲熙・豐舊人, 知熙・豐事爲詳. 又謂: '趙挺之亦熙 豐舊人, 嘗薦臣. 今蒙擢在言路, 乞召問之.' 士大夫貪得患失, 固無所不至, 然未有若祖洽之甚者." 或謂: "此等人亦緣科第高, 要做官職, 牽引得如此." 曰: "只是自家無志. 若是有志底, 自然牽引它不得. 蓋他氣力大, 如大魚相似, 看是甚網, 都迸裂出去. 才被這些子引動, 便是元無氣力底人. 如張子韶・汪聖錫・王龜齡一樣底人, 如何牽得他?"【僴用】

130:62 莊仲問: "本朝名公, 有說得好者, 於行上全不相應, 是如何?" 曰: "有一等人能談仁義之道, 做事處卻乖. 此與鬼念「大悲呪」一般, 更無奈何他處." 又曰: "只是知得不明之故. 『筆談』言士人門[72]做文字, 問卽不會, 用則不錯者, 皆是也. 豈可便以言取人? 然亦不可以人廢言, 說得好處, 須還他好[73]▲[74]得. 如孟子取陽虎之言, 但其用意別

72) 門: 英祖刊本・賀本에서는 們으로 되어 있다.
73) 他好:【附箋紙】"他好"下, 落"始"字.
74) ▲: 始

耳."【友仁】

130:63 "學中策問, 蘇 程之學, 二家常時自相排斥, 蘇氏以程氏爲姦, 程氏以蘇氏爲縱橫. 以某觀之, 只有荊公修『仁宗實錄』, 言老蘇之書, 大抵皆縱橫者流, 程子未嘗言也. 如「遺書」'賢良'一段, 繼之以'得志·不得志'之說, 卻恐是說他. 坡公在黃州猖狂放恣, '不得志'之說, 恐指此而言." 道夫問: "坡公苦與伊洛相排, 不知何故?" 曰: "他好放肆, 見端人正士以禮自將[75], 卻恐他來檢點, 故恁詆訾." 道夫曰: "坡公氣節有餘, 然過處亦自此來." 曰: "固是." 又云: "老蘇「辨姦」, 初間只是私意如此. 後來荊公做不著, 遂中他說. 然荊公氣習, 自是一箇要遺形骸·離世俗底模樣, 喫物不知飢飽. 嘗記一書, 載公於飮食絶無所嗜, 惟近者必盡. 左右疑其爲好也, 明日易以他物, 而置此品於遠, 則不食矣, 往往於食未嘗知味也. 至如食物[76]釣餌, 當時以爲詐, 其實自不知了. 近世呂伯恭亦然, 面垢身汙, 似所不卹, 飮食亦不知多寡. 要之, 卽此便是放心. 「辨姦」以此等爲姦, 恐不然也. 老蘇之出, 當時甚敬崇之, 惟荊公不以爲然, 故其父子皆切齒之. 然老蘇詩云: '老態盡從愁裏過, 壯心偏傍醉中來.' 如此無所守, 豈不爲他荊公所笑? 如上韓公書求官職, 如此所爲, 又豈不爲他荊公所薄? 至如坡公著述, 當時使得書[77]行所學, 則事亦未可知. 從其遊者, 皆一時輕薄輩, 無少行檢, 就中如秦少游, 則其最也. 諸公見他說得去, 更不契勘. 當時若使盡聚朝廷之上, 則天下何由得平? 更是坡公首爲無稽, 游從者從而和之, 豈不害事? 但其用之不久, 故他許多敗壞之事未出. 兼是後來群小用事, 又費力似他, 故覺得他箇好."【道夫 ○以下三蘇及門人.】 130:64[78] 或問: "東坡若與明道同朝, 能順從[79]否?" 曰: "這也未見得. 明道終是和粹,

75) 將: 英祖刊本·賀本·萬曆本에서는 持로 되어 있다.

76) 物: 『朱子語類』에서는 없다.

77) 書: 『朱子語類』에서는 盡으로 되어 있다.【附箋紙】"書"字, 印本作"盡."

78) 130:64: 『小分』에서는 130:63에 이어져 한 항목으로 편집되어 있다.【附箋紙】"或問"條, 印本不連上條.

不甚嚴厲. 東坡稱濂溪, 只是在他前, 不同[80]與同時同事.” 因說: “當時諸公之爭, 看當時如此, 不當論相容與不相容. 只看是因甚麽不司[81], 各家所爭是爭箇甚麽. 東坡與荊公固是爭新法. 東坡與伊川是爭箇甚麽? 只看這處, 曲直自顯然可見, 何用別商量? 只看東坡所說[82]云: ‘幾時得與他打破這〈敬〉字?’ 看這說話, 只要奮手將[83]臂, 放意肆志, 無所不爲, 便是. 只看這處, 是非曲直自易見. 論來若說爭, 只爭箇是非. 若是, 雖斬首穴胸, 亦有所不顧, 若不是, 雖日食萬錢, 日遷九官, 亦只是不是. 看來別無道理, 只有箇是非. 若不理會得是非分明, 便不成人. 若見得是非, 方做得人. 這箇是處, 便是人立脚底地盤. 向前去, 雖然更有裏面子細處, 要知大原頭只在這裏. 且要理會這箇敎明白, 始得. 這箇是處, 便卽是道, 便是所謂‘天命之謂性, 率性之謂道.’ 萬物萬事之所以流行, 只是這箇. 做得是, 便合道理, 纔不是, 便不合道理. 所謂學問, 也只在這裏. 所以『大學』要先格物・致知. 一件物事, 固當十分好, 若有七分好, 二[84]分不好, 也要分明. 這箇道理, 直是要分明, 細入於毫髮, 更無些子夾雜.” 又云: “東坡如此做人, 到少間便都排廢了許多端人正士, 卻一齊引許多不律底人來. 如秦黃雖是向上, 也只是不律.【因擧魯直「飮食帖」.】 東坡雖然疏闊, 卻無毒. 子由不做聲, 卻險. 少游文字煞弱, 都不及衆人, 得與諸蘇並稱, 是如何? 子由初上書, 煞有變法意. 只當是時非獨荊公要如此, 諸賢都有變更意.”【賀孫】

130:65 問: “二蘇之學得於佛・老, 於這邊道理, 元無見處, 所以其

---

79) 順從: 賀本에서는 從順으로 되어 있다.
80) 同: 『朱子語類』에서는 없다.
81) 司: 『朱子語類』에서는 同으로 되어 있다.【附箋紙】新舊本“司”字, 恐“同”字之誤.
82) 說: 賀本에서는 記로 되어 있다.
83) 將: 『朱子語類』에서는 捋로 되어 있다.【附箋紙】“手”下“將”字, 恐“捋”字, 舊本不分明故也.
84) 二: 成化本에서는 三으로 되어 있다.

說多走作." 曰: "看來只是不會子細讀書. 它見佛家之說直截簡易, 驚動人耳目, 所以都被引去. 聖賢之書, 非細心研究不足以見之. 某數日來, 因閑[85]思聖人所以說箇'格物'字, 工夫盡在這裏. 今人都是無這工夫, 所以見識皆低. 然格物亦多般, 有只格得一兩分而休者, 有格得三四分而休者, 有格得四五分・五六分者. 格到五六分者已爲難得. 今人原不曾格物, 所以見識極卑, 都被他引將去. 二蘇所以主張箇'一'與'中'者, 只是要恁含糊不分別, 所以橫說豎說, 善作惡作, 都不會道理也. 然當時人又未有能如它之說者, 所以都被他說動了. 故某嘗說, 今人容易爲異說引去者, 只是見識低, 只要鶻突包藏, 不敢說破. 纔說破, 便露脚手. 所以都將'一'與'中'蓋了, 則無面目, 無方所, 人不得而非之." 【僩】

130:66 二蘇呼喚得名字都不是了. 【振】

130:67 兩蘇旣自無致道之才, 又不曾遇人指示, 故皆鶻突無是處. 人豈可以一已所見只管鑽[86]去, 謂此是我自得, 不是聽得人底?

130:68 胡問: "東坡兄弟, 若用時, 皆無益於天下國家否?" 曰: "就他分限而言, 亦各有用處, 論其極, 則亦不濟得事." 【淳】

130:69 東坡議論大率前後不同, 如介甫未當國時是一樣議論, 及後來又是一樣議論. 【公謹】

130:70 東坡只管罵王介甫. 介甫固不是, 但教東坡作宰相時, 引得秦少游・黃魯直一隊進來, 壞得更猛. 【淳】

---

85) 閑: 賀本에서는 間으로 되어 있다.
86) 鑽: 【附箋紙】新舊本"鑽"字, 恐"鎖"字之誤耶.

130:71[87] 或問: "張安道爲人何如?" 曰: "不好. 如攻范黨時, 他大節自虧了. 後來爲溫公攻擊, 章凡六七上, 神宗不聽, 遂除溫公過翰林學士, 而張居職如故. 嘗見東坡爲「溫公神道碑」, 敘溫公自翰林學士爲御史中丞, 自御史中丞再爲翰林學士, 心嘗疑之, 此一節必有所以. 後觀『溫公集』, 乃知溫公以攻安道之故, 再自御史過翰林. 而東坡兄弟懷其平日待遇之厚, 不問是非, 極力尊之. 故東坡刪去此一節, 不言其事, 遂令讀者有疑安道不好. 又劉公【湖州人, 忘其名】. 亦數章攻之, 而不見其首三章.『集』中止有第四章, 大概言, 臣攻方平之短, 已具於前數奏中. 記得是最言其不孝之罪, 可惜不見. 蓋東坡尊方平, 而天下後世之人以東坡兄弟之故, 遂爲東坡諱而隱其事, 併毁其疏以滅蹤. 某嘗聞[88]劉公之孫某求之, 而其家亦已無本矣. ▲[89]平嘗託某人買妾[90], 其人爲出數百千買妾, 方平受之而不償其直, 其所爲皆此類也. 安道是箇秦不收魏不管底人, 他又爲正人所惡, 那邊又爲[91]王介甫所惡. 蓋介甫是箇修飭廉隅孝謹之人, 而安道之徒, 平日苟簡放恣慣了, 纔見禮法之士, 必深惡. 如老蘇作「辨姦」以譏介甫, 東坡惡伊川, 皆此類耳. 論來介甫初間極好, 他本是正人, 見[92]天下之弊如此, 銳意欲更新之, 可惜後來立脚不正, 壞了. 若論他甚樣資質孝行, 這哉[93]箇[94]如何及得他? 他門[95]平日自恣慣了, 只見修飭廉隅不與已合者, 卽深詆之, 有何高見?"【卓】

130:72 ▲[96]

---

87) 130:71:【附箋紙】"或問"條下, 落"溫公自翰林"一條.
88) 聞:『朱子語類』에서는 問으로 되어 있다.
89) ▲: 方
90) 而其家亦已無本矣. 平嘗託某人買妾:【附箋紙】"矣"下"年"上, 落"方"字.
91) 又爲:『小分』에서는 爲又를 교정부호로 바로잡았다.
92) 見: 賀本에서는 凡으로 되어 있다.
93) 哉:『朱子語類』에서는 幾로 되어 있다.
94) 這哉箇:【附箋紙】"這"下"箇"上"哉"字, 有"幾"字.
95) 門: 英祖刊本 · 賀本에서는 們으로 되어 있다.
96) ▲: 溫公自翰林學士遷御史中丞, 累章論張方平. 所論不行, 自中丞復爲翰林學

130:73 老蘇說得眼前利害事卻好.【學蒙】

130:74 因說老蘇, 曰: "不能言而蹺蹊[97]者有之, 未有言蹺蹊[98]而其中不蹺蹊者."【揚】

130:75 三代節制之師, 老蘇「權論」不是.【謨】

130:76 東坡善議論, 有氣節.【若海】

130:77 東坡解經【一作解『尙書』】. 莫教說著處直是好? 蓋是他筆力過人, 發明得分外精神.

130:78 東坡天資高明, 其議論文詞自有人[99]▲[100]到處, 如「論語說」亦煞有好處, 但中間須有些滲綻出來. 如作『歐公文集』序, 先說得許多天來底大, 恁地好了, 到結末處卻只如此, 蓋不止龍頭蛇尾矣. 當時若使他解虛心屈已, 鍛煉得成甚次第來?【木之】

130:79 問: "東坡與韓公如何?" 曰: "平正不及韓公. 東坡說得高妙處, 只是說佛, 其他處又皆麤." 又問: "歐公如何?" 曰: "淺." 久之, 又曰: "大概者[101]以文人自立. 平時讀書, 只把做考究古今治亂興衰底事, 要做文章, 都不曾向身上做工夫, 平日只是以吟詩飮酒戲謔度日."【義剛】

士. 東坡作「溫公神道碑」, 只說自中丞復爲翰林學士, 卻節去論方平事, 爲方平諱也. 某初時看, 更曉不得. 後來看得溫公文集, 方知是如此.【文蔚】

97) 蹊: 賀本에서는 蹊로 되어 있다.
98) 蹊: 賀本에서는 蹊로 되어 있다.
99) 人:【附箋紙】"人"下, 宜有"不"字.
100) ▲: 不
101) 者: 『朱子語類』에서는 皆로 되어 있다.【附箋紙】/"皆"字

130:80 東坡平時爲文論利害, 如主意在那一邊利處, 只管說那利. 其間有害處, 亦都知, 只藏匿不肯說, 欲其說之必行. 【淳】

130:81 因論東坡「刑賞[102]論」"悉擧而歸之仁義", 如是則仁義乃是不得已而行之物, 只是作得一癡忠厚. 此說最礙理, 學者所當察. 【可學】

130:82 東坡「刑賞論」大意好, 然意闊疏, 說不甚透. 只似刑賞全不柰人何相似, 須是依本文將"罪疑惟輕, 功疑惟重"作主意.

130:83 因論二蘇「刑賞[103]論」極做得不是. 先生曰: "用刑, 聖人常有不得已之心, 用賞, 聖人常有不吝予之意, 此自是忠厚了. 若更於罪之疑者從輕, 於功之疑者從重, 這尤是忠厚. 此是兩截之事." 【卓】

130:84 「溫公墓碑」云: "曰誠, 曰一." 人多議之, 然亦未有害. 誠者, 以其表裏言之, 一者, 以其始終言之. 【人傑】

130:85 "坡公作「溫公神道碑」, 敘事甚略. 然其平生大致, 不踰於是矣, 這見得眼目高處." 道夫曰: "其[104]作「富公碑」甚詳." 曰: "溫公是他已爲行狀, 若富公, 則異於是矣." 又曰: "富公在朝, 不甚喜坡公. 其子弟求此文, 恐未必得, 而坡公銳然許之. 自今觀之, 蓋坡公欲得此爲一題目, 以發明己意耳. 其首論富公使虜事, 豈苟然哉?" 道夫曰: "向見文字中有云, 富公在靑州活飢民, 自以爲勝作中書令二十四考, 而使虜之功, 蓋不道也. 坡公之文, 非公意矣." 曰: "須要知富公不喜, 而坡公樂道而鋪張之意如何." 曰: "意者, 富公嫌夫中國衰弱而夷狄盛强, 其爲此擧, 實爲下策. 而坡公則欲救當時之弊, 故首以爲言也." 先生良久乃曰: "富公之策, 自知其下. 但當時無人承當, 故不得已而爲

102) 賞: 徽州本에서는 이 뒤에 忠厚之至가 더 있다.
103) 賞: 徽州本에서는 이 뒤에 忠厚之至가 더 있다.
104) 其: 賀本에서는 某로 되어 있다.

之爾, 非其志也. 使其道得行, 如所謂選擇監司等事, 一一擧行, 則內治旣强, 夷狄自服, 有不待於此矣. 今乃增幣通和, 非正甚矣. 坡公因紹聖·元豐間用得兵來狼狽, 故假此說以發明其議論爾."【道夫】

130:86 東坡「南安學記」說, 古人井田封建不可行, 今只有箇學校而已. 其間說舜遠不可及, 得如鄭子產爲鄕校足矣. 如何便決定了千萬世無人可以爲舜, 只得爲子產? 又說古人於射時, 因觀者群聚, 遂行選士之法, 此似今之聚場相撲相戱一般, 可謂無稽之論. 自海外歸來, 大率立論皆如此.【淳】

130:87 或問: "東坡言: '逝者如斯, 而未嘗往也, 盈虛者如代, 而卒莫消長也.' 只是老子'獨立而不改, 周行而不殆'之意否?" 曰: "然." 又問: "此語莫也無病?" 曰: "便是不如此. 旣是'逝者如斯', 如何不往? '盈虛如代', 如何不消長? 旣不往來, 不消長, 卻是箇甚底物事? 這箇道理, 其來無盡, 其往無窮. 聖人但云: '維天之命, 於穆不已.' 又曰: '逝者如斯夫?' 只是說箇不已, 何嘗說不消長, 不往來? 它本要說得來高遠, 卻不知說得不活了. 旣是'往者如斯, 盈虛者如代', 便是這道理流行不已也. 東坡之說, 便是肇法師'四不遷'之說也." 又云: "'盈虛者如代', '代'字今多誤作'彼'字. '而吾與子之所共食', '食'字多誤作'樂'字. 嘗見東坡手寫本, 皆作'代'字·'食'字. 頃年蘇季眞刻『東坡文集』, 嘗見問'食'字之義. 答之云: '如〈食邑〉之〈食〉, 猶言享也. 史[105]書言〈食邑其中〉·〈食其邑〉, 是這樣〈食〉字. 今浙間陂塘之民, 謂之〈食利民[106]▲[107]〉, 亦此意也.'" 又云: "碑本「後赤壁賦」'夢二道士', '二'字當作'一'字, 疑筆誤也."【僩】

130:88 須見得道理都透了, 而後能靜. 東坡云: "定之生慧, 不如慧

105) 史: 賀本에서는 吏로 되어 있다.
106) 食利民:【附箋紙】"食利民"三字下, 落"戶"字.
107) ▲: 戶

之生定較速." 此說得也好.【淳】

130:89 或言: "東坡雖說佛家語, 亦說得好." 先生曰: "他甚次第見識? 甚次第才智? 它見得那一道明, ▲[108]亦曾下工夫, 是以說得那一邊透. 今世說佛, 也不曾做得他工夫, 說道, 也不曾做得此邊工夫, 只是虛飄飄地, 沙魘過世."【謙】

130:90 草堂 劉先生曾見元城云: "舊嘗與子瞻同在貢院. 早起洗面了, 遶諸房去胡說亂說. 被他撓得不成模樣, 人皆不得看卷子. 乃夜乃歸張燭, 一看數百副. 在贛上相會, 坐時已自瞌睡, 知其不永矣, 不知當時許多精神那裏去?" 二公皆歸自嶺 海.【東坡曾知貢擧. ○揚】

130:91 東坡記賀水部事, 或云無此事, 蓋喬同紿東坡以求詩爾.【僩】

130:92 東坡薦秦少游, 後爲人所論, 他書不載, 只『丁未錄』上有. 嘗謂東坡見識如此, 若作相, 也弄得成蔡京了. 李方叔如許, 東坡也薦他.

130:93 東坡聰明, 豈不曉覺得? 他晚年自知所學底倚靠不得. 及與李昭玘書, 有云: "黃 秦輩挾有餘之資, 而騖於無涯之智, 必極其所如, 將安所歸宿哉? 念有以反之." 范淳夫[109]議論[110]持兩端, 兩邊都不惡他, 也只是不是. 如今說是說非, 都是閑說. 若使將身己頓放在蘇 黃間, 未必不出其下. 須是自家强了他, 方說得他, 如孟子闢楊・墨相似. 這道理只是一箇道理, ▲[111]自家身己是本, 其他都是閑物事. 緣

108) ▲: 早
109) 范淳夫: 徽州本에서는 范堯夫로 되어 있다.
110) 議論: 賀本・徽州本에서는 빠져 있고 成化本에서는 □□로 되어 있다.
111) ▲: 只理會

自家這一身是天造地設旣[112]，已盡擔負許多道理，纔理會得自家道理，則事物之理莫不在這裏．一語一默，一動一靜，一飮一食，皆有理．纔不是，便是違這理．若盡得這道理，方成箇人，方可以柱天蹯[113]地，方不負此生．若不盡得此理，只是空生空死，空具許多刑[114]骸，空受許多道理，空喫了世間人飯．見得道理若是，世上許多閑物事都沒要緊，要做甚麽？又曰："伊尹說：'天之生斯民也，使先知覺後知，使先覺覺後覺．予，天民之先覺者也，予將以斯道覺斯民也．非予覺之而誰也?' '思天下之民，匹夫匹婦有不與被堯・舜之澤者，若己推而納之溝中．其自任以天下之重如此?' 聖賢與衆人[115]▲[116]自不覺察耳．" 又曰："聖人之心，如靑天白日，更無些子蔽翳．" 又曰："如今學者且要收放心．" 又曰："萬理皆具於吾心，須就自家身己做工夫，方始應得萬理萬事，所以『大學』說：'在明明德，在新民．'"【賀孫】

130:94 先生因論蘇子由云"學聖人不如學道"，他認道與聖人做兩箇物事，不知道便是無體[117]殼底聖人，聖人便是有體殼底道．學道便是學聖人[118]，▲[119]便是學道，如何將做兩箇物事看？【燾】

130:95 看子由「古史序」說聖人："'其爲善也，如冰之必寒，火之必熱，其不爲不善也，如騶虞之不殺，竊脂之不穀．' 此等議論極好．程・張以後文人無有及之者．蓋聖人行事，皆是胸中天理，自然發出來不可已者，不可勉强有爲爲之．後世之論，皆以聖賢人之事有所爲而然．『周禮』纖悉委曲去處，卻以聖人有邀譽於天下之意，大段鄙俚．此皆緣本

---

112) 旣: 賀本・萬曆本에서는 底로 되어 있다.
113) 蹯: 『朱子語類』에서는 踏으로 되어 있다.【附箋紙】"蹯"字，卽"踏"之誤.
114) 刑: 『朱子語類』에서는 形으로 되어 있다.【附箋紙】"刑"字，乃"形"字誤.
115) 衆人:【附箋紙】"衆人"下，落"皆具此理，衆人"等字.
116) ▲: 皆具此理,, 衆人
117) 體:【附箋紙】"體"字，印本作"軀." 下"体"字，亦同.
118) 學聖人:【附箋紙】"學聖人"下，又有"學聖人"三字.
119) ▲: 學聖人

領見處低了, 所以發出議論如此. ▲[120]陳君擧『周禮說』有'畏天命, 卽人心'之語, 皆非是聖人意." 因說: "歐公文字大綱好處多, 晚年筆力亦衰. 曾南豐議論平正, 耐點檢. 李泰伯文亦明白好看." 木之問: "老蘇文議論不正當." 曰: "議論雖不是, 然文字亦自明白洞達."【木之】

130:96 子由『古史』論, 前後大概多相背馳, 亦有引證不著. 是他老來精神短, 做這物事, 都忘前失後了.【淳】

130:97 近見蘇子由『語錄』, 大抵與『古史』相出入. 它也說要"一以貫之", 但是他說得別. 他只是守那一, 說萬事都在一,【淳錄有"外"字.】然而又不把一去貫. 說一又別是一箇物事模樣.【義剛】

130:98 因說『灤[121]城集』, 曰: "舊時看他議論亦好. 近日看他文字, 煞有害處. 如劉原父高才傲物, 子由與他書, 勸之謙讓[122]下人, 此意甚好. 其間卻云: '天下以吾辯而以辯乘我, 以吾巧而以巧困我, 不如以拙養巧, 以訥養巧[123], 以訥養辯.' 如此則是怕人來困我, 故卑以下之, 此大段害事. 如東坡作「刑賞忠厚之至論」, 卻說'懼刑賞不足以勝天下之善惡, 故擧以[124]歸之仁.' 如此則仁只是箇鶻突無理會底物事, 故又謂'仁可過, 義不可過.' 大抵今人讀書不子細, 此兩句卻緣'疑'字上面生許多道理. 若是無疑, 罪須是罰, 功須是賞, 何須更如此?" 或曰: "此病原起於老蘇." 曰: "看老蘇『六經論』, 則是聖人全是以術欺天下也. 子由晚年作「待月軒記」, 想他大段自說見得道理高, 而今看得甚可笑. 如說軒是人身, 月是人性, 則是先生下一箇人身, 卻外面尋箇性來合湊著, 成甚義理?"【雉】

---

120) ▲: 如
121) 灤: 成化本・賀本에서는 欒으로 되어 있다.
122) 讓: 成化本・賀本에서는 遜으로 되어 있다.
123) 以訥養巧: 『朱子語類』에서는 없다.【附箋紙】"以訥養巧"四字, 恐衍.
124) 以: 『朱子語類』에서는 而로 되어 있다.

130:99 子由深, 有物. 作「潁濱遺老傳」, 自言件件做得是. 如拔用楊畏・來之邵等事, 皆不載了.【當時有"楊三變""兩來"之號.】 門下侍郎甚近宰相, 范忠宣・蘇子容輩在其下. 楊攻去一人, 當子由做, 不做, 又自其下用一人, 楊又攻去一人, 子由當做, 又不做, 又自其下拔一人. 凡數番如此, 皆不做. 楊曰: "蘇不足與矣." 遂攻之. 來亦攻之. 二人前攻人, 皆受其風旨也. 後老[125]居潁昌, 全不敢見一客. 一鄕人自蜀特來謁之, 不見. 候數日, 不見. 一日, 見在亭子上, 直突入. 子由無避處了, 見之. 云: "公何故如此?" 云: "某持[126]來見." 云: "可少候, 待某好出來相見." 歸, 不出矣.【揚】

130:100 劉大諫與劉草堂言, 子瞻卻只是如此. 子由可畏, 謫居全不見人. 一日, 蔡京▲[127]中[128][129]有一人來見子由, 遂先尋得京舊常賀生日一詩, 與諸小孫先去見人處嬉看. 及請其人相見, 諸孫曳之滿地. 子由急自取之, 曰: "某罪廢, 莫帶累他元長去." 京自此甚畏之.【揚】

130:101 「龍川志序」所載, 多得之劉貢父.

130:102 害蘇子美者是一李定, 害東坡者又別是一李定. 蘇東坡時守湖州, 來攝, 東坡驚甚. 時陳伯修爲倅, 多調護事.【伯修名師錫, 建陽人, 常作察院, 同了翁言蔡京, 後貶死.】 東坡下御史獄, 考掠之甚. 蘇子容時尹開封, 勘陳世儒事. 有人言文潞公之徒, 嘗請託之類亦置獄.【子容與東坡連獄, 聞其有考掠之聲, 有詩云云.】 世儒, 執中子也. 世儒所生張氏酷甚.【似是呂申公外甥.】 世儒妻一日諷群婢云: "本官若丁憂, 汝輩要嫁底爲好嫁, 要錢底與之錢." 群婢以此遂藥殺之. 後置獄, 夫婦皆

---

125) 老: 賀本에서는 來로 되어 있다.
126) 持: 英祖刊本・成化本・賀本에서는 特으로 되어 있다.
127) ▲: 黨
128) 中:【附箋紙】"中"字下有"黨"字.
129) 蔡京中:『小分』에서는 蔡中京을 교정부호로 바로잡았다.

赴法. 其婦慧甚, 臨赴法時, 遂製[130]窗紙一片, 卽掐成一“番”字, 使人送與其夫. 云云. 【揚】

130:103 蘇東坡子過, 范淳夫子溫, 皆出入梁師成之門, 以父事之. 然以其父名在籍中, 亦不得官職. 師成自謂東坡遺腹子, 待叔黨如親兄弟, 諭它[131]庫云: “蘇學士使一萬貫以下, 不須覆.” 叔黨緣是多散金, 卒喪其身. 又有某人亦以父事師成. 師成妻死, 溫與過當以母禮喪之, 方疑忌某人. 不得已衰絰而往, 則某人先衰絰在帷下矣? 【可學】

130:104 東坡謚“文忠”時, 無“太師”, 曾誤寫作“太師.” 人與言之, 曰: “何妨?” 遂因而贈之. 今行遣年月前後可考. 【揚】

130:105 論東坡之學, 曰: “當時遊其門者, 雖苦心極力, 學得他文詞言語, 濟得甚事? 如見識議論, 自是遠不及. 今東坡經解雖不甚純, 然好處亦自多, 其議論亦有長處. 但他只從尾梢處學, 所以只能如此.”

130:106 富鄭公初甚欲見山谷, 及一見, 便不喜, 語人曰: “將謂黃某如何, 元來只是分武寧一茶客?” 富厚重, 故不喜黃. 【振】

130:107 黃山谷慈祥之意甚佳, 然殊不嚴重. 書簡皆及其婢妮, 艷詞小詩, 先已定以悅人, 忠信孝弟之言不入矣.

130:108 山谷使事多錯本旨, 如作人墓誌云: “敬授來使, 病於夏畦.” 本欲言皇恐之意, 卻不知與“夏畦”相去闕甚事?

130:109 黃魯直以元祐黨貶, 得放還, 因爲荊南甚寺作塔記. 人以此

---

130) 製: 『朱子語類』에서는 掣로 되어 있다. 【附箋紙】 “製”字, 印本作“掣.”
131) 它: 『朱子語類』에서는 宅으로 되어 있다. 【附箋紙】 “它”字, 印本作“宅.”

媒孽他, 故再貶. 所以蘇子由門[132]皆閉門絶賓客. 有人自蜀來, 累日不得見. 詢其鄰人, 云: "他十數日必一出門外小亭上坐." 其人遂日候其出, 才得一揖. 子由讓其坐, 且云: "待某入著衣服." 卽入去, 一向不出.

130:110 黃魯直「書浯溪碑」是他最好底議論. 而沙隨卻說他不是, 益[133]云肅宗收復兩京, 再造王室, 其功甚大, 不可短他. 這事不如此. 肅宗之收復京師, 其功固可稱. 至不待父命而卽位, 分明是簒. 功過當作兩項說, 不以相揜可也. 沙隨之論, 大概要考細碎制度, 不要人說義理, 與致堂說皆相反. 如云, 韓・趙・魏爲諸侯, 不爲不是. 蓋爲周室微弱, 不可不立他, 待自家強盛, 方可去治他. 又云: "晉之所以爲三卿分者, 是其初不合併得地太大, 所以致得恁地. 若如此, 則周室爲諸侯所陵, 亦謂之武王不合有此天下, 可乎? 漢 匡衡當恭・顯用事, 不敢有言, 至恭・顯死後方論他, 遂爲王尊所劾. 沙隨以爲人主[134]▲[135]意不可回, 宰相不可以諫他, 反遭禍害. 又唐 劉蕡云, 天子不可漏言, 他卻誦言於庭, 使宦官之勢愈張. 沙隨卻云, 劉蕡以布衣應直言極諫科, 合如此說, 縱殺身猶可以得名. 豈有宰相與天子一體, 而不諫諍人主, 布衣卻可出來說? 致堂說二疏是見元帝不足傅相, 故持知止之義以求退, 看來是如此. 若蕭望之則不容[136]▲[137]二疏之先見. 沙隨乃云不然, 且引鄭忽之事爲證, 又不著題, 皆不成議論."

130:111 先生看『東都事略』. 文蔚問曰: "此文字如何?" 曰: "只是說得箇影子. 適間偶看「陳無己傳」, 他好處都不載." 問曰: "他好處是甚

---

132) 門: 英祖刊本・賀本에서는 們으로 되어 있다.
133) 益: 『朱子語類』에서는 蓋로 되어 있다. 【附箋紙】"益"字, 印本作"盖."
134) 人主: 『小分』에서는 主人을 교정부호로 바로잡았다. 【附箋紙】"人主"下有"之"字.
135) ▲: 之
136) 不容: 【附箋紙】"不容"下, 落"於不死, 是不若"等字.
137) ▲: 於不死, 是不若.

事?" 曰: "他最好是不見章子厚, 不著趙挺之綿襖. 傅欽之聞其貧甚, 懷銀子見他, 欲以賙之, 坐間聽他議論, 遂不敢出銀子. 如此等事, 他都不載. 如「黃魯直傳」, 魯直亦自有好處, 亦不曾載得." 文蔚問: "魯直好在甚處?" 曰: "他亦孝矣[138]." 【文蔚】

130:112 陳無己[139] ▲[140], 嘗侍祠郊丘, 非重裘不能禦寒氣. ▲[141], 其內子爲於挺之家假以衣之. ▲[142] 無己[143]曰: "汝豈不知我不著渠家衣耶?" 卻之, 旣而遂以凍病而死. 謝克家作其文集序, 中有云: "篋無副裘." 又云: "此豈易衣食者?" 蓋指此事. 【必大 ○揚錄云: "謝任伯作「墓誌」, 所載不明, 此豈可不白於後世也?"】

130:113 陳後山與趙挺之・邢和叔爲友壻, 皆郭氏壻也. 後山推尊蘇・黃, ▲[144]附[145]王氏, 故與和叔不協. 後山在館中, 差與南郊行禮. 親戚謂其妻曰: "登郊臺, 率以夜半時, 寒不可禁, 須多辦綿衣." 而後山家止有一裘, 其妻遂於刑[146]家借得一裘以衣. 後山云: "我只有一裘, 已著, 此何處得來?" 妻以實告. 後山不肯服, 亟令送還, 竟以中寒感疾而卒. 或曰: "非從邢借, 乃從趙借也." 故或人祭文有云"囊無副衣", 卽謂此也. 趙挺之初亦是熙・豐黨中人, 附蔡元長以得進, 後來見得蔡氏做得事勢不好了, 卻去攻他. 趙有三子: 曰□誠, 曰思誠, 曰明誠. 明誠, 李易安之夫也, 文筆最高, 『金石錄』煞做得好. 【廣】

130:114 晁以道後來亦附梁師成, 有人以詩嘲之曰: "早赴朱張飯, 隨

138) 矣: 『朱子語類』에서는 友로 되어 있다. 【附箋紙】"矣"字, 印本作"友."
139) 陳無己: 【附箋紙】"陳無己"條, 印本不載.
140) ▲: ・趙挺之・邢和叔, 皆郭大夫婿. 陳在館職
141) ▲: 無己止有其一
142) ▲: 無己詰所從來, 內以實告.
143) 己: 孝宗刊本에서는 已로 되어 있다.
144) ▲: 不
145) 附: 賀本・萬曆本에서는 服으로 되어 있다. 【附箋紙】"附"上有"不"字.
146) 刑: 『朱子語類』에서는 邢으로 되어 있다. 【附箋紙】"刑"字, 過誤阝.

賡蔡子詩. 此回休倔强, 凡事且從宜."【人傑】

130:115 張文潛軟郎當, 地[147]所作詩, 前四五句好, 後數句胡亂塡滿, 只是平仄韻耳. 想見作州郡時闒冗. 平昔議論宗蘇子由, 一切放倒, 無所爲, 故秦檜喜之. 檜其他豈肯無所爲? 陳無已亦是以策言不用兵, 孝文和戎好, 檜亦喜之.【揚】

130:116 徐德占爲御史中丞, 不敢見人, 朝路見南豐, 敘致甚恭. 南豐待之甚踞, 云"公是徐禧, 久聞公名"云云.【揚】

130:117 董敦逸在紹聖間爲御史, 嘗命錄問孟后事. 文字[148]都上, 次日忽入文字云: "臣昨日錄問時, 覺得宮中人口中有無舌者, 臣恐有枉[149]." 當時以御史錄問爲重, 未上文字時, 能論列未必如是. 後來朝庭[150]以其反覆, 罪之. 後曾子宣薦士, 皆一時名士, 董亦在其中, 名下注云: "臣履常疑其人. 履前時細行亦謹, 與邢恕同學, 未必不是爲邢所誘▲[151]."【揚】

130:118 注[152]表民進言, 史臣不能發明神宗德業, 其史不好, 諸小人遂執此以生事.【揚】

130:119 小人不可與君子同處於朝. 昔曾布當建中靖國初, 專欲涵養許多小人, 漸漸被他得志, 一時諸君子皆爲其所陷[153]. 要之, 要出

147) 地: 賀本에서는 他로 되어 있다.
148) 文字: 賀本에서는 奏章으로 되어 있다.
149) 枉: 孝宗刊本・成化本에서는 柱으로 되어 있다.
150) 庭: 『朱子語類』에서는 廷으로 되어 있다.【附箋紙】"庭"字, 印本作"廷."
151) ▲: 也
152) 注: 『朱子語類』에서는 汪으로 되어 있다.【附箋紙】"注"字, 印本作"汪."
153) 一時諸君子皆爲其所陷: 徽州本에서는 曾布甚爲所陷, 擧家繫獄으로 되어 있다.

來做時, 小人若未可卒去, 亦須與分明開說是非善惡, 使彼依自家話時, 卻以事付之. 若分明與說是非, 不依自家話時, 自家只得去了. 如何含含胡胡, 我也做些, 他也做些, 都不與問那箇是是, 那箇是非. 久之, 未有不爲其所勝. 若與說得是非通透了, 他也自要做好人. 他若旣知得是非, 又自要做人, 這須旋旋安頓, 與在外好差使. 吾人也無許多智巧對副他. 兼是才做一事, 自家便把許多精神智巧對副他, 自家心術已自壞了. 明道先生若大用, 雖是可以變化得小人, 然亦須與明辨是非. 舜去"四凶", 孔子誅少正卯, 當初也須與他說是非. 倒[154]得他自恃其高, 不依聖人說話, 只得去了.【賀孫】

130:120 曾子宣初亦未嘗有甚惡元祐人之意. 被陳瑩中書之後, 遂乘勢作起徽宗攻治之, 亦以其與熙 豐本合也. 子開嘗有書諫其兄莫如此, 幷莫用蔡京之類. 子宣亦有答書, 謂吾弟亦嘗不容於元祐, 今何故議論如此? 子開雖然所見, 亦鶻突.【揚】

130:121 曾子宣作相, 薦蔡京. 子開不樂之甚, 力諫其兄, 卽乞出. 本不喜蔡京. 蔡京來去, 途中遇之, 避又不得, 不見又不得, 遂謁見之. 京公服秉笏謝云: "今此得還朝[155]皆相公之力, 翰林之助." 子開聞其言, 愈不樂, 一切失措. 京秉笏謝之, 子開亦忘了笏[156], 只叉手答之[157]. 子開因蔡確事, 被劉器之所逐. 後見其兄引薦繆, 遂多主元祐之人.[158] ▲[159] 子宣後見蔡京事, 深自恨, 而敬服了翁.【揚 ○或錄云: "京致恭, 子開略答之. 怨[160]出笏稟事, 因及子宣政事. 子開正色曰: '賢道家

154) 倒: 『朱子語類』에서는 到로 되어 있다.
155) 朝: 賀本에서는 闕로 되어 있다.
156) 了笏: 賀本에서는 笏了로 되어 있다.
157) 之: 賀本에서는 子로 되어 있다.
158) 人: 【附箋紙】"人"下, 落"子宣書與"等三十餘字.
159) ▲: 子宣書與之曰: "平日吾弟議論平正, 無所偏黨. 吾弟亦嘗不容於元祐, 今何故如此?"
160) 怨: 『朱子語類』에서는 忽로 되어 있다.

元[161]做得是邪?"】

130:122 "曾子宣『手記』, 被曾揀出好底印行. 某於劉恭[162]父家借得全書看, 其間邪惡之論甚多." 或問: "若據布所記, 則元符間何爲與章惇[163]同在政府, 而能兩立?" 曰: "便是恐不可全信. 然每奏事, 布必留身對, 必及惇[164]. 惇[165]獨對, 必及布. 哲宗欲兩聞其過失, 亦多詢及之."【至】

130:123 子翁[166]以書達曾子宣, 子宣怒, 蹺足而讀. 陳曰: "此國家大事, 相公且平心, 無失待士之禮." 曾下足, 陳因此出.【楊】[167]

130:124 了翁平生於取舍處, 看得極分明. 從此有入, 凡作文多好言此理. 嘗作一文祭李家人云: "熊掌我取, 天實予之." 所以平生所立如此.

130:125 陳了翁在貶竄中, 與蔡京輩爭辨不已, 亦是他有智數. 蓋不如此, 則必爲京輩所殺矣.【人傑 ○或錄云: "了翁固是好人, 亦有小小智數"云云.】130:126[168] 陳了翁氣剛才大, 惜其不及用也?【若海】

130:127 問: "元城・了翁之剛, 孰爲得中?" 曰: "元城得中, 了翁後來有太過處. 元城只是居其位, 便極言無隱, 罪之卽順受. 了翁後來做

---

161) 元: 『朱子語類』에서는 兄으로 되어 있다.
162) 恭: 『朱子語類』에서는 共으로 되어 있다.
163) 惇: 成化本・賀本에서는 厚로 되어 있다.
164) 惇: 成化本・賀本에서는 厚로 되어 있다.
165) 惇: 成化本・賀本에서는 厚로 되어 있다.
166) 子翁: 『朱子語類』에서는 了翁으로 되어 있다.
167)【楊】: 『朱子語類』에서는【揚】으로 되어 있다.
168) 130:126: 『小分』에서는 130:125에 이어져 한 항목으로 편집되어 있다.【附箋紙】"陳了翁氣剛"條, 印本不連上條.

得都不從容了. 所以元城嘗論其『尊堯集』所言之過, 而戒之曰: "'告君行已, 苟已無憾, 而今而後, 可以忘言矣.'" 【僩】

130:128 了翁有濟時之才. 道鄕純粹, 才不及也. 使了翁得志, 必有可觀. 【道夫】

130:129 先生問: "潮州前此有遷客否?" 德明答以不知. 先生因言: "子由謫循州. 元城經行梅[169]州, 當時有言劉器之好命, 用事者擬竄某州, 云: '且與他試命.' 後放還居南都, 尙康强. 宣和末年方沒, 只隔一年, 便有金虜之禍. 使其不死, 必召用. 是時天下事被人作壞, 已如魚爛了, 如何整頓? 一場狼狽不小. 今日且是無人望. 元城在南都, 似箇根[170]山鐵壁, 地又當往來之衝. 過者必見, 歷歷爲說平生出處, 無少[171]回護. 群小雖睥睨, 不敢動著他." 【德明 ○營錄云: "此老若在, 敎他做時, 不知能救得如何?"】

○[172] 又曰: "某人所記, 劉元城每與人相見, 終坐不甚交談. 欲起, 屢留之, 然終不交談. 或問之, 元城曰: '人坐久必傾側, 久坐而不傾側, 必貴人也. 故觀人之坐起, 可以知人之貴賤.' 某後來見草堂先生說, 又不如此. 元城極愛說話. 觀草堂之說與某人所記之語, 大抵皆同, 多言其平生所履與行己立身之方. 是時元城在南京, 恣口極談, 無所顧忌. 南京四方之衝, 東南士大夫往來者無不見之. 賓客塡門, 無不延接. 其死之時, 去靖康之禍只三四年間耳. 元城與了齋死同時. 不知二公若留到靖康, 當時若用之, 何以處也." 【僩】

130:130 鄒道卿「奏議」不見於世. 德久[173]嘗刊行『家集』, 龜山以公

169) 梅: 賀本에서는 海로 되어 있다.
170) 根: 『朱子語類』에서는 銀으로 되어 있다. 【附箋紙】 "根"字, 印本作"銀."
171) 少: 賀本에서는 小로 되어 있다.
172) ○: 『朱子語類』의 68:97의 일부이다.

所彈擊之人猶在要路, 故今集中無「奏議」. 後來汪聖錫在三山刊『龜山集』, 求「奏議」於其家, 安止移書令勿刊, 可惜. 不知龜山猶以出處一事爲疑, 故「奏議」不可不行於世.【安止判院聞之, 刊於延平. ○德明】

130:131 問劉元承撻鄒志完舟人事.【見『晁氏客語錄』[174], ▲[175]當考】曰: "道卿赴貶到某州, 元承爲守. 舟人覆, 若載鄒正言, 不敢取一錢. 元承撻之." 因云: "元承當蔡京用事時, 煞做好官."【德明 ○楊[176]錄云: "舟子不用錢, 願[177]載. 劉聞之, 追舟子使一頓[178], 不得去載."】

130:132 先生[179]傷時世之不可爲, 因歎曰: "忠臣殺身不足以存國, 纔[180]人構[181]禍, 無罪就死. 後人徒爲悲痛, 柰何! 劉幸[182]老死亦不明. 今其行狀似云, 死後以木匣取其首. 或云服樂, 或云取首級, 皆無可考. 國史此事是先君修止[183], 云: '劉摰・梁燾相繼死嶺表, 天下至今哀之.' 初, 文潞公之子及甫, 以劉辛老當言路, 潞公欲除中書令. 諸公議, 恐事多易雜, 若致緻駿[184], 反傷老成遂[185], 只除平章軍國重事, 乃是爲安潞公計耳. 渠家不悉, 反終以爲怨. 及甫以書與邢恕, 有'粉昆・司馬昭'等語. 邢恕收藏此柬, 待黨事發, 卽以此嫁禍於劉・梁.

---

173) 德久: 成化本・賀本에서는 德父로 되어 있다.
174) 『晁氏客語錄』: 成化本・賀本에서는 『晁氏客語』로 되어 있다.
175) ▲: 更
176) 楊: 『朱子語類』에서는 揚으로 되어 있다.
177) 願: 賀本에서는 愿으로 되어 있다.
178) 使一頓: 成化本에서는 史一頓으로 되어 있고 賀本에서는 史一愼으로 되어 있고 英祖刊本에서는 決一頓으로 되어 있다.
179) 先生: 【附箋紙】 "先生"以二張印本不載, 恐換故也.
180) 纔: 『朱子語類』에서는 讒으로 되어 있다.
181) 構: 英祖刊本・賀本에서는 搆로 되어 있다.
182) 幸: 『朱子語類』에서는 莘으로 되어 있다.【附箋紙】 "幸"字, 一本作"辛."
183) 止: 賀本・萬曆本에서는 正으로 되어 있다.【附箋紙】 "止"字, 恐"正"之誤耶. 一本亦同.
184) 駿: 『朱子語類』에서는 駁으로 되어 있다.【附箋紙】 "駿", 或"駁"字之誤耶.
185) 遂: 賀本에서는 道로 되어 있다.

本來'粉昆'之語, 乃指韓忠彦. 蓋忠彦之弟嘉彦爲駙馬都尉, 人呼爲'粉侯', 昆卽兄也. 後事發, 文及甫下獄, 供稱'司馬昭'是說劉摯, '粉'是說王巖叟, 以其面白如粉. 昆者, 兄也, 兄, 況也, 是說梁況之. 故王巖叟雖已死, 而二人皆以此重行貶竄以死." 【賀孫】

130:133 劉摯·梁燾諸公之死, 人皆疑之, 今其▲[186]子孫皆諱之. 然當時多遣使恐嚇之, 又州郡監司承風旨皆然, 諸公多因此自盡. 劉元城屢被人嚇令自裁, 劉不畏, 曰: "君命死卽死, 自死奚爲?" 寫遺祝[187]之類訖, 曰: "今死無難矣." 卒無恙. 劉只有過當處, 然此須學得他始得. ▲[188) 【因論范淳夫及此. ○ 揚 ○廣錄云: "范淳夫死亦可疑. 雖其子孫備載其死詩[189]詳細, 要之深可疑. 惟劉器之死得明自[190]. 亦幾不免, 只是他處得好."】 130:134[191] 杲老爲張無盡所知. 一日, 語及元祐人才, 問: "相公以爲如何?" 張曰: "皆好. 如溫公, 大賢也." 杲曰: "如此則相公在言路時, 論他則甚?" 張笑曰: "公便理會不得, 只是後生死急要官做後如此." 【廣】

130:135 龜山作「周憲之墓銘」, 再三稱其刻[192]童貫之疏, 但尙書當時亦少索性. 【若海】

130:136 章子厚與溫公爭役法, 雖子厚悖慢無禮, 諸公爭排之, 然據子厚說底卻是. 溫公之說, 前後自不相照應, 被他一一捉住病痛, 敲點出來. 諸公意欲救之, 所以排他出去. 又他是箇不好底人, 所以人皆樂其去耳. 【僴用 ○以下章·蔡.】

---

186) ▲: 家
187) 祝: 賀本에서는 囑으로 되어 있다.
188) ▲: 梁·劉之死, 先吏部作實錄云: "梁燾·劉摯同時死嶺表, 人皆冤之."
189) 詩: 『朱子語類』에서는 時로 되어 있다. 【附箋紙】 小註"詩"字, 恐"時"字之誤.
190) 自: 英祖刊本·成化本·賀本에서는 白으로 되어 있다.
191) 130:134: 『小分』에서는 130:133에 이어져 한 항목으로 편집되어 있다.
192) 刻: 『朱子語類』에서는 劾으로 되어 있다.

130:137 朝廷以議役法去章惇, 故惇後得以爲言.【楊】[193)]

130:138 問: "章 蔡之姦何如?" 曰: "京之姦惡又過於惇. 方惇之再入相也, 京謁之於道, 袖出一軸以獻惇, 如「學校法」·'安養院'之類, 凡可以要結士譽買覔人情者, 具在. 惇辭曰: '元長可留他時自爲之.' 後京爲相, 率皆建明, 時論往往歸之. 至詣學自嘗饅頭, 其中沒見識士人以手加額, 曰: '太師留意學校如此?' 京之當國, 侈費[194)]無度. 趙挺之繼京爲相, 便做不行. 挺之固庸人, 後張天學[195)]亦復無所措手足. 京四次入相, 後至盲廢, 始終只用'不患無財, 患不能理財'之說, 其原自荊公. 又以鹽鈔·茶引成櫃進入[196)], ▲[197)]益喜, 謂近侍曰: '此太師送到朕添支也.' 由是內庭賜予, 不用金錢, 雖累巨萬, 皆不費力. 鈔法之行, 有朝爲富商, 暮爲乞丐者矣."【僩用】

130:139 蔡京誣王珪當時有不欲立哲宗之意. 珪無大惡, 然依違鶻突, 章惇則以不欲立徽宗之故, 故入姦黨, 皆爲爲臣不忠.【揚】

130:140 蔡京奏其家生芝, 上攜鄆王等幸其第賜宴, 云: "朕三父子勸卿一盃酒." 是時太子卻不在, 蓋已有廢立之意矣.【義剛】

130:141 蔡京不見殺淵聖, 以嘗保佑東宮之故. 道君嘗喜嘉王, 王黼輩嘗搖東宮. 道君作事亦有大思慮者. 欲再立后, 前數人有寵者當次立. 道君一日盡召語之曰: "汝輩當立, 然皆有子, 立之, 恐東宮不安." 遂立鄭后. 鄭無子.【揚】

193)【楊】:『朱子語類』에서는【揚】으로 되어 있다.
194) 侈費: 成化本·賀本에서는 費侈로 되어 있다.
195) 學:『朱子語類』에서는 覺으로 되어 있다.【附箋紙】"學"字, 卽"覺"字之誤.
196) 入:【附箋紙】"入"下, 落"上"字.
197) ▲: 上

130:142 京當時不主廢立, 故欽宗獨治童貫等, 而京罪甚輕.【義剛】

130:143 問: "蔡京何故得全首領, 卒於潭州?" 曰: "當時執政大臣皆他門下客, 如吳元忠輩亦其薦引, 不無牽制處[198]. 處[199]人物一番退時, 是甚時節? 臺諫卻別不曾理會得事, 三五箇月, 只反倒得京, 逐數百里, 慢慢移去, 結末方移儋州. 及到潭州, 遂死." 問: "李伯紀後來當國時, 京想已死否? 不然, 則必如張邦昌, 想已正典刑矣." 曰: "靖康名流, 多是蔡京晚年牢籠出來底人才, 伯紀亦所不免. 如李泰發是甚次第硬底人, 亦爲京所羅致, 他可知矣."【今衡州所刊『劉諫議文集』中有一帖與泰發, 蓋微諷之. 按『遺史』, 京之愛妾二: 曰慕容夫人, 曰小李夫人. 又童貫之子童五十者, 認以爲妹, 生子脩, 復尚主. 小李出其下, 怏怏[200]求出, 遂嫁宣贊舍人曹濟, 後爲湖南兵馬都監. 京死潭州, 李氏殯之於一僧寺. ○儒用】

130:144 蔡京 靖康方貶死於潭州. 八十餘歲, 自病死, 初不曾有行遣. 後張安國[201]守潭, 治疊此等, 爲埋之. 然有人見其無頭, 後來朝廷取看也.【揚】

○[202] 初緣蔡攸與蔡子應說, 令其薦擧人才, 答云: "太師用人甚廣, 又要討甚麽人?" 曰: "緣都是勢利之徒, 恐緩急不可用. 有山林之人, 可見告." 他說: "某只知鄕人鼓山下張觷, 字柔直, 其人甚好." 蔡攸曰: "家間子姪未有人敎, 可屈他來否?" 此人卽以告張, 張卽從之. 及敎其子弟, 儼然正師弟子之分, 異於前人. 得一日, 忽開諭其子弟以奔走之事, 其子弟駭愕, 卽告之曰: "若有賊來, 先及汝等, 等[203]等能走乎?"

---

198) 處:【附箋紙】下"處"字, 印本作"虜", 兩本似不合.

199) 處:『朱子語類』에서는 虜로 되어 있다.【附箋紙】下"處"字, 印本作"虜", 兩本似不合.

200) 怏怏:『朱子語類』에서는 怏怏으로 되어 있다.

201) 張安國: 賀本에서는 張國安으로 되어 있다.

202) ○:『朱子語類』의 101:81의 일부이다.

203) 等:『朱子語類』에서는 汝로 되어 있다.

子弟益驚駭, 謂先生失心, 以告老蔡. 老蔡因悟曰: "不然, 他說得是." 蓋京父子此時要喚許多好人出, 已知事變必至, 卽請張公叩之. 張言: "天下事勢至此, 已不可救, 只得且收舉幾箇賢人出, 以爲緩急倚仗耳." 卽令張公薦人, 張公於是薦許多人, 龜山在一人之數. 今『龜山墓誌』云: "會有告大臣以天下將變, 宜急擧賢以存國, 於是公出." 正謂此. 張後爲某州縣丞. 到任, 卽知虜人入寇, 必有自海道至者, 於是買木爲造船之備. 踰時果然. 虜自海入寇, 科州縣造舟, 倉卒擾擾, 油灰木材莫不踊貴. 獨張公素備, 不勞而辦. 以此自[204]知於帥憲, 知[205]南劍. 會葉鐵入寇, 民大恐. 他卽告諭安存之, 率城中諸富家, 令出錢木[206], 沽酒, 買肉, 爲蒸糊之類. 遂分民兵作三替, 逐替燕犒酒食, 授以兵器. 先一替出城與賊接戰, 卽犒第二替出, 先替未倦, 而後替卽得助之. 民大喜, 遂射殺賊首. 富民中有識葉鐵者, 卽厚勞之, 勿令執兵, 只令執長鎗, 上懸白旗, 令見葉鐵, 卽以白旗指向之. 衆上了弩, 卽其所指而發, 遂中之. 後都統任某欲爭功, 亦讓與之. 其餘諸盜, 卻得都統之力, 放賊之叔父以成反間.【賀孫 ○儒用錄別出.】

○[207] 問龜山出處之詳. 曰: "蔡京晚歲漸覺事勢狼狽, 亦有隱憂. 其從子應之.【文蔚錄云: "君謨之孫, 與他敘譜."】

○[208] 自興化來, 因訪問近日有甚人才. 應之愕然曰: '今天下人才, 盡在太師陶鑄中, 某何人, 敢當此問?' 京曰: '不然. 覺得目前盡是面諛脫取官職去底人, 恐山林間有人才, 欲得知.' 應之曰: '太師之問及此, 則某不敢不對. 福州有張觷, 字柔直者, 抱負不苟.' 觷平日與應之相好, 時適赴吏部, 應之因擧其人以告. 遂賓致之爲塾客, 然亦未暇與

204) 自: 賀本에서는 見으로 되어 있다.
205) 知: 徽州本은 이 앞에 卽辟가 있다.
206) 木: 『朱子語類』에서는 米로 되어 있다.
207) ○: 『朱子語類』의 101:82의 일부이다.
208) ○: 『朱子語類』의 101:82의 일부이다.

之相接. 柔直以師道日[209]尊, 待諸生嚴厲, 異於他客, 諸生已不能堪. 一日, 呼之來前, 曰: '汝曹曾學走乎?' 諸生曰: '某尋常聞先生長者之教, 但令緩行.' 柔直曰: '天下被汝翁作壞了. 非[210]晚賊發火起, 首先到汝家. 若學得走, 緩急可以逃死.' 諸子大驚, 走告其父, 曰: '先生忽心恙'云云. 京聞之, 矍然曰: '此非汝所知也?' 卽入書院, 與柔直傾倒, 因訪策焉. 柔直曰: '今日救時, 已是遲了. 只有收拾人才是第一義.' 京因叩其所知, 遂以龜山爲對. 龜山自是始有召命. 今『龜山墓誌』中有'是時天下多故, 或說當世貴人, 以爲事至此, 必敗. 宜引耆德老成置諸左右[211], 開道上意'云者, 蓋爲是也. 柔直後守南劍, 設方略以拒范汝爲, 全活一城, 甚得百姓心. 其去行在所也, 買冠梳雜碎之物, 不可勝數, 從者莫測其所以. 後過南劍, 老稚迎拜者相屬於道. 柔直一一拊勞之, 且以所置物分遺. 至今廟食郡中."【陳德本云: "柔直與李丞相極厚善. 其卒也, 丞相以詩哭之云: '中原未恢復, 天乃喪斯人?'" 儒用按: 鄉先生羅祕丞『日錄』: "柔直嘗知鼎州. 祕丞罷舒州士曹, 避地於鄉之石牛寨, 與之素昧平生. 時方道梗, 柔直才入[212]湖南, 乃宛轉寄詩存問云: '曾聞避世門金馬, 何事投身寨石生, 千里重湖方鼎沸, 可能同上岳陽樓.'" 則其汲汲人物之意, 亦可見矣." 是時[213], 『夷堅志』亦載, 但以爲袁司諫作, 非也. 又按『玉溪文集』云"柔直嘗知贛州, 招降盜賊"云.】

○[214] 蔡京在政府, 問人材於其族子蔡子應,【端明之孫.】 以張柔直對. 張時在部注擬, 京令子應招之, 授以門館. 張至, 以師禮自尊, 京之子弟怪之. 一日, 張敎京家子弟習走. 其子弟云: "從來先生敎某門[215]慢行. 今令習走, 何也?" 張云: "乃公作相久, 敗壞天下. 相次盜

209) 日: 『朱子語類』에서는 自로 되어 있다.
210) 非: 賀本・萬曆本에서는 早로 되어 있다.
211) 左右: 賀本에서는 右左를 교정부호로 바로잡았다.
212) 才入: 『朱子語類』에서는 在로 되어 있다.
213) 時: 『朱子語類』에서는 詩로 되어 있다.
214) ○: 『朱子語類』의 101:83이다.
215) 門: 英祖刊本・賀本에서는 們으로 되어 있다.

起, 先殺汝家人, 惟善走者可脫, 何得不習?" 家人以爲心風, 白京. 京愀然曰: "此人非病風." 召與語, 問所以扶救今日之道及人材可用▲[216). 張公遂言龜山 楊公諸人姓名, 自是京父子始知有楊先生. 【德明】

○[217) 又曰: "蔡京當國時, 其所收拾招引, 非止一種, 諸般名色皆有. 及淵聖卽位, 在朝諸人盡攻蔡京, 且未暇顧國家利害. 朝廷若索性貶蔡京過嶺, 也得一事了. 今日去幾官, 分司西京, 明日去幾官, 又移某州, 後日又移某州, 至潭州而京病死. 自此一年間, 只理會得箇蔡京. 這後面光景迫促了, 虜人之來, 已不可遏矣. 京有四子: 攸·絛·鯈·翛[218). 鯈尙主. 絛曾以書諫其父, 徽宗怒, 令京行遣, 一家弄得不成模樣, 更不堪說. 攸·翛後被斬. 是時王黼·童貫·梁師成輩皆斬, 此數人嘗欲廢立, 欽宗平日不平之故也. 及高宗初立時, 猶未知辨別元祐·熙·豐之黨, 故用注[219)·黃, 不成人才. 汪黃又小人中之最下·最無能者. 及趙丞相居位, 方稍能辨別, 亦緣孟后居中, 力與高宗說得透了, 高宗又喜看蘇·黃輩文字, 故一旦覺悟而自惡之, 而君子小人之黨始明." 【僩】

○[220) 當時排正論者, 南耿仲[221)·馮澥二人之力爲多, 二人竟敗國? 南仲上言: '或者以王氏學不可用. 陛下觀祖宗時道德之學, 人才兵力財用, 能如熙豐時乎? 陛下安可輕信一人之言以變之?' 批答云: '頃以言者如何如何, 今聞師傅之臣▲[222).'" 【方】

---

216) ▲: 者
217) ○: 『朱子語類』의 101:84의 일부이다.
218) 鯈·翛: 賀本에서는 翛·鯈으로 되어 있다.
219) 注: 『朱子語類』에서는 汪으로 되어 있다.
220) ○: 『朱子語類』의 101:85의 일부이다.
221) 南耿仲: 賀本에서는 耿南仲으로 되어 있다.
222) ▲: 言之如此, 若不爾, 幾誤也? 前日指揮, 更不施行

130:145 蔡攸, 字居安, 京長子也. 王師入燕, 以功進少師, 領樞密院事, 封英國公·燕國公. 後欲相之, 既而悔之, 但進太保. 上將謀內禪, 親書“傳立東宮”字, 以授李邦彥. 邦彥卻立, 不敢承白. 時中輩皆在列, 上躊躇四顧, 以付攸. 攸退, 屬其客給事中吳敏, 敏即約李綱共爲之, 議遂定. 淵聖既貶之, 又欲誅之, 乃命陳述持詔即所在斬之. 述且行, 上又取詔書從旁批三字曰: ‘條[223]亦然.’ 於是兄弟及誅.” 【揚】

130:146 蔡條又有『鐵圍山語錄』. 條與攸雖不同, 然其用志又自乖. 【攸只是褻狎, 條欲竊國柄. ○必大】

130:147 許右丞在宣政間, 見奉上極於侈靡, 亦如龜山意, 歸咎於王氏「鳧鷖」之說, 因別解此詩以進云: “涇水是濁, 濁者所以厚民.” 當時花石綱正盛, 許乃要將[224]此等文字去攔截, 不知攔得住否? 【必大】

130:148 范致虛初間本因同縣道士徐知常【皆建陽人】. 薦之於徽宗, 遂擢爲右正言. 【徐本一庸凡人, 不知因甚得幸. 徽宗喜其會說話, 遂親幸之.】

○[225] 致虛未到, 即首疏云: “陛下若欲紹述熙豐之政, 非用蔡京爲政不可.” 京一到, 這許多事一變, 更遏捺不下. 雖爲曾子宣論列一番, 然如何遏得蔡京之勢? 呼嘯群小之黨, 以致亂天下. 范一到, 便爲驚世駭俗之論, 取他人之不敢言者, 無所忌憚而言之. 【壽】[226]

130:149 范某, 蜀公族人, 入宜州, 見魯直. 又見張懷素, 甚愛之. 一夜與之觀星, 曰: “熒惑如貫索, 東南必有獄.” 范以告, 得官. 湯東野資

---

223) 條: 成化本·賀本에서는 絛로 되어 있다.
224) 將: 賀本에서는 張으로 되어 있다.
225) ○: 『朱子語類』의 130:148를 『小分』에서 별도의 항목으로 나누었다. 【附箋紙】 連上不斷.
226) 【壽】: 『朱子語類』에서는 【燾】 되어 있다.

之入京, 亦得官.【可學】

130:150 宣・政間, 鄆州有數子弟, 好議論士大夫長短, 常聚州前邸店中. 每士大夫過, 但以觜[227]舒縮, 便是短長[228]他. 時人目爲"豬觜[229]", 以其狀似豬以觜[230]掘土. 此數子弟因戲以其號自標, 爲甚"豬觜[231]大夫""豬觜[232]郎"之屬. 少間爲人告以私置官屬, 有謀反之意, 興大獄鍛煉. 舊見一策子載, 今記不得. 近看「長編」有一段: 徽宗一日問執政: "東州逆黨何不爲處分了?" 都無事之首尾. 若是大反逆事, 合有首尾. 今看來, 只是此事. 想李燾也不曾見此事, 只大略聞得此一項語言.

130:151 宣・政末年, 論元祐學術事, 如徐秉哲・孫覿輩, 說得更好. 後來全是此等人作過, 故曰: "天下有道, 盜其先變乎."【德明】

130:152 因論賈生「治安策」中"深計者謂之妖言", 曰: "宣・政間, 凡'危'・'亡'・'亂'字, 皆不得用[233], 安得無後來之禍?" 又云: "世間有一種卻是妖言. 如葉夢得・宇文虛中二人所爲, 極是亂道, 平日持論卻甚正. 每進言, 必勸人主以正心, 修身爲先. 其言之辨裁, 雖前輩有說不及處. 正如鬼出來念『大悲咒』相似, 正所謂'妖言'也." 又曰: "此等人多是有才, 會說底. 若使有好人在上, 收拾將去, 豈不做好人? 只緣時節不好, 義理之心不足以勝其利欲之心, 遂由徑捷出, 無所不至. 若逢治世, 他擇利而行, 知爲君子之爲美, 亦必知所趨向. 治世之才, 亦那得箇箇是好人? 但是好人多, 自是相夾持在裏面, 不敢爲非耳." 又問:

227) 觜: 成化本・賀本에서는 嘴로 되어 있다.
228) 短長: 成化本・賀本에서는 長短으로 되어 있다.
229) 觜: 成化本・賀本에서는 嘴로 되어 있다.
230) 觜: 成化本・賀本에서는 嘴로 되어 있다.
231) 觜: 成化本・賀本에서는 嘴로 되어 있다.
232) 觜: 成化本・賀本에서는 嘴로 되어 있다.
233) 用: 徽州本에서는 이 뒤에 不得說亂只說治가 더 있다.

"邢和叔·章子厚之才, 使其遇治世, 能爲好人否?" 曰: "好人多, 須不至如此狼狽. 然邢亦難識, 雖以富·韓·馬·呂·邵·程, 亦看他不破[234]." 曰: "康節亦識得他." 曰: "亦只是就他皮膚上略點他耳." 又曰: "他家自有一本『言行錄』, 記他平日做作好處. 頃於滄峽見其家有子弟在彼作稅官, 以一本見遺, 看來當初亦有得他力處. 蓋元豐末, 邢恕嘗說蔡持正變熙·豐法, 召馬 呂, 故『言行錄』多記此等事. 嘗見徐端立侍郎說, 邢和叔之於元祐, 猶陳勝·吳廣之於漢, 以其首事而先起也." 【儒用】

130:153 因言: "宇文虛中嘗從童貫開燕山, 隨童貫亦多年, 未嘗有一言諫童貫之失. 後來徽宗與其弟粹中說: '聞卿云[235], 虛中也極善料事. 朕方欲令在政府, 而執政不可, 不得已出之.' 虛中後爲奉使, 虜人留之, 尊爲國師, 凡事必咨問, 甚敬信之. 凡虜人制禮作樂, 創法建置, 皆虛中教之. 後來取其家眷, 秦檜盡發與之, 以其子某爲河南安撫. 或者謂虛中雖在虜中, 乃爲朝廷嘗探伺虜動靜來報這下, 多結豪傑, 欲爲內應, 因其子爲師[236]. 又, 兀朮是時往蒙國, 國中空虛, 虛中遂欲叛, 剋日欲發. 兀朮聞之, 遂亟走歸, 殺虛中, 而盡滅其族. 或者以爲秦檜知虛中消息, 密令人報虜中, 云虛中欲叛, 故虜人得先其未發誅之." 【卓】

130:154 徽宗任[237]郭藥師, 其人甚狡獪. 靖康之難, 正原於此. 如李宗嗣, 此人只是會說, 卻不似那郭底有謀. 那箇甚乖. 【義剛】

130:155 因論靖康執政, 曰: "徐處仁曾忤蔡京來. 舊做方面亦有聲, 後卻如此錯繆. 孫傅略得, 卻又好六甲神兵. 時節不好, 人材往往如

---

234) 破: 成化本에서는 池로 되어 있다.
235) 云: 英祖刊本에서는 兄으로 되어 있다.
236) 師: 『朱子語類』에서는 帥로 되어 있다. 【附箋紙】"師"字, 印本作"帥."
237) 任: 賀本에서는 時로 되어 있다.

此.” 又曰: “張孝純守太原, 被圍甚急, 朝廷遣[238]其子灝摠師往救, 卻徘徊不進, 坐視其父之危急而不卹, 以至城陷. 時節不好時, 首先是無了那三綱.”【按『封氏編年』載此甚詳】. 或曰: “京師再被圍時, 張叔夜首領勤王之師以入. 叔夜爲人亦好.” 曰: “他當時亦不合領兵入城, 只當駐在旁近以爲牽制, 且伸縮自如. 一入城後, 便有許多掣肘處, 所以迄無成功, 至於扈從北狩.”【儒用】

130:156 徐處仁, 字擇之, 南京人, 靖康間執政. 舊當[239]作帥時, 早間理會公事, 飯後與屬官相見, 皆要穿執如法. 各人稟職事了, 相與久坐說話議論, 又各隨其人問難教[240]▲[241], 所以鞭策者甚至, 故有人爲其屬者無不有所知曉事. 呂居仁亦嘗事之. 凡作事, 無不有規模, 雖小事亦然, 無苟作者. 只如支官吏酒, 當其支日, 以酒缸盛廳前, 自往各嘗之. 或差出外處, 或辭去, 或初來官, 按曆令各人以瓶來取, 如數給之. 從小至大一樣, 無分毫私偏. 先生又云, 小處好, 作州郡極佳, 不甚知大體. 嘗作疏上道君, 論太后▲[242]禁中事, 如買[243]然[244]. 道君曰: “徐許多間[245]目, 教朕如何答他?” 李伯紀乞得去後, 於今太上處納了.【揚】

130:157 張孝純, 靖康間守太原, 虜人圍其城. 凡抵當半年, 守得極好, 虜人攻之不能下. 本自好了, 後來卻去降番人, 做他官職. 是時淵聖以其圍急, 遣孝純之子張灝爲河北招討使之屬, 令自招義兵往援之. 以言君命, 則甚急而不可違, 以言河北[246]之地, 則國家所恃以爲根本,

---

238) 遣: 成化本・賀本에서는 遺로 되어 있다.
239) 當: 『朱子語類』에서는 嘗으로 되어 있다.【附箋紙】“當”字, 印本作“嘗.”
240) 教: 【附箋紙】“教”下有“戒”字.
241) ▲: 戒
242) ▲: 不居
243) 買: 『朱子語類』에서는 罵로 되어 있다.
244) 論太后禁中事, 如買然: 【附箋紙】“太后”下, 落“不居”二字. “買”字, 印本作“罵.”
245) 間: 『朱子語類』에서는 問으로 되어 있다.【附箋紙】“間”字, 印本作“問.”

以言其父, 則正在危難, 有垂亡之厄, 當晨夕倍道以救之. 灝受命了, 自走了. 世界不好, 都生得這般人出來, 可歎?【子蒙】

130:158 問: "圍城時, 李伯紀如何?" 曰: "當時不使他, 更使誰? 士氣至此, 消索無餘, 它人皆不肯向前. 惟有渠尚不顧死, 且得倚仗之." 問: "姚平仲劫寨事, 是誰發?" 曰: "人皆歸罪伯紀, 此乃是平仲之謀. 姚种皆西方將家. 師道已立功, 平仲恥之, 故欲以奇功取勝. 及劫不勝, 欽廟親批, 令伯紀策應. 或云, 當時若再劫, 可勝, 但無人敢主張." 問: "种師中 河東之死, 或者亦歸罪伯紀." 曰: "不然. 嘗親見一將官說師中之敗, 乃是爲流矢所中, 非戰敗, 渠親見之, 甚可怪. 如种師道方爲樞密, 朝廷倚重, 遽死, 亦是氣數. 伯紀初管御營, 欽廟授[247]以空名告身, 自觀察使以下使之自補. 師退, 只用一二小使臣告. 御批云: '大臣作福作威, 漸不可長?' 及遣[248]▲[249]河東, 伯紀度事勢不可, 辭不行, 御批云: '身爲大臣, 遷延避事?' 是時許松老爲右丞, 與伯紀善, 書'杜郵'二字與之, 伯紀悟, 遂行. 當危急時, 反爲姦臣所使, 豈能做事?" 問: "种師道果可倚仗否?" 曰: "師道爲人口訥, 語言不能出. 上問和親, 曰: '臣執干戈以衛社稷, 不知其它.' 遂去, 不能反覆力執. 大抵是時在上者無定說, 朝變夕改, 縱有好人, 亦做不得事."【可學】

○[250] 如吳元忠・李伯紀向來亦是蔡京引用, 免不得略遮庇, 只管喫人議論. 龜山亦被孫覿[251]▲[252]

130:159 論李仁甫『通鑑長編』, 曰: "近得周益公書, 亦疑其間考訂未

---

246) 河北: 賀本에서는 北河로 되어 있다.
247) 授; 賀本에서는 受로 되어 잇다.
248) 遣:【附箋紙】"遣"下有"救"字.
249) ▲: 救
250) ○:『朱子語類』의 101:88의 일부이다.
251) 孫覿:【附箋紙】"覿"下, 落"輩窘擾"三字.
252) ▲: 輩窘擾."【德明】

甚精密, 因寄得數條來某看. 他書靖康間事最疏略, 如姚平仲劫寨, 則以爲出於李綱之謀, 种師中赴敵而死, 則以爲迫於許翰之令. 不知二事俱有曲折, 劫寨一事, 決於姚平仲僥倖之擧, 綱實不知.【按, 綱除知密院, 辭免箚子云: "方修戰具, 嚴守備, 以俟援師, 乘便迫虜, 使進不得攻, 退無所掠, 勢窮而遁. 俟[253]其渡河, 半濟而擊, 勝可萬金[254]. 而平仲引衆出城, 幾敗乃事. 然平仲受節制於宣撫, 不關白於行管[255]二月. 八日夜半平仲之出, 种師道亦不知之, 在微臣實無所與."】 時執政如耿南仲輩, 方極力沮綱, 幸其有以藉口, 遂合爲一辭, 謂平仲之出, 綱爲其謀. 師中之死, 亦非翰之故.【按,『中興遺史』云: "河北制置副使种師中軍眞定, 進兵解太原圍. 去楡次三十里, 金人乘間來突. 師中欲取銀賞軍, 而輜重未到, 故士心離散. 又嘗約姚古張灝兩軍同進, 二人不至, 師中身被數創, 裹創力戰又一時, 死之. 朝廷議失律兵將, 中軍統制官王從道朝服而斬於馬行市.】 脫如所書, 則翰不度事宜, 移文督戰, 固爲有罪. 師中身爲大將, 握重兵, 豈有見樞府一紙書, 不量可否, 遂忿然赴敵以死? 此二事蓋出於孫覿所紀[256], 故多失實." 問: "覿何如人?" 曰: "覿初間亦說好話. 夷考其行, 不爲諸公所與, 遂▲[257]王及之・王時雍・劉觀諸人附阿耿南仲, 以主和議. 後竄嶺表, 尤御[258]諸公, 見李伯紀輩, 望風惡之. 洪景盧在史館時, 沒意思, 謂靖康諸臣, 覿尙無恙, 必知其事之詳, 奏乞下覿具所見聞進呈. 秉筆之際, 遂因而誣其素所不樂之人, 如此二事是也. 仁甫不審, 多采其說, 遂作正文書之. 其他紀載有可信者, 反爲小字以疏其下, 殊無統紀, 遂令觀者信之不疑, 極是害事. 昔王允之殺蔡邕, 也謂'不可使佞臣執筆在幼主旁, 使吾黨蒙訕議.' 允之用心, 固自可誅, 然佞臣不可執筆, 則是不易之論."【儒用】

---

253) 俟: 賀本에서는 候로 되어 있다.
254) 金: 『朱子語類』에서는 全으로 되어 있다.
255) 管: 【附箋紙】"管"字, 恐"營"字之誤.
256) 紀【附箋紙】"紀"字誤, 作"記."
257) ▲: 與
258) 御: 英祖刊本・成化本・賀本는 銜으로 되어 있다.

130:160 姚平仲劫寨事, 李伯紀不知. 當時廟堂問老种如何處置, 种云: "合再劫." 諸公不從. 种再云拜告. 种老將不會說, 蓋虜人不支吾再劫也. 當時欲俟立春出戰者, 待种師中來也. 【德明】

130:161 ▲[259]

130:162[260] 因論姚平仲劫寨, 种師道令更劫, 曰: "虜人以其不再來了, 再劫劫[261]是." 因說, 虜怕人劫寨, 他那大勢定相殺時, 卻不怕. 此中人輕挑[262], 劫寨時卻會, 相殺卻易困. 那人三四月, 只喫火燒之類. 此人半日不食, 便軟了. 後魏帝常言"吳兒長於斫營, 吾但三四十里下寨"云云. 斫營便是劫寨, 是他最怕此也. 汪丈帥福時, 某亦在. 逆亮來時, 一日送劉寶去用兵. 汪丈問云: "今太尉去時如何?" 曰: "與虜人戰時, 第一陣決勝, 第二陣未可知, 第三第[263]陣殺他不去矣. 蓋此中只有些精銳在前, 彼敵不得, 他頑不動, 第三四陣已困於彼矣." 汪丈云: "劉大將, 如此說了, 卻如何?" 【揚】

130:163 种師道字彝叔, 贈太傅世衡之孫也. 少從橫渠學, 練古今事宜. 上曰: "今日之事, 卿意如何?" 師道曰: "女眞不知兵, 豈有孤軍深入人境而能善其歸乎?" 上曰: "業以講和矣." 對曰: "臣以軍旅之事事陛下, 餘非所敢知也." 拜檢校少傅, 同知樞密院事, 爲京畿・河北・河東路宣撫使, 以姚平仲爲都統制, 諸道兵悉隷之. 師道時被病, 特命毋拜, 許乘肩輿入朝, 家人掖升殿. 虜使王芮素頡頏, 方入對, 望見師

259) ▲: 姚平仲出城劫寨, 不勝. 或問計於种師道, 曰: "再劫." 時不能從. 使再劫, 未必不勝也. 曾有人問尹和靖: "靖康中孰可以爲將?" 曰: "种師道." 又問: "孰可以爲相?" 良久, 曰: "也只教他做." 【閎祖】

260) 130:162: 【附箋紙】"因論"條上, 落"姚平仲出城"一條.

261) 劫: 『朱子語類』에서는 뒤의 劫이 卻으로 되어 있다. 【附箋紙】下"刼"字, 疑"却"字.

262) 挑: 英祖刊本・賀本에서는 佻로 되어 있다.

263) 第: 『朱子語類』에서는 없다.

道, 拜跪稍如禮, 上顧笑曰: "彼爲卿故也." 又請緩與金幣, 禁游騎, 使不得遠接, 俟彼隨[264]歸, 扼而殲諸河. 公薨于[265]第, 年七十六. 閱月, 京師復受圍. 城陷, 上慟哭曰: "朕不用种師道言, 以至於此?" 初, 虜之去也, 師道勸上乘其半渡擊之, 不從. 曰: "異日必爲國患?" 故上嗟歎之. 建炎加贈少保.【揚】

130:164 昔人嘗[266]▲[267]尹和靖: "世難如此, 孰可以當之者?" 尹曰: "种師道可." 曰: "將則可矣, 孰可以相?" 久之, 曰: "亦只令師道做, 也好." 一日, 召師道來, 全不能言, 遂不用. 許翰時爲諫議, 爲微宗[268]言: "當今之世, 豈可令閑而不用?" 上曰: "种老, 不堪用矣. 卿可自見种問之, 如何?" 往見之, 种亦不言. 許曰"上令某問公, 公無以某爲書生. 某以爲今日之兵"【云云, 要從其去而擊之意】[269]. 种方應, 謂彼【云云. "今不可擊, 俟[270]其過河擊之"】[271]. 許爲上備言其意, 方用之. 种, 關西人, 其性寡黙, 與中朝士大夫不合[272].▲[273]【揚】

130:165 "靖康之禍, 縱元城 了翁諸人在, 亦了不得." 伯謨曰: "心腹潰了?"【道夫】

130:166 問: "靖康之禍, 若得前輩者一二人, 莫可主張否?" 曰: "也

---

264) 隨:【附箋紙】"隨"字, 印本作"墮."
265) 于: 賀本에서는 於로 되어 있다.
266) 嘗:【附箋紙】"嘗"下有"問"字.
267) ▲: 問
268) 微:『朱子語類』에서는 徽로 되어 있다.【附箋紙】"微"字, 乃"徽"字也.
269)【云云, 要從其去而擊之意】: 賀本에서는 본문으로 되어 있고 英祖刊本에서는 要從其去而擊之意가 본문으로 되어 있다.
270) 俟: 賀本에서는 候로 되어 있다.
271)【云云. "今不可擊, 俟其過河擊之"】: 賀本에서는 본문으로 되어 있고 英祖刊本은 "今不可擊, 俟其過河擊之"가 본문으로 되어 있다.
272) 不合:【附箋紙】"不合", 落"一日因對"等一行餘.
273) ▲: 一日因對, 淵聖曰: "朕已與和矣." 种於此, 全不能有所論, 但曰: "臣以甲兵之事事陛下, 其他非臣所與聞."

難主張. 胡文定謂龜山云: '使[274]當時若早用其言, 也須救得一半.' 說得極公道."【道夫】

130:167 天下不可謂之無人才, 如靖康 建炎間, 未[275]論士大夫, 只如盜賊中, 是有多少人? 宗澤在東京收拾得諸路豪傑甚多, 力請車駕至京圖恢復. 只緣汪 黃一力沮撓, 後旣無糧食供應, 澤又死, 遂散而爲盜, 非其本心. 自是當時不曾收拾得他, 致爲飢寒所迫, 以苟旦夕之命. 後來諸將立功名者, 往往皆是此時招降底人. 所以成湯說: "萬方有罪, 在予一人." 聖人見得意思直如此.【儒用[276] ▲[277]】

130:168 因論人物, 云: "浙人極弱, 卻生得一宗汝霖, 至剛果." 某云: "明州近印『忠簡遺事』, 讀之使人感憤流涕. 如請駕還都之事, 皆備載, 當時只是爲汪・黃所沮." 曰: "宗公奏箚云: '陛下於近處, 偶得二人爲相.' 當時駕旣南下, 中原群盜四起. 宗公使人招之, 聞其名, 皆來隸麾下. 欲請駕還都, 自將往河北討伐金虜. 廟堂卻行下, 問所招人是何等色, 以沮其策, 遂至發病而死. 舊嘗[278]見知宗子燾, 云高宗在南京時, 有宗室十五太尉者, 名叔尙[279], 起兵於汝州, 有數萬人, 其謀主曰陳烈, 叔尙[280]自稱'大王.' 已而下詔召之, 令以兵屬大將某人, 身赴行在. 叔尙願以兵屬宗澤. 陳烈曰: '朝廷不令屬宗澤, 而自欲屬之, 不可.' 叔

274) 使: 賀本에서는 없다.

275) 未:【附箋紙】新舊"末"字, 不襯, 恐"未"耶.

276) 儒用:【附箋紙】此下落小註八行餘.

277) ▲: 卓錄云: "因言靖康・紹興間事, 曰: '天下不可謂之無人才. 如高宗初興, 天下多少人才? 自是高宗不能盡擧而用之. 未說士大夫, 只盜賊中有幾箇人才, 朝廷旣不能用, 皆散而爲盜賊, 可惜! 宗澤在東京, 煞招收得諸路豪傑・盜賊, 力請高宗還都, 亦以圖恢復. 被汪・黃讒譖, 一面放散了, 皆去而爲盜賊. 當初高宗能聽宗澤・李伯紀輩, 猶有少進步處. 所以古人云: '萬方有罪, 在予一人.' 怪他不得, 你旣不能用他, 又無糧食與他喫, 敎他何如得? 其勢只得散爲群賊, 以苟旦夕之命而已. 其中有多少人才, 可惜可惜!"

278) 嘗: 賀本에서는 常으로 되어 있다.

279) 叔尙: 賀本에서는 叔向으로 되어 있다.

280) 叔尙: 賀本에서는 叔向으로 되어 있다.

尙曰: '然則何以爲策?' 烈曰: '某有一策, 提兵過河北, 乃蕭王之擧.' 是時詔下補烈通直郎. 叔尙旣就召, 烈不受官而去, 終身不知所之. 子壽云, 向見叔尙[281]時, 有一人常著道服隨之, 疑卽是陳烈."【可學】

130:169 問今日事, 因及石子重, 是以其官召者,【時爲福州撫幹. 因史直翁薦, 被召.】 如[282]廟堂不肯休, 須著去. 先生曰: "雖是如此, 然亦濟得甚事?" 因擧孟子言: "或遠或近, 或去或不去, 歸潔其身而已." 又擧了翁云: "在彼者是'擧爾所知', 在我者是'爲仁由己.'" 遂言: "靖康初, 張邦昌僭位, 呂舜徒爲其門下侍郎. 當時有言他人不足惜, 只舜徒可惜者. 胡文定記其事云: '舜徒雖爲邦昌官, 卻能勸邦昌收回僞赦, 迎太后垂簾, 皆其力也. 其人云, 終是難分雪.' 文定記此, 只到'終是難分雪'處便住, 更無他語." 問: "只如狄梁公在武后時, 當時若無梁公, 更害事." 曰: "梁公只是薦得張柬之數人, 它已先死. 如梁公爲周朝相, 舜徒爲邦昌官, 皆不可以訓. 伊川論平·勃, 謂當以王陵爲正, 是也. 如舜徒輩一生踐履, 適遭變故, 不幸有此事. 今人合下便如此, 卻不得."【德明】

130:170 劉聘君言, 在太學時, 傳寫伊·洛文字者, 皆就帳中寫, 以當時法禁重也.【揚】

130:171 靖康間, 士人陳規守德安府城, 虜人群盜皆攻不破.【『朝野僉載』有規「跋」, 甚好. ○僩】

130:172 陳規【唐弼父也.】 守順昌, 先敎市人做泥團, 如今涼棚樣, 閣之於上. 虜人來一齊放下, 滿街泥團, 馬陷, 皆不能動矣.【揚】

130:173 和州有官本『忠義錄』, 刻靖康以來忠義死節之人.【從『實錄』

281) 叔尙: 賀本에서는 叔向으로 되어 있다.
282) 如: 賀本·萬曆本에서는 知로 되어 있다.

編出. ○子蒙】

130:174 張以道曰: "京西漕魏安行計口括牛, 每四人共田百畝, 只得一牛, 由是大擾. 時潁州倅李椿之攝郡, 與議不合, 遂和「歸去來詞」, 休官, 歸作'見一亭', 而魏竟追官勒停. 李字彭年, 岳州人." 【義剛】

『朱子語類』 卷第一百三十一[1)]

「本朝五」

「中興至今日人物上[2)]」【李·趙·張·汪·黃·秦】

131:1 李伯紀, 徽廟時, 因論京城水災被出. 後復召用, 遂約吳敏勸行內禪事. 李恐吳做不得, 乃自作文, 於袖中入, 吳已爲之矣. 後欽宗卽位, 用之. 一日, 聞金人來, 殿上臣寮都失措, 皆欲作竄計. 李叩閤門入論, 閤門立[3)]之. 欽宗聞之, 令引見. 力陳禦戎之策, 忠義慨然. 上大喜, 卽擢知樞密院事. 李英爽奮發, 然性疏, 用術. 欽廟用督太原師, 適种師中敗, 遂得罪. 太上登極, 建炎初召. 汪·黃輩云: "李好用兵, 今召用, 恐金人不樂." 上曰: "朕立於此[4)], 想彼亦不樂矣!" 遂用爲相. 後汪·黃竟使言官去之, 在相位止百餘日. 許右丞作「陳少陽哀詞」, 亦略[5)]見其出處.【揚】

131:2 李丞相不甚知人, 所用多輕浮. 相於南京時, 建議三事,【一[6)]借民間錢. 二云云. 三云云.】 宋齊愈言之. 其時正誅叛人, 遂以宋嘗令立張邦昌, 戮之. 當時人多知是立張邦昌. 間有未知者, 宋書以示之. 及刑, 人多冤之. 張魏公深言宋甚好人. 宋, 蜀人. 當時模樣, 亦是汪·

---

1) 『朱子語類』 卷第一百三十一:【附箋紙】百卅一之五, 自中興至歷代二 〇整其錯雜, 刪其煩複, 隨類移分.
2) 中興至今日人物上: 徽州本에서는 自南渡至今日用人上으로 되어 있다.
3) 立: 賀本에서는 止로 되어 있다.
4) 於此: 『小分』에서는 此於를 교정부호로 바로잡았다.
5) 略: 成化本·賀本에서는 各으로 되어 있다.
6) 一: 賀本에서는 없다.

黃所使人. 魏公亦汪・黃薦. 李罷相, 乃魏公言罷也.【揚】

131:3 黃仲本言於先生曰: "李伯紀一再召, 乃黃潛善薦也. 途中見顏岐言章, 遂疑潛善爲之. 李入國門, 潛善率百官迓之, 李黙不一語, 因此二公生隙." 又曰: "上云: '李綱孩視朕!' 先生曰: "李丞相有大名, 當時誰不追咎其不用, 以至於此? 上意亦須向之. 潛善因而推之, 背後卻令顏岐言之, 情理必是如此. 仲本是其族人, 不欲辯之."【揚】[7)]

131:4 問: "魏公何故亦嘗論列李丞相?" 曰: "魏公初赴南京, 亦主汪・黃, 後以其人之不足主也, 意思都轉[8)]. 後居福州 李公家, 于[9)]彼相得甚懽. 是時李公亦嘗薦魏公, 曾惹言語." 又問: "魏公論李丞相章疏中, 有'修怨專殺'等語, 似指誅宋齊愈而言, 何故?" 曰: "宋齊愈舊曾論李公來, 但他那罪過亦非小小刑杖斷遣得了." 又曰: "當時議論, 自是一般好笑. 方召李丞相時, 顏岐之徒論列, 謂張邦昌虜人所厚, 不宜疏遠, 李綱虜人所惡, 不宜再用. 幸而高宗語極好, 云: '如朕之立, 恐亦非虜人所樂!' 遂得召命[10)]不寢." 曰: "方南京建國時, 全無紀綱. 自李公入來整頓一番, 方略成箇朝廷模樣. 如僭竊及嘗受僞命之臣, 方行誅竄, 死節之臣, 方行旌卹. 然李公亦以此去位矣." 又曰: "便是天下事難得恰好. 是時恰限撞著汪・黃用事, 二人事事無能, 卻會專殺. 如置馬伸於死地, 陳東・歐陽徹之死, 皆二人爲之."【按[11)]中興詔令, 御史臺勘到[12)]. 宋齊愈◇[13)]議處, 於卓子上取筆寫"張邦昌"三字, 坐皆失色! ○儒用】

---

7) 【揚】: 賀本에서는【楊】으로 되어 있다.
8) 意思都轉: 徽州本에서는 思 아래 却이 있다.
9) 于: 賀本에서는 於로 되어 있다.
10) 得召命: 『小分』에서는 召得命을 교정부호로 바로잡았다. 賀本에서는 得命召로 되어 있다.
11) 按: 賀本에서는 傳으로 되어 있다.
12) 勘到: 賀本에서는 勸箚로 되어 있다.
13) ◇: 外至會

131:5 陳少陽之死, 黃潛善害之也, 其詳見於許右丞「哀詞」中. 同時死者歐陽徹. 徹, 楚州人. 某族叔祖時居高郵, 一日, 使一人往楚州鹽城小村中買物事, 久而不歸, 後問之, 乃云, 彼村中[14]三四日大雪. 叔祖甚怪之, 云: "八月二十間, 安得有雪?" 亦且據其僕云記之. 後有人自彼中來, 問之, 果然, 乃歐陽死時也.【揚】

131:6 舜擧十六相, 誅"四凶", 如此方恰好, 兩邊方停勻. 後世都不然, 惟小人得志耳. 方天下無事之時, 則端人正士行義謹飭之士爲小人排擯, 不能一日安於朝廷, 遷竄貶謫. 及擾攘多故之秋, 所謂忠臣義士者, 犯水火, 蹈白刃, 以捐其軀, 而小人者, 平世固是他享富貴, 及亂世亦是他獨寬, 縱橫顚倒, 無非是他得志之日. 君子者常不幸, 而小人者常幸也! 如汪・黃在高宗初年爲宰相, 後來竄廣中, 正中原多故之日, 卻是好好送他去廣中避盜. 及事稍定, 依舊取他出來爲官. 高宗初啓中興, 而此等人爲宰相, 如何有恢復之望? 在維揚時, 番人兵矢簇在胸前了, 他猶自不管, 世間有此愚人!【子蒙】

131:7 問中興諸相. 曰: "張魏公才極短, 雖大義極分明, 而全不曉事. 扶得東邊, 倒了西邊, 知得這裏, 忘了那裏. 趙忠簡卻曉事, 有才, 好賢樂善, 處置得好, 而大義不甚分明. 李丞相大義分明, 極有才, 做事有始終[15], 本末昭然可曉. 只是中間麤, 不甚謹密, 此是他病. 然他綱領大, 規模宏闊, 照管得始終本末, 才極大, 諸公皆不及, 只可惜太麤耳. 朱丞相『秀水閑居錄』自誇其功太過, 以復辟之事皆由他[16]做, 不公道."【魏公有『鎭江錄』】. 又問呂頤浩. 曰: "這人麤, 胡亂一時間得他用, 不足道."【子蒙】

131:8 ▲[17]中興以來, 要爲者只李・張二公.【揚】

---

14) 村中: 『小分』에서는 中村을 교정부호로 바로잡았다.
15) 始終: 賀本에서는 終始로 되어 있다.
16) 他: 孝宗刊本에는 없다.

131:9 李伯紀大節好, 敗兵事, 乃當時爲其所治者附會滋益之, 不足盡信.【揚】

131:10 李伯紀請誅張邦昌并畔者, 後以結余睹事過海.【振】

131:11 李伯紀丞相爲宣撫使時, 幕下賓客盡一時之秀. 胡德輝・何晉之・翁士特諸人, 皆有文名, 德輝尤蒙特顧. 諸將每有稟議, 正紛拏辨說之際, 諸公必厲聲曰: "且聽大丞相處分!" 諸將遂無語. 看來文士也是誤人, 蓋眞箇能者未必能言. 文士雖未必能, 卻又口中說得, 筆下寫得, 眞足以動人聞聽, 多至敗事者, 此也.【儒用】

131:12 因語李忠定, 曰: "君子能勤小物, 故無大患."【閎祖】

131:13 ◇[18]: "中興賢相, 皆推趙忠簡公, 何如?" 曰: "看他做來做去, 亦只是王茂弘[19]規摹. 當時廟論大概亦主和議.【按, 王庶「乞免僉[20]書和議文字箚貼黃」云: "契勘臣前項所上章奏, 及與王倫[21]議, 實有妨嫌. 今若不自陳稟, 則又如趙鼎・劉大中輩首鼠兩端, 於陛下國事何益?"】 使當國久, 未必不出於和. 但就和上, 卻須有些計較. 如歲幣・稱呼・疆土之類, 不至一一聽命如秦會之樣, 草草地和了. 後來秦沒意智, 乃以'不合沮撓和議'爲詞, 貶之, 卻十分送箇好題目與他." 問: "趙好處如何?" 曰: "意思好, 又孜孜汲引善類, 但其行事亦有不强人意處. 如自平江再都建康, 張德遠極費調護, 已自定疊了. 只因酈瓊叛去, 德遠罷相, 趙公再入, 憂[22]虞過計, 遂決還都臨安之策. 一夜起發, 自是不復都金陵矣." 問:

---

17) ▲: 魏公才短. 然
18) ◇: 問
19) 弘: 成化本・賀本에서는 洪으로 되어 있다.
20) 僉: 賀本에서는 簽으로 되어 있다.
21) 成化本에서는 侖으로 되어 있고 賀本에서는 論으로 되어 있다.
22) 憂: 孝宗刊本에서는 慶으로 되어 있다.

“酈瓊之叛, 或云因呂安老折辱之, 不能安, 遂生反心. 如不親坐聽, 但垂簾露履以受其參之類, 恐無此等事.” 曰: “此亦傳聞之過.” 又問: “當時皆歸罪魏公, 以爲不合罷劉光世, 故有此變.” 曰: “光世在當時貪財好色, 無與爲比, 軍政極是弛壞, 罷之未爲不是, 但分付得他兵馬無著落.” 又云: “此事似不偶然. 如虜人寇虐, 劉豫不臣, 但無人敢問著他. 至此屯重兵淮上, 方謀大擧, 以伐劉豫, 忽然有此一段疏脫, 遂止.” 【又云: “如呂安老才氣儘自過人, 觀其議論, 亦甚精確”】[23]. 問: “酈瓊叛去之後, 聞亦不得志於虜.” 曰: “虜後來亦用他爲將, 但初叛歸於劉豫. 虜人卻疑豫擁兵大[24]衆, 或疑與我爲內應[25]), 遂有廢豫之謀.” 【酈瓊叛於淮西, 實紹興七年秋戊辰也. 瓊旣降劉豫, 金人憂其難制, 遂廢僞齊, 其詔有云: “勿謂奪蹊田之牛, 其罰則甚, 不能爲托子之友, 非棄亦何? 此天滅齊·豫也, 豈偶然哉?” ○儒用】

131:14 ▲[26]“趙忠簡·張魏公當國, 魏公欲戰, 忠簡欲不戰. 忠簡以爲劉豫机[27]上肉耳. 然豫挾虜人以爲重, 今且得豫遮蔽虜人, 我之被禍猶小. 若取劉豫, 則我獨當虜人, 難矣. 魏公不然之, 必欲戰. 二策孰是?” 曰: “忠簡非是. 殺得劉豫了, 又卻抵當虜人, 有何不可? 劉豫亦未便是机[28]上肉在. 若以趙之才, 恐也當未得那机[29]上肉, 他亦未會被你殺得, 只是胡說. 若眞箇殺得劉豫, 則我之勢益强[30], 虜人自畏矣, 何難當之有? 虜, 豺狼犬羊也, 見威則畏, 見善則愈肆欺侮. 若自家眞箇會[31]勝劉豫, 殺得一兩番贏, 他便怕矣. 靖康以後, 自家只管怕

23) 【又云: “如呂安老才氣儘自過人, 觀其議論, 亦甚精確”】: 賀本에서는 본문으로 되어 있다.
24) 大: 『朱子語類』에서는 太로 되어 있다.
25) 內應: 『小分』에서는 應內를 교정부호로 바로잡았다.
26) ▲: 問:
27) 机: 賀本에서는 机로 되어 있다.
28) 机: 賀本에서는 机로 되어 있다.
29) 机: 賀本에서는 机로 되어 있다.
30) 益强: 『小分』에서는 强益을 교정부호로 바로잡았다.
31) 會: 賀本에서는 曾으로 되어 있다.

他, 與之和, 所以他愈肆欺侮. 若自家眞箇能勝劉豫, 他安得不懼? 虜, 禽獸耳, 豈可以柔服也? 嘗見「征蒙記」【李成之子某從兀朮征蒙國, 因記征蒙時事.】云, 兀朮在甚處, 淮上二士人說之曰: '今韓世忠渡江, 遺棄[32]糧草甚多. 若我急往收取, 資之以取江南, 必可得也.' 兀朮然其言, 遂急來淮上, 則空無所有. 蓋韓已先搬[33]輜重糧草歸, 而後抽軍回也. 彷徨淮上, 正未有策, 而糧草已竭, 窘不可言. 先已敗於劉錡, 錡在順昌扼其前, 進退不可, 遂遣使請和. 兀朮謂其下曰: '今南朝幸而欲和, 即大幸, 不然, 即送死耳, 無策可爲也.' 這下又不知其狼狽如是. 若知之, 以偏師臨之, 無遺類矣. 是時雖稍勝, 然高宗終畏之, 欲和. 因其使來, 喜甚, 遂遣使報之, 欲和. 兀朮大喜, 遂得還. 是兀朮不敢望和, 自以爲必死. 其遣使也, 蓋亦謾試此間耳. 可惜此機會, 所以後來也怕, 一向欲和." 又云: "劉信叔是時以孤軍在順昌, 兀朮來伐, 諸將皆欲走, 信叔曰: '不可. 我若走, 則虜人必前拒我, 襲在後, 必無遺類. 若幸而得至江, 則諸將盡扼江上, 責我以擅棄歸之罪, 亦必盡殺我, 決無可生之理. 不若堅守此城, 與虜人決勝負, 庶幾死中可以求生也.' 某嘗說, 厮殺無巧妙, 只是死中求生. 兩軍相拄, 一邊立得脚住不退, 即贏矣. 須是死中求生, 方勝也. 遂據城與虜人戰, 大敗虜人, 兀朮由是畏怯. 若非錡 順昌一勝, 兀朮亦未必便致狼狽如此之甚. 信叔本將家子, 喜讀書, 能詩, 詩極佳, 善寫字. 後來當完顏亮時, 己自老病. 緣其侄劉汜[34]先戰敗, 遂至於敗."【卓 ▲[35]】

131:15 趙丞相亦自主和議, 但爭河北數州, 及不肯屈膝數項禮數爾. 至秦丞相, 便都不與爭. 趙丞相是西人, 人皆望其有所成就, 不知他倒都不進前!【方子錄云[36]: "趙元鎭亦只欲和. 但秦檜旣擔當了, 元鎭卻落得美名."】

---

32) 渡江, 遺棄: 『小分』에서는 遺棄渡江을 교정부호로 바로잡았다.
33) 搬: 成化本・賀本에서는 般으로 되어 있다.
34) 汜: 成化本・賀本에서는 玘로 되어 있다.
35) ▲: ○饒錄云: "張魏公欲討劉豫, 趙丞相云: '留他在上, 可以扞蔽北虜. 若除了, 便與北虜爲隣, 恐難抵當.' 此是甚說話! 豈有不能討叛臣而可以服夷狄乎?"
36) 方子錄云: 徽州本에서는 方 앞에 庚이 있다.

131:16 張魏公本與趙忠簡同心輔政. 陳公輔排程氏, 乃因趙公. 趙公去. 已而呂安老敗, 趙公復相.【可學】

131:17 趙丞相, 中興名臣一人而已, 然當時不滿人意處亦多. 且如好伊·洛之學, 又不大段理會得, 故皆爲人以是欺之. 一日, 出見一屋稍好, 栽些花木之類. 問知是一內官家, 及言於上, 謂: "今暫駐蹕於此, 當日圖恢復, 而內臣乃安居[37]如此!" 遂編管之.【揚】

131:18 趙丞相收拾得些人才[38]然亦雜, 如喩子才之徒亦預焉也.【揚】

131:19 先生云: "沈公雅言: '趙丞相鎭靜, 德量之懿, 而諳練事機, 則恐於秦公不逮.' 張子公[39]以爲不然, 且曰: '燾在都司日, 忠簡爲相, 有建議者, 公必計▲[40], 曰: "如是則利在上而害在民, 如是則害在上利在民. 今須如此行, 則利澤均而公私[41]便." 至秦公, 則僚屬凡有關白, 黙無一語, 而屬諸吏[42]. 事出, 則皆吏輩所爲, 而非復前日之所擬.'"【道夫 ▲[43]】

131:20 "魏公初以何右丞薦爲太常簿[44]. 趙忠簡爲開封推官, 相得甚

37) 安居: 賀本에서는 居安으로 되어 있다.
38) 才: 賀本에서는 材로 되어 있다.
39) 張子公: 成化本·賀本에서는 張子功으로 되어 있다.
40) ▲: 也
41) 私: 成化本에서는 利로 되어 있다.
42) 而屬諸吏: 徽州本에서는 而 앞에 退가 있다.
43) ▲: ○僩錄云: "嘗見沈公雅云: '某嘗問張子功, 趙忠簡與秦丞相二公孰能辦事? 某以秦公爲能.' 子功曰: '不然. 某嘗爲都司, 事二公. 每百官有稟白事件, 趙公必當面剖析商量, 此事合如何行. 如此行則利國, 如此行則利民, 如此則利民而害國, 如此則利國而害民, 如此則國與民俱利. 當面便商量判斷了, 僚屬便奉承以行. 及至秦公, 則百官凡有所稟白, 無酬酢, 略不可否, 但付與吏人, 少間更沒理會, 此事便沉埋了. 如此, 謂之秦公勝趙公, 可乎?'"
44) 魏公初以何右丞薦爲太常簿: 徽州本에서는 丞 뒤에 栗이 더 있다.

懽. 在圍城中, 朝夕論講濟時之策. 魏公先達, 力相汲引, 遂除司勳員外郞, 一向超擢, 反在魏公上. 嘗論天下人材, 魏公劇談秦會之◇[45]. 趙云: '此人得志, 吾輩安所措足邪!' 魏公云: '且爲國事▲[46], 姑置吾人利害.' 時趙公爲左, 張公爲右, 皆兼樞密院事. 忽報兀朮大擧深入, 朝廷震怖. 時劉光世將重兵屯合淝[47], 魏公親往視師, 因奏記曰: '此決非兀朮, 必劉豫遣其子姪麟·猊來寇耳. 臣往在關西, 數與兀朮戰, 熟其用兵利害. 今觀此擧, 決非其人.' 魏公遂下令督戰. 光世恐懼, 謀欲退師而南, 以與趙公平時有鄕曲雅, 故遂私有請於趙. 折彦質時知樞密院事, 復助之請, 遂徑自樞府下文字, 令光世退師. 魏公聞之, 大怒, 下令曰: '敢有一人渡江, 卽斬以徇!' 光世聞之, 復駐軍如故. 此事雖謂之曲在趙公, 可也. 已而拓皐大捷[48], 虜騎遂退. 魏公旣還, 絶不言前功, 欲以安趙公, 與共國事也. 而二公門下士互相排抵, 魏公之[49]人至有作爲詩[50]賦以嘲趙公者. 趙公之迹不安, 且有論之者, 遂去. 魏公獨相, 乃力薦[51]會之爲樞密使. 及酈瓊叛[52]于[53]合淝[54]. 呂安老死之, 魏公之迹亦不安, 懇辭求去. 高宗問: '誰可代卿者?' 魏公復薦趙公, 遂令魏公擬批召之. 旣出, 會之謂必薦已, 就閤子語良久. 魏公言不及之, 會之色漸變. 未幾, 中使傳宣促進▲[55]文字, 魏公遂就坐作劄子, 封付中使, 會之色變愈甚. 魏公遂上馬去. 及趙公再相, 會之反謂之曰: "張德遠直恁無廉恥, 弄壞得淮上事如此, 猶不知去! 及主上傳宣來召相公, 方皇恐上馬去.' 趙公以爲然. 後又數數讒間之, 趙公不能

---

45) ◇: 可用
46) ▲: 計
47) 淝: 成化本·賀本에서는 肥로 되어 있다.
48) 捷: 孝宗刊本에서는 擬로 되어 있다.
49) 之: 徽州本에서는 이 뒤에 門이 더 있다.
50) 爲詩: 『小分』에서는 詩爲를 교정부호로 바로잡았다.
51) 乃力薦: 『小分』에서는 力薦乃를 교정부호로 바로잡았다.
52) 酈瓊叛: 『小分』에서는 酈叛瓊을 교정부호로 바로잡았다.
53) 于: 賀本에서는 於로 되어 있다.
54) 淝: 成化本·賀本에서는 肥로 되어 있다.
55) ▲: 所擬

不信也. 又如光世之罷, 實當於罪. 酈瓊叛去, 豈不可擧能者? 乃復以淮西之軍付光世, 弄得都成私意. 初, 趙公極惡秦之爲人, 不與通情. 及趙公爲相, 秦爲樞密使, 每事惟趙[56]公之命是聽. 久而趙公安之, 復深信之, 又薦之, 至與之並相. 並相之後, 復不敢專, 唯諾而已. 忽一日高宗怒唐暉, 趙公爲之分解. 檜察上意惡暉, 逡巡發一語云: '如唐暉樣人才, 也不難得.' 又一日, 趙公奏, 恩平郡王乃建王之弟, 建王乃恩平之兄. 建州不過一郡之地, 吳乃一大都會, 恐弟之封不宜壓兄. 檜察見高宗以慈壽意主於恩平, 遂奏曰: '也不較此.' 因此二事, 高宗深眷之. 又因力主和議, 趙公罷, 遂拜左相. 他言語不多, 只用兩句, 那事都了. 趙公不知魏公之無他, 爲檜所排, 得泉州, 是時魏公知福州. 二公相見, 因說及曩日之事, 趙公方知爲檜所中, 相與太息而已." 或曰. "以檜之才, 若用之以王[57], 豈不能任恢復之責?" 曰: "他亦只是閉著門, 在屋子裏做得, 不知出門去又如何, 這事難." 坐間多稱其能處置大事. 曰: "他急時, 也荒忙無計策. 他初一番講和, 虜人以河南之地歸, 未幾敗盟, 大擧入寇. 邊報旣至, 大恐, 不知所爲, 顧眄[58]朝士, 問以計策, 時張巨山微誦曰: '德無常師, 主善爲師, 善無常主, 協于[59]克一.' 檜心異之. 衆人旣退, 獨留巨山坐, 問適間之語. 巨山曰: '天下之事, 各隨時節, 不可拘泥. 曩者相公與虜人講和者, 時當講和也. 今虜人旣敗盟, 則曲在彼, 我不得不應, 亦時當如此耳.' 因爲之畫策, 召諸將爲戰攻之計. 他大喜, 卽命巨山爲奏藁, 倉卒不子細, 起頭兩句云: '伊尹告成湯曰: 〈德無常師, 主善爲師〉, 孔子曰: 〈陳力就列, 不能者止〉.' 遂急書進呈. 會之復喜, 遂播告天下, 決策用兵. 已而劉信叔 順昌大捷, 虜人遂退, 檜復專其功, 大喜, 亟擢用巨山至中書舍人, 有無名子作詩嘲之, 一聯云: '成湯爲太甲, 宣聖作周任!'"【周莊仲云: "劉參政, 大中之子, 知某州, 劉季章曾爲其館客, 嘗與先生說, 見其翁『日錄』, 覺得高

56) 趙: 賀本에서는 없다.
57) 王: 『朱子語類』에서는 正으로 되어 있다.
58) 眄: 成化本·賀本에서는 盼으로 되어 있다.
59) 于: 賀本에서는 於로 되어 있다.

宗之意, 極不樂魏公. 先生曰: '然.' 劉曰: '有張[60]御史者, 川人, 名戒, 字定夫. 魏公在川·陝時, 上書言利害. 魏公喜, 檄用之, 倔强不從. 魏公遂疏遠▲[61], 戒由是不樂. 後酈瓊之叛, 魏公去位. 張爲御史, 首論魏公. 高宗喜, 謂輔臣曰: "張戒論浚曰: '不臣之迹已見, 跋扈之迹未明.' 此兩句極當其罪." 謂其已罷宣撫使除樞密, 而猶用宣撫使印除吏不已也. 是時趙公奏曰: "此恐是一時不審之過, 亦未至於不臣也." 秦檜徐進曰: "旣爲臣子, 恐亦不宜如此." 檜之乘機伺人主喜怒擠陷人, 皆此類也.'" 儒用按: 是時周秘·石公揆·李誼交章詆公, 不特一張戒而已. ○儒用 ○德明錄二條, 今附正之: "問劉寶學當初從魏公始末. 先生云: '當時趙公且要持重, 魏公卻要大擧. 有劉麟者, 擧兵掠邊. 朝廷不探虛實, 以爲虜復大入, 趙公震恐. 張公出, 視師江上, 趙公手書云: 〈今日之事, 且須持重, 未可輕戰. 萬一失事, 雖公不爲一身慮, 如宗廟社稷何〉 是時劉麟兵以爲折彥古敗於淮上, 遁去. 於是張公鼓舞, 益爲大擧計, 謂趙公怯敵. 言者繼亦有論列, 趙遂罷相. 初, 趙公遣熊叔雅相視川·陝事宜, 魏公亦遣寶學往. 寶學見川中無兵無財, 歸告魏公: 〈向者兵財如許, 尙不能集事, 今實未可動〉. 魏公疑寶學附會趙公, 時又欲令寶學帥淮西, 代領酈瓊兵. 寶學以爲此軍不可代, 遂改呂安老. 安老[62]願往, 寶學爲陳利害. 宜辭此行. 安老以告, 魏公怒, 於是[63]出寶學知泉州. 旣而淮西果失師, 酈瓊全軍遁虜, 於是魏公罷相, 帥福州. 先是, 秦相與呂相同在政府. 呂相視師淮上, 秦相盡改其規模. 一時爲呂相所引用人多逐去, 盡起在外諸賢, 如胡文定·張子公·程伯禹諸人, 布在朝列, 實欲傾呂相也. 後呂相召還, 過某州, 席大光邀留, 告所以傾秦之術, 以爲莫若先去黨魁. 黨魁, 指文定也. 秦竟爲呂相所傾, 出知紹興府. 是時富直柔者, 富公之子, 嘗於一寺中與秦相握臂款[64]語, 且及富公爲相時事. 忽若有所思, 徑入, 去踰時不出. 富怪之, 須臾出云: "元來宰相要如此做!" 一時會稽政事, 便放下不問, 雖公筵亦只令去通判處理會. ▲[65] 先生曰:

---

60) 張: 賀本에서는 없다.

61) ▲: 之

62) 安老: 賀本에서는 없다.

63) 是: 賀本에서는 此로 되어 있다.

64) 款: 賀本에서는 疑로 되어 있다.

65) ▲: 趙公素鄙秦之爲人, 魏公卻薦秦相, 遂再召除樞密使. 旣視事, 一切不問, 魏公出知福州, 朝辭. 上問: "孰可以代卿者?" 魏公薦趙相. 上云: "可一面批旨奏來." 魏公還堂, 秦相迎之, 以爲必薦己也. 坐久無語, 秦色變. 少頃, 中使傳宣云: "有旨, 令作召趙相公文字來." 於是魏公指揮堂吏作文字奏上, 秦大不樂. 魏公去國, 趙相至, 秦譖魏公於趙公曰: "德遠到堂中, 尙未肯去. 直到中使催促召相公文

‘秦相自爲樞密使, 不理會事. 及與趙公並相, 一切聽其所爲, 皆富直柔教之[66]也. 直柔不才子, 富公相業, 安有此哉? ▲[67] ○又一條云: “秦相初罷政, 張[68]當軸. 是時虜入淮上, 魏公出視師, 遂起秦相知臨安. 故事, 前宰相召還, 例賜茶藥織蓋之屬. 趙公並不檢擧. 秦相使人禱魏公, 公盡與合得禮數. 魏公淮上方向進, 趙公憂不便, 奏乞退師保建康以南. 旣而虜兵卻, 言者攻趙相, 謂進師非趙鼎意, 坐是罷出. 魏公獨相, ▲[69] 及魏公出[70], 趙公來, 秦相譖▲[71]魏公所以短趙公者, 由是二公爲深仇. 故趙相▲[72], 不復牽挽魏公. 其後因一僧與魏公生日, 秦相治之甚峻, 幾逮及公. 又治趙相之子, 獄未成. 夜忽有一燈墜獄中, 其上書一‘反’字, 明日獄具, 罪當斬. 秦檜不悅, 欲加‘族誅’, 文字未上, 檜死. 先生云: ‘若族趙相家, 當時連逮數十人. 做到這裏, 自休不得, 其勢須如曹操去.’”】

131:21 僩因問: “當初高宗若必不肯和, 乘國勢稍振, 必成功.” 曰: “也未知如何, 蓋將驕惰不堪用.” 僩問: “如張·韓·劉·岳之徒, 富貴已極, 如何責他死了, 宜其不可用. 若論數將之才, 則岳飛爲勝. 然飛亦橫, 只是他猶欲向前廝殺.” 先生曰: “便是如此. 有才者又有些毛病, 然亦上面人不能駕馭他. 若撞著周世宗·趙太祖, 那裏怕! 他駕馭▲[73]皆是名將. 緣上之擧措無以服其心, 所謂‘得罪於巨室’者也.”【是

字, 方上馬. 趙公於是益不樂魏公. 及趙公爲秦所傾, 出知泉州, 過福州, 與魏公相見, 語及當時薦代之事, 二公始豁然無疑.’

66) 敎之: 『小分』에서는 之敎를 교정부호로 바로잡았다.

67) ▲: 其後上頗厭趙公, 爲秦所窺, 只兩言傾去. 是時有唐暉者, 作舍人, 求去. 上云: “唐暉只管求去.” 趙公力薦, 乞且留此人. 秦奏云: “似這般人才, 亦不難得.” 上欲封普安郡王爲建王, 恩平爲吳王. 趙公以爲建一郡耳, 吳古大國, 事體不稱. 秦奏云: “此亦只是虛名, 有何不可?” 趙公愕然, 於是遂求去.”

68) 張: 徽州本은 이 뒤에 忠獻 趙忠簡公이 더 있다.

69) ▲: 遂挽秦爲樞密使. 秦一切唯唯, 從公所爲. 久之, 始與公爭事. 及呂安老 廬州失師, 魏公乞出, 上不能留. 因問: ‘卿去, 孰可代者?’ 公遂薦趙相. 上云: ‘卿可具文字來.’ 旣退至都堂, 秦迎之, 有喜色, 意其必薦己也. 公坐久無語, 秦色變. 公乃指揮堂吏作召趙相文字.

70) 魏公出: 『朱子語類』에는 없다.

71) ▲: 魏公曰: ‘上意如此, 德遠猶且徬徨. 及中使宣索召相公文字, 方上馬去.’

72) ▲: 居位

73) ▲: 起

夜因論"爲政不得罪於巨室"等74), 語及此.】 又問: "劉光世本無能, ▲75)卻軍心向他, 其裨將亦多可用者." 曰: "他本將家子云云." "▲76)魏公撫師淮上, ▲77)劉光世▲78)終退怯. 魏公旣還朝, ▲79)力言光世巽懦◇80), 罷之, 而命呂安老董其軍. 及安老爲瓊等所殺, 降劉豫, ▲81)趙忠簡復相. ▲82) 遂復擧劉光世爲將, ▲83)魏公已自罷得▲84)好了, 雖▲85)安老敗事, 然復擧能者◇86)任之, 亦足矣, 何必須光世哉? 此皆趙之私意. ▲87) 又言: "諸將驕橫, 張與韓較與高宗密, 故二人得全. 岳飛較疏, 高宗又忌之, 遂爲秦所誅, 而韓世忠破膽矣! 只有韓世忠在大儀鎭算殺得虜人一陣好. 高宗初遣魏良臣往虜中講和, 令韓世忠退師渡江. 韓聞魏將至, 知其欲講和也, 遂留之, 云: '某方在此措置88)得略好, 正抵當得虜人住. 大功垂成, 而主上乃令追還, 何也?' 魏云: '主上方與大金講和, 以息兩國之民, 恐邊將生事敗盟, 故▲89)召公還, 愼勿違上意!' 韓再三歎息, 以爲可惜. 又云: '旣上意如此, 只得抽軍歸耳.' 遂命士卒束裝, 卽日爲歸計. 魏遂渡淮, 兀朮問以韓世忠已還否. 魏答

---

74) 等: 『朱子語類』에서는 없다.
75) ▲: 然
76) ▲: 張
77) ▲: 督
78) ▲: 進軍. 是時虜人正大擧入寇, 光世恐懼, 遂背後懇趙忠簡. 是時趙爲相, 折彦質爲樞密. 折助之請樞密院, 遂命劉光世退軍. 魏公聞之, 大怒, 遂趕回劉光世. 出榜約束云: '如一人一馬渡江者, 皆斬!' 光世遂不敢渡江, 便回淮上. 樞府一面令退軍, 而宣府令進軍淮上, 然
79) ▲: 遂
80) ◇: 不堪用
81) ▲: 魏公由是得罪, 而
82) ▲: 趙旣相,
83) ▲: 都弄成私意
84) ▲: 劉光世
85) ▲: 呂
86) ◇: 而
87) ▲: 以某觀, 必竟魏公去得光世是, 而趙所爲非. 豈有虜人方入, 你卻欲掉了去? 一邊令進軍, 一邊令退軍, 如何作事?" 云云.
88) 置: 賀本에서는 處로 되어 있다.
89) ▲: 欲

以某來時, 韓世忠正治疊行, 卽日起離矣. 兀朮再三審之, 知其然, 遂稍弛備. 世忠乘其懈, 回軍奮擊之, 兀朮大敗. 魏良臣皇恐無地, 再三求哀[90], 云: '實見韓將回, 不知其紿己.' 乃得免."

131:22 因言: "陳同父上書乞遷都建康, 而曰: '黃帝披山通道, 未嘗寧居[91]. 今宮室臺榭·妃嬪媵嬙之盛如此, 如何動得?' 高宗本遷都建康了, 卻是趙忠簡打疊歸來. 蓋初間虜人入寇, 群臣勸高宗[92]躬往撫師, 行至平江而止. 繼而淮上諸將相繼獻捷, 趙公得人望, 正在此時. 已而欲返臨安, 適張魏公來, 遂堅勸高宗往建康. 及淮師失律, 趙公荒窘, 遂急勸高宗移歸臨安, 自此遂不復動矣. 看趙公後來也無柰何, 其勢只得與虜人講和. 是時已遣王倫以二十事使虜, 約不稱臣, 以濁河爲界, 此便是講和了. 後來秦檜力排趙公, 遂以不肯講和之罪歸之, 使萬世之下趙公得全其名者, 乃檜力也." 問張·趙二公優劣. 曰: "若論理會朝政, 進退人才, 趙公又較縝密, 無疏失. 若論擔當大事, 竭力向前, 則趙公不如張公. 張公雖是竭力擔當, 只是他才短, 慮事疏處多. 盡其才力, 方照管得, 若才有些不到處, 便弄出事來, 便是難. 趙公也是不諳軍旅之務, 所以不敢擔當. 萬一虜人來到面前, 無以應之, 不若退避耳." 【僩 ▲[93]】

131:23 問: "「趙忠簡行狀」, 他家子弟欲屬筆於先生. 先生不許, 莫不以爲疑, 不知先生之意安在?" 曰: "這般文字利害, 若有不實, 朝廷或來取索, 則爲不便. 如某向來「張魏公行狀」, 亦只憑欽夫寫來事實

---

90) 求哀: 賀本에서는 哀求로 되어 있다.

91) 居: 徽州本은 이 뒤에 古之人君何嘗要安居가 더 있다.

92) 群臣勸高宗: 徽州本은 이 뒤에 避之, 忠簡力勸高宗이 더 있다.

93) ▲: ○儒用錄云: "或問: '趙忠簡公與魏公材品如何?' 曰: '趙公於軍旅邊事上不甚諳練, 於國事人才上卻理會得精密, 仍更持重, 但其心未必如張公辨得爲國家擔當向前. 自中興以來, 廟堂之上主恢復者, 前有李伯紀, 後有張公而已. 但張公才短, 處事有疏略處. 他前後許多事, 皆是竭其心力而爲之. 少有照管不到處, 便有疏脫出來.'"

做將去. 後見『光堯實錄』, 其中煞有不相應處, 故於這般文字不敢輕易下筆. 「趙忠簡行實」, 向亦嘗爲看一過, 其中煞有與魏公同處. 或有一事, 張氏子弟載之, 則以爲盡出張公, 趙公子弟載之, 則以爲盡出趙公. 某旣做了魏公底, 以爲出於張公, 今又如何說是趙公耶? 故某答他家子弟, 盡令他轉托陳君擧, 且[94]要他去子細推究, 參考當時事實, 庶得其實而無牴牾耳." 問: "張·趙都是好宰相, 未知人品如何?" 曰: "他兩箇當初都要協力出來主張國事, 只緣後來有些不足, 遂做不成. 以某觀之, 趙公未免有些不是處." 曰: "何以見之?" 曰: "且如淮上旣敗, 張公旣退, 趙公復相, 凡張公所爲, 一切更改. 張公已遷都建康, 卻將車駕復歸臨安, 張公所用蜀中人才, 一皆出[95]之. 觀此, 似亦趙公未免有不是處也." 曰: "臨安駐蹕門[96]之立意不欲安於此耳. 又嘗聞長老之言, 有植竹於內庭者, 趙公見而拔之, 曰: '汝欲安於此乎?' 然則再歸臨安, 恐必有爲, 非是與魏公相反也. 又見『趙公遺事』有一條說張公罷相, 趙公復相事甚詳. 云: '德遠所用人才, 如馮如熊等在朝諸人, 趙公皆更用之, 亦豈得謂之故與張公相反乎?'" 先生曰: "拔竹之事, 似是汪端明所記, 但某未敢深信. 嘗記張公欲行遣一內臣, 趙公但欲薄責之, 蓋恐其徒或來報復. 如此則拔竹事其能然乎! 至於收用蜀中人才, 恐未必然也. 大抵張公才疏意廣, 卻敢擔當大事. 至於趙公卻深曉事, 其於人才世務區處得頗精密, 至於擔當天下事, 恐不及張公也." 【枅】

131:24 張魏公材力雖不逮, 而忠義之心, 雖婦人孺子亦皆知之, 故當時天下之人惟恐其不得用. 【若海】

131:25 "杜子美詩云: '艱危須藉濟時才.' 某思至此, 不覺感歎! 濟時才, 分明是難得." 直卿問: "志與才互相發否?" 曰: "有才者未必有志,

94) 且: 賀本에서는 見으로 되어 있다.
95) 出: 賀本에서는 退로 되어 있다.
96) 門: 賀本에서는 聞으로 되어 있다.

有志則自然有才. 人多言張魏公才短, 然被他有志後, 終竟做得來也正當."【道夫】

131:26 明受之禍, 魏公在江中, 忽有人登其舟, 公問爲誰, 云: "苗太尉使我來殺相公." 公云: "汝何不殺我?" 云: "相公忠義, 某們不肯做此事. 後面更有人來, 相公不可不防備!" 公問姓名, 不告而去.【欽夫云. ○ 德明】

131:27 "孝宗初, 起魏公用事. 魏公議論與上意合, 故獨付以恢復之任, 公亦當之而不辭. 然其居廢許時, 不曾收[97]拾人才, 倉卒從事, 少有當其意者. 諸公多薦查元章【籥, 江陵[98]人.】・馮圓仲【方, 蜀人.】. 魏公亦素相知, 辟置幕府. 朝廷恐其進太銳, 遂以陳福公・唐立夫參其軍, 以二人厚重詳審故也. 緣唐立夫亦只是箇淸曠・會說話・好骨董・談禪底人, 與魏公同鄕里, 契分素厚, 故令參其軍事." 因笑曰: "正如趙元鎭相似, 那邊一面去督戰, 這邊一面令回軍, 成甚擧措! 魏公旣失利, 遂用湯進之. 未幾, 虜人再來, 湯往視師, 辭不行. 又命王瞻叔, 瞻叔又辭不行. 蓋魏公初罷淮上宣撫時, 朝廷命王治其錢穀[99]. 瞻叔極力搜索, 軍士皆忿怨. 若往, 必有一場大疏脫, 蓋是時軍士已肆言欲殺之矣."【沈莊仲云[100]: "嘗見先生說, 魏公被李顯忠・邵宏淵二將說動, 故決意進兵. 旣而唐・陳二公皆不從. 魏公令問二將, 二將曰: '聞虜人積糧運芻於虹縣靈壁矣. 秋高馬肥, 必大擧南寇. 今若不先其未發而破之, 及其來, 莫說某輩不肯用心.' 二公聞此言, 故亦從之. 魏公旣入奏事, 淹留一兩月. 及還, 則已六月矣. 乘劇暑進兵, 以至於敗. 未幾, 魏公薨背[101], 無人可用. 幸而復與虜人講和, 乃定." ○儒用】

---

97) 收: 成化本에서는 斂으로 되어 있다.
98) 江陵: 賀本에서는 江凌으로 되어 있다.
99) 穀: 徽州本에서는 이 뒤에 事가 더 있다.
100) 沈: 徽州本에서는 周로 되어 있다.
101) 背: 賀本에서는 皆로 되어 있다.

131:28 "張魏公初召來, 搢[102]紳甚喜. 時湯進之在右揆, 衆以爲魏公必居左. 旣而告庭雙麻, 湯遷左, 魏公居右, 凡事皆爲湯所沮. 魏公不得已, 出視師, 言官尹穡陰搖撼之. 一日, 陳良·翰邦彦上殿[103], 言及此. 壽皇云: '安有此事? 當今群臣誰出魏公之右者? 恐是臺諫中陰有所沮, 卿可宣諭之.' 陳退, 自念臺諫中某人某人,【姓名失記】 皆主魏公, 只有尹一人意異. 然上旨如此, 不可不宣諭, 遂以上意達諸人. 尹云: '某明日亦上殿.' 旣不見報, 次日又上殿. 繼而有旨, 陳知建寧, 魏公遂罷." 問: "湯後來罪責如何?" 曰: "渠建議和親, 以四州還之, 而虜復犯淮, 壽皇怒, 免官, 削爵土."【可學】

131:29 張魏公被召入相, 議北征. 某時亦被召辭歸, 嘗見欽夫與說, 若相公誠欲出做, 則當請旨盡以其事付已, 拔擢英雄智謀之▲[104], 一任諸已, 然後乃[105]可爲. 若欲與湯進之同做, 決定做不成, 後來果如此. 然那時又除湯爲左相, 卻把魏公做右相. 雖便得左相, 湯做右相, 也不得. 何況卻把許多老大去爲他所制! 後來乖. 此只要濟事, 故不察, 外人見利害甚分明.【賀孫】

131:30 因論張魏公·湯思退主戰和, 曰: "亦不可徒從上言戰, 以拗太上. 太上以故兩番不曾成了, 所以怕主戰者. 須是做得模樣在人眼前, 教太上看見[106], 自信其可以戰, 則自無說也."【揚】

131:31 張魏公不與人共事, 有自爲之意. 也是當時可共事之人少, 然亦不可如此, 天下事未有不與人共而能濟者. 汪明遠得旨出措置荊襄, 奏乞迂路過建康, 見張公. 張公不與之言, 問亦不答.【揚】

---

102) 搢: 賀本에서는 縉으로 되어 있다.
103) 殿: 成化本에서는 雖로 되어 있다.
104) ▲: 士
105) 乃: 『朱子語類』에서는 없다.
106) 見: 賀本에서는 得으로 되어 있다.

131:32 張魏公可惜一片忠義之心而疏於事. 亦是他年老, 覺得精神衰, 急欲成事, 故至此. 兼是朝廷諸公不能, 得公用兵, 幸其敗, 以爲口實.▲107) 【德明】

131:33 魏公言: "元祐待熙·豐人太甚, 所以致禍. 人無君子小人, 孰不可爲善?" 【此時108)其父賢良之說.】 汪書答云: "又有如何大圭者." 【何爲張所禮, 後譖張于秦.】 公云, 便是這般人云云. 先生謂汪書云: "若某則曰: '公當109)深於『易』,『易』只言君子小人. 今若言無小人, 是無用『易』也!'" 【方】

131:34 秦會之入參時, 胡文定有書與友人云: "吾聞之, 喜而不寐!" 前輩看他都不破如此. 【淳 ○秦檜】

131:35 翟公巽知密州, 秦檜作教授. 一日, 有一隱者至, 會相, 曰: "此教授大貴." 翟問: "與某如何?" 曰: "翰林如何及之! 如何及之!" 時游定夫在坐, 退因勉秦云: "隱者甚驗, 幸自重." 游因說與胡文定曰: "此中有箇秦會之好." 胡問如何, 曰: "事事裏不會." 秦後於陳應之處問游. 後云, 曾爲游所110)知云. 【上秦111)言於陳應之, 應之言於先生. 下"事事裏不會", 藉溪112)言於先生. ○揚】

131:36 問胡文定公與秦丞相厚善之故. 曰: "秦會之嘗爲密教, 翟公

---

107) ▲: 初間是李顯忠·邵宏淵請於公, 以爲虜人精兵在虹縣矣, 俟秋來大擧南寇. 今若不先破其巢穴, 待他事成驟至, 某等此時直當不得. 公問其實否, 李忠顯·邵宏淵便云: "某人之語甚詳." 卽不僉聽, 呼二人議, 其說如前. 公曰云云, 於是卽動, 不知如何恁地輕率!
108) 時: 成化本·賀本에서는 是로 되어 있다.
109) 當: 賀本에서는 嘗으로 되어 있다.
110) 所: 賀本에서는 酢으로 되어 있다.
111) 秦: 賀本에서는 蔡로 되어 있다.
112) 藉溪: 『朱子語類』에서는 籍溪로 되어 있다.

巽時知密州, 薦試宏詞. 游定夫過密, 與之同飯于[113]翟, 奇之. 後康侯問人才於定夫, 首以會之爲對, 云: '其人類荀文若.'【又云, 無事不會.】京城破, 虜欲立張邦昌, 執政而下, 無敢有異議, 惟會之抗疏以爲不可. 康侯亦義其所爲, 力言於張德遠諸公之前. 後會之自海上歸, 與聞國政, 康侯屬望尤切, 嘗有書疏往來, 講論國政. 康侯有詞掖講筵之召, 則會之薦也. 然其雅意堅不欲就, 是必已窺見其微隱[114], 有難處者, 故以老病辭. 後來會之做出大疏脫, 則康侯已謝世矣. 定夫之後, 及康侯諸子, 會之皆擢用之."【時在坐范兄云: "定夫之子不甚發揚. 秦老數求乃翁「論語解序」, 因循不果錄呈. 其姪[115]有知之者, 遂默記之. 一日進見秦老及此, 則擧其文以對, 由是喜之. 後故擢至侍從, 是爲子蒙[116]尊人."】 又曰: "此老當國, 卻留意故家子弟, 往往被他牢籠出去, 多墜家聲. 獨胡明仲兄弟卻有樹立, 終是不歸附他. 嘗問和仲先世遺文, 因曰: '先公議論好, 但只是行不得.' 和仲曰: '聞之先人, 所以謂之好議論, 政以其可以措諸行事. 何故卻行不得?' 答曰: '公不知, 便是六經, 也有說得行不得處.' 此是這老子由中之言. 看來聖賢說話, 他只將做一件好底物事安頓在那裏." 又曰: "此老千鬼百怪, 如不樂這人, 貶竄將去, 卻與他通慇懃不絶. 一日, 忽招和仲飯, 意極拳拳. 比其還家, 則臺章已下, 又送白金爲贐.【按: 程子山諸公在貶所, 供[117]有啓事謝其存問者, 皆此類也】如欲論去之人, 章疏多是自爲, 以授言者, 做得甚好. 傅安道諸公往往認得, 如見「彈洪慶善章」, 曰: '此秦老筆也.'"【儒用 ○德[118]明錄云: "秦相嘗語▲[119]和仲云: ▲[120] '柳下惠降志辱身如何?' 和仲對云: '降志辱身, 是

---

113) 于: 賀本에서는 於로 되어 있다.
114) 隱: 徽州本에서는 이 뒤에 一二가 더 있다.
115) 姪: 賀本에서는 侄로 되어 있다.
116) 子蒙: 賀本에서는 子家로 되어 있다.
117) 供: 成化本·賀本에서는 俱로 되어 있다.
118) 德: 徽州本에서는 이 앞에 按廖가 있다.
119) ▲: 胡
120) ▲: '先丈議論固好, 然行不得.' 和仲問: "旣是議論好, 何故不可行?' 秦云: '仲尼垂世立教, 且說箇道理如此以示人, 如何便一一行得?' 一日, 又語和仲云:

下惠之和. 未若伯夷·叔齊[121]不降其志, 不辱其身.' 秦曰: '不然. 也有合降志時, 合辱身時.' 先生曰: '秦老自再相後, 每事便如此.' 陳剛云: '向見東萊說秦老語和仲云: "先丈說'敬以直內, 義以方外', 一句是, 一句不是. 我只是'敬以直內.'" ○ 賀孫錄云[122]: "胡寧[123]爲太常丞, 上令錄遺文看. 寧遂告兄寅[124]. 寅繕寫表進, 更以副本獻秦檜[125]. 檜看畢, 卽謂和仲◇[126]曰: '某聞之先人, 皆是可用之語. 丞相如何說使不得?' 曰: '『論語』·『孟子』許多說話, 那曾是盡使得? 只是也要教人[127]知得有許多說話.' ▲[128] 聖賢法言無一非實用, 檜只作好說話看過. 平生如此, 宜其誤國也." ○ 可學錄云: "檜召五峰兄弟, 五峰辭甚力. 和仲言頗孫, 遂再召赴闕. 檜問: '來時明仲[129]何言?' 曰: '家兄令稟丞相, 善類久廢, 民力久困.' 檜不答. ▲[130] ○ 又, 揚錄云: "太上一日問胡和仲: '文定『春秋』外, 更有甚文字?' 胡曰: '只有幾卷家集.' 上曰: '可進來.' 遂進之. ▲[131] ○又, 燾錄云: "或問'信而好古'曰: '而今人多不好古, 皆是他不信.' 因擧秦會之嘗與胡和仲說: '如先公解『春秋』, 儘好議論, 只是無一句行得.' 對曰: '惟其可行, 方是議論. 若不可行, 則成甚議論?' 秦曰: '且如周公·孔子之言, 那有一句行得? 只是說得好, 所以存留在, 與後人看.'" ○又, 璘錄云: ▲[132] 檜云: '▲[133] "敬以直內"可用, ▲[134] "義以

121) 伯夷·叔齊: 賀本에서는 夷·齊로 되어 있다.
122) 賀孫錄云: 徽州本에서는 按葉賀孫錄意亦同, 今附云으로 되어 있다.
123) 胡寧: 徽州本에서는 胡 앞에 高宗朝가 있고 寧 뒤에 和仲이 더 있다.
124) 寅: 徽州本에서는 이 뒤에 明仲이 더 있다
125) 秦: 徽州本에서는 이 뒤에 丞相이 더 있다.
126) ◇: 曰: '都使不得.' 和仲
127) 教人: 徽州本·成化本·英祖刊本에서는 教後人으로 되어 있다. 賀本에서는 後人으로 되어 있다.
128) ▲: 又一日, 問和仲曰: '賢道"敬以直內, 義以方外", 是兩事? 是一事?' 和仲曰: '聞之先人, 這只是一事.' 檜曰: '賢後生不識, 某看來只是上一句用得.' 和仲曰: '這是聖人兩句法語, 丞相如何道只一句用得?' 檜曰: '某平生所行, 只上一句. 賢說須著下一句, 賢且試方看.'
129) 明仲: 賀本에서는 仁仲으로 되어 있다.
130) ▲: 問和仲曰: '〈敬以直內〉, 只行上一句, 下一句只與賢行.' 只曰: '文定文字甚好.' 和仲進此文字, 以副本納之. 檜云: '只是行不得.' 和仲再三問: '旣好, 何故行不得?' 檜云: '孔孟言語, 亦有行不得. 寫在策上, 只是且教人知得此.'"
131) ▲: 後秦檜問胡曰: '先丈文字進了?' 連說'先丈好議論', 三四句後, 曰: '只是一句也行不得.' 胡曰: '議論好時, 只是謂好行. 相公旣說好, 如何行一句不得?' 曰: '不特先丈文字如此, 聖賢議論, 亦豈盡可行! 只是且教世間人知得有這一般道理.'"

方外"不可行.' 和仲疑之. 檜云: '公試行看.' ▲[135] 和仲以太常丞權郎, 檜忽請喫酒五盃, 歸而章疏下矣. 檜之不情如此."】

131:37 秦檜聞富季申言, 深有感. 歸, 出謂富曰: "元來作相當如此!" 後來所爲, 皆得之於此. 不知其說, 然大率保位之術耳.【揚】

131:38 ▲[136] 胡康侯初甚喜之, 於家門[137]中云: "秦會之歸自虜中, 若得執政, 必大可觀." 康侯全不見得後來事, 亦是知人不明. 又云: "秦會之是有骨力, 惜其用之錯." 或問: "他何故不就攻戰上做?" 曰: "他是見得這一邊難成功, 兼察得高宗意向亦不決爲戰討計."【賀孫】

131:39 問: "富直柔握手之語, 不審何說?" 曰: "往往只是說富公後來去朝廷使河北, 被人讒間等事. 秦老聞之, 忽入去, 久之不出, 富怪之. 後出云: '元來▲[138]宰相是不可去!' 秦旣再入, ▲[139]自做, 更不肯去. 胡和仲嘗勸秦云: '相公當國日久, 中外小康, 宜請老以順盈虛消息之理.' 秦曰: '此事不然, 我當時做這事, 尙拖泥帶水, 不曾了得.' 問: '何事未了?' 曰: '是未取得他中原.' 曰: '若取中原, 必須用兵, 相公是主

---

132) ▲: "檜召胡和仲來, 問'敬以直內, 義以方外.' 和仲之父子兄弟尋常以爲此兩句只是一事.

133) ▲: 不然.

134) ▲: 某逐日受用便是

135) ▲: 和仲上殿, 光堯索『文定公文集』, 因以副本呈. 檜云: '先公議論甚好, 但一句也行不得. 且如孔孟許多說話, 也只是存一箇好話, 令人知有此好話耳, 決不可行.' 又問和仲: '〈不降其志, 不辱其身〉, 如何?' 和仲旣解以對. 檜云: '合降志, 須著降, 合辱身, 須著辱.'

136) ▲: 秦檜初罷相, 出在某處, 與客握手, 夜語庭中. 客偶說及富公事, 秦忽掉手入內. 客莫知其故. 久之方出, 再三謝客云: "荷見敎." 客亦莫知所謂, 扣問, 乃答云: "處相位, 元來是不當起去!" 是渠悔出, 偶投其機, 故發露如此. 趙丞相初亦不喜之. 及其再入, 全然若無能, 趙便謂其收斂, 不做一聲, 遂一向不疑之, 亦不知其如此.

137) 門: 『朱子語類』에서는 問으로 되어 있다.

138) ▲: 做

139) ▲: 遂譖魏公於趙公. 又因唐暉等二事傾去趙相, 一向

和議者.' 曰: '我從來固不主用兵. 然虜自衰亂, 不待用兵, 自可取.' 後來楊安止亦有箚子勸秦相去位, 秦相大率如對和仲者. 於是不樂, 安止遂坐此去國. 不然, 安止亦順做從官." 先生曰: "不曉他要取中原之意. 後來見陳國壽 璹說, 秦老初欲以此事付國壽, 擬除它廬帥. 陳云: '荷朝廷任使, 帥長沙 廣西皆內地. 若邊帥, 當擇才. 某於軍旅事素不習, 恐敗事.' 其議遂已. 竊意秦老只是要兵柄入手, 此事做未成. 若兵柄在手, 後來必大段作怪."【德明】

131:40 秦太師與呂並相. 呂出甚所在, 秦一時換了臺諫人物. 呂聞之, 不平. 有客告之云, 其黨魁乃胡文定, 可逐去, 則秦不足慮. 呂如其言, 歸而諷臺諫論之. 秦爭於上[140], 遂併論秦. 高宗欲罷其相, 令人行詞. 當時秦所引皆是好人, 而立朝無過, 人皆不平. 行詞者遂求御批, 以疏其罪. 高宗遂批與之, 大略云: "其未相時, 說作相數月可以致治, 旣相, 皆無所建明." 後來秦再相, 數年之後, 卻奏過, 以爲當初無過, 爲人所讒. 遂行下詞臣家索御批. 旣得之, 則以納於高宗, 其無禮不臣如此!【可學錄云: "秦會之初罷相, 高宗親批, 付綦叔厚草麻, 御書藏綦氏. 及秦氣焰盛, 自廣猝[141]移某人知台州, 於其家索出, 而[142]納於高宗. 某人潮州人."】 又, 當時史館有『宰臣拜罷錄』, 已載此罷相時事, 亦有士大夫錄得此書. 秦已改史館之書了, 又行下收民間所藏者.【德明 ○揚錄云: "秦▲[143]兄秦楚材作翰林之類官, 上以檜故, 亦眷其人, 檜亦忌而出之."】

131:41 因話及秦丞相, 問: "當時諸公皆入虜, 渠何以全家得還?" 曰: "此甚可疑. 當和親時, 王倫自虜至, 欲高宗屈膝, 中外憤怒. 秦老出, 有人牓云: '秦相公是細作.'【揚錄云: "都下甚恟恟[144], ▲[145]有欲殺之之意.

---

140) 上: 徽州本에서는 이 뒤에 前이 더 있다.
141) 猝: 賀本에서는 倅으로 되어 있다.
142) 而: 徽州本에서는 面으로 되어 있다.
143) ▲: 前罷相時, 有御批其罪狀, 與翰林學士綦密禮行詞. 後再相, 令人於綦家搜索之, 自於上前納了.
144) 恟恟: 賀本에서는 憤으로 되어 있다.

一日, 在甚寺中聖節, 一樹上貼一榜子云: '秦相公是細作.'"】 是時陳應之【正同】146)到廟堂, 問和親之故. 秦云: '某意無他, 但人主有六十歲老親在遠, 須要取來相聚.' 因顧左右, 令取國書與應之看, 乃是詔書. 秦捲其前後, 只見中間云: '不求而得, 可謂大恩.' 蓋指河南也.【先生言畢云: "此事當記取, 恐久後無人知之者."】 當時虜中諸將爭權, 廢劉豫, 以河南歸我, 乃是獺辣. 獺辣既誅, 兀朮用事, 又欲背約. 是時命婁炤147)僉148)書密院, 爲宣撫, 辟鄭亨仲.【又一人, 記不全】 爲屬, 至蜀見吳玠. 玠曰: '某有一策. 昔失陝西五路, 最爲要害. 今虜人以河南歸我, 而陝西在其中, 可謂失策, 徐必悔悟. 今不若移近蜀之兵, 進而據之, 則猶庶幾. 稍遲, 則不及事矣.' 婁149)云: '此策固善, 但某不敢專, 須奏朝廷.' 亨仲因力贊150)之, 卽草151)奏. 未數日, 虜兵已下陝西矣. 當時下河南止用單使. 有一相識【姓名失記】, 爲蔡州 平輿尉. 一日弓手報: '天使至, 縣尉當出迎.' 曰: '天使何人?' 曰: '北使.' 曰: '我南朝官, 不可拜北使.' 曰: '如此, 則官人可歸矣.' 乃爲辦兩車, 幷骨肉送之入南境. 既而使到, 縣官皆投拜, 蓋本北人未換者."【可學 ○僩錄云152): "胡明仲與秦檜爭和議於朝堂. 秦無語, 但取金人所答國書, 以手急卷, 箝其兩頭, 止留中間一行示明仲云: '不求而得, 可謂大恩.' 字如掌大. 時虜人初以河南之地歸我也. 先生親見致堂說."▲153)】

---

145) ▲: 似
146)【正同】: 賀本에서는 본문으로 되어 있다.
147) 婁炤: 賀本에서는 樓炤로 되어 있다.
148) 僉: 賀本에서는 簽으로 되어 있다.
149) 婁: 賀本에서는 樓로 되어 있다.
150) 贊: 賀本에서는 奏로 되어 있다.
151) 草: 成化本・賀本에서는 莫으로 되어 있다.
152) 僩錄云: 徽州本에서는 按沈僩錄, 虜書事乃言致堂, 今附云으로 되어 있다.
153) ▲: 揚錄云: "秦老講和後, 曾取得河南地. 關中五路, 地連河南, 盡得之. 時令樓炤往守, 鄭剛中在幕. 吳玠云'今與之講和極是'云云. '今得五路, 須急發兵守之. 某守某處, 令誰守某處, 要急爲之. 虜人只是不曾思量, 恐覺便來取.' 當時他人亦以爲常, 惟鄭剛中擊節稱是. 因言'鄭才識高'云云. 樓曰: '某來時不曾得旨, 須著入文字.' 鄭曰: '可急入文字.' 未幾, 虜人取去矣."

131:42 秦老[154]倡和議以誤國, 挾虜勢以邀君, 終使彝倫斁壞, 遺親後君, 此其罪之大者. 至於戮及元老. 賊害忠良, 攘人之功以爲已有, 又不與也.【若海】

131:43 李泰發參政, 在上前與秦相爭論甚力, 每語侵秦相, 皆不應. 及李公奏事畢, 秦徐曰: "李光無人臣之禮!" 上始怒.【德明】

131:44 秦檜初主和議時, 擧朝無人從之. 遂奏太上曰: "乞召李光來問如何." 遂召至. 未對時, 全不得見人, 不知如何與秦檜相見. 秦待之, 酒行, 如誤言云: "滿斟參政酒." 時光爲尙書之類. 光聞"參政"之言, 秦遂與論和議如何, 光贊之. 次日對陳和議之是, 和議遂定, 遂參政. 光性剛, 雖暫屈, 終是不甘, 遂與秦檜諍. 秦所判文, 光取塗改之. 後爲秦治, 過海歸死.【揚】

131:45 章貢軍叛, 上不知. 一日, 問如何, 秦曰: "軍人們閑相爭之類, 已令人去撫定矣." 問是誰說. 上初不言, 詰之, 乃曰: "兒子說." 遂尋別事罰俸, 三月不支.【揚】

131:46 施全刺秦檜, 或謂岳侯舊卒, 非是. 蓋擧世▲[155]忠義, 這些正氣[156]忽然自他身上發出來. 秦檜引問之曰: "你莫是心風否?" 曰: "我不是心風. 擧天下都要去殺番人, 你獨不肯殺番人, 我便要殺你!"【賀孫】

131:47 胡邦衡作書, 記當時事. 其序云: "有張扶者, 請檜乘副車. 呂愿中作「秦城王氣圖」." 他當初拜相罷去, 極好. 再來, 卻曰: "前日但知道行則留, 不行則去, 今乃知不可去." 漸漸便到此田地. 及至極

---

154) 秦老: 賀本에서는 秦檜로 되어 있다.
155) ▲: 無
156) 氣: 成化本・賀本에서는 義로 되어 있다.

處, 亦顧其家, 曹操下令云云是也. 問霍光. 先生曰: "霍光無此心, 只是弑許后一事不發覺, 此大謬." 又問秦氏科第. 先生曰: "曾與汪端明說, 此是指鹿爲馬. 汪丈云: '只是無見識.'" 【可學 ○璘錄云: "秦太師專政時, 張扶, 或云張柄, 請乘副車. 呂愿中作「秦城王氣詩」以獻, 檜皆受之[157]不辭. 呂知靜江府, 府有驛名秦城, 忽傳言有王氣. 呂作詩與僚屬和之, 成冊以獻. 此見胡邦衡所作「紹興間被貶逐人事實序」. 熊子復欲作一書記其事, 從其子借之. 或云, 非邦衡所作.' 又曰: '私科擧, 或云恐是愚弄天下之人, 指鹿爲馬之意.' 汪聖錫云: '恐不如此, 只愚騃耳.' '初時人以伊·周譽檜, 末後人以舜·禹譽檜, 檜亦受之. 大抵久執權柄, 與人結怨多. 才欲放下, 恐人害己. 似執守不放, 其初未必有邪心, 到後來漸漸生出, 皆是鄙夫患失之謀耳.'"】

131:48 問: "「張魏公行狀」, 秦相叛逆事如何?" 曰: "當時煞有士大夫獻謀者, 亦有九錫之議矣, 吳曾輩是也." 【振】

131:49 秦檜在相位[158]時, 執政皆用昏庸無能者, 如汪渤·章夏·董德元皆一類人. 太上一日問處州兵反事, 秦久未對. 章夏在後, 恐秦忘之, 因對一句. 後秦語之曰: "檜不能對時, 參政卻好對. 檜未對, 參政何故便如此?" 卽時逐去之. 興化 林大鼐爲士人, 時對策, 言自宣·政以來, 人無節義. 後得秦檜於虜中, 乞立趙氏, 節義可取. 【時秦被黜閑居.】 後秦知之, 大擢用. 一日在經筵, 因講得甚稱上意, 上喜, 賜一帶, 秦逐出之. 【揚】

131:50 秦檜每有所欲爲事, 諷令臺諫知後, 只令林一飛輩往諭[159]之. 要去一人時, 只云劾某人去, 臺諫便著尋事上之. 臺諫亦嘗使人在左右探其意, 纔得之, 卽上文字. 太上只是慮虜人, 故任之如此. 及秦死, 遂召陳誠之·沈該·万俟卨·金安節諸人, 以誠之輩嘗爲奉使,

---

157) 之: 賀本에서는 없다.
158) 位: 成化本·賀本에서는 없다.
159) 諭: 賀本에서는 論으로 되어 있다.

沈嘗以贓罷官, 後以上書言講和進用, 皆秦黨也. 秦死封王, 禮數之類皆得. 又一面行遣昔時諫臺, 爲皆附會權臣.【揚】

131:51 秦檜舊作好人[160]時, 亦多有好相識. 晚年都不與他, 一切壞了. 一日, 謂和仲曰: "舊時亦煞有好相識, 後皆不濟事. 近來卻有幾人好." 如曹泳・湯思退輩, 皆其晚年所信用者. 曹凶險狡獪之甚, 秦之妻兒親黨, 皆爲其所離間. 秦信愛之如子, 然皆在其籠絡中矣. 決定後來推秦作一大惡事, 旋害了秦而自爲之. 秦死, 其妻兒御[161]之, 泣訴於太上, 謂秦時多事皆曹爲之, 遂編置[162]海外而死. 曹妻亦自狡, 要令一人軍將等去取曹喪, 恐其不從, 先教一婢子云: "你待我使其人不從, 你便倒地作侍郎語云: '平日受我多少恩. 你若不從, 我卽有禍及汝!'" 及使其人, 果有不肯從意. 婢遂倒地如其言, 其人拜告, 卽請行. 蓋曹平日詭怪, 家習之也. 然曹有才可用, 知紹興日, 當聖節, 吏人呈年例, 店家借紫絹結甚物事. 曹云: "不必借, 看每年軍人緋紫衫要幾多絹." 遂檢籍所用, 與此所用不爭多. 遂取出染結了, 卻將染緋紫, 遂不擾. 知臨安日, 當拜郊, 郊壇要若干土朱刷, 年例先出錢買朱. 吏人呈, 曹曰: "不要." 近郊壇有赤黃土, 先令令[163]人將炭若干斤放彼處, 臨期不遠, 令追[164]鐵匠於彼處放炭, 如何燒土, 以膠和塗其壇, 遂省錢多少. 天下事無不理會得, 只是凶惡, 可畏是[165]戚里. 又, 秦檜之子娶其兄女.【揚】

131:52 秦檜乙亥[166]年冬死. 未死前一二年間, 作一二件無狀底事, 起獄斷送士大夫之類. 近死兩年, 朝不保暮, 日日起獄, 凶焰張大可

160) 人: 賀本에서는 文으로 되어 있다.
161) 御: 英祖刊本・賀本에서는 銜으로 되어 있다.
162) 置: 賀本에서는 直으로 되어 있다.
163) 令: 『朱子語類』에서는 命으로 되어 있다.
164) 追: 賀本에서는 諸로 되어 있다.
165) 是: 賀本에서는 甚으로 되어 있다.
166) 乙亥: 賀本에서는 己亥로 되어 있다.

畏. 黃豐知興化日, 有人有一弟, 因爭兄財不與, 遂以其兄嘗編錄得胡銓上書, 言秦檜緊要數語, 告以爲兄罵秦太師. 官司亦以尋常, 不曾爲理會. 時有一囚, 與爭財弟同獄, 問得其首尾.【其囚配卒, 不記何州】. 一日, 福州帥張某過, 其人直訴之於帥, 爲有人罵太師, 黃不爲理會. 帥上其事於秦, 即時攝取黃下太[167]理, 幷其妻孥皆係[168]之. 遂勘閩中何處州海島上有林二十三娘, 過[169]度甚物事, 追之. 尉卽往海上收一二老婦女, 林幾娘皆有之, 但[170]無林二十三娘. 鄕老云: "此中只有一廟, 是林二十三娘廟." 遂令鄕老供文字去, 且休了. 黃不曾有一分事, 亦追官勒停.【揚】

131:53 殺岳飛, 范同謀也. 胡銓上書言秦檜, 檜怒甚, 問范: "如何行遣?" 范曰: "只莫採, 半年便冷了. 若重行遣, 適成孺子之名." 秦甚畏范, 後出之.【揚】

131:54 王次翁, 河東人, 曾做甚官, 已致仕. 秦檜召來作臺官, 受檜風旨治善類, 自此人始.【揚】

131:55 王循友【彦霖家子孫】, 知建康, 辭秦而往. 問有何委, 秦曰: "亦無事. 只有一親戚在彼【秦之甥】, 極不肖, 恐到庭下, 爲痛治." 及到任, 其人果犯來, 與痛治喫棒之類. 其人母骨肉訴之秦, 秦大怒, 卽尋一事加於王. 王得罪, 妻孥皆配了, 婦女皆爲軍人所娶.【揚】

131:56 建人黃公達作太守有贓, 提領韓美成【縝[171]家子弟.】欲治之. 黃已去, 告之朝士. 朝士曰: "公能作一事[172], 不惟可以解此, 又可以

---

167) 太: 『朱子語類』에서는 大로 되어 있다.
168) 係: 『朱子語類』에서는 繫로 되어 있다.
169) 過: 賀本에서는 適으로 되어 있다.
170) 但: 賀本에서는 俱로 되어 있다.
171) 縝: 賀本에서는 績으로 되어 있다.

得美官, 但恐公尙有所惜, 不肯爲耳." 黃問如何. 曰: "公上殿, 能以箚子言曾天隱·李彌遜之徒不主和議, 宜罪之." 黃卽爲之, 秦檜大喜, 卽擢爲察院. 韓徑使人守察院門, 云: "黃察院有公事未了, 要去理會." 秦見不是道理, 遂罷黃.【揚】

131:57 興化一傳丈[173]云: "秦今諸子孫, 皆其夫人正[174]家人. 林一飛乃秦作教官時婢所生, 夫人不容, 與同官林家人養. 秦後欲取歸, 未遂而死. 後其黨人欲爲料理, 其夫人自陳云: '妾有幾子, 林非是.' 林遂貶何地. 林死有子, 今皆無祿, 乃檜親孫也."【林居興化. ○揚】

131:58 秦太師死, 高宗告楊郡王云: "朕今日始免得這膝褌[175]中帶匕首!" 乃知高宗平日常防秦之爲逆. 但到這田地, 匕首也如何使得! 秦在虜中, 知虜人已厭兵, 歸又見高宗亦厭兵, 心知和議必可成, 所以力主和議. 獺辣主事, 始定和議. 至次年, 兀朮殺獺辣而畔盟, 至順昌, 爲劉信叔所敗, 至楚州, 又爲糧絶, 兵師離散, 方得成和. 若不喫這兩著, 亦恐未便成和. 太后自虜歸, 云, 某年月日, 虜人待之禮數有加, 至某年月, 又加禮, 又某年月, 又甚厚. 今以年月考之, 皆是我師克捷之時, 故虜懼而加禮. 禮極厚, 乃是順昌之捷. 高宗初見秦能擔當得和議, 遂悉以國柄付之, 被他入手了, 高宗更收不上. 高宗所惡之人, 秦引而用之, 高宗亦無如之何. 高宗所欲用之人, 秦皆擯去之. 擧朝無非秦之人, 高宗更動不得. 蔡京們著數高, 治元祐黨, 只一章疏便盡行遣了. 秦檜死, 有論其黨者, 不能如此. 只管今日說兩箇, 明日又說兩箇, 不能得了. 有薦張魏公者, 高宗云: "朕寧亡國, 不用張浚!"

131:59 問: "秦相旣死, 如何又卻不更張, 復和親?" 曰: "自是高宗不

172) 事: 賀本에서는 件으로 되어 있다.
173) 傳丈: 賀本에서는 傳文으로 되어 있다.
174) 正: 賀本에서는 王으로 되어 있다.
175) 褌: 成化本·賀本에서는 褲로 되어 있다.

肯. 當渠死後, 乃用沈該·万俟卨·魏道弼【又有一人】, 此數人皆是當時說和親者. 中外旣知上意. 未幾, 又下詔云: '和議出於朕意, 故相秦檜只是贊成. 今檜旣死, 聞中外頗多異論, 不可不戒約.' 甚沮人心. 當初有一二件事, 皆不是. 如檜家旣保全, 而專治其黨. 士大夫遭檜貶竄者, 敘復甚緩. 渠死得甚好, 若更在, 甚可畏. 當時已欲殺趙丞相[176]之家, 旣加以反逆, 則牽聯甚衆, 見說▲[177]三十餘家皆當坐, 中外寒心! 高宗亦甚厭惡之, 但無如之何." 問: "所以至於如此者, 何故?" 曰: "伊川云: '人主致危亡之道非一, 而逸欲爲甚.' 渠當初一面安排, 作太平調度, 以奉高宗, 陰奪其權, 又挾虜勢以爲重."【可學】

131:60 秦老旣死, 中外望治. 在上人不主張, 卻用一等人物. 當時理會秦氏諸公, 又宣諭止了. 當時如張子韶·范仲達之流, 人已畏之. 但前輩亦多已死.【上借問魏可.】 卻是後來因逆亮起, 方少驚懼, 用人才. 籍溪輪對, 乞用張魏公·劉信叔·王龜齡·查元章, 又一人繼之. 時有文集, 謂之『四賢集』.【可學】

131:61 好底氣數, 常守那不好底氣數不過. 且如秦檜在相位十一二年, 被他守[178]殺了幾箇人, 又殺了許多人, 皆是他那不好底氣數到長了.

131:62 秦老是士[179]大夫之小人, 曹泳是市井之小人.【揚】

附 考異[180] [一] 百餘【百恐七十】[二] 勘到【一作勸箚】[四] 由他【一

176) 丞相:『小分』에서는 相丞을 교정부호로 바로잡았다.
177) ▲: 有
178) 守: 賀本에서는 手로 되어 있다.
179) 士: 賀本에서는 上으로 되어 있다.
180) 附 考異 :『小分』·英祖刊本에만 있고 『朱子語類』의 기타 판본에서는 없는 부분이다.

無他】[五] 憂虞【憂誤慶】[六] 會勝【會一作曾】[七] 劉氾【氾一作玘】181)[九] 大捷【捷一誤擬】[十四] 措置【置一作處】[十六] 出之【出一作退】[二十] 裏不【裏上恐有那】182)[二十四] 富怪【怪一誤讀】[二十五] 秦楚材【一誤泰楚林】悯悯【一作憒似】[二十六] 老倡【老一作檜】[二十七] 正氣【氣一作義】[二十八] 叛逆【叛當作反】 吳曾【曾當作曹指曹泳】[三十] 乙亥【乙一誤已】 配卒【配一誤記】[三十二] 蔡京【京恐卞】[三十三] 一二【恐八九】 守殺【守一作手】

181) 劉氾【氾一作玘】: 英祖刊本에서는 이 뒤에 北虜若【一誤此虜苦】가 더 있다.

182) [二十] 裏不【裏上恐有那】: 英祖刊本에서는 이 뒤에 [二十一] 後故【恐故後】[二十三] 孟許【許一誤詩】가 더 있다.

『朱子語類』卷第一百三十二

「本朝六」

「中興至今日人物下」

132:1 宗澤守京城, 治兵禦戎, 以圖恢復之計, 無所不至. 上表乞回鑾, 數十表乞不南幸, 乞修二聖宮殿, 論不割地. 其所建論, 所謀畫, 是非利害, 昭然可觀, 觀其勢駸駸乎中興之基矣. 耿南仲沮之於南京時, 使[1]不歸京城. 汪・黃沮之進甸時, 動相掣肘, 使不得一有所爲. 如令椿管器甲之類, 不得擅有支遣, 問所召募係何色額人,【召募得百十萬以上人.】 令京民出助軍錢, 不得支錢修城池造器械數事, 皆汪・黃・張慤爲之. 初宗守京, 太上卽位南京時, 河東北・京東西之民, 日夜自守, 望駕歸京. 王師之來, 全無盜賊. 駕一居進甸, 盜[2]起百十萬. 丁進・李成・楊進之徒競[3]起, 宗盡召之爲用, 事垂成而薨. 朝廷不爲諸人作主, 諸人四散爲盜[4]矣:, 傷哉! 宗薨時年七十, 謚忠簡.【揚】

132:2 宗忠簡[5]公薨, 其家人方入棺, 未斂. 軍兵輿出大廳, 三日祭弔來哭不絶, 祭物滿廳無數, 其得軍情人心如此!【揚】

132:3 王庶西人, 趙元鎭引作樞密, 甚有威望. 又言他彊倔, 死葬廬

---

1) 使: 賀本에서는 勢로 되어 있다.
2) 盜: 賀本에서는 賊으로 되어 있다.
3) 競: 賀本에서는 兢으로 되어 있다.
4) 盜: 賀本에서는 賊으로 되어 있다.
5) 忠簡: 『小分』에서는 簡忠을 교정부호로 바로잡았다.

山. 王之奇是庶之子, 亦作樞密. 庶以私怨殺曲端. 端亦西人, 庶嘗在其軍中, 幾爲端所殺.【振】

132:4 王子尙初在陝西, 爲金人所圍, 求救於曲端. 端命一愛將救之, 旣至, 欲求休息數日. 王不許, 戰敗, 奔入城, 王斬之. 旣而城陷, 王奔端. 端詰責, 欲殺之, 有幕僚力諫止, 囚之. 一日, 遣入蜀, 遂譖端於魏公, 魏公殺端.【可學】

132:5 徐師川微時, 嘗遊廬山, 遇一宦者鄭諶, 與之詩曰: "平生不善劉蕡策, 色色門中皆[6]有人." 後入樞府, 鄭時適用事, 模樣似有力焉. 徐在密院時, 金人寇襄陽, 中書集議. 徐曰: "彼本盜賊所有,【時國步未安, 盜有竊發據城邑者, 因以與之. 好時爲官, 跋扈則爲盜.】 得失不足爲國家輕重." 時趙元鎭爲參知政事, 曰: "襄陽爲金人所據, 則川・廣路絶, 國家危矣!" 徐曰: "此是樞密院事, 參政不須與." 趙曰: "小小兵事, 樞密自主之可也. 此國家大事, 政府安得不與!" 卽上馬而去. 太上聞之, 罷徐樞密. 徐歸鄕, 以前輩自居, 恃文使氣好罵, 專以飮酒爲事, 不擇貧賤, 皆往啖之, 詩亦無甚佳者.【揚 ○可學錄云: "▲[7]趙[8]遂策馬徑出. 入文字, 朝廷爲之罷師川, 趙遂知院, 爲帥未行, 虜退師."】

132:6 韓世忠作小官時, 一城被圍, 郡將無計. 世忠令募敢死士, 得二百人. 世忠云: "不消多." 只擇得精者八十人, 令人持一斧. 世忠問云: "其間豈無能爲盜者?" 遂令往偸了鼓槌[9], 卻略將石頭去驚他們[10]. 他必往報中軍, 便隨入, 見有紅帳者便斫. 俟彼人集, 便出來, 恐有馬

---

6) 皆: 賀本에서는 看으로 되어 있다.

7) ▲: 徐師川在密院, 荊襄有密報, 五府會議. 師川曰: '今日朝廷視荊襄乃無用地, 何不棄之?' 趙丞相爲參政, 曰: '此乃上流, 何可棄?' 師川曰: '密院事, 何預參政?' 趙曰: '某參知政事, 此乃係政事之大者, 安得不預!'

8) 趙: 『朱子語類』에서는 없다.

9) 槌: 賀本에서는 搥로 되어 있다.

10) 們: 孝宗刊本・成化本・・賀本에서는 門으로 되어 있다.

軍來趕, 便與相殺. 城上皆喊[11]云: “馬軍進!” 如是果退圍.【揚】

132:7 岳太尉 飛本是張[12]魏公家佃客, 每見張[13]家子弟必拜.【振】

132:8 岳飛恃才不自晦. 郭子儀晚節保身甚闒冗, 然當緊要處, 又不然, 單騎見虜云云. 飛作副樞, 便直是要去做. 張・韓知其謀, 便只依違. 然便不做亦不免, 其用心如此, 直是忠勇也!【揚】

132:9 紹興間諸將橫. 劉光世使一將官來奏事, 應對之類皆善. 上喜之, 轉官, 頗賜予. 劉疑其以軍中機密上聞, 欲殺之. 其人走投朝廷, 朝廷不知如何區處之. 劉又使人逐路殺之, 追者已近, 其人告州將藏之獄中, 入文字朝廷, 方免.【揚】

132:10 吳玠到饒風關卻走回, 此事惟張巨山「退虜記」得實.【德明】

132:11 後世用兵, 只是胡廝殺, 那曾有節制! 如季通說八陣可用, 怕也未必可用. 當臨陣時, 只看當時事體排撥[14]得著所在. 如吳璘敗虜於殺金平, 前面對陳交兵正急, 後面諸軍一齊擁前, 爛殺虜人, 這有甚陳法? 且如用兵前陳交接, 後陳卽用木車隔了, 不令突出. 當吳璘那時, 軍勢勇猛, 將來隔了, 一齊都斫開突前去, 有甚陳法? 看來兵之勝負, 全在勇怯. 又云: “用兵之要, 敵勢急, 則自家當委曲以[15]纏繞之, 敵勢緩, 則自家當勁直以衝突之.”【賀孫】

132:12 古之戰也, 兩軍相對, 甚有禮. 有饋惠焉, 有飮酌焉, 不似後

---

11) 喊: 成火本에서는 喴으로 되어 있다.
12) 張: 成火本・賀本에서는 韓으로 되어 있다.
13) 張: 成化本・・賀本에서는 韓으로 되어 있다.
14) 撥: 賀本에서는 扒로 되어 있다.
15) 曲以: 『小分』에서는 以曲을 교정부호로 바로잡았다.

世便只是爛殺將去. 劉錡 順昌之捷, 亦只是投之死地而後生. 當時虜騎大擁而至, 凡十餘萬. 諸將會議, 以爲固知力不能當, 然急渡江, 則朝廷兵守已自戒嚴, 必不可渡. 兼攜持老幼, 虜騎已迫, 必爲所追, 其勢終歸於死. 若兩下皆死, 不若固守, 庶幾可生, 遂開[16]城門而守. 虜人大至, 劉錡先遣人約他某日戰. 虜人謂其敢[17]與我約戰, 大怒. 至日, 虜騎壓於城外. 時正暑月, 劉錡分部下兵五千爲五隊, 先備暑藥, 飯食酒肉存在. 先以一副兜牟與甲, 置之日下曬, 時令人以手摸, 看熱得幾何. 如此數次, 其兜牟與甲尙可容手, 則未發. 直待熱如火, 不可容手, 乃喚一隊軍至, 令喫酒飯. 少定, 與暑藥, 遂各授兵出西門戰. 少頃, 又喚一隊上, 授之, 出南門. 如此數隊, 分諸門迭出迭入[18], 虜遂大敗. 緣虜人衆多, 其立無縫, 僅能操戈, 更轉動不得. 而我兵執斧直入人叢, 掀其馬甲, 以斷其足. 一騎纔倒, 卽壓數騎, 殺死甚衆. 況當虜[19]衆正熱, 甲盾如火, 流汗喘息煩悶. 而吾軍迭出, 飽銳淸涼, 而傷困者, 卽扶歸就藥調護. 遂以至寡敵至衆, 虜人大敗, 方有怯中國之意, 遂從和議, 前此皆未肯眞箇要和. 此是庚申年六月, 可惜此機不遂進!【賀孫】

132:13 ▲[20]

132:14 籍溪嘗云, 建炎間, 勤王之師, 所過州縣, 如入無人之境, 恣

---

16) 開: 賀本에서는 閉로 되어 있다.
17) 敢: 孝宗刊本에서는 散으로 되어 있다.
18) 入: 成火本에서는 人으로 되어 있다.
19) 虜: 賀本에서는 이 글자가 없다.
20) ▲: 張棟字彥輔. 謂劉信叔親與他言, 順昌之戰, 時金人十上萬人圍了城, 城中兵甚不多. 劉使人下書約戰日, 虜人笑. 是日早, 虜騎迫城下而陣, 連山鐵陣甚密不動. 劉先以鐵甲一聯曬庭中, 一邊以肉飯犒師. 時使人摸鐵甲未大熱, 又且候. 候甲熱甚, 遂開城門, 以所犒一隊持斧出, 令只掀起虜騎, 斫斷馬脚. 人馬都全裝, 一騎倒, 又粘倒數騎, 虜人全無下手處. 此隊歸, 以五苓大順散與服之, 令歇. 又以所犒第二隊出如前, 殺甚多, 虜覺得勢敗, 遂遁走. 後人問曬甲之事如何, 曰: “甲熱則虜人在日中皆熱悶矣, 此則在涼處歇方出.” 時當暑月也.【揚】

行剽[21]掠, 公私苦之. 有陳無玷者, 以才略稱. 嘗作某縣, 宿戒邑人, 各備器械, 候聞鍾聲, 則人執以出, 隨其所居, 相比排列. 未幾, 勤王之師入縣, 將肆縱橫之狀, 卽命擊鍾. 邑人聞之, 如其宿戒以出, 師徒見其戈矛森列, 不虞其有備若此也, 相顧失色, 遂整師以過, 秋毫無犯, 邑人德之. 又, 胡文定公之趨召命也, 汎舟而下, 無玷走吏致書, 戒其吏云: "計程到江·黃間, 有官船自下而上者, 可扣之, 當是本官." 吏至彼, 果有舟上者, 一問得之, 其善料事如此. 蓋渠以事占之, 知文定之不果造朝也.【僴用】

132:15 某人作縣, 臨行請教於某人.【先生言, 其姓名今忘記.】 某人曰: "張直柔在彼, 每事可詢訪之." 某人到官, 忽有旨, 令諸縣造[22]戰船. 召匠計之, 所費甚鉅. 因憶[23]臨行請教之語, 亟訪策於張. 張曰: "此事甚易, 可作一小者, 計其丈尺廣狹長短, 卽是推之, 則大者可見矣." 遂如其語爲之, 比成推算, 比前所計之費減十之三四. 其後諸縣皆重有科斂[24], 獨是邑不擾而辦[25]. 後其人知紹興府, 太后山陵, 被旨令應副錢數萬結[26]磚爲墻. 其大小厚薄, 呼磚匠於後圃依樣造之. 會其直, 比拋降之數減數倍. 遂申朝廷, 乞紹興自認磚墻. 正中宦者欺弊, 遂急沮其請, 只令紹興府應副錢, 不得干預磚墻◇[27].【僴用 ▲[28]】

132:16 ▲[29]有人欲築紹興圍神廟牆, 召匠計之, 云費八萬緡. 其人

21) 剽: 孝宗刊本·成火本에서는 摽로 되어 있고 賀本에서는 擒으로 되어 있다.
22) 造: 孝宗刊本에서는 諸로 되어 있다.
23) 憶: 賀本에서는 意로 되어 있다.
24) 斂: 孝宗刊本에서는 斂로 되어 있다.
25) 辦: 賀本에서는 辨으로 되어 있다.
26) 結: 賀本에서는 給으로 되어 있다.
27) ◇: 事
28) ▲: ○成錄云: "其人曰: '如何費許多錢!' 遂呼磚匠於園後結墻一堵, 驗之. 先問其磚之大小厚薄, 依樣燒磚而結之, 費比朝廷所拋降之數減數倍云云"
29) ▲: 張嶧字直柔. 福建人, 嘗知處州. 有人欲造大舟, 不能計其所費, 問之. 張云: "可造一小舟, 以寸折尺, 便可計算." 後又

用張法, 自築一丈長, 算其墻可直二萬, 遂以四萬與匠者. 董事內官無所得, 遂與奏紹興貧, 不如自出錢. 太后遂自出錢, 費三十二萬緡. 【揚】

132:17 高宗朝有朝士, 後爲尙書, 建炎嘗請駕幸福建, 以爲福建有天險. 又上言, 邵武 南劍人, 多鑿紙錢, 費農業, 乞降旨禁之. 或人家忌日之類, 不得燒紙錢, 只燒經幡一二紙, 好笑如此! 粘罕長槍大劍如此, 而使若輩人謀國云云. 邵武有文集. 又有趙霈者, 淸獻之孫, 此時亦上言, 聖節殺雞鵝太多, 只令殺豬羊大牲. 適傳有一"龍虎大王"南侵, 邊方以爲懼. 胡侍郎云: "不足慮, 此有'雞鵝御史', 足以當之!" 【揚】

132:18 紹興間, 曾天隱【名恬[30]】. 作中書舍人. 曾亦賢者, 然嘗爲蔡京引用. 後修『哲宗實錄』成, 太上趙丞相要就褒賞修『實錄』官, 制辭上說破前後是非. 曾以蔡之故, 常主那一邊. 及行詞, 只模糊作一修史轉官制. 上與丞相不樂, 命呂居仁行. 呂權中書舍人, 自丁巳三月二十五日上一狀論分別邪正. 謂曾之徒, 也自荊公諸人熙·豐間用事, 『新經』·『字說』之類, 已壞了人心術. 元祐諸公所爲, 那一邊人終不以爲是. 紹聖以後, 又復新政, 敗壞一向, 至於渡江. 然舊人亦多在者, 其所見舊染不省, 雖賢者亦復如是, 如曾之徒是也. 因論人以先入爲主, 一生做病. 【揚】

132:19 湯思退事秦檜最久, 其無狀皆親學得, 故所爲如此之乖. 【揚】

132:20 湯思退作樞密, 董德元參政, 商量薦小秦作相. 董言之不答, 湯卽背其說, 逐董出, 召魏良臣來作參. 魏治楊存中, 上不答. 湯又逐

30) 恬: 孝宗刊本에서는 悟로 되어 있다.

出魏, 湯遂作相. 【揚】

132:21 湯思退・王之望・尹穡三人姦甚, 又各有文. 以計去了魏公, 盡毁其邊備山寨・水櫃之類, 凡險要處有備禦者, 皆毁之. 還了金人四州, 以謂可以保其和好而無事矣. 一日, 只見虜騎十萬突至, 驚擾一番而去. 三人者乃罷, 其謀蓋三人之所同也. 尹乃疏平日邊事, 【尹能文其事, 尙如此好[31].】 宰相自爲一室藏文書, 全不令臺諫至, 其後及賈誼待大臣盤劍之類事. 湯卒以驚死敗, 小人情狀如此. 初去了魏公, 毁邊備時, 諸將皆欲得而殺之. 王之望尙在其所, 急上書論三事: 一恢復, 二守禦, 三與之和時, 亦要地界・歲幣之類分明. 上大喜, 卽日召歸參大政. 乃[32]金人有所須, 上商量之際, 上意欲不與, 欲之望有所說, 之望全不言. 上顧之云: "如何?" 之望曰: "不如且與之." 上曰: "卿前書意如何?" 及敗, 二人皆懼邊將之怨己不敢出師, 上前至以鄙語相罵. 【之望謂湯小數子, 成把價撒出來, 好[33]士夫所爲如此定[34]類, 言語記不全.】 三人之意, 惟恐奉虜不至, 但看要如何. 虜見其著數低, 易之, 遂無所不敢. 使其和議如秦檜時, 則亦一檜矣. 好梟三人首於都市, 俾虜人聞之, 亦以少畏. 【此是甲申年.】 虜騎來時, 思退・之望既罷, 穡不罷. 上令胡銓・穡往經略邊備, 二人皆搬家先去. 上但知▲[35]如此, 怒去之. 時召陳魯公, 魯公至, 留胡. 上曰: "用其經略邊事, 遂搬家先去, 用是罷之." 陳曰: "如此則穡亦搬家去. 臣途中見之." 遂罷. 穡多讀書, 能文, 然行不成人. 上初極重之, 每對群臣言, 無人及穡. 龔茂良爲左司諫, 與穡同對, 欲促上早定和議. 龔[36]曰: "內政只須[37]三二箇月打疊, 不日可以至太平. 但外敵未去, 下手未得, 且與講和爲便." 【揚】

---

31) 好: 成火本・賀本에서는 奸으로 되어 있다.
32) 乃: 孝宗刊本에서는 及으로 되어 있다.
33) 好: 孝宗刊本에서는 爲로 되어 있다.
34) 定: 成火本・賀本에서는 之로 되어 있다.
35) ▲: 胡
36) 龔: 賀本에서는 穡으로 되어 있다.
37) 須: 『朱子語類』에서는 消로 되어 있다.

132:22 方伯謨問: "某人如何."【忘其姓名.】 先生曰: "對移縣丞一節, 全處不下." 又問: "是當初未見得?" 曰: "他當初感發踊躍, 只是後來不接續." 語朱希眞曰: "天下有一等人, 直是要文采, ▲[38]進用." 因說及尹穡, "前日趙蕃稱他是好人[39]." 伯謨問: "他當初如何會許多年不出?" 曰: "只是且礙過, 及至上手則亂. 渠初擢用, 力言但得虜和, 三二月綱紀自定. 龔實之云: '便是他人耳聾, 敢如此說!' 如減冗官事是, 但非其人, 行之失人心. 渠初除浙西制置, 胡邦衡除浙東. 邦衡搬家從蘇秀, 迤邐欲歸鄉, 因此罷. 陳魯公再用, 因言於上曰: '胡銓搬家固可罪, 尙向北, 尹穡搬家乃向南.' 上云: '無此事.' 公云: '臣親見之. 自古人主無與天下立敵之理. 天下皆道不好, 陛下乃力主張.' 張魏公在督府, 渠欲搖撼. 一日, 陳彦廣對言: '張某似有罷意.' 上曰: '安有此事? 方今誰出魏公上? 上每呼張相, 只曰'魏公.' 必是臺諫中爲此, 卿可宣諭.' 陳見尹, 道上意, 尹云: '某請對.' 數日, 駕在德壽, 批出, 陳知建寧府, 魏公亦罷." 某問: "當時諸公薦之, 何故?" 曰: "亦能文章, 大抵以此取人, 不考義理, 無以知其人, 多爲所誤. 如蘇子由用楊畏, 畏爲攻向上三人, 蘇終不遷. 畏曰: '蘇公不足與矣.' 乃反攻之."【可學】

132:23 或問胡邦衡在新州十七八年不死. 先生曰: "天生天殺, 道之理也, 人如何解死得人?"【廣】

132:24 胡邦衡尙號爲有知識者, 一日以書與范伯達云: "某解得『易』, 魏公爲作序, 解得『春秋』, 鄭億年爲作序." 以爲美事. 范答書云: "『易』得魏公序甚好. 鄭序『春秋』者, 不知是何人, 得於[40]劉豫左相乎? 是此人時, 且請去之." 胡舊常[41]見李彌遜, 字似之, 亦一好前輩. 謂胡曰: "人生亦不解事事可稱, 只做得一兩節好便好. 胡後來喪名失節,

---

38) ▲: 求
39) 人: 徽州本에서는 이 뒤에 此乃狗彘所不爲, 尙得爲好人이 더 있다.
40) 於: 『朱子語類』에서는 非로 되어 있다.
41) 常: 賀本에서는 嘗으로 되어 있다.

亦未必非斯言有以入之也.【揚】

132:25 呂居仁學術雖未純粹, 然切切以禮義廉恥爲事, 所以亦有助於風俗. 今則全無此意.【方子】

132:26 呂家之學, 大率在於儒禪之間, 習典故. 居仁遂去學作詩, 亦不說於趙丞相, 後於秦檜所爲, 亦有輔之者. 籍溪云: "嘗代一表云: '仰日月於九天之上', 下一句甚卑, 可憐之詞, 居仁爲之也. 後虜中此文亦有人傳之."【揚】

132:27 呂居仁作舍人時, 繳奏文字好處多. 一章論袁煥章乞作敎官. "敎官人之師表, 豈可乞?" 此論不聞數十年矣. 今皆是陳乞, 然不陳乞, 朝廷又不爲檢舉. 朝廷爲檢舉方是, 亦可以養士大夫廉恥. 今皆不然, 都要陳乞. 舊除從官, 便不磨勘, 今亦不然. 如磨勘, 大約用三載考績之法, 一年一切了. 今年年日日理會官員磨勘.【揚】

132:28 呂居仁不甚惡贓汚, 深惡多才刻薄者. 此自回避黨人, 故有此論出來. 然大害名教, 豈不使得子孫取受? 如論固窮守節處, 甚佳.【揚】

132:29 "呂舍人好言忍恥之類, 此意不佳." 揚因及劉道原不受溫公惠. 曰: "如此做得人, 也靈利."【揚】

132:30 說呂居仁解『大學』, 曰: "他諸公何故一做下便不改動一字? 非聖人安能如此? 這般非是大聖, 便是大愚!"

132:31 因說呂居仁作「江[42]民表墓誌」不好, 曰: "作龜山底尤不好,

---

42) 江: 賀本에서는 汪으로 되어 있다.

故文定全不用, 盡做過了."【振】

132:32 "呂居仁家往往自擡擧, 他家人[43)]便是聖賢. 其家法固好, 然專恃此, 以爲道理只如此, 卻不是. 如某人纔見長上, 便須尊敬以求敎, 見年齒纔小, 便要敎他, 多是如此." 人傑因曰: "此乃取其家法而欲施之於他人也."【人傑】

132:33 汪聖錫不直潘子賤直前事, 云: "無緣聽得殿上語." 向宜卿[44)]云: "吾當時是[45)]言, 尹和靖某事, 又爲朱子發理會卹典. 子賤當[46)]時爲呂居仁所賣."【德明】

132:34 張無垢說得一般道理, 一切險而動.【振】

132:35 張無垢氣魄, 汪端明全無些子氣魄. 無垢『論語』說得甚敷暢, 橫說豎說, 居之不疑.

132:36 "永嘉前輩覺得卻到好, 到是近日諸人無意思. 陳少南, 某向雖不識之, 看他擧動煞好, 雖是有些疏, 卻無而今許多纖曲." 賀孫問: "少南雖是疏, 到在講筵議論, 實有正直氣象." 曰: "然. 近日許多人, 往往到自議論他."【賀孫】

132:37 問: "陳少南詩如何?" 曰: "亦間有好處, 然疏, 又爲之甚輕易. 秦檜居溫州時, 陳嘗爲館客. 後入經筵, 因講『公羊』'母以子貴'之說爲非是, 因論嫡妾之分. 是時太母還朝, 陳遂忤太上意, 安置惠州. 張宋卿於彼從之. 徽廟梓宮歸, 鄭后梓宮亦歸, 邢后太上初聘, 亦隨歸. 及

---

43) 家人: 賀本에서는 人家로 되어 있다.
44) 卿: 徽州本에서는 이 뒤에 【子謹】이 더 있다.
45) 是: 賀本에서는 之로 되어 있다.
46) 當: 賀本에서는 常으로 되어 있다.

邊, 以訃聞. 太母還, 秦檜欲以吉服迎, 吳才老時爲禮官, 獨以爲不可, 謂須先以凶服迎梓宮歸. 太上幾年不見太母了, 不爭些二三月[47]. 奉安梓宮了, 卻以吉服迎太母歸. 衆禮官聚都堂, 皆從秦意, 吳獨爭之. 秦曰: '此不是公聚訟處.' 卽以吳出之." 先生又云: "『公羊』之說非是, 只有一嫡."【揚】

132:38 因論李德遠·黃世永爲湯進之所買, 云: "他亦是不曾見前輩, 前輩皆不如此. 湯見人時, 一面顏色言語皆買人之物. 史直翁亦然, 然卻較好. 史雖主和, 然亦有去交結得一人爲應者, 然許他皆過分數了. 誠使彼足以抗虜, 此中亦何以處之? 其策甚非也."【揚】

132:39 史丞相好薦人, 極不易, 然卻有些籠絡人意思, 不佳. 陳丞相較渾厚, 無這般意思, 又若賢否不辨者.【振】

132:40 陳福公自在, 只如一無所能底村秀才. 梁丞相亦然.【振】

132:41 史老雖如此, 然嘗愛論薦引拔士人, 此一節可喜. 如陳應求方寸平正, 遠過龔實之. 然龔又卻好士[48], 每到處便收拾得些人才. 劉樞不好士人, 先亦讀書, 長編從頭批抹過. 近得書▲[49], 尚要諸經史從頭爲看一遍, 顧老病, 恐不能.【揚】

132:42 因論張戒 定夫, 其初名節好. 後來亦以書與諸公論, 當時某不是全不主和議, 但謂和時要如何. 後來多有如某之料, 其意欲進甚銳. 太上終是嫌破和議底人. 秦檜死, 亟下詔守和議不變, 用沈該·万俟卨·陳誠之輩. 故張戒自秦檜死後, 數年終不用. 而張自躁如此, 蓋是學無本原故耳. ▲[50]【揚】

---

47) 月: 『朱子語類』에서는 日로 되어 있다.
48) 士: 賀本에서는 事로 되어 있다.
49) ▲: 云

132:43 張定夫居建昌, 享高壽, 有文集曰『正平集』. 自言初學孔子之道而無所得, 後讀『老子』而願學焉. 又喜『管子』, 其議多尙法制. 立朝亦可觀, 【人傑錄云[51]: "與先吏部厚善. 當時朝士皆敬之, 雖有素喜陵人者, 亦不敢慢"】. 嘗對高宗云: "陛下有仁宗之儉慈, 而乏藝祖之英略." 高宗以爲說得好. 又嘗言: "過江以來, 非李伯紀·趙元鎭·張魏公三人, 也立不住."

132:44 先生謂若海曰: "令祖全節翁孝義篤至, 又能堅正自守. 當時權貴欲一見之, 竟不爲屈. 至於通判公, 又爲張·趙所知, 持論凜然, 不肯阿附秦老, 可謂'無忝於所生'者. 前輩高風, 誠可敬仰. 爲子孫者, 其忍不思所以奉承而世守之乎!" 或曰: "今人志在[52]趨利, 聞人道及此等事, 則多非毁[53]訕笑." 先生曰: "某嘗謂得他當面言之, 猶似可. 又有口以爲是, 心實非之, 存在胸中, 不知不覺做出怪事者, 玆尤可畏!" 【按: 胡泳云, 內翰, 文公之後. ○若海】

132:45 "鄧名世 吏[54], 臨川人, 學甚博, 趙丞相以白衣起爲著作郞. 與先吏部同局, 吏部甚敬畏之. 有攷證文字甚多, 攷證姓氏一部甚詳, 紹興府有印板. 謂左丘姓, 人有牌牓在賣卦, 左氏只是姓左." 先生云: "楚左史倚相世爲史官, 恐其後也." 鄧著作後爲秦檜以傳出秘書文字罪之, 褫官勒停. 【揚】

132:46 熊叔雅【名彦詩】[55], 王時雍婿也. 金人入寇, 京城不守, 時雍盡搜取婦女與[56]虜人, 人號時雍爲'虜人外公.' 當秦檜時, 叔雅知永

50) ▲: 張學老子之類
51) 云: 賀本에서는 없다.
52) 在: 孝宗刊本에서는 枉으로 되어 있다.
53) 毁: 賀本에서는 訐으로 되어 있다.
54) 吏: 成火本에서는 없다.
55) 【名彦詩】: 賀本에서는 본문으로 되어 있다.
56) 與: 賀本에서는 於로 되어 있다.

州, 魏公時安置永州. 秦檜之父曾爲玉山知縣, 玉山人要爲老秦立祠堂, 求叔雅作記. 叔雅質之魏公, 魏公令勿須作. 叔雅自後只是言貧, 這後恐不得差遣. 十數日後, 魏公知其意, 與之曰: "前日所謂◇[57]祠堂記, 作也不妨." 叔雅作之, 大意言: 人問公有甚異政? 曰無異政, 只見民父子有親, 君臣夫婦長幼朋友之倫皆如此好了. 子太師得其道以治天下亦然, 云云. 立大碑於玉山.【揚】

132:47 三山 黃明陟【登】[58], 是黃傳正之父.【揚錄云: "張登 福唐[59]人." 罃錄云: "張致中父登." 從周錄云: "永福姓張人."】 其人朴實公介, 爲甚處宰.【諸錄云尤溪】. 初上任, 凡邑人來見者, 都請,【諸錄云: "士夫僧道百餘人."】 但一揖.【揚錄云: "坐處亦不足, 只立說話."】 問: "諸公能打對否?" 人皆不敢對. 因云: "'天'對甚?" 其中有人云: "對'地.'" 又問: "'日'對甚?" 云"對'月.'" "'陽'對甚?" 云: "對'陰.'" 卻又問: "'利'對甚?" 云: "對'害.'" 乃大聲云: "這便不是了! 天下一切人, 都被這些子壞了. 才把'害'對'利', 便事事上只見得利害, 更不問義理.【罃錄云: "人只知以'利'對'害', 便只管尋利去."】 須知道'利'乃對'義', 才明得義・利, 便自無乖爭之事. 自後只要如此分別, 不要更到訟庭." 後來在任果有政聲. 此事雖[60]近於迂闊, 然卻甚好, 今不可多見矣!【時擧 ○罃錄云: "一揖而退, 此亦可書. 其桃符云: '奉勸邑人依本分, 莫將閑事到公庭.' 言雖質, 意亦好." ○ 揚錄云: "其人爲政簡易, 無係累. 後坐化死[61]."】

132:48 李椿年行經界, 先從他家田上量起, 今之輔弼能有此心否?【人傑】

57) ◇: 作 賀本에서는 이 글자가 없다.
58) 【登】: 賀本에서는 본문으로 되어 있다.
59) 唐: 賀本에서는 建으로 되어 있다.
60) 雖: 賀本에서는 須로 되어 있다.
61) 罃錄云 … 後坐化死: 徽州本에서는 從周錄云: "永福姓張者, 作知縣云云."으로 되어 있다.

132:49 王龜齡學也麤疏. 只是他天資高, 意思誠慤, 表裏如一, 所至州郡上下皆風動. 而今難得此等人!【賀孫】

132:50 王詹事守泉. 初到任, 會七邑宰, 勸酒, 歷告之以愛民之意. 出一絕云: "九重天子愛民深, 令尹宜懷惻隱[62]心. 今日黃堂一盃酒, 使君端爲庶民斟!" 七邑宰皆爲之感動. 其爲政甚嚴, 而能以至誠感動人心, 故吏民無不畏愛. 去之日, 父老兒童攀轅者不計其數, 公亦爲之垂淚. 至今泉人猶懷之如父母!【時舉】

132:51 汪端明學亦平正, 然疏. 文亦平正, 不好小蹊曲徑. 福唐[63]政事鎭靜, 與福亦相宜. 蜀政不及. 見事亦快.【揚】

132:52 汪端明少從學於焦先生. 汪旣達時, 從杲老問禪. 怜焦之老, 欲進之以禪, 因勸焦登徑山見杲. 杲擧"寂然不動, 感而遂通." 焦曰: "和尙不可破句讀書." 不契而歸, 亦奇士也.【焦名援[64], 字公路, 南京人, 淸修苦節之士. ○ 閎祖】

132:53 汪聖錫日以親師取友多識前言往行爲事, 故其晚年德成行尊, 爲世名卿.【若海】

132:54 汪季路甚子細, 但爲人性太寬, 理會事不能得了.【賀孫】

132:55 祝懷 汝昭嘗論張說. 一日, 祝有一婢溺死. 衢守施元之謂張曰: "祝婢乃其父婢, 祝汚之, 恐事泄, 抑令其死." 張遂言之於上. 上曰: "此事大, 若有之, 行遣不得草草, 若無, 不須以此陷人." 遂陰遣一兵士之類來衢探其事. 往來月餘日, 得其實矣. 一日, 乃投都監曰: "奉

62) 隱: 『朱子語類』에서는 怛로 되어 있다.
63) 唐: 賀本에서는 建으로 되어 있다.
64) 援: 孝宗刊本에서는 授로 되어 있다.

聖旨, 來探祝編修家公事." 遂叫集鄰里作保明狀去, 事方已. 兵士小人, 乃能如此.【揚】

132:56 主上一日嘉鄭自明直言, 遂問近臣曰: "昔時有一魏掞之好直言, 今何在?" 左右以死對. 問: "有子弟否?" 無人爲敷陳, 遂贈直秘閣宣教郎.【揚】

132:57 這道理易晦而難明. 某少年過莆田, 見林謙之·方次榮說一種道理, 說得精神, 極好聽, 爲之踊躍鼓動! 退而思之, 忘寢與食者數時. 好之, 念念而不忘. 及至後來再過, 則二公已死, 更無一人能繼其學者, 也無一箇會說了!【僩】

132:58[65] ◇[66]林艾軒作文解經, 曰: "林成季 井伯爲艾軒作墓銘, 諱艾軒著書. 但云幸學, 講『中庸』·九經及某篇, 是艾軒所著. 此是有形諱不得底. 嘗見「九經口義」, 先說一段冒子, 全與所講不干涉. 其說是言'巍巍乎惟天爲大, 唯堯則之.' '巍巍乎, 舜·禹之有天下而不與焉'! 人看時, 都理會不得. 某卻曾見他口說來, 乃是說道, 巍巍乎者, 世上有恁地大底事, 惟天有之, 惟堯則之. 下面又說箇'巍巍乎'者, 言此大事, 只是天與堯有之, 舜 禹都不與此. 蓋是取奉光堯, 不知卻推倒舜·禹." 又云: "在興化 南寺, 見艾軒言曾點言志一段, '歸', 自釋音作'饋'字, 此是物各付物之意. 某云: '如何見得?' 艾軒云: '曾點不是要與冠者童子眞箇去浴沂風雩. 只是見那人有冠者, 有童子, 也有在那裏澡浴底, 也有在那裏乘涼底, 也有在那裏饋餉饁南畝底. 曾點見得這意思, 此謂物各付物.'" 艾軒甚秘其說, 密言於先生也.【德輔】

---

65) 132:58 :【附箋紙】〈論林艾軒作文…【德輔】〉條, 自"論林艾軒", 至"推倒舜·禹", 當移入于五十五卷「『孟子』有爲神農之言」章九板〈問: '振德'〉條下. 自"在興化南寺", 至"先生也", 當移入于四十卷「『論語』四子言志」章四板〈時學錄〉條下. "又云"二字, 當刪.

66) ◇: 論

132:59 王說 習之性直, 好人, 與林艾軒輩行. 上卽位卽召見, 論不可講和. 上一日謂宰臣曰: "前日上殿, 有箇生得貌寢, 是言此. 忘了甚底官人, 議論亦好." 遂除官. 龔實之笑王習之以不講和奉上意. 先生謂習之直, 不是奉上. 龔實之多讀書, 知前輩大體, 頗識義理. 又有才, 做得去. 亦有文. 小官時甚好. 爲正言時, 攻曾龍. 後來心術一偏至於如此, 可惜, 可惜! 反不如陳應求, 全不如他卻較好. 【揚】

132:60 因給舍繳駁事, 而大臣無所可否, 云: "昔梁叔子將爲執政時, 曾語劉樞云: '某若當地頭, 有文字從中出, 不當者[67]如何, 也[68]須說敎住了, 始得.' 後梁已大用, 而文字自中出者, 初不聞有甚執奏. 劉樞深怪其事. 後見錢某因事說及, 丞相煞有力. 中出文字, 日日有之, 丞相每每袖回了而後已. 自今觀之, 又不見此." 【賀孫】

132:61 "某人初登宰輔, 奏逐姜特立. 忽有旨召姜, 乞出甚力, 在六和塔待命. 有旨免宣押. 某人初過樞. 天下屬望, 首有召姜之命, 經由樞密, 曾無奏止, 坐視丞相以近習故去國. 其意只以入樞未久, 恐說不行而去, 爲人所笑, 故放過此一著, 是甚小事." 直卿云: "人日日常將理義夾持箇身心, 庶幾遇事住不得. 若是平常底人, 也是難得不變. 如某[69]人, 固謂世人屬望, 但此事亦須不要官爵, 方做得." 曰: "固是. 若是不要官爵, 這一項事如何放得過? 每看史策到這般地頭, 爲之汗栗! 一箇身已便頓在兵刃之間. 然漢・唐時爭議而死, 愈死愈爭, 其爭愈力. 本朝用刑至寬, 而人多畏懦, 到合說處, 反畏似虎."▲[70] 【賀孫】

---

67) 者: 賀本에서는 없다.
68) 也: 賀本에서는 이 앞에 如何가 더 있다.
69) 某: 賀本에서는 其로 되어 있다.
70) ▲: 至道因問: "武后事, 狄梁公雖復正中宗, 然大義終不明, 做得似鶻突." 曰: "當此時世, 只做得到恁地. 狄梁公終死於周, 然薦得張柬之, 迄能反正." 又問: "呂后事勢倒做得只如此, 然武后卻可畏." 曰: "呂后只是一箇村婦人, 因戚姬, 遂迤邐做到後來許多不好. 武后乃是武功臣之女, 合下便有無君之心. 自爲昭儀, 便鴆殺其子, 以傾王后. 中宗無罪而廢之, 則武后之罪已定. 只可便以此廢之, 拘於

132:62 耿京起義兵, 爲天平軍節度使. 有張安國者, 亦起兵, 與京爲兩軍. 辛幼安時在京幕下爲記室, 方銜命來此, 致歸朝之義, 則京已爲安國所殺. 幼安後歸, 挾安國馬上, 還朝以正典刑.【僩用】

132:63 辛幼安亦是箇人才, 豈有使不得之理! 但明賞罰, 則彼自服矣. 今日所以用之者, 彼之所短, 更不問之, 視其過當爲害者, 皆不之卹. 及至廢置, 又不敢收拾而用之.【人傑】

132:64 問: "陳亮可用否?" 曰: "朝廷賞罰明, 此等人皆可用. 如辛幼安亦是一帥材, 但方其[71]縱恣時, 更無一人敢道它, 略不警策之. 及至如今一坐坐了, 又更不問著, 便如終廢. 此人作帥, 亦有勝它人處, 但當明賞罰以用之耳."【螢】

132:65 近世如汪端明, 專理會民, 如辛幼◇[72], 卻是專理會兵, 不管民. 他這理會兵, 時下便要驅山[73]塞海, 其勢可畏!【植】

132:66 辛幼安爲閩憲, 問政, 答曰: "臨民以寬, 待士以禮, 馭吏[74]以嚴." 恭甫再爲潭帥, 律已愈謹, 御吏愈嚴. 某謂如此方是.【道夫】

132:67 劉樞帥建康, 所得月千緡. 劉欲止受正所當得者, 以恐壞後來例, 不敢. 但受之, 後卻送其不當得者於公使庫[75]. 後韓元龍來作

子無廢母之義, 不得. 呂后與高祖同起行伍, 識兵略, 故布置諸呂與諸軍. 平・勃之成功也, 適值呂后病困, 故做得許多脚手, 平・勃亦幸而成功. 胡文定謂武后之罪, 當告於宗廟社稷而誅之." 又云: "中宗決不敢爲黜母之事. 然而幷中宗廢之, 又不得. 當時人心惟是見武后以非罪廢天子, 故疾之深, 惟是見中宗以無罪被廢, 故願復之切. 若幷中宗廢之, 又未知有何收拾人心, 這般處極難."

71) 方其: 『小分』에서는 其方을 교정부호로 바로잡았다.
72) ◇: 安
73) 山: 賀本에서는 以로 되어 있다.
74) 吏: 賀本에서는 士로 되어 있다.
75) 使庫: 『小分』에서는 庫使를 교정부호로 바로잡았다.

漕, 盡不受其所不當得者, 劉甚稱服之. 【平父云. ○振】

132:68 劉共[76]父創第, 規模宏麗, 先生勸止之曰: "匈奴未滅, 何以家爲!" 忠肅意不樂也. 【道夫】

132:69 劉寶學初娶熊氏, 生樞密. 生次子, 方落地, 問是男, 卽命與其弟直閣爲子. 熊不樂, 都不問, 竟以是而沒. 後樞密娶呂氏入門, 未幾, 卽命呂一切儀物盡與直閣女爲嫁具, 呂卽送與之. 【平父云. ○振】

132:70 某曾訪謝昌國, 問: "艮齋安在?" 謝指廳事云: "卽此便是." 【其廳亦敝陋. ○文蔚[77]】

132:71 金安節爲人好. 【振】

132:72 戴肖望云: "洪景盧・楊廷秀爭配享, 俱出, 可謂無黨." 曰: "不然. 要無黨, 須是分別得君子小人分明. 某嘗謂, 凡事都分做兩邊, 是底放一邊, 非底放一邊, 是底是天理, 非底是人欲, 是卽守而勿失, 非卽去而勿留, 此治一身之法也. 治一家, 則分別一家之是非, 治一邑, 則分別一邑之邪正, 推而一州一路以至天下, 莫不皆然, 此直上直下之道. 若其不分黑白, 不辨是非, 而猥曰'無黨', 是大亂之道也[78]." 戴曰: "信而後諫, 意欲委曲以濟事." 曰: "是枉尺直尋而可爲也!" 【圓祖】

132:73 孫逢吉 從之煞好. 初除, □□□便上一文字, 盡將今所諱忌如"正心誠意"許多說話, 一齊盡說出, 看來這是合著說底話. 只如今人那箇口道是是! 那箇不多方去回避! 【賀孫】

76) 共: 賀本에서는 恭으로 되어 있다.
77) 文蔚: 孝宗刊本에서는 玄蔚로 되어 있고 賀本에서는 玄鄭으로 되어 있다.
78) 也: 賀本에서는 없다.

132:74 天下事須論一箇是不是後, 卻又論其中節與不中節. 余古[79]失於許[80], 然使其言見聽, 不無所補. 李琪則所謂"不在其位, 不謀其政", 要之[81]卻亦有以救其失也. 如二子, 卻所謂"是中之[82]不中節"者. 【道夫】

132:75 "耿直之作浙漕時, 有一榜在[83]客位甚好, 說用考課之法. 應州縣官不許用援, 有績可考, 自發薦章. 如考課在上而挾貴援者, 卽降次等. 今在鎭江亦然否[84]?" 曰: "僻在山林, 不知其詳, 但聞私謁不行." 曰: "向來耿守有一書說'用[85]之則行, 舍之則藏[86].'" 從周曰: "此義尙[87]如何說?" 曰: "也只是前來說. 若如耿說, 卻是聖人學得些骨董, 要把來使, 全不自心中流出." 從周曰: "'伊尹耕於有莘之野, 而樂堯·舜之道.' 濂溪曰: '志伊尹之所志, 學顏子之所學.' 伊尹恥其君[88], 至若撻於市. 朝[89]者若橫此心在胸中, 卻是志於行, 莫不可?" 曰: "非是私[90]. 修身養性與致君澤民只是一理." 【從周】

132:76 吳公路作「南劍天柱灘記」曰: "事無大小, 爲之必成, 害無大小, 除之必去." 此見其志. 【方】

132:77 王宣子說: "甘昪[91]言, 士大夫以面折廷爭爲職, 以此而出,

---

79) 古: 賀本에서는 右로 되어 있다.
80) 許: 徽州本에서는 訐로 되어 있다.
81) 之: 賀本에서는 知로 되어 있다.
82) 之: 徽州本에서는 節로 되어 있다.
83) 榜在: 徽州本에서는 榜 뒤에 子가 더 있고 在 뒤에 諸處가 더 있다.
84) 否: 徽州本에서는 이 뒤에 曰: "然." 曰: "得實否?"가 더 있다.
85) 用: 徽州本에서는 이 앞에 子曰가 더 있다.
86) 藏: 徽州本에서는 이 뒤에 惟我與爾有是夫가 더 있다.
87) 尙: 賀本에서는 當으로 되어 있다.
88) 君: 徽州本에서는 이 뒤에 不及堯·舜, 一夫不得其所가 더 있다.
89) 朝: 『朱子語類』에서는 學으로 되어 있다.
90) 非是私: 徽州本에서는 只恐私로 되어 있다.

人皆高之. 宦官以承順爲事, 忽犯顔而出, 誰將你當事! 如[92]黃彦節是也. 其見如此之乖! 後漢 呂强, 後世無不賢之."【揚】

132:78 近年有洪邦直爲宰, 以贓被訟, 求救於伯圭. 伯圭薦之甘昪[93], 甘昪[94]薦之. 上召見, 賜錢, 以爲此人甚廉而賢, 除監察御史.【振】

132:79 先生聞黃文叔之死, 頗傷之, 云: "觀其文字議論, 是一箇白直響快底人, 想是懊悶死了. 言不行, 諫不聽, 要去又不得去, 也是悶人!" 因言: "蜀中今年煞死了係名色人, 如胡子遠・吳挺, 都是有氣骨底人[95]. 吳是得力邊將."【賀孫】

132:80 近世士大夫憂國忘家, 每言及國事[96]輒感憤慷慨者, 惟於趙子直・黃文叔見之耳[97].【僩】

132:81 趙子直奉命將入蜀, 請於先生, 曰: "某將入蜀, 蜀中亦無事[98]可理會. 意欲請於朝, 得沿淮差遣, 庶可理會屯田." 曰: "出於朝廷之意, 猶恐不得終其事. 若自請以行, 則下梢或有小事請乞不行, 便難出手. 如擧薦小吏而不從其薦, 或按劾小吏而不從其劾, 或求錢米以補闕之而不從其所求, 這如何做?"【賀孫】

132:82 趙子直政事都瑣碎, 看見都悶人. 曾向擇之云: "朱丈想得不

---

91) 甘昪: 成化本・賀本에서는 甘抃로 되어 있다.
92) 如: 賀本에서는 而로 되어 있다.
93) 甘昪: 成化本・賀本에서는 甘抃로 되어 있다.
94) 甘昪: 成化本・賀本에서는 甘抃로 되어 있다.
95) 人: 賀本에서는 없다.
96) 事: 賀本에서는 家로 되어 있다.
97) 耳: 徽州本에서는 이 뒤에 黃蜀人, 名裳이 더 있다.
98) 亦無事: 『小分』에서는 無事亦을 교정부호로 바로잡았다.

喜某政事." 可知是不喜.【賀孫】

132:83 或言趙子直多疑. 先生曰: "諸公且言人因其[99]多疑?" 魯可幾曰: "只是見不破爾."【道夫】

132:84 趙子直要分門編奏議, 先生曰: "只是逐人編好." 因論舊編『精義』, 逐人編, 自始終有意. 今一齊節去, 更拆散了, 不見其全意矣.

132:85 趙子直亦可謂忠臣, 然以宗社之大計言之, 亦有未是處, 不知何以見先帝!【人傑】

132:86[100] 一日獨侍坐, 先生忽顰蹙云: "趙丞相謫[101]命似出胡紘." 問: "▲[102]紘不知曾識他否?" 曰: "舊亦識之. 此人頗記得文字, 莆陽之政亦好, 但見朋友多說其狠[103]愎." 某曰: "丞相前日之事, 做得都是否?" 曰: "也有些不是處." 問所以不是處. 曰: "公他日自當[104]見之." 先生又曰: "一時正人皆已出去, 今全無一好人在朝!" 某曰: "鄭溥之當時草趙丞相罷相詞固好. 以某觀之, 當時不做便乞出, 尤爲奇特." 曰: "也不必如此. 但是後來旣遷之後, 便出亦自好. 它卻不合不肯出, 所以可疑. 若說教他不做便出, 亦無此典故." 某曰: "且如富鄭公繳遂國夫人之封, 以前亦何曾有此? 自富公旣做, 後遂爲例." 先生微笑而不答. 某又問: "丞相秉軸, 首召先生入經筵. 命下, 士子相慶, 以爲太平可致. 忽然一日報罷, 莫不惶惑. 竊議者云: '先生請早晚入講筵, 人主將不能堪, 便知先生不能久在君側.'" 曰: "早晚入講筵, 非某之請, 是

99) 其: 孝宗刊本・成化本・賀本에서는 甚으로 되어 있다.
100) 132:86 :【附箋紙】 下, 一百三十三卷〈論規恢〉條, 自"南渡", 止"匹段之類, 甚微", 凡十五條, 當移入于此卷〈只是文具〉條下.
101) 謫: 『朱子語類』에서는 謫으로 되어 있다.
102) ▲: 胡
103) 狠: 成化本・賀本에서는 很으로 되어 있다.
104) 自當: 『朱子語類』에서는 當自로 되어 있다.

自來如此. 然某當時便教久在講筵, 恐亦無益. 一日雖是兩番入講筵, 文字分明, 一一解注, 亦只讀[105]過而已, 看來亦只是文具."【枅】

132:87[106] 或曰: "今世士大夫不詭隨者, 亦有五六人." 曰: "此輩在向時, 本是闒茸人, 不比數底. 但今則上面一項眞箇好人盡屛除了, 故這一輩稍稍能不變, 便稱好人. 其實班固九品之中, 方是中下品人. 若中中以上, 不復有矣." 先生因問: "某人如何?" 或曰: "也靠不得." 曰: "然. 見他寫書來, 皆不可曉. 頃在某處得書來, 說學問又如何, 資質又如何, 讀書不長進又如何. 某答之云: '不須如何[107], 說話不濟事. 若資質弱, 便放教剛, 若過剛, 便放教稍柔些, 若懶, 便放教勤. 讀『論語』, ▲[108]徹頭徹尾理會『論語』, 讀『孟子』, 便徹頭徹尾理會『孟子』, 其他書皆然. 此等事, 本不用問人, 問人只是杭唐日子, 不濟事. 只須低著頭去做. 若做底, 自是不消問人.' 這番又得他書, 亦不可曉." 或曰: "終是他於利欲之場打不透. 欲過這邊, 卻捨彼不得, 欲倒向那邊, 又畏友朋[109]之議. 又緣頃被某人抬獎得太過. 正如箇船閣在沙岸上, 要上又不得, 要下又推不動." 曰: "然. 無一番大水來泛將去, 這船終不動. 要之, 只是心不勇之故. 某嘗歎息天下有些英雄人, 都被釋氏引將去, 甚害事! 且如昔日老南和尙, 他後生行脚時, 已有六七十人隨著他參請. 於天下叢林尊宿, 無不遍謁, 無有可其意者. 只聞石霜 楚圓之名, 不曾得去, 遂特地去訪他. 及到石霜, 頗聞其◇[110]不可人意處. 南[111]大不樂, 徘徊山下數日, 不肯去見. 後來又思量旣到此, 須一見

---

105) 讀: 孝宗刊本・成化本에서는 謂로 되어 있고 賀本・萬曆本에서는 講으로 되어 있다.

106) 132:87 :【附箋紙】"或曰: '今世士大夫不詭隨人'"條, 入于第十卷〈讀書〉類, 可也. 然此條專爲"不詭隨"而論, 及讀書之法, 仍存, 亦可也. 當更詳之.

107) 何: 徽州本에서는 此로 되어 있다.

108) ▲: 便

109) 友朋: 賀本에서는 朋友로 되어 있다.

110) ◇: 有

111) 南: 徽州本에서는 이 앞에 老가 더 있다.

而決. 如是又數日, 不得已, 隨衆入室. 揭簾欲入, 又舍不得拜他. 如是者三, 遂奮然曰: '爲人有疑不決, 終非丈夫?' 遂揭簾徑入. 才交談, 便被石霜降下. 他這般人立志勇決如此. 觀其三四揭簾而不肯◇[112], 他定不肯詭隨人也.【廣錄云: "世上有一種人, 心下自不分明, 只是怕人道不好[113], 不肯問人. ▲[114]】 某常[115]說, 怪不得今日士大夫, 是他心裏無可作做, 無可思量, '飽食終日, 無所用心', 自然是只隨利欲走. 間有務記誦爲詞章者, 又不足以拔[116]其本心之陷溺, 所以箇箇如此. 只緣無所用心, 故如此. 前輩多有得於佛學, 當利害禍福之際而不變者. 蓋佛氏勇猛精進・淸淨堅固之說, 猶足以使人淡泊有守, 不爲外物所移也. 若記覽詞章之學, 這般伎倆, 如何救拔得他那利欲底窠窟動!" 或曰: "某人讀書, 只是摘奇巧爲文章以求富貴耳." 曰: "恁地工夫, 也只做得那不好底文章, 定無氣魄, 所以他文字皆困善[117]. 某小年見上一輩, 未說如何, 箇箇有氣魄, 敢擔當做事. 而今人箇箇都恁地衰, 無氣魄, 也是氣運使然. 而今秀才便有些氣魄, 少年被做那時文, 都銷磨盡了. 所以都無精采, 做事不成."【僩】

132:88[118] 彪居正 德美記得無限史記, 只是不肯說, 只要說一般無巴鼻底道理. 在南嶽說: "'溫故而知新', 不是今人所說之故新. 故者, 性也, 新者, 心也. 溫性而知心, 故可以爲人師." 其說道理如此, 然▲[119]嘵嘵不肯已.【璘】

---

112) ◇: 入
113) 好: 『朱子語類』에서는 會로 되어 있다.
114) ▲: 昔老南去參慈明時, 已有人隨他了. 它欲入慈明室, 數次欲揭簾入去, 又休. 末後乃云: '有疑不決, 終非大丈夫!' 遂入其室"
115) 常: 賀本에서는 嘗으로 되어 있다.
116) 拔: 賀本에서는 救로 되어 있다.
117) 善: 賀本・萬曆本에서는 苦로 되어 있다.
118) 132:88 :【附箋紙】 "彪居正 德(美)記得無限史記"條, 當移入于第十一卷「讀書法下」卷末, 更詳之.
119) ▲: 口

附 考異 [二] 皆有【皆一作看】[三] 排撥【撥一作扒】[四] 敢與【敢一誤散】[六] 造戰【造一誤諸】科斂【斂一作數】[七] 名恬【恬一作悟】[八] 好士【好一誤爲】[十一] 家人【一作人家】[十二] 時是【是一作之】[十四] 在趨【在一誤枉】[十五] 黃明黃傳【黃皆恐張】福唐【唐一作建】名援【援一作授】[二十一] 文蔚【文一誤玄】[二十三] 甘昪【昪一作拚】[二十四] 因其【其一作甚】[二十五] 讀過【讀一誤謂】[二十七] 困善【善一作苦】

『朱子語類』卷第一百三十三

「本朝七」

「盜賊」

133:1 蜀中有趙教授者, 因二蘇斥逐, 以此搖動人心, 遂反. 當時也自響應[1], 但未幾而哲宗上仙, 事體皆變了, 所以做得來也沒巴鼻. 蜀人大故强悍, 易反. 成都嘗有一通判要反, 已自與府中都吏客將皆有謀了. 不知如何, 一婢走出來告云, 逐日[2]有官員來議事. 帥因下簾, 令辨府中人, 則皆每日所見合謀者, 其事遂敗.【義剛】

133:2 方臘起, 向薌林時爲小官. 言今無策, 只有起劉元城·陳了翁作相, 則寇[3]不戰而自平.【揚】

133:3 伊川嘗說, 今人都柔了. 蓋自祖宗以來, 多尚寬仁, 不曾用大刑[4]之屬, 由此人皆柔軟, 四方無盜賊. 後來靖康時多盜, 蓋虜難方急, 朝廷無暇治之耳. 且如紹聖之後, 山東 河北連年大饑而盜作, 也皆隨卽仆滅. 但見長上云, 若更遲四五年, 虜人不來, 盜亦難禁止, 蓋是饑荒極了.【義剛】

133:4 方臘之亂, 愚民望風響應. 其間[5]聚黨劫掠者, 皆假竊臘之名

---

1) 響應: 『小分』에서는 應響을 교정부호로 바로잡았다.
2) 逐日: 成化本·賀本에서는 日逐로 되어 있다.
3) 寇: 賀本에서는 心으로 되어 있다.
4) 刑: 賀本에서는 利로 되어 있다.

字, 人人曰"方臘來矣"! 所至瓦解. 臘之婦紅裝盛飾, 如后妃之象. 以鏡置胸懷間, 就日中行, 則光彩[6]爛然, 競傳以爲祥瑞.【儒用】

133:5 論及楊公, 云: "當時也無甚大賊, 不過只是盜賊而已. 如李成之徒, 也只是劫掠. 若無討, 則不過自食人, 皆不是做事底."【義剛】

133:6 建賊范汝爲本無技能, 爲盜亦非其本心. 其叔積中, 卻素有包藏, 陰結徒黨, 置兵器滿倉箱中. 其徒勸之擧事, 每每猶豫, 若有所待. 有不快於中者, 輒火十數家, 且殺人, 因劫之爲首, 其人終不肯, 但曰: "時未可, 我決不能爲, 汝輩可別推一人爲主." 衆遂擁▲[7]汝爲, 勢乃猖獗. 建之士如歐陽穎士·施逵·吳琮者, 善文章, 多材藝, 或已登科, 皆望風往從之. 置僞官, 日以蕭·曹·房·杜自相標置, 以漢祖·唐宗頌其功德. 汝爲愚人, 偃然當之. 朝廷遣官軍來平賊. 時秋稼已熟, 賊聞官軍且至, 放水灌田, 又以禾穟相結連, 已而決塍去水. 官軍至, 不諳其山川道路. 賊縱之入山, 山路險隘, 騎卒不能前. 賊覺官軍已疲困, 乃出平原以誘官軍. 官軍出山, 爭趨田中, 旣爲結穟牽絆, 又陷泥淖. 賊因◇[8]面鏖擊之, 官軍大敗. 乘勝據建州三年, 累降累叛. 竟遣韓世忠來, 方能勦除之. 汝爲自縊, 尸爲衆所焚, 弗獲. 初, 建人陸棠 謝尙有鄕曲之譽. ▲[9] 賊聲言: "使二人來招我, 吾降矣." 朝廷遣之. 旣而賊有二心, 乃拘縶久之. 歐陽輩又說之日益切, 因循遂爲賊用. 賊敗, 歐陽穎士·吳琮先誅死, 陸·謝·施逵以檻車送行在. 至中途, 逵謂二人曰: "吾輩至, 必死. 與其戮于[10]市朝, 且極痛楚, 曷若早自裁?" 二人曰: "何可得自死?" 逵曰: "易爾." 乃密令人爲藥三丸[11],

---

5) 間: 賀本에서는 閒으로 되어 있다.
6) 彩: 賀本에서는 采로 되어 있다.
7) ▲: 戴
8) ◇: 四
9) ▲:【陸乃龜山婿. 爲士人時, 極端重, 頗似有德器者.】
10) 于: 賀本에서는 於로 되어 있다.
11) 丸: 孝宗刊本·成化本·賀本에서는 元으로 되어 있다.

小大形色俱相似, 一乃無毒者. 逵取無毒者服之, 餘二人服卽死. 逵旣至行在, 歸罪于[12]二 人, 理官無所考證, 迄從末減, 但編置湖南某州, 中途又逃去, 或爲道人, 或爲行者, 或爲人典庫藏, 後迤邐望淮去. 有喜其材者, 以女妻之. 住數月, 復北走降虜, 改名宜生, 登僞科後, 擢用甚峻. 逆亮將犯淮時, 猶爲之奉使. 比[13]來時, 黃尙書通老爲館伴. 黃幼與之同筆硯, 雅相好, 至是, 不欲見其人, 以疾[14]辭. 遂改名張子公. 宜生猶問子公: "通老安在!" 子公以實對. 欲扣虜中事, 不可得. 因登六和塔, 子公領客, 宜生先登, 亟問之曰: "奉使得無首丘之念乎?" 宜生曰: "必來." 言方終而介使至, 宜生色爲之變. 旣歸, 卽爲虜所誅. 【龍泉尉施慶之乃其族也. 嘗擧宜生十數詩. 內入使時「題都亭驛」詩云: "江梅的皪未全開, 老倦無心上將臺. 人在江南望江北, 斷鴻聲裏送潮來." 又按『蕭閑集注』, 宜生字朋望, 建安 浦城人, 宣・政間爲潁川敎授, 與宗室趙德麟友善. 後仕劉豫. 豫廢, 歸其國. 歷南臺郎中, 刺濕[15]・深二州, 召爲禮侍, 累遷侍講, 道號"三住道人." ○儒用】

133:7 一士人見龜山, 容貌甚端莊, 坐不動, 每來必如是, 以此喜之. 一日, 引入書院, 久坐. 忽報有客, 龜山出接, 士人獨坐, 凝然▲[16]如故. 宅眷壁外窺之, 大段驚異. 士人別去, 家人以實告, 皆稱其如此好人, 愈爲所取. 後以女妻之, 乃陸棠也. 及范汝爲作亂, 棠入其黨, 見矯情飾貌之難信也. 【過】

133:8 李棏寇廣西, 出榜, 約不收民稅十年, 故從叛者如雲, 稱之爲"李王", 反謂官兵爲賊. 以此知今日取民太重, 深是不便. 【廣】

133:9 瀘州之事, 朝廷旣是命委清强官體究, 帥司若有謀, 只那體究

12) 于: 賀本에서는 於로 되어 있다.
13) 比: 孝宗刊本・成化本에서는 此로 되어 있다.
14) 疾: 賀本에서는 遂로 되어 있다.
15) 濕: 賀本에서는 隰으로 되어 있다.
16) ▲: 不動

官便是捉賊官. 且如揀差體究官, 帥司秪[17]密著一不下司文字與之, 令到地頭體究, 隨宜便與處分. 若體究官到彼, 他見朝廷之意未十分來煎迫, 亦須開門放入. 但只與之言: "今日之事旣是如此, 若大兵四合勦滅, 亦不難. 今亦未能如是, 但你這頭首人, 合當出來陳說始初是如何." 及其旣至, 則收而梟之, 事卽定矣. 若遽然進兵掩捕, 則事勢須激, 城中之人不可保, 而州郡必且殘破. 【道夫】

「夷狄」

133:10 西夏 李繼遷本夷狄, 姓托跋, 後賜姓李. 五代時有其地, 國初世襲. 太宗欲取之, 遂召繼遷歸京師, 以別人代之. 一日, 繼遷逃歸. 朝廷費無限心力不能得, 遂以其兄繼隆知夏州, 令招之. 其兄遂陰與之合, 每奏朝廷, 謂已無事. 後朝廷又召其兄歸, 繼遷遂復有其地. 靈州屬朝廷, 又在西夏之外, 爲西夏截斷, 又以兵圖之, 使不得通朝廷. 靈州絶遠, 難救援. 又其地渾沙無水, 不可掘. 每兵行, 則用水以自隨, 渴殺了多少. 人行其沙, 地上皆動, 陷了數百人馬, 只見不在. 太宗心欲棄之而不言. 時參政張洎【南唐亡國之臣, 專以諂敗其主. 歸, 又以諂遭遇.】 揣知上意, 卽進可棄之說. 上問宰相呂端, 又令各進說. 端言, 如此則各有說, 非僉議合謀之意. 洎卽詆端避事. 端言, 洎不過揣合上意. 後洎卽進說, 端不曾進. 上謂洎揣合果如端言, 封還其說. 朝廷遂詔靈州守臣出兵與接, 漸漸離去棄之. 張齊賢以爲不可, 如此則被夏人掩殺, 須是與之戰, 勝則得之[18], 不勝則漸漸引去. 方議未定, 忽報靈州已爲夏人所破矣, 因而爲彼所有. 後來朝廷費了許[19]多氣力去取. 韓·范輩用兵後, 徐禧 永樂之敗是也. 張魏公舊官於陝西, 嘗登高望見西夏界外, 則西夏土地亦不甚闊. 如何强盛, 被他守得如此好! 祖宗

---

17) 秪: 成化本·賀本에서는 祇로 되어 있다.
18) 則得之: 『小分』에서는 之則得을 교정부호로 바로잡았다.
19) 許: 『朱子語類』에서는 幾로 되어 있다.

時, 兵每出輒敗. 今依舊五州, 全又更取過那邊去了, 土地合闊矣. 只見强盛, 虜人亦不柰何, 當時亦曾敗於彼.【揚】

133:11 因論西夏事, 曰: "當時事不可曉. 看來韓·范亦無素定基本, 只是逐旋做出. 且如當時覆軍敗將, 這下方且失利, 他之勢甚張, 忽然自來納款求和, 這全不可曉. 後來不久, 元昊遂死. 不知他不死數年, 又必有甚姦謀, 大未可知. 且如當時朝廷必欲他稱臣, 遂使契丹號令之. 契丹方自以爲功, 朝廷正未有所處, 又卻二國自相侵凌. 不爾, 則當時又須費力. 大抵西人勇健喜鬪, 三五年必一次爲邊害. 本朝韓·范·張魏公諸人, 他只是一箇秀才, 於這般事也不大段會. 只是被他忠義正當, 故做得恁地."【道夫】

133:12 或問: "范文正公經理西事, 看得多是收拾人才." 曰: "然. 如滕子京·孫元規之徒, 素無行節, 范公皆羅致之幕下. 後犯法, 又極力救解之. 如劉滬·張亢亦然. 蓋此等人是有才底, 做事時, 須要他用, 但要會用得他." 又云: "范公嘗立一軍爲'龍猛軍', 皆是招收前後作過黥配底[20]人, 後來甚得其用. 時人目范公爲'龍猛指揮使.'" 又曰: "方范公起用事時, 軍政全無統紀, 從頭與他整頓一番. 其後卻只務經理內地, 養威持重, 專行淺攻之策, 以爲得寸則吾之寸, 得尺則吾之尺. 卒以此牽制夏人, 遣使請和."【僩用】

133:13 問: "本朝建國, 何故不都關中?" 曰: "前代所以都關中者, 以黃河左右旋繞, 所謂'臨不測之淵'是也. 近東獨有函谷關一路通山東, 故可據以爲險. 又, 關中之山, 皆自蜀漢而來, 至長安而盡.【池錄作"關中之[21]山皆自西而東."】 若橫山之險, 乃山之極高處.【橫山皆黃石山, 不生草木.】 本朝則自橫山以北, 盡爲西夏所有, 山河之固, 與吾共之, 反

---

20) 配底: 『小分』에서는 底配를 교정부호로 바로잡았다.
21) 作"關中之: 『小分』에서는 "關中之作을 교정부호로 바로잡았다.

據高以臨我, 是以不可都也. 神宗銳意欲取橫山, 蓋得橫山, 則可據高以臨彼. 然取橫山之要, 又在永樂. 故永樂之城, 夏人以死爭之, 我師大敗. 神宗聞喪師大慟, 聖躬由是不豫."【按『編年』, 重和元年, 童貫命种師道・劉延慶等取夏國・永[22]和等寨, 大敗夏人而還. 六月, 夏人納款. 初, 夏人恃橫山諸險以抗中國. 慶曆中, 王嗣宗・范仲淹建議取之, 會元昊納款而止. 元豐中, 李憲建議, 又會王師失利, 神宗厭兵, 不克行. 貫嘗[23]從憲得其規摹. 政和初, 議進築. 至是十餘年, 遂得橫山之地[24]. 夏人失援, 故納款. 然國家是時已建下燕之策, 益以多故. 其後西夏與女眞和[25]. 乙巳冬, 女眞圍太原, 夏人犯河外, 則是橫山之取, 有以結怨於彼也.】 又曰: "神宗初卽位, 富韓公爲相, 問爲治之要, 富公曰: '須是二十年不說著"用兵"二字.' 此一句便與神宗意不合. 已而擢用王介甫, 首以用兵等說稱上旨, 君臣相得甚懽[26]. 時建昌軍司戶王韶上「平戎策」, 介甫力薦之. 初爲秦鳳路經略, 司機宜, 後知通遠軍, 遂一戰而復熙河. 捷書聞, 上大喜, 解白玉帶以賜介甫, 賞其知人, 又加韶爲龍圖閣待[27]制, 以爲熙河帥. 熙河本鎭洮軍, 因復其地, 改爲熙州. 只是廣漠之鄉, 有之不加益, 無之不加損. 狃於一勝之後, 廟論一意主於用兵, 三敗至於永樂, 極矣[28]. 永樂之敗, 徐禧死之. 禧, 師川之父, 黃魯直之妹夫也. 能文章, 好談兵, 也有進策行於世, 文字甚好. 二蘇之文未出, 學者爭傳誦之[29]."【儒用】

133:14 神宗其初要結高麗去共攻契丹. 高麗如何去得! 契丹自是大

---

22) 永: 賀本에서는 求로 되어 있다.
23) 嘗: 賀本에서는 常으로 되어 있다.
24) 地: 成化本에서는 也로 되어 있다.
25) 和: 孝宗刊本・賀本・萬曆本에서는 人으로 되어 있고 成化本에서는 墨丁으로 되어 있고 徽州本에서는 有로 되어 있다.
26) 甚懽: 『小分』에서는 懽甚을 교정부호로 바로잡았다.
27) 待: 賀本에서는 侍로 되어 있다.
28) 問: "本朝建國 … 極矣: 【附箋紙】"問: '本朝建國'", 止"至於永樂, 極矣", 當移入于一百二十卷「本朝」〈神宗〉條下, 更詳考之如何.
29) 永樂之敗 … 學者爭傳誦之: 【附箋紙】自"永樂之敗", 止"傳誦之", 當移入于一百二十九卷「本朝」條中, 可也. 然更詳之如何.

國, 高麗朝貢於彼, 如何敢去犯他!【義剛】

133:15 人主好勤遠略底, 也是無意思. 當初高麗遣使來, 朝廷只就他使者以禮答遣之, 神宗卻要別差兩使去. 緣他那裏知文, 故兩使皆侍從, 皆是文人. 高麗自是臣屬之國, 如何比得契丹! 契丹自是敵國.【義剛】

133:16 嘗見韓無咎說高麗入貢時, 神宗喻其進先秦古書. 及進來, 內有六經不曾焚者. 神宗喜, 即欲頒行天下. 王介甫恐壞他『新經』, 遂奏云: "眞僞未可知. 萬一刊行後, 爲他所欺, 豈不傳笑夷夏!" 神宗遂止, 本亦不傳. 以某觀之, 未必有是事. 蓋招徠高麗時, 介甫已不在相位. 且神宗是甚次第剛明! 設使所進眞[30]有契于[31]上心, 亦豈介甫所能止之? 又記『文昌雜錄』中說, 高麗所進『孝經』門【上下一二句記未眞.】 緯經, 只是讖緯之書, 必無進先秦古書之事. 但嘗聞尤延之云: "『孟子』'仁也者人也'章下, 高麗本云: '義也者, 宜也, 禮也者, 履也, 智也者, 知也, 信也者, 實也: 合而言之, 道也.'" 此說近是.【僩用】

133:17 或問高麗風俗好. 曰: "終帶蠻夷之風. 後來遣子弟入辟雍, 及第而歸者甚多. 嘗見先人『同年小錄』中有'賓貢'者, 即其所貢之士也.【"賓貢"二字, 更須訂證.】 當時宣賜幣帛之外, 又賜介甫『新經』三十本, 盛以黑函, 黃帕其外, 得者皆寶藏之.【僩用】

133:18 國家方與女眞和時, 高麗遣使來求近上醫師二人. 上召老醫, 擇二人遣往. 至則日夕厚禮, 皆不問醫, 而多問禁中事. 二醫怪而問之, 高麗主曰: "我有緊密事, 欲達宋皇. 恐所遣使不能密, 故欲得宋皇親近之人而分付之. 所以問公禁中事者, 欲以見公是所親信耳." 二人

---

30) 眞: 孝宗刊本에서는 直으로 되어 있다.
31) 于: 賀本에서는 於로 되어 있다.

因問之, 高麗主◇[32]: "聞宋皇欲與女眞和, 夾攻契丹, 此非良策. 蓋我國與女眞陸路相通, 常使人察之. 女眞不是好人, 勝契丹後, 必及宋, 而我[33]國亦不能自存, 此合當[34]思所[35]以備之." 二人問所以備之之說, 曰: "女眞作一陣法甚好, 我今思得一法勝之." 因令觀教其女眞陣, 蓋如拐子馬之類. 二人歸奏, 上怒, 召老醫而責之. 其一人出門吐血, 後不[36]死, 其一人歸卽[37]死. 【義剛 ○儒用錄云[38]: "先生嘗見玉山 汪丈云, ▲[39] 二醫歸, ◇[40]奏本末. 徽宗聞之, 滋不樂, 且懼其語泄. 丞相童·蔡輩乃爲食於家, 召二醫以食之, 食畢而斃."】

133:19 高麗與女眞相接, 不被女眞所滅者, 多是[41]有術以制之. 高麗歷[42]五十餘主, 今此方爲權臣所簒而易姓. 【義剛 ○又一條云: "高麗得四十主. 今已易姓, 姓[43]王."】

133:20 金虜舊巢在會寧府, 四時遷徙無常. 春則往鴨綠江獵, 夏則往一山, 【忘其名】 極冷, 避暑, 秋亦往一山如何, 冬往一山射虎. 今都

---

32) ◇: 曰
33) 我: 賀本에서는 吾로 되어 있다.
34) 當: 孝宗刊本에서는 常으로 되어 있다.
35) 所: 徽州本에서는 有로 되어 있다.
36) 後不: 徽州本에서는 而로 되어 있다.
37) 卽: 徽州本에서는 而로 되어 있다.
38) 儒用錄云: 徽州本에서는 按李儒用錄同而少異, 今附於下云으로 되어 있다.
39) ▲: 得之御史臺一老吏. 方徽宗通好女眞, 爲滅遼之約, 高麗有所聞, 欲納忠誠, 不可得. 遂托病遣使求醫於本朝, 且願得供奉內庭·上所親信者. 遂擇二國醫以往. 至則館御供帳, 其禮甚厚, 但經月無引見之音. 二醫怪之, 私有請於館伴者. 一日, 得旨入見, 引至內庭. 盡屛左右, 諭二醫曰: '寡人非病也. 顧有誠款, 願效於上國, 欲得附卿奏之, 幸密以聞!' 二醫許諾. 則曰: '女眞人面獸心, 貪婪如豺狼, 安可與之共事? 今不早圖之, 後悔無及! 聞其訓練國人皆爲精兵, 累歲有事於燕, 每戰轉勝. 小國得一二陣法, 可與之角. 如欲得之, 敢不唯命!' 諭畢, 方厚爲之禮而遣之.
40) ◇: 具
41) 多是: 徽州本에서는 他自是로 되어 있다.
42) 歷: 成化本·賀本에서는 要로 되어 있고 徽州本에서는 更으로 되어 있다.
43) 姓: 成化本에서는 없다.

燕山矣.【揚】

133:21 燕山之北, 古有大山嶺爲隔, 但有一路傍險水. 後來石晉以與耶律, 則其險路在其度內矣.【揚】

133:22 燕山是古幽州, 石晉割賂契丹. 契丹旣爲金人所滅, 其種之傑者遂來據燕. 其主死, 其妻蕭太后主之. 童貫·蔡攸往取之番. 番兵敗後, 金人自取之. 朝廷求之, 遂盡載數州之物·婦女之類而去, 更索厚資賣之. 朝廷以其所索之物與之, 遂得數州空地, 朝廷空內資以守之. 郭藥師者, 燕將, 初歸本朝. 金人來取燕, 遂歸金, 郭只留守燕. 及本朝得燕, 郭又迎降. 金人一日大節,【冬至之類.】 官吏都集賀郭. 郭留飮, 盡取各人家屬之類盡來飮. 少頃, 金人兵至, 無[44]一人得脫者, 自此遂入寇矣. 朝廷與大遼結好百十年矣, 一日忽與金人約共攻遼, 而本朝無一人往. 是時方十三起, 童貫自這邊來了, 遂不及往. 旣失約, 後取燕又是金人. 金人見本朝屢敗兵於燕, 遂有入寇之心. 是時相王黼主其事, 童貫主兵, 蔡攸副之. 蔡京不主, 作詩送其子云: "百年信約宜堅守, 六月師徒早罷休." 京作事都作兩下: 取燕有功, 則其子在, 無功, 則渠不曾主. 又有一子絛上書言其父不是, 聞亦是其父之謀也. 金寇初圍城時, 京云: "有一策可使虜人一兵不反." 朝廷使人問之, 云: "見上方可言." 寇去, 人問之, 云: "決汴河可以灌之." 後寇再來, 未至時已[45]決之矣. 西北[46]數千里, 渺然巨浸, 東南[47]遂爲寇所據. 四方音問一信不通, 以此故也.【揚】

133:23 粘罕圍太原一年有餘, 姚師古輩皆爲其戰退, 遂破太原. 張孝純守太原一年, 多少辛苦. 及城破, 拚一死不得, 遂降, 後爲劉豫處

44) 無: 孝宗刊本에서는 燕으로 되어 있다.
45) 已: 賀本에서는 以로 되어 있다.
46) 西北: 賀本에서는 東南으로 되어 있다.
47) 東南: 賀本에서는 西北으로 되어 있다.

官. 太原旣破, 遂一直圍京城.【揚】

133:24 李若水勸欽宗出. 李謂虜人可信, 醉後枕人睡熟, 以此信之.【揚】

133:25 金人初起時, 初未立將. 臨發兵, 召集庭下問之, 有能言其策之善者, 卽授以將, 使往. 及成功而歸, 又集庭下問衆人而賞之金幾多. 衆人言未得, 又加之. 賞罰如此分明, 安得不成事!【揚】

133:26 虜人有一謀時, 聚諸尊長於一屋內, 全不言, 只用一物畫地, 謀了便各去做. 如其事難決, 便出野外無人處去商量.【揚】

133:27 兀朮征蒙, 死於道, 有三策獻於虜主: 一則以汴京立淵聖, 欲招致江南之人, 二則以近上宗室守邊, 三則講和. 曰: "若行前二者, 也被他攪." 又曰: "道君有子四十人, 只放[48]二十人歸來. 這二十人親王, 也要物事供他."【燾】

133:28 "虜至紹興, 守臣李鄴降虜. 及駕至明州, 張俊大殺一番. 駕泛海, 虜人走. 明州人今尙怨張俊不乘時殺去, 可大勝, 遂休了. 辛巳, 逆亮來時, 一隊自海中來, 李寶自膠西殺敗. 李鄴旣降, 與虜酋並馬出. 有一衛士赴駕不及, 尙留紹興見之. 以一大方磚逐打其酋, 幾中, 因被害, 死之. 今立一廟在其所, 賜旌忠額. 後人皆於其廟賣酒, 某至, 一切逐去之, 說與王書, 令崇奉之." 先生又云: "某在時, 更爲大其廟. 其衛士姓唐."【揚】

133:29 劉豫來寇, 朝廷只管謀避計. 李伯紀云: "自南京退維揚, 遂失河東·北, 自維揚退金陵, 遂失京東·西. 一番退, 一番失. 設若是

48) 放: 孝宗刊本·成化本에서는 做로 되어 있다.

金人來, 柰熱不得, 亦著去, 不能久留. 今又只是劉豫, 只是[49]這邊人. 渠得一邑, 守一邑, 得一郡, 守一郡. 如何只管遠避!" 【揚】

133:30 逆亮入寇時, 劉信叔在楊州[50]. 亮欲至, 劉盡焚城外居屋, 盡用石灰白了城, 多寫"完顏亮死於此"字. 亮多忌, 見而惡之, 遂居龜山. 人多不可容, 必致變, 果死滅. 【揚】

133:31 王仲衡云: "虜中大臣有過時, 用紫茸氈鋪地, 令伏其上杖之, 嘗有一宰相・一駙馬受杖. 駙馬因此悒怏而死, 非恨其杖也, 恨不得紫茸氈也." 又曰: "嘗有一官人出, 有一吏人來, 至其花園中, 背上黃袱, 袱得一束文字. 某問: '何文字?' 曰: '史書也.' 那官人伊是史官. 某問: '可借▲[51]?' 曰: '不妨.' 遂開看. 內有一段云: '詔曰: 〈宰相姓名某. 謀南伐, 若以爲是, 合盡心以贊其謀, 以爲不是, 合盡忠極力以諫之. 不可依違以敗成算. 今某人略略諫之, 可杖六十〉.'" 【揚】

133:32 "楊割大師阿骨打【楊割之子】・吳乞買【阿骨打之弟】・完顏亶【乞買之子】. 完顏亮・完顏雍・葛王璟・斡離不・斡離嘔・兀朮, 皆阿骨兄弟也. 阿骨打旣死, 諸酋立其弟吳乞買, 乞買死, 國人欲立打[52]骨打之子諳[53]版孛訖烈. 【此五字不知如何, 記不得.】 諳[54]版孛訖烈, 【名宗盤】 虜中謂'大官人'也. 【諳[55]版者, 大也, 孛訖者, 官人也.】 '大官人'者, 卽所謂太子也. 諸酋不肯, 復立乞買之子完顏亶, 而以諳[56]版孛訖烈爲相. 諳[57]版孛訖烈實懷怨望, 云己當爲主. 亶覺之, 遂殺宗

49) 是: 孝宗刊本에서는 退로 되어 있다.
50) 楊州: 『朱子語類』에서는 揚州로 되어 있다.
51) ▲: 否
52) 打: 『朱子語類』에서는 阿로 되어 있다.
53) 暗: 成化本・賀本에서는 諳으로 되어 있다.
54) 暗: 成化本・賀本에서는 諳으로 되어 있다.
55) 暗: 成化本・賀本에서는 諳으로 되어 있다.
56) 暗: 成化本・賀本에서는 諳으로 되어 있다.

盤. 一日遂盡誅二十七王, 悟室亦被誅, 孛訖烈亦在其中, 二十七王皆其黨與兄弟也. 連蔓宗族親舊皆殺了. 亶又爲亮所弑, 自立. 葛王先名褎, 後以其字似'衰'字, 遂改名雍. 亶・亮皆兄弟也.【亶之父行名皆從"宗", 兄弟名皆從"二[58]."】 粘罕亦阿骨打族人, 嘗爲相. 初入中國, 破京師, 斡離不・粘罕也. 斡離不早死, 斡離嗢後亦早死. 粘罕後來勸立劉豫, 內則蕭慶主其事, 蕭慶用事久. 及兀朮・撻懶廢劉豫而誅蕭慶, 粘罕爭之不能得, 亶遂忌之, 粘罕悒怏而死. 後來獨兀朮得後死. 初, 虜入中國, 問何姓最大. 中原人答以王姓最大. 虜人呼王爲'完顔.' 自是王者之後, 遂姓完顔." 又問: "虜人今漸衰替?" 曰: "卒急倒他未得. 被他立得箇頭勢大, 若十分中做得一兩分事, 便足以扶持振起. 除是大無道殘暴酷虐, 則不知如何. 若是如此做將去, 無大段殘暴之事, 恐卒消磨他未得, 蓋其勢◇[59]以振起也."【卓】

133:33 論及北虜事, 當初起時, 如山林虎豹縱於原野, 豈是人! 伯謨曰: "當時曲端獻策, 不出十年, 彼必以酒色死, 方可取." 先生曰: "阿骨打纔得幽州, 便死. 曾見有人論虜人無事權在其主, 用兵權在將, 故虜主不用兵. 此說是. 大抵當初出時是夷狄, 及志得意滿, 與我何異?" 因語[60]某人欲請邊郡自效. 先生曰: "『易』曰: '知進退存亡而不失其正者, 其惟聖人乎!' 上之人不欲用兵, 而我自欲爲[61]之, 是不識時." 問: "恢復之事, 多始勤終怠, 如何?" 曰: "只以私意爲之, 不以復讎爲念[62]."【可學】

133:34 葛王大故會. 他所以要和親者, 蓋恐用兵時諸將執兵權, 或

---

57) 暗: 成化本・賀本에서는 諳으로 되어 있다.
58) 二: 賀本에서는 上으로 되어 있다.
59) ◇: 易
60) 語: 賀本에서는 與로 되어 있다.
61) 自欲爲: 『小分』에서는 自爲欲을 교정부호로 바로잡았다.
62) 不以復讎爲念: 【附箋紙】下, 一百三十五卷側錄"如阿骨打", 止"事也", 當移入于〈復讎爲念〉條下. 如字, 當刪.

得要已. 不如和親, 可坐享萬乘之樂. 其初雖是利於用兵, 到後來惟恐我來[63]與他廝殺.【義剛】

133:35 葛王便是會底. 他立得年號也强, 謂之"大定."【義剛】

133:36 葛王懲逆亮之敗, 一向以仁政自居[64].

133:37 先生喟然歎[65]曰: "某要見復中原, 今老矣, 不及見矣!" 或者說: "葛王在位, 專行仁政, 中原之人呼他爲'小堯·舜.'" 曰: "他能尊行堯·舜之道, 要做大堯·舜也由他." 又曰: "他豈能[66]變夷狄之風? 恐只是天資高, 偶合仁政耳."【友仁】

133:38[67] 南渡之後, 說復讎者, 惟胡氏父子說得無病, 其餘並是半上落下說. 雖魏公要用兵, 其實亦不能明大義, 所以高宗只以區區成敗進退之. 到[68]秦檜主和, 虜歸河南, 上下欣然, 便只說得地之美, 更不說大義. 若無范伯達 如圭, 則陵寢一向忘[69]之矣! 魏公時責[70]永州[71], 亦入文字, 只說莫與之和, 如何感動! 魏公傾五路兵爲富平之敗, 又潰於淮上. 若無氣力, 也是做不得事. 韓魏公煞是箇人物, 然亦適是人事恰做得. 若更向上, 且怕難擔當.【賀孫 ○論規恢[72]】

---

63) 來: 賀本에서는 없다.
64) 居: 徽州本에서는 이 뒤에【道夫】가 더 있다.
65) 歎: 孝宗刊本·英祖刊本·成化本에서는 嘆으로 되어 있다.
66) 能: 賀本에서는 없다.
67) 133:38 … 133:52 :【附箋紙】自"南渡", 止"四段之類, 甚微", 凡十五條, 當移入于上一百三十二卷〈一日獨侍坐〉條下.
68) 到: 賀本에서는 列로 되어 있다.
69) 忘: 賀本에서는 委로 되어 있다.
70) 責: 賀本에서는 謫으로 되어 있다.
71) 永州: 徽州本에서는 이 뒤에 居住가 더 있다.
72) 論規恢: 孝宗刊本에서는 規恢論으로 되어 있고 賀本에서는 論恢復로 되어 있다.

133:39 檜死，上即位，正[73]大有爲之大機會!【揚】

133:40 邵弘取泗州，胡昉取海州.【邵公人脚[74]家. 胡[75]角場牙[76]人.】唐・鄧・汝三州，皆官軍取之，王師駸駸到南京矣，而諸將虜掠婦女之類不可言. 吳玠更要人錢，虜騎來，走歸矣!【虜人一番圍泗州[77]， 弘力扼之, 後救[78]兵至, 方解. ○揚】

133:41 泗・海・唐・鄧四州，皆可取西京中原之地. 逆亮來時用兵，僅取得此四州，而湯思退無故與之，惜哉!【揚】

133:42 晉人下吳，卻是已[79]得蜀. 從蜀中[80]造船，直抵南岸. 周世宗只圖江南，是時襄・漢・蜀中別有主，所以屯淮上，開河抵江. 今蜀中出兵，可以入武關，從襄・漢・樊・鄧可以擣汝・洛，繇[81]淮上可以取徐州. 辛巳間，官軍已奪宿州. 國家若大舉，只用十五萬精兵.【德明】

133:43 江州皇甫將【名倜.】 曾領兵守信陽，作山寨三年. 云: "由箕[82]山接金・房諸山而出，取西京中原." 云: "國家用事，某願當此一路." 云: "都不用國家兵糧，沿路人皆自願爲兵，且與糧." 其人忠醇，能同甘苦，得士心，不附內貴，然亦未必能[83]以律御兵而戰也.【揚】

---

73) 正: 成化本에서는 二로 되어 있다.
74) 脚: 賀本에서는 時로 되어 있다.
75) 胡: 賀本에서는 明으로 되어 있다.
76) 場牙: 賀本에서는 揚采로 되어 있다.
77) 州: 賀本에서는 洲로 되어 있다.
78) 救: 賀本에서는 林으로 되어 있다.
79) 是已: 『小分』에서는 已是를 교정부호로 바로잡았다.
80) 中: 賀本에서는 一로 되어 있다.
81) 繇: 賀本에서는 由로 되어 있다.
82) 箕: 孝宗刊本・成化本・賀本에서는 其로 되어 있다.
83) 必能: 『小分』에서는 能必을 교정부호로 바로잡았다.

133:44 陳問: “復讎之義, 『禮記』疏云: ‘『穀梁春秋』許百世復讎’又某書, 庶人許五世復讎. 又云: ‘國君許九世復讎.’ 又, 某人引魯 桓公爲齊 襄公所殺, 其子莊公與齊 桓公會盟, 『春秋』不譏. 自桓至定公九世, 孔子相定公, 會齊侯于[84]夾谷, 是九世不復讎也. 此說如何[85]?” 曰: “謂復百世之讎者是亂說. 許五世復讎者, 謂親親之恩欲至五世而斬也. 『春秋』許九世復讎, 與『春秋』不譏·『春秋』美之[86]之事, 皆是解『春秋』者亂說. 『春秋』何嘗說不譏與美他來! 聖人作『春秋』, 不過直書其事, 美惡人自見. 後世言『春秋』者, 動引譏·美爲言, 不知他何從見聖人譏·美之意.” 又曰: “事也多樣. 國君復讎之事又不同.” 僩云: “如本朝夷狄之禍, 雖百世復之可也.” 曰: “這事難說.” 久之, 曰: “凡事貴謀始, 也要及早乘勢做. 才放冷了, 便做不得. 如魯 莊公之事, 他親見齊 襄公殺其父, 旣不能復, 又親與之燕[87]會, 又與之主婚, 築王姬之館於東門之外, 使周天子之女去嫁他. 所爲如此, 豈特不能復而已? 旣親與讎人如此, 如何更責他報齊 桓公! 況更欲責定公 夾谷之會, 爭那裏去? 見讎在面前, 不曾報得, 更欲報之於其子若孫, 非惟事有所不可, 也自沒氣勢, 無意思了. 又況齊 桓公率諸侯尊周室以義而擧, 莊公雖欲不赴其盟會, 豈可得哉! 事又當權箇時勢義理輕重. 若桓公不是尊王室, 無事自來召諸侯, 如此則莊公不赴可也. 今桓公名爲尊王室, 若莊公不赴, 非是叛齊, 乃叛周也. 又況桓公做得氣勢如此盛大, 自家如何便復得讎? 若欲復讎, 則襄公殺其父之時, 莊公[88]當以不共戴天之故, 告之天子·方伯·連率, 必以復讎爲事, 殺得襄公而後已, 如此方快. 今[89]旣不能然, 又親與之同會, 與之主婚, 於其正當底讎人尙如此, 則其子何罪? 又況其子承其被殺後而[90]入國[91], 又做得國來

84) 于: 賀本에서는 於로 되어 있다.
85) 此說如何: 徽州本에서는 陳丈擧此以問先生으로 되어 있다.
86) 之: 徽州本에서는 他로 되어 있다.
87) 燕: 賀本에서는 宴으로 되어 있다.
88) 莊公: 徽州本에서는 이 뒤에 與之同時那時가 더 있다.
89) 今: 成化本에서는 人으로 되어 있다.
90) 後而: 『小分』에서는 而後를 교정부호로 바로잡았다.

自好, 莊公之所不如, 宜其不能復而俛首事之也." 陳問: "若莊公能殺襄公了, 復與桓公爲會, 可否?" 曰: "旣殺襄公, 則兩家之事已了, 兩邊方平, 自與桓公爲會亦何妨? 但莊公若能殺襄公, 則'九合諸侯, 一正天下'之功, 將在莊公而不在齊桓矣. 惟其不能, 所以只得屈服事之也. 只要乘氣勢方急時便做了, 方好. 才到一世二世後, 事便冷了. 假使自家欲如此做, 也自鼓氣不振. 又況復讎, 須復得親殺吾父祖之讎方好. 若復其子孫, 有甚意思? 漢武帝引『春秋』'九世復讎'之說, 遂征胡狄, 欲爲高祖報讎, 『春秋』何處如此說? 諸公讀此還信否? 他自好大喜功, 欲攘伐夷狄, 姑托此以自詭耳[92]! 如本朝靖康虜人之禍, 看來只是高宗初年, 乘兀朮·粘罕·斡離不及阿骨打未死之時, 人心憤怒之日, 以父兄不共戴天之讎, 就此便打疊了他, 方快人意. 孝宗卽位, 銳意雪恥, 然事已經隔, 與吾敵者, 非親殺吾父祖之人, 自是鼓作人心不上. 所以當時號爲端人正士者, 又以復讎爲非, 和議爲是. 而乘時喜功名輕薄巧言之士, 則欲復讎. 彼端人正士, 豈故欲忘此虜? 蓋度其時之不可, 而不足以激士心也. 如王公明炎·虞斌父[93]之徒, 百方勸用兵, 孝宗盡被他說動. 其實無能, 用著輒敗, 只志在脫賺富貴而已. 所以孝宗盡被這樣底欺, 做事不成, 蓋以此耳." 僩云: "但不能殺虜主耳. 若而今捉得虜人來殺之, 少報父祖之怨, 豈不快意?" 曰: "固是好, 只是已不干他事, 自是他祖父事. 你若捉得他父祖來殺, 豈不快人意! 而今是他子孫, 干他甚事?" 又問: "疏中又引君以無辜殺其父, 其子當報父之讎, 如此則是報君, 豈有此理?" 曰: "疏家胡說, 豈有此理!" 又引伍子胥事, 說聖人是之. 曰: "聖人何嘗有明文是子胥來! 今之爲『春秋』者都是如此." 胡問: "疏又引子思曰: '今之君子, 退人若[94]將隊諸淵. 毋爲戎首, 不亦善乎!' 言當執之, 但勿爲兵首, 從人以殺之可也." 曰:

91) 國: 徽州本에서는 이 뒤에【更檢桓公是襄公之子否】가 더 있다.
92) 耳: 徽州本에서는 이 뒤에 에 莊公之讎, 親自不曾復得, 是責定公來谷之會, 爭那裏去? 假使要做, 也做不成也가 더 있다.
93) 父: 徽州本에서는 이 뒤에 允文이 더 있다.
94) 若: 成化本에서는 君으로 되어 있다.

“盡是胡解! 子思之意, 蓋爲或人問‘禮爲舊君有服’, 禮歟? 子思因云, 人君退人無禮如此, 他不爲戎首來殺你, 已自好了, 何況更望其爲你服? 此乃自人君而言, 蓋甚之之辭, 非言人臣不見禮於其君, 便可以如此也. 讀書不可窒塞, 須看他大意.”【僩】

133:45 恢復之計, 須是自家喫得些辛苦, 少做十年或二十年, 多做三十年. 豈有安坐無事, 而大功自致之理哉!【道夫】

133:46 今朝廷之議, 不是戰, 便是和, 不和, 便戰. 不知古人不戰不和之間, 亦有箇且硬相守底道理, 卻一面自作措置, 亦如何便侵軼得我! 今五六十年間[95], 只以和爲可靠, 兵又不曾練得, 財又不曾蓄得, 說恢復底, 都是亂說耳.【螢】

133:47 某嘗謂恢復之計不難, 惟移浮靡不急之費以爲養兵之資, 則虜首可梟矣.【道夫】

133:48 近見吳公濟會中朋友讀時文策, 其間有問道德功術者二篇: 一篇以功術爲不好, 一篇以爲有道德, 則功術乃道德之功術, 無道德則功術不好. 前篇不如後篇. 某常見一宰相說, 上甚有愛人之心, 不合被近日諸公愛說恢復. 某應之曰: “公便說得不是, 公何不曰愛人乃所以爲恢復, 恢復非愛人不能?” 因說「爲政」篇道・德・政・刑與此一般. 有道德, 則刑政乃在其中, 不可道刑政不好, 但不得專用政刑耳.

133:49 本朝禦戎, 始終爲“和”字壞. 後來人見景德之和無恙, 遂只管守之. 殊不知當時本朝全盛, 抵得住. 後來與女眞, 彼此之勢如何了!【揚 ○和戎.】

95) 間: 孝宗刊本에서는 朋으로 되어 있다.

133:50 問: "不能自強, 則聽天所命, 修德行仁, 則天命在我." 因說靖康之禍, 云云. "終始爲講和所誤. 虜人至城下, 攻城, 猶說講和. 及高宗渡江, 亦只欲講和." 問: "秦檜之所以力欲講和者, 亦以高宗之意自欲和也." 曰: "然. 是他知得虜人之意是欲厭用兵. 他當初自虜中來時, 已知得虜人厭兵, 故這裏迎合高宗之意, 那裏[96]又投合虜人之意. 虜人是時子女玉帛已自充滿厭足, 非復曩時長驅中原之銳矣, 又被這邊殺一兩陳怕了. 兼虜之創業之主已死, 他那邊兄弟自相屠戮, 這邊兵勢亦稍稍強, 所以他亦欲和."【卓】

133:51 秦檜自虜中歸, 見虜人溺於聲色宴安, 得之中國者日夜爛熳[97], 亦有厭兵意. 秦得此意, 遂歸來主和. 其初亦善[98]矣, 然屈[99]已奉之, 蕩不爲一毫計. 使其和中自治有策, 後當逆亮之亂, 一掃而復中原, 一大機會也, 惜哉!【揚】

133:52 秦檜講和時, 歲幣絹二萬五千匹, 銀二萬五千兩. 今歲絹減五千匹, 銀減五千兩, 此定數. 每常往來人事禮數, 皆用金銀器盛腦子貴藥物之類, 所費不貲. 大約等絹三千五百文一匹, 銀二千五百文一兩, 大數一百二十萬緡. 彼來時, 只是些羊巴匹段之類, 甚微.【揚】

附 考異 [三]三丸【丸一誤元】 比來【比一誤此】 [七] 眞和【和一誤人】 [八] 眞有【眞一作直】 [十] 至無【無一誤燕】 [十二] 只放【放一誤做】 是這【是一誤退】 [十三] 乞買之子【據宋鑑則恐誤】 顏雍【雍下當有皆阿骨打子孫】 子諳【子當作孫】 子完【完上當有而立】 諳版孛訖烈【當作宗盤下同】 孛訖【止】 其中【疑衍】 [十四] 蕭慶【一作高慶裔下同】 終怠【怠一作惰】 [十五] 場牙【一作揚采】 [十八] 阿骨打【當作吳

96) 裏: 成化本・賀本에서는 個로 되어 있다.
97) 得之中國者日夜爛熳: 孝宗刊本・成化本에서는 小註로 되어 있다.
98) 善: 賀本에서는 是로 되어 있다.
99) 屈: 賀本에서는 猶로 되어 있다.

乞買】 [十九] 年間【間一誤朋】 [二十一] 主和【止】 善矣【此句上下疑有闕誤 ○ 善一作是】

『朱子語類』卷第一百三十四

「歷代一[1]」

134:1[2] 司馬遷才高, 識亦高, 但麤率.【閎祖 ○以下歷代史】

134:2 太史公書疏爽, 班固書密塞.【振】[3]

134:3 司馬子長動以孔子爲證, 不知是見得, 亦且是如此說. 所以伯恭每發明得非細, 只恐子長不敢承領耳.

134:4 『史記』亦疑當時不曾得删改脫藁.「高祖紀」記迎太公處, 稱"高祖."此樣處甚多. 高帝[4]未崩, 安得"高祖"之號?『漢書』盡改之矣.『左傳』只有一處云: "陳 桓公有寵於王."

134:5 曹器遠說「伯夷傳」"得孔子而名益彰"云云. 先生曰: "伯夷當初何嘗指望孔子出來發揮他!" 又云: "'黃屋左纛, 朝以十月, 葬長陵.' 此是大事, 所以書在後." 先生曰: "某嘗謂『史記』恐是箇未成底文字, 故記載無次序, 有疏闊不接續處, 如此等是也."【閎祖】

134:6 因言: "班固作『漢書』, 不合要添改『史記』字, 行文亦有不識當時意思處. 如七國之反,『史記』所載甚疏略, 卻都是漢道理, 班固所

---

1) 歷代一: 徽州本에서는 이 뒤에 總論史春秋戰國이 더 있다.
2) 134:1 … 134:48 :【附箋紙】 論歷代史條, 自"司馬遷才高", 止"便不平正.【道夫錄】", 凡四十二條, 移入于下一百三十六卷末, 似好, 當更詳之.
3)【振】: 徽州本에서는【從周】로 되어 있다.
4) 高帝: 成化本・賀本에서는 高祖로 되어 있다.

載雖詳, 便卻不見此意思. 呂東萊甚不取班固. 如載文帝「建儲詔」云: '楚王, 季父也, 春秋高, 閱天下之義理多矣, 明於國家之大體. 吳王於朕, 兄也, 惠仁以好德. 淮南王, 弟也, 秉德以陪朕. 豈不爲豫哉!' 固遂節了吳王一段, 只於'淮南王'下添'皆'字云: '皆秉德以陪朕.' 蓋'陪'字訓'貳', 以此言弟則可, 言兄可乎! 今『史記』中卻載全文." 又曰: "屛山卻云: '固作漢紀, 有學『春秋』之意. 其敘傳云: 〈爲春秋考紀〉.'" 又曰: "遷史所載, 皆是隨所得者載入, 正如今人草藁. 如酈食其踞洗前面已載一段, 末後又載, 與前說不同. 蓋是兩處說, 已寫入了, 又據所得寫入一段耳." 【螢】

134:7 顏師古注『前漢書』如此詳, 猶有不可曉者, 況其他史無注者. 漢 宣 渭上詔令"單于毋謁", 范升劾周黨"伏而不謁", 謁不知是何禮數, 無注. 疑是君臣之禮. 見而自通其名, 然不可考矣. 【方子 ○必大錄云: "想謁禮必又重."】

134:8 『漢書』有秀才做底文章, 有婦人做底[5]文字, 亦有載當時獄辭者. 秀才文章便易曉. 當時文字多碎句, 難讀. 『尙書』便有如此底. 「周官」只如今文字, 太齊整了.

134:9 『漢書』言: "幾者動之微, 吉凶之先見者也." 又如"豈若匹夫匹婦之爲諒, 自經於溝瀆而人莫之知也"! 添一箇"人"字, 甚分曉. 【道夫】

134:10 "解雜亂紛糾者不控拳." 拳, 音綦, 攘臂繩, 今之骨袖手圈也. 言解鬪者當善解之, 不可牽引綦繩也. "批亢擣虛." 亢, 音剛, 喉嚨也. 言與人鬪者, 不扼其喉, 拊其背, 未見其能勝也. 【僩】

134:11 沈存中以班固「律曆志」定言數處爲脛說是小說中"脛廟"之

5) 做底: 『小分』에서는 底做을 교정부호로 바로잡았다.

意, 蓋不曉算法而言爾.【人傑】

134:12 『漢書』"引繩排挀【音痕.】 不附已者", 今人誤讀"挀"爲"根." 注云: "猶今言'根格'【音戶各[6]反.】 之類." 蓋關中俗語如此. "挀格", 猶云"抵拒擔閣"也. "引繩排挀", 如以繩扞拒然.【僩】

134:13 劉昭『補志』, 於冠幘車服尤詳, 前史所無.【方子】

134:14 『晉書』皆爲許敬宗胡寫入小說, 又多改壞了. 東坡言, 『孟嘉傳』, 陶淵明之自然, 今改[7]云"使然." 更有一二處.【饒何氏錄作"此類甚多."】 東坡此文亦不曾見. 揚因問: "『晉書』說得晉人風流處好." 先生云云. 又云: "『世說』所載, 說得較好, 今皆改之矣."【揚】

134:15 『載記』所紀夷狄祖先之類, 特甚, 此恐其故臣追記而過譽之.

134:16 『舊唐書』一傳載乞加恩相王事, 其文曰: "恩加四海." 宋景文爲改作"恩加骨肉."

134:17 『五代史』略假借太原, 以劉知遠之後非僭竊, 辭較直也.【揚】

134:18 『五代舊史』, 溫公『通鑑』用之. 歐公蓋以此作文, 因有失實處. 如宦者張居翰當時但言緩取一日則一日固, 二日則二日固. 歐公直將作大忠, 說得太好了.

134:19 問: "班『史』·『通鑑』二氏之學如何?" 曰: "讀其書自可見."

---

6) 各: 英祖刊本에서는 名으로 되어 있고 賀本에서는 谷으로 되어 있다.
7) 改: 賀本에서는 蓋로 되어 있다.

又曰: “溫公不取孟子, 取揚子, 至謂王伯無異道. 夫王伯之不侔, 猶碔砆之於美玉. 故荀卿謂粹而王, 駁而伯. 孟子與[8)]齊・梁之君力判其是非者, 以其有異也. 又, 溫公不喜權謀, 至修書時頗刪之, 柰當時有此事何? 只得與他存在. 若每處刪去數行, 只讀著都無血脈意思, 何如存之, 卻別做論說以斷之?”【驤】[9)]

134:20 『通鑑』文字有自改易者, 仍皆不用『漢書』上古字, 皆以今字代之. 『南』・『北史』除了『通鑑』所取者, 其餘只是一部好笑底小說.

134:21 明仲看『節通鑑』. 文定問: “當是溫公節否?” 明仲云: “豫讓好處. 是不以死生二其心, 故襄子[10)]云: ‘眞義士也!’ 今節去之, 是無見識[11)], 必非溫公節也.”【方】

134:22 溫公無自節『通鑑』. 今所有者乃僞本, 序亦僞作.

134:23 『通鑑』例, 每一年或數次改年號者, 只取後一號. 故石晉冬始簒, 而以此年繫之. 曾問呂丈. 呂丈曰: “到此亦須悔. 然多了不能改得. 某◇[12)]以甲子繫年, 下面注所改年號.”

134:24 『通鑑』: “告姦者與斬敵首同賞, 不告姦者與降敵同罰.” 『史記』商君議更法, 首◇[13)]有斬敵首・降敵兩條賞罰, 後面方有此兩句比類之法. 其實秦人上戰功, 故以此二條爲更法之首. 溫公卻節去之, 只存後兩句比類之法, 遂使讀之者不見來歷. 溫公修書, 凡與已意不

---

8) 與: 賀本에서는 爲로 되어 있다.
9)【驤】: 徽州本에서는【道夫】로 되어 있다.
10) 襄子: 成化本・賀本에서는 簡子로 되어 있다.
11) 見識: 『小分』에서는 識見을 교정부호로 바로잡았다.
12) ◇: 只
13) ◇: 便

合者, 卽節去之, 不知他人之意不如此. 『通鑑』比[14]類多矣. 【僩】

134:25 『通鑑』: "事末利及怠而貧者, 擧以爲收孥." 謂收之爲奴婢, 不得比良民. 有罪, 則民得以告之官而自殺之. 【僩】

134:26[15] 溫公論才德處未盡. 如此則才都是不好底物矣!" 【僩】

134:27 或問溫公才・德之辨. 曰: "溫公之言非不是, 但語脈有病耳. 才如何全做不好? 人有剛明果決之才, 此自是好. 德, 亦有所謂'昏德.' 若塊然無能爲, 亦何◇[16]於德! 德是得諸已, 才是所能爲. 若以才・德兼全爲聖人, 卻是聖人又夾雜箇◇[17]不好也." 【銖】

134:28 才有好底, 有不好底, 德有好底, 有不好底. ▲[18] 如溫公所言, 才是不好底. 旣才是不好底, 又言"才德兼全謂之聖人", 則聖人一半是不好底! 溫公之言多說得偏, 謂之不是則不可. 【節】

134:29 問: "溫公言: '聰明[19]彊[20]毅之謂才.' 聰明恐只是才, 不是德." 曰: "溫公之言便是有病. 堯・舜皆曰'聰明', 又曰'欽明', 又曰'文明', 豈可只謂之才! 如今人不聰明, 便將何者喚作德也?" 【銖】

134:30 溫公以正直中和爲德, 聰明[21]彊[22]毅爲才. 先生曰: "皆是德

14) 比: 『朱子語類』에서는 此로 되어 있다.
15) 134:26 … 134:31 : 【附箋紙】 自"溫公論才德", 止"可謂之才", 凡六條, 當移入于第五卷末〈論才〉條下, 更詳之.
16) ◇: 取
17) ◇: 好
18) ▲: 德者, 得之於己, 才者, 能有所爲.
19) 明: 成化本에서는 察로 되어 있다.
20) 彊: 賀本에서는 强으로 되어 있다.
21) 明: 成化本에서는 察로 되어 있다.
22) 彊: 『朱子語類』에서는 强으로 되어 있다.

也. 聖人以仁智勇爲德. 聰明[23]便是智, 强毅便是勇."【賜】

134:31 陳仲亨問諸儒才・德之說. 曰: "合下語自不同. 如說'才難', 須是那有德底才. 高陽氏才子八人, 這須是有德而有才底. 若是將才對德說, 則如'周公之才之美'樣, 便有是才更要德. 這箇合下說得自不同." 又問智伯五賢. 曰: "如說射御足力之類, 也可謂之才."【義剛】

134:32 溫公『通鑑』不信"四皓"輔太子事, 謂只是叔孫通諫得行. 意謂子房如此, 則是脅其父. 曰: "子房平生之術, 只是如此. 唐 太宗從諫, 亦只是識利害, 非誠實. 高祖只是識事機, 明利害. 故見'四人[24]'者輔太子, 便知是得人心, 可以爲之矣. 叔孫通嫡庶之說如何動得他! 又謂高祖平生立大功業過人, 只是不殺人. 溫公乃謂高祖殺四人, 甚異.【事見『考異』.】 其後一處所在, 又卻載四人. 又不信劇孟事, 意謂劇孟何以爲輕重! 然又載周丘, 其人極無行, 自請於吳, 云[25]▲[26]呼召得數萬人助吳. 如子房・劇孟, 皆溫公好惡所在. 然著其事而立論以明之可也, 豈可以有無其事爲褒貶? 溫公此樣處議論極純." 因論章惇言溫公義理不透曰: "溫公大處占得多. 章小黠, 何足以知大處!"【揚】

134:33 溫公謂魏爲正統. 使當三國時, 便去仕魏矣.【升卿】

134:34 胡致堂云: "『通鑑』久未成書. 或言溫公利餐錢, 故遲遲. 溫公遂急結末[27]了. 故唐・五代多繁冗."【見『管見』後唐 莊宗"六月甲午"條下. ○方子[28]】

---

23) 明: 成化本에서는 察로 되어 있다.
24) 四人: 賀本에서는 四皓로 되어 있다.
25) 云: 孝宗刊本・成化本에서는 없다.
26) ▲: 去
27) 末: 賀本에서는 束으로 되어 있다.
28) 方子: 賀本에서는 方으로 되어 있다.

134:35 溫公之言如桑麻穀粟. 且如『稽古錄』, 極好看, 常思量教太子諸王. 恐『通鑑』難看, 且看一部『稽古錄』. 人家子弟若先看得此, 便是一部古今在肚裏了.【學蒙】

134:36『稽古錄』有不備者, 當以『通鑑』補之. 溫公作此書, 想在忙裏做成, 元無義例.【閎祖】

134:37『稽古錄』一書, 可備講筵官僚進讀. 小兒讀六經了, 令接續讀去, 亦好. 末後一表, 其言如蓍龜, 一一皆驗. 宋莒公『歷年通譜』與此書相似, 但不如溫公之有法也. 高氏『小史』亦好一[29]書, 但難得本子.【高峻 唐人.『通鑑』中亦多取之. ○方子】

134:38『匡衡傳』·司馬公史論·『稽古錄』·范『唐鑑』, 不可不讀.【賀孫】

134:39 致堂『管見』方是議論.『唐鑑』議論弱, 又有不相應處. 前面說一項事, 末又說別處去[30].

134:40『唐鑑』欠處多, 看底辨得出時好.

134:41『唐鑑』多說得散開無收殺. 如姚崇論擇十道使患未得人, 它自說得意好, 不知范氏何故卻貶其說.【螢】

134:42 范『唐鑑』第一段論守臣節處不圓. 要做一書補之, 不曾做得. 范此文草草之甚. 其人資質渾厚, 說得都如此平正. 只是疏, 多不入理. 終守臣節處, 於此亦須有些處置, 豈可便如此休了! 如此議論, 豈

---

29) 好一: 賀本에서는 一好로 되어 있다.
30) 去: 徽州本에서는 이 뒤에【賡】이 더 있다.

不爲英雄所笑!【揚錄云: "程門此人最好. 然今看, 都只是氣質. 呂與叔緊."】

134:43 "范『唐鑑』首一段專是論太宗本原, 然亦未盡. 太宗後來做處儘好, 只爲本領不是, 與三代便別." 問: "歐陽以'除隋之亂, 比迹湯·武, 致治之美, 庶幾成·康'贊之, 無乃太過?" 曰: "只爲歐公一輩人尋常亦不曾理會本領處, 故其言如此."【端蒙】

134:44 范氏以武王釋箕子, 封比干事, 比太宗誅高德儒. 此亦據他眼前好處恁地比並, 也未論到他本原處. 似此樣, 且寬看. 若一一責以全, 則後世之君不復有一事可言.【端蒙】

134:45『唐鑑』白馬之禍, 歐公論不及此.

134:46『唐鑑』議論, 覺似迂緩不切. 考其意, 蓋王介甫秉政, 造新法, 神考專意信之, 以爲眞可以振起國勢, 一新其舊, 故范氏之論每以爲此惟在人主身心之間而不在法. 如言, 豐財在於節用, 神考曰: "豈有著破皂襖·破皮鞋, 卽能致國富邪!"【公謹】

134:47『唐鑑』意正有疏處. 孫之翰『唐論』精練, 說利害如身處親歷之, 但理不及『唐鑑』耳.【閎祖】

134:48 伯恭晚年謂人曰: "孫之翰『唐論』勝『唐鑑』." 要之, 也是切於事情, 只是大剛卻不正了. 『唐鑑』也有緩而不精確處, 如言租·庸·調及楊炎二稅之法, 說得都無收殺. 只云在於得人, 不在乎法, 有這般苟且處. 審如是, 則古之聖賢徒法[31]云爾. 他也是見熙寧間詳於制度, 故有激而言. 要之, 只那有激, 便不平正.【道夫】

31) 法: 賀本에서는 善으로 되어 있다.

134:49[32] 或說"二氣五行, 錯糅[33]萬變." 曰: "物久自有弊壞. 秦 漢而下, 二氣五行自是較昏濁, 不如太古之清明淳[34]粹. 且如中星自堯時至今已自差五十度了. 秦・漢而下, 自是弊壞. 得箇光武起, 整得略略地, 後又不好了. 又得箇唐太宗起來, 整得略略地, 後又不好了. 終不能如太古." 或云: "本然底亦不壞." 曰: "固是."【夔孫 ○論歷代.】

134:50 周自東遷之後, 王室益弱, 畿內疆土皆爲世臣據襲, 莫可誰何. 而畿內[35]土地亦皆爲諸侯爭據, 天子雖欲分封而不可得. 如封鄭桓公, 都是先用計, 指射鄶地, 罔而取之, 亦是無討土地處. 此後王室子孫, 豈復有疆土分封! 某常以爲郡縣之事已萌於此矣. 至秦時, 是事勢窮極, 去不得了, 必須如此做也.【僩 ▲[36]】

134:51 權重處便有弊: 宗室權重, 則宗室作亂, 漢初及晉是也, 外戚權重, 則外戚作亂, 兩漢是也. 春秋之君多逐宗族. 晉 惠公得國, 便不納群公子. 文公之入, 卽殺懷公. 此乃異日六卿分晉之兆.【必大】

134:52 問: "春秋時, 良法美意尙有存者." 曰: "去古愈近, 便古意愈多."【升卿 ○以下『春秋』】

134:53 成周之時, 卿士甚小. 到後來鄭 武公們爲王卿士, 便是宰相, 恰如後世侍中・中書令一般[37].

134:54 論周稱"卿士"不同: "在「周官」六卿之屬言之, 則卿士乃是六

---

32) 134:49 … 134:88 :【附箋紙】自"或說'二氣五行'", 止卷末"不曾契勘", 凡三十八條, 當移入于此篇之首〈司馬遷才高〉條上, 當更詳之.
33) 糅: 成化本・賀本에서는 揉로 되어 있다.
34) 淳: 賀本에서는 純으로 되어 있다.
35) 內: 賀本에서는 外로 되어 있다.
36) ▲: ○以下春秋
37) 般: 徽州本에서는 이 뒤에【賡】이 더 있다.

卿之士也.【徒幾人, 士幾人】. 如'皇父卿士, 番爲司徒', 如'周人將畀虢公政', 亦卿士. '卿士惟月', 衛 武公爲平王卿士之類, 則這般之職, 不知如何."【子蒙】

134:55 封建世臣, 賢者無頓身處, 初間亦未甚. 至春秋時, 孔子事[38]如何?【可學】

134:56 楚地最廣, 今之襄 漢皆是, 儘是强大. 齊 晉若不更伯, 楚必吞周而有天下. 緣他極强大, 所以齊桓[39]・晉文責之, 皆是沒緊要底事. 桓公[40]豈不欲將僭王猾夏之事責之? 但恐無收殺, 故只得如此. 至如晉 文 城濮之戰, 依舊委曲還他許多禮數, 亦如桓公[41]之意. 然此處亦足以見先王不忍戕民之意未泯也. 設使桓[42]・文所以責之者不少假借, 他定不肯服. 兵連禍結, 何時而已! 到得戰國, 斬首動是數萬, 無復先王之意矣!【僩】

134:57 問揚: "管仲・子産如何?" 揚謂: "管仲全是功利心, 不好. 子産較近道理. 聖人稱子産'有君子之道四', 然只就得如此, 如何? 是本原頭有病否?" 曰: "是本原雜." 問: "傅全美謂范文正所爲似子産,【謂細膩】. 是否?" 曰: "文正疏, 決不相似." "亦粗." 曰: "只是雜."【揚】

134:58 管仲內政士卿十五, 乃戰士也. 所以敎之孝悌忠信, 尊君親上之義. 夫子曰: "以不敎民戰, 是謂棄之." 故雖伯[43]者之道, 亦必如此.【人傑】

---

38) 事: 徽州本에서는 이 뒤에 弟子皆爲家臣, 不得已, 孔子暫爲大夫, 爲宰, 不知此가 더 있다.
39) 桓: 成化本・賀本에서는 威로 되어 있다.
40) 桓公: 成化本・賀本에서는 威公으로 되어 있다.
41) 桓公: 成化本・賀本에서는 威公으로 되어 있다.
42) 桓: 成化本・賀本에서는 威로 되어 있다.
43) 伯: 『朱子語類』에서는 霸로 되어 있다.

134:59 ◇[44]: "晉伐原以示信, 大蒐以示禮, 此是信禮否?" 曰: "此是假禮信之名以欺人, 欲舉而用之, 非誠心也. 如湯之於葛, 葛云'無以供粢盛', '湯使亳衆往爲之耕', 葛云'無以供犧牲', '湯使人遺之牛羊.' 至於不得已而後征之, 非是以此餌之, 而圖以殺之也." 又云: "司馬遷云, 文王之治岐, '耕者九一, 仕者世祿', 皆是降[45]陰德以分紂之天下. 不知文王之心誠於爲民者若此." 又云: "漢高祖取天下所謂仁義者, 豈有誠心哉! 其意本謂項羽背約. 及到新城, 遇三老董公遮道之言, 方假此之名, 以正彼之罪. 所謂縞素發喪之舉, 其意何在? 似此之謀, 看當時未必不是欲項羽殺之而後罪之也."【卓】

134:60 因論甯武子, 義剛言: "春秋時識義理者多." 曰: "也是那時多世臣, 君臣之分密, 其情自不能相舍, 非是皆曉義理. 古時君臣都易得相親, 天下有天下之君臣,【淳錄云: "大處有大君臣, 小處有小君臣."】 一國有一國之君臣, 一家有一家之君臣. 自秦・漢以來, 便都遼絶. 今世如士人, 猶略知有君臣之分. 若是田夫, 去京師動數千里, 它曉得甚麽君臣! 本朝但制兵卻有古意. 太祖軍法曰: '一階一級, 皆歸服事之儀.' 故軍中階級卻嚴, 有定分."[46]【義剛 ○淳錄略.】

134:61 鬻拳只是箇麤豪人, 其意則忠, 而其事皆非理, 不足言也.【僩】

134:62 子升問伍子胥. 曰: "'父不受誅, 子復讎, 可也.' 謂之亂臣賊子, 亦未可." 又問: "還是以其出亡在外而言, 亦可以爲通論否?" 曰: "古人自有這般事, 如不爲舊君服之義可見. 後世天下一家, 事體又別. 然亦以其出亡之故. 若曾[47]臣事之, 亦不可也." 又問: "父死非其罪,

44) ◇: 問
45) 降: 孝宗刊本에서는 隆으로 되어 있다.
46) 本朝但制兵卻有古意 … 有定分:【附箋紙】"本朝但制兵", 止"有定分", 當移入于一百十卷「論兵」類.

子亦可仕否?” 曰: “不可.” “孫曾如何?” 曰: “世數漸遠, 終是漸輕, 亦有可仕之理. 但不仕者正也, 可仕者權也.” 【木之】

134:63 越棲會稽, 本在平江. 楚破越, 其種散, 【『史記』】 故後號爲“百越.” 此間處處有之, 山上多有小小城郭故壘, 皆是諸越舊都邑也. 春秋末, 楚地最廣, 蓋自初間幷吞諸蠻而有其地. 如淮南之舒, 宿 亳之蓼, 皆是. 初間若不得齊 桓[48]・管仲, 看他氣勢定是呑周室. 以此觀之, 孔子稱管仲之功, 豈溢美哉? 吳之所以得破楚, 也是楚 平以後日就衰削, 又恰限使得伍子胥如此. 先又有申公巫臣往吳, 敎之射御戰陣. 這兩人所以不向齊・晉那邊去, 也是見得齊 晉都破壞了. 兼那時如闔閭・夫差・勾踐幾人, 皆是蠻夷中之豪傑. 今浙間是南越, 地平廣, 閩・廣是東越, 地狹多阻. 南豐「送李柳州」, 誤謂柳爲南越. 【賀孫】

134:64 越都會稽, 【今東石[49]外所門[50].】 土地只如今闊狹. 後幷吳了, 卻移都平江, 亦名會稽. 秦後於平江立會稽郡. 吳・越國勢人物亦不爭多, 越尙著許多氣力. 今虜何止於吳! 所以圖之者, 又不及越, 如何濟事? 今做時, 亦須著喫些艱辛, 如越始得范蠡・文種, 未是難. 二人皆在越籠絡中, 此是難. 某在紹興, 想像越當時事, 亦自快人. 越止一小國, 當時亦未甚大段富貴. 在越自克如此, 亦未是難事. 然自越之後, 後來不曾見更有一人似之, 信立事之難也! 【揚】

134:65 “范蠡載西子以往. 王銍 性之言, 歷攷文書無此事. 其原出杜牧之詩云: ‘西子下吳會, 一舸隨鴟夷.’ 王解此意又不然.” 曰: “王性之不成器. 如這般潑[51]事, 渠讀書多, 攷究得甚精且[52]多也.” 【揚】

---

47) 若曾: 『小分』에서는 曾若을 교정부호로 바로잡았다.
48) 桓: 成化本・賀本에서는 威로 되어 있다.
49) 石: 成化本에서는 在로 되어 있고 賀本에서는 門으로 되어 있다.
50) 門: 賀本에서는 在로 되어 있다.

134:66 義剛論田子方"貧賤驕人"之說, 雖能折子擊, 卻非知道者之言. 不成我貧賤便可凌人, 此豈忘乎貧賤富貴者哉? 陳仲亨不以爲然, 次日請問. 先生曰: "他是爲子擊語意而發, 但子方卻別有箇意思. 它後面說'言不用, 行不合, 則納履而去', 此是說我只是貧賤, 不肯自詘. '說大人則藐之', 孟子也如此說. 雖曰聖人'無小大, 無敢慢', 不肯如此說, 但視那爲富貴權勢所移者有間矣. 聖人氣象固不如此, 若大賢以下, 則未免如是[53]." 【以下戰國】

134:67 趙 武靈王也是有英氣, 所以做得恁地. 也緣是他肚裏事, 會恁地做得, 但他不合只倚這些子. 如後來立後一事[54], 也是心不正後, 感召得這般事來. 【義剛】

134:68 問: "樂毅伐齊, 文中子以爲善藏其用, 東坡則責其不合妄效王者事業以取敗. 二說孰是?" 曰: "這是他門[55]愛去立說, 後都不去考教子細. 這只是那田單會守後, 不柰他何. 當時樂毅自是兼秦 魏之師, 又因人怨湣王之暴, 故一旦下齊七十餘城. 及既殺了湣王, 則人心自是休了. 它又怕那三國來分他底, 連忙發遣了它. 以燕之力量, 也只做得恁地. 更是那田單也忠義, 盡死節守那二城. 樂毅不是不要取它, 也煞費氣力, 被它善守, 後不柰他何. 樂毅也只是戰國之士, 又何嘗是王者之師? 它當時也恣意去鹵掠, 政[56]如孟子所謂'毀其宗廟, 遷其重器', 不過如此擧措. 它當時那鼎也去扛得來, 他豈是不要他底? 但是田單與他皆會. 兩箇相遇, 智勇相角, 至相持三年. 便是樂毅也煞費氣力, 但取不得. 及騎劫用[57]則是大段無能, 後被田單使一箇小術數子, 便

---

51) 潑: 賀本에서는 發로 되어 있다.
52) 精且: 『小分』에서는 且精을 교정부호로 바로잡았다.
53) 是: 徽州本에서는 이 뒤에 【義剛】 이 더 있다.
54) 事: 賀本에서는 乖으로 되어 있다.
55) 門: 賀本에서는 們으로 되어 있다.
56) 政: 賀本에서는 正으로 되어 있다.
57) 騎劫用: 賀本에서는 用騎劫으로 되어 있다.

乘勢殺將去. 便是國不可以無人, 如齊但有一田單, 盡死節恁地守, 便不柰他何."【義剛】

134:69 常先難而後易, 不然, 則難將至矣. 如樂毅用兵[58], 始常懼難, 乃心謹畏, 不敢忽易, 故戰則雖大國堅城, 無▲[59]不破者. 及至勝, 則自驕, 膽大而恃兵强, 因去攻二城, 亦攻不下.【壽昌】

134:70 樂毅 莒·卽墨之圍, 乃用師之道適[60]當如此, 用速不得. 又齊湣王, 人多叛之, 及死而其子立於莒, 則人復惜之, 不忍盡亡其國. 卽墨又有田單, 故下之難. 使毅得盡其策, 必不失之.【光武下[61]一城不得. 明帝謂下之太速. ○揚】

134:71 義剛曰: "藺相如其始能勇於制秦, 其終能和以待廉頗, 可謂賢矣. 但以義剛觀之, 使相如能以待廉之術待秦, 乃爲善謀. 蓋柔乃能制剛, 弱乃能勝强. 今乃欲以匹夫之勇, 恃區區之趙而鬪强秦. 若秦奮其虎狼之威, 將何以處之? 今能使秦不加[62]兵者, 特幸而成事耳." 先生曰: "子由有一段說, 大故取它. 說它不是戰國之士, 此說也太過. 其實它只是戰國之士. 龜山亦有一說, 大概與公說相似, 說相如不合要與秦爭那璧[63]. 要之恁地說也不得. 和氏璧也是趙國相傳以此爲寶, 若當時驟然被人將去, 則國勢也解不振. 古人傳國皆以寶玉之屬爲重, 若子孫不能謹守, 便是不孝. 當時秦也是强, 但相如也是料得秦不敢殺它[64]後, 方恁地做. 若其它人, 則是怕秦殺了, 但[65]不敢去. 如藺相

58) 兵: 賀本에서는 事로 되어 있다.
59) ▲: 有
60) 適: 賀本에서는 없다.
61) 下: 孝宗刊本·成化本에서는 不로 되어 있다.
62) 加: 成化本에서는 如로 되어 있다.
63) 那璧: 『小分』에서는 璧那를 교정부호로 바로잡았다.
64) 它: 賀本에서는 他로 되어 있다.
65) 但: 『朱子語類』에서는 便으로 되어 있다.

如豈是孟浪恁地做? 它須是料度得那秦過了. 戰國時如此等也多. 黃歇取◇[66]太子, 也是如此. 當時被它取了, 秦也不曾做聲, 只恁休了." 【義剛】

134:72 春秋時相殺, 甚者若相罵然. 長平坑殺四十萬人, 史過[67]言不足信. 敗則有之, 若謂之盡坑四十萬人, 將幾多所在? 又趙卒都是百戰之士, 豈有四十萬人肯束手受死? 決不可信. 又謂秦十五年不敢出兵窺山東之類, 何嘗有此[68]等事? 皆史之溢言.

134:73 常疑四十萬人死, 恐只司馬遷作文如此, 未必能盡坑得許多人. 【德明】

134:74 "常思孫臏料龐涓暮當至馬陵, 如何料得如此好?" 僩曰: "使其不燭火看白書, 則如之何?" 曰: "臏料龐涓是箇絮底人, 必看無疑. 此有三樣: 上智底人, 他曉得必不看, 下智獃底人, 亦必不看[69], 中智底人必看, 看則墮其機矣. 嘗思古今智士之謀略詭譎, 固不可及. 然記之者能如此曲折書之而不失其意, 則其智亦不可及矣." 【僩】[70]

134:75 燕丹知燕必亡, 故爲荊軻之舉. 【德明】

134:76 術至韓非「說難」, 精[71]密至矣. 蘇・張亦尙疏.

134:77 陳仲亨問: "合從便不便?" 曰: "溫公是說合從爲六國之便. 觀

66) ◇: 楚
67) 史過: 賀本에서는 史遷으로 되어 있다.
68) 此: 賀本에서는 없다.
69) 亦必不看: 賀本에서는 亦不必看으로 되어 있다.
70) 【僩】: 賀本에서는 없다.
71) 難』, 精: 『小分』에서는 精難을 교정부호로 바로잡았다.

當時合從時, 秦也是懼. 蓋天下盡合爲一, 而秦獨守關中一片子地, 也未是長策. 但它幾箇心[72]難一, 如何有箇人兜攬得他, 也是難. 這箇卻須是如孟子之說方得. '如有不嗜▲[73]人者, 則天下之人皆引領而望之.' '師文王, 大國五年, 小國七年, 必爲政於天下.' 孟子只是責辦於[74]己. 設使當時有仁政, 則如大旱之望雲霓, 民自歸之. 秦雖强, 亦無如我何." 義剛問: "蘇秦激怒張儀, 如秦人皆說它術高, 竊以爲正是失策處." 曰: "某謂未必有此事. 所謂'激怒'者, 只是蘇秦當時做得稱意, 後去欺那張儀. 而今若說是蘇秦怕秦來敗從, 所以激張儀入秦, 庶秦不來敗從, 那張儀與你有甚人情? 這只是蘇秦之徒見他做倒了這一著後, 粧點出此事來謾人."【義剛[75] ▲[76] 人傑錄云: "嘗[77]常疑蘇秦資送張儀入秦事, 恐無此理. 當時范睢蔡澤之徒, 多是乘人間隙而奪之位, 何嘗立得事功! 吳起務在富國强兵, 破遊說之言. 縱橫者若是立脚務實, 自不容此輩紛紜撓亂也."】

134:78 問: "關中形勝, 周用以興, 到得後來, 秦又用以興." 曰: "此亦在人做. 當春秋時, 秦亦爲齊・晉所軋, 不得伸. 到戰國時, 六國又皆以夷狄擯之, 使不得與中國會盟. 及孝公因此發憤, 致得商鞅而用之, 遂以强大. 後來又得惠文・武・昭襄, 皆是會做底, 故相繼做起來. 若其間有一二君昏庸, 則依舊做壞了. 以此見得形勝也須是要人相副." 因言: "昭王因范睢傾穰侯之故, 卻盡收得許多權柄, 秦遂益强, 豈不是會?"【廣 ○▲[78]秦.】

---

72) 心: 徽州本에서는 이 뒤에 固가 더 있다.
73) ▲: 殺
74) 於: 賀本에서는 于로 되어 있다.
75) 義剛: 徽州本에서는 卓으로 되어 있다.
76) ▲: ○夔孫錄云: "因說蘇秦激張儀入秦事, 曰: '某嘗疑不恁地做得拙. 蘇秦豈不知張儀入秦, 會翻了他? 想是蘇秦輸了這一籌, 其徒遂裝撰此等說話.'"
77) 嘗: 賀本에서는 常으로 되어 있다.
78) ▲: 以下

134:79 陳仲亨以義剛所疑問云: "商鞅說孝公帝王道不從, 乃說以伯道. 鞅亦不曉帝王道, 但是先將此說在前者, 渠知孝公決不能從, 且恁地說, 庶可以堅後面伯道之說耳." 先生曰: "鞅又如何理會得帝王之道! 但是大拍頭去揮那孝公耳. 他知孝公是行不得, 他恁地說, 只是欲人知道我無所不曉." 義剛問: "不知溫公削去前一截, 是如何?" 曰: "他說無此事, 不肯信." 又問: "如子房招'四皓', 伊川取之, 以爲得'納約自牖'之義, 而溫公亦削之, 如何?" 曰: "是他意裏不愛, 不合他意底, 則削去. 某常說, 陳平說高祖曰, 項王能敬人, 故多得廉節之士. 大王嫚[79]侮人, 故廉節之士多不爲用, 然廉節士終不可得. 臣願得數萬斤金以間疏楚君臣. 這便是商鞅說孝公底一般. 他知得高祖決不能不嫚侮以求廉節之士. 但直說他, 則恐未必便從, 故且將去嚇他一嚇. 等他不從後, 卻說之, 此政與商鞅之術同. 而溫公也削去. 若是有此一段時, 見得他說得有意思[80], 今削去了, 則都無情意. 他平白無事, 教把許多金來用, 間[81]高祖便肯. 如此等類, 被他削去底多, 如何恁地得? 善善惡惡, 是是非非, 皆著存得在那裏. 其間自有許多事, 若是不好底便不載時, 孔子一部『春秋』便都不是了. 那裏面何所不有!"【義剛 ▲[82] 夔孫▲[83] "溫公性朴直, 便是不曉這般底人. 得劇孟事也不信[84], 謂世間都無這

---

79) 嫚: 賀本에서는 慢으로 되어 있다.

80) 見: 徽州本에서는 이 앞에 便이 더 있다.

81) 間: 孝宗刊本・賀本에서는 問으로 되어 있다.

82) ▲: ○元本云: "商鞅先以帝王說孝公, 此只是大拍頭揮他底. 它知孝公必不能用得這說話, 且說這大話了, 卻放出那本色底來. 『通鑑』削去前一節, 溫公之意謂鞅無那帝王底道理, 遂除去了. 溫公便是不曉這般底人. 如條侯擊吳楚, 到洛陽, 得劇孟, 隱若一敵國, 亦不信. 他說道, 如何得一箇俠士, 便隱若一敵國! 不知這般人得之未必能成事, 若爲盜所得, 煞會撓人. 蓋是他自有這般賓客, 那一般人都信向他. 若被他一下鼓動得去, 直是能生事. 又如陳平說高帝, 謂項王下人, 能得廉節之士. 大王慢侮人, 故嗜利無恥者歸之. 大王誠能去兩短, 集兩長, 則云云. 然大王恣侮慢, 必不得廉節之士. 故勸捐數萬斤金以間楚君臣. 這也是度得高祖必不能下士, 故先說許多話, 教高祖亦自知做不得了, 方說他本謀來, 故能使人聽信. 某說此正與商鞅之術同, 而溫公亦削了."

83) ▲: 錄同. 但云:

84) 但云 "溫公性朴直 … 得劇孟事也不信: 徽州本에서는 商鞅以帝王說秦, 只是大

般底人."】

134:80 以今觀之, 秦取六國當甚易, 而秦甚難之. 以古來無此樣, 不敢輕易. 因說, 後世簒奪難. 大凡事前未有樣者, 不易做.【揚】

134:81 仲亨問開阡陌. 曰: "阡陌便是井田. 陌, 百也, 阡, 千也. 東西曰阡, 南北曰陌. 或謂南北曰阡, 東西曰陌. 未知孰是. 但卻是一箇橫, 一箇直且[85]. 如百夫有遂, 遂上有涂, 這便是陌, 若▲[86]十箇涂, 恁地直在橫頭, 又作一大溝, 謂之洫, 洫上有路, 這便是阡. 阡陌只是疆界. 自阡陌之外有空地, 則只恁地閑在那裏. 所以先王要如此者, 也只是要正其疆界, 怕人相侵互. 而今商鞅卻開破了, 遇可做田處, 便墾作田, 更不要恁地齊整. 這'開'字非開創之'開', 乃開闢之'開.'『蔡澤傳』曰: '破壞井田, 決裂阡陌.' 觀此可見. 這兩句自是合掌說, 後人皆不曉. 唐時卻說寬鄉爲井田, 狹鄉爲阡陌. 東萊論井田引『蔡澤傳』兩句, 然又卻多方回互, 說從那開創[87]阡陌之意上去."【義剛】

134:82 ▲[88]

拍頭說話, 他知得孝公必行不得, 先且說這大話, 然後放那本色底出來, 通監却削去前一節, 溫公之意謂鞅無那帝王底手段, 遂刪去了. 溫公性朴直, 便是不曉這般底人. 如陳平說高祖曰: "項王下人, 故廉節之士多歸之, 大王嫚侮人, 故嗜利亡恥者亦多歸之, 誠能去兩短集兩長, 則天下定矣." 然卻言大王資侮人, 必不能得廉恥之士, 遂勸之出金間楚君臣, 只這也是度得高祖必不能下士, 故先說許多說話, 教高祖自度做他底不得, 方說出他本謀, 故使之必聽, 溫公亦去了前一節. 又如周亞夫擊吳楚, 到洛陽, 得劇孟隱若敵國, 溫公也不信, 說如何得劇孟一個俠士便會隱若敵國. 殊不知這般人得之未必能成事, 若爲盜賊所得卻會撓人, 蓋自有這一般底人都信向他, 若被他鼓動起, 直會生事. 溫公便이 더 있다.

85) 且: 賀本에서는 耳로 되어 있다.

86) ▲: 是

87) 創: 賀本에서는 없다.

88) ▲: 問井田阡陌. 曰: "已前人都錯看了. 某嘗攷來, 蓋陌者, 百也, 阡者, 千也. 井田一夫百畝, 則爲遂, 遂上有徑, 此是縱, 爲陌, 十夫千畝, 則爲溝, 溝上有畛, 此是橫, 爲阡. 積此而往, 百夫萬畝, 則爲洫, 洫上有涂, 涂縱, 又爲陌, 千夫十萬畝,

134:83 ▲[89)]

134:84 "伯恭言, 秦變法, 後世雖屢更數易, 終不出秦. 如何?" 曰: "此意好. 但使伯恭爲相, 果能盡用三代法度否?" 問: "後有聖賢[90)]者出, 如何?" 曰: "必須別有規模, 不用前人硬本子."【升卿】

134:85 黃仁卿問: "自秦 始皇變法之後, 後世人君皆不能易之, 何也?" 曰: "秦之法, 盡是尊君卑臣之事, 所以後世不肯變. 且如三皇稱'皇', 五帝稱'帝', 三王稱'王', 秦則兼'皇帝'之號. 只此一事, 後世如何肯變!" 又問: "賈生'仁義攻守'之說, 恐秦如此, 亦難以仁義守之." 曰: "它若延得數十年, 亦可扶持整頓. 只是犯衆怒多, 下面逼得來緊, 所以不旋踵而亡. 如三皇·五帝·三王以來, 皆以封建治天下. 秦一切掃除, 不留種子. 秦視六國之君, 如坑嬰兒. 今年捉一人, 明年捉兩人, 絶滅都盡, 所以犯天下衆怒. 當時但聞'秦'字, 不問智愚男女, 盡要起而亡之! 陳涉便做陳王, 張耳便做趙王, 更阻遏他不住. 漢高祖自小路入秦, 由今襄陽·金·商·藍田入關,【節錄作"從長安角上入關."】 項羽自河北大路入關. 及項羽盡殺秦人, 想得秦人亦悔不且留取子嬰在也."【銖】

134:86 秦以水德王, 故數用六爲紀.【振】

134:87 五德相承, 古人所說皆不定. 謂周爲木德, 後秦以鄒衍之說推之, 乃以爲火德. 故秦以所不勝者承周, 號水德. 漢又承周不承秦.

則爲澮, 澮上有道, 道橫, 又爲阡. 商鞅開之, 乃是當時井田旣不存, 便以此物爲無用, 一切破蕩了.『蔡澤傳』云'商君決裂阡陌', 乃是如此, 非謂變井田爲阡陌也."【夔孫 ○僩錄云: "人皆謂廢古井田, 開今阡陌云云."】

89) ▲: 阡陌是井田路, 其路甚大. 廢田, 遂一齊開小了作田, 故謂之"破井田, 開阡陌."【揚】

90) 有聖賢:『小分』에서는 賢有聖을 교정부호로 바로잡았다.

後又有謂漢非火德者. 王莽又有云云. 三代而上, 未有此論. 則東坡謂“威侮五行, 怠棄三正”者, 又未必是.【揚】

134:88 咸陽在渭北, 漢在渭南. 秦建十月已久, 『通鑑』不曾契勘.【揚】

附 考異 [五] 言聰明【明一作察】德聰明【明一作察, 下同】 [六] 吳云【云一誤去】[十一] 降陰【降一作隆】[十三] 東石【石一作在】 般潑【潑一作發】[十五] 常先難【此條非專爲樂毅立論, 當歸學類】武下【下一誤不】[十八] 用間【間一誤問】[十九] 十箇【十上一有是】

『朱子語類』卷第一百三十五

「歷代二[1]」

135:1 大亂之後易治, 戰國 嬴秦 漢初是也.【揚】

135:2 周人[2]繁密, 秦人盡掃了, 所以賈誼謂秦'專用苟簡自恣'之行. 秦又太苟簡自恣, 不曾竭其心思. 太史公・董仲舒論漢事, 皆欲用夏之忠. 不知漢初承秦, 掃去許多繁文, 已是質了.【至. ▲[3]】

135:3 漢 高祖私意分數少. 唐 太宗一切假仁借義以行其私.【若海】

135:4 漢興之初, 人未甚繁, 氣象剗地較好. 到武・宣極盛時, 便有衰底意思. 人家亦然.【義剛[4]】

135:5 或問: "高祖爲義帝發喪是詐, 後如何卻成事?" 曰: "只緣當時人和詐[5]也無. 如五伯假之, 亦是諸侯皆不能假故也."【祖道】

135:6 伯謨問: "汪公『史評』說酈食其, 說得好." 曰: "高祖那時也謾教他去, 未必便道使得著." 又問: "聖人處太公事如何?" 曰: "聖人須是外放教寬, 一面自進, 必不解如高祖突出這般說話. 然高祖也只是寬

---

1) 歷代二: 徽州本에서는 이 뒤에【兩漢】이 더 있다.
2) 人: 賀本에서는 太로 되어 있다.
3) ▲: 學蒙錄: "漢承焚滅之後, 卻有忠質底意."
4) 義剛: 徽州本에서는 이 뒤에 按陳淳錄同而略, 今附云: "漢興之初, 氣象自好, 到武・宣極盛處, 便有衰底意思, 人亦皆然"이 더 있다.
5) 詐: 成化本에서는 許로 되어 있다.

他. 劉·項之際, 直是紛紜[6]可畏. 度那時節有百十人, 有千來人, 皆成部落, 無處無之. 那時也無以爲糧, 只是劫奪."【賀孫】

135:7 廣武之會, 太公旣已爲項羽所執. 高祖若去求告他, 定殺了. 只得以兵攻之, 他卻不敢殺. 時高祖亦自知漢兵已强, 羽亦知殺得無益, 不若留之, 庶可結漢之懽心."【人傑錄云: "使高祖屈意事楚, 則有俱斃而已, 惟其急於攻楚, 所以致太公之歸也."】 問: "舜棄天下猶敝屣." 曰: "如此則父子俱就戮爾, 亦救太公不得. 若'分羹'之語, 自是高祖說得不是."【蓥 ○人傑錄云: "'分羹'之說, 則大不可. 然豈宜以此責高祖? 若以此責之, 全無是處也." 方子錄卻云: "'杯羹'之語, 只得如此."】

135:8 問: "'養虎自遺患'事, 張良當時若放過, 恐大事去矣, 如何?" 曰: "若只計利害, 卽無事可言者. 當時若放過未取, 亦不出三年耳." 問: "幾[7]會之來, 間不容髮, 況沛公素無以繫豪傑之心, 放過卽事未可知." 曰: "若要做此事, 先來便莫與項羽講解. 旣已約和, 卽不可爲矣. 大抵[8]張良多陰謀, 如入關之初, 賂秦將之爲賈人者, 此類甚多." 問: "伊川卻許以有儒者氣象, 豈以出處之際, 可觀邪?" 曰: "爲韓報仇事, 亦是, 是爲君父報仇."【德明】

135:9 或問: "太史公書項籍垓下之敗, 實被韓信布得陣好, 是以一敗而竟斃." 曰: "不特此耳. 自韓信左取燕·齊·趙·魏, 右取九江英布, 收大司馬周殷, 而羽漸困于[9]中, 而手足日翦. 則不待垓下之敗, 而其大勢, 蓋已不勝漢矣."【壯祖】

135:10 伯豐因問善家令言, 尊太公事. 曰: "此等處, 高祖自是理會

6) 紜: 『朱子語類』에서는 紛으로 되어 있다.
7) 幾: 賀本에서는 機로 되어 있다.
8) 抵: 賀本에서는 底로 되어 있다.
9) 于: 賀本에서는 於로 되어 있다.

不得. 但它見太公擁篲, 心卻不安. 然如尊太公事, 亦古所未有耳." 【謍】

135:11 高祖斬丁公, 赦季布, 非誠心欲伸大義, 特私意耳. 季布所以生, 蓋欲示天下功臣. 是時功臣多, 故不敢殺季布. 旣是明大義, 陳平·信·布皆項羽之臣, 信·布何待反而誅之? 【壽昌】

135:12 義剛說賜姓劉氏, 云: "古人族系不亂, 只緣姓氏分明. 自高祖賜姓, 而譜系遂無稽考, 姓氏遂紊亂, 但[10]是族系紊亂, 也未害於治體. 但一有同姓異姓之私, 則非[11]以天下爲公之意. 今觀所謂'劉氏冠', '非劉氏不王', 往往皆此一私意. 使天下後世有親疏之間, 而相戕相黨, 皆由此起." 先生曰: "古人是未有姓, 故賜他姓, 教他各自分別. 後來旣有姓了, 又何用賜? 但一時欲以恩結之, 使之親附於己, 故賜之. 如高祖猶少, 如唐, 夷狄來附者, 皆賜姓, 道理也是不是, 但不要似公樣恁地起風作浪說." 【義剛】

135:13 太史公 三代「本紀」, 皆著孔子所損益四代之說. 「高祖紀」又言: "色尙黃, 朝以十月", 此固有深意. 但[12]以孔·顏而行夏時, 乘商輅, 服周冕, 用『韶』舞, 則好, 以劉季爲之, 亦未濟事在. 【方子】[13]

135:14 高祖·子房英, 項羽雄. 【道夫】

135:15 嘗欲寫出蕭何·韓信初見高祖時一段, 鄧禹初見光武時一段, 武侯初見先主時一段, 將這數段語及王朴「平邊策」編爲一卷. 【雉】

---

10) 但: 徽州本에서는 이 앞에 據義剛觀之가 더 있다.
11) 非: 徽州本에서는 이 뒤에 王者가 더 있다.
12) 但: 成化本·賀本에서는 且로 되어 있다.
13) 【方子】: 徽州本에서는 【文子】로 되어 있다.

135:16 程先生謂何追信[14], 高祖通知, 亦有此理. 無垢謂申屠嘉責鄧通, 文帝亦通知, 恐未必然. 嘉乃高祖時踏弩之卒, 想亦一樸直人. 文帝教做宰相, 便爲他做, 有事當行便行. 「大事記解題」謂自嘉薨, 宰相權便輕了, 爲以御史大夫副之也. 【揚】

135:17 論三代以下人品, 皆稱子房·孔明. 子房今日說了脫空, 明日更無愧色, 畢竟只是黃·老之學. 及後疑戮功臣時, 更尋討他不著. 【螢】

135:18 "唐子西云: '自漢而下, 惟有子房·孔明爾, 而子房尚黃·老, 孔明喜申·韓', 也說得好. 子房分明是得老子之術, 其處己·謀人皆是. 孔明手寫申·韓之書以授後主, 而治國以嚴, 皆此意也." 問: "邵子云: '智哉! 留侯! 善藏其用', 如何?" 曰: "只燒絶棧道, 其意自在韓而不在漢. 及韓滅無所歸, 乃始歸漢, 則其事可見矣." 【道夫】

135:19 問子房·孔明人品. 曰: "子房全是黃·老, 皆自黃石一編中來." 又問: "一編非今之『三略』乎?" 曰: "又有黃石公『素書』, 然大率是這樣說話." 廣云: "觀他博浪沙中事, 也甚奇偉." 曰: "此又忒煞不黃·老. 爲君報仇, 此是他資質好處. 後來事業, 則都是黃·老了, 凡事放退一步. 若不得◇[15]些淸高之意來緣飾遮蓋, 則其從衡詭譎, 殆與陳平輩一律耳. 孔明學術亦甚雜." 廣云: "他雖嘗學申·韓, 却覺意思頗正大." ▲[16] 又問: "崔浩如何?" 曰: "也是箇博洽底人. 他雖自比子房, 然却學得子房獃了. 子房之辟穀, 姑以免禍耳, 他却眞箇要做." 【廣】

135:20 子房多計數, 堪下處下. 【揚】[17]

---

14) 信: 賀本에서는 韓信으로 되어 있다.

15) ◇: 那

16) ▲: 曰: "唐子西嘗說子房與孔明皆是好人才, 但其所學, 一則從黃·老中來, 一則從申·韓中來."

135:21 張良一生在荊棘林中過, 只是殺他不得. 任他流血成川, 橫尸[18]萬里, 他都不知.【椿】

135:22 叔孫通爲綿蕝之儀, 其效至於群臣震恐, 無敢喧嘩失禮者. 比之三代燕享群臣氣象, 便大不同, 蓋只是秦人尊君卑臣之法.【人傑. ▲[19]】

135:23 齊·魯二[20]生之不至, 亦是見得如此, 未必能傳孔·孟之道. 只▲[21]它深知叔孫通之爲人, 不肯從他[22]耳.【營】

135:24 漢之'四皓', 元稹嘗有詩譏之. 意謂楚·漢紛爭却不出, 只爲呂氏以幣招之, 便出來, 只定得一箇惠帝, 結裹小了. 然觀'四皓', 恐不是儒者, 只是智謀之士.【營】

135:25 伯豐問: "'四皓'是如何人品?" 曰: "是時人材[23], 都沒理會, 學術權謀, 混爲一區. 如安期◇[24]·蒯通·蓋公之徒, 皆合做一處. '四皓'想只是箇權謀之士. 觀其對高祖言語重, 如'願爲太子死', 亦脅之之意." 又問: "高祖欲易太子, 想亦是知惠帝人才不能負荷?" 曰: "固是. 然便立如意, ◇[25]了不得. 蓋題目不正, 諸將大臣不心服. 到後來呂氏橫做了八年, 人心方憤悶不平, 故大臣誅諸呂之際, 因得以誅少帝. 少帝但非張后子, 或是後宮所出, 亦不可知. 史謂大臣陰謀以少帝非惠

---

17)【揚】: 成化本에서는 없다.
18) 尸: 賀本에서는 屍로 되어 있다.
19) ▲: ○必大錄云: "叔孫通制漢儀, 一時上下肅然震恐, 無敢喧嘩, 時以爲善. 然不過尊君卑臣, 如秦人之意而已, 都無三代燕饗底意思了."
20) 二: 孝宗刊本에서는 一로 되어 있다.
21) ▲: 是
22) 他: 成化本·賀本에서는 它로 되어 있다.
23) 材: 賀本에서는 才로 되어 있다.
24) ◇: 生
25) ◇: 亦

帝子, 意亦可見. 少帝◇[26]竟是呂氏黨, 不容不誅耳. 杜牧之詩云: '南軍不袒左邊袖, 四老安劉是滅劉', ▲[27]【營】

135:26 "召平高於'四皓', 但不知高后時, 此四人在甚處." 蔡丈云: "康節謂事定後, 四人便自去了." 曰: "也不見得. 恐其老死, 亦不可知."【廣】

135:27 韓信反, 無證見.【閎祖】

135:28 問: "南軒嘗對上論韓信·諸葛之兵異." 曰: "韓都▲[28]詭詐無狀."【揚】

135:29 三代以下, 漢之文帝, 可謂恭儉之主.【道夫】

135:30 文帝曉事, 景帝不曉事.【文蔚】

135:31 文帝學申·韓刑名, 黃·老淸靜, 亦甚雜. 但是天資素高, 故所爲多近厚. 至景帝以刻薄之資, 又輔以慘刻之學, 故所爲不如文帝. 班固謂漢言文·景帝者, 亦只是養民一節略同, 亦如周云"成康", 康亦無大好處. 或者說「關雎」之詩, 正謂康后淫亂, 故作以譏之.【子蒙】

135:32 文帝不欲天下居三年喪, 不欲以此勤民, 所爲大綱類墨子.【賀孫】

---

26) ◇: 畢

27) ▲: 如唐 中宗事, 致堂·南軒皆謂五王合倂廢中宗, 因誅武氏, 別立宗英. 然當時事勢, 中宗却未有過, 正緣無罪被廢, 又是太宗孫, 高宗子, 天下之心思之, 爲它不憤, 五王亦因此易於成功耳. 中宗後來所爲固謬, 然當時便廢他不得."

28) ▲: 是

135:33 或問: "文帝欲短喪. 或者要爲文帝遮護, 謂非文帝短喪, 乃景帝之過." 曰: "恐不是恁地. 文帝當時遺詔敎大功十五日, 小功七日, 纖[29]三日. 或人以爲當時當服大功者只服十五日, 當服小功者只服七日, 當服纖者只三日, 恐亦不解恁地. 臣爲君服, 不服則已, 服之必斬衰三年, 豈有此等級? 或者又說, 古者只是臣爲君服三年服, 如諸侯爲天子, 大夫爲諸侯, 及畿內之民服之. 於天下吏民, 無三年服, 道理必不可行. 此制必是秦人尊君卑臣, 却行這三年, 至文帝反而復之耳." 【子蒙】

135:34 問: "文帝問陳平錢穀刑獄之數, 而平不對, 乃述所謂宰相之職. 或以爲錢穀刑獄一得其理, 則陰陽和, 萬物遂, 而斯民得其所矣. 宰相之職, 莫大於是, 惜乎平之不知此也." 曰: "平之所言, 乃宰相之體. 此之所論, 亦▲[30]一說. 但欲執此以廢彼, 則非也. 要之, 相得人, 則百官各得其職. 擇一戶部尙書, 則錢穀何患不治? 而刑部得人, 則獄事亦淸平矣. 昔魏文侯與田子方飮, 文侯曰: '鍾聲不比乎左高.' 田子方笑. 文侯◇[31]: '何笑?' 子方曰: '臣聞之, 君明樂官, 不明樂音. 今君審於音, 臣恐其聾於官也.' 陳平之意, 亦猶是爾. 蓋知音而不知人, 則瞽者之職爾. 知人, 則音雖不知, 而所謂樂者, 固無失也. 本朝韓魏公爲相, 或謂公之德業無媿[32]古人, 但文章有所不逮. 公曰: '某爲相, 歐陽永叔爲翰林學士, 天下之文章, 莫大於是!' 自今觀之, 要說他自不識, 安能知歐陽永叔, 也得. 但他偶然自知, 亦奈他何?" 【道夫】

135:35 問: "周亞夫'軍中聞將軍令, 不聞天子詔', 不知是否?" 曰: "此軍法." 又問: "大凡爲將之道, 首當使軍中尊君親上, 若徒知有將, 而不知有君, 則將皆亞夫, 固無害也. 設有姦將一萌非意, 則軍中之人,

29) 纖: 賀本에서는 服纖으로 되어 있다.
30) ▲: 是
31) ◇: 曰
32) 媿: 賀本에서는 愧로 되어 있다.

豈容不知有君?" 曰: "若說到反時, 更無說. 凡天子命將, 旣付以一軍, 只當守法. 且如朝廷下州縣取一件公事, 亦須知州知縣肯放, 方可發去. 不然, 豈可輒易也!" 【自修】

135:36 賈誼說敎太子, 方說那承師問道等事, 却忽然說[33]帝入太學之類, 後[34]面又說太子, 文勢都不相干涉, 不知怎地? 賈誼文章, 大抵恁地無頭腦, 如後面說: "春朝朝日, 秋莫夕月", 亦然. 他方說太子, 又便從天子身上去. 某嘗疑"三代之禮"一句, 合當作"及其爲天子"字. 蓋詳他意, 是謂爲太子時敎得如此, 及爲天子則能如此. 它皆是引『禮經』全文以爲證, 非是他自說如此. 【義剛】

135:37 問: "賈誼『新書』云: '太子處位不端, 受業不敬, 言語不序, 聲音不應律.' 聲音應律, 恐是以歌詠而言?" 曰: "不是如此. 太子新生, 太師吹律以驗其啼. 所謂應律, 只是要看他聲音高下. 如大射禮'擧旌以宮, 偃旌以商', 便是此類.' 【文蔚】

135:38 問: "賈誼『新書』'立容言早立', 何謂'早立'?" 曰: "不可曉. 如『儀禮』云'疑立', 疑却音屹, 屹然而立也." 【節】

135:39 問賈誼『新書』. 曰: "此誼平日記錄藁草也. 其中細碎俱有, 「治安策」中所言, 亦多在焉." 【方子】

135:40 賈誼『新書』除了『漢書』中所載, 餘亦難得粹者. 看來只是賈誼一雜記藁耳, 中間事事有些. 【廣】

135:41 問: "賈誼'五餌'之說, 如何?" 曰: "伊川嘗言, 本朝正用此術.

33) 說: 徽州本에서는 이 뒤에 禮曰이 더 있다.
34) 後: 徽州本에서는 이 앞에 說了가 더 있다.

契丹分明是被金帛買住了. 今日金虜亦是如此." 昌父曰: "交鄰國, 待夷狄, 固自有道. '五餌'之說, 恐非仁人之用心." 曰: "固是. 但虜人分明是遭餌. 但恐金帛盡則復來, 不爲則已, 爲則五餌須幷用. 然以宗室之女妻之, 則大不可. 如烏孫公主之類, 令人傷痛. 然何必夷狄? '齊人歸女樂', 便是如此了. 如阿骨打初破遼國, 勇銳無敵. 及旣下遼, 席卷其子女而北, 肆意蠱惑, 行未至其國而死." 因笑謂趙曰: "頃年於呂季克處見一畫卷, 畫虜酋與一胡女竝轡而語. 季克苦求詩, 某勉爲之賦, 末兩句云: '却是燕姬解迎敵, 不敎行到殺胡林.' 正用骨打[35]事也."[36]

【僩】

135:42 文帝便是善人, 武帝却有狂底氣象. 陸子靜「省試策」說武帝强文帝. 其論雖偏, 亦有此理. 文帝資質雖美, 然安於此而已. 其曰: "卑之無甚高論, 令今可行", 題目只如此. 先王之道, 情願不要去做, 只循循自守. 武帝病痛固多, 然天資高, 志向大, 足以有爲. 使合下便得箇眞儒輔佐, 豈不大有可觀? 惜乎無眞儒輔佐, 不能勝其多欲之私, 做從那邊去了! 欲討匈奴, 便把呂后嫚書做題目, 要來揜蓋其失. 他若知得此, 豈無"修文德以來"道理? 又如討西域, 初一番去不透, 又再去, 只是要得一馬, 此是甚氣力! 若移來就這邊做, 豈不可? 末年海內虛耗, 去秦始皇無幾. 若不得霍光收拾, 成甚麽? 輪臺之悔, 亦是天資高, 方如此. 嘗因人言, 太子仁柔不能用武, 答以"正欲其守成. 若朕所爲, 是襲亡秦之迹!" 可見他當時已自知其罪[37]. 向若能以仲舒爲相, 汲黯爲御史大夫, 豈不善?【先生歸後, 再有取[38]答問目云: "狂者志高, 可以有爲, 狷者志潔[39], 有所不爲, 而可以有守. 漢武狂, 然又不純一, 不足言也." ○淳 ○

---

35) 阿骨打: 賀本에서는 骨打로 되어 있다.

36) 如阿骨打初破遼國 … 正用骨打事也: 【附箋紙】"如阿骨打", 止"打事也", 當移入于上一百三十三卷〈夷狄〉條可學錄"不以復讎爲念"下, 更詳之. 如字, 當刪.

37) 罪: 徽州本에서는 非로 되어 있다.

38) 取: 孝宗刊本에서는 揖로 되어 있고 成化本에서는 批로 되어 있다.

39) 潔: 孝宗刊本 · 賀本에서는 志索으로 되어 있고 成化本에서는 志素로 있다.

寓錄見「狂狷」章.】

135:43 “漢守高祖無功不侯之法甚嚴. 武帝欲侯李廣利, 亦作計, 終破之. 法制之不足恃, 除得人方好.” 因論□□[40]取武帝, 曰: “其英雄, 乃其不好處, 看人不可如此.” 又謂: “文帝雖只如[41]此, 然亦不是胸中無底. 觀與賈誼夜半前席之事, 則其論說甚多. 誼蓋皆與帝背者, 帝只是應將去. 誼雖說得如‘厝火薪下’之類, 如此之急, 帝觀之, 亦未見如此.” 又云: “彼自見得, 當時之治, 亦且得安靜, 不可撓.”【揚】

135:44 武帝做事, 好揀好名目. 如欲逞兵立威, 必曰: “高皇帝遺我平城之憂!” 若果以此爲恥, 則須“修文德以來之”, 何用窮兵黷武, 驅中國生民於沙漠之外, 以償鋒鏑之慘!【道夫】

135:45 武帝征匈奴, 非爲祖宗雪積年之忿, 但假此名而用兵耳.【壽昌】

135:46 王允云: “武帝不殺司馬遷, 使作謗書.” 如「封禪書」所載祠祀事. 「樂書」載得神馬爲「太一歌」, 汲黯進曰: “先帝百姓, 豈能知其音耶[42]?” 公孫弘曰: “黯誹謗聖制, 當族.” 下面却忽然寫許多『禮記』. 又如「律書」說律, 又說兵, 又說文帝不用兵, 贊歎一場. 全似困[43]是箇醉人東撞西撞! 觀此等處, 恐是此意.【閎祖】

135:47 漢儒董仲舒較穩, 劉向雖博洽而淺, 然皆不見聖人大道. 賈誼・司馬遷皆駁雜, 大意是說權謀功利. 說得深了, 覺見不是, 又說一兩句仁義. 然權謀已多了, 救不轉. 蘇子由『古史』前數卷好, 後亦合雜

40) □□: 賀本에서는 子靜으로 되어 있다.
41) 如: 成化本・賀本에서는 없다.
42) 耶: 孝宗刊本・成化本・賀本에서는 邪로 되어 있다.
43) 似困: 成化本에서는 似個로 되어 있고 賀本에서는 是箇로 되어 있다.

權謀了.[44)]

135:48 漢儒初不要窮究義理, 但是會讀, 記得多, 便是學.【揚】

135:49 漢儒注書, 只注難曉處, 不全注盡本文, 其辭甚簡.【揚】

135:50 問: "君臣之變, 不可不講. 且如霍光廢昌邑, 正與伊尹同. 然尹能使太甲'自怨自艾', 而卒復辟. 光當時被昌邑說'天子有爭臣七人'兩句後, 他更無轉側. 萬一被他[45)]更咆勃[46)]時, 也惡模樣." 曰: "到這裏也不解恤得惡模樣了." 義剛曰: "光畢竟是做得未宛轉." 曰: "做到這裏, 也不解得宛轉了." 良久, 又曰: "人臣也莫願有此. 萬一有此時, 也十分使那宛轉不得."【義剛[47)]】

135:51 問: "霍光廢昌邑, 是否?" 曰: "是." "使太甲[48)]終不明, 伊尹如之何?" 曰: "亦有道理."【可學】

135:52 或問: "霍光不負社稷, 而終有許后之事, 馬援[49)]以口過戒子孫, 而他日有裹尸之禍." 先生曰: "'采葑采菲, 無以下體.' 取人之善, 爲己師法, 不當如此論也."【若海】

135:53 問宣帝雜王·伯之說. 曰: "須曉得如何是王, 如何是伯, 方

---

44) 了: 徽州本에서는 이 뒤에【庚】이 더 있다.
45) 他: 孝宗刊本에서는 地로 되어 있다.
46) 勃: 萬曆本·徽州本에서는 哮로 되어 있다.
47) 義剛: 徽州本에서는 이 뒤에 陳淳錄同而略, 云: "問: '君臣之變, 如霍光廢昌邑時, 萬一被他咆哮, 亦惡模樣.' 先生曰: '到這裏亦不解恤得惡模樣了.' 又問: '必竟是做得未宛轉.' 曰: '到這裏亦不解得宛轉了. 大臣莫願有此. 萬一有此時, 十分使宛轉不得'이 더 있다.
48) 太甲:成化本에서는 大甲으로 되어 있다.
49) 馬援: 成化本에서는 援으로 되어 있다.

可論此. 宣帝也不識王・伯, 只是把寬慈底便喚做王, 嚴酷底便喚做伯. 明道「王伯箚子」說得知[50], 自古論王・伯, 至此無餘蘊矣."【義剛】[51]

135:54 叔器問: "宣帝言漢雜王・伯, 此說也似是." 曰: "這箇先須辨別得王・伯分明, 方可去論它是與不是." 叔器云: "如約法三章, 爲義帝發喪之類, 做得也似好." 曰: "這箇是它有意無意?" 叔器曰: "有意." 曰: "旣是有意, 便不是王."【義剛】

135:55 「韓延壽傳」云: "以期會爲大事." 某舊讀『漢書』, 合下便喜他這一句. 直卿曰: "'敬事而信', 也是這意." 曰: "然."【道夫】

135:56 問不疑誣金事. 徐節孝以金還人. 曰: "初也須與他至誠說是無, 看如何. 他人解, 便休, 若是硬執, 只得還他. 若皆不與之解說, 人才誣便還, 則是以不善與人而自爲善, 其心有病矣."【揚】

135:57 楊惲坐上書怨謗, 腰[52]斬. 此法古無之, 亦是後人增添. 今觀其書, 謂之怨則有之, 何謗之有?【淳】

135:58 正淳論二疏不合徒享爵位而去, 又不合不薦引剛直之士代己輔導太子. 先生曰: "疏廣父子, 亦不必苛責之. 雖未盡出處之正, 然在當時親見元帝懦弱, 不可輔導, 它只得去, 亦是避禍而已. 觀渠自云: '不去, 懼貽後悔', 亦自是省事恬退底. 世間自有此等人, 它性自恬退, 又見得如此, 只得去. 若不去, 蕭望之便是樣子, 望之卽剛直之士." 又問: "元帝是時年十二, 如何便逆知其後來事?" 曰: "若是狡[53]者, 便難

---

50) 知: 賀本에서는 後로 되어 있고 徽州本에서는 好로 되어 있다.
51) 【義剛】: 徽州本에서는 【可學】으로 되어 있다.
52) 腰: 賀本에서는 要로 되어 있다.
53) 狡: 成化本에서는 佼로 되어 있다.

知. 如南北時, 有一王當面做好人, 背後卽爲非, 此等却難知. 若庸謬底人, 自是易見." 又問: "如何不以告宣帝, 或思所以救之?" 曰: "若是恁地, 越不能得去. 便做告與宣帝, 教宣帝待如何?"【罃】

135:59 先生因言: "嘗見一人云, 匡衡做得相業全然不是, 只是所上疏議論甚好, 恐是收得好懷挾." 又云: "如「答淮陽王求史遷書」, 其詞[54]甚好." 又曰: "如宣元間詔令, 及一戒諸侯王詔令, 皆好, 不知是何人做. 漢初時却無此議論, 漢初却未曾講貫得恁地." 又曰: "匡衡說『詩』, 「關雎」等處甚好, 亦是有所師授, 講究得到."【罃】

135:60 事無有自做◇[55]成者. 光武要小小自做家活子, 亦是鄧禹先尋得許多人. 太宗便是房・杜爲尋得許多人. 今只要自做.【揚】

135:61 古人年三十時, 都理會得了, 便受用行將去. 今人都如此費力. 只如鄧禹十三歲學於京師, 已識光武爲非常人, 後來杖策謁軍門, 只以數言定天下大計.【德明】

135:62 古之名將能立功名者, 皆是愼[56]重周密, 乃能有成. 如吳漢・朱然, 終日欽欽, 常如對陳. 須學這樣底, 方可. 如劉琨恃才傲物, 驕恣奢侈, 卒至父母妻子, 皆爲人所屠. 今人率以才自負, 自待以英雄, 以至恃氣傲物, 不能愼[57]嚴. 以此臨事, 卒至於敗而已. 要做大功名底人, 越要愼[58]密, 未聞粗魯闊略而能有成者.【僩】

135:63 漢儒專以災異・讖緯, 與夫風角・鳥[59]占之類, 爲內學, 如

54) 詞: 賀本에서는 辭로 되어 있다.
55) ◇: 得
56) 愼: 成化本・賀本에서는 謹으로 되어 있다.
57) 愼: 成化本・賀本에서는 謹으로 되어 있다.
58) 愼: 成化本・賀本에서는 謹으로 되어 있다.

徐孺子之徒, 多能此, 反以義理之學爲外學. 且如「鍾離意傳」所載修孔子廟事, 說夫子若會覆射者然, 甚怪! 【義剛】

135:64 徐孺子以綿漬酒, 藏之鷄中, 去弔喪, 便以水侵[60]綿爲酒以奠之, 便歸. 所以如此者, 是要用他自家酒, 不用別處底. 所以綿漬者, 蓋路遠, 難以器血[61]盛故也. 【燾】

135:65 或問: "黃憲不得似顏子." 曰: "畢竟是資稟好." 又問: "若得聖人爲之依歸, 想是煞好." 曰: "又不知他志向如何. 顏子不是一箇衰善底人, 看他是多少聰明, 便敢問爲邦, 孔子便告以四代禮樂." 因說至"伯夷聖之淸, 伊尹聖之任, 柳下惠聖之和", 都是箇有病痛底聖人. 又問: "伊尹似無病痛?" 曰: "'五就湯, 五就桀', 孔孟必不肯恁地, 只爲他任得過." 又問: "伊尹莫是'枉尺直尋'?" 曰: "伊尹不是恁地, 只學之者, 便至枉尺直尋."[62] 【賀孫】[63]

135:66 亂世保身之難, 申屠蟠事可見. 郭林宗彰而獲免, 以稱人之美而不稱惡, 人不惡之. 陳仲弓分太守謗, 送宦者葬, 其爲皆如此. 不送其葬亦得, 爲之詭遇. 【揚】

135:67 後漢 魏桓不肯仕, 鄕人勉之, 曰: "干祿求進[64], 以行志也. 方今後宮千數, 其可損乎? 廐馬萬匹, 其可減乎? 左右權豪, 其可去乎?" 慨然嘆[65]曰: "使桓生行而死還, 於諸子何有哉!" 【賀孫】

---

59) 鳥: 孝宗刊本에서는 烏로 되어 있다.
60) 侵: 『朱子語類』에서는 浸으로 되어 있다.
61) 血: 『朱子語類』에서는 皿으로 되어 있다.
62) 因說至"伯夷聖之淸 … 直尋: 【附箋紙】 "因說至'伯夷聖之淸'", 止"直尋", 當移入于五十八卷〈伯夷聖之淸〉章條下, "因說至"三字, 當删.
63) 【賀孫】: 徽州本에서는 【義剛】으로 되어 있다.
64) 進: 成化本에서는 延으로 되어 있다.
65) 嘆: 賀本에서는 歎으로 되어 있다.

135:68 問器遠: "君擧說漢黨錮如何?" 曰: "也只說當初所以致此, 止緣將許多達官要位付之宦官, 將許多儒生付之閑散無用之地, 所以激起得如此." 曰: "這時許多好官【『尙書』】, 也不是付宦官, 也是儒生, 只是不得人. 許多節義之士, 固是非其位之所當言, 宜足以致禍. 某常說, 只是上面欠一箇人. 若上有一箇好人, 用這一邊節義, 剔去那一邊小人, 大故成一箇好世界. 只是一轉[66]關子."【賀孫】

135:69 說東漢誅宦官事, 云: "欽夫所說, 只是翻謄好看, 做文字則劇, 其實不曾說著當時事體. 到得那時節, 是甚麽時節? 雖倉公・扁鵲所不能療. 如天下有必死之病, 喫熱藥也不得, 喫涼藥也不得. 有一人下一服熱藥, 便道他用藥錯了. 天下有必亡之勢, 這如何慢慢得! 若許多宦者未誅, 更恁地保養過幾年, 更乖. 這只是胡說. 那時節是甚麽時節! 都無主了. 立箇渤海王之子纘, 纔七八歲, 方說梁冀跋扈, 便被弒了! 立蠡吾侯爲桓[67]帝, 方十五歲, 外戚宦官手裏養得大, 你道他要誅他不要誅他? 東漢外戚宦官從來盤踞, 軌轍相銜, 未有若此之可畏. 養箇女子, 便頓放在宮中, 十餘年後便窮極富貴. 到得有些蹶跌, 便闔族誅滅無遺類, 欲爲孤豚而不可得! 必亡之勢[68], 未有若東漢末年." 伯謨問: "唐宦官與東漢末如何?" 曰: "某嘗說, 唐時天下尙可爲. 唐時猶有餘策, 東漢末直是無著手處, 且是無主了. 如唐 昭宗・文宗, 直要除許多宦官. 那時若有人, 似尙可爲. 那時只宣宗便度得事勢不能誅[69], 便一向不問他, 也是老練了如此. 如伊川『易解』, 也失契勘. 說'屯其膏'云: '又非恬然不爲, 若唐之僖・昭也.' 這兩人全不同, 一人是要做事, 一人是不要做, 與小黃門啗果食度日, 呼田令孜爲'阿父.' 不知東漢時, 若一向盡引得忠賢布列在內, 不知如何. 只那都無主可立. 天下大勢, 如人衰老之極, 百病交作, 略有些小變動, 便成大病. 如乳母也

---

66) 一轉: 『小分』에서는 轉一을 교정부호로 바로잡았다.
67) 桓: 賀本에서는 相으로 되어 있다.
68) 勢: 賀本에서는 易으로 되어 있다.
69) 誅: 賀本에서는 諫으로 되어 있다.

聒噪一場, 如單超·徐璜也作怪一場, 如張讓·趙忠之徒, 纔有些小權柄, 便作怪一場. 這是甚麽時節!" 伯謨云: "從那時直到唐 太宗, 天下大勢方定疊." 曰: "這許多時節, 直是無著手處. 然亦有幸而不亡者, 東晉是也. 汪革作詩史, 以爲竇武·陳蕃誅宦者, 不合前收鄭颯, 而未收曹節·王甫·侯覽. 若一時便收却四箇, 便了. 陽球誅宦者, 不合前誅王甫·段熲, 而未誅曹節·朱瑀. 若一時便誅却四箇, 亦自定矣. 此說是."【賀孫】

135:70　荀文若爲宦官唐衡女婿, 見殺得士大夫厭了, 爲免禍計耳.【升卿】

135:71　漢時宿衛皆是子弟, 不似而◇[70]用軍卒.【義剛】

135:72 漢有十三州, 一州建一刺史, 刺擧一路, 則諸侯郡守雜建, 諸侯甚大. 如齊七十餘城, 大率置官法度之類, 與天子等. 七國變後, 方漸削奪. 主父偃用賈誼策, 分王諸侯子孫, 方漸小了. 後漢亦雜建. 魏陵逼諸侯甚, 每令人監之, 不得朝覲幷親知往來.【曹丕待宗室如此.】[71] 晉大封同姓, 八王之亂以此. 元帝中興亦以此. 齊·梁間削奪諸侯尤甚. 唐亦尙有之, 然只是遙領.【揚】

135:73[72]『漢律』康成注, 今和正文皆亡矣.【淳】

135:74　漢人斷獄辭, 亦如今之款情一般, 具某罪, 引某法爲斷.【淳】

---

70) ◇: 今
71)【曹丕待宗室如此】: 賀本에서는 본문으로 되어 있다.
72) 135:73 … 135:75 :【附箋紙】自"漢律", 止"古相傳", 凡三條, 當移入于一百十卷「論刑」類.

135:75 今法中有'保辜'二字, 自後漢有此語, 想此二字, 是自古相傳. 【淳】

附 考異 [一] 酈食其【此若指說項羽還太公則當作矦生】 [十] 解迎敵【此詩見大全十卷二板而解迎敵作能捍虜】[十一] 有取【取一作輒】 志潔【潔一作索】 因論【論下二空恐子靜】 似困【一作是箇】 [十二] 被他【他一作地】 [十五] 角鳥【鳥一作烏】[十六] 鄉人【鄉一誤卿】 [十七] 之勢【勢一作易】

『朱子語類』卷第一百三十六

「歷代三」[1)]

136:1 因論三國形勢，曰："曹操合下，便知據河北可以爲取天下之資．既被袁紹先說[2)]了，他又不成出他下，故爲大言以誑之．胡致堂說：'史臣後來代爲文辭，以欺後世．'看來只是一時無說了，大言耳．此着被袁紹先下了，後來崎嶇萬狀，尋得箇獻帝來，爲挾天下令諸侯之舉，此亦是第二大着．若孫權據江南，劉備據蜀，皆非取天下之勢，僅足自保耳．"【雉】

136:2 曹操用兵，殺[3)]有那幸而不敗處，卻極能料．如征烏桓，便能料得劉表不從其後來．【端蒙】

136:3 問："先主爲曹操所敗，請救於吳．若非孫權用周瑜以敵曹操[4)]，亦殆矣．"曰："孔明之請救，知其不得不救．孫權之救備，須着救他，【必大錄云："孫權與劉備同禦曹操，亦是其勢不得不合."】不如此，便當迎操矣．此亦非好相識，勢使然也．及至先主得荊州，權遂遣呂蒙擒關羽，才到利害所在，便不相顧．"【人傑 ○必大錄小異.】

136:4 劉備之敗▲[5)]陸遜，雖言不合輕敵，亦是自不合連營七百餘里，

---

1) 歷代三: 徽州本에서는 이 뒤에 三國・晉・六朝・唐・五代라는 小註가 있다.
2) 說: 孝宗刊本에서는 頭註에 "'說'字, 恐誤."로 되어 있다. 『考異』에서는 "說, 疑誤."로 되어 있다.
3) 殺: 『朱子語類』에서는 煞로 되어 있다.
4) 敵曹操: 『朱子語類』에서는 敵操로 되어 있다.
5) ▲: 於

先自做了敗形. 是時孔明在成都督運餉, 後云: "法孝直若在, 不使主上有此行." 孔明, 先不知曾諫止與否, 今皆不可考. 但孔明雖正, 然盆.【去聲】 法孝直輕快, 必有術以止之.【必大】

136:5 諸葛孔明大綱資質好, 但病於麤疏. 孟子以後人物, 只有子房與孔明. 子房之學出於黃·老, 孔明出於申·韓, 如授後主以『▲[6]韜』等書與用法嚴處, 可見. 若以比王仲淹, 則不似其細密. 他卻事事理會過來. 當時若出來施設一番, 亦▲[7]可觀.【本之】[8]

136:6 或問孔明. 曰: "南軒言其體正大, 問學未至. 此語也好, 但孔明本不知學, 全是駁雜子[9], 然卻有儒者氣像[10], 後世誠無他比."【升卿】

136:7 問: "孔明與禮樂如何?" 曰: "也不見得孔明都是禮樂中人, 也只是粗底禮樂."【寓 ▲[11]】

136:8 忠武侯天資高, 所爲一出於公. 若其規模并寫『申子』之類, 則其學只是伯. 程先生云: "孔明有王佐之心, 然其道則未盡", 其論極當. 魏延請從間道出關中, 侯不聽. 侯意中原已是我底物事, 何必如此? 故不從. 不知先主當時只從孔明, 不知[12]孔明如何取荊取蜀. 若更從魏延間道出, 關中所守者只是庸人, 從此一出, 是甚聲勢, 如拉朽然, 後[13]竟不肯爲之!【揚】

---

6) ▲: 六
7) ▲: 須
8)【本之】: 『朱子語類』에서는【木之】로 되어 있다. 『小分』의 오류이다.
9) 子: 英祖刊本·成化本·賀本에서는 了로 되어 있다.
10) 像: 『朱子語類』에서는 象으로 되어 있다.
11) ▲: 淳錄云: "孔明也粗. 若興禮樂, 也是粗禮樂." 砥錄云: "孔明是禮樂中人, 但做時也粗疏."
12) 知: 成化本에서는 如로 되어 있다.

136:9 致道問孔明出處. 曰: "當時只有蜀先主可與有爲耳. 如劉表·劉璋之徒, 皆了不得. 曹操自是賊, 旣不可從. 孫權又是兩間底人. 只有先主名分正, 故只得從之." 時可[14]問: "王猛從苻堅如何?" 曰: "苻堅事自難看. 觀其殺苻生與東海公陽, 分明是特地殺了, 而史中歷數苻生酷惡之罪. 東海公之死, 云是太后在甚樓子上, 見它門前車馬甚盛, 欲害苻堅, 故令人殺之, 此皆不近人情. 蓋皆是己子[15], 不應便專愛堅而特使人殺東海公[16]也. 此皆是史家要出脫苻堅殺兄之罪, ▲[17]裝點許多, 此史所以難看也."【時學】

136:10 諸葛亮之事, 其於荊·蜀亦合取. 當日草廬亦是商量準擬在此, 但此時不當恁地. 若是恁地取時, 全不成擧措. 如二人視魏而不伐, 自合當取. 兼在是時捨此無以爲資. 若能聲[18]其罪, 用兵而取之, 卻正. 但當時劉焉父子, 亦得人情, 恐亦未易取. 伯豐問: "聖人處此, 合如何?" 曰: "亦須別有箇道理. 疑[19]似如此, 寧可事不成? 只爲後世事欲苟成功, 欲苟就, 便有許多事. 亮大綱卻好, 只爲如此, 便有班[20]駁處."【㽦 ○方子錄云: "'孔明執劉璋, 蓋緣事求可, 功求成, 故如此.' 曰: '然則寧事之不成?' 曰: '然.'"】

136:11 器遠問: "諸葛武侯殺劉璋, 是如何?" 曰: "這只是不是. 初間教先主殺劉璋, 先主不從. 到後來先主見事勢迫, 也打不過, 便從他計. 要知不當恁地行計殺了他. 若明大義, 聲罪致討, 不患不服. 看劉

---

13) 後: 賀本에서는 侯로 되어 있다.
14) 時可: 『英祖刊本』에서는 時學로 되어 있다. 『考異』에서는 "學, 一誤可."로 되어 있다.
15) 己子: 『孝宗刊本』에서는 已了로 되어 있다.
16) 東海公: 『小分』에서는 東公海를 교정부호로 바로잡았다.
17) ▲: 故
18) 聲: 『小分』에서는 成을 聲으로 고쳤다.
19) 疑: 『朱子語類』에서는 若으로 되어 있다.
20) 班: 『朱子語類』에서는 斑으로 되어 있다.

璋欲從先主之招, 傾城人民願留之. 那時郡國久長, 能得人心如此."【賀孫】

136:12 毅然問: "孔明誘奪劉璋, 似不義." 曰: "便是後世聖賢難做, 動着便粘手惹脚."【淳】

136:13 諸葛孔明天資甚美, 氣像[21]宏大. 但所學不盡純正, 故亦不能盡善[22]. 取劉璋一事, 或以爲先主之謀, 未必▲[23]孔明之意. 然在當時多有不可盡曉處. 如先主東征之類, 不見孔明一語議論. 後來壞事, 卻追恨法孝直若在, 則能制主上東行. 孔明得君如此, 猶有不能盡言者▲[24]? 先主不忍取荊州, 不得已而爲劉璋之圖. 若取荊州, 雖不爲當, 然劉表之後, 君弱勢孤, 必爲他人所取, 較之取劉璋, 不若得荊州之爲愈也. 學者皆知曹氏爲漢賊, 而不知孫權之爲漢賊也. 若孫權有意興復漢室, 自當與先主協力幷謀, 同正曹氏之罪. 如何先主纔整頓得起時, 便與壞倒? 如襲取關羽之類, 是也. 權自▲[25]與操同是竊據漢土之人. 若先主[26]事成, 必滅曹氏, 且復滅吳矣. 權之姦謀, 蓋不哥[27]掩. 平時所與先主交通, 姑爲自全計爾. 或曰: "孔明與先主俱留益州, 獨令關羽在外, 遂爲陸遜所襲. 當時只先主在內, 孔明在外, 如何?" 曰: "正當經理西向宛・洛, 孔明如何可出? 此特關羽▲[28]才疏鹵[29], 自取其敗. 據當時處置如此, 若無意外齟齬, 曹氏不足平. 兩路進兵, 何可當也? 此亦漢室不可復興, 天命不可再續而已, 深可惜哉!"【謨】

---

21) 像: 『朱子語類』에서는 象으로 되어 있다.
22) 盡善: 『小分』에서는 善盡을 교정부호로 바로잡았다.
23) ▲: 是
24) ▲: 乎
25) ▲: 知
26) 主: 『英祖刊本』에서는 王으로 되어 있다.
27) 哥: 『朱子語類』에서는 可로 되어 있다.
28) ▲: 恃
29) 鹵: 『考異』에서는 鹵, 一作與.로 되어 있다.

136:14 直卿問: "孔明出師, 每乏糧. 古人做事, 須有道理, 須先立些根本." 曰: "孔明是殺賊, 不得不急. 如人有箇大家, 被賊來占了, 趕出在外墻下住, 殺之豈可緩? 一纔緩, 人便一切都忘了. 孔明亦自言一年死了幾多人, 不得不急爲之意. 司馬懿甚畏孔明, 便使得辛毗來遏令不出兵, 其實是不敢出也. 國家只管與講和, 聘使往來, 賀正◇[30]節, 稱叔稱姪[31], 只是▲[32]鄰國, 不知是讐[33]了!" 又問: "勾踐謀吳二十年, 又如何?" 曰: "事體不同. 諸侯各有國, 未便伐吳, 則越亦自在, 如此謀乃是." 【揚】

136:15 孔明「出師表」, 『文選』與『三國志』所載, 字多不同, 互有得失. "五月渡瀘"是說前事. 如孟獲之七縱七擒, 正其時也. 渡瀘◇[34]先理會南方許多去處. 若不先理會許多去處, 到向北去, 終是被他在後乘間作撓. 旣理會得了, 非惟不被他來撓, 又卻得他兵衆來使. 【賀孫】

136:16 誦武侯之言[35]曰: "治世以大德, 不以小惠." 【從周】

136:17 問武侯"寧靜致遠"之說. 曰: "靜, 便養得根本深固, 自可致遠." 【淳】[36]

136:18 孔明治蜀, 不曾立史官. 陳壽險甚【揚錄作"撿拾[37]".】而爲『蜀志』, 故甚略. 孔明極是子細者, 亦恐是當時經理王業之急, 有不暇及

---

30) ◇: 賀
31) 侄: 英祖刊本·賀本에서는 侄로 되어 있다.
32) ▲: 見
33) 讐: 『朱子語類』에서는 讎로 되어 있다.
34) ◇: 是
35) 言: 『孝宗刊本』에서는 吉로 되어 있다.
36) 【淳】: 賀本에서는 揚으로 되어 있다. 『考異』에서는 "淳, 一作揚."으로 되어 있다.
37) 撿拾: 賀本에서는 檢拾으로 되어 있다.

此.

136:19 諸葛亮臨陣對敵, 意思安閑, 如不欲戰, 而苻堅踴躍不寐而行師, 此其敗, 不待至淝水而決矣.【方】

136:20 看史策, 自有該載不盡處. 如後人多說武侯不過子午谷路. 往來[38]那時節必有重兵守這處, 不可過. 今只見子午谷易過, 而武侯自不過. 史只載魏延之計, 以爲夏侯楙是曹操婿, 怯而無謀, 守長安, 甚不足畏. 這般所在, 只是該載不盡. 亮以爲此危計, 不如安從坦道. 又揚聲由斜谷, 又使人據箕谷, 此可見未易過.【賀孫】

136:21 先生說『八陣圖法』. 人傑因云: "尋常人說戰陣事多用變詐, 恐王者之師不如此." 曰: "王者勢嚮大, 自不須用變詐. 譬如孟賁與童子相搏, 自然勝他孟賁不得. 且如諸葛武侯七縱七擒事, 令孟獲觀其營壘, 分明教你看見, 只是不可犯. 若用變詐, 已是其力不敵, 須假些意智勝之. 又今之戰者, 只靠前列, 後面人更着力不得. 前列勝則勝, 前列敗則敗. 如八陣之法, 每軍皆有用處. 天衝・地軸・龍飛・虎翼・蛇・鳥・風・雲之類, 各爲一陣. 有專於戰鬬者, 有專於衝突者, 又有纏繞之者, 然未知如何用之." 又問垓下之戰. 曰: "此卻分曉." 又問: "淮陰多多益辦, 程子謂'分數明', 如何?" 曰: "此御衆以寡之法. 且如十萬人分作十軍, 則每軍有一萬人, 大將之所轄者, 十將而已. 一萬又分爲十軍, 一軍分作十卒, 則一將所管者, 十卒而已. 卒正自管二十五人, 則所管者, 三卒正耳. 推而下之, 兩司馬雖管二十五人, 然所自將者五人, 又管四伍長, 伍長所管, 四人而已. 至於大將之權, 專在旗鼓. 大將把小旗, 撥發官執大旗, 三軍視之, 以爲進退. 若李光弼'旗麾至地, 令諸軍死生以之', 是也. 若「又[39]陣圖」, 自古有之. 「周官」所謂'如

---

38) 往來: 『朱子語類』에서는 往往으로 되어 있다.
39) 又: 成化本・賀本에서는 八로 되어 있다.

戰之陳', 蓋是此法. 「握幾文」雖未必風后所作, 然由來須遠. 武侯立石於江邊, 乃是水之回洑處, 所以水不能漂蕩. 其擇地之善・立基之堅如此, 此其所以爲善用兵也." 又問: "『陰符經』有'絶利一源, 用師十倍, 三反晝夜, 用師萬倍'之說, 如何?" 曰: "絶利者, 絶其二三, 一源者, 一其源[40]本. 三反晝夜者, 更加詳審, 豈惟用兵? 凡事莫不皆然. 倍, 如'事半古之人, 功必倍之'之謂. 上文言'瞽者善聽, 聾者善視', 則其專一可知. 注『陰符』者, 分爲三章. 上言神仙抱一之道, 中言富國安民之法, 下言强兵戰勝之術. 又有人每章作三事解釋. 後來一書吏竊而獻之高宗, 高宗大喜, 賜號'渾成.' 其人後以强橫害物, 爲知饒州 汪某斷配." 【人傑】

136:22 或問: "季通『八陣圖說』, 其間所著陳法是否?" 曰: "皆是元來有底. 但季通分開許多方圓陳法, 不相混雜, 稍好." 又問: "『史記』所書高祖 垓下之戰, 季通以爲正合八陳之法." 曰: "此亦後人好奇之論. 大凡有兵須有陳, 不成有許多兵馬相戰鬪, 只袞作一團, 又只排作一行. 必須左右前後, 部[41]伍行陣, 各有條理, 方得. ▲[42]且以數人相撲言之, 亦須擺布得所而後相角. 今人但見『史記』所書甚詳, 『漢書』則略之, 便以司馬遷爲曉兵法, 班固爲不曉, 此皆好奇之論. 不知班固以爲行陣乃用兵之常, 故略之, 從省文爾. 看古來許多陳法, 遇征戰亦未必用得. 所以張巡用兵, 未嘗倣古兵法, 不過使兵識將意, 將識士情. 蓋未論臨機[43]應變, 方略不同, 只如地圓則須布圓陣, 地方則須布方陣, 亦豈容概論也?" 又曰: "常見老將說, 大要臨陣, 又在番休遞上, 分一軍爲數替, 將戰則食. 第一替人旣飽, 遣之八[44]陣, 便食第二替人. 覺第一替人力將困, 卽調發第二替人往代. 第三替亦如之. 只管如此

---

40) 原: 成化本・賀本에서는 源으로 되어 있다.
41) 部: 成化本・賀本에서는 步로 되어 있다.
42) ▲: 今
43) 臨機: 『小分』에서는 機臨를 교정부호로 바로잡았다.
44) 八: 孝宗刊本・成化本・賀本에서는 入으로 되어 있다.

更番, 則士常飽健, 而不至於困乏. 鄕來張柔直守南劍, 戰退范汝爲, 只用此法. 方汝爲之來寇也, 柔直起鄕兵與之戰. 令城中殺羊・牛・豕作肉串, 仍作飯, 分鄕兵爲數替, 以八[45]陣之先後更迭食之. 士卒力皆有餘, 遂勝汝爲." 又云: "劉信叔 順昌之勝, 鄕見張仲隆云, 親得之信叔, 大概亦是如此. 時極暑, 探報人至云: '虜騎至矣!' 信叔令一卒擐甲, 立之烈日中. 少頃, 問: '甲熱乎?' 曰: '熱矣.' '可着手乎[46]?' 則曰: '熱甚, 不可着手矣.' 時城中軍亦不甚多. 信叔嘗有宿戒, 遇戰則分爲數替. 如是下令軍中: '可依次[47]飮食, 士卒更番而上.' 又多合暑藥, 往者歸者皆飮之, 人情胥快,【元城 劉師閔向張魏公督軍, 暑藥以薑・麪爲之, 與今冰壺散方大概相似.】 故能大敗虜人. 蓋方我之甲士, 甲熱, 不堪着手, 則虜騎被甲來者, 其熱可知, 又未免有困餒之患. 於此時而擊之, 是以勝也." 或曰: "是戰也, 信叔戒甲士, 人帶一竹筒, 其中實以煮豆. 八[48]陣, 則割棄竹筒, 狼籍其豆於下. 虜馬飢[49], 間[50]豆香, 低頭食之, 又多爲竹筒所衮[51], 脚下不得地, 以故士馬俱斃." 曰: "此則不得而知. 但聞多遣輕銳之卒, 以大刀斫馬足, 每折馬一足, 則和人皆仆, 又有相蹂踐者. 大率一馬仆, 則從旁而斃不下十數人."【儒用】[52]

136:23 "『八陣圖』, 敵國若有一二萬人, 自家止有兩三千人, 雖有法, 何所用之?" 蔡云: "勢不敵, 則不與[53]鬪." 先生笑曰: "只辦着走便了!" 蔡云: "這是箇道理. 譬如一箇十分雄壯底人, 與一箇四五分底人廝打.

---

45) 八: 孝宗刊本・成化本・賀本에서는 入으로 되어 있다.
46) 可着手乎: 徽州本에서는 이 뒤에 曰: '尙可着手.' 少頃之, 又問曰: '可着手乎?'가 더 있다.
47) 次: 『朱子語類』에서는 此로 되어 있다.
48) 八: 『朱子語類』에서는 入으로 되어 있다.
49) 飢: 成化本・賀本에서는 饑로 되어 있다.
50) 間: 英祖刊本・成化本・賀本에서는 聞으로 되어 있다.
51) 衮: 賀本에서는 滾으로 되어 있다.
52)【儒用】: 徽州本에서는 이 뒤에 賀孫錄, 順昌之捷一段, 尤詳見夷狄類가 더 있다.
53) 與: 『小分』에서는 女를 與로 고쳤다.

雄壯底只有力，四五分底卻識相打法，對副雄壯底更[54]不費力，只指點將去。這見得八陣之法，有以寡敵衆之理。" 先生曰: "也須是多寡强弱相侔，可也。又須[55]是人雖少，須勇力齊發[56]，始得。" 蔡云: "終不是使病人與壯人鬬也。"【賀孫】

136:24 陣者，定也。『八陣圖』中有奇・正。前面雖未整，猝然遇敵，次列便已成正軍矣。【季通語。○方】

136:25 用之問: "諸葛武侯不死，與司馬仲達相持，終如何?" 曰: "少間只管算來算去，看那箇錯了，便輸。輸贏處也不在多，只是爭些子。" 季通云: "看諸葛亮不解輸。" 曰: "若諸葛亮輸時，輸得少。司馬懿輸時，便狼狽。"【賀孫】

136:26 諸葛公是忠義底司馬懿，司馬懿是無狀底諸葛公，劉禪備位而已。【道夫】

136:27 羊・陸相遺問，只是敵國相傾之謀，欲以氣相勝，非是好意思。【人傑錄云: "觀陸抗'正是彰其德於祜'之言，斯可見矣。"】

○[57] 如漢文修尉佗祖墓，及石勒修祖逖母墓，事皆相近。【必大】

136:28 王儀爲司馬昭軍師，昭殺之雖無辜[58]，裒仕晉猶有可說[59]，而裒不仕，乃過於厚者。嵇康，魏臣，而晉殺之，紹不當仕晉，明矣。蕩

54) 更: 英祖刊本・成化本・賀本에서는 便으로 되어 있다.『考異』에서는 "便，一作更."으로 되어 있다.
55) 須:『小分』에서는 雖를 須로 고쳤다.
56) 發:『朱子語類』에서는 一로 되어 있다.
57) ○:『朱子語類』의 136:27를 별도의 항목으로 나누었다.
58) 昭殺之雖無辜: 徽州本에서는 嘗事昭，而昭誅之로 되어 있다.
59) 有可說: 徽州本에서는 可也로 되어 있다.

陰之忠, 固可取, 亦不相贖. 事讎之過, 自不相掩. 司馬公云: "使無蕩陰之忠, 殆不免君子之譏." 不知君子之譏初不可免也.【營 ○人傑錄云: "儀嘗仕昭, 而昭誅之"云云.】

136:29 晉 元帝無意復中原, 卻託言糧運不繼, 誅督運令史淳于伯而還. 行刑者以血拭柱, 血爲之逆流. 天人幽顯, 不隔絲毫[60).【閎祖】

136:30 "湯執中, 立賢無方." 東晉時所用人才, 皆中州浮誕者之後. 惟顧榮·賀循有人望, 不得已而用之[61).【人傑】

136:31 王導爲相, 只周旋人過一生. 嘗有坐客二十餘人, 逐一稱讚, 獨不及一胡僧并一臨海人. 二人皆不悅. 導徐顧臨海人曰: "自公之來, 臨海不復有人矣." 又謂胡僧曰"蘭奢[62)." 蘭奢, 乃胡語之褒譽者也. 於是, 二人亦悅.【人傑】

136:32 問: "老子之道, 曹參·文帝用之皆有效, 何故以王·謝之力量, 反做不成?" 曰: "王導·謝安又何曾得老子妙[63)處?【淳錄云: "人常以王導比謝安."】 然謝安又勝王導. 石林說, 王導只是隨波逐流底人, 謝安卻較有建立, 也煞有心於中原. 王導自渡江來, 只是恁地, 都無取中原之意, 此說也是. 但謝安也被這淸虛絆了, 都做不得." 又問: "孔子惡鄕原, 如老子可謂鄕原否?" 曰: "老子不似鄕原. 鄕原卻尙在倫理中之[64)行, 那老子卻是出倫理之外. 它自處得雖甚卑, 不好聲, 不好色, 又不要官做, 然其心卻是出于[65)倫理之外, 其說煞害事. 如鄕原, 便卻只是箇無見識底好人, 未害倫理在."【義剛】

60) 毫: 成化本에서는 豪로 되어 있다.
61) 用之:『小分』에서는 之用을 교정부호로 바로잡았다.
62) 奢:『考異』에서는 "奢, 恐闍"로 되어 있다.
63) 妙: 成化本·賀本에서는 玅로 되어 있다.
64) 之:『朱子語類』에는 없다.
65) 于: 成化本·賀本에서는 於로 되어 있다.

136:33 "謝安之待桓溫, 本無策. 溫之來, 廢了一君. 幸而要討九錫, 要理資序, 未至太甚, 猶是半和秀才. 若它便做箇二十分賊, 如朱全忠之類, 更進一步, 安亦無如之何. 王儉平日自比謝安. 王儉是已敗闕底謝安, 謝安特幸未疏脫底王儉耳. 安比王儉只是有些英氣. 苻堅之來, 亦無措置. 前輩云, 非晉人之善, 乃苻堅之不善耳. 然堅只不合擁衆來, 謝安必有以料之. 兼秦人國內自亂, 晉亦必知之, 故安得以鎭靜待之. 堅之來, 在安亦只得發兵去迎敵當▲[66]. 苻堅若不以大衆來, 只以輕兵時擾晉邊, 便坐見狼狽." 因問正淳曰: "桓溫移晉祚時, 安能死節否?" 曰: "必不能, 卻須逃去." 曰: "逃將安往? 若非死節, 即北面事賊耳. 到這裏是築底處, 中間更無空地." 因說: "韋孝寬智略如此, 當楊堅簒周時, 尉遲迥等皆死, 孝寬乃獻金熨斗. 始嘗疑之, 旣不與它爲異, 亦何必如此附結之? 元來到這地位, 便不與辨, 亦不免死. 旣不能死, 便只得失節耳." 又曰: "謝安之與[67]苻堅, 如近世陳魯公之於完顔亮, 幸而睚[68]得它死耳." 伯豐問: "寇萊公 澶淵事如何?" 曰: "當來它卻有措置[69]. 然到此, 只得向前, 不可退後也."【螢】

136:34 "溫太眞處王敦事難." 先生云: "亦不佳, 某做不得."【揚】

136:35 王祥孝感, 只是誠發於此, 物感於彼. 或以爲內感, 或以爲自誠中來, 皆不然. 王祥自是王祥, 魚自是魚. 今人論理, 只要包合一箇渾淪底意思, 雖是直截兩物, 亦須[70]衮合說, 正不必如此. 世間事雖千頭萬緖, 其實只一箇道理, "理一分殊"之謂也. 到感通處, 自然首尾相應. 或自此發出而感於外, 或自外來而感於我[71], 皆一理也.【謨】

---

66) ▲: 來
67) 與: 賀本에서는 於로 되어 있다.
68) 睚: 英祖刊本・成化本・賀本에서는 捱로 되어 있다. 『考異』에서는 "捱, 一誤睚."로 되어 있다.
69) 措置: 賀本에서는 錯處로 되어 있다.
70) 須: 賀本에서는 强으로 되어 있다.
71) 我: 『考異』에서는 "我, 一作內."로 되어 있다.

136:36 淵明所說者莊・老, 然辭卻簡古, 堯夫辭極卑, 道理卻密.【升卿】

136:37 陶淵明, 古之逸民.【若海】

136:38 問: "苻堅立國之勢亦堅牢, 治平許多年, 百姓愛戴. 何故一敗塗地, 更不可救?" 曰: "他是掃土而來, 所以一敗更救不得." 又問: "他若欲滅晉, 遣一良將提數萬之兵以臨之, 有何不可? 何必掃境而來?" 曰: "他是急要做正統, 恐後世以其非正統, 故急欲亡晉. 此人, 性也急躁, 初令王猛滅燕, 猛曰: '旣委臣, 陛下不必親臨.' 及猛入燕, 忽然堅至, 蓋其心又恐猛之功大, 故親來分其功也. 便是他器量小, 所以後來如此."【僩】

136:39 王猛事苻堅, 煞有事節. 苻堅之兄, 乃共[72]謀殺[73]之.【賀孫】

136:40 桓溫入三秦, 王猛來見. 眼中不識人, 卻謂三秦豪傑未有至, 何也? 三秦豪傑, 非猛而誰? 可笑!【揚】

136:41 晉任宗室, 以八王之亂, 自宋而後, 皆殺兄弟宗室. 以至召去知其不好, 途中見人哭. 問: "如何死?" 曰: "病死." 曰: "病死, 何哭?" 至有臨刑時, 平日念佛者, 皆合掌: "願後世莫生王侯家."【揚】

136:42 蘇綽立租・庸等法, 亦是天下人殺得少了, 故行得易.[74]

---

72) 共: 成化本・賀本에서는 其로 되어 있다. 『考異』에서는 "共, 一作其."로 되어 있다.
73) 殺: 『朱子語類』에서는 煞로 되어 있다.
74) 故行得易: 徽州本에서는 이 뒤에 【庚】이라는 小註가 있다.

○[75] 自晉以來, 解經者卻改變得不同, 如王弼・郭象輩是也. 漢儒解經[76], 依經演繹. 晉人則不然, 捨經而自作文. 【方子】

136:43 "三代而下, 以義爲之, 只有一箇諸葛孔明. 若魏鄭公全只是利. 李密起, 有一道士說密卽東都縛煬帝獨夫, 天下必應." 揚謂: "密不足道. 漢・唐之興, 皆是爲利. 須是有湯・武之心始做得. 太宗亦只是爲利, 亦做不得." 先生曰: "漢 高祖見始皇出, 謂: '丈夫當如此耳!' 項羽謂: '彼可取而代也!' 其利心, 一也. 郭汾陽功名愈大而心愈小, 意思好. 『易』傳及諸葛, 次及郭汾陽." 【揚】

136:44 漢 高祖取天下卻正當, 爲他直截恁地做去, 無許多委曲. 唐初, 隋大亂如此, 高祖・太宗因群盜之起, 直截如此做去, 只是誅獨夫. 爲他心中打不過, 又立恭帝, 假援回護委曲如此, 亦何必爾? 所以不及漢之創業也. 【端蒙】

136:45 高祖辭得九錫, 卻是. 【端蒙】

136:46 高祖與裴寂最昵. 宮人私侍之說, 未必非高祖自爲之, 而史家反以此文飾之也. 【端蒙】

136:47 因論唐事, 先生曰: "唐待諸國降王不合道理. 竇建德所行亦合理, 忽然而亡, 不可曉. 王世充卻不殺. 當初高祖起太原, 入關, 立代王, 遂卽位. 世充於東都亦立越王. 二人一樣, 故且赦之. 至殺蕭▲[77], 則大無理. 他自是梁子孫, 元非叛臣." 某問: "唐史臣論高祖殺蕭銑, 不成議論." 曰: "然." 通老問: "以宮人侍高祖, 在太宗不當爲."

---

75) ○: 『朱子語類』의 67:145이다.
76) 解經: 『小分』에서는 經解를 교정부호로 바로잡았다.
77) ▲: 銑

曰: "它在當時, 只要得事成, 本無救世之心, 何暇顧此? 唐有天下三百年. 唐宗室最少, 屢經大盜殺之. 又多不出閤, 只消磨盡了."【可學】

136:48 "唐 太宗以晉陽宮人侍高祖, 是致其父於必死之地, 便無君臣父子夫婦之義. 漢 高祖亦自粗疏. 惟光武差細密, 卻曾讀書來." 問: "晉 元帝所以不能中興者, 其病安在?" 曰: "元帝與王導元不曾有中原志. 收拾吳中人情, 惟欲宴安江沱[78]耳." 問: "祖逖擢鋒越河, 所向震動, 使其不死, 當有可觀." 曰: "當是時, 王導已不愛其如此, 使戴若思輩監其軍, 可見, 如何得事成?" 問: "紹興初, 岳軍已向汴都, 秦相從中制之, 其事頗相類." 曰: "建炎初, 宗澤留守東京, 招徠群盜數百萬, 使一舉而取河北數郡, 卽當時事便可整頓. 及爲汪・黃所制, 怏怏而死, 京師之人, 莫不號慟! 於是, 群盜分散四出, 爲山東・淮南劇賊."【德明】[79]

136:49 唐源流出於夷狄, 故閨門失禮之事, 不以爲異.【祖道】

136:50 太宗奏建成・元吉, 高祖云: "明, 當鞫問, 汝宜早參." 及次早建成入朝, 兄弟相遇, 遂相殺. 尉遲敬德着甲[80]持刃見高祖. 高祖在一處泛舟. 程可久謂: "旣許明早理會, 又卻去泛舟, 此處有闕文, 或爲[81]隱諱." 先生曰: "此定是添入此一段, 與前後無情理. 太宗決不曾奏. 旣奏[82]了, 高祖見三兒要相殺, 如何尙去泛舟? 此定是加建成・元吉之罪處[83]. 又謂太宗先奏了, 不是前不說."

---

78) 沱: 英祖刊本에서는 左로 되어 있다. 『考異』에서는 "左, 一作沱."로 되어 있다.
79) 【德明】: 賀本에서는 【德】으로 되어 있다.
80) 着甲: 『小分』에서는 甲着을 교정부호로 바로잡았다.
81) 爲: 『小分』에서는 謂를 爲로 고쳤다.
82) 奏: 成化本에서는 奉으로 되어 있다.
83) 建成・元吉罪處: 成化本・賀本에서는 建成・元吉之罪處로 되어 있다.

136:51 太宗殺[84]建成, 比於周公誅管・蔡, 只消以公私斷之. 周公全是以周家天下爲心, 太宗則假公義以濟私欲者也.【端蒙】

136:52 "太宗殺建成・元吉, 比周公誅管・蔡, 如何比得? 太宗無周公之心, 只是顧身. 然當時亦不合爲官屬所迫, 兼太宗亦自心不穩. 溫公此處亦看不破, 乃云: '待其先發而應之'[85], 亦只便是鄭伯克段于鄢. 須是有周公之心, 則可." 問曰: "范太史云, 是高祖處得不是." 曰: "今論太宗, 且責太宗, 論高祖, 又自責高祖. 不成只責高祖, 太宗全無可責?" 又問: "不知太宗當時要處得是, 合如何?" 曰: "爲太宗孝友從來無了, 卻只要來此一事上使, 亦如何使得?" 先生又曰: "高祖不數日, 軍國事便付與太宗, 亦只是不得已. 唐世內禪者三. 如肅宗分明不是. 只如睿宗之於玄宗, 亦只爲其誅韋氏有功了, 事亦不得已爾."【端蒙】[86]

136:53 又論太宗事, 云: "太宗功高, 天下所係屬, 亦自無安頓處, 只高祖不善處置了. 又建成乃欲立功蓋之. 如玄宗誅韋氏有功, 睿宗欲立宋王 成器, 宋王 成器便理會得事, 堅不受."【端蒙】

136:54 因及王・魏事, 問: "論後世人, 不當盡繩以古人禮法. 畢竟高祖不當立建成." 曰: "建成既如此, 王・魏何故不見得? 又何故不知太宗如此, 便須莫事建成? 亦只[87]是望僥倖." 問: "二人如此機敏, 何故不見得?" 曰: "王・魏亦只是直."【揚】

136:55 因問太宗殺建成事, 及王魏敎太子立功結君, 後又不能死難, 曰: "只爲祇見得功利, 全不知以義理處之."【端蒙】

---

84) 殺: 成化本・賀本에서는 誅로 되어 있다.

85) 待其先發而應之: 『資治通鑑』에서는 "然太宗始欲俟其先發然後應之, 如此則事非獲已猶為愈也."라고 되어 있다.

86)【端蒙】: 賀本에서는【端】으로 되어 있다.

87) 亦只: 『小分』에서는 只亦을 교정부호로 바로잡았다.

136:56 太宗納巢剌王妃, 魏鄭公不能深諫, 范純夫論亦不盡. 純夫議論, 大率皆只從門前過. 資質極平正, 點化得, 甚次第, 不知伊川當時如何不曾點化他.【先生嘗語呂丈云: "范純夫平生於書冊皆只從忙中攝過了." 蓋[88]所以諷呂丈也.】

136:57 太宗從魏鄭公"仁義"之說, 只是利心, 意謂如此, 便可以安居民上[89]▲[90].【揚】

136:58 或謂史贊太宗, 止言其功烈之盛. 至於功德兼隆, 則傷夫自古未知有. 曰: "恐不然. 史臣正贊其功德之美, 無貶他意. 其意亦謂除隋之亂是功, 致治之美是德. 自道學不明, 故曰功德者如此分別. 以聖門言之, 則此兩事不過是功, 未可謂之德."【驤】

136:59 問: "胡氏『管見』斷武后於高宗非有婦道. 合稱高祖・太宗之命, 數其九罪, 廢爲庶人而賜之死. 竊恐立其子而殺其母, 未爲穩否?" 曰: "這般處便是難理會處. 在唐室言之, 則武后當殺, 在中宗言之, 乃其子也. 宰相大臣今日殺其母, 明日何以相見?" 問: "南軒欲別立宗室, 如何?" 曰: "以後來言之, 則中宗不了[91], 以當時言之, 中宗又[92]未有可廢之事. 天下之心皆矚望中宗, 高宗又別無子, 不立中宗, 又恐失天下之望, 此最是難處. 不知孟子當此時作如何處. 今生在數百年之後, 只攄史傳所載, 不見得當時事情, 亦難如此斷定. 須身在當時, 親看那時節及事情如何. 若人心在中宗, 只得立中宗, 若人心不在中宗, 方別立宗室. 是時承乾亦有子在. 若率然妄擧, 失人心, 做不行. 又事多,

---

88) 蓋: 成化本・賀本에는 없다.
89) 民上:【附箋紙】印本民上下, 有"漢 文"等十數字.
90) ▲: 漢 文帝資質較好, 然皆老氏術也.
91) 則中宗不了: 徽州本에서는 則中宗不當立으로 되어 있다. 『考異』에서는 "了, 恐子."로 되어 있다.
92) 又: 成化本・賀本에서는 亦으로 되어 있다. 『考異』에서는 "又, 一作亦."으로 되어 있다.

看道理未須便將此樣難處來闌斷了. 須要通其他, 更有好理會處多. 且看別處事◇[93]通透後, 此樣處亦易."【義剛】[94]

136:60 先生問人傑: "姚崇擇十道使, 患未得人, 如何?" 曰: "只姚崇說患未得人, 便見它眞能精擇." 曰: "固是. 然『唐鑑』卻貶之. 『唐鑑』議論大綱好, 欠商量處亦多." 又云: "范文正·富文忠當仁宗時, 條天下事, 亦只說擇監司爲治, 只此是要[95]."【人傑】

136:61 退之云: "凡此蔡功, 惟斷乃成." 今須要知他斷得是與不是, 古今煞有以斷而敗者. 如唐德宗非不斷, 卻生出事來. 要之, 只是任私意. 帝剛愎不明理, 不納人言. 惟憲宗知蔡之不可不討, 知裴度之不可不任. 若使他理自不明, 胸中無所見, 則何以◇[96]裴公之可任? 若只就"斷"字上看, 而遺其左右前後, 殊不濟事.【道夫】

136:62 周莊仲曰: "憲宗當時表也看. 如退之「潮州表」上, 一見便怜[97][98]之, 有復用之意." 曰: "憲宗聰明, 事事都看. 近世如孝宗, 也事事看."【義剛】

136:63 李白見永王璘反, 便從臾之, 文人之沒頭腦乃爾! 後來流夜郎, 是被人捉着罪過了, 剗地作詩自辨被迫脅. 李白詩中說王說霸, 當時人必謂其果有智略. 不知其莽蕩, 立見疏脫.【必大】

○[99] 某嘗說[100]: "韓退之可怜[101]. 憲宗也自知他, 只因佛骨一事忤意,

---

93) ◇: 事
94) 【義剛】: 徽州本에서는 淳으로 되어 있다.
95) 只此是要: 成化本·賀本에서는 只此是要矣로 되어 있다.
96) ◇: 知
97) 便怜: 『小分』에서는 怜便을 교정부호로 바로잡았다.
98) 怜: 成化本에서는 憐으로 되어 있다.
99) ○: 『朱子語類』의 55:7의 일부이다.

未一年而憲宗死, 亦便休了, 蓋只有憲宗會用得他."【池錄作: "憲宗也會用人."】 或曰: "用李絳亦如此." 曰: "憲宗初年許多伎倆, 是李絳教他, 絳本傳說得詳. 然絳自有一書, 名『論事記』, 記得更詳, 如李德裕『獻替錄』之類."【夔孫】

136:64 顔魯公只是有忠義而無意智底人. 當時去那裏, 見使者來, 不知是賊, 便下兩拜. 後來知得, 方罵.【義剛】

136:65 史以陸宣公比賈誼. 誼才高似宣公, 宣公諳練多, 學更102)純粹. 大抵漢去戰國近, 故人才多是不粹.【道夫】

136:66 陸宣公「奏議」極好看. 這人極會議論, 事理委曲說盡, 更無滲漏. 雖至小底事, 被他處置得亦無不盡. 如後面所說二稅之弊, 極佳103). 人言陸宣公口說不出, 只是寫得出. 今觀奏議中多云: "今日早面奉聖旨"云云, "臣退而思之"云云, 疑或然也. 問: "陸宣公比諸葛武侯如何?" 曰: "武侯氣象較大, 恐宣公不及. 武侯當面便說得, 如說孫權一段, 雖辨104)士不及其細密處, 不知比宣公如何. 只是武侯也密. 如橋梁・道路・井竈・圊溷, 無不修繕, 市無醉人, 更是密. 只是武侯密得來嚴, 其氣象剛大嚴毅."【僩】

136:67 陸宣公「奏議」末數卷論稅事, 極盡纖悉. 是他都理會來, 此便是經濟之學.【淳】

136:68 問: "陸▲105)公既貶, 避謗, 闔戶不著書, 祇爲古今集驗方."

100) 某嘗說: 【附箋紙】某嘗說條, 當在周莊仲末.
101) 怜: 賀本에서는 憐으로 되어 있다.
102) 更: 成化本・賀本에서는 便으로 되어 있다.
103) 極佳: 英祖刊本에서는 이 부분이 가려져 있어서 확인되지 않는다.
104) 辨: 孝宗刊本・英祖刊本에서는 辯으로 되어 있다.

曰: “此亦未是. 豈無聖經賢傳可以玩索, 可以討論? 終不成和這箇也不得理會!” 【人傑】 106)

136:69 或問: “維州事, 溫公以德裕所言爲利, 僧孺所言爲義, 如何?” 曰: “德裕所言雖以利害言, 然意卻全在爲國, 僧孺所言雖義, 然意卻全濟其己私. 且德裕旣受其降矣, 雖義有未安, 也須別做處置107). 乃縛送悉怛謀, 使之恣其殺戮, 果何爲也?” 【升卿】

136:70 牛僧孺何緣去結得箇杜牧之, 後爲渠作墓志? 今『通鑑』所載維州等, 有些事好底皆是. 【揚】

136:71 說者謂陽城居諫職, 與屠沽出沒. 果然, 則豈能使其君聽其言哉? 若楊綰用, 而大臣損音樂, 減騶御, 則人豈可不有以養素自重耶? 【銖】 108)

136:72 方伯謨云: “使無109)甘露之禍成, 唐必亡無疑.” 【壽昌】

136:73 唐租・庸・調, 大抵改新法度. 是世界一齊更新之初, 方做得. 如漢衰魏代, 只是漢舊物事. 晉代魏, 亦只用這箇. 以至六朝相代, 亦是遞相祖述, 弊法卒亦變更不得. 直到得元魏・北齊・後周居中原時, 生靈死於110)兵寇幾盡, 所以宇文泰・蘇綽出來, 便做得租・庸・調, 故隋・唐因之. 【賀孫】

---

105) ▲: 宣
106) 【人傑】: 徽州本에서는 【元秉 ○按: 萬・人傑錄同.】 으로 되어 있다.
107) 處置: 賀本에서는 置處로 되어 있다.
108) 【銖】: 賀本에서는 【銑】 으로 되어 있다.
109) 無: 成化本・賀本에는 없다.
110) 死於: 『小分』에서는 於死를 교정부호로 바로잡았다.

136:74『唐六典』載唐官制甚詳. 古禮自秦・漢已失. 北周 宇文泰及蘇綽有意復古, 官制頗詳盡. 如租・庸・調・府兵之類, 皆是蘇綽之制, 唐遂因之. 唐之東宮官甚詳. 某以前上「封事」, 亦言欲復太子官屬, 如唐之舊.[111]

136:75 因論唐府兵之制, 曰: "永嘉諸公以爲兵・農之分反自唐府兵始, 卻是如此. 蓋府兵家出一人, 以戰以戍, 幷分番入衛, 則此一人使[112]不復爲農矣."【僩】

136:76 唐口分是八分, 世業是二分. 有口則有口分, 有家則有世業. 古人想亦似此樣.【淳 ○義剛錄云: "唐口分是二分, 世業是八分. 有口則有口分, 寡婦皆無過十二"云云.】

136:77 唐節度使收稅, 皆入其家, 所以節度富.【淳】

○[113] 且如古者王畿之內, 髣彿如井田規畫. 中間一圈便是宮殿, 前圈中左宗廟, 右社稷, 其他百官府以次列居, 是爲前朝. 後中圈爲市, 不似如今市中, 家家自各賣買, 乃是官中爲設一去處, 令凡民之賣買者就其處. 若今場務然, 無游民雜處其間. 更東西六圈, 以處六鄕六遂之民. 耕作則出就田中之廬, 農功畢則入此室處. 唐制頗放此, 最有條理. 城中幾坊, 每坊各有牆圍, 如子城然. 一坊共一門出八[114], 六街. 凡城門坊角, 有武侯鋪, 衛士分守. 日暮門閉. 五更二點, 鼓自內發, 諸街鼓[115]承[116]振, 坊市門皆啓. 若有姦盜, 自無所容. 蓋坊內皆常居

111) 如唐之舊: 徽州本에서는 이 뒤에【庚】이라는 小註가 있다.
112) 使:『朱子語類』에서는 便으로 되어 있다.
113) ○:『朱子語類』의 90:48의 일부이다
114) 八: 賀本에서는 入으로 되어 있다.
115) 鼓:『小分』에서는 가려져 있어서 보이지 않으나 賀本의 내용으로 보충하였다.
116) 承: 賀本에서는 城으로 되어 있다.

之民, 外面人[117]來皆可知. 如殺宰相武元衡於靖安里[118]門外, 分明宰元衡入朝, 出靖安里, 賊乘暗害之. 亦可見坊門不可胡亂入, 只在大官街上被殺了. 如那時措置得好, 官堦[119]邊都無閑雜賣買, 汙穢雜揉. 所以杜詩云: '我居巷南子巷北, 可恨鄰里間, 十日不一見顏色[120].' 亦見出一坊, 入一坊, 非特特往來不可."【賀孫】

136:78 "杜佑可謂有意於世務者." 問『理道要訣』, 曰: "是一箇非古是今之書."【『理道要訣』亦是杜佑書. 是一箇『通典節要』. ○方子】

136:79 朱梁不久而滅, 無人爲他藏掩得, 故諸惡一切發見. 若更稍久, 必掩得一半.【揚】

136:80 後唐 莊宗善音律, 好寵伶優. 其卒也, ◇[121]鷹坊人善友, 斂樂器而焚之. 所謂"君以此始, 必以此終", 豈欺我哉?【壽昌】

136:81 周 世宗天資高, 於人才中尋得箇王朴來用, 不數年間, 做了許多事業. 且如禮・樂・律・歷等事, 想見他[122]都會得, 故能用其說, 成其事. 又如本朝太祖, 直是明達. 故當時創法立度, 其節拍一一都是, 蓋緣都曉得許多道理故也.【一本此下云: "所謂神聖, 其臣莫及. 趙普輩皆不及之." ○廣】

---

117) 面人: 『小分』에서는 가려져 있어서 보이지 않으나 賀本의 내용으로 보충하였다.
118) 靖安里: "靖"은 『小分』에서는 가려져 있어서 보이지 않으나 賀本의 내용으로 보충하였다.
119) 堦: 賀本에서는 街로 되어 있다.
120) 十日不一見顏色: 『小分』에서는 十日一不見顏色을 교정부호로 바로잡았다. 賀本에서는 十日不見一顏色으로 되어 있다.
121) ◇: 得【附箋紙】"也"下, 落"得"字.
122) 見他: 賀本에서는 他見으로 되어 있다.

136:82 問: "世宗果賢主否?" 曰: "看來也是好." 問: "當時也曾制禮作樂?" 曰: "只是四年之間, 煞做了事." 問: "今『刑統』亦是他所作?" 曰: "『開寶通禮』當時做不曾成, 後來太祖足成了, 而今一邊征伐, 一邊制禮作樂, 自無害事, 自是有人來與他做. 今人鄕一邊, 便不對那一邊, 才理會征伐, 便將禮[123]樂做閑慢了. 世宗胸懷又較大." 【胡泳】

136:83 五代時甚麽樣! 周 世宗一出便振. 收三關, 是王朴死後事. 模樣世宗未死時, 須先取了燕・冀, 則雲中・河東皆在其內矣. 本朝收河東, 契丹常以重兵援其後. 契丹嫌劉氏不援, 始取之. 【揚】

○[124] 極亂之後, 五代之時, 又卻▲[125]許多聖賢, 如祖宗諸臣▲[126], 是極而復者也. 【揚錄云"碩果不食之類[127]."】 如大睡一覺, 及醒時卻有精神. 【揚錄此下云: "今卻詭詐玩弄, 未有醒時. 非積亂之甚五六十年, 卽定氣息未蘇了, 是大可憂也."】

136:84 周 世宗亦可謂有天下之量, 纔見元稹『均田圖』, 便慨然有意.

136:85 周 世宗大均天下之田. 元稹『均田圖』世未之見. 【德明】

136:86 周 世宗規模雖大, 然性迫, 無甚寬大氣象. 做好事亦做教顯顯地, 都無些含洪之意, 亦是數短而然. 【揚】

136:87 晉 悼公幼年聰慧似周 世宗. 只是世宗卻得太祖接◇[128]他做

---

123) 禮: 【附箋紙】 "禮"下有"樂"字.
124) ○ 『朱子語類』의 1:45의 일부이다.
125) ▲: 生
126) ▲: 者
127) 類: 成化本・賀本에서는 理로 되어 있다.
128) ◇: 續

將去. 雖不是一家人, 以公天下言之, 畢竟是得人接續, 所做許多規模不枉▲[129). 且如周 ◇[130]帝一時也自做得好, 只是後嗣便如此弱了. 後來雖得一箇隋 文帝, 終是不甚[131]濟事.【文蔚】

129) ▲: 卻

130) ◇: 武

131) 不甚: 賀本에서는 甚不로 되어 있다. 『考異』에서는 "一作甚不."으로 되어 있다.

『朱子語類』 卷第一百三十七

「戰國・漢・唐諸子」

137:1 『家語』雖記得不純, 却是當時書. 『孔叢子』是後來白撰出.【道夫】

137:2 『家語』只是王肅編古錄雜記. 其書雖多疵, 然非肅所作. 『孔叢子』乃其所注之人僞作. 讀其首幾章, 皆法『左傳』句, 已疑之. 及讀其後序, 乃謂渠好『左傳』, 便可見.

137:3 『孔叢子』鄙陋之甚, 理旣無足取, 而詞亦不足觀. 有一處載"其君曰必然"云云, 是何言語?【揚】

○[1] 『家語』中說話猶得, 『孔叢子』分明是後來文字, 弱甚. 天下多少是僞書, 開眼看得透, 自無多書可讀.【賀孫】

137:4 『管子』之書雜. 管子以功業著者, 恐未必曾著書. 如「弟子職」之爲, 全似「曲禮」. 它篇有似莊・老. 又有說得也卑, 直是小意智處, 不應管仲如此之陋. 其內政分鄕之制, 『國語』載之卻詳.【螢】

137:5 『管子』非仲所著. 仲當時任齊國之政, 事甚多. 稍閑時, 又有三歸之溺, 决不是閑功夫▲[2]. 著書者是不見用之人也. 其書老・莊說話亦有之. 想只是戰國時人收拾仲當時行事言語之類著之, 幷附以它

---

1) ○: 『朱子語類』의 84:29의 일부이다.

2) ▲: 著書底人

書.

137:6 問: "管子中說辟雍, 言不[3])是學, 只是'君和'也." 先生曰: "旣不[4])是學, '君和'又是箇甚物事? 而今不必論. 『禮記』所謂'疑事毋質', 蓋無所考據, 不必恁地辨析耳. 如辟雍之義, 古不可考, 或以僞[5])學名, 或以爲樂名, 無由辨證[6]). 某初解『詩』, 亦疑放那裏. 但今說作學, 亦說得好了. 亦有人說, 辟雍是天子之書院, 大學又別."【子蒙】

137:7 『國語』文字, 多有重疊無義理處. 蓋當時只要作文章, 說得來多爾. 故柳子厚論爲文, 有曰: "參之『國語』以博其趣."【廣】

137:8 『國語』中, 多要說人有不可教則勿教之之意.【廣】

○[7]) 『國語』辭多理寡, 乃衰世之世[8]), 支離蔓衍, 大不及『左傳』. 看此時文章若此, 如何會興起國家?" 坐間朋友問是誰做. 曰: "見說是左丘明做."【賀孫】

137:9 問: "『史記』云: '申子卑卑, 施於名實. 韓子引繩墨, 切事情, 明是非, 其極慘礉少恩, 皆原於道德之意.'" 曰: "張文潛之說得之."【宋齊丘化[9])書序中所論也.】 道夫曰: "東坡謂商鞅·韓非得老子所以輕天下者, 是以敢爲殘忍而無疑." 曰: "也是這意. 要之, 只是『孟子』所謂'楊氏爲我, 是無君也.' 老子是箇占便宜·不肯擔當做事底人, 自守

---

3) 不: 賀本에서는 亦으로 되어 있다.
4) 不: 賀本에서는 亦으로 되어 있다.
5) 僞: 『朱子語類』에서는 爲로 되어 있다.
6) 辨證: 『小分』에서는 證辨을 교정부호로 바로잡았다.
7) ○: 『朱子語類』의 84:31이다.
8) 世之世: 『朱子語類』에서는 世之書로 되어 있다.【附箋紙】"世"字, 原本作"書". 此一節更考.
9) 化: 成化本·賀本에서는 作으로 되어 있다.

在裏, 看你外面天翻地覆, 都不管, 此豈不是少恩?" 道夫曰: "若柳下惠之不恭, 莫亦至然否?" 曰: "下惠其流必至於此." 又曰: "老子著書立言, 皆有這箇底意思."【道夫】

137:10 "諸子百家書, 亦有說得好處. 如荀子曰: '君子大心則天而道, 小心則畏義而節.' 此二句說得好." 曰: "看得荀子資質, 也是箇剛明底人." 曰: "只是麄. 他那物事皆未成箇模樣, 便將來說[10]." 曰: "揚子工夫比之荀子, 恐卻細膩[11]." 曰: "揚子說◇[12]深處, 止是走入老·莊窠窟裏去, 如淸靜寂寞之說皆是也. 又如『玄』中所說【"靈根"之說.】云云, 亦只是莊·老意[13]思, 止是說那養生[14]底工夫爾. 至於佛徒, 其初亦只是以老·莊之言駕說爾. 如遠法師文字與『肇論』之類, 皆成片用老·莊之意. 然他只是說, 都不行. 至達磨來, 方始教人自去做, 所以後來有禪, 其傳亦如是遠." 問: "晉·宋時人[15]多說莊·老, 然恐其亦未足以盡莊·老之實處[16]." 曰: "當時諸公只是借他言語來, 蓋覆那滅棄禮法之行爾. 據其心下汙濁紛擾如此, 如何理會得莊·老底意思?"【廣○荀·揚】

137:11 荀子儘有好處, 勝似揚子, 然亦難看.【賀孫】

137:12 不要看揚子, 他說話無好處, 議論亦無的實處. 荀子雖然是有錯, 到說得處也自實, 不如他說得恁地虛胖[17].【賀孫】

---

10) 便將來說:【附箋紙】"說"下有"到"字.
11) 膩:『考異』에서는 "膩, 一作泥."로 되어 있다.
12) ◇: 到
13) 意: 徽州本에서는 이 뒤에 曰: 程子卻取之, 是如何? 曰: 然. 但恐他意. 가 더 들어가 있다.
14) 養生:『小分』에서는 生養을 교정부호로 바로잡았다.
15) 時人:『小分』에서는 人時를 교정부호로 바로잡았다.
16) 處: 賀本에서는 說로 되어 있다.
17) 胖: 成化本·賀本에서는 胖으로 되어 있다.

137:13 問: “東坡言三子言性, 孟子已道性善, 荀子不得不言性惡, 固不是. 然人之一性, 無自而見. 荀子乃言其惡, 它莫只是要人修身, 故立此說?” 先生曰: “不須理會荀卿, 且理會孟子性善. 渠分明不識道理. 如天下之物, 有黑有白, 此是黑, 彼是白, 又何須卞[18]? 荀·揚不惟說性不是, 從頭到底皆不識. 當時未有明道之士, 被它說用於世千餘年. 韓退之謂荀·揚‘大醇而小疵.’ 伊川曰: ‘韓子責人甚恕.’ 自今觀之, 他不是責人恕, 乃是看人不破. 今且於自己上作工夫, 立得本. 本立則条[19]理分明, 不待辨.”【可學】

137:14 或言性, 謂荀卿亦是教人踐履. 先生曰: “須是有是物而後可踐履. 今於頭段處旣錯, 又[20]如何踐履? 天下事從其是. 曰同, 須求其眞箇同, 曰異, 須求其眞箇異. 今則不然, 只欲立異, 道何由明? 陳君擧作「夷門歌」, 說荊公·東坡不相合, 須當和同, 不知如何和得.”【可學 ○荀子】

137:15 荀子說: “能定而後能應”, 此是荀子好話.【賀孫】

137:16 “入乎耳而著乎心.” 著音, 直略切.【燾】

137:17 問荀·揚·王·韓四子. 曰: “凡人著書, 須自有箇規模, 自有箇作用處. 或流於申·韓, 或歸於黃·老, 或有體而無用, 或有用而無體, 不可一律觀. 且如王通這人, 於世務變故·人情物態, 施爲作用處, 極見得分曉, 只是於這作用曉得處卻有病. 韓退之則於大體處見得, 而於作用施爲處卻不曉. 如「原道」一篇, 自孟子後無人, 似它見得. ‘郊焉而天神格, 廟焉而人鬼享. 以之爲人, 則愛而公, 以之爲心, 則和而平, 以之爲天下國家, 無所處而不當’, 說得極無疵. 只是空見

18) 卞: 『朱子語類』에서는 辨으로 되어 있다.
19) 条: 『朱子語類』에서는 條로 되어 있다.
20) 又: 『考異』에서는 “又, 一誤文.”으로 되어 있다.

得箇本原如此, 下面工夫都空疏, 更無物事撐拄襯簟, 所以於用處不甚可人意. 緣它費工夫去作文, 所以讀書者, 只爲作文用. 自朝至暮, 自少至▲[21], 只是火急去弄文章, 而於經綸實務不曾究心, 所以作用不得. 每日只是招引得幾箇詩酒秀才和尙度日. 有些工夫, 只了得去磨煉文章, 所以無工夫來做這邊事. 兼他說, 我這箇便是聖賢事業了, 自不知其非. 如論文章云'自屈原·荀卿·孟軻·司馬遷·相如·揚雄之徒', 卻把孟軻與數子同論, 可見無見識, 都不成議論. 荀卿則全是申·韓, 觀「成相」一篇可見. 他見當時庸君暗主戰鬥不息, 憤悶惻怛, 深欲提耳而誨之, 故作此[22]篇. 然其要, 卒歸於明法制, 執賞罰而已. 他那做處麄, 如何望得王通? 揚雄則全是黃·老. 某嘗說, 揚雄最無用, 眞是一腐儒. 他到急處, 只是投黃·老. 如「反離騷」幷'老子道德'之言, 可見這人更無說, 自身命也奈何不下, 如何理會得別事? 如『法言』一卷, 議論不明快, 不了[23]決, 如其爲人. 他見識全低, 語言極獃, 甚好笑! 荀·揚二人自不可與王·韓[24]同日語." 問: "王通病痛如何?" 曰: "這人於作用都曉得, 急欲見之於用, 故便要做周公底事業, 便去上書要興太平. 及知時勢之不可爲, 做周公事業不得, 則急退而續『詩』·『書』, 續『元[25]經』, 又要做孔子底事業. 殊不知孔子之時接乎三代, 有許多典·謨·訓·誥之文, 有許多禮樂法度, 名物度數, 數聖人之典章皆在於是, 取而纘述, 方做得這箇家具成. 王通之時, 有甚麽典·謨·訓·誥? 有甚麽禮樂法度? 乃欲取漢·魏以下者爲之書, 則欲以七制·命·議之屬爲『讀書』[26], 【"七制"之說亦起於通. 有高·文·武·宣·光武·明·章之[27]制, 蓋以比二典也.】 詩則欲取曹·劉·沈·謝

21) ▲: 老
22) 作此: 『小分』에서는 此作을 교정부호로 바로잡았다.
23) 了: 『考異』에서는 "了, 一誤予."로 되어 있다.
24) 王·韓: 賀本에서는 이 뒤에 二人이 더 있다. 『考異』에서는 "韓下, 一有二人."으로 되어 있다.
25) 元: 成化本·賀本에서는 玄으로 되어 있다.
26) 讀書: 『朱子語類』에서는 續書로 되어 있다.
27) 之: 賀本에는 없다.

者爲『續詩』. ◇[28]得這般詩書, 發明得箇甚麽道理? 自漢以來, 詔令之稍可觀者, 不過數箇. 如高帝「求賢詔」雖好, 已[29]自不純. 文帝「勸農」, 武帝「薦賢」·「制策」·「輪臺」之悔, 只有此數詔略好, 此外盡無那壹篇比得典·謨·訓·誥. 便求一篇如「君牙」·「冏命」·「秦誓」也無. 曹·劉·沈·謝之詩, 又那得一篇如「鹿鳴」·「四牡」·「大明」·「文王」·「關雎」·「鵲巢」? 亦有學爲四句古詩者, 但多稱頌之詞, 言皆過實, 不足取信. 樂如何有雲·英·咸·韶·濩·武之樂? 禮又如何有伯夷·周公制作之禮, 它只是急要做箇孔子, 又無佐證, 故裝點幾箇人來做堯·舜·湯·武, 皆經我刪述, 便顯得我是聖人. 如『中說』一書, 都是要學孔子. 『論語』說泰伯'三以天下讓', 它便說陳思王善讓, 『論語』說'殷有三仁', 它便說荀氏有二仁. 又提[30]幾箇公卿大夫來相答問, 便比當時門人弟子. 正如梅聖俞說, '歐陽永叔它自要做韓退之, 卻將我來比孟郊!' 王通便是如此. 它自要做孔夫子, 便胡亂捉別人來爲聖爲賢. 殊不知秦·漢以下君臣人物, 斤兩已定, 你如何能加重? 『中說』一書, 固是後人假託, 非王通自著. 然畢竟是王通平生好自夸[31]大, 『續詩』·『續書』, 紛紛述作, 所以起後人假託之過[32]. 後世子孫見他學周公·孔子學不成, 都冷淡了, 故又取一時公卿大夫之顯者, 纘緝附會以成之. 畢竟是王通有這樣意▲[33]在. 雖非他之過, 亦它有以啓之也. 如世人說坑焚之禍起於荀卿. 荀卿著書立言, 何嘗教人焚書坑儒? 只是觀它無所顧藉, 敢爲異論, 則其末流便有坑焚之理. 然王通比荀·揚又夐別. 王通極開爽, 說得廣闊. 緣它於事上講究得精, 故於世變興亡, 人情物態, 更革沿襲, 施爲作用, 先後次第, 都曉得, 識得箇仁義禮樂都有用處. 若用於世, 必有可觀. 只可惜不曾向上透

28) ◇: 續
29) 已: 賀本에서는 又로 되어 있다. 『考異』에서는 "已, 一作又."로 되어 있다.
30) 提: 英祖刊本에서는 促으로 되어 있다. 『考異』에서는 "促, 一作提."로 되어 있다.
31) 夸: 賀本에서는 誇로 되어 있다.
32) 過: 賀本에서는 故로 되어 있다.
33) ▲: 思

一著, 於大體處有所欠闕, 所以如此. 若更曉得高處一著, 那裏得來. 只細看它書, 便見它極有好處, 非特荀·揚道不到, 雖韓退之也道不到. 韓退之只曉得箇大綱, 下面工夫都空虛, 要做更無下手處, 其作用處全疏, 如何敢望王通? 然王通所以如此者, 其病亦只在於不曾子細讀書. 他只見聖人有箇六經, 便欲別做一本六經, 將聖人腔子塡滿裏面. 若是子細讀書, 知聖人所說義理之無窮, 自然無工夫閑做. 他死時極後生, 只得三十餘歲. 它卻火急要做許多事." 或云: "若少假之年, 必有可觀." 曰: "不然, 它氣象局促, 只如此了. 它[34]做許多書時, 方只二十餘歲. 孔子七十歲方繫『易』, 作『春秋』, 而王通未三十皆做了, 聖人許多事業氣象去不得了, 宜其死也." 又曰: "「中說」一書, 如子弟記它言行, 也煞有好處. 雖云其書是後人假託, 不會假得許多, 須眞有箇人坯模如此, 方裝點得成. 假使懸空白撰得一人如此, 則能撰之人亦自大有見識, 非凡人矣."【僩 ○[35]以下論荀·揚·王·韓及諸子.】

137:18 賈誼之學雜. 他本是戰國縱橫之學, 只是較近道理, 不至如儀·秦·蔡·范之甚爾. 他於這邊道理見得分數稍多, 所以說得較好. 然終是有縱橫之習, 緣他根脚只是從戰國中來故也. 漢儒惟董仲舒純粹, 其學甚正, 非諸人比. 只是困苦無精彩, 極好處也只有'正義[36]·明道'兩句. 下此諸子皆無足道. 如張良·諸葛亮固正, 只是太麤. 王通也有好處, 只是也無本原工夫, 卻要將秦·漢以下文飾做箇三代, ▲[37] 只有高帝時三詔令稍好, 然已不純. 如曰: "肯從朕[38]游者, 吾能尊顯之", 此豈所以待天下之士哉? 都不足錄. 三代之「書」·「誥」·

---

34) 它: 賀本에서는 他로 되어 있다.

35) ○: 『小分』에서는 이 기호가 빠져 있으나 보충하였다.

36) 義: 賀本에서는 誼로 되어 있다.

37) ▲: 他便自要比孔子, 不知如何比得. 他那斤兩輕重自定, 你如何文飾得? 如『續詩』·『續書』·『玄經』之作, 盡要學箇孔子, 重做一箇三代, 如何做得? 如『續書』要載漢以來詔令, 他那詔令便載得, 發明得甚麽義理? 發明得甚麽政事?

38) 朕: 成化本에서는 時로 되어 있고 賀本에서는 吾로 되어 있고 徽州本에서는 我로 되어 있다.

「詔」·「令」, 皆是根源學問, 發見[39]義理, 所以燦然可爲後世法. 如秦·漢以下詔令濟得甚事? 緣他都不曾將心子細去讀聖人之書, 只是要依他箇模子. ▲[40] 某嘗說, 自孔·孟沒[41]後, 諸儒不子細讀得聖人之書, 曉得聖人之旨, 只是自說他一副當道理. 說得卻也好看, 只是非聖人之意, 硬將聖人經旨說從他道理上來. 孟子說'以意逆志'者, 以自家之意, 逆聖人之志. 如人去路頭迎接那人相似, 或今日接著不定, 明日接着不定, 或那人來也不定, 不來也不定, 或更遲數日來也不定, 如此方謂之'以意逆志.' 今人讀書, 卻不去等候迎接那人, 只認硬趕捉那人來, 更不由他情願, 又教他莫要做聲, 待我與你說道理. 聖賢已死, 它看你如何說, 他又不會出來與你爭, 只是非聖賢之意. 他本要自說他一樣道理, 又恐不見信於人. 偶然窺見聖人說處與己意合, 便從頭如此解將去, 更不子細虛心, 看聖人所說是如何. 正如人販私鹽, 擔私貨, 恐人捉他, 須用求得官員一兩封書, 并掩頭行引, 方敢過場·務, 偸免稅錢. 今之學者正是如此, 只是將聖人經書, 拖帶印證己之所說而已, 何常眞實得聖人之意? 卻是說得新奇巧妙, 可以欺惑人, 只是非聖人之意. 此無他, 患在於不子細讀聖人之書. 人若能虛心下意, 自莫生意見, 只將聖人書玩味讀誦, 少間意思自從正文中迸出來, 不待安排, 不待杜撰. 如此, 方謂之善讀書. 且屈原一書, 近偶閱之, 從頭被人錯解了. 自古至今, 訛謬相踵[42], 更無一人能破之者, 而又爲說以增飾之. 看來屈原本是一箇忠誠惻怛愛君底人. 觀他所作「離騷」數篇, 盡是歸依愛慕, 不忍捨去懷王之意. 所以拳拳反復, 不能自已, 何嘗有一句是罵懷王? 亦不見他有偏躁之心, 後來沒出氣處, 不奈何, 方投河殞命, 而今人句句盡解做罵懷王, 枉屈說了屈原. 只是不曾平心看他

39) 見: 『朱子語類』에서는 明으로 되어 있다.
40) ▲: 見聖人作六經, 我也學他作六經. 只是將前人腔子, 自做言語塡放他腔中, 便說我這箇可以比並聖人. 聖人做箇『論語』, 我便做『中說』. 如揚雄『太玄』·『法言』亦然, 不知怎生比並.
41) 沒: 成化本·賀本에서는 滅로 되어 있다.
42) 踵: 賀本에서는 傳으로 되어 있다.

語意, 所以如此."【僩】

137:19 問揚雄. 曰: "雄之學似出於老子. 如『太玄』曰: '潛心于[43]淵, 美厥靈根.' 『測』曰: '〈潛心于[44]淵〉, 神不昧也.' 乃老氏說話." 問: "『太玄』分「贊」於三百六十六日下, 不足者乃益以'踦贏', 固不是. 如『易』中卦氣如何?" 曰: "此出於京房, 亦難曉. 如『太玄』中推之, 蓋有氣而無朔矣." 問: "伊川亦取雄『太玄』中語[45], 如何?" 曰: "不是取他言, ▲[46]地位至此耳." 又問: "賈誼與仲舒如何?" 曰: "誼有戰國縱橫之風[47], 仲舒儒者, 但見得不透." 曰: "伊川於漢儒取大毛公, 如何?" 曰: "今亦難考. 但『詩注』頗簡易, 不甚泥章句." 問: "『文中子』如何?" 曰: "渠極識世變, 有好處, 但太淺, 决非當時全書. 如說家世數人, 史中並無名. 又, 開朗[48]事, 與通年紀甚懸絶." 可學謂[49]: "可惜『續經』已失, 不見渠所作如何." 曰: "亦何必見? 只如『續[50]書』有「桓榮之命」. 明帝如此, 則榮可知. 使榮果有帝王之學, 則當有以開導明帝, 必不至爲異教所惑. 如「秋風」之詩, 乃是末年不得已之辭, 又何足取? 渠識見不遠, 卻要把兩漢事與三代比隆! 近來此等說話極勝, 須是於天理人欲處處[51]分別得明. 如唐 太宗分明是殺兄刼父代位, 又何必爲之分說[52]? 沙隨云, 『史記』高祖泛舟於池中, 則'明當早參'之語, 皆是史之潤飾. 看得極好, 此豈小事! 高祖既許之明早入辨, 而又卻泛舟, 則知此事經

---

43) 于: 賀本에서는 於로 되어 있다.
44) 于: 賀本에서는 於로 되어 있다.
45) 語: 賀本에서는 說로 되어 있다.
46) ▲: 他
47) 風: 賀本에서는 氣로 되어 있다. 『考異』에서는 "風, 一作氣."로 되어 있다.
48) 開朗: 『朱子語類』에서는 關朗으로 되어 있다. 『考異』에서는 "朗, 一誤郞."으로 되어 있다.
49) 學謂: 『小分』에서는 謂學을 교정부호로 바로잡았다.
50) 經』已失, … 只如『續: 『小分』에서는 중복되어 있다. 『朱子語類』에 따라 삭제한다.
51) 處處: 『朱子語類』에서는 處로 되어 있다.
52) 分說: 賀本에서는 分別說로 되어 있다. 『考異』에서는 "說, 上一有別."로 되어 있다.

史臣文飾多矣." 問: "禪位亦出於不得已." 曰: "固是. 他旣殺元良[53], 又何處去? 明皇殺太平公主亦如此, 可畏!"【可學】

137:20 子升問仲舒・文中子. 曰: "仲舒本領純正. 如說'正心以正朝廷', 與'命者天之令也'以下諸語, 皆善. 班固所謂'純儒', 極是. 至於天下國家事業, 恐施展未必得. 王通見識高明, 如說治體處極高, 但於本領處欠. 如古人'明德・新民・至善'等處, 皆不理會, 卻要鬪合漢・魏以下之事整頓爲法, 這便是低處. 要之, 文中論治體處, 高似仲舒, 而本領不及, 爽似仲舒, 而純不及." 因言: "魏徵作『隋史』, 更無一語及文中, 自不可曉. 嘗考文中世系, 幷看阮逸・龔鼎臣注, 及『南史』・『劉夢得集』, 次日因考文中世系, 四書不同, 殊不可曉." 又檢『李泰伯集』, 先生因言: "文中有志於天下, 亦識得三代制度, 較之房・魏諸公文, 稍有些本領, 只本原上工夫都不曾理會. 若究其議論本原處, 亦只自『老』・『莊』中來."【木之】

137:21 先生令學者評董仲舒・揚子雲・王仲淹・韓退之四子優劣. 或取仲舒, 或取退之. 曰: "董仲舒自是好人, 揚子雲不足道, 這兩人不須說. 只有文中子・韓退之這兩人疑似, 試更評看." 學者亦多主退之. 曰: "看來文中子根脚淺, 然卻是以天下爲心, 分明是要見諸事業. 天下事, 它都一齊入思慮來. 雖是卑淺, 然卻是循規蹈矩, 要做事業底人, 其心卻公. 如韓退之雖是見得箇道之大用是如此, 然卻無實用功處. 它當初本只是要討官職做, 始終只是這心. 他只是要做得言語似六經, 便以爲傳道. 至其每日功夫, 只是做詩, 博弈, 酣飮取樂而已. 觀其詩便可見, 都襯貼那「原道」不起. 至其做官臨政, 也不是要爲國做事, 也無甚可稱, 其實只是要討官職而已."【僩】

○[54] 又曰: "仲舒識得本原, 如云: '正心修身, 可以治國平天下', 如

---

53) 良: 『考異』에서는 "良, 一作吉."로 되어 있다.

說: '仁・義・禮・樂皆其具', 此等說話皆好. 若陸宣公之論事, 卻精密, 第恐本原處不如仲舒. 然仲舒施之臨事, 又卻恐不如宣▲[55]." 【學蒙】

○[56] 可學錄云: "天下事, 不可顧利害. 凡人做事多要趨利避害; 不知纔有利, 必有害, 吾▲[57]處得十分利, 有害隨在背後, 不如且就理上求之. 孟子曰: '如以利, 則枉尋直尺而利, 亦可爲歟?' 且如臨難致死, 義也. 若不明其理而顧利害, 則見危致命者反不如偸生苟免之人. '可怜石頭城, 寧爲袁粲死, 不作褚淵生.' '民之秉彝'不可磨成[58]如此, 豈不是自然?"

137:22 立之問: "揚子與韓文公優劣如何?" 曰: "各自有長處. 文公見得大意已分明, 但不曾去子細理會. 如「原道」之類, 不易得也. 揚子雲爲人深沈, 會去思索. 如陰陽消長之妙, 他直是去推求. 然而如『太玄』之類, 亦是拙底工夫, 道理不是如此. 蓋天地間只有箇奇耦, 奇是陽, 耦是陰. 春是少陽, 夏是太陽, 秋是少陰, 冬是太陰. 自二而四, 自四而八, 只恁推去, 都走不得, 而揚子卻添兩字[59] 三, 謂之天地人, 事事要分作三截. 又且有氣而無朔, 有日星而無月, 恐不是道理. 亦如孟子旣說'性善', 荀子旣說'性惡', 他無可得說, 只得說箇'善惡混.' 若有箇三底道理, 聖人想自說了, 不待後人說矣. 看他裏面推得辛苦, 卻就上面說些道理, 亦不透徹. 看來其學似本於老氏. 如'惟淸惟靜, 惟淵惟默'之語, 皆是老子意思. 韓文公於仁義道德上看得分明, 其剛領已正, 卻無它這箇近於老子底說話." 又問: "文中子如何?" 曰: "文中子之書, 恐

54) ○: 『朱子語類』의 101:126의 일부이다.
55) ▲: 公也
56) ○: 『朱子語類』의 83:22의 일부이다.
57) ▲: 雖
58) 不可磨成: 【附箋紙】 "成"字, 恐"滅"字.
59) 字: 『朱子語類』에서는 作으로 되어 있다. 【附箋紙】 "字"字, 印本作"作."

多是後來[60]人添入, 眞僞難見, 然好處甚多. 但一一似聖人, 恐不應恰限有許多事相湊得好. 如見甚荷蓧[61]隱者之類, 不知如何得恰限有這人. 若道他都是粧點來, 又恐粧點不得許多. 然就其中惟是論世變因革處, 說得極好." 又問: "程子謂'揚子之學實, 韓子之學華', 是如何?" 曰: "只緣韓子做閑雜言語多, 故謂之華. 若揚子雖亦有之, 不如韓子之多."【時擧】

137:23 "揚子雲・韓退之二人也難說優劣. 但子雲所見處, 多得之老氏, 在漢末年難得人似它. 亦如荀子言語亦多病, 但就彼時亦難得一人如此. 子雲所見多老氏者. 往往蜀人有嚴君平源流." ▲[62] 㬊問: "溫公最喜『太玄』." 曰: "溫公全無見處. 若作『太玄』, 何似作曆? 老泉嘗非『太玄』之數, 亦說得是." 又問: "與康節如何?" 曰: "子雲何敢望康節! 康節見得高, 又超然自得. 退之卻見得大綱, 有七八分見識. 如「原道」中說得仁義道德煞好, 但是他不去踐履玩味, 故見得不精微細密. 伊川謂其學華者, 只謂愛作文章. 如作詩說[63]許多閑言語, 皆是華也. 看得來退之勝似子雲."【南升】

137:24 問: "先生王氏『續經』說云云, 荀卿固不足以望之. 若・房杜輩, 觀其書, 則固嘗往來于[64]王氏之門. 其後來相業, 還亦有得於王氏道否?" 曰: "房・杜如何敢望文中子之萬一! 其規模事業, 無文中子髣彿. 某嘗說, 房・杜只是箇村宰相. 文中子不干事, 他那制度規模, 誠有非後人之所及者." 又問: "仲舒比之如何?" 曰: "仲舒卻純正, 然亦有偏, 又是一般病. 韓退之卻見得又較活, 然亦只是見得下面一層, 上面

60) 來: 賀本에는 없다.
61) 蓧: 賀本에서는 蕢로 되어 있다.
62) ▲: 且如『太玄』就三數起, 便不是. 易中只有陰陽奇耦, 便有四象: 如春爲少陽, 夏爲老陽, 秋爲少陰, 冬爲老陰. 揚子雲見一二四都被聖人說了, 卻杜撰, 就三上起數"
63) 如作詩說: 徽州本에서는 如何說得으로 되어 있다.
64) 于: 賀本에서는 於로 되어 있다.

一層都不曾見得. 大概此諸子之病皆是如此, 都只是見得下面一層, 源頭處都不曉. 所以伊川說'「西銘」是「原道」之宗祖', 蓋謂此也."【僩】

137:25 只有董仲舒資質純良, 摸索道得數句著,【如"正誼不謀利"之類.】 然亦非它眞見得這道理.【恪 ○董子】

137:26 ▲[65)]

137:27 問: "仲舒云: '性者, 生之質.'" "也不是. 只當云, 性者, 生之理也, 氣者, 生之質也." 璘謂: "'性者, 生之質', 本『莊子』之言." 曰: "『莊子』有云: '形體保神, 各有儀則, 謂之性.' 前輩謂此說頗好, 如'有物有則'之意."【璘】

137:28 問: "仲舒以情爲人之欲, 如何?" 曰: "也未害. 蓋欲爲善, 欲爲惡, 皆人之情也."【道夫】

137:29 童問董仲舒見道不分明處. 曰: "也見得鶻突. 如'命者, 天之令, 性者, 生之質, 情者, 人之欲. 命非聖人不行, 性非敎化不成, 情非制度不節'等語, 似不識性善模樣. 又云, '明於天性, 知自貴於物, 知自貴於物, 然後知仁義, 知仁義, 然後重禮節, 重禮節, 然後安處善, 安處善, 然後樂循理', 又似見得性善模樣. 終是說得騎墻, 不分明端的."【淳】

137:30 "仲舒言: '命者, 天之令, 性者, 生之質.' 如此說, 固未害. 下云'命非聖人不行', 便牽於對句, 說開去了. 如'正誼明道'之言, 卻自是好." 道夫問: "或謂此語是有是非, 無利害, 如何?" 曰: "是不論利害, 只論是非. 理固然也, 要亦當權其輕重方盡善, 無此亦不得. 只被今人

---

65) ▲: 問: "性者, 生之質." 曰: "不然. 性者, 生之理, 氣者, 生之質, 已有形狀."

只知計利害, 於是非全輕了." 【道夫】

137:31 建寧出"正誼明道如何論." 先生曰: "'正其誼不謀其利, 明其道不計其功.' 誼必正, 非是有意要正, 道必明, 非是有意要明, 功利自是所不論. 仁人於此有不能自已者. '師出無名, 事故不成, 明其爲賊, 敵乃可服', 此便是有意立名以正其誼."

137:32 在浙中見諸葛誠之·千能云: "▲[66] 仲舒說得不是. 只怕不是義, 是義必有利, 只怕不是道, 是道必有功." 先生謂: "才如此, 人必求功利而爲之, 非所以爲訓也. 固是得道義則功利自至, 然而有得道義而功利不至者, 人將於有[67]功利之徇, 而不顧道義矣." 【璘】

137:33 仲舒所立甚高. 後世之所以不如古人者, 以道義功利關不透耳. 其議匈奴一節, 婁敬·賈誼智謀之士爲之, 亦不如此.

137:34 劉淳叟問: "漢儒何以溺心訓詁而不及理?" 曰: "漢初諸儒專治訓詁, 如教人亦只言某字訓某字, 自尋義理而已. 至西漢末年, 儒者漸有求得稍親者, 終是不曾見全體." 問: "何以謂之全體?" 曰: "全體須徹頭徹尾見得方是. 且如匡衡論[68]時政, 亦及治性情之說, 及到得他入手做時, 又卻只修得些小宗廟禮而已. 翼奉言'見道知王治之象, 見經知人道之務', 亦自好了, 又卻只教人主以陰陽日辰貪狼廉貞之類辨君子小人. 以此觀之, 他只時復窺見得些子, 終不曾見大體也. 唯董仲舒三篇說得稍親切, 終是不脫漢儒氣味. 只對江都易王云: '仁人正其義不謀其利, 明其道不計其功', 方無病, 又是儒者語." 【大雅】[69]

---

66) ▲: '仁人正其義不謀其利, 明其道不計其功',
67) 有: 孝宗刊本·英祖刊本·成化本에서는 惟로 되어 있고, 賀本에서는 於로 되어 있다. 【附箋紙】"有"字, 即"唯"字.
68) 論: 賀本에서는 問으로 되어 있다.
69) 【大雅】: 賀本에는 없다.

137:35 董仲舒才不及陸宣公而學問過之. 張子房近黃・老, 而隱晦不露. 諸葛孔明近申・韓. 【節】

137:36 揚子雲出處非是. 當時善去, 亦何不可? 【揚 ○揚子】

137:37 問: "揚子'避礙通諸理'之說是否?" 曰: "大概也似, 只是言語有病." 問: "莫是[70]'避'字有病否?" 曰: "然. 少間處事不看道理當如何, 便先有箇依違閃避之心矣." 【僩】

137:38 "'學之爲王▲[71]事', 不與上文屬. 只是言人君不可不學底道理, 所以下文云: '堯・舜・禹・湯・文・武汲汲, 仲尼皇皇. 以數聖人之盛德, 猶且如此.'" 問: "'仲尼皇皇'如何?" 曰: "夫子雖無王者之位, 而有王者之德, 故作一處稱揚." 【道夫】 137:39[72] 揚子雲謂南北爲經, 東西爲緯, 故南北爲縱, 東西爲橫. 六國之勢, 南北相連則合縱, 秦據東西, 以橫破縱也. 蓋南北長, 東西短, 南北直, 東西橫, 錯綜於其問[73]也. 【敬仲】

137:40 "德隆則晷星, 星隆則晷德." 晷, 影也, 猶影之隨形也. 蓋德隆則星隨德而見, 星隆則人事反隨星▲[74]應." 【僩】

137:41 ▲[75]

---

70) 是: 賀本에서는 不是로 되어 있다.
71) ▲: 者
72) 137:39: 『小分』에서는 137:38 항목에 이어져 한 항목으로 편집되어 있으나, 【道夫】와 揚子雲 사이에 공격이 있어서 단순한 필사상의 오류로도 볼 수 있다.
73) 問: 『朱子語類』에서는 間으로 되어 있다.
74) ▲: 而
75) ▲: 揚子雲云: "月未望, 則載魄於西, 旣望, 則終魄於東, 其遡於日乎!" 先生擧此, 問學者是如何. 衆人引諸家注語, 【古注解"載"作"始", "魄"作"光." 溫公改"魄"作"朏", 先生云, 皆非是.】 皆不合. 久之, 乃曰: "只曉得箇'載'字, 便都曉得. 載者,

137:42 張毅然漕試回. 先生問曰: "今歲出何論題?" 張曰[76]: "論題云云, 出『文中子』." 曰: "如何做?" 張曰: "大率是罵他者多." 先生笑曰: "他雖有不好處, 也須有好處. 故程先生言: '他雖則附會成書, 其間極

如加載之'載.' 如『老子』云'載營魄', 『左氏』云'從之載', 正是這箇'載'字. 諸家都亂說, 只有古注解云: '月未望, 則光始生於西面, 以漸東滿, 旣望, 則光消虧於西面, 以漸東盡.' 此兩句略通而未盡. 此兩句盡在'其遡於日乎'一句上. 蓋以日爲主, 月之光也, 日載之, 光之終也, 日終之. '載', 猶加載之'載.' 【又訓上, 如今人上光·上采色之"上".】 蓋初一二間, 時日落於西, 月是時同在彼, 至初八九日落在酉, 則月已在午, 至十五日相對, 日落於酉而月在卯, 此未望而載魄於西. 蓋月在東日則在西, 日載之光也. 及日與月相去愈遠, 則光漸消而魄生. 少間月與日相蹉過, 日卻在東, 月卻在西, 故光漸至東盡, 則魄漸復也. 當改古注云: '日加魄於西面, 以漸東滿, 日復魄於西面, 以漸東盡. 其載也, 日載之, 其終也, 日終之, 皆繫於日.' 又說秦周之士, 貴賤拘肆, 皆繫於上之人, 猶月之載魄終魄皆繫於日也, 故曰'其遡於日乎!' 其載其終, 皆向日也. 溫公云: '當改〈載魄〉之〈魄〉作〈朏〉.' 都是曉揚子雲說不得, 故欲如此改. 『老子』所謂'載營魄', 便是如此. '載營魄, 抱一, 能無離乎?' 一便是魄, 抱便是載, 蓋以火養水也. 魄是水, 以火載之. '營'字, 恐是'熒'字, 光也. 古字或通用不可知. 或人解作經營之'營', 亦得." 次日, 又云: "昨夜說終魄於東'終'字, 亦未是. 【昨夜解"終"作"復", 言光漸消而復其魄也.】 蓋終魄亦是日光加魄於東而終之也. 始者日光加魄之西, 以漸東滿, 及旣望, 則日光旋而東, 以終盡月之魄, 則魄之西漸復, 而光漸消於魄之西矣." 因又說『老子』"載營魄." "昨日見溫公解得揚子'載魄'沒理會, 因疑其解『老子』, 亦必曉不得. 及看, 果然. 但注云: '〈載營魄〉闕.' 只有此四字而已. 潁濱解云: '神載魄而行.' 言魄是箇沈滯之物, 須以神去載他, 令他外舉. 其說云: '聖人則以魄隨神而動, 衆人則神役於魄.' 據他只於此間如此强解得, 若以解『揚子』, 則解不得矣. 又解魄做物, 只此一句便錯. 耳目之精明者爲魄, 如何解做物得? 又以一爲神, 亦非. 一正指魄言, 神抱魄, 火抱水也. 溫公全不理會修養之學, 所以不曉. 潁濱一生去理會修養之術, 以今觀之, 全曉不得, 都說錯了. 河上公固是胡說, 如王弼也全解錯了. 王弼解載作處, 魄作所居, 言常處於所居也, 更是胡說! 據潁濱解『老子』, 全不曉得『老子』大意. 他解神載魄而行, 便是箇剛强外舉底意思. 『老子』之意正不如此, 只是要柔伏退步耳. 觀他這一章盡說柔底意思, 云: '載營魄, 抱一, 能無離乎? 專氣致柔, 能如嬰兒乎? 天門開闔, 能爲雌乎?' 『老子』一書意思都是如此. 它只要退步不與你爭. 如一箇人叫哮跳躑, 我這裏只是不做聲, 只管退步. 少間叫哮跳躑者自然而屈, 而我之柔伏應自有餘. 老子心最毒, 其所以不與人爭者, 乃所以深爭之也, 其設心措意都是如此. 閑時他只是如此柔伏, 遇著那剛强底人, 它便是如此待你. 張子房亦是如此. 如云: '推天下之至柔, 馳騁天下之至堅', 又云'以無爲取天下', 這裏便是它無狀處. 據此, 便是它柔之發用功效處. 又, 「楚詞」也用'載營魄'字, 其實與潁濱解『老子』同. 若「楚詞」恐或可如此說. 以此說『老子』, 便都差了."

76) 張曰: 賀本에서는 曰로 되어 있다.

有格言, 荀・揚道不到處.' 豈可一向罵他!" 友仁請曰: "願聞先生之見." 曰: "文中子他當時要爲伊・周事業, 見道不行, 急急地要做孔子. 他要學伊・周, 其志甚不卑. 但不能勝其好高自大欲速之心, 反有所累. 二帝三王卻不去學, 卻要學兩漢, 此是他亂道處. 亦要作一篇文字說這意思."【友仁 ○文中子】

137:43 徐問『文中子』好處與不好處. 曰: "見得道理透後, 從[77]高視下, 一目瞭然. 今要去揣摩, 不得."【淳】

137:44 『文中子』其間有見處, 也卽是老氏. 又其間[78]被人夾雜, 今也難分別. 但不合有許多事全似孔子. ▲[79]其間論文史及時事世變, 煞好, 今浙間英邁之士皆宗之.【南升】

137:45 "文中子「中說」被人亂了. 說治亂處與其他好處極多. 但向上事只是老・釋. 如言非老・莊・釋迦之罪, 幷說若云云處, 可見." 揚曰: "過『法言』." 曰: "大過之."【揚】

137:46 文中子▲[80]於文取陸機, 史取陳壽. 曾將陸機文來看, 也是平正.【升卿】

137:47 房・杜於河・汾之學後來多有議論. 且如「中說」, 只是王氏子孫自記. 亦不應當時開國文武大臣盡其學者, 何故盡無一語言及其師衆所記其家世事? 攷之傳記, 無一合者.【螢】

137:48 『文中子』, 看其書忒裝點, 所以使人難信. 如說諸名卿大臣,

77) 後, 從: 『小分』에서는 從後를 교정부호로 바로잡았다.
78) 間: 賀本에서는 閒으로 되어 있다.
79) ▲: 孔子有荷蕢等人, 它也有許多人, 便是裝點出來.
80) ▲: 論時事及文史處儘有可觀.

多是隨[81]末所未見有者. 兼是他言論大綱雜霸, 凡事都要硬做. 如說禮樂治體之類, 都不消得從正心誠意做出. 又如說: "安我所以安天下, 存我所以厚蒼生", 都是爲自張本, 做雜霸鎡基. 黃德柄問: "『續書』: '天子之義: 制·詔·志·策, 有四, 大臣之義: 命·訓·對·讚·議·誡·諫, 有七.' 如何?" 曰: "這般所在極膚淺. 中間說話大綱如此. 但看世俗所稱道, 便喚做好, 都不識. 如云晁·董·公孫之對, 據道理看, 只有董仲舒爲得. 如公孫已是不好, 晁錯是說箇甚麽? 又如自敍許多說話, 盡是夸張. 考其年數, 與唐煞遠, 如何唐初諸名卿皆與說話? 若果與諸名卿相處, 一箇人恁地自標致, 史傳中如何都不見說?" 因說: "史傳儘有不可信處. ▲[82] 如趙盾一事, 後人費萬千說話與出脫, 其實此事甚分明. 如司馬昭之弑高貴鄕公, 他終不成親自下手! 必有抽戈用命, 如賈充·成濟之徒. 如曰: '司馬公畜養汝等, 正爲今日. 今日之事, 無所問也.' 看『左傳』載 靈公欲殺[83]趙盾, 今日要殺, 殺不得, 明日要殺, 殺不得. 只是一箇人君要殺一臣, 最易爲力. 恁地殺不得, 也是他大段强了. 今來許多說話, 自是後來三晉旣得政, 撰造掩覆, 反有不可得而掩者矣. 物來若不能明, 事至若不能辨, 是吾心大段昏在." 【賀孫】

137:49 "文中子議論, 多是中間暗了一段, 無分明. 其間弟子問答姓名, 多是唐輔相, 恐亦不然, 蓋諸人更無一語及其師. 人以爲王通與長孫無忌不足, 故諸人懼無忌而不敢言, 亦無此理, 如鄭公豈畏人者哉! '七制之主', 亦不知其何故以'七制'名之. 此必因其『續書』中曾採七君事跡以爲書, 而名之曰'七制.' 如『二典』體例今無可考, 大率多是依倣

---

81) 隨: 『朱子語類』에서는 隋로 되어 있다.

82) ▲: 嘗記五峰說, 看太宗殺建成·元吉事, 尙有不可憑處. 如云, 先一日, 太宗密以其事奏高祖, 高祖省表愕然, 報曰: '明當鞫問, 汝宜早參.' 只將這幾句看, 高祖且教來日鞫問, 如何太宗明日便擁兵入內? 又云, 上已召裴寂·蕭瑀·陳叔達欲按其事, 又云: '上方泛舟海池.' 豈有一件事恁麽大, 兄弟搆禍如此之極, 爲父者何故恁地恬然無事! 此必有不足信者. 只『左傳』是有多難信處.

83) 欲殺: 『小分』에서는 殺欲을 교정부호로 바로잡았다.

而作. 如以董常爲[84]顔子, 則是以孔子自居. 謂諸公可爲輔相之類, 皆是撰成, 要安排七制之君爲它之堯・舜. 考其事跡, 亦多不合. 劉禹錫作「歙池江州觀察王公墓碑」, 乃仲淹四代祖, 碑中載祖諱多不同. 及阮逸所注幷載關朗等事, 亦多不實. 王通 大業中死, 自不同時. 如推說十七代祖, 亦不應遼遠如此. 唐 李翱已自論「中說」可比『太公家教』, 則其書之出亦已久矣. 伊川謂『文中子』有些格言, 被後人添入壞了. 看來必是阮逸諸公增益張大, 復借顯顯者[85]以爲重耳. 今之僞書甚多, 如鎭江府印『關子明易』幷『麻衣道者易』, 皆是僞書. 『麻衣易』正是南康 戴紹韓所作. 昨在南康, 觀其言論, 皆本於此. 及一訪之, 見其著述大率多類『麻衣』文體. 其言險側輕佻, 不合道理. 又嘗見一書名曰『子華子』, 說天地陰陽, 亦說義理・人事, 皆支離妄作. 至如世傳『繁露』・『玉杯』等書, 皆非其實. 大抵古今文字皆可考驗. 古文自是莊重, 至如孔安國『書』序幷注中語, 多非安國所作. 蓋西漢文章, 雖粗亦勁. 今「書序」只是六朝軟慢文體." 因擧『史記』所載「湯誥」幷武王伐紂言詞不典, 不知是甚底齊 東野人之語也. 【謨】

137:50 問文中子之學. 曰: "它有箇意思, 以爲堯・舜・三代, 也只與後世一般, 也只是偶然做得著." 問: "它『續詩』・『續書』, 意只如此." 因擧答賈瓊數處說, 曰: "近日陳同父便是這般說話. 它便忌程先生說'帝王以道治天下, 後世只是以智力把持天下.' 正緣這話說得它病處, 它便忌." 問: "『玄經』尤可疑. 只緣獻帝奔北, 便以爲天命已歸之, 遂帝魏." 曰: "今之注, 本是阮逸注, 龔鼎臣便有一本注, 後面敍他祖, 都與『文中子』所說不同. 說他先已仕魏, 不是後來方奔去." 明日尋看, 又問: "它說'權義擧而皇極立', 如何?" 曰: "如皇極, 某曾有辨, 今說權義也不是. 蓋義是活物, 權是稱錘. 義是稱星, 義所以用權. 今似它說, 卻是以權爲'嫂溺援之'之'義', 以義爲'授受不親'之'禮', 但不如此." 問:

---

84) 爲: 賀本에서는 如로 되어 있다.
85) 顯顯者: 英祖刊本・賀本에서는 顯者로 되어 있다. 『考異』에서는 借, 下一又有顯.으로 되어 있다.

"義便有隨時底意思." 曰: "固是." 問: "它只緣以『玄經』帝魏, 生此說." 曰: "便是它大本領處不曾理會, 縱有一二言語可取, 但偶然耳." 問: "他以心・跡分看了, 便是錯處." 曰: "它說'何憂何疑', 也只是外面恁地, 裏面卻不恁地了." 又問: "'動靜見天地之心', 說得似不然." 曰: "它意思以方員爲形, 動靜爲理, 然亦無意思, 而今自家若見箇道理了, 見它這說話, 都似不曾說一般."【夔孫】

137:51 文中子『續經』, 猶小兒豎瓦屋然. 世儒旣無高明廣大之見, 因遂尊崇其書.【方子】

137:52 "天下皆憂, 吾獨得不憂, 天下皆疑, 吾獨得不疑." 又曰: "樂天知命吾何憂? 窮理盡性吾何疑?" 蓋有當憂疑者, 有不當憂疑者, 然皆心也. 文中子以爲有心・跡之判, 故伊川非之. 又曰: "惟其無一己之憂疑, 故能憂疑以天下, 惟其憂以天下, 疑以天下, 故無一己之憂疑."【道夫】

137:53 大抵觀聖人之出處, 須看他至誠懇切處及洒然無累處. 『文中子』說: "天下皆憂, 吾獨得不憂, 天下皆疑, 吾獨得不疑." 又曰: "窮理盡性吾何疑? 樂天知命吾何憂?" 此說是.【恪】[86)]

137:54 或問: "文中子僭擬古人, 是如何?" 曰: "這也是他志大, 要學古人. 如退之則全無要學古人底意思. 柳子厚雖無狀, 卻又占便宜, 如致君澤民事, 也說要做. 退之則只要做官, 如末年潮州上表, 此更不足說了. 退之文字儘好, 末年尤好."【燾】

137:55 韓退之卻有些本領, 非歐公比. 「原道」, 其言雖不精, 然皆實, 大綱是[87)].【韓子】

---

86)【恪】: 賀本에는 없다.

137:56 器之問“博愛之謂仁.” 曰: “程先生之說最分明, 只是不子細看. 要之, 仁便是愛之體, 愛便是仁之用.”

137:57 蔣明之問: “「原道」起頭四句, 恐說得差. 且如‘博愛之謂仁’, 愛如何便盡得仁?” 曰: “只爲他說得用, 又遺了體.” 明之又問: “四字先後當如何?” 曰: “公去思量, 久後自有着落.”【震】

137:58 或問“由是而之焉之謂道.” 曰: “此是說行底, 非是說道體.” 問“足乎己無待於外之謂德.” 曰: “此是說行道而有得於身者, 非是說自然得之於天者.”【節】

137:59 ▲[88]

137:60 問: “‘仁與義爲定名, 道與德爲虛位’, 虛位之義如何?” 曰: “亦說得通. 蓋仁義禮智是實, 此‘道德’字是通上下說, 卻虛. 如有仁之道, 義之道, 仁之德, 義之德, 此道德只隨仁義上說, 是虛位. 他又自說‘道有君子小人, 德有凶有吉.’ 謂吉人則爲吉德, 凶人則爲凶德, 君子行之爲君子之道, 小人行之爲小人之道. 如‘道二: 仁與不仁’, ‘君子▲[89]長, 小人道消’之類. 若是‘志於道, 據於德’, 方是好底, 方是道德之正.”【營】

137:61 問: “「原道」上數句如何?” 曰: “▲[90] 大要未說到頂上頭, 故伊川云: ‘「西銘」, 「原道」之宗祖.’”【可學】

---

87) 是: 『考異』에서는 是, 下一有此樣.으로 되어 있다.

88) ▲: 子耕問“定名・虛位.” 曰: “恁地說亦得. 仁義是實有的, 道德卻是總名, 凡本末小大無所不該. 如下文說‘道有君子, 有小人, 德有凶, 有吉’, 是也.”【人傑 ○營錄詳.】

89) ▲: 道

90) ▲: 首句極不是. ‘定名・虛位’卻不妨. 有仁之道, 義之道, 仁之德, 義之德, 故曰‘虛位.’

137:62 ▲[91)]

137:63 退之▲[92)]"愛·公"二字甚有意義.

137:64 「原道」中擧『大學』, 卻不說"致知在格物"一句. 蘇子由『古史論』擧『中庸』"不獲乎上▲[93)]", 卻不說"不明乎善, 不誠乎身"二句. 這兩箇好做對. 司馬溫公說儀·秦處, 說"立天下之正位, 行天下之大道", 卻不說"居天下之廣居." 看得這樣底, 都是箇無頭學問.【夔孫】

137:65 "▲[94)]「原性」曰, 人之性有五, 㝡[95)]識得性分明." ▲[96)]仁義兩句皆將用做體看. 事之合宜者爲義, 仁者愛之理. 若曰'博愛', 曰'行而宜之', 則皆用矣."【蓋卿】

137:66 "▲[97)]「原性」人多忽之, 卻不見他好處. 如言'所以爲性者五, 曰仁·義·禮·智·信', 此語甚實."【方子】

137:67 問: "韓文公說, 人之'所以爲性者五', 是它實見得到後如此說耶? 惟復是偶然說得着?" 曰: "看它『文集』中說, 多是閑過日月, 初不見他做工夫處. 想只是才高, 偶然見得如此. 及至說到精微處, 又卻差了." 因言: "惟是孟子說義理, 說得來精細明白, 活潑潑地. 如荀卿[98)]空說許多, 使人看着, 如喫糙米飯相似."【廣】

---

91) ▲: "坐井觀天", 謂天只如此大小, 是他見得如此. 須出井來看, 方得.【必大】
92) ▲: 謂: "以之爲人, 則愛而公."
93) ▲: 後
94) ▲: 韓子
95) 㝡: 『朱子語類』에서는 最로 되어 있다.
96) ▲: 蔣兄因問: "'博愛之謂仁'四句如何?" 曰: "說得卻差,
97) ▲: 韓文
98) 荀卿: 『朱子語類』에서는 荀子로 되어 있다.

137:68 問: “▲99)「原性」‘三品’之說是否?” 曰: “▲100)亦是. 但以某觀, 人之性豈獨三品, 須有百千萬品. 退之所論卻少了一‘氣’字. 程子曰: ‘論性不論氣, 不備, 論氣不論性, 不明.’ 此皆前所未發. 如夫子言‘性相近’, 習101)無‘習相遠’一句, 便說不行. 如‘人生而靜’, 靜固是性, 只着一‘生’字, 便是帶着氣質言了, 但未嘗明說着‘氣’字. 惟周子「太極圖」卻有氣質底意思. 程子之論, 又自「太極圖」中見出來也102).”

137:69 ▲103)「原鬼」, 不知鬼神之本只是在外說箇影子.

137:70 至問: “韓子稱‘孟子醇乎醇, 荀與揚大醇而小疵.’ 程子謂: ‘韓子稱孟子甚善, 非見得孟子意, 亦道不到, 其論荀・揚則非也. 荀子極偏駁, 只一句“性惡”, 大本已失. 揚子雖少過, 然亦不識性, 更說甚道?’ 至謂韓子旣以失大本不識性者爲大醇, 則其稱孟子‘醇乎醇’, 亦只是說得到, 未必眞見得到.” 先生曰: “如何見得韓子稱荀・揚大醇處, 便是就論性處說?” 至云: “但據程子有此議論, 故至因問及此.” 先生曰: “韓子說荀・揚大醇▲104). 韓子只說那一邊, 湊不着這一邊. 若是會說底, 說那一邊, 亦自湊着這一邊. 程子說‘荀子極偏駁, 揚子雖少過’, 此等語, 皆是就分金秤上說下來. 今若不曾看荀子揚子, 則所謂‘偏駁’・‘雖少過’等處, 亦見不得.”

○105) 孟子以下諸人言性, 誰說得庶106)幾?” 周云: “似乎荀子以爲

99) ▲: 退之
100) ▲: 退之說性, 只將仁義禮智來說, 便是識見高處. 如論三品
101) 習: 『朱子語類』에서는 若으로 되어 있다. 『小分』에서는 손상된 부분에 “習”字가 補寫되어 있다.
102) 來也: 『小分』에서는 也來를 교정부호로 바로잡았다.
103) ▲: 韓文公
104) ▲: 是泛說. 與田駢・愼到・申不害・韓非之徒觀之, 則荀・揚爲大醇.
105) ○: 『朱子語類』의 53:78의 일부이다.
106) 庶: 成化本에서는 無로 되어 있다.

惡, 卻索性. 只荀子有意於救世, 故爲此說." 先生久之曰: "韓公之意, 人多看不出. 他初便說, '所以爲性者五, 曰仁・義・禮・智・信. 所以爲情者七, 曰喜・怒・哀・懼・愛・惡・欲.' 下方說'三品'. 看其初語, 豈不知得性善? 他只欠數字, 便說得出." 黃嵩老云: "韓子欠說一箇氣稟不同." 曰, "然. 他道仁・義・禮・智・信, 自是了. 只說到'三品', 不知是氣稟使然, 所以說得不盡." 賀孫因云[107]: "自孟子說, 已是欠了下意, 所以費無限言語." 先生卽擧程子之言: "論性不論氣, 不備. 論氣不論性, 不明." "若如說'性惡'・'性善惡混', 都只說得氣."

137:71 至問: "孟子謂'楊・墨之道不息, 孔子之道不著.' 韓文公推尊孟氏闢楊・墨之功, 以爲'不在禹下', 而『讀墨』一篇, 卻謂'孔子必用墨子, 墨子必用孔子'者, 何也?" 曰: "韓文公第一義是去學文字, 第二義方去窮究道理, 所以看得不親切. 如云: '其行己不敢有愧於道.' 他本只是學文, 其行己但不敢有愧於道爾. 把這箇做第二義, 似此樣處甚多."

137:72 先生考訂韓文公「與太顚[108]書」. 堯卿問曰: "觀其「與孟簡書」, 是當時已有議論, 而與之分解, 有[109]審有崇信之意否?" 曰: "眞箇是有崇信之意. 他是貶從那潮州去, 無聊後, 被他說轉了." 義剛曰: "韓公雖有心學問, 但於利祿之念甚重." 曰: "他也是不曾去做工夫. 他於外面皮殼子上都見得, 安排位次是恁地. 於「原道」中所謂'寒而後爲之衣, 飢然後爲之食, 爲宮室, 爲城郭'等, 皆說[110]得好. 只是不曾向裏面省察, 不曾就身上細密做工夫. 只從麄處去, 不見得原頭來處. 如一港水, 他只見得是水, 卻不見那原頭來處是如何. 把那道別做一件事. 道是可以行於世, 我今只是恁地去行. 故立朝議論風采, 亦有可

107) 因云: 『小分』에서는 云因을 교정부호로 바로잡았다.
108) 太顚: 成化本・賀本에서는 大顚으로 되어 있다. 이하 동일.
109) 有: 『朱子語類』에서는 不로 되어 있다.
110) 皆說: 『小分』에서는 說皆를 교정부호로 바로잡았다.

觀, 卻不是從裏面流出. 平日只以做文吟詩, 飲酒博戲爲事. 及貶潮州, 寂寥, 無人共吟詩, 無人共飲酒, 又無人共博戲, 見一箇僧說道理, 便爲之動. 如云: '所示廣大深迴, 非造次可喩', 不知太顚與他說箇什麼, 得恁地傾心信[111]向. 韓公所說底, 太顚未必曉得, 太顚所說底, 韓公亦見不破. 但是◇[112]說得恁地好後, 便被他動了." 安卿曰: "'博愛之謂仁'等說, 亦可見其無原頭處." 曰: "以博愛爲仁, 則未有博愛以前, 不成是無仁!" 義剛曰: "他說'明明德', 卻不及'致知・格物.' 緣其不格物, 所以恁地." 先生曰: "他也不曉那'明明德.' 若能明明德, 便是識原頭來處了." 又曰: "孟子後, 荀・揚淺, 不濟得事. 只有箇王通・韓愈好, 又不全." 安卿曰: "他也只是見不得十分, 不能止於至善." 曰: "也是." 又曰: 【淳錄云: "問: '禪學從何起?' 曰云云."】 "佛學自前也只是外面麁說, 到梁 達磨來, 方說那心性. 然士大夫未甚理會【淳錄作"信向".】做工夫. 及唐 中宗時有六祖禪學, 專就身上做工夫, ▲[113]要求心見性. 士大夫才有向裏者, 無不歸他去. 韓公當初若早有向裏底工夫, 亦早落在中去了." 又曰: "亦有一般人已做得工夫, 道理上已有所見, 只它些小近似處. 不知只是近似, 便把做一般. 這裏才一失脚, 便陷他裏[114]面去了. 此等不盡[115]然, 亦間有然者."【義剛】

137:73 退之「與太顚書」, 歐公云, 實退之語. 東坡卻罵以爲退之家奴隸亦不肯如此說! 但是陋儒爲之, 復假托歐公語以自蓋. 然觀『集古錄』, 歐公自有一跋, 說此書甚詳, 東坡應是未見『集古錄』耳. 看得來只是錯字多. 歐公是見他好處, 其中一兩段不可曉底都略過了, 東坡是只將他不好處來說.【義剛】

111) 心信: 『小分』에서는 信心을 교정부호로 바로잡았다.
112) ◇: 它
113) ▲: 直要
114) 裏: 『小分』에서는 보사된 부분 뒤에 세로줄 "|"가 있다.
115) 盡: 『朱子語類』에서는 能으로 되어 있다.

137:74 退之晚來覺沒頓身己處, 如招聚許多人博塞【去聲】爲戲, 所與交如靈師・惠師之徒, 皆飮酒無賴. 及至海上見大顚壁立萬仞, 自是心服. "其言實能外形骸, 以理自勝, 不爲事物侵亂", 此是退之死款. 樂天莫年賣馬遣妾, 後亦落莫, 其詩[116]可見. 歐公好事, 金石碑刻, 都是沒著身己處, 卻不似參禪修養人, 猶是貼著自家身心理會也. 宋子飛言: "張魏公謫永州時, 居僧寺. 每夜與子弟賓客盤膝環坐於長連榻上, 有時說得數語, 有時不發一語, 默坐至更盡而寢, 率以爲常." 李德之言: "東坡晚年卻不衰." 先生曰: "東坡蓋是夾雜些佛・老, 添得又鬧熱也."【方子】

137:75 韓退之云: "磨礲去圭角, 浸潤著光精." 又曰: "沈浸醲郁." 又曰: "沈潛乎[117]訓義, 反復乎句讀." 杜元凱云: "優而游[118]之, 使自求之, 饜而飫之, 使自趨之. 若江海之浸, 膏澤之潤, 渙然冰釋, 怡然理順, 然後爲得也", 而今學者都不見這般意思. 又曰: "'磨礲去圭角', 易曉, '浸潤著光精', 此句最好, 人多不知." 又曰: "只是將聖人言語只管浸灌, 少間自是生光精, 氣象自別."【僩】

137:76 包顯道曰: "『新史』做得『韓退之傳』較不甚實." 先生曰: "『新史』最在後, 收拾得事須備. 但是它要去做文章, 剗地說得不條達. 據某意, 只將那事說得条[119]達, 便是文章, 而今要去做言語, 剗地說得不分明."【義剛】

137:77 韓文公似只重皇甫湜, 以「墓誌」付之, 李翺只令作行狀. 翺作得行狀絮, 但湜所作墓誌又顚蹶. 李翺卻有些本領, 如「復性書」有

116) 時: 賀本에서는 事로 되어 있다.
117) 乎: 『小分』에서는 乎인지 于인지 분명하지 않으나 『朱子語類』에 따라 乎로 보기로 한다.
118) 遊: 『考異』에서는 遊, 一誤柔.로 되어 있다.
119) 条: 『朱子語類』에서는 條로 되어 있다.

許多思量. 歐陽公也只稱韓・李.【義剛 ○又一条[120]云: "退之卻喜皇甫湜, 卻不甚喜李翺. 後來湜爲退之作墓誌, 卻說得無緊要, 不如李翺行狀較着實. 蓋李翺爲人較朴實, 皇甫湜較落魄."】

137:78 浩曰: "唐時, 莫是李翺宼[121]識道理否?" 曰: "也只是從佛中來." 浩曰: "渠有「去佛齋文」, 闢佛甚堅." 曰: "只是麄跡. 至說道理, 卻類佛." 問: "退之見得不甚分明." 曰: "他於大節目處又卻不錯, 亦未易議." 浩云: "莫是說傳道是否?" 曰: "亦不止此, 他氣象大抵大. 又歐陽只說'韓・李', 不曾說'韓・柳.'"【浩】

137:79 韓退之, 歐陽永叔所謂扶持正道[122], 不雜釋・老者也. 然到得緊要處, 更處置不行, 更說不去. 便說得來也拙, 不分曉. 緣他不曾去窮理, 只是學作文, 所以如此. 東坡則雜以佛・老, 到急處便添入佛・老, 相和【去聲】. 澒[123]【戶孔切】. 瞞人. 如裝鬼戲・放煙火相似, 且遮人眼. 如諸公平日擔當正道, 自視如何! 及才議學校, 便說不行, 臨了又卻只是詞賦好, 是甚麽議論! 如王介甫用『三經義』取上[124]. 及元祐間議廢之, 復詞賦, 爭辨一上, 臨了又卻只是說經義難考, 詞賦可以見人之工拙易考. 所爭者只此而已者[125], 大可笑也!【僩】

137:80 韓退之及歐陽[126]・蘇[127]諸公議論, 不過是主於文詞, 少間卻是邊頭帶說得些道理, 其本意終自可見.【木之】

120) 条:『朱子語類』에서는 條로 되어 있다.
121) 宼:『朱子語類』에서는 最로 되어 있다.
122) 道: 賀本에서는 學으로 되어 있다.『考異』에서는 道, 一作學.으로 되어 있다.
123) 澒: 賀本에서는 傾으로 되어 있다.
124) 上:『朱子語類』에서는 士로 되어 있다.
125) 者: 賀本에는 없다.
126) 歐陽 :【附箋紙】"歐"下, 刪"陽"字.
127) 歐陽・蘇:『朱子語類』에서는 歐・蘇로 되어 있다. 원문에서는 "陽"字에 교정 부호가 표시되어 있다.

『朱子語類』 卷第一百三十八

「雜類」

138:1 "禹入聖域而不優", 優, 裕也. 言入聖域恰好, 更不優裕. 優裕, 謂有餘剩. 漢儒見得此意思好.【賀孫】

138:2 『爾雅』是取傳注以作, 後人卻以『爾雅』證傳注.【文蔚】

138:3 『爾雅』非是, 只是摭諸處訓釋所作. 趙岐說『孟子』·『爾雅』皆置博士, 在『漢書』亦無可攷[1].【泳】

138:4 陳仲亨問: "『周書』云: '將欲敗之, 必姑輔之. 將欲取之, 必姑與之.' 今『周書』何緣無之?" 曰: "此便是那『老子』裏教句. 是周時有這般書, 老子爲柱下史, 故多見之. 孔子所以適周問禮之屬, 也緣是他知得. 古人以竹簡寫書, 民間不能盡有, 惟官司有之. 如秦焚書, 也只是教天下焚之, 他朝廷依舊留得. 如說: '非秦記及博士所掌者, 盡焚之.' 到六經之類, ▲[2]依舊留得, 但天下人無有."【義剛】

138:5 汲冢古書, 堯憂囚, 舜野死, 尹篡太甲, 太甲殺尹之類, 皆其所出.

138:6 誠之常袖呂不韋『春秋』, 云其中甚有好處. 及舉起, 皆小小術數耳.【璘】

---

1) 攷: 成化本·賀本에서는 考로 되어 있다.
2) ▲: 他

138:7 書坊印得六經, 前面纂圖子, 也略可觀. 如車圖雖不甚詳, 然大概也是.【義剛】

138:8 『七書』所載「唐 太宗・李衛公問答」, 乃阮逸僞書. 逸, 建陽人也[3]. 文仲子[4]『元經[5]』, 關子明『易』, 皆逸所作.【揚】

138:9 問『山海經』. 曰: "一卷說山川者好. 如說禽獸之形, 往往是記錄漢家宮室中所畫者, 說南向北向, 可知其爲畫本也."【方子】

138:10 「素問」語言深, 「靈樞」淺, 輕[6]易.【振】

138:11 柳文後『龍城雜記』, 王銍 性之所爲也. 子厚敍事文字, 多少筆力! 此記衰弱之甚, 皆寓古人詩文中不可曉知底於其中, 似暗影出.【僞書皆然.】

138:12 杜牧之『燕將錄』, 文甚雄壯.

138:13 『省心錄』乃沈道原作, 非林和靖也. 138:14 程泰之『演繁露』, 其零碎小小議論, 亦多可取, 如辨"罘罳"之類是也. 某頃因看『筆談』中辨某人誤以屛爲反坫. 後看『說文』"坫"字下, 乃注云"屛也", 因疑存中所辨未審. 後擧以問泰之, 泰之曰: "存中辨, 是. 然不是某人誤, 乃『說文』誤耳." 洪景盧『隨筆』中辨得數種僞書皆是, 但首卷載「歐帖」事, 卻恐非實. 世間僞書如『西京雜記』, 顏師古已辨之矣. ▲[7]【必大】

---

3) 建陽人也: 『朱子語類』에서는 也가 없다.
4) 文仲子: 『朱子語類』에서는 文中子로 되어 있다.
5) 元經: 成化本에서는 玄經으로 되어 있다.
6) 輕: 『朱子語類』에서는 較로 되어 있다.
7) ▲: 柳子厚「龍城錄」乃王性之輩所作.

138:15 『金人亡遼錄』·『女眞請盟背盟錄』.【汪端明撰.[8] ○僩】

138:16 『洛陽志』說道最好, 文字最簡嚴. 惜乎, 不曾見!【義剛】

138:17 『指掌圖』, 非東坡所爲.

138:18 「砥柱銘」上說禹"掛冠莫顧, 過門不入." 掛冠, 是有箇文字上說禹治水時冠掛着樹, 急於治水, 今記不得是甚文字. 世間文字甚多, 只『後漢書』注內有無限事.[9]

138:19 「警世」·「競辰」二圖僞.【道夫】

138:20 「邵公濟墓誌」好.【方子】

138:21 吳才老『叶韻』一部, 每字下注某處使作某音, 亦只載得有證據底, 只是一例子.【泉州有板本. ○淳】

138:22 近世考訂訓釋之學, 唯吳才老·洪慶善爲善.【僩】

138:23 稱【平】者, 自他人稱【平】之. 稱【去】者, 人之本號.【道夫】

138:24 周貴卿問"折衷"之義. 曰: "衷, 只是中. 『左傳』說'始·中·終', 亦用此'衷'字. 衷是三摺而處其中者."【義剛】

138:25 問"折衷"之"衷." 曰: "是無過些子, 無不及些子, 正中間." 又

---

8) 汪端明撰: 賀本에서는 本文으로 되어 있다.
9) 事: 徽州本에서는 이 뒤에 【庚】이라는 小註가 있다.

曰: "是恰好底."【節】

138:26 "折衷"者, 折轉來取中. 衷, 只是箇中.【節】

138:27 中,【如字, 卽其中也.】 中,【音衆, 則是當之義, 謂適當其中也.】 如"六藝折衷【音衆.】於夫子", 亦謂折當使[10]歸於中之義. 中與所以謂之中,【音衆.】 以適當其中【如字.】而異[11]也.【振】

138:28 "淳·醇"皆訓厚. "純"是不雜.【節】[12]

138:29 先生曰: "期, 極也. 古人用極[13]字, 多作期[14]字. 周昌云: '心期期知其不可.' 言極知其不可. 口吃, 故重一字也."【銖】

138:30 謂之, 名之也. 之謂, 直爲也.【方子】[15]

138:31 復復, 指其上"復"字, 扶又反, 再復也.【方子】

138:32 尙衣·尙書·尙食, 乃[16]主守之意. 秦語作平音.【淳】

138:33 "魏, 大名也." "魏·巍"字通. "魏"字, 篆文亦有山字在其中, 是有大義. 因是名爲"大名府."【揚】

138:34 舅子謂之內兄弟, 姑子謂之外兄弟.【揚】

---

10) 使: 賀本에서는 世로 되어 있다.
11) 異: 賀本에서는 易로 되어 있다.
12)【節】: 賀本에는 없다.
13) 極: 『朱子語類』에서는 期로 되어 있다.
14) 期: 『朱子語類』에서는 極으로 되어 있다.
15)【方子】: 賀本에서는【方】으로 되어 있다.
16) 乃: 徽州本에서는 尙乃로 되어 있다.

138:35 因說: "外甥似舅, 以其似母故也." 致道問: "形似母, 情性須別." 曰: "情性也似. 大抵形是箇重濁底, 占得地步較闊. 情性是箇輕淸底, 易得走作." 【賜】

138:36 古者姓・氏, 大槪姓只是女子之別, 故字從"女." 男則從氏, 如"季孫氏"之類, 『春秋』可見. 後世賜姓, 殊無義理. 【端蒙】

138:37 氏, 如孟孫・叔孫・[17]▲[18]是也. 姓則同姓, 後世子孫或以氏爲姓. 今人皆稱張氏・李氏, 謂從上下來, 只是氏了. 只有三代而上經賜姓者爲姓, 如姚如姒如姬[19]之類, 是正姓. 唐時尙有氏不同而同出者, 不得爲婚姻. 【揚】

138:38 沈莊仲問: "姓・氏如何分別?" 曰: "姓是大總腦處, 氏是後來次第分別處. 如魯本姬姓, 其後有孟氏・季氏, 同爲姬姓, 而氏有不同. 某嘗言: '天子因生以賜姓, 諸侯以字爲諡, 因以爲族.' 竊恐'諡'本'氏'字, 先儒隨他錯處解將去, 義理不通. 且如舜生於嬀汭, 武王遂賜陳 胡公 滿爲嬀姓, 卽因生賜姓. 如鄭之國氏, 本子國之後, 駟氏本子駟之後. 如此之類, 所謂'以字爲氏, 因以爲族.'" 【文蔚】

138:39 姓與氏之分, 姓是本原所生, 氏是子孫下各分. 如商姓子, 其後有宋, 宋又有華氏・魚氏・孔氏之類. 周自黃帝以來姓姬, 其後魯・衛・毛・聃・晉・鄭之屬, 各自以國爲氏, 而其國之子孫又皆以字爲氏. 如魯國 子展之後爲展氏, 展禽喜是也. 三家[20]孟・仲・季爲氏, 或因所居爲氏, 如東門氏之類. 『左氏』曰: "天子因生以賜姓, 諸侯以字爲諡, 因以爲族." 天子自因生[21]以賜姓, 爲推其所自出而賜之姓.

---

17) 叔孫: 【附箋紙】"叔孫"(下), 落"秀孫"二字.

18) ▲: 秀孫

19) 如姚如姒如姬: 『小分』에서는 如姒如姚如姬를 교정부호로 바로잡았다.

20) 三家: 賀本에서는 앞에 如가 더 있다.

如舜居嬀汭, 及武王卽位, 封舜之後於陳, 因賜姓爲嬀, 此所謂"因地以賜姓"也. "諸侯以字爲諡", 只是"氏"字傳寫之訛, 遂以"氏"字爲"諡", 無義理. 只是"以字爲氏", 如上文展氏·孟氏之類也. 杜預點"諸侯以字"四字爲句斷, 而"爲諡因以爲族"爲一句, 此亦是强解. 看來只是錯了"諡"字.【至孫, 方以王父之字爲氏, 上兩世猶[22]承公之姓也. ○卓】

138:40 自秦·漢以來, 奴僕主姓. 今有一大姓所在, 四邊有人同姓, 不知所來者皆是奴僕之類.【揚】

138:41 同異之理, 如同姓本親, 以下去漸疏. 異姓本疏, 他日婚姻卻又親. ○[23]陰陽, 相涵之理也. ○[24]萬物, 聚散之理也.【方】

138:42 適母與所生封贈恩例一同, 不便. 看來嫡·庶之別, 須略有等降, 乃爲合理.【砥】

138:43 因說諱字, 曰: "漢宣帝舊名, 何曾諱'病已'? 平帝舊名亦不諱. 虜中法, 偏旁字皆諱. 如'敬'字和'警'[25]字皆諱."【淳】

138:44 "見人名諱同, 不可遽改, 只半眞半草寫之." 揚曰: "只是寫時莫與太眞, 說時莫太分明."【揚】

138:45 因說四方聲音多訛, 曰: "卻是廣中人說得聲音尙好, 蓋彼中地尙中正. 自洛中脊來, 只是太邊南去, 故有些熱. 若閩·浙則皆邊東

21) 生: 『朱子語類』에서는 地로 되어 있다.
22) 猶: 賀本에서는 爲로 되어 있다.
23) ○: 이 항목은 『朱子語類』에서 ○로 구분해 놓았으나 별도의 항목으로 나누지는 않았다. 따라서 『小分』에서도 『朱子語類』와 동일하게 취급하기로 한다.
24) ○: 이 항목은 『朱子語類』에서 ○로 구분해 놓았으나 별도의 항목으로 나누지는 않았다. 따라서 『小分』에서도 『朱子語類』와 동일하게 취급하기로 한다.
25) 警: 賀本에서는 儆으로 되어 있다.

角矣, 閩·浙聲音尤不正."【揚】

138:46 先生因說『詩』中豳·洛風土習俗不同, 曰: "某觀諸處習俗不同, 見得山川之氣甚牢. 且如建州七縣, 縣縣人物各自是一般, 一州又是一般. 生得長短大小淸濁皆不同, 都改變不得, 豈不是山川之氣甚牢?"【燾】

138:47 因論南方人易得病, 曰: "北方地氣厚, 人皆不病. 叔祖奉使在北方十五年已上, 生冷無所不食, 全不害. 歸來纔半年, 一切發來, 遂死. 更有一武臣, 代州人, 嘗至五臺山[26], 有一佛殿上皆靑石, 暑月每於石上徹日睡, 全無病. 如來南方睡, 如何了得?"【揚】

138:48 諸生入問候, 先生曰: "寒後卻剗地氣痞. 西川人怕寒. 嘗有人入裏面作守, 召客後, 令人打扇. 坐客皆起白云, 若使人打扇, 少間有某疾. 生冷果子亦不可喫[27], 才喫[28]便有某疾, 便是西川之人大故怕寒. 如那有雪處, 直是四五月後雪不融, 這便是所謂'景朝多風'處. 便是日到那裏時, 過午時陽氣不甚厚, 所以如此. 所謂'漏天'處, 皆在那裏. 恁地便是天也不甚闊, 只那裏已如此了, 這是西南尙如此. 若西北, 想見[29]寒. 過那秦·鳳之間, 想見寒. 如峨眉山, 趙子直嘗登上面, 煮粥更不熟, 有箇核子. 時有李某者, 凍得悶絶了." 莊仲云: "不知佛國如何." 曰: "佛國卻暖. 他靠得崑崙山後, 那裏卻暖, 便是那些子也差異. 四方蠻夷都不曉人事, 那裏人卻理會得一般[30]道理恁地. 便是那裏人也大故嶢崎, 不知是怎生後恁地."【義剛】

26) 五: 賀本에서는 玉으로 되어 있다.
27) 喫: 賀本에서는 吃로 되어 있다.
28) 喫: 賀本에서는 吃로 되어 있다.
29) 見: 賀本에서는 是로 되어 있다.
30) 一般: 賀本에서는 般으로 되어 있다.

138:49 摧場中有文字賣, 說中原所在山川地理州縣邸店甚詳, 中亦雜以虜人官制. 某以爲是中原有忠義之人做出來, 欲朝廷知其要害[31]處也.[32]

138:50 關中, 秦時在渭水之北居, 但作離宮之類於渭南. 漢時宮闕在渭水之南, 終南之北, 背渭面終南. 隋時此處水皆鹹, 文帝遂移居西北, 稍遠漢之都. 唐都在隋一偏, 西北角. 唐宮殿制度正當甚好. 官街皆用墻, 居民在墻內, 民出入處皆有坊門, 坊中甚安[33]. 故武元衡出坊門了, 始遇害. 本朝宮殿街巷, 京城制度, 皆仍五代, 因陋就簡, 所以不佳. 唐田兵官制, 承宇文周有些制度, 故較好. 舊東京・關中・漢・唐宮闕街巷之類圖, 今衢州有碑本.【揚】

138:51 行在舊題[34]行宮之門, 虜使來有語. 後虜作二牌來, 前曰"麗正", 後曰"和寧", 遂報去, 謂太小. 今自作牌, 依其名題.【揚】

138:52 古之王城有三途, 左男行, 右女行, 中車行. 天下路中有車[35]軌道.【揚】

138:53 漳州州學中從祀, 是神霄宮神改塑. 紹興府 禹廟重塑禹像, 王仲行將舊禹與一道士去, 改塑天齊仁聖帝. 此是一類子.【德明】

138:54 汪端明說朝廷塑一顯仁皇后御容, 三年不成, 卻是一行人要希逐日食錢, 所費不貲. 端明爲禮部尙書, 奏過太上, 得旨催促, 又卻十日便了! 朝廷事多如此.【浩】

---

31) 要害: 『小分』에서는 害要를 교정부호로 바로잡았다.
32) 也: 徽州本에서는 이 뒤에【庚】이라는 小註가 있다.
33) 安: 賀本에서는 窄으로 되어 있다.
34) 題: 賀本에서는 時로 되어 있다.
35) 有車:【附箋紙】"兵車"下, 落"蓋輕車"三字.

138:55 王拱辰作高樓, 溫公作土室, 時人語云: "一人鑽天, 一人入地!" 康節謂富公云: "比[36]有怪事, 一人巢居, 一人穴處." 【方】

138:56 蕪湖舊有一富家曰韋居士, 字深道, 喜延知名士. 如黃太史陳了翁遷謫, 每歲餽餉不下千緡[37]. 今人纔見遷謫者, 便以爲懼, 安得有此等人? 【人傑】

138:57 陸務觀說, 漢中之民當春月, 男女行哭, 首戴白楮幣, 上諸葛公墓, 其哭皆甚哀云. 【先生親筆於南軒所撰「武侯傳」後. ○道夫】

138:58 齊 蕭子良死, 不用棺, 寘[38]于[39]石床之上. 唐時子良幾世孫蕭隱士[40]過一洲, 見數人云: "此人似蕭王." 隱士訝之. 到一郡, 遂見解幾人刼墓賊來, 乃洲上之人. 隱士說與官令勘之, 乃曾開蕭王冢[41]來. 云: "王臥石床上, 儼然如生." 【揚】

138:59 廬山有淵明古跡處曰上京. 『淵明集』作京師之"京." 今士[42]人以爲荊・楚▲[43]"荊." 江中有一盤石, 石上有痕云, 淵明醉臥於其石上, 名"淵明醉石". 某爲守時, 架小亭, 下瞰此石, 榜"歸去來館." 又取西山 劉凝之菴用魯直詩名曰"淸靜退菴", 與此相對. 【䕫孫】

138:60 "晝則聽金鼓, 夜戰看火候." 嘗疑夜間不解戰, 蓋只是設火候

---

36) 比: 『小分』에서는 比인지 此인지 자형이 분명하지 않으나 『朱子語類』에 따라 比라고 판정하였다.
37) 緡: 孝宗刊本・賀本에서는 緍으로 되어 있다.
38) 寘: 成化本에서는 置로 되어 있다.
39) 于: 成化本・賀本에서는 於로 되어 있다.
40) 隱士: 『考異』에서는 "隱, 一作穎. 下同."으로 되어 있다.
41) 冢: 英祖刊本・賀本에서는 塚으로 되어 있다.
42) 士: 『朱子語類』에서는 土로 되어 있다.
43) ▲: 之

防備敵來刼寨之屬. 古人屯營, 其中盡如井形, 於巷道十字處置火候. 如有間諜, 一處擧火, 則盡擧, 更走不得.【義剛】

138:61 "馳車千駟, 革車千乘." 馳車卽兵車, ◇[44] 革車駕以牛, 蓋輜重之車. 每輕車七十二人, 三人在車上, 一御, 一持矛, 一持弓. 此三人, 乃七十五人中之將. 蓋五伍爲兩, 兩有長故也. 輕車甚疾.【義剛】

138:62 豫凶事, 亦恐有之.「龔勝傳」, 昭帝賜韓福策曰: "不幸死者, 賜複衾一, 祠以中牢." 古人此等事自多, 難以懸斷.【閎祖】

138:63 "三元"是道家之說. 上元燒燈, 卻見於隋 煬帝, 未知始於何時.【賀孫】

138:64 問: "眞元外氣如何?" 曰: "眞元是生氣在身上." 曰: "外氣入眞元氣否?" 曰: "雖吸入, 又散出, 自有界限. 但論其理, 則相通."【可學】

○[45] 人呼氣時, 腹卻脹. 吸氣時, 腹卻厭. 論來, 呼而腹厭, 吸而腹脹, 乃是. 今若此者, 蓋呼氣時, 此[46]一口氣雖出, 第二口氣復生, 故其腹脹. 及吸氣時, 其所生之氣又從[47]裏趕出, 故其腹卻厭. 大凡人生至死, 其氣只管出, 出盡便死. 如吸氣[48]時, 非是吸外氣而入, 只是住得一霎時, 第二口氣又出, 若無得出時[49]便死.

---

44) ◇: 蓋輕車也.
45)『朱子語類』의 1:44의 일부이다.
46) 此:『小分』에서는 손상되어 보이지 않으나『朱子語類』의 각 판본에 따라 보충하였다.
47) 又從:『小分』에서는 손상되어 보이지 않으나『朱子語類』의 각 판본에 따라 보충하였다.
48) 吸氣:『小分』에서는 손상되어 보이지 않으나『朱子語類』의 각 판본에 따라 보충하였다.

138:65 物造時亦遇氣候, 故皆有數.【揚】

138:66 時氣, 初只是氣, 疑其氣盛, 便有物以主之, 氣散又無了.【揚】

138:67 元善每相見, 便說氣數讖諱[50], 此不足憑. 只是它由天命, 然亦由人事. 才有此事, 得人去理會, 便了.【德明】

138:68 龍氣盛, 虎魄盛, 故龍能致雲, 虎能嘯風也. 許氏『必用方』, 首論"虎睛定魄, 龍齒安魂", 亦有理.【廣】

138:69 "醫家言: '心藏神, 脾藏意, 肝藏魂, 肺藏魄, 腎藏精與志.' 與康節所說不同." 曰: "此不可曉."【德明】 138:70 嘗見徐侍郎【敦立】. 書三字帖於主位前云"磨兜堅", 竟不曉所謂. 後竟得來, 乃是古人有銘, 如"三緘口"之類. 此書於腹曰: "磨兜堅, 謹勿言!" 畏秦禍也.【敬仲】[51]

138:71 問: "人有震死者, 如何?" 曰: "有偶然者, 有爲惡而感召之者. 如人欲操刀殺人, 而▲[52]或遭其傷刺而死之類是也."【僴】

138:72 東坡云: "月未望而魚腦實, 旣望則虛." 蓋出『淮南子』, 則食膾宜及未望也.【揚】

138:73 論詩[53]物理, 因問: "東坡說, 人不怕虎者, 虎不柰得其人何,

---

49) 時: 『小分』에서는 손상되어 보이지 않으나 『朱子語類』의 각 판본에 따라 보충하였다.
50) 諱: 『朱子語類』에서는 緯로 되어 있다.
51)【敬仲】: 徽州本에서는【游】로 되어 있다.
52) ▲: 遇之者

是有此理. 東坡說小兒不怕者是一證. 『傳燈錄』載歸宗・南泉三人曾遇虎, 皆不以爲事. 季淸言, 有一鄕人賣文字, 遇虎. 其人無走處了, 曾聞人言, 虎識字, 遂鋪開文字與虎看, 自去. 此數事皆其驗也." 先生曰: "曾見一僧, 名亨, 黃龍 淸會下人, 言僧入山遇虎, 只是常事. 初見時, 虎亦作威. 近前來, 見人不怕他, 漸漸去了. 後常常見人慣了, 都如常." 揚曰: "只是初見不怕難." 先生曰: "人心能堅忍得此時好."【揚】

138:74 翟公遜說鬼星渡河, 最亂道. 鬼星是經星, 如何解渡河!【泳】

138:75 野雉知雷.【起於[54]起處. ○可學】

138:76 罘罳, 或云, 乃門屛上刻作形. 漢注未是.【可學】

138:77 古人作甲用皮, 每用必漆. 後世用鐵, 不知自何時起.【泳】

138:78 古人運[55]籌者, 要說得這事分明, 歷歷落落. 這一事了, 便盡斷, 又要得界分分明.【泳】

138:79 宮, 卽墻也.【僩】

138:80 太王畫像, 頭上有◇[56]片皮, 直裹至頸上, 此便是鉤頷.【義剛】

53) 詩: 成化本・賀本에서는 說로 되어 있다.
54) 於: 賀本에서는 于로 되어 있다.
55) 運: 賀本에서는 問으로 되어 있다.
56) ◇: 一

138:81 王彦輔『麈史』載幞頭之說甚詳.【方子】

138:82 衛朴善算, 作蓮花漏, 其形如秤[57].【東坡詆之[58]. ○文蔚】

138:83 漢祭河用御龍·御馬, 皆以木爲之, 此已是紙錢之漸.【義剛】

138:84 紙錢起於玄宗時王璵. 蓋古人以玉幣, 後來易以錢. 至玄宗惑於王璵之術[59], 而鬼神事繁, 無許多錢來理[60]得[61], ▲[62]作紙錢易之. 文字便是難理會. 且如唐禮書載范傳正言, 唯顔魯公·張司業家祭不用紙錢, 故衣冠效之, 而國初言禮者錯看, 遂作紙衣冠, 而不用紙錢[63], 不知紙錢衣冠有何間別.【義剛】

138:85 古之木, 今有無者多. 如皆木[64], 只孔子墓上, 當時諸弟子各以其方之木來栽, 後有此木. 今天下皆無此木. 其木亦如槐, 可作簡, 文皆横生, 然亦只是文促後似横樣.【義剛】

138:86 臨安鐵箭, 只是錢王將此搖動人心, 使神之.【義剛】

138:87 瑞金新鑄印. 蓋嘗失一印, 重鑄之, 恐作弊, 故加"新鑄"之文. 國初有一奉使印, 亦如此.【義剛】

---

57) 秤: 賀本에서는 稱으로 되어 있다.
58) 東坡詆之: 賀本에서는 본문으로 되어 있다.
59) 術: 賀本에서는 說로 되어 있다.
60) 理: 賀本에서는 埋로 되어 있다.
61) 理得:【附箋紙】"理得"下, 落"璵"字.
62) ▲: 璵
63) 不用紙錢:『朱子語類』에서는 而不用紙錢으로 되어 있다.
64) 皆木: 賀本·徽州本에서는 楷로 되어 있다.

138:88 祕書省畫大樹下數人，看[65]古衣而無名．君擧以爲：恐是孔子在宋木下習禮，被伐木時．【義剛】

138:89 祕書省盡[66]得唐五王及黃番綽明皇之類，恐是吳道子畫．李某跋之，有云："畫當如蓴菜．"某初曉不得，不知它如何說得數句恁地好．後乃知他是李伯時外甥．蓋畫須如蓴菜樣滑方好，須是圓滑時方妙．【義剛】

138:90 雪裏芭蕉，他是會畫雪，只是雪中無芭蕉，他自不合畫了芭蕉．人卻道他會畫芭蕉，不知他是誤畫了芭蕉．

138:91 問："春牛事未見出處．但「月令」載'出土牛以送寒氣'，不知其原果出於此否? 或又云，以示勸耕之意．未詳孰是" "某嘗見□□云，處士立於縣庭土牛之南．恐古者每歲爲一牛，至春日別以新易舊而送之也．"

138:92 王丈云："昔有道人云，笋生可以觀夜氣．嘗揷竿以記之，自早至暮，長不分寸，曉而視之，已數寸矣．"次日問："夜氣莫未說到發生處?" 曰："然．然彼說亦一驗也．"後在玉山僧舍驗之，則日夜俱長，良不如道人之說．【閎祖】

138:93 問："廬山光怪恐其下有寶，故光氣發見如此．" "嘗見邵武張鑄說，曾官岳陽，見江上有光氣，其後漁人於其處網得銅鐘一枚．又一小說云，某郡某處嘗有光處，令人掘得銅印一顆．"先生又自云："向送葬開善，望見兩山之間有光如野燒，從地而發，高而復下．問云，其山舊有銅坑也．"【德明】

65) 看: 賀本에서는 只로 되어 있고 成化本에서는 着으로 되어 있다.
66) 盡:『朱子語類』에서는 畫로 되어 있다.

138:94 德粹語婺源有一人，其子見鬼．先生曰："昔薛士龍之子亦然．" 可學因說薛常州之子甚怯弱．曰："只是精神不全，便如此．向見邪法者呪人，小兒稍靈利者便呪不倒．" 可學云："薛氏之兒所謂'九聖奇鬼．'" 先生曰："渠平生亦好說鬼．" 可學云："薛常州平日亦講學，何故信此?" 曰："不知其所講如何．"【可學】

138:95 獸中，狐最易爲精種[67]．【淳】

138:96 狐性多疑，每渡河，須冰盡合，乃渡．若聞冰下猶有水聲，則終不敢渡，恐冰解也．故黃河邊人每視冰上有狐跡，乃敢渡河．又狐每走數步，則必起而人立，四望，立行數步，迺復走．走數步，復人立四望而行．故人性之多疑慮者，謂之狐疑．狼性不能平行，每行，頭[68]尾一俯一仰．首至地，則尾擧向上，胡擧向上，則尾疐至地，故曰："狼跋其胡，載疐其尾．"【僩】

138:97 因論張天師，先生曰："本朝有南劍太守林積，送張天師於獄中，而奏云：'其祖乃漢賊，不宜使子孫襲封．' 一時人皆信之，而彼獨能明其爲賊，其所奏必有可觀者．林積者，秦相時嘗爲侍郎．"【義剛】

138:98 郭天錫因算徽宗當爲天子，遂得幸，官至承宣使，其人亦鯁直敢說．天覺每要占問時，不尙自去見它，多是使覺範去．後來發覺，蔡元長遂以爲天錫有幻術，令人監繫，日置狗猪[69]血於其側，後來只被血薰殺了．【義剛】

138:99 覺範因張天覺事下天獄[70]．自供云："本是醫人，因入醫張相

---

67) 種:『朱子語類』에서는 怪로 되어 있다.
68) 頭:『朱子語類』에서는 首로 되어 있다.
69) 狗猪:『朱子語類』에서는 豬狗로 되어 있다.
70) 天獄: 賀本・萬曆本에서는 大獄으로 되어 있다.

公府養娘有效, 遂與度牒令某作僧."【義剛】

138:100 神殺之類, 亦只是五行旺衰之氣, 推亦有此理. 但是後人推得小了, 太拘忌耳. 曉得了, 見得破底好. 如上蔡言"我要有便有, 我要無便無", 方好. 然難. 不曉底人, 只是孟浪不信. 呂丈都不曉風水之類, 故不信. 今世俗人信便有, 不信便無, 亦只是此心疑與不疑耳.【揚】

138:101 因及談命課靈者, 曰: "是他精力强, 精力到處便自驗."【淳】

138:102 因說都下士夫愛看命, 曰: "士夫功名心切, 且得他差除一番, 亦好." 曰: "若命中有官, 便是天與我. 若就人論, 便是朝廷與我. 今不感戴天與朝廷, 卻感戴他們, 終身不忘, 甚可怪."【淳】

138:103 陶安國事眞武. 先生曰: "眞武非是有一箇神披髮, 只是玄武. 所謂'青龍·朱雀·白虎·玄武', 亦非是有四箇恁地物事. 以角星爲角, 心星爲心, 尾星爲尾, 是爲青龍. 虛·危星如龜. 騰蛇在虛·危度之[71]下, 故爲玄武. 眞宗時諱'玄'字, 改'玄'字爲'眞'字, 故曰'眞武.' 參星有四隻脚如虎, 故爲白虎. 翼星如翼, 軫如項下嗉, 井爲冠, 故爲朱雀. 盧仝詩曰: '頭戴井冠[72].' 揚子雲言'龍·虎·鳥·龜', 正是如此."【節】

138:104 先生問四明龍現事. 璘答云: "頃歲鄞縣 趙公萬禱雨於天井山之龍井, 會[73]有龍現. 張左藏 良臣作記云: '俄有光發波間, 如叢炬. 復紅焰飛動, 下見龍之首甚大, 不違顏咫尺. 大復現小. 復現全體, 鱗

71) 度之: 『小分』에서는 之度를 교정부호로 바로잡았다.
72) 井冠: 『考異』에서는 "井, 一作弁."으로 되어 있다.
73) 會: 成化本·賀本에서는 曾으로 되어 있다.

甲爚爚有光, 久不沒. 陰氣颼然, 見者魄喪神動.'" 曰: "見王嘉叟云, 見龍初出水, 先有物如蓮花之狀而後水湧. 異物出, 兩眼光如銅盤, 與趙尉所見頗合."【璘】

138:105 或言某人之死, 人有夢見之者, 甚恐, 遂辭位而去. 先生曰: "唐 令狐綯亦嘗夢見李德裕. 明日, 語人曰: '衛公精爽可畏.' 頃時劉丞相莘老死於貶所. 後來得昭雪復官, 其子斯立有啓謝時宰一聯云: '晚歲「離騷」, 徑招魂於異域, 平生精爽, 或見夢於故人.' 世傳以爲佳."

138:106 陳易和叔將赴試, 韓魏公戒之曰: "離場屋久, 更宜子細." 陳曰: "三十年做老娘, 不解倒綳了孩兒." 旣而"王"字押作賦韻, "率土之濱莫非王", 遂見黜. 魏公聞之, 笑曰: "果然倒綳了孩兒矣."

138:107 往年見徐端[74]立待郎云, 葉石林嘗問某: "或謂司馬溫公·范蜀公議鍾律不合, 又某與某爭某事, 蓋故爲此議, 以表見其非朋比之爲者. 如何?" 徐曰: "此事有無不可知. 然爲此論者, 亦可謂不占便宜矣." 石林爲之笑而[75]罷.【僩】[76]

138:108 汪玉山童稚[77]時, 喩玉泉令他對七字對云: "馬蹄踏破青青草." 玉山應口對云: "龍爪拏開黯黯雲."

138:109 先生說: "沈持要知衢州日, 都下早間事, 晚已得報." 閎祖云: "要知得如此急做甚?" 先生云: "公說得是."【閎祖】

138:110 或言某人輕財好義. 先生曰: "以何道理之而義乎?"【升卿】

---

74) 徐端: 『考異』에서는 "端, 恐惇."으로 되어 있다.
75) 而: 賀本에서는 便으로 되어 있다.
76)【僩】: 成化本에는 없다.
77) 稚: 孝宗刊本·英祖刊本·賀本에서는 穉로 되어 있다.

138:111 因李將爲郭帥閤倖, 曰: "凡是名利之地, 自家退以待之, 便自安穩. 纔要, 只管向前, 便危險. 事勢定是如此. 如一椀[78]飯在這裏, 纔去爭, 也有爭得不被人打底, 也有爭得被人打底, 也有爭不得空被人打底."【賀孫】

138:112 或論及欲圖押綱厚賞者. 先生曰: "譬如一盤珍饌, 五人在座[79], 我愛喫[80], 那四人亦都愛喫[81]. 我伸手去挐, 那四人亦伸手去挐, 未必果誰得之. 能恁地思量, 便可備知來物. 如古者橫議權謀之士, 雖千萬人所欲得底, 他也有計術去必得."【淳】

138:113 財, 猶膩也, 近則汚人, 豪傑之士恥言之.【僩】

138:114 人言仁不可主兵, 義不可主財. 某謂, 惟仁可以主兵, 義可以主財.【道夫】

138:115 賢者順理而安行, 智者知機而固守.【丁未耳聽. ○至】

138:116 鄭叔友謂: "敗不可懲, 勝不可狃." 此言殊有味.【振】

138:117 ▲[82]

138:118 詠古詩: "丈夫棄甲胄, 長揖別上官." 爲楊元禮發也. 問: "元禮事如何?" ▲[83]"緣一二監司相知者已去, 後人不應副賑濟, 此事

---

78) 椀: 成化本·賀本에서는 碗으로 되어 있다.
79) 座: 『朱子語類』에서는 坐로 되어 있다.
80) 喫: 賀本에서는 吃로 되어 있다.
81) 喫: 賀本에서는 吃로 되어 있다.
82) ▲: 王宣子說: "甘卞言, 士大夫以面折廷爭爲職, 以此而出, 人亦高之. 宦官以承順爲事, 忽犯顔而出, 誰將你當事! 如此之乖! 後漢 呂强, 後世無不賢之."
83) ▲: 曰:

已做不得. 若取之百姓又不可, 所以乞祠." 問: "當時合如何處置方善?" 曰: "只得告監司理會賑濟. 不從, 則[84]力爭, 又不從, 則投劾而去, 事方分曉." 語畢, 遂諷誦此詩云.【德明】

138:119 沈季文於小學, 則有莊敬敦篤而不從事於禮樂射御書數, 於大學, 則不由格物·致知而遽欲誠意·正心.【閎祖】

138:120 黎紹先好箇人, 可謂"聽其言也厲."【義剛】

138:121 周顯祖不事外飾, 天資簡樸.[85]【若海】

138:122 諸葛誠之守立過人.【升卿】

138:123 劉季高也豪爽, 只是也無頭腦[86].【義剛】

138:124 林擇之曰: "上四州人輕揚, 不似下四州人." 先生曰: "下四州人較厚. 潮陽士人亦厚, 然亦陋. 莆人多詐, 淳朴無僞者, 陳 魏公而已."【義剛】

138:125 或傳連江鎭寇作, 燒千餘家. 時張子直通判云: "此處人烟[87]極盛." 曰: "某嘗疑此地如何承載得許多人?" 力行退而思之, 此所謂知小圖大, 力小任重之意.【力行】

138:126 前年鄭瀛上書得罪, 杖八十, 下臨安贖. 臨安一吏人問[88]之,

---

84) 不從, 則: 『小分』에서는 원래 不行用으로 되어 있었으나 이를 붓으로 고쳤다.【附箋紙】不行/

85) 天資簡樸: 徽州本에서는 이 뒤에 某於方務德, 坐間識之. 라는 小註가 있다.

86) 頭腦: 賀本에서는 腦頭로 되어 있다.

87) 烟: 『朱子語類』에서는 煙으로 되어 있다.

見其無錢, 爲代出錢贖之.【揚】

138:127 王侍郎普之弟某, 經兵火, 其乳母抱之走, 爲一將官所得. 乳母自思, 爲王氏乳母而失其子, 其罪大矣. 遂潛謀歸計, 將此將官家兵器皆去其刃, 弓則斷其紘[89]. 自求一好馬, 抱兒以逃. 追兵踵至, 匿於麥中, 如此者三四. 僅全兒, 達王家. 常見一僧說之, 僧今亦忘矣. 欲爲之傳, 未果.【可學 ○義剛錄云: "常見一老僧云, 李伯時家遭寇, 伯時尚小, 被賊幷嬭[90]子刼[91]去. 賊將遂以嬭子爲妻. 一日上元, 其夫出看, 嬭子以計遣諸婢, 皆往看. 遂將弓箭刀刃之屬, 盡投於井, 馬亦解放, 但自乘一馬而去. 少頃, 聞前面有人馬聲, 恐是來趕他, 乃下馬走入麥中藏. 其賊尚以鎗入麥中撈攬, 幸而小底不曾啼, 遂無事. 未幾, 得聞那賊說: '這賊婢, 知他那裏去!' 渠知無事, 遂又走. 夜行晝伏, 數日方到, 尋見他家▲[92]. 某嘗欲記此事. 後來被那僧死了, 遂無問處, 竟休了."】

138:128 陳光澤二子求字. 先生字萃曰"仲亨", 云: "萃便亨, 凡物積之厚而施之也廣, 如水積得科子滿, 便流." 又字華曰"仲蔚", 云: "'君子豹變, 其文蔚也.' 變謂變其志[93]. 若裏面變得是虎, ▲[94] 外面便有豹之文."【義剛】

138:129 有言士大[95]夫家文字散失者. 先生蹙然曰: "魏元履·宋子飛兩家文籍散亂, 皆某不勇決之過. 當時若是聚衆與之抄劄封鎖, 則庶幾無今日之患."【道夫】

---

88) 問: 『小分』에서는 問으로 되어 있고 孝宗刊本·英祖刊本에서는 悶으로 되어 있고 成化本·賀本에서는 憫으로 되어 있다.
89) 紘: 『朱子語類』에서는 弦으로 되어 있다.
90) 嬭: 成化本·賀本에서는 妳로 되어 있다.
91) 刼: 孝宗刊本·成化本에서는 劫으로 되어 있다.
92) ▲: 人
93) 志: 賀本에서는 態로 되어 있다. 『考異』에서는 "志, 一作態."로 되어 있다.
94) ▲: 外面便有虎之文. 變得是豹,
95) 士大: 『小分』에서는 大士를 교정부호로 바로잡았다.

138:130 德粹問: "十年前屢失子, 亦曾寫書問先生. 先生答書[96]◇[97], 子之有無皆命, 不必祈禱. 後又以弟爲子, 更有甚礙理處. 舍弟之子年乃大於此, 則是叔拜侄." 曰: "以弟爲子, 昭穆不順." 方伯謨曰: "便是弟之子小亦不可." 曰: "然." 【可學】

138:131 問: "唐告[98]勑如何都是自寫?" 曰: "不知如何. 想只是自寫了, 卻去計會[99]印. 如蔡君謨封贈[100], 亦是自寫. 看來只是自有字名, 故如此." 【義剛】

138:132 "張以道向在黃岩[101]見顏魯公的派孫因事到官. 其人持魯公告[102]勑五七道來庭下, 稱有蔭. 細看其告[103]敕, 皆魯公親書其字, 而其誥乃是黃紙書之. 此義如何?" 先生曰: "魯公以能書名, 當時因自書之, 而只用印. 文[104]亦不足據. 本朝蔡君謨封贈其祖誥[105]勑, 亦自寫之. 蓋用[106]以字名, 人亦樂令其自寫也." 【魯公誥, 後爲劉會之所藏. ○義剛】

138:133 一日請食茘子, 因論: "興化軍陳紫, 自蔡端明迄今又二百來年, 此種猶在, 而甘美絕勝, 獨無它本. 天地間有不可曉處率如此. 所謂'及其至也, 聖人有所不能知.' 要之, 它自有箇絲脉相連通[107], 但人

96) 書: 賀本에서는 皆로 되어 있다.
97) ◇: 云
98) 告: 英祖刊本・賀本에서는 誥로 되어 있다.
99) 計會: 『小分』에서는 會計를 교정부호로 바로잡았다.
100) 贈: 徽州本에서는 이 뒤에 告가 있다.
101) 岩: 『朱子語類』에서는 巖으로 되어 있다.
102) 告: 英祖刊本・賀本에서는 誥로 되어 있다.
103) 告: 英祖刊本・賀本에서는 誥로 되어 있다.
104) 文: 賀本에서는 又로 되어 있다.
105) 告: 『小分』에서는 誥로 補寫되어 있고 孝宗刊本・成化本에서는 告로 되어 있고 英祖刊本・賀本에서는 誥로 되어 있다.
106) 用: 『朱子語類』에서는 其로 되어 있다.
107) 相連通: 『朱子語類』에서는 相通으로 되어 있다.

自不知耳. 聖人也只知得大綱, 到不可知處, 亦無可奈何. 但此等瑣碎, 不知亦無害爾."【道夫】

138:134 先生因喫[108]茶罷, 曰: "物之甘者, 喫[109]過必酸, 苦者喫[110]過卻甘. 茶本苦物, 喫[111]過卻甘." 問: "此理如何?" 曰: "也是一箇道理. 如始於憂勤, 終於逸樂, 理而後和. 蓋禮本天下之至嚴, 行之各得其分, 則至和. 又如'家人嗃嗃, 悔厲言[112], 婦子嘻嘻, 終吝', 都是此理."【夔孫】

138:135 建茶如"中庸之爲德", 江茶如伯夷·叔齊. 又曰: "『南軒集』云: '草茶如草澤高人, 臘茶如臺閣勝士.' ▲[113]他之說, 則俗了建茶, 卻不如適間之說兩全也."【道夫】

138:136 侍先生過水南, 谷中見一種蒿, 柔嫩香氣, 溫潤可愛, 因采一二莖把玩. 先生曰: "此卽古人所謂蘭是也." 又云: "蕙亦非今之蕙, 乃零陵香是也."【炎】

138:137 今福州紅糟, 卽古之所謂醴酒也, 用匙挑喫[114].【義剛】

138:138 古升, 十六寸二分爲升, 容一百六十二寸爲斗.【僩】

138:139 今之一升, 卽古之三升. 今之一兩, 卽古之三兩.【僩】

---

108) 喫: 賀本에서는 吃로 되어 있다.
109) 喫: 賀本에서는 吃로 되어 있다.
110) 喫: 賀本에서는 吃로 되어 있다.
111) 喫: 賀本에서는 吃로 되어 있다.
112) 言: 『朱子語類』에서는 吉로 되어 있다.
113) ▲: 似
114) 喫: 賀本에서는 吃로 되어 있다.

138:140 古錢有"貨泉"字, "貨布"字, 是王莽錢. 於古尺正徑一寸. 雖久有損, 大概亦是. 【淳】

138:141 先生見正甫所衣之衫只用白練圓領[115], ▲[116]用皂. 問: "此衣甚制度?" 曰: "是唐衫." 先生不復說, ▲[117]遂易之. 【過】

138:142 "布一簆四十眼, 着八十絲爲一升. 今興化人能爲之"云[118]. "十升布已難做. 至如三十升, 不知古人如何做也. 若三升布, 則極疏矣. 古人不諱白, 皮弁乃以白鹿皮爲之, 但加飾焉. 如冠之白, 但用疏細爲吉凶耳." 【方】

138:143 或云: "俗語: '夜飯減一口, 活得九十九.'" 曰: "此出古樂府『三叟詩』."

138:144 墨翟與工輸巧爭辨[119]云云. 論到下梢一着勝一着, 沒了期. 一曰: "吾知其所以拒子矣, 吾不言." 一曰: "吾知所以攻子矣[120], 吾不言." 【燾】

138:145 莽何羅本姓馬, 乃後漢[121] 馬后之祖, 班固爲澤而改之. 【方子】

138:146 步隲[122]不去[123], 爲瓜[124]耳. 瓜[125]可無, 身不可無. 【升

115) 圓領: 『小分』에서는 領圓을 교정부호로 바로잡았다.
116) ▲: 領
117) ▲: 後
118) 云: 賀本에서는 云云으로 되어 있다.
119) 辨: 英祖刊本・賀本에서는 辯으로 되어 있다.
120) 吾知所以攻子矣: 賀本에서는 吾知其所以攻子矣로 되어 있다.
121) 後漢: 『小分』에서는 漢後을 교정부호로 바로잡았다.
122) 隲: 賀本에서는 騭으로 되어 있다.

卿】

138:147 陶隱居注『本草』, 不識那物, 後說得差背底多. 緣他是江[126]南人, 那時南北隔絶, 他不識北方物事, 他居建康.【義剛】

138:148 仙游有蔡溪, 見說甚好. 裏面有一片大石, 有一石門, 入去沿溪到那石上. 有陳履[127]常, 居大[128]學. 聞此地好, 齎少餅, 徑入去石上坐. 飢甚, 則喫[129]少許餅. 久後喫[130]盡了, 飢不奈何. 欲出, 則當初入門已發了誓, 遂且忍餓. 遇樵者, 見他在坐, 亦異之. 間得些物事來喫[131]. 久後報得外面道人都來, 遂起得箇菴, 自此卻好. 病翁嘗至其菴. 時陳居士方死, 尙在坐, 未曾斂. 見面前一石頭, 似箇香山子. 子細看, 又不是石, 恰似乳香滴成樣, 都通明. 身旁一道人云: "是陳先生臨死時滴出鼻涕." 又一道人來禮拜, 歎息云: "可惜陳先生鍊得成得[132]卻不成!"【同】[133]

138:149 崇觀間, 李定之子某, 有文字乞毁『通鑑』板. 建炎間坐此貶竄, 後放歸復官. 詞云: "下喬木而入幽谷, 朕姑示於寬恩, 以鴟鴞而笑鳳凰, 爾無沈於迷[134]識."

123) 不去: 『小分』에서는 去不를 교정부호로 바로잡았다.
124) 瓜: 成化本・賀本에서는 爪로 되어 있다.
125) 瓜: 成化本・賀本에서는 爪로 되어 있다.
126) 江: 賀本에서는 箇로 되어 있다.
127) 履: 賀本에서는 理로 되어 있다.
128) 大: 賀本에서는 太로 되어 있다.
129) 喫: 賀本에서는 吃로 되어 있다.
130) 喫: 賀本에서는 吃로 되어 있다.
131) 喫: 賀本에서는 吃로 되어 있다.
132) 得: 『朱子語類』에서는 後로 되어 있다.
133) 【同】: 英祖刊本・賀本・萬曆本에서는【僩】으로 되어 있다. 『考異』에서는 "僩, 一誤同."으로 되어 있다.
134) 迷: 賀本에서는 術로 되어 있다.

『朱子語類』 卷第一百三十九

「論文上[1]」

139:1 有治世之文, 有衰世之文, 有亂世之文. 六經, 治世之文也. 如『國語』委靡繁絮, 眞衰世之文耳. 是時語言議論如此, 宜乎周之不能振起也. 至於亂世之文, 則戰國是也. 然有英偉氣, 非衰世『國語』之文之此[2]也. 【饒錄云: "『國語』說得絮, 只是氣衰. 又不如戰國文字, ▲[3]有些精彩."】 楚·漢間文字眞是奇偉, 豈易及也! 【又曰: "『國語』文字極困善[4], 振作不起. 戰國文字豪傑, 便見事情. 非你殺我, 則我殺你." 黃云: "觀一時氣象如此, 如何遏捺得作[5]! 所以啓漢家之治也." ○僩】

139:2 『楚詞』不甚怨君. 今被諸家解得都成怨君, 不成模樣. 「九歌」是托神以爲君, 言人間隔, 不可企及, 如己不得親近於君之意. 以此觀之, 他便不是怨君. 至「山鬼」篇, 不可以君爲山鬼, 又倒說山鬼欲親人而不可得之意. 今人解文字不看大意, 只逐句解, 意卻不貫. 【『楚詞』】

139:3 問「離騷」·「卜居」篇內字. 曰: "字義從來曉不得, 但以意看可見. 如'突梯滑稽', 只是軟熟迎逢, 隨人倒, 隨人起底意思. 如這般文字, 更無些小窒礙. 想只是信口恁地說, 皆自成文. 林艾軒嘗云: '班固·揚雄以下, 皆是做文字. 已前如司馬遷·司馬相如等, 只是恁地說

---

1) 論文上: 『小分』에서는 作論文上으로 되어 있고 英祖刊本에서는 作文上으로 되어 있다.
2) 此: 『朱子語類』에서는 比로 되어 있다.
3) ▲: 更
4) 困善: 『考異』에서는 "善, 一作苦."로 되어 있다.
5) 作: 『朱子語類』에서는 住로 되어 있다.

出.' 今看來是如此. 古人有取於'登高能賦', 這也須是敏, 須是會說得通暢. 如古者或以言揚, 說得也是一件事, 後世只就紙上做. 如就紙上做, 則班・揚便不如已前文字. 當時如蘇秦・張儀, 都是會說. 『史記』所載, 想皆是當時說出." 又云: "漢末以後, 只做屬對文字, 直至後來, 只管弱. 如蘇頲著力要變, 變不得. 直至韓文公出來, 盡掃去了, 方做成古文. 然亦止做得未屬對合偶以前體格, 然當時亦無人信他. 故其文亦變不盡, 纔有一二大儒略相效, 以下並只依舊. 到得陸宣公『奏議』, 只是雙關做去. 又如子厚亦自有雙關之文, 向來道是他初年文字. 後將年譜看, 乃是晚年文字, 蓋是他效世間模樣做則劇耳. 文氣衰弱, 直至五代, 竟無能變. 到尹師魯・歐公幾人出來, 一向變了. 其間亦有欲變而不能者, 然大概都要變. 所以做古文自是古文, 四六自是四六, 卻不衮[6]雜." 【賀孫】

139:4 楚些, 沈存中以"些"爲呪[7]語, 如今釋子◇[8]"念娑訶"[9]三合聲, 而巫人之禱亦有此聲. 此卻說得好. 蓋今人只求之於雅, 而不求之於俗, 故下一半都曉不道[10]. 【道夫 ○「離騷」叶韻到篇終, 前面只發兩例. 後人不曉, 卻謂只此兩韻如此至[11]】

139:5 『楚詞』注下事, 皆無這事. 是他曉不得後, 卻就這語意撰一件事爲證, 都失了他那正意. 如『淮南子』・『山海經』, 皆是如此. 【義剛】

139:6 高斗南解『楚詞』引「瑞應圖」. 周子充說館閣中有此書, 引得好. 他更不問義理之是非, 但有出處便說好. 且如「天問」云: "啓棘賓

---

6) 衮: 英祖刊本・賀本에서는 滾으로 되어 있다.
7) 呪: 賀本에서는 咒로 되어 있다.
8) ◇: 念
9) 念娑訶: 『朱子語類』에서는 娑婆訶로 되어 있다.
10) 道: 『朱子語類』에서는 得으로 되어 있다.
11) 此至: 賀本에서는 此. ○至로 되어 있다.

商." 『山海經』以爲啓上三嬪于[12]天, 因得「九嘆[13]」·「九辨」以歸. 如此, 是天亦好色也. 柳子厚「天對」, 以爲胸嬪, 說天以此樂相博換得. 某以爲"棘"字是"夢"字, "商"字是古文篆"天"字. 如鄭康成解『記』"衣衰"作"齊衰", 云是壞字也, 此亦是擦壞了. 蓋啓夢賓天, 如趙簡子夢上帝之類. 賓天是爲之賓, 天與之以是樂也. 今人不曾讀古書, 如這般等處, 一向恁地過了. 陶淵明詩: "形夭無千歲." 曾氏攷『山海經』云: "當作'形天舞干戚.'" 看來是如此. 周子充不以爲然, 言只是說精衛也, 此又不用出處了.【夔孫】

139:7 古人文章, 大率只是平說而意自長. 後人文章務意多而酸澁. 如「離騷」初無奇字, 只恁說將去, 自是好. 後來如魯直恁地著力做, 卻自是不好.【方子 ○道夫錄云: "古今擬「騷」之作, 惟魯直爲無謂."】

139:8 古賦雖熟, 看屈·宋·韓·柳所作, 乃有進步處. 入本朝來, 「騷」學殆絶, 秦·黃·晁·張之徒不足學也.【雉】

139:9 荀卿諸賦縝密, 盛得水住. 歐公「蟬賦」: "▲[14]名曰蟬." 這▲[15]句也無味.【雉】

139:10『楚詞』平易. 後人學做者反艱深了, 都不可曉.

○[16] 又云: "『莊子』文章只信口流出, 煞高." 蔡云: "『列子』亦好." 曰: "『列子』固好, 但說得困弱, 不如『莊子』." 問: "『老子』如何?" 曰: "『老子』又較深厚." 蔡云: "看「莊周傳」說, 似乎莊子師於列子. 云先有

12) 于: 賀本에서는 於로 되어 있다.
13) 嘆: 賀本에서는 歎으로 되어 있다.
14) ▲: 其
15) ▲: 數
16) ○: 『朱子語類』의 125:26의 일부이다.

作者如此, 恐是指列子." 曰: "這自說道理, 未必是師列子." 蔡問: "'皆原於道德之意', 是誰道德?" 曰: "這道德只自是他道德." 蔡云: "人多作吾聖人道德. 太史公智識卑下, 便把這處作非細看, 便把作『大學』·『中庸』看了." 曰: "『大學』·『中庸』且過一邊, 公恁地說了, 主張『史記』人道如何? 大凡看文字只看自家心下, 先自偏曲了, 看人說甚麼事, 都只入這意來. 如大路看不見, 只行下偏蹊曲徑去. 如分明大字不看, 卻只看從罅縫偏[17]旁處去. 如字寫在上面不看. 卻就字背後面看. 如人眼自花了, 看見眼前物事都差了, 便說道只恁地." 蔡云: "不平心看文字, 將使天地都易位了." 曰: "道理只是這一箇道理, 但看之者情僞變態. 言語文章自有千般萬樣. 合說東, 卻說西. 合說這裏, 自說那裏. 都是將自家偏曲底心求古人意." 又云: "如太史公說話, 也怕古人有這般人, 只自家心下不當如此. 將臨川·何言·江默之事觀之, 說道[18]『公羊』·『穀梁』是姓姜人一手做, 也有這般事. 「尙書序」不似孔安[19]國作, 其[20]文軟弱, 不似西漢人文, 西漢文麄豪. 也不似東漢人文, 東漢人文有骨[21]肋; 也不似東晉人文, 東晉如孔坦『疏』也自得. 他文是大段弱, 讀來卻[22]宛順, 是做『孔叢子』底人一手做. 看『孔叢子』撰許多說話, 極是陋. 只看他撰造說陳涉, 那得許多說話正史都無之? 他卻說道自好, 陳涉不能從之. 看他文卑弱, 說到後面, 都無合煞[23]." 蔡云: "恐是孔家子孫." 曰: "也不見得."

139:11 漢初賈誼之文質實. 晁錯說利害處好, 答制策便亂道. 董仲

---

17) 偏: 『朱子語類』에서는 四로 되어 있다.
18) 道: 『小分』에서는 손상되어 있으나 『朱子語類』에 따라 보충하였다.
19) 孔安: 『小分』에서는 安孔을 교정부호로 바로잡았다.
20) 國作, 其: 『小分』에서는 손상되어 보이지 않으나 『朱子語類』에 따라 보충하였다.
21) 人文有骨: 『小分』에서는 손상되어 보이지 않으나 『朱子語類』에 따라 보충하였다.
22) 卻: 『小分』에서는 손상되어 보이지 않으나 『朱子語類』에 따라 보충하였다.
23) 煞: 『朱子語類』에서는 殺로 되어 있다.

舒之文緩弱, 其「答賢良策」, 不答所問切處, 至無緊要處, 又[24]累數百言. 東漢文章尤更不如, 漸漸趨於對偶. 如楊震輩皆尙讖緯, 張平子非之. 然平子之意, 又卻理會風角·鳥占, 何愈於讖緯? 陵夷至於三國·兩晉, 則文氣日卑矣. 古人作文作詩, 多是模倣前人而作之. 蓋學之既久, 自然純熟. 如相如『封禪書』, 模倣極多. 柳子厚見其如此, 卻作『貞符』以反之, 然其▲[25]體亦不免乎蹈襲也. 【人傑 ○漢文】

139:12 司馬遷文雄健, 意思不帖帖, 有戰國文氣象. 賈誼文亦然. 老蘇文亦雄健. 似此皆有不帖帖意. 仲舒文實. 劉向文又較實, 亦好, 無些虛氣象. 比之仲舒, 仲舒較滋潤發揮. 大抵武帝以前文雄健, 武帝以後便[26]實. 到杜欽·谷永書, 又太弱無歸宿了. 匡衡書多有好處, 漢明經中皆不似此. 【淳】

139:13 仲舒文大概好, 然也無精彩.[27] 【淳】

○[28] 因問: "董仲舒.

○[29] ▲[30]策文氣亦弱, 與晁·賈諸人文章殊不同, 何也?" 曰: "仲舒爲人寬緩, 其文亦如其人. 大抵漢自武帝後, 文字要入細, 皆▲[31]."
【必大】

139:14 林艾軒云: "司馬相如賦之聖者. 揚子雲·班孟堅只塡得他腔

24) 又: 賀本에서는 有로 되어 있다.
25) ▲: 文
26) 便: 賀本에서는 更으로 되어 있다.
27) 彩: 徽州本에서는 이 뒤에 揚雄·老氏之學如藏心於淵이 더 있다.
28) ○: 『朱子語類』의 78:31의 일부이다.
29) ○: 『朱子語類』의 78:31의 일부이다.
30) ▲: 三
31) ▲: 與漢初不同

子,【佐錄作"腔子滿".】 如何得似他自在流出? 左太冲・張平子竭盡氣力又更不及."【可學】

139:15 問: "呂舍人言, 古文衰自谷永." 曰: "何止谷永? 鄒陽「獄中書」已自皆作對子了." 又問: "司馬相如賦似作[32]之甚易." 曰: "然." 又問: "高適「焚舟決勝賦」甚淺陋." 曰: "『文選』齊・梁間江總之徒, 賦皆不好了." 因說: "神宗修汴城成, 甚喜. 曰: '前代◇[33]所作時, 皆有賦.' 周美成聞之, 遂撰「汴都賦」進. 上大喜, 因朝降出, 宰相每有文字降出時, 卽合誦一遍. 宰相不知是誰, 知古賦中必有難字, 遂傳與第二人, 以次傳至尙書右丞王和甫, 下無人矣. 和甫卽展開琅然誦一遍. 士[34]喜, 旣退, 同列問如何識許多字. 和甫曰: '某也只是讀傍文.'【揚錄作"一邊".】 呂編『文鑑』, 要尋一篇賦冠其首, 又以美成賦不甚好, 遂以梁周翰「五鳳樓賦」爲首, 美成賦亦在其後."

139:16 「賓戲」・「解嘲」・「劇秦」・「貞符」諸文字, 皆祖宋玉之文, 「進學解」亦此類. 「陽春白雪」云云者, 不記其名, 皆非佳文.【揚】

139:17 夜來鄭文振問: "西漢文章與韓退之諸公文章如何?" 某說: "而今難說. 便與公說某人優, 某人劣, 公亦未必信得及. 須是自看得這一人文字某處好[35], 某處有病, 識得破了, 卻看那一人文字, 便見優劣如何. 若看這一人文字未破, 如何定得優劣? 便說與公優劣, 公亦如何便見其優劣處? 但子細自看, 自識得破, 而今人所以識古人文字不破, 只是不曾子細看. 又兼是先將自家意思橫在胸此[36], 所以見從那偏處去, 說出來也都是橫說." 又曰: "人做文章, 若是子細看得一般文

32) 似作: 『小分』에서는 作似를 교정부호로 바로잡았다.
33) ◇: 有
34) 士: 英祖刊本・成化本・賀本에서는 上으로 되어 있다.
35) 好: 『小分』에서는 處를 好로 고쳤다.
36) 此: 『朱子語類』에서는 次로 되어 있다.

字熟, 少間做出文字, 意思語脉自是相似. 讀得韓文熟, 便做出韓文底文字. 讀得蘇文熟, 便做出蘇文底文▲37). 若不曾子細看, 少間卻不得用. 向來初見擬古詩, 將謂只是學古人之詩. 元來卻是如古人說'灼灼園中花', 自家也做一句如此. '遲遲澗畔松', 自家也做一句如此. '磊磊澗中石', 自家也做一句如此. '人生天地間', 自家也做一句如此. 意思語脉, 皆要似他底, 只換卻字. 某後來依如此做得二三十首詩, 便覺得長進. 蓋意思句語血脉勢向, 皆效它底. 大率古人文章皆是行正路, 後來杜撰底皆是行狹隘邪路去了, 而今只是依正底路脉做將去, 少間文章自會高人." 又云: "蘇子由有一段論人做文章自有合用底字, 只是下不着. 又如鄭齊叔云, 做文字自有穩底字, 只是人思量不著. 橫渠云: '發明道理, 惟命字難.' 要之, 做文字下字實是難, 不知聖人說出來底, 也只是這幾字, 如何鋪排得恁地安穩?【或曰: "子瞻云: '都來這幾字, 只要會鋪排.'"】 ▲38) 然而掉了底便荒疏, 只管用功底又較精. 向見韓無咎說, 它晚年做底文字, 與▲39)二十歲以前做底文字不甚相遠, 此是他自驗得如此. 人到五十歲, 不是理會文字40)時節. 前面事多, 日子少了. 若後生時, 每日便偸一兩時閑做這般工夫. 若晚年, 如何有工夫及此?" 或曰: "人之晚年, 知識卻會長進." 曰: "也是後生時都定, 便長進也不會多. 然而能用心於學問底, 便會長進. 若不學問, 只縱其客氣底, 亦如何會長進? 日見昏了. 有人後生氣盛時, 說盡萬千道理, 晚年只恁地闒靸底." 或引程先生曰: "人不學, 便老而衰." 曰: "只這一句說盡了." 又云: "某人晚年日夜去讀書. 某人戱之曰: '吾丈老年讀書, 也須還讀得入. 不知得入如何得出.' 謂其不能發揮出來爲做文章之用也."【其說雖麤, 似有理.】41) 又云: "人晚年做文章, 如秃筆寫字, 全無鋒鋭可觀." 又云: "某四十以前, 尙要學人做文章, 後來亦不暇及此矣.

---

37) ▲: 字
38) ▲: 然而人之文章, 也只是三十歲以前氣格都定, 但有精與未精耳.
39) ▲: 他
40) 字: 『朱子語類』에서는 章으로 되어 있다.
41) 其說雖粗, 似有理.: 賀本에서는 본문으로 되어 있다.

然而後來做底文字, 便只是二十左右歲做底文字." 又云: "劉季章近有書云, 他近來看文字, 覺得心平正. 某答他, 令更掉了這箇, 虛心看文字. 蓋他向來便是硬自執他說, 而今又是將這一說來罩, 正是[42], 未理會得在. 大率江西人都是硬執他底橫說, 如王介甫·陸子靜都只是橫說. 且如陸子靜說文帝不如武帝, 豈不是橫說?" 又云: "介甫諸公取人, 如資質淳厚[43]底, 他便不取. 看文字穩底, 他便不取. 如那決裂底, 他便取, 說他轉時易. 大率都是硬執他底."【燾】

139:18 張以道曰: "'盼[44]庭柯以怡[45]顔', 盼[46], 讀如俛. 讀作盻[47]者, 非."【義剛】

139:19 韓文力量不如漢文, 漢文不如先秦·戰國.【揚】

139:20 大率文章盛, 則國家卻衰. 如唐 貞觀·開元都無文章, 及韓昌黎·柳河東以文顯, 而唐之治已不如前矣. 汪聖錫云: "國初制詔只三[48]. 雖粗, 卻甚好." 又如漢 高八年「詔」與文帝「卽位詔」, 只三數句, 今人敷衍許多, 無過只是此箇柱子.【若海 ○韓·柳】

139:21 先生方修『韓文考異』, 而學者至. 因曰: "韓退之議論正, 規模闊大, 然不如柳子厚較精密, 如『辨鶡冠子』及說列子在莊子前及『非國語』之類, 辨得皆是." 黃達才言: "柳文較古." 曰: "柳文是較古, 但卻易學, 學便似他, 不似韓文規模闊. 學柳文也得, 但會衰了人文字."【義剛 ○夔孫錄云: "韓文大綱好, 柳文論事卻較精覈, 如『辨鶡冠子』之類. 『非

---

42) 是: 賀本에서는 身으로 되어 있다.
43) 淳厚: 『考異』에서는一誤淳.로 되어 있다.
44) 盼: 賀本에서는 眄으로 되어 있다.
45) 怡: 英祖刊本·成化本·賀本에서는 怡로 되어 있다.
46) 盼: 賀本에서는 眄으로 되어 있다.
47) 盻: 賀本에서는 盼으로 되어 있다.
48) 只三: 英祖刊本·成化本·賀本에는 없다.

國語』中儘有好處. 但韓難學, 柳易學."】

139:22 揚因論韓文公, 謂: "如何用功了, 方能辨古書之眞僞?" 曰: "『鶡冠子』亦不曾辨得. 柳子厚謂其書乃寫賈誼「鵩賦」之類, 故只有此處好, 其他皆不好. 柳子厚看得文字精, 以其人刻深, 故如此. 韓較有些王道意思, 每事較含洪, 便不能如此."【揚】

139:23 退之要說道理, 又要則劇, 有平易處極平易, 有險奇處極險奇. 且教他在潮州時好, 止住得一年. 柳子厚卻得永州力也.

139:24 柳學人處便絶似. 「平淮西雅」之類甚似『詩』, 詩學陶者便似陶. 韓亦不必如此, 自有好處, 如「平淮西碑」好.【揚】

139:25 陳仲蔚問: "韓文「禘義」, 說懿・獻二廟之事當否?" 曰: "說得好. 其中所謂'興聖廟'者, 乃是涼・武昭王之廟, 乃唐之始祖. 然唐又封皐陶爲帝, 又尊老子爲祖, 更無理會." 又問: "韓・柳二家, 文體孰正?" 曰: "柳文亦自高古, 但不甚醇正." 又問: "子厚論封建是否?" 曰: "子厚說'封建非聖人意也, 勢也', 亦是. 但說到後面有偏處, 後人辨之者亦失之太過. 如廖氏所論封建, 排子厚太過. 且封建自古便有, 聖人但因自然之理勢而封建[49], 乃見聖人之公心. 且如周封康叔之類, 亦是古有此制. 因其有功・有德・有親, 當封而封之, 卻不是聖人有不得已[50]處. 若如子厚所說, 乃是聖人欲吞之而不可得, 乃無可奈何而爲此! 不知所謂勢者, 乃自然之理勢, 非不得已之勢也. 且如射王中肩之事, 乃是周末征伐自諸侯出, 故有此等事. 使征伐自天子出, 安得有是事? 然封建諸侯, 卻大故難制御. 且如今日蠻洞, 能有幾大? 若不循理, 朝廷亦無如之何. 若古時有許多國, 自是難制. 如隱公時原之一

49) 建: 『朱子語類』에서는 之로 되어 있다.
50) 已: 『小分』에서는 而를 已로 고쳤다.

邑, 乃周王不奈他何, 賜與鄭, 鄭不能制, 到晉 文公時, 周人將與晉, 而原又不服, 故晉 文公伐原. 且原之爲邑甚小, 又在東周 王城之側, 而周王與晉・鄭俱不能制. 蓋渠自有兵, 不似今日太守有不法處, 便可以降官放罷. 古者大率動便是征伐, 所以『孟子』曰: '三不朝, 則六師移之.' 在「周官」時已是如此了. 便是古今事勢不同, 便是難說." 因言: "孟子所謂五等之地, 與『周禮』不同. 孟子蓋說夏以前之制, 『周禮』乃是成周之制. 如當時封周公於魯, 乃七百里. 於齊尤闊, 如所謂'東至於海, 西至於河, 南至於穆陵, 北至於無棣.' 以地理考之, 大段闊. 所以禹在塗山, 萬國來朝. 至周初, 但千八百國." 又曰: "譬如一樹, 枝葉太繁時, 本根自是衰枯. 如秦 始皇則欲削去枝葉而自留一榦, 亦自不可."【義剛】

139:26 有一等人專於爲文, 不去讀聖賢書. 又有一等人知讀聖賢書, 亦自會作文, 到得說聖賢書, 卻別做一箇詫異模樣說. 不知古人爲文, 大抵只如此, 那得許多詫異. 韓文公詩文冠當時, 後世未易及. 到他上宰相書, 用"菁菁者莪", 詩注一齊都寫在裏面. 若是他自作文, 豈肯如此作? 最是說"載沈載浮", "沈浮皆載也", 可笑! "載"是助語, 分明彼如此說了, 他又如此用.【賀孫 ○韓文.】

139:27 退之「除崔群侍郎制」最好. 但只有此制, 別更無, 不知如何.【義剛】

139:28 或問: "「伯夷頌」'萬世標準'與'特立獨行', 雖足以明君臣之大義, 適權通變, 又當循夫理之當然者也." 先生曰: "說開了, 當云雖武王・周公爲萬世標準, 然伯夷・叔齊惟自特立不顧." 又曰: "古本云: '一凡人沮之譽之.' 與彼天[51]聖人是一對, 其文意尤有力."【椿】

51) 天: 成化本・賀本에서는 夫로 되어 있다.

139:29 退之「送陳彤秀才序」多一"不"字, 舊嘗疑之, 只看過了. 後見謝子暢家本, 乃後山傳歐陽本, 圈了此"不"字.

139:30 韓退之墓誌有怪者了.

139:31 先生喜韓文「宴喜亭記」及「韓弘碑」. 【碑, 老年筆. ○方】

139:32 "唐僧多從士大夫之有名者討詩文以自華, 如退之「送文暢序」中所說, 又如劉禹錫自有一卷送僧詩." 或云: "退之雖闢佛, 也多要引接僧徒." 曰: "固是. 他所引者, 又卻都是那破賴底僧, 如靈師·惠師之徒. 及晚年見太顚於海上, 說得來闊大勝妙, 自然不得不服. 人多要出脫退之, 也不消得, 恐亦有此理也." 【廣】

139:33 先輩好做詩與僧, 僧多是求人詩序送行. 『劉禹錫文集』自有一冊送僧詩, 韓文公亦多與僧交涉, 又不曾見好僧, 都破落戶. 然各家亦被韓文公說得也狼狽. 文公多只見這般僧, 後卻撞着一箇太顚, 也是異事. 人多說道被太顚說下了, 亦有此理. 是文公不曾理會他病痛, 彼他纔說得高, 便道是好了, 所以有"頗聰明, 識道理, 實能外形骸以理自勝"之語. 【賀孫】

139:34 才卿[52]問: "韓文「李漢序」頭一句甚好." 曰: "公道好, 某看來有病." 陳曰: "'文者, 貫道之器.' 且如六經是文, 其中所道皆說[53]這道理, 如何有病?" 曰: "不然. 這文皆是從道中流出, 豈有文反能貫道之理? 文是文, 道是道, 文只如喫飯時下飯耳. 若以文貫道, 卻是把本爲末. 以末爲本, 可乎? 其後作文者皆是如此." 因說: "蘇文害正道, 甚於老·佛, 且如『易』所謂"利者義之和", 卻解爲義無利則不和, 故必以

---

52) 才卿: 徽州本에서는 陳才卿으로 되어 있다.
53) 說: 賀本에서는 是로 되어 있다.

利濟義, 然後合於人情. 若如此, 非惟夫54)聖言之本指, 又且陷溺其心." 先生正色曰: "某在當時, 必與他辯." 卻笑曰: "必被他無禮."【友仁】

139:35 柳文局促55), 有許多物事, 卻要就些子處安排, 簡而不古, 更說些也不妨. 「封建論」并數長書是其好文, 合尖氣短. 如人火忙火急來說不及, 又便了了.【揚 ○柳文.】

139:36 柳子厚文有所模倣者極精, 如自解諸書, 是倣司馬遷「與任安書」. 劉原父作文便有所倣.

139:37 "宮沈羽振, 錦心繡口", 柳子厚語.【璘】

139:38 韓千變萬化, 無心變, 歐有心變. 「杜祈公墓誌」說一件未了, 又說一件. 韓「董晉行狀」尚稍長. 權德輿作宰相神道碑, 只一板許, 歐·蘇便長了. 蘇體只是一類. 柳「伐原議」極局促, 不好, 東萊不知如何喜之. 陳后山文如「仁宗飛白書記」大段好, 曲折亦好, 墓誌亦好. 有典有則, 方是文章. 其他文亦有太56)局促不好者, 如「題太白像」·「高軒過」古詩, 是晚年做到平易處, 「高軒過」恐是絶筆.【又一條云: "後山「仁宗飛白書記」, 其文曲折甚多, 過得自在, 不如柳之局促." ○總論韓·柳·歐·蘇諸公.】

139:39 東坡文字明快. 老蘇文雄偉57), 儘有好處. 如歐公·曾南豐·韓昌黎之文, 豈可不看? 柳文雖不全好, 亦當擇. 合數家之文擇之, 無二百篇. 下此則不須看, 恐低了人手段. 但採他好處以爲議論, 足

54) 夫: 『朱子語類』에서는 失로 되어 있다.
55) 局促: 『小分』에서는 促局을 교정부호로 바로잡았다.
56) 太: 賀本에서는 大로 되어 있다.
57) 偉: 『朱子語類』에서는 渾으로 되어 있다.【附箋紙】"渾"字, 誤以"偉"書.

矣. 若班·馬·孟子, 則是大底文字.【道夫】

139:40 "韓文高. 歐陽文可學. 曾文一字挨一字, 謹嚴, 然太迫." 又云: "今人學文者, 何曾作得一篇? 枉費了許多氣力. 大意主乎學問以明理, 則自然發爲好文章. 詩亦然."

139:41 國初文章, 皆嚴重老成. 嘗觀嘉祐以前誥詞等, 言語有甚拙者, 而其人才皆是當世有名之士. 蓋其文雖拙, 而其辭謹重, 有欲工而不能之意, 所以風俗渾厚. 至歐公文字, 好底便十分好, 然猶有甚拙底, 未散得他和氣. 到東坡文字便已馳騁, 忒巧了. 及宣·政間, 則窮極華麗, 都散了和氣. 所以聖人取"先進於禮樂", 意思自是如此.【○國朝文】

139:42 劉子澄言: "本朝只有四篇文字好: 「太極圖」·「西銘」·「易傳序」·「春秋傳序」." 因言, 杜詩[58]亦何用? 曰: "是無意思. 大部小部無萬數, 益得人甚事?" 因傷時文之弊, 謂: "張才叔「書義」好. 「自靖人自獻於先王義」, 胡明仲醉後每誦之." 又謂: "劉棠「舜不窮其民論」好, 歐公甚喜之. 其後姚孝寧『易義』亦好."【壽昌錄云: "或問「太極」·「西銘」." 曰: "自『孟子』已[59]後, 方見有此兩篇文章."】

139:43 李泰伯文實得之經中, 雖淺, 然皆自大處起議論. 首卷「潛書」·「民言」好, 如古『潛夫論』之類. 「周禮論」好, 如宰相掌人主飲食男女事, 某意如此. 今其論皆然, 文字氣象大段好, 甚使人愛之, 亦可見其時節方興如此好. 老蘇父子自史中『戰國策』得之, 故皆自小處起議論, 歐公喜之. 李不軟貼, 不爲所喜. 范文正公好處, 歐不及. 李晩年須參禪[60], 有一記說達磨宗派甚詳, 須是大段去參究來. 又曰: "以

---

58) 杜詩: 『考異』에서는 "杜, 恐作"으로 되어 있다.
59) 已: 英祖刊本·賀本에서는 以로 되어 있다.
60) 禪: 賀本에서는 道로 되어 있다.

李祝今日之文, 如三日新婦然. 某人輩文字, 乃蛇鼠之見."

139:44 先生讀宋景文「張巡贊」, 曰: "其文自成一家. 景文亦服人, 嘗見其寫六一「瀧岡阡表」二句云: '求其生而不得, 則死者與我皆無恨也.'"

139:45 溫公文字中多取荀卿助語.

139:46 六一文一倡三歎, 今人是如何作文?

139:47 "六一文有斷續不接處, 如少了字模樣. 如「秘演詩集序」'喜爲歌詩以自娛', '十年間', 兩節不接. 「六一居士傳」意凡文弱. 「仁宗飛白書記」文不佳. 制誥首尾四六皆治平間所作, 非其得意者. 恐當時亦被人催促, 加以文思緩, 不及子細, 不知如何. 然有紆餘曲折, 辭少意多, 玩味不能已者, 又非辭意一直者比. 「黃夢升墓誌」極好." 問先生所喜者. 云: "「豐樂亭記」." 【揚】

139:48 陳同父好讀六一文, 嘗編百十篇作一集. 今刊行「豐樂亭記」是六一文之最佳者, 卻編在『拾遺』.

139:49 歐公文字鋒刃利, 文字好, 議論亦好[61]. 嘗有詩云: "玉顏自古爲身累, 肉食何人爲國謀?" 以詩言之, 是第一等好詩. 以議論言之, 是第一等議論. 【拱壽】[62]

139:50 "欽夫文字不甚改, 改後往往反不好." 亞夫曰: "歐公文字愈改愈好." 曰: "亦有改不盡處, 如『五代史』「宦者傳」末句云: '然不可不

---

61) 亦好: 『小分』에서는 好亦을 교정부호로 바로잡았다.
62) 【拱壽】: 徽州本에서는 【銖】로 되어 있다.

戒.' 當時必是[63]載張承業等事在此, 故曰: '然不可不戒.' 後旣不欲載之於此, 而移之於後, 則此句當改, 偶忘削去故也."【方子】

139:51 因改謝表曰: "作文自有穩字. 古之能文者, 纔用便用著這樣字, 如今不免去搜索修改." 又言: "歐公爲蔣穎叔輩所誣, 旣得辨明, 「謝表」中自敍一段, 只是自胸中流出, 更無些窒礙, 此文章之妙也." 又曰: "歐公文亦多是修改到妙處. 頃有人買【饒錄作"見[64]".】得他「醉翁亭記」藁, 初說滁州四面有山, 凡數十字, 末後改定, 只曰'環滁皆山也'五字而已.【饒錄云: "有數十字序滁州之山. 忽大圈了, 一邊注"環滁皆山也"一句.】 如尋常不經思慮, 信▲[65]所作言語, 亦有絶不成文理者, 不知如何."【廣】

139:52 前輩見人, 皆通文字. 先生在同安, 嘗見六一見人文字三卷子, 是以平日所作詩文之類楷書以獻之.【振】

139:53 歐公文章及三蘇文好處[66], 只是平易說道理, 初不曾使差異底字換卻那尋常底字.【儒用】[67]

139:54 文字到歐・曾・蘇, 道理到二程, 方是暢. 荊公文暗.

139:55 "歐公文字敷腴溫潤. 曾南豐文字又更峻潔, 雖議論有淺近處, 然卻平正好. 到得東坡, 便傷於巧, 議論有不正當處. 後來到中原, 見歐公諸人了, 文字方稍平. 老蘇尤甚. 大抵已前文字都平正, 人亦不

---

63) 是: 賀本에서는 有로 되어 있다.
64) 具: 英祖刊本・成化本・賀本에서는 見으로 되어 있다. 『考異』에서는 "見, 一作具"로 되어 있다.
65) ▲: 意
66) 處: 賀本에서는 說로 되어 있다.
67)【儒用】: 徽州本에서는【元秉】으로 되어 있다.

會大段巧說. 自三蘇文出, 學者始日趨於巧. 如李泰伯文尚平正明白, 然亦已自有些巧了." 廣問: "荊公之文如何?" 曰: "他卻似南豐文, 但比南豐文亦巧. 荊公曾作『許氏世譜[68]』, 寫與歐公看. 歐公一日因曝書見了, 將看, 不記是誰作, 意中以爲荊公作." 又云[69]: "介甫不解做得恁地, 恐是曾子固所作." 廣又問: "後山文如何?" 曰: "後山煞有好文字, 如「黃樓銘」·「館職策」皆好." 又舉數句說人不怨暗君怨明君處, 以爲說得好. 廣又問: "後山是宗南豐文否?" 曰: "他自說曾見南豐于[70]襄·漢間. 後見一文字, 說南豐過荊陽[71][72], 後山携[73]所作以謁之. 南豐一見愛之, 因留款語. 適欲作一文字, 事多, 因托後山爲之, 且授以意. 後山文思亦澁, 窮日之力方成, 僅數百言. 明日, 以呈南豐, 南豐云: '大略也好, 只是冗字多, 不知可爲略刪動否.' 後山因請改竄. 但見南豐就坐, 取筆抹數處, 每抹處連一兩行, 便以授後山. 凡削去一二百字. 後山讀之, 則其意尤完, 因嘆[74]服, 遂以爲法. 所以後山文字簡潔如此." 廣因舉秦丞相教其子孫作『文說』, 中說後山處. 曰: "他都記錯了. 南豐入史館時, 止爲檢討官. 是時後山尚未有官. 後來入史館, 嘗薦邢和叔. 雖亦有意薦後山, 以其未有官而止."【廣 ○揚錄云: "秦作后山敍, 謂南豐辟陳爲史官. 陳 元祐間始得官, 秦說誤."】

139:56 因言文士之失, 曰: "今曉得義理底人, 少間被物慾激搏, 猶自一强一弱, 一勝一負. 如文章之士, 下梢頭都靠不得. 且如歐陽公初間做「本論」, 其說已自大段拙了, 然猶是一片好文章, 有頭尾. 它不過欲封建·井田, 與冠·婚·喪·祭·蒐田·燕饗之禮, 使民朝夕從事於此, 少間無工夫被佛氏引去, 自然可變. 其計可謂拙矣, 然猶是正當

---

68) 譜: 成化本에서는 謂로 되어 있다.
69) 云: 賀本에서는 曰로 되어 있다.
70) 于: 賀本에서는 於로 되어 있다.
71) 荊陽: 『朱子語類』에서는 荊·襄으로 되어 있다.
72) 陽: 【附箋紙】"陽"字, 印本作"襄."
73) 携: 賀本에서는 攜로 되어 있다.
74) 嘆: 賀本에서는 歎으로 되어 있다.

議論也. 到得晩年, 自做「六一居士傳」, 宜其所得如何, 卻只說有書一千卷, 集古錄一千卷, 琴一張, 酒一壺, 棋[75]一局, 與一老人爲六, 更不成說話, 分明是自納敗闕. 如東坡一生讀盡天下書, 說無限道理. 到得晩年過海, 做「過[76]化峻[77]靈王廟碑」, 引唐 肅宗時一尼恍惚升天, 見上帝, 以寶玉十三枚賜之云, 中國有大災, 以此鎭之. 今此山如▲[78], 意其必有寶云云, 更不成議論, 似喪心人說話. 其他人無知, 如此說尙不妨, 你平日自視爲如何? 說盡道理, 卻說出這般話, 是可怪否? '觀於海者難爲水, 游於聖人之門者難爲言', 分明是如此了, 便看他們這般文字不入."【僩】

139:57 問: "坡文不可以道理幷[79]全篇看, 但當看其大者." 曰: "東坡文說得透, 南豐亦說得透, 如人會相論底, 一齊指摘說盡了. 歐公不盡說, 含蓄無盡, 意又好." 因謂張定夫言, 南豐秘閣諸序好. 曰: "那文字正是好. 「峻靈王廟碑」無見識, 「伏波廟碑」亦無意思. 伏波當時蹤跡在廣西, 不在彼中, 記中全無發明." 揚曰: "不可以道理看他. 然二碑筆健[80]." 曰: "然." 又問: "「潛眞閣銘」好?" 曰: "這般閑戲文字便好, 雅正底文字便不好. 如「韓文公廟碑」之類, 初看甚好讀, 子細點檢, 疏漏甚多." 又曰: "東坡令其姪學渠兄弟早然[81]應擧時文字."【揚】

139:58 人老氣衰, 文亦衰. 歐陽公作古文, 力變舊習. 老來照管不到, 爲某詩序, 又四六對偶, 依舊是五代文習. 東坡晩年文雖健, 不衰,

---

75) 棋: 『小分』에서는 棊로 되어 있고 『朱子語類』에서는 碁로 되어 있다. 모두 이체자 관계이기는 하지만 현재 별개의 글자 취급을 하는 경우가 있으므로 본문에는 대표자로 기입했지만 이 주를 통해서 필사본의 자형을 별도로 밝혀둔다.

76) 過: 徽州本에서는 昌으로 되어 있다.

77) 峻: 英祖刊本·成化本·賀本에서는 峻으로 되어 있다.

78) ▲: 此

79) 幷: 賀本에서는 並으로 되어 있다.

80) 健: 賀本에서는 後로 되어 있다.

81) 早然: 『朱子語類』에서는 蚤年으로 되어 있다.

然亦疏魯, 如「南安軍學記」, 海外歸作, 而有“弟子揚觶序點者三”之語. “序點”是人姓名, 其疏如此!【淳】

139:59 六一記菱谿石, 東坡記六菩薩, 皆寓意, 防人取去, 然氣象不類如此.

139:60 老蘇之文高, 只議論乖角.【燾】

139:61 老蘇文字初亦喜看, 後覺得自家意思都不正當. 以此知人不可看此等文字, 固宜以歐·曾文字爲正. 東坡·子由晩年文字不然, 然又皆議論衰了. 東坡初進策時, 只是老蘇議論.

139:62 坡文雄健有餘, 只下字亦有不貼實處.【道夫】

139:63 坡文只是大勢好, 不可逐一字去點檢.【義剛】

139:64 東坡「墨君堂記」, 只起頭不合說破“竹”字. 不然, 便似「毛穎傳」.【必大】

139:65 東坡「歐陽公文集敍」只恁地文章儘好. 但要說道[82]理, 便看不得, 首尾皆不相應. 起頭甚麼樣大, 末後卻說詩賦似李白, 記事似司馬遷[83].【賀孫】

139:66 統領商榮以「溫公神道碑」爲餉. 先生命吏約道夫同視, 且曰: “坡公此文, 說得來恰似山摧石裂.” 道夫問: “不知旣說‘誠’, 何故又說‘一’?” 曰: “這便是他看道理不破處.” 頃之, 直卿至, 復問: “若說‘誠之’,

82) 說道: 徽州本에서는 議論으로 되어 있다.
83) 司馬遷: 成化本·賀本에서는 司馬相如로 되어 있다. 『考異』에서는 “遷, 一作相如.”로 되어 있다.

則說'一'亦不妨否?" 曰: "不用恁地說, 蓋誠之[84]則自能一." 問: "大凡作這般文字, 不知還有布置否?" 曰: "看他也只是據他一直恁地說將去, 初無布置. 如此等文字, 方其說起頭時, 自未知後面說甚麼在." 以手指中間曰: "到這裏, 自說盡, 無可說了, 卻忽然說起來. 如退之·南豐之文, 卻是布置. 某舊看二家之文, 復看坡文, 覺得一段中欠了句, 一句中欠了字." 又曰: "向嘗聞東坡作「韓文公廟碑」, 一日思得頗久. 【饒錄云: "不能得一起頭, 起行百十遭."】 忽得兩句云: '匹夫而爲百世師, 一言[85]◇[86]爲天下法.' 遂掃將去." 道夫問: "看老蘇文, 似勝坡公. 黃門之文, 又不及東坡." 曰: "黃門之文衰, 遠不及, 也只有「黃樓賦」一篇爾." 道夫因言歐陽公之[87]文平淡. 曰: "雖平淡, 其中卻自美麗, 有好處, 有不可及處, 卻不是闒茸無意思." 又曰: "歐文如賓主相見, 平心定氣, 說好話相似. 坡公文如說不辨後, 對人鬧相似, 都無恁地安詳." 蜚卿問范太史文. 曰: "他只是據見定說將去, 也無甚做作. 如『唐鑑』雖是好文字, 然多照管不及, 評論總意不盡. 只是文字本體好, 然無精神, 所以有照管不到處. 無氣力, 到後面多脫了." 道夫因問黃門『古史』一書. 曰: "此書儘有好處." 道夫曰: "如他論西門豹投巫事, 以爲他本循良之吏, 馬遷列之於「滑稽」, 不當. 似此議論, 甚合人情." ◇[88] "『古史』中多有好處. 如論『莊子』三四篇譏議夫子處, 以爲決非莊子之書, 乃是後人截斷『莊子』本文攙入, 此其考據甚精密. 由今[89]觀之, 『莊子』此數篇亦甚鄙俚." 【道夫】

139:67 或問: "蘇子由之文, 比東坡稍近理否?" 曰: "亦有甚道理? 但其說利害處, 東坡文字較明白, 子由文字不甚分曉. 要之, 學術只一

---

84) 誠之: 『朱子語類』에서는 之가 없다.
85) 言: 【附箋紙】 "一言"下"而."
86) ◇: 而
87) 之: 『朱子語類』에는 없다.
88) ◇: 曰: "然."
89) 由今: 『考異』에서는 "由, 一作但."으로 되어 있다.

般." 因言: "東坡所薦引之人多輕儇之士. 若使東坡爲相, 則此等人定皆布滿要路, 國家如何得安靜?"【賀孫】[90]

139:68 諸公祭溫公文, 只有子由文好.[91]

○[92] 如蘇東坡「忠厚之至論」說: "舉而歸之於仁", 便是不柰他何, 只恁地做个鶻突了. 二蘇說話, 多是如此. 此題目全在"疑"字上. 謂如有人似有功, 又似無功, 不分曉, 只是從其功處重之. 有人似有罪, 又似無罪, 不分曉, 只得從其罪處輕之. 若是功[93]▲[94], 更無理會." 或舉老蘇「五經論」, 先生曰: "說得聖人都是用術了."【明作】

139:69 歐公大段推許梅聖兪所注『孫子』, 看得來如何得似杜牧注底好? 以此見歐公有不公處." 或曰: "聖兪長於詩." 曰: "詩亦不得謂之好." 或曰: "其詩亦平淡." 曰: "他不是平淡, 乃是枯槁."【拱壽】[95]

139:70 范淳夫文字純粹, 下一箇字, 便是合當下一箇字, 東坡所以伏他. 東坡輕文字, 不將爲事. 若做文字時, 只是胡亂寫去, 如後面恰似少後添.【節】

139:71 "後來如汪聖錫制誥, 有溫潤之氣." 曾問某人, 前輩四六語孰佳? 答云: "莫如范淳夫." 因舉作某王加恩制云: "'周尊公旦, 地居四輔之先, 漢重王蒼, 位列三公之上. 若昔仁祖, 尊事荊王, 顧子[96]冲人, 敢後茲典!' 自然平正典重, 彼工於四五[97]者卻不能及."【德明】

---

90)【賀孫】: 徽州本에서는【人傑】로 되어 있다.
91) 好: 徽州本에서는 이 뒤에【庚】이라는 小註가 있다.
92) ○:『朱子語類』의 62:32의 일부이다.
93) 功:【附箋紙】"若是功"下, 落"罪分明"等二十三字.
94) ▲: 罪分明, 定是行賞罰不可毫髮輕重, 而今說'舉而歸之於仁',
95)【拱壽】: 徽州本에서는【銖】로 되어 있다.
96) 子: 英祖刊本·成化本·賀本에서는 予로 되어 있다.

139:72 劉原父才思極多, 湧將出來, 每作文, 多法古, 絶相似. 有幾件文字學『禮記』, 『春秋說』學『公』·『穀』, 文勝貢父. 【振】

139:73 劉貢父文字工於摹倣. 【學『公羊』·『儀禮』. ○若海】

139:74 蘇子容文慢. 【義剛】

139:75 南豐文字確實. 【道夫】

139:76 問: "南豐文如何?" 曰: "南豐文卻近質. 他初亦只是學爲文, 卻因學文, 漸見些子道理. 故文字依倣[98]道理做, 不爲空言. 只是關鍵緊要處, 也說得寬緩不分明. 緣他見處不徹, 本無根本工夫, 所以如此. 但比之東坡, 則較質而近理. 東坡則華艶[99]處多." 或言: "某人如搏謎子, 更不可曉." 曰: "然. 尾頭都不說破, 頭邊做作掃一片去也好. 只到尾頭, 便沒合殺, 只恁休了. 篇篇如此, 不知是甚意思." 或曰: "此好奇之過." 曰: "此安足爲奇? 觀前輩文章如賈誼·董仲舒·韓愈諸人, 還有一篇如此否[100]? 夫[101]所貴乎文之足以傳遠, 以其議論明白, 血脉指意曉然可知耳. 文之最難曉者, 無如柳子厚. 然細觀之, 亦莫不自有指意可見, 何嘗如此不說破? 其所以不說破者, 只是吝惜, 欲我獨會而他人不能, 其病在此. 大概是不肯蹈襲前人議論, 而務爲新奇[102]. 惟其好爲新奇, 而又恐人皆知之也, 所以吝惜." 【僩】

139:77 曾所以不及歐處, 是紆餘[103]▲[104]曲折處. 曾喜模擬人文字,

97) 五: 『朱子語類』에서는 六으로 되어 있다.
98) 倣: 『朱子語類』에서는 傍으로 되어 있다.
99) 艶: 『朱子語類』에서는 豔으로 되어 있다.
100) 如此否: 成化本에서는 如此百으로 되어 있다.
101) 否夫: 『小分』에서는 夫否를 교정부호로 바로잡았다.
102) 新奇: 『小分』에서는 奇新을 교정부호로 바로잡았다.
103) 餘: 『朱子語類』에서는 徐로 되어 있다.

擬「峴臺記」, 是倣「醉翁亭記」, 不甚似.

139:78 南豐擬制內有數篇, 雖雜之三代誥命中亦無愧.【必大】
139:79[105] 南豐作宜黃·筠州二學記好, 說得古人教學意出.【義剛】[106]

139:80 南豐『列女傳』序說「二南」處好.

139:81 南豐「范貫之奏議序」, 氣脉渾厚, 說得仁宗好. 東坡「趙清獻神道碑」說仁宗處, 其文氣象不好. "第一流人"等句, 南豐不說. 子由挽南豐詩, 甚服之.

139:82 兩次擧▲[107]「范貫之奏議序」末, 文之備盡曲折處.【方】

139:83 南豐有作郡守時榜之類爲一集, 不曾出. 先生舊喜南豐文, 爲作年譜.

139:84 問: "嘗聞南豐令後山一年看『伯夷傳』, 後悟文法, 如何?" 曰: "只是令他看二[108]年, 則自然有自得處."

139:85 江西 歐陽永叔·王介甫·曾子固文章如此好. 至黃魯直一向求巧, 反累正氣.【必大】

---

104) ▲:【揚錄作"餘".】【附箋紙】"徐"下, 落小註四字.
105) 139:79:『小分』에서는 139:78 항목에 이어져 한 항목으로 편집되어 있으나, 【必大】와 南豐作宜黃筠州二學記好 사이에 공격이 있어서 단순한 필사상의 오류로도 볼 수 있다.
106)【義剛】: 徽州本에서는 이 뒤에 陳淳錄同이 더 있다.
107) ▲:『南豐集』中
108) 二:『朱子語類』에서는 一로 되어 있다.『考異』에서는 "一, 一誤二."로 되어 있다.

139:86 "陳后山之文有法度, 如「黃樓銘」, 當時諸公都斂衽."【佐錄云: "便是今人文字都無他抑揚頓挫."】 因論當世人物, 有以文章記問爲能, 而好點檢它人, 不自點檢者. 曰: "所以聖人說, '益者三樂. 樂節禮樂, 樂道人之善, 樂多賢友.'"【至】

139:87 「館職策」, 陳無己底好.

139:88 李淸臣文飽滿, 雜說甚有好議論.

139:89 李淸臣文比東坡較實. 李舜舉 永樂敗死, 墓誌說得不分不明, 看來是不敢說.

139:90 『桐陰舊話』載王銍云, 李邦直作「韓太保惟忠墓誌」, 乃孫巨源文也. 先生曰: "巨源文溫潤, 「韓碑」徑, 只是邦直文也."【揚】

139:91 論胡文定公文字字皆實, 但奏議每件引『春秋』, 亦有無其事而遷就之者. 大抵朝廷文字, 且要論事情利害是非令分曉. 今人多先引故事, 如論靑苗, 只是東坡兄弟說得有精神, 他人皆說從別處去.【德明】

139:92 胡侍郎萬言書, 好令後生讀, 先生舊親寫一冊. 又曰: "上殿箚子「論元者[109]」好, 「無逸解」好, 「請行三年喪箚子」極好. 諸奏議・外制皆好".

139:93 陳幾道「存誠齋銘」, 某初得之, 見其都是好義理堆積, 更看不辨. 後子細誦之, 卻見得都是湊合, 與聖賢說底全不相似. 其云: "又如月影散落萬川, 定相不分, 處處皆圓." 這物事不是如此.[110] 若是如

---

109) 者: 賀本・萬曆本에서는 老로 되어 있다.

此, 孔·孟卻隱藏著不以布施, 是何心哉? 乃知此物事不當恁地說.【䓘】

139:94 張子韶文字[111], 沛然猶有氣, 開口見心, 索性說出, 使人皆知. 近來文字, 開了又闔, 闔了又開, 開闔七八番, 到結末處又不說, 只恁地休了.【至】

139:95 文章輕重, 可見人壽夭, 不在美惡上.「白鹿洞記」力輕. 韓元吉雖只是胡說, 然有力. 吳達[112]文字亦然.【揚】

139:96 韓無咎文做[113]著儘和平, 有中原之舊, 無南方啁哳之音.【佐】[114]

139:97 王龜岭[115]奏議氣象大.

139:98 曾司直大故會做文字, 大故馳騁有法度. 裘父大不及他. 裘父文字澁, 說不去.【義剛】

139:99 陳君舉「西掖制詞」殊未得體. 王言溫潤, 不尙如此. 胡明仲文字卻好.【義剛】[116]

---

110) 不是如此:【附箋紙】"不是如此"下, 落"若是如此"四字.
111) 字:【附箋紙】字下有"大"字.
112) 吳達: 成化本·賀本에서는 逵로 되어 있다.『考異』에서는 "達, 一作逵."로 되어 있다.
113) 做:『小分』에서는 손상되어 있어서 보이지 않으나『朱子語類』에 따라 보충하였다.
114)【佐】: 휘주본에서는【方子】로 되어 있다.
115) 岭:『朱子語類』에서는 齡으로 되어 있다.
116)【義剛】: 徽州本에서는【德明】으로 되어 있다.

139:100 或言: "陳蕃叟【武】不喜坡文, 戴肖望【溪】不喜南豐文." 先生曰: "二家之文雖不同, 使二公相見, 曾公須道坡公底好, 坡公須道曾公底是."【道夫】

139:101 德粹語某人文章. 先生曰: "紹興間文章大抵麄, 成段時文. 然今日太細膩, 流於委靡." 問賢良. 先生曰: "賢良不成科目. 天下安得許多議論?"【可學 ○以下論近世之文.】

139:102 "諸公文章馳騁好異. 止緣好異, 所以見異端新奇之說從而好之. 這也只是見不分曉, 所以如此. 看仁宗時制詔之文極朴, 固是不好看, 只是它意思氣象自恁地深厚久長. 固是拙, 只是他所見皆實. 看他下字都不甚恰好, 有合當下底字, 卻不下, 也不是他識了不下, 只是他當初自思量不到. 然氣象儘好, 非如[117]後來之文一味纖巧不實. 且如進卷, 方是二蘇做出恁地壯偉發越, 已前不曾如此. 看張方平進策, 更不作文, 只如說鹽鐵一事, 他便從鹽鐵原道[118]直說到如今, 中間卻載着甚麽年, 甚麽月, 後面更不說措置. 如今只是將虛文漫演, 前面說了, 後面又將這一段翻轉[119], 這只是不曾見得. 所以不曾見得, 只是不曾虛心看聖賢之書. 固有不曾虛心看聖賢書底人, 到得要去看聖賢書底, 又先把他自一副當排在這裏, 不曾見得聖人意. 待做出, 又只是自底. 某如今看來, 惟是聰明底人難讀書, 難理會道理. 蓋緣他先自有許多一副當, 聖賢意思自是難入." 因說: "陳叔向是白撰一箇道理. 某嘗說, 教他據自底所見恁地說, 也無害, 只是又把那說來壓在這裏文字上. 他也自見得自底虛了行不得, 故如此. 然如何將兩箇要捏做一箇得? 一箇自方, 一箇自圓, 如何總合得? 這箇不是他要如此, 止緣他合下見得如此. 如楊·墨, 楊氏終不成自要爲我, 墨氏終不成自要兼愛, 只緣他合下見得錯了. 若不是見得如此, 定不解常如此做. 楊氏壁

117) 如: 賀本에서는 惟로 되어 있다.
118) 道: 『朱子語類』에서는 頭로 되어 있다.
119) 翻轉: 『小分』에서는 轉翻을 교정부호로 바로잡았다.

立萬仞, 毫髮不容, 較之墨氏又難. 若不是他見得如此, 如何心肯意肯? 陳叔向所見吒異, 它說'目視己色, 耳聽己聲, 口言己事, 足循己行.' 有目固當視天下之色, 有耳固當聽天下之聲, 有口固當[120]言天下之事, 有足固當循天下之行, 他卻如此說. 看他意思是如此, 只要默然靜坐, 是不看眼前物事, 不聽別人說話, 不說別人是非, 不管別人事. 又如說'言忠信, 行篤敬'一章, 便說道緊要只在'立則見其參於前, 在輿則見其倚於衡.' 問道: '見是見箇甚麼物事?' 他便說: '見是見自家身己.' 某與說, '立'是自家身己立在這裏了, '參於前'又是自家身己. '在輿'是自家身己坐在這裏了, '倚於衡'又是自家身己, 卻是有兩箇身▲[121]. 又說格物做心, 云: '格住這心, 方會知得到.' 未嘗見人把物做心, 與他恁地說, 他只是自底是. 以此知, 人最是知見爲急. 聖人尙說: '學之不講, 是吾憂也!' 若只恁地死守得這箇心便了, 聖人又須要人講學何故? 若只守此[122]心, 據自家所見做將去, 少間錯處都不知."【賀孫】

139:103 今人作文, 皆不足爲文. 大抵專務節字, 更易新好生面辭語. 至說義理處, 又不肯分曉. 觀前輩歐・蘇諸公作文, 何嘗如此? 聖人之言坦易明白, 因言以明道, 正欲使天下後世由此求之. 使聖人立言要教人難曉, 聖人之經定不作矣. 若其義理精奧處, 人所未曉, 自是其所見未到耳. 學者須玩味深思, 久之自可見. 何嘗如今人欲說又不敢分曉說? 不知是甚所見. 畢竟是自家所見不明, 所以不敢深言, 且鶻突說在裏.【寓】

139:104 前輩文字有氣骨, 故其文壯浪. 歐公・東坡亦皆於經術本領上用功. 今人只是於枝葉上粉澤爾, 如舞訝鼓然, 其間男子・婦人・僧・道・雜色, 無所不不[123]有, 但都是假底. 舊見徐端立言, 石林

---

120) 當: 賀本에서는 能으로 되어 있다.
121) ▲: 己
122) 此: 賀本에서는 這로 되어 있다.

嘗云: "今世安得文章? 只有箇減字換字法爾. 如言'湖州', 必須去'州'字, 只稱'湖', 此減字法也. 不然則稱'霅上', 此換字法也." 【方子[124] ○蓋卿錄云: "今人做文字, 卻是胭脂膩粉粧成, 自是不壯浪, 無骨氣. 如舞訝鼓相似, 也有男兒, 也有婦女, 也有僧・道・秀才, 但都是假底. 嘗見徐端立言, 石林嘗云: '今世文章只是用換字・減字法. 如說"湖州", 只說"湖", 此減字法. 不然則稱"霅上", 此換字法. 嘗見張安道進卷, 其文皆有直氣[125].'" ○謙錄云: "'今來文字, 至無氣骨. 向來前輩雖是作時文, 亦是朴實頭鋪[126]▲[127]頭引援, 朴實頭道理. 看著雖不入眼, 卻有骨氣. 今人文字全無骨氣, 便似舞訝鼓者, 塗眉畫眼, 僧也有, 道也有, 婦人也有, 村人也有, 俗人也有, 官人也有, 士人也有, 只不是本樣人. 然皆足以惑衆, 眞好笑也!' 或云: '此是禁懷挾所致.' 曰: '不然. 自是時節所尚如此. 只是人不知學, 全無本柄, 被人引動, 尤而效之. 何[128]如而今作件物事, 一箇做起, 一人學起, 有不崇朝而徧天下者. 本來合當理會底事, 全不理會, 直是可惜!'"】

139:105 貫穿百氏及經史, 乃所以辨驗是非, 明此義理, 豈特欲使文詞不陋而已? 義理旣明, 又能力行不倦, 則其存諸中者, 必也光明四達, 何施不可? 發而爲言, 以宣其心志, 當自發越不凡, 可愛可傳矣. 今執筆以習硏鑽華采之文, 務悅人者, 外而已, 可恥也矣! 【人傑 ○以下論作文.】

139:106 道者, 文之根本. 文者, 道之枝葉. 惟其根本乎道, 所以發之於文, 皆道也. 三代聖賢文章, 皆從此心寫出, 文便是道. 今東坡之言曰: "吾所謂文, 必與道俱." 則是文自文而道自道, 待作文時, 旋去討箇道來入放裏面, 此是它大病處. 只是它每常文字華妙, 包籠將去,

---

123) 不不: 『朱子語類』에서는 중첩 없이 不로 되어 있다.
124) 方子: 徽州本에서는 公晦로 되어 있다.
125) 其文皆有直氣: 徽州本에서는 이 뒤에 德之問: "陳後山文字如何?" 先生曰: "後山文有法度. 「黃樓銘」旣出, 諸公皆斂衽."이 더 있다.
126) 鋪: 【附箋紙】小注"鋪"下, 落"事實朴實"四字.
127) ▲: 事實, 朴實
128) 何: 成化本에서는 且로 되어 있고 賀本에서는 正으로 되어 있다.

到此不覺漏透[129]. 說出他本根病痛所以然處, 緣他都是因作文, 卻漸漸說上道理來. 不是先理會得道理了, 方作文, 所以大本都差. 歐公之文則稍近於道, 不爲空言. 如『唐』「禮樂志」云: "三代而上, 治出於一. 三代而下, 治出於二." 此等議論極好, 蓋猶知得只是一本. 如東坡之說, 則是二本, 非一本矣.【僩】

139:107 才要作文章, 便是枝葉, 害著學問, 反兩失也.【壽昌】

139:108 詩律雜文, 不須理會. 科擧是無可柰何, 一以門戶, 一以父兄在上責望. 科擧卻有了時, 詩文之類看無出時節.【芝】 139:109[130] 一日說作文, 曰: "不必著意學如此文章, 但須明理. 理精後, 文字自典實. 伊川晚年文字, 如『易傳』, 直是盛得水住. 蘇子瞻雖氣豪善作文, 終不免疏漏處."【大雅】

139:110 問: "要看文以資筆勢言語, 須要助發義理." 曰: "可看『孟子』韓文. 韓不用科段, 直便說起去至終篇, 自然純粹成體, 無破綻. 如歐・曾卻各有一箇科段. 舊[131]曾學曾, 爲其節次定了. 今覺得要說一意, 須待節次了了, 方說得到. 及這一路定了, 左右更去不得." 又云: "方之文有澁處." 因言: "陳阜卿教人看柳文了, 卻看韓文. 不知看了柳文, 便自壞了, 如何更看韓文?"【方】

139:111 因論文, 曰: "作文字須是靠實, 說得有條理乃好, 不可架空細巧. 大率要七分實, 只二三分文. 如歐公文字好者, 只是靠實而有条[132]理. 如「張承業」及「宦者」等傳自然好. 東坡如「靈壁 張氏園亭

---

129) 透: 成化本・賀本에서는 逗로 되어 있다. 『考異』에서는 "透, 一作逗."로 되어 있다.

130) 『小分』에서는 139:108 항목에 이어져 한 항목으로 편집되어 있으나, 그 사이에 공격이 있으므로 단순한 필사상의 오류로도 볼 수 있다.

131) 舊: 賀本에서는 卻으로 되어 있다.

記」最好, 亦是靠實. 秦少游「龍井記」之類, 全是架空說去, 殊不起發人意思."【時擧】

139:112 文章要理會本領.【謂理.】 前輩作者多讀書, 亦隨所見理會, 今皆倣賢良進卷胡作.

139:113 每論著述文章, 皆要有綱領. 文定文字有綱領, 龜山無綱領, 如「字說」·「三經辯[133]」之類.[134)]【方】

139:114 前輩做文字, 只依定格依本分做, 所以做得甚好. 後來人卻厭其常格, 則變一般新格做. 本是要好, 然未好時先差【去聲.】異了. 又云: "前輩用言語, 古人有說底固是用, 如世俗常說底亦用. 後來人都要別撰一般新奇言語, 下梢與文章都差異了.【卻將差異底說話換了那尋常底說話.[135)] ○燾】

139:115 問"舍弟序子文字如何進工夫"云云. 曰: "看得韓文熟."【饒錄云: "看一學者文字, 曰: '好好讀得韓文熟.'"】 又曰: "要做好文字, 須是理會道理. 更可以去韓文上一截, 如西漢文字用工." 問: "『史記』如何?" 曰: "『史記』不可學, 學不成, 卻顚了, 不如且理會法度文字." 問后山學『史記』. 曰: "后山文字極法度, 幾於太法度了. 然做許多碎句子, 是學『史記』." 又曰: "後世人資稟與古人不同. 今人去學『左傳』·『國語』, 皆一切踏踏地說去, 沒收煞."【揚】

---

132) 条: 『朱子語類』에서는 條로 되어 있다.

133) 辯: 賀本에서는 辨으로 되어 있다.

134) 文定文字有綱領…如「字說」·「三經辯」之類: 孝宗刊本·英祖刊本·成化本에서는 小註로 되어 있다.

135) 卻將差異底說話換了那尋常底說話.: 成化本·賀本에서는 본문으로 되어 있다.

139:116 文字奇而穩方好. 不奇而穩, 只是闒靸.【燾】

139:117 作文何必苦留意? 又不可太頹塌, 只略教整齊足矣.【文蔚】

139:118 前輩作文者, 古文有名文字, 皆模擬作一篇. 故後有所作時, 左右逢原.

139:119 因論詩, 曰: "嘗見傅安道說爲文字之法, 有所謂'筆力', 有所謂'筆路.' 筆力到二十歲許便定了, 便後來長進, 也只就上面添得些子. 筆路則常拈弄時, 轉開拓, 不拈弄, 便荒廢. 此說本出於李漢老, 看來作詩亦然."【雉】

139:120 因說伯恭所批文, 曰: "文章流轉變化無窮, 豈可限以如此?" 某因說: "陸教授謂伯恭有箇文字腔子, 才作文字時, 便將來入箇腔子, 故[136]文字氣脉不長." 先生曰: "他便是眼高, 見得破."

139:121 至之以所業呈先生, 先生因言: "東萊教人作文, 當看「獲麟解」, 也是其間多曲折." 又曰: "某▲[137]最愛看陳無己文, 他文字也多曲折." 謂諸生曰: "韓・柳文好者不可不看."【道夫】

139:122 人要會作文章, 須取一部[138]西漢文, 與韓文・歐陽文・南豐文.【燾】

139:123 因論今日[139]擧業不佳, 曰: "今日要做好文者, 但讀『史』・

136) 故: 賀本에서는 做로 되어 있다.

137) ▲: 舊

138) 部: 賀本에서는 本으로 되어 있다. 『考異』에서는 "部, 一作本."으로 되어 있다.

139) 日: 英祖刊本에서는 人으로 되어 있다. 『考異』에서는 "人, 一作日."로 되어

『漢』[140)]・韓・柳而不能, 便請斫取老僧頭去.”

139:124 嘗與後生說: “若會將『漢書』及韓・柳文熟讀, 不到不會做文章. 舊見某人作「馬政策」云: ‘觀戰. 奇也, 觀戰勝, 又奇也. 觀騎戰勝, 又大奇也.’ 這雖是麄, 中間卻有好意思. 如今時文, 一兩行便做萬千屈曲, 若一句題也要立兩脚, 三句題也要立兩脚, 這是多少衰氣.”【賀孫】

139:125 後人專做文字, 亦做得衰, 不似古人. 前輩云: “言衆人之所未嘗, 任大臣之所不敢.” 多少氣魄! 今成甚麽文字?【節】

139:126 人有才性者, 不可令讀東坡等文. 有才性人, 便須取入規矩, 不然, 蕩將去.

139:127 因論今人作文, 好用字子. 如讀『漢書』之類, 便去收拾三兩箇字. 洪邁又較過人, 亦但逐三兩行文字筆勢之類好者讀看. 因論南豐尙解使一二字, 歐・蘇全不使一箇難字, 而文章如此好.【揚】

139:128 凡人做文字, 不可太長, 照管不到, 寧可說不盡. 歐・蘇文皆說不曾盡. 東坡雖是宏闊瀾翻, 成大片衮[141)]將去, 他裏面自有法. 今人不見得他裏面藏得法, 但只管學他一衮[142)]做將去.[143)] 139:129[144)]

있다.

140) 漢書: 『小分』에서는 『漢書』로 되어 있고 孝宗刊本・英祖刊本에서는 『漢』・『史』로 되어 있고 成化本・賀本에서는 『史』・『漢』으로 되어 있다. 『考異』에서는 『漢』・『史』, 一作『史』・『漢』으로 되어 있다.

141) 衮: 英祖刊本・賀本에서는 滾으로 되어 있다.

142) 衮: 英祖刊本・賀本에서는 滾으로 되어 있다.

143) 但只管學他一衮做將去: 徽州本에서는 이 뒤에 【庚】 이라는 小註가 더 있다.

144) 『小分』에서는 139:128 항목에 이어져 한 항목으로 편집되어 있으나, 공격이 있으므로 단순한 필사상의 오류로도 볼 수 있다.

文字【或作"做事".】無大綱領, 拈掇不起. 某平生不會做補接底文字, 補湊得不濟事.【方子】

139:130 前輩云: "文字自有穩當底字, 只有始者思之不精." 又曰: "文字自有一箇天生成腔子, 古人文字自貼這天生成腔子."【節】

139:131 因論今世士大夫好作文字, 論古今利害, 比並爲說, 曰: "不必如此, 只要明義理. 義理明, 則利害自明. 古今天下只是此理. 所以今人做事多暗與古人合者, 只爲理一故也."【大雅】

139:132 人做文字不著, 只是說不著, 說不到, 說自家意思不盡.【燾】

139:133 看陳蕃叟「同合錄序」, 文字艱澁. 曰: "文章須正大, 須教天下後世見之, 明白無疑."【揚】

139:134 因說作應用之文, "此等苛禮, 無用亦可. 但人所共用, 亦不可廢." 曹宰問云: "尋常人徇人情做事, 莫有牽制否?" 曰: "孔子自有條法, '從衆·從下', 惟其當爾."【謙】

139:135 大率諸義皆傷淺短, 鋪陳略盡, 便無可說. 不見反覆辨論節次發明工夫, 讀之未終, 已無餘味矣, 此學不講之過也.【抄「漳浦課簿」. ○道夫】

139:136 顯道云: "李德遠侍郎在建昌作解元, 做「本强則精神折衝賦」, 其中一聯云: '虎在山而藜藿不採, 威令風行. 金鑄鼎而魑魅不逢, 姦邪影滅.' 試官大喜之. 乃是全用汪玉谿相黃潛善麻制中語, 後來士人經禮部訟之. 時樊茂實爲侍郎, 乃云: '此一對, 當初汪內翰用時卻未甚好, 今被李解元用此賦中, 見得工.' 訟者遂無語而退. 德遠緣此見知於樊先生." 因擧舊有人作「仁人之安宅賦」▲[145]云: "智者反之, 若去國念田園之樂. 衆人自棄, 如病狂昧宮室之安."

○[146] 舊嘗看『欒城集』, 看他文勢甚好. 近日看, 全無道理. 如「與劉原父書」說藏巧若拙處, 前面說得儘好, 後面卻說怕人來磨我, 且恁地鶻突去, 要他不來, 便不成說▲[147].

145) ▲: 一聯
146) ○: 『朱子語類』의 62:32의 일부이다.
147) ▲: 話

『朱子語類』 卷第一百四十

「論文下」[1)]【詩】

140:1 或言今人作詩, 多要有出處. 曰: "'關關雎鳩', 出在何處?" 【文蔚】

140:2 因說詩, 曰: "曹操作詩必說周公, 如云: '山不厭高[2)], 水不厭深, 周公吐哺, 天下歸心.' 又, 「苦寒行」云: '悲彼「東山詩」.' 他也是做得箇賊起, 不惟竊國之柄, 和聖人之法也竊了." 【夔孫[3)]】

140:3 詩見得人. 如曹操雖作酒令, 亦說從周公上去, 可見是賊. 若曹丕詩, 但說飲酒.

140:4 古詩須看西晉以前, 如樂府諸作皆佳. 杜甫 夔州以前詩佳, 夔州以後自出規模[4)], 不可學. 蘇・黃只是今人詩. 蘇才豪, 然一滾[5)]說盡, 無餘意. 黃費安排. 【德明】

140:5 『選』中劉琨詩高. 東晉詩已不逮前人, 齊・梁益浮薄. 鮑明遠才健, 其詩乃『選』之變體, 李太白專學之. 如"腰鐮刈葵藿, 倚杖牧雞豚", 分明說出箇倔强不肯甘心之意. 如"疾風衝塞起, 砂礫自飄揚, 馬尾縮如蝟, 角弓不可張", 分明說出邊塞之狀, 語又俊健.[6)] 【方子】

---

1) 論文下: 英祖刊本에서는 作文下로 되어 있다.
2) 厭高: 『小分』에서는 高厭을 교정부호로 바로잡았다.
3) 夔孫: 徽州本에서는 雉 按林夔孫錄同."이 더 있다.
4) 規模: 『小分』에서는 模規를 교정부호로 바로잡았다.
5) 袞: 英祖刊本・賀本에서는 滾으로 되어 있다.

140:6 淵明詩平淡出於自然. 後▲[7]學他平淡, 便相去遠矣. 某後生見人做得詩好, 銳意要學. 遂將淵明詩平側用字, 一一依他做. 到一月後便解自做, 不要他本子, 方得作詩之法.

140:7 或問: "'形夭無千歲', 改作'形夭[8]舞干戚', 如何?" 曰: "『山海經』分明如此說, 惟周丞相不信改本[9]. 向薌林家藏邵康節親寫陶詩一冊, 乃作'形夭無千歲.' 周丞相遂跋尾, 以康節手書爲據, 以爲後人妄改也. 向家子弟攜來求跋, 某細看, 亦不是康節親筆, 疑熙・豐以後人寫, 蓋贋本▲[10]. 蓋康節之死在熙寧二三年間, 而詩中避'畜'字[11]諱, 則當是熙寧以後書. 然筆畫嫩弱, 非老人筆也. 又不欲破其前說, 遂還之."【雉】

140:8 蘇子由愛『選』詩"亭皐木葉下, 隴首秋雲飛", 此正是子由慢底句法. 某卻愛"寒城一以眺, 平楚正蒼然", 十字卻有力.【雉】

140:9 齊・梁間人[12]詩, 讀之, 使人四肢皆懶慢不收拾.

140:10 晉人詩惟謝靈運用古韻, 如"祐"字協"燭"字之類. 唐人惟韓退之・柳子厚・白居易用古韻, 如「毛穎傳」"牙"字・"資"字・"毛"字皆協"魚"字韻是也.【人傑】

140:11 唐明皇資稟英邁, 只看他做詩出來, 是什[13]麽氣魄! 今『唐百

---

6) 語又俊健: 徽州本에서는 이 뒤에 略記當時語意如此.가 더 있다.
7) ▲: 人
8) 夭: 賀本에서는 天으로 되어 있다.
9) 惟周丞相不信改本: 徽州本에서는 이 뒤에【必大】라는 註가 있다.
10) ▲: 也
11) 字: 성화본에서는 墨丁으로 삭제되어 있고 賀本에는 없다.
12) 人: 賀本에서는 之로 되어 있다.
13) 什: 賀本에서는 甚으로 되어 있다.

家詩』首載明皇一篇「早渡蒲津關」, 多少飄逸氣槪. 便有帝王底氣燄. 越州有石刻唐朝臣送賀知章詩, 亦只有明皇一首好, 有曰: "豈不惜賢達, 其如高尙何?"【雉】

140:12 李太白詩不專是豪放, 亦有雍容和緩底, 如首篇"大雅久不作", 多少和緩! 陶淵明詩人皆說是平淡. 據某看, 他自豪放, 但豪放得來不覺耳. 其露出本相者是「詠荊軻」一篇, 平淡底人如何說得這樣言語出來?【雉】

140:13 張以道問: "太白五十篇『古風』不似他詩, 如何?" 曰: "太白五十篇『古風』是學陳子昂「感遇詩」, 其間多有全用他句處."【義剛】

140:14 杜詩初年甚精細, 晚年橫逆不可當, 只意到處便押一箇韻. 如自秦州入蜀諸詩, 分明如畫, 乃其少作也. 李太白詩非無法度, 乃從容於法度之中, 蓋聖於詩者也. 『古風』兩卷多效陳子昂, 亦有全用其句處. 太白去子昂不遠, 其尊慕之如此. 然多爲人所亂, 有一篇分爲三篇者, 有三[14]篇合爲一篇者.【方子 ○佐同.】

140:15 李太白終始學『選』詩, 所以好. 杜子美詩好者亦多是效『選』詩, 漸放手, 夔州諸詩則不然也.【雉】

140:16 或問: "李白: '淸水出芙蓉, 天然去雕飾.' 前輩多稱此語, 如何?" 曰: "自然之好, 又不如'芙蓉露下落, 楊柳月中疏', 則尤佳."【雉】

140:17 "人多說杜子美 夔州詩好, 此不可曉. 夔州詩卻說得鄭重煩絮, 不如他中前有一節詩好. 魯直一時固自有所見. 今人只見魯直說

14) 三: 英祖刊本·成化本에서는 二로 되어 있다. 『考異』에서는 "二, 一作三."으로 되어 있다.

好, 便卻說好, 如矮人看戲耳." 問: "韓退之 潮州詩, 東坡海外詩如何?" 曰: "卻好. 東坡晩年詩固好. 只文字也多是信筆胡說, 全不看道理." 【雉】

140:18 杜子美晩年詩都不可曉. 呂居仁嘗言, 詩字字要響. 其晩年詩都啞了, 不知是如何, 以爲好否?

140:19 杜詩: "萬里戎王子, 何年別月支?" 後說花云云, 今人只說道戎王子自月支帶得花來. 此中嘗有一人在都下, 見一蜀人遍舗買戎王子, 皆無. 曰: "是蜀中一藥, 爲「本草」不曾收, 合[15]遂無人蓄." 方曉杜詩所言.

140:20 文字好用經語, 亦一病. 老杜詩: "致遠思[16]恐泥." 東坡寫此詩到此句云: "此詩不足爲法." 【璘】

140:21 杜詩最多誤字. 蔡興宗「正異」固好而未盡. 某嘗欲[17]廣之, 作『杜詩考異』, 竟未暇也. 如"風吹蒼江樹, 雨洒石壁來", "樹"字無意思, 當作"去"字無疑, "去"字對"來"字. 又如蜀有"漏天", 以其西北陰盛, 常雨, 如天之漏也, 故杜詩云: "鼓角漏天東." 後人不曉其意[18], 遂改"漏"字爲"滿"字[19], 似此類極多. 【雉】

140:22 "天閼象緯逼", 蔡興宗作"天闚", 近是. 【蔡云: "古本作'闚.'" 『史』: "以管窺天." ○佐】

15) 合: 『朱子語類』에서는 今으로 되어 있다.
16) 遠思: 賀本에서는 思遠으로 되어 있다.
17) 嘗欲: 『小分』에서는 欲嘗을 교정부호로 바로잡았다.
18) 意: 『朱子語類』에서는 義로 되어 있다.
19) 字: 『朱子語類』에는 없다.

140:23 杜子美"暗飛螢自照", 語只是巧. 韋蘇州云: "寒雨暗深更, 流螢度高閣." 此景色可想, 但則是自在說了. 因言: "『國史補』稱韋'爲人高潔, 鮮食寡欲. 所至之處, 掃地焚香, 閉閤而坐.' 其詩無一字做作, 直是自在. 其氣象近道, 意常愛之." 問: "比陶如何?" 曰: "陶卻是有力, 但語健而意閑. 隱者多是帶氣負性之人爲之. 陶欲有爲而不能者也, 又好名. 韋則自在, 其詩直有做不着處便倒塌了底. 晉 宋間詩多閑淡. 杜工部等詩常忙了. 陶云: "身有餘勞, 心有常閑", 乃『禮記』"身勞而心閑則爲之也."【方】

140:24 韋蘇州詩高於王維・孟浩然諸人, 以其無聲色臭味也.【方】

140:25 韓詩平易. 孟郊喫了飽飯, 思量到人不到處.「聯句」中被他牽得, 亦着如此做.

140:26 人不可無戒愼恐懼底心. 莊子說, 庖丁解牛神妙, 然才到那族, 必心怵然爲之一動, 然後解去. 心動便是懼處. 韓文『鬪雞聯句』云: "一噴一醒然, 再接再礪乃." 謂雖困了, 一以水噴之便醒. "一噴一醒", 卽所謂懼也. 此是孟郊語, 也說得好. 又曰: "爭觀雲塡道, 助叫[20]波翻海", 此乃退之之豪. "一噴一醒然, 再接再礪乃", 此是東野之工.【雉】

140:27 韓退之詩: "强懷張不滿, 弱力[21]闕易盈." 上句是助長, 下句是歉.【雉】

140:28 退之「木鵝詩」末句云: "直割蒼龍左耳來", 事見『龍川志』, 正是木鵝事.

20) 叫: 孝宗刊本・成化本・賀本에서는 叫로 되어 있다.
21) 力: 英祖刊本에서는 念으로 되어 있다. 『考異』에서는 "念, 一作力."으로 되어 있다.

140:29 李賀較怪得些子, 不如太白自在. 又曰: "賀詩巧."【義剛】

140:30 劉叉詩: "斗柄寒垂地, 河流凍徹天." 介甫詩: "柳樹鳴蜩綠暗, 荷花落日紅酣." 王建「田家留客」云: "丁寧回語屋中妻, 有客莫令兒夜啼."【方子】 140:31[22] 詩須是平易不費力, 句法混成. 如唐人玉川子輩句語雖險怪, 意思亦自有混成氣象. 因擧陸務觀詩: "春寒催喚客嘗酒, 夜靜臥聽兒讀書." 不費力, 好.【賜】

140:32 "行年四[23]十九, 歲莫日斜時. 孟子心不動, 吾今其庶幾?" 此樂天以文滑稽也. 然猶雅馴, 非若今之作者村裏雜劇也.【方子 ○佐同.】

140:33 白樂天「琵琶行」云: "嘈嘈切切錯雜彈, 大珠小珠落玉盤"云云, 這是和而淫, 至"凄凄不似向前聲, 滿坐重聞皆淹泣"! 這是淡而傷.【道夫】

140:34 唐文人皆不可曉. 如劉禹錫作詩說張曲江無後, 及武元衡被刺, 亦作詩快之. 白樂天亦有一詩暢快李德裕. 樂天, 人多說其淸高, 其實愛官職. 詩中凡及富貴處, 皆說得口津津地涎出. 杜子美以稷契自許, 未知做得與否. 然子美卻高, 其救房琯, 亦正.【必大】

140:35 「木蘭詩」只似唐人作. 其間"可汗""可汗", 前此未有.【方子】

140:36 黃巢入京師, 而[24]其夜有人作詩貼三省門罵之. 次日盡搜京

---

22) 140:31: 『小分』에서는 140:30 항목에 이어져 한 항목으로 편집되어 있으나, 【方子】와 詩須是平易不費力 사이에 공격이 있어서 단순한 필사상의 오류로도 볼 수 있다.
23) 四: 『朱子語類』에서는 三으로 되어 있다.
24) 而: 『朱子語類』에는 없다.

師, 識字者一切殺之. 詩莫盛於唐, 亦莫慘於唐也.【揚】

140:37 先生偶誦寒山數詩, 其一云: "城中娥眉女, 珠佩何珊珊? 鸚鵡[25]花間弄, 琵琶月下彈. 長歌三日響, 短舞萬人看. 未必長如此, 芙蓉不奈寒!" 云: "如此類, 煞有好處, 詩人未易到此. 公曾看否?" 壽昌對: "亦嘗看來. 近日送浩來此洒掃時, 亦嘗書寒山一詩送行云: "養子未經師, 不及都亭鼠. 何曾見好人? 豈聞長者語? 爲染在薰蕕, 應須擇朋侶. 五月敗鮮魚, 勿令他笑汝[26]!"【壽昌】

140:38 因舉石曼卿詩極有好處, 如"仁者雖無敵, 王師固有征. 無私乃時雨, 不殺是天聲"長篇. 某舊於某人處見曼卿親書此詩大字, 氣象方嚴遒勁, 極可寶愛, 眞[27]所謂"顔筋柳骨"! 今人喜蘇子美字, 以曼卿字比之, 子美遠不及矣. 某嘗勸其人刻之, 不知今安在. 曼卿詩極雄豪, 而縝密方嚴, 極好. 如「籌筆驛詩」: "意中流水遠, 愁外舊山靑." 又"樂意相關禽對語, 生香不斷樹交花"之句極佳, 可惜不見其全集, 多於小說詩話中略見一二爾. 曼卿胸次極高, 非諸公所及. 其爲人豪放, 而詩詞乃方嚴縝密, 此便是他好處, 可惜不曾得用.【雉 ○子蒙同.】

140:39 東坡作詩譏一昏闇之人, 有句云: "煙雨塞▲[28]竅!"【『黎矇子詩』. ○璘】

140:40 蜚卿問山谷詩, 曰: "精絶. 知他是用多少工夫. 今人卒乍如何及得? 可謂巧好無餘, 自成一家矣. 但只是古詩較自在, 山谷則刻意爲之." 又曰: "山谷詩忒好了."【道夫】

25) 鸚鵡: 『考異』에서는 "一誤鸚鵝."로 되어 있다.
26) 汝: 成化本에서는 洨로 되어 있다.
27) 眞: 【附箋紙】"眞"字, 即"密"字.
28) ▲: 九

140:41 陳後山初見東坡時, 詩不甚好. 到得爲正字時, 筆力高妙. 如「題趙大年所畫高軒過圖」云: "晩知畫書眞有益, 卻悔歲月來無多!" 極有筆力. 其中云"八二"者, 乃大年行次也. 【雉】

140:42 "閉門覓句陳無己, 對客揮毫秦少游." 無己平時出行, 覺有詩思, 便急歸, 擁被臥而思之, 呻吟如病者, 或累日而後成, 眞是"閉門覓句." 如秦少游詩甚巧, 亦謂之"對客揮毫"者, 想他合下得句便巧. 張文潛詩只一筆寫去, 重意重字皆不問, 然好處亦是絶好. 【淳[29]】

140:43 陳博士在坡公之[30]門, 遠不及諸公. 未說如秦・黃之流, 只如劉景文詩云: "四海共知霜滿鬢, 重陽曾插菊花無?" 陳詩無此句矣. 其雜文亦自不及備論. 【道夫】

140:44 『山谷集』中贈覺範詩乃覺範自作. 又曰: "山谷詩乃洪駒父輩刪集[31]." 【義剛】[32]

140:45 覺範詩如何及得參寥? 【義剛】

140:46 張文潛詩有好底多, 但頗率爾, ▲[33]重用字. 如「梁甫吟」一篇, 筆力極健. 如云: "永安受命堪垂涕[34], 手挈庸兒是天意"等處, 說得好, 但結末差弱耳. 又曰: "張文潛大詩好, 崔德符小詩好." 【又曰: "蘇子由詩有數篇, 誤收在文潛集中."[35] ○雉】

---

29) 淳: 徽州本에서는 【義剛 ○陳淳錄同.】 으로 되어 있다.
30) 公之: 『小分』에서는 之公을 교정부호로 바로잡았다.
31) 山谷詩乃洪駒父輩刪集: 徽州本에서는 이 뒤에 古今擬「騷」之作, 惟魯直爲無謂. 가 더 있다.
32) 【義剛】: 賀本에서는 【剛】 으로 되어 있고 徽州本에서는 【道夫】 로 되어 있다.
33) ▲: 多【附箋紙】 "爾"下有"多"字.
34) 垂涕: 『小分』에서는 涕垂를 교정부호로 바로잡았다.

140:47 崔德符「魚詩」云: "小魚喜親人, 可鉤亦可扛, 大魚自有神, 出沒不可量." 如此等作甚好, 『文鑑』上卻不收. 不知如何正道理不取, 只要巧.

140:48 潘邠老有一詩, 一句說一事, 更成甚詩. 【必大】

140:49 古人詩中有一[36]句, 今人詩更無句, 只是一直說將去. 這般詩, 一日作百首也得. 如陳簡齋詩: "亂雲交翠壁, 細雨濕青林[37]", "暖▲[38]薰楊柳, 濃陰醉海棠", 他是什麽句法? 【雉】

140:50 "高宗最愛簡齋: '客子光陰詩卷裏, 杏花消息雨聲中.'" 又問坐閒云: "簡齋墨梅詩, 何者最勝?" 或以"皐"字韻一首對. 先生曰: "不如'相逢京・洛渾依舊, 惟恨緇塵染素衣!'" 【雉】

140:51 劉叔通屢舉簡齋: "六經在天如日月, 萬事隨時更故新. 江南丞相浮雲壞, 洛下先生宰木[39]春!" 【前謂荊公, 後謂伊川.】 先生曰: "此詩固好, 然也須與他分一箇是非始得. 天下之理, 那有兩箇都是? 必有一箇非." 【雉】

140:52 有人過昭陵題絶句云: "□□□□[40]歲豐登, 邊將無功吏不能. 四十二年那忍說, 西風吹淚過昭陵!" 後來人說是劉信叔詩[41]. 【廣】

---

35) 又曰: "蘇子由詩有數篇, 誤收在文潛集中": 成化本・賀本에서는 본문으로 되어 있다.
36) 一: 『朱子語類』에는 없다.
37) 青林: 賀本・萬曆本에서는 青松으로 되어 있다.
38) ▲: 日
39) 本: 英祖刊本・成化本・賀本에서는 木으로 되어 있다. 『考異』에서는 "木, 一誤本."으로 되어 있다.
40) □□□□: 賀本에서는 桑麻不擾로 되어 있다.
41) 時: 賀本에서는 이 뒤에 也가 더 있다.

140:53 "政爾雪峰千百衆, 澹然雲水一孤僧." 曾文淸詩.【璘】

140:54 擧南軒詩云: "臥聽急雨打芭蕉." 先生曰: "此句不響." 曰: "不若作'臥聞急雨到芭蕉.'"【又言: "南軒文字極易成. 嘗見其就腿上起草, 頃刻便就."[42] ○至】

140:55 劉叔通·江文卿三[43]人皆能詩: 叔通放體不拘束底詩好, 文卿有格律入規矩底詩好. 游開子蒙嘗和劉叔通詩: "昨夜劉郞叩角歌, 朔雲寒雪滿山阿. 文章無用乃如此, 富貴不來爭柰何?【雉錄又四句云: "邴·鄭鄕嘗依北海, 晁·張今復事東坡. 吹噓合有飛騰便, 未用溪頭買釣簑."】此[44]詩若遇蘇·黃, 須提掇他.【文蔚 ○雉錄云: "先生屢稱之曰: '詩須不費[45]力▲[46]好. 此等使蘇·黃見之, 當賞音. 人固有遇耳.'"】

140:56 方伯謨詩不及其父錢監公豪壯. 黃子厚詩卻老硬, 只是太枯淡. 徐思遠【玉山人.】與汝談,[47] 比諸人較好. 思遠乃程克俊之甥, 亦是有源流.【雉】

140:57 或問趙昌父·徐斯遠·韓仲止. 曰: "昌父較懇惻." 又問三兄詩文. 曰: "斯遠詩文雖小, 畢竟淸."【文蔚】

140:58 "力推獰龍借水飮, 手卻猛虎奪石坐." 劉淳叟詩. 雲谷有虎挨石, 淳叟作此, 自以爲好, 不可曉.【璘】

---

42) 又言: "南軒文字極易成. 嘗見其就腿上起草, 頃刻便就": 成化本·賀本에서는 본문으로 되어 있다.
43) 三: 英祖刊本·成化本에서는 二로 되어 있다. 『考異』에서는 "二, 一誤三."으로 되어 있다.
44) 此:【附箋紙】"詩"下有"此"字, 連上文.
45) 費: 『考異』에서는 "費, 一誤買."로 되어 있다.
46) ▲: 方
47) 汝談: 徽州本에서는 이 뒤에 詩宋子가 더 있다.

140:59 谷簾水所以好處, 某向欲作一首形容之, 然極難言. 大概到口便空又滑, 然此兩字亦說未出.【必大】

140:60 "龍袞新天子, 羊裘老故人!"【意味. ○道夫】

140:61 "群趨浴沂水, 遥[48]集舞雩風."【同安「日[49]試風乎舞雩詩」.】[50]

140:62 蔡京父子在京城之西兩坊對賜甲第四區, 極天下土木之工. 一曰太師第, 乃京之自居也. 二曰樞密第, 乃攸之居也. 三曰駙馬第, 乃鯈[51]之居也. 四曰殿監第, 乃攸子之居也. 攸妻劉, 乃明達·明節之族, 有寵, 而二劉不能容, 乃出嫁攸, 權寵之盛亞之. 京·攸四第對開, 金碧相照. 嘗見上官仲恭詩一篇, 其間有「城西曲」, 言蔡氏奢侈敗亡之事, 最爲豪健. 末云: "君不見, 喬木參天獨樂園, 至今猶是溫公宅!" 仲恭乃上官彦衡之子也, 惜乎其詩不行於世!【雉】

140:63 本朝婦人能文, 只有李易安與魏夫人. 李有詩, 大略云: "兩漢本繼紹, 新室如贅疣"云云. "所以嵇中散, 至死薄殷·周." 中散非湯·武得國, 引之以比王莽. 如此等語, 豈▲[52]子所能?

140:64 有鬼詩云: "鶯聲不逐春光老, 花影長隨日脚流."【庚】[53]

140:65 有僧月夜看海潮, 得句云"沙邊月趁潮回", 而無對. 因看風飄木葉, 乃云: "木末風隨葉下", 雖對不過, 亦且如此.[54]

---

48) 遥: 賀本에서는 遙로 되어 있다.
49) 日: 孝宗刊本·成化本에서는 簾으로 되어 있다. 『考異』에서는 "日, 一誤簾."으로 되어 있다.
50)【同安「日試風乎舞雩詩」.】: 賀本에서는 본문으로 되어 있다.
51) 鯈: 『考異』에서는 "鯈, 恐作絛."로 되어 있다.
52) ▲: 女
53)【庚】: 『考異』에서는 "廣, 一誤庚."으로 되어 있다.

140:66 問曾慥所編『百家詩』. 曰: "只是他所見如此. 他要無不會, 詩詞文章字畫外, 更編『道書』八十卷. 又別有一書甚少, 名「八段錦」, 看了便眞以爲是神仙不死底人."

140:67 古樂府只是詩, 中間卻添許多泛聲. 後來人怕失了那泛聲, 逐一聲添箇實字, 遂成長短句, 今曲子便是.【胡泳】

140:68 作詩間, 以數句適懷亦不妨. 但不用多作, 蓋便是陷溺爾. 當其不應事時, 平淡自攝, 豈不勝如思量詩句? 至如眞味發溢, 又卻與尋常好吟者不同.

140:69 近世諸公作詩費工夫, 要何用? 元祐時有無限事合理會, 諸公卻盡日唱和而已. 今言詩不必作, 且道恐分了爲學工夫. 然到極處, 當自知作詩果無益.【必大】[55)]

140:70 今人所以事事做得不好者, 緣不識之故. 只如箇詩, 擧世之人盡命去奔【去聲】做, 只是無一箇人做得成詩. 他是不識, 好底將做不好底, 不好底將做好底. 這箇只是心裏鬧, 不虛靜之故. 不虛不靜故不明, 不明故不識. 若虛靜而明, 便識好物事. 雖百工技藝做得精者, 也是他心虛理明, 所以做得來精. 心裏鬧, 如何見得?【僩】

140:71 詩社中人言, 詩皆原於「賡歌」. 今觀其詩, 如何有此意?

140:72 作詩先用看李・杜, 如士人治本經. 本旣立, 次第方可看蘇・黃以次諸家詩.【廣 ○敬仲同.】

---

54) 亦且如此: 徽州本에서는 이 뒤에【庚】이라는 小註가 있다.
55)【必大】: 徽州本에서는【伯豊】으로 되어 있다.

140:73 因林擇之論趙昌父詩, 曰: "今人不去講義理, 只去學詩文, 已落第二義. 況又不去學好底, 卻只學去做那不好底. 作詩不學六朝, 又不學李・杜, 只學那嶢崎底. 今便學得十分好後, 把作甚麽用? 莫道更不好[56]. 如近時人學山谷▲[57], 然又不學山谷好底, 只學得那山谷不好處." 擇之云: "後山詩恁地深, 他資質儘高, 不知如何肯去學山谷." 曰: "後山雅健强似山谷, 然氣力不似山谷較大, 但卻無山谷許多輕浮底意思. 然若論敍事, 又卻不及山谷. 山谷善敍事掎, 敍得盡, 後山敍得較有疏處. 若散文, 則山谷大不及後山. 【淳錄云: "後山詩雅健勝山谷, 無山谷瀟[58]洒輕揚之態. 然山谷氣力又較大, 敍事詠物, 頗盡事情. 其散文又不及後山."】 擇之云: "歐▲[59]好梅聖俞詩, 然聖俞詩也多有未成就處." 曰: "聖俞詩不好底多. 如「河豚詩」, 當時諸公說道恁地好, 攄某看來, 只似箇上門罵人底詩, 只似脫了衣裳, 上人門罵人祖[60]一般, 初無深遠底意思. 後山・山谷好說文章, 臨作文時, 又氣餒了. 老蘇不曾說, 到下筆時做得卻雄健." 【義剛 ○淳略.[61]】

140:74 今江西學者有兩種. 有臨川來者, 則漸染[62]得陸子靜之學, 又一種自楊・謝來者, 又不好. 子靜門猶有所謂"學." 不知窮年窮月做得那詩, 要作何用? 江西之詩, 自山谷一變至楊廷秀, 又再變, 遂至於

---

56) 好: 徽州本에서는 學으로 되어 있다.

57) ▲: 詩

58) 瀟: 孝宗刊本・英祖刊本・成化本에서는 尖으로 되어 있다. 『考異』에서는 "尖, 一作瀟."로 되어 있다.

59) ▲: 公

60) 祖: 賀本에서는 父로 되어 있다.

61) 淳略: 徽州本에서는 陳淳錄略. 當時一時所聞, 今附於下云: "今人不去講義理, 只去學詩文. 已落第二籌, 況學做不好底文, 詩不學李・杜, 只學不好底詩, 不知學詩得十分好, 便要作何用? 近世多學山谷詩, 然又不學山谷好處, 只學山谷不好處. 後山詩雅健, 勝山谷尖灑輕揚之態 然山谷氣力又較大. 敍事詠物, 頗盡事情, 其散文又不及後山. 梅聖俞詩不好底多, 如「河豚詩」似上門罵人父祖一般, 非有詩人微婉之意. 後山・山谷好說文章, 臨文時又氣餒了. 老蘇不曾說, 到下筆時做得雄健."이 더 있다.

62) 染: 徽州本에서는 深으로 되어 있다.

此. 本朝楊大年雖巧, 然巧之中猶有混成底意思, 便巧得來不覺. 及至歐公, 早漸漸要說出來. 然歐公詩自好, 所以他喜梅聖兪詩, 蓋枯淡中有意思. 歐公最喜一人送別詩兩句云: "曉日都門道, 微凉草樹秋." 又喜王建[63]詩: "曲徑通幽處, 禪房花木深." 歐公自言平生要道此語不得. 今人都不識這意思, 只要嵌事[64], 使難字, 便云好. 【雉】

140:75 先生因說: "古人做詩, 不十分著題, 卻好. 今人做詩, 愈著題, 愈不好." 或擧某人會做詩. 曰: "他是某人外甥, 他家都會做詩, 自有文種." 又云: "某嘗謂氣類近, 風土遠. 氣類才絶, 便從風土去. 且如北人居婺州, 後來皆做出[65]婺州文章, 間有婺州鄕談在裏面者, 如呂子約輩是也." 【燾】

140:76 或問: "倉頡作字, 亦非細人." 曰: "此亦非自撰出, 自是理如此. 如'心'·'性'等字, 未有時, 如何撰得? 只是有此理, 自流出." 【可學○字附.】

140:77 大凡字, 只聲形二者而已. 如"楊"字, "木"是形, "昜"是聲, 其餘多有只從聲者. 【按: 六書中, 形聲, 其一. ○螢】

140:78 凡字, 如"楊·柳"字, "木"是文, "昜·卯"是字. 如"江·河"字, "水"是文, "工·可"是字. 字者, 滋也, 謂滋添者是也. 【揚】

140:79 因說叶韻, 先生曰: "此謂有文有字. ▲[66]是形, 字是聲. 文如從'水'從'金'從'木'從'日'從'月'之類. 字是'皮·可·工·奚'之類. 故鄭漁

63) 建: 【附箋紙】"建"字, 即"之"字.
64) 事: 英祖刊本·賀本에서는 字로 되어 있다. 『考異』에서는 "字, 一作事."로 되어 있다.
65) 做出: 賀本에서는 出做로 되어 있다.
66) ▲: 文

仲云: '文, 眼[67]學也. 字, 耳學也.' 蓋以形・聲別也."【時擧】

140:80 "壹・貳・參・肆", 皆是借同聲字. "柒"[68]本無此字, 唯有"漆・沮"之"漆." "漆"字草書頗似'柒', 遂誤以爲眞. 洪氏「隷釋」辨不及此.【閎祖】

140:81 "世"字[69]與"太"字[70], 古多互用. 如太子爲世子, 太室爲世室之類.【廣】

140:82 黃直卿云: "如傭僱之'傭', 也只訓'用.' 以其我用他, 故將雇以還其力. 由此取義, 此皆是兩通底字."【義剛】

140:83 "夷・狄"字, 皆從禽獸旁. "苗"本有"反犬." 古人字通用, 無亦得.【義剛】

140:84 古人相形造字, 自是動不得. 如"轡"字, 後面一箇"車", 兩邊從"系[71]", 卽纏繩也, 前面口字, 卽馬口也, 馬口中銜着纏繩也.【子蒙】

140:85 秦篆今皆無此本, 而今只是摹本, 自宋莒公已不見此本了.【義剛】

140:86 『說文』亦有誤解者, 亦有解不行者. 音是徐鉉作, 許氏[72]本

---

67) 眼: 『小分』에서는 손상되어 보이지 않으나 『朱子語類』에 따라 보충하였다.
68) 柒: 『朱子語類』에서는 桼字로 되어 있다.【附箋紙】"柒"下有"字"字. 兩謄本同.
69) 子: 成化本・賀本에서는 字로 되어 있다.
70) 子: 成化本・賀本에서는 字로 되어 있다.
71) 系: 賀本에서는 糸로 되어 있다.
72) 作, 許氏: 『小分』에서는 許作氏를 교정부호로 바로잡았다.

無.【必大】

140:87 『玉篇』偏傍多誤收者, 如"者・考・孝[73]"是也.【謍】

140:88 韻書難理會. 如昨日檢"析"[74]字, 『玉篇』・『說文』中撿"扌"及"邑"附, 皆不見[75]. 後來在『集韻』中尋出, 乃云: "反印也", 卻在"印"部尋得. 元來無挑"扌", 如此寫"印[76]."【義剛】

140:89 字之反切, 其字母同者, 便可互用, 如"戎・汝"是也. "逝"字從"折", 故可與"害"字叶韻.【必大】

140:90 五方之民, 言語不通, 卻有暗合處. 蓋是風氣之中有自然之[77]理, 便有自然之字, 非人力所能安排, 如"福"與"備"通.

140:91 洪州有一部『洪韻』. 太平州亦有一[78]部韻家文字.【義剛】

140:92 三[79]王書, 某曉不得, 看着只見俗了. 今有箇人書得如此好俗. 法帖上王帖中亦有寫唐人文字底, 亦有一釋名底, 此皆僞者.【揚】

140:93 「字說」自不須辨[80]. 只看『說文』字類, 便見王氏[81]無意思.

---

73) 孝: 賀本・萬曆本에서는 老로 되어 있다. 『考異』에서는 "孝, 一作老."로 되어 있다.
74) 析: 『朱子語類』에서는 抑으로 되어 있다.
75) 見: 【附箋紙】"見"字, 即"論"字.
76) 印: 成化本에서는 知로 되어 있다.
77) 然之: 『小分』에서는 之然을 교정부호로 바로잡았다.
78) 一: 賀本에는 없다.
79) 三: 『朱子語類』에서는 二로 되어 있다. 『考異』에서는 "二, 一作一."로 되어 있다.
80) 辨: 孝宗刊本・成化本・賀本에서는 辯으로 되어 있다.

【字類有六, 會意居其一. ○方】

140:94 學[82]被蘇・黃胡亂寫壞了. 近見蔡君謨一帖, 字字有法度, 如端人正士, 方是字.【揚】

140:95 論書, 因及東坡少壯老字之異.【南康有人有一卷如此.】

○[83] 因說: "南軒喜字, 然不甚能[84]辨.【因有一僞書東坡題字, 不好, 南軒以"端莊"顯之.】 因論「麻衣易」不難辨, 南軒以快之故. 嘗勸[85]其改一文, 曰: "改亦只如是, 不解更好了."【揚】

140:96 子瞻單勾把筆, 錢穆文[86]見之, 曰: "尙未能把筆邪?"【方】

140:97 山谷不甚理[87]會得字, 故所論皆虛. 米老理會得, 故所論皆實. 嘉祐前前輩如此厚重. 胡安定於義理不分明, 然是甚氣象.

140:98 魯直論字學, 只好於印冊子上看. ▲[88]碑本, 恐自未能如其所言.【必大】

140:99 字法在[89]黑內, 黃魯直論得玄甚, 然其字卻且如此.【揚】

---

81) 氏: 賀本에서는 字로 되어 있다.
82) 學:『朱子語類』에서는 字로 되어 있다.
83) ○:『朱子語類』의 140:95를『小分』에서 별도의 항으로 나누었다.
84) 能: 賀本에서는 難으로 되어 있다.
85) 勸: 賀本에서는 歡으로 되어 있다.
86) 文:『朱子語類』에서는 父로 되어 있다.
87) 理:【附箋紙】"理"下"理"字, 乃"會"字.
88) ▲: 若看
89) 在: 賀本에서는 直으로 되어 있다.『考異』에서는 "在, 一作直."으로 되어 있다.

140:100 筆力到, 則字皆好.【不曰有筆力.】

○[90] 如胸中別樣, 卽動容周旋中禮.【方】

140:101 寫字不要好時, 卻好.【文蔚】

140:102 "南海諸番書, 煞有好者, 字畫遒勁, 如古鍾鼎欵識. 諸國各不同, 風氣[91]初開時, 此等事到處皆有開其先者, 不獨中國也." 或問古今字畫多寡之異. 曰: "古人篆刻筆畫雖多, 然無一筆可減. 今字如此簡約, 然亦不可多添一筆. 便是世變自然如此."【僩】

140:103 "鄒德久[92]楷書『大學』, 今人寫得如此, 亦是難得. 只如[93]黃魯直書自謂人所莫及, 自今觀之, 亦是有好處. 但自家旣是寫得如此好, 何不敎他方正? 須要得恁欹斜則甚? 又他也非不知端楷爲是, 但自要如此寫. 亦非不知做人誠實端慤爲是, 但自要恁地放縱." 道夫問: "何謂書窮入[94]法?" 曰: "只一點一畫, 皆有法度, 人言'永'字體具入[95]法." 行夫問: "張于湖字, 何故人皆重之?" 曰: "也是好, 但是不把持, 愛放縱. 本朝如蔡忠惠以前, 皆有典則. 及至米元章・黃魯直諸人出來, 便不肯恁地. 要之, 這便是世態衰下, 其爲人亦然." 道夫言: "尋嘗見魯直亦說好話, 意謂他與少游諸人不同." 曰: "他也卻說道理. 但到做處, 亦與少游不爭多. 他一輩行皆是恁地." 道夫曰: "也是[96]坡公做頭, 故他門[97]從而和之." 曰: "然. 某昨日看他與李端叔[98][99]一書[100],

---

90) ○: 『朱子語類』의 140:100를 『小分』에서 별도의 항목으로 나누었다.
91) 風氣: 『小分』에서는 氣風를 교정부호로 바로잡았다.
92) 久: 成化本・賀本에서는 父로 되어 있다.
93) 如: 賀本에서는 是로 되어 있다.
94) 入: 『朱子語類』에서는 八로 되어 있다.
95) 入: 『朱子語類』에서는 八로 되어 있다.
96) 是: 【挾書】是 *본문의 글자가 분명하지 않아서 협서로 다시 정확한 자형을 보였다.

說它起屋, 有甚明窗淨几, 眼前景致, 未[101]梢又只歸做好吟詩上去. 若是要只粗說, 也且說讀書窮究古今成敗之類亦可, 如何卻專要吟詩便了?" 道夫曰: "看他也是將這箇來做一箇緊要處." 曰: "他是將來做箇大事看了, 如唐 韓柳皆是恁地." 道夫云: "嘗愛歐公詩云: '至哉天下樂! 終日在書案.' 這般意思甚好." 曰: "他也是說要讀書. 只歐公卻於文章似說不做亦無緊要. 如「送徐無黨序」所謂'無異草木榮華之飄風, 鳥獸好音之過耳', 皆是這意思." 道夫曰: "前輩皆有一病. 如歐公又卻疑「繫辭」非孔子作." 曰: "這也是他一時所見. 如「繫辭」·「文言」若是孔子做, 如何又卻有'子曰'字? 某嘗疑此等處, 如五峰刻『通書』相似, 去了本來所有篇名, 卻於每篇之首加一'周子曰'字. 『通書』去了篇名, 有篇內無本篇字, 如'理性命'章者, 煞不可理會. 蓋'厥彰厥微, 匪[102]靈弗瑩', 是說理. '剛善剛惡, 柔亦如之, 中焉止矣', 是說性, 自此以下卻說命. 章內全無此三字, 及所加'周子曰'三字又卻是本所無者. 次第「易繫」·「文言」亦是門人弟子所勦入爾." 道夫問: "五峰於『通書』何故輒以己意加損?" 曰: "他病痛多, 又寄居湖·湘間, 士人希疏. 兼他自立得門庭又高, 人旣未必信他. 被他門庭高, 人亦一向不來. 來到他處箇, 又是不如他底,[103] 不能問難, 故絶無人與之講究, 故有許多事." 道夫曰: "如他說'孟子道性善', 似乎好奇, 全不平帖." 曰: "他不是好奇, 只是看不破, 須著如此說. 又如「疑孟辨」別自做出一樣文字, 溫公疑得固自不是, 但他箇更無理理[104]. 某嘗謂, 今只將前輩與聖賢說話

---

97) 門: 英祖刊本·賀本에서는 們으로 되어 있다.

98) 李端叔: 『朱子語類』에서는 李方叔으로 되어 있다. 孝宗刊本에서는 頭註에 "李方"之方, 改"端."으로 되어 있고 『考異』에서는 "方, 恐端."으로 되어 있다.

99) 端: 【挾書】 方

100) 書: 『朱子語類』에서는 詩로 되어 있다. 孝宗刊本에서는 頭註에 "一詩之詩, 改'書'."로 되어 있고 『考異』에서는 "詩, 恐書."로 되어 있다. 【挾書】 詩

101) 未: 『朱子語類』에서는 末로 되어 있다.

102) 微, 匪: 『小分』에서는 匪, 微를 교정부호로 바로잡았다.

103) 來到他處箇, 又是不如他底: 徽州本에서는 來到他處, 一個又是不如他底로 되어 있다.

104) 理理: 『朱子語類』에서는 理會로 되어 있다.

來看, 便見自家不及他處. 今孟子說得平易如此, 溫公所疑又見明白, 自家卻說得恁地聱牙, 如何辨得他倒?" 道夫曰: "如此則是他只見那一邊, 不知有這一邊子[105]." 曰: "他都不知了. 只如楊氏爲我, 只知爲我, 都不知聖賢以天地萬物爲一體, 公其心而無所私底意思了. 又如老氏之虛無淸淨, 他只知箇虛無淸淨. 今人多言釋氏本自見得這箇分明, 只是見人如何, 遂又別爲一說. 某謂豈有此理? 只認自家說他不知, 便得." 先生以手指其[106]下月曰: "他若知之, 則白處便須還是白, 黑處便須還是黑, 豈有知之而不言者? 此孟子所謂'詖辭知其所蔽, 淫辭知其所陷, 邪辭知其所離, 遁辭知其所窮.' 辭之不平, 便是他蔽了, 蔽了便陷, 陷了便離, 離了便窮. 且如五峰「疑孟辨」忽出甚'感物而動者, 衆人也. 感物而節者, 賢人也. 感物而通者, 聖人也.' 劈頭便罵了箇動. 他之意, 是聖人之心雖感物, 只靜在這裏, 感物而動便不好. 中間胡廣仲只管支離蔓衍說將去, 更說不回. 某一日讀文定『春秋』, 有'何況聖人之心感物而動'一語. 某執以問之曰: '若以爲感物而動是不好底心, 則文定當時何故有此說?' 廣仲遂語塞." 先生復笑而言曰: "蓋他只管守着五峰之說不肯放, 某卻又討得箇大似五峰者與他說, 只是以他家人自與之辨極好. 道理只是見不破, 彼便有許多病痛."【道夫】

「拾遺」【編成而又有遺者, 萃此.】

140:104 志氣淸明, 思慮精一, 炯然不昧, 而常有以察於幾微之間, 則精矣. 立心之剛, 用力之篤, 毅然自守, 而常有以謹於毫釐之失, 則一矣.

---

105) 子: 英祖刊本·成化本·賀本에서는 了로 되어 있다. 『考異』에서는 "了, 一誤子."로 되어 있다.
106) 其: 徽州本에서는 庭으로 되어 있다.

140:105 人心之動, 變態不一. 所謂"五分天理, 五分人欲"者, 特以其善惡交戰而言爾. 有先發於天理者, 有先發於人欲者, 蓋不可以一端盡也.

140:106 人心但以形氣所感者而言爾. 具形氣謂之人, 合義理謂之道, 有知覺謂之心.

140:107 便以動者爲危, 亦未當. 若動於義理, 則豈得謂之危乎?

140:108 "允執", 有常久不變之意者得之.【此建別錄所載. 廣錄五條疑是答學者[107]書語. 今入此.】 140:109[108] 寤寐者, 心之動靜也. 有思無思者, 又動中之動靜也.【思有善惡, 又動中動, 陽明陰濁也.】 有夢無夢者, 又靜中之[109]動靜也.【夢有邪正, 又靜中動, 陽明陰濁也.】 但寤陽而寐陰, 寤淸而寐濁, 寤有主而寐無主, 故寂然感通之妙, 必於寤而言之.【寤則虛靈知覺之體燀然呈露, 如一陽復而萬物生意皆可見. 寐則虛靈知覺之體隱然潛伏, 如純坤月而萬物生性不可窺. ○此答陳淳書, 而詳.】

「問遺書」

140:110 "忠信進德終日"以下, 是說此一理, 後言形器[110]. 今古人我皆一統, "神如在上, 在左右", 是道體徧滿. "誠"字是實理如此.

140:111 "射中鵠, 舞中節, 御中度." 無誠心則不中.【言多, 不記.】

107) 者: 賀本에는 없다.
108) 140:109: 『小分』에서는 140:108에 이어져 한 항목으로 편집되어 있다.
109) 中之: 『小分』에서는 之中을 교정부호로 바로잡았다.
110) 器: 賀本에서는 氣로 되어 있다. 『考異』에서는 "器, 一作氣."로 되어 있다.

140:112 “理義悅心是愜當. 玩理養心則兩進.” 一是知而悅, 一是養而悅. 140:113[111] “當知用心緩急.” 如大經大體, 是要先知用心, 以此乃可緩緩進. 140:114[112] “曲能有誠”, 有誠則不曲矣. 蓋誠者, 圓成無欠闕者也.

140:115 “萬物無一物失所”, 是使之各得其分恰好處.

140:116 “人心活則周流”, 無偏係卽活. 憂患好樂[113], 皆偏係也.【方謂, 無私意則循天之理, 自然周流】.

140:117 “事君有犯無隱, 事親有隱無犯”, 有時而可分.【言事君親之心本同也.】

140:118 “只歸之自然, 則更無可觀, 更無可玩索.” 上句謂不求其所以然, 只說箇自然, 是顢頇也, 謂不可如此爾. ○[114] 龜山答人問赤子入▲[115]令求所以然一段, 好.

140:119 “仁則固一, 一所以爲仁”, 言所以一者是仁也.

140:120 “仁在事.” 若不於事上看, 如何見仁?

140:121 “退藏於密”, 密是主靜處, 萬化出焉者. 動中之靜, 固是靜,

---

111) 140:113: 『小分』·孝宗刊本·英祖刊本에서는 140:112에 이어져 한 항목으로 편집되어 있고 成化本·賀本에서는 별도의 항으로 독립되어 있다.
112) 140:114: 『小分』·孝宗刊本·英祖刊本에서는 140:113에 이어져 한 항목으로 편집되어 있고 成化本·賀本에서는 별도의 항으로 독립되어 있다.
113) 好樂: 成化本·賀本에서는 樂好로 되어 있다.
114) ○: 『小分』·孝宗刊本·英祖刊本·賀本에서는 장절구분 표시인 ○이 있는 채로 140:118에 이어져 있다.
115) ▲: 井

又有大靜, 萬化參[116]然者.

140:122 "斷置", 言倒斷措置也.

140:123 言四德, 云: "不有其功, 常久而已者也."【不有其功, 言化育之無跡處爲貞.】 因言: "貞於五常爲智. 孟子曰: '知斯二者弗去是也.' 旣知, 又曰'弗去', 有兩義. 又,「文言」訓'正固', 又於四時爲冬, 冬有始終之義. 王氏亦云, 腎有兩: ▲[117]龜有蛇, 所以朔易亦猶貞也. 又傳曰: '貞各稱其事.'" 問: "「咸傳」之九四說虛心貞一處, 全似敬." 答云: "蓋嘗有語曰: '敬, 心之貞也.'"

140:124 孔子旣知桓魋不能害己, 又卻微服過宋一段,【有盡人事回造化立命之意.[118] ○方錄[119]止此.】

140:125 "知性善以忠信爲本." 須是的然識得這箇物事, 然後從忠信做將去. 若不識得這箇, 不知是做甚麼, 故曰: "先立乎其大者."

140:126 問: "敬先於知, 然知至則敬愈分明." 曰: "此正如'配義與道.'"

140:127 問"心無私主, 有感皆通." 曰: "無私主也不是愼悻沒理會, 只是公. 善則好之, 惡則惡之. 善則賞之, 惡則刑之. 此是聖人至公至神之化. 心無私主, 如天地一般, 寒則徧[120]天下皆寒, 熱則徧[121]天下

---

116) 參: 賀本에서는 森으로 되어 있다.
117) ▲: 有
118) 有盡人事回造化立命之意: 英祖刊本・賀本에서는 본문으로 되어 있다.
119) 方錄: 賀本에서는 方으로 되어 있다.
120) 徧: 賀本에서는 遍으로 되어 있다.
121) 徧: 賀本에서는 遍으로 되어 있다.

皆熱, 便是有感皆通." 曰: "心無私主最難." 曰: "亦是克去己私, 心便無私主. 心便無私[122]主, 只是相契者便應, 不相契者便不應. 如好讀書人, 見書便愛. 不好讀書人, 見書便不愛."【寓】

140:128 問: "'應務不煩'是如何?" 曰: "閑時不曾理會得, 臨時旋理會, 則煩. 若豫先理會得, 則臨時事來, 便從自家理會得處理會將去. 如理會得禮, 則禮到面前便理會得. 如理會得樂, 則樂到面前便理會▲[123], 更不煩也."【燾】

140:129 天機有不器於物者, 在方爲方, 在圓爲圓.【方】

140:130 先生曰: "自家理會得這道理, 使天下之人皆理會得這道理, 豈不是樂?"

140:131 嘗言坐卽靠倚, 後來睚[124]三四日便坐得. 先生云: "氣不從志處, 乃是天理人欲交戰處也."【季通 ○方】

140:132 神乃氣之精明者也[125].

140:133 "有翼其臨." 翼, 敬也.

140:134 "僂句成欺, 黃裳亦誤", 事見『左傳』.

140:135 問: "范氏言宋 襄公出母事, 有'生則致孝, 死則盡禮'之說. 然出母旣義不可迎之以歸, 則所謂致孝盡禮者, 恐只是遣使命往來遺

122) 便無私: 『朱子語類』에서는 有私로 되어 있다.
123) ▲: 得
124) 睚: 成化本・賀本에서는 捱로 되어 있다.
125) 也: 『朱子語類』에서는 耳로 되어 있다.

問否?" 曰: "恐只是如此. 如定省之類, 自是都做不得了." 因言: "宣姜全不成人, 卻有賢女: 許穆夫人·宋襄公母, 是也. 春秋時, 魯最號禮義之國. 然其▲[126]成甚風俗."【必大】

140:136 康節說形而上者不能出莊·老, 形而下者則盡之矣.【因誦『皇極書』第一篇.】[127] 二先生說下者不盡, 亦不甚說. 闞子明說形而上者亦莊·老.【季通 ○方】

126) ▲: 間
127) 因誦『皇極書』第一篇.: 賀本에서는 본문으로 되어 있다.

■ 참고문헌

1. 『朱子語類小分』 원문

宋時烈 編, 『朱子語類小分』, 140卷 30冊, 筆寫本, 大田 文忠祠 소장본.

충북대학교 우암연구소 우암자료 집성 및 정본화 사업팀 · 은진송씨송자사업회 共編, 『朱子語類小分』, 전2책, 宋子別集叢刊 영인본, 서울: 보경문화사, 2008.

2. 『朱子語類』 異本

2-1. 중국본

『朱子語類』 成化本, 成化9年(1473) 陳煒 刻本, 中國國家圖書館 / 南京圖書館 소장본.

『朱子語類』 賀本, 賀瑞麟 校刻 劉氏傳經堂 刊本, 華東師範大學圖書館 소장본.

『朱子語類』 萬曆本, 萬曆32년(1604) 婺源 朱崇沐 刻本, 上海圖書館 소장본.

『朱子語類』 徽州本, 朝鮮古寫徽州本, 九州大學圖書館 소장본.

黎靖德 編, 『朱子語類』, 北京: 中華書局, 1994.

2-2. 조선본

『朱子語類』 宣祖刊本.

『朱子語類』 孝宗刊本(尤庵 內賜本, 京都大學 文學部 소장본).

『朱子語類』 英祖刊本.

『朱子語類』 正祖刊本.

2-3. 번역본 및 참고자료

垣内景子, 恩田裕正 編,『朱子語類 訳注』, 東京: 汲古書院, 平成 19[2007].

張伯行 輯訂,『朱子語類』, 臺灣: 商務印書館, 1968.

黎靖德 編,『朱子語類: 新校標點』, 全8冊, 台北 : 華世出版社, 1987

岡田武彦 等 編,『朱子語類』, 東京: 明德出版社, 昭和5756[1981].

李宜哲,『朱子語類考文解義』, 영인본, 서울: 民族文化文庫, 2001.

韓元震,『朱子言論同異考』, 곽신환 역주, 서울: 소명출판, 2002.

이주행 등 옮김,『주자어류』, 전13권, 서울: 소나무, 2001.

허탁, 이요성 역주,『주자어류』, 전4책, 성남: 청계, 1998-2001.

3. 중국본 문집 및 자료

13經注疏(북경대출판부 표점본)

25史 (중화서국 표점본)

朱熹,『朱子全書』, 上海: 上海古籍出版社, 2002.

『二程集』, 全2冊, 台北: 漢京文化事業有限公司, 1983.

4. 조선본 문집 및 자료

『承政院日記』(http://sjw.history.go.kr/)

『朝鮮王朝實錄』(http://sillok.history.go.kr/)

『華陽淵源錄』

權尚夏,『寒水齋集』, 35卷 13冊, 英祖37(1761), 한국문집총간 영인본.

______,『寒水齋先生年譜』, 한국문집총간 영인본.

宋秉璿,『淵齋集』, 한국문집총간 영인본.

宋時烈,『宋子大全』, 重刊本, 8冊, 서울 : 保景文化社, 1985.

______,『宋子大全』, 215卷, 附錄19卷, 合102冊, 重刊本, 대전: 南澗精舍, 1929(斯文學會 영인본, 1971).

______,『尤菴先生文集』, 20冊, 영인본, 景仁文化社, 1997.
______,『尤菴先生文集』, 158卷 54冊, 규장각 소장도서, 奎3627.
______,『朱文抄選』, 4卷 2冊, 규장각 소장도서, 奎1148.
______,『朱子大全箚疑』, 100卷 續11卷 別10卷 合17冊, 규장각 소장도서, 奎1024.
______,『국역 송자대전』, 전 고전국역총서 208-223, 민족문화추진회, 1980.
______,『완역 우암송선생시집』, 경인문화사, 2004.
宋近洙,『尤菴先生年譜』, 5卷 5冊, 英祖 8(1732), 규장각 소장도서, 奎12638.
______,『宋子大全隨箚』, 13卷 6冊, 1901, 규장각 소장도서, 奎15693.
______,『尤菴先生言行錄』, 1冊, 규장각 소장도서, 奎 12490.
宋近洙 編, 李斗熙・金美善・申範植・曺永任 譯,『尤菴先生言行錄』, 學民文化社, 2006.
宋穉圭,『剛齋集』, 한국문집총간 영인본.
魚有鳳,『杞園集』, 32卷 16冊, 正祖1(1777), 한국문집총간 영인본.
______,『杞園先生年譜』, 한국문집총간 영인본.
李箕洪,『直齋集』, 한국문집총간 영인본.
李喜朝,『芝村集』, 한국문집총간 영인본.
洪直弼,『梅山集』, 全28冊, 倣全史字木活字版, 1866, 장서각 소장본, K4-5980.

5. 사전 및 기타

『康熙字典』, 全2卷, 影印本, 鄭州: 中州古籍出版社, 2006.
劉德重 外,『中國歷代人名大事典』, 上海: 上海古籍出版社, 1999.
한국고전국역원 사이트 http://www.itkc.or.kr

6. 연구논문

강용중, 「《朱子語類》 方言 語法現象 硏究 -浙江 門人 三人이 사용한 介詞 “做”를 중심으로」, 『중국문학연구』 34권, 한국중문학회, 2007.

김동환, 「우암 송시열의 저술과 간행에 대한 일고찰」, 『서지학연구』 37, 서지학회, 2007.

金駿錫, 「조선후기 畿湖士林의 朱子 인식 -朱子文集·語錄 연구의 전개과정-」, 『백제연구』 18, 충남대학교 백제연구소, 1987.

박종천, 「우암학파의 『주자어류소분(朱子語類小分)』에 대한 연구」, 『역사와 담론』 53집, 호서사학회, 2009.

송 욱, 「이황 자필교정본 『주자어류』의 가치와 그의 학문방법론(수양법)」, 『역사학보』 47, 역사학회, 1970.

오항녕, 「尤菴 宋時烈 문집의 편찬과 간행」, 『韓國史學報』 33, 2008.

우경섭, 「宋時烈의 世道政治思想 硏究」, 서울대학교 대학원 박사학위논문, 2005.

藤本幸夫, 「朝鮮版『朱子語類』攷」, 『富山大學人文學部紀要』 5, 富山大學人文學部, 1981.

■ 『주자어류소분』 정본작업 참여자 명단

감수: 이강수
부첨지 탈초: 이두희, 조종업
부첨지 탈초 교열 및 표점: 박종천
책임편집/교열/해제: 박종천

전임연구원(입력/표점/교감/교열)

김용남	박종천	서대원
안은수	어강석	윤대식
이혜옥	임부연	조기영
조영임	최해숙	

보조연구원(입력/교열)

고성익	김남중	이동욱
이주은	임미정	전병수
천금매	호　정	홍현주

定本 朱子語類小分 (四)

초판 1쇄 발행 2010년 12월 24일

편 자 | 송시열 외
표점·교감 | 충북대학교 우암연구소 우암자료집성및정본화사업팀
펴낸이 | 최원필
편 집 | 양상모
펴낸곳 | 심산출판사
주 소 | 서울시 은평구 불광동 219-7 예은 101
전 화 | 02-357-0633
팩시밀리 | 02-357-0631
E-mail | simsan@korea.com
등 록 | 제1-2114호(1996년 11월 28일)
ISBN | 978-89-94844-04-6 93150
978-89-94844-00-8 (전4권)